全国语文教师四项全能竞赛
获奖作品精选
（2023年/下）

《语文教学与研究》杂志社　编

图书在版编目(CIP)数据

全国语文教师四项全能竞赛获奖作品精选/《语文教学与研究》杂志社编.—武汉：华中师范大学出版社,2024.5

ISBN 978-7-5769-0554-0

Ⅰ.①全… Ⅱ.①语… Ⅲ.①语文课—教学研究—中小学—文集 Ⅳ.①G633.302-53

中国国家版本馆 CIP 数据核字(2024)第 102592 号

全国语文教师四项全能竞赛获奖作品精选

ⓒ《语文教学与研究》杂志社　编

编　辑　室：第七分社		电　　话：027-67867529	
责任编辑：张　忠　罗　挺　陈前越		责任校对：高述新	封面设计：叶　乔
出版发行：华中师范大学出版社有限责任公司			
社　　址：湖北省武汉市洪山区珞喻路 152 号		邮　　编：430079	
销售电话：027-67863426/67863280　027-67861321(邮购)		传　　真：027-67863291	
网　　址：http://press.ccnu.edu.cn		电子邮箱：press@mail.ccnu.edu.cn	
印　　刷：崇阳文昌印务股份有限公司		督　　印：刘　敏	
开　　本：787mm×1092mm　1/16		总 印 张：73	
版　　次：2024 年 5 月第 1 版		印　　次：2024 年 5 月第 1 次印刷	
总 字 数：1800 千字		总 定 价：198.00 元(全二册)	

敬告读者：欢迎上网查询、购书；欢迎举报盗版，请打举报电话 027-67867353

目 录（下）

■ 教学方案

001　如切如磋塑形象　如琢如磨品深味 / 张海岩
007　"融·乐"课堂教学方案 / 陈春兰　王　彤
012　战前动员演讲模拟训练设计 / 陈亚萍
017　《红楼梦》深入研读与合作交流教学案例 / 李玥璇
022　以任务为导向的《红楼梦》"悲剧色彩"专题教学设计 / 林玉英
027　《壶口瀑布》教学方案 / 王　盈
032　高中语文选必上第三单元外国小说研习教学设计 / 余丽铮
037　《老人与海》教学方案 / 张宇晗
042　七年级下册《外国诗两首》教学设计 / 谢建华
043　项目化学习框架下单元小说统整课堂教学方案 / 韩　丽
047　《紫藤萝瀑布》教学方案 / 何卫星
051　《红楼梦》整本书阅读教学方案 / 何　璇
055　《阿Q正传》《边城》群文阅读教学设计 / 胡雪慧
059　《我与地坛》与《赤壁赋》联读教学方案 / 姜春玲
063　指导学生自主命题的教学方案 / 刘　柳
067　《诗经》单元教学设计 / 王松环
071　《劝学》《师说》《反对党八股》《拿来主义》群文学习简案 / 徐　磊
075　《军事新闻:通讯与消息写作》教学设计 / 徐莉程
079　小学语文跨学科融合教学案例 / 叶润之
083　《林教头风雪山神庙》教学设计与实录 / 于沛泽
087　高中统编版《家乡文化生活》教学方案 / 蔡　怡
091　"1+X"教学设计方案 / 万　巍
095　《红色的赞歌,流淌的诗意》教学设计 / 张慧怡
099　《沁园春·长沙》《桂枝香·金陵怀古》对比阅读教学设计 / 张　宇
103　语文劝说类中考专题复习设计 / 陈佩红
106　《四季》教学方案(第二课时) / 陈小婷
109　试探贾宝玉的梦与情专题教学设计 / 陈亚男
112　统编高中语文教材必修上册第三单元教学设计 / 陈泽锋
115　《一棵小桃树》教学方案 / 戴婧怡
118　"徒步中国"项目式学习案例 / 郝良敏
121　"练六脉神剑,达人木三分"写作专题设计 / 何　健
124　《皇帝的新装》教学设计 / 何培培
127　校园活动之"场面描写"作文升格设计 / 洪　丽
130　《猫》教学设计 / 李　萍

页码	条目
133	《涉江采芙蓉》教学设计 / 刘 畅
136	《董存瑞舍身炸暗堡》教学设计方案 / 刘晨吉
139	易安笔下"花"意象解读专题教学设计 / 刘明香
142	统编版《核舟记》教学实录（第二课时）/ 刘 宇
145	《祝福》《装在套子里的人》联读教学方案 / 龙凤宇
148	"记录家乡风物"教学设计 / 卢立敏
151	苏轼《念奴娇·赤壁怀古》教学案例 / 罗学丽
154	《一棵小桃树》教学设计 / 吕春波
157	《登岳阳楼》教学方案 / 马达晟
160	《石钟山记》研读设计 / 马千惠 和杰英
163	《氓》《孔雀东南飞》教学设计 / 牟灏田
166	《红楼梦》整本书单元教学简案 / 撒 莎
169	《阿Q正传（节选）》教学方案 / 孙 盼
172	《荷花淀》中的荷花意象教学方案 / 孙文婷
175	《周亚夫军细柳》教学设计（第二课时）/ 佟竹林
178	《晓出净慈寺送林子方》教学设计 / 涂 欣
181	《水浒传》整本书阅读之人物形象分析 / 涂逸枫
184	《蒲柳人家》教学设计 / 闫柯斐
187	《红楼梦》整本书阅读导读课教案 / 阳 雪
190	《红楼梦》环境描写手法与作用微课设计 / 姚甄渝
193	《宋词三首》群文阅读教学探究案例 / 易美丽
196	《白鹅》教学设计（第二课时）/ 于 泽
199	《一棵小桃树》教学设计 / 张碧荣
202	《苏武传》教学设计（第三课时）/ 张翠玲
205	《短歌行》教学设计 / 郑雨竹
208	《猫》教学方案 / 周 丹
211	《秦腔》教学设计（第二课时）/ 朱玲玲
214	《圆明园的毁灭》教学方案（第二课时）/ 庄小艳
217	必修下第一单元写作任务教学设计 / 曾晓珍
220	《芣苢》《插秧歌》教学设计 / 傅娅倩
223	《桃花源记》教学设计 / 刘洁琼
226	《哦，香雪》教学简案 / 刘姝睿
229	《蜀相》学案设计 / 刘欣茹
232	《赤壁赋》教学设计方案 / 罗 瑞
235	九上第一单元教学方案 / 乔 宇
238	农村学校初中语文"生问"课堂教学案例与分析 / 乔 宇
241	《"抓住细节"写作指导》教学设计 / 石晓晨
244	《末世凡鸟——走近王熙凤》教学设计 / 石艳霞
247	《猫》教学方案 / 夏莉莉
250	"走近苏轼"项目式学习专题设计 / 张 画
253	《老王》教学设计 / 张慧琳
256	《山坡羊·潼关怀古》教学设计 / 张丽娟
259	《愚公移山》教学方案（第三课时）/ 张琳琳

262	《一个消逝了的山村》教学设计 / 张　榕
265	《短歌行》《归园田居》群文阅读教学设计 / 张姝莹
268	《猫》教学设计 / 张玮丽婧
271	基于真实学习情境的高中语文项目式学习实践设计 / 张秀娴
274	《紫藤萝瀑布》合作学习教学设计 / 张　雪
277	《我的叔叔于勒》教学设计（第一课时）/ 张玉芳
280	《荷叶圆圆》教学设计 / 韩　璇
283	《送元二使安西》教学设计 / 黄　捷
286	《小猴子下山》教学方案（第一课时）/ 陆子桢
289	《子路、曾皙、冉有、公西华侍坐》教学方案 / 罗倩倩
292	《搭船的鸟》教学设计（第二课时）/ 吴　平
295	《杨氏之子》教学方案 / 许　婧
298	《北京的春节》教学设计（第一课时）/ 张　羽
301	《威尼斯的小艇》教学设计（第一课时）/ 周　琪
304	统编六年级上册第五单元习作整体设计案例 / 李天然
307	人物传记类文言文人物形象题型教案 / 陈嘉欢
308	《关注变化，精准备考》高考复习方案 / 班玉兰
310	《得道多助，失道寡助》教学设计 / 曹海燕
312	人教版必修三第一单元教学设计 / 陈晨芫
314	《湖心亭看雪》教学设计（第二课时）/ 崔迎春
316	《最后的常春藤叶》教学方案 / 戴　静
318	《边歌声声话丹心》群诗阅读教学设计 / 邓　琦
320	《登岳阳楼》教学设计 / 董　慧
322	《植树的牧羊人》教学设计 / 杜　路
324	选必上第三单元外国小说心理描写专题教学设计 / 段德瑜
326	《沁园春·长沙》教学方案 / 方　蓉
328	细节描写写作指导教学设计 / 冯　舜
330	《拿来主义》教学设计 / 冯　耀
332	《宿建德江》教学设计 / 高世玉
334	《阿房宫赋》《六国论》联读方案 / 高同英
336	《昆明的雨》教学设计 / 何　鹏
338	《石壕吏》教学方案 / 何　茜
340	《爱莲说》教学方案 / 贺　萍
342	《台阶》教学方案 / 胡芳琪
344	《红楼梦》人物性格分析教学设计 / 江小琼
346	《孙权劝学》课本剧实践性学习活动设计 / 蒋典雅
348	《祖父的园子》教学设计 / 景小雪
350	《故都的秋》选材与达意主题教学设计 / 孔争光
352	《赤壁赋》专题教学设计 / 孔争光
354	《五猖会》教学设计 / 郎　爽
356	《祝福》教学简案 / 李洪强
358	《小石潭记》教学设计 / 李鸿雁
360	《简·爱》导读课教学设计 / 李　娟

页码	篇目
362	《诗经》群诗教学设计 / 李廷梅
364	《爱莲说》教学设计 / 李婷婷
366	《好的故事》教学方案 / 李文雅
368	《老王》教学设计 / 梁文抒
370	《拿来主义》教学方案 / 梁晓菲
372	《女娲造人》教学方案 / 廖小凤
374	统编版五年级上册《落花生》教学设计 / 林柳东
376	《未选择的路》教学方案 / 林小云
378	《与朱元思书》教学设计 / 林　星
380	《老王》教学设计 / 刘倍宏
382	《小动作、大文章：记叙文动作描写》教学案例 / 刘　欢
384	杜甫诗三首群文阅读教学设计 / 刘　晴
386	探析小说人物形象塑造方法教学方案 / 刘淑维
388	学写文学短评教学设计（第二课时）/ 刘艳玲
390	《祝福》《林教头风雪山神庙》教学设计 / 刘　颖
392	《学写故事》教学方案 / 龙丽凤
394	《阿房宫赋》教学设计 / 谷雨竹
396	"穿越时空长廊，探访岁月中的北京"主题活动设计 / 鲁秀明
398	《种树郭橐驼传》教学方案 / 罗　驰
400	《一滴水经过丽江》教学设计 / 罗　沙　陈翠兰
402	《黄继光》教学方案（第一课时）/ 麻丽君
404	《背影》教学方案 / 马晓江
406	《济南的冬天》创新教案 / 孟晓兰
408	统编版高中语文必修下第一单元专题教学方案 / 潘舒琪
410	"登临"诗群诗阅读设计 / 庞蓉蓉
412	《拿来主义》教学方案 / 裴　玉
414	《项链》教学设计 / 皮　欢
416	基于新课标理念的中职语文教学整体设计 / 祁有姣
418	高考散文阅读教学案例 / 秦　姚
420	《白鹅》教学设计 / 任阳梅
422	《项脊轩志》导学案 / 尚随洁
424	《海底两万里》导读课教学设计 / 沈佳敏
426	《林教头风雪山神庙》的环境描写教学方案 / 沈雯博
428	《念奴娇·赤壁怀古》教学设计 / 孙玉凤
430	《卖炭翁》教案 / 汤怿纯
432	《朝花夕拾》主题"鲁迅的思想历程"教学方案 / 唐和一
434	"信息时代的语文生活"专题活动教学设计 / 万　佳
436	"登高"诗对比教学设计 / 汪春丽
438	《我与地坛》教学方案 / 王　婧
440	《老王》教学设计（第二课时）/ 王君岭
442	《两小儿辩日》教学方案 / 王孟其
444	中考命题作文审题指导与训练专题设计 / 王　苗
446	《写出人物的"弧光"——记叙文写作指导》教学方案 / 王楠楠

448	《消息二则》教学设计 / 王　晴
450	《登高》《望江南·超然台作》对比阅读教学设计 / 王文利
452	新课标下文体教学"教"与"学"教学策略实施教案 / 王章莉
454	文言文三篇群文教学设计 / 王　志
456	《皇帝的新装》教学设计 / 吴巧玲
458	统编版语文四年级下册语文园地二教学设计 / 吴育锋
460	《马诗》教学设计 / 武雁赟
462	《念奴娇·过洞庭》与苏轼诗词对比阅读教学设计 / 肖阳东
464	《散文二篇》教学设计 / 谢建华
466	《黄州定慧院寓居作》群文阅读教学设计 / 熊玉璐
468	《唐雎不辱使命》教学设计 / 徐　芳
470	《我与地坛》教案 / 许　豪
472	《礼记·大道之行也》主题教学设计 / 许洪丽
474	《中国建筑的特征》《说"木叶"》群文教学 / 阎佳丽　杨学刚
476	《与妻书》导学案 / 杨冬菊
478	《与妻书》教学设计 / 杨冬菊
480	《装在套子里的人》情境任务设计 / 杨英华
482	"抓住线索鉴赏小说"专题教学设计 / 杨颖欣
484	《短歌行》《归园田居(其一)》教学设计 / 杨　悦
486	《自然选择的证明》《宇宙的边疆》教学简案 / 尹　娟
488	《我有友情要出租》教学设计 / 于祥芹
490	《红楼梦》贾宝玉的"多情"探究教学设计 / 袁　荻
492	《马说》教学简案 / 张　帆
494	《与朱元思书》教学设计 / 张绪文
496	《创作引人入胜的故事》写作教学设计 / 张一凡
498	统编八上第三单元"学习描写景物"教学方案 / 张　翊
500	《看花的姿态》教学方案 / 张云杰
502	山西中考现代文阅读教学方案 / 张泽玥
504	《沁园春·长沙》"四读三境"教学方案 / 赵德芳
506	"看我家乡变化,讲述身边故事"教学方案 / 赵　娇
508	童话与写作教学设计 / 赵乐梅
510	《项脊轩志》群文教学方案 / 赵　敏
512	基于学习任务群的《卜算子》教学设计 / 赵依佳
514	《我的叔叔于勒》情境式教学设计 / 赵义霞
516	大思政课之《孙权劝学》教学方案 / 赵玉凤
518	八下第六单元综合性学习"以和为贵"专题设计 / 赵玉霜
520	七下第一、三单元整合教学设计 / 郑巧敏
522	《大堰河——我的保姆》教学方案 / 郑万玲
524	口语交际《即席讲话》教学设计 / 周　丹
526	七年级上册第六单元整体教学设计 / 周柳琴
528	《在马克思墓前的讲话》教学设计(第一课时) / 周　全
530	走近鲁迅单元整合教学设计 / 周世秋
532	《声声慢》教学设计 / 周晓彤

534 高中必修上第一单元诗歌群文设计简案 / 庄惠成
536 统编四下《芙蓉楼送辛渐》教学方案 / 林雪钰
538 《我们都来讲笑话》口语交际教学方案设计 / 娄亚方
540 《题西林壁》教学设计 / 秦　天
542 《爬山虎的脚》教学方案（第一课时）/ 师丽娜
544 《习作：推荐一个好地方》教学方案 / 陶文燕
546 《绝句》教学方案 / 王桂格
548 《秋天的雨》教学方案（第一课时）/ 王　雪
550 《从军行》教学设计 / 魏梓钰
552 《京剧趣谈》教学设计 / 吴娟芬
554 《手术台就是阵地》教学方案 / 杨碧洁
556 《揠苗助长》教学设计 / 杨　芳
558 《花钟》教学设计（第二课时）/ 张雪萍
560 统编必修下第三单元整体教学设计 / 陈嘉欢
561 《山行》教学方案设计 / 刘　慧

■ 下水作文

562 归去来兮 / 陈冬梅
563 遇的行者　好的故事 / 戴　静
564 春天的色彩 / 刘　柳
565 墨香依旧 / 汤怿纯
566 小满亦动人 / 戴婧怡
567 用初心编织好故事 / 陈艳艳
568 安得真知灼见，唯有调查研究 / 田雅琳
569 古建筑的消逝：保护还是宿命？ / 陈　卓
570 把根留住 / 何欢欢
571 鉴往知来，行稳致远 / 梁　雨
572 灯火耀华夏，吾辈书华章 / 苏语乔
573 模仿应犹贵，创新价亦高 / 于沛泽
574 青花一色，浮躁难成 / 马丹平
575 这一次，我全力以赴 / 周　鹏
576 吾乡之味即心安 / 吴巧玲

如切如磋塑形象　如琢如磨品深味

——由林冲形象学塑造人物

◎张海岩

【教学目标】

1.通过梳理《水浒传》中有关林冲的章节,总结作者为人物编排故事的规律,学会在情节发展中设置障碍和意外塑造人物。

2.通过细读课文(节选),学习作者通过环境烘托、象征等塑造立体鲜明人物形象的方法。

3.运用前后勾连、纵横比对的方法,深思细品文本,理解文字背后的深层内涵。

【教学重点】

学习《水浒传》塑造立体鲜活人物的技法。

【教学难点】

前后勾连,纵横比对,深思细品,理解文字背后的深层内涵。

【教学方法】自主学习,分组讨论,合作探究。

【教学流程】

一、导入课文

"如切如磋,如琢如磨"原指象牙、玉石加工成精美器物的工序。小说塑造人物也需有如此匠心,但小说家不是雕塑人像,而是展现鲜活的人生。今天我们一起品鉴琢磨《水浒传》中的林冲形象,向经典作品学习塑造立体、鲜活人物形象的名家妙笔。

【设计意图】由"如切如磋,如琢如磨"切入作家塑造人物的精深妙笔,及读者品读人物形象的应有精心品鉴,点明本节课的学习重点。

二、印象林冲

1.学生活动一:请你根据下面几段描写,判断人物身份。(课件打出)

黑熊般一身粗肉,铁牛似遍体顽皮。交加一字赤黄眉,双眼赤丝乱系。怒发浑如铁刷,狰狞好似狻猊。天蓬恶杀下云梯。(　　)

只见一个大汉大踏步竟入来,走进茶坊里。史进看他时,是个军官模样。但见头裹芝麻罗万字顶头巾,脑后两个太原府纽丝金环,上穿一领鹦哥绿纻丝战袍,腰系一条文武双股鸦青绦,足穿一双鹰爪皮四缝干黄靴。生得面圆耳大,鼻直口方,腮边一部落腮胡须。身长八尺,腰阔十围。(　　)

头戴一顶青纱抓角儿头巾,脑后两个白玉圈连珠鬓环。身穿一领单绿罗团花战袍,腰系一条双搭尾龟背银带。穿一对磕瓜头朝样皂靴,手中执一把折叠纸西川扇子。那官人生的豹头环眼,燕颔虎须,八尺长短身材,三十四五年纪。(　　)

讨论:根据上面这段外貌描写,请你谈谈林冲出场时给你的印象。

参考:儒将,风度翩翩……(备注8尺相当于今天的2.5米左右。宋元时期1尺=31.68厘米)

教师:大家想一下,让面圆耳大,腮边一部落腮胡须的鲁达手执一把折叠纸西川扇子会是怎样的一幅画面?很显然,别扭,正如金圣叹说:"《水浒》所叙,叙一百八人,人有其性情,人有其气质,人有其形状,人有其声口。"《水浒传》中人物众多,却各有风貌,这是名家的妙笔所在啊!

【设计意图】熟悉林冲的正面肖像描写,与鲁达形成对照,使学生明确写人物外形的个性化的重要性。

2.学生活动二:林冲印象谈

课件题板打出:

①学生课前阅读作业评价:林教头,你真懦弱;林教头,你真窝囊;林教头,你真怂……以及全班对林冲评价作业分类照片:33份批判、5份赞赏、3份鸣不平、1份空白

教师:我们同学大多对林冲的"忍"不能容忍。

板书:"忍"

②鲍鹏山教授统计

在《水浒传》写林冲的6回中，"不敢"6次、"怎敢"1次、"如何敢"3次、"哪里敢"2次、"岂敢"1次、"敢道怎地"1次，加起来共14次。

③金圣叹评价："林冲自然是上上人物，写得只是太狠……"

教师：金圣叹认为林冲"太狠"，你认为原著中哪些地方写出他的"狠"？为什么那么狠？

板书："狠"

学生发言：（备注原文）把陆谦上身衣服扯开，把尖刀向心窝里只一剜，七窍迸出血来，将心肝提在手里。以及第六回中，林冲别妻休妻的场景。

师生总结：林冲并非生性狠毒，他忍得越苦、越久、爆发的越狠。因此，我们的话题回到林冲的"忍"，教师：对他的一忍再忍，你是否认同？请用你手中的三种颜色桌签表明你的态度。红——不认同；绿——认同；黄——目前不明确

学生用不同色彩的桌签摆在桌上，表达自己的观点。

教师总结：（预计有不同态度）

大家的意见不一，对人物的评价不一。其实，这正是施耐庵塑造林冲形象的高妙之处：人物立体而非平面、鲜活而不呆板、发展而不停滞。

那么，作者是用哪些塑造人的方法达到这样的效果的呢？今天我们到《水浒》原著中找答案，向名家去学习。

【设计意图】从学生的阅读体验和分歧点切入，为后续探讨聚合思考点：林冲"忍"与"狠"的理解。

三、情节设置：障碍意外折磨人

教师：刚才我们的探讨，只是把林冲放到某一个情节中去看，要品鉴人物形象，需要我们把他放到整个故事情节中，才可以避免片面，我们先请同学讲讲《水浒传》中跟林冲相关的故事吧，一起重温经典。

（一）梳理故事

1.学生活动三：这是同学们课下作业中概括出来的故事情节，你可以尝试给大家讲一讲。（要求：每个情节不得超过7句话）

做法：教师示范讲林冲出场故事，学生分组课下填写后续内容，课上展示。

参考：

结仇高衙内：目标——陪妻进香；阻碍——衙内戏妻；努力——扳将下拳；结果——先自手软；意外——上司之子；转弯——富安献计；结局——郁郁不乐

遭好友出卖：目标——饮酒解愁；阻碍——友人出卖；努力——解救娘子；结果——衙内逃跑；意外——陆谦设计；转弯——鲁达吃酒；结局——不放心上

误入白虎堂：目标——比试宝刀；阻碍——节堂设伏；努力——大叫冤屈；结果——押解府衙；意外——孙佛进言；转弯——府尹搭救；结局——杖脊刺配

刺配沧州路：目标——前往沧州；阻碍——公人折磨；努力——忍气吞声；结果——猪林遇险；意外——鲁达搭救；转弯——鲁达惩恶；结局——林冲求情

风雪山神庙：目标——回归从前；阻碍——仇敌追杀；努力——听任安排；结果——看守草场；意外——草场起火；转弯——听得阴谋；结局——手刃仇敌

【设计意图】重温故事情节，训练学生用最简洁的语言概括情节，纠正学生日常语言表达时反复加"然后"等口头语的不良习惯，让学生口语表达更流畅。

（二）横向观察表格，体会深意

教师引导：刚才我们按照时间顺序复述了与林冲有关的故事情节，现在请大家将情节放到一起横向看某一项，你发现了什么？

参考：从形象意义说：

A.林冲的诉求无一不是一个普通之人的不能再普通的诉求，他生性本分、生活无忧，他虽武艺高强，但心是普通人的，这颗普通的心只想靠自己本事混得体面一些，对生活充满期待，他想回归美满的家庭，期待生活的安定静好。

B.恶势力总会为其设置障碍，折磨、逼迫他，让这样一个对家呵护、对人友善、对上忠诚的制度拥护者，一步步走上狂飙与决绝的狠角。

因此，我们没有权利批判他的懦弱，他始终愿意"好好生活"，但在没有公正和公正的保障体系时，只能"一地碎片"，弱者忍耐是妥协，强者忍耐是为成全！林冲有绝世武功，却要一次次忍受小人的折磨，只为了普通人的那点普通追求，这是怎样的隐忍与坚毅！

我们又怎能批判他"太狠",比起恶势力迫害家人、千里追杀、连环设计、步步紧逼的"狠",一忍再忍、忍无可忍的,连生路都被堵死的林冲,只能冲破固守的安分与期待,手刃仇敌,快意恩仇,这是对恶势力的被迫回击!

我要说,林冲这个人物写得实在是好!写出了多少普通人对普通生活求而不得的痛苦与无奈,坚守和隐忍!苦中作乐,绝境中求生!毛姆《月亮和六便士》:"我用尽了全力,过着平凡的一生。"在这里,我要说,林冲"他用尽了全力,争取过回日常的生活而不得",因此,有的同学说:"林教头,你好可怜!"

【设计意图】重温故事情节,训练学生用最简洁的语言概括情节,纠正学生日常语言表达时反复加"然后"等口头语的不良习惯,让学生口语表达更流畅。

(三)教师技法小结:设置障碍意外折磨人

当代故事大师许荣哲在《小说课》一书中说:"小说是折磨读者的秘密。"

一个好故事正是由于它有着折磨人的本事,才能让我们陷在它的魔力中无法自拔。怎样才能达到"折磨"读者的效果呢——那就要折磨故事中的人物,尤其是通过折磨读者最喜欢、最心疼的人物,为他的生活编排障碍和意外,一步步牵动读者们的心……

【设计意图】小结塑造人物的技法,提示学生学习该技法。

四、环境烘托:风雪火焰淬炼人

(一)关于风雪

教师:故事情节如同一列火车,蜿蜒前行,而给人留下深刻印象的往往是风景。整部《水浒传》中,作者把最美的风景给了林冲,课前同学们已经通过学案找出了风雪描写。那我们就先来品品这些描写吧!

1.学生活动四:学生讨论三处风雪描写的用意

课件打出:

(第7段)前往草料场:林冲自来天王堂,取了包裹,带了尖刀,拿了条花枪,与差拨一同辞了管营,两个取路投草料场来。正是严冬天气,彤云密布,朔风渐起,却早纷纷扬扬卷下一天大雪来。仰面看那草屋时,四下里崩坏了,又被朔风吹撼,摇振得动。林冲道:"这屋如何过得一冬?待雪晴了,去城中唤个泥水匠来修理。"

品鉴深意:＿＿＿＿＿＿＿＿＿＿

(第8段)沽酒离开草料场:带了钥匙信步投东,雪地里踏着碎琼乱玉,迤逦背着北风而行。那雪正下得紧。

品鉴深意:＿＿＿＿＿＿＿＿＿＿

(第9段,10段)酒后再回草料场:就又买了一葫芦酒,包了那两块牛肉,留下碎银子,把花枪挑了酒葫芦,怀内揣了牛肉,叫声相扰,便出篱笆门,依旧迎着朔风回来。看那雪,到晚越下的紧。再说林冲踏着那瑞雪,迎着北风,飞也似奔到草场门口,开了锁,入内看时,只叫得苦。两间草厅已被雪压塌。

品鉴深意:＿＿＿＿＿＿＿＿＿＿

(第10段,11段)夜宿古庙:入得庙门……林冲把枪和酒葫芦放在纸堆上,将那条絮被放开,先取下毡笠子,把身上雪都抖了……

品鉴深意:＿＿＿＿＿＿＿＿＿＿

参考:品鉴深意

第7段:风雪——人生风雪——社会风雪

第8段:草蛇灰线,(压塌)烘托紧张气氛

第9段末,10段始:天寒,无处栖身;心寒,仇敌算计;胆寒,处处逼迫,险些丧命。

第10段,11段夜宿古庙:雪:对抗

教师总结:(在学生讨论基础上补充)

参考:

(1)推动情节的发展,风雪与情节的发展紧密联系。因为风大雪紧,林冲才要去沽酒御寒,才会在途中见到山神庙;又因为风大雪紧,草厅才会被压倒,林冲才被迫去山神庙。

(2)渲染紧张气氛:两个紧字,不仅突出了风大雪猛的环境特点,展现风雪的"压城欲摧"之势。而且暗示出林冲的处境越来越危险,形势越来越严峻,而林冲又全然不知,这就使得读者不能不随着雪下得紧而感到紧张,替人物捏把汗。

(3)烘托走上反抗道路的悲壮气氛和人物杀敌报仇的心境,构成一种"杀气浸人冷,悲风透骨寒"的意境。

(4)隐喻作用:这是自然风雪,更是林冲的思想重大转变的风雪,还是步步相逼、不给活路的社会风雪的象征。林冲的世界,一直在下雪:凄冷严寒中,为了普通人再普通不过的生的权利、安的愿望,苦苦挣扎！这是怎样无情、冷酷、不公的世道！可谓"雪气侵人冷，悲风销骨寒"。

2.学生活动五：勾连生活中相同意境

教师：你们爱唱歌，你们唱歌时，感受过这样的意境吗？哪个同学给大家唱唱吧。

（学生唱有"风雪悲情"的歌）

【设计意图】小结塑造人物的技法——景物渲染气氛、传达情意，勾连生活体验，强化学生深入体会。提示学生学习该技法。

（二）关于"火"

教师：小说中风雪的描写的确令人称道，但大家的技法高妙远不止于此。课文在《水浒传》原著中本章回的题目全称是《林教头风雪山神庙，陆虞候火烧草料场》，可见作者在本章回的写作中不但设置"风雪"，还要同时以"火焰"淬炼已经落魄到极点的林冲。大家在课前学案中也找出火的描写，我把这些描写根据出现的位置，填在"风雪描写"这张表格中，你们发现了什么？

板书："雪""火"

1.学生活动六：学生讨论：作者写火的寓意，以及写风雪并写火的深意。

课件打出：

（第7段）前往草料场：

（风雪描写）林冲自来天王堂，取了包裹，带了尖刀，拿了条花枪，与差拨一同辞了管营，两个取路投草料场来。正是严冬天气，彤云密布，朔风渐起，却早纷纷扬扬卷下一天大雪来。／仰面看那草屋时，四下里崩坏了，又被朔风吹撼，摇振得动。林冲道："这屋如何过得一冬？待雪晴了，去城中唤个泥水匠来修理。"

（火的影子）只见那老军在里面向火／林冲就床上放了包裹被卧，就坐下生些焰火起来。／向了一回火，觉得身上寒冷……

品鉴深意：_____

（第8段）沽酒离开草料场：

（风雪描写）带了钥匙信步投东，雪地里踏着碎琼乱玉，迤逦背着北风而行。那雪正下得紧。

品鉴深意：_____

（第9段末，10段始）酒后再回草料场：

（风雪描写）就又买了一葫芦酒，包了那两块牛肉，留下碎银子，把花枪挑了酒葫芦，怀内揣了牛肉，叫声相扰，便出篱笆门，依旧迎着朔风回来。

看那雪，到晚越下的紧了。／再说林冲踏着那瑞雪，迎着北风，飞也似奔到草场门口，开了锁，入内看时，只叫得苦。／两间草厅已被雪压塌。

（火的影子）林冲寻思："怎地好？"放下花枪、葫芦在雪里，恐怕火盆内有火炭延烧起来。搬开破壁子，探半身入去摸时，火盆内火种都被雪水浸灭了。

品鉴深意：_____

（第10段，11段）夜宿古庙：

（风雪描写）入得庙门……林冲把枪和酒葫芦放在纸堆上，将那条絮被放开，先取下毡笠子，把身上雪都抖了……

（火的影子）正吃时，只听得外面必必剥剥地爆响。林冲跳起身来，就壁缝里看时，只见草料场里火起，刮刮杂杂烧着。

品鉴深意：_____

参考：品鉴深意

第7段：火——希望、等待、自我疗伤

第8段：（无）

第9段末，10段始：火——希望的火种灭了

第10段，11段：火——恼火、怒火、爆发之火

【设计意图】通过列表方式，让学生将风雪和火两种力量，一起体验和思考，前后勾连，深思细品，获得更深的感悟。

2.教师方法小结——风雪火焰淬炼人

我们发现，在作者笔下，"风雪"和"火"的描写是交替出现的。这种对照强烈的景物同时出现，多面向塑造人物，激发人物的活力：风雪已经让林冲内心凄寒苦楚，落魄不堪，作者却有意安排"向火"的描写给他御寒，这使林教头在凄冷的人生寒冬之中，感到了这些微小"善火"的片刻温暖，这是他支撑隐忍下去的微微力量和点点希望。可高衙内、陆虞候、富安等人安排的这场声势滔天的"火"，直接给林冲带来灭顶之灾。飘絮飞棉的大雪，冲破永夜的火光，酣畅淋漓的斗杀，正义与邪恶的一次终极对决，使人拍案叫绝。正是这场"火"，才真正地让林冲猛然觉醒，自己过往一味地委曲求全、逆来顺受、万般忍耐，都难以抵挡邪恶力量的不留活路的一路追杀。大火点起了林冲心中复仇的怒火，将林冲从忍辱屈就、心存幻想的阶下囚，淬炼为快意恩仇的真好汉。

【设计意图】总结塑造人物的技法——多重景物描写刻画人物，让学生印象深刻，提示学生学习

该技法。

五、细节描写：随身物件"透视"人

1.教师：在人生最惨淡的时刻，林冲只一人面对。如果我们写，除了描写景之外，仿佛别无着墨之处。可是"大家"之笔却可以在看似闲笔中投射深层感悟！小说中反复描写林冲的随身物件，可谓蕴涵深刻，那么作者为什么反复写这些随身物件，有什么深意？

2.学生活动七：前后勾连，比较阅读，谈谈反复写这些物件的用意。（小组讨论＋代表发言）

提示：如果让你按照这些物件的用途划分为两类，你怎么划分？

课件打出：

（第5段）听说仇敌到：买把解腕尖刀，带在身上……

品鉴深意：＿＿＿＿＿

（第7段）前往草料场：取了包裹，带了尖刀，拿了条花枪……

品鉴深意：＿＿＿＿＿

（第8段）沽酒离草场：便去包裹里取些碎银子，把花枪挑了酒葫芦，将火炭盖了，取毡笠子戴上，拿了钥匙，出来把草厅门拽上。出到大门首，把两扇草场门反拽上，锁了。带了钥匙，信步投东。

品鉴深意：＿＿＿＿＿

（第10段）屋塌离草场：把被卷了，花枪挑着酒葫芦，依旧把门拽上，锁了，望那庙里来。

品鉴深意：＿＿＿＿＿

（第12段）手刃仇敌后：再穿了白布衫，系了搭膊，把毡笠子带上，将葫芦里冷酒都吃尽了。被与葫芦都丢了不要。提了枪，便出庙门投东去。

品鉴深意：＿＿＿＿＿

参考：品鉴深意

第5段：随时杀敌，嫉恶如仇。

第7段：不能释怀，听任安排，妥协忍耐。

第8段：钥匙，有责任心，小心呵护这个世界的一切。无反心。

第10段：小心翼翼、谨慎仔细、忠于职守有条不紊、抱残守缺、期待天晴。并无反心。

第12段：白布衫、搭膊、毡笠子——出行；被子、酒葫芦——住下、安定；冷酒吃尽——世界冷、心冷，人间是如此寒凉，决绝的态度！

参考：被子、酒葫芦、钥匙——退守；枪与刀——冲锋。

板书：守（与林冲的"冲"相对）

追加讨论：关于反复、郑重提到的钥匙，在林冲手刃仇敌之后，不再提了。是作者忘了提了吗？

参考：

钥匙在这里有隐喻作用，这个世界，已经不需要钥匙，这个世界已无出路，要在这个世界开一扇门，靠的不是钥匙，靠的是花枪。这个世界对林冲来说，不是关上了门，而是根本就没有了门。既然已经没有了门，何必要钥匙呢？林冲做的是在这一个世界之外，重新找一片地。"溥天之下，莫非王土；率土之滨，莫非王臣。"溥天之下，率土之滨，都是王权的，哪里是这些走投无路的人的呢？那就是水浒（毛传："浒，水厓也。"），在溥天之下，率土之滨，王权所在的地方，没有我们的活路，没有安身立命之地，只有在另外的地方重新开辟一片地方，水浒（水之涯，走投无路之人的安身之地）便出来了。

自此，曾经在大宋的"忠君"的天条教化的"良善"之民，被逼上"梁山"。

【设计意图】通过列表方式，让学生将散落在作品不同位置的随身物件拎出来，结合情节体验和思考，前后勾连，深思细品，深悟其中的隐喻作用。

3.教师方法小结——随身物件"透视"人

一枚小小的钥匙，透视人心。小说中，用这种微小物件做隐喻，揭示人物心理，突出作品主题的方法可谓匠心独蕴，值得我们学习！

六、总结小说塑造"圆形人物"的方法

英国评论家福斯特在《小说面面观》中对小说人物类型进行的划分，如林冲一样，性格丰满、复杂、立体感强，是多重性格的复合体的形象，被称为"圆形人物"。时间关系，我们只能跟施耐庵学习有限的"圆形人物"的塑造方法：（课件打出）

品鉴经典找方法

巧设障碍与意外

不忘物件作隐喻

多重环境来烘托……

【设计意图】总结技法，强化认识。

七、课堂小结

学生讨论：金圣叹说"天下之乐，第一莫若读书；读书之乐，第一莫若读水浒"。可是今人却说"少不读水浒"，你怎么看？

教师总结：有人说"少不读水浒"，认为少年心智不成熟，很容易被其中的兄弟情感染，做出鲁莽冲动的错事，危害社会，伤害自己。品鉴经典，我们还要学其技法，如同学酿酒，要择取精华，更要反复琢磨！向经典致敬！同时，我们品其深意，如同饮好酒，要懂得回甘品鉴，更要懂得分寸余量。"寻人性光亮"，正如我们同学读林冲后自创诗歌：

学生朗读自创诗歌：

赞林冲（范雯晗）

金鳞向日红缨盛，禁军八万随教头。
不惧高官欺人重，只怕家亲空楼守。
集一身忠义智谋，写一纸休书离愁。
俊林怎敌高风残，含垢忍辱至沧州。
山神庙内神低眉，奸佞事前恶徒殴。
旧时忍辱顾大局，今日狠戾泯恩仇。
冰雪飘飘何处去，烈焰滔滔梁山投。
纵死好汉侠香骨，不惭英杰平世忧。

叹林冲（王子）

我想 让你背负骂名的
该是那悬滞空中的一拳 迟迟没有挥下
你只是怜惜了全家衣食幸福的保障
但也就此
你成为了被拔光羽毛的凤凰
犹豫的代价 是燃尽的草场
是囚禁豹子头灵魂的铁窗
你退缩之后
是沦丧的自由
是泯灭宝剑锋芒的古锈
以及你名字中那个"冲"字的衰朽

褪去世俗的枷锁
你仍是那头
最凶猛的猎豹
勇猛冲扑
即使
枪身破败
木刺的荆棘洞穿手掌
你拾起斑驳的花枪
再去为这个
满溢绝望的世界

除暴安良

【设计意图】总结当代青年如何读经典名著，提升学生尊重经典，辩证品鉴经典的意识，也增强了个人自身的修养意识。

八、课后作业

1.以下是课文结尾删去的一段描写：

那雪越下的猛，但见：凛凛严凝雾气昏，空中祥瑞降纷纷。须臾四野难分路，顷刻千山不见痕。银世界，玉乾坤，望中隐隐接昆仑。若还下到三更后，仿佛填平玉帝门。

题目："但见"后面，如果换成下面一段话，你认为哪个更好？请结合《水浒传》中林冲人物形象特点，说明理由。

漫天风雪，无尽悲伤，一壶浊酒，十分惆怅。正义已死，问苍天，路在何方？
熊熊烈火，长天茫茫，壮士心，英雄泪，空飞扬！
一把刀，一杆枪，把江湖走尽，不再彷徨！

2.改写故事

我们回到第六回：

林冲，抢到五岳楼看时，见了数个人拿着弹弓、吹筒、粘竿，都立在栏干边。胡梯上一个年小的后生，独自背立着，把林冲的娘子拦着道："你且上楼去，和你说话。"林冲娘子红了脸道："清平世界，是何道理，把良人调戏！"林冲赶到跟前，把那后生肩胛只一扳过来，喝道："调戏良人妻子，当得何罪！"恰待下拳打时→话未落音，一记铁拳正中那人眼窝，定睛细瞧，却认得是本管高衙内。……

题目：如上，将注点字修改为画线字后，请你续写后面故事。

要求：不违背原著对人物形象的整体设定，情节曲折动人。不少于700字。

【板书设计】

如切如磋塑形象　如琢如磨品深味

张海岩，北京市丰台区第二中学教师。

"融·乐"课堂教学方案
——九上第五单元议论文整合教学设计
◎陈春兰　王　彤

【课标要求分析】

《语文课程标准2022年版》指出，思维能力是学生重要核心素养之一，要重视思辨性文本的阅读与表达。特别是第三、四学段，要求引导学生分析观点与证据之间的联系，引导学生基于阅读经验，对于生活实际表达自己的看法，做到观点鲜明，逻辑清晰，结构严谨。

近几年的中考年报也特别强调要重视学生对文本段与段之间逻辑关系的理解。基于新课标对学生核心素养的要求，中考备考的需求以及中高学段的衔接性、连贯性和适应性，议论文单元的教学不容忽视。

本单元是集中编排的议论文单元，有立论，有驳论，都带有思辨色彩。是第二单元的延伸和深化。肩负着培养学生议论文阅读能力、发展学生逻辑思维能力的任务。本单元的教学重点在引导学生明确材料与观点之间的联系，判断材料使用是否合理，提高思辨能力和逻辑思维能力。

本单元4篇文章，除《怀疑与学问》，其他3篇文章都不是一下子就亮出中心观点，而是层层推进，不断深入，体现的是纵向深入的思路。同时，在阐述每个层次时，都依靠材料论证观点，具有较强的说服力。基于教材的特点与目标的要求，教师在精读课带着学生学习《中国人失掉自信力了吗》，区分立论与驳论；整合学习单元片段，理清观点与材料的关系，引导学生进行方法归纳。学生借助学习的经验自主完成《创造宣言》，教师从旁协助点拨。

【学情分析】

学生在第二单元已集中学习议论文，积累了议论文论点、论据、论证等相关知识，能够区分观点和材料。但在第二单元的教学中，发现学生找观点、概括观点较难。因此在此基础上，本单元教学将侧重观点与材料的关系，引导学生辨别因果、并列总分等关系，有条理地表达自己的观点。引导学生基于生活实际，开展研讨活动，表达要观点鲜明、证据充分、合乎逻辑。

初中生偏向感性思维，喜欢阅读有故事性的文章，对议论性文章兴趣不浓，所以本单元在教学过程中也要注意引发学生的阅读兴趣，运用所学知识进一步提高议论文的阅读能力，提高中考解题的能力。

【教学目标】

一、整体感知　把握论点——导读起始课

1.对比阅读单元导语，明确单元学习重点。2.通读本单元课文，初步感知内容。3.联系时代背景和现实生活，把握作者观点。

二、学习驳论　区分立论——精读引领课

1.区分观点与材料，通过思维导图，理清作者的论证思路。2.了解驳论的特点以及驳论的方式，区别立论与驳论的不同。

三、纲举目张　执本末从——探究观点与材料的联系

1.结合课文片段，分析观点与材料的联系。2.学法迁移，提高议论性文本的阅读能力及中考相关题目的作答能力。3.尝试议论文定向叙例，为高中议论文写作做衔接。4.培养学生逻辑思维和提高思辨能力。

四、论证有序　表述严密——语言品味课

通过分析《中国人失掉自信力了吗》和《怀疑与学问》的语言特点，迁移学习《谈创造性思维》《创造宣言》，体会议论文严谨、准确、具有逻辑力量的语言特点。

五、观点鲜明　言之有据——学写议论文

1.就生活的话题，有自己的观点，并运用实证材料对自己或他人的观点做出佐证和判断。2.会写简单的议论文文章，做到观点统一，有理有据，论证要严密。3.使用多种形式的论证方法，使文章结构合理。

【教学重、难点】

1. 学习联系时代背景，把握作者的观点，理解文章的中心论点；(重点)
2. 能区分观点与材料，把握观点与材料之间的联系，了解驳论的特点，理解议论文逻辑严密、思辨性强的特点；
3. 学习常见的论证方法，体会议论文严谨、准确、具有逻辑力量的语言特点；
4. 培养学生实事求是、敢于质疑的科学精神和大胆设想、勇于创造的创新精神。

【教学方法】

启发式教学、情境教学法、自主、合作、探究

【课时安排】 5课时

【教学过程】

第1课时：整体感知　把握论点——导读起始课

一、导入

从单元导语入手，勾连第二单元，明确本单元学习重点。

	单元导语	关联	相异
第二单元			
第五单元			

二、研学活动

(一)回顾第二单元学法：如何正确把握作者的观点。

1. 论题论点要区分

论题：文章议论的问题或者话题

论点：作者对论题发表的看法和主张

2. 寻找次序有讲究：题目——开头——结尾——中间

3. 论点表述有标志：……是/要/应当/必须/能够/将会……

4. 材料运用有讲究

(二)学生快速浏览课文，结合背景资料，寻找概括文章中作者观点并填写表格。

课文	作者观点(中心论点)	分论点
《中国人失掉自信力了吗》		
《怀疑与学问》		
《谈创造性思维》		
《创造宣言》		

背景资料链接：

1.《中国人失掉自信力了吗》："九一八"事变后，给中国人带来了很大的阴影，大家不免悲观绝望甚至想着求佛拜神来渡过这场浩劫。当时比较有影响力的资产阶级报纸《大公报》社评《孔子诞辰纪念》，提出了"中国人失掉自信力了"的失败主义论调。鲁迅先生看到这样的论调，写了《中国人失掉自信力了吗》一文来反驳他们。

2.《怀疑与学问》：1922年，顾颉刚担任上海商务印书馆的编辑，这段时间里，他常常与胡适、钱玄同讨论群经辨伪问题，复兴辨伪运动。1926年，顾颉刚把论战双方的文章收集起来，编成《古史辨》第一册。于是，中国史学界出现了一个以"疑古"为旗帜的古史辨派，《怀疑与学问》即为此段时间所作。

(三)学生交流探究，明确观点。

第2课时：学习驳论　区分立论——精读引领课

一、导入

我们都知道议论文是向别人表达自己观点的文章，那么就会有阐明自身观点以及反驳别人观点这两种形式，这就是议论文的两种论证方式——立论和驳论。今天，我们一起学习一篇驳论文。

二、研学活动：补充导图，理清论证思路

(一)阅读课文，自主完成下面的提纲。

(1-2段)摆出敌论(树靶子)：

论点：中国人失掉自信力了

论据：自夸地大物博，信国联，求神拜佛

论证过程：自夸——不再自夸——信国联——不信国联——一味求神拜佛——失去自信力

(直接反驳)(第3-5段)批驳对方(打靶子)：

驳论证：

(间接反驳)(第6-8段)提出自己观点(立观点)：

论点：_____

论据：_____

论证方法：_____

(9段)得出结论，总结全文：_____

(二)小组交流，完善提纲，教师适时点拨。

【设计意图】 提纲能够帮助学生清晰明了地看到课文的论证思路。学生在完成提纲的过程中，将复杂繁多的课文抽丝剥茧，串联成有联系的思维链，培养学生归纳总结的逻辑思维能力。

(三)观察文章结构图，勾连第二单元

议论文,驳论立论的区别"我发现":

_____

_____

第3课时:"纲举目张,执本末从"——探究议论文观点与材料的联系

一、导入

王夫之说过:"意犹帅也,无帅之兵,谓之乌合。"意思是文章的观点主题就像是统帅,没有统帅的兵就是一群没组织的人。可见任何文章,应有自己的观点在。昨晚同学们按要求选定《中国人失掉自信力了吗》一个片段,分析了观点与材料的关系,请一位同学分享自己的成果。

二、回顾课文 理清关系

学生展示课前完成的关系图(可以是表格、思维导图等)

对方的观点:中国人失掉自信力

事实材料:夸地、夸物;信国联;求神拜佛

追问:作者是怎样批驳对方的观点的呢?

预设:作者通过分析和否定材料与观点的联系来批驳对方观点。分析材料:信地、信物、信国联,没有信过自己,最后求神拜佛,是由他信到不信,材料与自信力之间没有关联。因此,作者提出:中国人失去的是他信力而不是自信力。

关于材料与观点的联系"我发现":

材料必须指向观点(指向性),材料围绕观点阐述,观点是材料的中心表述,材料佐证观点,观点是被佐证的关系。

由此可见,材料与论点之间的逻辑严密与否,直接关系到立论是否成立。

过渡:明确了材料的基本关系,接下来我们进一步探索材料是怎样佐证观点的,而观点又是如何统领材料。让我们走进新的文章片段。

三、探究课文 辨析关系

(一)《怀疑与学问》第6选段:

怀疑不仅是消极方面辨伪去妄的必须步骤……

人类的文化也就不会进步了。

1.请你找到选文的观点。

怀疑是积极方面建设新学说、启迪新发明的基本条件

2.请你谈谈选文用了哪些材料论证自己的观点?

戴震的事例和笛卡尔的名句

3.请你分析选文中材料与观点的内在关系

材料与观点有严密的因果关系。材料是观点的因,观点是材料的果。正因为笛卡尔对万事万物怀疑与明辨,戴震不断发问求解与质疑,所以产生了新哲学、新学说。

(二)《谈创造性思维》第7-9段:

我对此完全赞同。知识是形成新创意的素材。从此开始了游戏机的革命。

1.请你找到选文的观点。

创造性的思维,必须在活用知识的基础上,持之以恒地进行各种尝试。

2.请你谈谈选文用了哪些材料论证自己的观点?

谷登堡开发新机械和罗兰·布歇内尔发明交互式的乒乓球电子游戏的事例

3.选文中的材料真的能佐证观点吗?谈谈你的发现。

材料并没有突出持之以恒这一观点。

4.请你在选文的基础上对材料进行续写,使这个材料能佐证观点。

在选文第2段由此前面加上:谷登堡想了便做了,一开始他印刷出的印刷品质量一直不理想,但他并不因为失败而灰心,连续20年不断尝试,艰苦突破,终于,他实现了自己的宿愿。

第3段此后不久前加上:布歇内尔在尝试了千百次试验后,经过多次的失败,但他坚持不懈。

【设计意图】通过查找内在联系,感受观点与材料的联系,培养学生逻辑思维和勇于质疑的精神。

四、拓展中考 建立关系

(一)

①宝剑锋从磨砺出,梅花香自苦寒来。干事创业,往往需要一番"咬咬牙"的坚持。

②习近平总书记在梁家河插队时,什么活儿都干,开荒、种地、铡草、放羊、拉煤、挑粪……从不惜力,磨砺出不畏艰险、百折不挠的意志品格。成功往往只奖赏那些坚韧的人。一件工作、一项事业干到最艰难的时候,往往最需要咬紧牙关。而一旦坚持下来,就容易突出重围、打开局面。

③京剧《沙家浜》中,18名新四军伤病员被困芦苇荡,因连续多日面临日伪军的"扫荡",体力和毅力几近于极限。指导员郭建光激励大家:有利的情况和主动的恢复,往往产生于再坚持一下的努力之中。最终,他们以"再坚持一下"的顽强精神,迎来了

大部队的反"扫荡"。正是咬紧牙关的坚持精神,他们不畏艰难,勇敢抗敌。咬紧牙关坚持下去,就能变被动为主动。

(2022·江苏泰州)

1.请根据你对材料的理解,在横线处补写一句话作为观点统领本段内容。

明确:干事创业,往往需要一番"咬咬牙"的坚持。

2.根据同学们拟写出的观点,如果要给该选段补写论据,下面材料,哪一则不合适?请说明理由。

明确:D.论证的是勤能补拙的观点。

A."拼命黄郎"黄大年,平均每年出差130多天,回来就一头扎进办公室,就连在病床上都不忘科研。他用燃烧自己的方式,攻克了技术瓶颈。正是"咬牙"背后的担当精神,成就了黄大年无悔的人生。

B.数十年的跋涉困苦,是对李时珍的磨蚀,正因为如此,才会有《本草纲目》的诞生,才会有他在医药学上的成就。

C.我国第一个电子学女博士韦钰在德国进修期间,没有空暇到繁华的街头漫步,没有精力去剧场、影院欣赏艺术,她一心扑在专业学习上,就连生病也拒绝休息。正是这种坚持精神,才使她为祖国赢得了荣誉。

D.姚明与其他NBA球员相比,身体运动能力偏差,在弹跳、肌肉力量方面根本没法和黑人比。但姚明相信勤能补拙。因此每次训练前,他都要自己先练上两个小时。正因为勤奋,他才得以成为世界体坛冉冉升起的巨星。

(二)运用给出的材料,自选一个话题,写一段话。

材料:孙膑,战国时齐国人,军事家。今山东鄄城人。孙武后代。与庞涓同拜鬼谷子为师,学兵法。庞涓为人奸猾,嫉妒孙膑的才能却从未流露,一再表示将来有了出头之日,一定要举荐师兄,同享富贵。善良的孙膑遂与庞涓兄弟相称。后庞涓为魏惠王将军,假意请孙膑到魏,却诬告他私通齐国,处以膑刑(去膝盖骨)。孙膑吃猪粪装疯,躲避了杀身大祸,后来借机逃回齐国,被齐威王任为军师,缔造了著名战例"围魏救赵",后于马陵之战中减灶诱敌,大败魏军,计杀庞涓(庞涓见大势已去而自刎)。

话题一:轻信他人容易受害
话题二:妒忌使人走向毁灭
话题三:好集体不会埋没人才
话题四:小不忍则乱大谋,忍者无敌

学生自主完成后,小组交流展示,教师点拨,出示范例。

例1:轻信他人容易受害

俗话说,"防人之心不可无"。聪明如孙膑者,恰恰却忘了这句古训。如果他对庞涓有一点戒备之心,如果他意识到轻信他人会有潜在的危险,那么,他便不会陷入庞涓设计的圈套,以致招来双脚被膑的大祸。

例2:妒忌使人走向毁灭

孙膑与庞涓师出同门。当初,两人同拜一师,同习兵法,情同手足。按照常理,他们都会成为叱咤风云的将帅。但遗憾的是,心胸狭窄的庞涓却无法容忍师兄比自己聪明。在嫉妒心的作祟下,他把孙膑骗到魏国,残忍地切掉孙膑的膝盖骨,而自己最终也难逃兵败自杀的可悲下场。

例3:好集体不会埋没人才

孙膑与庞涓同出于鬼谷子门下。他们二人可说是精于谋略,都是不可多得的人才。但是当孙膑来到庞涓任职的魏国时,庞涓嫉妒他的才能,表面恭敬内心狠毒,多次向魏王进谗言,以致使孙膑被挖去膝盖骨,不得施展其才能。而齐王听说孙膑之才,不惜费尽心力,将孙膑请到齐国,委以重任。齐军才有了马陵道之胜。同是孙膑为何落得两种境遇呢?就是因为他效劳于优劣不同的两个统治集团。在魏国,庞涓只图私利,妒贤嫉能,魏王昏庸,偏听偏信,而且缺乏识别千里马的伯乐眼光。孙膑在这样一个集体中,如何施展大志呢?而齐王任贤用能,身边的臣子也不像庞涓那样谋私,因而上下齐心,孙膑在此,正得以充分发挥作用。可见,好集体不会埋没人才。

例4:小不忍则乱大谋,忍者无敌

面对师弟陷害、双脚被膑的重大人生打击,孙膑忍住了——他忍刑罚,容侮辱,装疯卖傻,坚持信念,终于寻得机会逃出齐国,而后施展才华,围魏救赵,诱敌深入,大败魏军,杀庞涓,雪前耻,成大业。古人云:"小不忍则乱大谋。"孙膑的经历充分地证明了这个道理:忍者无敌;善忍,方能取胜。

本课小结:1.提纲挈领,提要钩玄:抓住重点,找准论点;2.纲举目张,执本末从:有所取舍,指向论点;3.兵随将转,以意役法:围绕观点,强化中心。

作业:运用所学方法,自选一篇文章,用思维导图梳理文章中的观点及材料,分析他们的关系。篇目:《怀疑与学问》《创造宣言》《谈创造性思维》

第4课时：论证有序　表述严密——语言品味课

一、分析议论文语言特点

（一）结合文本，分析《中国人失掉自信力了吗》语言特色，体会"中国的脊梁"这一精神。

1.两年以前，我们总自夸着"地大物博"，是事实；不久就不再自夸了，只希望国联，也是事实；现在是既不夸自己也不夸国联，改为一味求神拜佛，怀古伤今了——却也是事实。（提示："总""只""一味"的表达效果，有什么作用？）

2.那也只能说，中国人曾经有过"他信力"，中国人现在是在发展着"自欺力"。（揣摩"自欺力"、"自欺力"造语的新奇）

3.我们自古以来，就有埋头苦干的人，有拼命硬干的人，有为民请命的人，有舍身求法的人……虽是等于为帝王将相作家谱的所谓"正史"，也往往掩不住他们的光耀，这就是中国的脊梁。（中国的脊梁这个比喻好在哪里？）

【设计意图】通过品味语言，感受文章背后所蕴含的人文精神。在教学中要注意不仅要选取古代人物，还要关注新时代的优秀人物，帮助学生理解"中国的脊梁"在当今社会的价值。

（二）结合文本，分析《怀疑与学问》的语言特点。"一切学问家，不但对于流俗传说，就是对于过去学者的学说也常常抱怀疑的态度，常常和书中的学说辩论，常常评判书中的学说，常常修正书中的学说：要这样才能有更新更善的学说产生。"

1.这里的"一切"会不会太绝对？

2.这句话中四个"常常"开头的短语，顺序能不能调换？

（三）合作小结，议论文语言特点，"我能发现"：

1.严密性：是指议论语言周到，没有疏漏，无懈可击。2.鲜明性：表现在它通过语言表达的观点毫不含糊，赞成什么反对什么，爱什么恨什么，要求什么不要求什么，一清二楚。3.生动性：在于简洁明快地勾画，有时还借助歇后语、俗语、方言和各种修辞方法来增强文章的生动性。具有严谨准确、形象生动、直接通俗等特点。4.概括性：就是利用比较抽象的词语来表达丰富的内容。

二、作业：自选《创造宣言》《谈创造性思维》的句子，分析其作用，做好批注。

第5课时：观点鲜明　言之有据——学写议论文

一、课前预习

指出情境中的逻辑错误并能做简要解释：

1.我会飞，会飞的人能摸到云，所以我能摸到云。2.小丽是广东人，小丽喜欢吃，所以广东人喜欢吃。3.小丽是广东人，广东人喜欢吃，所以小丽喜欢吃。4.天下雨地就会湿，现在地湿了，因此，一定是下雨了。5.小丽："老板，你这儿有好吃的冰淇淋吗？我想要香浓可口的。"老板："我这都是好的，次品都不让出厂的。"6.一位学生说："关于大学老师上课要不要点名的问题，我认为不点名好，因为确实存在一些质量不高的课程，点名在一定程度上限制了学生的自由，浪费了学生的时间，另外点名在一定程度上体现出教师对学生的不信任。但是我也觉得不点名不好，因为很多学生存在厌学现象，并且逃课成风，如果教师上课不点名，这是纵容学生，不负责任，变相助长逃课风气。"

二、从课前研学的生活情境常出现的逻辑错误入手，师生共同讨论避免逻辑错误的方法。

（提示：结合课本第111页，论证要合理的写作指导）"我发现"：

明确：论证要合乎逻辑，观点要一致，概念要统一；材料能支持论点，避免论据不充足或不相干的情况；选择恰当的论证方法；论证合理，结构合理，思路清晰。

三、小组任务

任务要求：小组合作，围绕"知足常乐"话题，将师生共同搜集的材料组成一个"材料包"，然后，通过对材料的分析、筛选，分别列为立论观点和驳论观点之下。

四、理清写作思路

（一）任务要求：独立完成；在完成上一任务的基础上，搭建框架，绘制思维导图或提纲。

（二）灵活使用论证方法，形成一篇不少于300字逻辑严密的议论文。

（三）开展作文评改活动：学生互评、教师评。

五、课后作业：有针对地修改和完善自己文章。

陈春兰，广东省广州市番禺区金海岸学校教师；王彤，广东省广州市番禺区市桥东风中学教师。

战前动员演讲模拟训练设计

◎陈亚萍

【课程设计构想】

一、教学内容与目标

本节课是《大学语文》演讲部分的内容，也是大学批准的"课程教学计划"中课堂实践的内容。

训管部颁布的新教学大纲明确要求，《大学语文》课要培养学员"准确运用口语进行军队常用演讲的能力"，本节课紧扣大纲，旨在培养学员战前动员演讲的能力。这种能力是指技合一军事人才的必备能力。这种能力的获得必须通过实践，正如小鸟要学会飞翔，必须反复试飞一样。孔子说："学而时习之，不亦说乎？"其中的"习"，繁体字上面的羽，代表小鸟翅膀，本意就是小鸟试飞，即练习、实践的意思。

二、教学实践特色

《大学语文》实践教学的目的、途径与其他课程一样。目的都是培养学员的实践能力，途径都是通过传授基本方法，进行实践训练，获得相应能力，但依托的场所、采用的手段有所不同。

《大学语文》实践教学不是在机房、实验室、训练场，而是在教室进行；不用实验设备、训练器材，而是通过头脑思维训练、口头、书面表达训练来进行，引导学员"我口表我意，我手写我心"，使他们"站起来能讲，坐下来能写"，成为适应岗位需求的有用人才。

三、训练原则与方法

（一）为战育人原则

本节课所讲的战前动员演讲的"战前"既包括作战之前，也包括遂行非战争军事行动之前，比如抗洪抢险、处突维稳、国际维和、联合军演等，这些都是部队时常遇到的演讲情境。本节课瞄准实战情景，展开针对性训练。

（二）精讲多练方法

本节课围绕战前动员演讲的"激励性"特点，按照"精讲多练"的方法展开实践教学。

所谓精讲，就是教员精要讲解动员演讲的三种激励方法，让学员明白原则和要领，理解演讲的模式和结构。

所谓多练，就是采用多种练习方法，包括案例分析、小组讨论、模拟演练、实战演讲等。通过精讲多练，让学员在动员演讲时，思考有方向、心中有结构、演讲有技巧，动员有劲头。

在传授方法、提高能力的同时，本节课还有机融入课程思政，努力做到思政教育如盐在水、如春在花。比如，在练习说理这一激励方法"如何增强使命感"时，选取突出体现军人使命感的演讲材料，让学员在对材料的分析和模拟中，在构思演讲腹稿的过程中，在声情并茂的实战化动员中，受到崇高使命的感染和熏陶，深切领悟军人的责任和担当，不知不觉增强使命感，达到润物无声的育人效果。

【课程实施过程】

30人左右的小班化教学，6名左右的同学分为一组，以小组讨论、合作分工形式进行学习。

导入

同学们，我们开始上课。先请大家来看一段视频：（视频26秒）

李云龙：我要说的只有一句，天下没有打不破的包围圈，对我们独立团来说，老子就不把他当成是突围战。当成什么？当成进攻！向我们正面的敌人发起进攻！大家有胆量没有？（有）记住！全团哪怕只剩一个人，也要继续进攻！死也要死在冲锋的路上！（《亮剑》视频）

这呢，是电视剧《亮剑》的一个片段，面对被敌人包围的严峻形势，李云龙仅用了几句话，就鼓起了将士们誓死突围的勇气和信心，这就是实战中的战前动员演讲。（停顿）

古往今来，战前动员演讲一直发挥着重要作

用,各国军事将帅和基层指挥员都高度重视战前动员演讲。

公元前48年,面对庞培大军的疯狂攻势,凯撒在阵前以激情四射的演讲,激励人困马乏、粮草短缺的将士们破釜沉舟、英勇作战,一举击败了数倍于己的虎狼之师;1941年11月7日,面对德军的大举进犯,斯大林在红场阅兵式上,以气吞山河的演讲鼓舞苏联红军从阅兵场直接开赴反法西斯的战场;我军战斗史上,各级指挥员也曾以充满豪情的动员演讲,激励无数革命战士舍生忘死、奋勇杀敌,取得了一个又一个胜利。

同学们,在未来的战位上,我们也要充分发挥战前动员演讲的作用,需要较高的战前动员演讲能力。而这种能力就像同学们练体能一样,是可以训练出来的。下面我想问大家一个问题,上节课我们讲过战前动员演讲最鲜明的特点是什么?

(生)激励性。

非常好!

那么这类演讲类型的最根本的目的是——?

(生)鼓舞士气、激发斗志。

没错,鼓舞士气、激发斗志。看来大家掌握得不错!今天,我们就通过训练,告诉大家激励的方法,切实提高动员演讲的能力。

根据我们的研究,在战前动员演讲中激励的有效方法主要有三种,简单地说就是:说理、讲史、点赞。

第一部分 说理

首先,我们来看"说理"。所谓说理就是说明意义、讲清道理,通过增强使命感,激发官兵斗志。正如独臂英雄丁晓兵所说:"使命感、责任感总是与热血一起激荡。"强烈的使命感能使军人热血沸腾,平时忘我,战时忘死。

我们说理的方法就是,把要执行的任务与军人的使命联系起来,并对任务的意义进行升华。而升华又可以从五个方面展开:党、国家、人民、军队、单位。具体演讲时,指挥员可以根据具体情境,有所侧重。

下面我们来看一个案例,1998年抗洪中,某团在九江封堵长江大堤决口前,团政委魏殿举在抗洪大坝上做过这样一段动员演讲。我们请生A同学来演讲一下:

生A:到!

同志们,我们扛的不仅是沙包,还是党中央、中央军委的重托;我们堵的不仅是决口,还是吞噬人民生命财产的血盆大口;我们筑的不仅是一道堤坝,还是一道钢铁长城!

师:读得很有节奏感,声音很洪亮。我们现在来分析一下内容。看看魏政委是如何把任务和使命联系起来,并进行升华的呢?同学们思考一下。

好,哪位同学可以回答一下?

生B:报告!

师:好,××,请回答。

生B:执行的具体任务是扛沙包、堵决口、筑堤坝。扛沙包扛起的是党中央、中央军委的重托,堵决口,是为了保护人民群众的生命财产安全,筑成的堤坝是一道像人民解放军一样的钢铁长城。

师:好,请坐。刚才B同学讲了任务、讲了使命,还讲了他们之间的联系。现在,我们来分析一下魏政委是如何升华的呢?首先,我们来看三个动词,扛、堵、筑,扛沙包,扛起的是沙包,也是党中央、中央军委的重托,其实这是党赋予人民军队的责任和使命;堵,堵的是决口,保护的是老百姓生命、财产安全,这也是人民子弟兵的责任和使命;筑起的堤坝又是一道"钢铁长城"。那么政委就从党、人民、军队三个层面,把任务和使命感进行了联系和升华,讲清了使命,激发了官兵的斗志。

我们在实际应用中,还可以从其他角度进行升华,再看一个案例。

2020年春节前夕,解放军988医院组成医疗队,驰援武汉,临行前,杨政委对队员们进行了动员讲话,还是请生A同学来进行模拟演讲:

生A:到!

同志们,武汉人民正在遭受新冠病毒的威胁,上级命令我们驰援武汉,共同抗疫,这是祖国的召唤,也是我们医院的使命,更是每一位队员的荣耀!院党委要求你们忠诚使命、不辱使命、为988医院争光,为军旗添彩,载誉归来!

师:好,请坐!讲得不错。我们来看一下,这段内容中杨政委是从哪几个层次表达使命感的呢?

生C:报告!"武汉人民"是人民角度;"祖国的召唤"是国家角度;"为988医院争光"是单位角度;"为军旗添彩"是军队角度。

师：请坐，C同学分析得不错！这个例子与刚才1998年抗洪的例子相比，又增加了国家和单位两个层次。我们在动员演讲时，也要注意从这5个角度讲清使命、说明意义，激发官兵斗志。

第二部分 讲史

下面来看第二个方法，"讲史"。

讲史，就是讲述部队的光辉历史和特殊荣誉，通过荣誉感来激发官兵斗志。荣誉是军人的第二生命。崇尚荣誉一旦成为官兵的自觉价值追求，就会迸发出无与伦比的力量。军人可以为荣誉而奋战，为荣誉而献身。我们指战员在战前动员演讲时，可以通过强调部队光荣传统，激发部属的荣誉感。

2019年建国70周年国庆阅兵，82集团军铁军旅参加阅兵前，政委对受阅官兵进行了这样一次动员讲话。

师：×××！

生C：到！

师：请你按照上节课所讲的模拟演讲相关要求，进行演讲。

生C：同志们，我们是英雄的铁军旅、曾经的叶挺独立团。92年前，我们在南昌打响工农革命的第一枪；82年前，我们在平型关打赢抗日战争的第一仗；70年前，我们血战四平，横渡长江，解放海南岛；40年前，我们驻守猫耳洞，鏖战老山。人民叫我们"铁军"！今天，我们即将接受党和人民的检阅，让我们以最昂扬的姿态走过天安门广场，走出铁的信念、铁的纪律、铁的团结、铁的意志、铁的作风，要对得起"铁军"这个光荣的称号！

师：×××讲得非常好，气势非常足。我们来看一下，这个例子，是运用部队辉煌历史和光荣传统，激发官兵荣誉感的成功案例。政委是怎么讲的呢？他用4个排比讲述了铁军旅90多年的光辉历史，从南昌起义、抗日战争、解放战争，到对越自卫反击战，历数了铁军旅的赫赫战功，褒奖了铁军顽强如铁的优良作风，激发了受阅官兵维护已有荣誉、争取更大荣誉的勇气和决心。

这个例子看完，我们可能有一个疑问，我们在讲的时候要如何运用荣誉呢？下面我们通过一个练习，来告诉大家。

上节课，个大家布置了一个练习作业：搜集了本单位关于体能联考方面的荣誉，现在请几个小组谈一谈，搜集的怎么样呢？（第二小组谈一谈同时站起"报告！"依次说，听口令同时坐）。

师：好，赵珏开始！

生D：报告，我们院在2018、2019、2020年的毕业联考中，优秀率达到了40%，合格率均超过96%。

生E：我们院在毕业联考中连续两年被评为优胜单位。

生F：过去4年中，我们院有4名获得校长奖学金，他们都是联考全优学员。

师：非常好！光听大家的语气都很为你们院感到自豪，大家搜集得不错，作业完成得不错！下面进行情景演练。

假如你是大队长，在2022年体能联考前，参考铁军政委的动员，用大家刚才提到的材料，做一个简短的动员演讲。

给大家6分钟讨论，做好演讲准备。

（学员小组讨论特写镜头，3秒钟快进。）

（学员讨论，教师从旁指导）

师：好，讨论结束，哪个小组愿意展示？（各小组一名同学站出来，刘桂林：报告！赵珏：报告！蒲志东：报告！）

这一组速度最快，那就请刘桂林来演讲一下！

生G：同志们，明天就要体能联考了，检验你们训练成果的时候到了！以往的体能联考，我院连创佳绩。过去两年，我院连续被评为联考优胜单位；过去三年，我院联考合格率均超96%，优秀率超过40%；过去四年，我院有4名学员凭全优的联考成绩荣获校长奖学金；今天，荣誉的接力棒传到了你们的手里，我相信大家也一定能取得好成绩，继续为院争光，为军旅生涯添彩！大家有没有信心？

师：不错，请坐！有点铁军政委的味道了。荣誉运用到位、排比使用恰当，很有鼓动性。

将来大家到部队后，在动员演讲时需要用到讲史的方法激励官兵。在用这个方法时，要注意以下几点：一，要注意挖掘荣誉。通过多方调研，借助军史馆、荣誉室等途径，了解所在部队的先进人物、光辉事迹和突出成绩，力争做到了如指掌、如数家珍，形成丰富的素材库；二，要注意针对具体任务的性质精心选择贴合度高、激励性强的相关荣誉；三，要注意恰当表达荣誉，讲话中可以通过排比、对比等手法,充分展示荣誉,增强动员演讲的激励性。

这是,第二个方法"讲史"。

第三部分 "点赞"

下面我们来看"点赞"。

点赞,就是点出有利条件,并对部队进行赞美,通过提升自信心来激发官兵斗志。军人有了自信心,就会产生首战用我、用我必胜的豪情,拥有无所畏惧、一往无前的气魄。然而,面对如狼似虎的敌人、艰巨如山的任务,人的自信心会受到打击,情绪会受到抑制,影响战斗的勇气和力量。动员演讲可以通过点出有利条件和对官兵进行褒奖来帮助大家树立自信心,形成战斗力。

我们先来看,点出有利条件。点出有利条件就是,分析敌我双方态势,突出强调我方优势,激励官兵成为"勇者",夺取胜利。二战中,西西里登陆前夕,"铁血将军"巴顿率领的是美军第45师,该师大多数是初次参战的新兵,缺乏作战经验,心理上不成熟,为了从精神上武装这支年轻的部队,巴顿做了这样的动员演讲……

哪位同学,愿意自告奋勇地读一下巴顿这段话?

生H:报告!

师:好! ×××讲!

生H:所有的人都害怕战争,敌人和你们一样,甚至比你们更害怕。我们已经消灭了敌人的精锐部队,下次战斗中碰到的,将不是他们的精华。要记住,在战斗中,总是进攻者胜。敌人不清楚我们的意图,他们必然要招架,招架是不能打胜仗的。

师:读得很好,请坐!我们一起来分析一下,为了增强部队的自信心,巴顿提到了哪些有利条件?

生I:报告!

师:好,×××(请回答)。

生I:教员,我觉得提到了三个有利条件:一是心理上,敌人更害怕战争;二是实力上,敌人的精锐部队已被消灭;三是态势上,敌人处于招架的被动局面。通过对比,巴顿讲清了利于我方的条件,让士兵看到了胜利希望,坚定了必胜的信念。

师:分析得很到位。我们在动员时,要向巴顿学习,结合具体任务,讲清有利条件,打消官兵疑虑,建立自信,激发斗志。

以上是通过分析有利条件来增强自信心,接下来我们看如何通过夸赞、肯定官兵,来增强他们的自信。

电视剧《我是特种兵》中,战区司令对特战队员说过一段非常提气的话,我们来看:(视频57秒)

告诉我,你们都是10项全能冠军对吧?

你们真不错!有限的经费,有限的人员,强大的战斗力!

好钢就要使在刀刃上,中国陆军特种部队一定要不亚于任何一支外军特种部队,要成为祖国和人民的一把利剑,一支虎狼劲旅!今天你们斩了我战区司令部的首,但今天演习还不算数,明天我要亲自看见你们提着敌酋的头来见我,同志们有没有信心有?

有!

师:哪位同学可以说一下,刚才战区司令是怎样夸赞特种部队的?

(请同学举手)。

师:好,×××!

生F:报告教员,说他们都是10项全能冠军,夸赞了他们过硬的军事素质;夸赞了他们花钱少、人数少,战斗力却很强;说他们斩了战区司令部的首,夸赞了他们的优异战绩。

师:很好,战区司令从军事素质、建设成绩、战绩三个方面进行夸赞,有理有据,激励性强,让特战队员们自豪感油然而生,进而对未来的战斗充满了自信。

夸赞的方法,激励效果十分明显,作为指挥员,要深入了解部队,努力发现官兵身上的闪光点,进行充分有力的夸赞,激发他们的战斗豪情。

四、效果检验与综合演练

以上,我们分别针对说理、讲史、点赞这三种激励方法进行了分步讲解、练习,下面我们检验一下大家掌握的情况。请大家翻开手中的动员演讲材料,用两分钟时间阅读判断一下,分别使用了什么激励方法?

材料一:

1796年4月28日,拿破仑在率军征服了距都灵十法里的凯拉斯科之后,士兵们对于征服意大利表现得信心不足,斗志不旺。在这关键时刻,拿破仑用已经取得的辉煌战绩,以炽热的演讲进行了一次

战场鼓动：（文字材料）

士兵们，你们在15天内赢得了6次胜利，缴获了21面旗子和55门大炮，攻下了几座要塞，征服了皮埃蒙的最富饶的地方，你们捉住15000名俘虏，你们杀伤10000多敌人。

你们什么也没有，什么都得自己操心。你们没有大炮打了胜仗，没有桥梁能够过河，没有鞋穿能够急行军，你们休息时没有酒喝，甚至常常没有粮食吃。只有共和国的军队，只有自由的战士，才能够忍受你们所能忍受的一切。

材料二（视频），同时，学生在讨论：

我们将要守护的这个地方，终年荒无人烟，如果没有发生战斗，我们可能一辈子都不会来到这里，这里没有青山绿水，没有金银宝藏。可是在我们军人眼里，这里是最美的地方，因为它是中华人民共和国的国境线，是我们必须用生命和鲜血誓死捍卫的地方，现在，让我们以军人的尊严宣誓，犯我中华者虽远必诛！（守土抗敌的责任与使命感）

敬礼！

（视频结束，镜头直接连接，发言同学）

生K：第一个材料，拿破仑的讲话，首先列举了将士们在短短15天内所取得的辉煌战绩，并且强调了这些战绩是在"什么也没有"的艰苦条件下取得的，这就让将士们感到"原来我很行""一切皆有可能"，很明显用的是点赞的方法。

生L：第二个材料，《战狼》中我方指挥官说，他们守护的终年荒无人烟的地方，是中华人民共和国的国境线，必须用生命和鲜血誓死捍卫，体现了中国军人守卫国土的强烈使命感，用的是"说理"的方法。完毕！

师：两位同学回答的都很好，看来大家已经基本掌握了激励的方法。

下面我们进行综合演练，请看演练背景：

在南海诸兵种合同登陆作战演习中，红一连担任空降兵某部先头部队，距演习开始仅有1小时了，作为红一连连长，请你做一次战前动员演讲。

（提示：说理、讲史、点赞）

给大家6分钟时间，分组完成讨论和演讲准备。

师：好，讨论结束，刚才我看到大家讨论的非常热烈，哪个小组愿意展示？（×××：报告！×××：报告！×××：报告！）

师：这一组速度最快，那就请×××讲一下。

生M：是！（走出来面向大家）全体起立！

生M：同志们！再过一小时演习就要正式开始了！我们连作为先头部队，在演习中能否做到投得下、攻得上、站得牢，直接关系到整个演习的成败，也关系到我们连队的形象，甚至关系到整个空降兵部队的声誉。

我们红一连，是一支有光荣传统的连队，在战争年代以敢打敢拼，能打硬仗、恶仗著称。争第一、夺红旗、站排头是我们一连的性格！今天，军首长把这项艰巨任务交给我们，是对我们的信任，是我们一连的荣耀！

同志们，你们都是全师最好的空降兵，个个都是英雄好汉，无论情况多复杂，任务多艰巨，大家从未叫过苦、落过后！我们一连被称为"尖刀连"。这次演习，一连这把尖刀绝不能在我们手上"卷"了"刃"！我们要以首战用我，用我必胜的信心和决心，再打一个漂亮仗，让一连的战旗更加鲜红！同志们有没有信心？

众：有！

（全员两列，鼓掌）

师：很好，请坐！×××的演讲，用红一连演习中的表现到连队和空降兵部队的声誉，让官兵感受到肩上的责任和使命，用了讲理的方法；讲述连队光荣的历史，增强了大家的荣誉感，用了讲史的方法；夸赞官兵是最好的空降兵，夸赞一连是尖刀连，提升了官兵的自信心，用了点赞的方法。这些方法都大大增加了动员演讲的激励性，我听完后都觉得热血沸腾，激情澎湃，非常好！

同学们，今天我们讲解、演练了战前动员演讲的三种激励方法。俗话说"拳不离手，曲不离口"，希望大家在今后的学习、训练中，随时练习，在实践中不断提高战前动员演讲能力。让我们的演讲成为前进的号角，催征的战鼓，激发战斗力的第二军火库！下课！

陈亚萍，河南省郑州市信息工程大学基础部人文教研室教师。

《红楼梦》深入研读与合作交流教学案例

◎李玥璇

【学习目标】

1.语言建构与运用:在整本书阅读的基础上,挑选重要回目精细阅读,在阅读中产生问题,学生小组合作探究分析问题,师生运用"前后相援研读法"解答疑问。

2.思维发展与提升:通过赏析小说典型情节,探究体会人物性格的多样性和复杂性,更深层地品味《红楼梦》的叙事艺术魅力。

3.审美鉴赏与创造:在阅读中学会欣赏与判断,提升小说鉴赏能力。

4.文化传承与理解体会:领悟小说的艺术价值,探讨小说的思想内涵和社会意义。

【教学重点】

1.运用"前后关联研读法",梳理人物事迹。

2.小组合作提出问题,分析问题,关联前后文本解答问题。

【教学难点】

读懂文本,探究人物性格特点。

【课时安排】1课时

【教学过程】

一、导入

《红楼梦》的艺术地位独步古今,文化内涵博大丰厚。其中,曹雪芹采用"草蛇灰线,伏脉千里"的结构来安排人物故事,这种写作手法精妙绝伦,但却给我们读懂红楼梦,分析人物性格带来了不小的挑战,因为书中的人物经常是集体活动的,他们的一言一行是星罗棋布分散在各个章节中的。

今天,我们尝试一种阅读《红楼梦》的方法:前后相援研读法。运用这种方法来前后关联,品味人物。

二、学法指导

"前后相援研读法"建立在整本书阅读的基础上,选择一位人物,挑选出描写这位人物比较重要的回目,进行精细阅读。在阅读中,提出问题,结合前后相关联的回目和文段,进一步探究人物性格的多样性和复杂性,感受《红楼梦》精彩的叙事艺术,更深层次地去体味《红楼梦》的内涵和主旨,同时提升小说鉴赏能力。

三、方法实践

1.课前阶段:选择"金陵十二钗"中的三姑娘"贾探春"作为探究对象,以书中描写她的重要回目作为基点,进行精细阅读,提出问题,关联其他回目的片段描写,分析人物性格。

2.课前阶段:学生合作小组成员之间交流整合探究结果。

3.课堂阶段:由小组代表展示成果。

4.课堂阶段:师生合作汇报成果,教师进行适当补充。

四、成果展示

1.研读一

品读人物:探春

研读回目:第五十五回 辱亲女愚妾争闲气 欺幼主刁奴蓄险心

文段(本章回 探春理家):"便添了一个探春,也都想着不过是个未出闺阁的年轻小姐,且素日也最平和恬淡,因此都不在意,比凤姐儿前更懈怠了许多。只三四日后,几件事过手,渐觉探春精细处不让凤姐,只不过是言语安静,性情和顺而已。""镇山太岁"。

问题:探春素日的平和恬淡和理家时的精细,具体是怎么体现的,是否矛盾?

相援文段:第三回 探春外貌;第四十回 探春卧室;第三十七回 探春起社

品读人物性格:朴而不俗 开朗大方 精细缜

密　直而不拙

重要文段：第五十五回　辱亲女愚妾争闲气　欺幼主刁奴蓄险心

①分析：在第五十五回中，因为王熙凤生了病，王夫人让李纨、探春和薛宝钗来共同协理贾府的日常事务。探春一上任就遭遇两大难题，第一个难题是管事的婆子藐视李纨老实，探春是未出阁的年轻姑娘，且素日也最平和恬淡，因此都不在意，比凤姐儿前更懈怠了许多。甚至欺瞒掣肘，想看笑话。这就是回目上的"欺幼主刁奴蓄险心"。可是，几件事过手，却渐觉探春办事精细缜密，不让凤姐，再加上李纨和宝钗的协理，倒比凤姐当差时要更谨慎些，因此把他们三人称为"镇山太岁"。

相援文段：第三回　贾雨村夤缘复旧职　林黛玉抛父进京都

不一时，只见三个奶嬷嬷并五六个丫鬟，簇拥着三个姊妹来了。……第二个削肩细腰，长挑身材，鸭蛋脸面，俊眼修眉，顾盼神飞，文彩精华，见之忘俗。

②分析：这里的"顾盼"是说探春在一抬眼一凝眸之间，那种透亮的神采就尽释而出。外貌可能是天生的，但是神采却可由后天形成，文中说三姐妹的钗环裙袄，皆是一样的妆饰。而探春的"俊眼修眉，顾盼神飞"确实与其他几位姐妹不同，特别是与其姐迎春的"温柔沉默"相比，更多了一种神韵，让人"见之忘俗"。

第四十回　史太君两宴大观园　金鸳鸯三宣牙牌令

凤姐儿等来至探春房中，只见他娘儿们正说笑。探春素喜阔朗，这三间屋子并不曾隔断。当地放着一张花梨大理石大案，案上磊着各种名人法帖，并数十方宝砚，各色笔筒，笔海内插的笔如树林一般。那一边设着斗大的一个汝窑花囊，插着满满的一囊水晶球儿的白菊。西墙上当中挂着一大幅米襄阳《烟雨图》，左右挂着一副对联，乃是颜鲁公墨迹，其词云：烟霞闲骨格　泉石野生涯

案上设着大鼎。左边紫檀架上放着一个大观窑的大盘，盘内盛着数十个娇黄玲珑大佛手。右边洋漆架上悬着一个白玉比目磬，旁边挂着小锤。

③分析：刘姥姥第二次来到贾府，跟随贾母游大观园，我们借着她的眼一览了探春卧室的样貌。

卧室是一个比较私人的空间，可以折射出人的部分真性情。探春素喜阔朗，房内不曾隔断。案儿上的笔筒内插的笔如树林一般。花囊内插着素雅并象征高洁的白菊花。墙上挂着和苏轼并称"宋四家"的北宋大书画家米芾的《烟雨图》，以及唐代著名书法家颜真卿的墨迹，就此看来，探春不但酷爱书法，精通文墨，还是心胸开朗，极有品味的人。

第三十七回　秋爽斋偶结海棠社　蘅芜苑夜拟菊花题

宝玉听说，便展开花笺看时，上面写道：

娣探谨奉

二兄文几：前夕新霁，月色如洗，因惜清景难逢，讵忍就卧。时漏已三转，犹徘徊于桐槛之下，未防风露所欺，致获采薪之患。昨蒙亲劳抚嘱，又复数遣侍儿问切，兼以鲜荔并真卿墨迹见赐，何瘝瘝惠爱之深哉耶！今因伏几凭床处默之时，忽思及历来古人处名攻利敌之场，犹置一些山滴水之区，远招近揖，投辖攀辕，务结二三同志者盘桓于其中，或竖词坛，或开吟社，虽一时之偶兴，遂成千古之佳谈。娣虽不才，窃同叼栖处于泉石之间，而兼慕薛、林之技。风庭月榭，惜未宴集诗人；帘杏溪桃，或可醉飞吟盏。孰谓莲社之雄才，独许须眉；直以东山之雅会，让余脂粉。若蒙棹雪而来，娣则扫花以待。此谨奉。

宝玉看了，不觉喜得拍手笑道："倒是三妹妹的高雅，我如今就去商议。"一面说，一面就走，翠墨跟在后面。

……

探春笑道："我就是'秋爽居士'罢。"宝玉道："居士、主人到底不恰，且又累赘。这里梧桐、芭蕉尽有，或指梧桐、芭蕉起个倒好。"探春笑道："有了，我最喜芭蕉，就称'蕉下客'罢。"众人都道别致有趣。

……

于是先看探春的稿上写道是：

咏白海棠限门盆魂痕昏

斜阳寒草带重门，苔翠盈铺雨后盆。
玉是精神难比洁，雪为肌骨易销魂。
芳心一点娇无力，倩影三更月有痕。
莫谓缟仙能羽化，多情伴我咏黄昏。

大家看了，称赞一回……

④分析：探春富有高远的诗情，最初起意组建"海棠诗社"的就是她，第三十七回中，探春写给宝玉的"结社函"里，有"孰谓莲社之雄才，独许须眉；

直以东山之雅会,让余脂粉。"其中已隐然有苏东坡的洒脱之味了。自诩"蕉下客",则可见其性情中有清朗大气的一面。

虽然说,探春的诗才与黛玉、宝钗相比,还是有着明显的距离,但读她的诗,那种高远潇洒之味,又是宝钗、黛玉所不具备的。

重要文段:第五十五回　辱亲女愚妾争闲气　欺幼主刁奴蓄险心

⑤分析:理家时的探春表现出性格的另外一面。

以吴新登的媳妇为首的一众婆子们,积蓄险心,都打听李纨和探春二人办事如何:若办得妥当,大家则安个畏惧之心;若少有嫌隙不当之处,不但不畏伏,出二门还要编出许多笑话来取笑。于是故意试他二人有何主见。可是,探春却能按照旧例,秉公办事,并且清晰地洞察到了众媳妇们的险恶用心。她的精细缜密让大家佩服,以致原本所蓄的险心也就化为尽心,不敢轻佻敷衍,不敢欺瞒。

小结:平素的探春是朴而不俗、开朗大方;理家时的探春,精细缜密、直而不拙。人物性格呈现出了多样性的特点,并不矛盾。

2.研读二

品读人物:探春

研读回目:第五十五回　辱亲女愚妾争闲气　欺幼主刁奴蓄险心

(文段)本章回　赵姨娘争闲气

"赵姨娘没了别话答对,便说道:'太太疼你,你越发拉扯拉扯我们。你只顾讨太太的疼,就把我们忘了。'"

"探春忙道:'这大嫂子也糊涂了。我拉扯谁?谁家姑娘们拉扯奴才了?他们的好歹,你们该知道,与我什么相干。'"

"赵姨娘气的问道:'……如今你舅舅死了,你多给了二三十两银子,难道太太就不依你么?……'"

"探春没听完,已气的脸白气噎,抽抽咽咽的一面哭,一面问道:'谁是我舅舅?我舅舅年下才升了九省检点,那里又跑出一个舅舅来?……'"

问题:①探春说"谁家姑娘们拉扯奴才(赵姨娘)了?"探春的行为是否是不孝顺的?②探春为什么说自己的舅舅不是赵国基,而是九省检点王子腾?并且在平儿传话后还是不愿意多给二三十两银子?

相援文段:第六十五回　兴儿评价探春;本章回　凤姐评价;周汝昌先生的分析

品读人物性格:知礼明理　公正无私　情理兼备　两尽其道

重要文段:第五十五回　辱亲女愚妾争闲气　欺幼主刁奴蓄险心

①分析:探春遇上的第二个难题是回目上所说的"辱亲女愚妾争闲气","愚妾"是指赵姨娘,她"辱亲女",欺凌羞辱自己亲生的女儿探春,因此引发了"争闲气"的纷扰。

赵姨娘要求探春"拉扯拉扯我们",探春却说"谁家姑娘们拉扯奴才(赵姨娘)了?"探春的行为是否是不孝顺的?在后面的对话中,探春为什么说自己的舅舅不是赵国基,而是九省检点王子腾(也就是王夫人的兄长)?并且在平儿传话后还是不愿意多给二三十两银子?

赵姨娘看到探春受到王夫人的重用,于是想要利用血缘关系勒索探春,要求探春给她多余的好处。但从贵族世家的宗法制度来说,赵姨娘是个妾,妾和她的本家都与主家没有亲属关系,因此探春的母亲是王夫人,不是赵姨娘;自然探春的舅舅也应该是王子腾,并不是赵姨娘的兄弟赵国基,探春所宣达的道理符合传统的礼法。

如果探春一开始理家,就额外多给了只有血缘关系的赵家各种好处,那就是徇私违法、处事不端,不但违背了公正无私的品格,也会被其他人看不起,而一旦探春无法服众,以后又怎么理家呢?但赵姨娘一味地自私自利,从来没有考虑到她用血缘关系要求特权,其实是破坏制度不守规矩的行为,却反过来羞辱探春趋炎附势,难怪探春会悲愤到掉下眼泪。而且我们看到,本章细节中,"忽见赵姨娘进来,李纨、探春忙让坐。"后头还有"探春忙道""探春听说,忙站起来,说道:'我并不敢'"。一连三个忙字,这绝非是虚伪,而是处处在按礼尊敬赵姨娘。

②补充资料:红学家周汝昌解释得全,"赵姨娘若是贤惠善良之辈,全家依然尊敬照顾。而探春亦不失千金小姐之尊严,偏偏赵氏又是一个如此愚昧鄙恶之女人,扫尽探春颜面……而世人读《石头记》却有评议探春之不认亲母,以为攀高争宠。若如此读之,则《石头记》之品格亦扫地矣。盖争得四十两是一点私心,而坚守二十四两之旧例方是大公无私。世之辱骂探春者,不知是爱公乎,还是爱私乎?"

相援回目：

第六十五回　贾二舍偷娶尤二姨　尤三姐思嫁柳二郎

兴儿拍手笑道："……三姑娘的浑名是'玫瑰花'。"尤氏姊妹忙笑问何意。兴儿笑道："玫瑰花又红又香，无人不爱的，只是刺戳手。也是一位神道，可惜不是太太养的，'老鸹窝里出凤凰'。……"

③分析：曹雪芹借兴儿之口对赵姨娘和探春的关系，做了一个非常形象的比喻，探春是一只辉煌高贵的凤凰，而赵姨娘确是一只漆黑粗俗的乌鸦！

探春一上任就遇到这么大的难题，但她并没有屈服，而是用客观公正的法、理抵挡了赵姨娘的血缘勒索和人情压力，把一般人容易碍于情面的困境给扭转了。

本章回的结尾处，"凤姐听了平儿回来的报告以后，就十分赞赏地说：'好，好，好，好个三姑娘！我说他不错。……说探春是咱家的正人，皆因是赵姨娘那老东西闹的，……按正理，天理良心上论，咱们有他这个人帮着，咱们也省些心，于太太的事也有些益。'"凤姐已堪称为万夫莫敌的巾帼英雄，一连四个"好"字，如此称赞探春，说明探春不只有治家理事的才干，她更卓越的是有一种突破庶出身份的胸襟和气度。

小结：探春情理兼备，两尽其道，真是个有为有守的君子。

3.研读三

品读人物：探春

研读回目：第五十六回　敏探春兴利除宿弊　时宝钗小惠全大体

（文段）敏探春兴利除宿弊：

"探春道：'因此我心中不自在。钱费两起，东西又白丢一半，通算起来，反费了两折子，不如竟把买办的每月蠲了为是。此是一件事。'"

"探春因又接说道：'……一则园子有专定之人修理，花木自又一年好似一年的，也不用临时忙乱；二则也不至作践，白辜负了东西；三则老妈妈们也可借此小补，不枉年日在园中辛苦；四则亦可以省了这些花儿匠山子匠打扫人等的工费。将此有余，以补不足，未为不可。'"

"宝钗正在地下看壁上的字画，听如此说一则，便点一回头，说完，便笑道：'善哉，三年之内无饥馑矣！'李纨笑道：'好主意。这果一行，太太必喜欢。省钱事小，第一有人打扫，专司其职，又许他们去卖钱。使之以权，动之以利，再无不尽职的了。'"

问题：①探春的理家方法和凤姐治家方法又有什么不同？

②探春的治家举措能否顺利施行？

相援文段：第五十五回　凤姐评价；第二回　冷子兴演说荣国府；第七十四回　抄检大观园；本章回　婆子的反应；脂砚斋批注

品读人物性格：通透明白　开源节流　远见卓识　智敏过人

重要文段：第五十六回　敏探春兴利除宿弊　时宝钗小惠全大体

①分析：探春处理完两大难题后，在这一回中开启了她整顿改革的新局面。

探春提出的第一项措施是：不如竟把买办的每月蠲了为是。第二项措施为：改变大观园的日常养护方式。

那么，探春的理家方法和凤姐的治家方法有什么不同？探春的治家举措能否顺利施行？

相援文段：

第五十五回　辱亲女愚妾争闲气　欺幼主刁奴蓄险心

（凤姐）说着，又向平儿笑道："你知道，我这几年生了多少省俭的法子，一家子大约也没个不背地里恨我的。我如今也是骑上老虎背了。虽然看破些，无奈一时也难宽放；二则家里出去的多，进来的少。凡百大小事儿仍是照着老祖宗手里的规矩，却一年进的产业又不及先时。多省俭了，外人又笑话，老太太、太太也受委屈，家下人也抱怨刻薄；若不趁早儿料理省俭之计，再几年就都赔尽了。"平儿道："可不是这话！将来还有三四位姑娘，还有两三个小爷，一位老太太，这几件大事未完呢。"

②分析：凤姐的治家方法主要以省俭为主，但巧妇难为无米之炊。

第二回　贾夫人仙逝扬州城　冷子兴演说荣国府

③分析：此时的贾家已显示出"末世"的特征，第二回中冷子兴演说贾府的前世今生时，曾经说"以前的贾家是钟鸣鼎食之家，世礼簪缨之族，如今'外面的架子虽未甚倒，内囊却也尽上来了'"。冷子兴还分析了贾府衰败的原因：一是管理问题，"如今

生齿日繁,事务日盛,主仆上下,安富尊荣者尽多,运筹谋画者无一";二是消费问题,"其日用排场费用,又不能将就省俭";三是教育问题,"如今的儿孙,竟一代不如一代了!"

第七十四回　惑奸谗抄检大观园　矢孤介杜绝宁国府

探春道:"……你们别忙,自然连你们抄的日子有呢!你们今日早起不曾议论甄家,自己家里好好的抄家,果然今日真抄了。咱们也渐渐的来了。可知这样大族人家,若从外头杀来,一时是杀不死的,这是古人曾说的'百足之虫,死而不僵',必须先从家里自杀自灭起来,才能一败涂地!"说着,不觉流下泪来。

④分析:探春的话和冷子兴的话如出一辙。一个闺阁小姐说出这样的话,可见探春不仅看得透,眼界还非常人能比。她有千金小姐的尊重,不在其位时平和恬淡,沉浸在自己的性灵世界自得其乐,与诗书文学为友;在其位时又能用实权做实事,活得通透明白。

重要文段:第五十六回　敏探春兴利除宿弊　时宝钗小惠全大体

⑤分析:那么探春的治家举措能否施行呢?我们来看看其他人的反应。

首先是一同理家的宝钗称赞道"善哉,三年之内无饥馑矣!"李纨也笑道:"好主意。使之以权,动之以利,再无不尽职的了。"

而众婆子们听了这个议论,又去了帐房受辖制,又不与凤姐儿去算帐,一年不过多拿出若干贯钱来,各各欢喜异常。

⑥补充资料:

曹雪芹在回目上给了探春一个"敏"字定评,脂砚斋批注:"探春看得透,拿得定,说得出,办得来,是有才者,故赠以'敏'字。"具备了这四种能力的探春,其实已经和凤姐不相上下。不过,探春的杰出并不是只有"敏"而已,在这一回中,脂砚斋又批注探春是"智敏过人","敏"还要再加上"智",这才是探春表现非凡的原因,在这一点上她比凤姐更卓越。

凤姐也在第五十五回中承认"他虽是姑娘家,心里却事事明白,不过是言语谨慎;他又比我知书识字,更利害一层了。"

小结:通过对比,我们看到凤姐的治家之道是努力实现"收支平衡",确保荣国府能够正常运行;而探春有一种创新意识:努力"开源节流"。

从开源的角度,为了增加荣国府收入,她把大观园这个游赏居住之地,打造成了经济园林,把园里的花草树木水池,承包给本分老成的老嬷嬷们来养护;不过不像地主那样收租税,而是要她们拿出一定的产出来孝敬。这样的"承包制"好处多多。

从节流的角度,她蠲免包括自己在内的名义上为众姐妹买化妆品的补贴,其实主要被丫环小厮们占用的费用,以及以宝玉、贾环、贾兰上学为名义发放的,实际上归袭人、赵姨娘、李纨所有的零钱。而这两项支出属于"向来如此"的惯例,王熙凤不愿碰这个,一则嫌其细碎,二则不愿得罪姐妹兄弟,只好省俭一些。而探春却愿意直面问题,大胆改革,再加上宝钗从旁协助,两人着眼于大局,不带私心,一刚一柔、相辅相成,在这一场改革中展现出真正的政治家风范。

五、课时总结

前后关联研读法,可以帮助同学们更好地读懂文本,串联情节,更深入地品评人物。在此基础上,进一步地体悟《红楼梦》的内涵和主旨。

通过同学们的合作探究,我们看到探春理家,精明志高,只可叹贾府末世,杯水车薪,无力回天。

所以最后探春哭了,清醒愤慨地为这个大家庭哭了。她曾说:"我但凡是个男人,可以出得去,我必定早走了,另立一番事业,那时自有我一番道理。偏我是个女孩家,一句多话也没有我说的。"

脂砚斋曾批注:"倘使探春不远嫁,将来抄家,贾府子孙不至于流散。"既充分肯定了探春的才干,也点明了探春是不甘囿于闺阁之中的,她自觉地为这个大家族的兴亡费尽心力。

可谓一人之忧戚,一府之沉沦。

六、课后作业

《红楼梦》中还有其他几处对探春的精彩描写,比如"第七十四回　惑奸逸抄检大观园,矢孤介杜绝宁国府"中的文段。

请各位同学课后继续研读梳理,运用"前后相援研读法"尝试和书中的其他情节关联,进一步理解探春的性格特点,体会《红楼梦》的主旨。

李玥璇,云南省玉溪第一中学教师。

以任务为导向的《红楼梦》"悲剧色彩"专题教学设计

◎林玉英

统编版高中语文必修(下册)第七单元"整本书阅读与研讨"将《红楼梦》作为阅读篇目。学界对《红楼梦》的解读不胜枚举,如何教学该单元亦有诸多探讨。笔者以"悲剧"作为突破口,以任务为导向,进行《红楼梦》专题教学和整本书阅读教学相结合的整体设计,引导学生读《红楼梦》,深刻领会人物的悲剧命运,多维度思考《红楼梦》蕴含的人文价值。

【教学目标】

1.根据具体任务,用圈点批注阅读的方法,灵活选择精读、略读、泛读的阅读策略,从文本中提取关键信息完成各项任务,积累整本书阅读经验,提高阅读能力。

2.通过研读文本和相关文献,在小组合作的基础上,解锁《红楼梦》中人物的命运密码,探讨全书的悲剧之美,领会《红楼梦》的悲剧意蕴。

【任务框架】

1.总任务:从人物命运角度阐释《红楼梦》整本书的悲剧色彩。

2.学习任务群框架(略)。

3.为了更好地推进《红楼梦》整本书阅读教学之悲剧色彩的专题研讨,整个阅读过程我们将采用阅读反馈单的形式收集学生的阅读进度以及疑难问题,阅读单每两周提交一次。

任务一:探知《红楼梦》之缘起

设计说明:《红楼梦》的前五回是序幕,搭起了一个神话结构,前五回所展示的神话世界,就像真实世界的外壳。前五回设置了很多悬念,对学生来说是阅读的难点和痛点。但我们阅读时不必像考古学家一样细细分析其中的隐喻,只需牢牢抓住与本专题相关的几个神话传说,透过这些故事,初步感受人物命运前世今生的勾连。

活动:阅读前五回,总结提炼与主要人物命运相关的神话传说,完成表格。

神话传说	神话传说的意义或作用
木石前盟(第五回)	交代林黛玉和贾宝玉的前世关联
女娲补天(第一回)	交代贾宝玉的命运
太虚幻境(第五回)	交代女性人物命运
绛珠仙草(第一回)	交代林黛玉的命运

学习提示:善于使用学习资源,在哔哩哔哩视频网站自主选择观看欧丽娟讲座节选神话部分,蒋勋说红楼梦讲座系列之《神话和名字的背后》《神话情缘》等。

任务二:《红楼梦》人物命运之预测

设计说明:《红楼梦》是一部密码书,以"草蛇灰线,伏脉千里"之法埋下了错综复杂的头绪。第五回贾宝玉进入太虚幻境,在"薄命司"中,看到了金陵十二钗正册、副册、又副册,这正是《红楼梦》中主要女子判词的画册,这些判词是对她们命运的预示。本任务的教学目标:(1)梳理判词,找出判词所对应的人物和隐含的意义。(2)试着从诗词曲赋中找到一两处依据,对人物命运进行预测。

活动1:再次阅读第五回,找出判词所对应的人物,小组讨论判词所表达的含义,完成表格。

判　词	对应的人物	判词的含义
例:"可叹停机德,堪怜咏絮才。玉带林中挂,金簪雪里埋。"[1]	薛宝钗	
……		

学习提示：选读陈文新的《红楼梦诗词曲鉴赏》[2]或蔡义江的《红楼梦诗词曲赋全解》[3]关于判词的注解。

活动2："《石头记》结局，虽早隐现于宝玉幻梦中，而八十回仅露悲音，殊难必其究竟"（鲁迅，《中国小说史略》）。从总体上看，大多数人物的判词以及判曲，对于人物命运及结局的暗示，往往只是个大致或模糊的指向，他们的命运是否如续写者安排的那样呢？请选择一感兴趣的人物，写一篇短文，推断人物命运可能的走向，要"言之有据"，至少能在书中找到1-2处支持你猜测的依据。（通过判词、相关回目、诗词、灯谜、酒令、戏曲、对话等角度。）

（1）学习建议：

①可参考曹雪芹、高鹗版《红楼梦》、87电视剧版和《癸酉本石头记》等不同版本的《红楼梦》结局，比较之后提出你的猜想。

②善于使用学习资源，对涉及的诗词曲赋等较难解决的知识盲区，可以参考教师提供的各种资源，帮助理解。

③本次任务涉及的表格和人物结局预测，可提前上传到班级的《红楼梦》微信讨论群，供大家学习讨论。

（2）写作要求：

①事实把握：根据重要背景、关键情节等信息与知识进行猜想，不能凭空捏造。

②因果推断：理清情节，分析人物，达成对人物的真正认识。

③多元思辨：对相关推断与猜测进行历史的、辩证的分析。

④自如借用文本中的关键信息。

任务三：《红楼梦》次要人物命运浮沉之探究

设计说明：《红楼梦》的精彩，在于不仅主要人物塑造得有血有肉，次要人物也是异彩纷呈。文学即人学，发掘各色人物的善恶美丑的精神世界，进而挖掘出作者在人物命运上倾注的爱憎之情。本任务要达成的教学目标：（1）梳理书中次要人物的命运转向，感受作者对人物命运的安排。（2）通过声话演绎，来理解人物内心，走进人物。

活动1：梳理书中次要人物的命运浮沉，参考下面副册和又副册十二钗的人物，从中分别挑选5-6个人物，感受作者对人物命运的安排。

副册十二钗人物：香菱、邢岫烟、尤二姐、尤三姐、薛宝琴、李纹、李绮、嫣红、娇红、佩凤、翠云、偕鸾

又副册十二钗人物：晴雯、袭人、平儿、紫娟、莺儿、金钏、金莺、素云、抱琴、司棋、侍书、入画

命运浮沉（主要经历/关键事件）：

活动2：假设你要参加"声临其境"之《红楼梦中人》的配音活动，选择以上次要人物的相关电视剧版片段（最好是人物命运变换的关键情节），为其配音，以小组为单位，确定好角色并练习，班级表演展示。

学习提示：配音是体验角色魅力的一种方式，在深入了解人物内心、性格、事件的来龙去脉的基础上，结合角色的肢体动作，模拟其说话的方式和习惯。

任务四：《红楼梦》之人物命运悲剧初探

设计说明：通过前面任务的探索，学生已经能隐隐感觉到作者曹雪芹对人物命运悲剧性结局的安排。悲剧究竟是什么？这是学生接下来会发出的疑问，也是教师要引导学生深入思考的问题。本任务要达成的教学目标：（1）听剧版《红楼梦》歌曲，领会音乐传达出的感伤氛围。（2）阅读材料，思考《红楼梦》的悲剧。（3）从不同角度共同探讨人物命运悲剧的成因。

活动1：欣赏87电视剧版《红楼梦》歌曲系列：《红楼梦序曲》《枉凝眉》《葬花吟》《叹香菱》《晴雯歌》《红豆曲》等，感受王立平先生为红楼组曲谱写的悲伤情感，并在班级《红楼梦》微信群发一段听后感触。

活动2：叔本华认为悲剧的产生有三种：罪大恶极的人所造成的悲剧（偶然性）；盲目的命运作弄所造成的悲剧（偶然性）；普通人在日常生活中由于相互猜疑、误会而造成的悲剧（无处不在，每个人生命的普遍状态）。阅读以下材料，思考《红楼梦》的悲剧，美在何处？

材料：红楼梦的悲剧美在审美形态上与西方的悲剧也不相同。传统的西方悲剧，主人公都是在与反面势力进行的不可调和的尖锐冲突中壮烈死亡的人物。个性的刚烈和悲剧冲突的严峻，使作品呈现出崇高的壮美。红楼梦的悲剧浸透于作品的所有

方面,它不是通过爆发式的激烈形式表现出来,而是用无所不在的深沉悲哀来加以烘托渲染。因此,红楼梦的美不是西方悲剧的崇高,而是一种包含浓郁诗情和感伤意蕴的优美。

——姜岱东.《红楼梦》与民族审美意识[4]

学习提示:

①找一找初高中学过的悲剧作品:诗歌、小说、戏剧、散文等,体会这些作品中的悲剧和《红楼梦》的悲剧有什么异同。

②学会使用新兴媒体,如微信公众号、小红书、微博、抖音、快手、知乎等,从中获取更多关于"悲剧"的图、文、视频等资源,可分享到微信交流群,助力学习。

活动3:通过金陵十二钗的判词猜测人物的命运,以及梳理次要人物的命运变化后,我们能感受到作者在整本书中体现出的宿命论和悲剧色彩。思考:为什么这些人物命运最后大多走向悲剧?造成他们悲剧的原因都是一样的吗?根据学习支架中戏剧家对悲剧类型的划分,将十二钗正册、副册以及又副册的人物按照其造成悲剧结局的主要成因进行分类,完成表格。

类型	人 物
性格	
境遇	
运命	

学习支架:悲剧的类型:1926年田汉在《戏剧的本质及其新趋势》(演讲稿)中按悲剧的性质把悲剧分为三种,即运命悲剧、性格悲剧、境遇悲剧;马彦祥认为悲剧表现了人类的三种失败,即命运失败、性格失败、环境失败。1931年欧阳予倩在文章《戏剧改革之理论实际》就悲剧的性质把悲剧分为人的意志和命运战、主人翁性格上的缺陷、意志与境遇之战三类。

活动4:展示部分学生的表格,进行圆桌思辨讨论:你认同表格中对人物命运悲剧的划分吗?秉持"平等·思辨·交流"的圆桌精神,鼓励每一位学生发表见解,倾听想法。

明确:造成悲剧的原因有可能是多方面综合的结果,不一定是单一因素,就像林黛玉的悲剧结局,既有性格的原因,也有家庭(运命)的原因,还有封建制度(境遇)的原因。应引导学生从多个维度去思考人物命运的成因。

任务五:《红楼梦》之人物命运悲剧再探

设计说明:通过前面的任务,学生已经了解了《红楼梦》中人物命运悲剧的必然性,并初步探讨了造成悲剧的原因。曹雪芹的这部旷世巨著,显然不仅仅是为了悲而悲,引导学生透过这些人物的命运,思考《红楼梦》整本书渗透出来的悲剧主义和社会意义,进而达成以下教学目标:(1)阅读学界对《红楼梦》悲剧意蕴的解读,学习从心理学、历史、哲学等不同角度理解本书的悲剧美。(2)人生总是充满不确定性和偶然性,请回归文本,试着分析作者曹雪芹对人物悲剧的必然性给出的解脱之道。(3)结合生活实际,谈谈你对人生无常的应对办法。

活动1:假设李泽厚、王国维、牟宗三、吴宓齐聚演播厅,你作为主持人要对他们进行集体访谈。请至少选择2位学者进行集体访谈,列出访谈提纲。小组形式完成任务。访谈提纲上传到微信交流群,票选出4篇优秀作品并发布到《红楼梦——悦读悦美》微信公众号。

访谈提纲示例:

采访目的:

1.深入了解王国维和牟宗三对《红楼梦》悲剧色彩的论述。

2.解决阅读《红楼梦》的障碍,获得阅读方法和策略。

3.获得对人生的有益启示。

采访对象:牟宗三、吴宓

采访主题:《红楼梦》的悲剧意蕴

采访内容:牟宗三是当代著名哲学家,新儒家的代表人物。在《红楼梦悲剧之演成》一文中,他从比较文学的角度阐释《红楼梦》之悲剧。吴宓一生嗜读《红楼梦》,且是一个身体力行的红学家。然而他们对《红楼梦》的悲剧认识迥然相异。此次访谈将以这个作为切入点,以不同学者的鉴赏角度达成对《红楼梦》悲剧意蕴的深刻理解作为主要的采访内容。

采访问题:

1.你们最初是如何对古典文学《红楼梦》产生兴趣的?

2.牟宗三先生,您说《红楼梦》悲剧动因主要:一在人生见地之冲突；一在兴亡盛衰之无常。而第二层悲剧远胜于第一层因为思想性格冲突导致的悲剧，这怎么理解呢？

3.吴宓先生，您说《红楼梦》的宗旨是舍幻以求真，您能具体说一说何为"幻"？何为"真"呢？

4.吴宓先生，您认为《红楼梦》的宗旨可以分为四层：个人本身之得失（以贾宝玉为代表）；人在社会中之成败（以林黛玉为代表）；国家团体之盛衰（以王熙凤为代表）；千古世运之升降（以刘姥姥为代表）。这个划分依据是什么呢？每一层的代表人物怎么解释？

5.你们都谈到了《红楼梦》中的"解脱"问题，但吴宓先生着眼的是从现实生活回归理想世界，从幻境回归真境，着意于"回归"，与牟宗三先生将"解脱"着眼于"逃离"有绝大差异。两位能具体谈谈吗？

学习提示：按需选择阅读以下资料包的内容，梳理出学界对《红楼梦》悲剧色彩的阐述，学会筛选整理信息，提炼关键信息。

①著作：李泽厚《美的历程》，天津社会科学院出版社，2001年3月，328-336页。王国维《〈红楼梦〉评论》、牟宗三《〈红楼梦〉悲剧之演成》、吴宓《红楼梦新谈》节选部分

②期刊论文：苏琴琴《中西比较视野下的〈红楼梦〉悲剧解读——论现代学者对〈红楼梦〉之悲剧价值的世界经典定位》，《红楼梦学刊》，2015年第五辑

李豆薇《牟宗山对〈红楼梦〉悲剧论的发展》，《黑龙江工业学院学报》，2017年8月，147-152页。

吴惠璇《浅谈红楼梦的悲剧意蕴》，《红楼梦研究》，2020年8月。

活动2：王国维认为《红楼梦》是悲剧中的悲剧，是彻彻底底的悲剧。鲁迅说悲剧就是将人生有价值的东西毁灭给人看，《红楼梦》中的悲剧，是社会上常有的事。胡适认为"悲剧可以没有英雄，却要贴近现实"。《红楼梦》的价值，就在于其表现的是人类全体所无法逃脱的人生悲剧，是人生所固有的本质意义上的悲剧。推而广之，我们每个人都要面对生老病死、离别、欲望得不到满足的苦痛，面对这些无法避免的"悲剧"，我们又该如何处？请你在班级公众号《走进红楼——悦读悦美》发布的投票页面"我的人生我做主，面对无常，我选择？"中，勾选出你的答案。

活动3（回归文本）：面对人生悲剧和苦痛，我们每个人都可能有自己的应对之道。曹雪芹在《红楼梦》开篇就说："满纸荒唐言，一把辛酸泪。都云作者痴，谁解其中味？""生于繁华，终于沦落。曹雪芹的家世从鲜花着锦之盛，一下子落入凋零衰败之境，使他深切地体验着人生悲哀和世道的无情，也摆脱了原属阶级的庸俗和褊狭，看到了封建贵族家庭不可挽回的颓败之势，同时也带来了幻灭感伤的情绪。他的悲剧体验，他的诗化情感，他的探索精神，他的创新意识，全部熔铸到《红楼梦》里。"[5]

阅读材料，并结合文本，谈一谈作者历经人世沉浮，在他用心血著就的《红楼梦》中给出的解脱之道。

材料1

蔡义江：作为艺术家的曹雪芹是伟大的，他给我们留下了一幅"乱哄哄你方唱罢我登场"极其生动的封建末世社会的讽刺画。然而，当他企图对这些世态加以解说，并企图向陷入迷津的人们指明出路的时候，他自己也茫然了，完全无能为力了。他只能借助于机智的语言去重复那些人生无常、万境归空的虚无主义滥调和断绝俗缘（所谓了）、便得解脱（所谓好）的老一套宗教宣传，借此表达自己对现实社会的极端愤懑和失望。[6]

材料2

蒋勋：《好了歌》把人世间的东西，权利也好，财富也好，爱情或亲情也好，都当成"好"跟"了"来做点醒。"了"是了却、了结、了悟，放下一切，"好"才有意义。[7]

材料3

王国维：解脱之道存于出世，而不存于自杀。出世者拒绝一切生活之欲者也。《红楼梦》中真正做到出世者，唯有惜春、紫鹃、宝玉三者而已。[8]

学习提示：观看87版电视《红楼梦》第一集和最后一集有关"好了歌"及其解注的片段，感受其传达出的含义。（也可参考小说中第一回跛足道人为了度甄士隐出家所唱的《好了歌》以及甄士隐的解注。）

学习小结：曹雪芹的一生，是不寻常的，坎坷困

顿而又光辉灿烂。不管你认为他给出的解脱之道是什么,站在前人的肩膀上,你总会有一个自己的答案。"林花谢了春红,太匆匆……自是人生长恨水长东",面对人生的短暂、悲哀和痛苦,我们或像苏轼一样,承天寺夜游的乘兴而行,兴尽而返,与知音寻得一点人生的"闲"趣;或像白岩松一样,做一些"无用的事",用这些无用的事平衡生活中必要的苦;或像林清玄一样,不讲求物质的条件,而追求"人间有味是清欢"的清趣;或像周国平一样,超越利害和技术的境界,用一个爱书家的雅趣获得精神上的慰藉。

任务六:《红楼梦》之思辨读写

设计说明:整本书阅读切忌浮光掠影,学生在阅读的过程中不是被动地吸收,而是积极能动的"表现"。能转化为"表现"的吸收,才是有意义的吸收。[9]读与写的结合,正是将学生的阅读转化为真实的"表现",将学生的深度思考进行文字的编辑和重组。本任务要达成的教学目标:(1)基于前面的阅读积累和探讨,能立足于文本,逻辑清晰地表达对某个人物命运的看法。(2)从整体上把握整本书的悲剧色彩,学会撰写读书报告。

活动 1:临近学期末,班上将举办一期"谁是《红楼梦》中最悲剧的人?"的茶话会,并邀请学校的资深红楼教师迷和学生迷共赴"盛会"。作为"东道主"之一,不求一鸣惊人,但求博观约取。基于前面的阅读学习,请你认真做出选择,并阐明理由,为交流会做好准备。

活动 2:以感悟《红楼梦》的悲剧意蕴或《红楼梦》×××(某个人物)悲剧命运的必然性为主要话题,提交 1000 字以上的读书报告,原文不要引用太多,主要论述自己的阅读感受,作业提交之前要仔细修改,尽量避免错别字。

学习提示:阅读吴翠环《学会学习》[10]第三章,提炼写读书报告的方法知识,对比阅读学习资源的两篇文献,韩宇《写好读书报告五要素》[11]和张丽苹《从评判性阅读谈读书报告的写作》[12],总结出一套适合你的写读书报告方法,做笔记列提纲。

【结语】

通过该专题,笔者想达成一个这样的目标,即不局限于分析个别人物性格和个别情节,而是将整部书的基调和色彩呈现给学生,如鲁迅文章中说的"悲凉之雾,遍被华林",红楼梦的整体色调是悲凉、感伤和宿命、末世的,如"白茫茫大地真干净"这种扑面而来的悲凉感,里面的主要人物的命运好似都已经设置好,次要人物的命运如甄士隐、贾雨村,当我们读完全书看去似乎也有一个命运的安排,那么对于这种命运安排的无力感应该怎么应对呢,作者在第一回的《好了歌》以及《好了歌》的注解中也隐隐给出了答案,也就是对于红尘世界的超脱感,即一种出世的精神境界,甄士隐的出家以及宝玉最后的出家都是这样的结局,笔者觉得这才是作者在写这本书时的精神境界。这是一种中国式的精神,这种精神是不是最终的答案呢,学生可以结合学界对该问题的阐释,从哲学、心理学、历史等不同的角度深入思考,给出解读。

注释:

[1]曹雪芹.红楼梦[M].北京:人民文学出版社,2008:69.

[2]陈文新,郭皓政.红楼梦诗词曲鉴赏[M].武汉:长江文艺出版社,2010:23-42.

[3]蔡义江.红楼梦诗词曲赋全解[M].上海:复旦大学出版社,2007:25-26.

[4]姜岱东.《红楼梦》与民族审美意识[J].红楼梦学刊,1987.

[5]袁行霈.中国文学史(第二版)第四卷[M].北京:高等教育出版社,2005.

[6]蔡义江.《红楼梦》诗词曲赋全解[M].复旦大学出版社,2007(04):10.

[7]蒋勋.蒋勋说《红楼梦》[M].北京:中信出版社,2017(03):36.

[8]王国维,蔡元培.《红楼梦》评论·石头记索隐[M].上海:上海古籍出版社,2011:07.

[9]潘新和.语文:表现与存在[M].福建:福建人民出版社,2017(11):44.

[10]吴翠环.学会学习[M].浙江:浙江大学出版社,2017(09).

[11]韩宇.写好读书报告五要素[J].紫光阁,2016(10).

[12]张丽苹.从批判性阅读谈读书报告的写作[J].应用写作,2012(06).

林玉英,赣南师范大学文学院学科教学语文专业在读研究生。

《壶口瀑布》教学方案

◎ 王　盈

【课程标准要求】

《义务教育语文课程标准》(2022年版)"课程目标"对第四学段(7-9年级)"阅读与鉴赏"第2点提出"在通读课文的基础上,理清思路,理解分析主要内容,体味和推敲重点词句在语言环境中的意义和作用。对课文内容和表达有自己的心得,能提出自己的看法,能和他人合作,共同探讨、分析、解决疑难问题"。第4点"欣赏文学作品,有自己的情感体验,初步领悟作品的内涵,从中获得对自然、社会、人生的有益启示,能对作品中感人的情境和形象说出自己的体验,品味作品中富有表现力的语言"。《课标》的"课程内容"中"发展型学习任务群"之"实用性阅读与交流"对第四学段(7-9年级)提出:"阅读叙事性和说明性文本,发现、欣赏、表达和交流家庭生活、学校生活、社会生活和大自然的美好,热爱生活,感恩生活"。"教学提示"提出:"结合日常生活的真实情境进行教学","引导学生关注社会,表达和交流自己在生活中的发现和感受"。

【教材分析】

《壶口瀑布》是部编版初中语文教材八年级下册第五单元的第一篇讲读课文,本单元的核心素养为:要了解游记的特点,把握作者的游踪、写景的角度、写景的方法,并揣摩语言,欣赏、积累精彩的语句,《壶口瀑布》从文本特质上很好地体现了单元的教学要求。

它是一篇规范而又典型的游记散文,作者用磅礴大气的语言,细致描绘了壶口瀑布磅礴雄伟的气势,并由此展现黄河博大宽厚的胸怀和百折不挠、自强不息、坚韧刚强的民族精神。教学时,应该引导学生随着作品去发现、欣赏、表达大自然的美,丰富见闻、增长知识,开阔眼界。在写作手法上,本文以作者的游踪为线索,紧扣游记"所至、所见、所感",采用移步换景和定点换景法的观察方法,描绘了雨季和枯水季的壶口瀑布各具特色的景观,层次清晰、鲜明逼真地展示了壶口瀑布的立体美,表达出充满智慧的感悟与思考。本单元所选课文都是游记,本文作为本单元的开篇力作,游记文体特征鲜明,在教学中,要帮助学生清晰了解游记的特点,把握作者的游踪,学习写景的角度和方法,形成游记体知识结构网络。此外本文语言表达气势磅礴,能精准体现壶口瀑布的特征,本文教学要通过揣摩和品味语言,欣赏和积累语句,提升学生的语言建构与运用素养。最后,在教材内部的联系上,在学习完本文后,为后面的学习起着示范和引领的作用。

【学情分析】

《壶口瀑布》的授课对象为初二学生,关于黄土高原的地貌特征和壶口瀑布的雄伟壮观景象,对于广东的学生大都没有接触过,对于文中所描述的景观缺少认知经验,所以教学需要借助前置学习和视频、图片等直观材料让学生了解壶口瀑布的地理位置、形成原因、景观特点,以便学生更好地理解文本。对于本单元的游记文体,学生曾学习了《小石潭记》《三峡》《与朱元思书》等古代山水写景散文,对写景的方法和角度有一定的知识积累,但对游记的特点、文体特征未形成结构化知识体系,所以本单元的学习结合单元导读和课标要求,我们需要建构起游记文体学习的系统知识链,形成学生的单元素养。其次本文用生动形象的语言描述了壶口瀑布的特征,但文本缺少情节,故事性和趣味性较弱,学生学习兴趣不浓厚,基于以上学情分析,我们需要在文本和日常生活之间找到转化的结合点,设计情境与活动来激发学生学习动机与热情。

【教学目标】

语言的建构与运用:1.在语言情境中,积累本课描写壶口瀑布的精彩语句,并进行梳理整合,归纳本文语言使用的特点和规律。2.运用圈点勾画、批注的方法,从用词、修辞、写作手法等角度赏析品味语句,理解运用多种手法对描写景物的妙处。

思维的发展和提升:1.了解游记的文体要素、各要素的特点及要素之间的关系。2.感受课文独特的写景角度,把握所写景物的特点,理解作者的所思所感。

审美的鉴赏和创造:1.感受、理解、欣赏梁衡先生笔下壶口瀑布的磅礴气势和百折不挠、勇往直前的民族精神。2.能理解梁衡先生笔下的描写美、意境美、哲理美等三个美学层面。

文化的理解和传承:由小小的壶口瀑布感受黄河博大宽厚的胸怀,对历经磨难的中华民族的伟大坚强精神的继承与弘扬。

【教学重难点】

1.了解游记的三要素、各要素的特点及要素之间的关系。(重点)

2.感受课文独特的写景角度,把握所写景物的特点,理解作者的所思所感。(重点)

3.运用圈点勾画、批注的方法,从用词、修辞、写作手法等角度赏析品味语句,理解运用多种手法对描写景物的妙处。(难点)

【教学设计特色】

本课教学设计的特色主要体现将本课的核心素养目标融入了情境的创设中去,而在创设真实情境时,我们立足于学生立场、现实生活立场和文本立场。其二,本课教学设计的主问题即学会设计旅游攻略,立足于单元核心素养目标和文本特质,围绕主问题我们创设了四个子问题:(1)旅游攻略之观景时间;(2)旅游攻略之观景路线、观景点;(3)旅游攻略之观景感想;(4)旅游攻略之提升景点宣传用语。这些子问题设计环环相扣,层层深入,子问题呈现出梯度与难度,但最终指向突破主问题的解决和本单元核心素养的落实。此外本课问题链的设计有考虑到将书本知识以日常生活问题为基本单元来组织教学,并教会学生运用所学于实际生活中去。

【教学过程】

一、前置学习任务单

(一)基础任务单

1.通读课文,给每个自然段标注段落序号。

2.熟读课文,圈画不认识的生字,通过查找工具书弄懂课后"读一读写一写"生字词的读音和含义。

3.积累文章描写壶口瀑布的词语、优美语段,思考本文语言使用的特点和规律。

(二)学习资源单

1.壶口瀑布位置和形成原因:壶口瀑布位于黄河中游的秦晋大峡谷,西临陕西省宜川县壶口乡,东临山西省吉县壶口镇,是中国第二大瀑布,也是世界上最大的黄色瀑布。黄河奔流至此,两岸石壁峭立,河口收束狭如壶口,故名壶口瀑布。瀑布上游黄河水面宽 300 米,在不到 500 米长距离内,被压缩到 20—30 米的宽度。1000 立方米/秒的河水,从 20 多米高的陡崖上倾注而泻,形成"千里黄河一壶收"的气概。

2.梁衡的黄河情结:梁衡在《我写〈壶口瀑布〉》中说:"《壶口瀑布》是我在记者任上写的最后一篇散文。1987 年我正在黄河壶口采访,接到北京来的电话,国家成立新闻出版署,要我立即回京上任,从此结束了我十三年的一线记者生涯。人的一生总有几个驿站,几个起止点。对我来说壶口这个地方算一个。黄河于我有特殊的缘分。我小学、中学阶段是在黄河的支流汾河边长大。大学一毕业就分配在内蒙古黄河边的临河县。只听这个名字,就知道离河有多么近了……后来当了记者就沿黄河上下采访,河边的人和事,还有黄河因季节不同而出现的万千变化,在我脑子里印象巫深。这篇《壶口瀑布》是我心中黄河的缩影,也是我对黄河精神的理解。"

3.文体介绍:游记,是一种比较常见的文学体裁,它的选材内容非常广泛,凡举山川景物、名胜古迹、风土人情、社会生活,无不可以成为游记的题材。游记有描写景物的,如柳宗元的《小石潭记》、范仲淹的《岳阳楼记》;有带科学色彩的,如郦道元的《三峡》《徐霞客记》;有带抒情色彩的,如欧阳修的《醉翁亭记》《丰乐亭记》、袁宏道的《满井游记》;带有哲理的,如王安石的《游褒禅山记》。游记包括三个要素:所至(作者的游踪)、所见(作者在游程中目睹的风貌)、所感(作者由所见所闻而引发的所思所想)。

(三)问题单

在通读课文的过程中,请记录下你的疑问。

二、导入新课

读万卷书,行万里路。旅游其实也是一种"阅读",是认识世界的另一种方式。壶口瀑布是国家

4A级旅游景区,今天同学们受"美丽中国"栏目组邀约担任宣传大使,为魅力壶口瀑布代言,撰写一份旅游攻略,宣传壶口瀑布,吸引更多的游客前来观光旅游。

这节课我们将跟随著名散文家梁衡先生走进《壶口瀑布》,领略壶口瀑布的风采,找寻一份壶口瀑布的景点旅游攻略。首先请观看《美丽中国黄河系列之壶口瀑布》视频,感受壶口瀑布的地貌特征和磅礴气势。

【设计意图】:本环节旨在激发学生学习本文的兴趣。观看视频,可以让学生对壶口瀑布有直观的感受,为接下来学习做铺垫;撰写旅游攻略,转化了文本和实际生活的连接点,以任务驱动学习的兴趣,营造良好的教学氛围,自然导入新课的学习。

三、整体感知(旅游攻略——观景时间)

壶口瀑布作为我国第二大瀑布、国家级风景名胜区,是非常值得一游的景点。根据作者两次游览壶口瀑布的经历,作为宣传大使,你觉得游客该选择什么时候前往呢?请浏览课文,结合文中词句,说说你的推荐理由。

(学生交流推荐)

【预设】(1)雨季——涛声如雷、雾气弥漫、浪沫横溢、水浸沟岸、雾罩乱石、震耳欲聋;不太像瀑布,而像"一锅正沸着的水"。从中可以看出雨季时,水势浩大,流速急且快,涛声如雷,什么也看不见,听不见,不适宜观赏打卡。

(2)枯水季——排排黄浪、堆堆白雪、一川黄浪、汩汩如泉、潺潺成溪、哀哀打旋、如丝如缕;千军万马、轰然而下、夺路而走、乘隙而进、折返迂回、钻石觅缝。枯水季景观丰富多样,有的雄浑壮阔,有的陡峭奇绝,有的多姿多彩,有的奇幻美丽,结合以上分析,我们推荐枯水季前往旅游欣赏。

【设计意图】课程标准指出"在通读课文的基础上,理清思路,理解分析主要内容"。本文按照两次游览壶口瀑布的经历来组织文章,结构清晰,层次分明。本环节将情境任务"最佳观景时间"作为探究任务,既能达到理清思路,又能让学生明白旅游攻略的撰写要求。

四、细读探究(旅游攻略——观景路线、观景点)

根据作者的游程中目睹的风貌,抓住文中提示观景立足点的词语,推荐一条最佳观景路线,并说明你的理由。

(学生交流推荐)

【预设】雨季:

(1)所至/观察视角:半山腰/平视

所见+特点:河谷里雾气弥漫(水量大)

所闻特点:涛声隐隐如雷(水声洪亮)

(2)所至/观察视角:河滩/俯视

所见+特点:"那河就像一锅正沸着的水;人们只能俯视被急急吸去的水流""那沟已被灌得浪沫横溢,但上面的水还是一股劲地冲进去,冲进去……";"水浸沟岸,雾罩乱石"(水速快、水流急、水势猛)

所闻特点:震耳欲聋的涛声,什么也看不见,什么也听不见。(水声洪亮)

(3)所至/观察视角:岸上/回望

所见+特点:一团白烟

【归纳总结】从以上分析可以看出,作者的观景地点(所至)发生了改变,所见的景观也随之发生改变,这中观景手法称为"移步换景"。

【预设】枯水季:

所至:河心

观察视角/所见特点:①俯视/龙槽:河中有河,深不可测,可谓"奇";②仰视/河面:势如千军,浊流奔涌,可谓"雄";③再次俯视/龙槽:突然跌落,漩涡飞转,可谓"险";④仰视/水雾、彩虹:彩虹横跨,遁入远山,可谓"丽";⑤往龙槽两边看/龙槽两边的水:各自夺路,千姿百态,可谓"丰";⑥俯视脚下/脚下的石头:窟窟窍窍,蜂窝杂陈,可谓"异"。

【归纳总结】

①此处观景立足点于"河心",并且立足点始终不变,作者根据不同的角度描绘不同的方位景物,这就叫做"定点换景"。

②要按"序"描写:或远近高低,或左右上下,或东西南北,从不同的方位将不同的景物依次描写出来,这样可以把景物写得层次清楚,鲜明逼真。

③绘景要体现景物的特征。

④从以上分析,建议枯水季立于河心观察,能多方位欣赏到壶口瀑布的不同景致。

【设计意图】游记有三个基本要素:所至、所见、所感。本环节带领同学们梳理所至与所见,在梳理与对比中,学生能清晰分辨出"移步换景"和"定点换景"两个概念的内涵以及异同。其次学生能明确

"所至"与"所见"两要素之间的关系:"所见"以"所至"为立足点并在此基础上变换观察的视角,所呈现的景物就不同。为了调动学生学习的兴趣,在设计时,我们融入了情境任务"观景路线"的设计,为学习增强了情境性、真实性与应用性。

五、研读探究(旅游攻略——观景感想)

罗丹说:"美丽的风景之所以使人感动,不是由于它给人或多或少舒适的感觉,而是由于它能引起人们的思想。"作为壶口瀑布的推广大使,在游历完壶口瀑布的景致之后,你如何表达感想来提升游客对旅游景点的认识与思考呢?

"所感"是游记的灵魂,也是游记的生命力所在。好的游记,大多循游踪选取写景的角度,以对景物的描写为文章的主体,并从中生发出感受和思考。这些感受和思考,有的融合于写景状物之中,有的独立于写景状物之外。请从文中找出表达"所感"的文字,填写在表格中,并就其作用或内涵说说你的理解。

【预设】

所感角度	描写"所感"的语句	所感的作用或内涵
直接体验	只有一个可怕的警觉:仿佛突然就要出现一个洪峰将我们吞没。	直接表达自己观景体验:雨季观景危险。
引发感想	我突然陷入沉思,眼前这小小的壶口,怎么一下子集纳了海、河、瀑、泉、雾所有水的形态,兼容了喜、怒、哀、怨、愁——人的各种感情。造物者难道是要在这壶中浓缩一个世界吗?	由水的多样思考到人的多情,自然而恰切,使文章意蕴丰富,也为下文的进一步议论做铺垫。
理性思考	人常以柔情比水,但至柔至和的水一旦被压迫竟会这样怒不可遏。原来这柔和之中只有宽厚绝无软弱,当她忍耐到一定程度时就会以力相较,奋力抗争。黄河博大宽厚,柔中有刚;挟而不服,压而不弯;不平则呼,遇强则抗,死地必生,勇往直前。正像一个人,经了许多磨难便有了自己的个性;黄河被两岸的山,地下的石逼得忽上忽下,忽左忽右时,也就铸成了自己伟大的性格。	坚硬的石头被流水塑造成不同的形态,源于水被压迫就会以力相较,奋力抗争。作者由水的抗争想到黄河柔中有刚,想到中华民族刚柔相济、百折不挠的精神,抒发对中华民族伟大精神的赞美。此处"所感"由绘景到了主旨内涵的升华,蕴含情感美、哲理美。

由表格归纳出你的探究与思考:

思考一:游览过程中的所感既可以是游览景物后的直接感受,更应该是自己从观景中生发的认识和思考,但对于认识和思考不应仅仅停留在"景"的表层,而应该由景的特点思考背后的原因、意义、精神内涵,使"所感"有深度、有意蕴。

思考二:游览过程中的感受与体验、认识与思考,既可以独立于写景之外自由抒发,也可以融入在对景物的描写中。无论采用哪种方式,都要做到自然、独特。所谓自然,是指文中的情感与思考都是由景物自然而然地触发出来的,与景物融为一体,并非作者刻意强加于景物。所谓独特,是指好的游记要写出作者对景物的独具个性的体验与感想,而不是人云亦云。

小结:游记在内容上至少应该包括三个要素:第一,所至,即作者的游踪;第二,所见,即作者在游程中目睹的风貌,包括山水景物、名胜古迹、风土人情、历史掌故、现实生活等;第三,所感,即作者由所见所闻而引发的所思所想。从结构上来说,所至是骨骼,所见是血肉,所感是灵魂,无骨不立,无肉不丰,无魂不活,三者缺一不可,构成一个完整的格局。

【设计意图】游记的第三个要素"所感",该如何引导学生学会写"所感"呢?梁衡先生在本文中作出了很好的示范。本环节我们采用表格的形式,整合了所有"所感"内容,采用比较归纳的方式,得出了描写"所感"的方法(见如上思考一、二)。此环节问题的设计建立在前两个任务之上,三个子问题的设计做到了环环相扣,串联铺陈,层层深入,并在此过程中注重培养学生的探究与归纳能力。其二此环节旨在引导学生通过品读表达作者感受与思考的语句,把握景与情间的联系,理解作者对黄河精神、中华民族精神的赞美之情,以读懂游记的"灵魂",激发爱国之情与文化自信。

六、赏读品味(旅游攻略——提升景点宣传用语)

作为"壶口瀑布"的宣传大使,我们在为游客推荐景点时,既要修饰和美化我们的语言,又要通过自己的表达为游客推荐出观景点的风景特色。请运用圈点勾画和批注的方法,赏读批注文章中你喜欢的语句,说说作者是采用了什么方法来表现壶口瀑布的特征，提升语言的品格呢？

【预设】(1)河水从五百米宽的河道上排排涌来，其势如千军万马，互相挤着、撞着、推推搡搡、前呼后拥，撞向石壁，排排黄浪霎时碎成堆堆白雪……当河水正这般畅畅快快地驰骋着时，突然脚下出现一条四十多米宽的深沟，它们还来不及想一下，便一齐跌了进去，更闹、更挤、更急。沟底飞转着一个个漩涡……

【赏析】品鉴词语之动词：一连串的动词，全面再现了黄河奔涌至此由于地理环境的变化，一下从河床跌入深谷的整个动态的过程，充满了速度与力量，凸显了壶口瀑布水流快、急、猛的磅礴之气。

(2)当然这么窄的壶口一时容不下这么多的水，于是洪流便向两边涌去，沿着龙槽的边沿轰然而下，平平的，大大的，浑厚庄重如一卷飞毯从空抖落。……还有那顺壁挂下的，亮晶晶的如丝如缕……而这一切都隐在湿漉漉的水雾中，罩在七色彩虹中，像一曲交响乐，一幅写意画。

【赏析】品鉴词语之叠词、形容词：这些词既写出了河水的形态特征是庄重浑厚，也突出了河水的刚柔相济，不但描摹生动而形象，还给人以音韵和谐的美感。

(3)当然这么窄的壶口一时容不下这么多的水，于是洪流便向两边涌去，沿着龙槽的边沿轰然而下，平平的，大大的，浑厚庄重如一卷飞毯从空抖落。不，简直如一卷钢板出轧，的确有那种凝重，那种猛烈。尽管这样，壶口还是不能尽收这一川黄浪，于是又有一些各自夺路而走的，乘隙而进的，折返迂回的，它们在龙槽两边的滩壁上散开来，或钻石觅缝，汩汩如泉；或淌过石板，潺潺成溪；或被夹在石间，哀哀打旋。

【赏析】品味修辞手法：①将河水比作一卷飞毯和一卷钢板，形象生动表现了黄河水流的力量、态势，抓住了凝重、浑厚、猛烈的特征，给人身临其境之感。②综合运用排比和拟人，生动形象、增强气势。尤其是大量运用的拟人，生动写出了水流的形态、声响，借人写水，既能展现水的形态，也有利于表现水的情态，还含蓄体现出作者的心态，可以把景物写活。

(4)正是雨季，那沟已被灌得浪沫横溢，但上面的水还是一股劲地冲进去，冲进去……我在雾中想寻找想象中的飞瀑，但水浸沟岸，雾罩乱石，

除了扑面而来的水汽，震耳欲聋的涛声，什么也看不见，什么也听不见，只有一个可怕的警觉：仿佛突然就要出现一个洪峰将我吞没。

【赏析】体味手法之多感官多感受：从听觉、视觉、触觉、心理等不同感官角度，写涛声巨响、涛浪迅疾，语势强劲，表现了雨季壶口瀑布汹涌澎湃、惊心动魄的力量和气势。

(5)……当地人说，曾有一头黑猪掉了进去，再漂上来时，浑身的毛竟被拔得一根不剩。我听了不觉打了一个寒噤。

【赏析】体味手法之侧面描写：当地人讲的"猪毛被拔光"的事，间接从侧面体现了黄河令人畏惧的气势和水流的迅猛，与"我"的切身感受相呼应。

小结：本文语言雅洁凝练，精准优美；张弛有度，刚柔相济；善用修辞，形象生动；用词精准，表现力强；运用叠词，音韵和谐。作者用这种磅礴大气的语言，淋漓尽致地表现了壶口瀑布磅礴的气势和一往无前的精神，既生动形象，又别有雅韵。

【设计意图】课程标准和单元核心素养目标中均强调要揣摩和品味语言，欣赏与积累精彩语句。本文的语言在用词、修辞和写法上独具特色，既彰显了壶口瀑布的阳刚之美的"雄""奇""险"，也凸显了其"静"的阴柔之美。此环节我们从用词、修辞、写法三个角度去探究梁衡先生语言的密码规律，旨在提升学生的语言建构与运用能力。

七、学以致用

白水寨风景名胜区作为增城区著名观景点，也是国家4A级风景区，以落差428.5米的中国内地落差最大瀑布著称。请仿照课文枯水季的游记写作手法，对白水仙瀑做定点观察，以写出景物的特点，写一个片段。200字左右。

提示：

1.选择该景区某一处风景来写，不要面面俱到。

2.细致观察，具体描绘该处风景，不要泛泛而谈。

3.描写风景时，融入一些个人感受，尽可能写出自己独特的体验。

4.在语言上，尝试精练动词、形容词，融入恰当的修辞手法和感官描写，使你的语言表达更为出彩。

王盈，广东省广州市增城区应元学校教师。

高中语文选必上第三单元外国小说研习教学设计

◎余丽铮

【单元教材分析】

素养解读：本单元所选课文属"外国作家作品研习"学习任务群。本任务群旨在引导学生研习外国文学名著名篇，了解若干国家和民族不同时期的社会文化面貌，感受人类精神世界的丰富，培养阅读外国经典作品的兴趣和开放的文化心态。

本单元收入四部外国小说的节选。学习时，要联系相关的历史文化背景，体察小说展现的千姿百态的社会生活。要了解小说多样化的风格样式，尝试探讨不同民族文学之间的共同话题和文化差异，从主题、内容、叙事手法、语言等多方面入手把握作品独特的艺术成就；总结小说的艺术特点，提升鉴赏小说的能力。

课文解读：

《大卫·科波菲尔》是狄更斯的代表作品。小说用第一人称的视角，讲述了主人公大卫在艰苦环境中通过自身奋斗逐渐成长的故事。小说以大卫曲折的成长经历为主线，塑造了一大群不同阶层的人物形象，广阔而深刻地反映了维多利亚时代英国社会的生活风貌。课文节选第十一章，描写了变成孤儿后的大卫当童工的经历以及他与米考伯夫妇的交往。通过"我"（叙事者）的主人公体验视角、回顾性视角和见证人旁观视角的综合使用，让读者既感受到童年大卫的形象和内心情感，又了解到成年大卫的成熟和智慧，立体勾勒出大卫心灵成长脉络。

《复活（节选）》：列夫·托尔斯泰，被誉为"俄罗斯文化的良心"，始终专注于在"清醒的现实主义"创作中不断塑造承载其人性理想的各类人物，其中《复活》中的聂赫留朵夫就是代言人之一。阅读时要赏析托尔斯泰塑造人物的手法——"心灵辩证法"。

《老人与海（节选）》：故事表现的是"英雄与环境"的传统主题，老人圣地亚哥是一位失败的英雄。"一个人可以被毁灭，但不能被打败"，面对事实上的艰苦搏斗后大鱼被抢掠一空的结局，他在对付失败的风度上、在维护个人的尊严上却赢得了胜利。大海之于老人，是环境力量的象征。老人热爱大海，老人对抗大海，与大海战斗，从欣赏大海所代表的自然伟力，到击退其所代表的无情掠夺。老人与海，人与自然，英雄与环境，这是值得辩证性去思考的话题。

《百年孤独（节选）》：《百年孤独》作为魔幻现实主义经典作品，被誉为"再现拉丁美洲历史社会图景的鸿篇巨著"。马尔克斯在这部小说里"汇集了不可思议的奇迹和最纯粹的现实生活"。马孔多小镇从建立到兴盛、衰落乃至消失的百年历史，布恩迪亚家族七代人神奇而坎坷的经历，恰是拉丁美洲历史的真实翻版。小说探讨了外来文明的冲击的问题。原始乌托邦被现代文明替代，因而把失眠症带到了马孔多，秩序被打破。所有人都试图以自己魔幻的方式突破孤独，却在现实面前陷入更深孤独。从个人到家族，到民族，到全人类，唯有孤独的底色大致相同。

【学习基础分析】

现有基础：有学习小说的初步体验，尚需丰富。

学习兴趣：对小说内容主旨：《大卫·科波菲尔》的成长主题，米考伯主义；《复活》人物聂赫留朵夫与玛丝洛娃以及男女主人公精神的人战胜兽性的人，道德的人战胜非道德的人的复活过程；《老人与海》人物圣地亚哥与"一个人可以被毁灭，但不能被打败"的哲理内涵；《百年孤独》现代文明洪流对马孔多为代表的土著文化，传统文化的冲击，"失眠、遗忘症、孤独"的文化象征含义；现实中的历史遗忘问题的反思。

学习障碍：对小说作家及创作风格、所处的时代语境、文化比较陌生。对小说的艺术手法理解存在难度,比如:扁平圆形人物、心灵辩证法、叙事视角、冰山理论、魔幻现实主义。

【单元学习目标】

1.掌握中长篇小说的阅读的基本方法。(学习水平:理解)

2.尝试品味小说语言特色、体会不同作家的创作风格。(学习水平:运用)

3.感受多样文化风貌、丰富人生体验;感受人性光辉,厚植崇高精神。(学习水平:综合)

4.学写小小说。(学习水平:综合)

【单元学习内容安排】

《大卫·科波菲尔》:

1.通过把握米考伯夫妇的性格、形象,尝试品评人物形象的典型意义。(理解运用)

2.品味作者细腻真实、幽默风趣的艺术语言,把握小说"圆形与扁平人物"手法的运用与效果。(理解运用)

3.分析小说叙事视角在塑造人物与传达主题上的特殊作用。(理解运用)

《复活》:

1.捕捉生活与精神的激烈矛盾、人物间的矛盾冲突,探讨"复活"的丰厚内涵。(理解运用)

2.借助小说反映社会背景、评析小说的批判意图及作者在作品中寄予的人性理想。(理解运用)

3.赏析小说通过语言、动作、心理等方面刻画人物、呈现冲突的精妙。(理解运用)

《老人与海》:

1.了解海明威及冰山理论,赏析老人五次击退鲨鱼的场景,探究老人的心理变化过程。体会艺术的繁简表达效果。(运用)

2.探讨"失败英雄"的形象及其象征意义,感受人类精神的崇高与灵魂的尊严。(综合)

《百年孤独》:

1.了解马尔克斯及魔幻现实主义,梳理小说主要情节和人物关系,把握小说的基本情节内容。(运用)

2.学习魔幻现实主义表现手法在文本中的具体运用及表达效果。理解马尔克斯的"孤独"。(运用)

《写作》:

小小说写作指导课:"如何把故事讲得引人入胜?"(1.巩固小说相关知识;2.在写作中体会小小说特点。)(运用)

【教学过程】

《大卫·科波菲尔》 第1课时

主问题:面对经济困境,米考伯夫妇应对困境的办法是什么?他们有着怎样的性格特点?

活动一:请根据故事内容,梳理情节,填出导图中的空缺部分。(导图略)

设计意图:梳理小说情节,把握故事内容。

活动二:米考伯夫妇应对困境的办法。

米考伯夫妇的经济困境	应对策略	性格特点
文中展现	1.	
	2.	

设计意图:鉴赏米考伯夫妇的人物形象。

活动三:有人说"人人心里都应该住着一个米考伯",你认同这个观点吗?

设计意图:尝试品评人物形象的典型意义。

活动四:课堂小结

作业设计:

1.学法迁移:运用课上所学方法,结合课文具体内容,开列大卫的"成长的烦恼"根源清单。思考:大卫是如何应对这些困境?这样的困境对大卫产生了哪些影响?

设计意图:结合文本内容,对大卫所处的环境、心理活动等进行研习,鉴赏大卫的人物形象。

2.拓展阅读:想知道总盼着时来运转的乐天派米考伯夫妇最终有没有时来运转吗?请将本书中有关米考伯的章节找来读一读,你会对这个人物有更完整的认识。

《大卫·科波菲尔》 第2课时

主问题:作者是如何塑造人物的?

活动一:狄更斯在塑造人物时有着高超的本领,他笔下的人物个性鲜明。他善于运用艺术夸张来突出人物的某些特征,用简单一句话、一个习惯动作,甚至一个用具来表现人物的性格和心理。结合课文完成下列表格。(表格略)

活动二:对于狄更斯塑造人物的艺术夸张。评论家褒贬不一。英国诗人艾略特认为,狄更斯的人物"比人们本身更为深刻";英国小说家福斯特却认为,狄更斯的人物"几乎全是扁平的。扁平人物在自身成就上就是无法与圆形人物匹敌"。你是如何看待扁平人物与圆形人物?请结合具体人物形象分析。

小结:1.基于某一种单一的观念或品质塑造而

成的(性格简单、静止)(扁平人物)。2.类似于现实中的人物,性格复杂且变化发展。(圆形人物)

活动三:课堂小结

作业设计:

1.完成练习册第5题:狄更斯的作品多呈现出幽默风趣的特色。试择取文中两处实例,分析作者"制造"幽默的方式及效果。

2.结合具体人物形象,就扁平人物与圆形人物的优劣谈谈你的看法,整理成小论文。

3.拓展阅读:福斯特《小说面面观》,加深对小说人物塑造手法的认识。

《大卫·科波菲尔》 第3课时

主问题:狄更斯以儿童的视角讲述大卫的成长经历,又以成人的视角审视、评价这段经历,双重视角交织而写有什么样的艺术表达效果?

活动一:谁在讲故事。阅读课文节选部分完成以下表格。(表格略)

设计意图:掌握必备的叙事视角知识。

活动二:以组为单位,梳理小说(节选)部分,文中"童年的我"视角和"成人的我"视角,讨论并分析视角转换的作用。(交流展示)

设计意图:学会运用叙述视角知识分析小说。

活动三:课堂小结

作业设计:

1.比较阅读:鲁迅的《祝福》、莫泊桑的《我的叔叔于勒》中也采用了第一人称叙述者"我",比较分析《祝福》《我的叔叔于勒》中第一人称"我"与《大卫·科波菲尔》中"我"的作用及其效果异同。

2.《大卫·科波菲尔》是狄更斯自传体特色比较鲜明的小说。结合作者的人生经历,探究本文的"自传体"写作特色。

《复活》 第1、2课时

主问题:小说以《复活》为标题,是指谁的复活?

活动一:聂赫留朵夫和玛丝洛娃两人监狱会面时,各自经历了怎样的心理变化?小组合作,请以表格或者绘制心理变化图谱的形式画出或标出,可做适当的文字说明。

设计意图:整体感知,把握小说主要内容。

活动二:小说以《复活》为标题,是指谁的复活?以组为单位,讨论交流展示。

观点一:玛丝洛娃

观点二:聂赫留朵夫

观点三:列夫·托尔斯泰

活动三:"兽性的我"和"人性的我"是一个具有永恒探讨价值的话题。聂赫留朵夫的"复活",在今天有怎样的意义?联系现实或学过的文学作品,就人性与道德,谈谈你的看法。

《复活》 第3课时

主问题:作者是如何塑造男女主人公形象的?

活动一:梳理文中聂赫留朵夫对玛丝洛娃的称呼语变化情况,思考聂赫留朵夫是怎样一个形象?

设计意图:通过把握人物语言和心理描写,赏析人物形象。

活动二:小组合作,绘制表格,梳理玛丝洛娃的外貌和神态描写,尤其注意文中多次描写她的"笑"及眼神。思考玛丝洛娃是一个怎样的形象?

设计意图:学法迁移,自觉运用表格等工具梳理相关信息,赏析人物形象。

活动三:课堂小结:人物心理刻画手法

小说家将人物置身于监狱这一特定的空间,通过语言、肖像、动作、心理描写以及全知视角等艺术手法,集中展现了男女主人公在精神上的艰难探索与蜕变,生动细腻地刻画了男女主人公走向"复活"的心路历程。

作业设计:

1.完成练习册第3题:小说中的环境描写颇有深意,结合小说内容谈谈"铁栅栏"的作用。

2.比较阅读:完成练习册第8题:《复活》中的玛丝洛娃,《祝福》中的祥林嫂和《雷雨》中的鲁侍萍,都是中外文学史中被侮辱与被伤害的女性形象。探究她们悲剧命运的社会根源。

《老人与海》 第1课时

主问题:小说中老人是一个怎样的形象?

活动一:预习作业交流展示。

1.写出或画出书中最令我印象深刻的场景。

2.如果我是故事中的主人公,我会:_____

设计意图:整体感知,熟悉小说主要内容。

活动二:梳理小说中老人与鲨鱼搏斗的五个回合,思考:老人是一个怎样的形象?

老人与鲨鱼较量的五个回合中,老人用到了哪些武器?结果怎样?这五个回合的搏斗,让我们身临其境。然而,在这种搏斗中,老人的内心也是五味杂陈的。梳理出文本中老人与鲨鱼搏斗中的内心独白。随文批注。思考,这些内心独白的作用和效果。

设计意图:通过动作描写和心理描写,把握老人性格,理解硬汉形象。

活动三:明知失败还执着战斗,这样的战斗、这样的执着有意义吗?联系生活实际或阅读过的文学作品,谈谈你的理解。(教师适时补充海明威所处时代背景、文学史意义、诺贝尔颁奖词等)

设计意图:探讨"失败的英雄"形象意义及其象征意义,感受人类精神的崇高与灵魂的尊严。

活动四:课堂小结

作业设计:

1.拓展阅读:结合海明威的生平经历。思考海明威是不是"硬汉"?

2.阅读《老人与海》整本书。

《老人与海》 第2课时

主问题:《老人与海》的象征系统是什么?这个系统由哪些元素构成,它是怎样产生作用,赋予作品以艺术魅力的?

导入:海明威说:"我总是按照冰山的原则来写作。那就是浮出水面的只有八分之一,还有八分之七藏在水下。"浮出水面的八分之一,是小说的故事情节,是十分简单的,在这部小说之中"采用了多种多样的形象,象征和原型,使得这部小说内涵丰富",这里丰富的内涵,蕴含着哲理深刻的象征系统即本书"藏在水下"的八分之七。

活动一:梳理相关信息,分析小说的象征系统及其含义

设计意图:分析小说中人物、动物、环境的象征含义把握小说主题。

活动二:课堂小结

小结:《老人与海》是一部象征性很强的小说,它把人类与自己命运斗争形象描绘在一个由一组人物形象和一组动物形象构成的象征系统内,而构成这个象征系统的框架的是:大海。

作业设计:

1.完成练习册第6题。

2.拓展阅读:《海明威:一片精神的大海》。

《百年孤独》 第1课时

主问题:小说名为《百年孤独》,你觉得课文节选部分体现了小说"孤独"的含义了吗?

活动一:梳理课文出现的人物及其情节

设计意图:整体感知,把握小说主要内容。

活动二:梳理小说中体现孤独的元素

设计意图:把握小说主题"孤独"的含义。

活动三:课堂小结

作业设计:

1.作者说何塞·阿尔卡蒂奥们使这个家族得以延续,而奥雷里亚诺们则否,从原著中挑出这些人名,梳理这些人物最终的归宿。围绕"百年孤独"的含义为布恩迪亚家族编写完整的族谱。包括代际、姓名、身份及归宿。

2.拓展阅读:《拉丁美洲的孤独》《番石榴飘香》。

《百年孤独》 第2课时

主问题:小说是如何体现魔幻现实主义的?

活动一:何谓魔幻现实主义

1.用魔幻的手法反映社会现实生活。魔幻现实主义创作原则是"变现实为幻想而不失其真实"。不管作品采用什么样的"魔幻""神奇"手段,它的最终目的还是为了反映和揭露拉丁美洲黑暗如磐的现实。

2."魔幻"表现手法既带有浓厚的拉丁美洲本土色彩,还深受西方现代主义诸多表现手法的影响,常采用象征、荒诞和意识流手法等。

活动二:小说如何体现魔幻

设计意图:通过分析小说环境、人物、情节的象征含义,理解小说主题"孤独"的深刻内涵:①理想与现实的冲突产生的孤独(奥雷里亚诺型);②人性与道德的冲突产生的孤独(阿尔卡蒂奥型);③对命运的不可控而产生的孤独(家族循环);④传统与现代文明冲突而产生的文化上的孤独。(马孔多)

活动三:小说如何体现"现实主义"

设计意图:通过分析小说情节与真实拉丁美洲现实的对当关系,深入理解"百年孤独"的。

活动三:课堂小结

作业设计:

1.比较阅读:本单元这几部小说都带有不同程度的自传色彩。请梳理其具体表现,并谈谈你如何看待这一现象。

2.拓展阅读书单:危地马拉的里亚斯《玉米人》、古巴卡彭铁尔《这个世界的王国》、秘鲁阿格达斯《深沉的河流》、中国莫言《红高粱》

小小说写作指导课:"如何把故事讲得引人入胜?"

主问题:如何把故事讲得引人入胜

活动一:何为"小小说"

展示《地球上的最后一个人》《陨盗》《三封电报》三篇作品,学生讨论:这是小说吗?

地球上的最后一个人/弗里蒂克·布朗

最后一个地球人坐在家里,突然响起了敲门声。

陨盗 / 陶渊明

蔡裔有勇气,声若雷震。尝有二偷儿入室,裔拊床一呼,二盗俱陨。

丈夫支出账单中的一页 / 马克·吐温

招聘女打字员的广告费……（支出金额）

提前一星期预付给女打字员的薪水……（支出金额）

购买送给女打字员的花束……（支出金额）

同她共进的一顿晚餐……（支出金额）

给夫人买衣服……（一大笔开支）

给岳母买大衣……（一大笔开支）

招聘中年女打字员的广告费……（支出金额）

依据小说三要素,填写下表:

标题	人物	情节	环境

小结:小小说,又称"微型小说""袖珍小说""一分钟小说"和"超短篇小说",是与长篇小说、中篇小说、短篇小说并立的小说的样式之一。它是一种篇幅很短、情节简单、对人物和事件都不作完整描写和叙述的小说体裁。特点:1.篇幅短小;2.语言精练;3.情节简单;4.人物集中;5.立意深刻。

活动二:如何讲好故事

叙事艺术	谁在讲故事	叙述视角
		叙述人称
	怎样讲故事	叙述时序
		叙述频率
		话语模式
		评论语言
	讲了什么故事	人物
		情节结构
		环境
	阅读效应（读者）	易读性
		陌生化
		二度创作

活动三:小试牛刀:给下列小小说补上结尾

让　座

我站在无轨电车里,身旁有个老大娘,两只手扶着椅背也是站着。旁边的座位上却大模大样地坐着一个15岁上下的小伙子。使劲盯着窗外,仿佛生平头一回见到这辆无轨电车沿途经过的街道似的。

我开口对老大娘说话了,其实是说给那个麻木不仁的小伙子听的。

"唉,现在的年轻人可真缺乏教养!"

"说得是啊,说得是啊,"老大娘点了点头,"就是没有教养嘛!"

"学校里是怎样教他们的!"

"说得就是嘛,学校里是怎么教他们的?"老大娘同意我的说法。

"大概他们的父母也是这种没教养的人。"我瞪着那小伙子说,可他却无动于衷。

"有什么样的爸爸,就有什么样的儿子。"老大娘叹着气说。

"真不像话!年轻力壮的小伙子坐着,却让老太太站在那里!"我的声音已经很高了。

老大娘一会儿看着我,一会儿又看着那个小伙子。

"喂,你这小青年,"我终于忍不住碰他的肩膀,"说的就是你哪,还不给老人让座!"

作业设计:

1.请从马斯洛娃的视角,重新写《复活》中"监狱会面"这一场景。

2.《人与狗》:傍晚,坐落在荒野的一座水库边,落魄的张三盯着水面发呆。来了一条流浪狗,不停地与张三纠缠,过了没多久,张三神情大变,像换了个人似的……

要求:1.写成一个二三千字的小小说;2.剧情要有变化;3.尽可能注意到人物性格变化;4.虽然是技术训练,也希望注重立意开掘。

余丽铮,上海市闵行区高级中学教师。

《老人与海》教学方案

◎张宇晗

【单元教学设计说明】

"课程标准"提出:"阅读外国文学经典作品,认识所读作品的地位和价值,撰写读书笔记,写出内容提要和阅读感受,选择感兴趣的作家、作品或话题,撰写评论""设计有挑战性的学习任务,激发学生阅读外国文学作品的兴趣,引导学生广泛阅读不同时期、不同国家的优秀文学作品,尝试探讨不同民族文学之间的共同话题和文化差异,尊重文化多样性,提升鉴别力。"

本单元的人文主题是"多样的文化",所选课文都是外国经典名著中的节选部分,篇目分别来自英国、俄国、美国和哥伦比亚。不同地区的文学作品反映不同地区的思想,甚至能够从节选部分推测出当时的社会风貌。

从狄更斯的《大卫·科波菲尔》中,主要学习小说中的人物形象的塑造,通过外貌、语言、动作等方面把握塑造人物的精湛手法,同时通过将大卫所处的环境与大卫的美好品格形成对比,更能突出表现工业革命时期英国的整体风貌和狄更斯的人道主义精神。从列夫·托尔斯泰的《复活》中,主要学习小说的主题,通过玛丝洛娃的内心独白的以暴制暴和聂赫留朵夫的自我精神的复活对比,突出列夫·托尔斯泰的现实主义。这两篇小说主要是现实主义的代表作,同时也可以通过阅读"一叶知秋"达到对一整个时代风貌的了解。从海明威的《老人与海》中,主要在学习老人精神的主题的基础之上,学习小说的语言与风格。加西亚·马尔克斯的《百年孤独》的学习则主要侧重小说的鉴赏能力,体味文章的"孤独"的意味,同时这两篇小说是现代主义的代表作,因此要学习现代主义的侧重心理、象征、荒诞等特色,提高学生鉴赏能力,这两篇理解较难不是由文章知全貌,而是由全貌引出文章之深味。最后四篇小说可以相互对比,由自传到对话到重复到奇思妙想,学习小说的叙事艺术。

【单元学习目标与重点难点】

本单元的学习目标是要联系相关的历史文化背景,体察小说展现的千姿百态的社会生活,感受人类文化的丰富多彩;要了解小说多样化的风格样式,从主题内容、叙事手法、语言风格等多方面入手把握作品独特的艺术成就;要总结小说的特点,提升鉴赏小说能力,并尝试写小小说。

明确立意、巧妙构思是本单元的重点之一,《大卫·科波菲尔》的人道主义精神,自传形式及人物刻画;《复活》的托尔斯泰主义,对话及心理独白;《老人与海》的打不败的人,五次重复及冷静密实的风格与凝练简洁的语言;《百年孤独》的孤独,巧妙的幻想,时空的错乱,都是有着强烈的写作欲望之下的作品,主题明确突出且形式多样丰富,值得研习。

学会刻画是本单元的重点之二,小说三要素人物、情节、环境该怎样刻画又该怎样强调是小说传神生动的重要法宝,需要仔细研究,体会作者的用心之处。

【单元整体教学思路】

单元第一课《大卫·科波菲尔》,节选部分是成长的主题,属于批判现实主义作品,现实主义的作品在讲了什么事方面尤其优秀,同时在人物、情节、环境的刻画方面往往能够达到极致。单元第二课《复活》节选部分是聂赫留朵夫精神刚复活的时候,对于人物的刻画和人物内心冲突的转变十分细致。两篇课文都是精读课文,可进行群文阅读,引入扁平人物和圆形人物理论,两相对比学习人物刻画手法,同时,两者主题明确可让学生通过在必修下册《祝福》的小说单元中学到的有关主题、情节等方面的知识进行自己的探讨,然后提出问题,最后老师联系当时的时代风貌解决学生的问题,促进学生对小说原文以及当时的风貌有深层次的理解,四课时完成。《老人与海》为自读课文,主要学习永不言败的精神、冷静密实的叙述风格以及凝练简洁的语言,为现代主义作品,需要用这篇文章让学生更为清晰地认识到现代主义作品的一些特征和作品语言风格的意蕴,两课时完成。《百年孤独》在小说"怎么写"上可谓贡献极大,能够通过对节选部分的"循环""孤独"主题的了解,提高学生对于整本书阅读的兴趣,同时丰富学生的写作角度。

【教学内容分析】

《老人与海》是统编版高中语文选择性必修上册第三单元的第9课。第三单元的课文"展现了广阔的社会生活,表达了作者多方面的深刻思考""在题材内容、创作手法等方面有诸多创新,极大的拓展了小说的天地"。要"要联系相关的历史文化背景,体察小说展现的千姿百态的社会生活,感受文化丰富多彩;要了解小说多样化的风格样式,从主题内容、叙事手法、语言风格等多方面入手把握作品独特的艺术成就;总结小说的艺术特点,提升鉴赏小说的能力,并尝试写小小说"。

关于这一课的学习提示有三个:一是通过人与自然的搏斗,理解老人这一失败英雄形象及其象征意义,体会文章所赞颂的"人的灵魂的尊严"的主题意蕴;二是通过查找相关背景,体会文章凝练又精当的语言特色;三是细读文章中老人与鲨鱼五个回合的搏斗场景,从内心独白和细节变化,感悟冷静、密实的叙事风格。

《老人与海》是美国作家海明威于1951年在古巴写的一篇中篇小说,于1952年出版。

该作围绕一位老年古巴渔夫,与一条巨大的马林鱼在离岸很远的湾流中搏斗来展开故事的讲述。尽管海明威笔下的老人是悲剧性的,但他身上却有着尼采"超人"的品质,泰然自若地接受失败,沉着勇敢地面对死亡,这些"硬汉子"体现了海明威的人生哲学和道德理想,即人类不向命运低头、永不服输的斗士精神和积极向上的乐观人生态度。

文章通过描写老人与鲨鱼的五个回合的搏斗,体现了老人不向命运屈服,勇敢抗争,积极乐观的具有人类类型化的性格特质。小说语言凝练精当但又充满张力,是贯彻海明威"冰山理论"的重要作品之一,要学会体会在这凝练的语言之下蕴含的深刻哲理,理解"人的尊严"即与命运作殊死抗争的悲壮与崇高。文章伏笔铺垫甚多,风的助力和老人的内心独白,推动情节的发展,于细微之处设笔,产生震撼人心的力量。

【学习者分析】

高二的学生,在高一的时候已经对外国文学作品有了一定的了解,从契诃夫《装在套子里的人》到卡夫卡的《变形记》,学生对于分析小说人物性格特征和小说主题有了一定的了解,能够从文章语言之中感悟到深刻的社会批判。

同时也对现实主义和现代主义的作品有了一定的基本认识,能够在《老人与海》的学习中透过现象看本质,有能力探讨其背后的象征意义。

【学习目标确定】

1.通过反复阅读小说节选部分,在补充作者资料的基础上,感受海明威凝练精当的语言特色。

2.通过细读分析老人与鲨鱼五个回合的搏斗场景,理清事情发展脉络,从内心独白和海上风的变化等细节出发,总结细节推动情节发展的过程。

3.通过探寻失败的英雄形象及其象征意义,感受人与自然搏斗过程中人的灵魂与尊严的美。

4.通过资料拓展与补充,理解本文写作的文化背景和当时的时代特色,理解和借鉴不同民族和地区的文化,拓展文化视野。

【学习重点难点】

重点:细读分析搏斗场景,体会细节描写的妙处。

难点:理解失败英雄形象的象征意义及其时代价值。

【学习评价设计】

首先,看学生回答问题的正确性,掌握学生对于文章的整体理解。其次,通过学生对表格的完成情况,看学生对于文章的深入的理解程度。再次通过让学生讨论来看学生对于情节冲突的理解是否到位。最后,通过作业检查学生对于文章的掌握情况。

【学习活动设计】

环节一:初步阅读,分段概括,梳理情节

1.导入:同学们好!在"多样的文化"这一单元人文主题的指引之下,我们已经学习了英国狄更斯的《大卫·科波菲尔》,从善良、宽厚、仁爱的大卫那里体会了狄更斯的人道主义理想。从聂赫留朵夫的心灵激荡之中感受人性的复活,理解俄国作家列夫·托尔斯泰道德的自我完善、博爱、不以暴力抗恶的主要思想主张。现在我们一起来学习美国作家海明威的《老人与海》,感受当时美国的社会文化风貌。

在上课之前，老师想问大家一个问题："节选的《老人与海》片段，主要讲述了一个怎样的故事？"

学生活动：在初步阅读的基础之上，回答问题，关键词有老人和鱼等。

2.再次阅读文本，从五次与鲨鱼搏斗的角度出发，完成下面表格。在教师的带领下完成第一回合的相关内容，剩下的按照小组讨论的形式完成。分8个小组，探讨一个回合的内容。按组序探讨1~4组对应2~5回合，以此类推，用自己的话概括，语言要简练多用四字成语更好，剩下的5~8组与1~4组的序号相对作为补充说明的组。

学生活动：学生分为八个组进行讨论，每个组

材料一：情节的含义

叙事性文艺作品中以人物为中心的事件演变过程。由一组以上能显示人和人、人和环境之间的关系的具体事件和矛盾冲突构成。

材料二：情节的构成

高尔基说：情节"即人物之间的联系、矛盾、同情、反感和一般的相互关系，——某种性格、典型的成长和构成的历史"。

文学作品表现的主体——人物，人物性格本身冲突，人物和环境的冲突，是构成情节的基本因素。

推动情节发展可考虑的角度

（1）人物和环境的冲突

人物：拥有大马林鱼的老人

环境：随时会有危险的大海

	第一回合	第二回合	第三回合	第四回合	第五回合
攻击者	灰鲭鲨	铲鼻鲨/加拉诺鲨	铲鼻鲨	加拉诺鲨	鲨鱼
数量	一条	两条	一条	两条	成群结队
攻击者状态	体格强健，毫无畏惧，肆意妄为	相互配合	迅猛无比	轮番攻击	群体作战
老人状态	头脑清醒	双手受伤不听使唤	精疲力竭	身心俱疲	浑身僵硬酸痛
作战工具	渔叉	绑在船桨上的刀子	绑在船桨上的刀子	短棍和舵柄	短棍和舵柄
结局	灰鲭鲨被杀，大马林鱼被吃掉四十磅的肉	一条被杀，一条放生，鱼被吃掉四分之一	杀死铲鼻鲨，刀子被折断	两条加拉诺鲨受伤，大马林鱼被毁掉一半	大马林鱼只剩下骨头

讨论过程中遵循一人主要记录、一人主要发言、一人主要辩驳、一人主要负责资料的基本原则，小组讨论不少于四人，若有多余之人，主要进行讨论补充。

3.通过归纳整理，我们对小说的主要故事情节有了基本的理解，被圣地亚哥在十分艰难的境遇之下还能够与鲨鱼进行抗争的勇气所折服。那么老师想问大家一个问题：

一个孤独无依且工具不多的老人能够连续五次与鲨鱼斗争且保住性命甚至保住小船，这种情况在现实生活中发生的概率大不大？对，在现实生活中这种情节故事具有明显的不合理性，那么为什么我们在读这篇文章的时候又有一种故事应当这样发展的感觉，这个情节的发展为何如此的连续？请大家思考一下，为何这个情节的发展具有一定的合理性。在思考问题之前老师先提供一些有关情节的概念。

冲突：大马林鱼必然招致鲨鱼的危险

助力：海上的风

①老人知道这风会刮上整整一夜。（第1段，第一回合之前）

②这时候，风更加强劲了，船航行很顺利。（第20段，第二回合前）

③微风不断地吹着，稍稍转向东北方向，他知道这意味着风力不会减弱。（第29段，第二回合之前）

④空中的风比刚才更大了，他盼望不久就能看见陆地。（第52段，第四回合之前）

⑤只有风在吹，船帆稳稳地把小船拖向前去，他觉得说不定自己已经死了。（第72段，第五回合之前）

⑥随后，隔着随风力变大而汹涌而起的海洋，那光亮也越来越清晰。（第80段，第五回合之前）

⑦不管怎么说，风是我们的朋友，他想。（第91

段,第五回合之后,看见希望)

⑧先前的微风越刮越大,此时已经非常强劲。(第93段,第五回合之后,驶进小港)

通过查找分析得出小说中风的重要作用

①故事切入自然。开篇便是航行,航行之中有风,故事切入自然合理。

②使情节发展更为集中、连贯、自然。在风的推动下,鲨鱼会被血腥味迅速吸引,来攻击小船,同时也在风的推动下,老人能够看到靠岸的希望,这是鲨鱼一波波袭来,老人仍能够顽强抵抗的重要因素。

③使故事寓意性更为浓厚。风具有两面性,大海也有两面性,老人自己本身也有两面性,最后风是朋友,老人也凭借精神力量维护了自己的人格尊严,寓意深厚。除了这个细节之外,老人的手的受伤后的处理方法以及老人感受疼痛的过程和黑夜、太阳等都具有一定的推动情节发展的作用也具有一定的暗示性,大家课后可以找出来仔细玩味一番。

学生活动:回忆推动情节发展的因素,回想《林教头风雪山神庙》中有关雪的描写对情节发展的作用,体会本文中"风"的环境描写在全文的作用。

(2)人物性格本身冲突

主要体现在老人的内心独白,一部分是内在的思索、一部分是外在的呐喊。

下面给大家三分钟的时间,请同学们聚焦第8段到第28段,将老人所想与所说弄清楚,然后老师请一位同学来读其所想内容,其他同学一起读其所说内容。

通过读我们发现,老人内心所想的内容都是相对偏向消极的不确定的一面,而其所说的内容都是相对偏向积极的鼓励的一面,在面临绝境孤独的情境之下,老人通过不断的自我宽慰与自我鼓励,来保持在"重压下优雅的风度",体现其在逆境中人的尊严和人性的力量,表达出一种"一个人可以被毁灭,但不能被打败"的永不服输的积极向上的态度。

通过归纳整理与分析,我们发现故事情节的发展并不是一蹴而就的,是随着环境的变化和人物心理的斗争一点点的推进的,体现出海明威小说冷静密实的叙事风格。

学生活动:找出老人所说与所想的内容,分角色朗读,体会人处于高度重压之下的优雅的风度和永不服输的精神。

活动意图说明:通过询问本文所讲故事检测学生对于文章初步阅读的掌握情况,通过重点分析老人与鲨鱼的五个回合的搏斗场景,体会老人与鲨鱼力量的悬殊以及老人与命运抗争永不服输的精神,再进一步引出在故事情节看似合理连贯的背后蕴含的内在矛盾冲突,于细节之处体会作者对于叙事的巧妙安排,从中体会小说冷静严密的叙事风格,以及老人永不言败的精神。

环节二:冰山理论,探索寓义

1.通过对细节描写与老人内心独白的分析以及情节的梳理整合,我们对文章主要内容和其想要表达的主题和老人的性格有了一定的初步理解。

但是,1932年,海明威在他的纪实性作品《午后之死》中,第一次把文学创作比作漂浮在大洋上的冰山,他说:"冰山在海里移动很是庄严宏伟,这是因为它只有八分之一露在水面上。"他主张作家要省略他所知道的东西,把思想、情感乃至语言、动作等八分之七的内涵隐藏起来,"读者呢,只要作家写得真实,会强烈地感觉到他所省略的地方,好像作者写出来似的"。"冰山理论"是海明威对自己多年创作经验的形象总结。

通过著名的冰山理论,现在我们已经将其露在水面的八分之一了解透彻,那么剩下的八分之七隐没于水底的究竟是什么呢?

提供材料:

材料一:法国发生结构主义创始人,马克思主义文学批评家戈德曼认为,文学作品不是个人天才的创造物,而是作家所属的社会集团的"超个人的精神结构"的创造,即那个集团共有的观念、价值、理想的结构的体现。"作品所表现的世界的结构与某些社会集团的精神结构是同源的,或者有着可以理解的关系"。

材料二:50年代美国社会的变化体现为两个最基本的特点:①美国在西方国家中的全球战略、经济发展等领域内的领袖地位,决定了美国的国际政治结构。②后工业社会的缓慢然而不可避免的形成和发展,决定了美国的社会生活结构。无论是在美国的国际政治结构中,还是在社会生活结构中,都蕴藏着新的矛盾冲突和危机意识。

在国际舞台上,一方面美国正在称雄世界,扮演维持世界秩序、正义、人权的霸主角色;另一方面,美国又以与苏联为代表的共产主义世界陷入冷战的局面。在此背景下,美国大众的民族观念中由强盛国力滋生的爱国主义、英雄主义豪情与赤色威胁带来的怀疑主义恐慌、焦虑共存。

材料三：在国内生活中，50年代的美国是物质繁荣的消费天堂，以至于占世界百分之六的人口消费了世界百分之三十三的商品。但是，与此同时，社会的组织化、生活的均质化又导致了个体生存的孤独、焦虑和绝望，年轻一代中出现了反社会、反文化、反政治的嬉皮士、垮掉的一代。在这样一种复杂的民族文化心理和审美情感期待视野中，那种混合着英雄主义和个人主义的自豪、悲壮、孤独、感伤的故事结构最能令他们感动流泪。

学生活动：了解当时社会文化背景，体会社会文化与作家写作的关系。

2.分析社会文化背景，体会打不败的精神的深层寓意

（1）海明威本人的主体英雄意识的文本概括。

（2）圣地亚哥与大鱼较量、与鲨鱼搏斗时表现出来的英雄主义精神与50年代美国主流社会的价值观是契合的。

（3）在圣地亚哥的英雄主义气概中凝结着西方文明观念中人类征服自然的人本主义精神。

学生活动：学生利用所给材料思考《老人与海》中打不败的尊严的深层寓意。

3.教师再次引导鼓励学生思考文本中的一些问题

（1）为什么圣地亚哥在杀死灰鲭鲨之后会有一定的忏悔蕴含其中？（对人类中心主义的思考）

（2）圣地亚哥最后一无所获，你觉得他是成功了还是失败了？（人类需要精神的力量）

（3）当大鱼被吃光之后，为什么圣地亚哥会有一种超脱一切、如释重负的感觉？（为物质所累后掌握物质）

学生活动：自由畅谈，多角度理解文本。

活动意图说明：本单元的人文主题是多样的文化，其学习任务群是外国作家作品研习，需要对文本的写作背景有一定的了解以获得对其他民族优秀文化作品的深刻认识，对作品的创作与产生背景及其背后蕴含着的深刻文化内涵有充分的把握和理解。通过对当时社会文化背景的理解，结合冰山理论鼓励学生深入挖掘作品内涵，达到对作品的多层面的解读。

环节三：语言递归，深化理解

正是因为海明威强调冰山理论使得其小说凝练又充满张力，实际上汉语语法具有的"递归性"与其有一定的相似之处。

所谓"递归性"即：从语言规则的使用看，语法具有递归性。"递归"是从数学借来的术语。语言的结构规则是有限的，但可以重复使用，不断地进行同功能单位的替换。比如，现代汉语里，有主谓、动宾、偏正、正补、联合等句法结构，这些结构中的每一部分都可以用同功能的短语去替换。

例如：

→环境优美。

→校园环境非常优美。

→我们学校的校园环境确实非常优美。

由于语言有了递归性，句法结构里的构成项就可以扩展成非常复杂的结构。所以我们可以将语言凝练到一定的程度的同时也可以将语言扩展到一种复杂的程度。下面请同学们运用语法的递归性的特点依次说一说选段《老人与海》究竟讲了一个什么样的故事。（以"老人与鲨鱼搏斗"起）

学生活动：学生依据语法的"递归性"依次拓展内容。

活动意图说明：通过让学生一点点地增加要素的形式来检测学生在上完课之后对于文本所蕴藏的深刻含义的理解是否到位。

【板书设计】

老人与海
　　　　　　　　海明威

情节发展　　　　　　　　　　冰山理论
人物与环境的冲突：　　　　　人的尊严的深层含义
风、疼痛感知、太阳　　情节发展五个回合的搏斗　本人的主体英雄意识
人物性格本身冲突：　　永不言败，不向命运屈服　50年代美国主流社会的价值观
内心独白　　　　　　　　　　西方文明观念中人类征服自然

冷静、密实的叙事风格　　当代"类人"英雄形象　凝练精当充满张力的语言

【作业与拓展学习设计】

1.联系生活实际，谈谈自己生活中的永不言败、不向命运屈服的事例。100字左右。

2.完成2019年全国卷2的现代文阅读莫泊桑的《小步舞》并完成相应的练习。

张宇晗，广东省佛山市顺德区李兆基中学教师。

七年级下册《外国诗两首》教学设计

◎谢建华

【教学目标】

1.自读诗歌,感受诗歌内容,体会诗歌蕴含的哲理。2.比较两首诗写法的不同,理解诗歌中"路"象征含义。3.通过提问带动对诗歌的理解和思考的自读方法。

【教学设计】

导入:同学们,还记得诸葛亮写给儿子的一封家书吗?咱们来齐背一遍:其中很多名句,如"非淡泊无以明志,非宁静无以致远"被后人所称颂,成为许多人的座右铭,用以提醒和警戒自己。历史上,许多中外名人都有自己的座右铭。那么,老师也有自己的座右铭,同学们想知道吗?(出示幻灯片)今天,老师首先推荐给大家阅读的这首经典诗《假如生活欺骗了你》,诗中很多句子曾是很多人的座右铭。

寻读:选择喜欢

自读诗歌,要求读得通顺,寻找属于自己的座右铭。

假如让你从《假如生活欺骗了你》这首诗中找一句作为自己的座右铭,你想找哪一句?为什么?

过渡:常想普希金的话"人生不如意十有八九"。(齐读全诗:师领,生合)常想俄国诗人普希金的话,我们更有勇气面对人生诸多选择。老师想和同学们分享一首关于选择的诗:(听录音:朗诵《未选择的路》)

问读:学会提问

反复诵读《未选择的路》,勾画你有疑问的地方?带着自己的问题准备交流。

交流预设:

1."我"站在歧路口,为什么"久久伫立"?

2.诗歌第二节中,"我"为什么选择了一条"更幽寂""很少留下旅人足迹"的道路呢?

3.诗中"我"选择了一条路,为什么题目又叫做"未选择的路"?

注意:在师生、生生交流的过程中,可以对两首诗的写法差异适当提及,《假如生活欺骗了你》直抒胸臆,没有什么具体形象;《未选择的路》则用了许多具体形象来诠释人生哲理。

过渡:诗歌中的"路"仅仅指现实中的道路吗?诗人借自然之路表达了对人生之路的感悟,同学们还知道和"路"有关的诗句和名言吗?

预设学生答案:1.走自己的路,让别人去说吧!2.书山有路勤为径,学海无涯苦作舟。3.路漫漫其修远兮,吾将上下而求索。

赏读:品读欣赏

阅读诗文,体会古诗词中的"人生之路";说说作者借"自然之路"表达对人生之路怎样的感悟。

阅读任务群:陆游的《游山西村》、高适的《别董大》、李白的《行路难》、岳飞的《满江红》(节选)。

过渡:同学们,人生不如意十之八九,但是我们总要抱有希望,绝不悲观厌世。著名的教育家叶圣陶先生也说:他在任何情况下,对人世总抱有希望,决不"厌世",而对工作则不"厌足",所以他的座右铭就是"未厌"。我们也来试拟一则自己的座右铭:

读写:写一则属于自己的座右铭

我写的是:＿＿＿＿＿＿＿＿＿＿＿＿＿＿＿＿

我之所以把这句话当做自己的座右铭,是因为＿＿＿＿＿＿＿＿＿＿＿＿＿＿＿＿＿＿＿＿

结束语:同学们,齐背这首经典《假如生活欺骗了你》,让我们向经典致敬!

教学反思:诗歌教学一直以来是初中教学的难点,我选择了一条少有人走的路。在课前学生没有预习的情况下,选择了座右铭为抓手,用学生熟悉的诸葛亮《诫子书》为导入,自然衔接。两首诗放在一篇课文中,我确定了本课的哲理主题——不思八九,常想一二。对于初中生来说,有点儿深奥了。这也导致后面的问读环节缺乏师生的默契的心灵交流。读写环节若能就文中某一种写法简洁凝练地提炼出来,让师生有抓手,会让学生在写的时候更有法可寻。遗憾总是有的,这正是公开课的意义所在!

谢建华,湖北省宜昌市伍家岗区第六中学教师。

项目化学习框架下单元小说统整课堂教学方案
——以统编版九下第二单元小说为例

◎ 韩　丽

2022年《义务教育语文课程标准》明确指出"义务教育语文课程培养的核心素养，是学生在积极的语文时间中积累、建构并在真实的语言运用中表现出来的。"在单元视域下，依托单元教学设计，有目的、有计划地整合学科核心素养与学科知识内容，基于学生具体学情，创设真实情境，进行项目化学习设计，"以研代教"有效解决学科知识与能力之间的矛盾，从而助力学生语文学科核心素养的落实。

单元统整课，顾名思义，就是对某一单元内容、目标要素进行梳理、归纳，然后进行整合化教学设计，从而建构学生对大单元的理解，以便迁移与应用单元知识。它强调学生知识的主动建构，注重教学整体化设计，即围绕一个单元的语文核心知识组织学习，以此解决知识间的孤立、割裂等问题。那么，如何开展项目化学习的单元统整课？笔者现以统编版九下第二单元小说项目化学习框架下的单元小说统整的课堂教学为例说明。

一、以单元体裁为本，厘清大概念

小说是文学作品最重要的文学样式之一，也是初中阶段进行审美教育，提升学生文学品位和鉴赏能力的重要途径。从六年级到九年级，部编版教材一共编排了四个专门的小说单元，九年级下册第二单元是初中阶段最后一个小说单元。学生之前已经过三个小说单元的学习，六本小说类名著的阅读，对这一题材有一定的了解和认知。

从单元教学的整体性看，单元教学文本是教材系统中一个围绕语文要素和人文主题进行组元的较为独立的子系统，这个教学单元承载着教材教学系统中较为独立的教学价值。因此，基于"大单元"对单元教学文本进行整合解读，笔者界定本单元的大概念为：阅读多种风格的小说，品味富于表现力的语言，进一步了解小说多样化的表现手法和艺术风格。

本单元围绕"人物画廊"这一中心，选编了四篇中外经典小说。其中《孔乙己》和《变色龙》在艺术风格上均为讽刺小说，且都是写人的名篇。在讽刺小说中，"看客"有着独特的意义和价值。他们愚昧、冷漠，呈现方式也有所不同，如多类"看客"对照、"看"与"被看"的描写、以"看客"为镜反照主角等独特的表现手法。"看客"映射出社会之病，尽显语言讽刺艺术，引起读者深刻反思，加深了文章的社会意义。本单元《孔乙己》和《变色龙》两篇选文，是研究"看客"形象和意义具有较大价值的材料，以"看客"为对象，引导学生开展项目化学习，可以促使学生更好地深入文本，把握深意。因此笔者将此次单元小说统整课的学习目标定为：寻找并分析"看客"表现；绘制"看客"画像，剖析"看客"与主要人物的关系；探究隐藏"看客"，读懂作者态度。尝试聚焦"看客"，以"看客"这一具有代表性的群体作为项目学习的切入点，在一定程度上落实单元大概念。

二、以实际学情为度，创设情境和驱动问题

初中阶段学生接触的大多是写人叙事类的文章，九下第二单元对于整个初中的小说学习而言，是一个终结性单元，也是学生四年小说学习的成果性展现。对照课程标准7—9年级"阅读与鉴赏"中的要求"欣赏文学作品，有自己的情感体验，初步领悟作品的内涵，从中获得对自然、社会、人生的有益启示。能对作品中感人的情境和形象说出自己的体验，品味作品中富于表现力的语言"。学生应该达到此标准和要求。基于学生已对小说这一文学样式有一定的了解，对于小说人物的理解已掌握一定的方法。笔者创设了以下问题情境：

插画作为一种艺术形式，已经成为现代设计的一种重要的视觉传达形式，以其直观的形象性，真实的生活感和美的感染力，在现代设计中占有特定的地位。

九年级的你是一名资深的插画师，被邀为学校举办的"以书会友，共享书香"阅读活动，创作"看客群像""坎坷命运""良善之光""社会凉薄"等不同主题的人物画册。

围绕单元目标，整合单元学习活动，设计本项目的驱动性问题为：站在热闹里的他们——完成"看客"人物画册制作。

三、以活动为载体，浸润式推进项目实施

在此次项目实施中，笔者以完成"看客"人物画册制作为驱动型问题，引导学生围绕"完成'看客'人物画册制作"这一核心任务，展开对课文的思辨阅读，组织学生由浅入深地展开了四个学习活动：情境导入，初探"看客"；把握特征，绘制"看客"；探究意图，隐藏"看客"；设计封面，评价"看客"。

活动一：情境导入，初探看客

（一）画像导入

靳健教授曾提出"语文知识问题情境"概念，为学生创设真实的情境，让学生"忍不住"去发现、探究问题，使学生与文本建立亲密的链接。在活动一导入部分笔者出示了各色的人物图像，请学生看像猜人物，并尝试评价人物画像。与此同时设置了双重情境支架，创设由人物画像重温小说的学习情境，让学生带着任务重温小说所塑造的人物情节；创设由小说人物绘制人物画像的任务情境，让学生初步感知小说人物插画的一些构成要素。

（二）概念界定

解读形象的前提是概念界定。"看客"这个词曾出现在鲁迅的《呐喊》自序中。引用《呐喊》自序中有关"看客"的描述是对"看客"的溯源。找出鲁迅对"看客"的概念界定，即"看客"在体格上也许是健全的，但在精神上却是愚弱的。

活动二：全文阅读，寻找看客

小组合作，请学生找出《孔乙己》《变色龙》中的"看客"，以思维导图的形式呈现，并分析不同的"看客"看待不同的"被看之人"的"看点"。《孔乙己》中"看客"的"看点"是孔乙己脸上的新伤疤。他们对孔乙己的态度是嘲笑、讥讽，看客们是抱着取笑孔乙己的态度和他对话的。《变色龙》中"看客"的"看点"并不是"狗咬人"案件本身，而是狗的主人是谁。学生通过寻找看客，总结出不同"看客"的共同特征：冷漠麻木、空虚无聊、自私愚昧、无同情心、善恶不分等。

活动三：把握特征，绘制看客

丰子恺在《绘画与文学》中将绘画作品分为两类，一类是"纯粹的绘画"，讲求形状色彩的感觉美，另一类是"文学的绘画"，即除形色美外，兼重题材的意义与思想。文学与绘画在审美鉴赏上具有相通之处。《义务教育语文课程标准》（2022年版）将"跨学科学习"作为六大学习任务群之一，亟待通过与不同学科知识的融合与渗透，扩宽语文学习领域与运用领域，提升学生对语言文字的运用能力。活动三中笔者尝试跨学科融合教学，抓住人物特征，通过学生绘制看客画像对人物进行重构和解读，引导学生在绘画与文字之间相互关照品鉴，提升学生的审美鉴赏能力。

（一）画像比较，讨论要求

通过画像的对比，师生、生生间的共同谈论，学生发现小说人物插画的构成要素，引导学生从角色形象、动作表情、背景环境、氛围色彩、细节描绘、人物档案等多方面对次要人物进行绘制，把握"看客"的特征。

1. 角色形象：包括人物的外貌特征、身材、服装、发型等。这些因素可以反映出人物的性格特点，也可以让读者更加直观地了解人物的背景和社会地位。

2. 动作表情：动作表情能够更加生动地表现人物的情感和内心世界，例如人物的微笑、愤怒、悲伤、惊讶等。

3. 背景环境：背景环境可以反映出人物所处的时间和地点背景，例如城市、乡村、室内、室外等。

4. 氛围色彩：通过氛围色彩的运用可以营造出特定的氛围和感觉，例如温馨、忧伤、恐惧等。

5. 细节描绘：描绘细节能够使人物插画更加丰富，例如人物手中的物品、周围的环境细节等，都可以让读者更加真实地感受到人物形象。

6. 人物档案卡：例如外貌、口头禅、典型动作、典型事件、人物总评等。

在设计插画时，需要综合考虑以上因素，通过圈划小说相关细节，根据小说中人物的特征、情感和故事情节等方面进行创作。可以通过手绘、数字绘画等方式来表现小说人物的形象，使其更加生动和具有代表性。

（二）《孔乙己》看客绘制

1. 关注情节，聚焦掌柜

2. 小组合作，绘制掌柜

(1)文字绘制

细节描绘 —— 角色形象
掌柜人物绘制 —— 动作表情
氛围色彩 —— 背景环境

(2)人物档案卡填写
插画人物：_____
外貌：_____
典型语言/口头禅：_____
典型动作：_____
典型事件：_____
人物总体评价：_____

以下为绘制《孔乙己》看客——掌柜人物画像的部分教学片段。

师：《孔乙己》中有一个容易被忽略的要紧人物——咸亨酒店掌柜，此人在文中虽着墨不多，可点到之处却必定是字字精当。他有一句经典台词反复出现，同学们找到了吗？

生："孔乙己还欠十九个钱呢？"

师：这句经典台词在小说中共出现了四次，均是出现于孔乙己被打折腿之后，是个高频句。请同学们找出来并且读一读，你们觉得应该用怎样的语气语调读呢？

（同学朗读）

生：我想当掌柜在追问孔乙己十九个钱的欠款时，声调应该是又细又尖的，语气是又散又懒的。

师：的确耐人寻味。看来与十九个钱相比，在掌柜心中孔乙己还……

生（齐声回答）：孔乙己还不如这十九个钱。

师：面对惨遭断腿身心受到严重创伤的孔乙己，"掌柜仍然同平常一样"，请两位同学分角色朗读。

（同学们分角色朗读）

师：请你们评价一下掌柜是一个怎样的人？

生1：毫无同情心，孔乙己都这样了还以取笑孔乙己为乐，冷酷无情。

生2：咸亨酒店有一种令人窒息的荒凉感，掌柜这个人物阴暗丑陋。

……

师：大家觉得孔乙己的死和掌柜有关系吗？

生1：在掌柜身上感到了世态炎凉。掌柜的冰冷无情加速了孔乙己的死亡。

生2：如果丁举人给孔乙己造成的是身体上的残缺，那掌柜就是精神上的虐杀了。

……

师：是呀，难怪乎鲁迅要用十二分的力气呐喊了。他要告诉我们孔乙己是一个遭社会凉薄的苦人。

在这一部分，笔者设计了朗读支架、问题支架，通过把握掌柜的典型台词，与孔乙己之间的对话，分析掌柜这个"看客"的人物形象。并将这个人物与小说的主人公孔乙己进行关联，使学生意识到孔乙己的死亡不仅仅是因为他的个人因素造成，更多的是身边的这些"看客"所组成的一个冷漠的社会，让孔乙己受尽社会的凉薄，深刻体悟了导致人物悲剧命运的个人因素及社会根源。

（二）《变色龙》看客绘制

小组合作，任选《变色龙》中感兴趣的一位看客，完成人物绘制，汇报绘制构思，进行自评、组间评价。从一篇到另一篇，从一个到一群，这次的绘制给予学生更多的思考和展示的空间，此次看客的绘制是一种多元化的展示，是对学生前面学习的阶段性检验，也是对老师能力的一次考验。

活动四：探究意图，隐藏"看客"

卞之琳曾说，"你站在桥上看风景，看风景的人在楼上看你"，我们每个人都可能是"看客"，也都可能是"被看之人"，在《孔乙己》和《变色龙》中，其实也有一双冷峻的眼睛看着这群看客，是谁呢？结合下图所示的阅读资源，学生阅读后讨论。

寻找隐藏"看客"让学生发现叙述者——"我"在文中的意义，深入探究作者设计"看客"的意图，深刻体悟导致人物悲剧命运的个人因素及社会根源。我们每个人都可能是"看客"，也都可能是"被看之人"。如果避无可避，你会选择当"看客"吗？这个问题跳出作品的时空限制，旨在关联学生真实的生活感受，关注"看客"文化在当今社会的延续或改变，让学生批判性地思考当下自己与他人、自己与社会之间的关系。

活动五：设计封面，批判看客

尝试用简洁流畅的文字阐释人物画册——"看客"封面的设计。此环节作为此次项目化学习的出项部分，也是这次项目化重要学习成果的呈现。学生需要整合不同篇目不同的"看客"形象，并用简洁明了的语言对其内涵进行精准阐释,既能体现学生的语言表达能力,也能体现学生的整合能力和判断能力,是核心能力的体现。小组设计交流:

1. 这是道德的沦丧,还是人性的扭曲?——玲家大院小组

2. 看客,一群精神愚弱与集体无意识者。——老男孩小组

3. 哀其不幸,怒其不争。——陌分小组

4. 当"看客"成为"舞台"中心的演员时,面对着那些冷漠的观众以及自我表演无助的独角戏,我们能做的就是从看客中脱离出来。——湘北小组

5. 远离看客,珍爱生命。——柳暗花明小组

四、以评价为导向,确保项目完成及质量

表现性评价贯串整个项目学习过程。在完成每一项任务时,笔者都会带领学生一起讨论可以从哪些维度来评价每个小组完成任务的质量并制定评价量表。

表一:"人物插画"制作小组活动分工表(略)
表二:"人物插画"小组互评评价量表(略)
表三:封面、封底评价量表(略)
表四:小组互动与合作能力评价量表(略)

以评价为导向是项目学习的关键。设计以上评价表,使学生对成果呈现的标准与高质量要求有一个明确的认识。同时评价表引导学生完成项目学习,学生观察评价维度可以了解如何去达到目的地;当出现偏差,评价维度还可以引导学生对路径进行再规划并达到目的地。

五、以项目为契机,小结项目实践的反思

(一)任务情境的创设:促使学习真实发生

本次项目学习,笔者努力创设真实的任务情境。"以书会友,共享书香"的阅读活动这些任务情境都是真实的,在真实的任务情境的驱动下,学生能够更加积极主动地投入项目学习中,为呈现成果而努力。人物画册展示这种真实的成果,展示也能激发学生更积极地投入项目学习。真正做到以"情境——任务"为先导,吸引学生智力和情感的主动参与,促进学习的真实发生。

(二)学习支架的搭建:促成深度学习达成

在教学过程中,读者与作品、与作者之间的交流是文本理解和感受的源泉,学生自身对文本的阅读是无法被任何研究或解读所替代的。在这次教学设计中,笔者在学生学习的"曲折"处搭建多重学习支架引导学生深度学习:问题支架、图表支架、朗读支架、比较支架、评价支架等多种支架在活动中适时搭建,及时拆除,在学生探索的过程中给予需要的提示,有效地帮助学生构建起自己对文本的独特理解。使学生形成自己真实的阅读感受,实现深度学习达成。

(三)项目学习的方式:促进提升语文素养

在此次的语文项目学习过程中,学生在"情境——任务"的导引下,通过小组合作探究学习,笔者惊喜地发现,项目学习能够吸引学生智力和情感的主动参与,通过人物画册的艺术创作,将学生引向更加广阔的学习空间,跳出文本,在艺术中感受文本,从而获得更丰富、更立体、更个性化的阅读感受,成为积极的、互助的意义建构者,从而提升语文素养。

第斯多惠曾说:"教学的艺术不在于传授本领,而在于善于激励唤醒和鼓舞。"通过项目化学习让学生参与到真实情境中思考问题,在活动中解决问题。让学生脚下有路,眼前有熠熠星光,远处有山和远方。我相信道阻且长,但行则将至。

附:站在热闹里的他们——"看客"人物画册制作作业单

班级:　　　　姓名:

一、"众里寻他千百度,蓦然回首那人却在灯火阑珊处"请在《朝花夕拾》这部作品中寻找一位让你印象深刻的"看客"。

①绘制思维导图梳理人物的特征。

②根据小说人物插画构成的要素,尝试用画笔进行人物绘制。

二、小组合作,搜集伙伴绘制的看客画像并设计成册,请制定合理的画册评价量表并对小组画册进行评价。

参考文献:

[1]黄媚.鲁迅作品中"看客"形象群文阅读教学设计[J].教育研究与评论(课堂观察),2021(02):35-38.

[2]吴菁.走"近"鲁迅,才能走"进"鲁迅[D].华东师范大学,2010.

[3]徐松,吴伟昌.走进《呐喊》,亲近鲁迅——《〈呐喊〉自序》教学实录及点评[J].语文建设,2012(17):28-32.

韩丽,上海市闵行区田园外国语中学教师。

《紫藤萝瀑布》教学方案

◎何卫星

【教学内容】

1.七年级下册（人教版）第18课《紫藤萝瀑布》。

2.语文主题学习丛书第五册第3篇《好一朵木槿花》。

【教材分析】

《紫藤萝瀑布》是统编（人教版）教材七年级下册第五单元的一篇阅读课文，这个单元的主题是感悟人生，课文写的都是作者对于人生的感悟、体验和思考，旨在引导学生体味人生，关爱生命。根据单元提示可知托物言志的手法是本单元的学习重点。这篇文章围绕紫藤萝来抒发感情，从看花、忆花、思花三部分层层深入，表达主旨。即从紫藤萝花由衰转盛，感悟到生命的长河是无止境的，人生应该是豁达的、乐观的、进取的。

《好一朵木槿花》也是宗璞的散文，文章同样运用托物言志的手法。本文是通过对一棵木槿两次开花的描绘，领悟到一种重压之下顽强挣扎，不畏艰难，能够面对一切苦难的人生真谛。

教学设计采用教材建议，运用比较的方法阅读，分析作品之间的异同，拓展学生视野，使学生加深对文章的理解。

【学情分析】

我所在的是一所乡村中学，学生的整体素质不太好：①学生学习语文的兴趣不高，缺少动力，学习自觉性不好；②学生阅读面不广，学习语文的方法不好；③学生的语言表达能力、沟通交流能力较差，大部分同学语言的实际应用和鉴赏能力不足；④缺少独立思考、积极进取和团结协作精神等。作为一名乡村语文教师遇到这种情况需要想办法让学生课前先动起来，于是就创设了下面的导学案。七年级学生已有一定的阅读能力，在教师的引导下，他们通过自主阅读思考，能够初步感知文章的内容和情感。然而本文写于1982年，写作的背景和"文革"有关，所表达的情感也较为复杂。既有"文革"造成的心灵创伤，又有亲人身患绝症不久于世的哀痛，七年级学生未必能够理解，所以教师要补充必要的助读资料，引导学生深刻体会。

【教学目标】

1.认真阅读文章，抓住线索理清文章思路。

2.感受文章的语言美，品味花之美。

3.探寻作者描写花背后的意味，说说文章蕴含的人生哲理。

【教学重难点】

1.教学重点：学习作者抓住景物特征，以优美语言描写景物的方法。

2.教学难点：掌握文章借景抒情、托物言志的写法；感悟人生哲理。

【教学方法】

语文导读法（钱梦龙）、速读教学法（杨祥明）、圈点批注法、合作探究法等。

【课时安排】2课时

第一课时　自读课

自读提示：同学们，这节课大家根据导学案的提示自学课文，并认真思考问题，第二节课检查同学们的学习成果。

导学案：

阅读任务及学习方法指导

第一步：粗略阅读

遇到问题先独立思考，后可问同学或利用工具书、网络查找资料解决。

1.积累不认识的生字词语。

2.查找作者简介与写作背景；了解藤萝花、木槿花。

3.整体感知,可以从内容和结构上对文章加以梳理。(本文写了什么?怎样写的?)

第二步:精读细品

1.认真阅读文章第18课《紫藤萝瀑布》和丛书第五册第3篇《好一朵木槿花》,理清文章思路,品味重要语句,分析修辞方法并认真做好批注。(每篇文章的批注不少于4处,并写出你的理解。)

2.美点寻踪:从文章的内容、语言、结构、哲理等角度分析文章美之所在。(任选2个品析即可)

第三步:思考沉淀

1.阅读后的思考和启示。

2.我的疑问。

预习:

1.注音:

迸溅(　) 沉淀(　) 伶仃(　) 伫立(　)

酒酿(　) 木槿(　) 攫(　)住 玉簪(　)

忍俊不禁(　) 仙露琼浆(　) 盘虬卧龙(　)

2.课文围绕着"花"写了哪些内容?请在下面括号里各填上一个字。

(　)花　(　)花　(　)花

3.作者从哪几个方面描写盛开的紫藤萝?按什么顺序对盛开的紫藤萝进行描写?

4.作者的思想感情有什么变化?找出表现作者感情变化的语句。

5.作者由紫藤萝花的枯荣对生命产生了怎样的感悟?带给你怎样的人生启迪?

6.认真阅读文章第18课《紫藤萝瀑布》和丛书第五册第3篇《好一朵木槿花》选择你最喜欢的语段或语句品读,并说说你喜欢的理由。可以按照"我最欣赏的佳句是(　),它所运用的修辞手法是(　),这样写的好处在于(　)"的方式说话。

我的疑问:(在自读的过程中,你有哪些疑问还没有解决,请先写出来,等到下节课一起探究。)

探究:

学习目标:有感情朗读课文,品析文章美点,说说文章蕴含的人生哲理。

探究问题:

探究一:《紫藤萝瀑布》这是一篇文质兼美的哲理散文,作者通过描写紫藤萝花来表达对人生的感悟。请你从文章的内容、语言、结构、哲理等角度分析文章美之所在。(任选2个品析即可)

内容(紫藤萝花)之美:

语言(修辞)之美:

哲理(思想)之美:

探究二:看《好一朵木槿花》这篇课文,让我们结合具体的语句来细细地欣赏这朵木槿花吧!请同学们按照下列提示快速划出相关语句!

描写木槿花的语句:

表现作者情感变化的句子:

哲理:(花)"即使再开花,也不是去年的那一朵了。"你怎么理解这句话?

第二课时　展示、探究课

主题:赏花悟理

教学过程(预设)

一、出示教学目标

1.认真阅读文章,抓住线索理清文章思路。

2.感受文章的语言美,品味花之美。

3.探寻作者描写花背后的意味,说说文章蕴含的人生哲理。

二、检查自读情况,展示自读成果

1.展示自读成果(选择好的成果在多媒体上展示)

2.检查纠正字音,扫清文字障碍

迸溅(bèng) 沉淀(diàn) 伶仃(língdīng) 伫立(zhù) 酒酿(niàng) 木槿(jǐn) 攫(jué)住 玉簪(zān) 忍俊不禁(jīn) 仙露琼浆(qióng) 盘虬卧龙(qiú)

3.认识藤萝花、木槿花(多媒体出示图片)。

藤萝花:落叶藤本植物,缠绕茎,羽状复叶小叶长椭圆形,总状花序,花紫色,荚果长大而硬,表面有绒毛。供观赏。通称藤萝。——《现代汉语词典》

木槿花:即锦葵科木槿属植物木槿的花,木槿花多色艳,非常美丽。以花朵大而完整,干燥,色白无杂质者为佳。是作自由式生长的花篱的极佳植物。适宜布置道路两旁、公园、庭院等处,可孤植、列植或片植。木槿花也可以作为一种中药使用,同时可以食用。并且历代的诗文都有对木槿花的记述。

木槿花,产地如江苏长景园林、山东、安徽、河南等地。木槿花也可以作为一种中药使用,同时可以食用。并且历代的诗文都有对木槿花的记述。

木槿花又名无穷花,是一种很常见的庭园灌木花种;属于锦葵目锦葵科植物,原生地很可能在亚洲。木槿花是韩国的国花,在北美有沙漠玫瑰的别称。

4.请学生先说说作者与写作背景,后多媒体出示:

宗璞,当代女作家,原名冯钟璞。著名哲学家冯友兰之女,自幼生长于清华园,吸取了中国传统文化与西方文化之精粹,学养深厚,气韵独特。她的小说刻意求新,语言明丽而含蓄,流畅而有余韵。她的散文情深意长,隽永如水。主要作品:中短篇小说《知音》、《弦上的梦》、《红豆》,散文集《丁香结》。中篇小说《三生石》,获全国优秀中短篇小说奖。宗璞及其家人在"文革"中深受迫害,"焦虑和悲痛"一直萦绕在作者心头。拨乱反正后的1982年5月,作者弟弟身患绝症,作者异常悲痛,徘徊庭院中,见一株盛开的紫藤萝,睹物释怀,从花的盛衰感悟到生命永恒,写成此文。

三、分享自读成果

1.课文围绕着"花"写了哪些内容?请在下面括号里各填上一个字。

（　　）花　（　　）花　（　　）花

2.作者从哪几个方面描写盛开的紫藤萝?按什么顺序对盛开的紫藤萝进行描写?

3.作者的思想感情有什么变化?找出表现作者感情变化的语句。

4.作者由紫藤萝花的枯荣对生命产生了怎样的感悟?带给你怎样的人生启迪?

5.认真阅读文章第18课《紫藤萝瀑布》和《好一朵木槿花》选择你最喜欢的语段或语句品读,并说说你喜欢的理由。可以按照"我最欣赏的佳句是(　　),它所运用的修辞手法是(　　),这样写的好处在于(　　)"的方式说话。

6.在自读过程中,你有哪些疑问还没有解决,请说出来大家一起讨论。

四、合作探究一

这是一篇文质兼美的哲理散文,作者通过描写紫藤萝花来表达对人生的感悟。请你从文章的内容、语言、哲理等角度分析文章美之所在。(任选2个品析即可)

板书:

花之美:花瀑——花穗——花朵

忆之美:藤萝花十年前后对比

思之美：花和人都会遇到各种各样的不幸,但是生命的长河是无止境的。

五、合作探究二

下面让我们结合具体的语句来细细地欣赏这朵木槿花吧!请同学们拿起你手中的笔,按照下列提示快速划出相关语句!

描写木槿花的语句:

表现作者情感变化的句子:

哲理:(花)"即使再开花,也不是去年的那一朵了。"你怎么理解这句话?

六、写作特色

通过上面两篇文章的学习,大家能谈谈它们的写作方法吗?怎样写好这类文章?借景抒情(托物言志)

1.多方面描写(整体、局部)

2.使用多种修辞手法

3.抒情、议论的运用

写景(描写)与抒情之间的关系:(情从景出、情景交融)

4.要提炼精辟的语句,要有点睛之笔

七、全课小结

1.让学生说说这节课我们一起学习了什么?(教师适当补充)

2.教师对学生在课堂上的表现作出评价。

八、课外作业

1.写小作文:关注生活,发现生活的真善美,观察你喜爱的一种花草树木,进行联想,写一段话,最好也能写出对生命、对人生的感悟。(写景抒情的片段,不少于200字)

2.完成练习册"同步导学"中的习题。

【板书设计】

18.紫藤萝瀑布

花之美:花瀑——花穗——花朵

忆之美:藤萝花十年前后对比

思之美：花和人都会遇到各种各样的不幸,但是生命的长河是无止境的。

3.好一朵木槿花

花之美:花朵以紫色最好

忆之美:两度花发,不同凡响

思之美:即使再开花,也不是去年的那一朵了。

借景抒情（托物言志）

【课后反思】

亮点：

1.导学案的创新设计

这个初中语文素养型课堂教学方案设计，增设导学案，是从钱梦龙老先生的语文导读法中得到启发，创设而成。

学术价值：导学案的创新设计，是钱梦龙老先生的语文导读法在实践应用中产生的创新成果。最终目标是为达到"学生自能读书，不待老师讲；自能作文，不待老师改"的境界，让学生有带得走的必备品格和关键能力，走向人生，走向未来。

社会影响：实践检验，导学案的应用对提高课堂教学质量方面收到了良好的效果。如果大面积的推广和应用，将会大大提高学生学习的目的性，在目标驱动下提高学生学习的主动性；在学习方法的指引下，让学生觉得学习语文没有自己想象中的那么难，自己通过努力也能完成学习任务，自信产生了，学习语文的兴趣自然就会有。从中收获成就感的学生在课堂中的表现相当活跃，注意力集中，紧跟教师的教学节奏，善于思考，积极发言；学生的学习状态将会达到一种良性循环，这样学生的核心素养就会很快提升。

2.整个教学设计还带有主题探究和群文阅读的启蒙思想，设计的目的是有意识地训练学生深度思考、阅读理解能力和鉴赏能力。

3.课堂教学注重学生语言表达能力的训练。

优点：

1.这样的两篇课文按照常规教学模式需要3课时左右，教学效果不是很好。我现在设计用2课时完成，达到的效果比用3课时还好。原因是我采用了钱梦龙先生的语文导读法，第一节自读课我先教给学生阅读的方法，提出启发性的问题，然后学生自读（先教后读），达到让学生自求理解，自致其知的目的（课堂中教师适当巡查、点拨）。我所在的是乡村学校，学生的整体素质不太好，学习自觉性不好，给出的问题大部分的学生用一节课的时间是完成不了的，教师布置的学习任务，还需安排科代表、小组长在晚习时去检查落实（学生大部分内宿），才可让大部分学生在课后能继续去思考和查找资料。第一节教师布置的学习任务很关键，学生能否完成，直接影响第二节课的教学效果。

2.我对文本、导学案、教学PPT熟悉，加上第一节课布置的任务落实得好，在第二节展示、探究课的课堂教学中感觉比以前更加得心应手，课堂上能做到环环相扣，导读流畅，与学生配合默契，课堂气氛活跃。

3.多媒体的应用与课堂板书相结合，更有利于学生明白这节课的重点是什么，从而达到突破教学难点的目的。

4.钱梦龙先生的语文导读法，杨祥明教授的速读教学法，圈点批注等多种教学方法的灵活运用，大大提高了课堂教学效率，对提高学生的表达能力、思维能力、阅读写作能力起到了积极促进作用。

5.处理教学中偶发事件时，教师要有点教育机智，对善于发现问题的学生，要及时肯定和鼓励。例如我在板书木槿花花朵以紫色最好时，学生突然冒出一个问题，大声说："老师，我在网上查的资料是木槿花色白无杂质者为佳，是不是作者搞错了？"如果没有认真研读文本与相关资料，很多老师应该一时反应不过来。我当时首先表扬那个学生的问题问得好，然后引导学生先看看课文中的相关内容，让大家说说自已的看法。有的学生说："错了，是与网上查的不同"；有的学生说："没错，是作者喜欢紫色的"；有的学生没发表意见，在看戏。我引导学生读"木槿花的三种颜色，以紫色最好。……让风吹走悲伤，让梦留着。"这段话，学生一下子明白过来。最后，得出对于喜欢什么颜色的花与个人的喜好有关，他们没有对错之分；平时遇到问题，要结合实际情况来分析判断才不会出大错。我觉得这个过程还算处理得自然。

不足：

1.教学方案设计比较粗糙，有很多不严谨的地方。

2.自身的教学经验不足，教学水平有待提高，教学理念有待更新，教学实践研究有待加强。

何卫星，广东省梅州市五华县硝芳中学教师。

《红楼梦》整本书阅读教学方案

◎ 何 璇

【学习主题】

宝玉的青春情——与"别扭"的妙玉

【背景分析】

1. 课标：《普通高中语文课程标准（2017年版）》提到，"整本书阅读与研讨"学习任务群旨在引导学生"在阅读的过程中，探索阅读整本书的门径；形成和积累自己阅读整本书的经验。重视学习前人的阅读经验，根据不同的阅读目的，综合运用精读、略读与浏览的方法阅读整本书，读懂文本，把握文本丰富的内涵和精髓"。《红楼梦》作为部编版高一必修下册语文教材中的整本书阅读书目，对学生享受读书乐趣，从中国优秀传统文学作品中汲取影响，丰富精神世界，提高审美鉴赏品味有着至关重要的作用。

2. 教材：《红楼梦》作为一部规模宏大而主线清晰的长篇章回体小说，其情节复杂却张弛有度、人物众多却形象鲜明，从闺阁琐事写尽人生百态。因此在进行教学设计时要关注到情节、人物、主题、环境、语言等各个方面。在本次教学中，将整本书阅读分为"红楼境、红楼情、红楼物、红楼语"四个主要模块进行，本课即位于"红楼情"——"宝玉之情"——"青春情"的收尾课。

在前面的课程中除了通过情节、事件探究另外五位女子立体化的形象特征外，还已经探讨出了宝玉和她们之间情感上的具体区别：本节课位于宝玉之情中女儿情的第一模块"青春情"的收尾课程，与"使性"的黛玉之间是两小无猜，情到深处心灵相通；与"通达"的宝钗之间是初大为欣赏，后相敬如宾；与"豪爽"的湘云之间是幼时亲密无间，少时疼爱有加；与"和顺"的袭人是唇齿相依，依赖之情；与"要强"的晴雯之间是宠爱非常，终有遗憾。剩下的最后一位妙玉到底如何别扭，又与宝玉有着何种情感，为何会生成这种情感，则是本节课的重点授课内容。

妙玉位于金陵十二钗正册之六，且与书中主要人物宝玉、黛玉等都有一定的交往。本节课将先在检查学生课前预习（梳理妙玉出现的回目，发生的事件，相关人物的表现、与前后内容的勾连）的基础上，对妙玉的家世、外貌、交友、才情、性格、居所进行分析，引导学生在研究实践中勾勒一个立体的妙玉形象，并以道家思想和庄子《南华经》为纽带，理解二人之间的特殊情感，从而看到宝玉对精神自由的向往、对女性的敬重爱护。再通过对妙玉结局的探究，感受《红楼梦》中众女儿的悲惨命运和贾府衰败的悲剧性。

3. 学情：高一阶段的学生，其大多数人在初中阶段都或多或少阅读过古典小说，但初中阶段的古典小说阅读比较浅显，主要是在引导学生了解题材特点，赏析手法和语言，理解人物形象。高中阶段古典小说阅读的要求，在深度和广度上都超过了初中阶段，它进一步要求学生反复阅读，深入品味，并在探究人物精神世界的基础上，体会小说主题，研究小说的艺术价值。

目前任课的纯理科班级，绝大多数学生对语文不感兴趣、不爱看书、不爱写作，尤其是《红楼梦》这种内容庞杂又内涵丰富的古典文学作品，对他们来说更是无从下手、毫无兴趣。因此在授课实践中，应以设置丰富且有趣味的活动、能够提升思辨性的"反常"问题为支架，激发学生阅读兴趣，同时辅以高考题，提高他们对整本书阅读的重视程度。

【教学重难点】

通过宝玉对妙玉的远观欣赏敬慕之情，和妙玉对宝玉的青睐和关注，理解二人之间微妙复杂的情感；通过对二人之情的理解，勾勒出妙玉的立体形象，再回到对宝玉爱护女子、向往自由形象的丰富补充上，深化对小说主题内涵的理解。

【学习目标】

1.通过对妙玉出现回目相关内容的探究，初步

勾勒妙玉形象后,从其中不同寻常处入手,深入理解其为人的"别扭"之处和成因,形成妙玉的立体形象;

2.以妙玉形象为支点,结合宝玉相关表现,探究二人间如何通过庄子思想学说达到精神世界的统一;

3.通过"无瑕白玉"般的妙玉"依旧是风尘肮脏违心愿"的结局,体会小说"千红一窟,万艳同悲"的悲剧性主题。

【问题框架】

核心问题及问题链

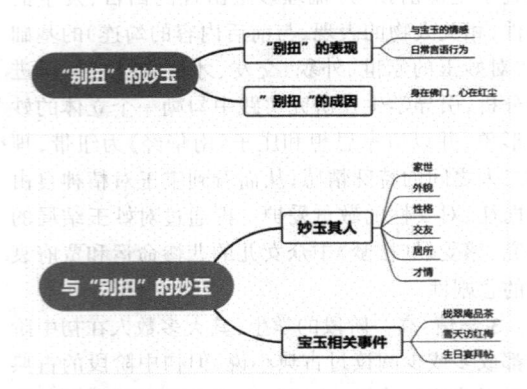

"别扭"的妙玉 —— "别扭"的表现 —— 与宝玉的情感／日常言语行为
"别扭"的妙玉 —— "别扭"的成因 —— 身在佛门,心在红尘

与"别扭"的妙玉 —— 妙玉其人 —— 家世／外貌／性格／交友／居所／才情
与"别扭"的妙玉 —— 宝玉相关事件 —— 栊翠庵品茶／雪天访红梅／生日宴拜帖

【方法策略】

设计有效的新授课学案,提前明确学习任务;

设计生动清晰的多媒体课件,调动多感官,强化感知参与;

设计丰富的合作探究活动,激发学习兴趣,增加课堂参与度。

【教学活动设计】

一、课前学习活动

1.活动目标:通过学案、设定角色引导学生细读文本,初步总结人物基本信息。

2.学习要求:细读文本,明确自身角色(你是一位《红楼梦》爱好者,对出场不多的妙玉十分感兴趣,一天你一觉醒来穿越到了苏州,成了幼年妙玉身边侍奉她的小丫头,一直陪着她入了大观园),对书中各处直接描写和间接描写妙玉的内容进行整合,从中梳理出基本人物信息,找出隐藏的信息点,有条理地转述出关于妙玉的基本信息。

3.支撑材料:教师课前准备的预习学案。

二、课堂教学活动

环节一

1.活动目标:在初步把握妙玉形象的基础上,通过小组讨论,了解其性格中"别扭"的特点。

2.具体步骤:此处设定场景为天赐良机接近了自己感兴趣的小说人物,这些年你都调查了哪些自己曾经非常感兴趣的问题呢?请展示你的调查笔记。

教师设置小组讨论引导问题(学生可通过自己的阅读发现进行补充):

A.为何她家世不俗却要出家,出家后却又带发修行?

B.为何一向和气待人的李纨说可厌她的为人?

C.为何红梅偏偏出现在她的庵前,是否有什么深层含义?

D.为何喝茶时只拉走了黛玉和宝钗?

E.为何要丢掉刘姥姥用过的明成窑五彩小盖盅?

F.为何给宝玉用自己的绿玉斗?

G.为何她的茶具和吃茶方式都甚为考究?

学生讨论后展示讨论结果,并得出关于妙玉性格"别扭"的结论和原因。

以上问题答案示例(与上文顺序对应):

A.妙玉出家并非自己看破红尘,而是自幼体弱多病,不得已才遁入空门。带发修行不同于一般削发为尼,要施舍给寺院一大笔经费,蟠香寺又是名山宝刹,不是权贵之家断难如此。

B.李纨为人最少事端,温柔可亲,遇到妙玉也要退避三舍,可见妙玉为人之孤僻。她独特的经历造成了她孤傲高洁、放诞诡僻的性格,也为她套上了礼教与宗教的双重精神枷锁,让她成了一个不为人亲近的特立独行的人。

C.身在栊翠庵礼佛静修,心中却难了世俗生活的"尘缘"。大观园的热闹和栊翠庵的孤寂形成巨大的反差,使她无法摆脱心中的纷扰与俗念。碍于出家人的身份,只能礼佛诵经。如不能参加诗社等活动,却在凹晶馆主动联诗,兴致甚高;不能参加宝玉生日宴,却遥递拜帖。这株遗世傲立却又散发阵阵幽香的梅花就像她本人一样,在栊翠庵孤独寂寞,有着对知音的渴望。

D.一方面表现出妙玉对才貌出众的钗黛另眼相看,引以为同类的惺惺相惜之情;另一方面又显露出妙玉隐秘的心机,她对宝玉的情谊不能明说,她也知道如何才能引起宝玉的注意。宝玉随钗黛而来,是她所希望的,但与静心向佛的身份不符,因此不可形于色。

E.据考证,"成窑"是明代成化年间官窑所出瓷器,以五彩为上乘。丢弃这样珍贵的瓷器一方面可见其物质基础的丰厚,也体现了她孤高的脾气。表面上看,是嫌脏不要。其实贾府上下很多人都是嫌弃刘姥姥的,这是由他们贵族的本性和生活观念注定的。深层来看,妙玉不喜俗人,与自己志趣不相投的一干人等一概入不了法眼,刘姥姥如此粗鄙,定然是不受她待见的。

F.在钗黛面前,对宝玉正色"是托他两个的福",招待吃茶时,给宝玉用自己的绿玉斗,宝玉不解抱屈时,妙玉一顿"抢白"。她对洁净与否的标准不在杯子上,而在心中。茶可以看作文人雅士表达志趣的载体,也可看作是传情的媒介。

G.照应仕宦出身,身世不凡,生活讲究,颇有雅趣,其物质生活和精神品味都非同一般,与贾府主子们比起来毫不逊色。

结论,如何别扭?

身为尼姑,却时时透出大户小姐的影子;蔑视权贵,却又不得不依附于贾府;身在佛门,却又不自觉地心系红尘。

环节二

1.活动目标:通过分析"雪天访妙玉乞红梅"事件,让学生在细读文本、勾连前后内容的基础上体会宝玉妙玉二人之要好。

2.具体步骤:教师PPT展示原文相关内容,让学生从中摘取重点要素,想象作者并未明写的访红梅前后的细节,得出二人关系要好的结论。此处设定场景为:品茶事件后,你对妙玉与宝玉之情好奇不已,这天你意外看见宝玉向妙玉寻访红梅的全过程,请为我们简单转述。

选取学生描述完毕后,点其他学生按照原文内容与人物形象进行点评,并给出理由及修改建议。

环节三

1.活动目标:通过"宝玉生日拜帖"事件明确宝玉妙玉之情的内涵及生发原因。

2.具体步骤:教师出示事件分析表格协助学生完成关键事件的梳理和重点要素的摘取,让学生在情境中明确人物情感走向及产生原因。并提醒其做好旁批,及时写出自己获取的隐藏信息。此处设定场景为:山门外多了一张回帖,你拾起后会心一笑,料定这次妙玉定是十分满意了,请展示你的推理过程。

表格需要完成的内容如下所示:

妙玉拜帖内容;宝玉见帖反应、备帖过程、回帖内容、回帖依据(指导人、指导思想、指导内容);所得结论。

在学生表格完成度达到百分之八十左右时,提醒学生深入分析并提问:

问题一:妙玉得帖必喜,喜的原因有哪些?

问题二:宝玉与妙玉都喜爱庄子的原因是什么?从二人身份、性格来看这种喜好有什么共同点?

问题三:此处宝玉与妙玉之情是否明确?你如何理解二人之间的这种情感?

答案示例:

妙玉拜帖:槛外人妙玉恭肃遥叩芳辰。

(批:妙玉虽因出家人身份的原因不便参加生日宴,但她依然记挂着宝玉生日。别号下帖也体现了她为人放诞诡僻。)

宝玉回帖:

见帖反应:宝玉看毕,直跳了起来,忙问:"这是谁接了来的?也不告诉。"

(批:宝玉惊喜异常,只恨不曾早点发现此帖。)

备帖过程:宝玉忙命:"快拿纸来。"当时拿了纸,研了墨,看他下着"槛外人"三字,自己竟不知回帖上回个什么字样才相敌。只管提笔出神,半天仍没主意。因又想:"若问宝钗去,他必又批评怪诞,不如问黛玉去。"

(批:宝玉对回帖的重视,可看出他对妙玉的重视。他也了解妙玉高傲孤僻。)

回帖内容:槛内人宝玉熏沐谨拜。

(批:得到指导后,宝玉郑重地回了此帖。)

回帖依据:

指导人:邢岫烟

指导思想:庄子

指导内容:

岫烟笑道:"他这脾气竟不能改,竟是生成这等放诞诡僻了。从来没见拜帖上下别号的,这可是俗语说的。僧不僧,俗不俗,女不女,男不男,成个什么道理。"

"……他常说:古人自汉晋五代唐宋以来皆无好诗,只有两句好,说道'纵有千年铁门槛,终须一个土馒头'。所以他自称'槛外之人'。又常赞文是庄子的好,故又或称为'畸人'。他若帖子上是自称。畸人的,你就还他个'世人'。畸人者,他自称是畸零之人,你谦自己乃世中扰扰之人,他便喜了。如今他自称'槛外之人',是自谓蹈于铁槛之外了,故你如今只下'槛内人'便合了他的心了。"

结论：妙玉必喜，一是因为下帖有回复，二是因为回复合心意。宝玉知万人不入妙玉之目，尊重她的孤僻，欣赏她的不俗，且自己也不喜仕途经济文章，常参悟庄子《南华经》，追求精神的自由，与妙玉不谋而合，妙玉身为佛门尼姑却爱道家学说，虽出身高贵却被迫遁入空门，有女儿情愫却要压抑心底，只能在精神上追求自由，因此二人一有相惜之感，二有志合之慰。

三、课堂作业活动

1.活动要求：学生在对判词和红楼梦曲理解的基础上，对故事发展脉络进行把握，深刻理解小说主题，最后合理构想人物后来结局。

2.作业要求：结合对正册判词和歌曲中关键信息的理解，联系小说"千红一窟，万艳同悲"的主题内涵，共同讨论，发挥想象，续写在贾府败落后，寄居在大观园栊翠庵中的妙玉会有何种结局。此处设定情境为：(因她二人，你也想凑热闹读读《庄子》，却不料读至庄周梦蝶时自己却先睡着了，醒后竟回到了现代社会，也因此错失了目睹后来故事的机会，你后悔不已，却也只能自己为妙玉续写结局了。)

主题强调：小说的悲剧性和要揭示的主题。"悲剧就是把美好的东西毁灭给人看"，妙玉这样一位聪慧美丽、孤高自许的女尼，最终却只能落到"风尘肮脏违心愿"的残酷结局。妙玉作为"千红一窟，万艳同悲"中的一份子，与红楼中女儿一样无法逃脱既定的悲惨命运，她们的一生与贾府的兴衰荣辱息息相关，她们的消亡也印证着贾府这个封建大家族的覆灭。

教师提示理解重点：1."洁"与"空"分别指什么？2.怎么理解"风尘肮脏"？

问题回答：

A."洁"指清洁，又指佛教所说的净，佛教宣扬现实世界是污秽的，唯有天堂佛国才算"净土"。妙玉本有"洁癖"，又身在佛门，故云"欲洁"。

"空"也是佛教用语，佛教认为"空"乃天地万物的本体，一切终属空虚。妙玉自小出家，却未成真正"因色悟空""因空见道"。鄙弃权贵，但终究也是大观园供养的高雅点缀品。其在苏州的居所为"蟠香寺"，在大观园是"栊翠庵"，一香一色，可见

其"云空未必空"。

B."风尘肮脏"容易让人联想到流落在烟花巷的女子，但对于出家人来说，世俗生活可能就是肮脏的"风尘"。同时，"肮脏"并非只有污秽不洁的意思。《红楼梦》中表达污秽之意时常用"腌臜"。

"肮脏"还有"刚直倔强"的意思。如李白诗《鲁郡尧祠送张十四游河北》"有如张公子，肮脏在风尘"，也作"抗脏"，即高亢正直。

学生续写结局示例：

情况一：延续程高本结局，加入未明确交代的细节，将人物最终结局敲定；

情况二：结合脂批："他日瓜州渡口，各有劝惩，红颜屈从枯骨，岂不哀哉？"进行发挥。

3.支撑材料：教师设计的学案。

【板书设计】

【评价设计】

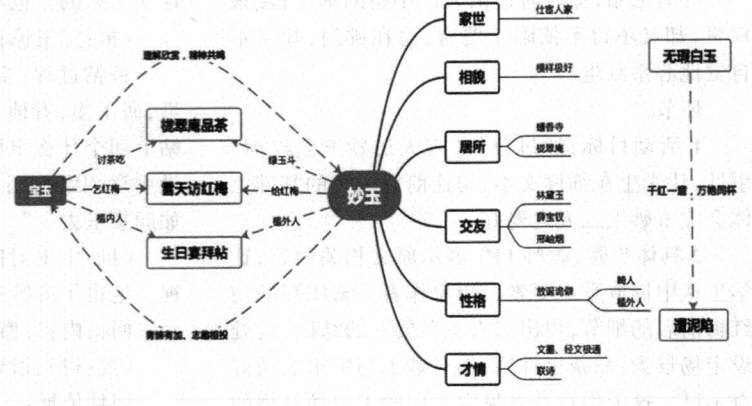

关注学生的实际获得，学习目标达成情况的过程性评价。

1.课前预习评价，通过学案完成情况，对学生是否足够熟悉文本，是否能在书中准确筛选有效内容进行评价，课上教师可点评优秀作业，激发学生阅读文本的积极性。

2.课堂参与评价，在课堂上，对合作学习任务所展示的成果进行自评、互评，激发阅读整本书兴趣。

3.课后作业评价，通过布置对比阅读作业培养学生触类旁通，举一反三的能力，作业完成后上传至班级微信群内，大家共同阅读投票评出夺魁者，提高学生在学习中的互评和自评能力。

何璇，中央民族大学附属中学教师。

《阿Q正传》《边城》群文阅读教学设计

◎ 胡雪慧

【设计依据】

统编高中语文选择性必修下册第二单元第5课选入了鲁迅《阿Q正传》和沈从文《边城》。根据单元学习提示，本单元人文主题为"时代镜像"，本单元属于"中国现当代作家作品研习"任务群和"中国现当代作家作品专题研讨"任务群。

《阿Q正传》《边城》都创作于二十世纪二三十年代，是中国现当代文学中最具代表性的经典小说，均为"感时忧国"之作。但是，两位作家创作风格和描绘的人性世界却差异巨大——鲁迅用冷峻戏谑的笔墨刻画了封建愚昧、麻木冷漠、丑态尽显的未庄；沈从文则用温情平和的笔调描绘优美宁静、人心向善、灵性充美的茶峒。

同中存异，异中求同。两篇重量级课文联读，比较分析文中书写的风俗习惯、人物形象、人性世界，结合时代背景、作者生平、创作思想、作品风格，扩展阅读视角，厘清小说文本联系，引导学生深入了解中国现当代文学的发展历程，把握当时的民族心理和时代特征，更能加深对中国社会变革和发展的认识。

【学情分析】

新高三学生已基本了解现当代小说的主要特征，掌握了小说的一般阅读技巧，具有一定的理解鉴赏能力。此外，学生已于初中语文学习过鲁迅《孔乙己》并整本书阅读过《朝花夕拾》《骆驼祥子》，高中学习过鲁迅《拿来主义》《祝福》《记念刘和珍君》《为了忘却的记念》等相关文章，并于选择性必修下册学习过《阿Q正传》《边城》的基本内容。

在教学过程中发现以下问题：一、学生对中国现代作家生活的社会背景与文学作品显示的社会与人性的认识有所欠缺；二、学生没有形成把握不同风格文学作品的整体意识与认知；三、学生阅读文本大多"只见树木，不见森林"，不了解中国现代文学的整体框架和发展脉络。

在此基础上，本课通过设计梯度学习任务，组织学生自主进行项目式合作探究学习，在回顾前面学过的文学作品的基础上温故知新，实现对中国现当代文学作品鉴赏的巩固与提高，更加宏观地理解中国现当代作品中反映的时代镜像与人性世界。本课通过设计大单元学习，帮助学生加深对经典篇目的研习，打破单篇学习的壁垒，拓宽阅读面，培养现代文学的整体观照意识，提高学生的核心素养。

【学习目标及任务】

1.把握《阿Q正传》《边城》中的社会风貌和人性世界，巩固现当代小说人物分析、环境分析等阅读方法，尝试新的阅读角度。

2.比较鲁迅作品的"揭丑"与沈从文作品的"显美"，分析不同风格产生的原因，促进辩证思维和创新思维的发展。

3.结合其他文学作品，拓展文化视野，领会中国现当代文学作品的时代镜像与人性世界，提升中国特色社会主义文化自信。

【学习重难点】

1.正确体会小说中的人物名称与风土人情之间的关系。

2.正确分析《阿Q正传》《边城》对应的人性世界的"美"与"丑"。

3.正确分析鲁迅作品的"揭丑"与沈从文作品的"显美"产生的原因。

4.结合其他文学作品，管窥中国现当代文学作品的时代镜像与人性世界。

【学习策略】

质疑、探究、辩论、项目式学习法、提要勾玄法

【学习课时】

1课时

【学习过程】
一、导入新课
1999年6月,《亚洲周刊》推出了"20世纪中文小说一百强排行榜",参与这一排行榜投票的均是海内外著名的学者、作家。在这一排行榜中,鲁迅的小说集《呐喊》位列第一,沈从文的小说《边城》名列第二。《阿Q正传》《边城》的文学价值与地位可见一斑。

二、热身活动
我们之前已经学过两篇文章,老师来测试一下大家的记忆力如何。屏幕上的这些话都是谁说的?
1."我们先前——比你阔的多啦!你算是什么东西!"(阿Q)
2."这断子绝孙的阿Q!"(小尼姑)
3."你这个悖时砍脑壳的!"(翠翠因误会而骂傩送)
4."人大了就应当守船呢。"
"人老了才应当守船。"
"人老了应当歇憩!"(翠翠和爷爷)

三、深入探究
之前我们已经学习过从人物语言分析人物形象的方法,今天我们从另一个非常小的角度——人物称呼切入,看看"称呼"背后有什么深意?

(一)"称呼"背后的深意
从古到今,对一个人的称呼都具有一定的文化意味,比如:封建时期的"老爷、太太"能够反映出尊卑等级,新文化运动时期的"先生、小姐"反映出知识分子对独立自由的追求,新中国之后不论尊卑、不分男女、不限职业均称"同志",现在昵称、缩写等又反映出互联网时代的个性化。同样,小说家笔下的人物命名也可以折射出人物的生活环境。

找一找未庄与茶峒里有意思的人物称呼,并思考这些称呼反映了什么样的社会特点?
明确:赵老太爷、钱大少爷,这类人是"姓氏+身份";阿Q、小D是"无名无姓";假洋鬼子、王癞胡属于"侮辱性称号";吴妈、邹七嫂是"冠以夫姓"。这反映了阿Q生活的未庄是一个拜高踩低、恃强凌弱、男尊女卑、冷漠麻木的畸形社会。

顺顺、翠翠的称呼是叠音词,听起来很顺耳;翠翠的名字取自于满山的翠色逼人的篁竹,是爷爷对她的爱;天保,意为"上天保佑的孩子",傩送,意为"傩神送来的孩子",都寄寓着父母对他们的爱与祝福;老船夫、杨马兵、妓女、水手是称呼职

业。这反映了茶峒是一个官民同乐、人人平等、纯朴美好,充满着爱与自然的理想家园。

(二)体察人性世界,探讨创作意图
《阿Q正传》写于1921年,《边城》成书于1934年。20世纪二三十年代,中国正处于社会动荡、革命频仍的大变革中,大致相同的时代背景,为什么鲁迅揭露丑陋,而沈从文却彰显美好呢?请结合附文材料,分析鲁迅和沈从文的创作思想。

明确:鲁迅主张"启蒙"文学观,沈从文主张"人性"文学观。但是,二者具有创作共性:均指向"启蒙"——呼唤真善美的国民性,重建健康美好的民族国家。

(三)从"揭丑"与"显美"看中国现当代小说
大多数情况下,我们读一本书都是单拎出来看的。接下来,请大家将镜头拉远、视野扩大,我们试着把他们放在时间线上来看,会有不一样的景观哦!

同学们还看过哪些"揭丑"或"显美"的文学作品?(如鲁迅《孔乙己》《祝福》、老舍《骆驼祥子》、孙犁《芦花荡》《荷花淀》、茹志鹃《百合花》、铁凝《哦!香雪》……)

我们这一单元主题是"中国现当代文学",什么是"中国现当代文学"?大致是从上世纪初的新文化运动一直到当下的中文作品。如果我们将读过的现当代小说放在这条时间线上,那么,"批判揭露丑恶"与"彰显歌颂真善美"一直是两条相互缠绕的书写脉络。请大家看屏幕上的这些书籍,相信大家对其中一些书应该非常熟悉。有的是我们初高中学过的,有的是大家耳熟能详的。前一种文学风格呢,大多讽刺、批判、揭露现实为多,会带给读者更加深刻的思考;后一种文学风格,大多文笔温和从容,能带给读者独特的美的享受。

(四)班级辩论会
我们已经学过这么多"审美"或"审丑"风格的小说,你觉得,想要呼唤真善美的国民性,重建健康美好的民族国家,你认为鲁迅式的"揭露丑"更有效?还是沈从文式的"彰显美"更有效?(提示:可以立足课文,也可以结合我们学过或读过的其他小说阐述观点)

四、总结升华
其实,"审美"与"审丑"是作家独特的文学选择,我们应该"辩证"地来看。鲁迅并不都是横眉冷对,他也有《朝花夕拾》《一件小事》那样温暖平和的作品;沈从文并非一味漫游在世外桃源般的茶峒,

他对城市文明的批判讽刺、对湘西世界被现代文明污染的痛惜才是他作品的主色调。总而言之，无论什么样的风格的作品，只要作者对于人与自然、与社会的思考带着赤诚的心，只要它们能够带给读者对社会的思考、对人性的洞察，它就是一部优秀的小说。

五、课后写作

选一篇你喜欢的现当代小说，试从审美审丑、人物塑造、社会环境、写作背景、作家风格等任一角度写一篇300字左右的书评。

【板书设计】

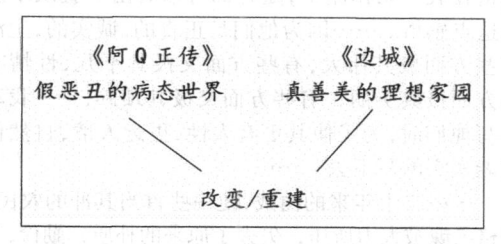

```
《阿Q正传》              《边城》
假恶丑的病态世界      真善美的理想家园
              ↘        ↙
              改变/重建
```

【评价设计】

评价量表：课堂辩论评价表

评价标准（总分：100分）	正方一辩分数	正方二辩分数	反方一辩分数	反方二辩分数
逻辑思维(25分)				
辩驳能力(25分)				
语言表达(25分)				
临场反应(15分)				
整体意识(10分)				
个人合计				

附1：课前学案

从"揭丑"与"显美"看中国现当代小说

——《阿Q正传》《边城》群文阅读课前学案

【课文回顾】

一、重读《阿Q正传》和《边城》，根据语境填写成语，并给加点字注音。

做了一天工，阿Q便去押牌宝，好不容易赚的血汗钱都流入别人口袋。然而，（　　）安知非福。有一次他不幸赢了钱，却被人在混乱中哄抢了，身上还挨了几拳几脚。打了自己两巴掌后，终于又（　　）地睡着了。看到又癞又胡的王胡都敢对自己（　　），阿Q便要嘴上逞强，却被王胡暴打了五下，这大约是他生平第一件的屈辱，他（　　）

地站着。

安辑（　　）泅水（　　）傩送（　　）佘水（　　）

碧溪岨（　　）茶峒（　　）喧阗（　　）镇筸（　　）睨（　　）

二、同桌互动：两名同学各选择一篇小说，并向同桌推介该小说。（提示：小说推介可以包含作者简介、小说情节、人物介绍、小说艺术特色等）

【拓展思考】

一、从古到今，对一个人的称呼都具有一定的文化意味，比如：封建时期的"老爷、太太"能够反映出尊卑等级，新文化运动时期的"先生、小姐"反映出知识分子对独立自由的追求，新中国之后不论尊卑、不分男女、不限职业均称"同志"，现在昵称、缩写等又反映出互联网时代的个性与私密。

同样，小说家笔下的人物命名也可以折射出人物的生活环境。《水浒传》中对宋江"及时雨"的称呼，不仅体现了人物特点，也反映出当时社会尚义的特点。《红楼梦》中大家庭等级森严、礼教纲常也体现在对人物称呼中。试分析《阿Q正传》和《边城》的人物称呼特点，分别反映出阿Q和翠翠各生活在什么样的社会环境中？（提示：不限于课本选文中的人物，可结合原著全文）

"未庄"　　　　人物　　　阿Q的生活环境
①有姓无名　　　_____
②侮辱性绰号　　_____
③无名无姓　　　_____
任意补充：　　　_____

"茶峒"　　　　人物　　　翠翠的生活环境
①有名无姓　　　_____
②神话色彩　　　_____
③贴近自然　　　_____
④称呼职业　　　_____
任意补充：　　　_____

二、鲁迅冷峻犀利地揭露了未庄的假丑恶，沈从文则温和从容描绘了茶峒的真善美。这背后反映了二人什么样的创作思想呢？这两种思想是不是截然对立的呢？请阅读学案附文，画出关键语句并总结分析。

三、班级即将举行一场辩论会，辩题是：关于呼唤真善美的国民性，重建健康美好的民族国家，你认为鲁迅式的"揭露丑"更有效？还是沈从文式的"彰显美"更有效？（提示：可结合初高中所学及课外阅读，如鲁迅《朝花夕拾》、鲁迅《孔乙己》、老舍《骆驼祥子》、孙犁《荷花淀》《芦花荡》、沈从文《八骏图》等）

第一题参考答案：塞翁失马　心满意足　出言无状　无所适从

jí qiú　nuò tǔn　jū dòng　tián gān nì

学案附文：

鲁迅，1881年生于浙江绍兴，原名周樟寿，后改名周树人，字豫才。幼年家道中落，倍感世态炎凉；1906年，留学日本，观"日俄战争教育片"，深受刺激，决定弃医从文；1918年，加入《新青年》发表文章，创作《呐喊》《彷徨》，是新文化运动的中坚力量；20—30年代，北洋军阀和国民党反动统治时期，主要从事杂文写作。1936年10月19日，于上海逝世，享年55岁。

鲁迅《我怎么做起小说来》

说到"为什么"做小说罢，我仍抱着十多年前的"启蒙主义"，以为必须是"为人生"，而且要改良这人生。我深恶先前的称小说为"闲书"，而且将"为艺术的艺术"，看作不过是"消闲"的新式的别号。所以我的取材，多采自病态社会的不幸的人们中，意思是在揭出病苦，引起疗救的注意。……

所写的事迹，大抵有一点见过或听到过的缘由，但决不全用这事实，只是采取一端，加以改造，或生发开去，到足以几乎完全发表我的意思为止。人物的模特儿也一样，没有专用过一个人，往往嘴在浙江，脸在北京，衣服在山西，是一个拼凑起来的脚色。有人说，我的那一篇是骂谁，某一篇又是骂谁，那是完全胡说的。

鲁迅《呐喊·自序》

"假如一间铁屋子，是绝无窗户而万难破毁的，里面有许多熟睡的人们，不久都要闷死了，然而是从昏睡入死灭，并不感到就死的悲哀。现在你大嚷起来，惊起了较为清醒的几个人，使这不幸的少数者来受无可挽救的临终的苦楚，你倒以为对得起他们么？"

"然而几个人既然起来，你不能说决没有毁坏这铁屋的希望。"

是的，我虽然自有我的确信，然而说到希望，却是不能抹杀的，因为希望是在于将来，决不能以我之必无的证明，来折服了他之所谓可有，于是我终于答应他也做文章了，这便是最初的一篇《狂人日记》。从此以后，便一发而不可收，每写些小说模样的文章，以敷衍朋友们的嘱托，积久就有了十余篇……

沈从文，1902年生于湖南凤凰县，14岁小学毕业后投身行伍，流徙于湘、川、黔边境与沅水流域一带，见惯了杀人砍头、权力滥用的社会丑象；21岁，脱下军装来到北京，报考燕京大学国文班，未被录取，就在北京大学旁听；22岁，开始在杂志发表作品；28岁，凭借创作成就担任大学老师；36岁，任西南联大中文系教授。先后出版20多个作品集，包括《虎雏》《龙朱》《月下小景》《八骏图》，及1934年创作的《边城》。新中国成立后，文学创作终止，投身于中国古代服饰研究；1981年，出版历时15年的《中国古代服饰研究》专著；1988年逝世，享年86岁。

沈从文《边城·题记》

对于农人与兵士，怀了不可言说的温爱，这点感情在我一切作品中，随处都可以看出。我从不隐讳这点感情。……因为他们是正直的，诚实的，生活有些方面极其伟大，有些方面又极其平凡，性情有些方面极其美丽，有些方面又极其琐碎，——我动手写他们时，为了使其更有人性，更近人情，自然便老老实实的写下去。……

……二十年来的内战，使一些首当其冲的农民，性格灵魂被大力所压，失去了原来的朴质，勤俭，和平，正直的型范以后，成了一个什么样子的新东西。他们受横征暴敛以及鸦片烟的毒害，变成了如何穷困与懒惰！我将把这个民族为历史所带走向一个不可知的命运中前进时，一些小人物在变动中的忧患，与由于营养不足所产生的"活下去"以及"怎样活下去"的观念和欲望，来作朴素的叙述。我的读者应是有理性，而这点理性便基于对中国现社会变动有所关心，认识这个民族的过去伟大处与目前堕落处，各在那里很寂寞的从事于民族复兴大业的人。这作品或者只能给他们一点怀古的幽情，或者只能给他们一次苦笑，或者又将给他们一个噩梦，但同时说不定，也许尚能给他们一种勇气同信心！

沈从文《从文小说习作选》

我实在是个乡下人，说乡下人我毫无骄傲，也不在自贬，乡下人照例有根深蒂固永远是乡巴老的性情，爱憎和哀乐自有它独特的式样，与城市中人截然不同！……

我作品能够在市场上流行，实际上近于买椟还珠，你们能欣赏我故事的清新，照例那作品背后蕴藏的热情却忽略了，你们能欣赏我文字的朴实，照例那作品背后隐伏的悲痛也忽略了。因此《边城》问了世。这作品原本近于一个小房子的设计，用少料，占地少，希望他既经济而又不缺少空气和阳光。我要表现的本是一种"人生的形式"，一种"优美，健康，自然，而又不悖乎人性的人生形式"。……

胡雪慧，湖北省武汉市第二中学教师。

《我与地坛》与《赤壁赋》联读教学方案

◎姜春玲

【课标分析】

普通高中语文课程标准(2017年版2020年修订)(以下简称《课标》)将必修课程安排了7个学习任务群,本次篇目《我与地坛》《赤壁赋》所在的第七单元则属于"文学阅读与写作"学习任务群。本任务群旨在引导学生阅读古今中外不同体裁的优秀文学作品,使学生在感受形象、品味语言、体验情感的过程中提升文学欣赏能力,并尝试文学写作,撰写文学评论,借以提高审美鉴赏能力和表达交流能力。《课标》的基本理念之一是坚持立德树人,铸造中华儿女的精神家园。通读五篇文章后,我发现《我与地坛》中史铁生正值青春却双腿残疾,但心不残废,在地坛景色得到救赎;《赤壁赋》中,苏轼被贬黄州,在赤壁水月中借主客对话有所突围。故而将两篇文章联读,确定主题为"苦难与救赎",启迪学生遇人生苦难时,在自然山水中寻求救赎之道。

【教材分析】

本单元为第七单元,是必修教材中唯一一个专门的散文单元,属于学习任务群中的"文学阅读与写作",要求学生阅读古今中外的优秀文学作品,能从语言、构思、形象、意蕴和情感等多个角度欣赏作品,获得审美体验,认识作品的美学价值,发现作者独特的艺术创造。第七单元主题为"自然情怀",提示我们通过文学作品对自然的描写反观自然,提升对自然美的感悟力,关注作品中的人生思考,领会深厚的人文内涵。

【学情分析】

学生在初中阶段已经学过《秋天的怀念》和《记承天寺夜游》两篇文章,对史铁生和苏轼其人其事已经有一定程度的了解,可以作为此次教学的基石。学生刚从初中升入高中,面对学业愈难、任务量增加、人际关系等等问题,不免烦忧。更有甚者,心态失衡,对挫折、苦难的承受力过弱,希望此次教学主题能够启迪学生反观自然,珍惜当下,以乐观积极的人生态度好好生活。

【教学过程】

一、教学目标

1.通过朗读、圈点勾画,感受两位作者笔下的美景及其特点。

2.体会两位作者在自然环境中的感悟,品味他们坦然面对、珍惜当下、积极进取、达观超然的人生态度。

3.对照现实,用课文中所学的积极的人生态度去自我调节情绪,进一步增强对挫折、苦难的承受力。

二、教学重点

感受两位作者笔下的美景,分析景物特点与作者人生经历的对应关系,感悟他们坦然面对、珍惜当下、积极进取、达观超然的人生态度。

三、教学难点

感受两位作者笔下的美景,分析景物特点与作者人生经历的对应关系,感悟他们坦然面对、珍惜当下、积极进取、达观超然的人生态度。

四、教学方法

朗读法、讲授法、讨论法、练习法、表格归纳法

五、教学课时

1课时

六、教学用具

多媒体

教学准备

1.学生熟读两篇文章;初步思考导学案上的问题。

2.教师解读文本,设计教案、做好PPT。

七、新课教授

(一)导入

师生问好。

师：同学们，生活不如意，十之八九。当你们遇到烦心事的时候，你们会用什么方式来排遣呢？

生：散步。

师：借散步，闲看花月，排遣烦闷。还有吗？

生：看书。

师：培根曾说："读书足以怡情，足以傅彩，足以长才"，这是一个腹有诗书气自华的排遣方式。还有吗？

生：听歌。

师：歌声悠扬，我们也不免沉浸在美妙的旋律中。同学们的方式健康又多样。那苏轼和史铁生也曾遭遇人生苦难，他们是怎样自我救赎的呢？今天我们便联读《我与地坛》和《赤壁赋》，跟随史铁生和苏轼一起去做山水舞者，悟苦难救赎（学生齐读题目）。

（二）新课教学

任务一：品地坛之景色，悟苦难之救赎

师：我们先来学习《我与地坛》。史铁生是这样形容他与地坛的关系的，请同学们齐声朗读。

生读："地坛离我家很近。或者说我家离地坛很近。总之，只好认为这是缘分……我常觉得这中间有着宿命的味道：仿佛这古园就是为了等我，而历尽沧桑在那儿等待了四百多年。"

师：史铁生认为他和地坛很有缘分（学生答），有着某种宿命（学生答）。其实"宿命"一词大有"同是天涯沦落人，相逢何必曾相识"（学生齐说）的亲近感。那地坛中有哪些景色？有着怎样的特点？文中3、5、7段都有描绘，请你去找找。面对不同的地坛景色，史铁生的情感又是怎样的呢？请你在文中找出相关句子，结合背景分析，并用一至两个词概括。第一大组的同学负责第3到5段，第二大组的同学负责第5到6段，第三大组的同学负责第7段。时间为4分钟。开始讨论。

预设：及时补充背景，以及史铁生的话佐证其心路历程。

第3到5段：

师：时间到。按顺序，请负责第3到5段的同学先来说说景物及其特点。

生：第3段描写的景物有琉璃、朱红、高墙、玉砌雕栏、老柏树、野草荒藤，整个地坛呈现出来的特点是荒芜沧桑。

师：你是从哪儿看出来荒芜之感的呢？

生："剥蚀""淡褪""坍圮"这些词。

师：动词入手。很棒。可史铁生为何总是到这荒芜的地坛去呢？

生：因为此时史铁生在最肆意的年龄忽地残废了双腿，所以这时他觉得找不到工作，找不到去路，忽然间几乎什么都找不到了……仅为着那儿是可以逃避一个世界的另一个世界。此时作者应该是逃避现实，非常绝望的。

师：感谢你的分享，从文本出发，言之有理。

看导学案，我们发现他瘫痪的年龄是（21岁）男生都朝气蓬勃，就如同你们自信张扬，却忽然残废了双腿。史铁生中学时曾是八十米跨栏冠军，名副其实的小飞人（学生都张大嘴巴流露出了惊讶的神色），后来却对"跑"和"踩"一类的字眼极敏感，他的脾气变得愈发暴怒无常。望着天上北归的雁阵，他会突然把面前的玻璃砸碎；听着李谷一甜美的歌声，他会猛地把手边的东西摔向四周的墙壁。他不仅一次朝上天质问："世界上这么多人，为什么偏偏要我去承担这苦难？"上天会给他答案吗？（不会）是啊，他最后认命般说道："我越来越相信，人生是苦海，是惩罚，是原罪。"（学生也渐渐皱起了眉头，同情史铁生的遭遇。）

第5到6段：

师：满眼绝望的史铁生跟上班下班一样，一天到晚都耗在院子里。细看，有什么别样景致呢？第5到6段的同学来谈谈。

生：第5段主要是在写景，描写的景色有蜂儿、蚂蚁、瓢虫、蝉蜕、露水。蜂儿停在半空中，蚂蚁疾行而去，瓢虫忽悠一下子升空，蝉蜕已经获得新生，一幅生机勃勃的景象。

此情此景，作者发出一句慨叹，认为"死是一件不必急于求成的事情，是一个必然会降临的节日"。我觉得作者此时应该是很坦然面对死亡的。

师：很不错。蝼蚁尚且偷生，我们常人会不会急着赴死？（不会）他得出死不必着急的结论，证明他此前已经想去（死），史铁生多次想过自杀，最严重的一次喝光了整瓶毒药。但他现在却冷静地说到死亡是一个节日，就像是生日在日历上一天天迫近一样简单美好。这多亏了地坛中这群竞相生长的小伙伴给他送来生机和希望。史铁生说"人生无常，除了生死，其余的都只是擦伤"。想必是给地坛小伙伴们最好的反馈。

第7段：

师：走出绝望，参透死亡的史铁生会有怎样深刻的思考呢？请第7段的同学分享一下你们的讨论成果。

生：作者描写的景物有落日、雨燕、孩子的脚印、古柏、草木和泥土的气味、落叶。特点是凄凉。

师：孩子的脚印也凄凉吗？（不凄凉）

师：看来概括得不够全面啊。还能想到其他词吗？（学生沉默）

师：没事儿。《学记》中强调学习要先易后难，我们先来看史铁生这时候在思考什么问题？

生：怎样活的问题。

师：文中有回答吗？

生：没有。

师：王国维曾说一切景语皆情语，那我们从景物入手。

师：落日指的是太阳快要（下山），但这时的落日还是把地上的每一个坎坷照耀地（灿烂）。即使园中最落寞的时候，雨燕敢于打破沉默，也会出来（高歌），这一群雨燕非常（勇敢）。孩子在雪地踩下一个又一个（脚印），多么新奇，有希望，美好啊，而柏树你忧郁的时候（他站在那儿），你欣喜的时候它依然（站在那儿），从我们没有出生一直站到这个世界（没了我们），那证明古柏活得（很久），生命力很（顽强）。

综上所述，地坛教会我们怎样活了吗？

生：我们要顽强地活，勇敢地活。

师：正如作者所说这古园的形体被不能理解他的人肆意雕琢，幸好有些东西是任谁也不能改变它的。

师：古园的外在形体被肆意雕琢，如同史铁生双腿残疾，古园的有些东西不能被改变，史铁生的内心意志也越发坚韧，不能改变。

师：结合背景，史铁生怎样在活呢？

生：留下了很多著名的作品，获得了很多奖项。2010年，因病去世，却为陌生人在生命的最后苦撑9小时，将眼角膜捐献给患者，将肝脏移植给天津的病人，将其他可用器官捐献给医学研究。

师：史铁生把病痛中体悟到的道理，倾注成文字，给我们留下宝贵的精神财富。捐献遗体的行为愈显其伟大。我想史铁生走了，但他如地坛，如古柏树，长存在我们的心中，这就是专属于史铁生的永恒生命力。

师：回望地坛，是地坛中剥蚀了的琉璃、淡褪了的朱红在史铁生双腿残废时接纳他，竞相生长的蚂蚁、瓢虫在史铁生绝望痛苦时启迪他，顽强永恒的落日、古柏在史铁生苦苦思索生命的意义时点化他积极生活。

纵观数例，用原文中的话来形容，地坛这园子（虽荒芜但并不衰败）。是的，地坛里的一草一木把史铁生从苦难里救赎出来，让史铁生"从心"站起来，从此坦然面对、珍惜当下、好好生活。让他虽然残疾但不颓废。（板书）

过渡：历经苦难的还有千年前，苏轼卷入乌台诗案，含冤入狱，饱受折磨，遭遇被贬黄州之苦难，悲凉萦绕心中，苏轼内心幻化为客人，一起泛舟游于赤壁之下。那咱们一起去看看赤壁水月。

任务二：析主客之对话，悟苦难之救赎

师：请同学们齐读第3段，探究悲在何处？

（生读）

师：非常准确（字音情况）。具体在悲什么？结合具体句子分析。

生："固一世之雄也，而今安在哉？"我觉得在悲英雄不再。

师：英雄当文武双全，在曹操身上，具体怎样体现的？

生：文能吟咏"月明星稀"，武能破荆州，下江陵。

师：一代枭雄，文成建安风骨，武定曹魏基础，被称为"治世之能臣，乱世之枭雄"的一代风流人物曹操，也终被历史的瀚海涤荡一空。

师：那我呢？请同学们关注"况吾与子渔樵于江渚之上"，"况"的意思是？

生：何况，况且。

师：是啊，一代伟人尚且逝去，更何况我这凡夫俗子呢？

师：还有吗？

生："哀吾生之须臾，羡长江之无穷"，我觉得是在悲人生短暂和人在大自然间的渺小。

师：哪句话可以看出来我们短暂渺小呢？

生：寄蜉蝣于天地，渺沧海之一粟。

师：蜉蝣是一种（虫），它（朝生暮死），一粟的意思是（一粒米），如此看来，跟宇宙洪荒相比，我们是如此地（微不足道）。但老师发现最后一段写到："客喜而笑"，说明此时苏轼的内心已经由悲转喜，这是为何呢？请同学们齐读第4段，苏子曰，客亦知夫水与月乎？
（生读）
师：同为赤壁水月，为何情绪发生转变？结合第4段分析，时间为3分钟，开始讨论。
师：时间到。谁来谈谈。
生："逝者如斯而未尝往也，盈虚者如彼而卒莫消长也"可以看出水月是永恒的。
注意：盖将其自变者而观之，则天地曾不能以一瞬；自其不变者而观之，则物与我皆无尽也，而又何羡乎？（日月每天东升西落是变化，但不变的是日月却始终悬挂在高空；滚滚长江东逝水是变化，不变的是江河永远在奔腾不息。）
师：永恒的只有水月吗？（还有人）
师：苏轼发现吾与我皆无尽也，所以，我们还有必要羡慕长江的无穷无尽吗？
生：没必要。
师：所以此时苏轼的喜具体表现为（旷达乐观）。
师：但天地之间，物各有主，那我们该如何生活，怎么做呢？
生：惟江上之清风、山间之明月，耳得之而为声，目遇之而成色，取之无禁，用之不竭，是造物者之无尽藏也，而吾与子之所共适。
师：是的。我们应当尽情用耳朵欣赏江上清风，用眼睛饱览山间明月，享受眼前，珍惜当下。
师：有人曾说如果选择一人同游，他一定会选择苏轼。被贬惠州，他可以"日啖荔枝三百颗，不辞长作岭南人"；任职杭州时，发明红酥软糯的东坡肉，将被贬的挫折化为审美的机缘。
师：通过任务二的学习，我们不难发现，苏轼因乌台诗案而被贬黄州，遭受人生之苦之难。但从赤壁水月变与不变的永恒哲理中寻得了旷达乐观的救赎之道。
总结：同学们，史铁生在黄金般的年纪双腿瘫痪，深受病痛折磨，几度绝望，他在地坛这个古园中艰难地掘出一条救赎之道，以笔为腿，漫步自然间，重获活下去的希望。
苏轼在大好年华惨遭贬谪，壮志难酬，悲观不已。他在赤壁这个古战场中曲折地凿出一条救赎之道，以贬谪为缘，游览自然间，重拾乐观的生命态度。

他们都在苦难中获得（救赎），获得救赎的方式都是（自然山水）。
任务三：借前人之故事，助自我之成长
活动一：拓展延伸
师：在中国文人中，从自然山水中领悟救赎之道的，远不止史铁生和苏轼。你还知道哪些文人墨客在自然山水中寻求救赎之道的？
生：陶渊明的"采菊东篱下，悠然见南山"，救赎了他在官场中的倦态。
生：李白的"须行即骑访名山，安能摧眉折腰事权贵，使我不得开心颜"救赎了"赐金放还"的苦闷。
师：刘禹锡面对宦海沉浮时，高歌"沉舟侧畔千帆过，病树前头万木春"，告诉我们事物新陈代谢的豁达道理；陆游罢官赋闲外出时，吟咏"山重水复疑无路，柳暗花明又一村"，启迪我们坚持下去就有希望；王安石被排挤打压时，登高赋诗道"不畏浮云遮望眼，自缘身在最高层"，启示我们不能被眼前困难所打倒，对未来要充满信心。
活动二：小练笔
师：同学们，前人救赎的意义还在于助力后世成长。正如苏轼所说：造物者之无尽藏也，而吾与子之所共适。你能借屏幕上的图片，写一两句话劝慰或鼓励同学吗？
要求：可借用图片中传达出来的精神；能准确切合同学遇到的问题。
学生展示。
师：写作，更为珍藏，不仅分享。由于时间关系，老师也不禁赋诗一首，请同学们齐声朗读。
（生读）
总结：同学们，自然山水中常藏救赎之道，希望同学们遭遇人生挫折甚至苦难时，亦能做山水间的舞者，悟苦难里的救赎。

【板书设计】
地坛：虽荒芜但不衰败
史铁生：虽残疾但不颓废
赤壁：水月永恒——
苏轼：旷达乐观
自然山水—————救赎之道

姜春玲，重庆市第四十九中学校教师。

指导学生自主命题的教学方案

——《湖心亭看雪》教学案例

◎ 刘 柳

【"自主命题"教学·概述】

所谓学生"自主命题",就是借助"自主命题"这种命题形式,通过学生自我研读、自我命题、自我作答、教师点评的一种学习方式,实质上也是在教师指导下学生自己教育自己的过程。教师的作用在于激发学生学习语文的兴趣,指导学生阅读的方法和命题的方式,用点评的方式来评价学生的学习成果,进而培养他们自主性学习、研究性学习的习惯和创造精神。

初中阶段的语文学习中,文言文阅读一直是个难点,不仅让学生头疼,也让教师苦恼。面对升学压力,学生跟着考纲学习,跟着老师复习,对于学习的主体地位老师也多有忽略。为了改变长期以来"教师讲学生听"的教学方式,使学生成为"获得知识的最高主人而不是知识的接受者",笔者尝试把命题权交给学生,让他们学会自主命题。

【"自主命题"教学·意义】

新课标提出要大力倡导学生的自主合作探究式的学习,要改变过去的以教师为中心、以教材为中心、以课堂为中心的"三个中心"主义,主张学生既是导演,又是演员,而不是观众。让学生命题的做法完全符合这样的特点。它可以充分调动学生学习的兴趣和积极性,发挥他们的主观能动性,自主地研究考试,驾驭考试,成为考试的主人,而不是奴隶;主动地完善自己,而不是被动地等待灌输。

对文言文的学习,代表着对古典文学优秀作品的学习,这对于感悟文化经典,认识并传承民族文化都起着至关重要的作用。通过出题——审题——评题的过程开展,引导学生化繁为简,对于排除学生对文言文的抵触、恐惧等心理障碍能起到一定的作用。

【"自主命题"教学·教学目的】

此教学案例以《湖心亭看雪》为命题文本材料,从培养学生命题能力方面探索出课程目标实现的新途径,希望达成以下目标:

1.从"培养学生命题能力"的角度提高学生积累和整合知识的能力;

2.从"培养学生命题能力"的角度训练学生思考和领悟的能力;

3.从"培养学生命题能力"的角度提高学生应用和拓展的能力;

4.从"培养学生命题能力"的角度开展有效的真正的探究式学习活动。

【"自主命题"教学·重点难点】

重点:学生命题意识的培养,以及在培养命题能力过程中如何对课程知识进行积累和整合,如何对课程知识进行感受和鉴赏,如何对课程知识进行思考和领悟,如何对课程知识进行应用和拓展,如何对课程知识进行发现和创新。

难点:学生自主命题中自觉实现课程目标,以及教师在培养学生自主命题能力过程中自由实现课程目标。

【"自主命题"教学·课堂实施过程】

一、启发过程

(一)学生明确自身的新角色。在这堂课上,我对学生提出了这样的要求:在全面了解了中考文言文题型的基础上,由学生本人承担出题者的角色,当一次出题小老师,站在命题者的角度思考课文的要点和重点,完成一套富有自己见解的练习题的命题。

(二)展示中考题型,并对中考考点进行总结归纳,为下一步学生出题打好基础。

中考链接

钴鉧潭记

钴鉧潭在西山西,其始盖冉水自南奔注,抵山石,屈折东流;其颠委势峻,荡击益暴,啮其涯,故旁广而中深,毕至石乃止。流沫成轮,然后徐行,其清而平者且十亩余,有树环焉,有泉悬焉。

……

1.下列加点词语的解释不正确的一项是( )
A.抵山石,屈折东流   折:折断
B.流沫成轮,然后徐行   徐:慢慢地
C.有树环焉   环:环绕
D.尤与中秋观月为宜   宜:适合

2.下列句子中的"以"和例句中的"以"用法和意义相同的一项是( )
例句:以予之亟游也
A.虽乘奔御风,不以疾也
B.卷石底以出
C.全石以为底
D.以其境过清,不可久居,乃记之而去

3.下面对文本有关内容的理解和分析不正确的一项是( )
A.作者从冉水着笔,"奔注"二字描状冉水强悍的生命力,大有迅猛而来、一泻千里之势,但却遇上了屹立不动的山石挡住了去路。
B.文章的后半部分写得潭经过及潭上景物因人工改造而显得更加优美宜人,由写景过渡到叙事。
C.文中所写的村居者因为繁重的苛捐杂税和债务,想把潭上的田地卖给我,来减轻债务的负担。
D.本文主要描写了钴鉧潭水的清澈,表现了作者对钴鉧潭的喜爱之情。

4.翻译。
孰使予乐居夷而忘故土者?非兹潭也欤?

(三)考点分析
1.第1题为文中重点实词解释的判断(特别关注几类词语:通假字、古今异义、一词多义、词类活用等);
2.第2题为常见文言虚词解释的判断(初中阶段需重点掌握"之、而、以、为、其、于"六个虚词);
3.第3题从文章内容、主旨、情感、写法、结构等方面判断正误;
4.第4题为准确翻译重点句子(重点关注以下句式:反问句、省略句、倒装句及含有重点实词虚词的句子;翻译策略以直译为主、意译为辅,使语句通顺、连贯,符合现代汉语的语法规范,可概括留、补、删、换、调)。

二、指导命题过程

(一)展示本堂课学习目标及要求
1.自主学习《湖心亭看雪》,在疏通全文的基础上,以《钴鉧潭记》的考题为范例,为《湖心亭看雪》命四道题。
2.具体要求:(1)能体现题型特点;(2)能抓住文章重要字、词、句;(3)能体现对文章内容、主旨、情感、结构、写法等方面的把握。

(二)疏通全文,合作探究,自主命题
1.我读你听——读准字音、读畅文章。
2.我叙你评——请用自己的话复述此文内容。
3.我考你测——小组分工合作共同出一套没有差错、没有争议、质量不错、有一定分量的好题。
(1)自主合作,设计问题(小组成员根据教师预先给出的《湖心亭看雪》学案的具体要求,先各自思考设计问题,然后再整合)
(2)自主探究,解答问题(小组互换问题解答,通过课堂讨论来明确答案)

【学案1】
湖心亭看雪
1.下列加点词语的解释不正确的一项是( )(四个词的选择,要提出具体要求)
A.＿＿＿＿＿＿   B.＿＿＿＿＿＿
C.＿＿＿＿＿＿   D.＿＿＿＿＿＿

2.下列句子中的"而"和例句中的"而"用法相同的一项是( )(例句为文中;四个选项为课外)
例句:＿＿＿＿＿＿
A.＿＿＿＿＿＿   B.＿＿＿＿＿＿
C.＿＿＿＿＿＿   D.＿＿＿＿＿＿

3.下面对文本有关内容的理解和分析不正确的一项是( )(分别从文章内容、主旨、情感、写法或结构设计选项)
A.＿＿＿(主要内容) B.＿＿＿(文章主旨)

C.＿＿＿＿（表达情感）　D.＿＿＿＿（写法或结构）

4.翻译。（体现句式特点）

（三）小组分工合作的具体操作流程

将全班分成四个大组，分别为：实词组、虚词组、句子翻译组、文本内容组，每组具体要求如下：

1.实词组：弄懂文章重要实词的意思，重点关注这几类词语：通假字、古今异义、一词多义、词类活用，从这些重要词语中挑选出最适合出考题的词语在小组讨论后最终确定选项及答案解析。

2.虚词组：找出文章重要虚词，从"之、而、以、为、其、于"这六个词中选出文中涉及的虚词，并联系此册课本其他篇目中的虚词确定选项内容及答案解析。

3.句子翻译组：要求翻译全文，弄懂文中重要实虚词含义，并找出文中重要句式，如省略句、反问句、倒装句等，然后找出最适合出考题的句子，并写出答案及评分细则。

4.文本内容组：这个组涉及的题目是最难拟定的，刚开始编写此类题目时，可以将这一小组分得更为细致，比如再细分为主要内容组、文章主旨组、表达情感组、写法结构组。

每一小组从各自角度编写出2—3个题目，然后从中选出最优秀的命题，汇总到这一大组集中讨论，最终确定第3题命题内容及答案解析。

三、检测完善过程

1.通过小组讨论后，从那些保留下来的试题中，精选出4道（每一大组各一题），设置合理且答案分析透彻的命题在全班范围内进行随堂检测。

2.以命题被采用的命题人（组）为核心成立批阅小组，对各小组汇总的答案进行审阅，并模拟给分，通过课堂检测的反馈最终形成合理、合情、合文的命题。

3.教师全程跟踪，对学生无法把握的内容进行指导。

【教师示范】

湖心亭看雪

1.下列加点词语的解释不正确的一项是（　）（四个词的选择，要提出具体要求）

A.湖中人鸟声俱绝　　绝：消失【一词多义】

B.是日更定　　　　　是：这【古今异义】

C.余强饮三大白而别　白：白酒【古今异义】

D.焉得更有此人　　　更：还【一词多义】

2.下列句子中的"而"和例句中的"而"用法相同的一项是（　）（例句文中；四个选项课内）

例句：余强饮三大白而别

A.潭西南而望　　B.可远观而不可亵玩焉

C.敏而好学　　　D.乃记之而去

3.下面对文本有关内容的理解和分析不正确的一项是（　）（分别从文章内容、主旨、情感、写法或结构设计选项）

A.文章写景浓墨重彩，极力描绘了一幅天地茫茫、物我相融的西湖雪夜水墨画。（主要内容）

B.结尾借舟子之口抒发人生感慨，"痴"是"痴迷""着迷"的意思，表达出作者流连山水、遗世独立的闲情逸致，对故国山河的怀念以及知音难觅的惆怅。（文章主旨）

C.作者写作此文时，已是清朝初年，但作者仍然沿用明朝"崇祯"年号，含蓄地表达了他对故国的怀念。（表达情感）

D.文章第一段点明了时间、地点、环境，不从视觉着笔，却从听觉入手，更能体现出冰天雪地、万籁俱寂的森然寒意。（写法结构）

4.翻译。

问其姓氏，是金陵人，客此。（省略句）

莫说相公痴，更有痴似相公者。（含重点实词"痴""痴似"）

【学案2】

醉翁亭记

●实词

1.下列加点词语的解释不正确的一项是（　）（四个词的选择可从一词多义、古今异义、通假字、词类活用的角度提出具体要求）

A.＿＿＿＿＿＿＿＿　B.＿＿＿＿＿＿＿＿

C.＿＿＿＿＿＿＿＿　D.＿＿＿＿＿＿＿＿

2.下列加点词语的解释不正确的一项是（　）（四个词的选择分别从一词多义、古今异义、通假字、词类活用，要提出具体要求）

A.＿＿＿＿＿＿＿＿　B.＿＿＿＿＿＿＿＿

C.＿＿＿＿＿＿＿＿　D.＿＿＿＿＿＿＿＿

●虚词

3.下列句子中的"而"和例句中的"而"用法相同

的一项是（　）(例句为文中；四个选项既可为课内也可为课外)

例句：_____

A._____ B._____
C._____ D._____

4.下列句子中"____"的用法和意义与其他三句不同的一项是（　）(请从"其""之""于""为""以"中任选一个虚词出题)

A._____ B._____
C._____ D._____

● 文意把握

5.下面对文本有关内容的理解和分析不正确的一项是（　）(分别从文章内容、主旨、情感、写法或结构设计选项)

A.____（主要内容） B.____（文章主旨）
C.____（表达情感） D.____（写法或结构）

● 句子翻译

6.翻译。(体现句式特点，如省略句、倒装句、反问或疑问句、含重点实虚词的句子)

（1）_____ （2）_____

【学案3】

● 实词

1.下列加点词语的解释不正确的一项是（　）(四个词的选择分别从一词多义、古今异义、通假字、词类活用，要提出具体要求)

A._____ B._____
C._____ D._____

● 虚词(任选一题)

2.下列句子中"____"的用法和意义与其他三句不同的一项是（　）

A._____ B._____
C._____ D._____

3.下列句子中的"____"和例句中的"____"用法相同的一项是（　）(例句为文中；四个选项既可为课内也可为课外)

例句：_____

A._____ B._____
C._____ D._____

(请从"而""其""之""于""为""以"中任选一个虚词出题)

● 句子翻译

4.翻译。(体现句式特点，如省略句、倒装句、反问或疑问句、含重点实虚词的句子)

（1）_____ （2）_____

● 文意把握

5.下面对文本有关内容的理解和分析不正确的一项是（　）(分别从文章内容、主旨、情感、写法或结构设计选项)

A.____（主要内容） B.____（文章主旨）
C.____（表达情感） D.____（写法或结构）

【"自主命题"教学·教学反思】

这堂课是我在文言文教学方式上的一次尝试，一次探索，也许这并不是一节完美的课，但由学生出题的尝试所带来的换位效应，却值得思考。

要加深对考纲的认识，透彻掌握做题的方法、技巧。要做中学、学中做，还学生以课堂主体地位；要换位思考，转变角色，促进学生的思维训练；要做到主动参与，自主学习，激发学生的学习兴趣；自主出题，集体解题，营造良好的互动生成氛围。

作为一次培养学生命题能力的教学尝试，本案例探索了初中文言文学习与中考的对接和运用，突出了教材的主体地位，让学生觉得语文课的教学内容和中考考查内容联系紧密，使得教学不再天马行空，教材的作用不仅仅停留在字词的积累层面上，但在尝试过程中也感受到运用此种方式的困难之处。

任何新事物刚开始都是不完善的，自主命题的规范性、合理性、科学性还有待于我们一线老师的积极探索，不断改进，这样才会使得这一教学形式发挥更大的活力和良效。现代教学需要创新，创新是教学的"源头活水"，"源头"在哪里？就在我们的学生中，在我们老师的不断探求创新中，只要胆子大一点，目标瞄准一点，我相信：教学之"水"就会"活"起来，我们教坛的气象也自然会欣欣向荣，不断迈向更新的跨越。

刘柳，湖北省武汉市常青第一学校教师。

《诗经》单元教学设计

◎ 王松环

【课程标准与教学意义】

课标要求：《义务教育语文课程标准》（2022年版）在第四学段"阅读与鉴赏"部分有关古诗阅读的目标中提出："诵读古代诗词，能借助注释和工具书理解基本内容。注重积累、感悟和运用，提高自己的欣赏品味。"课标建议学生欣赏诗歌等文学作品时要"有自己的情感体验，初步领悟作品的内涵，从中获得对自然、社会、人生的有益启示。对作品中感人的情境和形象，能说出自己的体验；品味作品中富于表现力的语言"。在"发展型学习任务群"的"文学阅读与创意表达"第四学段的课程内容中提到："阅读古诗文名篇，体会作者通过语言和形象构建的艺术世界，借鉴其中的写作手法，表达自己对自然的观察和思考，抒发自己的情感"。同时还要"学习欣赏、品味作品的语言、形象等，交流审美感受"。

教学意义：《诗经》收录在统编版语文教材八年级下册第三单元第12课和课外古诗词诵读中。通过阅读诗歌，能够帮助学生了解古人的思想、情趣，感受他们的智慧，受到美的熏陶和感染。

新一轮的教材改革中，统编版初中语文教材提高《诗经》为代表的经典篇目所占比例。通过学习这些代表作品，引导学生学会借助注释和工具书读懂课文大意，领会诗文的丰富内涵，品味精美的语言，并积累一些常用的文言词语和文学常识。因此关注《诗经》在初中阶段的教学，既为学生传统文化学习提供浸润式教育，同时也为提高学生语文核心素养和终身学习打下坚实的基础。

【教学内容与课时安排】

在《诗经》教学中，我们采取单元教学和项目式教学相结合的模式，打破教材中单元的局限，在单元教学设计中，以八年级下册中选取的4篇《诗经》中的经典作品《关雎》《蒹葭》《式微》《子衿》和课外拓展阅读《硕鼠》《采薇》为设计内容展开教学。本单元教学整体设计主要包含三个部分：《关雎》《蒹葭》比较阅读，《式微》《子衿》分类阅读，《硕鼠》《采薇》拓展阅读。

《关雎》《蒹葭》比较阅读中设计两课时进行教学，分别从两首诗歌的画面之美、形象之美、手法之美、情感之美、音乐之美、语言之美等角度对两首诗进行综合探究。《式微》《子衿》分类阅读中主要是通过合作探究的形式，学生设计自主阅读方案，把握两首诗歌重章叠句的效果，体会不同主题的特点，品味其中质朴率真的情感。《硕鼠》《采薇》拓展阅读安排一课时，借助翻转课堂的形式，通过学生互动思维拓展，引导学生了解《诗经》多元的主题，欣赏古人的智慧。

【学情分析】

八年级的学生对于古代诗歌的内容和特点已有基本的了解，有一定程度的文言诗歌阅读能力，对于诗歌的情感也有基本的感知和分析能力。

不过这是初中阶段学生第一次在课本中接触到《诗经》，对《诗经》重章叠句的特点和赋比兴的手法较为陌生，对诗歌当中的形象和意境的把握不够准确。在平时教学中，学生针对性诵读训练较少，难以通过诵读把握作者情感。因此在教学中我们将针对学情，采取针对性教学方案。

【教法与学法】

教学方法：本单元主要采用任务式教学法，同时融入"项目式教学"和"翻转课堂"等教学方法中的理念。在教学中以学生为主体，教师为主导，通过任务设置，活动驱动，融入自主与合作探究，引导学生"在做中学"，在师生互动、生生互动、学生与材料的交互过程中实现教学目标的达成。

教学手段：诵读法、讲授法、图示法、合作探究法。

教具与学具：PPT、学生画作、学生朗诵配乐、小组任务表单。

【教学目标】

基于上述课标要求和学生学情，结合单元教学内容，我们从三维目标和语文学科素养的角度，确定如下单元教学目标及分课时教学目标。

单元教学目标：

1.熟记重点词语的字音、字形，积累文言实词和文学常识。

2.了解《诗经》重章叠句的特点和比、兴手法的运用。

3.通过自主及合作探究，体会两首诗歌的形象、意境和情感。

分课时教学目标：

第一课时：掌握诗中"君子""淑女"和"伊人"的形象内涵，了解比兴手法的作用。

第二课时：品析诗歌传递的多元情感，理解重章叠句的作用，体会韵律之美。

第三课时：通过学生设计教学方案，在合作探究中体会诗歌语言的韵味和情感的深邃。

第四课时：借助学案与教学视频，引导学生在"探究——练习——纠错——总结"中赏析诗歌。

【教学过程】

一、单元分课时教学过程

（一）《关雎》《蒹葭》比较阅读（第一、二课时）

（第一课时）导入：组织学生分享课前查阅的《诗经》相关资料。

任务1：结合注释理解诗句，找出最喜欢的诗句描绘画面并分享。

任务2：小组探究，分析诗中变换的场景，理解"君子""淑女""伊人"的形象美。

任务3：朗读课文，体会比、兴手法的作用。

任务4：从画面、形象、手法方面对两首诗进行比较。

小结及作业。

（第二课时）导入：展示学生绘制的课文插画。

任务1：小组探究，赏析学生插画作业，分析两首诗的情感之美。

任务2：指导诵读，分析重章叠句的特点，思考其在情感表达上的作用。

任务3：再次诵读，通过改换语句形式，引导学生从用韵和双声、叠韵词语欣赏其音乐和语言美。

任务4：为两首诗选择合适的朗诵配乐并说明理由。

小结及作业。

（二）《式微》《子衿》分类阅读（第三课时）

导入：展示学生《关雎》《蒹葭》朗诵音视频。

活动1：小组探究，明确《式微》《子衿》学习方案中的内容及分工。

活动2：自主探究，比较两首诗在主题、内容、情感上的异同，完成表格。

活动3：合作探究，通过诵读体会重章叠句营造的特殊氛围。

活动4：合作探究，体会诗中抒发的质朴率真的情感。

小结及作业。

（三）《硕鼠》《采薇》拓展阅读（第四课时）

导入：简介"翻转课堂"教学步骤和环节。

环节1：学生根据预习内容完成导学案。

环节2：播放教学视频，自主探究，把握两首诗的内容、主题及情感。

环节3：合作探究，学生提出疑问，教师进行释疑拓展，归纳总结。

环节4：完成课堂练习，学生在教师指导下进行自主纠错。

小结及作业。

二、第二课时教学过程

导入：展示学生绘制的课文插画，引导学生介绍并评价。

学生听讲分享，思考并发言。

设置意图：学生画作引入，激发学生学习和思考兴趣。引导学生复习上节课内容，为本节课探究诗歌情感做铺垫。

任务一：体味情感之美

1.引导学生通过诵读诗歌，初步体味情感。

2.引导学生结合诗句，分析《关雎》的情感。

3.通过补充材料，引导学生深入理解《关雎》中情感的"中和之美"。

4.合作探究，结合诗句，体味《蒹葭》的情感之美。

学生活动：诵读、思考、小组讨论、回答问题、听讲并记录。

任务二：赏析音乐之美

1.指导诵读，引导学生发现重章叠句的特点并对《关雎》进行分析。

2.合作探究，找出《蒹葭》中诗句的重叠和韵脚

3.小组探究，思考重章叠句在表达情感上的作用。

学生活动：思考、小组讨论、回答问题、听讲并记录。

任务三：品读语言之美

自主探究：再次诵读两首诗歌，通过改换语句形式，引导学生从用韵和双声、叠韵词语的角度分析其语言之美。

学生活动：诵读、思考、回答问题、听讲并记录。

设置意图：借助诵读引导学生发现问题，通过自主探究、合作探究解决问题，激发学生主动学习、合作学习的意识。

任务四：美美与共

1.小组探究，请为《关雎》和《蒹葭》选择合适的朗诵配乐并说明理由。

2.小组探究：《关雎》和《蒹葭》在内容、情感和表现形式等方面的异同。

学生活动：配乐朗诵、欣赏音乐、小组讨论、思考回答并记录。

设置意图：通过配乐选择、歌词评价等活动的形式激发学生的学习兴趣，培养学生跨学科知识运用的能力。借助异同的对比分析，训练学生归纳概括的能力，提升思维的逻辑性和创新性。

小结：1.总结本课内容。2.引导学生分享学习心得。

学生活动：思考总结并回答。

设置意图：归总本课所学，为后续诗歌学习奠定基础。

三、板书设计

本节课的板书设计如下：

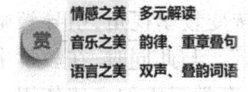

> 美美与共
> 赏　情感之美　多元解读
> 　　音乐之美　韵律、重章叠句
> 　　语言之美　双声、叠韵词语

【作业设计】

一、设计概述

作业设计是教师针对学习专题制定的具有学情反馈作用的作业规划。优秀的作业设计能针对学生的学情进行指向性训练，根据课程进度辅助教师落实教学目标，具有合理性、规划性，兼具积累、拓展及延伸功能。本单元专题作业设计以《关雎》《蒹葭》《式微》《子衿》为设计内容。基于教材和学情，我在教学中从诗歌的"六美"即"画面之美""形象之美""手法之美""情感之美""音乐之美""语言之美"展开单元教学，设计了本单元的作业。

活动一意图结合诗歌内容，训练学生对诗歌画面和形象的理解，借助"诗配画"的形式培养学生的想象力和领悟力。

活动二意图通过音乐与诗歌的有机结合，训练学生对诗歌情感和韵律的鉴赏能力，同时训练学生的朗诵技能，让学生通过跨学科的整合来体现发展性思维。

活动三借助《在水一方》的歌词和白话诗范例，训练学生的综合分析能力，在对比歌词与原诗、古诗与白话诗的过程中，体会《诗经》的语言之美。

活动四意图让学生通过设计小组学习活动方案，将所学知识和技能应用到新的学习内容中，通过自主探究、合作探究解决问题，激发学生主动学习、合作学习的意识。

作业如下：

1.《关雎》《蒹葭》诗歌插图各1幅。

2.诗歌插图创作构想各1篇。

3.《关雎》《蒹葭》诗歌朗诵配乐各1首。

4.诗歌朗诵配乐选曲理由各1篇。

5.配乐诗朗诵音/视频各1段。

6.《在水一方》歌词鉴赏1篇。

7.《蒹葭》《关雎》白话诗1首。

8.《式微》《子衿》小组活动设计方案1份。

二、详细作业设计

单元专题作业：初二年级结合语文八年级下册《诗经》单元开展"心之所向，上下求索"探究活动，邀请你参与以下活动：

活动一：诗情画意

请结合诗歌内容和情感，为《关雎》《蒹葭》两首诗歌各配1-2幅插图，写明创作构想。可手绘或电脑绘图后打印，创作构想包括插图内容、主题、艺术风格、表现手法等，200字左右。

活动二：奇诗雅乐

1.请结合诗歌内容和情感，为《关雎》《蒹葭》两首诗歌各选1-2首适合朗诵的乐曲，写明选曲理由。建议选择无歌词的纯音乐，选曲理由主要是所选乐曲的风格、节奏、乐器、主题等与诗歌内容、情感的切合程度，200字左右。

2.在班级朗诵音乐库中为《关雎》《蒹葭》各选一首乐曲作为配乐并录制朗诵音视频。

活动三：妙笔生诗

1.欣赏歌曲《在水一方》，结合歌词内容，从主题、结构、语言、情感等方面对歌词进行赏析，100–150字。

2.结合"积累拓展"第五题和《在水一方》的歌词，选择《关雎》或《蒹葭》中的一章或几章，试着撰写白话诗。例如：

"雎鸠鸟关关合唱，在河心小小舟上。
好姑娘苗苗条条，哥儿想和她成双。"

活动四：我眼看诗

自主学习《式微》《子衿》两篇，小组合作探究，撰写小组活动设计方案。

三、作业实施过程

1.作业预留与完成

本单元共计4课时，作业的布置主要在三个时间点：课前、课中、课后。活动一的诗配画和活动二的配乐朗诵作业在课前一周预留给各学习小组，活动三的歌词鉴赏和现代诗创作两项作业分别是在第一课时和第二课时结束时布置的作业。活动四是在全部课程完成后布置的拓展作业。作业的完成形式以自主探究与合作探究相结合的方式。学习小组利用课下和周末的时间完成各项活动的准备及相关作业的完成，由学习组长负责分工和统筹，各小组成员完成各项任务。

2.作业批改与评价

作业的批改主要采取教师全批全改和课堂学生展示相结合的方式。教师通过批改学生作业发现教学中的亮点和问题，及时调整教学目标和内容。学生通过课堂展示加深学习内容的理解，同时起到互相学习，共同进步的作用。

作业的评价主要采用教师评价与学生互评相结合，重视形成性评价，让学生通过对作业的反思，加深对课外作业本身的认识，从而强化其参与后续活动的动机。例如我为各小组完成作业后的情况，设计评价表。

与此同时，对于作业评价，我注意做到分层评价，鼓励为主，两点评价，激励先行。我所教授的两个班级中学生的层次略有不同，因此我根据学生的情况，布置了分层作业。对于分层布置的作业，采用分层评价标准。只要学生完成相应层次的作业，便可以得到肯定。在评价作业时，我也主动发现学生作业中的亮点并进行圈点批注，尊重学生个人和小组的学习成果，激励全体学生参与学习活动。

四、作业改进反思

1.作业内容

对于作业的内容的整体设计能力有待提升，对于各项作业与教学目标的对应和教学内容的匹配上还需要深入思考。与此同时，布置作业时也应明确作业要求和评价标准，让学生有明确的目标，才能达到更好的完成效果。

2.作业评价

本次作业批改和评价的主体还是以教师评价为主，评价方式相对单一。在后续的设计中，可以采用学生自评、小组互评、教师总评等多元多向评价，让学生通过这样的评价，及时纠正自己的错误，指出别人的错误，正确评价自己与他人，把评价权交给学生，真正培养学生主动探索的主体意识。

3.作业修改

本次作业的修改部分完成质量有待提升，对于作业中出现的系列问题，教师并未对学生进行集体和个别的专项指导，缺失了修改前——修改后的对比情况分析，未形成提出问题——分析问题——解决问题的闭环，需要在后续利用课下时间逐步完善。

【余论】

"双减"政策背景下，教学要求"减负、提质、增效"，而进行大单元教学设计正符合这一时代背景下对教学的要求。语文大单元教学打破传统的单篇独立教学的范式，将单元作为整体，通过对单元内容的梳理与整合，以语文学科大概念为核心，以结构化的任务、项目、问题为牵引，通过多样化的语文实践活动，以连续的课时，促进学生深度学习，形成语文学科核心素养。

本教学设计注重任务驱动，活动导向，增加学习方式的多样性。注重转变教学视角，引导教师关注从"教什么"到"学什么"。与此同时，在教学中注重"精讲多练"，发挥学生在学习中的主体作用。除此之外在单元教学设计中，精心设计单元教学作业，内容的整合、任务的设计、情境的创设、活动的开展、课时的变革等方面，促进单元教学的结构化，落实"教学评一体化"。

王松环，北京钱学森中学教师。

《劝学》《师说》《反对党八股》《拿来主义》群文学习简案

◎ 徐 磊

【学习定位】

本单元选自统编版高中语文上册,对应《普通高中语文课程标准》"思辨性阅读与表达"任务群。该任务群要求学生能够准确把握和评价作者的观点和态度,理解阐述观点的方法和逻辑,学习有针对性地表达观点;学会发现问题,从合适的角度以恰当的方式阐述自己的看法。基于课程标准的要求,我们确立了"理解文本基本观点,学会提炼论证结构"的阅读目标,以及"运用适切的论证方式表达自己对于学习本质的理解"的表达目标,从而使学生的逻辑思维更加严密,进而提高学生的思辨水平。

《劝学》《师说》《反对党八股》《拿来主义》都选自部编本必修上册第六单元。本单元的核心任务是:一、准确把握作者的观点和态度;二、学习他们有针对性地表达观点的方法;三、从合适的角度以恰当的方式阐述自己的看法。《劝学》强调"学不可以已";《师说》提出"无贵无贱,无长无少,道之所存,师之所存"的观点;《反对党八股》是中国共产党历史上的重要文献,旨在整顿文风、学风,进而整顿党风。《拿来主义》驳斥了"闭关主义"和"送去主义",提出"运用脑髓,放出眼光,自己来拿"的观点。这四篇文章从不同的角度阐述了作者对"学习之道"的看法,也有着不同的论证结构。本次群文教学案例就从单元文章的结构入手,通过结构梳理来感知经典文章结构的力量,学会选择不同的结构来表达自己的观点。

高一的学生已经具备分析行文结构的能力。但离准确把握文章结构还有距离,自己创作文章的结构意识有待提升。

【设计思路】

通过导学案让学生了解五种结构——金字塔结构、黄金圈法则、时间轴结构、PREP 结构、图尔明论证模型的由来和使用场景。引导学生用这五种结构来分析必修上册第六单元的文章,通过结构梳理来感知经典文章结构的力量,并在此基础上总结五种结构的典型特征,能在学习创作时选用适合自己的结构。

提升学生把握文章结构的能力,掌握五种论证结构,能够用所学架构辅助于自己的文章创作。

【学习任务】

1.准确把握《劝学》《师说》《反对党八股》《拿来主义》的论证结构。

2.在梳理结构的基础上,感受经典文章的说理力量。

3.学会选择恰当的结构表达自己的观点。

【学习资源】

1.统编本必修上册教材第六单元课文。

2.五种论证结构——金字塔结构、黄金圈法则、时间轴结构、PREP 结构、图尔明论证模型的准备。

【学习策略】

梳理探究、比较异同、创作实践

【学习评价】

1.通过梳理结构了解学生对五种结构的掌握情况。

2.通过检验病文来检测学生对结构灵活运用的情况。

3.通过课后练笔来检测学生对结构学以致用的能力。

【学习过程】

一、课前学习

1.熟读统编版上册第六单元《劝学》《师说》《反对党八股》《拿来主义》四篇文章,在此基础上运用导学案上介绍的五种论证结构(金字塔结构、黄金圈法则、时间轴结构、PREP 结构、图尔明论证模型)来梳理四篇文章的论证结构。可以自由选择论证结构或组合论证结构。体会经典文章结构的力量。

2.全班分为4个组,每个小组负责两篇文章(自己组和评价组),可以从五个结构中任选一种进行文章分析。小组先内部交流,根据"选取适当结构"的写作量规,推选逻辑最顺畅、结构最清晰的代表做小组展示。

"选取适当的结构"写作量规:

优秀级:①文章结构清晰,逻辑严密。②恰当使用了所提供的论证结构,甚至出于行文的需要进行适度、合理的调整和修改。

合格级:①文章使用了所提供的论证结构,有较为严密的逻辑。②令读者清晰地了解文章观点。

待改进级:①并未利用提供的论证结构或者使用了不合适的议论文结构。②结构混乱,令人不解。

3.在自己思考和小组内部交流的基础上总结五种结构的典型特征。

二、课堂学习

(一)回顾结构,课前学习检测

同学们参加了"寻结构之趣,探微观之美"化学结构模型制作大赛,做出了神奇的模型。你们真厉害!其实,文章也因结构的层次和逻辑的严密而有力量,今天我们就一起分析必修上册第六单元《劝学》《师说》《反对党八股》《拿来主义》的结构,进而感受经典文章的力量,并能够运用结构进行创作实践。首先,我们一起回顾学习的五种结构。我们探讨了五种结构的典型特征,下面我们一起回顾小结。

1.金字塔结构:①中心论点先行;②递进结构。

2.黄金圈法则:①"为什么"先行,易于建立共同价值理念;②由内向外;③由抽象(为什么)到具体(是什么)。

3.时间轴结构:①按照时间先后顺序展开,更自然;②更易于形成前后的对比。

4.PREP结构:①中心论点先行;②总分总结构;③观点首尾呼应,强调作用。

5.图尔明论证模型:①有"保证"的大前提;②加入了"虚拟论敌"进行辩驳,论证更富思辨性。

(二)展示交流,感知结构力量

学习任务一:梳理单篇文章的结构

同学们自由选择结构梳理了单篇文章,并按照"选取适当结构"的写作量规推选了各个小组的代表。下面我们欢迎他们做展示交流。要求:①简要陈述选择该结构的理由。②具体阐释思维结构图。

学习活动1:选择结构,梳理文章。分小组展示推选的思维结构图。第1组和第2组交叉评价,第3组和第4组交叉评价。

(1)《劝学》组——金字塔结构(王廷牧)

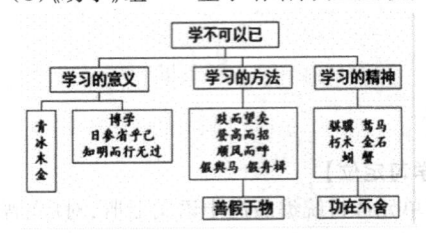

质疑:

①跂而望,登高而招,顺风而呼,这是学习的方法吗?(还是学习的意义?)观点句。

②"积土成山"这一段是否可以概括为学习的精神,是否准确?

③学习的意义、学习的方法、学习的精神是同一层面上的观点吗?(为什么,怎么办?)

④能不能先说学习的方法,再谈学习的意义?

⑤荀子《劝学》从为什么到怎么办?递进结构。

(2)《师说》组——图尔明模型(杨语彤)

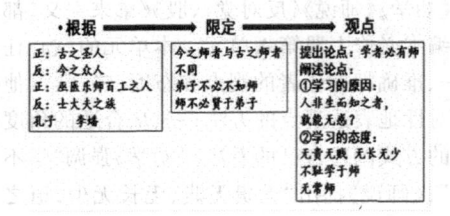

质疑:

①为何删除了"古之"?

②对比找全了吗?爱其子,择师而教之;于其身也,则耻师焉,惑矣。(少一组对比)为什么要这样比?只是为子择师,自己不从师。

③为子择师的从师之风是韩愈提倡的吗?彼童子之师,授之书而习其句读者,非吾所谓传其道解其惑者也。韩愈限定是"人师",不是"经师"。古道是"儒家之道"。

④韩愈的针对性很强,既有群体的针对性,批判了当时众人耻学于师的风气,尤其是对士大夫的群体。又有内容的针对性,韩愈崇尚的是"古道",即儒家之道,而不是授之句读的童子之师。并且韩愈奖掖后进,通过表扬青年学子李蟠,以期转变社会风气。

（3）《反对党八股》组——黄金圈法则（张雨薇）

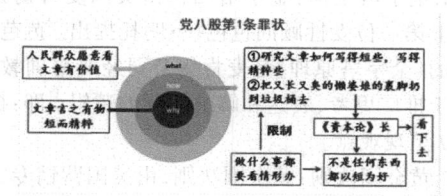

[图：党八股第1条罪状，黄金圈法则示意图]

质疑：

①黄金圈法则最中心的"WHY"是什么？为什么要反对党八股？因为党八股流毒严重。"WHY"是"懒婆娘的裹脚，又长又臭"，很多人喜欢写长文章。

②为什么要举斯大林演说、《资本论》的例子呢？"到什么山上唱什么歌""看菜吃饭，量体裁衣"——文章要有内容。

③为什么要从"懒婆娘的裹脚写起"？由现象到本质，由浅入深，循序渐进。

（4）《拿来主义》组——时间轴结构（王子涵，张凌予）

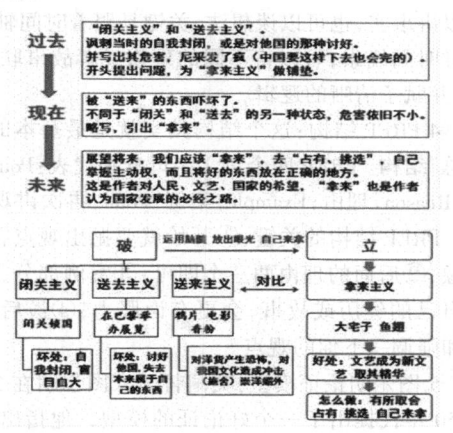

[图：过去—现在—未来时间轴结构示意图及破立对比图]

质疑：

①"过去""现在""未来"是平均用力吗？

②时间轴结构和破立结合是什么关系？可不可以结合起来？

③拿来主义适不适用现在？运用脑髓，放出眼光，自己来拿，振聋发聩！

小结：《劝学》的中心论点先行，层层展开。《师说》针对了"士大夫"这个群体，批判了他们耻学于师的问题。《反对党八股》用总分总分结构，指出了党八股的八条罪状，由现象到本质，由浅入深，循序渐进地批驳了文章言之无物的问题。《拿来主义》用时间轴对比了"闭关主义"与"送去主义"，先破后立，提出了"拿来主义"的思想主张，具有了穿越时代的力量。经典文章之所以有力量，正是因为其严密的逻辑性！经典文化的思想也由此超越了一时一事的认识价值。

学习任务二：小结优秀结构的标准

学习活动2：根据结构展示，小结优秀结构的标准。

针对性强：①指向现实；②读者意识。

结构清晰：①层次分明；②逻辑严密。

自己发现的维度：①＿＿＿＿②＿＿＿＿

注："不漏"，即分论点列出后，核心观点的重要信息没有缺失遗漏；"不重"，即分论点之间没有过多的交叉重复。

学习任务三：用优秀结构检验例文

学习活动3：请用优秀的结构标准来衡量《"劝学"新说》，指出例文结构上的问题。

"劝学"新说

①荀子老人家可能想象不到今天的学习盛况：舞蹈、钢琴、绘画等"培训"人满为患，数学、物理、英语等"辅导"络绎不绝。这两年，还兴起了"少儿编程"。对了，还有这些年都一直在提倡的"胎教"。这些词语如果没有课下注释，荀子估计也不会翻译。本是"学不可以已"，现在是学可以已，必须已。

②学习的低龄化趋向要适可而止。学龄前儿童处于身体和智力的快速发展期，自然生长的环境被强大的培优共识裹挟，"赢在起跑线"的提法让每个学习者都深卷其中，无法自拔。上海"高质量小学生"，幼升小的简历多达15页，有这个必要吗？这种简历一定是造假的！再强调学习，也要尊重人的成长规律。幼儿教育就不该倡导学习，最重要的是游戏！我们应当还求学者以自由时光。

③怎么办呢？顶层设计要为学习、为时代降温，如"强基计划"和"双减政策"。尤其是通过中高考的改革来倒逼学习方式的转变，让过早地卷入低效学习变得无用。慢慢地，每个家庭、每个个体就有了主动选择和智慧取舍的从容。学习就慢慢进入良性的轨道，学习也变为自主、自发的学习。

④低龄化的培优培植了社会焦虑和专业趋同。龙应台的《孩子，你慢慢来》被裹挟为"孩子，你快跟上"。于是有了热门专业的趋同化追求。当年"法律热"，让汽车工业学院都开设了多个法律专业，今天"人工智能热"，一座座新学院拔地而起，这其中不乏一些传统的文科院校。学校的特色在丧失，学习者也是顶着"博"的头衔辗转多校。怎么办呢？学校都应该有自己的特色。就像城市一样，苏州和延安应该不一样，苏州是江南园林，延安多是窑洞。住建部也反复强

调不要"千城一面、万楼一貌",每个城市都应有建筑的特色。从梁思成《中国建筑的文法》可以看出,我们中国的建筑是很有特色的,应该保持。

⑤我甚至认为,只有有了空闲和自由,真正的智慧才能生长。牛顿就是在避居鼠疫时,才发现并论证了万有引力。看着神舟十六号发射,就想想拔着头发离开地球,这样的学习是急躁的、狂妄的。即使你的能力如孙悟空,也是要跟着唐僧一点一点地学习。

⑥荀子有言:"白沙在涅,与之俱黑;蓬生麻中,不扶自直。"要改变目前学习的现状,就要去找到志同道合的好朋友。

第①段:学可以已,必须已。
第②段:学习的低龄化趋向要适可而止,还求学者以自由时光。
第③段:顶层设计要为学习降温("双减"、中高考改革)。
第④段:低龄化的培优培植了社会焦虑和专业趋同。
第⑤段:有空闲和自由,智慧才能生长。
第⑥段:找到志同道合的好朋友。

小结:病文因为其结构混乱而没有力量。如果我们修正其结构,文章的逻辑更严密,说理更清晰。文章自然有了力量。

【课后学习】学以致用,演练所学结构
学习任务四:针对现实演练结构
《劝学》是两千多年前荀子对学习问题的朴素认识,《师说》是一千多年前韩愈对"耻学于师"的批评。随着社会的发展变化,我们今天又遇到了新的难题。

今天的学习困境:短视频时代,阅读更加碎片化。请以"我看碎片化阅读"为题,画出你的思维结构图。

要求:请从金字塔结构、黄金圈法则、时间轴结构、PREP结构、图尔明论证模型中选择一种或组合一种结构方式。

【板书】

结构的力量
逻辑 — 结构清晰 — 观点
针对性强

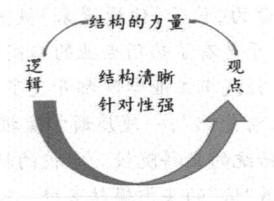

三、《〈结构的力量〉导学案》部分资料
五种论证结构——金字塔结构、黄金圈法则、时间轴结构、PREP结构、图尔明论证模型。

1.金字塔结构:金字塔结构由美国麦肯锡公司历史上第一位女性顾问芭芭拉·明托提出。芭芭拉·明托的《金字塔原理》是麦肯锡公司经典培训教材,致力于推广思考、表达和解决问题的逻辑。即:提出问题/呈现观点。

2.黄金圈法则:黄金圈法则,由美国营销专家西蒙·斯涅克提出。黄金圈由Why、How、What三个圈组成。即为什么(Why)——目的、使命、信念;怎么做(How)——也就是具体的操作方法和路径;做什么(What)——主要说明这件事情是什么,有什么具体的特点,或者你已经完成的结果。西蒙·斯涅克出版了畅销书《从"为什么"开始——乔布斯让Apple红遍世界的黄金圈法则》。黄金圈法则结构模型特征特别适合用来介绍某一个项目。(Why)我为什么要做这个项目?(How)这个项目如何帮助、改变他人?(What)这个项目有什么价值?

3.时间轴结构:时间轴,就是过去、现在和未来,可以讲事实,也可以谈想法,关键是跟着时间轴来。通过时间线索,可以将不同的事物或者故事联系起来,并赋予清晰的逻辑。

4.PREP结构:这个结构其实就是最基本的"总分总"结构。PREP四个英文字母分别代表:Point,观点;Reason,理由;Example,案例;Point,再次讲观点。

PREP结构的关键:①开始就要抛出观点,不要犹豫;②后面的理由两三个即可;③案例部分,最好讲自己的经历或故事,会更有说服力;④最后再重复和强调一下你的观点。

5.图尔明论证模型:英国哲学家图尔明在20世纪50年代提出了一个好论证的模型,他指出一个好的论证,应该由六个部分组成:①数据或根据,就是用来论证的事实论据、理由(相当于三段论中小前提)。②结论,是要被证明的陈述、主题和观点。③保证,用来连接论据和结论之间的普遍性原则、规律等,是连接证据和结论之间的桥梁。它常常是三段论中的大前提,或者隐含假设。④支撑,用来支持上面的保证(大前提)的陈述、理由,它不是直接支持结论,而是支持保证,表明这些原则或关系是真的。⑤辩驳,是对已经知道的反例、例外的考虑、反驳和说明。⑥限定,对保证、结论的范围和强度进行限定的修饰词,常常是因为有了对反例的考虑,从而对结论进行限定。

徐磊,湖北省武汉市华中科技大学附属中学教师。

《军事新闻:通讯与消息写作》教学设计

◎徐莉程

【课堂导入】

教员活动:通过提问的方式,带领学员复习军事新闻的概念等内容。

学员活动:回答问题,回顾上次课知识。

【教学内容1:军事新闻的写作步骤】

刚才复习新闻作用的时候谈到"笔杆子"和"枪杆子",自古以来,我国有一个文化现象,将写文章比拟为领兵打仗,以军事喻文事,借兵法说文法。

例:孔子、朴趾源以文事喻武事的论述。

备战时,作战需要收集情报,写作需要收集素材→聚材;谋划前,作战需要确定目标,写作需要立意定题→立意;行动时,作战需要调兵遣将,写作需要遣词造句→行文;行动后,作战需要不断复盘,写作需要反复修改→修改。我们分步骤——来看。

一、聚材

(一)什么是聚材

从准备材料看,作战需要收集情报,行文需要收集素材。刘伯承元帅说:"五行不定,输得干净。"五行,是指任务、敌情、我情、时间和地点。战争前,指挥员必须做好情报搜集研判。写新闻也需要搜索情报,情报在新闻学中有一个专有名词:新闻线索。指的是新近发生的事情的简明信息或者信号,新闻线索能够提供给人新的信息、新的认知或新的思想。

(二)为什么要聚材

新闻线索是顺利完成新闻采访与写作的必要前提,它可以给采写者指明采访地点、采访内容以及行文的大致方向和范围,可以说,没有新闻线索,就没有新闻作品的诞生。

(三)如何聚材

想要发现新闻线索,需要提高自身新闻敏感,这种敏感表现为能够敏锐观察某件事实是否具有新闻价值。如何增强军事新闻敏感性?有两个方面:

1.大处着眼:从宣传方向寻找新闻线索。人的视野深度,总是和他的思想高度密切相关。从某种意义上说,新闻敏感就是政治敏感在新闻问题上的反映,一个新闻工作者的政治思想水平越高,他的新闻敏感性就越强。

例:打靶中的三点一线

但如果大家都是循着这个大方向寻找新闻线索,难免会题材类似、内容雷同,如何体现出自身的价值,满足新闻"新"这一特点呢?这需要第二个思考角度。

2.小处着手:从具体事件挖掘新闻线索。一滴水可以反映出太阳的光辉,写基层部队新闻报道,就是要以小见大,为读者提供新的信息、新的角度、新的认知,满足新闻"新"这一特点。要从细小事物中观看出新闻价值。

什么样的事件是具有新闻价值的?

PPT表格展示新闻价值十要素。

▲知识点小结:总结来看,聚材需要大处着眼,小处着手。把握大方向,深入官兵、深入实际调查研究,才能获得最鲜活的新闻素材。"纸上得来终觉浅,绝知此事须躬行",这考验的是我们的"脚力"。

二、立意

提问:刚刚提到刘伯承将军的"五行不定"请问第一个定是定什么呢?

学员回答。

定首先是定任务,这个任务就是作战目标。这是战略家在军事斗争全局所要达到的最终结果,它贯穿作战的全过程,直接决定着军事方针的制定、军事力量的配备和军事手段的运用。

作战需要确定目标,写新闻需要主题。

(一)什么是立意

立意即确定文章的主题,主题是全篇文章中

思想、主干情节。军事新闻要基于自身的新闻立场确定主题。

（二）为什么立意

为什么要基于新闻立场首先确定主题，为什么要具有鲜明的思想导向和政治倾向呢？请同学们看这个例子。

提问：阅读新闻，能否判断是俄方还是乌方发布的新闻？

例：新闻《今日凌晨，乌军一举打到俄乌边境》

学员回答

进一步提问：为什么会能得出这样结论？

分析关键词：这篇新闻只是很小的缩影，因为俄乌冲突，人们发现，除了现实生活中真枪实弹的战争，在一个没有烟火的战场上，仍然上演着激烈的争夺——认知战。它在战争中发挥战争效用、政治效能，已经被拉升到自1991年海湾战争以来全新历史高度。

课堂讨论：根据资料，总结俄乌冲突中乌方如何利用新闻与言论打认知战？

信息化时代，不同立意的新闻在战场上发挥愈发重要的作用。军事新闻已成为交战双方的战争武器，笔杆子也是枪杆子！军事新闻的战争工作的作用不能小觑。

进一步提问：为什么新闻报道可以起到这种作用？

扩展：新闻的探照灯理论。

所以，你接触的事实，可能只是别人想让你看到的事实。

（三）如何立意

1.明确传播目的。军事新闻被赋予传递信息、宣传政策、舆论引导的作用，发布都源自表达的需求，或记载一件事情、提出一个问题，或发表一种主张，引导一种认知……

2.明确传播对象。明确受众，可以提高新闻传播的有效性。在确定新闻主题时，第二步应思考"是对谁写的，谁是怎样的？"明确答案后可以使用一句话将表达对象与表达目的串联。

3.明确传播事实。事实是形成观点的基本前提，包括：事物事实、事件事实、事理事实。

▲知识点小结：总结来看，主题的确立需要明确传播目的、传播对象和传播事实，并通过深入的思考和分析将这三者串联，形成主题。这考验的是我们思维的"脑力。"

三、行文

作战要会调兵遣将，合理利用各种作战资源，写新闻需要会遣词造句，正确使用不同的修辞手法和表达方式。

（一）什么是行文

新闻中的行文指的是使用适合新闻报道要求、体现新闻特性的新闻语言完成新闻写作。

（二）为什么要用新闻语言

新闻语言决定新闻传播效果。记者总是力求为所报道的对象寻找最合适的新闻语言，用具有力度的新闻语言准确叙述客观事实，以具有温度的新闻语言贴近人心，通过具有锐度的新闻语言拓宽新闻的表达空间。

（三）如何使用新闻语言

新闻语言的基本准则有三个方面。

1.准确。新闻说的是事实。准确才能让信息正确地传播出去。要特别注意数字准确、形容词确切，不用含糊不清的词，不滥用褒贬之词，要让人可信。

2.通俗。新闻报道不是学术论文，不是法律文件，是对普通大众说话。向习近平主席学习，他的话总是能够深入浅出。

3.简洁。新闻要以最简洁的文字，表达最丰富的内涵，以适应新闻报道时效性的特点，满足新闻"快"这一特点，传者快速传播，读者快速理解。

▲分屏任务1：给大家3分钟时间，请小组讨论新闻语言和公文语言，并在小组分屏中填写表格。

答案示例：①逻辑思维的对比分析法：分为语言风格、用词特点、修辞手法、表达方式等不同方面，对照比较。（PPT展示表格）②文学艺术思维的形象比喻法：把写公文比作穿军装常服，把写新闻比作穿休闲服。

▲知识点小结：总结来看，军事新闻的语言需要做到准确、通俗、简洁三个基本要求，通过较高的语言文字驾驭水平，写出让人看得下、记得住、传得开的新闻。这考验的是我们思维的"笔力"。

四、修改

行动后，作战需要事后复盘，写作需要改稿修改。新闻的修改，是从整体到局部、从头到尾、逐段逐句地对组装行文的初稿，进行全面、系统、反复的修改和过滤，直至满意定稿为止。

（一）为什么要修改

部队工作的军事性、隐匿性、封闭性与新闻的大众性、公开性、广泛性两者之间的冲突，就注定了军事新闻具有很强的政治性和敏感性,需要重视修改,重视底线不能出错。我们首先需要掌握的三个基本要求,过"三关"。

(二)如何修改

1.政治关。军事新闻的报道,一定要有大局意识的开阔战略视野,发挥军事语言中特有的优势。即使是一句话、一个词语的选择,都要考虑到传播出去所造成的效果。

例:毛泽东同志改稿"占领"与"到达"。

不同的语言表达,就会产生不同的效果。写军事评论文章时,尤其要注意语言运用的艺术。即便是在某一个很小的词语上,也要放在全局上揣摩一下,看它有多重,放在哪个位置上,对全局会起什么作用。

2.内容关。事实准确是一条底线。这是新闻修改首先要核对的内容。(1)事实是否准确。这启发首先核实在聚材阶段拿到的材料是否有误,一手材料查一手素材,二手材料查来源及其权威性。(2)表述是否准确。包括错字漏字、语病、标点等。这也印证了刚才强调新闻语言的基本特点——准确,要把事实精准传播。

3.保密关。一般情况下,以下内容被禁止发布:部队实力、飞机、武器系统、装备、给养的具体数字;有关未来计划、行动或袭击的具体情况;能暴露部队具体地点或驻地安全等级的情况和影像等等。

▲知识点小结:总结来看,军事新闻稿的修改,要细致地看稿子、过稿子、过政治关、内容关、保密关,关关难过关关过。在修改中,需要练就火眼金睛,带着审视的目光回看稿件。"泰山之高,背而弗见;秋毫之末,视之可察。"这考验的是我们思维的"眼力"。

▲章节总结:回顾聚材、立意、行文、修改四个步骤,体现的就是习主席强调做宣传思想工作需要的"四力",希望课后大家在新闻采编与播报的实践活动中、在日后的学习工作中,深入实践、善于观察、多思善变、守正创新,不断提升任职语用能力,扎扎实实强"四力",用你们的笔尖触摸强军事业跳动着的脉搏,用你们的表达讲述属于你们的精彩的强军故事!

【教学内容2:军事消息语言特点】

▲关键词:精短

例:抗美援朝时期,彭德怀"饥无粮,寒无衣"的电报。

消息语言,也要短,文约而事丰,用最经济的语言表达最丰富的内容。那精短是不是文字越少越好呢?仅仅"短"还不行,要做到"精",精确地传达核心事实,简短地表达新闻内容。如何做到精短,有三个方面。

一、短而"实"

真实,是新闻的生命。重视用事实说话,一直是我党新闻事业的优良传统。

例:毛泽东同志在《政治周报》发刊理由中的"请看事实论"。

因此,我们在写消息时要追求短,但绝不能空,而是要少一些议论,少一些抒情,实实在在地去报道事实,报道那些有价值的、硬邦邦的事实。

二、短而"丰"

当然,消息的"短",光用事实说话是不够的,还要求信息丰富,要素齐全。我们来看例文是如何做到信息的短而"丰"。

1.首先,是导语的短而"丰"。提问:上次课我们学习了消息五要素,请回顾分别是什么?

回答:何人Who,何事What,何时When,何地Where,何因Why。(简称5W)

例文之所以是短而丰的消息,首先就体现它精短的导语上,几句话交代了5W,甚至还用一句话解释了该事件的重大意义"创造了世界潜艇史上大深度自救奇迹"。大家可以和例文2通讯的导语比较,同样的事件,例文1的导语更精简。

2.其次,是内容上的短而"丰"。和例文2对比,例文1用很短的篇幅就叙述了整个掉深自救的过程,同时,这篇消息还运用了多种表达方式和写作手法。

▲分屏任务2:请同学们小组讨论,找出例文1使用的表达方式和写作手法,并标注在小组分屏中。

答案示例:

环境描写:深夜,浩瀚大洋的深处,372潜艇正在进行大深度航行。

解释性背景插入:潜艇掉深是世界海军的噩梦。由于海水密度突变,潜艇浮力减少导致急速下沉。1963年,美国长尾鲨号核潜艇……

话语引用:"你就感觉开车这个路前面就是海,你把车开的停不下来了,直接往前冲。"

比喻:潜艇上浮速度越来越快,最终像一头巨鲸跃出海面。

三、短而"深"

有些同学不屑于写消息，总以为消息短了，分量就轻，思想就不深刻。其实，这个观点是错误的。要使文章思想深刻，关键在于精选事实。如果能选取那些有内在张力的、典型的事实，就能实现小消息折射出大道理的效果。

请看例文1，在最后通过总结性话语"凭借平日高难度训练打下的过硬技术，凭借全体官兵临危不惧处变不惊的心理素质，凭借指挥员打破常规敢于担当的正确指挥，372艇创造了力挽狂澜的水下传奇"和话语引用"我们官兵所有的反应是靠反射的。这次任务用生命检验了我们的工作是扎实的"点明消息的深刻主旨。

可以看出，篇幅的长短只是外在形式，而思想是否深刻是针对内容而言的。"短"和"深"并不矛盾，而且想要精短，必须要"深"。

【教学内容3：军事通讯语言特点】

▲关键词：生动

生动的语言，在叙述事件的过程中，有情节、有波澜，讲究曲折生动的故事性、趣味性，以充分展示丰富而复杂的新闻事实，给读者鲜明生动的现场感和立体感。如何让语言生动？给大家几点提示。

1.多用动词，用不同的动词。一个句子至少应有一个实体动词，而这个动词，应该是句子中最重要的词。多用动词，能把人物和事件写活，使人如见其人，如闻其声，就好像站在纸上。

提问：例文2中，有哪些让你觉得生动的动词呢？

▲分屏任务3-1：例文2中有一个自然段被教员替换了，这段行文不生动，请同学们将这个自然段改写，替换、填补不同的动词，让语言更加生动。

当警报骤然响起时，正在休更的舰务区队长练仕才立刻跑到站位，一边向指挥请示使用高压气，一边打开供气阀门……雷弹班长曾刚立刻抓住通风插板手柄，快速将其完全关闭，防止损害扩散。

答案示例：当警报骤然响起时，正在休更的舰务区队长练仕才本能地从床上弹起来，冲向站位，一边向指挥请示使用高压气，一边打开供气阀门……雷弹班长曾刚立刻抓住通风插板手柄，快速旋转，将其完全关闭，防止损害扩散。

2.使用具体、明确的词语，少使用空洞的形容词

如果我跟你说：她是一个美丽的女子，你能想象出她的美丽吗？如果我跟你说：这是一个重大的发现，你能理解重大的含义吗？形容词及其衍生的副词常常是抽象的，带给人模糊的印象。

新闻要使用具体的词语，避免空洞的大词。空洞的大词边界模糊，不同的人会有不同的理解，写作时要把它转化为可视、可听、可感、可数的词语。

提问：例文2中，有哪些是能够显著增加文章生动性的具体明确的词呢？

▲分屏任务3-2：我们仿照这种写作技巧，在刚才的基础上，继续进行改写下划线段落，替换、填补具体、明确的词，让语言更加生动。

答案示例：当警报骤然响起时，正在休更的舰务区队长练仕才本能地从床上弹起来，顾不上整理着装，光着脚冲向站位，一边向指挥请示使用高压气，一边打开供气阀门……雷弹班长曾刚立刻抓住通风插板手柄，快速旋转，20秒就完成了平时需要一分多钟才能完成的动作，将其完全关闭，防止损害扩散。

3.多用比喻、类比等修辞手法。修辞是增强言辞或文句效果的艺术手法，修辞手法，就是通过修饰、调整语句，运用特定的表达形式以提高语言表达作用的方式或方法。通过修饰手法修饰自己的文章、语言，清楚传达自己的意思，以吸引别人的注意力、加深别人的印象和抒情效果。

提问：例文2中，有哪些是能够显著增加文章生动性的修辞手法的词语呢？

▲分屏任务3-3：我们仿照这种写作技巧，在刚才的基础上，继续进行改写下划线段落，尝试使用不同的修辞手法，让语言更加生动。

【改写→使用子概念的词】

当警报骤然响起时，正在休更的舰务区队长练仕才本能地从床上弹起来，顾不上整理着装，光着脚冲向站位，一边向指挥请示使用高压气，一边打开供气阀门……雷弹班长曾刚立刻抓住通风插板手柄，双手转得像飞速旋转的陀螺一样，20秒就完成了平时需要一分多钟才能完成的动作，将其完全关闭，防止损害扩散。事后，他的双臂肿得连筷子都拿不起来。

请大家回看这个三色彩的段落，这正是例文2原文中的段落，对比大家例文纸中的下划线段落，大家能够明确感受出这两个段落之间生动性的差异。

章节小结：对比展示三个文段的修改过程。

徐莉程，海军潜艇学院教员。

小学语文跨学科融合教学案例
——以校本课程《纸·春秋》为例

◎叶润之

【教学内容分析】

《纸·春秋》是笔者参与自编小学语文校本教程"触摸历史:以文房四宝为载体的基于学科融合的综合性学习"中的一课,属于跨学科"综合探究"学习领域。传统技艺是我国十大非物质文化遗产之一,其中不同地区的古法造纸项目有二十四项入选国家非遗保护。作为中国书画、典籍印刷、公文书写等用途的中国古纸,彰显了它的历史、文化、科学等方面的价值,体现出高度的自然美和人工美。本课以古法造纸术为线索,带领学生探索"古纸"的历史、文化、技法、使用等,引导学生认知古纸之源,感受技艺之妙,赏析纸品之美,品评造纸之趣,感悟传统技艺的工匠精神、历史价值和文化魅力,将资料性、知识性的内容转化为内在精神动力,着力于传统文化的传承和弘扬。

【学情分析】

本课以三年级学生为授课对象,这个阶段学生接触最多的是生活中各种个不同用途的纸张以及使用纸张开展书画创作、纸艺创作等,但很多学生并不知道纸是怎么来的。大多数学生是第一次接触古法造纸,对本课所涉及的工具、材料、造纸的流程工艺等很陌生;对传统技艺了解不多,学习起来有一定的难度。但他们好奇心很强,对造纸探究活动很感兴趣,特别喜欢动手实践和参与体验。基于学情,教师在教学中采用任务前置法、导学单预学法、学习单学习、实物教学、图像对比分析等方法开展教学;并将授课班级分成10个小组,每四人一组,利用自主、合作、探究的方式观察、分析纸和造纸技术,引导学生走近博大精深的纸文化,引领他们从初步的感知到具身体验和实践,让他们喜欢这项古老的技艺,从而激发他们传承这项古老技艺的愿望。

【教学目标】

1.初步感受造纸技术的历史渊源;感受技艺的操作性、有趣性;了解造纸的历史意义、文化价值和实际作用;认识造纸的工具、材料,学习简单的造纸方法。

2.通过课前搜集资料,自主探究纸的相关知识;课堂上通过游戏、故事讲述、视频播放、图片对比等,了解纸的历史和作用;通过问、答、评、说等,加深对造纸历史的理解,树立文化自信;通过实践操作、小组合作等,基本掌握造纸的方法;通过使用自己造的纸写感受,品鉴卡留存赠言的形式,得到成果评估,提升问题解决能力和社会情感力。

3.感受传统造纸技艺的独特魅力,培养对造纸技艺的兴趣,增强对祖国传统文化的热爱。

【教学重点和难点】

1.能根据要求和提示,提取关键信息,说清楚纸的发明过程。(重点)

2.了解纸的相关知识,学习传统造纸技艺的基本操作方法。(重点)

3.激发对传统造纸技艺的兴趣,能积极主动地感受技艺之美。(难点)

【教学准备】

1.学生分组材料:竹纤纸浆、水槽、双联捞纸框、衬纸、网布、接水盆、搅拌机、烘干机、毛笔、墨汁、品鉴卡等。

2.教师材料:雕塑玩具、纸凳子;教学课件、造纸工艺的相关影像资料等。

【教学过程】

一、玩纸品,感受纸张的作用

师:同学们,你们猜,今天老师给大家带了谁?它可以用来做什么?

生:它是石膏像,可以装饰,可以写生。

师:请一位学生到讲台将雕塑往上、下、后等不同方向拉。

(看到纸雕塑立刻变长了,变弯了。学生发出"哇"的赞叹声。)

师：拉开一个方形的纸盒，形成了一个类似手风琴的长椅子。先后请两位学生坐上去。

（学生露出了很惊奇的表情）

师：下面请同学们来摸一摸，说说它们是用什么材料做的。

生：这两个都是用纸做的。

师：纸雕塑是中国艺术家李洪波创作的，艺术家用了近8000张薄纸片，用了一些特殊的方法和工具对纸雕塑进行了切、雕、磨，最后，雕塑看上去就和石膏雕像一模一样。纸椅子是台湾的设计师设计并制作的，最多可以坐20个人。纸除了做艺术品和生活用品，你还发现纸有哪些用途？

生：我们经常要用纸写字和画画，人们还用纸做各种包装盒。我们的书就是用纸做的。

……

师：的确，纸在我们生活中是无处不在的，今天我们就一起来了解它。

（设计意图：小学生爱玩，教师设计玩一玩纸雕塑、坐一坐纸椅子的方法，吸引他们的注意力，感受纸在艺术、生活中的别样用途；以纸雕塑和纸椅子为引子，引出本节课的主角——纸。）

二、制简册，了解无纸的书写

1.了解无纸时代记事，交流课前学习成果

师：在几千年前，纸还没发明的时候，人们是怎样来记事呢？请各小组展示并交流课前学习的无纸时代的记事方式。

学生展示：

第一小组播放微视频，并介绍：在纸发明之前，我们的祖先学会了刻甲骨、契竹木、书绢帛等方式记事。我们现在知道很多古代的事，就是考古学家从甲骨、竹简上的文字"翻译"过来的。

第二小组出示"熹平石经"石刻的图片，讲述《熹平石经》的故事。"熹平石经"是中国学术史的巨作，汉灵帝熹平年间，很多经书传展抄写，错误很多，就用石材刻成定本立在太学，用来校对。从此每天来瞻读摹写的有几千人，甚至堵塞了交通。后来，《熹平石经》因战乱而损坏。

第三小组点击网页（http://www.hnmuseum.com/gallery/node/32/4）介绍：这是在湖南马王堆汉墓发现大批西汉的帛书和帛画，其中有最著名的《长沙国驻军图》。帛是一种丝织物，因此，在纸发明之前，人们选择用丝织品来书写和作画。

第四小组出示实物甲骨、竹简、绢帛，并介绍：这是我们现代仿制的书写工具，其中绢帛是书画用品店购买，竹简、甲骨是自己制作的。

师小结：从各个组的汇报看出，同学们通过资料，对古代记事方式、制作、材料等都有了初步了解。

2.交互学习竹简制作，体验书写材料变化

师：昨天同学小A在家自学了制作竹简，我们请他来介绍一下。

小A：我昨天请爷爷帮忙，先找来竹子，用锯子将它锯成一片片，再在上面用毛笔写字，你们看，这是我做的简书。

师：你们觉得制作竹简重点在哪里？

生：写好字后，将线绕着竹片的凹痕穿过去，这样竹简就串编成简书了。

师：你们想不想也来试着做一个竹简？

生：想。

师：请大家先用毛笔在竹片上写《三字经》，每人六个字。

生：尝试在竹片上写《三字经》，写完后，组长组织组员将竹片穿编好。

师：请同学们来说说做简书的感受。

生：每一片竹简上写的字并不多，如果一篇文章很长，那就需要很多竹片，这样的竹简书就会很重，不容易搬运；写好了还要编起来，所以有些费时间，又有点累。

师：大家通过做简书，感受到无纸时代文明的保存，也发现了竹简书写的缺点。

（设计意图：学生以各种方式搜集并自主学习无纸时代书写材料，通过体验和实践，了解其优缺点；同伴助学，丰富了课堂教学形式，有效调动了积极性。）

三、读纸史，领悟蔡侯的智慧

1.对比书写材料不足，理解纸张发明背景

师：请同学们结合自己的预学和体验，小组讨论后，将相应的记事方式、图片以及各自缺点连接起来，并完成任务单1。

学生交流任务单并小结，刻在龟甲和兽骨上，很容易丢失；石碑很重，不能随身携带，而且又硬，在上面刻字很不容易；竹简能记载的文字少，时间长了，竹片也会腐烂，不易保存；绢帛太贵，穷人买不起，普及不开。

2.分享蔡伦造纸故事，感受历史伟大贡献

师：请学生根据课前预学来分享蔡伦造纸的故事。

生：蔡伦是东汉时期宫廷里主管器物的官员。他每天都要接触各种生活物品，经常看到人们在洗涤衣服时竹筐里会留下一层层的麻层，他就带回家研究，经过无数次的试验和加工，他用麻头、渔网等废旧材料造出了纸。后来，蔡伦又研制了用树皮造纸。

师：由此可见，蔡伦是世界历史上造纸的第一人。（出示图片）这分别是欧洲人和日本人为纪念蔡伦画的肖像。

（设计意图：通过对比书写材料的缺点，让学生理解造纸术发明的内在原因；在故事分享中，感受蔡伦的智慧和伟大。）

四、识纸用，感受文明的传承

师：同学们，你们学过书法吗？

生：学过。

师：（出示图片：图15—图19），请将以下书法作品按使用的材料进行归类，并说说纸在其中的作用。

生：图15、图17是镌刻在石碑上的，图16、图18、图19是写在纸上的。

师：你认识这些书体吗？

生：纸发明之前的字体主要是篆书和隶书，纸发明之后书体就更丰富了，有行书、楷书、草书。

师：你们看了汉字书体的变化，你觉得纸在其中起什么作用？

生：纸让书法字体变得更丰富了。古人最早在竹简上写字，竹简空间太小，书家难以施展。平滑、柔韧的纸为书法家提供了展示笔墨的空间，他们纵情创作，充分展示笔墨的魅力。在创作的过程中，书法字体逐渐发生了不同的变化。

师：你们知道中国最早的纸本绘画是什么吗？

生：摇摇头。

师：（出示两图片：图20、图21）一个图是韩滉的《五牛图》，是目前所见最早创作于纸上的国画作品；一个图是李可染创作的《牧牛图》。请同学们对比欣赏，以四人小组完成任务单并交流。

作品对比欣赏任务单

	《五牛图》《牧牛图》
你的感受	
画中有哪些颜色	
哪些地方用了墨色渲染	
哪些是重墨、浓墨、淡墨	

生1：《五牛图》作者用了粗壮有力的墨线勾勒牛的轮廓，尤其是牛的眼睛、鼻子、蹄趾、毛须等画得很细腻，感觉很真实。

生2：《牧牛图》作者用淡墨、浓墨、焦墨等多种墨色画牛，用了渲染的方法，寥寥几笔就把牛画得栩栩如生。

师：《五牛图》是刻画精细的工笔画，《牧牛图》是酣畅淋漓的水墨画。两种表现方法带给我们不一样的视觉感受。你们想知道水墨在纸上是怎样变化的吗？

生：想。

师：（出示微视频）请同学们观察并思考纸对绘画发展的作用。

生：我看到了墨在纸上晕开，变化出很多不同的层次，非常丰富，像一幅水墨画。我认为纸张推动了中国画艺术风格的多样化。

赏读《天工开物》《杀青》，明白纸张保存文化

师：出示实物《天工开物》线装书，请学生翻阅其中的《杀青》卷。并介绍：纸除了写字画画，人们还把它印成了书，《天工开物》就是其中之一。这本书是明朝末年科学家宋应星写的一本科技百科全书。其中的《杀青》卷，专门介绍了用竹子造纸的方法和过程，书中有非常详尽的插图介绍（图24）。这本书对研究造纸有非常重要的参考价值。同学们，听了这些介绍，你认为纸还有什么作用？

生：纸保存和传播了优秀的文化和技术成果。

（设计意图：从学生学习书法的经历出发，引导学生认识到纸的发明和广泛对书法的作用；通过古今作品赏析，感受纸对丰富国画表现风格的作用；通过线装书籍的翻阅，明白纸传播和保存了科学文化。）

五、造纸艺，体会古代工匠精神

1.观察古法造纸流程，认识造纸工具材料

师：播放微视频，展示浙江富阳造纸匠人用古法造纸的方式砍竹、杀青、落塘、烧镬等一系列过程。请同学们思考：古法造纸有哪些流程？

生：古法造纸过程非常复杂和繁琐，要经历断青、浸泡、荡料、捞纸、烘纸等工序。

师：造纸匠人用了哪些工具来造纸的？

生：有浸料池、水槽、捞纸框、捞纸帘、烘纸墙、割纸刀等。

师：这些工具材料和同学们平时画画时用的工具完全不一样，古法造纸蕴含着工匠精神。

师小结：工欲善其事，必先利其器，造纸需要非

常多的工具,今天老师给同学们准备了适合小朋友使用的工具,有纸浆、捞纸框、网布、衬布、搅拌器、烘干机等。

2.学习工具材料用法,实践古法造纸方法

师:用直播的方式演示手工造纸的过程,采用学生易于操作的方式——捞纸和浇纸,让纸浆均匀地平铺在网布上。并提问:这些工具分别有什么作用?

生:搅拌器是用来打碎纸浆,让纸浆均匀地悬浮在水里;捞纸框是用来捞纸的;衬纸是用来让纸浆变得干燥些的。

师:造纸的具体步骤是怎样的?

生:(1)把纸浆放入水槽中;(2)用搅拌器打散纸浆,搅拌2-3分钟,使其均匀地悬浮在水中;(3)双手拿双联框入水,在水中前后来回捞纸,检查纸浆是否均匀地平铺在框上;(4)用衬纸轻轻地压一下纸浆,并吸走部分浮水。

(生开始第一次尝试)

教师巡视指导,帮助学生解决捞纸过程出现的问题。

师:接下来我们学习如何烘纸。

教师演示将捞好的纸放到烤箱上,并提醒学生双手提起浆纸,贴着烘干机表面放下去。展示未干的纸和干透的纸,让学生比较并分辨哪张是烘干的纸。

生:双面是米白,带点淡淡的焦黄是干透的纸。

师:请你来说说烘纸和揭纸需要注意什么?

生:烘纸时要将纸浆一面朝向烤箱;揭纸要等到纸干透。

教师肯定学生的回答,提醒要将纸浆里的浮水沥去,否则影响烘纸。

(生体验烘纸,然后体验揭纸)

(设计意图:由于是第一次体验造纸,因此先让他们认识工具,再尝试,并引导学生了解操作的关键点;教师利用微课示范,帮助其掌握造纸要点,造出理想纸张。)

六、用纸学,记录感受品鉴作品

1.既说又写畅谈感受,关注自我体验成功

师:同学们,刚才你们造出了自己的第一张纸,你们都有些什么感受呢?请你用"我太喜欢……"或"我太震撼……"写下自己体验古法造纸技艺的感受;也可以用"我造了什么纸……"写写自己和纸的故事,即内容方面的感受;用"在小组学习中,我和同学配合得很好……"写写和其他同学合作中,取长补短,共同面对困境,一起体验成功的感受;还可以用"在生活中,我要……"来写写你在以后怎样参与文化的传承,即发展方面的感受。

(生在自己造的纸上写感受)

教师将学生写好的感受投屏到屏幕上,并来说一说(图32-图35)。

生1:我太喜欢造纸术了,因为它让我们知道造纸工匠很辛苦。

生2:我和同桌一起合作,我们一起造出了一张纸,我们很自豪。

生3:我以后想当一名造纸匠,传承造纸文化。

……

2.作品品鉴交互学习,收获鼓励持续探究

师:请大家带上你的作品去寻找它的有缘人,为了表示对老师的尊重,大家还要带上品鉴卡,请老师签上自己的名字后带回留作纪念。

(生请现场的老师赠言:图36)

师:请大家来分享老师给你的赠言(图37-图39)。

生:传承中华文化,任重道远,加油!这是赵老师给我的赠言。

师:传承中华传统技艺,我们一起努力!

(设计意图:学生回顾复盘,记录了前后感受变化,引导学生能够在真实情境里实现能力迁移,参与文化传承;通过分享赠言,孩子们收获了鼓励和支持,促进持续探究。)

七、纸春秋,致敬经典展望未来

师总结:传统的手工造纸技术,在一些古老的村落延续着余韵,在博物馆里传承敬惜字纸的庄严。我们期待通过今天课程的学习和推广,让这项传承了近两千年的"非遗"技艺重新焕发迷人的光彩。我们要把这项古老的技艺传承下去,让我们通过这个单元的课,致敬经典,展望未来……

(设计意图:拓宽学生视野,使他们了解到造纸技艺运用广泛,引导他们通过学习造纸,将造纸融入生活,传承和发扬"非遗"技艺。)

叶润之,上饶师范学院文传学院学生。指导老师:房艳玉。

《林教头风雪山神庙》教学设计与实录

◎于沛泽

【教材分析】

本课属于统编版教材必修下册第六单元教学中的一节。本单元属于是"文学阅读与写作"学习任务群，文体为小说。必读所选的是《祝福》《林教头风雪山神庙》《促织》，选读是《装在套子里的人》《变形记（节选）》。所选古今中外小说，类型多样，风格各异，都是在文学史上占有重要地位的经典之作，具有深刻的思想内涵、高超的艺术表现力和强烈的社会批判精神。阅读这些作品，可以提高学生的思维品质，加深对社会人生的理解，从作品中得到审美的愉悦。本单元的人文主题是"观察与批判"，旨在引导学生领会作家对社会现实和人生世相的深刻洞察，拓展视野，体会其对旧世界、丑恶世界的批判意识；学会观察社会生活，思考人生问题。本课《林教头风雪山神庙》，通过叙述林冲怒杀贼人、逼上梁山的完整而曲折故事情节，再现了林冲由忍辱负重、委曲求全到奋起反抗的性格变化，鞭笞了黑暗腐败的社会背景，揭示了"官逼民反"的小说主题和历史必然性。作为《水浒传》最精彩的篇章之一，其情节构思、人物形象、艺术技巧、语言风格上有许多值得品味的地方，这也是我们在课堂上重点探讨之处。

【学情分析】

高一的学生对于小说并不陌生，相对的也比较喜欢阅读小说。高一上学期已经学过了《百合花》《哦，香雪》，本学期已经开展了《红楼梦》整本书阅读，学生对短篇小说和古典长篇章回小说已经有了一定的理解，能够从情节、人物、环境、主题等方面粗浅地分析小说。《水浒传》也是学生初中阶段必读的名著篇目。但是学生阅读中关注的更多的是小说的故事情节。尤其是社会的浮躁气氛，快餐式阅读的流行，让学生在阅读小说时很难沉下去，深入文本之中，进行深层次的探索。所以老师要适时采取行动，引导学生深入探讨小说在行文构思、情节发展的可圈可点之处，从而学会鉴赏小说的基本方法。

【学习目标】

语言的建构与运用：归纳概括《林教头风雪山神庙》故事情节。

思维的发展与提升：把握推动小说故事情节发展的根本因素。

审美的鉴赏与创造：学会分析品评矛盾冲突的设置和环境描写的作用。

文化的传承与理解：帮助学生了解《水浒传》等古典小说的写作特点，激发学生阅读兴趣。

【教学重难点】

把握"情节"的含义，学会分析推动小说故事情节发展的根本因素和环境描写的作用。

【教法】 激趣法、点拨法、讨论法

【学法】

自主——合作——探究、文本细读法

语文学习倡导"养习得法"，结合学生的实际做到初读感知，细读鉴赏，延伸读创造。首先，让学生在课下阅读小说，解决字音字形字义等基础问题，理清故事情节，感知小说的独特之美，并形成理性思考。鼓励学生对文本有自己的分析和判断，从多角度进行阐发和评价，提倡个性化阅读。其次，在课堂上的交流可以让学生产生思想的碰撞，进一步加深对小说的理解。同时，在教师的带领下有目的地细读小说，鉴赏人物形象和艺术表现手法，让学生更深入领略小说的艺术魅力，培养文学修养和审美能力。

【教学过程】

一、导入

显示题目《林教头风雪山神庙》。

师：熟悉的题目又一次映入了大家的眼帘。可能有的同学会问,老师我们不是已经讲过《林教头风雪山神庙》了吗?为什么还要继续再讲呢?在这里我先卖个关子。上了一节课,大家已经有些疲惫了,我们先来听一首音乐舒缓一下心情。听的时候希望大家闭上眼睛,认真感受,一会儿我有一些问题想和大家一起探讨。

(播放电视剧《新水浒传》插曲《醉红颜》)

师:听完这首音乐,你有什么样的感受呢?

生:这是《新水浒传》中的插曲,用在林冲杀敌及雪夜上梁山之时,风格凄凉悲戚,表现林冲末路英雄的形象。

师:哈哈,这位同学把我接下来要提出的问题也给解答了。我的下一个问题是:如果让你当《水浒传》的导演,为一个镜头或者画面配这首音乐,你会配什么画面。我给大家提供了两幅图景,第一幅是我们上节课的第一张PPT(林冲肖像特写),第二幅是我们这节课的起始页(林冲雪夜上梁山)。

生:第二幅更好。

师:大家都同意A的观点对吧。A同学见识还是很多的,对于音乐与镜头的把控确实有当艺术家或者大导演的潜质。

师:那么大家为什么会配第二幅图呢?第一幅和第二幅图有什么样的区别?

生:第一幅突出了林冲形象,第二幅淡化了林冲的形象,将侧重点放在"风雪"上。

二、整体把握

1.解释标题

师:既然大家说到了"风雪",那么大家想一想文章标题中的"风雪"有什么含义或者"风雪"是什么词性?

(设计意图)复习回顾如何分析标题含义,同时通过分析"风雪"的表层和深层含义引出本节课学习目标。

生:……

师:如果大家猜不出,我们就从最基本的句法分析来解答。一句话必须要有什么成分这个句子才能成立?

生:主语、谓语。

师:我们来看题目"林教头风雪山神庙","林教头"是主语,显然"山神庙"不是谓语,所以"风雪"应该作什么语?是什么词性?

生:谓语动词。

师:那么我们再来确认一下对不对。一般古典章回小说篇目命题都有什么特点?

生:对偶。

师:大家都看过《水浒传》,有没有人知道作为题目的"林教头风雪山神庙"的下半片是什么?

生:陆虞候火烧草料场。

师:"火烧"是什么词性?

生:动词。

师:根据对偶的原则,由此看来,"风雪"二字确实是动词。

师:那么"风雪"应该如何翻译,作何解释?

生:"风雪"属于林冲所处的环境,林冲经历了风雪。

师:很好,这是一个方面。我们在分析题目的时候能从哪两个角度来分析?表层含义和深层含义对吧。我们已经解释了表层意,有没有同学说说"风雪"的深层意?

生:暗喻林冲的处境,就是他在山神庙经历的危险和斗争。

师:太棒了。那么我们这节课的学习目标就明确了,一是从情节入手把握推动故事情节发展的根源,二是学习环境描写在文章中的作用。

(设计意图)引出本节课学习目标。

2.把握故事情节

师:在探讨情节之前,我们先来对情节进行简要的回顾概括。

(小组讨论,梳理归纳)

生:遇旧、密谋、调配、杀敌。

(设计意图)检查预习过程中学生对情节的掌握,简明扼要地概括出主要情节内容,对小说文本有整体的把握,为下面分析情节做好基础。

师:我们一直在讲情节,那么有没有同学说一说什么叫情节?

(小组合作探究,讨论分享)

生A:情节就是故事的发展段落。

生B:情节就是故事发展的关节点。

师:那么说情节就是"点"喽,那情节的阶段性划分怎么说?

生B:……

师:有没有同学有其他意见?

生C:情节就是人物情感在文章中的注入,情感上建立起的联系。

师：C同学说了一个非常关键的词，哪个词？联系。其实，C同学说的有些沾边了，但还是没有把握本质。

（展示PPT）

英国著名小说评论家福斯特在《小说面面观》中举过这样一个例子：

国王死了，王后也死了。这叫故事。

国王死了，王后因悲伤过度而死。这是情节。

师：大家有没有发现这二者的区别？后边这一句重点强调了一种什么关系？

（设计意图）探究"情节"的定义，让学生抓住"情节"的本质含义。

生：因果关系。

师：根据《小说面面观》中的这两句话，如果我们以元素叠加的方式来对情节下个定义，情节＝什么？

生：情节＝故事＋因果。

3.分析推动故事情节发展的根源

师：太好了。因此我们在分析情节的时候应该从因果关系来分析。说到这里老师要插入一个题外话，帮助大家纠正一下在小说鉴赏中根深蒂固的错误思想。

师：我们一般认为，推动故事情节发展的根本动力是什么？

生：矛盾冲突。

师：那么大家有没有想过矛盾冲突是如何设置的，它的根源是什么？

生：……

师：我看大家都默不作声，我们不妨迁移一下戏剧单元。当时说矛盾冲突的设置应该从哪些角度来分析？

（设计意图）通过迁移让学生了解到小说和戏剧的情节有相通之处，加深对戏剧单元和小说单元的认识，找准分析矛盾冲突设置的角度。

生：人物关系、偶发事件……

师：当时是这么说的吗？我们不妨看一看我们做过的一篇戏剧，曹禺的《廷见元帝》。我们看一看当时的答案是什么：利用不同人物的不同思想认识来设置矛盾，这是必然因素；通过因果关系（或通过外部矛盾推动内部矛盾），这是偶然因素。由此观之矛盾冲突确实是情节发展的动力所在，而

矛盾冲突产生的根源却是因果关系。

师：所以在分析故事情节发展时，我们在根本上要从哪个角度分析？

生：因果关系。

师：其实因果关系也可以从必然因素和偶然因素两个角度来分析。那大家能不能找一找文章中的必然因素和偶然因素，并以因果关系的陈述形式说一说它们是如何推动故事情节发展的呢？

必然因素：

生：人物关系。

生A：李小二和林冲。因为林冲侠义善良的性格，所以林冲救了李小二，因为救了李小二所以李小二来到沧州，因为来到沧州，所以得见林冲，因为得见林冲，所以能在听到密谋后告诉林冲报答他的恩情，因为告诉了林冲所以才有后面的买刀寻仇。

生B：陆虞候和林冲。因为林冲侠义善良的性格，所以林冲救了陆虞候，因为救了陆虞候，所以陆虞候才得以被举荐，因为被举荐所以陆虞候才为高太尉办事，因为陆虞候为高太尉办事，所以陆虞候才被要求杀害林冲，又因为陆虞候与林冲有旧交，所以林冲忍无可忍杀掉陆虞候……

偶然因素：

生：风雪。

生A：因为风雪，所以林冲才会感到寒冷去打酒，因为去打酒所以才会遇见山神庙，因为遇见山神庙所以才有后来的寄宿。

生B：因为风雪，所以草堂被压塌，所以林冲才会到山神庙住宿。

师：不知道大家有没有关注到一个小细节。因为风雪，所以林冲在山神庙中会搬石头堵住庙门，所以陆虞候他们没有打开，所以林冲才能偷听到他们谈话，所以林冲才会得知真相杀敌。

师：我们已经分析了那么多，说到这里，大家能不能想一想，风雪到底是不是偶然因素呢？

文中交代第六天林冲被调配至草料场，在过去的五天里，陆虞候几人周密谋划，他们在等待一场风雪。大风不来，他们就不会放火，没有大风，草料场就不会被烧光，他们就不能将林冲置于死地。风雪一来，林冲接管草料场，一切都是计划好的，一切都是必然的。

（展示PPT）

别林斯基曾经说过：偶然性在悲剧中是没有一

席之地的。

4.总结古典小说写作特点

师：其实，中国古典小说都具有相似的写作特点，即：

（展示PPT）

草蛇灰线：

骤看之，有如无物，及至细寻，其中便有一条线索，拽之通体俱动。——金圣叹

三、课堂小结

阅读小说，我们不能仅关注到某些大快人心的故事情节，还要深入理解探究推动故事情节发展的根本因素。如果我们不能知晓美的标准，不能去分析美、鉴赏美，那么我们的生活就会丧失很多乐趣，语文学习的意义也就不复存在。

手捧名著用心去赏读，借助细节去品读，语言文字是有灵性的，让我们走进名著，分享阅读的快乐！本节课我们就上到这里，下课！

四、作业

1.试着写一段微小说，要求通过因果关系来设置矛盾冲突，从而推动故事情节发展。

2.试着分析"刀枪""酒""葫芦"等描写在文章中的作用。

（设计意图）巩固课堂学习，完成方法迁移，进一步提升表达写作能力。

五、教学总结与反思

整体而言课堂较为流畅，教学设计中的每个部分均在预想的课堂时间内合理呈现，学习目标充分体现了"语言的建构与运用、思维的发展和提升、审美的鉴赏与创造、文化的传承与理解"这四个语文学科核心素养。课堂气氛活跃，学生能够积极思考，课堂参与度高，问题把握到位，能够顺利解决教学疑难问题，能够体现出"激趣、引思、精讲、善导"四个课堂基本教学流程。课堂要点多，既有理论引导又有实践迁移，能够把学生引向深度思维。

但是，本节课也存在一些问题：

1.教学设计需要再完善。个别细节问题设置及时间安排还有待斟酌，课堂教学重难点体现不够突出。

2.课堂导入时间过长，课堂内容含量大，操作难度高，学生需要消化时间长；教学环节详略处理不得当。例如故事情节的归纳概括一笔带过；李小二和林冲关系的分析。这涉及《水浒传》7—12回的复习阅读，也是能够提高学生课堂参与度的关键所在。因为时间问题没有讲解，课堂详略欠得当。对此应该充分备课、磨课、试讲，合理配置教学流程，删减课堂导入部分，突出教学重难点。

3.对于学生的评价不够到位，缺乏答案针对点。学生问题回答正确时没有针对要点进行评价，而是用"好"这些概括词一笔带过。当学生没有得出应有的答案却没有肯定话语。对此应该及时评价，鼓励学生信心。可采取多种评价手段与评价方式，例如他人点评、同学互评等，目的是强化同学们的向上意识、兴趣意识、动力意识、勇于尝试意识。

4.时间把控欠得当，教学流程未能形成闭环。最后因为时间仓促，结尾部分一笔带过，预先设计的作业任务也没有向同学们展示，导致教学设计达成度低，教学流程不完整，另外就是存在拖堂行为。

总体而言这节课差强人意，从课堂整体效果及学生反馈来看，是有可圈可点之处的。希望在未来的日子里自己能多听老教师们上课，多听名师公开课，谦虚学习，潜心钻研，争取能够在课堂教学方面取得较大进步。

六、教学评价

本节课充分考虑到单元导引及学习任务群的归属问题，设计时顾及了四个学科核心素养的培养，围绕"人文主题"进行情境代入，让学生围绕一个主问题进行探讨，充分体现了教师对于学情的了解与关注，以及对课标精神的领悟与实践。（郭立新）

本节课从文学理论层面解决了小说矛盾冲突产生的根本原因，极大吸引了学生的阅读兴趣，提高了课堂参与度，教学导向反应试化、反套路化，能让学生真正关注、理解语文自身散发出的逻辑魅力，弱化"套路化"答题思路的建构，对学生提高语文学科核心素养帮助极大。（陶文）

本节课教师能够充分关注学生学情，教学思路清晰，教学流程完善，充分体现了青岛九中"激趣、引思、精讲、善导"的先进课堂理念，让学生依据文体特色通过完成一个主任务解决本堂课的主要矛盾，将教学重难点顺利解决，实现了"五清、五化"中的"堂堂清"。（徐洪卫）

于沛泽，山东省青岛市黄岛区青岛第九中学教师。

高中统编版《家乡文化生活》教学方案

◎蔡　怡

【设计理念】

基于单元整体教学：本单元教学设计立足于单元人文主题"家乡文化生活"，以"认识、参与家乡文化生活"为大情境，通过开展实地考察、访谈调查、搜集资料以及撰写调查报告和建议书等语文学习活动，促进学生深入了解家乡的人和物，关注家乡的文化生活，在真实具体的社会实践中，提高学生发现问题、分析问题、解决问题的能力，提高学生的语文核心素养。

【内容分析】

本单元属于"当代文化参与"学习任务群，围绕"家乡文化生活"设计学习任务。三项学习任务将文化现象的探讨聚焦于语言文字的运用上，相互配合，逐步深入；通过三个学习活动引导学生从走进家乡，感受了解家乡文化风物，到置身其中，聚焦特定文化现象，深入认识家乡文化现状，再到积极行动，为家乡文化建言献策，进而达到课程标准提出的主要目标："引导学生关注和参与当代文化生活，学习剖析、评价文化现象。积极参与中国特色社会主义先进文化的传播和交流，增强文化自信。"

大任务："家乡文化生活"专题展示与交流活动。在本单元学习活动中，学生要研读学习资源《调查的技术》《访谈法》《节日与文化》三篇文章，掌握考察、访谈、调查、写建议书等相关知识，写一篇家乡风物志。对所搜集的家乡文化的材料进行梳理分析、综合评价，最终完成学习任务并在班级中进行展示交流、反思评价。

【学情分析】

授课班级为海南中学美伦校区2022级高一1班学生，共46人。学生大多来自城市，对农村生活甚至可以说知之甚少。"他们的生活经验，常常不允许他们在'博学'之外，还知道一点点中国另外一个地方另外一种事情。"处于城市之端的学习者在一定程度上可以借助这次乡土调查活动弥补缺失的乡土社会阅历。

【学习目标】

语言建构与运用：掌握访谈的相关知识，提高人际沟通能力。

思维发展与提升：确定考察主题，有一定的考察预期。

审美鉴赏与创造：发现家乡的风景美和人情美。

文化传承与理解：认识家乡风物，增进对家乡的文化认同。

【教学重难点】

1.重点：掌握访谈的相关知识。

2.难点：确定考察风物主题，了解、完善评价标准。

【教学过程】

一、激趣导入（2分钟）

教师谈谈个人的访谈经历：拯救消失的村落、公交记忆……

设计意图：让学生对实地考察、人物访谈产生兴趣，激发学生求知的欲望。

二、了解访谈的基本特点（5分钟）

阅读课本72页的相关内容和学习资料（实际教学中为预习内容），了解访谈的基本特点和注意事项，了解有关"志"的知识和撰写要求。

设计意图：检查学生预习情况，帮助学生了解访谈的注意事项，为后面的调研考察、写作任务做准备。

三、小组合作（15分钟）

1. 确定考察对象和主题

考察对象可以是家乡的名胜古迹、历史建筑、地方民居、特色饮食、文化习俗等，要特别注意选取其中对家乡文化生活有重要影响和独具特色的景物、建筑、物产、风俗，以便在确定考察对象的同时明确考察的主题。例如：海南儋州的东坡书院、海南海口的五公祠、骑楼老街、烈楼岗、澄迈美榔双塔的"保护与发展"等。

设计意图：关注考察对象的特点与影响，显现出考察的主题。有了明确的考察主题，活动的目标和方向才能做到有的放矢。

2. 明确访谈对象

为了更深入理解考察对象的具体情况，可以寻找相关人员进行访谈，丰富一手材料。访谈对象可以是本地社区有影响力的居民，也可以是身边的朋友、长辈、参观游客、景点工作人员。

设计意图：通过访谈，更加充分地了解考察风物的历史故事，进一步了解风物存在的社会问题，思考今后如何改变与发展，在这个过程中，提高与人沟通的能力，增强社会责任感。

四、了解、完善评价标准（20分钟）

了解小组成果分享和风物志撰写的评价标准，并对其提出修改意见。（表略）

设计意图：以评价为支点，通过评价引导学生了解"要去哪里"，进而合理规划访谈和考察任务。

【板书设计】

家乡文化生活：记录家乡风物

访谈注意事项：
有规划，有问题，
有发现，有记录，
有分寸。

【导学案】

第四单元　家乡文化与生活学习任务单

单元导语：本单元围绕"家乡文化生活"展开学习活动。通过采访、考察和查阅文献等方式，了解家乡的人和物，关注家乡的文化与风俗，深入认识家乡，对丰富家乡文化生活提出合理建议；回顾昨天，考察今天，展望明天，寻找情感归宿，增进对家乡的文化认同。

预习任务：阅读课本72页的相关内容和学习资源中的《访谈法》，概括考察、访谈的特点和注意事项。

访谈：访，调查，查询；谈，交谈、交流。访谈，就是围绕特定的目的和主题提出问题，以谈话纪实的方式，通过被询问者的答复来收集客观材料。访谈既可以采用问答的实录形式，也可以采用被访者自述的形式，比较灵活。

志：记述、记载。

风物志：既可以是对家乡的建筑、特产、老物件，也可以是对传统习俗的记述。主要是记叙家乡风物，要说明其来源、特点和文化价值，突出家乡特色。以叙述、说明为主，所撰写的文字应融入自己的思考和情感。

家乡风物考察记录单（家乡风物志）

活动小组：

成员：

分工：

风物属性：

考察主题：

考察对象名称：

考察对象的历史沿革：

考察对象的现状：

考察对象的风格特色：

考察日期：

考察次数：

考察方式（线上／线下）：

考察地点：

证明材料（选填，打勾）（所有图片放在文档的最后。）（录音和文档压缩后上传。）：

考察计划：

考察过程重要片段摘录：

考察结束后，你对家乡的人事物有什么新的发现和体会？有什么问题是值得进一步研究的？为此你查阅了哪些资料？你能为家乡文化建设做些什么？

家乡风物志（以任一视角为其写一个故事，题目自拟。不少于400字）

【学生作品展示】（举例）

姚泽钰小组：

风物属类（建筑/习俗/特产/老物件等）：地标

考察主题：被遗忘的港口——烈楼港

考察对象名称：烈楼岗

考察对象历史：据传汉武帝元鼎六年（公元前111年），伏波将军路博德率楼船将军扬朴平定南越后继续南征到达海南，在烈楼港登陆。上岸后为表示自己的决心和防止有人后退逃跑，下令将所有渡海使用楼船全部烧毁。据记载大小战船二千余艘，烧了三天三夜，尔后举行誓师向海南陆地进行远征。（网上对此记录较少）

考察对象的现状：逐渐被人们所遗忘

考察对象的风格特色：现在是渔港，由岩石组成的堤坝为港湾内渔船形成天然屏障，具有浓厚的乡村气息。

考察日期：10.2 和 10.5

考察次数：2

考察方式（线上/线下）：线下

考察地点：烈楼岗

证明材料（选填，打勾）（所有图片放在文档的最后。）（录音和文档压缩后上传）：录音（）or 图片（√）

考察前期准备：1.上网查询相关文献，但是由于记录较少，没有获得很多有用信息。2.找到位置。3.准备相机等摄影设备。4.询问镇海村内的老人，但是依旧对此描述很少。

考察计划：拍摄照片，询问渔民。

考察过程重要片段摘录：询问渔民时提到这里之前是荒地一片，后来政府建设西海岸，海边沙滩得到了很好的维护，建了栈道与路灯等基础设置。当今每逢周末节假日，是除假日海滩外人也很多的海滩之一，甚至有人在这里过夜。但同时也带来了很多垃圾，破坏水质，有时甚至会伤害鱼类。

考察结束后，你对家乡的人事物有什么新的发现和体会？有什么问题是值得进一步研究的？为此你查阅了哪些资料？你能为家乡文化建设做些什么？

海南历史悠久，拥有许多历史古迹，但是其中除了一些有名的，其他都已渐渐淡出视野。此次调查烈楼岗，也是因为去海边散步时才知道的。对于文物古迹，我们应该积极保护，铭记历史。对此，我认为我们需要探究海南文物保护状况。经过上网调查，我发现海南文物保护情况不容乐观，除了被博物馆珍藏的，海南省各市县文物保护均存在要么有馆藏没展馆，要么有文物无保护手段，或者文化被肢解等各种问题。作为青少年，自然无力保护文物。可以向省人大提出关于保护海南省文化，文物的建议。并通过力所能及的方式，如摄影，向外界传播海南文化，将海南文化发扬光大。

家乡风物志（以任一视角为其写一个故事，题目自拟。）

烈楼岗的兴衰

这是烈楼岗，历史悠久的一个港湾。公元前111年时，路博德从这里登陆海南岛，海南岛开始被有所记录，并且在这里设两郡，属中央管辖。人们称路博德登陆的地方叫做烈楼岗。这是海南岛归属中国版图的一个标志物。据考证，烈楼岗位于五源河入海口到海口国际会展中心的这一带的海岸线上。《海口市志》如是说："两汉魏晋南北朝诸代，烈楼港（今秀英区新海乡）已成为主要渡口……。隋唐其间，海口为官渡，烈楼为私渡，白沙为古渡。"烈楼岗是离湛江最近的海港之一，也是中国沟通海南岛与内地重要道路之一。但是宋元时期，货物运输量突增，琼州海峡两岸的沟通显得极为重要。但是这正是烈楼岗的短处——它远离市区，又是小海港，吞吐能力极为有限，便日渐衰落，淡出人们的视野。现在他早已失去了运输货物的能力，唯有几只渔船和络绎不绝的游客陪伴着这千年古港口。

徐坷小组：

风物属类（建筑/习俗/特产/老物件等）：建筑

考察主题：了解佛教

考察对象名称：金山寺

考察对象历史：据记载，唐朝监真大师六次东渡日本弘法，因台风受阻，第一次和最后一次都在澄迈登陆安住。期间，观澄迈金山岭与南渡江水相映，称其为洞天福地，并预言：日后此地有大德能人修建寺庙，若在此福地修行办道，能成圣作祖，广度众生，利益有情，并附法偈一首：本来缘有地，因地种华生，心地惜含识，遇泽皆福荫。因缘俱足，有祖师于明朝年间，在此建"慈善庵"，后改名为"金山寺"，后于民国末年毁于兵乱，直至 1985 年在善众护法的支持下重新征地规划兴建，先后建成山门、天王殿、大雄宝殿、僧寮、斋堂等，并于 1992 年开光落成开放。寺庙建筑气势雄伟，是海南省较大的佛教圣地。

考察对象的现状：金山寺于 1985 年重建，于 1992 年落成，于 2014 年建成海南省最高的万福长寿药师佛塔，并礼请全国各地 108 位高僧加持开光。

考察对象的风格特色：气势宏大，金碧辉煌，佛教文化浓郁

考察日期：2022 年 10 月 2 日

考察次数：1

考察方式（线上／线下）：线下

考察地点：海南省澄迈县金江镇金山寺

证明材料（选填，打勾）（所有图片放在文档的最后。）（录音和文档压缩后上传。）：录音（ ）or 图片（√）

考察前期准备：了解位置与制定计划和考察目的。

考察计划：了解风物整体再深入了解文化。

考察过程重要片段摘录：问当地的工作人员相关佛教知识与建筑特点考察结束后，你对家乡的人事物有什么新的发现和体会？有什么问题是值得进一步研究的？为此你查阅了哪些资料？你能为家乡文化建设做些什么？

体会：在小县城里，宗教文化也是相当普及与关注，及时了解当地建筑与文化，关注家乡发展。

问题：佛教是如何一步步进入人们生活的？

资料：古代历史

做法：保护相关文物与文化

家乡风物志（以任一视角为其写一个故事，题目自拟。）

人间黄昏

那是一个毫无特殊之处的下午，我来找我的好朋友玩，我带着与往日相同的情绪漫步在街上，抬头看到高高耸立的金山寺，不知为何，突然很想登上宝塔张眼眺望。心血来潮的感觉支配着我，我于是拉着好朋友去了寺里，来到耸立在半山的寺庙前。

这里算是一个半开放的景点，来往的游客三三两两，因为是下午近黄昏的时刻，周围的人都来往匆匆，产生了一种寂寥的氛围。

我环顾四周，寺庙朱红色的大门被落日染上了一层金色，带着一种不可侵犯的威严环绕着寺院。正殿前的平地有一顶青铜鼎，上面插着几株长短不一的香，烟气缭绕，香灰坠落，铺成厚厚的灰堆。正殿之中，金身佛像带着慈悲的目光，带着平等的信念看待着这世间所有的不公与污浊，然后再由他的信徒亲手去洗涤这些污浊之处。跪在佛像前虔诚的信徒，双手拿着三炷香，三叩一拜，默默诉求着内心的愿景。

登上宝塔，放眼望去，这一方天地仿佛与世隔绝，安详和平却又威严不可侵犯。远山，落日的余晖洒下一点点漫上台阶，慷慨地馈赠于世间。围绕在太阳边的一簇簇云，汇成了一条流动的金色的河流，缓慢地驶向远方。不愿意于它们结伴而行的云朵，一片片，自由纷飞在橙黄的天际，远处的归鸟三三两两，带着嘹亮的歌喉，向窝中的雏鸟报信。渐渐的，天边变了颜色，红黄交织的太阳已经被山巅隐去大半，它给山峰的轮廓打了影，渡上了一层梦幻的金色，聚在太阳周围的云仿佛喝醉酒似的，通红的脸颊给天空都染上了几分醉意，再过来，就是过渡着红色和黄色的云朵，我料想，他们可能还没有醉吧。

很快，太阳落下去了，黑色一点一点吞噬着天空，刚醒酒的晚霞立马隐藏在半黑的天空，飞一般的寻找归家的路，接着零零碎碎的几颗星出现了，仿佛散落在草丛中的花朵一般，不闪亮，却很醒目，夜完全莅临人间了，归鸟早已回巢，游客也已经寥寥无几，燃烧的香也只剩下零零几颗火星，世间万物在此刻都静下来了。

我也是时候该回去了。

活动图片：（略）

蔡怡，海南省海南中学教师。

"1+X"教学设计方案
——以《卖油翁》导入看人物细节描写在文言文中的折射

◎万 巍

【教学目标】

1.抓住关键词句学习文言文利用细节描写塑造人物的笔法,感受语言文字之美。

2.尝试运用文言写作,体会文言文是如何准确、简洁、传神地写出人物神采的。

【教学过程】

一、朗读导入

本单元我们的学习主题是,"品细节内蕴,感人物神采",今天我们继续学习《卖油翁》,以《卖油翁》导入,体会细节描写刻画人物的妙处,感受文言文于"关键之处落墨,三言两语传神"的笔法。请同学们看屏幕,请一位同学来朗读不带标点的课文。

1.请学生朗读不带标点的原文。

陈康肃公善射当世无双公亦以此自矜尝射于家圃有卖油翁释担而立睨之久而不去见其发矢十中八九但微颔之康肃问曰汝亦知射乎吾射不亦精乎翁曰无他但手熟尔康肃忿然曰尔安敢轻吾射翁曰以我酌油知之乃取一葫芦置于地以钱覆其口徐以杓酌油沥之自钱孔入而钱不湿因曰我亦无他惟手熟尔康肃笑而遣之

2.教师点评:朗读也是一种理解。你读得准确流畅,特别是在删掉标点的情况下,你的朗读停顿节奏也到位,这说明你对课文的理解达到了一定的程度。但是如果想读出个性、韵味,可能还需要进一步地理解文本内容。我备课的时候,自己试着翻译了一遍课文,请大家帮我甄别一下,我的翻译有没有不准确的地方。

设计意图:预热暖场。承旧课,拓新课,了解学生对课文内容的理解程度,为后面分析细节的内蕴铺垫蓄势。

二、品味关键词句,感受人物神采

活动1:学生默读翻译,结合词义、注解,联系上下文,甄别翻译。

学习任务单1:《卖油翁》关键字词句翻译甄别

老师翻译	纠错
康肃擅长射箭,举世无双,他自己也凭借这十分<u>矜持</u>。他曾经在园子里射箭,有个卖油的老头放下担子站在那里,<u>专注地看</u>了很久都没有离开。老头看到他射十箭中了八九箭,只是微微地点头。康肃问道:"你也懂射箭吗?我的箭术难道不精妙吗?"老翁说:"没有别的,只是<u>手法熟练</u>。"康肃气愤地说:"<u>您怎敢轻视我射箭的本领!</u>"老头说:"凭我倒油就知道这个道理。"于是拿出一个葫芦放在地上,把一枚铜钱盖在葫芦口上,慢慢地用油勺舀油注入葫芦里,油从钱孔注入而钱却没有湿。于是说:"我也没有别的,只不过是手法熟练罢了。"康肃笑着将他送走了。	

关键之处	人物神采	陈尧咨	卖油翁

1.学生甄别翻译,讲述理由。

预设:

(1)"矜"是自夸、骄傲的意思,根据上下文,陈康肃公善射,举世无双,所以他以此骄傲。如果翻译成"矜持",陈康肃公的心理就完全不一样了。

（2）"睨"的意思是"斜着眼看"，表明卖油翁看陈康肃公射箭的时候是不在意、不以为意的。换成专注地看，陈康肃看时的神态和心理就不一样了。

（3）语气词"尔"没有翻译出来，这里是"罢了"的意思。丢掉了这个语气词就不能够传递出卖油翁当时"不以为意"的心理。一个语气词，烘托出人物的内心世界。

（4）人称代词"尔"也翻译错误，不能翻译成"您"。"尔"在这里是"你"的意思，用"尔"称呼对方，有一种"鄙视""轻视"的意味。而"您"是一种尊称、敬称。

教师：这位同学关注到了人称代词"尔"的情感色彩。其实这句话中，除了人称代词"尔"，还有一些关键词比如"忿然""安敢"也流露出人物说话的语气和心理。请把你的理解通过朗读表现出来。（学生朗读、齐读"康肃忿然曰：'尔安敢轻吾射！'"）从人物语言的语气语调、神态、心理，你读出的是一个怎样的陈康肃公呢？

明确：恃才傲物。

（5）最后一句"笑而遣之"的"遣"是"打发走"而不是将他"送走"。"打发走"有撵走的意思，有一点不客气的感觉。这时的陈康肃公内心深处还是不以为然的，虽然他可能认可卖油翁所说的酌油凭借的是手熟，但是他可能认为酌油这种技术怎么能够和射箭这种高雅的艺术相比呢？所以他不以为然，有些不客气。

另一种观点，我觉得这时的陈康肃公应该是比较客气的。因为他看到卖油翁的酌油表演，和经验介绍后，应该是心服口服，所以我认为他就是客气地笑着把人家送走了。

教师：客气或者不客气似乎都有道理，只是对这个"笑"的理解就不一样了。

明确：
一种观点：这里的笑是一种释然的笑、心悦诚服的笑，刚开始陈康肃公自傲、不满，再后来生气，最后看了人家表演、听了人家的话，他心悦诚服，把人家送走了。

另外一种观点：这里的笑是不以为然的笑，我射箭能和你倒油一样吗？

教师：根据你的理解，请给翻译中的这个"笑"补充一个修饰语，并把你的翻译读出来。

康肃_____笑着将他_____走了。（学生读）

教师：陈尧咨一声"笑"啊，"笑"出了不一样的胸襟气度。可以这么说，如何理解这个"笑"字，代表你对陈尧咨这个人物的解读。好，我们回到老师的翻译上。

2.思考：你们发现我的翻译都是在人物描写的哪些关键方面出现了错误。

明确：人物的心理、动作、神态、语言。（板书）

3.小结：这些关键之处弄错了、弄丢了，人物特点就不明显了，甚至变了，文章的内蕴也就不一样了。我们阅读文言文，就是要体会文言文如何准确（板书）地抓住关键处，在三言两语中传递文字的神韵。我们试着抓住关键处的神韵，来读一读下面两则文言材料。

设计意图：引导学生通过细读关键词句、关联上下文发掘细节内蕴，学习文言文用细节塑造人物的匠心，为总结阅读同类文体和写作的经验方法蓄势。

三、聚焦关键之处，讲述人物神采

活动2：请你阅读材料一、二，任选一则，复述内容，抓住关键之处，生动地讲出文章刻画出的人物神采。

材料一

汉世有人，年老无子，家富，性俭啬。恶（è）衣蔬食，侵晨而起，侵夜而息，管理产业，聚敛无厌而不敢自用。或人①从之求丐②者，不得已而入内取十钱。自堂而出，随步辄③减。比至于外，才余半在，闭目以授乞者。寻④嘱云："我倾家赡⑤君，慎勿他说，复相效而来。"（《笑林·汉世老人》）

注释：①或人：有人。②求丐：乞求施予。③辄：就。④寻：不久，过了一会儿。⑤赡：供养。

材料二

魏武少时，尝与袁绍好为游侠。观人新婚，因潜入主人园中，夜叫呼云："有偷儿贼！"青庐中人皆出观，魏武乃入，抽刃劫新妇。与绍还出，失道①，坠枳棘②中，绍不能得动。复大叫云："偷儿在此！"绍遑迫③自掷出，遂以俱免。（《世说新

语·假谲》)

注释：①失道：迷路。②枳棘：荆棘。③遑迫：惊恐的被迫。

1.学生抓住关键细节，描述人物刻画的传神之处。

预设：

材料一：汉代有一个老人，家里很富有，但是十分吝啬。有一个乞丐向他乞讨，他一直推辞，不得已才跑到家里取出十文钱，从厅堂往外走的时候，一路走随着步数减扣钱数，走一步减一文钱，等到了外面，只剩下五文钱了。于是他闭上眼睛，无限不舍地把钱递给乞丐。一会儿，又反复嘱咐说：我倾家荡产用尽积蓄来赡养、资助你，你一定记住不要和别人说，免得他们学你的样子再来找我要钱啊。(要求学生配合自己的讲述，把描写人物动作、语言、神态的传神之处表演出来)

点评：讲述人抓住了"随步辄减""闭目以授乞者"等动作以及反复嘱托的神态、话语，生动传神地讲出了老人的特点、神韵。

教师：把你的理解放进文章刻画人物神采的句子中，朗读出来吧。

学生朗读：

或人从之求丐者，不得已而入内取十钱。自堂而出，随步辄减。比至于外，才余半在，闭目以授乞者。寻复嘱云："我倾家赡君，慎勿他说，复相效而来。"

材料二：《世说新语·假谲》写曹操奸诈，两次写到曹操晚上大叫，第一处"夜叫呼云：'有偷儿贼！'"第二处"复大叫云：'偷儿在此'！"第一次骗出了房子中的所有人，第二次激发了袁绍的所有潜能。两次"大叫"及大叫的话语，"叫"出了一个活生生的曹操。

点评：第一次大叫，可能是预先设计的！第二次大叫肯定是伺机而动、随机应变！

2.小结

同学们就关键处的细节讲得绘声绘色，但是原文只有几句精简的话、几个词。原文和同学们的讲述相比显得更加——简洁(板书)。这就是三言两语传神。

设计意图：通过学生讲述故事、人物的神韵，引导学生再次感受领会文言文言简而意丰的笔法，利用关键细节表现人物神采的特点。

过渡：我也希望像你们一样抓住文言文中的关键之处，在精简的文字中体会人物的神采、文章的内蕴。我找到了《卖蒜叟》这一篇文章。

四、聚焦关键之处，分析总结方法

材料三

卖蒜叟

袁 枚

南阳县有杨二相公者，精①于拳勇。每至演武场，传授枪棒，观者如堵②。忽一日，有卖蒜叟，龙钟伛偻，咳嗽不绝声，旁睨而揶揄③(yé yú)之。杨大怒，招叟至前，以拳打砖墙，陷入尺许，傲之曰："叟能如是④乎？"叟曰："君能打墙，不能打人。"杨骂曰："老奴能受我打乎？打死勿怨⑤！"叟笑曰："垂死之年，能以一死成君之名，死亦何怨？"老人自缚于树，解衣露腹。杨故取势于十步外，奋拳击之。老人寂然无声。但见杨双膝跪地，叩头曰："晚生知罪了。"拔其拳，已夹入老人腹中，坚不可出，哀求良久，老人鼓腹纵⑥之，已跌出一石桥外矣。老人徐徐负蒜而归，卒⑦不肯告人姓氏。(选自《子不语》，有删改)

注释：①精：精通。②堵：墙，这里形容看的人多。③揶揄：出言嘲笑、讽刺。④如是：像这样。⑤怨：怨恨。⑥纵：放。⑦卒：最终。

思考：请你阅读材料三，从文中任选一个人物，依据2-3处关键处，说说《卖蒜叟》一文是如何体现"关键之处落墨，三言两语传神"这一笔法的。

1.学生听读，分享自己的理解。

预设：

①杨二。当卖蒜叟场边观看杨二表演，表现出不以为意的时候，袁枚写到，杨二"大怒"，非常生气，"招"叟至前，用手吆喝着让他过来，以及后文的"傲"之曰，傲慢地说，还有后文的"骂"语，生动形象地写出了杨二的张狂嚣张、傲慢自负、不可一世。(学生把自己的理解放到句子中去朗读)

②卖蒜叟。面对杨二的大怒、傲慢和谩骂，袁枚写到，卖蒜叟"笑"着说，"垂死之年，能以一死

成君之名,死亦何怨?"并且老人"自缚于树,解衣露腹",面对杨二奋拳击之,老人"寂然无声"。杨二认输之后,老人慢慢地背着蒜走了,最终也不肯告诉别人自己的姓名,从这些关键处,一个人狠话不多的老头生动形象地出现在我们的眼前。

2.教师小结

杨二:作者抓住了几处精要的神态、动作、语言描写,人物就活灵活现如在眼前,关键处简洁而生动(板书)啊。

卖蒜叟:袁枚用"笑曰""缚解""寂然""徐徐",三言两语,人物的神韵就形象(板书)可感。

设计意图:引导学生通过阅读分析,再次感受文言文关键处细节描写的表现力,总结出阅读文言和写作的经验、方法。

3.教师总结

通过对这四篇文言文的阅读,我们发现文言文在写人叙事的关键之处——人物的语言、动作、心理、神态等方面往往有关键的笔墨,这些文字准确简洁又生动形象,展现了人物的神采、文章的内蕴。(圈画板书)你领会到了吗?我找到了同学们作文中的一段素材。

五、围绕关键之处,改写学以致用

活动3:根据材料四,抓住某一关键处,准确简洁传神地将其改写成文言文,表现出人物的神采。

材料四:

①对手回头看了一眼他矮小的身形,不以为意。他快跑进赛场,只是微微地点了点头,场上风云皆不放在心上。

②他弯腰,运球快速推进,几个侧身躲过防守队员,径直飞奔至篮筐下,原地起跳,出手,球应声入网。

③胜利之后,别人问他是如何做到的,他只是淡淡一笑,说道:"这也没有什么特别的地方,只是勤奋练习罢了。"

1.学生改写,分享展示。

2.教师改写,分享展示。

预设:

敌顾其身形,睨之哑然失笑。其徐奔至阵旁,但微颔之,风云皆置胸外。

其弯腰,持球径突,侧身闪转以避恶敌,直袭篮下,蹲跳屈张,手起球进。

既胜,人问其故。其淡然一笑:"我亦无他,惟勤练尔。"

设计意图:训练学生于关键处落笔,抓住典型细节,三言两语写出人物的神采。

六、总结点题

这就是文言文"关键之处落墨,三言两语传神",高山仰止,虽不能至,心向往之。

七、布置作业

根据材料五,抓住关键处,准确简洁传神地将其改写成一则简短的文言文,写出人物的神采。对照老师提供评价量表,给自己打分。

材料五:廉颇听说了这些话,就脱去上衣,露出上身,背着荆条,到蔺相如的门前请罪,他说:"我这个粗鄙的人,没想到将军的胸怀如此宽大啊!"二人终于和好,成了生死与共的好友。

改写评价量规

评价等级	等级描述
一类	能够抓住动作、神态、语言等关键处,精到地描写,表现廉颇知错能改的特点。
二类	能够抓住一两处关键处,展开描写,表现廉颇知错能改的特点。
三类	能够抓住一两处关键处,展开描写,表现廉颇的特点。

【板书设计】

关键之处落墨,三言两语传神
——以《卖油翁》为例看人物细节描写在古文中的折射

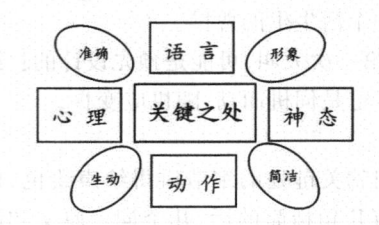

准确　语言　形象
心理　关键之处　神态
生动　动作　简洁

万巍,北京市第五中学分校教师。

《红色的赞歌，流淌的诗意》教学设计

◎张慧怡

【教学目标】

语言建构与运用：通过《白洋淀纪事》中的代表作品，了解孙犁抗日小说的重要思想和文学价值。

思维发展与提升：促进对抗日文学作品的理解思考，发展思辨能力，提升思维品质，探寻其精神内核。

审美鉴赏与创造：通过粗读、细读、美读的方式，从三要素等角度体悟孙犁诗化小说的语言特点和创作风格。

文化传承与理解：认识历史、把握当下，传承和弘扬包括抗战精神在内的中国共产党精神谱系，坚定文化自觉、自信。

【教学重难点】

感受孙犁诗化小说的语言特点和创作风格，引导学生传承、弘扬抗战精神，凝聚奋进力量。

【教学内容分析】

《荷花淀》是部编版高中语文教材选择性必修中册里的第二单元的阅读篇目，本单元旨在引导学生深刻认识革命历程，激发奋发向上的精神力量，欣赏作家富有个性的创作风格。本节课以《荷花淀》及补充的《孕妇和牛》作为阅读文本，品析孙犁"荷花淀派"的美感，旨在认识历史、把握当下，传承和弘扬包括抗战精神在内的中国共产党精神谱系，助力中华民族伟大复兴。

【学生分析】

高二(4)班的学生经过高中一年多时间的学习，已熟练掌握小说的阅读方法，"三要素"分析法已较为系统化。这为本节课品读《荷花淀》《孕妇和牛》的多元视角打下了必备的基础，为抗战精神的思考提供了抓手。

【教学媒体与资源的选择与应用】

视听媒体、交互性媒体、智慧课堂、教学助手

【教学方法】

自主学习法、合作探究法、情境演绎法、点拨法、诵读法、多媒体教学、VR

【教学实施过程】

143个淀泊星罗棋布，3700条沟壕纵横交错，今天让我们一起走进华北平原最大的淡水湖泊——被誉为"华北明珠"的白洋淀。围绕孙犁《荷花淀》《芦花荡》这两篇阅读文本，我们一起进入到今天的学习任务。

任务一　尚·美

一、以景入文

1.课前预习——勾画出文章中关于白洋淀景色描写的部分。

2.课堂展示——请以导游的身份为大家介绍白洋淀。

【学生解说词】【要求配视频】

各位游客大家好！欢迎来到国家五A级旅游景区——白洋淀。下面请跟随我的脚步，同我一同领略此地的绝美风光吧！

五月的白洋淀，春风拂面，湿地之水被微风吹皱，分外迷人。这里野生物种繁多，有鸟类、鱼类200余种。春夏时节，成千上百的鸟儿在芦苇荡穿梭鸣叫，让白洋淀更加动人。

我们现在所处的水域，乘船经过，恰是荷花淀，有莲香几许，荷叶伴身。客宿其间，在四处摇曳的荷花光影中，伴着轻轻摇橹之声，枕着漫天清灰，入梦来。

挺拔的芦苇，有禾草森林之称。平日里，人们补捞鱼虾，采挖莲藕，分外繁忙。"雁翎队，是神兵，来无影，去无踪。千顷苇塘摆战场，抬杆专打鬼子兵……"抗战的民谣，至今仍在白洋淀一带传唱，这是一段珍贵的红色记忆。

红色白洋淀，欢迎您！

师评:通过林晨同学的生动介绍,我们宛若有了一种"人在淀中游"的真实感受。荷花和芦苇,无疑是白洋淀的两种标志性植物。夏季荷花盛开时,碧叶接天,舒展层密;秋季芦苇收获后,淀水汪洋,景色宜人。似乎到这时,我们便自然明白《荷花淀》《芦花荡》这两篇文章命名的意趣之所在了。接下来,让我们跟随林晨同学的步伐,一起去踏寻红色印记吧。

二、以美析文

"抗日小说"这个概念出自孙犁自己,他曾言:"我经历了美好的极致,那就是抗日战争。"战争的残酷让我们痛彻心扉,流血漂橹、枪林弹雨的惨象无论如何也算不得是美。请大家以小组为单位,自选角度品析作者所说的"美好的极致",形式不限。(参考角度:人物、情节、环境、语言等)

(一)付威组——环境、语言

1.片刻的安宁之象

在《荷花淀》的开头,皎洁的月光、凉爽的庭院、雪白的苇眉子、年轻的女人在短短的几十个字中依次呈现出来,一幅在战火消停时美轮美奂的水乡农家场景跃然纸上。这些充满诗情画意的描写,几乎让人们感觉不到战争带来的沉重压迫感,将残酷的现实斗争点缀了无数新奇瑰丽的浪漫色彩,描绘出了一幅充满故乡风情的美妙画卷,展现了冀中平原与白洋水淀上优美的富有诗意的故乡场景,充满美感。

《荷花淀》第三自然段,写水生嫂深夜编席,"她像坐在一片洁白的雪地上,也像坐在一片洁白的云彩上"。两个比喻,既写出了芦苇编成的席之多,表现出了水生嫂勤劳、朴实的品质,也营造出了夜的深邃。

"她有时望望淀里,淀里也是一片银白世界。水面笼起一层薄薄透明的雾,风吹过来,带着新鲜的荷叶荷花香"。写银白的淀,使画面淡雅,写轻纱般的雾,又使画面静中有动,而荷叶荷花香更使这宁静优美的意境增添了色彩和质感,这是作者通过周围的景物抒写了自己美好的感情、愿望和理想。同时,"有时望望"也隐寓着作品中人物的心理,景色是平静优美的,而水生嫂的心情却是颇不宁静。夜这么深了,丈夫还没回来,她正在焦急地在等他呢。可见水生夫妇的笃深情意和恩爱,为后文作了铺垫。

2.战时状态

《荷花淀》第六十一自然段写妇女们想去看望自己的丈夫,返途中发现有日本鬼子,于是赶紧往荷花淀里划去的情节下所描绘的一段景物。这里的荷花与过去单纯描写荷花本身的品格"出污泥而不染",或者"水面初圆,一一风荷举"的天然神韵,有了巨大的区别。运用了比喻的手法,将层密的荷叶比作"铜墙铁壁",荷花含苞欲放的花蕊比作"箭",颠覆了传统印象中的柔美形象,而转为一种刚强的战斗姿态。荷花的姿态变化也是时代背景的折射,以前之柔来自于宁静安逸的生活,现在战争打响,景同人一样,为了守护故乡、保卫家人而刚强。

《芦花荡》中的第一段,营造了压抑的战时气氛,为后文作了铺垫。因为日本鬼子的监视,白天的苇塘一片死寂,直到深夜才出现了水鸟等动景的描写。但即便如此,我们通过苇子"狠狠地钻"的动作可以明显看到一种不屈与抗争的精神,这种不屈是顶天立地的,不管是苇子的挺拔向上,还是男人女人的坚强抗争,其内核是一样的。在我看来,这也是很美的。

师评:通过这个小组的分析可以看到,环境描写包括了自然环境与社会环境,它对于刻画人物形象、推动情节发展、突出文章主题等都有着重要作用。在1941年前后,日本占据了华北地区主要的大、中、小城市,而共产党、八路军被压缩到了农村地区,冀中的抗战已经进入了非常艰难的阶段。文章中日军的监视以及大船的巡逻想必已然成为一种常态。虽然紧张压抑的现实氛围被孙犁的浪漫主义所冲淡,但是传递的红色精神与血气却丝毫不含糊。让我们一起诵读这些精彩的景物描写语段,从片刻的安宁之象与战时状态两个视角来感受文中的场景。

(二)张致远组——《芦花荡》小剧场

表演者:老头子——张致远;大菱——杨文卓;二菱——胡胜;日本鬼子——彭勃林、高梓涵、程涛

在进行这个场景演绎的时候,我们感受最深的是小说中的人物美。

1.大菱、二菱:她们是冀中区的年轻女孩,主动参与到抗日战争的积极分子。她们勇敢坚强,在敌人的炮火下,顶着高烧,发着疟子,都没有让她们停下寻找队伍的脚步。她们彼此之间友爱互助,探照灯照过来的时候,大菱把小菱抱在怀里,倒在船底上,用身子遮盖了她,大菱挂花以后,小菱焦急万分,言语中含有对老头子责怪的意思。

2.老头子:老头子是文章中的主要人物,是一个具有传奇色彩的抗日英雄。

智勇双全。他虽然年近六十,但是爱国抗日的热情却非常高涨,在敌人的严密封锁下,他却能自由地出入苇塘,运输粮草,护送干部,为民族抗战尽心尽力。他勇敢得出奇,具有藐视敌人、无所畏惧的英雄气概;他爱憎分明,对乡土、对同胞、对抗日队伍充满热情,对日本鬼子满腔仇恨。文章中,他设好圈套,把鬼子引进芦花荡的木桩圈,最后痛打日寇,表现出了他的大智大勇。

过于自信和自尊。文中他护送两个女孩子在夜间穿越封锁线时,撞上了敌人的小火轮,他还是"不怕",以为"照不见我们";鬼子扫射机枪,他还是"不怕",以为"他打不着我们",结果是大菱受了伤;这一次任务没有完成,他觉得丢人现眼,没脸见人,不好意思去见部队——这些表现出他的自信和自尊"过头"了的一面。这个打击差一点使他失去了继续前进的力量,他发誓要为大菱复仇。第二天,他单身智斗敌人,一个个地收拾了他们,为大菱报了仇,讨回了血债,讨回了自尊——这场行为也表明他始终是非常自信、非常自尊的。

(三)吴佩玥组——《荷花淀》小剧场

表演者:水生——王建涛等;水生嫂及其他女人——程希曼、吴佩玥、陈慕晗;小队长——刘浩;日本鬼子——周晨、杨志豪、黄昊泽

我们小组也认为抗日战争"美好的极致"通过人物最能体现出来。

1.以水生为代表的抗日民兵——刚中带柔

在国家生死存亡的关键时刻,他们义无反顾地奔赴抗日前线,冒着枪林弹雨跟日寇进行你死我活的战斗。他们是丈夫,是孩子,也是父亲,可他们舍小家顾大家,以民族利益为重,这就是中国的脊梁。介于男女有别的传统观念,他们对妻子的牵挂与情感往往不会在口头言说,但七尺男儿内心的柔情却丝毫不减。

2.以水生嫂为代表的农村妇女——柔中带刚

刚柔相济的美,尽情地彰显在荷花淀的妇女们身上。她们一方面温柔贤惠、聪明勤快、体贴孝顺、忠贞不渝,另一方面坚毅勇敢,识大体顾大局、爱家乡、爱国家。尤其是水生嫂,理解、支持丈夫,勇挑家庭重担,在遇敌船紧迫时,沉着冷静,积极应对,最后将敌船引入了伏击圈,一举灭敌。通过这次血与火的考验,她们胆子大起来了,而后在水生嫂的组织下,学会了打枪、站岗、放哨,最终成为抗日战士,和丈夫一起并肩战斗,使白洋淀成为群众抗日的汪洋大海。

师评:我们发现,孙犁对于女性的描绘,非常细腻与传神。他曾表示"我以为女人比男人更乐观,而人生的悲欢离合,总是与她们有关,所以常常以崇拜的心情写到她们……我在写她们的时候,用的多是彩笔,热情地把他们推向阳光照射之下,春风吹拂之中"。更可贵的是,他笔下的女性已然不是旧社会中的裹足女人了,而是愿意投身革命的先进分子。这般的蜕变使得她们愈发可爱起来。有兴趣的同学课下可以从这个切口去深入研读孙犁的作品。

(四)冯裕组——情节、人物、语言

我们小组主要是分析情节美,其中会包含部分前面小组同学所说的人物形象分析。

1.小家之思

①夫妻话别:《荷花淀》第三自然段"有时望望"、第十五自然段"女人的手指震动了一下",这些细节描写都能表现出妻子对丈夫的担忧,内心是波澜起伏的,手指震动是女人对丈夫不言而喻的深情流露,吮手指是女人为了让男人轻装上阵而对自己情感的强烈抑制。

②冒险探夫:第三十二自然段到四十自然段叙述了以水生嫂为代表的妇女虽然由于男女有别观念的限制,不明诉思念,找出了诸如"忘下了一件衣裳""婆婆非叫我再去看看他"的借口去探望他们。探夫心切,甚至不顾危险。

③战后相逢:全歼敌人后水生一行欢笑着打捞战利品,枪支、子弹、面粉、大米等,一边戏谑她们是"落后分子",一边"把纸盒顺手丢在女人们的船上"。女人们则随即"把掉在水里又捞出来的小包裹,丢给了他们"。男人"丢"来,女人"丢"去足以表现双方的心意。

2.大国之念

①战前支持:水生嫂自然知道丈夫"到大部队上去了"这句话意味着怎样的意想不到的事情。一切都可能在这去了的时间里发生,这意味着她将面对可能失去丈夫后的千斤担子。虽然只是震动了一下手指,但她的心灵却在这一瞬间里,经历了从震颤到平复的变化,其间既蕴藏着丰厚的情感内涵,又焕发出了圣洁和大义的光芒。

②战后立志:探夫遇敌时,她们沉着冷静,拼命把船往鬼子进不去的荷花淀里摇,并且表示"如敌人追上了,就跳到水里去死吧"。第七十七自然段、第八十四自然段写到这场战役之后的一段对白,体

现女人们出不甘落后、追求进步的想法，及打退日军的坚定决心，希冀同丈夫一起成为守护白洋淀的哨兵。

师评：我们可以看到，情节和人物这两个要素息息相关，经由这个小组的展示，老师想到了孙犁说过的一句话："在战争中看到了人性可以扩展到多么壮烈的程度。"无论男女老少，都能够将小家置于身后，将生死置之度外，只为一方国土，一颗中国心。孙犁的小说给予我们无以复加的美感，素有"诗体小说"的称誉，他本人也是"荷花淀派"的创始人。至于该派别的创造风格，同学们从不同视角、不同方式的展现中已经得到了答案：充满乐观精神，清新朴素，描写逼真，心理刻画细腻，抒情味浓，富有诗情画意。

任务二　笃·行

一、以写促思

置身1945年，你的眼中看到了什么呢？回望中国共产党百年的奋斗征程，你又看到了什么呢？请大家写下自己的所见。

【学生分享】

①置身1945年，我看到了村镇里的百姓参与抗日；村镇里的孩童老人坚守村落；无数的先烈迎着敌军的枪林弹雨拼死向前；全国人民不服输、不怕苦、不怕累，为了民族的解放而不懈奋斗！

回望中国共产党百年的奋斗征程，我看到了共产党爬雪山、过草地，从萌芽走向成熟，结合我国的特色辅以国外的学习，挽救了中国人民于水火，铸就了以爱国主义为核心的精神谱系。

②置身1945年，我看到了青年们踊跃抗日，一个个争着抢着上前线作战；妇女们在家织席洒扫，照顾一家老小的同时也时刻心系丈夫的安危，为了民族大义也主动请愿上前线。

回望中国共产党百年的奋斗征程，我看到了往日的孱弱，今世的强大。面对恶劣天灾，怀敬畏之心，行勇者之事，拯救人民于水火；遭遇恶意调侃，怀爱国之心，破妄言之语，奉行和平外交。鲲鹏起航，天眼观星，泱泱大国，已然建立。

③置身1945年，我看到了抗日军民在苇草的掩护下奋勇地同日本侵略者进行游击战；我看见了无数中国人民为保卫这美丽的荷花同敌人浴血奋战。

回望中国共产党百年的奋斗征程，我看到了那美丽的苇塘还在，池水依旧清澈如镜，荷花翠绿

无比，池边的小舟静静地停在一旁。和平无战火的岁月里，这里愈发宁静、和谐。

④置身1945年，我看到了抗日英雄们在战场上激烈地战斗，夺据点、守阵地、破敌军、收土地。无数英雄为了后辈的那一张平静书桌挺身而出，团结奋斗。

回望中国共产党百年的奋斗征程，我看到了工业基础的建立，大炼钢铁时的全民奋斗，第一颗核弹爆破的壮阔场景，带着梦想直上青天的卫星，核潜艇下水时的汹涌浪涛，北斗卫星的构建技术……

师评：大家都说得很好，白洋淀一地的缩影让我们看到了抗战让中华民族达到了空前的团结，犹如在春雷声中播下了种子，孕育出磅礴的力量，这就是抗战的精神。包括咱们的国歌《义勇军进行曲》正是在抗战背景下产生的。时至今日，抗战精神仍伴随着我们，指引着我们。

二、以行传神

传承和弘扬包括抗战精神在内的中国共产党精神谱系，我们重任在肩。上周末，我们也前往中山公园受降堂进行了研学活动，同时通过VR参观中国人民抗日战争纪念馆、侵华日军南京大屠杀遇难同胞纪念馆、上海淞沪抗战纪念馆、"九一八"历史博物馆，并在周记中写下了自己的感受。结合你的所见所闻，你能够为白洋淀的红色发展出谋划策吗？请简要写出你的几点想法，并通过弹幕的形式进行分享。

弹幕分享：开立多种形式的红色场馆；设计红色文创产品……

师小结：当今世界正经历百年未有之大变局，今后一个时期，我们将面对更多逆风逆水的外部环境，必须做好应对一系列新的风险挑战的准备。今天，吾辈青年纪念抗战胜利，就是要传承和弘扬包括抗战精神在内的中国共产党精神谱系，继续拿出当年那种敢于同困难作斗争的精气神，在战胜各种风险挑战中书写民族复兴的新篇章！

【课后作业】

1.自行阅读1-2篇孙犁抗日小说作品，选取角度，结合"荷花淀派"的创作特点，观照小说内容，写一篇不少于500字的品析。

2.请以小组为单位，为白洋淀制作一份红色旅游的导引图及宣传册。

张慧怡，湖北省武汉市第十二中学教师。

《沁园春·长沙》《桂枝香·金陵怀古》对比阅读教学设计

◎张 宇

【教材分析】

《沁园春·长沙》选自统编版高中语文教材必修上册第一单元第一课，与第二、三课多篇组合的编排形式不同，本课只包含一篇文章，这为教学提供了更多的延伸空间。《桂枝香·金陵怀古》选自统编版高中语文教材必修下册后附的古诗词诵读部分，教材未针对此部分提出具体的教学指导，但笔者认为该部分选取的经典古诗词是很重要的课程资源，有待开发，不可忽略。

《沁园春·长沙》与《桂枝香·金陵怀古》这两首词写于两个相隔遥远的时代，分属两位际遇相异的诗人，表面上看似乎关联颇微，但究其本质，析其深意，笔者却发现二者流淌在同一条文化血脉中，蕴含着相似的文化基因。既有区别又有联系，这是对比阅读教学成立的重要前提，也是本文写作的先决条件。具体而论，将《沁园春·长沙》与《桂枝香·金陵怀古》进行对比阅读教学，主要有以下四个方面的原因。

第一，就统编版教材"整体规划，有机渗透，自然融合"的编写思路而言，虽然两首词分布于教材的上下两册，但却在人文主题——责任与担当和文学体裁——词方面具有较强的融合性和互渗性，是可以作为一个整体进行对比阅读教学的。第二，就作者身份而言，虽然相距近千年，但毛泽东与王安石都是历史上著名的诗人、政治家，且都有跌宕起伏的人生经历，他们的感悟想必会有不谋而合之处，能给学生带来一种穿越式的奇妙的阅读体验。第三，就词作内容与手法而言，两首词都是借雄伟的山水之景抒发宏大的家国之情，表现历史洪流中个体之于国家的责任意识与担当精神。然而，除了相似的高尚人格外，相较于《沁园春·长沙》的激情与豪迈来说，《桂枝香·金陵怀古》却又多了一丝失落与无奈，其中的原因值得深入挖掘。第四，就学生对传统精神、红色文化的认知度与感悟力而言，选取创作时间跨度大、社会背景有差异但却在精神内核上相统一的两首词进行纵向比较阅读，带领学生沿着留在诗词中的历史印记追寻革命精神的文化源头，有助于让生活在新时代的高中生逐步克服因时代鸿沟而产生的情感冷漠与感知缺失，明白中国仁人志士的精神是具有赓续性和强大生命力的，不是无源之水，更不是强附之情，增强学生对红色文化的认同感。

经典诗词是中国历史文化宝库中最为重要的宝藏，不仅具备极高的艺术价值，更源源不断地为中华民族的发展提供精神的支撑与慰藉，为个体对生命进行思考提供了重要参照。本文立足近现代词作《沁园春·长沙》，回眸宋代作品《桂枝香·金陵怀古》，尝试通过探寻两首词的异同，以经典传承传统文化，寻根红色文化的基因，搭建起连接古今的精神桥梁。

【教学目标】

（一）学习知人论世、以意逆志等基本的诗词鉴赏方法，深入体会诗人丰富的精神世界及深邃的家国之思。

（二）通过梳理探究、对比分析和小组交流等途径领略诗词写景和抒情的艺术特点，感悟内涵的精神价值，理解并传承蕴含于诗词中的红色文化和革命精神。

（三）通过评论社会现象、撰写时事短评表达个人对责任意识和担当精神等优秀品质的感悟，表达观点态度，提升思想修养和文化品味，树立"以天下为己任"的人生观和价值观。

【教学重点和难点】

（一）教学重点：掌握从意象到情感的诗歌鉴赏

路径;领悟古今诗词中一脉相承的深沉的家国情怀和担当精神。

(二)教学难点:打破常见的横向对比思维,通过纵深的跨时空对比感受两代诗人、政治家的家国情怀,探寻红色文化的精神源头。

【教学设计】

(一)预习学案

思考题:跨越近千年,深秋如期,当同为诗人和政治家的毛泽东与王安石凭高远望时,他们的视线将落向何物?他们的情思又将归往何处?结合注释细读作品,结合具体诗句从景物特点、情感内容与艺术手法等方面进行对比分析,完成表格。

作品	《沁园春·长沙》	《桂枝香·金陵怀古》
不同之处		
相同之处		

(二)激趣引入

各位同学早上好,今天我讲课的主题是"不畏浮云遮望眼 驰目骋怀勇担当——《沁园春·长沙》《桂枝香·金陵怀古》对比阅读"。

1925年,毛泽东前往广州主持农民运动讲习所,途经长沙,重游橘子洲,不禁感叹,于是吟咏出一首《沁园春·长沙》,这时的他32岁。回望历史,1076年,罢相后的王安石退居金陵,同样登高远望,感慨万千,挥笔写就一首《桂枝香·金陵怀古》,这时的他56岁。毛泽东与王安石,两位都是伟大的诗人和政治家,他们虽然相隔千年,但在面对眼前的深秋之景时都情不自禁地吟诗诵词,以抒发自己内心的情感。当他们凝神远望,视线将落在何处?当他们驻足思索,情思又将飘往何方?他们的所见、所想是否相通?亦或有什么不同呢?今天,就让我们通过《沁园春·长沙》和《桂枝香·金陵怀古》,倾听两代诗人跨越时空的声音,感悟两位政治家的博大胸襟。

(三)初读感悟 吟咏诗韵

任务1:齐读

根据课下注释,标注读音,有感情地齐声朗读,初步感受诗歌内容。

任务2:个人朗读

(1)问题:你喜欢哪一首作品?请在两首作品中任选一首有感情地进行朗读,简要说明选择的理由。

(2)设计说明:《沁园春·长沙》和《桂枝香·金陵怀古》的情感基调是不同的,前者豪放激昂,而后者则略显沉重,透露出无奈与感伤。学生通过阐述选择理由,表达对词作的初步感悟,有的同学喜欢《沁园春·长沙》,有的同学却喜欢《桂枝香·金陵怀古》,选择的差异由何产生?选择的不同为下一环节的赏析与讨论奠定了基础。

(四)再读解意 赏景悟情

任务1:讨论交流,感受诗人笔下秋景的异同。

(1)问题:伫立江边,毛泽东和王安石看到的是一幅怎样的秋景图?想象作者的心情,在横线上补充恰当的感叹词和形容词。

_____,这真是一幅_____的秋景图!

(2)明确总结

作品	《沁园春·长沙》	《桂枝香·金陵怀古》
主要意象	万山(红、遍) 山林(层叠、红) 湘江(碧绿、清澈) 舸(百、争流) 鹰(击)、鱼(翔)	长江(千里、澄澈、如练) 山峰(翠绿、如簇) 船只(往来穿梭) 残阳、西风、酒旗(斜矗) 彩舟、淡云、白鹭(腾飞)
画面特点	同:壮丽宏伟、生机勃勃、绚丽多彩 异:毛泽东笔下的秋景更为宏伟开阔,王安石笔下的秋景则多了几分萧瑟与凄凉。	

(3)设计说明:《沁园春·长沙》和《桂枝香·金陵怀古》都采用了借景抒情、融情于景的表现手法,"一切景语皆情语",学生要体会诗人内心的感情首先应该看清他们的目中之景。人们看见自然风光时总会不自觉地发出第一印象的感慨,继而会用描述性的言语进行更具化的形容。依据这一常人所共有的审美体验,任务1指引学生根据词作内容自由填写感叹词与描述性词语,这一设计旨在让学生放飞想象、设身处地,进行情与景的联动感悟。学生要完成这个任务首先要抓住画面中的重要意象,还要对意象的特点进行分析。两相对比,学生发现《沁园春·长沙》和《桂枝香·金陵怀古》在意象的选择和描述上具有极大的相似性,但同时也会发现后者另外还选取了"残阳""西风""淡云"等较为萧瑟与凄凉

的意象,进而激发学生进一步思考:在同样的情境之中,王安石与毛泽东内心所想为何不同?

任务2:赏析解读,体会诗人内心情感的异同。

(1)三个探究题

①问题1:王安石为什么会于绚丽中见萧瑟、于生机中见凄凉?赏析下阕,找出最能体现作者情感的词并分析其中的意蕴。

点拨:

"千古凭高对此"中的"千古"二字是否可以删除?

"谩嗟"是一种什么语气?请你想象王安石的语气,说出他叹息的内容。

"但寒烟衰草凝绿"中的"但"字如何理解?

"至今商女,时时犹唱"中的"至今""时时"说明了什么?

②问题2:有人说,王安石是在否定声中成长起来的,不被世人所理解,你觉得,站在历史长河对岸的毛泽东能读懂王安石的这一声长"叹"吗?结合《沁园春·长沙》进行分析。

点拨:

毛泽东为何而"怅"?

"问苍茫大地,谁主沉浮?"对于这个问题,毛泽东心中是否有答案?

"携来百侣曾游"中的"携"字是否可以换成"伴"?

③问题3:让我们穿越……退居金陵后,王安石依然关心国家大事,他在"群雄逐鹿吧"里发了一个交友贴,以文会友,寻找志趣相投的人。你觉得毛泽东看了王安石的词后会给他发送好友申请吗?王安石看了毛泽东的词后又会不会同意他的申请呢?请你补充下面的内容。

收到湘江毛润之的好友申请,请点击查看。

介甫先生您好,我是毛泽东,看了您的诗,我……希望能与您交个朋友。

收到金陵王介甫的一条消息,请点击查看。

润之先生您好,我是王安石……

(2)明确总结

问题1:"叹"字最能体现作者的情感。

诗人所叹的内容有三:第一,六朝因骄奢淫逸、不以历史为鉴而接连覆灭。第二,千百年来凭高吊古的文人骚客只知空叹荣辱,不知行动。第三,当朝统治者、民众麻木不堪,不思进取。诗人叹息的原因亦有三:第一,忧国。第二,爱国。第三,有责任意识和担当精神。

问题2:毛泽东,一个意气风发、自信乐观、胸怀天下、敢于推翻旧世界勇于开创新天地的革命青年。王安石,一个忧国忧民、锐意进取、不惧世俗眼光、敢为天下先的改革家。二人虽处不同时代,但都有远大的理想、勇于担当与拼搏。此外,他们也都遭遇过挫折。站在历史长河对岸"怅"的毛泽东想必也能读懂王安石的一声长"叹"。

作品	《沁园春·长沙》	《桂枝香·金陵怀古》
不同之处	自信、乐观	无奈、失望
相同之处	表达对国家深沉的爱;表达对国家命运前途的忧虑;表达敢做实事的理想与担当	

(3)设计说明:以三个探究题引导学生品读文本,围绕毛泽东与王安石是否可以跨越时空而心有相通这一主要问题,探究二人的内心世界,了解两位诗人虽然有不同的人生境遇,但却始终忧虑国家命运、关心国家前途,积极参与改革或革命,表现出一种以天下之忧为己忧的责任感与担当精神。启发学生明白:以热爱国家和拼搏奋斗为核心的红色文化与革命精神是中国优秀传统文化的一部分,自古而有之,从宋代到近现代,直至今天,一直流淌在中国人的血液中。虽然王安石的失望与无奈在某种程度上可以说是无法避免的,面对积贫积弱的宋代乱局,变法也无力回天,但他胸怀天下的变革精神就像"历史上的常青树",生机盎然。王安石心中定会因失败而产生遗憾与疑惑,但近千年后的毛泽东仿佛用行动作出了回应:天下事,我们这代人在干!

(五)美读冶情 感悟诗意

任务:蒙太奇式分角色朗读,感受一场跨越时空的问答。

(1)朗读指导:选择两位领读,其余同学按照自然组分为两大组,分别扮演毛泽东与王安石,按照如下排版,齐诵《沁园春·长沙》和《桂枝香·金陵怀古》。朗读时注意节奏与情感,字体放大表示语调更高、气势增强。

领读甲:《桂枝香·金陵怀古》 王安石·宋代

领读乙：《沁园春·长沙》　　毛泽东·近现代
领读甲：登临送目，正故国晚秋，天气初肃。
领读乙：独立寒秋，湘江北去，橘子洲头。
王安石：千里澄江似练，翠峰如簇。
毛泽东：看万山红遍，层林尽染；漫江碧透，百舸争流。
王安石：归帆去棹残阳里，背西风，酒旗斜矗。
毛泽东：鹰击长空，鱼翔浅底，万类霜天竞自由。
王安石：彩舟云淡，星河鹭起，画图难足。
毛泽东：怅寥廓，问苍茫大地，谁主沉浮？
毛泽东：怅寥廓，问苍茫大地，谁主沉浮？（渐强）
领读甲：念往昔，繁华竞逐，叹门外楼头，悲恨相续。
领读乙：携来百侣曾游。忆往昔峥嵘岁月稠。
王安石：千古凭高对此，谩嗟荣辱。
毛泽东：恰同学少年，风华正茂；书生意气，挥斥方遒。
王安石：六朝旧事随流水，但寒烟衰草凝绿。
毛泽东：指点江山，激扬文字，粪土当年万户侯。
王安石：至今商女，时时犹唱，后庭遗曲。
毛泽东：曾记否，到中流击水，浪遏飞舟？
王安石：至今商女，时时犹唱，后庭遗曲。
毛泽东：曾记否，到中流击水，浪遏飞舟？
毛泽东：曾记否，到中流击水，浪遏飞舟？

（2）设计说明：借鉴电影拍摄技巧，创新地采用蒙太奇式分角色朗读，呈现一场毛泽东与王安石之间跨越时空的问答，让学生在诵读过程中思考、感受两位诗人不同时不同地但却有同感的家国情怀，收获奇妙的诵读体验。

（六）思读解惑　探求人生

任务：拓展思考，感受诗人的家国情怀与担当精神在当下的现实意义。

（1）问题：当下，"精致的利己主义者"和"佛系"青年越来越为普遍，你认为"以天下为己任"的精神文化过时了吗？请你针对这一问题写作300字左右的时事短评。

（2）设计说明：《普通高中课程方案和语文等学科课程标准（2017年版）》指出高中语文教学应该遵循立德树人教育的根本要求，将"理想信念""文化自信""责任担当"作为隐性的精神主线，自然融合社会主义核心价值观，发挥语文课程独特的育人价值。在国家危急之际，在民族遭难之时，像王安石、毛泽东一样的仁人志士勇敢地担起救国的责任。在历史的长河里，我们可以听见许多类似于《沁园春·长沙》和《桂枝香·金陵怀古》这样铿锵有力的护国宣言。当下，我们生活在安定和谐的国家，个人的选择也逐渐多元，提起奋斗与奉献，有人认为老套，提起佛系、"打工是不可能打工的"，有人反认幽默。有人认为"以天下为己任"的精神文化已经过时了，甚至出现了损害国家或他人利益的"精致的利己主义者"和"佛系"青年。引导学生结合当下的社会现状思考"以天下为己任"的精神的重要意义是非常重要的，也是本课的育人目标。

（七）解读主题　收束课堂

古往今来，毛泽东、王安石这样的勇者为国家兴亡而奋勇奔波，一往无前。虽然前进的道路不会一帆风顺，困难与挫折也在所难免。但正因为有博大的胸怀与坚强的意志，作为政治家的毛泽东与王安石才能于浮云遮眼处驰目骋怀，才能于悲秋中生出豪情，这就是源源不断地流淌于中国人血脉中的红色文化与革命精神，希望同学们能传递红色星火，燃起燎原之势。

【结语】

纵观对比阅读教学现状，大多选择相近时代的作家或作品进行横向比较，本文尝试打破教材限制，选取《沁园春·长沙》和《桂枝香·金陵怀古》进行纵向对比，试图通过古今对比挖掘红色文化与革命精神的文化源头，使学生明白中国传统优秀精神文化的强大生命力与其现代化的表达，提供新的教学思路。然而，因为是新的尝试，势必有欠缺之处，路漫漫其修远兮，有待日后继续思考与钻研。

参考文献：

[1]康震.康震讲王安石[M].北京：中华书局,2018.

[2]王宁,巢宗祺.普通高中课程方案和语文等学科课程标准（2017年版）.北京：高等教育出版社,2018.

张宇，广东省深圳市第二高级中学教师。

语文劝说类中考专题复习设计

◎陈佩红

【设计背景】

语文专题复习就是集中围绕某一个点,整合与专题相关的孤立、分散的课程资源,设置相应系列复习任务,学生在教师的引领、指导下开展深入、有效的复习活动。语文专题教学是一种新的课堂组织形式,但它不是教学内容的简单聚合,而是把孤立分散的内容有机统筹起来,整合为关系密切、结构协调的有机体,专题学习内容循序渐进,步步深入。它将打破单篇教学的局限性,发挥集中、整合教学资源的优势,提升学生的思维品质,发展学生的语文核心素养,契合新课标提出的对人才培养的要求。

【学情分析】

九年级学生已经具备了一定的古文阅读量和阅读能力,所以在进行课内古文复习时,可以把劝说类古文全部整合起来开展专题复习,在回顾文章内容的同时,对这一系列劝说类古文的劝说艺术进行同中比异,加深学生的理解认识,拓宽思维深度,更重要的是借助此类古文特有的教学价值来增强在实际生活情境中劝说他人的能力。

【设计理念】

在统编版初中教材里,与"劝说"有关的古文篇目众多,每一篇都有其相应的劝说者、被劝说者、劝说目的、劝说技巧、劝说效果等,所以在复习阶段整合这些课内劝说古文,同时把有代表性、典型性的课外劝说类古文迁移进来进行拓展、补充阅读,通过整合课内、课外劝说类古文,开展群文阅读,让学生在横向对比阅读中对劝说类古文有更加充分的了解,求同比异,加深对古人劝说艺术的感知,而这也是中考古文阅读板块的重要考点,2023年广东语文中考第14题就考查的是邹忌、孔颖达进谏原因和进谏方式的"异"。

以上古文群文对比阅读环节之后,引导学生从劝说类古文中汲取古人智慧,学习劝说妙招。生活中有许多时候需要劝说,劝说是与别人交往的一种方式和艺术,包括说服他人、劝阻他人等。语文新课标关于"语言表达与运用(7-9年级)"这一板块提出如下要求:"注意对象和场合,学习文明得体地交流。""自信、负责地表达自己的观点,做到清楚、连贯、不偏离话题。""注意表情和语气,根据需要调整自己的表达内容和方式,不断提高应对能力,增强感染力和说服力。"如何劝说他人,也是中考语言综合运用题中一种较为常见的题型,近年来全国各地的中考考卷上时有出现该类题型。

这节语文劝说类中考专题复习设计,融入群文阅读、比较阅读等教学策略,课程内容丰富,把初中阶段劝说类相关知识点有机链接起来,从探究古人的劝说艺术到实际语用,从古到今,兼具学生语文学习的人文性与工具性。

【学习目标】

1.疏通文意,积累常见的文言字词,课内古文逐字逐句准确翻译,课外古文基本理解文意。

2.正确把握古文中的"劝说"内容,如劝说者、被劝说者、劝说目的、劝说技巧、劝说结果等。

3.探究劝说类古文高妙的劝说艺术,感受古人的智慧。

4.归纳不同古文篇目中关于劝说艺术的"同"与"异"。

5.掌握劝说类语言综合运用题的答题技巧。

6.在真实口语交际情境中,学会审时度势运用恰当的劝说技巧,智慧而又艺术地劝说他人。

【专题实施】

第一课段 细读劝说古文,汲取古人智慧

核心任务:课内外劝说类古文的对比阅读,探究古人的劝说艺术,并梳理其中的"同"与"异",感受古人的劝说智慧。

一、学习任务

1.精读选文,明确每一篇劝说古文的劝说者、被劝说者、劝说原因、劝说方式、劝说结果等内容。

2.探究选文中的劝说方式,正确归纳总结各篇文章劝说方式的同与异,认识到不同劝说方式的利与弊。

二、课时安排

本课段共3个课时。

三、学习资源

1.视频:"北风与太阳的故事"——南风效应。

2.课内劝说类古文篇目:《孙权劝学》《送东阳马生序》《唐雎不辱使命》《曹刿论战》《邹忌讽齐王纳谏》《出师表》。

3.拓展劝说类古文篇目:韩非子《智子疑邻》;《晏子春秋》节选片段;《说苑》节选片段。

四、学习过程

课时一

1.导入:观看视频"北风与太阳的故事",了解"南风效应"的内涵——温暖胜于严寒,顺理成章延伸到"温和地劝说比强迫更为有效",引入"劝说"。

2.了解"劝说"的概念。学生查字典,相互探讨。

明确:《现代汉语词典》对"劝说"一词解释为"劝人做某种事情或使对某种事情表示同意",所以劝说的对象是"人"。而要达到说服的目的,则必须要采用一定的方法。

3.回顾初中阶段与"劝说"有关的古文篇目,并根据劝说内容进行归类。

明确:①劝学:《孙权劝学》《送东阳马生序》;②劝谏君王:《唐雎不辱使命》《曹刿论战》《邹忌讽齐王纳谏》《出师表》。

4.学生自主逐篇古文回顾,精读全文,疏通关于"劝说"的内容。(可引用原文,可归纳概括)

课时二

5.开展课内外劝说类古文对比阅读,教师引导,课堂讨论。

(1)《曹刿论战》与《智子疑邻》(韩非子)

宋有富人,天雨墙坏。其子曰:"不筑,必将有盗。"其邻人之父亦云。暮而果大亡其财,其家甚智其子,而疑邻人之父。(韩非子的《智子疑邻》)

探究:同是直谏,曹刿为何成功?"邻人之父"为何遭"疑"?

明确:结合直谏的特征,可知直谏有如下适用条件:①注意场合——刻不容缓、非公众场合(齐鲁两国战事千钧一发之际,所以曹刿有劝谏成功的时机优势);②注意对象——关系亲疏、个性特征(鲁庄公是个广开言路、虚怀若谷的明君,所以曹刿能够劝谏成功)。

(2)《邹忌讽齐王纳谏》与《晏子春秋》节选

晏子使于鲁,比其返也,景公使国人起大台之役,岁寒不已,冻馁者乡有焉。国人望晏子。晏子至,已复事,公延坐,饮酒乐,晏子曰:"君若赐臣,臣请歌之。"歌曰:"庶民之言曰:'冻水洗我,若之何?太上靡散我,若之何!'"歌终,喟然叹而流涕。公就止之曰:"夫子曷为至此?殆为大台之役夫!寡人将速罢之。"晏子再拜。(《晏子春秋》节选)

探究:分析邹忌和晏子两人劝谏方式的高妙之处。

明确:邹忌以自身比美的经历与齐威王受蒙蔽进行类比,委婉劝谏,由生活琐事推及国家大事,让齐威王欣然领悟,接受谏言。晏子以歌劝谏,旋律悲伤,言辞恳切,含蓄委婉,使君王感同身受,接受谏言。两者都是委婉劝谏,都达到了很好的成效。

(3)《邹忌讽齐王纳谏》与《说苑》节选

孙叔敖为楚令尹,一国吏民皆来贺。有一老父,衣粗衣,冠白冠,后来吊。孙叔敖正衣冠而出见之,谓老父曰:"楚王不知臣之不肖,使臣受吏民之垢,人尽来贺,子独后来吊,岂有说乎?"父曰:"有说,身已贵而骄人者,民去之,位已高而擅权者,君恶之,禄已厚而不知足者,患处之。"孙叔敖再拜曰:"敬受命,愿闻余教。"父曰:"位已高而意益下,官益大而心益小,禄已厚而慎不敢取。君谨守此三者,足以治楚矣。"孙叔敖对曰:"甚善,谨记之。"(《说苑》节选)

探究:邹忌和老父的劝说方式有什么不同?在与人交往中,你更欣赏哪一种?

明确:邹忌是委婉讽谏,老父是直言进谏。在与人交往中,两者都有可取之处:①委婉规劝,充分尊重被劝说者,使之受到启发、明白道理,从而愉快地接受意见;②直言不讳,直陈利害,有极强的警示性,效率更高,可以产生"苦口良药"的劝说效果。

(4)交流上述拓展性对比阅读收获的启示。

明确:围绕"要善于劝说,采用巧妙的劝说方式来表达自己的观点"来谈即可。

课时三

6.学习成果分享会:小组讨论合作完成表格,以小组为单位进行展示,最后教师进行点拨总结。

参考示例:

古文里的"劝说"艺术之我见

类型	篇目	劝说艺术	评价
劝学	《孙权劝学》	现身说法，循循善诱	言传与身教并行
	《送东阳马生序》		平行姿态，拉近距离 自然亲切，易于被接受
劝谏君王	《唐雎不辱使命》	晓以利害，据理力争	对方的屈服只是权宜之计 激化矛盾 在特定的情境下（非正义的行为）
	《曹刿论战》	直谏不讳，不卑不亢	注意场合（刻不容缓、非公众场合） 注意对象（关系亲疏、个性特征）
	《邹忌讽齐王纳谏》	类比说理，委婉劝谏	生动形象、深入浅出、透辟有力 入情入理、换位思考、含蓄亲切
	《出师表》	晓之以理，动之以情	理性思考，感性浸润

五、课后任务

1.课后继续收集古人"劝说"的故事（至少两个），感受古人的劝谏智慧，试着评价其中的劝说艺术，并把你的想法撰写下来。班级将挑选优秀作品粘贴在"语文学习园地"进行成果展示。

2.思考探究：生活中有许多时候需要劝说，劝说是与别人交往的一种方式和艺术，而这也是新课标提出的语用要求以及中考常见的题型。通过该课段的学习，如果让你去说服他人或劝阻他人，你认为"劝说"有哪些注意事项呢？

第二课段　学习劝说妙招，从容应对考题

核心任务：在人际交往中学会劝说，并掌握劝说类语言综合运用题的答题技巧。

一、学习任务

1.创设真实的口语交际情境，通过角色扮演进一步体会劝说的技巧，在日常生活中学会智慧而又艺术地劝说他人。

2.明确劝说类语用题的注意事项和答题技巧，并且能够巧妙运用到真题之中。

二、课时安排

本课段共1个课时。

三、学习资源

近几年全国各地关于劝说类语用中考真题。

四、学习过程

1.创设情境，探究劝法

近日，一公交车上，一女乘客高声读英语，周边乘客劝她小声点，女子反而理直气壮反驳：你们不懂，英语就是要大声说，你自己不进步还不想别人进步！

如果你也是公交车上的一名乘客，你会如何制止？

教师扮演女乘客，全体学生都是公交上的乘客，其中三名学生轮流进行一番制止，其余同学既当旁观乘客也当评委，看看三个同学的劝说技巧是否得当，并选出"最佳劝说能手"。

2.精诚合作，总结劝法

以小组为单位交流3分钟，然后每个小组派一个代表说出一条劝说题型的答题要点，不能重复。

明确：[答题模板]　称呼＋表明自己的观点（委婉）＋做某事的好处或解决办法＋鼓励或征询语

3.中考真题，大展身手

按照上述总结的答题方法，学生自主完成以下中考真题，在教师的点拨指引下，进一步巩固劝说类语用题的答题技巧。

例题一：[2022年湖北咸宁卷]根据所给情境，按要求进行语言表达。

小华的爸爸为爷爷的八十大寿准备了许多烟花爆竹，小华劝说爸爸不要放烟花。可爸爸说："你爷爷八十岁生日值得庆贺，为此设宴请客，多放烟花也是表孝心。"如果你是小华，请从"环保"和"孝心"的角度来劝说爸爸。

例题二：[2020年甘肃天水卷]春节期间，全国人民全力以赴投入到疫情防控阻击战当中，请你也参与以"疫情在前，共克时难"为主题的综合性学习活动。你参加所在社区举办的抗击疫情志愿者活动时，遇到一位阿姨要强行出小区，她既拒绝戴口罩，又不配合做登记，你该怎么劝说她？

五、课后任务

实践出真知，要求学生把所习得的知识融入写作实践中，并互相进行评价。

你的好朋友小谦成绩一直未见起色，中考临近，他开始流露出消极情绪，认为即使努力了也于事无补，准备放弃拼搏，听天由命。你准备怎样劝说他？请你给小谦写一封信，劝说他不气馁，不放弃。

要求：①自拟标题；②300字左右。

提示：①书信体格式；②可结合自身经历或古今典型事例表达你的观点；③可进行主旨的升格，奋斗拼搏的意义不仅仅在中考，更关乎个人的成长或品格的塑造。

陈佩红，广东省东莞市东莞中学初中部教师。

《四季》教学方案(第二课时)

◎ 陈小婷

【教学设想】

1.教学理念:《语文课程标准》在"基本理念"中明确指出要"关注学生的情感发展,让学生受到美的熏陶,培养自觉的审美意识和高尚的审美情趣,培养审美感知和审美创造的能力"。在"课程目标"中又明确指出第一学段(1～2年级)的学生应学会"结合语文学习,观察大自然,用口头或图文等方式表达自己的观察所得"。生活是言语生成和发展的源泉,"语文一旦与生活相联系,马上就生动活泼起来"。本课是一首富有童趣的儿歌,本设计让孩子们在有趣的游戏、愉快的小组合作、搭配的图片、丰富的想象、巧妙的内化、适度的延伸中学习生字、学习语言、学习诗歌,感受四季的美丽,激发孩子们对大自然的喜爱之情。

2.教材解读:《四季》是一首富有童趣的诗歌。通过对各个季节的代表性事物的描述,如:春天的草芽、夏天的荷叶、秋天的谷穗和冬天的雪人,来表现四季的特征。课文采用拟人的修辞手法,排比段的形式,亲切、生动的语言,并使用大量叠词,读起来朗朗上口,能够唤起孩子们对生活的感受。课文上的四幅插图形象生动,色彩鲜明,有助于学生观察和想象。

3.学情分析:作为一年级的学生,学生已经掌握了一定的识字方法,但是学生的认字水平不一,有的认字多,有的认字少,可以充分利用学生资源,让学生相互学习相互提高;作为南方学生,学生对四季的认识不够,所以要充分利用图片、视频等让学生充分感受各个季节的美丽;作为低段的学生,口语表达能力较弱,有些孩子比较害羞,所以应在课堂中鼓励孩子们多说。

【教学目标】

1.运用已有经验自主识记"说、春"等10个生字。识记4个偏旁"月、口、禾、雨"。对汉字学习产生兴趣,识字、写字能力有所提高。

2.在正确、通顺、流利地朗读课文的基础上,练习运用文中的句式表达四季的景色之美,初步感受这种大自然的神奇多变,并尝试背诵课文。

3.理解课文内容,了解四季的特征,在阅读过程中感受语言的优美,积累语言,提高阅读能力,感受四季之美,激发学生热爱大自然的情感。

设计意图:确立教学目标,将传授知识、发展潜能和陶冶情操紧密结合,在整个教学过程中互相渗透,共同完成。

【重难点分析】

1.教学重点:①引导学生正确、流利地朗读课文;②练习运用文中的句式表达。

2.教学难点:①提高学生识字、写字的能力;②引导学生有感情地朗读课文,根据思维导图背诵课文;③感受四季之美,激发学生热爱大自然的情感,并勇于开口表达自己的情感。

突破途径:与生活实际相结合,重点通过个性阅读法、情景拓展法及课堂表演法,让学生领会思想、提升自我。

【教学过程】

一、画面渲染,激情导入

1.师:同学们,你们知道现在是什么季节吗?(出示秋天的景色图片)

2.教师对着图片配乐朗诵:秋天的天空像一块覆盖大地的蓝宝石,已经被秋姑娘用手抚摸得非常漂亮而洁净。朵朵白云像一团团软软的棉花糖一样飘呀飘呀真可爱;又像一只只青青草原上的小肥羊跑啊跑啊真淘气。天上的大雁一会儿排成个"人"字形,一会儿排成个"一"字形,一会又排成个"八"字形,可真整齐呀!秋天像是一个穿着金黄色连衣裙的仙女,她那轻飘的衣袖拂去了太阳的炎热,将明亮和清爽撒给大地。万山红遍,枫叶如舟。瞧那一簇簇,一片片的枫叶挂满一树,铺满一地。

　　3.教师引学:看了画面上的景色,你想说点什么吗?(板书:秋)

　　4.教师引问:秋天,除了我们刚从画面上看到的景色之外,你还知道些什么?一年之中,除了秋季,还有哪些季节?(板书:春、夏、冬)真好,今天让我们一起走进四季,去欣赏四季的美丽景色。(板书:四季)

　　5.学生齐读课文题目。

二、自主读书,合作探究

　　师:请同学们打开书本,自由读课文,请注意读准生字的字音。(生读)

　　字音读准了吗?请看屏幕,互相读读,读对了就互相竖个大拇指,不懂的就教教他。

　　师:生字回到词语里,咱们开火车读。读对了就跟着读。

　　设计意图:通过运用拼读的方法,自主学习拼音。通过互相学习以及教师检查的方法,解决拼音的难点。这环节,充分发挥学生学习的主动性。

三、合作探究,美读课文

　　师:同学们,根据文中的描写,你能把这几幅图,按课文写的顺序,重新摆一摆?(打乱顺序,重新排序,一生排)

　　师:看来,你读书很用心,看图也很仔细,把掌声送给他。咱们的课文就是按春、夏、秋、冬这样的顺序来写的。

　　师:我们先来看看,四季的景色有什么变化?请认真看图,说说你最喜欢哪个季节?并带着你的喜爱之情,把你最喜爱的季节读一读。

　　1.小组合作、探究,选择自己喜欢的季节,美美地读一读。

　　2.教师启发、指导把课文读美。

　　师:像这样读出自己感受的,就是朗读。

　　3.生生、组组、师生挑战读。

　　4.离开课本,看四季的画面,读一读。

　　5.指导学生边做动作边读课文。

　　师:听了你们的朗读,陈老师仿佛看见了四季的交替。很有画面感,这就是朗读!同学们,你们读书就是要这样,坚持读出自己的感情,以后才能成为播音员哦。

四、随机学文,感受四季

　　1.发现"春草"。

　　①师唱:春天在哪里呀,春天在哪里?春天就在小朋友的眼睛里。

　　(出示图片和文字)瞧,春天来了,你们都认真地看一看,春天带来了什么?

　　②教师:你们喜欢春天吗?有一个小朋友很喜欢春天,他还给春天写了一句话:草芽尖尖,他对小鸟说:"我是春天。"

　　③引导学生品味语言:"草"和"草芽"比较,"草芽"是什么样啊?(除了"尖尖",还有"绿绿、嫩嫩"等)正因为尖尖的草芽只有春天才有,所以草芽说:"我是春天。"

　　④教师引读:尖尖的草芽在对小鸟说的时候是什么表情?(高兴、自豪、骄傲)请你也带着这样的表情来读一读。请同学们也来做小草芽,自由读、指名读、男女生分读,读出小草芽的自豪、高兴等语气后进行评价。

　　⑤教师:同学们,春天除了草芽尖尖外,谁能给春天写一句话呢?

　　出示句式:

　　桃花( ),他对( )说:"我是春天。"

　　梨花( ),他对( )说:"我是春天。"

　　( ),他对( )说:"我是春天。"

　　⑥总结:欣赏了春天,我们觉得春天是( )!

　　2.听取"蛙声"。

　　①教师:夏天多热闹啊!这是谁在唱歌?谁在说话?让我们赶快去听一听!

　　②教师:在读文的基础上,说说你知道了夏天的什么,(重点品味"圆圆")进而美读词句,并想象青蛙跳上荷叶会说些什么。

　　③教师引读,美读升华:读出圆圆的荷叶在听了青蛙的话后的语气,读出夏天荷叶长得好的语气等。

　　④拓展练句。

　　( ),他对知了说:"我是夏天。"

　　( ),他对( )说:"我是夏天。"

　　3.触摸"秋谷"。

　　①教师:小朋友,秋姑娘给我们送来了哪些礼物?(水果、谷穗、树叶)指名说:秋姑娘给我送来了( )。

　　学生练说:秋天到了,( )。

　　②教师:秋天是个收获的季节,果子熟了,庄稼也熟了。出示诗句,读:谷穗弯弯,他鞠着躬说:"我是秋天。"

　　③美读体情:如果你是谷穗,你会带着什么样的心情来读?(指名读、带动作读、齐读等)

4.感受"冬雪"。

①读一读雪人的话:雪人大肚子一挺,他顽皮地说:"我就是冬天。"

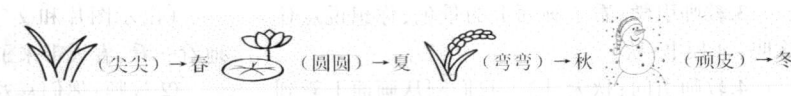

②读品味:你觉得雪人怎么样?(顽皮)你从哪里看出来的?(大肚子一挺)读出雪人的顽皮,比赛读。

③表演品读:让学生边读边表演,体会小雪人的顽皮。

④练习说话:你想对冬天说些什么?出示句子:冬天,(　　)。

设计意图:此课文把语文核心素养落实为课堂上的"四字经",即读、思、说、写。在朗读这方面,培养学生体会读的不同层次:1.正确流利;2.感受领悟;3.方法指导。体现出朗读中的"有效朗读及有味朗读"。让学生有"深度的思维学习"。让思维训练始终跟语言训练结合在一块。激发学生思考问题的思维的张力。所谓有张力,就是有思维发散的空间,有比较多的可能性,答案不是唯一而是多元的。

五、思维拓展,强化训练

师:同学们都是善于思考的人,但思考得要恰当,思考得要美好。如果你们再能说几句,那就都是小诗人了。现在看看谁是班上的小诗人。

模仿书中的句子,写一首自己的小诗。

_____对小鸟说:"我是春天。"
_____对青蛙说:"我是夏天。"
_____对_____说:"我是秋天。"
_____对_____说:"我是冬天。"

设计意图:阅读的本质是思考,是最基本也最基础的思考。写,也是思考。文字是有温度的,这更是学生的感受。"我手写我心"注重学生的情感体会。

六、儿歌总结,情感升华

今天,我们非常高兴和春夏秋冬四季交了朋友。春夏秋冬四季也有首儿歌要送给大家。现在,我们就一起来读一读这首儿歌吧!

你拍一,我拍一,春夏秋冬真美丽;你拍二,我拍二,春芽尖尖出地面;你拍三,我拍三,荷叶圆圆绿连天;你拍四,我拍四,谷穗弯弯满田地;你拍五,我拍五,顽皮雪人在跳舞;你拍六,我拍六,一年四季轮回走。

七、板书设计

(尖尖)→春　(圆圆)→夏　(弯弯)→秋　(顽皮)→冬

设计意图:简笔画板书,形象直观,深受学生的喜欢,还可以加深学生的记忆,学生看着板书就可以背诵课文。

【教学反思】这节课主要有以下几个板块:检测生字掌握情况、指导朗读课文、指导思考课文、引导说话、指导仿写。主旨设计在通过朗读指导的基础上,感受四季的美好。并能体会用词的准确性以及唤醒学生已有的生活经验。因此,在朗读环节我通过从语音、语调、感情、动作等几方面进行把握,调动学生的各种感官,让学生进入文本,贴近文字,感受字里行间流淌着的语文味道。

1.聚焦语文"核心素养",让语文课有灵魂

字词句段、听说读写的学习,如何融为一体?这次是用"四者"融合:朗读者、思考者、演说者、写作者。无论哪一者,都指向人的认知与情意发展:读,不是止步于正确流利,而在是否感知到作者的感知,触摸到作者的感情;思考,不是止步于答案的获得,而更在于思考的经历与提升;写,不是止步于语句的准确连贯,而在于是否有个体的"新奇"和表达的"美好"。这样的语文课才有灵魂。

2.利用句式,拓展延伸

除了熟读文本,我还通过用文中固定的句式:_____对_____说:"我是_____。"让学生说句子,以帮助理解课文。让学生积累思维图式和表达范式,这样的引进是恰到好处的。但这既是亮点也是败笔,因为教师过于强调句式,而忽略了孩子的儿童语言能更贴近孩子的思维与认识。

3.释放创新,表达个性

每一个孩子都有童心。童心是人类共同的精神故乡,是每一个人都曾经拥有或试图拥有的精神泉源。这节课教师利用课后的拓展(我是小诗人及四季拍手儿歌),用了两步帮助学生迁移所得,释放个性与展现创新:第一步进行仿写,第二步是四季拍手儿歌的朗读,让学生更加了解四季的特征。学生在课堂上的奇思妙想,在阅读后的表达,在新情境的运用,都会有创新的火花。

陈小婷,广东省深圳市华南师范大学附属龙岗大运学校教师。

试探贾宝玉的梦与情专题教学设计

◎陈亚男

【教学目标】

1. 理解贾宝玉专情而博爱的形象特点,解读"意淫"的内涵。
2. 理解贾宝玉"情"悲剧的必然性,理解小说批判封建等级和礼教的创作主旨。
3. 学习运用勾连法、对比法开展《红楼梦》整本书阅读。

【教学流程】

一、引出探究话题:披梦入情

课前,我们阅读了宝玉与众女儿们相处的小说片段,以"宝玉之情"为题目,写了一段评价文字。

同学通过这个学习任务,对"宝玉之情"有了初步认识。有的同学认为,虽然宝玉心中喜爱黛玉,却与很多身边的女子纠缠不清;有的同学则认为,宝玉虽然多情,但也专情。实际上,宝玉是否是滥情之人,是一段争论不休的公案。这节课,我们便试着去了结这段公案,对宝玉之情有准确的理解。

同学们都做过梦吧。那你为什么做梦呢?

所以,"梦"是一面映照现实生活的镜子,是一扇透视心灵秘密的窗户。脂砚斋批香菱得诗之梦时说:"一大部书起是梦,宝玉情是梦,贾瑞淫是梦,秦氏家计长策是梦,今(香菱)做诗也是梦,一部《风月宝鉴》亦从梦中所有,故曰'红楼梦'也。"由此可见,"梦"在《红楼梦》一书中的重要地位。这节课,我们一起分析宝玉梦境的前因后果,进入宝玉的心灵世界,来理解宝玉之情。

二、披梦入情——巧勾连,做对比,明宝玉之情

激趣活动:我们先来一个热身活动。之前我们已经梳理了《红楼梦》中的 32 个梦境。下面是咱们班周昱良同学对其中一些梦境内容的概括,大家看看它们分别是谁的梦。

宝钗床边缝肚兜,忽听梦中骂道俗,金玉俺只念木石。【宝玉绛云轩金玉木石之梦】

紫鹃试心言黛归,发狂惊之不省事。林之孝家前来探,怕送黛玉打出去。【紫鹃试玉,宝玉梦黛玉回老家】

心思凡鸟,正照风月鉴。情不胜欲,梦中宣泄亡。【贾瑞照风月宝鉴梦王熙凤】

情缘未斩念宝玉,观二猫可相亲,禅心就此泄。疯病一时来,只闻媒人说,又遭强人劫。【妙玉走火入魔梦】

挨打昏昏沉睡去,玉菡说被忠顺拿,金钏罡为他投井,恍恍惚惚黛玉来。【宝玉挨打后梦蒋玉菡、金钏儿】

一晚发呆五更眠,但梦晴雯来辞行。【宝玉梦晴雯死前辞行】

学习任务一:梳理宝玉梦境,明确分析重点

提问:下面都是宝玉之梦,请同学们找出其中与黛玉和其他女儿相关的梦,用不同颜色标注出来。

【5回】贾宝玉游太虚幻境:秦氏房中入幻境,阅册又历饮馔声色,堕入迷津吓醒来。

【13回】贾宝玉梦秦可卿死:黛玉归扬州,落单早晚眠。惊闻可卿死,吐血好悲恸。

【34回】宝玉挨打后梦金钏、琪官:挨打昏昏睡去,玉菡说被忠顺拿,金钏罡为他投井,恍恍惚惚黛玉来。

【36回】宝玉绛云轩金玉木石之梦:宝钗床边缝肚兜,忽听宝玉骂道俗,金玉俺只念木石。

【51回】宝玉梦中叫袭人:袭人奔丧归家去,宝玉口渴梦中叫。

【第56回】贾宝玉梦甄宝玉:闻说甄家亦宝玉,贾家宝玉梦甄府,自称宝玉不被信,两个宝玉得相见。

【57回】宝玉梦黛玉回老家:紫鹃试玉言黛归,宝玉惊之不省事。林之孝家前来探,怕送黛玉打出去。

【58回】宝玉假说梦杏花神:未救藕官假说梦,杏花娘娘需纸钱,唯有外人才能烧。

【77回】宝玉梦晴雯死前辞行:一晚发呆五更

眠,但梦晴雯来辞行。

【83回】宝玉梦中喊心疼:宝玉半夜喊心疼,如刀割,正应晴儿梦。

【98回】宝玉梦黛玉回南:生病将死,梦入阴司,黛玉已归,无可奈何。

【116回】贾宝玉幻境悟仙缘:进真如福地,再历太虚幻境,悟金册判语,见过往旧人,和尚警心悟情缘。

学习任务二:分析宝玉梦境,理解宝玉之情

小组探究:从与黛玉或其他女儿相关的梦境中任选一个,联系梦前、梦后的相关情节,理解宝玉之情,填写下面的表格。要求:标明所依据情节在阅读资料或者书上的具体页码,结合具体词句分析。

梦境名称	勾连情节	对比情节

小组展示:提醒学生一定要结合具体内容分析,回归文本。

分析示例:

1.分析梦黛玉

重点梦境呈现:"和尚、道士的话如何信得?什么是'金玉姻缘',我偏说是'木石姻缘'!"

勾连:联读宝黛爱情发展相关内容,理解宝玉的专情。

第8回(探宝钗黛玉半含酸)【金玉良缘与木石姻缘】

第19回(意绵绵静日玉生香,宝玉无微不至的关心,宝黛恋爱的纯洁】【金玉良缘与木石姻缘】

第23回(共读西厢)【宝黛的知己之爱,宝黛恋爱的纯洁】

第32回(宝玉诉肺腑明真心)【宝黛的知己之爱】

第34回(宝玉挨打后钗黛探望)【宝玉无微不至的关心,宝黛的知己之爱】

第57回(紫鹃试玉,玉玉发狂)【宝玉的专情】

第98回(黛死钗嫁)【宝玉的专情】

读书方法总结:刚刚同学们分析的过程中,一直在使用一种我们常用的阅读《红楼梦》的方法——勾连法。通过前面的课程我们知道,《红楼梦》呈现伏脉千里、一树万源的情节结构形式,因此,在阅读某个故事的过程中,我们不能孤立地去看,一定要前后勾连,关注到情节的关联性。

实际上,《红楼梦》的创作还有另外一个比较重要的特色——对比。

比如说:与他人相思之梦进行对比,如与贾瑞梦见王熙凤、小红之梦对比,有助于理解宝黛之爱属于精神之恋,知己之爱。

总结:宝玉之情乃专情,宝黛的自由恋爱,是"突破世俗封建的爱情"(邢金泽),"是灵魂上的共鸣与共舞"(马煊迪)。是精神之恋,知己之爱。

2.分析梦可卿、金钏、晴雯之梦

勾连:

(1)梦可卿

勾连:可卿人才(才貌双全)、卧房一梦、见病落泪、闻死吐血

实质:是对可卿的倾慕,更是敬重。

拓展:探春、迎春、湘云、宝钗……【请学生补充小说中宝玉和她们相处的相关情节,理解宝玉对她们的倾慕和敬重】

(2)梦金钏、晴雯

勾连:调笑被逐、含辱投井、玉钏尝羹、外出祭奠/晴雯撕扇、对抗抄检、晴雯送帕、晴雯补裘、晴雯被逐、死前诀别、深情做诔、见袭思人

实质:是对她们的愧疚、同情,更是对她们的尊重和体贴。

拓展:香菱、司棋、鸳鸯、平儿、芳官……【请学生补充小说中宝玉和她们相处的相关情节,理解宝玉对她们的尊重和同情】

对比:

平儿便跑,被贾琏一把揪住,按在炕上,掰手要夺,口内笑道:"小蹄子,你不趁早拿出来,我把你膀子撅折了。"【第21回,贾琏语】

"大约他恋着少爷们,多半是看上了宝玉,只怕也有贾琏。果有此心,叫他早早歇了心。……叫他细想,凭他嫁到谁家去,也难出我的手心。除非他死了,或是终身不嫁男人,我就服他!"【第46回,贾赦语】

宝玉言论联读:

女儿是水作的骨肉,男人是泥作的骨肉。我见了女儿,我便清爽;见了男子,便觉浊臭逼人。

总结:宝玉之情乃博爱,是以平等之心尊重、体贴、亲近所有真、善、美的女儿们。

学习任务三:理解"意淫"的内涵

教师提问:贾宝玉梦游太虚幻境时,警幻仙姑评价其为"意淫"。通过刚刚的学习,请同学们说说自己对"意淫"这一评价的理解。我们可以结合下面的内容来分析:

投屏资料:

警幻道:"非也!淫虽一理,意则有别。如世之好

淫者,不过悦容貌,喜歌舞,调笑无厌,云雨无时,恨不能尽天下之美女,供我片时之趣兴,此皆皮肤淫滥之蠢物耳!如尔则天分中生成一段痴情,吾辈推之为'意淫'。……汝今独得此二字,在闺阁中,固可为良友,……"

我也解不过来,也从未见过这样的孩子。别的淘气都是应该的,只他这种和丫头们好,却是难懂。我为此也耽心,每每的冷眼查看他。只和丫头们闹,必是人大心大,知道男女的事了,所以爱亲近她们。既细细查试,究竟不是为此,岂不奇怪!想必原是个丫头,错投了胎不成?

学生回答后明确:"意淫"是天分中固有的、与生俱来的、纯精神意念上的一种痴情,是对女孩最深情的尊重和关心,是对女孩最无私的体贴和奉献,不是占有、不求回报。

补充脂评:按宝玉一生心性,只不过是体贴二字。

三、理解宝玉情的悲剧,理解小说主旨

学习任务四:宝玉情归何处?

提问:警幻曾经评价贾宝玉之"意淫"说:"于世道中,未免迂阔怪诡,百口嘲谤,万目睚眦。"由此可见,宝玉的情不为当时的世俗所容纳,宝玉出场时的《西江月》两首词即能表明。那么,同学们能举出相关的情节证明这一观点吗?

学生讨论后明确可佐证的相关情节:贾政的嫌恶与毒打;王夫人的监视与驱逐;钗、湘、袭的劝阻与要挟;警幻的诱导与警示……

提问:那么,从宝玉太虚幻境之梦来看,他在这些软硬兼施中是否"迷途知返"?请同学们看课件上的内容。

对比甄宝玉、贾宝玉梦游太虚幻境后的表现:

贾宝玉:"引彼至此,先以彼家上、中、下三等女子之终身册籍,令彼熟玩,尚未觉悟。故引彼再至此处,令其再历饮馔声色之幻,或冀将来一悟,亦未可知也。"……歌毕,还要歌副曲。警幻见宝玉甚无趣味,因叹:"痴儿!竟尚未悟!"……"今既遇令祖宁、荣二公剖腹深嘱,吾不忍君独为我闺阁增光,见弃于世道。……不过令汝领略此仙闺幻境之风光尚然如此,何况尘世之情景哉!而今后万万解释,改悟前情,将谨勤有用的工夫,置身于经济之道。"……警幻道:"此即迷津也。……如堕落其中,则深负我从前一番以情悟道、守理衷情之言矣!"宝玉方欲回言,只听迷津内水响如雷,竟有一夜叉般怪物窜出,直扑而来。

甄宝玉:包勇道:"……幸喜后来好了,嘴里说道,走到一座牌楼那里,见了一个姑娘,领着他到了一座庙里,见了好些柜子,里头见了好些册子;又到屋里,见了无数女子,说是多变了鬼怪似的,也有变做骷髅儿的。他吓急了,便哭喊起来。老爷知他醒过来了,连忙调治,渐渐的好了。老爷仍叫他在姊妹们一处玩去,他竟改了脾气了,好着时候的玩意儿一概都不要了,惟有念书为事。就有什么人来引诱他,他也全不动心。如今渐渐的能够帮着老爷料理些家务了。"

提问:读完小说我们发现,宝玉以真情呵护的这些女孩子们却为他的真情所累,甚至成为悲剧。比一比:看谁能快速说出下列悲剧主人公的名字。

可叹停机德,堪怜咏絮才。玉带林中挂,金簪雪里埋。【薛宝钗、林黛玉】

风流灵巧招人怨。寿夭多因毁谤生【晴雯】

太高人愈妒,过洁世同嫌……无瑕白玉遭泥陷【妙玉】

自从两地生孤木,致使香魂返故乡【香菱】

襁褓之间父母违。展眼吊斜晖,湘江水逝楚云飞。【湘云】

来旺妇倚势霸成亲【彩云】

深思:宝玉的真情为何没能挽救她们?请你结合本节课的分析谈谈你的看法。

四、总结阅读方法

勾连对比知事实:像《红楼梦》这样的长篇小说,我们一定要注意前后勾连,多方对比,整体把握故事情节。

进入情境求共情:同时,我们不能以现代的观念去理解人物形象,而要将人物放到他所处的具体环境中去理解。

品读文字明形象:《红楼梦》语言艺术高妙,我们要在品析语言的过程中细致把握人物形象,揣摩人物心理,理解人物情感。

课后作业:

1.据脂评,警幻情榜上对宝玉的评价为"情不情",请你结合具体的小说内容,说说你对这个评价的理解。

2.《红楼梦》中的梦,还是一句富有预示意义的谶语。请同学们课后找出具有预示意义的梦境,围绕小说的主线(宝黛爱情、贾府兴衰、女儿命运),结合梦境内容,分析小说"伏脉千里,一脉万源"的创作特色,完成不少于500字的研读小论文。

陈亚男,北京市丰台二中教师。

统编高中语文教材必修上册第三单元教学设计

◎陈泽锋

【设计背景】

古诗词是中华传统文化的瑰宝,蕴含着古人丰富的情感和深邃的思想。统编高中语文教材必修上册第三单元聚焦"文学阅读与写作"任务群,以"生命的诗意"为人文主题,选编了魏晋至唐宋时期的诗词作品共八首。这八首诗词分为三课,包括了魏晋诗歌《短歌行》《归园田居》,唐代诗歌《梦游天姥吟留别》《登高》《琵琶行》,宋词《念奴娇·赤壁怀古》《永遇乐·京口北固亭怀古》和《声声慢》。以上不同时期、不同体式的诗词名作寄寓着作者的人生之思,是他们精神世界的外显,更是一个能让中学生洞察传统文化精髓的"窗口"。在诵读涵泳的基础上探寻诗词之"美",通过深入学习认识古典诗词的当代价值,对提高同学们的思想修养与文化品味,提升他们的语文素养大有裨益。

基于校本课程资源,本人在学期初即结合教学目标和单元学习任务,提出了该单元的语文学习情境——学校文学社拟举办主题为"'经'读古诗词'典'亮新征程"的经典诗词诵讲写大赛,现特面向全校同学海选征集参赛作品。大赛分为"因声求气感诗韵"诵读比赛、"置身其境赏诗景"演讲比赛、"披文入情论诗篇"写作比赛三个赛项。为了提高同学们的活动参与度,展现班级文化风采,"班委会"决定先在班级内部就三个项目进行小组比拼,并最终推选优胜者进入校级总决赛。在此过程中,学生以语文实践为主线,从诵读、鉴赏、表达三个方面增加了学习的获得感,不仅完成了对单元内容的学习,还实现了其中承载的"文学阅读与写作"任务群学习目标。

【学习目标】

一、借助知人论世的方法整体感知诗歌,欣赏其独特的艺术魅力,增强文化自信。

二、设计朗诵脚本,通过情境朗诵或吟诵的方式再现作品,初步体会古诗词音韵美。

三、发挥联想和想象,感受诗歌意境之美,在语言赏析中掌握古诗词鉴赏的基本方法。

四、选取任意一首古典诗词,从内容、形式等角度对它作出评点,尝试写作文学小短评。

【专题实施】

第一课段:初读诗词知魅力

一、学习目标

小组成员合作建立八份"人物档案",通过写作"颁奖词"体察诗人的生命境况。

二、课时安排:2课时。

三、学习资源

1.课文材料:魏晋诗歌2首,唐代诗歌3首,宋词3首。

2.视频材料:电视纪录片《唐之韵》《宋之韵》,"知识放映室"专题视频《一口气看完曹操一生》《一口气看完陶渊明一生》,《千古风流人物》纪录片之李白篇、白居易篇、苏轼篇、辛弃疾篇、李清照篇以及央视纪录片《伟大诗人杜甫》。

四、学生活动

1.浏览诗词原文,借助视频和教辅资料了解作者生平,为八位诗人各自建立一份"人物档案"。档案内容包括但不限于人物的基本信息、主要经历、创作风格、代表作品、历代评价等。

2.每个同学给自己欣赏的诗人写一段100字以内的颁奖词,组内交流后共同为本组"最佳作品"对应的诗人制作一份人物宣传海报。"颁奖词"是对诗人独特人格的礼赞,最后需要誊写在海报的文字区域内,所有作品将张贴在班级宣传栏供大家参考学习。

五、学习评价

古诗词中寄托着作者的生命感悟与人生态度,其所抒发的情感往往会因为诗人所处时代和个人遭际的不同呈现出多样风貌。调动对作者生平的已有认知来理解诗作,使用优美凝练、朗朗上口的"颁奖词"概括其人其事,有助于在读写结合中把握作品的深刻内涵。

第二课段:因声求气感诗韵

一、学习目标

小组从八首诗词中任选一首设计朗诵脚本,以多样的形式进行呈现,感受古诗词的音韵美。

二、课时安排:4课时。

三、学习资源

1."诵读方案设计知识"资料(《教学用书92页》),陈少松的《古诗词文吟诵导论》。

2.名家朗诵古典诗词的音频或视频网页链接,如任志宏演绎的《归园田居》等。

3.诵读要用到的配乐资源包(《古典诗词吟唱曲谱》)和表演背景画面。

四、学习活动

1.每组确定最喜欢的一首诗词,组员模仿经典朗诵,注意情感基调和音韵节奏。

2.撰写朗诵脚本,通过设计角色、讲述故事的情境式朗诵对作品二次创作。

3.对重编的节目彩排练习,熟悉诗歌及脚本内容,课堂展示活动成果。

五、学习评价

古典诗词具有很强的音乐性,同学们准备诵读比赛的过程也是体会传统诗歌音韵美和情感美的过程。班级诗词朗诵会拟采取百分制,分别从"声与情""内与外""诗与乐""诗与画"方面对学生学习成果进行评价。一个作品的演绎不仅要注意声音的长短、断续、轻重、徐疾、抑扬,注意内在声音与外部动作的协调配合,更需要找寻恰切的配乐和选择合适的背景画面,以求达到诗、乐、画的和谐。通过多主体评价对学生的学习进行调节和检验,无疑是语文实践活动的真实需要。只有把作为"学习者""同学者"的学生,还有扮演"助学者"的教师纳入到评价体系当中,用自我评价、组间互评、老师评定的方式形成综合性评价,才能科学、公正地反映现实并达成以之激励和指引教学的目标。

第三课段:置身其境赏诗景

一、学习目标

在意象组合中感受意境,逐步掌握鉴赏古典诗词的方法,探究诗人的生命表达和追求。

二、课时安排:3课时。

三、学习资源

《声声慢》集评资料、朱靖华的《物境与心境交互染色——〈声声慢〉赏析》、苏春燕的《情感与意象关系辨析及对诗歌教学的启示》。

四、学习活动

1.沈去矜曾说:"男中李后主,女中李易安,极是当行本色。"单篇学习《声声慢》,借助表格梳理意象、意境与情感表达的关系,明白意境在诗歌创作中的重要作用。

"意境之美"梳理表

诗句	具体物象	意象特点	意境概括	思想情感

2.选择其中一种意象,联系所学过的诗文,研讨诗人如何通过它抒发心中况味。最终成果要形诸于文字,写成一篇关于意象研究的小论文,以演讲的方式在班上公开分享。

有同学在活动中对"酒"进行了解说——《声声慢》通篇写"愁"却不见"愁"字,词作借助外物渲染了无处可寻、无处不在、无可奈何的忧愁。由"三杯两盏淡酒,怎敌他晚来风急"中的"酒",我们联想到了范仲淹的"酒入愁肠,化作相思泪"和李白的"抽刀断水水更流,举杯消愁愁更愁"。在古诗词中,酒是"愁"的象征。李易安之酒或许并不"淡",只不过是因其愁绪太过浓厚,酒力根本无法压住,借酒浇愁难消除而显得酒"淡"罢了。如此一来,人物内心情绪就通过"酒"意象不动声色地表达了出来。

"意象"是指带上了诗人主观情思的客观物象,它是构成诗歌的显性元素。王国维在《人间词话》中曾有"一切景语皆情语""以我观物,故物皆着我之色彩"的论断。入诗风物的确定不是随性的,而是要根据表情达意的需要。可以这样说,意象的选取、意境的营造与诗人的生命思考和表达密切相关。通过写作发言稿,学生自主完成了对文本的审读与理解,无形中提高了自身的古诗词鉴赏能力。

五、学习评价

本环节中的两个活动相互衔接,从具体找寻、分析某个意象在诗歌中的作用,到归纳、总结一类意象的文化寓意,很好地实现了古典诗词的整合学习。学生通过撰写发言稿积累了丰富的语言材料,而演讲活动的安排则为他们提供了一个展示的平台,回应了"语言建构与运用"的要求。

第四课段:披文入情论诗篇

一、学习目标

参照提供的论文材料,对同一课里的不同篇目进行比较阅读。了解文学短评的评价标准，以写作为抓手加深对作品、人物和时代的理解，认识古诗词的当代价值。

二、课时安排：3课时。

三、学习资源

1.写作指导资料《学写文学短评》(《统编教材69页》)、文学评论优秀范例若干。

2.王楚《在不同的人生选择中实现生命的超越——〈短歌行〉〈归园田居(其一)〉诗歌联读》、杜韦滨《迷离的梦境与悲凉的现实：〈梦游天姥吟留别〉〈登高〉对比阅读》、刘朝群《困顿人生中的生命诗意——〈念奴娇·赤壁怀古〉〈永遇乐·京口北固亭怀古〉对比解读》。

四、学习活动

1.重点探讨《短歌行》和《归园田居》在抒情言志方面的差别。研读拓展材料，感知不同诗作篇目对生命的独特发现与创意表达。结合诗人的个性特征和写作背景，探究其表现不同的原因。

2.从作品的语言、形象、手法、主题等角度出发，围绕"生命的诗意"单元主题，任选一首诗歌撰写不少于500字的文学短评。教师可以给出一定的选题参考：如以"忧与游"为话题，比较《短歌行》和《归园田居》在表达志士之慨和隐士之情时不同的表达技巧；以"豪放与婉约"为话题，对《念奴娇·赤壁怀古》《永遇乐·京口北固亭怀古》和《声声慢》进行比较赏析等。写作文学短评的切入口要小而集中，各小组对照标准选择一篇评价最高的文章合作修改，将其作为本组的最终成果推荐分享。

五、学习评价

古诗词文学短评写作是我们走进作品、走近作者的有效途径，无论是陶渊明的生命觉醒，还是曹操的慷慨悲凉，又抑或是杜甫的悲悯情怀都是一种诗意的人生表达。我们与古人所处的时空虽然不同，但仍可以通过文字与他们同频共振，在理解他们面对人生际遇时的不同选择中感受生命律动。

第五课段：公开演示展成果

一、学习目标

汇聚各专题学习成果，公开选定入围经典诗词诵讲写大赛总决赛的名单。

二、课时安排：3课时。

三、学生活动

1.介绍"人物档案"，解说"颁奖词"并张贴宣传海报。

2.根据既定的诵读方案演绎再现古典诗词作品。

3.围绕意象意境研究话题进行5分钟的演讲。

4.展示各组推荐的文学短评文章，择优发表在文学社社刊上。

四、活动组织

邀请班主任、相关社团指导老师以及家长代表作为评委参与遴选过程。电教委员、学习委员牵头成立"设备组"和"计分组"，对活动全程进行摄影录像并统计每个节目的得分情况。班级最终评选出诵读、演讲、写作比赛的优胜小组，由班长协助做好颁奖表彰安排，推荐至校级总决赛。

【专题评价】

本单元对应了"新课标"18个任务群中的"文学阅读与写作"，旨在引导学生通过学习古代中国优秀诗词作品，在感受形象、品味语言和体验情感的过程中提升文学欣赏能力，尝试写作文学短评。基于此，本教学设计以班级推选优胜者参加"经典诗词诵讲写大赛"总决赛为核心任务，以"感诗韵""赏诗景""论诗篇"的专题学习形式展开单元教学，力求让学生在真实的学习情景中有切身的体悟，有效提高表达交流和审美鉴赏能力，激发他们对中华优秀传统文化的自豪感。

开放的课堂呼唤灵活的组织形式，对标"新课标"提到的"语文学习共同体"，笔者指导学生建立合作小组，引导他们在讨论交流中碰撞出智慧的火花，实现学习效益的最大最优化。而立足于学生自主学习的一系列资源的提供，则使同学们完善了自身的学科体系，为其后的知识"运用"打下了基础。在教学评价方面，本课例在各专题结束后借助"颁奖词""演讲稿""情景朗诵"和撰写文学短评等方式引导学生对课文进行深度学习。在此过程中，诗人寄寓诗中的生命思考与精神追求在大家脑海中留下了深刻的印象，而语言、审美、文化几个语文核心素养也得以落地生根。总而言之，中学生既是"文学阅读与写作"任务群的实践主体，更是赓续中华优秀传统文化的主角。关注古诗词的当代价值，合理利用校本、社区资源开展文化参与活动是增强文化自信的必由之路，也是落实"立德树人"根本任务的题中之义所在。

陈泽锋，广东省佛山市顺德区第一中学教师。

《一棵小桃树》教学方案

◎ 戴婧怡

【文本解读】

《一棵小桃树》是一篇状物抒情、托物言志的散文，作者通过描述一棵小桃树曲折艰难的生长过程，赞颂了与命运抗争的顽强精神，并借小桃树书写了自己的情志、理想：面对生活的困苦和磨难，要顽强地斗争，不懈地追求。

【核心素养目标】

1.审美创造：自读课文，梳理文脉，概括小桃树的生长过程，感知小桃树的形象特点，有创意地表达自读感受。

2.思维能力：品味细节描写，比较小桃树的成长和"我"的人生经历，感知作者对小桃树的情感，学习托物言志的写法。

3.语言运用：感悟文章主旨，个性化、多元化地阐述对文章内涵的理解。

4.文化自信：树立面对挫折苦难仍坚强不屈、顽强斗争、不懈追求的人生观。

【教学重难点】

重点：品析描写小桃树的语句，体会"我"对小桃树的独特感情。

难点：寻找小桃树与"我"的共性，理解文章赞美小桃树顽强生命力所寄寓的深刻含义。

【课前准备】

学生自读课文，完成以下预习作业：

1.查阅资料，了解作者。

2.熟读课文，理清文章行文结构。

3.标划关键句，概括小桃树的特点，并且能通过绘制图表、制作档案等多元化形式进行归纳总结。

【教学过程】

一、课前导入

播放歌曲《勇气大爆发》。

过渡语：同学们，如歌词所唱，那个在心里种下一颗小桃核，希望它长大开出灼灼的花的人是谁呀？（贾平凹）今天就让我们跟随贾老的文字，走进这一棵小桃树。

二、预习检测

（一）作者介绍

课前布置了大家预习，谁能为我们介绍下作者？

明确：贾平凹（wā），原名贾平娃，中国当代作家。中国作家协会副主席，中国作家协会散文委员会主任，陕西省作家协会主席。主要作品有小说《商州》《废都》《高老庄》等。他的作品通俗中有真情，平淡中见悲悯。寄托深远，笔力丰厚。

（二）文章内容梳理

1.如何划分内容层次？

明确：

第 1 段——交代"我"写小桃树的缘由。

第 2 段——写眼前小桃树在风雨中饱受磨难的情景。

第 3-8 段——回忆小桃树艰难曲折的生长过程。

第 9-14 段——回到眼前小桃树在风雨中顽强挣扎，含苞欲绽的情景。

2.划分段落的依据是什么？

明确：通过找表示时间顺序的词语和句子。第2段从"今天的黄昏"开始说的是眼前的小桃树，第3段"好多年前的秋天"开始回忆小桃树从前的事，第9段"如今"又再回到现在开始描写风雨中的小桃树。

过渡：从内容上看，我们可以清楚感知到全文是围绕这一棵小桃树展开的，那么这究竟是一棵怎样的小桃树呢？

三、课堂活动

活动一：一棵小桃树

1.合作探究，感知形象。小组合作，完善小桃树的生长过程和形象特点,并选择最具创意的作品展示。

阅读提示:文本中的小桃树,在不同时期有着不同的特点,注意比较阅读,梳理小桃树的生长经历,把握不同时期小桃树的特点。

预设:

【诗歌展示与诵读】

这是一棵种在墙角的小桃树,

……

生而充满希望!

【表格展示】

埋在院角	拱出嫩芽	二尺来高	有院墙高	开花	花苞
蓄着我的梦	委屈、脆弱	缓慢生长、样子猥琐	努力、被人遗忘	病弱、孤独	顽强

评价:非常清晰的表格,清楚地拉出了文章的线索,也将小桃树的生长经历和不同时期的特点直观地呈现在大家眼前。哪一个形象让你印象最深刻?能给我们读一读吗?

例:我的小桃树千百次地俯下身去……像风浪里航道上的指示灯,闪着时隐时现的嫩黄的光,嫩红的光。(学生朗读)

2.小结:这是一棵脆弱、被人遗忘、无人欣赏、样子猥琐、病弱、孤独寂寞却又顽强的小桃树。也是一棵我亲手种下,蓄着我的梦的小桃树。

过渡语:面对这样一棵与众不同的小桃树,"我"是什么态度?

活动二:我的小桃树

小组讨论,探究在不同生长时期作者对小桃树情感。

预设:

埋在角落——想让它蓄着我的梦。(期待)

拱出嫩芽——它长得很委屈,是弯了头,紧抱着身子。第二天才梳开身来,瘦瘦的,黄黄的,似乎一碰,便立即会断了去。(可怜)

二尺来高——它是我的,它是我的梦儿中长的。我想我的姐姐弟弟,或许已经早忘却了,他们那含着核桃做下的梦,但我的桃树却使我每天能看见它。(喜爱)

有院墙高——小桃树儿,我怎么将你遗在这里,而身漂异乡,又漠漠忘却了呢?(愧疚)

开花——可怜它年纪儿太小了,可怜它才开

了第一次花儿!(可怜)

花苞——小桃树啊!我该怎么感激你?(感激)

我亲爱的,你那花是会开得美的,而且会孕出一个桃儿来的;我还叫你是我的梦的精灵,对吗?(期待/希望)

总结:可怜、喜爱、愧疚、感激、期待,这都是"我"对小桃树深情的体现。

过渡:为什么"我"对这棵小桃树有如此深挚的情感?

活动三:我和小桃树

1.同桌合作,勾画文中关于作者人生经历的描写。

明确:

"走出了山,来到城里,我才知道我的渺小"——出身低微,离家进城,感到渺小。

"但是,我慢慢发现我的幼稚……心境似乎是垂垂暮老了。"——人世复杂,感到幼稚,心境衰老。

2.结合课外阅读材料,说说看小桃树和"我"有着怎样的关系。

【补充材料一】 "我以优异的成绩考上初中后,便又开始了更孤独更困顿更枯燥的生活……这一打击,使我们家从此在政治上、经济上没于黑暗的深渊,我几乎要流浪天涯去讨饭!"(贾平凹《这是一个极丑的人》)

【补充材料二】 1976年,贾平凹已经在全国发表了四十多篇作品。怀揣文学梦想的贾平凹,最大的目标是发表更多的作品。他每天坚持玩命地写作,不断向全国各大媒体投寄自己创作的作品,但往往石沉大海,没有任何一点音讯,手头收到最多的是书报社或杂志社的退稿签。"稿子向全国四面八方投寄,四面八方的退稿又涌回六平方米。退稿信真多,几乎一半是铅印退稿条,有的编辑同志工作太忙了,铅印条子上连我的名字也未填。"贾平凹在这一年将收到的所有退稿信都贴到墙上,"抬头低眉让我看到我自己的耻辱。"(魏锋《初入文坛的贾平凹》)

明确:"我"出身低微,又因"文革"影响,成长过程艰难。年幼离家进城,顿感自己的渺小,本以为能够轰轰烈烈干一番大事业,却不料人世复杂,以至于心境也垂垂暮老了。

活动四:我是小桃树

1.播放小桃树与"我"的成长轨迹。

朗诵词：我出生在大山里，就如同院子角落的小桃核，只是世间一颗卑微的粒子。但我们都有着最美的梦，渴望着长大，渴望着开花。怀着炙热的梦想，小桃树努力撑开枝条，而我去了远方……但我们都忘了，卑微的出身和恶劣的环境让她只能开出病弱的花，让我一遍遍将人世间的辛酸苦辣都品尝。生活的暴雨，你尽管下吧，纵使散落了一地的花瓣，我的小桃树依然保留着欲绽的花苞。而我，也将像她一样，勇敢顽强！

总结：作者和小桃树一样，成长环境恶劣，成长经历坎坷。这便使小桃树和"我"建立了联系，小桃树就是另一个"我"。这里也引出了文章写作的一条暗线——"我"的成长经历。

2. 谈谈作者在小桃树影响下人生态度的变化。

明确：原来因为成长环境恶劣、成长经历坎坷，"我"心境垂垂暮老。现在看到风雨中"不服输"的小桃树，"我"又重新燃起了希望，坚定信心。

3. 写作手法总结。

明确：文章最后作者直抒胸臆对小桃树表达了他的赞美，也借小桃树抒发了自己的人生志趣，这种表现手法叫做——托物言志。

4. 有感情再读感悟。

顽强不息的小桃树，感染了作者，也打动了我们。接下来请全班同学一起用饱含希望的语气大声朗读最后一自然段。

活动五：你是小桃树

（过渡句：在大家的朗读中我听到了作者对小桃树顽强不息的高声赞美，以及对它开出灼灼的花的殷切希望。）

如果你是"小桃树"，你又想对作者说些什么呢？

明确：尽管人生有许多的磨难，但是，要坚信经过不屈不挠的奋斗，一定会创造美好的未来，实现美好的理想。

四、教师寄语

同学们，学习很难，人生更难，未来的道路上或许还会遇到很多挫折与磨难，希望这节课能在大家心里种下一棵小桃树。让你们在未来的日子里无论经历多少风雨，都能勇敢地面对生活，热爱生活，无惧挑战，奋勇前行！

【设计意图】

新课导入环节：由熟悉的流行歌曲引入，快速集中学生的注意力，激发学生学习兴趣。

预习检测环节：旨在通过一问一答的形式了解学情，感知学生对文章的了解程度。

课堂活动一创意展示环节：丰富小组活动，培养学生分工协作、组织协调和创意表达的能力。在展示演说中培养学生的朗读能力，在朗读中感受自然的美丽，用声音传递自然界中生命的活力。

课外材料链接环节：引入课外阅读材料，扩大学生的阅读视野，帮助学生更全面地理解作者的人生经历，从而更深刻地体会作者的思想感情。

课堂活动五语言表达环节：由物及人，再到自身，引导学生领悟文章想要传递的精神内核，并且联系生活将其转变为自身前进路上的驱动力。

戴婧怡，湖北省武汉市江汉区新华下路中学教师。

"徒步中国"项目式学习案例

◎郝良敏

【项目概况】

本项目式学习案例,是上海市青浦区"导向深度学习"的教学主题视域下,在初中学段语文学科开展的教学实践案例。本案例是基于统编教材语文八年级下册第五单元的内容,以整个单元为教学资源进行的语文学科项目式学习案例。本案例聚焦于八年级下册第五单元——游记类文本的阅读与写作教学,该项目分为学习游记类文本的阅读策略、进行游记类文本写作实践、开展创意推介展示、编辑"徒步中国"游记集并召开新书发表会四个主要的活动任务。本案例的最终成果是"徒步中国"游记集。通过多项任务活动,让学生的学习逐步走向深入,在实践中培养游记类文本的阅读和写作,编辑书籍,进行创意推介展示,组织召开新书发表会等多项能力,并在潜移默化中提升学生的语文学科核心素养。

【驱动问题和任务框架】

一、驱动问题

我国名胜古迹众多,同学们虽然也去过很多的地方旅游,但穷其一生恐怕也不能走遍中国,我们怎样才能让没去过的人也能了解更多风景呢?

二、任务框架

阶段	任务
群文学习	学习课文《壶口瀑布》《在长江源头格拉丹冬》《登勃朗峰》《一滴水经过丽江》,了解记类文本的基本阅读路径和阅读策略。
游记写作	回忆自己旅游的经历,选择一处进行游记写作,可以借鉴课文中的表现手法,多样展现旅游的见闻与感受。生生互评,进行修改完善。
成果展示	1.旅游目的地创意展示推介 2."徒步中国"新书发表会

【项目目标】

1.语言运用:积累描绘山川景物和表达观察感受,抒发情感体验的语言形式及语汇。

2.思维能力:提高游记类文本阅读与写作的思考路径和实践策略的运用能力。

3.审美创造:培养对山川景物之美的感受力、鉴赏力和创造性的表达力。

4.文化自信:在阅读与写作游记的过程中,培养热爱祖国山河的情感。

【项目过程】

一、群文学习与游记写作

整个单元由游记类文本构成,我们的教学目标是掌握游记类文本的基本阅读策略。首先我们进行了结构化的教学设计,每篇课文会设计核心问题与下位问题组成的问题链,在导学单上,把问题链转化为相应的任务链,带领学生以导学单为依托,沿着问题链进行学习探究,最后再总结出游记类文本的共性问题链,完成核心概念与知识的相关学习。写作部分,是迁移运用的重要环节,在共性问题链总结的基础上,学生沿着问题链,把自己的游记写作提纲列出来,对照提纲进行写作、修改。

学生在群文学习阶段,接触到四篇各不相同的游记作品。

首先从内容这个维度讲,四篇作品都介绍了一个异地的景物。但《壶口瀑布》是借一个景点,来推知全貌。就是只写壶口瀑布,来体现整个黄河的特点。《在长江源头格拉丹冬》在写风景原貌的过程中,加入了很多作者自己身体状况的描述,给读者很强的代入感。《登勃朗峰》不止写奇景,更注重表现奇人,是风土人情的综合。《一滴水经过丽江》将风景、人文、历史等内容都涉及了。这就为学生提供了广泛的写作领域拓展:游记,可以记风景,可以记奇人,可以记历史,可以记感受等等。

另一个对比阅读的维度是写作视角。《壶口瀑布》的作者是以一个游客、一个崇敬者、一个民族的代表的身份来看待壶口瀑布。《在长江源头格拉丹冬》的作者是以一个探险者、一个羸弱的生命个体的身份来看待格拉丹冬。《登勃朗峰》的作者是以一个外国游客，看新鲜的轻松心态来看待勃朗峰。《一滴水经过丽江》的作者，拟人化为一滴水，跨越时间空间的角度，来看待一方地域文化。这也为学生的写作提供了多样的视角：游记，根据不同的心态、身份、情绪状态等，都有可能看到不同的风景。

以上两个维度，是四篇作品差别最大之处。但四篇作品同为游记类作品，自有共通之处：游记，都要有游踪、景物描写、感受记录这个要素。交代游踪，可按时间顺序，也可按空间转换，或二者兼顾。景物描写，需要用到说明、描写等表达方式，既要讲清楚景物的特点，又要有形象生动的语言描绘，再加上修辞手法的辅助和联想想象的发挥，才能传神地写出景物的特点。感受记录是游记的灵魂，否则与景物说明书没有区别，只有作者个人独特的感受，才能体现游记的价值。感受的表达因人而异，重要的是细心体察自己的感受，捕捉稍纵即逝的情感，耐心地以独特又恰当的形式描摹出来。

有了这番对比阅读，学生对游记类文本的通用要素和更加广阔的表现方式有了更清晰更深入的认识。

二、写作修改

个人写作完后，在小组内交流互评，根据评价量表修改提高。对照着评价量表，学生先对自己的文章进行了自评，然后学生之间进行了互评，最后老师进行了总评。三方的评价还是基本一致的，学生们普遍觉得这次游记写作主要的问题出在：景物描写不够突出重点，描写不够生动形象。感受不够独特。多种表达方式的运用不够自如。根据以上问题，我们在写作修改环节进行了有针对性地指导。

景物描写不够突出重点，描写不够生动形象。其实是一个问题的两面。正是因为重点不突出，所以描写没有靶向。描写不够聚焦，所以景物特点不能突出。但这些问题的首要原因，还是因为观察不足。很多同学说，去旅游的时候，也没仔细看，现在过去了一段时间，好多细节都忘了。能想起来的，只是个大概。而且学生毕竟年纪小，去过的地方不多，没有对比，是难以得出精确的认识的。比如大家写山，只知道高，可五岳三山，各有各的高，也各

有除了高之外的其他特点。

感受不够独特。其实是因为小作者的写作角度过于平常。从课文中可以有所借鉴。学习《壶口瀑布》从景物上升到精神的高度。学习《在长江源头格拉丹冬》，加入一些自己的身体感受，比如爬山那天，身体状况如何，上山下山有何不同，觉得累，是身体累还是提不起精神，原因何在等。学习《登勃朗峰》，除了观察景物，还可以观察人，比如同游者，比如路上的行人，景点的工作人员等等，凡是与景点有关的有些趣味特点的人皆可记录。学习《一滴水经过丽江》，如果不是全篇都用拟人手法，那也可以局部使用，发挥想象，一时化为不同的视角，来表现观察和感受。

多种表达方式的运用不够自如。学生们首先对不同的表达方式，还是概念不清，需要先从概念上入手，厘清认识，并结合课文实例，让学生清晰辨别。然后借助课文实例，让学生观察、总结不同的表达方式，适合出现在文章的哪些位置。比如记叙和描写适于表现景物特点，抒情和议论适于表现个人感受，景物描写和个人感受可以前后出现或混搭出现，先叙后议或夹叙夹议皆可。在原文的基础上，找到合适的位置，增添合适的表达方式，使原文的内容更充实，重点更突出，感受更独特。

三、创意推介展示会

这一活动是为了巩固群文学习成果，让学生把本单元学习的四篇课文中的景点介绍给别人，学生需要突出景物的特点，还要渲染感受，以激发听者的好奇心。用PPT加口头说明的形式来分小组展示。

学生的创意推介展示，主要的不足在于：过于忠实原作，几乎照搬，没有创意。演说词只是课文的重复，没有转换为推介。

其实学生的问题根源来自于没有意识到写作目的的变化。原作品是游记，只要记录游览过程和感受，目的是让读者了解作者的一次特别经历。而转变为旅游推介，其目的应该是让听者对目的地产生兴趣，并想要现场探寻一番。所以推介展示的演说词和PPT画面，都要围绕这一目的展开，同时现场演说时，也要以引起听众兴趣为主要目标来设计。

我们先做了一个类似记者招待会的互动。一个组的成员在台上接受观众提问，其他组的成员在下面充当观众提问。观众可以问任何关于某一景点，他们想知道的问题。比如有问道：你们这个景点在哪？怎么去呢？路费贵吗？吃住方便吗？有什么特

色吗？有什么禁忌吗？等等。回答的人，会根据课文提供的内容，尽量给予合适的回答。

经过这个环节之后，各个小组若有所悟。不是我们想要介绍什么，而是观众想听什么，才是我们思考的重点。于是沿着这个方向，做了修改。我们也适时地为学生推荐了几篇景点的解说词，供大家参考。主要包含三方面内容：表示欢迎、突出重点、保障服务。

四、"徒步中国"新书发表会

这一任务群主要包含两大任务。一是编撰成书，包含编撰书籍的一般流程和内容，让学生在活动的过程中，对整本书的编撰有一个全面的认识。另一个是新书发表会，这种活动考验的是学生的组织活动、口头表达和新闻采写的能力，在实践中，学生对于常见的新闻发布活动会有一个更深切的感受。

新书发表会有许多繁杂的任务要做。会前大家商量好发表会流程：总编综述、编撰过程简介、作者采访、观众提问、表达感谢、当场赠书等环节。然后是撰写主持稿，主持稿由主持人和文字组的成员共同完成。主持稿包含活动流程和开头结束语，以及各环节的串词。活动第一个环节是总编综述，总编由文字组的组长担任，首先由他来介绍整本书的情况和编撰过程。接下来是作者采访环节，由一名同学扮演记者，对游记的作者进行随机采访。采访前拟好采访提纲：主要提问如你的这次旅游，印象最深的是什么？你为什么要写下这次的经历？在写作这篇游记的时候，你觉得最困难的是什么？你是如何克服的？你对写游记有什么心得吗？你还想去哪些地方旅游？等等。活动全程有拍照一名和摄像一名，全程录像并拍照，以备后续新闻撰写使用。观众提问环节，是由全班同学临时扮演，可向任一位作者提问，或向总编提问。作者和总编进行即席的回答。表达感谢环节，由总编分别带领三组工作人员，上台致谢。并当场将打印出的书，随机赠给举手的观众。最后主持人宣布活动结束。

会后由文字组、图片组的同学合作进行新闻稿的撰写，并上传至校园网。新闻稿分为活动综述、特写、消息、短评等多种形式。消息，只是发布一下活动的信息。综述，比较详尽地介绍本次活动的全流程。特写，分配给几位同学，各从不同角度进行侧写，比如总编特写、某一位作者特写、某一位工作人员特写等。短评，可以评价整本书，可以评价本次活动等。配上照片，编辑上传。

整个过程，尽量让每个学生都参与，并有所贡献，所以在分配任务时，尽量不重复，同时多组织讨论活动，让每个学生都有发表意见和建议的机会，这样即使不是每个同学都有动手参与的机会，但起码贡献过思考和分享。学生之间虽然有差距，但在此过程中，学习借鉴也是一种成长。发挥优势，也是一种价值。

五、评价

成果的展示是全员参与，虽然分工不同，展现的机会不同，但每一个同学都有任务需要完成。在评价方面，以过程性评价为主，包含完成态度、完成贡献、完成效果等方面进行考量。在合作完成的任务中，会从学生的合作意识、组织能力等情感态度价值观角度进行考察。每个同学会有自评和互评，老师进行总评。评价是贯穿整个项目始终的，在各个环节都有评价，体现评价的过程化、多元化。评价量表从学习态度、学习效果、合作意识三个方面，引导学生不止关注学习结果。学习态度指全程参与，学习效果指有收获，合作意识指愿意与别人共同完成任务，这三项达到即可。有了这个最低标准，几乎所有学生都可以达成，至于做得更好的同学，可以体现出分层。

项目化学习是一种包容度很大的学习形式，对于初中语文学科来说，单元组元的形式，天然有了优势。在一个单元里进行结构化的学习，再加上情境的创设整合多个任务群，以成果展示统领教学全流程，使得学生的学习更加结构化、仿真化、可视化，使得学习成果形式更加丰富、层次更加多样，激发学生兴趣，提升学生能力，为核心素养的培养创造条件。在导向深度学习的视域下，拒绝浅表化的学习，在任务情境中，引导学生解决更有实际意义的问题，将学习导向深入，将能力的提升导向更高的层级。

参考文献：

[1]夏雪梅.项目化学习：连接儿童学习的当下与未来[J].人民教育,2017(23).

[2]夏雪梅.项目化学习的实施[M].北京：教育科学出版社,2020.

[3]卢明,崔允漷.学科核心素养呼唤单元教学[J].课程教材教学研究(教育研究),2020(Z3).

郝良敏，上海市青浦区颜安中学教师。

"练六脉神剑,达入木三分"写作专题设计
——高考作文发展等级中"深刻"的写作策略

◎何 健

【教学目标】

1. 阐明《高考语文作文评分标准及细则》中"深刻"的三条标准。

2. 教授高考作文发展等级中"深刻"的五个写作策略。

3. 通过真题训练,强化五个写作策略,提高学生"深刻"写作的能力。(重难点)

【教学过程】

一、定场诗

只在此山中,云深不知处。——《寻隐者不遇》,(唐代)贾岛

庭院深深深几许,杨柳堆烟,帘幕无重数。——《蝶恋花》,(宋代)欧阳修

情深深,雨濛濛,多少楼台烟雨中。——《情深深雨濛濛》,(当代)琼瑶

人们对深度的传统认知:难以看清,难以达到。

引出课题:《练六脉神剑,达入木三分——高考作文发展等级中"深刻"的写作策略》。

二、阅剑谱——写作深刻的三条标准

1. 透过现象深入本质。在作文中,通过记叙、描述、议论某种现象,进一步发现现象的真相,挖掘问题产生的根源,揭示其中蕴含的道理,总结出经验教训。

2. 揭示事物内在的因果关系。找出事物之间的联系,分析其发生的原因,预测其导致的结果。

3. 观点具有启发性。提出的观点能促使读者产生联想、警醒和反思。

高考作文 60 分 = 基础等级 40 分 + 发展等级 20 分(深刻、丰富、有文采、有创意)

三、习剑术——写作深刻的六个招式

(让学生在课前充分预习,教师在课堂上选择性精讲)

第一剑——向核心想一想,揭示本质

※剑式解析:现象是本质的外在表现,本质是现象的理性概括。从现象入手,又不停留于现象,而是透过纷繁复杂的现象迷雾,剥去现象的外壳,抓住问题的核心,方能发掘出藏于事物中的本质来。

※名师亮剑:有人愈是要获得,愈是获得不了,有人终于获得了却大受其害。会活的人,或者说取得成功的人,其实懂得了两个字:舍得。(贾平凹《说舍得》)

第二剑——向前后想一想,探明因果

※剑式解析:唯物辩证法认为,任何一种现象都不可能平白无故地产生,也不可能不带来一定的结果。当你面对作文题难以提出"深刻"的观点时,不妨尝试着运用因果思维,或许难题就会得到解决。

※名师亮剑:每一个人都在经历着只属于自己的生活,世界的丰富多彩和个人空间的狭窄使阅读浮现在我们的眼前,阅读打开了我们个人的空间,让我们意识到天空的宽广和大地的辽阔,让我们的人生道路由单数变成了复数。(余华《没有一条道路是重复的》)

第三剑——向反面想一想,体现思辨

※剑式解析:任何事物都有其两面性,生活本身存在着相对立的两个方面。所以,写议论文常常需要从相对的两方面辩证地分析论述。这就需要用一分为二的观点分析问题,以全面地认识问题。

※名师亮剑:譬如罢,我们之中的一个穷青年,因为祖上的阴功(姑且让我这么说说罢),得了一所大宅子,且不问他是骗来的,抢来的,或合法继承的,或是做了女婿换来的。那么,怎么办呢?我想,首先是不管三七二十一,"拿来"!如果反对这宅子的旧主人,怕他的东西染污了,徘徊不敢走进门,是孱头;勃然大怒,放一把火烧光,算是保存自己的清

白,则是昏蛋。(鲁迅《拿来主义》)

第四剑——拆开来想一想,分清析透

※剑式解析:在认识事物时,若只粗看其整体,往往难以了解透彻。而将研究对象的整体分解成各个部分或属性,并分别加以考察,有助于认识事物或现象的区别与联系,从而将其分清析透。

※名师亮剑:提到尊严这个概念,我首先想到的英文词"dignity",然后才想到相应的中文词。在英文中,这个词不仅有尊严之义,还有体面、身份的意思。尊严不但指人受到尊重,它还是人价值之所在。(王小波《个人尊严》)

第五剑——合起来想一想,由此及彼

※剑式解析:任何事物都不是孤立存在的,而是与外界有着密切的联系,并且事物之间是相互制约的。所以,我们要注意事物间的相互联系,学会由此及彼地分析事物。

※名师亮剑:对于一个学者来说,学术既是个人的精神家园,又是他对于社会负有的精神使命,二者的统一是他的特殊幸运。学者当然应该担负社会责任,但他的社会使命也必是精神性质的。(周国平《学术》)

第六剑——无招胜有招

※剑式解析:要学习招式,但不能限于招式。应融会贯通,自然出招。

真题演示(限时3分钟)

以上六个写作策略中,哪个或哪些最能打开你的行文思路?请认真阅读以下两篇2021年新高考Ⅰ卷高分作文,从中标记出能体现该写作策略的语段,并在旁边写上评述性的语句。(3分钟后,学生上台展示)

2021年新高考Ⅰ卷语文作文

(适用地区:山东、河北、湖北、湖南、江苏、广东、福建)

1917年4月,毛泽东在《新青年》发表《体育之研究》一文,其中论及"体育之效"时指出:人的身体会天天变化。目不明可以明,耳不聪可以聪。生而强者如果滥用其强,即使是至强者,最终也许会转为至弱;而弱者如果勤自锻炼,增益其所不能,久之也会变而为强。因此,"生而强者不必自喜也,生而弱者不必自悲也。吾生而弱乎,或者天之诱我以至于强,未可知也"。

以上论述具有启示意义。请结合材料写一篇文章,体现你的感悟与思考。

要求:选准角度,确定立意,明确文体,自拟标题;不要套作,不得抄袭;不得泄露个人信息;不少于800字。

强弱非天定,自强方恒强

在中国共产党百年华诞的时间节点,伴随《觉醒年代》等剧的热播,毛泽东在《体育之研究》一文中关于"体育之效"的宏论更显高屋建瓴,肌劈理解。这些文字所承载的自强精神如时光隧道里不灭的星火,照耀着中国国力由弱变强的曲折征程。慨叹中,以史为鉴,我们不难发现:中国的崛起揭示了"强弱非天定,自强方恒强"的客观规律。

世间万物,皆有强弱之分,天生强者不可沾沾自喜,天生弱者不必自惭形秽。《伤仲永》的故事令人扼腕叹息,假如方仲永在展示自己"受之天"的通悟后,没有被父亲带着四处炫耀而是加强学习,是否还会"泯然众人矣"?与之相反,面对无声无光的世界,海伦·凯勒未因失聪失明而放弃自我,而是奋发有为终成命运的强者。强弱并非天注定,弱者可变强,而强者也可变为至弱。是故,生而为强者在自律自尊中实现自我升华,将浩气挥洒于霓虹之上!生而为弱者无须自悲,若在逆风中把握方向,生出羽翼亦能直上九万里!

促使强弱转化的关键条件是先天还是后天呢?泰山不让土壤,故能成其大;河海不择细流,故能就其深。因此,促使强弱转化的关键条件不在于先天而在于后天。逆境是颠覆弱者生活之舟的波涛,又是磨炼强者钢铁意志的熔炉。"有志者,事竟成,破釜沉舟,百二秦关终属楚;苦心人,天不负,卧薪尝胆,三千越甲可吞吴。"无论是错失先机还是遭遇挫折打击,只要"勤于锻炼,增益其所不能,久之也会变而为强"。须知,自立自强,终成强者。

强弱可互相转化,个人如此,社会和国家亦如此。放眼当下神州大地,各种基础设施建设如火如荼;脱贫攻坚战取得全面胜利,骄人成果载入人类史册;碳达峰、碳中和等目标的设定在应对全球气候变化问题上再次展现"中国力量"……今日之中国以自强不息摆脱了"国力羸弱,武风不振,民族之体质,日趋轻细"的窘态,崛起并屹立于世界民族之林。

非但如此,作为一个有着上下5000年历史和14亿人口的超级大国,中国不侵略、不霸权,还多次向其他国家伸出援手,真正做到了"独善其身"和"兼济天下"。德不孤,必有邻,中国自然也赢得世界上大多数国家的认可和信赖。万物皆有尺度，强者若不"滥用其强"，推己及人、兼爱天下，则能恒强。

新时代的号角已吹响，人类命运休戚与共，山川异域，风月同天。我们希望强者愈强而恪守自我，关爱弱者勇担使命，也希望弱者发愤图强，自强而恒强，万类霜天竞自由。愿世界和平，人类幸福！

强者，渐强不息

"天行健，君子以渐强不息。"

真正强者，不是至强者，而是变强者，至强者也许会变弱，而变强者进无止境。永远向上，永远渐强不息。

万事万物都在不断变化，正如毛泽东所说的那样"未可知也"。我们要做的，是不断前行，不断提升。如果你是一个实力较弱的人，不要灰心，若你渐强不息，不言弃，必将有所建树；若你已经成为强者，不能自鸣得意，清醒地看待问题，维持渐强不息的平常心，成为强者之本色。

"渐强不息，乃幸运之母"，人必定要经历变强的过程。渐强不息，即使会有很多艰难险阻，也终究只是变强的磨刀石。一个人，如果能做到渐强不息，这样一种伟大的品质，那么他就算会被打败，也绝对不会被打倒。华为成立之初仅仅数人，为了宣传，吸引投资，任正非遭了多少白眼，无数次失败，无数次想放弃，可又无数次坚持，无数次刀刃向内，寻找身上的不足和弱点。他们，不自卑，不叹息，不停滞，即使现在遭遇无理打压，也绝不屈服，反而越挫越勇，越压越强，这便是渐强不息的最好写照。

一个人的渐强不息是品格，一群人的渐强不息是民族的崛起。

我们的国土曾被列强肆意瓜分，我们的人民曾被侵略者们疯狂杀戮，我们的民族尊严曾被敌人狠狠地踩在脚下……但华夏儿女不曾放弃，在渐强不息的精神鼓舞下，中华儿女团结一致，奋起反抗，终于，被鲜血染得越发红艳的五星红旗冉冉升起，东方雄狮渐次醒来，中华民族也是渐强不息，渐次强大。

陈独秀、李大钊等人创立《新青年》，不就是希望天下的青年能够真正地觉醒，以渐强不息点染中国，为时代带来曙光？在那个积贫积弱的中国，不少人自问：中国还有救吗？中国当然有救，中国人自古以来便是渐强不息的一群人，中华民族本就是渐强不息的民族，中国人民终会站起来。

方志敏说：不错，目前的中国，固然是江山破碎，国弊民穷，但谁能断言，中国没有一个光明的前途呢？因为我们是中国人，我们血液里流淌着坚韧的品格，渐强不息铸成我们的精神大厦，我们会，渐强，拼搏，成功。

新时代的到来，作为我辈青年，必须贯彻渐强不息的宝贵精神，唤醒自己，唤醒他人，"生而强者不必自喜也，生而弱者不必自悲也。吾生而弱乎，或者天之诱我以至于强，未可知也"。

渐强不息，方可知也。

四、凝剑气——课堂练习（限时5分钟）

下面这道作文题我们之前就写过，但在行文的深刻性上仍有提高空间。

请结合材料和生活实际，用上本节课所学的"向核心想一想、向前后想一想、向反面想一想、拆开来想一想、合起来想一想"五种写作策略中的至少一种，将上次习作中的部分段落，升格成更为深刻的文段。（5分钟后，学生上台展示）

韶关市2022届高三综合测试（二）语文作文题

材料一：随着互联网迅猛发展，网络谣言时有出现。网络谣言不仅冲破道德底线，更是践踏法律红线。中央网信办开展的"清朗"行动的任务之一，就是打击网络谣言。

材料二：2022年3月21日14时38分许，一架东航波音客机在广西藤县山林坠毁。搜救紧张进行时，一些谣言却在网络上流传。专家指出，无论是否是事件之中的人，都会在一定程度上受到网络信息的影响，我们要全方位尊重受灾的人群，要保护这些人的隐私。

以上材料引发了你怎样的感悟和思考？

五、下场诗

剑客（唐代）贾岛

十年磨一剑，霜刃未曾试。
他日把示君，谁有不平事？

何健，广东省韶关实验中学教师。

《皇帝的新装》教学设计

◎ 何培培

【教材分析】

《皇帝的新装》是统编版教材七年级上册第六单元的第一篇讲读课文。这篇童话,语言浅显,生动流畅,围绕"新装",讲述了皇帝穿上一件根本不存在的新装,举行游行大典的闹剧,揭示了皇帝的昏庸,大小官员的虚伪、自欺欺人及愚蠢的本质,赞美了天真烂漫的童心。作品想象丰富,情节曲折离奇又发人深省,讽刺了当时社会的虚伪风气,内涵深刻,带给人们有益的启示。教学中,应有意识引导学生深入理解文本,进行发散性思维训练,激活学生的联想和想象。本单元的训练目标,着眼于培养学生快速阅读的能力,力争每分钟的阅读量不少于400字。这篇童话篇幅较长,适合快速阅读练习,教学中应及时给予学生明确的阅读方法的指导和点拨。

【学情分析】

学生普遍喜欢童话的情节曲折,但对童话的讽刺意义却思考甚浅。中学阶段学生初次接触童话,不仅需要了解童话的相关知识,而且需要通过阅读文字调动学生的体验,引导学生想象故事各段情节中人物的言行举止、心理活动,从而进入童话故事的思想内核,理解童话的深层含义,这应作为本课教学的重点。从学法上说,七年级学生初步学习快速阅读,经验和方法尚且不足,教学中,教师可结合具体文本的阅读实践,为学生提供必要的阅读方法。

【设计思想】

这篇童话最大的特点就是运用夸张和想象,各段情节中人物的言行举止和心理活动描写细腻生动。我们常说"言为心声",可是故事里的人却"口是心非",这又是为什么呢?通过比较,引导学生理解人物形象,理解童话的深刻内涵。

教学中,结合具体文本的阅读实践,给学生提供必要的方法指导,由浅入深,由"点"及"面",抓住关键词语、句子掌握阅读要义,展开丰富联想和想象,理解童话的讽刺意蕴和现实意义。

【教学目标】

1. 快速浏览课文,了解主要内容,理清故事情节。
2. 揣摩人物心理,感受人物形象。
3. 理解故事的主旨。

【教学重点与难点】

1. 揣摩人物心理,感受人物形象。
2. 理解故事的主旨。

【方法与策略】点拨法、朗读法、比较法、归纳法

【教学过程】

一、导入,明确童话特点

PPT出示经典童话故事图片。

这些作品都是经典的童话,同学们想想看,童话有什么特点?

明确:童话一般是虚构的,例如《拇指姑娘》中的主人公像拇指一样大。

情节很夸张,如匹诺曹,说谎话鼻子会变长。

讲一个道理(表现一定主题),如《小红帽》,告诉我们不要轻信陌生人。

那么,《皇帝的新装》这篇童话,要给我们讲一个怎样的道理呢?下面我们一起来学习这篇童话。

(板书"皇帝的新装")

设计意图:从学生熟悉的童话故事入手,调动学生的童话积累,引发学生主动学习的兴趣和热情,思考童话的特点,为下面分析课文做铺垫。

二、速读课文,理清情节

1. 速读课文,回答问题。

PPT出示:快速阅读,静下心来,排除杂念,尽量扩大一次性进入视野的文字数量,力争每分钟不少于400字。不指读,不回读,遇到难理解的地方可以先跳过去。

学生利用5~7分钟阅读童话。

思考：童话的开端，一般怎样讲故事？

PPT出示：

从前有一个妇人，她很想要一个小巧又可爱的孩子。她便去请教女巫，女巫说非常容易，便给她一粒麦粒，让她种在花盆中。（《拇指姑娘》）

从前有个可爱的小姑娘，谁见了都喜欢，但最喜欢她的是她的外婆。（《小红帽》）

许多年以前，有一位皇帝，他非常喜欢好看的新衣服。（《皇帝的新装》）

明确：童话起笔，常常写"从前""很久以前"，将人们带入一个虚拟的世界，是一个想象的世界。一般童话的开端会交代主要人物及其特点。

童话的开端，一般是这个故事的引子，为下文故事情节的发展做铺垫。这篇童话一开始就告诉我们皇帝的特点是爱穿新衣服，接下来又发生了什么，我们来梳理情节。

2.你认为《皇帝的新装》这个故事是围绕哪个关键词展开的？

预设：（引导学生关注题目），新衣服（新装）。

追问：围绕"新装"讲了哪些情节？

明确：皇帝爱新装，做新装，看新装（诚实的老大臣，诚实的官员，皇帝和特别圈定的随员），穿新装（皇帝亲自带着骑士），展新装（皇帝和他的内臣）。

设计意图：指导学生练习快速阅读童话，掌握速读的方法，静心凝神，尽量扩大一次性进入视野的文字数量，集中注意力抓关键词语、语句，由点到面，读通文本，在此基础上快速把握文章线索，理清故事情节。

三、谁是"言为心声"的人？——细读，探究人物形象

PPT出示：

1.任务一：假如让你给《皇帝的新装》的电影设计演员表，你认为这个故事的主角是谁？结合课文中的句子说说你的理由。

学生谈自己的看法。

预设：（1）皇帝。爱新衣服。爱到什么程度？

PPT出示：

为了穿得漂亮，不惜把所有的钱都花掉。

他既不关心他的军队，也不喜欢去看戏，也不喜欢乘着马车去游公园——除非是为了去炫耀一下他的新衣服。

他每一天每一点钟都要换一套衣服。

人们提到他，总是说："皇上在更衣室里。"

引导学生读好句子，处理好重音，读出夸张的感觉。

作者运用了夸张的手法，写出了皇帝嗜好穿新衣的程度。那么，不写这一段行不行？

明确：不行。交代皇帝的这一特点，为下文骗子的出场以及他上当受骗做铺垫。

（2）孩子是这故事的主角。因为孩子揭示了这个故事的真相。

（3）诚实的老大臣。

（4）骗子。

（5）……

2.PPT出示：

任务二：我们常常说"言为心声"，可是皇帝和大臣是这样吗？这个故事里的人物说了什么，心里又是怎么想的？画出文中对人物的语言描写和心理描写，根据人物特点，给他们分组，说说你分组的依据。

预设：

第一组：皇帝、诚实的老大臣、诚实的官员、骑士、随员、百姓。

第二组：孩子。

（1）皇帝的心理和语言：

PPT出示：

皇帝的心理：①"那真是理想的衣服！"皇帝心里想，"我穿了这样的衣服，就可以看出在我的王国里哪些人是不称职的；我就可以辨别出哪些人是聪明人，哪些人是傻子。是的，我要叫他们马上为我织出这样的布来！"②"我倒很想知道，他们的衣料究竟织得怎样了。"皇帝想。③"我要派我诚实的老大臣到织工那儿去，"皇帝想，"他最能看出这布料是什么样子，因为他这个人很有理智，同时就称职这点来说，谁也不及他。"④"这是怎么一回事呢？"皇帝心里想，"我什么也没有看见！这可骇人听闻了。难道我是一个愚蠢的人吗？难道我不够资格当一个皇帝吗？这可是我所遇见的一件最可怕的事情。"

PPT出示：

皇帝的语言：①"哎呀，真是美极了！"皇帝说，"我十二分地满意！"②"对！我已经穿好了，"皇帝说，"这衣服合我的身吗？"

明确：通过比较，不难发现，皇帝嘴上说的和心里想的并不一致。

（2）诚实的、善良的、可怜的老大臣。

PPT出示：

老大臣的心理：①"愿上帝可怜我吧。"老大臣想，把眼睛睁得特别大，"我什么东西也没有看见！"

②"我的老天爷！"他想，"难道我是愚蠢的吗？我从来没有怀疑过这一点。这一点决不能让任何人知道。难道我是不称职的吗？——不成，我决不能让人知道我看不见布料。"

PPT出示：

老大臣的语言：①"哎呀，美极了！真是美妙极了！"②"多么美的花纹！多么美的色彩！是的，我将要呈报皇上，我对这布料非常满意。"

（3）诚实的官员。

……

（4）特别圈定的全体随员及骑士。

……

（5）全城的百姓。

"乖乖！皇上的新装真是漂亮！他上衣下面的后裙是多么美丽！这件衣服真合他的身材！"

PPT出示：

然而真相是——？

他们什么也没有看见。

这些人说的话是不是他们心里所想的，是"言为心声"吗？不是。

3.PPT展示：

任务三：用"____是____的"说说你对故事中人物的理解。

例：皇帝、大臣是虚伪的、自欺欺人的。

预设：滑稽、可笑、可悲……骗子是狡猾的、贪婪的。

谁也不愿意让人知道自己什么也看不见，因为这样就会显出自己不称职，或是太愚蠢。

设计意图：童话的人物形象，是童话给读者最突出的印象之一。这篇童话，作者运用语言、心理、动作描写将人物写得活灵活现。人们常说"言为心声"，可是这篇童话里的皇帝、大臣、骑兵等却一点儿也不诚实，相反，他们虚伪至极。这部分，通过"语言"和"心理"的对比，可以引导学生感受童话中的群体人物形象，感受作者高超的写作艺术，也为后面分析童话主旨做铺垫。

四、思读，探究主旨

1.在这个故事里，为什么人们都不说真话？

明确：是因为这衣服的奇怪特性：任何不称职的或者愚蠢的不可救药的人都看不见这衣服。人们出于各种利益的考虑，都不愿意承认自己是不称职的、愚蠢的、无可救药的。因此，这不仅仅是一件衣服，而真是一件能够检验人性的衣服，能看出一个人是否诚实的衣服。

2.为什么作者要让孩子最后说了真话，还有谁也说了真话？皇帝和大臣信了吗？想想看，这篇童话想要表达怎样的主题？

明确：孩子是天真的、诚实的。百姓们最后也说了真话。皇帝和大臣相信百姓们所说的话，但是他却"摆出一副更骄傲的神气，他的内臣们跟在他后面走，手中托着一条并不存在的后裙。"

探寻童话幕后，明确主旨：

PPT出示：《皇帝的新装》原本是从中世纪西班牙民间故事移植而来。这篇童话和《海的女儿》共同写于1837年。当时的丹麦，处于本国封建统治阶级和英国资产阶级的双重剥削，老百姓过着饥寒交迫的生活，封建统治阶级则过着穷奢极欲、挥霍无度的生活。

PPT出示：作者写这篇童话，既有对社会现实的思考，也有对人性的叩问。

所以，这篇童话表达了对封建统治阶层的批判、讽刺及百姓的同情。同时表达对人性真诚的赞美。告诉人们要说真话，做个诚实的人。人要无私无畏，保持儿童的纯真。

设计意图：聚焦"新装"的特性，从细节入手，引导学生体会作者在丰富的想象和描写中寄寓的深刻内涵，也是童话核心要传递的思想，说真话，做真人。使学生获得心灵的启迪。

五、作业设计

发挥想象，改写故事

题目1：如果故事里的____说真话会怎么样？（诚实的老大臣、诚实的官员……）

题目2：这场闹剧能不能避免？如果你是皇帝，会不会上当？怎么做才能不至于这么难堪？有没有更好的结局。试根据你的理解对故事进行改写。

设计意图：在思读、理解主旨的基础上，让学生再去重构故事情节，激发学生的想象力，训练学生进行合理而大胆的想象。

六、板书设计

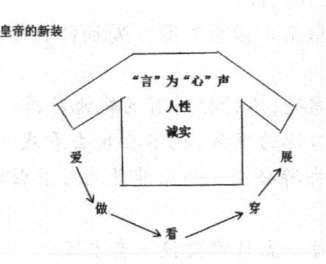

皇帝的新装

"言"为"心"声
人性
诚实

爱 — 做 — 看 — 穿

何培培，陕西省西安市第二十六中学教师。

校园活动之"场面描写"作文升格设计

◎ 洪 丽

【教学目标】
1.了解什么是场面描写及其作用。
2.探究场面描写的方法。
3.运用场面描写的方法修改升格作文。

【教学过程】
一、导入
我们生活在校园中,体验着丰富多彩的校园活动。前些日子,我们写了一篇相关作文,我们一起来回忆一下。

二、作文反馈
(一)作文题
相识犹如昨天,离别却又在即,回首逝去的日子,我们相聚在同一个校园,同一个班级,一起洒下过无数的汗水,共同收获过无尽的快乐。那些一起走过的时光,将永在我们的生命中闪亮……
请以"一起走过的时光"为题目,写一篇文章。
要求:(1)以"校园活动"为素材;(2)表达真情实感,不得套写、抄袭;(3)文章中不得出现真实的地名、校名、人名;(4)字数在600字以上。
(二)作文阅卷反馈
1.学生选材的特点
师:在评阅作文过程中,老师发现学生们选取的校园活动与自己的经历紧密相关,且活动种类多样。尤其写"课本剧""合唱赛""校运会""球赛"的同学居多,可见其给同学们留下了深刻的印象。
2.校园集体活动的特点
集体活动特点:参与人员众多,活动过程明显,有组织有目的。
3.写好"校园活动"的一般思路
过渡语:如何有条理、有重点地记叙一次集体活动?
集体活动:(1)写清活动的顺序;(2)写出活动的意义;(3)突出活动的精彩画面。

想要文章出彩,给读者留下深刻的印象,则要"突出活动的精彩画面",这就涉及活动过程中的场面描写。

三、场面描写
场面描写:在特定时间与地点内以描写事情发生过程中人物活动的画面。那么,如何写好活动场面呢?我们一同去你们的作文和课本中探寻方法。

四、场面描写技法探究
(一)点面结合
PPT 展示:
"将军百战死,壮士十年归",课本剧第三幕拉开帷幕。"木兰"转眼到了战场,黄沙漫漫,伴随着整齐激烈的鼓点,将士们一致、迅速地列阵、拔剑、出击,身着盔甲的同学们如同搏击长空的雄鹰,披荆斩棘,勇往直前,在沙场上杀敌建功。

——2014 王子钰(课本剧)

最后一分半钟,木兰征战。舞台上,同学们扮演的勇士们表情严肃,声音响亮"杀!杀!杀!",虽仅有寥寥数字,却震耳欲聋。大家的动作一气呵成,如同上阵杀敌的真将士般勇敢无畏,视死如归。手上的兵器随战歌挥舞,如贯虹之箭一般,随时刺穿敌人的心脏。此时班长饰演的"木兰"紧握长刀,脚步沉重有力,慢慢走到舞台中央。敌视前方,她的眼神如盯紧猎物的雄鹰,又透露一种大获全胜的自信,颇具英勇的气质;她拔出长枪,刺向敌军,她的枪法精湛,丝毫不逊色于上阵的男子。

——2014 李彦宏(课本剧)

过渡语:14 班有 7 位同学写课本剧,老师带来了两位同学的片段写作。两位同学同写课本剧,同写"木兰战争"的场面。你更欣赏谁的表达,为何?
1.分析"点面结合"中的"点"及作用
预设:欣赏李彦宏的文字表达,因为写得更具体、生动。

师：哪里具体？

预设：对班长饰演的"木兰"具体写，详写。通过人物动作描写（紧握长刀，脚步沉重有力，慢慢走到舞台中央；她拔出长枪，刺向敌军），神态描写（敌视前方，她的眼神如盯紧猎物的雄鹰，又透露一种大获全胜的自信，颇具英勇的气质）写出了木兰英勇善战的形象。

师：分析得真好！这就是"点面结合"中的"点"。"点"需要选取"代表性"，进行"详写"。写好"点"，人物更生动。

2.分析"点面结合"中的"面"及作用

过渡语：李彦宏所写的场面后半部分是班长饰演的"木兰"特写，那么，前四行文字能删掉吗？

预设：不能。因为前四行文字是概括性描写战士们整体的勇敢。

师：分析准确。这就是"点面结合"中的"面"。"面"需要"概括性"，进行"略写"。写好"面"，整体感强。

3."点面结合"的效果

有"点"无"面"，缺乏整体性。

有"面"无"点"，缺乏生动性。

点面结合，既有整体感又有生动性。

4.链接课本

"读书！"

于是大家放开喉咙读一阵书，真是人声鼎沸。有念"仁远乎哉我欲仁斯仁至矣"的，有念"笑人齿缺曰狗窦大开"的，有念"上九潜龙勿用"的，有念"厥土下上上错厥贡苞茅橘柚"的……先生自己也念书。后来，我们的声音便低下去，静下去了，只有他还大声朗读着："铁如意，指挥倜傥，一坐皆惊呢；金叵罗，颠倒淋漓噫，千杯未醉嚄……"

我疑心这是极好的文章，因为读到这里，他总是微笑起来，而且将头仰起，摇着，向后面拗过去，拗过去。

——鲁迅《从百草园到三味书屋》

师：这是三味书屋读书场面的描写，请你来分析，点在哪？面在哪？效果怎样？

预设：写读书，先从整体面上着笔，写整个读书场面"人声鼎沸"，然后由面及点，把镜头集中在先生身上，重点写先生如何读书。先生读书时的声音、神态、动作，突出先生读书时的陶醉情态，表现出了先生的性情，是精彩的细节描写。

小结：这段群体读书活动场面的描写，既从面上突出读书场面的热闹，又从点上突出先生形象。"点面结合"不愧是场面描写好方法。

（二）侧面描写

1.学生习作中"侧面衬托"活动场面

过渡语：想让活动场面描写更饱满，是否还有别的技巧？其实，李彦宏同学描写的"木兰征战"场面，下面还有两行文字。同学们品读一下，这两行文字的加入对场面描写有无帮助，请说出理由。

最后一分半钟，木兰征战。舞台上，同学们扮演的勇士们表情严肃，声音响亮"杀！杀！杀！"，虽仅有寥寥数字，却震耳欲聋。大家的动作一气呵成，如同上阵杀敌的真将士般英勇无畏，视死如归。手上的兵器随战歌挥舞，如贯虹之箭一般，随时可能刺穿敌人的心脏。此时班长饰演的"木兰"紧握长刀，脚步沉重有力，慢慢走到舞台中央。敌视前方，她的眼神如盯紧猎物的雄鹰，又透露一种大获全胜的自信，颇具英勇的气质；她拔出长枪，刺向敌军，她的枪法精湛，丝毫不逊色于上阵的男子。<u>此时，台下观众也仿佛置身于战场之中，情不自禁喊出"好！好！"，不由分说鼓起了掌。台上早已风起云涌，台下喝彩声一浪涌过一浪。</u>

——2014 李彦宏（课本剧）

预设：有，这是侧面描写，烘托出表演的精彩。

师：台上表演，台下观众反应激烈，一正一侧，描写角度多样，突出表演的精彩。

师：侧面烘托来展现活动场面的例子，课本中比比皆是。

2.链接课本中"侧面衬托"活动场面

"妙！妙极了！"站在我们旁边的一名外国记者跳了起来。这时，整个游泳场都沸腾了。如梦初醒的观众用震耳欲聋的掌声和欢呼声，来向他们喜爱的运动员表达由衷的赞赏。

吕伟精彩的表演，将游泳场的气氛推向了高潮。她的这个动作"5136"，让几位裁判亮出了9.5分的高分。

这位年方16的中国姑娘，赢得了金牌。

当一个印度观众了解到这这个姑娘是中国跳水集训队中最年轻的新秀时，惊讶不已。他说："了不起，你们中国的人才太多了！"

——《"飞天"凌空——跳水姑娘吕伟夺魁记》

分析：作者很注意描写观众的反应，侧面衬托吕伟跳水动作的精彩。在描写观众反应时，作者很注意点面结合，既有对观众整体反应的描写，又有对个别观众的采访。除了描写观众的欢声雷动，作者还描写场边的专业记者"跳了起来"，同时提到裁判给出的高分，使文中侧面表现跳水动作的内容，不仅有点有面，还层次分明、角度全面。这样的写法都是很高明的。

（三）环境烘托

1.学生习作中"环境烘托"活动场面

过渡语：成功的活动场面描写，往往会有点氛围感。老师在李彦宏同学的场面描写中加入了这样一句话。你们觉得合适吗？理由？

最后一分半钟，木兰征战。<u>舞台上，背景屏幕出现这样的画面：阴风列列，浓云滚滚，战马嘶鸣，黄沙卷起烧焦的旗帜。</u>舞台上，同学们扮演的勇士们表情严肃，声音响亮"杀！杀！杀！"，虽仅有寥寥数字，却震耳欲聋。大家的动作一气呵成，如同上阵杀敌的真将士般勇敢无畏，视死如归。手上的兵器随战歌挥舞，如贯虹之箭一般，随时可能刺穿敌人的心脏。此时班长饰演的"木兰"紧握长刀，脚步沉重有力，慢慢走到舞台中央。敌视前方，她的眼神如盯紧猎物的雄鹰，又透露一种大获全胜的自信，颇具英勇的气质；她拔出长枪，刺向敌军，她的枪法精湛，丝毫不逊色于上阵的男子。此时，台下观众也仿佛置身于战场之中，情不自禁喊出"好！好！"，不由分说鼓起了掌，台上早已风起云涌，台下喝彩声一浪涌过一浪。

——2014李彦宏（课本剧）

预设：合适，这属于环境描写，能渲染战争的激烈。

2.链接课本中"环境烘托"活动场面

她站在十米高台的前沿，沉静自若，风度优雅，白云似在她的头顶飘浮，飞鸟掠过她的身旁。这是达卡多拉游泳场的八千名观众一齐翘首而望、屏息敛声的一刹那。

——《"飞天"凌空——跳水姑娘吕伟夺魁记》

分析：课本中，吕伟跳水的场面也有环境烘托，用白云、飞鸟衬托吕伟从容、优雅、迷人的特点。

3.场面描写之技巧小结

巧用环境，烘托氛围；巧用点面，描绘画面；巧用侧面，角度多样……

五、升格作文

1.升格作文及要求

过渡语：请同学们看到手上的资料。文同学写合唱比赛，活动过程记叙完整，也点出了活动的意义，但缺乏精彩的场面描写，你能帮忙修改吗？运用刚才所学的场面描写的方法，进行作文升格。

比赛那晚，灯光暗了下来，我们按照排好的队形，跑上舞台。主唱、钢琴手、指挥员也依次上台，一束灯光亮起，指挥员沐浴在灯光下，对钢琴手点了点头，音乐开始响起，我们热情洋溢，情绪饱满，自信地唱出了"若要盼得红军来，满山开遍呦，映山红！"映山红如同约好了般倏然绽放，是漫山遍野的红。

——2014班文同学（合唱比赛）

作文升格评价量表

校园活动类之"场面描写"评价量表（三星级）		
评价项目	评价标准	等级
1.巧用环境	烘托氛围；语言优美。	☆☆☆
2.点面结合	详略得当；细节生动。	☆☆☆
3.侧面烘托	角度多样；丰富画面。	☆☆☆
4.其他		

要求：①认真对照量表中场面描写的技巧进行作文升格。（注：升格时原段内容不变，语句可以重写；或者原段语句不变，在合适的位置增删句子。）②对照量表，进行自我星级评定，再让同桌评定修改。③升格后的作文展示分享。

提示：①从背景屏幕、舞台灯光、比赛当晚的夜空等角度展开（环境烘托）；②"面"上写演唱的自信和表演的精彩，"点"从领唱、指挥员、钢琴手等角度展开（点面结合）；③从观众、评委等角度展开（侧面衬托）。

2.展示升格后的作文及点评

预设：学生大多数从环境烘托、点面结合、侧面衬托三个方面写，也有可能会有更多的方法，例如"虚实结合"。

3.结束语

今天，我们用细腻的笔法，从三个方面展开活动场面的描写，让我们曾经经历过的校园生活，再一次精彩呈现。走出校园，我们生活中，还有许许多多多姿多彩的活动场景，例如游乐场欢快热闹的场景、马拉松万人奔跑的壮观场景、天安门广场国旗冉冉升起庄严肃穆的场景。用眼去发现，用心去感受，用笔去书写，把最美最有意义的场景定格在人生的记忆中。

洪丽，广西桂林市国龙外国语学校教师。

《猫》教学设计

◎李 萍

【教材分析】

本单元为统编版七年级上册第五单元，围绕"人和动物"选取了一组文章。学生会读到有趣的故事，悟出有价值的道理，学到叙述故事和表达意旨的方法。

1.单元人文主题：《猫》以第一人称的口吻，记述了自己家三次养猫的经历。作者以人道主义的情怀，关注身边的小生命，对三只猫得而复失的过程进行了细腻的刻画，描写了"我"与家人悲痛、遗憾的心情，尤其是对第三只猫的歉疚之情，体现了作者对生命的尊重和善于自我反省的精神。《动物笑谈》是一篇科普文章，作者从一个动物学家的角度，以诙谐幽默的语言，记述自己观察动物习性和进行科学实验的过程，也写出动物们的调皮可爱，字里行间蕴含着对动物的喜爱和欣赏之情。《狼》则是一篇文言小说，写的是人与动物的争斗——不是你死，就是我亡，这是人与动物关系的另一面。故事虽短，但矛盾激烈，情节紧凑，引人入胜。第五单元的教学是孩子们生命中非常重要的一课，阅读第五单元的文章，可以增进学生对人与大自然关系的理解，加强对人类自我的理解和反思，形成尊重动物、善待生命的意识。

2.单元语文要素：继续学习默读，进一步培养学生默读和把握中心的能力。默读的重点侧重学会做摘录，边读边思，勾画重要语句和段落，并且在把握文意、理清思路的基础上，学会概括文章中心。学习本单元将会引领学生更深刻地关注自然、社会、人生，从而获得有益的启示。

【教学背景】

本课时的学习内容通过批注、圈画的方法进一步把握文章的思路与主要内容，这是对默读这一语文要素的更深入学习，也是对文章重要语段的更深入的剖析与理解，体会它们在课文中的表达效果，品味作品中富于表现力的语言，更有助于领悟作者的感情。通过运用合作的方式，共同探讨、分析、解决疑难问题的方法，可以培养学生独立阅读的能力。

本课时是落实单元学习重点中很关键的环节，上节课通过关键句子，初步把握文章的内容与结构，概括并比较三只猫的不同特点和命运，能用自己的话说出三只小猫的形象特点，三只猫个性迥异——可爱、活泼、懒惰，然而结局一样——"亡失"。与这节课的"第三只小猫最不招人喜爱"，探究他的亡失"我更难过得多"的原因，进一步探究小猫的死因，从中我们可以引导学生体悟到作者不伤害无辜、不欺凌弱小的人生态度。

【学情分析】

1.本课位于七上第五单元，经过前面单元的学习，学生已具备一定的阅读基础。

2.学生对于动物类的文学作品会有较高的阅读兴趣。

3.在七上三、四单元学生也学习了默读技巧，在把握文章文意、理清文章思路方面有一定的学习基础。

4.三只猫的经历和命运会深深吸引学生的兴趣，对于作品本身所蕴含的深刻内涵，往往体悟不到。对作品的解读需要结合当时追求自由平等和个性解放的时代背景，另外学生对于抓住关键词语以及细节理解作者的情感略有难度。

【教学目标】

1.学习默读技巧，通过借助表格工具，摘录语句，理清文章结构，概括并比较三只猫的不同特点和命运，能用自己的话说出三只小猫的形象特点。

2.品析揣摩对动物的细节描写和直抒胸臆的文字，体会作者细腻的情感。

3.探寻小猫之死因，引导学生反思人类行为，尊重生命、善待动物。

【教学重难点】

1. 比较三只小猫的不同,揣摩文章生动的描写。(重点)

2. 品析揣摩对动物的细节描写和直抒胸臆的文字,体会作者细腻的情感。(重点)

3. 探究第三只猫的死因,理解作者同情弱小、勇于自省的精神;引导学生学会尊重生命、善待动物。(难点)

【课时安排】

2课时,本课时为第2课时。

【教学方法】

品读法、批注法、讨论法、朗读法。

【教学过程】

环节一:走进第三只小猫,探究"我更难过得多"的原因

昨天我们结合任务单表格,梳理了三只小猫来历、外貌特征、性情、地位、结局以及亡失后"我"的情感与态度等信息。第三只猫"大家都不喜欢它,但他亡失之后,"我"却"难过得多",这是为何?

PPT 出示:

	第一只猫	第二只猫	第三只猫
来历	从隔壁要来的	舅舅送的	张妈拾来
外形	花白的毛,"如带着泥土的白雪球似的"	浑身黄色	毛色花白,并不好看,瘦,毛被烧脱了几块,更觉难看
性情(抓细节)	活泼	乱跑,由树上跃到墙上,又跑到街上;爬树,抓蝴蝶,抓老鼠,更有趣、更活泼	蜷伏,终日懒惰地伏着,忧郁,懒惰
家中的地位	很喜欢,小侣	一个亲爱的同伴	没有兴趣,若有若无,都不喜欢、不注意
结局	病死	被路人捉走了	冤枉致死
亡失后"我"的情感与态度	一缕酸辛;向别处再要一只	怅然、愤恨;自此,我家好久不养猫	十分难过;自此,我家永不养猫

独立自主地进行默读与圈点勾画,第三只猫"大家都不喜欢它",但他亡失之后,"我"却"难过得多",这是为何?

明确:第三只猫的死责任在于"我"——"我没有判断明白,便妄下断语,冤枉了一只不能说话辩诉的动物",所以我要难过得多。

活动意图说明:通过回忆前一课时梳理文意的任务单表格,抓住第三只猫"大家都不喜欢它,但它亡失之后,"我"却"更难过得多"这一悖谬之处作为"教点",引导孩子们回到文本,明确"我

"难过得多"的原因是"我"冤枉了它,为下文探究冤枉第三只猫的原因做铺垫。

环节二:走进案件,化身侦探

我们可以看到第三只小猫无疑是最可怜的,这完全是一桩冤假错案,我们也来当一次侦探,帮助第三只小猫洗刷冤屈。

合作要求:①快读默读,用黑笔画出句子,用红笔圈出关键词。②小组交流,选出最佳答案。③小组代表汇报,组员进行补充。④其他组进行质疑或者补充。

1. 听听众人对"犯罪嫌疑人"的证词

文本:①"我很愤怒,叫道:'一定是猫,一定是猫!'于是立刻便去找它。"(反复,一口咬定,给猫定了罪,语气十分强烈)②"妻听见了,也匆匆地跑下来,看了死鸟,很难过,便道:'不是这猫咬死的还有谁?它常常对鸟笼望着……'"(否定反问,语气更强)

追问1:证词是否有效呢?

明确:"我"与妻子都仅仅只是怀疑猜测、主观臆断,并非亲眼所见。

2. 分析案件疑点

提问:为何我们都断定是第三只小猫所为呢?案件有没有疑点?

文本:③这只花白猫对于这一对黄鸟,似乎也特别注意,常常跳在桌上,对鸟笼凝望着。④张婶便跑来把猫捉了去。隔了一会儿,它又跳上桌子对鸟笼凝望着。

"凝望"确实是个疑点,我们猜想一下,猫当时可能心理在想什么?

预设:真羡慕你呀,能得到主人的宠爱,而我在家却丝毫不受重视,若有若无。

没有人陪我玩耍,好孤独啊,要是你能和我一起玩耍就好了。

所以其实猫可能很羡慕鸟,也想受到主人的重视。但我们看文中,作者一家有没有重视它?(没有)甚至有些厌恶它,就是看几眼鸟也成了罪状!

知道案件真相后,作者的反应是什么?

PPT 展示:

我没有判断明白,便妄下断语,冤苦了一只不能说话辩诉的动物。想到它的无抵抗的逃避,益使我感到我的暴怒,我的虐待,都是针,刺我的良心的

针！我永无改正我的过失的机会了！自此,我家永不养猫。

提问:用什么语气读,带着怎样的情绪读?(后悔、愧疚、难过)

活动意图说明:设置情景,通过走进案件,从"犯罪嫌疑人"的角度分析了他们的"声音",为引导学生更好地理解造成"冤案"其背后的原因是人们的主观臆断。

环节三:走进真相,举办"第三只猫的死因"座谈会

1.小组合作扮演不同角色,探寻死因。

"自此,我家永不养猫",可见这只猫的死对作者的影响,我们邀请"三妹""张妈""妻"参与"第三只猫的死因"座谈会。

明确死因:这只猫死于无人喜欢(三妹)、无人同情(张嫂)、无人公平对待("我"),是社会合力杀死了它。

提问:参加座谈会的人中,哪个人比较像"第三只猫"?(板书:张妈)他们又代表了哪一类人呢?(板书:弱势群体)

分角色朗读PPT展示:

学生1:"我早就叫张妈要小心了。张妈!你为什么不小心?"

学生2:张妈默默无言,不能有什么话来辩护。

追问:张妈跟猫不一样,她会说话,但她没有辩护。为什么张妈不能辩护?她从事的是什么工作?

总结:所以最终二者遭受了类似的命运,猫被冤枉,张妈也——被冤枉,都不能说话辩驳。在这个家庭里,他们都是——("若有若无")的地位。

2.补充材料,发人深省

写作背景:《猫》是郑振铎从事文学创作的早期作品,适逢五四青年要求自由平等、个性解放等,即使对不会说话的猫也应如此。在他这一时期的作品中,表现出作者的新思想、新观念,表达出同情弱小无辜,谴责专制霸道,弘扬公道、民主、博爱的思想。

结合材料,我们会发现,像作者这样的知识分子,除了对像张妈、猫之类的个体表达后悔之外,更多的想要表达什么?

预设:想表达对像猫和张妈这样的底层民众的同情,社会太黑暗了,还有很多人身上发生了不好的事情。

总结主题:

1.善待生命,关爱弱小;凡事不能单凭印象,勿主观臆断,妄下断语,更重要的是要弄清事实;应平等地对待生命,对人对事不应存在偏见,要宽容、要仁爱。

2.张妈和猫都是弱小者,像作者一样深刻自省的施暴者并不多见,但遭遇悲剧的又何止少数!所以作者写这篇文章,除了呼吁大家善待生命,关爱弱小之外,还想让更多的人学会反省!

活动意图说明:通过引导学生角色代入,创设真实的情景,让学生进入文本中的人物角色,展开座谈交流,能够将学生的思考引向深处:第三只猫的真正死因是什么?我们人类在动物面前显得强大,拥有超过其他动物的智慧,是否就有权主宰其他生命形式的生存方式甚至生死。人性的善与恶,我们要及时反省自我,审视自我。由物及人,由个体到群体的思考,从而引导学生明白应当懂得尊重、善待乃至关爱身边的每一个生命的意识。

【板书设计】

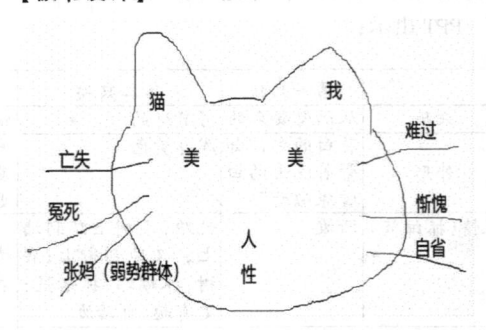

【作业与拓展学习设计】

A层:假如你是那第三只小猫,能开口说话,被打当时你会怎样为自己辩护呢?(请用第一人称写一段话,不少于300字)

要求:1.写出第三只小猫的性格特点。2.用上细节描写:语言、动作、神态描写等。

B层:结合文章内容与自己的生活实际,撰写一篇300字的读后感,谈谈我们应该如何对待身边的小动物?

要求:1.勾连生活,结合自己的生活实际与作品共情。2.有具体的事件。3.明确表达自己的想法与观点。

李萍,北京市十一中关村科学城学校教师。

《涉江采芙蓉》教学设计

◎ 刘　畅

【教学目标】
1.了解《古诗十九首》的文学常识。
2.理解诗歌的思想内容,描摹诗歌的艺术画面,把握诗歌中的意象,品味诗歌的意境,体会诗歌的情感。
3.树立学生健康的人生观,尤其是其中的爱情观和苦难观。

【教学重、难点】
1.运用想象和联想描摹诗歌画面。
2.抓住诗歌意象来解读诗歌主旨,培养诗歌鉴赏能力。

【课时安排】1课时

【教学过程】

一、导入

中国是一个诗的国度,在这条有着五千年历史的诗歌长河中,既有像唐诗这样的波澜壮阔的河段,也有像宋词这样的风光万千的河段,然而在它的上游有一条美丽而清澈的小溪,她虽然流量不大,却永远散发着隽秀夺目的光辉,她就是先秦时期诗歌。

从"饥者歌其食,劳者歌其事"的《诗经》一路走来,我们读过屈原的《离骚》,汨罗江边的纵身一跳,并没有真正停止了屈原的生命,借着《离骚》中芬芳馥郁的诗句,仿佛还能触摸到他的那颗滚烫的跳动的心。于是,现实主义诗歌和浪漫主义诗歌都有了丰沛而清洁的源头。我们还需感谢汉武帝,他设置了一个大规模的音乐机构——乐府,也许他只为了娱乐,了解施政效果,但客观上却起了保存民歌的作用,为后世留存了一个宝库。

时间流逝,我们来到东汉末年,有一群文人,文化素养较高,他们继承了《诗经》和《楚辞》的传统,吸收了汉乐府的营养,创造出大量的风格独特、艺术成就很高的五言诗,以《古诗十九首》为代表。

二、介绍《古诗十九首》

《古诗十九首》是梁代萧统《文选》"杂诗"类的一个标题,包括东汉末年文人所做的五言诗。因作者姓名失传,时代不能确定,故编者题为"古诗"。这些五言诗并非一人所做。从内容看,主要写的是作者失意和哀伤,写游子、思妇的离愁和相思。由于作者文化素质较高,又继承了《诗经》和《楚辞》的传统,吸收了汉乐府的营养,所以不但善于运用比兴,而且创造出一种独特的风格,艺术成就很高。被称为"五言之冠冕"。钟嵘《诗品》:"惊心动魄,可谓几乎一字千金。"会不会有同学觉得言过其实呢?想要理解这些评价,就让我们走进这首《涉江采芙蓉》,体味一下这"一字千金"的语言魅力。

三、朗诵

咱们学习诗文,"多读"是非常重要的,朗读能发展你的思维,激发你的情感,加深理解。那么首先我给大家范读一下这首诗,然后同学自己来朗诵。

四、分析文本——四个"一"

一个意境,一串举动,一段爱情,一股忧伤

（一）一个意境

这首诗的意境很简单,首先我们就来欣赏诗人在诗首就为我们创设的意境,意境由多个意象组成,有哪些意象呢?

（兰泽、芳草、芙蓉）

1.兰与芳草

指的是江边的芬芳馥郁的水草。这样充盈着香花香草的环境,给你一种什么样的感觉?

其实这是有文化上的典故的。善用香花香草这种意象要从屈原说起。在屈原的作品中,出现过40多种不同的香草,屈原把香花香草佩戴在身上,甚至饮花露,食落花。香花美草作为一种象征物,已经被屈原赋予善与美的高洁品性。

所以当我们以传统文化的眼光看待这一意境

的时候,不光是美丽,更有一分高洁清丽在。

2.芙蓉

芙蓉花见过没有?写芙蓉花的诗句你都学过哪些?

芙蓉意象:荷花、莲花、芙蕖、菡萏等。

君子之花:

予独爱莲之出淤泥而不染,濯清涟而不妖,中通外直,不蔓不枝,香远益清,亭亭净植,可远观而不可亵玩焉……莲,花之君子者也。

佳人之花:

采莲曲二首(其二)/王昌龄

荷叶罗裙一色裁,芙蓉向脸两边开。

乱入池中看不见,闻歌始觉有人来。

爱情之花:

南朝乐府《西洲曲》:"开门郎不至,出门采红莲。采莲南塘秋,莲花过人头。低头弄莲子,莲子清如水。置莲怀袖中,莲心彻底红。忆郎郎不至,仰头望飞鸿。""莲子"即"怜子","青"即"情"。这里是实写也是虚写,语意双关,采用谐音双关的修辞,表达了一个女子对所爱的男子的深长思念和爱情的纯洁。

意境总结:那是一个夏日,花香日暖,江上芙蓉朵朵,赏心悦目,一幅纯美静谧的画面,一个高洁优雅的意境。这样的意境,意在表达感情的纯洁和美好。

(二)一串举动

涉江采芙蓉、欲遗、还顾望旧乡

1.涉江采芙蓉、欲遗

抒情主人公来到这江边,看到芙蓉花开朵朵,美丽动人,自然有采摘的冲动。他采之的目的到底是什么?动机纯不纯呢?

他采之的目的就是为了赠予所思念的人。

中国古人有借植物来传达情意的做法。朱光潜说:"中国人民很早对于自然就有很深的爱好,对自然的爱与对人的爱往往紧密地连在一起。古代人送给最亲爱的人的礼物往往不是什么财宝,而是一枝花或是一棵芳草。请同学们看看下面这些诗,在表达情感时,他们的共通处是什么?展示材料引导学生分析。

参差荇菜,左右采之。(《诗经·关雎》)

纤纤折杨柳,持此寄情人。一枝何足贵,怜是故园春。(张九龄《折杨柳》)

红豆生南国,春来发几枝。愿君多采撷,此物最相思。(王维《红豆》)

庭中有奇树,绿叶发华滋。攀条折其荣,将以遗所思。(《庭中有奇树》)

明确:采摘花草送给所思所想的人,是一种美好而雅致的情感表达方式。

思考:主人公通过这种方式表达情意的目的达到了吗?

明确:没有。

那么其实前二句中包含着情感的一个变化。课前我们留了一个预习作业,请同学们发挥想象,根据前两句的内容写一段文字,加入细节、心理、动作描写等。

范例:正值盛夏,荷花盛开的美好季节。那潭中的荷啊,一朵朵开得妩媚。在风和日丽中,荡一叶小舟,穿行在"莲叶何田田"的湖泽之上,一年一度的采莲活动开始了,这可是江南农家女子的乐事呢!采摘几枝娇嫩可爱的莲花,送给各自的心上人,这正是姑娘们真挚情意的表露。在湖岸泽畔,还有着数不清的兰、蕙芳草,也一并摘置袖中,插上发际,幽香袭人,让人心醉。在这如画的风景里,倘若你倾耳细听,想必还能听到湖面上、"兰泽"间传来的阵阵嬉戏、欢笑声呢。

刚才那一幕美好欢乐的采莲情景,刹那间被充斥于诗行间的叹息之声改变了。镜头缓慢摇近,你才发现,这叹息来自一位怅然独立的女子。与众多姑娘的嬉笑打闹不同,她却注视着手中的芙蓉默然无语。此刻,"芙蓉"在她眼中幻出了一张亲切微笑的面容——这就是她苦苦思念的丈夫的容颜啊。哎!我徒然采摘了这美好的芙蓉,而你啊,却远在天涯,此刻我又能如何遥寄相思呢?

诗歌讲究"起、承、转、合",这两句的作用在结构上是暗转过渡。通过同学们的理解,我们清楚,莲花盛开在盛夏时节,女子又是爱花的,所以我们能够推测在采芙蓉中,她的心情应该欢欣的,最起码通过采芙蓉的排遣,暂时忘掉悲伤。然而这一声长长的呼叹,点明了这女子全部忧思之所由来:采摘这些花草的目的是送给爱人,表达思念。不过,花草很快就会枯萎,送花草给远方的亲人是无法实现的想法,此时内心的痛苦与惆怅可想而知了。这一句自问自答可以看出来主人公的情绪出现了变化——由欢欣转为失落。

明确:注意这里的诗歌表达手法:人们总以为,倘要表现人物的寂寞、凄凉,最好是将他(她)放在孤身独处的处境,因为那最能烘托人物的凄清心境。但你是否想到,有时将人物置于美好、欢乐的采莲背景上,抒写女主人公独自思夫的忧伤,正具有以"乐"衬"哀"的强烈效果,使哀之更哀(写作)。

2.还顾而望

结合这一动作,思考:这首诗的主人公是男子还是女子?

明确:有许多动人的抒情诗,初读时总感到它异常单纯。待到再三涵咏,才发现这"单纯",其实寓于颇微妙的婉曲表现之中。

《涉江采芙蓉》就属于这一类。初看起来,似乎无须多加解说,即可明白它的旨意,乃在表现远方游子的思乡之情。诗中的"还顾望旧乡,第路漫浩浩",不正把游子对"旧乡"的望而难归之思,抒写得极为凄惋么?那么,开篇之"涉江采芙蓉"者,也当是离乡游子无疑了。不过,游子之求宦京师,是在洛阳一带,又怎么可能去"涉"南方之"江"采摘芙蓉。而且按江南民歌所常用的谐音双关手法,"芙蓉"(荷花)往往以暗关着"夫容",明是女子思夫口吻,岂可径指其为"游子"?

整首诗实际上与现代电影艺术当中的"蒙太奇"手法类似,镜头在分与合、虚与实、游子与思妇之间转换,时空对接,表达的是他们共同的思念和哀怨。所以我们不妨说,这首诗是一曲哀婉的情歌对唱。

(三)一段爱情

1.深入体会最后一句话,思考:为什么两个人会"忧伤以终老"?

明确:让主人公悲叹的不仅仅是这一时的离居,主人公甚至想到了自己的一生都将在忧伤中度过。让人深切地感受到两个相爱而又离居的人痛彻心扉的思念,也让我们感受到彼此相爱的人的真挚笃厚的感情。因爱之深才会思之切,才会见荷花而欲遗,遗之而不得故深情回望,回望中更感路途遥渺,相聚无望,因爱之长久才有"终老"之"忧伤"。可见这种爱至深至真至纯至上,令人感佩而崇敬。

2.新解,加深体会

另外,对诗的不同理解也使诗句有着另一种解读。如果是"来",则是怀着忧伤的心情到老到死,但是如果理解为"以致",也能读出另一种味道。因为相爱的人不在身旁,女子就无心打扮自己。因为长久的思念,让自己心痛而病。所以,忧伤会加速人的衰老。这首诗从另一角度解释了为什么忧愁会让人变老,使诗歌的深度和文化含蕴大大加强。在同一时代,也有很多诗歌发出了相似的呼号,借以抒发内心的忧伤。

如《古诗十九首》中的《行行重行行》:"思君令人老,岁月忽已晚";

《冉冉孤生竹》:"思君令人老,轩车来何迟。"

同样地感叹思念会让人忧愁,使人的容颜易老。更加体现出爱情之真挚。

(四)一股忧伤

那么我们回到最根本的问题当中来,造成爱人分离的原因是什么呢?我们有必要先回到孕育这些诗歌的具体环境去看看。

PPT 展示诗例:

"举秀才,不知书;举孝廉,父别居。"(《童谣》)

亲小人,远贤臣,此后汉所以倾颓也。先帝在时,每与臣论此事,未尝不叹息痛恨于桓、灵也。(《出师表》)

文籍虽满腹,不如一囊钱。(汉·赵壹《刺世疾邪赋》)

白骨露于野,千里无鸡鸣。(《蒿里行》)

寒素清白浊如泥,高第良将怯如鸡。(《桓灵时童谣》)

明确:东汉中晚期朝政腐败,尤以桓灵之世为甚,汉末外戚宦官干涉政治,这些人把持朝政,安插亲信,使东汉选举制度遭到严重破坏,举官不再问品行、学业,只看门路和金钱,这就堵塞了一般士人的出路。士人为了求一官半职不惜背井离乡宦游京师,但大多投奔无门,空怀抱负,眼见时间消逝,不免有极大的痛苦和困惑。理想与现实形成强烈反差,因而出现了大批表现"游子"的乡愁和"思妇"的闺怨的作品。

同时,东汉末年政治黑暗,战乱频发,人人朝不保夕前途茫茫,这种生命的脆弱无常感,使人们更加渴望人与人之间的温情,也更凸显了真情的可贵。这首诗看似简单,却处处体现着深度,有时候简单就是深刻,这首诗抒发的情感很简单,却深深打动了天下的有情人,因为思念、忧伤是你我共有之情。

五、作业

根据《涉江采芙蓉》中的内容和情感,写一首现代诗或古典诗。

刘畅,吉林省长春市朝阳区吉林省实验中学教师。

《董存瑞舍身炸暗堡》教学设计方案

◎刘晨吉

【教材分析】

《董存瑞舍身炸暗堡》是统编教材语文六年级下册第四单元的第四篇学习内容,是一篇略读课文。第四单元以宋代诗人文天祥的名句"人生自古谁无死?留取丹心照汗青"开篇,编排了《古诗三首》《十六年前的回忆》《为人民服务》《董存瑞舍身炸暗堡》四篇课文,新增了综合性学习"奋斗的历程"。第四单元人文主题是理想和信念,课文学习的语文要素有两条:1.关注外貌、神态、言行的描写,体会人物品质。2.查阅相关资料,加深对课文的理解。

本课课文记叙了董存瑞在解放河北隆化的战斗中,为了开辟我军前进的道路,舍身炸毁敌人暗堡的事迹,表现了革命英雄为了人民的解放事业,不惜牺牲自己生命的献身精神。

【学情分析】

综观统编版教材中所梳理的与人物描写方法有关的阅读训练要素可以得知,六年级下学期的学生对"关注神态、言行的描写"已经积累了一定的经验和方法,对找出文中有关人物神态、言行的描写应该没有困难,那么此阅读训练要素的难点应该放在"体会人物品质"上。本课内容有一定的时代性,与学生的生活有一定距离,因此需要教师加以适当引导,借助相关资料,帮助学生理解课文内容。

【教学目标】

1.默读课文,了解董存瑞是一个怎样的战士。

2.关注人物的神态、言行的描写,体会这些描写对刻画人物的作用。

3.体会以董存瑞为代表的革命先辈的革命精神。

【教学重难点】

教学重点:综合运用多种阅读方法理解课文内容,重点关注人物的神态、言行的描写,体会这些描写对刻画人物的作用。

教学难点:借助课文内容和课外查阅的相关资料,体会以董存瑞为代表的革命先辈的革命精神。

【教学过程】

任务一:回顾忆学

活动一:回顾学习内容,揭示课题。

师:回顾烽火岁月,为了民族解放和人民幸福,有无数的革命先烈抛头颅洒热血,铸就了伟大的民族品格。本单元我们以理想与信念为主题开展学习活动,在学习中,同学们有哪些收获呢?

预设:在本单元的学习中,我们主要运用关注外貌、神态、言行的描写和查阅相关资料的学习方法开展学习活动,了解了诗人们的志向与品格,追忆了革命先辈李大钊和张思德的感人事迹,感受了革命英雄崇高的革命理想和坚定的革命信念。

师:是的,用这样的方法,我们读懂了人生自古谁无死,留取丹心照汗青的英雄气节。今天我们将继续运用这样的方法学习《董存瑞舍身炸暗堡》。

活动二:明确学习方法

师:对于课文学习,同学们有什么好的建议呢?

预设1:这是一篇略读课文,略读课文的学习要关注学习提示。所以我知道这篇课文有两个主要任务:一是默读课文,说一说董存瑞是一个怎样的战士。第二个任务是找出描写董存瑞神态、言行的句子,并和同学交流这些描写对刻画人物有什么作用。

预设2:我有补充,要想在课上更好地解决学习任务,除了关注学习提示和学习方法,还应该在预习时梳理文章脉络，提出学习疑问，做好相关准备。

任务二：交流预学

活动一：借助学习单概括课文内容

师：正如刚才这位同学所说，读一篇课文，首先要把握它的主要内容。我们一起来看看一位同学课前梳理的学习成果。

预设：这篇课文是按照事情发展顺序来写的，通过梳理起因、经过、结果的方式，我将课文内容分为三部分，第1自然段写解放隆化的战斗打响后，暗堡封锁了我军前进的道路，形势紧迫，这是炸暗堡的起因；第2~7自然段写董存瑞炸暗堡的经过；第8自然段写董存瑞炸暗堡后的结果——战士们沿着董存瑞开辟的道路，消灭了敌人。

师：我们将一件事按照起因、经过、结果进行梳理，主要内容就很清晰了。

活动二：提出学习疑问

师：课前，同学们针对课文学习，还提出了一些学习疑问，学习小组筛选出了两个最有价值的问题，我们一起来听听。

预设1：我们想知道董存瑞炸暗堡时遇到了什么困难，为什么选择用身体做支架。

预设2：我们还想知道究竟是什么力量支撑着董存瑞选择牺牲自己炸掉暗堡。

任务三：独立自学

活动一：圈画批注，填写任务单

师：学贵有疑，接下来就请同学们默读课文，用本单元所学到的阅读方法，借助学习任务单，圈划批注，完成自主学习。

活动二：师生交流学习成果

师：我们来听听同学们的思考。师生交流自学内容。

（一）申请炸暗堡部分

预设1：我分享的是董存瑞申请炸暗堡的部分，我认为董存瑞是一个关心战友、嫉恶如仇的人。我关注的是他的神态、动作、语言描写，从"瞪着敌人的暗堡，两眼迸射出仇恨的火花"中的"瞪"字能感受到董存瑞对敌人非常的仇恨。从"董存瑞跑到连长身边，坚决地说"中体会到董存瑞对炸毁暗堡的急切和决心。

师：是呀，看到亲爱的战友倒下，董存瑞早已满腔怒火，所以主动申请爆破任务。请你读读董存瑞所说的这句话，读好这个感叹号。

（二）逼近暗堡部分

预设2：我关注的是课文第五自然段，我联系上下文发现作者在描写董存瑞和战友郅顺义前进的时候用了三处跃，跃是大步跨过、迈过，从这我能感受到董存瑞动作敏捷，和战友配合默契，他在如此危险的情况下，为了尽快完成炸暗堡的任务，毫不退缩，英勇无畏。

师：除了关注动作描写，还能抓住关键字词联系上下文进行分析，真是很有阅读方法。

预设3：老师，我有补充。在逼近暗堡的过程当中，董存瑞不是一味地跃进，他一会儿是忽左忽右地匍匐，一会儿是向前滚，一会儿又隐蔽起来，最后快到暗堡时猛冲过去。

师：匍匐（pú fú）是这节课要关注的读音，这一连串的动作，又让你有怎样的思考呢？

预设4：这一连串的动作让我感受到董存瑞不光英勇无畏，而且战斗经验十分丰富，知道怎样越过敌人设置的重重障碍。

师：除了关注动作、神态和语言描写来感受人物形象，还能用什么方法帮助我们理解课文内容呢？

预设5：老师，我是借助课前制作的英雄人物卡来理解课文内容的。董存瑞当过儿童团团长，曾机智地掩护区委书记躲过侵华日军的追捕，被誉为抗日小英雄。还曾在一次战斗当中只身俘敌11人，先后立大功3次，小功4次，获三枚勇敢奖章，一枚毛泽东奖章。从这些内容也能看出他的英勇无畏，战斗经验丰富。

师：自古英雄出少年，借助资料深入理解，董存瑞在我们心中敢为、有为的形象就更加丰满了。

预设6：我也有补充，我关注的是第六自然段中两处对敌人的描写，"敌人的机枪更疯狂了，子弹扑哧扑哧打在董存瑞身边，激起了点点尘土，四周冒起了白烟"。"敌人的机枪一齐向董存瑞扫射，在他面前交织成一道火网"，从这两句中可以看出敌人暗堡的火力非常激烈。不仅直接写出当时敌人的疯狂，还从侧面衬托出董存瑞的机智勇敢，不怕牺牲。

师：对敌人的描写实际上就是侧面描写。这位同学能融会贯通，综合运用之前学过的阅读方法，值得我们学习。

（三）舍身炸暗堡部分

师：枪林弹雨，艰难前行，凭着机智和勇敢，董存瑞最终冲到了暗堡底下。在这一部分，同学们又有怎样的学习收获呢？我们来交流一下。

预设1：我关注的是动作描写，从董存瑞炸暗堡时"昂首挺胸，站，托，顶，猛地一拉"这一连串动作，让我体会到他为国献身不曾有一丝犹豫，已经做好了牺牲的准备。

预设2：最震撼我的是他像巨人一样挺立着，两眼放射着坚毅的光芒，这是对董存瑞的动作和神态描写，"同志们，为了新中国，冲啊"是对董存瑞的语言描写，我体会到董存瑞直到生命的最后一刻还想的是战斗的胜利，想的是新中国。他是多么坚定与伟大啊。

预设3：我有补充，请同学们将目光投向课文中的插图，这一幕就是董存瑞舍身炸暗堡。他的身躯是那么笔直，眼神是那样坚定，让我想到之前学过的捐躯赴国难，视死忽如归。

师：同学们说得多好啊。通过大家刚才的交流，董存瑞的英雄形象已经巍然屹立在我们心中。

任务四：合作共学

活动一：合作探究，理解生死抉择

师：还记得大家课前的学习疑问吗？《为人民服务》中，伟大领袖毛主席曾说，我们应当尽量地减少那些不必要的牺牲。为什么董存瑞选择用身体做支架，究竟是什么力量支撑着他选择牺牲？接下来请同学们小组合作，探究这两个问题。

预设1：我来代表我们小组进行汇报，首先炸药放置的位置很重要。河床太低，斜坡太光滑，都不能保证完全将暗堡炸毁。与此同时，部队的冲锋号已经响起了，如果再不炸毁暗堡，在这样密集的火力之下，就会有更多的战友倒下。为保证爆破任务万无一失地完成，董存瑞只能以身体为支架，宁可牺牲自己，也要炸毁暗堡。

预设2：我们小组有补充，我们查到隆化是通往东北的重要通道，隆化战役的胜利在辽沈战役中具有重要的战略意义，对于解放军解放东北、打败国民党军队，具有重要的推动作用。董存瑞作为一名战斗经验丰富的战士，一定知道隆化战役非赢不可。

活动二：配乐朗读，表达崇敬真情

师：同学们，是什么让董存瑞有了英勇无畏的行为，有了视死如归的勇气？我想，大家心中已经有了答案：是战友的安危，战斗的胜利，全国的解放，是建立新中国的崇高理想，是革命必胜的坚定信念，让董存瑞作出了生与死的抉择。

师：学到这里，让我们带着对英雄的崇敬再来读读这段话。

预设：在这万分紧急的关头，董存瑞昂首挺胸，站在桥底中央，左手托起炸药包，顶住桥底，右手猛地一拉导火索。导火索哧哧地冒着白烟，闪着火花，火光照亮了他那钢铸一般的脸。一秒钟、两秒钟……他像巨人一样挺立着，两眼放射着坚毅的光芒。他抬头眺望远方，用尽力气高喊着："同志们，为了新中国，冲啊！"

任务五：拓展延学

活动一：读写结合，落实表达

师：英雄已逝，精神长存，朱德同志曾为董存瑞题词"舍身为国，永垂不朽"，我们应当记住董存瑞，还有郅顺义，以及千千万万无名战士们，正是因为有了他们，才有了战斗的胜利、民族的解放和我们今天的幸福生活。让我们来观看一段视频。

视频播放50秒，播放结束。

师：此时此刻，我想每位同学都已心潮澎湃，思绪万千。作为新时代少年，你想对这些革命先辈们说些什么？又有怎样的庄严承诺？请你拿出任务单写一写。

活动二：小结本课内容

师：本节课我们用梳理起因、经过、结果的方式了解了课文的主要内容，还综合运用品读言行和查阅相关资料等方法，感受到了以董存瑞为代表的革命先辈的崇高革命精神，让我们铭记英雄，为中华民族的伟大复兴贡献自己的力量。

活动三：拓展延伸，布置作业

师：2009年9月，董存瑞被评选为"100位为新中国成立作出突出贡献的英雄模范人物"。课下，请同学们阅读这本书，并以革命英雄人物为主题制作一期宣传小报，为开展本单元综合性学习"奋斗的历程"做准备。

刘晨吉，湖北省武汉经济技术开发区实验小学教师。

易安笔下"花"意象解读专题教学设计

◎刘明香

【教学目标】
1.了解李清照人生不同时期笔下"花"的特点。
2.理解李清照借花抒发的情感及象征意。
3.认识李清照"柔""刚"的两面。

【一切景语皆情语】
导入语：李清照，出身书香门第，少有才名，擅诗词，她被誉为"千古第一才女"。有人将她与李煜相提并论：男中李后主，女中李易安。她用一支生花妙笔，写尽人生的美丽与哀愁。她一生写的词并不多，但很多都脍炙人口。如这几首词：

如梦令·常记溪亭日暮 / 李清照
常记溪亭日暮，沉醉不知归路。
兴尽晚回舟，误入藕花深处。
争渡，争渡，惊起一滩鸥鹭。

醉花阴·薄雾浓云愁永昼 / 李清照
薄雾浓云愁永昼，瑞脑销金兽。佳节又重阳，玉枕纱橱，半夜凉初透。
东篱把酒黄昏后，有暗香盈袖。莫道不销魂，帘卷西风，人比黄花瘦。

武陵春·风住尘香花已尽 / 李清照
风住尘香花已尽，日晚倦梳头。物是人非事事休，欲语泪先流。
闻说双溪春尚好，也拟泛轻舟。只恐双溪舴艋舟，载不动许多愁。

师：在这几首词中，作者通过哪些意象来抒发情感？
生：①《如梦令》：溪亭、日暮、舟、藕花、鸥鹭。
②《醉花阴》：薄雾、浓云、黄昏、瑞脑、金兽、玉枕、纱橱、篱笆、酒、帘、西风、黄花。
③《武陵春》：风、尘、花、日晚、双溪、轻舟、舴艋舟

师：大家看一看，李清照在选择意象时，有没有共同的意象？
生：花。
小结：我们很多人都喜欢花。女词人李清照也不例外。她不仅喜欢花，而且在词中为我们建造了一座美丽的"百花园"。几乎每首词中都跳动着花的影子，散发着花的气息。
今天就让我们一起去欣赏李清照"百花园"中的这几朵花，走进李清照的内心的情感世界。

【花有情，花解语】
（一）藕花盛开的夏天
师：我们第一次在初中课本中遇到她，始于她的《如梦令·常记溪亭日暮》，这首词是李清照十几岁时写下的。夏日的傍晚，她郊游返回，途中一不小心误入藕花深处。短短33个字，却处处充盈着意外和惊喜。你能找出这首词中有哪几个"没想到"吗？
明确：①沉醉不知归路：喝醉后竟然忘记回家的路。生活的美好。②误入藕花深处：藕花盛开，蓬勃有生机。迷路后意外的惊喜。③惊起一滩鸥鹭：藕花深处，遇到鸥鹭的惊喜。
师：作者傍晚郊游返回，误入了藕花深处，你觉得那大概是怎样的藕花呢？说说理由。
参考：由"深"展开：美丽、旺盛、蓬勃有生机、宁静祥和。
小结：小小的一朵藕花，道尽了作者郊游返途中内心的波澜起伏、快乐和惊喜。那时的她是多么自由快乐和烂漫率真啊。她本能地绽放天性，热爱生活、追求美好。
师：让我们带着自由快乐的语气读这首词，感知作者那时的心情。
（二）那年秋天的菊花
才华横溢的李清照18岁时嫁给情投意合的赵

明诚。婚后,赵明诚在外做官。闲居在家的李清照常常以词代信写给丈夫。这时期的词作中,也出现了很多花。现在,让我们一起去欣赏那朵菊花。

师:同学们,《醉花阴·薄雾浓云愁永昼》这首词的大意能看懂吗?

生:薄雾弥漫,云层浓密,日子过得郁闷愁烦,龙脑香在金兽香炉中缭袅。又到了重阳佳节,卧在玉枕纱帐中,半夜的凉气刚将全身浸透。

在东篱边饮酒直到黄昏以后,淡淡的黄菊清香溢满双袖。此时此地怎么能不令人伤感呢?风乍起,卷帘而入,帘内的人儿比那黄菊还要瘦。

师:这是一朵怎样的菊花?从词中找出答案。
生:瘦。
师:如何理解菊花"瘦"的形态?
生:瘦弱,瘦削,缺少生机和美感。
师:这朵菊花真的"瘦"吗?从词中找到依据。
生:①"佳节又重阳":重阳节,农历九月初九,正是菊花开得极盛极美的时候。②"有暗香盈袖":菊花的幽香能够盈满衣袖。说明花开得旺盛蓬勃。

师:既然菊花开得正旺盛,为什么说"黄花瘦"呢?你能在词中找到答案吗?

生:因为"永昼"的"愁"。"瘦"是愁的外在表现。通过夸张,对比,以花喻人,借景抒情。

师:生活优渥的她,重阳佳节,把酒赏菊,本是自在惬意的事情。那么因何而愁?

生:思念丈夫。

师:所以,如果给这句"人比黄花瘦"前面加一个语气词,你觉得加哪一个比较好?

生:①哎,人比黄花瘦。闺中思念丈夫的惆怅、无奈。②啊,人比黄花瘦。慨叹。③咦,人比黄花瘦。娇羞、惊奇。……

出示链接材料:据说李清照将这首词寄给在外做官的丈夫赵明诚后,赵明诚赞赏不已,自愧写词不如妻子,却又想要胜过她。于是杜门谢客,苦思冥想。三日三夜,作词五十首,并将李清照的这首词夹杂其中,请友人陆德夫评论。陆德夫细加品鉴后说:"只三句绝佳。"赵明诚问哪三句,陆德夫说:"莫道不消魂,帘卷西风,人比黄花瘦。"

(三)又是一年花已尽

师:生活的幸运之神并没有一直眷顾李清照,中晚年时,她的生活也极度坎坷。那么此时她笔下的花又是什么样的呢?我们一起看《武陵春》。请女生齐读,感知词的意境。

师:在这首词中,她写花,并没有明确说哪种花。但这首词和上两首词中,花的状态有何不同?请你用语言描绘首句表现的画面。

参考:风停了,尘土里带有花的香气,花儿已凋落殆尽。日头已经升的老高,我却懒得来梳妆。

师:作者写春天,不写繁花盛开,不写早起梳妆打扮。却偏偏写"花已尽""倦梳头",这是为什么呢?

明确:许多愁。

师:你能从词中读出作者的哪些愁?

生:①风住尘香花已尽:时间流逝——伤春惜春。②物是人非事事休的慨叹。

师:仅仅只有这些愁吗,这载不动的许多愁中还有哪些愁呢?

出示链接:李清照人生经历时间轴

1084年,出生在济南。父亲官至礼部员外郎,擅长诗文;母亲王氏,亦饱读诗书。

1101年,与赵明诚结为夫妻,二人志趣相投,琴瑟和谐。

1117年,李清照帮助赵明诚基本完成了《金石录》。

1120年,赵明诚外出做官;李清照先后写《一剪梅》《醉花阴》等词寄给丈夫。

1127年,金人南侵,"靖康之变",北宋灭亡,李清照开始南渡江宁。

1129年,赵明诚亡故,南逃途中,所携文物散失大半。

1131年,李清照赴绍兴,书画被盗,图书文物几乎全部散失。

1132年,于杭州再嫁张汝舟,遭家暴;数月离婚。

1134年,避乱金华,期间作《武陵春》《声声慢》等词。

追问:这首词写作于1135年。此时李清照已经50多岁。看完李清照的人生经历时间轴,你觉得除了惜春、感慨外,还有哪些载不动的愁绪呢?

明确:年老之叹、丧夫之痛、孀居之悲、颠沛之苦、亡国之恨

(女生齐读,感知浓愁)

小结:愁绪如此之沉重,难怪作者用"花已尽"渲染内心的悲愁,难怪双溪的舴艋舟载不动啊。

【花花不同,几多深情】

1.不止这几首词,李清照在很多词中都写到了花,据不完全统计:

	梅花	桂花	菊花	荷花	海棠	总数
少女	1	0	0	1	1	3
婚后	6	2	3	3	0	14
南渡孀居	4	2	1	0	1	8

2.通过刚才的三首词,我们可以看出在李清照人生的不同时期,她笔下的花是不同的,花的状态也是不相同的。大家来猜一猜这几句写花的词句,大概是她人生的什么时期?

明确:①她写牡丹:待得群花过后,一番风露晓妆新。《庆清朝》——少女时期

②她写梨花:细风吹雨弄轻阴。梨花欲谢恐难禁。《浣溪沙》——丈夫外仕时

③她写海棠:风定落花深,帘外拥红堆雪。《好事近》——南渡孀居时

3.同是写花,我们发现不同时期的花有何特点?

明确:①年少时写花:饱满娇羞,妖娆艳丽,朝气蓬勃,清新脱俗:花初开,花正好,欣欣向荣

②丈夫外出做官后写花:瘦、残、落、谢——残破瘦弱

③南渡后中晚年时期的花:花凋花落花尽,凄凉萧条憔悴凋零

4.纵观李清照的一生,作者仅仅是在写花吗?

明确:也在写人,以花喻人,写作者跌宕起伏的一生。

5.如果把作者比作花:
年少时的易安,如一朵_____,因为_____。
丈夫外仕时的易安,如一朵_____,因为_____。
南渡孀居时的易安,如一朵_____,因为_____。

【似花非花,几多深意】

1.从李清照写花的变化中,除了看到李清照个体生命的盛衰、跌宕起伏的人生外,我们还能看到词人背后一个怎样的时代?

明确:由盛而衰,乃至灭亡。我们可以曲折地看出北宋到南宋的变迁时那个风雨飘摇的时代,倾听到时代沉重而哀痛的声音。

2.原来,这朵朵繁花中,竟有这么多丰富的含义。请同学们齐读:

起初,我以为

易安之花,

有她年少的快乐和欢喜,

有她婚后的相思与感伤。

有她南渡后

颠沛之苦,

丧夫之痛,

年老之叹,

亡国之恨。

后来啊,我发现

那花飞花舞中,

藏着她半世烟雨,

藏着她跌宕人生。

现在呢,我深知

那花开花谢中,

更藏着时代更迭,

藏着兴衰荣辱。

南渡途中,她曾经写下《夏日绝句》,请男生齐读这首诗。

3.这首诗歌大意比较直白浅显。在作者眼里,人应该活成什么模样呢?

明确:人活着就应该成为人中豪杰,哪怕死了也要做鬼中英雄。

4.自古英雄甚多,李清照为何只思念项羽呢?

西楚霸王项羽在与刘邦的对战中失败,有人劝他回到江东老家,但项羽不愿意,不愿逃到江东苟且偷生,于是自刎乌江。有着浓厚的英雄气节。

5.链接:清代的沈曾植曾说:"易安倜傥有丈夫气,乃闺阁中之苏辛,非秦柳也。"

6.所以,易安不仅如一朵纤细瘦弱的黄花,更似一朵_____,因为_____。

词人借古讽今,抒发悲愤,通过表达对生与死的态度,歌颂项羽的悲壮之举,讽刺了南宋当权者不思进取、苟且偷生的无耻行径。柔女子的爱国情怀中,尽显豪迈之气。

结语:花有情,花解语。李清照这一生,爱花,赏花,知花,这几多繁花承载着李清照的青春过往,相思情愁,家国千秋。她将一生的快乐与忧愁写进花里。花是她生命的寄托,花是她情感的升华,花是她对时代无声的呐喊。

希望这节课同学们能理解李清照笔下的"百花园",不仅关注诗词里的花草世界,更关注生活中的花草,做一个生活中有心的人,读懂每朵花里的人生故事。

刘明香,江苏省苏州工业园区星海实验初级中学教师。

统编版《核舟记》教学实录(第二课时)

◎刘　宇

第一部分　回顾已知,明确目标

师:同学们,这节课我们继续学习《核舟记》。首先,请大家集体朗读学习目标。

(师板书文题与作者。)

(屏显学习目标,生齐读。)

学习目标:

1.在熟读课文的基础上,结合补充资料,理解文章内容。

2.发挥想象,感受核舟之美和匠人构思之妙、工艺之精。

第二部分　复习检测,完成图表

师:请大家集体背诵课文最后一段,回顾小小核舟中所包含的内容。

(屏显图表,生齐背,教师随着学生背诵节奏依次展示图表内容。)

第三部分　分享展示,感受奇巧

(屏显学生课前完成的作品,师生欣赏品读。)

师:下面我们通过分享展示环节来初步感受核舟的奇巧。大家用热烈的掌声欢迎第一位课堂展示的同学!

生:大家好!我展示是刻在核舟上的"山高月小,水落石出"与"清风徐来,水波不兴"十六个字,我选择了古代书法作品惯用的从右到左的写作顺序,落款处写了"天启壬戌秋日,虞山王毅叔远甫刻"。

师:谢谢你的分享,当你在写"山高月小,水落石出"与"清风徐来,水波不兴"的时候,有什么样的感受呢?

生:我能感受到苏东坡和友人泛舟江上赏景饮酒的乐趣,徐徐清风迎面吹来,皎洁的月光使人内心平静。

师:描述十分形象,相信大家也能想象这美好的画面。请第二位同学介绍她的作品。

生:我展示的也是"山高月小,水落石出"与"清风徐来,水波不兴"的书法作品。

师:你选用的字体是什么呢?为什么会想到用毛笔字来呈现?

生:字体是瘦金体,之所以用毛笔字,是因为我觉得书法是传承中华传统文化的重要途径,由于我是书法初学者,所以还有很大的进步空间。

师:老师很开心你能把日常学习和传承文化相结合,希望你创作出更优秀的作品。请第三位同学展示分享!

生:我根据课文内容画了"船头坐三人"的场景,从左到右依次是佛印、苏东坡、黄庭坚。我想突出三人的位置,所以特地标注了他们的名字。

师:我注意到一些细节,如佛印手里的佛珠,苏、黄二人衣服上的褶皱,这些设计都相当生动传神,和课文内容照应,也带领大家回顾了三人结伴而游的情景。核舟的奇巧还体现在其他方面,我们继续来看。

生:我画的是核舟的整体形象,大家可以看到画的下半部分是桃核,上面是小舟,我重点描绘了课文第二段的内容,并且设计了纹饰,更能突出核舟的古韵。

师:想象大胆合理,在有限的画面中展示了丰富的细节,色彩运用得当,使得桃核"修狭"的特点跃然纸上,极富创意。同样注重细节,我们看看下一位同学笔下的核舟。

生:我的画侧重于描绘核舟轮廓和左右八扇小窗,在"不盈寸"的桃核上进行雕刻本就不易,在小窗上雕刻出极小的字更说明了王叔远技艺的高超。

师:你对核舟的奇巧理解得非常到位,我注意到你用红色笔写了一些内容,能告诉大家是什么吗?

生:我想请其他同学来猜一下。

生：是篆章！

生："又用篆章一""其色丹"，是"初平山人"！

师：结合上节课的学习，同学们对课文更熟悉了，这个小细节设计非常精巧。

生：要是画面加上颜色，就更生动了。

师：我也有同样的想法，我们不妨继续欣赏。

生：我画的是佛印、苏轼、黄庭坚三人泛舟时江上波浪翻涌的情景。三人表情和动作不同，我们可以想象他们外出游玩的乐趣。

师：画面色彩灵动，极富动态美，我们仿佛能感受到苏、黄二人手执书卷，时而轻声慢语，时而高声谈论，尽兴切磋的惬意。佛印则醉心于山水之间，体悟禅意。然而，大家仔细看看，佛印的哪处细节设置和原文不同？

生：文中佛印"左臂挂念珠倚之"，图上是右手拿着念珠。

师：大家观察十分细致。再进一步观察，你会看到船舱里还摆放着木桌和其他器皿，这些都是文中不曾提及的，这样的细节设定不仅符合泛舟的主题，也更能突出核舟"技亦灵怪矣哉"。请大家欣赏本节课最后一幅作品。

生：我的画中除了船头三人，还刻画了船尾的两个舟子，五个人物的神态各不相同，此外，我把画设计成了圆形扇面。

师：圆形构图充满巧思，方便课后进行二次创作。不知道大家有没有注意到，这幅图展示的不是"山高月小"，而是艳阳高照，我相信在明媚的天气，舟上五人亦能乘兴而归！以上就是我们课堂展示的作品，再次感谢几位同学的精彩发言，希望今后的展示环节能看到更多同学的身影。

第四部分　归纳概括，梳理探究

师：通过展示，我们初步感受到了核舟的奇巧，请大家小组讨论，概括核舟的奇巧表现在什么方面。

（生小组讨论，师指导。各组选派代表在黑板上书写展示讨论结果并发言，用时约15分钟。）

生：我们组着眼于核舟的体积。文中描述"舟首尾长约八分有奇，高可二黍许"，说明核舟本身非常小，如此小的核舟却包罗万象，恰恰说明了它的奇巧。

生：核舟的奇巧还表现在其内部包含着舟本身的构造，每个人物的表情、动作、神态都不同，更加证明了核舟的"奇巧灵怪"。

生：我们组侧重于细节，如船舱上"箬篷覆之"，八扇小窗上分别刻字，苏东坡和鲁直衣服上刻有褶皱，佛印的佛珠历历可数，这些都让我们感觉到核舟技艺之高超。

生：我们组关注的是舟尾的舟子，他们虽然不是主要人物，但作者依然对他们进行了详细的刻画，"居右者若啸呼状"，"居左者视端容寂"，一静一动，细致生动。

生：文章最后一段盘点了整个核舟所包含的内容，在直观上让读者明白核舟确实包罗万象。

生：文中的色彩运用细腻。如"石青糁之""其色墨""其色丹"，颜色变换更能突出作者构思精巧。

生：仅仅说明核舟上物件的小巧，不足以证明核舟的奇巧，更重要的是这些小的部件都能够被大家看清楚，如"细若蚊足，钩画了了"，进一步印证了王叔远技艺的灵巧。

师：各组发言有理有据，对课文的理解也十分透彻，我们一起总结归纳。

屏显：核舟的奇巧灵怪之处：材料极小（长、高）

师：请大家用课文原句回答核舟的长与高。

生（齐）：舟首尾长约八分有奇，高可二黍许。

屏显：内容繁复（船部件构造多、人物众多）

师：这一特点集中体现在文章最后一段。

屏显：雕刻入微（船舱、窗、对联、人物、念珠、题名、篆章）

师：这里列举的内容在讨论中都有涉及，大家可在课后选取感兴趣的点做更深层次的讨论。

屏显：人物生动（五人神情动作绝妙、各不相同）

师：大家对哪个人物印象最深刻？为什么？

生：苏轼。核舟小窗上雕刻的是他的诗文，他"右手执卷端，左手抚鲁直背"，好像在跟黄庭坚谈诗论道，简单的动作让人感受到他热爱文学、为人随和的特质。

生：佛印。他是一位僧人，"袒胸露乳，矫首昂视"，十分闲适。

生：鲁直。他"左手执卷末，右手指卷，如有所语"，给读者留下很大的想象空间。

师：在我看来，"右手攀右趾，若啸呼状"的舟子，也让人忍俊不禁。可以说，文中每一位人物都充满了魅力。接下来，我们看图复述课文，进一步把握人物形象。

（屏显图片，生齐背《核舟记》二、三段。）

第五部分 补充资料，质疑思考

师：苏轼、黄庭坚、佛印三人关系紧密，但事实上，王叔远的雕刻带有虚构成分。那么我们该如何看待这种虚构，它是否合理呢？请大家阅读补充资料，进行思考。

屏显：

王叔远刻的"大苏泛赤壁"有虚构成分：据学者研究，苏轼先后两次游赤壁时还未见过黄庭坚，二人只有书信往来，当年佛印也并不在赤壁一带，而是远在长江下游的润州。因此，这三人不可能真的同游赤壁。

1086年春，苏轼和黄庭坚在京师首次见面。二人在京供职，讲道论艺，酬唱赠答，切磋诗文，鉴书赏画，大畅平生师友之情。1102年六月，黄庭坚任太平州知州，上任九天就被罢免。

生：苏轼与黄庭坚是师生，两人刻在一起是合理的。

生：不仅如此，苏轼经历了"乌台诗案"，他是被贬官的政治家，黄庭坚也有类似的遭遇，两人心境相似，自然能共同出游。

生：苏轼和黄庭坚都是宋代著名的书法家，常以"苏黄"并称。

师：我们可做以下归纳：苏黄二人是好友、师生，同为书画诗文大家，都曾遭遇贬谪，二人心灵相通。同学们大胆推测，文中提到"鲁直如有所语"，他可能在说什么？

生：向他的老师请教！

生：分享他新作的诗文！

生：向苏轼提出自己对文章的不同见解。

师：这些猜测都有道理，苏黄一起欣赏手卷是很自然的事情，苏抚黄背，是老师的慈爱；黄指而言，似向老师请教，人物关系表现得恰到好处。这二人雕刻在一起的缘由我们做了探讨，那么佛印为什么会出现在画面中呢？

屏显：佛印是宋代名僧，自幼学习儒家经典，三岁能诵《论语》，五岁能诵诗三千首，长而精通五经，曾于多地游历。他和苏东坡、黄庭坚经常欢聚，吟诗作对。南宋时的《东坡居士佛印禅师语录问答》，所记皆为苏轼与佛印往复之语。

生：佛印也喜欢读书写诗，跟苏黄二人爱好一致，他们有共同语言。

生：苏东坡是一个爱交朋友的人，他在被贬途中交了不少好友，佛印也是其中一位。

生：不仅如此，佛印和黄庭坚也是好朋友。

师：这样看来，佛印与苏轼、黄庭坚都交游甚密。佛印是僧人，任情自然，苏轼的思想中佛道气息浓厚，被贬官时更易倾心佛道，所以在虚构想象中，三人可以同游赤壁。

第六部分 阅读拓展，深化感受

师：清代有一个人叫宋起凤，在他笔下也同样有对精湛雕刻技艺的描写，请大家阅读《核工记》，体会其与《核舟记》的异同。

生：《核舟记》的说明对象是核舟，《核工记》的说明对象是桃坠。

师：两篇文章的说明对象各异，但它们都写到了用桃核雕刻成的物品，都有人物形象与物品细节的展现，想象丰富。

生：都是"总——分——总"结构，先整体，再局部。

师：我们可进一步归纳为空间顺序。

生：最后一段都一一列举了雕刻的内容，描述十分细致。

师：其实两篇文章呈现的时代背景和历史事件是不同的。

生：在政治失意的日子里，苏轼常常游览山水，写作诗歌，以此抒情。

生：苏轼有好友相伴，"大苏泛赤壁"给人悠闲安适的感觉。

生：张继在安史之乱后，写下了"姑苏城外寒山寺，夜半钟声到客船"，读来让人心生寒意。

生：张继的诗句与文中"愁苦、寒惧"的情绪相吻合。

师：一枚桃核，可千变万化，小小世界，却内藏乾坤。我们仿佛穿越时空，时而与知己泛舟游于江渚之上，时而趁月明星稀拥炉饮茗。文学家的文字与雕刻家的杰作，都在不经意间带给我们美的享受，希望同学们坚持阅读，撑一支长篙，向知识更深处漫溯，不断探索世界的奥妙，感受生命的魅力。

第七部分 作业布置，温故知新

继续阅读《核工记》，完成《导学方案》"阅读拓展"题目。

师：请大家在课后完成以上作业，下课！

刘宇，山西省忻州市第五中学教师。

《祝福》《装在套子里的人》联读教学方案

◎龙凤宇

【教材分析】

社会现实复杂多样,人间世相千姿百态,引导学生要以正确的立场,睿智的头脑和敏锐的眼睛,去观察思考,分析鉴别。本单元是必修下册中的第六单元,本单元的课文,都是小说,那么要借此单元让学生掌握最基本的小说三要素,叙述方式等知识,并能熟练运用此知识点于实际解题中。再以此为出发点,提示学生的关注点从小说文本转移至实际生活中,提升对社会现实观察、分析、判断的能力。

【学情分析】

高一下的学生,已基本适应高中生活,对新课改授课模式也已基本接受。对于小说基本要素等知识,已经掌握,但在实际做题运用中,仍存在无法找对做题方向的情况出现,以及会将人物情节环境等三个方面的答案,混淆在一起。在本册二单元的帮助下,也能进一步理解在不同时代下,不同作家对社会现实的理解,对人民的关怀。

【教学目标及解读】

1.语言建构与运用:通过品读文章语句,理解人物形象。

强化学生在阅读时,一定要有"立足文本"的观念。引导学生从文章中勾画语句,从语句中分析得出"我"的人物形象,来解答问题,推进课堂进度。解读出小说人物形象只是读懂小说的第一步,以此为出发点,进而思考这样一个人物在文本中做了什么,为什么要这么做,产生了什么影响,以及作者为何要创作这样的一个人物,从而进入深层次分析文本。

2.思维发展与提升:通过分析第一人称视角在两文中的运用,掌握第一人称叙述的作用。

小说的叙述视角,叙述人称等,在高考中作为常考点,新高考后,对叙述视角的考查也会出现新的题型和设问方式,那么,借助此单元的小说,用关注叙述视角的方式,来进行解读和解题,对于学生来说,是大有神益的。且学生对于答案组织方式逐渐熟练后,对于小说其他题型,亦有帮助。所以,在教学设计的过程中,引导学生思考故事是谁讲出来的,再找出有"我"的段落,从找出的段落中去判断,我作为一个怎样的角色在文中存在,逐渐过渡到对主题的解读上。

3.文化传承与理解:提升对社会现实观察、判断、分析的能力,表达对人生的思索。

新课标中要求,要重视语文情境性,而情境性源于生活,小说创作也源于生活。在学习文本的过程中关注到"我",进而将有我的意识放大到现实生活中去,回想自己的实际经历,多思考,多感悟,多分析,逐渐通过对社会生活的观察和书本经验的学习,增加对人生的思索,并以践行。

【教学重点】

分析"我"在死者死亡的过程中,担任了什么角色。

【教学难点】

总结第一人称叙述的好处。

【主任务建构】

以"我"的视角作为切入点,展开对两篇文章的分析。

【情境创设】

为了充分调动学生们的积极性,本课采取了模拟《今日说法》栏目的形式来开展,最开始设计时,题目即定为"今日说法",后来在思考过程中,发现对"法"字无法做出合理解释,毕竟不是讲解法律,所以更改为"今日案情会",改为了一个对案件进行分析的方式来进行,一方面是为了激发学习兴趣,一方面也符合教参中"个性化解读"的要求。且查案方式,在层层深入与细节挖掘方面,亦与文本解读有异曲同工之妙。

【教学过程】

前几日,警局接到两起报案,第一件:三旬妇人横死街头;第二件:中学教师离奇死亡;真凶至今逍遥法外,希望各位调查员们,群策群力,早日找出真凶。那么,今日案情会,正式开始!

师:请某调查员说说你在"三旬妇人案"中调查到的情况……

请某调查员说说你在"中学教师案"中调查到的情况……

请某调查员说说你罗列出的嫌疑人……

学生通过导学案预习后,确定学生角色,挑选学生回答问题。

调查员A:三旬妇人名为祥林嫂,是镇上的一个女工,死者生前未与镇上人发生明显冲突。

调查员B:中学教师名为别里科夫,是城里一所学校的希腊文教师,生前曾与科瓦连科发生冲突。

调查员C:罗列出"三旬妇人案"中的犯罪嫌疑人:四婶、柳妈、贺老六、祥林嫂的婆婆、镇上的人们……

罗列出"中学教师案"中的犯罪嫌疑人:华连卡、科瓦连科。

情况一:嫌疑人中未出现"我"。大家确定了这么多嫌疑人,是否忽略了一个重要人物呢?

——"我",大家在查案时,不仅要关注到人物、事件、环境地点等,还要关注叙述者。

那么,"三旬妇人"案中,叙述者为"我",属于第几人称?属于什么视角?请各位调查员勾画出案件中,"我"出现的段落和语句。

情况二:嫌疑人中出现了"我"。这位调查员把"我"也列为了嫌疑人,那么,"我"在案件中是什么角色呢?

——叙述者,讲述者。对的,大家在查案时,不仅要关注到人物、事件、环境地点等,还要关注叙述者。那么,"三旬妇人"案中,叙述者为"我",属于第几人称?属于什么视角?请各位调查员勾画出案件中,"我"出现的段落和语句,并思考。

问题一:叙述者"我"与祥林嫂的死亡有关吗?

答案预设:因为"我"没有回答出祥林嫂的问题,没能给祥林嫂解药。所以她绝望而死。

问题二:并且,本人在案情报告中发现,叙述者"我"曾两次提到"明天决计要走了",有哪位调查员愿意来解答一下吗?

答案预设:

(第一次)"我"对于鲁镇只是个过客,"我"与传统社会是不相容的,四叔为代表的传统社会对"我"的压迫感。

(第二次)祥林嫂的问题让"我"意识到,"我"一直自诩为接受了新思想的知识分子,自诩与封建社会一刀两断,祥林嫂却在无形之中扮演了"灵魂审问者"的角色,让"我"发现了自以为与传统社会相对立的"我",其实也带有传统精神。"我"无法给出药方,只能选择逃避。

问题三:最后,"我"还未逃避完成,主要人物祥林嫂就死了,故事就可以结束了,为什么还要以"我"的感受作结呢?

答案预设:

(1)与开篇送灶、祝福等景象的描写形成前后呼应,使结构更完整(情节);

(2)以祝福的热闹景象反衬凄凉的气氛(环境),反衬祥林嫂死得凄惨(人物),更深化了主题(主题)。

调查员小结:"我"对祥林嫂的死,起了助推作用。

探案员实操:

那么,"中学教师案",请各位调查员们以同样的方式来进行解读,前后四人组成临时小组,交换意见,讨论完成。首先找到案件中出现"我"的语句,获取信息,回答PPT上的两个问题,3分钟后,请一位调查员来总结回答)

问题四:"我"(我们)与别里科夫的死有关吗?

我们是一群怎样的人?(从对应的语句中找出答案)

答案预设:懦弱、冷漠、虚伪,也是套中人。

问题五:结尾依旧以写"我们"的感受作结,为何?

答案预设:深化主题,表明别里科夫不止一个,将主题从批判人上升到产生这样人的环境上,来批判腐朽的社会思想文化对人的桎梏。

调查员小结:"我"对别里科夫的死,起了助推作用。

调查员:两案小结——"我"也是嫌疑人之一,"我"对死者的死亡,也有着不可推卸的责任。

专家答疑环节(总结):

今日,我们有幸请到了_____(你的名字)教授(或学者)来到了我们案情会的现场,他就坐在各位探案员之间,请他来为我们解答场外观众提出的问题。(你们就是专家,你们要为这位场外观众解惑,请结合资料和刚才所讲,独立思考3分钟,做出回答)

提问观众1:为什么两位伟大的作家在创作中,在这类对社会批判的题材中,都采取了第一人称的视角来创作呢?(借助资料,从人物、情节、环境、主题等方面思考)

资料链接:

《祝福》写于1924年2月7日,鲁迅以极大的热情欢呼辛亥革命的爆发,可是不久就失望了。他看到辛亥革命以后,帝制政权虽被推翻,但代之而起的却是地主阶级的军阀官僚的统治,封建社会的基础并没有彻底摧毁,中国的广大人民,尤其是农民,日益贫困化,他们过着饥寒交迫的生活,宗法观念、封建礼教仍然是压在人民头上的精神枷锁。

这篇《祝福》就是作者怀着对劳动人民不幸遭遇的深切同情,揭露吃人的社会制度和旧礼教的罪恶,以唤醒人们来"扫荡这些食人者,掀掉这筵席,毁坏这厨房"(《鲁迅全集》第一卷《灯下漫笔》)。

契诃夫所生活的19世纪末是俄国历史上沙俄统治非常黑暗的时期,沙皇亚历山大二世被刺死亡,继位的沙皇亚历山大三世加强了专制恐怖统治。那时俄国正是农奴制度崩溃,资本主义迅速发展时期,沙皇专制制度极端反动,无产阶级革命也逐渐兴起,面对汹涌的革命浪潮,沙皇政府采取一切暴力手段镇压逮捕流放革命者,查封进步书刊,禁锢人们的思想、言论,全国警察遍布,告密者横行,一切反动势力纠合起来,对抗进步的潮流,竭力维护腐朽没落的沙皇统治。

契诃夫(1860—1904),俄国19世纪末期批判现实主义作家,以短篇小说和戏剧著称于世。他生活在这样的环境中,他创作的作品揭露了沙皇政府对人民的残酷压榨和剥削,讽刺庸俗腐朽的市侩习气,同情被侮辱与被损害的"小人物"。

(现场答疑)

(学生)回答:因为采用第一人称叙述,有以下好处:

(1)可以更准确地传达出作者饱满真挚的情感,由于"我"是见证人,也增强了小说的真实感。(从读者和作者的角度)

(2)"我"是文中的线索人物,故事情节通过"我"的所见所闻所忆串联起来的。(从情节的角度)

(3)通过"我"的人物形象,来衬托、突出主要人物形象,使人物形象更鲜明。(从人物的角度)

(4)通过"我"提供具体环境,起到渲染气氛,奠定情感基调的作用。(从环境的角度)

(5)通过"我"的所感,增强作品感染力,深化主题。(从主题的角度)

【学以致用】

同学们,其实我们每一篇小说,都可以将其作为一个案件来进行解读,包括本单元的其他几篇文章,都可以采取这种方式来解读此类文学作品。

例如:如果你成为《促织》中的"成名"后,摒弃原故事中的超自然力量现场后,你作为报案人,要求调查你小儿子死亡之因时,你会怎么复述这个故事?

【板书设计】

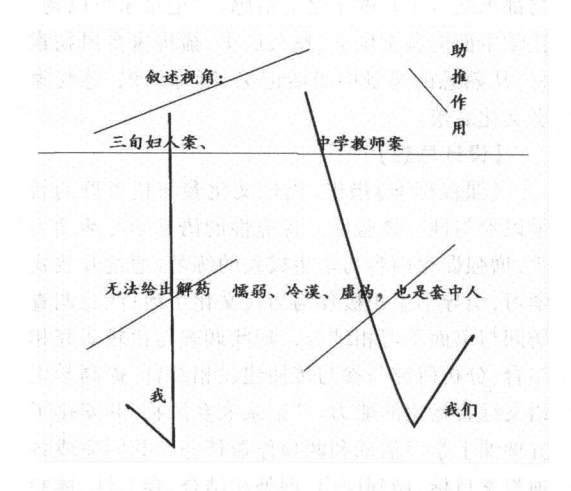

叙述视角:　　　　　　　助推作用

三旬妇人案　　　中学教师案

无法给出解药　　懦弱、冷漠、虚伪,也是案中人

我　　　　　　　　我们

龙凤宇,重庆市江津区京师实验学校教师。

"记录家乡风物"教学设计

◎卢立敏

【学情分析】

高一学生对家乡文化生活有基本了解,但往往缺乏具体、准确的认识。由于地域限制、文化生活参与度不高等问题,学生对家乡文化生活普遍存在认识浅薄、片面和狭隘的问题。尽管本地文化资源丰富,也不能做到有效利用、归纳整合。最突出的问题是,学生缺乏深入了解、有效参与家乡文化生活的途径、方法。通过本次学习,学生可以初步掌握社会调查的基本方法,认识家乡文化的内涵、价值,培养家国情怀。

【教材解析】

"记录家乡风物"是必修上册第四单元"家乡文化生活"中学习活动一的内容,属于当代文化参与学习任务群。该任务群旨在引导学生关注和参与当代文化生活,学习剖析、评价文化现象,积极参与中国特色社会主义先进文化的传播和交流,增强文化自信。家乡文化既是中国文化的重要组成部分,又是个体生活的重要依托,家乡的各色风物都承载着丰富的记忆的情感。"记录家乡风物"让学生面向日常生活、悠久历史,梳理家乡风物素材,从熟悉的场景中激活记忆、凝练认识,感受家乡文化底蕴。

【设计思想】

《课程标准》指出,当代文化参与任务群的教学以参与性、体验性、探究性的语文学习活动为主,增强课程内容与学生成长的练习,通过开放式学习,引导学生积极参与当代文化生活;注意调查访问与书面学习相结合,现状调查与比较研究相结合,分析研究与参与传播建设相结合,提高学生语文综合运用的能力。"记录家乡风物"共安排了五项课上学习活动和两项作业任务,共同完成各项教学目标,做到课内、课外相结合,参与性、体验性、探究性并重,调查访问与书面学习紧密联系。本教学活动注重方法引领,聚焦语言的建构与运用,最后以撰写"家乡风物志"作为活动总结,让学生在访问、调查、阅读、表达中积极参与当代文化生活。

【教学目标】

1.学习调查、访谈、实地考察、文献研究等,搜集并整理资料。

2.深化对家乡风物的认识,撰写家乡风物志。

3.参与家乡文化生活,增强对家乡的文化认同。

【教学重点与难点】

学习调查、访谈、实地考察、文献研究等,思考家乡文化生活与自我成长之间的关系。

【教学方法与策略】

课上采用情境教学法,课下实践活动采用调查法、访谈法、实地考察法、文献研究法等。

【教学资源与工具】

莒县是山东省历史文化名城,物质文化遗产和非物质文化遗产丰富。莒国古城拥有剪纸、渔鼓评书等26个特色非遗项目;莒县博物馆是国家二级博物馆,馆藏丰富,充分展示出莒地历史文化及发展现状;莒县图书馆还藏有史志、方志等1000余册。此外,莒县境内还有陵阳河遗址、莒子墓、城阳王墓、浮来山、定林寺等自然和历史景观,民俗文化生活亦丰富多样。本次学习活动还将以《学习活动记录单》《家乡风物调查记录表》等记录、整合调查学习内容,为撰写家乡风物志提供充足准备。

【教学过程】

一、导入

余光中说:"乡愁是一枚小小的邮票。"你的乡愁是什么呢?有没有一种风物,想到它时,乡愁就落满你心?今天我们将通过小组合作,完成情境任务,学会记录家乡风物。

二、学习情境

随着莒国古城的落成,如何更好地传承以及向公众展示莒国文化成为当务之急。你所在的学习小组将参与古城中"莒国文化馆"的展出规划工作,并以"家乡风物志"的形式对展出风物进行介绍。

三、学习活动设计

活动一:博采众长,明确方向

阅读"学习资源"中四则介绍家乡风物的材料,从内容和表达两个方面归纳风物志的特点。

明确:

内容上,体现特色,科学阐释,引用文献,挖掘价值。

表达上,以记叙、描写和说明为主,语言力求准确、简明、生动。

设计说明:"家乡风物志"是如实记载家乡风物的文章,风物既可以是家乡的建筑、特产、老物件,也可以是传统习俗等。活动一通过引入丰富的学习资源,让学生对家乡风物志形成初步认识,为后续完成撰写任务打好基础。

活动二:我荐我爱,各展风采

你们组将推荐哪种家乡风物进入莒国文化馆展出?说一说理由。

设计说明:活动二指向选材,引导学生整合自己对家乡风物的认识,从中挑选出最具有记录价值的风物。具体分为两个阶段:组内交流和班级交流。通过组内交流各抒己见,再通过讨论以小组为单位选定一种风物,最后在班级内交流。

活动三:路在脚下,方法为引

为了更加深入地了解你所推荐的家乡风物,你们组计划采取哪些方法?

明确:实地考察法、访谈法、问卷调查法、文献研究法。

设计说明:活动三旨在引导学生对即将开展的家乡风物调查做好规划、明确方法,学习和掌握调查、访谈、实地考察、文献研究等常见的社会学研究方法,根据不同方法的特点、功能选择合适的方法开展学习活动。

活动四:预设访谈,提纲挈领

假如你将代表小组采访县博物馆工作人员以获取该风物的更多信息,请列出你的访谈提纲。

设计说明:活动四重点展开对访谈法的学习,通过情境化学习活动,让学生确定访谈的主题,学会拟写访谈提纲。

活动五:传承文化,勿忘在莒

莒国文化馆即将开馆,请你为莒国文化馆撰写一段展馆介绍。

设计说明:活动五是对以上学习活动的总结,学生在讨论中了解了更多家乡风物,对"莒国文化"形成了更为深入、全面的认识,也增强了对家乡的文化认同。撰写展馆介绍需要对家乡风物进行全面总结,在语言的建构与运用中升华对家乡文化的认识。

【作业设计】

任务一:家乡风物调查记录表

1.拟调查的家乡风物是:

2.拟采用何种方式收集相关资料?

①访谈法;②查阅文献法;③实地考察法;④问卷调查法;⑤观察法;⑥网上检索

3.调查记录:①对该风物的基本描述;②该风物的特色;③该风物的历史沿革、传说故事;④该风物的价值;⑤其他

任务二:根据上述调查结果,撰写一篇《家乡风物志_____》,向外地朋友介绍你的家乡风物,不少于800字。

设计说明:作业设计包含家乡风物调查和家乡风物志撰写两项任务,家乡风物调查是语文学习实践活动,家乡风物志撰写是写作活动,二者相辅相成,前者是后者的铺垫、准备,后者是前者的总结、深化。作业设计力求做到课内向课外延伸、理论与实践并重、表达与交流结合。

【附录】

一、《传家乡神韵,扬古城风采——记录家乡风物》学习资源

(一)必备知识

1.什么是文化遗产?

文化遗产是历史留给人类的财富。从存在形态上分为物质文化遗产(有形文化遗产)和非物质文化遗产(无形文化遗产)。物质文化遗产是具有历史、艺术和科学价值的文物;非物质文化遗产是指各种以非物质形态存在的、与群众生活密切相关且世代相承的传统文化。

2.什么是"家乡风物志"?

"志"是记述、记载的意思;风物,既可以是家乡的建筑、特产、老物件,也可以是传统习俗等。家乡风物志即记述家乡的地理概貌、山川景物、节日习俗、人生礼仪、衣食住行、信仰与禁忌、方言与民间传说、名优特产、花木鸟兽、名胜古迹、名人故里和文化艺术等内容的资料。

（二）研读学习

阅读下面四则介绍家乡风物的材料，勾画自己喜欢的文字，并做简单批注。

材料一：

乡下冬天食桌上常用暖锅，普通家庭也不能每天都用，但有什么事情的时候，如祭祖及过年差不多一定使用的。

一桌"十碗头"里面第一碗必是三鲜，用暖锅时便把这一种装入，大概主要的是鱼圆肉饼子，海参、粉条、白菜垫底，外加鸡蛋糕和笋片。别时候倒也罢了，阴历正月"拜坟岁"时实在最为必要，坐上两三小时的船，到了坟头在寒风上行了礼，回到船上来虽然饭和酒是热的，菜却是冰凉，中间摆上一个火锅，不但锅里的东西热气腾腾，各人还将扣肉、扣鸡以及底下的芋艿、金针菜之类都加了进去，"咕嘟"一会儿之后，变成一大锅大杂烩，又热又好吃，比平常一碗碗的单独吃要好得多。（摘编自周作人《暖锅》）

材料二：

四月中旬，天气突变，大风伴随降雨，花期提早结束，没有人知道，糟糕的天气会持续多久。20多年前，老谭对未婚妻许诺，要带她从事一项甜蜜的事业。……因为工作，每个养蜂人每年外出长达11个月，父母的奔波，给两个读书的孩子提供了安稳的生活。20多年，风雨劳顿，之所以不觉得孤单，除了坚忍的丈夫，勤劳的妻子，相濡以沫的还有一路陪伴的家乡味道。（摘编自《舌尖上的中国》解说词）

材料三：

我的家乡是水乡。出鸭。高邮大麻鸭是著名的鸭种。鸭多，鸭蛋也多。高邮人也善于腌鸭蛋。高邮咸鸭蛋于是出了名。我在苏南、浙江，每逢有人问起我的籍贯，回答之后，对方就会肃然起敬："哦！你们那里出咸鸭蛋！"上海的卖腌腊的店铺里也卖咸鸭蛋，必用纸条特别标明："高邮咸蛋"。……

孩子吃鸭蛋是很小心的。除了敲去空头，不把蛋壳碰破。蛋黄蛋白吃光了，用清水把鸭蛋壳里面洗净，晚上捉了萤火虫来，装在蛋壳里，空头的地方糊一层薄罗。萤火虫在鸭蛋壳里一闪一闪地亮，好看极了！（摘编自汪曾祺《端午的鸭蛋》）

材料四：

一出戏排成了，一人传出，全村振奋，扳着指头盼那上演日期。一年十二个月，正月元宵日，二月龙抬头，三月三，四月四，五月五日过端午，六月六日晒丝绸，七月过半，八月中秋，九月初九，十月一日，再是那腊月五豆，腊八，二十三……月月有节，三月一会，那戏必是上演的。戏台是全村人的共同的事业，宁肯少吃少穿也要筹资集款，买上好的木石，请高强的工匠来修筑。村子富不富，就比这戏台阔不阔。一演出，半下午就找凳子去占地位了，未等戏开，台下坐的、站的人头攒拥，台两边阶上立的卧的是一群顽童。那锣鼓就叮叮咣咣地闹台，似乎整个世界要天翻地覆了。各类小吃趁机摆开，一个食摊上一盏马灯，花生、瓜子、糖果、烟卷、油茶、麻花、烧鸡、煎饼，长一声短一声叫卖不绝。锣鼓还在一声儿敲打，大幕只是不拉，演员偶尔从幕边往下望望，下边就喊：开演呀，场子都满了！

……广漠旷远的八百里秦川，只有这秦腔，也只能有这秦腔，八百里秦川的劳作农民只有也只能有这秦腔使他们喜怒哀乐。秦人自古是大苦大乐之民众，他们的家乡交响乐除了大喊大叫的秦腔还能有别的吗？（摘编自贾平凹《秦腔》）

研读以上作品，关于如何更好地记录家乡风物，你获得了哪些启发？

二、《传家乡神韵，扬古城风采——记录家乡风物》学习活动记录单

活动一：博采众长，明确方向

活动二：我荐我爱，各展风采

我推荐参展的家乡风物是：＿＿＿＿＿＿

推荐理由是：＿＿＿＿＿＿

活动三：路在脚下，方法为引

可以帮助我们更加深入地了解家乡风物的方法有：＿＿＿＿＿＿

活动四：预设访谈，提纲挈领

我的访谈提纲

问题一：＿＿＿＿＿＿

问题二：＿＿＿＿＿＿

问题三：＿＿＿＿＿＿

问题四：＿＿＿＿＿＿

问题五：＿＿＿＿＿＿

活动五：传承文化，勿忘在莒

莒国文化馆简介

＿＿＿＿＿＿

＿＿＿＿＿＿

卢立敏，山东省日照市莒县第一中学教师。

苏轼《念奴娇·赤壁怀古》教学案例

◎罗学丽

【教材分析】

苏轼的《念奴娇·赤壁怀古》选自高中语文必修上册第三单元，本单元属于"文学阅读与交流"任务群，人文主题为"生命的诗意"，汇集了魏晋时期、盛唐时期、中唐时期、北宋及南宋不同时期不同体式的诗词名作，旨在引领学生体会古人丰富的情感、思想、人生，感悟人生真谛，激发学生对中华优秀传统文化的热爱之情。其中，苏轼的《念奴娇·赤壁怀古》是古典诗歌中的经典篇目，被誉为"古今绝唱"，学好该作品是学生了解豪放词牌的最佳切入点之一。本诗借古抒怀，雄浑苍凉，境界宏阔，学习时需仔细体会词作将写景、咏史、抒情融为一体的写法，品味词的语文之美，引导学生思考词中寄托的生命感悟和人生态度。

【学情分析】

在初中阶段，学生已学过《记承天寺夜游》《水调歌头》等作品，所以对于苏轼并不陌生，加上此单元前面几首诗歌的学习，学生已掌握了一定的诗歌鉴赏能力，如紧抓诗歌意象分析诗歌意境、根据知人论世理解诗歌抒发的情感等。但高一的学生尚未经历人生的起起落落，对于人生的体悟不足，因此，在具体的教学过程中，教师应当将难点放在引导学生理解苏轼在"思瑜——叹己"的情感抒发上，并对比苏轼和周瑜谁更成功，从而激发学生的学习兴趣。

【教学目标】

1.反复朗读，并引导学生从"矛盾处"理解诗歌。

2.通过合作探究，感受诗人情感的变化。

3.学习苏轼旷达豪放的胸襟，在逆境中能够坦然面对人生。

【教学重难点】

1.教学重点：探究作者所塑造周瑜的形象，从而感受作者对建功立业的渴望。

2.教学难点：通过了解作者际遇以及二人的比对，体悟作者豁达的人生态度。

【教学方法】

诵读法、合作探究法

【教学过程】

一、激趣导入

大多数同学都生于凉山，长于凉山。凉山是个山清水秀的地方，邛海之水穿城而过。想必我们大多数同学都曾到邛海边游玩，不知面对浩荡的邛海你们会想些什么呢？穿越千年，来到北宋，一位大词人面对滚滚长江东逝，发出了"人生如梦，一尊还酹江月"的感慨。今天就让我们一起走近赤壁，走进苏轼的心灵世界！

设计意图：教学对象为四川省凉山彝族自治州的学生，将凉山西昌的标志性景点——邛海作为课堂切入点，可以激发学生的好奇心，也可引发学生理解苏轼之所以名垂千史的原因，绝不仅仅是在赤鼻矶发发牢骚，而是在借古抒怀中实现了超脱的人生态度。

二、指导朗读

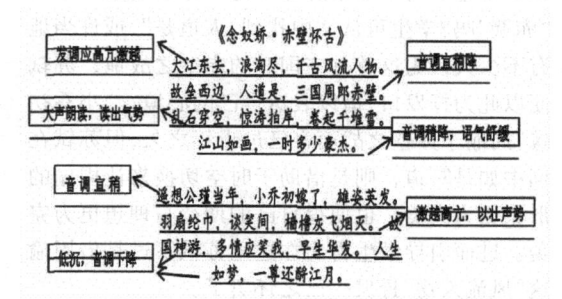

《念奴娇·赤壁怀古》

发调应高亢激越 →	大江东去，浪淘尽，千古风流人物。	← 音调宜拔陡
大声朗读，读出气势 →	故垒西边，人道是，三国周郎赤壁。乱石穿空，惊涛拍岸，卷起千堆雪。	← 音调稍降，语气舒缓
音调宣畅 →	江山如画，一时多少豪杰。	
	遥想公瑾当年，小乔初嫁了，雄姿英发。羽扇纶巾，谈笑间，樯橹灰飞烟灭。	← 激越高亢，以壮声势
低沉，音调下降 →	故国神游，多情应笑我，早生华发。人生如梦，一尊还酹江月。	

1.配乐朗读（全班读），要求读准字音、节奏。其中，配乐为周子雷《千年风雅》。

2.学生泛读，要求读出情感，读出豪放的气势。读罢，请其他同学点评好在哪，可以如何改进。

3. 在全班齐读、学生泛读并评点的基础上，明确读好此词的要领，指导学生进一步感受诗歌整体的基调。

设计意图：苏轼是豪放词派的代表性诗人，学生在朗读诗歌时会下意识性地读出一定的气势来，但是本诗不仅包含着苏轼豪迈与豁达的情感，同时还有在对比年少成名的周瑜，自己老来功名未成的落寞，因此要指导学生在朗读过程中读出苏轼在借古抒怀时的情感变化。

三、矛盾生疑——个体历史的思考

1. 苏轼所见是"赤壁之战"中的古战场"赤壁"吗？
2. 苏轼所写"小乔初嫁了"是否符合史实？
（学生解释，教师补充材料说明）

材料①：建安三年（公元198年），乔玄把美丽的次女小乔嫁给周瑜，而在此之前，大乔则嫁给了孙权的哥哥孙策。周瑜在迎娶小乔不久后又被孙权拜为建威中郎将。

材料②：建安十三年（208年），孙权、刘备联军在长江赤壁一带大破曹操大军，史称"赤壁之战"，这是中国历史上著名的以少胜多、以弱胜强的战役之一。当时曹操率二十万大军顺江而下，孙权命周瑜、程普为左右都督，各领万人，共计三万精锐水军，联合屯驻樊口的刘备军一起溯长江西进，与曹操相遇在赤壁。

设计意图：文中课后注释已表明"这首词作于宋神宗元丰五年（1082年）。苏轼所游的是黄州（今湖北黄冈）的赤鼻矶，并非三国时期赤壁大战处"。因而学生可以直接知道这里"赤壁"非彼"赤壁"，从而进一步引导学生思考：作为"大文豪"的苏轼难道真的不知道这并不是"赤壁之战"中的"赤壁"吗？学生可从文中找到"人道是"，或许当地有不少人认为这就是三国时的赤壁之战地，苏轼便以此为抒发口，借以表达自己的心境。"小乔初嫁"周瑜于赤壁之战而言已过十年之久，但苏轼在词中如是写道，则是借助于时空切换来让周瑜的形象更为完美，也使得自己的期待与理想更为完美。进而引导学生得出在这里苏轼不过是借周瑜这"风流人物"抒发一己之怀罢了。

四、形象塑造——个体理想的投射

1. 同学们饱含情感地朗读了诗歌，那么同学们苏轼笔下"赤壁"的景色如何呢？

"大江东去，浪淘尽，千古风流人物。"

一语双关大——空间；千古——时间
宏大的时空背景下，奠定了全词雄浑、豪放的基调。

"故垒西边，人道是，三国周郎赤壁。"
故垒：点出地点，过去遗留下来的营垒。周郎赤壁：少年得志，二十四为中郎将，掌管东吴重兵，吴中皆"周郎"。这里苏轼用"周郎"而不是"周瑜"，更突显出人物身份。

"乱石穿空，惊涛拍岸，卷起千堆雪。"
乱石穿空：写形；惊涛拍岸：写声；卷起千堆雪：写色。
气势磅礴雄奇壮美。

"江山如画，一时多少豪杰。"
承上启下，上阕描写江山，主要是写人；下阕写的是豪杰，重点写人。

明确：大江东去展现出了雄伟壮丽的景观，作者将这种气势十足的景观与历史人物进行了联系，在跨越时空的文字中，仿佛让人们的思绪回到某一个惊心动魄的历史时刻。然而就在这紧要关头，作者笔锋一转，以气定神闲的语气转而描写赤鼻矶的壮丽风光：岸边乱石林立，像要刺破天空，惊人的巨浪拍击着江岸，激起的浪花好似千万堆白雪。雄壮的江山奇丽如图画，一时间涌现出多少英雄豪杰。

设计意图：学生分析赤壁之景并无多大难度，难点在于要引导学生分清真正的赤壁之景以及苏轼笔下有着无穷魅力、雄奇壮丽的赤壁之景的出入点，进一步让学生领悟这是苏轼的"有我之境"，是源于苏轼心灵深处对崇高境界的一种向往。

2. 作者所写的人物如何？
"故国神游，多情应笑我，早生华发。"
正面和侧面描写相结合写周瑜：小乔初嫁（春风得意）；雄姿英发（英俊潇洒）；羽扇纶巾（从容儒雅）；谈笑间（指挥若定）；樯橹灰飞烟灭（足智多谋）
面对这样的周瑜，苏轼的感受如何呢？（填写人物对比表格）

人物	周瑜	苏轼	
年龄	34岁	46岁	思
婚姻	幸福美满	屡遭不幸	瑜
外貌	英俊儒雅	早生华发	叹
职位	东吴都督	团练副使	己
功成名就 VS 功业未就			

设计意图：作者浓墨重彩地描绘并塑造了周瑜的形象，写他的美满婚姻，写他的少年英俊，写他的服饰仪表，写他的谈笑自如，这些绝不是闲来之笔，而是在历史的基础上，精心挑选了能够表现周瑜个性的素材，并经过艺术集中提炼和加工而成，把人物刻画成为自己心中所向往的英雄人物，这样的形象符合苏轼的理想。因此，在这一环节，教师要重点引导学生理解周瑜的形象，其实是苏轼对周瑜形象的一个升华，是苏轼内心理想的投射。

五、还酹江月——毁誉之外的豁达

"人生如梦，一尊还酹江月。"

"人生如梦"，所以苏轼在这里是在感悟人生虚幻无常、难以自主把握、无意义、无价值吗？

明确：

1. 补充材料

材料①："杜子美在困穷之中，一饮一食，未尝忘君，诗人以来，一人而已。仆虽不肖，亦尝庶几仿佛于此也。"（《与王定国四十一首》之八）

材料②："虽废弃，未忘为国虑也。"（《与滕达道六十八首》之二十）

材料③："吾侪虽老且穷，而道理贯心肝，忠义填骨髓，直须谈笑死生之际……虽怀坎坷于时，遇事有可尊主泽民者，便忘躯为之，祸福得丧，付与造物。"（《与李公择书》）

2. 补充人生轨迹图

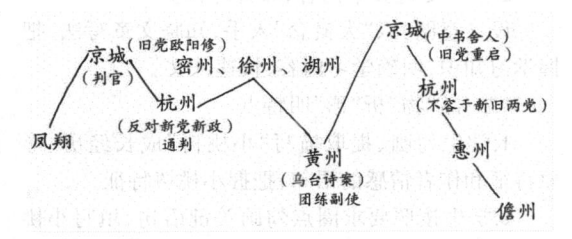

"问汝平生功业，黄州惠州儋州。"（《自题金山画像》）

被贬黄州，他写下《初到黄州》《赤壁赋》；

在黄州研究了美食"东坡肉"，风靡一时；

自己动手，建了一处房屋，名为"雪堂"，过起自在旷达的生活。

被贬惠州，他写下《惠州一绝》为岭南的荔枝打了一千年的广告；

在惠州，他发明了烤羊脊；

他爱上了酿酒，自己酿造橘子酒和松酒。

被贬儋州，他写下《定风波》《书上元夜游》，正应了他在诗中所写的"试问岭南应不好，却道，此心安处是吾乡"。

明确：苏轼在这里绝不仅仅只是慨叹人生如梦，短暂而虚无缥缈。

相反，从开篇"大江东去，浪淘尽，千古风流人物"就可见作者把个体生命存在置放于一个浩瀚无尽、绵延不绝的宏大时空背景中，加以观照审视，从中苏轼顿悟在阔大的宇宙面前，个体的功业成就是微不足道的。因此，他借"洒酒祭江月"这个意象，无非是要表明在看破了人生的那些虚幻之域、虚妄之境后，在世俗的人生价值取向、人生理想破灭之后，他对人生价值的重新建构——让生命融入美好的自然世界，超越世俗社会的功业名利、转向审美化的生命存在界域，由此获得人生的精神自由和心灵安宁。

设计意图：在理解"人生如梦，一尊还酹江月"时，不少同学会简单地理解成苏轼在慨叹人生如梦一场，变化无常而又虚无缥缈，这样的理解显然是不对的。因为苏轼即使遭受一贬再贬，也没有就此过上消极的生活，而是始终秉持着生活的热爱，爱写诗词、爱吃美食、爱研究新鲜事物，真正的达到"你若可爱，生活哪里都可爱"！因此，在此环节，教师要重在引导学生从不同的角度去思考理解苏轼"洒酒祭江月"的释然与超脱，并且引导学生学习苏轼即使身处困境，也能把酒敬自由的豁达态度。

【作业设计】

以"一杯敬朝阳，一杯敬月光"为题，为苏轼写300字左右的小短文。推荐阅读余秋雨的《苏东坡突围》，以及王文龙的《从苏东坡词看苏东坡的人生思考》。

罗学丽，四川省西昌市泸峰中学教师。

《一棵小桃树》教学设计

◎ 吕春波

【教材分析】

《一棵小桃树》是统编教材七年下册第五单元一篇状物抒情、托物言志的散文。本单元的文章不论是散文还是诗歌均蕴含了丰富的生活哲理,直接或间接地表达着作者的人生思考。本文通过描述一棵小桃树曲折艰难的生长过程,赞颂了与命运抗争的顽强精神,并借小桃树抒写自己的情志、理想:面对生活的困苦和磨难,要顽强地斗争,不懈地追求。本课继续学习比较的阅读方法,加深对文章内容和主旨的理解。

【学情分析】

学生通过七年级的语文学习,语言构建与运用能力、理解分析文章的思维能力有很大进步,对"托物言志"文章写法有一些认识,但对于"双线结构"的叙事特点感悟与理解有一些难度。所教学生主动思考、发现问题能力有所欠缺,基于此教学本文需要教师提供学习支架,如作者的相关信息、读文的方法指导等帮助学生解读文本,把握文章主旨。

【教学目标】

语言素养目标:品析文中描写小桃树的语句,体会作者情感变化。

思维素养目标:了解主要内容,梳理小桃树的生长过程;理解作者追求美好理想的勇气与信念。

审美素养目标:体会托物言志的写法,理解作者寄托在小桃树上的"志"。

【教学重点】

1.品析文中描写小桃树的语句,体会作者的情感变化。

2.了解主要内容,梳理小桃树的生长过程;理解作者追求美好理想的勇气与信念。

【教学难点】

理清文章的明暗线索,把握其叙事特点,理解文章蕴含的人生哲理。

【教学方法】朗读教学法、读写结合法

【学习方式】

网络平台预习法、合作探究交流法、圈画勾勒法、比较阅读法、课后网络平台反思法

【教学准备】完成课前预习任务单

【教学课时】第二课时

【教学过程】

核心任务:把握小桃树的特点和作者寄托在小桃树上的"志"。理清课文的行文线索和叙事特点,掌握托物言志文章的写作技巧。教学过程中通过多个学习任务的设置,学生在多样的学习活动中完成核心任务。

(一)明晰概念以入文

1.教师简析"托物言志"。

明确概念:托物言志是用某一物品来比拟或象征某种精神、品格、思想、感情等。通过描绘客观事物某一个方面的特征来表达作者情感或揭示作品主旨。

2.学生复述文章内容,教师评价。

设计意图:以"大概念"入手,知晓文章写法,把握学习知识,明确学习内容,快速入文。

(二)品"物"析"形"明特点

1.学生勾画、提取描写"小桃树"成长经历、形象特征和作者情感的语句,把握小桃树特征。

2.学生按照要求圈点勾画关键语句,填写小桃树信息表格。学生根据文章内容,利用投影仪展示进行交流。师生共评品味文章对小桃树的细节描写,把握其品质。

小桃树特征信息

对象	生长环境	长相	人们对它的态度	经历	对待挫折的态度
小桃树					

问题导读:

1.课文围绕"小桃树"写了哪些情景故事?结合小桃树在不同生长阶段中的形态、颜色、动作、神态的重点语句,说说表现了小桃树的什么特点。

明确:单薄弱小　孤单病态可怜　没出息　坚强　不屈不挠

设计意图:提炼信息,给予学生阅读的指导,使勾画的信息醒目清晰,便于表达交流。

2."我的小桃树"在文中反复出现,表达了作者怎样的感情?又有哪些变化?

语言表达句式:我从＿＿＿＿＿＿＿语句中(或情景中)发现这是一棵＿＿＿＿＿＿＿的小桃树,"我"对它产生＿＿＿＿＿＿＿之情。

示例:我从"我的小桃树千百次地俯下身去,又千百次地挣扎起来,一树的桃花,一片,一片,湿得深重,像一只天鹅,羽毛渐渐剥脱。"语句中,发现这是一棵虽然遭到雨的侵袭,却坚强不屈、百折不挠的小桃树,表达了作者对小桃树的赞美(敬佩、感激)之情。

学生根据文章内容,进行交流。

教师提示:结合具体语句用核心词概括。

师生共评。教师及时鼓励、引导、点拨、评价、总结。

设计意图:遵循"一课一得"和"以读促写"理念,践行新课标落实语文核心知识和关键能力的素养要求,用好教材这个例子,通过本课学习使学生获得"托物言志"的语文知识和写作方法的认知及写作技巧上的提升。

(三)比较阅读悟"志"意

1.学生勾画、提取描写作者成长经历和对小桃树情感变化的语句。理清小桃树与作者的关联;比较阅读,品析作者情感的变化。

2.学生按要求填写表格,在比较中寻找作者与小桃树的异同。学生交流,师生共评,感知小桃树与作者的关联。

小桃树与作者异同点比较

对象	生长环境	长相	人们对它的态度	经历	对待挫折的态度
小桃树					
作者					

学生交流,师生共评。

明确:如下图。

对象	生长环境	长相	人们对它的态度	经历	对待挫折的态度	经历磨难后
小桃树	角落里长的不是地方	弱小委屈瘦黄太淡	猥琐瘦太单薄	被笑话被忽视被遗忘讨人嫌	被猪拱险被人管经风雨	努力顽强百折不挠	保留一个欲绽的花苞
贾平凹	从小生活在农村孤陋闭塞	瘦弱不好看		不被重视	感到渺小幼稚天真不谙人事	房头脾性坏垂着耳朵	心底还有花对理想幸福的追求更强

3.学生分角色朗读第13、14段:比较阅读,品析作者情感的变化。探究小桃树带给作者的启迪。

问题导悟:

1."蓄着我的梦"的桃核长成了树,而且真的开了花,作者仅仅是写花吗?

2.文章读完以后,小桃树带给你怎样的启迪?

资料链接:视频(朗读者)作者的写作坎坷历程

3.作者为什么要着力去描写这棵可怜的小桃树?

教师追问:作者的"志"实现了吗?

资料链接:

1.作者简介及成长经历

贾平凹,作家,陕西丹凤人。

作品散文:《月迹》《丑石》

长篇小说:《白夜》《秦腔》《浮躁》《废都》

获奖作品

《腊月·正月》第3届全国优秀中篇小说奖

《满月儿》获1978年全国优秀短篇小说奖。

2008年凭借《秦腔》获得第七届茅盾文学奖。

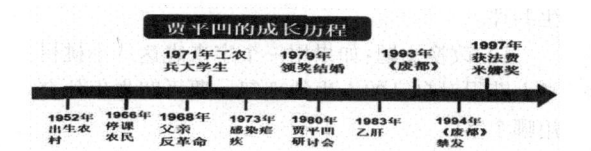

贾平凹的成长历程

1952年出生农村　1966年停课农民　1968年父亲反革命　1971年工农兵大学生　1973年感染疟疾　1979年领奖结婚　1980年贾平凹研讨会　1983年乙肝　1993年《废都》　1994年《废都》禁发　1997年获法费米娜奖

2.《贾平凹性格心理调查表》相关语句

1975年,毕业后到陕西人民出版社工作。步入社会后的他也遭遇了许多挫折,多次投稿,屡屡碰壁。

当贾平凹的《月迹》获《散文》杂志优秀散文奖后,他回来对朋友说:"那朵桃花才开。"

主要作品有小说《满月儿》《高老庄》等。他曾获全国文学奖三次。成为了我国当代文坛屈指可数的文学奇才,被誉为"鬼才"。

设计意图:通过问题设计和资料链接,感受作者在文学上的坚持与执着追求,百折不挠的品质,使学生得到启迪,获得情感上的新认。同时让学生感悟"物"和"人"的相似和关联,从而认识到文章托物言志的写法效果。

(四)"读思共研"学写法

1.总结交流托物言志文章的写法。

2.学生同桌间讨论:以《一棵小桃树》为例,总结交流文章如何进行托物言志的。

问题导思:以《一棵小桃树》为例,说说写文章如何进行托物言志。

学生交流、教师评价、总结。

明确:

方法1:"物"与人相似,"志"因物而生

方法2:"物"与人的关联

方法3:"物"对人的启迪

设计意图:遵循"一课一得"和"以读促写"理念,践行新课标落实语文核心知识和关键能力的素养要求,用好教材这个例子,通过本课学习使学生获得"托物言志"的语文知识和写作方法的认知及写作技巧上的提升。

(五)"学习检验"明得失

1.检验本课学习效果。

2.仿照《紫藤萝瀑布》结尾段(哲理句),给本文续加结尾。

(1)仿照例句:花和人都会遇到各种各样的不幸,但是生命的长河是无止境的。

语言表达句式:树和人都会_____,但是_____。

学生动笔完成,同桌交流讨论,代表发言。师生共评。

(2)改换文题:如果用一个字来表达从小桃树身上获得对自己的人生的理解,贾平凹先生他会用哪个字?

表达句式:我想会是"___"字,因为_____

学生同桌交流讨论,代表发言。师生共评,教师总结。

嵌入评价,结合评价标准,给出评价等级。

设计意图:①引发学生思考,通过问题思考和小组交流提高学生对文章写作意图的把握,同时提高思维认知能力,情感上得到启迪。②通过比较阅读,学以致用,读写结合,训练学生语言的重构与运用能力。运用改写文题的方式,检验学生对作者思想感情的理解,即对本文所言之志的认识。

结语:形曲身瘦小桃树,孤单羸弱惹人怜。努力成长为花开,历经磨难不畏难。同命相生心有梦,百折不挠信念坚。托树言志蓄深情,笔耕不辍终不凡。

【作业设计】

A.仿照《紫藤萝瀑布》景物描写写法,假设成名后的作者,看到长大的那棵桃树,进行景物描写,不少于200字。(提示:首尾呼应,运用对比手法,描写桃树的形态、颜色及作者情感等且符合人物心境。)

B.《一棵小桃树》与《紫藤萝瀑布》在写法上有什么相同和不同之处?(用表格方式整理。)

本周作业:运用托物言志手法,选择生活中某一物,写篇文章。(500字以上,写在作文草本上)

【板书设计】

一棵小桃树　　贾平凹

花

树　　　　　人

相似:坎坷　梦想

托物　关联:命运　深情　言志

启迪:百折不挠

【教学反思】

本课教学,基本完成教学目标,学生所展现的语文素养,如语言的表达、思维能力和审美价值都有一些进步性的展现,对文章的脉络、细节描写、作者的情感理解与把握都是准确的。回顾教学过程,学生对"托物言志"的写法有一部分学生理解和感悟与预期效果稍有距离。第五个教学环节设计稍有难度,学生对文本的阅读和前期的阅读基础不够丰富与扎实,加上教师提供的教学资源不足,所以学生认知上没有达到希望的层面。

为了进一步突出重点突破难点,可设计任务情境:生活中学生遇到挫折的情境,让学生感同身受,具体感知坚强品质的意义。

学习活动方面,可以设计《紫藤萝瀑布》与《一棵小桃树》的比较阅读,让学生在文章同中寻异,感知文章的不同行文特点,这样对"托物言志"写法会有更明确的认知。

在资源方面,在预习环节中,提供学生作者贾平凹的其他文章如《泉》《名人成长故事:贾平凹——发现自己》等,增加对作者的了解,知人论世,有助于学生对文本的解读。

吕春波,吉林省长春高新第一实验学校教师。

《登岳阳楼》教学方案

◎ 马达晟

【教学目标】

1.参与小组讨论、联读推荐、诗作分享、短评撰写等课堂活动，在诗境的联想与想象中提升形象思维，在诗歌的对比与联读中发展辩证思维。

2.通过朗读、译读和联读来充分感受本诗的音乐美、意趣美、情感美，掌握登高类诗歌的基本鉴赏方法，培养高雅的审美品味。

3.理解本诗意蕴，读懂杜甫的"泪"，体会诗人心怀天下的圣人情怀，领略中华诗词文化的独特魅力。

【教学重点】

1.反复诵读本诗，结合对杜甫的已有认知，体悟杜甫心系民众、心怀天下的大爱之情。

2.通过朗读、译读、联读来充分感受本诗的音乐美、意趣美、情感美，掌握登高类诗歌的基本鉴赏方法。

【教学难点】

1.结合联想、想象与对比，反复涵咏本诗中遣词造句的精妙之处，发展形象思维和辩证思维。

2. 联读其他杜甫诗词，探究与理解杜甫的"泪"，体会古人寄寓在诗歌中的家国情。

【教学过程】

环节一：课前情境，激趣导入

（课前播放岳阳楼航拍视频）

师：同学们，我们开始准备上课。同学们好，我是今天的授课教师马老师。今天，我们以《登岳阳楼》为例，来总结登高类诗歌的共同特征，探索古人登高而赋的写作秘密。课前我们已经看完了岳阳楼的实景视频，看完视频，同学们有什么样的感受？用一两个词来概括一下。

生：宽阔、宏大。

师：很棒啊，那么我们来看看，（出示岳阳楼实景图）它始建于唐代，位于湖南省岳阳市西门城墙，下瞰洞庭、前望君山。古往今来，无数文人立于此楼，真挚抒发关于个人或国家的慨叹。现在，沿着时光的隧道，我们将庆历六年的时间轴往前追溯200余年，聚焦于公元768年，我们一起来看，当另外一名诗人立于同样的历史坐标，又抒发出怎样的人生感慨？

师：（出示杜甫发的朋友圈，并）提问：

①"少陵野老"是谁？

填空：杜甫，字____，河南巩县人，自号____，因做过工部侍郎、左拾遗，又称___、____，是我国古代伟大____主义诗人。

②"岳州"在哪里？

③"美则美矣，然……"，省略号代表什么？其中情感是喜是悲？

环节二：回顾已学，温故知新

师：好，那么接下来，我们共同研究研究杜甫发的这条朋友圈。首先，请同学们用你们认为合适的语气，来一起朗读这首诗歌，朗读的过程中，注意老师标记出的停顿分隔符。

（出示已划好停顿符号的PPT，学生齐声朗读）

师：同学们朗读得非常有气势。这条朋友圈的主人公，同学们都很熟悉啦，他出生于官宦家庭，生长于唐代由盛转衰的转折时代，他的一生几乎都是在"不如意"中度过的，老师在这里找出了四组词语，接下来，请同学们用2分钟时间思考一下，屏幕左边的杜甫生平分期，分别可以用右边的哪个词语来进行概括，并结合关键提示词，来给我们简单回顾一下"诗圣"杜甫的一生。

（教师随学生作答同步完成屏幕连线，并适时补充，尤其是西南漂泊时期）

师：这位同学对杜甫生平和作品风格都梳理得十分详细，分享期间还能提及诸多细节，可见她平日对语文的学习和落实都非常扎实，同学们都要向她学习哟！结合生平梳理，可以发现，杜甫作为我国古代伟大的现实主义诗人，他的"现实主义"诗风也并非是灵光一现或一蹴而就，而是由社会与时代不断浸润而成。那么，同学们说一说，本诗作于杜甫的哪个人生阶段啊？

生：西南漂泊时期。

师：对的，属于晚年的西南漂泊时期。是从哪里得到的提示呢？

生：从颈联"无亲朋好友来信，患病独处孤舟"可知。

环节三：披文入情，心感意美

师：哦，是从诗歌颈联得出结论的，来，我们一起把颈联朗读一遍。

（生齐读颈联：亲朋无一字，老病有孤舟）

师：哪位同学能结合课下注释对此联完成诗意素描？请举手。

（生举手，并完成情景式扩展回答）

师：赏析得非常准确！我们知道，此时的杜甫已经57岁，因京师戒备森严、战争频繁，他不得不携眷旅居岳州，以"右臂偏枯半耳聋"的孱弱之体登上了仰慕已久的岳阳楼。此时的杜甫，缺衣乏食、旅居孤舟、贫病交加、前途茫茫，所需的生存空间萎缩到不能再萎缩，他是一位流浪的老者，是一位无力的丈夫，是一位落魄的文人，是一个飘零、孤寂、衰老、贫病的行吟者。既然，生存本身已经是一个难以解决的问题，他为什么还有闲情逸致来登高作诗呢？诗中是怎么说的？

生：昔闻洞庭水，今上岳阳楼。

师：好，找得非常准确，我们请一位同学来代入杜甫的心情，朗读首联。

（生个体读）

师：同学们从他的朗读中，听出了怎样的情感状态？

生：悲伤、喜悦、激动、开心。

师：同学们都知道，在诗歌理解中，要把握好联系背景、知人论世这一工具。事实上，在30多年前，杜甫也曾登临同样著名的泰山，并写下了"会当凌绝顶，一览众山小"的激情诗篇。当他身处开元盛世时期，也曾听闻并强烈期待着一览洞庭美景。但现在，诗人在逐渐老去，他所处的唐王朝也正江河日下，当杜甫终于如愿登临岳阳楼，他此刻的登楼心情还包括什么样的情感？

生：遗憾、伤感、难过。

师：非常棒！他的内心是"百感交集"，而我们刚刚所说的这种个人与时代的过去与当下之对比，在诗句中在哪里可以体现？

生："昔""今"。

师：正确！古人说"律诗之妙全在无字处"，而首联背后的情感涌动也正藏于未说尽的"昔、今"二字对比中，此谓对比中的间接含情。现在，让我们带着情感理解，再次朗读首联。

（生朗读）

师：登高必有所见，登高后，杜甫又看到了什么呢？用诗中原句告诉老师？

生：吴楚东南坼，乾坤日夜浮。

师：那么，接下来，同学们自由读一读颔联，想象一下，你的眼前浮现出了怎样的画面？用自己的话描述一下。

（生回答）

师：语言文采斐然，描述得非常有画面感啊。近期，岳阳市文旅局预备举办"岳阳文化节"，并商议决定以本联为依据在岳阳楼和洞庭湖拍摄取景，但众人在宣传图集与宣传短片两种拍摄形式间争议不定，于是向社会征求意见。作为武汉三中的优秀学生代表，你接受了这一校园采访，你将建议导演选择哪种拍摄方式？为什么？同桌之间讨论一下，计时2分钟。

生：我选择宣传短片，因为我认为此联应该是动态的。

师：动态的？你的理由是什么？可不可以用原诗中的字词来支撑你的观点？

生："坼""浮"。

师：哦！是因为"坼"表"裂"，具有力量感；"浮"表"浮动"，极富动态感，所以整个画面是为动态捕捉。如果将二字换为"分""纳"，会怎样？

生：不好，虽然意义相似，但就缺少了化静为动的艺术魅力。

师：分析得非常到位。洞庭湖水向东南伸展，把本来连在一起的吴地和楚地一下子分裂成为两块；整个天地万物也仿佛日日夜夜地在洞庭湖水上浮动漂游。两字极写水面之宽阔、力量之磅礴，它的力量能够割裂大地，能够浮动乾坤。那么我们接着来思考，既然是整个天地万物都在这一方洞庭山水间浮动，所以作者的视角在哪里啊？

生：空间维度宏大，高于洞庭和岳阳，立于高地。

师：而且"日夜浮"？
生：时间维度拉长，包含日日夜夜。
师：这能够体现出杜甫什么样的特点？
生：胸怀天下。
师：这位同学真是杜甫的知音啊！的确如此，本诗名为"登岳阳楼"，却不局限于"岳阳楼"与"洞庭水"，而是摒弃眼前景物的精微刻画，从大处着笔，吐纳天地，驰骋想象，抒发感情。"吴楚"句言空间阔大，"乾坤"句言时间悠远，将自己的情感放在如此浩瀚的时空背景中，可见杜甫襟怀之博大，也能见其自身的孤微与国家时局的动荡。登高会看到不同寻常的风景，那么诗人也必然会产生一些不同寻常的思考与感受，当杜甫登上岳阳楼之后，产生了怎样的思考呢？用诗中的原句告诉老师？
生：戎马关山北，凭轩涕泗流。
师：同学们的诗歌理解能力非常强！那么，现在大家齐读尾联，请同学们思考这样一个问题——（出示PPT）若由杜甫的泪说开去，我们可以看到：《兵车行》中的"车辚辚，马萧萧，行人弓箭各在腰。耶娘妻子走相送，尘埃不见咸阳桥。牵衣顿足拦道哭，哭声直上干云霄"，《又呈吴郎》中的"社稷堪流涕，安危在运筹。看君话王室，感动几销忧"，《春望》中的"国破山河在，城春草木深。感时花溅泪，恨别鸟惊心"，《蜀相》中的"三顾频烦天下计，两朝开济老臣心。出师未捷身先死，长使英雄泪满襟"，《春望》中的"剑外忽传收蓟北，初闻涕泪满衣裳。却看妻子愁何在，漫卷诗书喜欲狂"……杜甫被称为"最爱流泪的布衣诗人"，同学们认为杜甫的眼泪为谁而流？请结合已学，展开小组讨论，计时3分钟。
生：近十年的安史之乱，给国家和人民造成巨大损失。外族侵扰，藩镇割据，民不聊生，怎不令诗人潸然泪下？我想，这泪之中，有对亲戚朋友的眷念，有年老孤独的悲伤，有对国家前途的忧虑，也有无以报国的自悼。
师：非常动情，可以说是直达杜甫内心的精彩！杜甫的泪水或喜或悲，他为百姓的生死离别而流，为国家的山河破碎而流，为英雄的壮志未酬而流，看似轻弹，实则重于泰山，因为他始终心系民众与天下。杜甫的一生都在无望中漂泊，可是他虽然被整个世界抛弃，依然热爱这个世界。

环节四：课堂小结，对比阅读

师：我们现在来总结一下对本条杜甫朋友圈的认知：首联叙登临事，侧重昔与今的虚实结合，包含人世沧桑之感；颔联写眼前景，侧重化静为动的时空描写，显示出作者的博大胸襟；颈联抒作者自身情，写自身的老病孤舟，笔调似乎由宽阔变得狭窄，含无限辛酸之情；尾联则抒作者家国情，写国家的战乱破碎，笔调重新变得宽阔，显露出作者的忧国忧民之情。学到这里，我们回到问题的起点——"美则美矣，然……"一句为何意？省略号代表什么？其中情感是喜是悲？

生：因为即使他此刻实现了年少的小愿望，却发现山河破碎、家国飘摇，再加上他自身的衰老多病、在外飘零，所以即使是美景，也无法让他真正感到开心。省略号应该是代表着他的无限愁绪，这种愁绪有关个人、有关国家、有关人民、有关时代，其中感情以悲为基调。

师：同学们的回答，足以证明大家今天已经在时空隧道中走近了杜甫和他的内心。那么，带着对这条朋友圈的理解，让我们为杜甫一起点个赞，并带着感情再次朗读它。

（PPT出示：对比阅读《与夏十二登岳阳楼》《望洞庭湖赠张丞相》）

师：类似于《登岳阳楼》这样的"登高俯瞰"诗作，在中国古诗词中不可胜数。例如《登鹳雀楼》等诗句，均是作者借登高远望的契机，让个人感情与大自然相遇、相合。同学们回忆一下，若要将诗歌进行对比，可以从哪些维度出发？

（结合学生回答，并给出）提示：诗歌比较，要以情景关系处理为基础，侧重于情感意蕴和表达技巧这两个方面。

师：太棒了！老师再给同学们补充一下，这两首诗歌的背景资料。（PPT出示写作背景）

师：请同学们结合背景提示，对比阅读三首诗歌，以小组为单位进行3分钟小组讨论，完成任务单对比阅读表格，再派代表在黑板上写下你们的观点。

课堂结语：登高诗往往生发于诗人的登高俯瞰所见，随着行动与心态的动态攀升，眼前景与心中情自然交融，那一瞬间，感情闸门被打开，宇宙人生与喜怒哀乐竞相涌来，继而吟唱出"登山则情满于山"的不朽诗篇。可见，无论是渚清沙白，还是鸡鸣日升，无论是彩舟云淡，还是湛湛黑空，登高，是古人游历山水的见证，更是古人有意识的文化选择。

马达晟，湖北省武汉市第三中学教师。

《石钟山记》研读设计

◎马千惠　和杰英

【设计理念】

本文的设计以新课标要求为依托，在破解文义的设计中，以"学习任务群"为出发点，体现语文核心素养下的教学任务群设计，旨在将零碎的知识和抽象的学习内容转化为有目的有意义的学习任务。将三个活动任务贯穿其中，一线串珠，层层铺垫，步步设疑，抓住关键，调动多种感官体验，发挥学生的主体作用，注重教师主导与学生主体的协调统一，充分感受其中的文化味和语文味。要让学生发现问题、提出问题，对文本作出自己的分析判断。结合教材中"单元研习任务"，让学生在合宜的学习情境中提出问题，基于问题突破教学难点与重点，这样的课堂才真正是学生的课堂。教师还应通过本课的教学，让学生在语文活动中学习古人反对主观臆断、有疑必究的精神，领悟文中阐明的人生哲理。

【教材分析】

本单元的课文有《陈情表》《项脊轩志》《归去来兮辞》等，单元提示告诉我们，学习本单元要把握课文的思想情感及其承载的文化观念，领会作者独特的审美追求。该单元中，《石钟山记》作为一篇记游说理散文，虽然文体是"记"，却"以辩体为记体"，把论断、说理与叙事、写景融为一体。要反复诵读，把握文意，理解作者如何通过特有的语言去抒发理趣与情致。

【学情分析】

高中学生对记游说理散文已经有所了解。基于本单元其他文言篇目，已经学习掌握了部分鉴赏手法来把握课文思想情感。但学生语言建构与运用能力稍显不足，仍局限于割裂的点式手法，在体会文言文作品中蕴含的理趣方面，还存在一定困难。特别是透过紧密结合的叙与议把握文章的精神特质，同学们还不能独立完成。

【教学目标】

1.学生通过诵读涵咏，入境揣摩文章的"绘声""绘形"之妙。

2.学生通过合作探究，掌握因事见理的手法与集记叙、描写、议论于一体的文笔之妙，并学会运用。

3.学生通过对比阅读，解读"事须目见耳闻，不可臆断有无"的与理性之光与文化价值，探究文章精神内涵。

【教学重难点】

1.由声入境，解读"事须目见耳闻，不可臆断有无"的文化价值。（重点）

2.掌握因事见理的手法与集记叙、描写、议论于一体的文笔之妙，并学会运用。（难点）

【教学方法】

诵读法、点拨法、拼图教学法、自主合作探究法、比较阅读法

【课时安排】

2课时（本课为第二课时教学设计）

【教学过程】

展示前置作业：查阅相关资料，创作一首"可思""可感"，蕴含情或理的小诗。

课程导入

师：苏轼一生走过无数的山山水水，在他的笔下，夜晚，夜月，盛载了他的绝世才华。作为一名父亲，千年前的石钟山见证了他躬身求实的言传身教。"山以钟名"的奥秘，在那个夜晚，被明月照亮。众位，且随老师走向千年前那个石钟山月夜，一探究竟。

活动一：寻声求物，形容至妙

师：《石钟山记》第二段中苏轼对声音的描绘，被誉为"绘声文字中的上品"，谁能用声音演绎其神韵？

（随机抽取学生诵读）

师：谁来点评一下？（抽取学生点评）

明确：根据学生回答，引导学生进行多维度、有深度的点评。

（学生新知，教师引导）抽取学生根据教师指导重新点。

（范例：有明显的轻重缓急之分，表达也比较自然。但"而山上栖鹘"那一句，大家可以想象这个时候栖鹘在休憩，那么"闻人声"而后应该是"一惊起"，继而鸟鸣啾。我没有听到惊起的感觉。）

师：评价的如此有文采，那你能试着用声音演绎一下这一句吗？

生读：而山上栖鹘，闻人声亦惊（重读）起，磔磔云霄间。

师：所以他重读了"惊"，增加了幽静诡谲之氛围，加上最后"磔磔云霄间"，留下余韵。将这句话也故事化了，想象着栖鹘在睡觉，老师觉得这样的处理特别好。这段中，东坡是如何比喻和形容的？

出示（资料链接）：

"人所不能比喻者东坡能比喻，人所不能形容者，东坡能形容"（施补华《岘佣说诗》）

引导并明确：

绘形："大石侧立千尺，如猛兽奇鬼，森然欲搏人。"

绘声："鹳鹤"比作"若老人咳且笑于山谷中者""噌吰如钟鼓不绝"。

师：老师将它总结为"绘形"和"绘声"，大家也可以用自己总结的词语。接下来，请大家闭上眼睛，根据老师的描述想象一下苏轼访石钟山时的所见之形，所闻之声。

（教师配乐诵读）

今夜恰好月明，我与我儿苏迈驾一叶扁舟，漂荡在临悬崖峭壁的水面上。巨大的山石倾斜地立着，有千尺之高，好像凶猛的野兽和奇异的鬼怪，阴森森地想要攻击我们；山上宿巢的老鹰，听到人声也受惊飞起来，躲到云霄间发出磔磔声响；突然又有像老人在山谷中咳嗽并且大笑的声音。我心脏都快跳出身体了，正想要回去，忽然巨大的声音从水上发出，声音洪亮像不断地敲击钟鼓……

师：此刻你的感受是怎样的？

预设：毛骨悚然、惊魂未定。

师：这段描写极为生动，使形可见，声可闻。读到这里，你能够解释郦道元"水石相搏，声如洪钟"之说为什么会长期无人去实地求证了吗？

明确：一幅如此阴森骇人的景象，烘托了探访之不易，所以长期无人实地求证。

师：这段描写除了表明探访不易，证实无人考察，还有什么妙处？

（此问题较难，预设提示）

师：给大家一个小提示：面对未知，苏轼是怎么做的呢？文中有没有记录？

明确：就在这段开头，记叙了"至莫夜月明，独与迈乘小舟，至绝壁下"。

师：非常好，这位同学点出了这句话是"记叙"。苏轼到了绝壁之下，置身于这样的环境，仍探寻着其中的奥秘，说明了什么？

明确：正是在这种艰难情境中，才能突显出苏轼的探险与质疑精神。

师：是的，探险和质疑精神。本单元的六篇文章都具有深厚的文化内涵，从不同方面体现出了中国人的文化观念。作为本单元最后一课，到此，本单元文化观念碎片全部收集完毕。

出示（单元文化观念碎片）

师：我们带着这份求实、质疑精神的文化碎片一起来看看，作者的写作意图在哪一段才显现出来？

明确：第三段。

师：第三段写对石钟山得名由来的感想。和第二段主要运用记叙描写不同，第三段主要用了什么？

生：议论。

师：第三段的议论是从哪里来的？议论的源头能否在前文中找到？让我们一起完成接下来的表格。

活动二：名中生疑，辨中见真

（小组合作探究）研读第三段的议论句，分别与第二段的哪句话相对应？请大家完成表格。

明确："斧斤考击而求之"相对应的"小童持斧"，所以这里填"寺僧使小童持斧，于乱石间择其一二扣之，硿硿焉""大声发于水上，噌吰如钟鼓不绝。""士大夫终不肯以小舟夜泊绝壁之下，故莫能知。"

师：表格填充完毕。我们发现，第二段的记叙、描写和第三段的议论相照应。大家能概括出这个写作特点吗？

明确：前后照应。

师：既然是探究的质疑精神，那么有没有同学对这个表格有疑问？

明确：第一段未在表格出现。表扬提出同学的质疑精神，找到了这篇文章区别于常规游记的独特之处！

师：什么独特之处？

（新知，设置引导环节：锦囊）

出示（锦囊）：拼音 yi。

师：结合刚刚所学及本篇课文，大家可以根据所添加的声调，把你想写的字写在课前发放的卡片上。写好的同学就可以依次把卡片贴在黑板上。

预设：疑、议、意……

师：贴"疑"的同学，你能回到第一段找到与他们相关的句子吗？

明确：是说也，人常疑之。

师：怀疑的是谁的说法？

明确：郦道元。

师：很好，第二次回答时已经知道了要如何联系起来思考问题。那么问题来了，第一段中出现的郦道元李渤，在最后一段有没有议论性的话。应该还是比较容易找到的。哪两句？

明确：盖叹郦元之简，而笑李渤之陋也。

师：找得很精准。那"议"在哪里？

明确：这两句"疑之"是议论的表达方式。

师：在议论中埋下"疑的种子"，才有后面的记游部分。

出示（资料链接）：

"以人之疑起己之疑"（杨慎《三苏文范》）

师：所以第一段的议论是后文记游的？

明确：前提。

师：始于疑问，为后文铺垫，进而层层释疑。由此可得，文章的独特之处还在于：设疑于？

预设：首、前、末、尾。

师：回顾刚刚所填的两个表格，顺便总结所学，谁来说说"前"理由？

明确：前，开头的议论提出了对两种说法的质疑。填"后"的理由呢？

明确：结尾的疑进行了解疑。所以这个照应除了第二段和第三段，还有开头和结尾。巧妙地对议论、记叙、描写的内容设置照应，经纬分明，条理清楚。所以这个特点就很完整了，照应有方，或者照应巧妙都可以。那中间的过程呢？

明确：寻找答案的过程。

师：所以我们把它归纳为：探疑。我们发现，疑贯穿着全文，是这篇文章的……

众生：线索。

师：这篇游记独特之处，不是平铺直叙，直抒观点，而是巧妙用"疑"将这些波澜串联、结合议论、记叙、描写，使得文章有波澜，有起伏。所以我们第二个特点就出来了。老师将它总结为：行文曲折。

出示（资料链接）：

"凡做人贵直，而作文贵曲"（袁枚）

生：文贵在曲，人贵在直。苏轼比"直"多一点求实精神，多一点绝世才华。不仅自己求真，也将这份求真精神用如此别致的游记传递给我们。

活动三：多记联读，以群明意

师：由此可见，游记散文的内涵在于，人与自然审美关系的建立。作家借自然来传达人的声音、情感、生命中的思考。所以人才是游记的灵魂。山水游记散文滥觞于东汉，形成于魏晋，至今已有近二千年的历史了。回顾我们学过的《游褒禅山记》对理想境界的哲思，《始得西山宴游记》面对奇异景观的思考，《醉翁亭记》中的千古名句，大家还记得吗？

生（齐）：醉翁之意不在酒，在乎山水之间也。

师：醉翁之意不在酒，在官民同乐，在放情山水。而记叙，描写，议论的紧密结合，无不彰显着苏翁的游记的哲思，与宋代游记的灵魂。那么请两组组员将这篇文章对你的启示，写在学案上，我们一会儿邀请大家与我们分享。

组1：没有调查就没有发言权。浅尝辄止，蜻蜓点水式的思考不可取，实地考察对于了解事情真相的重要性……

组2：敢于探索，勇于探索不迷信旧说敢于质疑，尊重事实……

（出示教师的答案）师：和同学们的答案相比，老师课前准备的答案便略显单薄。但，这便是这节课的价值之一。也是这篇文章赋予我们的时代价值。老师局限于文本，而大家早已跳出了文本。在课堂最后，我们一起将苏轼千年前的叹问读出来。

齐诵："事不目见耳闻，而臆断其有无，可乎？"

师：可乎？

众生齐呼：不可！

师：此时此刻，石钟山究竟因何得名似乎已经不是最重要的，我们应该牢牢记住的是石钟山下的那只"求实"的夜舟和"切实"的思考方法。今天的课就上到这里。下课！

马千惠，山西吕梁名师高级中学培优班语文教师，重庆师范大学硕士研究生；和杰英，山西省城镇第一中学教师。

《氓》《孔雀东南飞》教学设计

◎ 牟灏田

【教学目标】

1.通过两首诗的学习，了解《诗经》的有关常识，掌握先秦时代诗歌的特点；了解我国长篇叙事诗的艺术成就；了解中国古代长篇叙事诗的基本特点，介绍时代背景以及文学史上对这首诗的评价和看法，初步掌握汉代叙事诗的表现手法和思想感情。

2.通过两首诗的具体学习，掌握表现手法：叙事与抒情的密切结合，曲折而完整的情节，生动鲜明的人物形象，铺陈排比的描写手法，托物起兴的开头，浪漫主义的神话结尾。学习通过塑造人物形象来表现主题思想。

3.情感交流，比较分析女主人公性格变化，理解诗歌的情感美。理解悲剧美及其意义。从诗歌的写作时代和作品反映的时代把握作品的深刻思想内容，理解作品的浪漫主义色彩。

4.引导学生树立正确的爱情观。通过对文本个性化的解读，唤起学生对焦仲卿、刘兰芝命运的同情，同时引发学生对爱情、对社会、对人生的思考。

【教学重难点】

重点：把握故事情节，比较两首诗的异同。

难点：比较两首诗的异同，探究爱情悲剧的深层原因。

【课时安排】2课时

【教学过程】

第一课时

情境导入：

《玩偶之家》曾被比做"妇女解放运动的宣言书"。在这个宣言书里，娜拉终于觉悟到自己在家庭中的玩偶地位，并向丈夫严正地宣称："首先我是一个人，跟你一样的人，至少我要学做一个人。"以此作为对以男权为中心的社会传统观念的反叛。1918年一经被介绍到中国，被桎梏两千多年的中国社会，无异于一声惊雷平地起。但溯源中国古典诗歌，中国的"娜拉"早已存在——卫女、刘兰芝。

播放通俗歌曲《孔雀东南飞》。"孔雀东南飞，飞到天涯去不回。千般怜爱，万种柔情，相思成灰。心碎的时候，秋声格外让人悲。天若不尽人意，我愿生死相随，孔雀东南飞，飞到天涯去不回。大江上下，残照斜阳，万木低垂，情深的时候，哪种离别不伤悲？这次痴心赴水何时何地相会？我愿有情人共饮一江水。红尘外，柔情内，有没有断肠的泪。我愿有情人共饮一江水，但求真心以对，今生何惧何悔。"

今天，我们就来一起探寻一下《氓》和《孔雀东南飞》这两首古诗。

一、吟诵诗韵，探寻诗意

（一）请展示出你整理的有关于两首诗的相关文化常识。

（学生展示，教师根据学生展示情况进行梳理补充。）

知识支架：

1.《诗经》

《诗经》是公元前11世纪至公元前6世纪中国第一部诗歌总集，共305篇，按音乐的不同，分为"风"、"雅"、"颂"三类。"颂"是统治者祭祀的乐歌。"雅"用于宴会的典礼，内容主要是对从前英雄的歌颂和对现时政治的讽刺。"风"是《诗经》中的精华，内容包括15个地方的民歌。

《诗经》善用赋、比、兴的表现手法，句式以四言为主，常用重章叠句，语言质朴优美，韵律自然和谐，写景抒情都富有艺术感染力，对后世文学有深远的影响。

2.汉乐府民歌

诗经、楚辞之后，诗歌在汉代又出现了一种新的形式，即汉乐府民歌。"乐府"原指国家音乐机构，后代将乐府所收集与编辑的可以配乐演唱的歌辞也称为"乐府",汉乐府民歌是汉乐府的精华。

汉乐府民歌继承《诗经》民歌"饥者歌其食,劳者歌其事"的现实主义传统,多"感于哀乐,缘事而发",通俗易懂,长于叙事,富有生活气息,汉乐府民歌流传到现在的共有100多首,其中很多是用五言形式写成,后来经文人的有意模仿,在魏、晋时代成为主要的诗歌形式。汉乐府中著名的篇章有揭露战争灾难的《十五从军征》,有表现女性不慕富贵的《陌上桑》《羽林郎》,最为著名的还是长篇叙事诗《孔雀东南飞》。

(二)根据课前分组预习情况,让各小组代表展示自己完成的表格,由其他小组同学先进行点评,再由教师结合课下注释进行整理。

中国的古典诗歌以抒情诗为主,也有一些侧重叙事的诗作。如《氓》和《孔雀东南飞并序》。这两首诗都是讲述古代婚姻爱情悲剧的民歌。试分别梳理它们的情节,从人物形象、语言风格、叙事、表现手法方面比较两首诗作的不同。完成下面表格。

	《氓》《孔雀东南飞并序》	
	同	异
情节		
人物		
语言		
叙事		
表现手法		

通过表格的梳理,同学们能进一步理解这两首诗歌的内容,并进入"诗意的探寻"中的第二个阶段——鉴赏诗意,提升自己诗歌的审美鉴赏能力。发现诗歌鉴赏的要点所在,明白诗歌的内容——"写什么",鉴赏诗歌的表达技巧——"怎么写",进一步探究"为什么这样写"的意义和价值。同学们可自由自主地展示,小组代表,也可以毛遂自荐,发挥学生的主体价值和意义,也增强学生的参与感。

第二课时

二、探究文化,明晰价值

在理解诗意的基础上,梳理情节,画出思维导图,展示讲解,同时说说二者主题的异同。

(思维导图略,鼓励学生绘制具有个性化的创新性的思维导图。)

主题认同:这两首诗都讲述了古代婚姻爱情的悲剧故事。这种悲剧是人类进入婚姻社会后不可避免的现象,也是文学作品的永恒主题。

二者不同的是:

《氓》产生于先秦,在周礼体制下,妇女受到的约束更多,社会地位更低,因此婚变完全是被动的;

《孔雀东南飞》产生于汉末动荡年代,儒家的教化开始松动,女性追求婚姻自由、个性舒张的意识开始觉醒,所以更多地体现了主体的抗争精神。焦、刘两人最后的殉情,既是对封建礼教的以死抗争,也是用生命的毁灭向世人敲响警钟,可歌可泣。

"初能望文生义,死记硬背,可小成;进能变通运用,巧舌如簧,有一得;终能深入浅出,知行合一,方大就。"活动一借助检查预习,来完成对诗歌内容的理解;活动二借助表格的梳理,掌握诗歌鉴赏要点,提升学生诗歌的审美鉴赏能力。

解读作品,最终还是要发现作品的文化价值,学习其对于当代的价值与意义。即做到"知行合一",这也是我们学习文言文,继承和发扬传统文化最有效的办法,正如爱默生所言:"文化开启了对美的感知。"

(一)小组讨论:卫女和刘兰芝为什么被遗弃呢?(探究两位女性悲剧命运的原因。)

参考示例:

卫女:①女子年老色衰;②士之变心;③社会制度,一夫多妻、男尊女卑的社会制度决定了女性在婚姻家庭中的不平等地位。

刘兰芝:①兰芝没有遵从封建礼教的妇德要求;②兰芝多年不育,焦母为传宗接代考虑,找借口休弃兰芝;③焦、刘两家贵贱悬殊、门第不对等,焦母见异思迁,为娶进"罗敷"而逼走兰芝;④焦母无法理解也不能容忍仲卿与兰芝间真挚热烈的爱情。类似陆游唐婉的爱情悲剧;⑤兰芝不肯服软,特别是面对焦母的苛责;⑥焦仲卿是一个妈宝男。焦仲卿懦弱,唯母命是从;⑦兰芝太过漂亮。"漂亮的老婆是别人的",焦母担心自己百年之后,儿子能力不济,守不住自己的老婆。

……

学生能从主人公、社会历史、时代背景等角度,探讨爱情悲剧的原因,特别是⑤⑥⑦三点,出人意料,不无亮点。

《氓》和《孔雀东南飞》都是爱情悲剧,但导致婚姻失败的原因不尽相同,但不可否认的是,两则故事发生的时代背景是相似的,都是封建社会,男性主宰话语权,女性价值被严重剥夺,这也是造成千千万万婚姻悲剧的根源。

女子一旦成家,迅速成长,进入角色,开启贤妻模式,都变成了勤劳能干、任劳任怨的家庭主妇。"三岁为妇,靡室劳矣。""鸡鸣入机织,夜夜不得息。"而丈夫角色却缺失,没能看见其成长为一位合格的丈夫,依然还是"曾经那个少年,没有一丝丝改变"。而封建的等级制度中,家庭主妇的价值是不被承认的,甚至是被无视的。哪怕是焦仲卿作为男性成员,即使在母亲面前说好话,"儿已薄禄相,幸复得此妇""女行无偏斜,何意致不厚""今若遣此妇,终老不复娶",终究敌不过早已建构完整的封建思想。

两位女子,"淘美且异",卫女之美,在率真、情真、质朴、坚韧、专一、智慧、果敢坚定、决然清醒;兰芝之美,高贵典雅、勤勉善良、有教养、坚定执着、忠贞专一等。两者皆善良美好,严己宽人。

然而在古代的封建社会体系中,女子个人价值的衡量标准,是牢牢地掌握在男性之手。婆婆借由对儿子的周全保护,能够用"夫家"的身份对媳妇儿百般刁难;对于遭遇婚姻不幸的女子,男子可以大肆"哑其笑矣"。当女子被评判为"其黄而陨",男子就可以"士贰其行";被评判为"无礼节,自专由"就可以"速遣之"。

在整个社会的默许下,哪怕是《红楼梦》中出身显赫、精明强干的"琏二奶奶"一生都活在这种束缚之下,没能逃脱这样的桎梏。

(二)身处21世纪的我们,怎样的爱情值得我们的期待?(分小组讨论)

刘同学:有人说婚姻是爱情的坟墓。早在两千多年古人就写下了他们血与泪的教训,《氓》中的女主人公的婚姻无疑是失败的,从刚开始的相识相恋的美好到后来步入婚姻后失望、绝望,从亭亭少女变成了上得厅堂下得厨房的女强人,实属无奈。婚姻从不是一个人的事,是两个人的结合,原本应在家庭中承担起自己的责任共患难,彼此忠诚,共同成长。即使爱情的新鲜感早已褪去,对于自己的伴侣也要从一而终,因为他(她)早已成为你的家人。

周同学:人总是兜兜转转,被"情"所困。在爱情中,人会因对方改变自我、迷失自我,甚至放弃自我。在我的观念之中,人先应学会自爱,才有条件有能力去爱另一个人。如果自己为了所爱之人,而放弃自己的一切,抛弃自己的理想,那这个人首先不自爱,或是对自己拥有的不珍惜,这是可悲的。两个人相爱,并不是一味地妥协,而是应有各自的追求与生活,在一起时各自能为对方带去积极向上的影响,正所谓"1+1>2"。正如课文《氓》中的女主人公,她与氓结婚后,不仅没有了自己的追求,而且也没有了自我,每天为了家庭忙里忙外,将自我置于家庭之下,虽然成就了家庭的美好,但自我不断被磨灭,真的值得吗?最后被氓无情抛弃,而她所付出的,被认作了理所应当。所以保持原本的自我是爱情的原则,若是迷失了自我,与傀儡有何不同?

生活在当今社会的我们,最应该感到庆幸的是,女性的价值不再仅仅通过婚姻来表达。在各行各业,女性的努力和光辉正在被更多的人看到。我所带班级女生偏多,对于十六七岁的高中生而言,对爱情有着特别的感情,如何正确地对待爱情,学会"爱而不伤",也可以成为一个教学点。

(三)"祥林嫂"的时代已经过去,现在妇女的地位已经发生了翻天覆地的变化。当下,女性身影遍布各行各业,为社会主义建设添砖加瓦。联系现实,你能想到哪些当代女性形象?

"攻坚克难担使命,呕心沥血研青蒿"的屠呦呦;"蕙质兰心,巾帼战士"抗疫英雄李兰娟;"发掘诗歌奥秘,成就个人传奇"的叶嘉莹女士;"素心托高洁"让无数女孩走出大山的张桂梅校长……

中国将更加积极贯彻男女平等基本国策,发挥妇女"半边天"作用,支持妇女建功立业、实现人生理想和梦想。(习近平)

在当今时代,我们更应该用正确的价值观去看待女性,看待每一个人,我们应该做到:

1.独立:经济独立、思想独立,独立的事业,永远不要放弃理想。

2.平等:只做橡树近旁的木棉,不做攀援的凌霄花。

3.尊重:尊重自己、尊重他人。

4.自由:不用刻意去迎合讨好别人,给自己自由的空间。

5.充实:用知识充实头脑,用兴趣充实生活。

牟瀛田,湖北省襄阳五中教师。

《红楼梦》整本书单元教学简案

◎ 撒 莎

【单元学习目标】

1.阅读《红楼梦》全书,体会作者对日常生活的细腻叙写中寄寓的深刻思想内容与丰厚文化内涵,了解小说展现的社会风貌和生活习俗。

2.理清情节主线,把握小说情节精巧的艺术结构;理清人物关系,欣赏人物形象,把握主要人物复杂的性格,深入探究作品的内涵和主旨;分析小说的艺术手法,整体把握小说的艺术价值;品味和欣赏小说语言,提高语言鉴赏和运用能力。

3.建构整本书阅读的经验和方法:把握回目的作用,综合运用精读、略读、浏览、跳读与猜读等阅读方法,梳理情节,分析人物,探究作品文化内涵,撰写故事梗概、读书笔记和综述。

【单元学习情境】

红楼一梦,千古绝唱。《红楼梦》既是一部中国封建社会的百科全书,也呈现了无数鲜活的人物命运,令人悲欣交集,与自我心灵碰撞。为了更好地走进红楼,感受其不朽的魅力,请以班级为单位开展"红楼探梦——对话经典、滋养生命"展示交流会。

【课时教案】

第1课时

1.了解成书过程及版本,理解主要人物意义以及当下语境下阅读《红楼梦》的意义。

2.初步建构阅读经验,形成适合自己的读书方法,提升阅读鉴赏能力。

活动一:初读体验交流,开展趣味竞猜。

(1)初读交流:从人物、情节、主题三个角度中选一个谈对《红楼梦》的初读体验。

(2)趣味竞猜:从判词、居室、用具等猜人物。

活动二:曹雪芹和《红楼梦》之谜。

(1)曹雪芹身世之谜——曹雪芹是谁?他是宝玉的原型吗?

(2)《红楼梦》这样一部包罗万象的巨著是怎么成书的?它有哪些版本?

活动三:《红楼梦》多名字之谜。

(1)查阅资料,了解《红楼梦》的五个书名,从书名中你可以判断他们起名的角度和依据吗?

(2)为什么《红楼梦》这个名字被广为接受和流传?

以"红楼梦"为书名能概括整部书的内容和主题,"红""楼"二字相连,有钟鸣鼎食、大家闺秀的气象,"梦"有繁华一梦、人生如梦的幻灭之感,能折射出作者的创作动因。

活动四:探问《红楼》之谜。

两个学习小组分别展示本组的阅读问题集锦,并各派出一名同学针对问题集锦进行阐述,同时提出小组的进一步阅读期待。

课后活动与作业:精读《红楼梦》前5回,梳理前5回的出场人物及其关系,并以批注的形式记录自己阅读过程的思考、疑问。

第2课时

1.梳理前五回中神话内容,分析其对人物命运、小说情节之用,发现前五回在小说发展中的作用。

2.了解四大家族盘根错节的关系,感受对贾府这一环境描写对人物性格的影响。

活动一:用"回目"的方式概括前五回神话的内容,并明确神话所指。

扣住"顽石""美玉""神瑛""绛珠"的词典意义和文本中的形象意义进行异同比较,了解其对宝玉的容、才、德(情)的隐喻作用,对宝黛爱情的暗示意义。

活动二:真假人生大不同,冷眼两观荣宁府。

(1)梳理并画出甄士隐和贾雨村二者命运曲线图,扣住二者的名字、命运和出场来探究其意义。

(2)比较阅读"冷子兴演说贾府、林黛玉进贾府",探究二者展示贾府的不同角度。

活动三:联系后面章回的大致情节,梳理总结《红楼梦》前五回的内容及其作用。

课后活动与作业:
(1)选择判词中你最感兴趣的一首进行分析探究,写一个讲解词,不少于200字。
(2)从前五回出场的贾府主要人物入手,绘制人物关系图。

第3课时

1.品读小说语言,提炼人物形象特点,对主要人物有较为准确的把握。

2.通过填写表格、绘制思维导图等方式,把握与分析《红楼梦》中的各种人物关系,培养学生的理性梳理能力。

3.立足主题情境下进行文学创作活动,培养学生的审美鉴赏能力。

说明:该课为活动课,采用读书交流讨论的形式展开。课前布置情境化阅读任务,在读书会上交流分享、总结提升。核心任务为剧本研读。

活动一:在通读小说的基础上绘制《红楼梦》主要人物关系图。设计关系导图的内容可以多样化,如四大家族关系图、某一家族关系细化图、金陵十二钗导图等。

活动二:依据大观园构造图,在细读小说第十七、十八两回的基础上,明确主要居住房舍的环境特点。

如果说荣国府是封建社会生活的缩影,那么大观园便是贵族中人轮番唱戏的舞台。所以熟悉这个舞台是人物分析的前提。

活动三:请学生根据小说人物关系、环境布置与情节安排进行情景剧设计,然后班级交流,教师点评引导,学生再修改剧本。

课后活动与作业:
(1)修改"人物关系图",放在微信学习公号上进行交流展示。
(2)从《红楼梦》前五回出场人物中任选一个,联系其他章回内容,给其写一份人物档案。

第4课时

1.精读相关章回内容,分析人物身份地位和性格特征。

2.思辨理解林黛玉、贾宝玉性格的复杂性,培养对人物形象的理解和鉴赏能力。

3.立足主题情境下进行文学创作活动,培养学生的审美鉴赏能力,并试图提升学生的文学品位。

活动一:交流"林黛玉""贾宝玉"人物档案制作作业,呈现人物性格的多样性、丰富性。

活动二:深入理解人物性格:"林黛玉是小性子吗?"
(1)阅读梳理——林黛玉"耍小性子"的回目。
(2)溯本探源——"小性儿"成因。
(3)思辨析微——如何评价黛玉"小性儿"?

钱锺书曾说:"当知木石因缘,徼幸成就,喜将变忧,佳耦始者或以怨耦终。"有论者借此说黛玉即便能与宝玉成双,婚后也必如王熙凤一样泼酸吃醋。你们同意这样的看法吗?

活动三:小组辩论"宝玉是不肖子吗?"评审团结合双方辩词,给出结论。

课后活动与作业:选择《红楼梦》中的主要人物,写一个600字的人物形象评析。

第5课时

1.梳理1—120回宝黛感情发展脉络,发现宝黛爱情发展的重要关键点。

2.探究宝黛爱情的变化,对青春爱情有自己的体会和思考。

3.挖掘宝黛爱情悲剧的原因,引导学生初步形成健康的婚恋观,实现精神成长。

活动一:梳理绘制宝黛爱情发展进程图。

活动二:小组合作讨论:黛玉之"恼"与"哭";宝钗黛之相处与感情变化。

活动三:宝黛有怎样的共同志趣?

活动四:你读了宝玉和黛玉的爱情发展过程后,对这种青春时期的爱情有怎样的想法和思考?

活动五:宝黛爱情悲剧的原因和启示。

课后活动与作业:围绕宝黛爱情,从贾宝玉、林黛玉、薛宝钗、贾母、王夫人等红楼人物中选择一位,给他/她发一条微信,内容为一段关于爱情婚姻的寄语,形式、字数不限。

第6课时

1.学生以薛宝钗为中心续写宝钗的命运结局,对比通行本结局,比较不同结局背后的审美倾向,从而促进学生形成正确的审美意识和鉴赏品位。

2.设想作品中主要人物的命运及结局,并绘制成图表,使学生获得形象思维、逻辑思维的发展,促进独创性、灵活性等思维品质的提升。

3.从薛宝钗的命运切入,从文学角度了解薛宝钗身上体现的传统儒家理念,对儒家文化批判的继承。

活动一：不少红学研究者发现第五回目中的判词与唱曲对主要人物的命运有了昭示，一起研读与宝钗有关的判词与唱曲，看看它提供哪些有效讯息？

活动二：研究前八十回中与薛宝钗有关的谶语（对联、诗词、灯谜、人物对话、戏曲、酒令等），推测其命运轨迹。

活动三：宝钗和谁（哪类人）的关系最让你感兴趣？请选择一组你最感兴趣的人际关系，研读相关章节，探究宝钗行为背后的逻辑。

活动四：宝钗的言行自有其内在的逻辑，你认为，"有情"或"无情"的宝钗在八十回后将走向什么样的命运结局？尝试续写八十回后宝钗的命运结局（可在课堂上通过小组讨论得出情节梗概，整体续写部分留课后完成）。

要求：注意宝钗的性格逻辑，行文要接近《红楼梦》语言风格，要联系自身生活实际，体现你的思考和认识。

课后活动与作业：

（1）反思、总结本节课阅读情况，并用自己喜欢的方式进行整理。

（2）选择你喜爱的金陵十二钗中的1—2个人物，为她们设计最终的命运和结局，小组合作初步绘制八十回后的"红楼群芳谱"。

第7课时

梳理与自己所选《红楼梦》中的人物相关的所有诗词曲赋，通过赏析体会诗词曲赋在小说情节发展和人物形象塑造方面的作用，进一步理解原著。

情境设置：根据自己所选择的人物，精选《红楼梦》中与其相关的经典诗词曲赋，编辑"我的红楼诗选"。

活动一：完成学习任务单，梳理与自己所选人物相关的所有诗词曲赋（推荐：林黛玉、薛宝钗、史湘云……）。

活动二：简要评析某一首诗词曲赋在小说情节发展和人物形象塑造方面的作用。

示例：林黛玉的诗词

（1）她的孤独、寂寞、高冷，她的漂泊无依无靠之感，在三首菊花诗中表现得淋漓尽致。

《咏菊》："无赖诗魔昏晓侵，绕篱欹石自沉音。毫端蕴秀临霜写，口角噙香对月吟。满纸自怜题素怨，片言谁解诉秋心。一从陶令平章后，千古高风说到今。"

这首诗中"对月吟""片言谁解诉秋心"表达了一个寄人篱下的孤独女孩渴望知音、渴望有人陪伴的情绪。

课后活动与作业：从梳理出的诗词曲赋中精选5—10首，参考学习资源中蔡义江的《红楼梦诗词曲赋鉴赏（修订重排本）》，再查阅相关文献，结合《红楼梦》上下文和人物的相关经历，进行注释、撰写短评、绘制插图，编辑"我的红楼诗选"（纸质版或电子版均可），并为自己的"红楼诗选"起一个符合红楼语境的名字。

第8课时

结合《红楼梦》中的主要人物，分析人物身上蕴含的中国文化特质。

活动一：《红楼梦》开头"女娲炼石补天"的故事，能否体现中国传统的儒家思想？

活动二：请从《红楼梦》中选取一个人物，谈谈在他身上折射了哪些文化现象？

作业布置：请梳理摘抄各家论述《红楼梦》人物形象或主题的相关文献，完成一篇综述。

第9课时

1.梳理红楼梦阅读成果，回顾阅读经历，总结阅读经验，分享阅读方法和收获，发展学生的逻辑思维和辩证思维，建构长篇小说的整本书阅读经验。

2.通过交流分享，体悟中国传统文化内涵，拓展文化视野，激发学生对中华文化的热爱，增强文化自信。

活动一：课前完成"阅读自我小结表"；课中完成"《红楼梦》整本书阅读评价表"。

活动二：分小组展示交流《红楼梦》阅读收获、阅读经验。

活动三：微讲座《长篇小说阅读的策略》。由学生或老师做一场讲座，介绍长篇小说整本书阅读策略，10分钟左右。

活动四：举行颁奖仪式——宣读颁奖词，给获奖者颁发奖状、奖品。

课后活动与作业：编辑论文集《红楼探"梦"》，布置分工。

（1）每位同学提交修改好的论文习作。

（2）组建编辑部，设置主编、责编、美编、校对等岗位。

撒莎，上海交通大学附属中学嘉定分校教师。

《阿Q正传(节选)》教学方案

◎ 孙　盼

【教学目标】

1.了解鲁迅的生平经历和写作成就,知晓写作的时代背景。

2.梳理小说情节,分析阿Q性格,把握"阿Q精神胜利法"。

3.探讨阿Q的双重人格,深入把握小说主题。

4.探讨阿Q为何具有超越时代、民族的意义和价值。

【教学重难点】

通过对人物地位的排序对比,探讨"阿Q"双重人格,深入把握小说主题,理解鲁迅为何被称为"思想家"。

【教学方法】问答法、合作探究法

【教学过程】

导入:中国第一个诺贝尔文学获奖者莫言曾公开直言:"我所有的作品,都比不上《阿Q正传》。"甚至愿意用自己所有的小说换一部《阿Q正传》。《阿Q正传》是鲁迅先生小说集《呐喊》中的一部中篇小说,自发表以来,受尽追捧与偏爱。原因究竟为何?我们这节课一起来找找答案。

一、知人论世、初读感悟

了解作者及其相关的资料,并介绍创作背景,大致跟学生讲解《阿Q正传》内容,重点为"阿Q精神"做些分析与讲解。

明确字音,解释词语:小觑、口讷、行状等,复述主要情节。

二、文本研究

【思考1】概括主要事件

第二章

①穷得无老婆却吹其儿子阔;

②进过几回城却讥笑未庄人"不见世面";

③头长癞疮疤被欺,打人不过怒目自轻自贱;

④赌场赢钱被打而自打耳光。

第三章

①被赵太爷打而得意许多年;

②被王胡打遭遇平生屈辱;

③被"假洋鬼子"打,转而发泄给小尼姑。

【思考2】分析人物性格

1.阅读开篇,说说阿Q有着怎样的地位和处境?

文章开篇介绍阿Q是连姓名籍贯都"渺茫"的人,可见其地位之低。旧中国农村尤其注重姓氏宗族,势单力薄的姓氏往往受欺负,而望族大姓往往地位尊贵,势力庞大。阿Q没有姓,没有名,也没有籍贯,意味着他无可依靠,体现了他悲惨的处境。

2.阅读全文,关注阿Q的言行举止,说说阿Q有着怎样的性格特点?

自尊自大:阿Q本是个社会底层非常卑微贫贱的小人物,但他却时常不把别人放在眼里,包括权势熏天的赵太爷。他骨子里是想成为人上人的大人物,而且还到处寻找存在感。比如他说"我们先前——比你阔的多啦!你算是什么东西"、"我的儿子会阔的多啦"等,他用虚无飘渺的阔气来安慰自己同时压倒别人,取得精神上的胜利。他看不起乡下人,也鄙薄城里人。他正因为去过城里,便嘲讽未庄人没见过城里人煎鱼和条凳,认为未庄人是不见世面的乡下人。他又认为城里人叫凳子为"条凳"是错的,认为城里人煎鱼用切细的葱丝也是错的。

自欺欺人:比如被人打了,阿Q就可以想象成"儿子打了老子",认为世界太不像话,没有了伦理纲常,于是他就按照自我意愿反败为胜、心满意足了。而且他在因受过赵太爷打而换来人们对他的"仿佛格外尊重"而沾沾自喜,这除了有一种可悲的奴相外,还有自欺欺人的虚空心理。他在精神上也胜利了。

自轻自贱：比如被人揪住黄辫子往墙上撞头的时候，阿Q就说自己是"虫豸"，将自己贬低成"虫豸"，希望别人同情并放了自己。并且在轻贱自己是"虫豸"之后，又犯了自尊自大的毛病，他认为自己是"第一个"能够自轻自贱的人。所谓的"第一个"是无上的荣耀，于是他在精神上又胜利了。

欺软怕硬：如果面对有钱有势的如赵太爷，便只会唯唯诺诺，任打任骂。面对力气大更蛮横的王胡之流，也只敢弱弱地叫嚣一句："君子动口不动手！"遇见了出门办事的小尼姑，本就将女人视为"异己"的阿Q，迎上去就是一口唾沫。见小尼姑避而不理，他又上去摸人家刚剃过的头。还用力拧着小尼姑的脸，嘴里说着不分荤素的话。

3.阿Q的主要性格是"精神胜利法"。试概括"精神胜利法"的实质，并探究其这种性格形成的原因。

阿Q的这种消除痛苦的逻辑、克服怨敌的妙法，便是我们经常说的"精神胜利法"。

（1）"精神胜利法"实质是以想象的虚拟的精神上的满足和胜利，来掩盖事实上的现实世界的弱小、屈辱和失败。

阿Q的"精神胜利法"是不敢正视自己的落后不幸状态的精神上的瞒与骗，因此不仅东方落后的民族中会产生阿Q的"精神胜利法"，处在一定的生产关系、社会关系中的人类在历史发展过程中，在其他国家，只要还有个人和集团处于落后地位，就有产生粉饰落后的"精神胜利法"的可能。

（2）原因：产生于愚弱国民所处的恶劣环境和屈辱地位，产生于被压迫、被凌辱的下层人民当中，是专制主义等级制度所造成的国民的心理变态和人性奴化。

阿Q于黑暗与荒蛮中，自造出一条奇妙的逃路——精神胜利法。在他那里，精神胜利法屡试不爽，他凭此自欺欺人，凭此欺软怕硬。殊不知，自己根本就是一个悲哀的笑话。

【思考3】探究主题

1.旁人眼中的阿Q是怎样的？如果你是一位普通的未庄闲人，请你按照地位由高到低，给这些人排序，并给出理由。[小说节选中出现了如下这些人物或人群：阿Q、未庄居民（包括闲人）、城里人、王胡、假洋鬼子、小尼姑、赵太爷。]

赵太爷、假洋鬼子、城里人、未庄居民、王胡、阿Q、小尼姑

2.阿Q眼中的旁人是怎样的？如果你是阿Q，请你按照地位由高到低，给这些人排序，并给出理由。

赵太爷、阿Q、城里人、未庄居民、假洋鬼子、王胡、小尼姑

把人分成三六九等，地位高的人认为天经地义可以侮辱欺负地位低的人，地位低的人也完全认同被地位高的人侮辱欺负。这是当时整个社会信奉的等级观念。

3.阿Q被赵太爷打了嘴巴后，为什么反而"觉得赵太爷高人一等了"？

他用精神世界虚拟世界的强大和胜利，来掩盖现实世界中的弱小和失败。他对来自统治者的欺压麻木健忘，以自欺方式来自慰。他被赵太爷叫去打了嘴巴，可挨打之后，他想的是："现在的世界太不成话，儿子打老子……"他想到赵太爷这么一个威风八面的人物现在竟成了他的儿子，便得意起来。一方面，他在现实中处处碰壁，饱尝辛酸；另一方面，他又在虚拟中自欺自慰，自傲自足，这就是阿Q的"精神胜利法"。他自认挨打是一种荣耀，挨打不但不能怨恨，反倒应该感激。尤其是地位比他高的赵太爷，被他打了更是一种荣耀。

4.小说中阿Q调戏小尼姑，表现阿Q什么性格特征？

调戏小尼姑表明了阿Q欺软怕硬的性格，他把所受的屈辱都怪在小尼姑身上，通过调戏欺辱她达到心理上的满足，炫耀自己强大的一面。

5.阿Q调戏小尼姑这一情节，对于探究主题有何用意？

补充材料：

这时未庄的一伙鸟男女才好笑哩，跪下叫道，"阿Q，饶命！"谁听他！第一个该死的是小D和赵太爷，还有秀才，还有假洋鬼子……留几条么？王胡本来还可留，但也不要了……

"东西……直走进去打开箱子来：元宝，洋钱，洋纱衫……秀才娘子的一张宁式床，先搬到土谷祠，此外便摆了钱家的桌椅——或者也就用赵家的罢。自己是不动手的了，叫小D来搬，要搬得快，搬

得不快打嘴巴……

——《阿Q正传·第七章 革命》

面对比阿Q强大、地位比他高的人，如赵太爷、假洋鬼子、未庄居民、王胡等，他不断被侮辱欺负；面对比他弱小、地位比他低的人，如小尼姑、小D，阿Q又挥刀向更弱者。

用意：凸显阿Q的双重人格。在地位比他高的人面前，他是被侮辱被损害被践踏的"奴隶""羊"；在地位比他低的人面前，他由"奴隶"和"羊"，变成"暴君"和"狼"，侮辱损害践踏更弱的人。

阿Q人物形象更立体丰满，双重人格使主题意蕴更深刻，批判性更强，同情更深，这也是鲁迅被称为"思想家"的原因。

补充材料：

①勇者愤怒，抽刃向更强者；怯者愤怒，却抽刃向更弱者。

——鲁迅《华盖集·杂感》

②奴才做了主人，是绝不肯废去"老爷"的称呼的，他的摆架子，恐怕比他的主人还十足，还可笑。

——鲁迅《二心集·上海文艺之一瞥》

③可惜中国人但对于羊显凶兽相，而对于凶兽则显羊相，所以即使显凶兽相，也还是卑怯的国民。这样下去，一定要完结的。

——鲁迅《华盖集·忽然想到》

④凡事总须研究，才会明白。古来时常吃人，我也还记得，可是不甚清楚。我翻开历史一查，这历史没有年代，歪歪斜斜的每页上都写着"仁义道德"几个字。我横竖睡不着，仔细看了半夜，才从字缝里看出字来，满本都写着两个字是"吃人"。

——鲁迅《狂人日记》

6.鲁迅先生塑造阿Q这一形象的意义是什么？

提示：

①鲁迅在小说中批判的只是阿Q吗？鲁迅在小说中批判的不只是阿Q，而是所有信奉等级观念的人。

②鲁迅在小说中对于阿Q只是批判吗？鲁迅在小说中对阿Q不只是批判，还有同情。

③鲁迅在小说中批判的只是"人"吗？鲁迅在小说中批判的不只是"人"，还有人背后的等级制度、等级观念。

7.小说主题

通过塑造阿Q这个典型，深刻揭示了阿Q的"精神胜利法"表现及危害，讽刺了以阿Q为代表的旧中国下层人民愚昧落后和麻木自私，揭露和批判了封建等级观念对劳动人民的麻醉和毒害，从而表达了作者在改良悲惨的人生、唤醒沉睡的民众的愿望。

【思考4】"阿Q精神"的当代思考

有人说，阿Q的"精神胜利法"是国民劣根性的体现，应该坚决摒弃。也有人说阿Q精神在当下，其实也有可以为我所用的方面。你认为当今社会需不需要"精神胜利法"？跟身边的同学聊聊你的看法。

回答一：我认为现代社会不需要"精神胜利法"，因为正如"真的猛士，敢于直面惨淡的人生，敢于正视淋漓的鲜血"，任何身处困境的人，都应该勇敢地去面对困难，而不是沉浸在自欺欺人中无法自拔，更不是通过伤害比自己弱小的人获得短暂虚无的宽慰。

回答二：我认为现代社会需要"精神胜利法"，因为在竞争日益激烈的现代社会，人们会遇到各种各样的困难，如果不能很好地排解负面情绪，可能会逐渐消沉，甚至一蹶不振。这时"精神胜利法"能在一定程度上缓解人们的压力，使人们不至于对当下的困境感到绝望，从而勇敢地继续走好接下来的路。

总之，阿Q"精神胜利法"有其局限性和特定情况下的价值所在，我们要结合实际情况进行辩证看待。

小结：知乎上就有人说过，其实我们每个人都是阿Q，都有阿Q精神，用得好是自我鼓励，用得不好就是自甘堕落。

生活在这个高速发展的时代，看开、想开的确是我们应该具备的品质。我们可以具备阿Q精神，但是阿Q精神并不是自我欺骗、自我麻痹、一味妥协和毫无原则。

三、课后拓展

海明威笔下的"老人"和鲁迅笔下的阿Q的"精神胜利法"有何区别？你如何对抗生活的重压？

孙盼，广东省东莞市东莞外国语学校教师。

《荷花淀》中的荷花意象教学方案

◎孙文婷

《荷花淀》是选择性必修第二单元中的课文，本单元以"苦难与新生"为主题，从文学角度建构"中国革命传统作品研习"任务群。同为革命文学作品，三部作品都讴歌了劳动人民对美好生活的向往和追求，但却呈现出各自不同的创作风格。《荷花淀》清新优美、富有诗情画意；《小二黑结婚》通俗生动、乡土气息浓烈；《党费》简约明了、节奏紧张。重点研读课文《荷花淀》是孙犁1945年创作的小说，虽然以抗战为背景，但是作者没有描写残垣断壁、生灵涂炭的场景，也没有用笔墨描写金戈铁马的厮杀，而是着意于荷花淀的诗情画意、旖旎风光以及水乡女性温柔传统、乐观坚强的品格美，因而被誉为诗性小说、诗化小说。

传统小说通常由人物、情节、环境等要素构成，注重典型环境与典型人物的塑造，讲究跌宕起伏扣人心弦的情节、丰满立体栩栩如生的人物形象塑造等，诗化小说是小说文体中较为特殊的一类，它兼有诗、散文与小说的特征，重意境、氛围的营造，淡化故事的情节。高一必修上册诗化小说有《哦，香雪》《百合花》，选必中的《荷花淀》，选必下的《边城》。如何解读诗化小说，切入口是什么？处于承上启下位置的《荷花淀》如何解读，它会为《边城》整本书阅读提供怎样的解读策略，是值得探讨的。围绕此问题，本课进行了如下教学尝试，聚焦小说中作者重点描写的意象，具体来说是百合花、荷花等诗性草木意象，作为教学切入口，设置了以下教学环节：

一、温故知新，聚焦草木意象

茹志鹃的《百合花》是高一学过的篇目，它和《荷花淀》被誉为"现代诗化小说双璧"，有异曲同工之妙。两篇小说中的百合花、荷花的草木意象，给读者留下了深刻的印象。所以从草木意象切入，看百合花、荷花意象在诗意的营造、人物形象的塑造、淡化乃至替代故事情节等方面的重要的作用，揭开诗化小说的神秘面纱。

《百合花》没有用大量的笔墨描绘战争场面的硝烟四起，而是转向后方，写"我"和小通讯员向一个刚过门三天的新媳妇借被子的小故事。这床"枣红底上面撒满白色百合花的被子"是新媳妇唯一的嫁妆，但是新媳妇还是深明大义将新被借出给卫生所使用；还在小战士舍己为人壮烈牺牲后，将这床新棉被铺在了小战士的身上。在复习本篇课文环节，设置的主问题是：作者为何将此篇小说命名为百合花？百合花(被)的作用是什么？小说中三次提到的这条撒满百合花的被子，百合花(被)是重要的意象与线索，在棉被的"百合花"中，我们嗅到了人情美与人性美的馨香。通过百合花与人物的连接，情节被相应地淡化，使故事迸发出诗歌一样的美感。百合花之于情节、人物、主题的重要作用：百合花被子是线索，推动情节的发展，衬托新媳妇顾全大局、善良美好的品格，体现纯洁深厚的军民之情，传达高尚的人情美和人性美。小通讯员的勇于献出生命，新媳妇的坚决献出被子，他们身上所展现的人性的善与纯，正与百合花的纯洁、无瑕完美融合，人与物的精神合二为一。

二、深入文本，探究草木意象

环节一：设置情境，关注荷花意象

假设香山革命纪念馆要开展"庆祝建党百年，致敬革命文学"活动，请我班同学制作革命文学作品的《荷花淀》的海报,如何制作?

教师筛选海报组提交的2份设计作业,让学生投票,看哪份作业更能为原著代言。借助这个活动,让学生关注到荷花意象,荷花对人物的形象的映衬象征。

作业一:

海报的背景是一条冰冻的河流,有两个男人正在敲击冰面,打冰夹鱼。画面中央两个女人划着木制雪橇,背着枪,眼神坚毅地盯着前方。理由:根据文章情节,荷花淀的几位青年妇女在经历了伏击战后逐渐成长起来,斗争精神也不断丰富,秋季学会了射击,冬季成为了保家卫国的战士。用这个画面作为海报,可以体现革命群众在斗争中的不断成长。

作业二:

如果将《荷花淀》拍成电影,我会将海报设计为水生嫂等青年妇女在大苇塘里配合子弟兵作战的图像。水生嫂将长发挽了起来,在如令箭的荷花和如铜墙铁壁的荷叶的缝隙里用望远镜观察环境,身子匍匐在一条小船上,一手拿起在半空中,随时准备发号命令。而其他妇女便在她的周围匍匐分散着,手中扶着枪,眼神坚毅地看着前方,身子前倾,随时准备冲出芦苇丛战斗。

环节二:至刚至柔,人面荷花相映红

美学家朱光潜说:一切纯文学都要有诗的特质。孙犁的《荷花淀》就可以当成一首诗来读。而文本中的诗性意象,尤其是荷花意象起到了功不可没的作用。接下里的教学环节是研讨小说中"荷花"意象的作用。文本中关于荷花意象的描写可分为月光下和烈日中两个场景。

第一段"月亮升起来,院子里凉爽得很,干净得很,白天破好的苇眉子潮润润的,正好编席。女人坐在小院当中,手指上缠绞着柔滑修长的苇眉子。苇眉子又薄又细,在她怀里跳跃着"和第三段"她像坐在一片洁白的雪地上,也像坐在一片洁白的云彩上。她有时望望淀里,淀里也是一片银白世界。水面笼起一层薄薄透明的雾,风吹过来,带着新鲜的荷叶荷花香"。水生嫂一边劳作一边翘首等待归人,本就是一幅很美的画面,再加上明月、薄雾和凉风,远处传来的淡淡的荷香的点缀,可谓有诗有画,有色有光,还有香有爱。作者通过荷花以及明月、清风等诗性意象,一方面写出了白洋淀水乡的秀丽风光,一方面衬托了水生嫂的勤劳利落、温柔美好的传统性格特点。

"她们奔着那不知道有几亩大小的荷花淀去,那一望无边际的密密层层的大荷叶,迎着阳光舒展开,就像铜墙铁壁一样。粉色荷花箭高高地挺出来,是监视白洋淀的哨兵吧!"这一段关于荷的描写和前文迥然不同,不仅生动地描写了白洋淀威武雄壮的景象,还暗示在这清香四溢的荷花淀里即将发生一场激烈的伏击战。荷花意象的描写推动了情节发展,同时,"粉色荷花箭高高地挺出来,是监视白洋淀的哨兵吧",有象征意味,暗示着白洋淀妇女的成长前景——昔日粉装的女人们,也将成为保卫白洋淀的战士,表现抗日根据地人民同仇敌忾的心理和克敌制胜的信心,洋溢着歌颂人民战争的思想感情。两幅画面中荷意象不同特点互为补充,来象征至刚至柔、刚柔并济的根据地的女性,这是孙犁的独创,它增加了荷花意象的内涵。在战火纷飞的年代,中国女性既有传统的深明大义、温柔贤惠的一面;又能在大敌当前有"国家兴亡,匹夫有责"的担当,和男人一样成为保家卫国的战士。

孙犁小说特色,于诗情画意中书写时代风云变幻,荷花意象加入,极好展现水乡之美,激发读者保家卫国的决心:我们绝不允许任何外来势力破坏践踏祖国大好山河。用荷花的刚柔并济,来象征美好的女性至刚至柔形象,既有温柔贤惠的一面,又有保家卫国的一面。以水生嫂为代表的女性,她们支持革命,积极向上,甚至参加革命拿枪战斗,是新生力量;战斗的一代,觉醒的一代,正如荷花一样美好。

为了让学生们更好地体会荷花意象之于人物的象征作用,在这一教学环节设置了为宣传片创作插曲的作业。通过创作歌词、点评歌词,更好地理解和体味荷花意象。

作品1:

你是挥之不去的柔情;

夜在留星,待谁归

你是洁白淀里的云霞;

静谧安宁
我仍记得,在千年以后
那一抹荷香在清晨绽放
勇敢而坚强
身后支撑我前行
那荷香,伴我归

作品2:
你是碧波之中的圣洁
你是濯淖之中的不染
你是无意之间的花香满园
你是不知不觉的成长与心安

你也并不是青色与较弱
你是一声枪响后的气魄
是叶落之际的融合
是胜利之时的超凡

作品3:
你出于淤泥而不染
你生于暗夜而心向曙光
你在香溢满淀
你勤奋勇敢千古垂
你温婉尔雅
你意气风发
你是娇羞欲滴的花
你亦是不让须眉的豪杰

三、追根溯源,拓展草木意象

"意象"一词是中国传统诗论中的一个重要概念。台湾诗人余光中说:"所谓意象,即诗人内在之意诉之于外在之象,读者再根据这外在之象还原为诗人的内在之意。"意象是作者情感的载体,是解读诗词的一把钥匙。在小说尤其是诗化小说中,亦发挥着重要的作用。《红楼梦》提到了很多的花木扶疏,潇湘馆外所植的竹子,还有蘅芜苑外香草;沈从文小说《边城》虎耳草;郁达夫小说《迟桂花》桂花;古人何以喜欢用草木意象来传情达意?

草木意象有美的姿态和芬芳,所以古人经常用它来比兴,这是我们民族古已有之的传统——君子比德,用这种自然对象之美来比喻和象征君子之美德。君子比德,是我们中华民族的文化基因和文化密码,也是我们中国人对于人与自然和谐统一的追求。除了共性的文化基因和文化的密码外,意象的选择,它也有个性的地方。作家在创作中,既有传承又有创新。

古往今来,写荷花的诗词比比皆是。它也是很早就出现的植物意象,在《诗经》里,在《离骚》里都有出现。孙犁如何创意荷花意象的?他写烈日下、在阳光下的那种像铜墙铁壁,像令箭一样的荷叶荷花来象征女性将成长保家卫国的革命战士。他写月下的荷花荷香来衬托女性的美,所谓芙蓉如面柳如眉。我们会发现他既有传承,又有自己的创新在里边。

《边城》里的虎耳草,不只草木,风花月雪,很多超凡脱俗的意象,都可以给文学作品,或者记叙文写作增加诗意。在小说《哦,香雪》中,香雪独自一人走夜路回家,在经历怕到不怕,犹豫到坚定后,文本有大段的环境描写,"她站了起来,忽然感到心里很满意,风也柔和了许多。她发现月亮是这样明净。群山被月光笼罩着……"景中的明月、清风、群山意象给小说增加了诗意美。正如孙犁先生认真品读《哦,香雪》后的评语所言"从头到尾都是诗,它是一泻千里的,始终如一的。它所经过的地方也都是纯净的境界"。

四、学以致用,创作诗性作品

布置作业,根据课堂所学,学以致用,给自己记叙文习作,增加一个草木意象,为记叙文增加点诗意。之所以设置这一环节,就是在记叙文作文讲评中发现,很多同学塑造的人物,尤其是一些平凡岗位默默坚守的一些英雄人物的塑造,过于写实,增加一点诗性意象,往往起到画龙点睛的作用。所以结合本次课的讲解,希望能达到学以致用的效果。

综上所述,诗性小说的题材特征,决定了不同于一般的小说的阅读方式,在教学中引领学生阅读突破传统小说的教学方式而有了这节课的设计;最后通过拓展,希望学生学以致用,能在合适的记叙文写作中增加一二诗性意象,让记叙文写作不只是停留在纯粹的写实上,而是有清风明月,诗与远方。

孙文婷,中央民族大学附属中学教师。

《周亚夫军细柳》教学设计（第二课时）

◎ 佟竹林

【学习目标】

1.学习文章中正面和侧面描写相结合，通过对比衬托刻画人物的写作方法。（重难点）

2.学习周亚夫刚正不阿、恪尽职守的精神。（重点）

【学情分析】

《周亚夫军细柳》是语文八年级上第六单元中的一篇自读文言课文，本单元中还有《孟子三章》《愚公移山》《诗词五首》。单元导语提出了人应该有怎样的品格与志趣这一问题，同时要求学生能借助注释和工具书，整体感知课文内容大意，积累常见文言词语和名言警句。本单元的课文编排符合《义务教育语文课程标准（2022年版）》中对第四学段（7-9年级）提出的：阅读反映中国革命各个时期的重大事件、伟大成就、代表性人物及其感人事迹的优秀文学作品，感悟革命领袖、革命英雄、模范人物的理想信念和奋斗精神，运用多种方式交流自己的阅读感受的要求。

在以往的文言自读课文教学中，老师或像教读课文般详细分析，面面俱到，忽略了培养学生自读的能力和习惯；或者考虑教学进度及考试范围等因素，大刀阔斧舍弃部分自读课文，只对字词和一些应试内容进行简单的讲授，学生对这一类文章的学习兴趣不高，自读学习的能力也很难得到锻炼。

这节课我尝试充分利用课本上的助读资源，即"阅读提示"和"思考探究"。思考探究的问题实质上是提供了阅读的方法、路径和步骤，以辅助学生的自主阅读。所以在教学环节设置上，计划以主问题引领学生，把细思考和细分析还给学生，让学生在诵读中分析、交流、总结，感受文学作品独特的魅力和思想内涵，提升学生的诵读能力、思维能力及表达能力。

【教学过程】

课前导入PPT出示诗歌：

咏史诗·细柳营 / 唐·胡曾

文帝銮舆劳北征，条侯此地整严兵。
辕门不峻将军令，今日争知细柳营。

师：诗中的条侯指的是周亚夫。提起周亚夫，我们就会想到天子对他的那一句评价——"嗟呼，此真将军矣！"周亚夫究竟"真"在何处？首先让我们进入第一个环节。

一、探人格之真

师：请同学们速读课文，文中哪些地方可以看出周亚夫不愧为"真将军"？请按照顺序找出来。

生（预设）："已而之细柳军，军士吏被甲，锐兵刃，彀弓弩，持满。"

师：眼下国家形式如何？从中你读出了什么？

生（预设）：匈奴大入边，战争一触即发，将士们严阵以待，气氛紧张，庄重严肃。

师：把这种感觉送到课文里，读出来。注意停顿，强调锐、彀、持满。读出气势。

生再读、有感情齐读。

师：还有哪里可以体现周亚夫之"真"？

生（预设）："天子先驱至，不得入……于是天子乃按辔徐行。"

师：请同学们自读，谈一谈从这段文字中你又读出了什么？

生（预设）：细柳军军纪严明，将军治军有方，士兵令行禁止。

师：是的，他们的态度是严肃坚决。尝试读出这种感觉。生再读。

师：这是一段对话，所以人物语气不尽相同，请同学们揣摩一下人物语气。

生（预设）：天子先驱……傲慢，居高临下，细柳军营将士……不卑不亢，有礼有节。

师：语段中有一个否定词出现得很频繁，大家留意到了吗？

PPT出示文段：

天子先驱至，不得入。

先驱曰："天子且至！"

军门都尉曰："将军令曰：'军中闻将军令，不闻天子之诏。'"

居无何，上至，又不得入。

于是上乃使使持节诏将军："吾欲入劳军。"

亚夫乃传言开壁门。

壁门士吏谓从属车骑曰："将军约，军中不得驱驰。"

于是天子乃按辔徐行。

生（预设）：不得、不闻、不得、不得。

师：请大家抓住这几个别具匠心的否定词，读出不同人物的语气。男、女生分角色朗读，全班齐读。

师：文中还有其他能表现周亚夫之"真"的吗？

生（预设）：将军亚夫持兵揖曰："介胄之士不拜，请以军礼见。"见皇帝也不放下兵器，不跪拜是周亚夫作为将军时刻记得要抵御外敌，保家卫国，不因为皇帝来了就不顾自己的职责，恪尽职守。

师：分析得非常到位，是的，从这句话中我们可以读出周亚夫的刚正不阿，恪尽职守，没有因为是皇帝来就改变态度。请你尝试读出这种感觉。语气应该是不卑不亢，有礼有节的。（师生分角色朗读、齐读）

小结人物形象：周亚夫的"真"体现在治军有方、军纪严明、恪尽职守、刚正不阿、不趋炎附势。

师：面对周亚夫的不卑不亢，一视同仁，汉文帝的反应是？请同学们读出来。

生（预设）：（齐）天子为动，改容式车。使人称谢："皇帝敬劳将军。"

师：文帝的情感有变化吗？从哪里看出来？

生（预设）：感动，产生敬意，使人称谢，离开后更是嗟乎，称善者久之。

师：面对不行跪拜之礼的周亚夫，几次三番将自己拒之于营门之外的周亚夫，文帝盛赞曰——生（读）：嗟乎，此真将军矣！

师：声音洪亮，再齐读。

师：汉文帝接下来做出了怎样的举动呢？请同学们读出来。

生（预设）："嗟乎，此真将军矣！"

师：这是文帝的极高评价，读出感叹，读出真，再读。通过刚刚的朗读，你感受到了一个怎样的文帝形象？

生（预设）：贤明，圣明，知人善用，深明大义。

师：是啊，千里马常有，而伯乐不常有。幸亏是汉文帝，如果是桀、纣王一类的暴君，等待周亚夫的可能就只有一个字——斩！那么故事就戛然而止了。

劳军结束，天子成礼而去，他在群臣面前对周亚夫的称赞，周亚夫自是听不到的。但我想，望着文帝离去的背影，望着他们离去的车队，周亚夫对这位天子一定也有感叹。他会怎么说？

生（预设）："嗟乎，此真天子矣！"

师：这就是一君，一臣。有这样的真天子才有这样的真将军，有这样的真将军才有这样的真天子，才成就了一个王朝，一个时代，一种民族魂。

周亚夫这个真将军的形象深入人心，那么作者是如何将人物塑造的如此成功呢？接下来让我们一起进入第二个活动。

二、赏写法之妙

师：文章的题目是《周亚夫军细柳》，课文中描写周亚夫的句子一共有几句？

生（预设）：将军亚夫持兵揖曰："介胄之士不拜，请以军礼见。"

师：整篇文章直接写周亚夫就只有这一个动作一句话，那么司马迁是怎么写出他的"真"的呢？

生（预设）：通过对比。

师：课后思考探究中，我国著名现代作家、文学评论家、文学史家李长之这样说道："《史记》写人，用两种突出的性格或两种不同的情势，抑或两种不同的结果，作为对照。"我们不妨以这段话为参考，来深入探究一下文中的对比。请各小组选择任务进行研讨，5分钟后推选1名同学汇报成果。

主帅性格的对比：(A组)

霸上、棘门：将以下骑送迎。——阿谀奉承、趋炎附势。

细柳：将军亚夫持兵揖曰："介胄之士不拜，请以军礼见。"——刚正不阿、恪尽职守。

战前情势的对比：(D组)

霸上、棘门：直驰入。——军规松垮，守备松懈。

细柳：军士吏被甲，锐兵刃，彀弓弩，持满。——军容严整，戒备森严，严阵以待。

不得入。不闻天子之诏。又不得入。军中不得驱驰。——令行禁止、军纪严明。

劳军结果的对比：(B组)

群臣：群臣皆惊。——畏惧皇权

文帝：细柳……嗟乎，此真将军矣！霸上、棘门……若儿戏耳。——明辨是非，知人善用。

师：同学们的探究成果显著，总结非常全面且准确，周亚夫和文帝的诸多品质正是从对比中凸显出来的。由此可见史记写法的一大妙处是对比。除了对比，作者在刻画人物上还是用了什么方法？

生（预设）：正面描写与侧面描写相结合。

正面描写：一个动作一句话。——将军亚夫持兵揖曰："介胄之士不拜，请以军礼见。"

侧面描写：细柳军士全副武装，都尉、壁门士吏传达将军指示，文帝及群臣的反应等。都突出周亚夫的治军有方，恪尽职守。

师：这就是《史记》的写人艺术。对比中衬托凸显，兼用正、侧面描写，这两个妙法，让人物更加丰满立体，使人印象深刻。

《史记》是一本值得一读再读的书，让我们走进第三个环节，认识史记中另外一位著名人物，拓宽视野。

三、悟《史记》之魂

师：请同学们进行3分钟小组讨论，认真研读问题和材料，并做好批注。

PPT出示文段：

沛公入秦宫，宫室帷帐狗马重宝妇女以千数，意欲留居之，樊哙谏沛公出舍，沛公不听。良曰："夫秦为无道，故沛公得至此。夫为天下除残贼，宜缟素为资。今始入秦，即安其乐，此所谓'助桀为虐'。且'忠言逆耳利于行，毒药苦口利于病'，愿沛公听樊言。"沛公乃还军霸上。

——（节选自《史记·留侯世家》）

师：张良具有怎样的性格特点？选文是以怎样的方法表现出来的？（小组讨论3分钟）

生A（预设）：选文借助语言描写，正面塑造张良形象，通过他向沛公直言进谏（指斥沛公助纣为虐、希望沛公听取樊哙的建议）体现其正直、勇敢、忠诚、思虑周密的一面。

生B（预设）：沛公听闻张良进谏后"还军霸上"的行为是对张良的侧面描写，写出张良善于分析问题，抓住了沛公在入秦事件上的最理亏之处，因此劝谏比樊哙有效。

课堂小结：史记中个性鲜明的历史人物比比皆是，司马迁选取典型事例，用曲折奇特的情节，对比衬托等方法为我们展示了周亚夫治军有方、恪尽职守、刚正不阿的风采。使文章读起来千载之下，淋漓有生气。《史记》是我国历史上第一部纪传体通史，代表了古代历史散文的最高成就，更为可贵的是《史记》成功塑造了100多位风格各异的历史人物。在司马迁的笔下，站在历史中央、站在民族中心地带的，不再只是事件，还有人物，是带有滚烫热血的人物，是带有民族精魂的人物，更是带有司马迁的激情与烂漫的人物。无怪鲁迅先生评价《史记》为"史家之绝唱，无韵之《离骚》"，最后让我们以诗歌形式致敬民族之魂。

PPT出示诗歌并配乐齐读：

细柳军魂赞

细柳营前兵甲闪，刀剑出鞘锐意寒。
军规既定谁敢反，銮驾近前想入难。
皇帝亲临军礼见，天子群臣皆惊撼。
真将亚夫谁不晓，千载称善美名传。

【板书设计】

周亚夫　　将军

"真"

汉文帝　　天子

【课后反思】

教材中的每一篇文章都有其价值，语文教学应该回归本质，"以本（教材）为本"自读课文不能轻易舍弃。在有限的课时中，想要让学生在自读课中得到最大的收获，教师需先下功夫。我上这一课的第一步是钻研教材，像肖培东老师那样，立足单元导读、自读课文的阅读提示，及课后的练习题，知道教什么，然后结合自己的体验，思考怎么教。教材之外我还搜寻了一些名师大咖、工作室对本课的精彩解读、公开课例等，寻找课堂的新思路。

新课标提出提高学生的核心素养，其实是对教师的教和学生的学更高层次的要求。因此做好前期准备只是基础，教学还需有策略。我尝试只做课堂的引领者，把知识点和学生串联起来，利用助读资源，力求将教师的"教"转化为学生的"学"。其实文本中还有很多细节值得探究，如群臣皆惊这一片段对"惊"字的解读等等。这一次的课是一个起点，希望在以后的不断尝试和探索中，让学生自己学会使用助读资源，达到提升学生语文素养的目标。

佟竹林，广东省东莞市东华初级中学（生态园）教师。

《晓出净慈寺送林子方》教学设计

◎ 涂 欣

【教材分析】

《晓出净慈寺送林子方》是统编教材二年级下册的第 15 课《古诗两首》其中的一首。其描绘的是六月西湖荷花盛开的独有美景，言语浅白，表达了诗人对西湖美景的喜爱和赞美，也流露出曲意送别友人之意。课文以中国画与诗歌相匹配，诗画互现，既有利于于培养学生的读图能力，又能结合图文了解诗歌内容，更是潜移默化地进行了中华传统文化的熏陶。《义务教育语文新课程标准 2022 版》在"阅读与鉴赏"板块明确提出：1-2 年级学生要能诵读儿歌、儿童诗和浅近的古诗，展开想象，获得初步的情感体验，感受语言的优美。故在教学开展中，应注重"造境"方式的运用，在披文人情中感受古诗的音韵节奏之美，一咏三叹中想象西湖浓烈色彩之美、曲意送别友人之言语婉约之美。

【学情分析】

作为二年级的学生，对大自然的喜爱似乎与生俱来。尤因其处于形象思维开始向抽象思维过渡的阶段，实则非常容易被带入言语文字建造的情境而沉浸其中。古诗本身的言语凝练、抽象和情感、时代的疏离等客观存在的现实，容易出现传统教学时因过于分析解释诗意，而导致的文道分离、意味全无的分割式教学。故在学生已有古诗学习的经验基础上，以贴合学生年龄特点和认知水平为原则，设计丰富有效的言语实践情境，始终在不同层次、多种方式的诵读中启发和引导学生明诗、悟诗、谈诗、叹诗、诵诗，以求真正达到文字和画面互现。以情读诗，最终读出节奏、读出意象、读出意味，读出审美。

【学习目标】

1. 字理识字，会认"晓、慈、毕、竟、映"5 个字。
2. 会写"莲、荷、湖"三个字。
3. 在读通、读懂古诗的基础上，能够想象"接天莲叶无穷碧，映日荷花别样红"的画面。
4. 能初步体会到诗人对西湖自然风光的赞美之情。
5. 初步认识送别诗，并感悟诗中"以景相送、曲意挽留友人"的情感。

【教学重点】

1. 会认 5 个生字，会写 3 个汉字。
2. 正确流利地朗读，读出诗歌中的赞美之情。
3. 能通过想象画面，力求文字和画面在脑海互现，帮助学生充分感受西湖盛夏美景和作者的赞美之情。

【教学难点】

初识送别诗，通过对比阅读，初步感受送别诗的异同。

【教学时长】1 课时

【教学过程】

起：识物之亭亭　写字之文化

游戏复习旧知、激趣开课、字理识写"莲、荷"

师：孩子们看图猜猜猜：

图 1：出图师唱，生猜《江南》。

图 2：出图师说前两句，生说《小池》后两句。

师：这两首诗都和什么有关？

生：都和莲花、荷花有关。

师：莲花也叫荷花，荷叶也可以称作莲叶。并且从古到今，莲荷一直都是文人最喜爱的植物。

（边说边板贴道具"莲叶"）

出示实物图，古体字，借图识字；

演变成现代汉字，点生单字组词。

从识到写：引导学生观察"莲、荷"的相同之处？

教师范写，提示细节，生书空跟写，进一步在"小荷花"造型的田字格上练写。

师巡视指导，端正学生写字姿势，引导学生感受，静心书写。

同桌互相评价，请写得规范端正的孩子板贴"小荷花"到黑板的"莲叶"之间。

设计意图：字理识字，单字组词，识字写字过程中触摸文化根基，"小荷花"的田字格设计，始终让学生从细节处审美，激发识字写字兴趣，上台板贴作为直观的评价方式，在鼓励孩子识字写字的过程中，巧妙地组成古诗后两句"接天莲叶无穷碧，映日荷花别样红"的画面，秘而不宣，视觉上形成色彩对比的画面感。为后面想象接天、无穷、映日、别样的远阔明丽做铺垫。

承：赏物之浓烈　想景之画面
读诗　解诗　悟诗
一、赏景物之美　想色彩之艳（先学后两句）
师（过渡）：八百多年前南宋著名诗人杨万里在西湖边看到了比这还要美的景，他是怎么用诗来写下这么美的画面的呢？
（出示全诗、生自读，师检查生读古诗，纠音，是否连贯）
师：你觉得这样的美景和哪些诗句对应？
生：后两句。（师相机操作隐去前两句，只留并放大后两句诗句，突出效果）
师：点生读读。问：你觉得诗人写的西湖美在哪里？你看到了怎样的画面？
1.预设生谈"莲"的特点
相机理解——碧　无穷　接天
感受并想象：远阔　绿　多；指导读出莲叶之远阔、又绿又多的欢喜赞美之情。
（点读、练读、比赛读）
2.预设生谈"荷"的特点
相机理解——红　别样　映日（字理识字：映）
感受并想象：阳光抚罩、红得发光、红得艳丽的美。
点读、理解读、指导有感情朗读，读出喜爱和赞美之情。
读出层次、节奏，渐入佳境、一唱三叹。
师小结：诗——是诗人的心声，更多时候说给自己听。
（音乐起）配乐、相机造境、拓展想象、复沓诗句，营造语言的回环萦绕之美。
A.此时，你在欣赏一幅八百年前画家的这幅西湖，你仿佛看到：＿＿＿＿＿＿
B.此时，你就站在西湖边上，一阵微风吹过，

你深深吸了一口气，你好像闻到：＿＿＿＿＿＿
C.孩子，你就是那西湖中最美最绿的莲叶，和同伴挤挤挨挨地在风中舞蹈，你好像听到同伴说：＿＿＿＿＿＿
D.你就是那条和小伙伴玩捉迷藏的小鱼，在莲叶间调皮地穿来穿去，你快活地说：＿＿＿＿＿＿
E.孩子们，朵朵盛开的荷花就是你的笑脸啊，太阳照耀着你，你抬起头眯着眼睛，舒展着身子说：＿＿＿＿＿＿
每一次学生激活想象，描述画面之余，师生一起复沓诗句一次。
二、感受借景抒赞叹之情（学前两句）
师：无穷的碧，别样的红，就这样组成了一幅连接天日、一碧千里的画卷。这就是六月的西湖，这也是诗人眼中西湖最美的时候。（放大前两句）
（点读。相机识字、读词：毕　竟）
师：出示四季不同的西湖美图，配乐解说：
春天的西湖阳光明媚，水波潋滟；秋天的西湖细雨迷蒙，月光皎皎；冬天的西湖白素高洁，令人陶醉。西湖风光真可谓四时不同，各有各的美。
1.然而诗人唯独面对这么艳丽热烈的六月西湖美景，忍不住诗兴大发，生：接读1—2句。
2.无穷碧别样红，再加上太阳映照，波光粼粼，如此美景，难怪诗人脱口而出，生接读3—4句。
3.古人喜欢把诗写在扇子上，而且竖着写，不用标点。你能按照古人喜欢的方式来读读这首诗吗？
（出现换做扇面题词的竖写方式，生熟读成诵）
设计意图：从具象画面的直观感受、形象思维入手，丰富变化的造境让学生在不同形式的读中强烈对比"碧和红"的视觉鲜艳，唤醒学生心中视像和喜爱之情，由此突破"毕竟"一词作为诗歌开篇两字的由衷感叹之情味。

转：赞物之美景　探"送"之意味
解诗题　引思考　落"送"别之意
师：出示图：（配乐解说古诗背景，引出诗题理解。）
（师描述情境故事）：一个清晨，天上还挂着一弯残月，西湖岸边的净慈禅寺静立在一片晓雾中。忽然，寺门打开，走出两位男子，正是杨万里和林子方。一夜的交谈让这对好友情谊更加深厚。林子方就要离开杨万里去很远的地方做官了，他们一路在西湖的柳树间穿行，不知不觉走到西湖边。
就让我们用湖水一样平静的心，静静地写湖

字,把月亮留在这美丽的湖面吧——

随机出示字理识字:识、教、写"湖"字。

师:月儿消失,太阳出来,我们叫破晓,古人称之为"晓出"。

出示:诗题《晓出净慈寺送林子方》,现在你知道这首诗题目该怎么读了吗?

晓(出)/净(慈)寺/送/林子方(诗题呈现理解性的分隔,指导学生正确读题)

师:杨万里神清气爽,从南山往北一拐,放眼西湖,只见西湖上连绵无际的荷花都被清晨的阳光叫醒,舒展着身子,抖擞着精气神,那接天莲叶(生:无穷碧),那映日荷花(生:别样红)。于是诗人凝视一望无际的荷叶,一首《晓出净慈寺送林子方》诞生了。

(生齐读整首诗)

师:四句诗都是在写西湖美景,可是题目好像和西湖美景没啥关系,不如用《西湖美景》为题。你觉得呢?(PPT隐去原诗题更换为西湖美景)

预设1:学生认同换题,师可用旁的送别诗搭支架;

预设2:学生很快提到送别诗,即肯定后再出示旁的送别诗进一步了解。

设计意图:将其二诗的内容转换为"讲述诗人和友人送别情谊"的故事,在情境的营造中帮助学生"知人论世",并巧妙穿插"湖"字的教写。用可否换题的问题设计激发学生批文入情地思考,在言语摩挲和与文本、诗人反复"对话"中,培养学生思辨性思维。

合:思物之意象　悟以"景"相送之情

比较不一样的送别诗 《以景相送》

师:说到送别诗,我们也知道一些。

出示:《赠汪伦》(以歌相送)

《黄鹤楼送孟浩然之广陵》(以目相送)

《送元二使安西》(以酒相送)

师:既然是送朋友林子方,为什么杨万里却只写西湖美景呢?猜猜杨万里的想法。

生讨论、交流,感悟用美景留林子方之意。

师小结:所以题目能改吗?

生:不能,改了就只有美景,没有送朋友的情意了。

拓展送别诗句:回环往复——

出示:桃花潭水深千尺,(生)不及汪伦送我情。——看到了汪伦对李白的情谊;

孤帆远影碧空尽,(生)唯见长江天际流。——看到了李白对孟浩然的不舍;

劝君更尽一杯酒,(生)西出阳关无故人。——看到了王维面对元二离开的伤感;

青山历历水悠悠,(生)今日相逢明日秋。——看到了张籍送别时的期盼;

猿啼客散暮江头,(生)人自伤心水自流。——看到了刘长卿送裴郎中的伤心。

师:都是送别诗,你觉得和今天这首有什么不同?

生:(预设1)没有那么伤心难过的感觉。

(预设2)更多地在赞美西湖自然风光。

师:中国自古就有用荷花象征朋友之间情谊,所以才有秋天采莲怀人(出图);春天折梅赠远(出示图),还有借柳表达对朋友的挽留和怀念。(出图)这是一种习惯,也是一种传统,更是一种文化。

师:配乐情境中小结。

子方兄啊,你一去福州数千里,我已经60岁了,美景年年都有,可你却不是年年都能相见啊。荷花代表我们的情谊,这样美的景都留不住你,我也别无他,唯有把眼前的美景做成诗赠于你。望你能记住我们曾经一起欣赏过的美景,记住我这个朋友啊。

(生配乐有感情背诵全诗)

师:让我们也一起将这么美的诗藏进景中,既然留不住朋友,那就干脆以景相送,我们一起送送林子方。祝福他一切都如这西湖的荷花盛景一样美好吧!(诗幻化入景,生齐诵。)

设计意图:通过组诗的比较阅读,引导学生粗浅感知同是送别诗不同的"送别"意味。从文字走向内容,再从内容走向形式。引导学生在从一首诗到一组诗的多个"来回"中,多维度多层次感悟诗歌本身,深受传统文化的濡染与熏陶。

师:快下课了,我也要离开你们了,很喜欢和你们一起学习。你想用什么方式与我相送呢?

生:以拥抱相送、以微笑相送、以一句祝福相送、以美美地背诵这首诗来相送。

设计意图:诗歌的意象、意蕴之美,通过被巧妙运用在师生下课后"分别"的真实情境中,得以情绪延展,使学生学以致用。留给学生的是心头久久回味的诗意和美好。

涂欣,广东省深圳市福田区教育科学研究院教师。

《水浒传》整本书阅读之人物形象分析
——以林冲为例

◎涂逸枫

【教学目标】

1.学习人物形象分析的方法,并能够运用到自主分析其他文段中:①将人物放到矛盾冲突中分析人物的行为;②通过人物的动作、神态、语言、心理;③通过对比在相同或类似场景中不同人物的不同反应,分析人物形象的突出侧面。

2.深入分析林冲"忍"的原因,理解由"忍"到"狠"转变的逻辑。

3.对《水浒传》"官逼民反"的主题思想有更深入的思考。

【教学过程】

一、课前检测

文学常识:《水浒传》是一部元末明初编著的____体长篇小说。主要描写的是北宋末年,以____为首的一百零八条好汉在山东____聚义的故事。

人物链接:请将人物与相关评价进行连线

日月常悬忠烈胆,风尘障却奸邪目。望天王降诏,早招安,心方足。——宋江

剃除头发,削去胡须,倒换过杀人姓名,薅恼杀诸佛罗汉;直教:禅杖打开危险路,戒刀杀尽不平人。——鲁智深

自信一身能杀虎,浪言三碗不过冈。报兄诛嫂真奇特,赢得高名万古香。——武松

胸中藏战将,腹内隐雄兵。谋略敢欺诸葛亮,陈平岂敌才能。略施小计鬼神惊。——吴用

人生险,友为虚,火烧草料泪洒血。得恶人,难消恨,不明清白,只顾钱财。恶!恶!恶!千秋过,双成单,独椅斜栏自念还。梁山水,沧州风。他乡异客,饮酒装欢。难!难!难!——林冲

二、人物形象分析

同学们,课本上说,《水浒传》是一本奇书,它塑造了一大批栩栩如生的人物形象,这些人物大都形象鲜明,给人留下深刻印象。今天我们就以阅读描写林冲的经典段落为例,从分析他的形象入手,学习人物形象分析的方法,并进一步探讨《水浒传》所反映的主题。

选段一:(教师与学生共同探讨)

智深正使得活泛,只见墙外一个官人看见,喝采道:"端的使得好!"智深听得,收住了手,看时,只见墙缺边立着一个官人,……口里道:"这个师父,端的非凡,使的好器械!"众泼皮道:"这位教师喝采,必然是好。"……智深道:"教头今日缘何到此?"林冲答道:"恰才与拙荆一同来间壁岳庙里还香愿。林冲听得使棒,看得入眼,着女使锦儿自和荆妇去庙里烧香,林冲就只此间相等,不想得遇师兄。"

——《第七回 花和尚倒拔垂杨柳 豹子头误入白虎堂》

选段二:

……恰才饮得三杯,只见女使锦儿慌慌急急,红了脸,在墙缺边叫道:"官人休要坐地!娘子在庙中和人合口。"……

林冲别了智深,急跳过墙缺,和锦儿径奔岳庙里来,……林冲赶到跟前,把那后生肩胛只一扳过来,喝道:"调戏良人妻子,当得何罪?"恰待下拳打时,认的是本管高太尉螟蛉之子高衙内。

……

林冲将引妻小并使女锦儿,也转出廊下来,只见智深提着铁禅杖,引着那二三十个破落户,大踏步抢入庙来。林冲见了,叫道:"师兄那里去?"智深道:"我来帮你厮打。"林冲道:"原来是本官高太尉的衙内,不认得荆妇,时间无礼。林冲本待要痛打那厮一顿,太尉面上须不好看。自古道:'不怕官,只怕管。'林冲不合吃着他的请受,权且让他这一次。"智深道:"你却怕他本官太尉,洒家怕他甚鸟?俺若撞见那撮鸟时,且教他吃洒家三百禅杖了去。"

——《第七回　花和尚倒拔垂杨柳　豹子头误入白虎堂》

1. 请你从林冲的角度,把本段落故事情节的小标题补充完整。

预设:相国寺乐识鲁智深,五岳楼怒忍高太尉

2. 在本段故事中,你认为林冲是一个什么样的人?从哪里看出来的?

预设:本段故事里,林冲是一个武艺高强,赏识英雄,但见高官忍让软弱的人。

智深正使得活泛,只见墙外一个官人看见,喝采道:"端的使得好!"——赏识英雄(语言描写)

众泼皮道:"这位教师喝采,必然是好。"智深问道:"那军官是谁?"众人道:"这官人是八十万禁军枪棒教头林武师,名唤林冲。"——武艺高强(他人评价)

当时林冲扳将过来,却认得是本管高衙内,先自手软了。林冲怒气未消,一双眼睁着瞅那高衙内。——忍让(动作、神态描写)

林冲道:"原来是本官高太尉的衙内,不认得荆妇,时间无礼。林冲本待要痛打那厮一顿,太尉面上须不好看。自古道:'不怕官,只怕管。'林冲不合吃着他的请受,权且让他这一次。"智深道:"你却怕他本官太尉,洒家怕他甚鸟?俺若撞见那撮鸟时,且教他吃洒家三百禅杖了去。"——软弱(对比)

3. 归纳分析人物形象的方法

①通过人物的语言、动作、神态、心理等描写直接分析人物形象。

②通过他人对人物的评价丰富人物形象。

③通过将人物放到矛盾冲突中分析其行为理解人物形象。

④通过对比在相同或类似场景中不同人物的不同反应,分析人物形象的突出侧面。

请运用所学的方法,分析其他选段:

选段三:

当晚三个人投村中客店里来,到得房内,两个公人放了棍棒,解下包裹。林冲也把包来解了,不等公人开口,去包里取些碎银两,央店小二买些酒肉,余些米来,安排盘馔,请两个防送公人坐了吃。……"好意叫他洗脚,颠倒嫌冷嫌热,却不是好心不得好报!"口里喃喃的骂了半夜,林冲那里敢回话,自去倒在一边。他两个泼了水,自换些水,去外边洗了脚收拾。

——《第八回　林教头刺配沧州道　鲁智深大闹野猪林》

1. 请你从林冲的角度,把本段落故事情节的小标题补充完整。

2. 在本段故事中,你认为林冲是一个什么样的人?从哪里看出来的?

选段四:

……林冲起身看时,只见那个教师入来,歪戴着一顶头巾,挺着脯子,来到后堂。林冲寻思道:"庄客称他做教师,必是大官人的师父。"急急躬身唱喏道:"林冲谨参。"那人全不睬着,也不还礼。林冲不敢抬头。柴进指着林冲对洪教头道:"这位便是东京八十万禁军枪棒教头林武师林冲的便是,就请相见。"林冲听了,看着洪教头便拜。那洪教头说道:"休拜,起来。"却不躬身答礼。林冲拜了两拜,起身让洪教头坐。洪教头亦不相让,便去上首便坐。

……

洪教头见他却才棒法怯了,肚里平欺他做,提起棒却待要使。柴进叫道:"且住!"叫庄客取出一锭银来,重二十五两。无一时,至面前。柴进乃言:"二位教头比试,非比其他,这锭银子,权为利物;若是赢的,便将此银子去。"……林冲望后一退,洪教头赶入一步,提起棒,又复一棒下来。林冲看他脚步已乱了,便把棒从地下一跳,洪教头措手不及,就那一跳里,和身一转,那棒直扫着洪教头臁儿骨上,撇了棒,扑地倒了。

——《第九回　柴进门招天下客　林冲棒打洪教头》

1. 请你从林冲的角度,拟出本段小标题。

2. 在本段故事中,你认为林冲是一个什么样的人?从哪里看出来的?

选段五:

林冲道:"这屋如何过得一冬?待雪晴了,去城中唤个泥水匠来修理。"向了一回火,觉得身上寒冷,寻思:"却才老军所说二里路外有那市井,何不去沽些酒来吃?"便去包裹里取些碎银子,把花枪挑了酒葫芦,将火炭盖了,取毡笠子戴上,拿了钥匙出来,把草厅门拽上。出到大门首,把两扇草场门反拽上锁了,带了钥匙,信步投东。雪地里踏着碎琼乱玉,迤逦背着北风而行。

……

再说林冲踏着那瑞雪,迎着北风,飞也似奔到草场门口开了锁,入内看时,只叫得苦。原来天理昭然,佑护善人义士。因这场大雪,救了林冲的性命。那两间草厅,已被雪压倒了。林冲寻思:"怎地好?"放下花枪、葫芦在雪里。恐怕火盆内有火炭延烧起

来，搬开破壁子，探半身入去摸时，火盆内火种都被雪水浸灭了。林冲把手床上摸时，只拽得一条絮被。林冲钻将出来，见天色黑了，寻思："又没把火处，怎生安排？"想起："离了这半里路上，有一古庙，可以安身。我且去那里宿一夜，等到天明，却作理会。"把被卷了，花枪挑着酒葫芦，依旧把门拽上，锁了，望那庙里来。

1.请你从林冲的角度，拟出本段小标题。

2.在本段故事中，你认为林冲是一个什么样的人？从哪里看出来的？

三、细析林冲之"忍"

1.在这些选段中，你认为林冲最突出的性格特征是什么？

预设：学生回答"忍"

2.林冲的忍是怯懦吗？请你结合摘录的其他文字，谈谈林冲"忍"的理由：

【忍高太尉】林冲道："贤弟不知，男子汉空有一身本事，不遇明主，屈沉在小人之下，受这般腌臜(ā zā)的气！"

追问：为什么忍让高太尉，他是在担心什么？
——不肯放弃报国展志的希望

【忍董超、薛霸】两个公人看那和尚时，穿一领皂布直裰，跨一口戒刀，提起禅杖，抢起来打两个公人。林冲方才闪开眼看时，认得是鲁智深。林冲连忙叫道："师兄不可下手，我有话说。"智深听得，收住禅杖。两个公人呆了半晌，动弹不得。林冲道："非干他两个事，尽是高太尉使陆虞候分付他两个公人，要害我性命，他两个怎不依他？你若打杀他两个，也是冤屈。"林冲一路上都忍受着两人的折磨，可为什么当鲁智深要杀他们时林冲连忙制止？——对底层人民的同情和悲悯

【忍洪教头】林冲自肚里寻思道："这洪教头必是柴大官人师父，不争我一棒打翻了他，须不好看。"——顾全柴进面子，知恩图报

【忍恶劣天气】——随遇而安

四、由"忍"到"狠"

选段六：

林冲一忍再忍，由八十万禁军教头步步退让到栖身破庙，终于，在那个大雪纷飞的夜晚：

林冲听得三个人时，一个是差拨，一个是陆虞候，一个是富安。自思道："天可怜见林冲！若不是倒了草厅，我准定被这厮们烧死了。"……回头看时，差拨正爬将起来要走。林冲按住喝道："你这厮原来也恁的歹！且吃我一刀。"又早把头割下来，挑在枪上。回来，把富安、陆谦头都割下来。把尖刀插了，将三个人头发结做一处，提入庙里来，都摆在山神面前供桌上……

1.这时的林冲一忍再忍，却再忍无可忍，终于由"忍"转为"狠"，你认为这合理吗？

预设回答：合理，他的狠不是与生俱来的，而是在毫无退路以后的爆发。

2.在他步步退让的时候，元凶高太尉呢？

预设回答：步步紧逼。

追问：《水浒传》的主题是"官逼民反"，逼反的是一个怎样的民？

预设回答：有高强之艺、有报国之志、有同情之心、有周全之礼、有随遇之安的英雄林冲。

五、拓展阅读

选段六：

武松自到单身房里，早有十数个一般的囚徒来看武松，说道："好汉，你新到这里，包裹里若有人情的书信，并使用的银两，取在手头，少刻差拨到来，便可送与他。若吃杀威棒时，也打得轻。若没人情送与他时，端的狠狠！我和你是一般犯罪的人，特地报你知道。岂不闻'兔死狐悲，物伤其类'？我们只怕你初来不省得，通你得知。"武松道："感谢你们众位指教我。小人身边略有些东西。若是他好问我讨时，便送些与他；若是硬问我要时，一文也没。"众囚徒道："好汉，休说这话，古人道：'不怕官，只怕管。''在人矮檐下，怎敢不低头！'只是小心便好。"说犹未了，只见一个道："差拨官人来了。"众人都自散了。

武松解了包裹，坐在单身房里，只见那个人走将入来，问道："那个是新到囚徒？"武松道："小人便是。"差拨道："你也是安眉带眼的人，直须要我开口说。你是景阳冈打虎的好汉，阳谷县做都头，只道你晓事，如何这等不达时务！你敢来我这里，猫儿也不吃你打了！"武松道："你倒来发话，指望老爷送人情与你，半文也没。我精拳头有一双相送！金银有些，留自买酒吃，看你怎地奈何我？没地里倒把我发回阳谷县去不成！"那差拨大怒去了。又有众囚徒走拢来说道："好汉，你和他强了，少间苦也！他如今去和管营相公说了，必然害你性命！"武松道："不怕！随他怎么奈何我，文来文对，武来武对！"

武松与林冲都经历了牢狱之灾，他们有何不同态度？试运用本节课所学方法分析武松的性格特征。

涂逸枫，湖北省武汉市常青树实验学校教师。

《蒲柳人家》教学设计

◎ 闫柯斐

【教学目标】
1. 把握小说的主要情节。
2. 分析文中鲜明丰满的人物形象。(重点)
3. 体会小说中精彩的语言,揣摩语言运用的巧妙。(重点)
4. 感受小说人物的美好品德和高尚情操,培养良好的审美趣味。(难点)

【教材分析】
《蒲柳人家》是当代作家刘绍棠的代表作,所写故事发生在20世纪30年代,记述了运河边十来个乡间人物的逸闻趣事,彰显了劳动人民身上传承的民族精神,如侠肝义胆、仗义轻财、嫉恶如仇,扶危济困等。全书共12节,本文节选自小说的前两节,浓墨重彩描写的正是书中三个主要人物:六岁男孩何满子、奶奶一丈青和爷爷何大学问。小说故事富有传奇色彩,引人入胜。人物形象鲜明,精神突出。书中通过大量方言俚语,再现了京北运河滩的风俗人情,具有浓郁的乡土气息。作者在创作时,又借鉴了中国古典小说和民间说唱艺术的手法,使小说独具特色又韵味无穷。

【学情分析】
学生在之前小说学习的基础上,已经基本掌握了阅读小说的方法,能够梳理小说情节,简单分析人物形象,并尝试探究小说主题。但学生对于像《蒲柳人家》这样篇幅较长,内容较多的文章接触较少,经验欠缺,不能够迅速把握文章内容,分析人物形象,理解人物身上所承载的民族精神。另外这篇文章独具特色的语言形式和古典小说的表现手法对于学生来说,也比较新鲜,需要在教师的指点下细细品味,这样才能读出小说精妙之处。

【教学安排】1课时

【教学过程】
一、导入
《水浒传》中有些侠肝义胆、疾恶如仇的英雄人物令人荡气回肠。比如"及时雨"宋江、"黑旋风"李逵、"一丈青"扈三娘。今天,我们学习的《蒲柳人家》就是一篇继承和发扬民族传统,形成独特风格的乡土作品。让我们先认识一下作者刘绍棠先生。

二、作者简介
刘绍棠(1936年2月29日—1997年3月12日),中国著名乡土文学作家,"荷花淀派"的代表作家之一,"大运河乡土文学体系"创立者。13岁时就开始发表作品,加入作协时是当时最年轻的作协会员。1950年春,因被诗人晏明称为"神童","神童作家"称号逐渐流传并被大众认可,又因家乡儒林村临近北运河,又被称为"大运河之子"。他将荷花淀派的柔媚、清丽之美与"燕赵文化"的阳刚、劲健之美很好地结合在一起,建立了独具风采的大运河乡土文学体系,他特别强调乡土文学就是要专门"表现人的美,地区的美,风光景色的美"。

提问:同为荷花淀派的作家还有谁?(孙犁)
作者受到孙犁的影响走上乡土文学之路。

三、初读感知
校对导学案。
抡( ) 烙( ) 马 ān( ) 烟 cōng( )
驾 yù( ) xūn( )陶 隐 nì( )
biē( )闷 diān( )量 礼 pìn( )
一气 hē( )成 不知好 dǎi( )
两 lèi( )插刀 如坐针 zhān( )
天 lún( )之乐

强调:系[xì]
①有联属关系的:~统。~列。
②高等学校中按学科分的教学单位:中文~。化学~。
③关联:关~。
④联结:维~。
⑤是:确~实情。
⑥把人或东西捆住上提或向下送:从井下把

土~上来。

系[jì]结,扣:把鞋带~上。"系的是栓贼扣儿"(第1段)

呱[guā]形容鸭子、青蛙等的响亮的叫声。

[gū]指小儿哭声。"呱呱坠地的啼声"(第9段)

[guǎ]较少见,如"拉呱儿",在某些地方指闲谈。

纤[xiān]细小:~尘。~微。

[qiàn]拉船用的绳子:~绳。拉~。"纤夫"(第7段)

拗[niù]固执:执~。脾气~。"她拗不过老头子"(第11段)

[ào]不顺:~口。违~。

[ǎo]使弯曲;使断;折:把竹竿~断了。

1.解释蒲柳人家的意思。(提示:关注注释①,用蒲柳搭起房屋的人家,这里是借代手法,代指贫苦农家。)

2.初读文章后,说说贫苦农家给你留下的印象。

(预设:有情有义,祖孙和乐,仗义执言,热心慷慨)

3.合作展示,学生深入研读课文,思考:

(1)梳理本文脉络:何满子被爷爷拴在葡萄架的立柱上→( )→( )→( )→( )

(2)何满子为什么被爷爷拴在葡萄架的立柱上?

要求:第2小题讲清楚前因后果,能串起整个故事;独立思考1分钟,讨论2分钟,展示2分钟,有总结语。

明确:①何满子被爷爷拴在葡萄架的立柱上→引出何满子的故事→引出奶奶一丈青大娘的故事→引出爷爷何大学问的故事→解释何满子被拴的原因→何满子盼救星

②何满子整天在运河滩上野跑,不穿红花兜肚,奶奶喊哑了嗓子,他却隐匿在柳棵、芦苇中暗暗发笑不回答,让奶奶担心。爷爷回家后,奶奶发牢骚,顺口告了何满子的状。爷爷在赶马路上坐了牢,还险些丢了命,本就窝了一肚子火,一怒之下就把淘气的满子绑在葡萄架上,让他写字。

4.小说中有三个主要人物,你认为谁的形象最鲜明?(预设:何满子,一丈青大娘,何大学问)

①外貌:出示何满子图片(图片中何满子肤色白皙),对照课文,大家觉得像吗?

哪些句子体现何满子的性格特征,请试着描述一下?

明确:整天在河滩上野跑;不穿大红兜兜;记性好,爱听故事,过耳不忘,好问个字儿,过目不忘;上学不安分;藏在芦苇中跟奶奶捉迷藏;心疼爷爷,想哄爷爷开心。

②奶奶——一丈青大娘(联系扈三娘)

何满子的奶奶,人人都管她叫一丈青大娘,你知道"一丈青"出自何处、有什么含义吗?

明确"一丈青"原是《水浒传》中扈三娘的绰号。出示《水浒传》中的一丈青:"天然美貌海棠花","玉雪肌肤,芙蓉模样","最英雄"功夫"十分了得"。

一丈青大娘和扈三娘有没有相似之处?

(出示课文中一丈青大娘外貌,联系课前出示的一丈青扈三娘外貌,得出结论她们的外貌是天差地别,引出问题为什么人们叫她一丈青大娘?)

合作展示:要说一丈青大娘,北运河上,无人不知,无人不晓,她"_____",可见她_____。

示例:要说一丈青大娘,北运河上,无人不知,无人不晓,她"种地、撑船、打鱼都是行家她还会扎针、拔罐子、接生、接骨、看红伤",可见她心灵手巧,十分能干。

奶奶:"大高个儿,一双大脚,青铜肤色,嗓门也亮堂,骂起人来,方圆二三十里,敢说找不出能够招架几个回合的敌手。一丈青大娘骂人,就像雨打芭蕉,长短句,四六体,鼓点似的骂一天,一气呵成,也不倒嗓子。"

"一丈青大娘勃然大怒,老大一个耳刮子抡圆了扇过去"("抡圆了""扇过去"充分写出了奶奶的怒气和力气,泼辣无比的性格跃然纸上)

"一丈青大娘折断了一棵碗口粗细的河柳,带着呼呼风声挥舞起来,把这几个纤夫扫下河去,就像正月十五煮元宵,纷纷落水"。

③指出何大学问相貌、何大学问性格。("人高马大,膀阔腰圆,面如重枣,浓眉朗目,一副关公相貌。""他这个人,不知道钱是好的,伙友们有谁家揭不开锅,沿路上遇见老、弱、病、残,伸手就掏荷包,抓多少就给多少,也不点数儿;所以出一趟口外挣来的脚钱。到不了家就个精光。"

总结:想要塑造出真实可信的人物,让大家看到他们身上优点的同时,也要让大家看到他们身上的缺点,这样才会让人觉得亲切可信,有感染力。

④给何满子起一个绰号。(提示：从外形外貌、举止言谈、行为处事、爱好才华方面提炼。)

预设：娇哥儿，葫芦盖儿，蒲柳贵子，脱笼鸟，好记性，运河淘小子等。

四、品味语言

1.对比原文，看看有什么不一样？

改写1：一丈青大娘一听见孙子呱呱坠地的啼声，喜泪如雨，又烧香又上供，又拜佛又许愿。宴请乡亲，还为孙子做了许多事。(第9自然段)

改写2：那就是儿媳妇不能把何满子带走。孩子是娘身上掉下来的肉，何满子的母亲哭得死去活来。最后，还是请来邻居，进行了一番说和，婆媳才算讲定。(第11自然段)

明确：乡土气息

2.结合句子，分析语言特色。

教师提示：小说的语言运用非常有特色。在叙述故事描写人物时，一方面，作者采用了活灵活现的民间口语与俗语，并加以提炼，形成一种活泼伶俐、凝练而富有动感、充满乡土气息的语言。写天气之热，"热得像天上下火"；写一丈青大娘溺爱孙子，"要天上的星星，奶奶也赶快搬梯子去摘"。"何满子是一丈青大娘的心尖子、肺叶子、眼珠子、命根子"，形象生动而又准确传神。另一方面。作者又继承了说唱艺术的特点，讲究押韵和对偶，用词造句文白相间，读来抑扬顿挫，很有节奏感。如："何满子的爷爷，官讳已不可考。但是，如果提起他的外号，北运河两岸，占北口内外，在卖力气走江湖的人们中间，那可真是叫得山响。"句中"官讳"是书面语，"叫得山响"是民间口语，二者结合给小说增添了幽默诙谐色彩。教师引导学生体会，精彩的语句、段可作摘抄和背诵。

3.学生揣摩品味独具魅力的小说语言。

教师提示："㨃"指"用棍子等打"，是京东北运河一带原汁原味的口语，字一出，文章浓郁的乡土气息扑面而来，写出了一丈青大娘面对孙子的顽皮、想打他却又心疼的无奈。"饿火"指"饿得难受"，心中憋着一股随时能爆发的怒火。纤夫因长时间的饥饿而疲惫乏力，却又得不到休息，早已憋了满肚子的怒火怨气，随时可能爆发。这里化用俗语，把纤夫的满腹怨气写得通俗形象、具体可感。"一丈青大娘骂人，就像雨打芭蕉，长短句，四六体，鼓点似的骂一天。"作者受传统小说的影响，多在叙事上穿插诗词韵语，写出了一丈青大娘噼里啪啦骂人的急促感。作者的语言精练，追求简约美，以短句为主，如"长短句""四六体""鼓点似的骂一天"一气呵成；长、短句错落有致，节奏鲜明，恰好与人物干脆利落的骂人方式相呼应。——借鉴传统小说和评书语言

五、深入研读，体会小说的艺术风格

1.体会小说浓郁的乡土气息。

教师提示：小说《蒲柳人家》真切地再现了20世纪30年代京东北运河一带农村的人情世态、生活风习。确如一幅风俗画，情致缠绵。如何满子的光葫芦头木梳背儿，大红肚兜、长命锁；洗三百家衣，何大学问的走西口等都别具魅力，历历如绘。

2.学生联系阅读体验，合作探究：

《蒲柳人家》是刘绍棠独具风格的乡土文学的代表作。那么，你认为它的民族作风和民族气派体现在哪些方面？

学生联系熟悉的古典文学名著，如《三国演义》《水浒传》《说岳全传》等，进行比照、交流，教师点拨，出示资料链接：刘绍棠是"头顶着运河滩的高粱花，脚沾着运河滩的泥土走上文坛"的作家。

3.独特的小说结构："现在，只有一人能搭救何满子；但是，何满子望眼欲穿，这颗救命星却迟迟不从东边闪现出来。"救命星是谁？

明确：望日莲姑姑，讲解小说结构仿章回体。

设置悬念：何满子被爷爷拴在葡萄架下

穿插：发生在一丈青大娘、何大学问身上生动有趣的往事和何家的过去

结束：何满子盼人搭救

六、课堂小结

同学们，正是丰富深厚的民族传统和浓郁的水乡风情，孕育了刘绍棠高度独创的乡土文学。"我要一生一世讴歌生我养我的劳动人民"，这满怀的率真之情，恰是我们解读乡土创作情感的一把钥匙。透过小说的渲染，我们洞察人物，更能观照那曾经鲜活演绎着的社会生活，无论是古代，还是现在，乃至将来，生活的底色都是鲜亮的，文艺也是如此。

七、布置作业

用外号概括人物性格特点，是我国古典小说常见的表现手法。请你运用这种手法，描绘生活中一位个性鲜明的人物，力求传神，有文采。

闫柯斐，浙江省温州市永嘉县瓯北镇温州翔宇中学教师。

《红楼梦》整本书阅读导读课教案

◎阳 雪

【学情分析】

高一第二学期，经过寒假阅读任务布置，让学生完成了《红楼梦》整本书阅读的初读，本堂课是本学期整本书阅读起始课，属于导读课型。本节课既是后阶段学习任务群开启的一次调研，也是对学生假期阅读成果的检验。本次导读课是为后期课程提供学情参考，教师可将学生学习情况进行整理，便于根据班情与学情制作任务清单。

【教学目标】

1.语言建构与运用：根据学习任务，让学生梳理整本书的主要情节或主要人物经历，提升学生的语言概括能力。

2.思维发展与提升：通过"标题管窥法"探究小说人物、情节、环境与主题之间的关系，提升学生的高阶思维与文本关联能力。

3.审美鉴赏与创造：通过分析《红楼梦》这一标题的合理性，提升学生的审美理解力，感悟中国古典小说的魅力。

4.文化传承与理解：通过为本书拟写标题，让学生对《红楼梦》的主题意蕴进行总结提炼与再创造，感悟《红楼梦》博大精深的文化内涵。

【教学重点】

通过导方法"标题管窥法"，达成导内容与导能力的目标。探究《红楼梦》小说的命名艺术，带动学生阅读整本书，提升学生阅读能力。

【教学难点】

梳理小说内容与标题之间的关联。

【教学方法】

教师主导，学生主体，任务驱动，合作探究，展示交流

【课时安排】1课时

【教学准备】

程甲本、程乙本《红楼梦》，甲戌本、庚辰本《脂砚斋重评石头记》，教学课件，课前暖场《红楼》剪辑视频

【教学过程】

一、自主学习，学而有疑

1.阅读《红楼梦》及教材学习提示。

2.请根据你的阅读印象，写出疑惑，并尝试和同学互助解答。

二、激趣导入，学而有趣

同学们阅读了《红楼梦》，知道红楼梦有什么别名吗？

预设：《石头记》《情僧录》《风月宝鉴》《金陵十二钗》

三、探究学习，学而有思

任务一：若有以下四本书，你最想翻开以下哪个名称命名的书籍，阐述理由。

学习提示：《石头记》《情僧录》《风月宝鉴》《金陵十二钗》

预设1：我最想翻开《石头记》，因为它最具真实性，写在石头上的故事，也能令我想到宝玉所佩戴的通灵宝玉。

预设2：我最想翻开《情僧录》，因为感到这个标题读起来有矛盾的感觉，僧人是去七情六欲的，但是情僧有情，想知道有怎样的情，是怎样的僧，同时它又是一种记录。

预设3：我最想翻开《风月宝鉴》，因为书中出现过"风月宝鉴"，而且让人想到"风月之事"一词，却又有可资借鉴之事。

预设4：我最想翻开《金陵十二钗》，因为会想到书中描写到十二位美丽的女子，想要一窥她们的风姿与才情。

……

点拨：其实这些别名都是《红楼梦》，书中第一回给出了思考方向："空空道人……改《石头记》为

《情僧录》。至吴玉峰题曰《红楼梦》。东鲁孔梅溪则题曰《风月宝鉴》。后因曹雪芹于悼红轩中，披阅十载，增删五次，纂成目录，分出章回，则题曰《金陵十二钗》，并题一绝云：满纸荒唐言，一把辛酸泪。都云作者痴，谁解其中味？……至脂砚斋甲戌抄阅再评仍用《石头记》。"可见文本的命名，是对文本内容和哲理内涵的高度概括，又从甲戌本《脂砚斋重评石头记》中可见到批语："若云雪芹'披阅''增删'，然后开卷至此，这一篇'楔子'又系谁撰？足见作者之笔狡猾之甚。后文如此处者不少。这正是作者用画家烟云模糊处，观者万不可被作者瞒弊（蔽）了去，方是巨眼。"由此可以窥见几种别名可能分别对应着不同的感悟者，或许是身经其事之人，或有曾见证过曹氏家族盛衰，甚至是文中某一主人公原型的作者亲友，他们从同一文本中读出了不同的旨义和内蕴，因而以命名来呈现自己对文本的理解。从脂批来看亦有可能此别名就是作者在创作时的意旨，作者以不同的命名对文本内涵作出阅读提示，告知读者《红楼梦》可从不同层面理解其内涵。更因此书非一次创作完成，别名的出现即体现了文本内容的不同发展阶段。这就是今天我们要学习的方法——"标题管窥法"。

四、合作学习，学而有得

任务二：小组讨论，在有其他别名的情况下，为何书名《红楼梦》流传最广？

预设1：展现家族史。从"到一红楼家，爱之看不足。"（《和梦游春诗一百韵》）可知红楼指大户朱楼、富贵巨家。

预设2：活字印刷术。程伟元印刷高鹗续写的《红楼梦》发行数量多，因而成为了普遍定名。

预设3：最具概括力。红楼梦包含着另外四种别名所述内容。

预设4：最接近生活本质。第四十八回脂批：一部大书，起是梦，宝玉情是梦，贾瑞淫又是梦，秦之家计长策又是梦，（香菱）今作诗也是梦，一并风月鉴亦从梦中所有。故《红楼梦》也。余今批评亦在梦中，特为梦中之人，特作此一场大梦也。到头一梦，万境归空。

……

点拨：从《红楼梦》别名能够窥见整本书所述内容，甲戌本凡例详细交代了不同书名的得名缘起及所负载的不同内蕴：《红楼梦》旨义。是书题名极多。《红楼梦》，是总其全书之名也；又曰《风月宝鉴》，是戒妄动风月之情；又曰《石头记》，是自譬石头所记之事也。此三名皆书中曾已点睛矣。如宝玉做梦，梦中有曲，名曰《红楼梦十二支》，此则《红楼梦》之点睛。又如贾瑞病，跛道人持一镜来，上面即錾"风月宝鉴"四字，此则《风月宝鉴》之点睛。又如道人亲眼见石上大书一篇故事，则系石头所记之往来，此则《石头记》之点睛处。然此书又名曰《金陵十二钗》，262 审其名则必系金陵十二女子也。然通部细搜检去，上中下女子岂止十二人哉？若云其中自有十二个，则又未尝指明白系某某。谈到某一人物形象时可联想到曾学习过的课文，进而联系整本书全面了解，如分析王熙凤这一人物形象时，可联想到《林黛玉进贾府》这一课文，先引导同学们通过关注人物的外貌、语言、动作、心理描写，体会课文中个性张扬、机变逢迎的王熙凤人物形象。在此基础上进一步提问：除了课文中展现的人物形象特点外，结合《红楼梦》其他章节，说说王熙凤还有哪些特点？还可以从"协理宁国府"这一章节中，感受凤姐的才干；从"弄权铁槛寺"这一章节中，看到凤姐的贪婪；从"毒设相思局"这一章节中，看出凤姐的残忍……及至"红楼梦"一回中，亦曾翻出金陵十二钗之簿籍，又有十二支曲可考。此时可以阅读具体文本，例如，在第五回"贾宝玉神游太虚幻境，警幻仙曲演红楼梦"中，可以从以下几个方面重点解读：一是太虚幻境地名、物名、对联等的意味；二是金陵十二钗判词，包括人物性格、命运。三是《红楼梦》十二（十四）支曲，包括人物性格、命运、小说主题。从我们今天的探讨可以发现，"标题管窥法"不仅可以看到书中人物、环境、情节，还能够关联主旨。

五、体验学习，学而有创

任务三：结合阅读体悟，请你为本书命名，阐述理由。

学习提示：可从环境、情节、人物、主题等方面考虑。

预设1：我想给依据自己目前的理解取名叫《木石金空》，木石前盟、金玉良缘，书中主线就是宝黛钗爱情悲剧，最终化作一场空。

预设2：我想给依据自己目前的理解取名叫《红尘凡事》，书中讲述了红尘之中的凡俗之事，但平凡之事最动人，因此我将此刻的动人记录下来。

点拨：同学们尝试根据自身对文本的理解，给整本书命名，这个命名不论是否能够超越原著命名，都是一种能够体现自身对文本人物、情节、环境的体会，更关键的是对主旨的领悟。而这一命名的过程不仅影响同学们阅读的当下，更启迪我们的终身。随着时间经历的叠加，将其对世界的体悟熔铸其中，不断更新，不断创造，这一过程也体现语文学科立德树人的旨归。

六、分层作业布置

1.必做：请根据《红楼梦》书名的思考，自选一本小说，围绕标题进行分析。

2.选做：深入阅读《红楼梦》及前人的研究论文，以"红楼释名"为主题拟写一篇小论文。

七、结语

同学们，今天这节课我们一起聚焦书名，窥探小说，发现标题真可谓小说的灵魂所在。以后阅读文学类作品，大家也可以从标题入手，探究小说的意蕴，把握作者的创作主旨，读出自己的思考体悟。

这如水的女儿，这奢华的生活，这三代而起的红楼，如梦一般美，但最终也幻灭如梦，只落得一片白茫茫大地真干净，读之惆怅非常，曹雪芹窥探到了人生好了的奥秘。同学们，人生的本质是如红楼一梦的空与幻，但人生的价值却是平地高楼的知与行！曹雪芹已然不在，但一部《红楼梦》让所有人记住了他。虽然他自嘲写到"满纸荒唐言，一把辛酸泪"，但人人皆向往，欲解其中味。我相信今天的导读只是一个起点，同学们还会继续阅读《红楼梦》，品读日常生活的滋味，感受天地人生的况味！下课！

【资料补充】

阅读资料一：

却说那女娲氏炼石补天之时，于大荒山无稽崖炼成高十二丈、见方二十四丈大的顽石三万六千五百零一块。……说毕，便袖了，同那道人飘然而去，竟不知投向何方。

阅读资料二：

1.可叹停机德，堪怜咏絮才。玉带林中挂，金簪雪里埋。

2.二十年来辨是非，榴花开处照宫闱。三春争及初春景，虎兕相逢大梦归。

3.才自精明志自高，生于末世运偏消。清明涕送江边望，千里东风一梦遥。

4.富贵又何为，襁褓之间父母违。展眼吊斜晖，湘江水逝楚云飞。

5.欲洁何曾洁，云空未必空。可怜金玉质，终陷淖泥中。

6.子系中山狼，得志便猖狂。金闺花柳质，一载赴黄粱。

7.勘破三春景不长，缁衣顿改昔年装。可怜绣户侯门女，独卧青灯古佛旁。

8.凡鸟偏从末世来，都知爱慕此生才。一从二令三人木，哭向金陵事更哀。

9.势败休云贵，家亡莫论亲。偶因济刘氏，巧得遇恩人。

10.桃李春风结子完，到头谁似一盆兰。如冰水好空相妒，枉与他人作笑谈。

11.情天情海幻情身，情既相逢必主淫。漫言不肖皆荣出，造衅开端实在宁。

阅读资料三：

[红楼梦引子]开辟鸿蒙，谁为情种？都只为风月情浓。趁着这奈何天，伤怀日，寂寥时，试遣愚衷。因此上，演出这怀金悼玉的《红楼梦》。

[终身误]都道是金玉良姻，俺只念木石前盟。空对着，山中高士晶莹雪；终不忘，世外仙姝寂寞林。叹人间，美中不足今方信。纵然是齐眉举案，到底意难平。

[枉凝眉]一个是阆苑仙葩，一个是美玉无瑕。若说没奇缘，今生偏又遇着他；若说有奇缘，如何心事终虚化？一个枉自嗟呀，一个空劳牵挂。一个是水中月，一个是镜中花。想眼中能有多少泪珠儿，怎经得秋流到冬尽，春流到夏！

[恨无常]喜荣华正好，恨无常又到。眼睁睁，把万事全抛；荡悠悠，把芳魂消耗。望家乡，路远山高。故向爹娘梦里相寻告：儿命已入黄泉，天伦呵，须要退步抽身早！

……

[好事终]画梁春尽落香尘。擅风情，秉月貌，便是败家的根本。箕裘颓堕皆从敬，家事消亡首罪宁，宿孽总因情。

[收尾·飞鸟各投林]为官的，家业凋零；富贵的，金银散尽。有恩的，死里逃生；无情的，分明报应。欠命的，命已还；欠泪的，泪已尽。冤冤相报实非轻，分离聚合皆前定。欲知命短问前生，老来富贵也真侥幸。看破的，遁入空门；痴迷的，枉送了性命。好一似食尽鸟投林，落了片白茫茫大地真干净！

阳雪，湖南师范大学附属中学教师。

《红楼梦》环境描写手法与作用微课设计

◎ 姚甄渝

【设计思路】

如何将《红楼梦》整本书阅读化繁为简、化难为易,是语文教师着手《红楼梦》整本书阅读教学前必须思考的问题。脂评《红楼梦》的一段评语给了我启发——何不以"三染法"作切入开展《红楼梦》叙事手法微专题教学?

曹雪芹善作画,也善于化国画技艺为小说笔法。我们可以把视线聚焦于第二回"冷子兴演说荣国府"、第三回"林黛玉进贾府"和第六回"刘姥姥一进荣国府",重点鉴赏分析作者是如何分笔皴染,从白描勾勒、浓墨皴染再到彩笔着色,描绘《红楼梦》故事发生的典型场景——贾府,并通过探究问题,引导学生深入思考环境描写的作用,从环境中感受人物性格和贾府暗藏的波谲云诡,从而为学生开展《红楼梦》整本书阅读微专题研讨打下基础。

【教学目的】

1.了解作者运用"三染法"描绘贾府典型环境的匠心独运,以及贾府典型环境的特征。

2.分析典型环境描写对小说人物塑造、情节推进的作用。

3.培养学生对古典小说环境描写的鉴赏能力,提升阅读研习《红楼梦》整本书的兴趣。

【教学重难点】

1.教学重点:了解贾府典型环境的特征;

2.教学难点:分析典型环境描写对小说人物塑造、情节推进的作用。

【教学过程】

一、脂评导入,激发兴趣

《红楼梦》第二回有脂砚斋的一段回前总批这样说道:"其演说荣府一篇者,盖因族大人多,若从作者笔下一一叙出,尽一二回不能得明,则成何文字?故借用冷子兴一人,略出其文,使阅者心中,已有一荣府隐隐在心,然后用黛玉、宝钗等两三次皴染,则耀然于心中眼中矣。此即画家三染法也。"

"三染法"是曹雪芹写作《红楼梦》时惯用的描写手法,不仅用于描写景致,更用于刻画人物,描绘事物。贾府是演出《红楼梦》悲金悼玉故事的大环境。今天我们就一起跟随冷子兴、林黛玉、刘姥姥去看看红楼梦故事发生的地方——贾府。

二、落实任务,分析鉴赏

任务一:提炼冷子兴演说荣国府的重要信息,分析其作用

1.阅读第二回《贾夫人仙逝扬州城 冷子兴演说荣国府》节选段落,思考从中可以提炼哪些有关贾府的信息。

【文本节选】

子兴叹道:"老先生,休这样说!如今的这荣宁二府也都萧索了,不比先时的光景。"雨村道:"当日荣宁两宅,人口也极多,如何便萧索了呢?"子兴道:"正是,说来也话长。"雨村道:"去岁我到金陵时,因欲游览六朝遗迹,那日进了石头城,从他宅门前经过,街东是宁国府,街西是荣国府,二宅相连,竟将大半条街占了。大门外虽冷落无人,隔着围墙一望,里面厅殿楼阁,也还都峥嵘轩峻;就是后边一带花园里,树木山石,也都还有葱蔚洇润之气:那里像个衰败之家?"子兴笑道:"亏你是进士出身!原来不通!俗人有言,'百足之虫,死而不僵',如今虽说不似先年那样兴盛,较之平常仕宦人家,到底气象不同。如今人口日多,事务日盛,主仆上下都是安富尊荣,运筹谋画的竟无一个。那日用排场,又不能将就省俭。如今外面的架子虽没很倒,内囊却也尽上来了。——这也是小事,更有一件大事:谁知这样钟鸣鼎食的人家儿,如今养的儿孙竟一代不如一代了!"

2.教师总结明确:从冷子兴的演说中,我们对贾

府的氏族谱系和贾府人物有了一个初步的、远景式的印象,这是曹雪芹对贾府进行的第一笔皴染,白描勾勒,画出了贾府的大概面貌。我们还从冷子兴的这一番演说中了解到两点有关贾府的重要信息。首先,贾府空有其表,入不敷出。其次,安富尊荣者尽多,运筹谋画者无一,预示着结局贾府的衰败。

任务二:分析林黛玉进贾府所见环境及其作用

展示贾府平面图,明确林黛玉的行进路线,形成对贾府布局院落的整体印象,以图作为导引,跟随林黛玉的眼睛了解贾府布局和环境特点,根据布局院落、楼阁器物初识红楼人物特点及作者的情感倾向。

1.阅读第三回《贾雨村夤缘复旧职　林黛玉抛父进京都》节选段落,分析贾府大门处的环境描写及其作用

【文本节选】

进入城中,从纱窗向外瞧了一瞧,其街市之繁华,人烟之阜盛,自与别处不同。又行了半日,忽见街北蹲着两个大石狮子,三间兽头大门,门前列坐着十来个华冠丽服之人。正门却不开,只有东西两角门有人出入。正门之上有一匾,匾上大书"敕造宁国府"五个大字。

问题:地图第一处为贾府大门,门匾大书"敕造宁国府"。林黛玉进贾府并不是由大门进入的,写它有何用意?

明确:"敕造"是指奉皇帝命令建造,说明宁国府的建造是皇帝的命令,显示出贾府贵族之家的威严和显赫,及其与朝廷、皇亲权贵之间的密切关系。

2.分析贾母处的环境描写及其作用

【文本节选】

进了垂花门,两边是抄手游廊,当中是穿堂,当地放着一个紫檀架子大理石的大插屏。转过插屏,小小的三间厅,厅后就是后面的正房大院。正面五间上房,皆雕梁画栋,两边穿山游廊厢房,挂着各色鹦鹉、画眉等鸟雀。

问题:贾母住处有何特点?可以看出贾母是一个怎样的老太太?

明确:贾母住处讲究布局,陈设精致,处处显示着钟鸣鼎食之家的显赫气派。由此可见,贾母地位尊贵,是非常会享受生活的贵族老太太。

3.分析贾赦处的环境描写及其作用

【文本节选】

邢夫人携了黛玉,坐在上面,众婆子们放下车帘,方命小厮们抬起,拉至宽处,方架上驯骡,亦出了西角门,往东过荣府正门,便入一黑油大门中,至仪门前方下来。众小厮退出,方打起车帘,邢夫人搀着黛玉的手,进入院中。

厢庑游廊,悉皆小巧别致,不似方才那边轩峻壮丽;且院中随处之树木山石皆有。一时进入正室,早有许多盛装丽服之姬妾丫鬟迎着。

问题:这两段文字为读者呈现了一个怎样的贾赦?

明确:从空间距离看,由贾母处到贾赦处,需要坐车,还要架上驯骡,说明贾府"侯门深似海"。贾赦身为荣国府的长子,院落偏远,小巧别致,不似贾母处院落轩峻壮丽,说明荣国府的实际掌权者并不是贾赦。从楼阁器物看,小巧别致的厢庑游廊、随处可见的树木山石、盛装丽服的姬妾丫鬟,都在暗示着贾赦沉溺于享乐和美色,对读书学问、仕途经济,甚至是家族命运、国家政治都不大有兴趣。曹雪芹的这一笔"染"处处暗示着"头发花白、儿孙一片"的一等将军其实是个贪淫纵欲的好色之徒,可谓是微言大义。

4.分析贾政处的环境描写及其作用

【文本节选】

(荣禧堂)进入堂屋中,抬头迎面先看见一个赤金九龙青地大匾,匾上写着斗大的三个字,是"荣禧堂",后有一行字:"某年月日,书赐荣国公贾源",又有"万几宸翰之宝"。大紫檀雕螭案上,设着三尺多高青绿古铜鼎,悬着待漏随朝墨龙大画,一边是金蜼彝,一边是玻璃盒。地下两溜十六张楠木交椅,又有一副对联,乃乌木联牌,镶着錾银的字迹,道是:座上珠玑昭日月,堂前黼黻焕烟霞。下面一行小字,道是:"同乡世教弟勋袭东安君王穆莳拜手书。"

问题:曹雪芹用特写镜头描写了贾政荣禧堂的哪些物品?有何用意?

明确:荣禧堂的匾额,匾是"赤金九龙青地大匾",金是富贵之色,龙是皇家的象征,九是数字之极。题的字是皇帝亲笔,还有皇帝印章。

无论是匾的质地花纹还是大字的规格、皇帝的题字和印玺,都显示出贾家的高贵富有和赫赫权

势。荣禧堂悬挂的待漏随朝墨龙大画,隐喻大臣朝见皇帝,不露痕迹隐喻了贾家世袭爵位的显赫家世和世代为官的显耀权势。由此可见,荣禧堂才是荣国府的正内室,是荣国府的政治和社交中心,荣国府的次子贾政才是贾府的一家之主。

5.教师总结明确:林黛玉进贾府是曹雪芹对贾府进行的第二笔皴染,浓墨皴染,读者跟随林黛玉,用林黛玉的视角对贾府做了一次全景式的扫描与交代,把贾府的每一个院落布局和楼阁器物都呈现在了我们的眼前。

借林黛玉的眼睛,将林家和贾家在无形处作了一番对比。比起书香世家的林家,贾家明显更为富贵,气焰汹汹,聪慧敏感的黛玉就如一叶孤舟漂泊在波涛汹涌的大海,自然比其他小姐多了一丝多疑谨慎的性格。另外,借林黛玉的视角,我们多次感受到了贾府的"侯门深似海",女儿的命运从来都不能掌握在自己的手中,隐喻着贾府是林黛玉悲剧命运开始的起点,为后面的结局埋下伏笔。

任务三:对比分析刘姥姥一进荣国府所见之景及其作用

曹雪芹除了借助贵族小姐林黛玉的视角对贾府进行了微观解剖,还借助乡野村妇刘姥姥的视角对贾府进行了彩笔着色。

阅读第六回《贾宝玉初试云雨情 刘姥姥一进荣国府》节选段落,分析刘姥姥进贾府看到了什么?有何用意?

【文本节选】

刘姥姥只听见咯当咯当的响声,很似打罗筛面的一般,不免东瞧西望。忽见堂屋中柱子上挂着一个匣子,底下又坠着一个秤砣似的,却不住的乱晃。刘姥姥心中想着:"这是什么东西?有甚用处呢?……"正发呆时,陡听得"当"的一声,又若金钟铜磬一般,倒吓得不住的展眼儿。接着一连又是八九下。

明确:曹雪芹依照刘姥姥看到的、听到的、感觉到的,对钟表进行了一番描述,使得钟表在读者面前显得可感可触,变成了稀罕之物。钟表在十八世纪的中国是稀罕物件,是由西方传入的洋物件,只会出现在像贾家这样的钟鸣鼎食之族。卑微如刘姥姥之流如果不是因为来贾府"打秋风",是无论如何也不会瞧见的。作者没有用他的全知视角,或者是林黛玉的视角来写,而是用一个乡野村妇的仰望视角、有限视角写贾府的钟,是为了让读者更直观地感受到贾府的气派和泼天的富贵,产生陌生化的艺术效果。

至此,作者也完成了对贾府环境描写的第三笔,读者也在简笔勾勒、浓墨皴染、彩笔着色的"三染"贾府中,对贾府环境和贾府人物有了从宏观到微观的把握和知觉,也就能更加自如地走进红楼世界。

三、探究学习,讨论思考

问题一:作者为什么要采用这种渐进的、分阶段的"三染法"描写贾府环境,而不是直接交代贾府环境?

明确:如果从一开始就以全面客观的方式描写贾府环境,只会让人感到冗长、呆板,让人感到沉闷而又腻味。而且运用林黛玉、刘姥姥等人的有限视角切入描写贾府环境,更为真实自然。

问题二:借助林黛玉的视角描写贾府环境还不够,为什么还要再借助刘姥姥的视角描写贾府的环境?

明确:与第三回林黛玉的视角形成对比。前者是以贵族小姐身份对贾府进行审视,后者是以乡野村妇的视角对贾府进行仰望。只有身为贵族小姐的林黛玉,才能看得懂诗礼簪缨之族——贾家的"贵"和底蕴。从乡野村妇、贫困人家刘姥姥的视角出发,更能突出贾府的"富"。

四、课堂总结,作业布置

这一节课,我们结合文本重点鉴赏分析了曹雪芹运用"三染法"的描写对贾府环境进行了宏观概括与微观解剖的描写。贾府的环境描写对《红楼梦》整本书故事的推进有以下作用:

1.交代故事发生的场景,展现人物之间的关系。
2.反映人物个性品格和生活情趣。
3.暗示人物命运结局。

除了贾府,大观园也是红楼故事发生的地方,更是红楼女儿欢笑哭泣的重要场所。同学们,课后阅读《红楼梦》第十六回到第十八回,鉴赏分析曹雪芹是如何用"三染法",借助他人的眼睛分笔皴染大观园。

姚甄渝,广东省深圳科学高中教师。

《宋词三首》群文阅读教学探究案例

◎易美丽

【学习目标】

1.知人论世，梳理生平，了解词作的写作背景，把握词作的主旨内涵。

2.把握意象，赏析典故，走进词人的内心世界，探寻词人的本我形象。

3.洞察词眼，对比分析，体察词人的情感差异，探究诗词的风格特点。

【教学重点】

从意象、典故的鉴赏中感受词人的精神世界，领悟其对社会的思考和人生的感悟。

【教学难点】

领略词人在困顿人生中作出的不同的人生选择，体会蕴藉其中的精神气质、创作风格。

【教法学法】

教法：创设情境法、诵读法、引导法、讨论法、绘画法、演讲法。

学法：小组合作探究，自主研习。

【教材分析】

《宋词三首》是部编版高中语文必修上第三单元的第6课，是本单元学习的最后三首词，三位词人都处于人生的低谷时期，但是面对生命的困顿，作出了不同的人生选择，呈现出不同的精神气质。

新教材单元导语明确提出：本单元汇集了不同时期、不同体式的诗词名作，展示了词人不同的人生状态，表现出各自的人生境遇和情感世界，体现出不同的审美追求……学习本单元要感受词人的精神世界，体会词人对社会的思考和对人生的感悟。因此，在组织这三首宋词的群文阅读时，要紧紧围绕人文主题"生命的本我"，探究词人在相同的人生困境中，做出不同的人生选择的原因，体悟词人对生命价值的思考与诗意表达，从而提高自身的思想修养和文化品位。

【学情分析】

《普通高中语文课程标准（2017年版）》明确指出："真实、富有意义的语文实践活动情境是学生语文学科核心素养形成、发展和表现的载体。""运用专题阅读、比较阅读等方式，创设阅读情境，激发学生阅读兴趣，引导学生阅读、鉴赏、探究与写作。"

高中古诗词教学是学生语言应用能力、思维想象能力、审美鉴赏能力等诸多能力形成和发展的重要载体。根据学生已有的知识储备，我们得知初中阶段学生已经学过三位词人不少词作，对作家作品有一定的了解。同时，我们也可以发现，刚上高一的学生对词人词作的熟悉程度较低，比较鉴赏意识欠缺，关于如何品读意象典故，如何理解词人的情感差异，往往因缺少生命体验而难以深入，一定程度上妨碍了学生语文核心素养的发展与提升。

【教学过程】

一、情境设置，趣味导入

顺德清晖园博物馆准备开设《宋代文人画像册》展览，此次展览以"在困顿人生中寻觅生命的本我"为主题，作为馆校合作方，其现向罗中学子征集优秀绘画作品。请大家在小组合作的基础上，为苏轼、辛弃疾、李清照三位词人各绘一幅肖像图，要求符合主题，贴近词人自我形象。

设计意图：创设真实生活情境，拉近课堂与学生的距离，培养其解决现实问题的理性思维。

二、知人论世，描其轮廓

任务1：阅读《宋词三首拓展资料》，梳理词人的生平经历，知晓诗词的创作背景。从三个词人中任选一位，替其绘制一幅"人生轨迹地图"，并配上一段不少于200字的词人介绍（以第一人称口吻书写）。

（一）人生轨迹地图（略）

（二）词人生平自述（略）

（三）初步印象感知

问题1：听完三位词人的生平自述，你对他们的第一印象是什么样的？

生1：苏东坡是一个乐观豁达、积极向上、洒脱从容的形象。

生2：辛弃疾是一个精忠报国、力主抗金、壮志未酬的形象。

生3：李清照是一个柔弱婉约、愁绪满怀、孤独寂寥的形象。

……

相同的人生轨迹：处于人生低谷，一生坎坷流离，个人命运与国家命运息息相关，被时代潮流裹挟前行，苦苦挣扎……（人生困顿）

设计意图：①引导学生自行梳理词人生平，在学习活动中感知词人的初步印象；②以"绘画+写作+演讲"的形式开展活动，化抽象为具体，让课堂更活泼有趣，提高学生的参与度。

三、立象见意，绘其具象

任务2："一切景语皆情语"，诗词中的意象不仅是词人寄托情思的载体，更是个体心境的投射和艺术形象的化身。请你细读词句，品鉴意象，体悟背后投射的词人形象。

词作	《念奴娇·赤壁怀古》	《声声慢·寻寻觅觅》
意象	大江、浪、故垒、赤壁、乱石、惊涛、千堆雪、江月	淡酒、急风、过雁、黄花、梧桐、细雨
意境	雄奇壮阔，气势浩大，惊心动魄	冷清凄美，沉郁悲凉，悲苦愁绝
词人形象	遥想历史，寄情山水，心胸豁达，充满豪情壮志，渴望建功立业的文人形象	国破家亡，漂泊流寓，身心憔悴，茕独凄惶的孀居老妪形象

问题1：比较下面2幅图画，说说为什么后人眼中的赤壁之景与苏轼看到的大不相同。

文赤壁　　　　武赤壁

"楼下稍东即赤壁矶，亦茅冈耳，略无草木。"（陆游）

"赤壁，小赤土山也。未见所谓'乱石穿空'及'蒙茸''巉岩'之境，东坡之词赋微夸焉。"（范成大）

解析："一切景语皆情语"，心境不同，看到的景物就不同。苏轼心境开阔豁达，看到的景物自然气势宏大，并且他误以为这是英雄人物周瑜以少胜多之地，自然心生向往，渴望能像古人一样一展宏图。

问题2：结合词人以往作品，鉴赏一下《声声慢》中几个重点意象。

解析：①淡酒："常记溪亭日暮，沉醉不知归处"（《如梦令·常记溪亭日暮》）

"昨夜雨疏风骤，浓睡不消残酒"（《如梦令·昨夜雨疏风骤》）——并非酒太淡，而是愁太浓，酒力压不住心愁

②孤雁："云中谁寄锦书来？雁字回时，月满西楼。"（《一剪梅·红藕香残玉簟秋》）

"雁雁无定栖，随阳以南北。"（王安石《同昌叔赋雁奴》）——象征悼亡之悲、怀乡之思

③黄花："莫道不消魂，帘卷西风，人比黄花瘦。"（《醉花阴·薄雾浓云愁永昼》）——比喻憔悴的容颜、孤苦飘零的晚景

词人通过层层意象叠加，营造出一种冷清凄美，悲苦愁绝的意境，在这背后投射的是一个国破家亡，漂泊流寓，身心憔悴，茕独凄惶的孀居老妪形象。

任务3："据事以类义，援古以证今"，词人善于借用历史人物来表达丰富的思想感情。请你完成下列思维导图，找到古人与今人形象的关联点，刻画词人的自我形象。

（一）《念奴娇·赤壁怀古》：周瑜PK苏轼

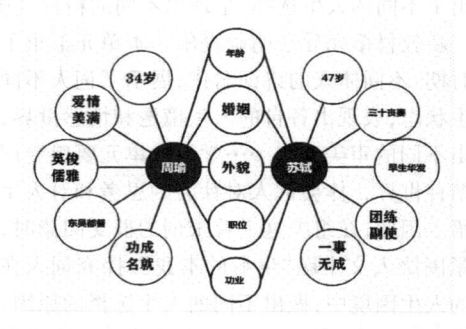

周瑜：年龄34岁、爱情美满、婚姻、英俊儒雅、外貌、东吴都督、职位、功成名就

苏轼：47岁、三十丧妻、早生华发、团练副使、一事无成、功业

周瑜形象概括：英姿勃发、儒雅风流、从容镇定、功成名就、生活美满的英雄人物。

词人形象概括：怀才不遇，壮志难酬，不甘于堕

落又无处施展才华的迷茫文人形象。

（二）《永遇乐·京口北固亭怀古》：古人群像PK辛弃疾

词人形象概括：年事已高，却雄心不老，立志抗金，收复中原，报效祖国，却空有报效国家的愿望，不被重用的末路英雄形象。

设计意图：把握意象，赏析典故，深入探究文本，厘清词人形象，感受词人的精神世界，领悟其对社会的思考和人生的感悟。

四、洞察词眼，摹其气质

任务4："诗之有眼，犹人之有目也"，词眼是洞察词人内心的窗口。面对生命的困顿，三位词人作出了不同的人生选择，呈现出不同的精神气质。请你找出词眼之句，咀嚼揣摩，吟咏诵读，领悟词人的情感态度，探索词人的本我形象。

问题1：请找出这三首词的词眼，揣摩一下朗读语气，并找出这样朗诵的依据。

问题2：面对生命的困境，三位词人作出了不同的人生选择，呈现出不同的精神气质，体现出不同的创作风格，请结合文本加以分析，并探究其根本原因。

问题3：婉约派与豪放派的区别体现在哪些方面？请通过吟咏诵读的方式加以体会。

（1）现场朗诵：朗诵内容为《念奴娇》《声声慢》，朗诵形式为个人展示、配乐朗读。通过现场诵读的方式，引领学生感知词作意境，体悟词人情感。

（2）结论体悟：婉约派与豪放派的区别不仅在于显性的题材、物象、场景等，更在于隐性的情感表达，处世哲学，精神内核和词人生命本身的不同。

设计意图：①洞察词眼，对比分析，体察词人的情感差异，探究诗词的风格特点。②以读带悟，咀嚼揣摩，在朗读声中体悟文字背后的思想情感、精神气质、创作风格。

五、探寻本我，画其全貌

问题1：从多重维度去探寻三位词人的形象之后，你对他们的印象发生了哪些改观？综合上述环节，请你重新审视、归纳、生成词人的本我形象。

生1：苏东坡是一个既乐观豁达，又失意茫然的士大夫形象，其在人生困顿中学会寄情山水，释然超脱，与自我达成和解。

生2：辛弃疾是一个背负着国恨家仇，坚守着爱国理想，自尊自信，慷慨激昂的将士形象，但其又时刻流露出报国无门的悲愤、沉郁之情。

生3：李清照是一个国破家亡，漂泊流寓，茕独凄惶的女性形象，但在其忧愁中又饱含愤慨，感伤中又带着倔强，柔性中又透露出刚性的气质。

总结归纳：本我形象就是支撑诗人精神活动的根本能量，驱动个体行为的内在动力，我们要打破刻板印象，从多个维度去寻觅词人的本我形象，去关注生命个体的多样性、差异性。

设计意图：打破刻板印象，完善词人形象。在对词人形象的一步步深入探究中，从外到内，由浅入深，体察个性差异，探寻精神气质，逐步生成词人的本我形象。

六、课堂总结，情感升华

人生不可能一帆风顺，当我们面临生命的困顿时，既要像苏轼一样，学会超然物外，与自我达成和解，也要如辛弃疾一般，坚守理想与情怀，还要效仿李清照，学会关注自我的内心，如此方能在漫漫人生旅途中，寻觅到生命的诗意，寻找到真实的自我。

七、学以致用，巩固提升

1.请你根据探究内容，结合对词作的理解，为苏轼、辛弃疾、李清照三位词人各自绘制一幅肖像图，描摹出你心目中的词人形象。

2.假如你遇到了跟词人一样的人生困境，你会怎么做？请以"_____，我想对您说"为话题，给仍然处于生命困境的词人写一段话，谈谈你的看法。

设计意图：回归情境，阅读迁移，引导学生以历史的理性思维解决现实生活问题，表达自己的看法。

易美丽，广东省佛山市顺德区罗定邦中学教师。

《白鹅》教学设计（第二课时）

◎于 泽

【教材分析】

本课选自统编版语文四年级下册第四单元的第三篇课文，在《白鹅》这篇课文中，作者从叫声、步态、吃相等方面写出了白鹅的特点——高傲。本单元的语文要素是"体会作家是如何表达对动物的感情的"，这一要素在第一单元"初步体会课文表达的思想感情"的基础上，又提高了要求，强调不仅要体会文章所表达的情感，还要关注作家是如何表达的。《白鹅》一课要求体会作者是如何把"高傲"写清楚的，同时链接了俄国作家叶·诺索夫的《白公鹅》，要求说说两位作家笔下的鹅有什么共同点，体会两篇文章表达上的相似之处。这样的安排也进一步落实了本单元的语文要素。本单元的习作要求是"写自己喜欢的动物，试着写出特点"，旨在让学生根据不同的交际和表达的需要，明确习作的目的和对象，选择不同的内容和方式进行表达，从而使学生的表达有强烈的对象意识。

全文共有七个自然段，结构严谨，条理清晰，重点描绘了白鹅性格的特点——高傲。作者把这只鹅抱回家时，从它"伸长了头颈""左顾右盼"的姿态中，留下了最初的"高傲"的印象。继而以"鹅的高傲，更表现在它的叫声、步态和吃相中"这一过渡段统领全文，细致刻画了鹅"严肃郑重"的音调，"大模大样"的步态和"三眼一板""一丝不苟"的吃相。作者在谋篇布局时详略得当，详写了白鹅的吃相。

本文语言活泼、诙谐、准确，又极富情趣，运用了多种表达方法，字里行间渗透着作者对白鹅的欣赏和爱怜。在丰子恺眼里，白鹅俨然就是一位高傲而固执，忠诚而可爱的朋友。

作者善于运用对比的方法突出鹅的特点。比如用鸭的"步调急速，有局促不安之相"和鹅的步态作对比，显出鹅"步调从容""大模大样"的傲然风范；通过对狗"躲在篱边窥伺""敏捷地跑过来，努力地吃它的饭""立刻逃往篱边，蹲着静候"等描写，彰显出鹅老爷的"一丝不苟""从容不迫""架子十足"的姿态。这一系列的对比形象生动，使人如见其形，如闻其声。课文与《猫》相似，也运用了"明贬实褒"的表达方式。如称白鹅为"高傲的动物""我们这位鹅老爷"；替它添饭，站着侍候时"不胜其烦"，说它"架子十足"，看上去似乎都含有贬义，但其实言语间流露出的是对白鹅的亲昵和喜爱，写出了这只鹅虽然高傲，却个性鲜明，惹人喜爱的特点。

本课的"阅读链接"编排了俄国作家叶·诺索夫的《白公鹅》，文章描写一只白公鹅走路的姿态和在河湾里的活动，表现了白公鹅海军上将似的高傲派头。这样编排的意图是通过和课文的比较阅读，让学生体会两篇文章表达上的相似之处。

【学情分析】

学生在本单元已经学习《猫》和《母鸡》两篇主题为动物的课文，对于单元"体会作家是如何表达对动物感情"的语文要素有一定理解基础。

【教学目标】

1.感受作者对白鹅的喜爱，体会作者是如何把白鹅"高傲"的特点写清楚的。

2.朗读课文，感受作者用词准确生动和幽默风趣、体会语言的趣味。

3.通过对比两位作家笔下白鹅的共同点，体会其表达的相似之处。

【教学重点】

1.感受作者对白鹅的喜爱，体会作者是如何把白鹅"高傲"的特点写清楚的。

2.朗读课文，感受作者用词准确生动和幽默风趣、体会语言的趣味。

【教学难点】

通过对比两位作家笔下白鹅的共同点，体会其表达的相似之处。

【教学过程】
一、出示古今字对比,激发学生兴趣
1.教师出示"鹅"的古体字,同学们认识这个字吗?
预设:鹅
过渡语:在过去的书法和绘画中(出示古代鹅的绘画作品)经常会出现这个字,你看我站在鸟的头上,太欺负这只鸟了,不过这个如今已经废除了,让我们看看如今的鹅字怎么写?
2.教师出示单元导图,引导学生领悟第四单元语文要素:可爱的动物,是我们的好朋友。
3.齐读课题,并出示上节课学习的词语,以开小火车的方式复习。

教师依次出示词语:

音调 偏颇 京剧 譬如 侍候 饭馆
狂吠 附近 脾气 敏捷 昂首 添加
看守 奢侈 即将 姿态 高傲 窥伺
空空如也 局促不安 厉声叫嚣 引吭大叫
一丝不苟 供养不周 从容不迫 左顾右盼

学生在复习词语的时候,教师适时提示:"调"和"看"是多音字,在读词语过程中引导学生说出生字的另一个读音。

二、整体感悟,具体分析,体会特点
过渡语:看来上节课字词同学们掌握的不错,那么作者丰子恺先生到底是怎么通过细心的观察向我们介绍这只白鹅的呢?请同学们迅速打开书54页,请你快速读课文,想想白鹅给你留下了怎样的印象?
1.学生快速浏览课文,教师指生回答白鹅给你留下了怎样的印象?
预设:有趣、高傲、傲慢。
过渡语:丰子恺先生初见白鹅的时候也留下了这样的印象?(出示语句:好一个高傲的动物!)
2.教师引导学生朗读语句:好一个高傲的动物!
3.教师板书"高傲",并出示问题:这高傲确实是白鹅最突出的特点,那课文从哪几个方面向我们介绍了它的高傲呢?并指生回答。
生:从叫声、步态和吃相三方面知道的。
师:你从哪里知道的?读给大家听听?指生回答。

生:鹅的高傲,更表现在它的叫声、步态和吃相中。
师:教师一边板书,叫声、步态、吃相,一边评价学生真是个会抓中心词的孩子。

三、品析叫声,严肃郑重
过渡语:同学们,课文确实是从这三方面向我们介绍了白鹅的高傲,那我们先来看看它的叫声,打开书出声读读第3自然段,找一找它的叫声有什么特点?
生:鹅的叫声,音调严肃郑重,似厉声呵斥。
1.教师板书严肃郑重,并指生朗读。
2.出示"厉声呵斥"的词语解释,帮助学生理解本课难懂的词语,并再次指生朗读:鹅的叫声,音调严肃郑重,似厉声呵斥。
过渡语:既然鹅的叫声是很高傲的,下面我想请你们判断一下哪一个叫声是鹅的叫声?
3.教师出示3种不同动物叫声的对比(狗、鹅和青蛙的声音),同时再次引导学生体会鹅的叫声"高傲"的特点。
4.学生浏览第三自然段寻找,鹅在不同情况下不同的叫声特点,教师指生回答。
生:凡有生客进来,鹅必然厉声叫嚣;甚至篱笆外有人走路,它也要引吭大叫,不亚于狗的狂吠。
生:篱笆外有人走路的时候,它也要引吭大叫,不亚于狗的狂吠,好像是要把人赶走。
师:这白鹅好像把自己当成了家里的主人,除了自己的家里人之外,谁也不许进来。谁再来读读鹅把自己当成高傲的主人的这句话?
生:凡有生客进来,鹅必然厉声叫嚣;甚至篱笆外有人走路,它也要引吭大叫,不亚于狗的狂吠。

四、品析步态,步态从容
过渡语:那它的步态是什么样子?大家轻声读读第四自然段,指生回答从哪里看出它的高傲来?
生:鹅的步态,更是傲慢了。大体上与鸭相似,但鸭的步调急速,有局促不安之相;鹅的步调从容,大模大样的,颇像京剧里的净角出场。它常傲然地站着,看见人走来也毫不相让,竟伸过颈子来咬你一口。
1.出示语句对比,学生感悟句子区别
鹅的步态,更是傲慢了。大体上与鸭相似,但鸭的步调急速,有局促不安之相;鹅的步调从容,大模大样的,颇像京剧里的净角出场。它常傲然地站着,看见人走来也毫不相让,竟伸过颈子来咬你一口。

鹅的步态,更是傲慢了。大体上与鸭相似,鹅的步调从容,大模大样的,它常傲然地站着,看见人走来也毫不相让,有时非但不让,竟伸过颈子来咬你一口。

2.学生分析句子的写作手法和修辞方法。

3.教师播放视频(净角出场),帮助学生理解鹅的步态从容与大模大样。

五、品析吃相,三眼一板

过渡语:鹅的叫声和步态十分高傲,可是跟它的吃相比起来,这都不值一提!请大家默读5至7自然段,想一想鹅的吃相是什么样子的?

1.学生默读5至7自然段找出鹅的吃相。

2.教师出示语句:

鹅的吃饭,常常使我们发笑。我们的鹅是吃冷饭的,一日三餐。它需要三样东西下饭:一样是水,一样是泥,一样是草。先吃一口冷饭,再喝一口水,然后再到别处去吃一口泥和草。大约这些泥和草也有各种可口的滋味。这些食料并不奢侈;但它的吃法,三眼一板,一丝不苟。譬如吃了一口饭,倘若水盆放在远处,它一定从容不迫地大踏步走上前去,饮一口水,再大踏步走去吃泥、吃草。吃过泥和草再回来吃饭。

3.教师指生回答鹅的吃相特点。

生:三眼一板,一丝不苟。

学生再次阅读分析:从哪里可以看出鹅吃相"三眼一板,一丝不苟"的特点。

预设:因为它吃完饭想喝水的时候,水盆放在远处,它也从容不迫走上去喝水。

预设:它需要三样东西下饭,一样是水,一样是泥,一样是草,吃的东西永远不变。

预设:先吃一口冷饭,再喝一口水,然后再到别处去吃一口泥和草,鹅的吃饭很有条理。

过渡语:多么有规矩和条理的白鹅!

4.教师指导朗读,学生在朗读中体会鹅吃相三眼一板、有条理的特点。

5.教师出示图片,更显鹅的高傲,并提出为什么称鹅为"鹅老爷"。指生回答。

这样从容不迫地吃饭,必须有一个人在旁侍候,像饭馆里的堂倌一样。因为附近的狗,都知道我们这位鹅老爷的脾气,每逢它吃饭的时候,狗就躲在篱边窥伺。

生:因为怕狗来偷吃鹅的饭。

6.分角色朗读,体会鹅狗之争的语句,并小组展示朗读。

同桌分角色朗读:因为附近的狗,都知道我们这位鹅老爷的脾气,每逢它吃饭的时候,狗就躲在篱边窥伺。等它吃过一口饭,踏着方步去喝水、吃泥、吃草的当儿,狗就敏捷地跑过来,努力地吃它的饭。鹅老爷偶然早归,伸颈去咬狗,并且厉声叫骂,狗立刻逃往篱边,蹲着静候;看它再吃了一口饭,再走开去喝水、吃草、吃泥的时候,狗又敏捷地跑上来,把它的饭吃完,扬长而去。等到鹅再来吃饭的时候,饭罐已经空空如也。鹅便昂首大叫,似乎责备人们供养不周。

7.教师提出为了解决狗偷吃鹅的食物的问题,作者采取了哪些方法,指生回答。

生:把食物和水放在了一起。

过渡:鹅除了吃饭和水,还有草,鹅吃草一定要走到远的地方,所以狗还有机会偷它的饭。

六、配乐回忆,对比延伸

过渡:孩子们,我确实特别喜欢这只白鹅,点击图片并配乐,一直陪伴了我三年,在我即将远行的时候,我把它送给我信任的朋友,在起初的几天里,我的心情十分难受,好像和自己最好的朋友诀别了……

1.教师出示语句:好一个高傲的动物!当我们看到丰子恺先生这句感叹时,你此刻又有了怎样的感受呢?指生朗读。

2.还有一个作家也特别喜欢白鹅,和课文中的《白鹅》比一比,你能发现两位作者笔下的鹅有什么共同点和表达上的相似之处吗?

预设:

主题:一只高傲的白鹅

结构:总分形式

写法:明贬实褒

感情:喜爱

于泽,国家教育行政学院附属实验学校教师。

《一棵小桃树》教学设计

◎张碧荣

【课文品读】

本文选自统编版七下第五单元，是一篇自读课文。本文通过对一棵小桃树曲折艰难的生长过程的描述，赞颂了小桃树与命运顽强抗争的精神，并以此展现了作者艰难的命运，表达了其"遭遇痛苦与迷茫之后还要保留希望，并坚持不懈奋斗"的人生感悟。

根据统编版教材"三位一体"的阅读教学体系，学生在"自读课"上学会利用旁批、阅读提示读懂文本，学会用好、用活"教读课"上学的相关方法，自己做旁批，读出自己的个性体验。作为教师，应该在自由研读文本的基础上有自己的感悟，才能更好地引导学生学会阅读以及更高效的阅读。

一、虚实交错——场景美

"虚"与"实"具体来说就是无形与有形、抽象与具体，想象、回忆与现实。实景是描写的现实客观景物，虚景是通过联想或想象而虚拟的景物。虚实结合更能表达出一种浓郁的情思。

贾平凹在这篇文章里，由眼前的实景想到多年前的桃树，再回到现实中，真实场景与虚拟场景的碰撞将读者带进这美的场景里。

眼前"在风雨里哆嗦的小桃树，纤纤的生灵儿，枝条已经慌乱，桃花一片一片地落了，大半陷在泥里，三点两点地在黄水里打着旋儿"。作者三言两语就将读者带入到这样宏大的场景下，窗外的一株小桃树在风雨里哆嗦，更显出小桃树的可怜与委屈，也染上了作者对小桃树的怜爱之情。当小桃树刚刚露出头时，"它长得很委屈，是弯了头，紧抱着身子的。第二天才舒开身来，瘦瘦儿的，黄黄儿的，似乎一碰，便立即会断了去。"则将镜头推进，给予小桃树苗一个特写镜头，身子是瘦瘦的、黄黄的，仿佛是缺了营养的孩童般瘦瘦小小，柔柔弱弱。一系列实写为我们展示了一株出身卑微、不受重视，可怜没出息的小桃树形象。

面对风雨，小桃树的花瓣儿纷纷零落去，然而却又"千百次地俯下身去，又千百次地挣扎起来"，"那欲绽的花苞，几次要掉下来了，但却没有掉下去，像风浪里航道上的指示灯，闪着时隐时现的嫩黄的光，嫩红的光"。眼前的实景里看到的是欲坠的树，欲凋的花，但是在作者的眼里它却是一株无惧风的树，无惧雨的花，并且作者仍然坚信"那花是会开得美的，而且会孕出一个桃儿"。当虚写与实写相交错在一起，一时竟让"我"看不到小桃树的苦难，只看到了一株面对苦难仍不断拼搏的桃树。

二、明暗交织——手法美

初读文本，我们可以很快发现，文章有一条主线索。作者围绕小桃树的经历成文：埋桃核儿—萌芽（嫩绿）—长到二尺来高（瘦，黄，没人理会）—有院墙高了（猪拱，讨人嫌，被遗忘，奶奶照顾）—开花（弱小，遭大雨，花零落，挣扎）—高高的一枝上保留着一个欲绽的花苞。在每一段的经历中，我们能非常清晰地理出小桃树的艰难与挣扎。

然而作者仅仅是在写小桃树吗？结合文章里"我"的经历我们只能窥见一隅："我"出生在偏僻落后的山村，从小有梦想——离家出山，进城读书，感到自己渺小，但想干一番事业——长大成人后，方知人世复杂，社会复杂，感到自己太幼稚、太天真了，遭受种种磨难。那文章中的小桃树和"我"到底有着怎样的关系呢？阅读了以下资料后我们可以对作者有更深层的了解。

我很瘦，有一个稀饭灌得很大的肚子，黑细细的脖子似乎老承负不起那颗大脑袋。

——《这是一个极丑的人》

我出生在一个二十二口人的大家庭里，自幼便没有得到什么宠爱。长大体质差，在家里干活不行，遭大人唾骂；在校上体育，争不到篮球，所以便孤独了，欢喜躲开人，到一个幽静的地方坐。愈是躲人，愈不被重视，愈要躲人，恶行循环，如此而已。

——《贾平凹性格心理调查表》

"西安有什么了不起呢？诗这玩意儿挺好弄嘛！当年想当作家、诗人的梦，又死灰复燃了。""我要在创作中寻找我自己的路，想出的口号是：打出潼关去！"

——《我的台阶和台阶上的我》

明线、暗线两条线索交织，使小桃树和"我"建立了联系。我们可以看出小桃树就是另一个"我"。托物言志则显得更加自然、感人。

三、物我交融——情感美

在这篇文章的阅读提示中写道："在作者看来，小桃树是他从儿时便怀有的、对幸福生活的'梦'的化身——'我的小桃树'就是另一个'我'。"那么结合着作者的生平经历，我们再看物我的交融下是如何体现作者的情感美。

（一）同样的"孤独与渺小"

小桃树长在偏僻的院墙外，不受人待见，被猪拱，被雨淋。比起爷爷喜欢的盆景来，小桃树就如同一株多余的植株，没有人会在意它的成长，也没有人会关注它；而"我"呢，小时候的贾平凹觉得自己的个头、形象和口才等都不如人，在童年、少年时期都有一种自卑心理。他在《贾平凹性格心理调查表》里这样写道："我自幼便没有得到什么宠爱。长大体质差，在家里干活不行，遭大人唾骂；在校上体育，争不到篮球，所以便孤独了，欢喜躲开人，到一个幽静的地方坐。愈是躲人，愈不被重视，愈要躲人，恶行循环，如此而已。"

小桃树与"我"都是孤独的，都是渺小的，我们出身偏僻，瘦瘦小小，不受待见，物与"我"在这一时期交融在一起。

（二）同样"蓄"着梦

小桃树在逆境中成长，也在风雨里成长。风雨来临时它也会"哆嗦"，然而树顶端上"那欲绽的花苞却没有掉下去，像风浪里航道上的指示灯，闪着时隐时现的嫩黄的光，嫩红的光"。它仍然"蓄"着它的梦，风雨过后，它一定会开出一朵香香的，灼灼的花。

作者贾平凹作为乡村幸运儿被推荐上大学之后，他离开大山怀着梦想来到城市，然而繁华的城市带给他的却是一种巨大的陌生感与恐慌："从山沟走到西安，一看见高大的金碧辉煌的钟楼，我几乎要吓昏了。街道这么宽，车子那么密，我不敢过马路……"但是，就是在遭遇了尴尬与迷茫之后，他也"蓄"着梦，他说"我要在创作中寻找我自己的路"。

同样的"孤独与渺小"，但同样"蓄"着梦，一株小小的桃树，一个大大的梦想。物与"我"的交融将作者的情感表现得淋漓尽致。作者借助小桃树，寄情于物，托物言志，使抽象的事物有了具体的载体。

虚实交错、明暗交织、物我交融三种"美"的交融，构成了一棵小桃树，这棵小桃树历经磨难成长的过程就是贾平凹艰难成长的历程，小桃树"蓄"着的梦就是贾平凹对幸福生活的向往，三种美共同成就了两者的"梦"。

【教学设计】

教学创意：赏读示范、自读评点

教学思路：

大致上分为四个教学板块：

1. 作者介绍，知识铺垫；
2. 补全信息，叠词分类；
3. 比读句子，赏读指导；
4. 美点追踪，感悟抒情。

时间安排：1课时

教学过程：

一、作者介绍，知识铺垫

贾平凹(wā)，当代著名作家，陕西作协主席。我们今天要学习的是他的一篇文章《一棵小桃树》。这节课的主要任务是：积累一组叠词、精读几句描写和追踪几处美点。

二、活动一：积累一组叠词，体会叠词之韵

1. 请同学们自读课文，根据文中的内容，补全叠词，补充下列语段信息。

我闭了柴门，伫窗坐下，看院里的小桃树在风雨里哆嗦。（纤纤 xiān）的生灵，枝条已经慌乱，它（楚楚）的容颜已全然褪尽。我想起好多年前的那个冬天，它从院里的角落，拱出一点嫩绿儿，（瘦瘦）的，（黄黄）的。它长得很慢，一个春天，才长了二尺来高，样子也极猥琐。可它终究是开了花，却开得太白，太淡。像是患了重病的少女，（苍白白）的脸，又偏（苦涩涩）地笑着。

雨还在下着，我的小桃树千百次地俯下身去，又千百次地挣扎起来。就在俯地的刹那，我看到那树的顶端，竟还保留一个欲绽的花苞，像风浪里航道上的指示灯。我知道，明日一早，它定会开出一朵(灼灼 zhuó)的,(香香)的花,且孕出一颗"梦"的精灵。

2. 注意观察上述叠词,你能给它们归类吗?(可以从状态、颜色等角度进行归类)

状态:纤纤、楚楚、瘦瘦、灼灼、香香

颜色:黄黄、苍白白

3. 这篇文章里,还有一些类似的词语,你能给它们归类,并说说它们的特点吗?

"纤纤"极其细小而柔弱,让人感觉到这棵小桃树枝条的纤细、柔弱;"楚楚"、"瘦瘦"又给它添了几分怜惜,更富有感染力;而"黄黄""苍白白"更写出小桃树的营养不良,缺乏关心,更有画面感。叠词的运用使文章更有韵味,读来朗朗上口。

三、活动二:精读几句描写,欣赏反复之美

1. 比读句子,赏读指导

请先来观察这样几句,思考其中寄托了作者什么样的深意呢?

(1)A句:是我太爱怜它吗?是我爱怜得无所谓了吗?

B句:是我太爱怜它,从而无所谓。

第一处"爱怜"的反复,体现出作者对小桃树的疼爱之情,可即使是这样的"爱怜",仍未写出一个字来,只是因为太过于寻常,从而"无所谓"了吗?一处反复里包含了作者的自责与愧疚。

(2)A句:爷爷便每天一早喊我们从屋里一盆一盆端出来,天一晚又让我们一盆一盆端进去。

B句:爷爷便每天一早喊我们从屋里端出来,天一晚又让我们端进去。

第二处"一盆一盆"的反复,是修饰爷爷服侍的那些花,写出爷爷对这些盆景的重视与那一棵"孤孤"的、不受人待见的小桃树形成对比,突出小桃树的可怜。

(3)A句:雨还在下着,我的小桃树千百次地俯下身去,又千百次地挣扎起来。

B句:雨还在下着,我的小桃树俯下身去,又挣扎起来。

第三处"千百次"的反复,是数量上的反复,写出这一棵小桃树面对风雨的折磨,依然坚持着自我,尽管多次倒下却又坚强站起,写出小桃树的顽强。

小结:散文中一些反复的地方,往往寄托着作者的深意。词语的反复,有着强调与深化,有着对比与突出,有着感悟与抒情。品读散文时,需要重点把握这些"反复"之处。

四、活动三:追踪几处美点,感悟抒情之妙

要求:跳读全文,从中找出更多抒情的美点,写一段赏析文字,30字左右。

角度提示:

(1)美在称呼:在这篇文章里,作者用了7次"我的小桃树"这一称呼,在他看来,这株"瘦瘦的""黄黄的"小桃树与自己有着特殊的情感联系。"我的小桃树"就是另一个"我"。

(2)美在手法:作者围绕小桃树的经历成文:埋桃核儿—萌芽(嫩绿)—长到二尺来高(瘦,黄,没人理会)—有院墙高了(猪拱,讨人嫌,被遗忘,奶奶照顾)—开花(弱小,遭大雨,花零落,挣扎)—高高的一枝上保留着一个欲绽的花苞。我们可以清晰看到一棵小桃树的成长历程,同时在文中也暗写了作者的经历。小桃树坎坷的生长经历和"我"的人生道路十分相似,小桃树就是另一个"我";小桃树教给了"我""不屈奋斗,终能战胜磨难,创造美好"的人生哲理。这种手法叫"托物言志"。

(3)美在标点:文章的结尾段,作者连用了5个"问号",给人以想象的空间。层层递进,既是对小桃树的追问也是"我"对人生的追问,尽管遭遇了很多不幸,面对人生的风雨"我"仍然对未来保留着希望。"我"坚信未来定会开出一朵"灼灼的""香香的"花。

美点小结:

美在用词——纤纤、楚楚、瘦瘦、灼灼、香香等

美在修辞——反复、比喻等。

美在标点——?!

美在人称——"它""你"。

总结:这节课我们通过积累一组叠词、精读几句描写、追踪几处美点,感受到了小桃树带给我们的人生感悟:即使身处逆境,面对风雨,仍要保留希望,怀揣梦想,相信我们的梦终会开得"灼灼的","香香的"。

五、作业

基础类作业:摘录并背诵文中写得最富有感情的语句或段落。

拓展类作业:想象补白:如果第二天我的小桃树开花了,我和它之间会说些什么呢?写一段两者间的对话。

张碧荣,广东省深圳市高级中学龙岗学校教师。

《苏武传》教学设计（第三课时）

◎ 张翠玲

【导语设计】

师：有一种爱，他不存在于男女之间，也不存于亲人之间，却一样有着动人心魄的力量，它超越岁月，依旧壮美，这种爱，就是对于自己民族的爱，对国家的爱。伟大的爱国诗人屈原有这种境界的爱，我们今天要学的苏武也有。前两节课我们对文本进行了梳理，今天我们对苏武的人物形象进行评价鉴赏。为了帮助大家鉴赏人物，我们班同学为我们准备了课本剧，试图通过表演的方式让我们穿越时空，回到历史现场，去感受不同人物的精神世界。有请课本剧组。

【教学过程】

（课本剧表演深入情境——人物鉴赏深度剖析——学生作品评析思维启发）

师：感谢同学们的精彩表演，我们班的男生虽然少，但是个个能文能武，上周的朗诵会我们以昂扬的斗志勠力同心获得朗诵比赛第一名，今天的课本剧表演也是可圈可点，个别情节的把握堪称专业。

师：回到表演前我留的任务，请同学们结合他们的表演以及相关情节来分析鉴赏苏武的形象。给大家几分钟讨论一下尽量概括的准确一些。

学生分享自己的观点，最后总结：

人物形象概括：舍身取义、使命至上、富贵不淫、威武不屈、困苦不移、坚韧不拔、忠君爱国、矢志不渝。

师：我们来补充一段，苏武自杀的情节，我把这个情节改了三个字，你们能发现吗？你们看我改的好不好。

生：不可以。

生：卫律原是汉朝的一个武将，后来投靠了匈奴，成为了单于的亲信。他是一个叛徒，他没有想到苏武会自杀，在他看来这根本就不至于，所以才会惊。从卫律的吃惊中我们可以看出同一环境中人物的性格不同，做出的选择也是不同的。那还引起了什么反响？

生：惠等哭，他的同伴哭了。

师：为什么同伴会哭呢？

生：被他的行为打动了。

师：那有没有打动敌国的首领呢？

生：打动了，"单于壮其节"，单于很佩服他，被他的气节折服了。

师：是的，一个人的行为透露出一个人的人格魅力。而这种人格魅力是一种强大的力量，它能够震撼人心，哪怕对方是你的敌人。

师：李陵和卫律谁的劝降更打动你的心？动之以情，发自肺腑，感人至深。

师：谁愿意读一下这一段，要像刚才刘明伟一样把李陵那个情绪传达出来。

生：李新昊诵读。

师：李陵这种劝降方式太具有杀伤力了。他把你内心的堡垒一个一个全部击得粉碎，我们班前几天的那期"认识自我"的班会，里面有一个游戏环节，让你首先列出对你来说最重要的事物，然后，如果人生不同阶段必须舍弃掉其中一个你才能继续活下去，你舍弃的顺序会是什么呢？当时陈灵熙的话我到现在还记得，她最珍惜的事物有戏曲、有世界和平、有德云社,还有朋友和亲人。然后她删除了戏曲、删除了世界和平、删除了德云社,但是她好不舍得,因为德云社是她的快乐源泉,但是在人生的某个阶段还是删除了,剩下了朋友和亲人,她说没有朋友的人生太没有意思了,但是如果非要选择一个,她选择了划掉了朋友,最后剩下了亲人,她心痛地说不能再划了,如果再划下去,她宁愿自己去死。亲人,尤其是血缘至亲,父母子女,是我们生命意义的基石,甚至是全部。失去这个基石,生命会瞬间陷入迷茫。可是你看李陵这一段话透露了多少可怕的信息:哥哥枉死,弟弟也枉死,母亲也已经亡故,妻子改嫁他人,三个孩子生死未卜,就连你最后一点念想,你想忠于皇上,可是皇上如今变成了这么一个昏君,法令无常,滥杀无辜。忠奸不辨。同学们知道晚年的汉武帝的一些历史事实吗?

生:只知道课文中提到的法令无常,滥杀无辜。

师:好,我来给大家补充一些史料:

汉武帝晚年确实比较昏庸,除了李陵事件之外,在著名的巫蛊之祸事件中,因为丞相公孙贺之子被皇帝宠臣告发为巫蛊咒武帝,公孙贺父子下狱死,诸邑公主与阳石公主、大将军卫青之子长平侯卫伉皆坐诛。武帝宠臣江充奉命查巫蛊案,用酷刑和栽赃迫使人认罪,大臣百姓惊恐之下胡乱指认他人犯罪,将近万人因此而死。被牵连治罪的达10万人。李陵痛彻心扉地问,这样的皇帝,你还要为他守节吗?就连孔圣人都说,以德报怨,何以报德,要以直报怨,所以很多人认为苏武的选择是一种愚忠,大家怎么看呢?

但是苏武还是选择了坚守,为了报知遇之恩,为了守护他心中的节操。我们知道即使都是作为投降了匈奴的人,卫律和李陵也是有境界的高下的。卫律这样的卑鄙小人根本不值一提,然而李陵的话我们觉得却感人至深,因为他说的句句属实,所以很多的人都非常理解李陵的投降,但是卫律和李陵在劝降的时候都不约而同地提到了一句话,这句话就是:空自苦亡人之地,信义安所现乎,是徒劳的白白的意思,我们通常做事情都是想要证明给别人,证明给世界,让别人懂

我们,而那些得到了认可甚至是嘉奖的时刻能让苦苦坚守的当事人得到一丝安慰。他的这种无人知晓的坚守有意义吗?昨天我留了这个小的思考题给大家,现在我们来看看同学们的作品:

(学生作品如下)

(1)高一鸣作品:

没有意义。

如果没有人知道,做什么都是没有意义的,是徒然的。

苏武的坚持有何意义?

以自己生为华夏民族而自豪、蔑视权贵、不愿屈身为意义吗?

以自己是汉朝的正式的使节,所以要坚守大汉的尊严吗?

而且生活不止眼前的苟且,还有牵系住过往的狗血。

因为陛下曾经对苏武父子有知遇之恩,所以要报答?或者是害怕皇帝暴怒会诛杀自己的妻子?

哇塞,好有意义哦。根本就没有。这些都不能被称作意义吧,只是苏武自己满怀着悲哀自负的内心戏。题目是《苏武传》,你就只注意到了苏武,可开篇明明还说过匈奴扣留了汉使郭吉、路充国等,前后十余辈。郭吉、路充国最起码还留下了名字,还有那么多出使西域的使节,那么多无人知晓的故事。那个匆匆的叛国客,那个爱国守节的拾荒者,那个靠在树边等待胡族妻子的汉人使节,你告诉我他们的意义是什么?侧面描写与正衬反衬吗?你自己信吗?这算哪门子的意义?

所以,无人知晓的坚守没有意义,如果这段史实没有被班固所知晓,如果我们不曾读过这篇文言文,如果《苏武传》没有被老师选择作为公开课展示,如果你根本没有想过这些如果。那你告诉我意义在哪里?

如果我曾经都不想写下这些文字,你告诉我意义又在哪里?

(2)段贺严的作品:

草野莽荒,孤身牧羊,苍凉北海心未惶,坚忠自心持旄杖。

无人知晓的坚持,真正的敌人是你自己。

是的,"你"这个字,坚持与否,与外在的眼光

和人们的记忆,都没有必然的联系,关键在于自己是否耐得住寂寞,能否接受选择后的必然结果,而让你能支撑下去的,往往是更为高远的含义。

只有巨大的动力,才能支撑个人,才能击败内心那个虚荣地想要让外人知道的自己,为了更高的信念,坚守下去。古有苏武,流放北境十九载,仍心怀大汉,赤胆忠心;今有缉毒英雄隐姓埋名不为公众所知,只手顶天。正是这些高贵的信念给了他们巨大的动力,让那个"你"克服了人的本性,选择了坚守,哪怕不为人知。

心怀源力,便可战胜自己,以己之身,守己之业。

(3)陈灵熙的作品：

武留匈奴凡十九岁,始以强壮出,及还,"须发尽白"。短短一句,道出了多少辛酸苦楚,又包含多少矢志不渝的坚守。这坚守不为人知,但依旧意义非凡。

苏武的坚守,全了他的千古忠义。彼时苏武归汉无期,亦无人知晓他的忠义。在他之前,前后十余辈,又有几人知。他的坚守,岂会是为了青史留名?为报知遇之恩,为了心中的信念,但求俯仰行走间无愧于天地,窥探自己的良心时能看到心中的那一片净土。这便是他坚守的意义。

(4)张慧琳的作品：

人生的选择是对自己价值的判定和注脚,正如树根虬伏在泥土之中,决定性的事物往往都在不易察觉的地方。忠诚与虚伪也正在慎独之中才可以鉴别。

苏武坚守正因无人知晓而更加可贵,更加坚定,有人知晓的坚守往往是廉价的作秀。

他是大汉一座矗立在北海的缄默石碑,撑起了一个民族的尊严。

无人知晓的坚守,是为了不愧对自己的良心与准则,是为了行正直,做一个坦荡的大写的"人"。我们从不是看到了希望才去拼命,而是拼过命后才有一丝看到曙光的可能。

师：关于第一个话题,毫无疑问,即使是无人知晓的坚守也是有意义的。或者可以说,正是无人知晓的坚守才能体现出信仰的力量。于苏武,他个人的坚守无人知晓;于大汉,他就像一面精神旗帜,屹立在匈奴,让匈奴不敢小瞧了大汉。比如画面上的这几位,大家都认识吗?可是我们都知道真理在哪里,真理在大炮的射程范围内。我们班在朗诵的片段中有一句台词,新中国,日本、美国,他们还敢欺负咱们吗?他们确实不敢了,因为我们有了核武器,军事强大了。而今天的强大,是这些人,几十年隐姓埋名,抛下妻儿老小,连家人都不知道他们的去向。黄绪国先生,三十年后再见到亲人,他的哥哥说,我们以为你早死了。但是他的老母亲说了一句话：老三的事情,我们要理解,自古忠孝难两全。多么深明大义,又感人至深。

至于第二个话题,我想这个世界上大多数人我们都和李陵差不多,像卫律一样卑鄙的人不多,但是能做到苏武这样高尚的也不多。我们大部分都是你怎样对待我,我就怎样对待你,所以,李陵至死未归。我想这样的人的存在也有他的积极意义,他提醒着那些后世的统治者做君王要如履薄冰,不能忠奸不分,滥杀无辜,否则会寒了忠臣的心,失去大多数人的支持。

我们今天的课就上到这里,谢谢大家。

张翠玲,天津市滨海新区大港第一中学教师。

《短歌行》教学设计

◎ 郑雨竹

【设计理念】

《普通高中语文课程标准(2017年版2020年修订)》(下文简写为"普高课标")中提出:"普通高中语文课程,应使全体学生在义务教育的基础上,进一步提高语文素养,形成良好的思想道德修养和科学人文修养,为终身学习奠定基础,为传承和发展中华文化、增强民族凝聚力和创造力发挥独特的功能,为培养德智体美劳全面发展的社会主义建设者和接班人发挥应有的作用。"

因此,整体设计围绕语文素养核心、体现立德树人根本任务、落实自主合作探究这三方面展开设计,"语文学科核心素养是学生在积极的语言实践活动中积累与构建起来的,并在真实的语言运用情境中表现出来的语言能力及其品质",因此设计了"解忧杂货铺"的教学活动,让学生在情境下动用思维逻辑进行发散思维联想和练习提高利用已有图示灵活解决问题的能力,设计小组合作,通过阅读与鉴赏、表达与交流、梳理与探究,获得辩证思维的发展,自觉弘扬社会主义核心价值观,树立积极向上的人生理想,自觉珍惜时间,树立远大志向,培养学生奋发进取、不懈追求的精神,为学生的全面发展和终身发展奠定基础。

【教学特色】

本篇教学设计的教学特色为情境教学法。情境教学法的核心在于激发学生的情感,符合课标的基本理念,能寓教于乐,寓教学内容于具体形象的情境之中,有利于加强学生的理解力和调动起真实的思维活动。

【教材分析】

《短歌行》选自统编版高一语文必修上册第三单元,本单元汇集了不同时期、不同体式的诗词名作,可以让学生体味古人丰富的情感、深邃的思想、多样的人生,加深对社会的思考,增强对人生的感悟,激发对中华优秀传统文化的热爱之情。

课文是一首四言诗,通过曹操因人生苦短、求贤不得、功业未就而引发的"忧"从而表达想要统一天下的雄心壮志。《短歌行》实际上就是一曲"求贤歌",又正因为运用了诗歌的形式,含有丰富的抒情成分,起到了独特的感染作用,有力地宣传了他所坚持的唯才是举的主张。

【学情分析】

高一学生,经过初中的学习已经有了一定的诗歌积累,他们对中国古典诗歌已经有了一定了解和阅读能力。在本单元学习开始之时,我已经对先秦到南北朝时期的诗歌做了大体的介绍。高一新生,独立性处在形成的过程中,自主学习能力相对较差。能够从字面上解读诗歌,缺少知人论世的能力培养,阅历较浅,评价倾向过于单一化。能独立搜索信息,能力较强,但信息评判与整合能力较差。

【教学目标】

1.学生能够初步明确鉴赏诗歌的一般步骤和方法,能够结合工具书综合运用多媒介有效获取信息并按照这些方法基本读懂本诗、分层鉴赏,品味诗歌的用典、比兴等艺术手法的运用和表达技巧。课上在反复朗诵吟诵和"三忧"提示下背诵本诗。

2.学生能够理解诗歌内容,揣摩诗意,在合作探究中发表自己品读诗歌的观点,学生能够对提供的诗人背景展开思考,体会诗人抒发的人生苦短和求贤若渴,建立功业矛盾复杂情感,体味《短歌行》"忧"而奋发、慷慨旷达的思想感情。初步培养学生的质疑意识,为培养对文本的个性化阅读能力做准备。

3.了解曹操对诗歌发展的作用,感悟曹诗"于悲凉中多有跌宕慷慨之气"之风格,总结曹操诗歌"缘事而发,慷慨多气"的特点。通过小组合作感知曹操的远大志向和英雄形象,学习他积极进取的精神。

教育学生自觉珍惜时间，树立远大志向，树立有担当，时不我待的积极昂扬人生观，培养学生奋发进取、不懈追求的精神。

【教学重点】

1.领悟曹操"忧"而奋发、求贤若渴、建功立业的思想感情。揣摩一个政治家身处动乱时代的人生感受及求贤若渴的情怀。

2.鉴赏诗歌中各具特色的用典、比兴等艺术手法及生动形象地表达曹操渴望贤才，希望天下归心。

【教学难点】

用思辨性的思维知人论世，切身体会曹操复杂而多面且真实的人物形象以及他惋惜贤才缺失而不能统一天下，但壮士暮年依旧积极进取的昂扬之气。

【教法学法】

1.诵读教学法：反复诵读，逐步加深对诗意的理解。

2.点拨教学法：以点带面，抓住关键诗句进行点拨。

3.探究教学法：交流探究，走进文本深化理解感悟。

4.情境教学法：①情境教学法的核心在于激发学生的情感，符合课标的基本理念，能寓教于乐，寓教学内容于具体形象的情境之中，有利于加强学生对曹操的共情和对文章的理解，培养学生活跃的思辨思维。②通过开设"解忧杂货铺"和吟诵的形式，创设生动真实情境，使学生快速进入课堂氛围，直观地感受作者的"忧"。③在本课时内，我设计了合作探究的环节，通过这种以学生为主体的形式，为学生创设一个有利于观察、思考、实践与伙伴教师互动合作的自主探究学习环境。

5.朗读学法：朗读法是学习语言、感受作者情感的一种好方法。教学大纲要求学生"阅读优秀作品，品味语言，感受其思想，发展想象和审美力"。

6.讨论探究学法：将探究融入讨论法中，课上发言通过组织语言，锻炼语言逻辑思维和口语表达能力。在整个教学过程中形成以学生主动思考、质疑、探索为基础，激发积极的思维活动。

【课前预设】

本课为第二课时。在第一课时中，学生已经掌握课文背景和基本内容，疏通文意，流畅朗读并熟练背诵，对课文思想内涵和鉴赏停留在较浅的层面，需要接下来深入地学习。

【教学过程】

（一）课程导入

教师展示与酒相关的诗词，引导学生对比阅读，思考曹操的酒是什么心情。

酒——忧

一壶浊酒喜相逢——喜

举杯浇愁愁更愁——愁

红酥手，黄藤酒——无奈愤恨

浊酒一杯家万里——思乡

举杯邀明月，对影成三人——孤单

问题：曹操的《短歌行》借酒抒发了什么样的情感呢？

明确：曹操饮酒时是积极进取的情感，看似及时行乐，实则把深沉的情感隐藏。

（二）总体感悟

曹操"对酒当歌"，抒发了什么情感呢？从诗中寻找线索（找诗眼）。

明确：忧（板书）。小组交流讨论得出"忧"的答案。文中依据"慨当以慷，忧思难忘。""何以解忧，唯有杜康。""忧从中来，不可断绝。"

（三）合作体悟

一忧人生短暂

"解忧杂货铺"开张：

前后四人小组为单位，配合注释和工具书分析诗中第一层内容所表达的忧。

合作探究后根据学生的回答进行适时适当点拨讲解。

问题：运用了什么修辞来表达？

明确：比喻

问题：这里收集各种忧，也解各种忧。那么曹操有哪些忧，又该如何解呢？

明确：作者借酒消愁的原因需要联系现实。诗人生逢乱世，亲眼目睹因战乱导致百姓颠沛流离的生活，深感痛心。"譬如朝露，去日苦多"表达人生短暂，又因渴望建功立业不得，而发出人生苦短的奈叹。"何以解忧，唯有杜康"，这里用了借代，"杜康"指喝酒，曹操通过喝酒来让自己忘记忧愁。

二忧求贤不得

接着让同学们合作探究第二部分的忧，小组合作探究，以前后四人小组为单位，配合注释和工具书分析诗中第二层内容所表达的求贤不得之忧，教师在学生合作探究后根据学生的回答进行适时适当点拨讲解。

明确："青青子衿，悠悠我心。纵我不往，子宁不嗣音？"你那青青的衣领啊，深深萦回在我的心灵。虽然我不能去找你，你为什么不主动传给我音信？"青青"二句原来是《诗经·郑风·子衿》中的话，原诗是写一个姑娘在思念她的爱人曹操引用这首诗，而且还说自己一直低低地吟诵它，这实在是太巧妙了。表明自己像姑娘思念爱人一样思念渴求贤才呀。"呦呦鹿鸣，食野之苹。我有嘉宾，鼓瑟吹笙。"描写宾主欢宴的情景，意思是说只要你们到我这里来，我是一定会竭诚待以"嘉宾"之礼的。表达曹操求贤若渴。"明明如月，何时可掇？忧从中来，不可断绝"，诗人还用明月作比喻，比喻贤才难得，但是诗人依旧会"契阔谈䜩，心念旧恩"。广泛招揽人才，对贤才行嘉宾之礼。直接将明月喻为人才，不知什么时候才能招揽过来，寄托了渴望求贤但贤不得的忧闷之心。

三忧功业未就

接着让同学们合作探究第三部分的功业未就之忧，教师在学生合作探究后根据学生的回答进行适时适当点拨讲解。

明确："月明星稀，乌鹊南飞，绕树三匝，何枝可依？"写当下现状，贤才们未来投奔曹操，实在太可惜了，号召贤才们多多来投奔。"山不厌高，海不厌深，周公吐哺，天下归心。""山不厌高，海不厌深"二句也是通过比喻极有说服力地表现了人才越多越好。引用"周公吐哺"的典故突出地表现了作者求贤若渴的心情。求贤如渴的思想感情进一步加深。"月明"四句既是准确而形象的写景笔墨，也有比喻的深意。诗人以乌鸦绕树、"何枝可依"的情景来启发他们，要善于择枝而栖。最后"周公"四句画龙点睛，明明白白披肝沥胆，希望人才都来归顺，点明了全诗的主旨。"修身、齐家、治国、平天下"是中国古代知识分子真正的人生目标，作为领导者曹操在这一点上和人才们形成了伟大的共识。

（四）浸润领悟

在学生理解了诗人的复杂忧愁又慷慨的三忧之情后，教师有感情地吟诵全诗并让学生带着自己的理解朗诵，使学生更加深切地领悟诗人曹操渴望建功立业但人生过半仍功业未就，即使如此也积极进取的昂扬斗志。学生用心感受，带着自己对诗的理解，通过教师声情并茂的吟诵和学生的朗诵而进入诗情，进入诗人曹操的内心世界。运用情境教学法。通过吟诵让学生沉浸式教学，切身的感受"慷慨悲凉"的建安风骨。作者情感的低沉、起伏、高亢，通过吟诵直接地传达给学生。

（五）沉淀开悟

以前后四人小组为单位，对古诗的思想感情和作者透露出的精神进行讨论。

全诗虽以"忧"为诗眼，但它所传达出曹操怎样的人生态度？

明确：在人生的暮年仍不失进取精神，积极招揽贤才来帮助自己实现统一天下的宏图大志。传达出曹操不畏时光流逝，看中当下，积极进取的精神。传达出诗人旷达乐观的态度，即使不得贤才，还是要积极地广泛招揽贤才，礼贤下士，真可谓一代明君。

（六）总结全诗

《短歌行》通过比兴手法，运用比喻和象征的手法，形象地表达出作者对贤才的渴望和追求，这种比兴手法使诗歌更富有生动性和形象感。巧用典故，使诗歌古朴深沉，同时也增添了诗歌的文化内涵和意境。用抒情、议论和叙事三种多元的表现形式，既有抒发情感的部分，又有对时局议论和历史叙事的部分，形成了丰富多样的艺术形态，展现了曹操诗歌的高昂激越、悲凉苍劲的风格。

曹操的三忧是忧人生苦短、忧贤才难得、忧功业未就，他的愿望是建功立业、一统天下。诗中既有对个人命运的思考，也有对国家和社会的关切，展示了曹操作为一代政治家和军事家的英雄本色，体现了对贤才的渴望、统一天下的宏大志向以及开创新局面的进取精神。尽管他也有深深的忧愁，但这种忧愁是站在国家和英雄的高度上的。启发我们要有积极向上的人生态度，珍惜时间，树立远大理想，不懈地追求有价值的人生。

【布置作业】（2选1）

1.以小组为单位将课上小组合作探究的"解忧杂货铺"成果做成企划案或宣传成果，注明小组成员分工，1000字左右。

2.用曹操的风格写一份"招才纳士"的招聘广告，注意格式和语言表达，500字左右。（优秀作品将发表在校刊）

郑雨竹，华南师范大学2022级学科教学（语文）研究生。

《猫》教学方案

◎周 丹

【学情分析】

七年级的学生,较之于六年级,对知识的理解能力有所提升,三篇文章虽都关涉动物,但体裁差异很大,所以具体教学时还需有不同的侧重点。这阶段对叙事抒情散文《猫》的理解并不是很难,但尚缺乏文本细读的能力,这篇文章的妙处,并非一读而知,必得细读品味,这就需要老师在文章的要害之处适时点拨,帮助学生将阅读推向深入。

【单元分析】

散文的教学着眼于文学欣赏,重点关注文学的形象性、文学的情感性、作品的深层意蕴、文学语言的个性化和文学构思的奇巧,根据课程标准及单元定位,所以本单元的散文教学,主要有以下重点:

1.学读读。七年级(上)本册教材第三、四、五单元学习的重点都是默读,第三单元侧重把握基本内容,第四单元侧重整体思路,第五单元则是勾画重要语段。这单元作为散文学习的独立单元,单元导语中明确指出:"继续学习默读。边读边思考,画出重要语句或段落。在把握段落大意、理清思路的基础上,学会概括文章的中心思想。"

2.品语言。语文是语言的艺术,是文字凝结而成的情感抒发与哲理表达。《猫》中对三只小猫的描述,对人物语言的描写和最后直抒胸臆的反思;《动物笑谈》语言诙谐风趣,有时还带有调侃的味道,阅读时需要注意体会这种幽默的效果;《狼》作为一篇文言文,每一字词的敲打又显得格外重要。

3.悟哲理。散文应该是注入了作者真挚的情感,唯有有了"真"的感情,才是好的散文,好的文学。《猫》中"我"的悔恨、内疚,但不局限于此,深挖文本,发现人性之鄙陋:欺辱弱者;《动物笑谈》中作者与动物的融洽关系,让我们看到了极为美好的理想境界;《狼》中两只狡猾的狼让读者会心一笑:禽兽之变诈几何哉?不禁又长吁一口气:禽兽之变诈果不易察!人与物、人与人之间关系之判断,岂不难哉!

【教学目标】

1.默读全文,概括三只猫的不同特点和命运,理清文章结构。

2.品读第三只猫亡失前后的关键语段,揣摩文章情感主旨。

3.体会作者对第三只猫之死的悔恨之情,思考其中蕴含的人生哲理。

【教学重难点】

品读第三只猫亡失前后的关键语句,揣摩文章情感主旨。

【教学过程】

(一)默读全文,整体感知

1.默读课文,根据你最初的印象,为"我"家养的三只小猫取名,并说明理由。

提示:(1)圈划揣摩细节,把握猫在色彩、外形、性格等方面的特点。(2)取名要凸显特色。

预设:花球、大调皮、懒懒、小可怜

设计意图:一是通过这种较为有趣的方式激发学生课堂热情,二是训练默读圈画重要语句,以此引导学生把握三只猫的主要特征。

2.这三只猫在我们家发生了怎样的故事?再次默读课文,注意勾画。

设计意图:进一步深入默读,以此引导学生梳理文章脉络,把握"我"对三只小猫的不同情感。不禁也有了疑惑:第三只小猫最是"难看""懒惰""可有可无",可是它的亡失却最让"我"难过,这是为什么呢?不经意间导入下一环节。

(二)聚焦故事,精研探析

明明前两只猫让"我"感到生命的新鲜与愉悦,可唯独第三只猫亡失后,"我"更难过得多。那么,我们就一起聚焦第三只猫,读一读这段故事。

1."我"以及家人断定第三只猫就是凶手的依据有哪些?

预设:

(1)它成了一只壮猫了,却仍不改它的忧郁性,也不去捉鼠,终日懒惰地伏着,吃得胖胖的。(第16段)

(2)那只花白猫对于这一对黄鸟,似乎也特别注意,常常跳在桌上,对鸟笼凝望着。(第17段)

(3)张妈便跑来把猫捉了去。隔一会儿,它又跳上桌子对鸟笼凝望着了。(第19段)

(4)它躺在露台板上晒太阳,态度很安详,嘴里好像还在吃着什么。(第27段)

设计意图:从关键词句中可知"我"对第三只猫并不喜爱,乃至有一丝的厌烦;猫的冤案是大家的妄自揣度,并没有真凭实据。这一环节,已经开始深入文本,探寻原因:对于不喜爱的人事物,我们判断时天然带着偏见。

2.找出"我"及家人发现黄鸟被咬死后的反应。读一读,品一品。

预设:

(1)我很愤怒,叫道:"一定是猫,一定是猫!"于是立刻便去找它。

(2)妻听见了,也匆匆地跑下来,看了死鸟,很难过,便道:"不是这猫咬死的还有谁?它常常对鸟笼望着,我早就叫张妈要小心了。张妈!你为什么不小心?!"

(3)张妈默默无言,不能有什么话来辩护。

(4)于是猫的罪状证实了。大家都去找这可厌的猫,想给它一顿惩戒。找了半天,却没有找到。真是"畏罪潜逃"了,我以为。

(5)三妹在楼上叫道:"猫在这里了。"

设计意图:在上一问的基础上深入研讨,品读字句标点,如第一句中的反复修辞和末尾感叹号,让学生尝试读出人物的语气,体会每个人物所处的家庭地位,以及他们的情感态度,探究人与动物、人与人之间的关系。

(三)换位思考,体会主旨

假如你是第三只猫,你会选择对谁说些什么呢?

"假如我是第三只猫,我想对＿＿＿说＿＿＿。"

提示:假如我是第三只猫,我想对作者说:你怎么可以在还没有明确的证据时候,仅凭个人喜好,主观臆断我就是凶手呢?可恶的人啊!

明确:

假如我是第三只猫,我想对三妹说:你是真的爱猫吗?

假如我是第三只猫,我想对张妈说:谢谢您的好心收留,让我在寒冷的冬天,躲开了饥寒,有了短暂的温暖。张妈,当女主人责怪你没能照看好芙蓉鸟时,你是不是也有满心的委屈?因为身份低微,只能沉默,和我一样饱受诋毁。

设计意图:以这个问题,激起学生站在弱者的角度思考问题,探究文章主旨。读出自己,读出智慧。

(四)课堂小结

文中一共有几只猫?还有谁也可能是猫?

预设:四只;还有张妈

明确:猫是沉默者,是无法自证清白者,是社会地位较低者。所以,倘若范围再广一点,文中出现的有些人不也像这只猫一样吗?张妈不就是吗?当妻子责怪她时,她只能是默默无言。李妈同样是家里的仆人,她的处境也可想而知。那么"我"和妻子呢?会不会在其他场合也成为弱小者?没有任何话语权。这样算来,一共有多少只猫?我也不知道。

设计意图:这个问题并没有答案,应该是留有余味的。进一步让孩子们思考,猫即所有人。

(五)作业布置

课后阅读夏丏尊的《猫》,与课文进行比较,体会两篇文章中作者表达的思想感情。提示:可以从文章结构、写作手法、人物形象、中心主旨等方面概括。

设计意图:一是,引导学生联系所学课文进行比较阅读,检查学生听课效率。二是,对于这样一篇好的文章绝不能轻易上完,拉倒。能让学生从中汲取写作的经验,并由课内引申到课外读写结合,是必不可少的。读写结合是语文教材建设的基本理念之一,也是语文学习的重要途径。叶圣陶先生说:"中学语文科的目的……最重要的只有两个,就是阅读的学习和写作的学习。这两种学习,彼此的关系很密切。"

【板书设计】

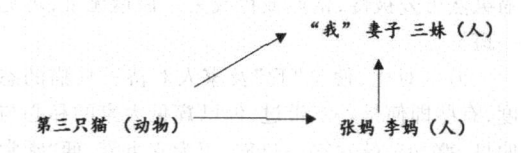

"我" 妻子 三妹(人)

第三只猫(动物) → 张妈 李妈(人)

附：文本分析

郑振铎作为一个善于思考的文人，在一小小的短篇文章中，灵心巧用，三只猫的命运各成一章，结尾抒情，阐发哲理，让人一读即明了其主旨。可是，再读读，再揣摩一下，难道就仅仅局限于人与动物的关系吗？不应该。单元导语意在强调这一单元的一大学习目标就是关注人与动物之间的关系，但你会发现，这篇文章何尝不是在讲人性，讲的也是人与人之间的那点微妙处境。

文中就有这样一句："我对于它的亡失，比以前的两只猫的亡失，更难过得多。"这句也道明了一切，"比"是这篇文章最主要的写作手法，对比。"难过"是这篇文章最主要的情感。

勾连三只小猫命运的有三个承接段：

"我心里也感着一缕的酸辛，可怜这两月来相伴的小侣！当时只得安慰着三妹道：'不要紧，我再向别处要一只来给你。'"

"自此，我家好久不养猫。"

"自此，我家永不养猫。"

一次次亡失后内心的情感有着很大的变化，难过的程度在加深。细问，难过的是什么呢？

那么，就从对比手法来剖析。

三只猫的特征是一对比，这几处的描写也较为精彩。第一只猫刚开始有着"花白的毛，常如带着泥土的白雪球似的"，在绳子前"扑过来抢，又扑过去抢"，后来却"毫无生意地、懒惰地、郁闷地躺着"，这只猫自身前后状态亦为对比。第二只猫相比第一只猫，"更有趣，更活泼"，"它在园中乱跑，又会爬树，有时蝴蝶安详地飞过时，它也会扑过去捉"。这一动作描写和前文类似，后面还有几处描写也值得品鉴，在此不做细说。第三只猫全然不同，"它不活泼，也不像别的小猫之喜欢玩游，好像是具着天生的忧郁性似的"。它的动作是"蜷伏""凝望"，这和前两只的"扑""跑""抢"，对比就出来了。对学生来说，若写活泼，该怎么写？不妨学一学这篇文章，那就是要形神兼备，不能只光顾着下个结论给读者。细节处方见文章。

"我"难过的是"我命由天不由人"，第一二只猫纵然可爱被怜，依然或亡或失。命运无常，可见一斑。

另一对比，便是"我"及家人对待三只猫的态度，有些即使是一笔带过，但已窥见大家的私心与偏见。譬如三妹对第一只猫，因为它可爱，便"常常地，取了一条红带，或一根绳子，在它面前来回地拖摇着"。第二只猫因为比第一只猫更有趣，更活泼，三妹便"常指它笑着骂道：'你这小猫呀，要被乞丐捉去后才不会乱跑呢！'"第三只猫则因为难看、忧郁，三妹"并没有像对前几只小猫那样感兴趣"。

注意到这几处，读者内心免不了嘀咕：三妹真的爱猫吗？恐怕不是。故而，让"我"难过的是猫为动物，无法言说，于是它因可爱取乐，一旦不可爱，便不受喜欢，便被怀疑。人人都天然带着成见。

最后，还有一处对比，集中在第三部分。

前两只猫略写，第三只猫详写，这也恰是作者的写作目的所在。结尾处直抒胸臆、自我反思的句段无复多言，学生是一读就知的。那么，就来说说，这易被忽略的人与人之对比，探寻"我"难过的真相。

这一部分所有人物都出现了，触人深思的有这几句：

我很愤怒，叫道："一定是猫，一定是猫！"于是立刻便去找它。

妻听见了，也匆匆地跑下来，看了死鸟，很难过，便道："不是这猫咬死的还有谁？它常常对鸟笼望着，我早就叫张妈要小心了。张妈！你为什么不小心？！"

张妈默默无言，不能有什么话来辩护。

于是猫的罪状证实了。大家都去找这可厌的猫，想给它以一顿惩戒。找了半天，却没找到。真是"畏罪潜逃"了，我以为。

三妹在楼上叫道："猫在这里了。"

难过的还有什么？"我"之武断愤怒，妻之无理蛮横，张妈之木讷无言，三妹之任性无情。人性之丑陋在这些字句标点中表露无疑。

细细揣摩那句"张妈默默无言，不能有什么话来辩护"。她是仆人，她便没有了申诉的权利，就只能被妻子指责而不能有任何怨言。她与主人在这一"黄鸟事件"中的处境也正是一对比。

张妈何尝不就是那只不能说话的猫啊。罪责并不在我，而我无法申辩。

广而言之，这第三只猫不就是我们社会中的大多数吗？贫贱、沉默，于是被欺。这是让作者"我"难过的深层原因。

好文章，应该像这样，一望即知；再一看，似懂又非懂；一琢磨，似不懂又还有点懂了。

周丹，复旦大学第二附属学校教师。

《秦腔》教学设计(第二课时)

◎ 朱玲玲

【教材分析】

《秦腔》选编入高中语文统编版选择性必修下册第二单元。本单元隶属"中国现当代作家作品研习"学习任务群。这一任务群主要"研习中国现当代代表性作家作品,旨在大体上了解现当代作家作品概貌,培养阅读现当代文学作品的习惯,以正确的价值观鉴赏文学作品,进一步提高文学阅读和写作能力,把握中国现当代文学作品思想性、艺术性、观赏性有机统一的价值取向"。

本单元编选了小说、诗歌、散文、戏剧等文学类型,多角度多形式地展现现当代作家作品的风貌,引导学生多侧面多触角地了解社会主义先进文化。其中,贾平凹先生的《秦腔》是一篇意蕴深厚、文情俱佳的文化散文,一字一词无不濡染秦地的民情风俗,一句一段无不展现秦地百姓的精神风骨。从作者饱含深情的文字里,学生可以跨时空地感受"秦腔"这一古老的民间艺术形式,从而品味八百里秦川大地上的生命之歌。

【教学目标】

语言建构与运用:品味声像情韵同现的场面描写,鉴赏富有地方特色的语言。

思维发展与提升:研习散文字里行间深沉厚重的文化底蕴。

审美鉴赏与创造:领会秦腔、秦地、秦人三位一体的精神风貌。

文化传承与理解:了解秦腔民俗文化的特点,体会民间文化的魅力。

【教学重点】

研习"秦腔、秦地、秦人"浑然天成的精神风貌,探究秦川大地民俗文化魅力。

【教学难点】

发掘地域风俗里的文化底蕴,品悟民间艺术里的生命意识。

【教学方法】

自主诵读法,讨论点拨法,小组探究法

【课时安排】2课时

【教学准备】

精选秦腔相关知识介绍,秦腔名旦齐爱云简介及经典唱段欣赏,课文梳理,课件制作

【教学过程】

课堂情境:承续陕西省第九届秦腔艺术节,借鉴秦腔AI形象秦筱雅,为贾平凹先生的秦腔设计一个AI虚拟形象代言人。

一、新课导入

音腔十八调,弦歌五千年。在中国这片古老的大地上,一直回响着生命的乐章。粤剧清明、昆曲婉转,而秦腔当如炸雷,响彻衷肠,它回旋秦岸,律动古今,该有着怎样的魅力呢?同学们,今天让我们再一起循着贾平凹先生的文字,走进秦腔,去感悟这只秦川大地上生命的交响。

二、前课回温

1.秦腔的声腔特点——放声高吼、高亢激昂

2.秦地的地貌特点——广漠旷远、寥廓无垠

3.秦人的生存特点——朴实艰苦、大苦大乐

三、课堂研习

(一)秦腔初闻,因声寻气

1.播放课前准备的秦腔唱段——秦香莲状告陈世美抛妻弃子攀龙附凤,包拯与公主严辞对阵

我们都会唱国歌,因为爱国热情相同;我们都不会唱秦腔,那是因为地域文化不同。秦腔,起源于西周,形成于秦,在中国大地上已经有了几千年的历史,秦腔高昂的唱腔传达着有情人对于生活的感悟。本节课先闻秦声,感受一下秦腔里的慷慨激昂。

2.细品唱段,结合文本,深味交流,体味秦腔的艺术魅力

唱段里包拯的声声怒吼中,我们听出了它的正

义严辞;文本中《救裴生》的观看反映,我们读出了秦人的大爱大恨。这些,均是秦腔展现的大美与大丑、大善与大恶。

(二)秦腔再近,因形探神

1.第九届陕西省秦腔艺术节简要呈现(PPT展示)

秦腔历史悠久,早在 2006 年就入选首批非遗名录。2022 年 1 月 1 日,全国首个省级戏曲地方类法规《陕西省秦腔艺术保护传承发展条例》已经落地实施。同年 6 月,陕西省第 9 届秦腔艺术节线上线下同时举办。一个新的 AI 形象代言人秦筱雅走进了大众的视野。(呈现秦筱雅形象)

秦筱雅长相甜美,端庄典雅,它符合大多数年轻人对于戏剧形象的审美要求。而刚才听包拯的唱段,结合先生的这篇文章,这个女性的 AI 形象不大符合预设。

2.学习任务一:创设一个形象

依据贾平凹先生的《秦腔》文本,为第十届秦腔艺术节,设计一个 AI 代言人形象,说明设计的理由。

活动 1——选角有形

小组商讨,合作交流。依据文本内容,参考唱段韵律,选取一个适合的角色。教师呈现秦腔戏曲人物之"生旦净末丑"的相关知识及常见造型。

(交流 1)角色:"小生"角色;理由:"小生"的角色朝气爽朗,符合秦腔剧目里刚健的形象。

(交流 2)角色:"老生"角色;理由:"老生"相较于"小生"更成熟威猛,经历各种风雨之后,沉淀性更好,能体现秦人对生活的感悟——大苦大乐。

(交流 3)角色:"净角"角色;理由:"净角"外形上大花脸的装扮有很强的视觉冲击感,其唱腔以"吼"为主,更符合秦人的精神风貌。且演风比较粗犷,也比较符合秦腔诞生于秦川的幅员辽阔的境象。

点拨:其实,"老生"这个角色也未尝不可。这里有 13 代帝王的陵墓,有着深厚的文化底蕴,而这老生的老练稳重与风波历数,也确实能代表秦腔的一些特色。我们更多的同学偏向于"净角"。回到文本第四段,这里描绘了秦地人排戏的场景。有一句话让我们印象很深刻,倒数第四段的第五行:"庙里有一个跟头未翻起,窗外就哇的一声叫道好。有人出来骂一声,谁说不好的滚蛋,他们抓住窗台死不滚去,倒要连声讨好。……跑回去偷拿了红薯土豆,在火堆里煨熟了给演员做夜餐。"这一段体现了秦地人直爽豪放的性格,所以,可能"净角"的形象更符合文本预设。

活动 2——取名有意

角色选好了以后,我们要为这个角色取一个名字。那这个"净角"又姓甚名谁呢?请结合文本,认真思考。比如上一届的 AI 形象"秦筱雅",因为是女性的形象,所以中间的"筱"就取意"修长、窈窕"之意。看来姓名的内涵在中国人的心目中,有着非常不一样的地位。

(探究 1)最适合取"秦"姓。因为"秦地秦人秦腔"都是围绕"秦"展开。AI 形象的姓氏,没有争议。

(探究 2)姓名解读

生 1:秦天柱。柱,它本来就是一种代表力量的东西,比如说定海神针,它也是一个柱。它要代表力量,也符合秦地人的形象。这个名字代表着秦腔在这个秦地人心里是一种精神的支柱。

点拨:精神的支柱这句话非常棒!关注文本,他们生命有五大要素,前四大要素都是物质上的,第五大要素是艺术上的享受,是精神的!

生 2:秦嚣奕。中间那个字读 jiāo,是大声喊叫的意思。就是它比较符合秦腔,像吵架一样,多以吼喊的方式来进行。Yi,有高大的样子,它代表这个秦腔在他们心中地位就是很高的,有神圣的不可动摇的一个地位。

点拨:秦嚣奕,这个是从声音上、形象上,二者兼而有之的音形相结合的设计,还非常独特。而且这个字给我们普及了一个生僻字的相关知识。

生 3:秦久川。"秦"象征着秦地。秦地其实是在黄土高原,黄河流经此地,所以有"川"这个字。"久"象征秦腔的历史悠久,并且在未来也可以生生不息,永远地传承下去。

生 4:秦彬斌。后面两个字读音相同,可以给人一个更好的印象,可以更好地记住这个名字。第一个"彬"虽然通常解释为彬彬有礼,但是在秦腔中它并非是彬彬有礼的,可以运用反义。"斌"可以拆分为"文、武",象征着秦地人的可以文武双全。

生 5……"秦兵、秦戈、秦守正……秦吼吼……"

点拨:秦吼吼,有不同的意味。作为形象代言人,这个名字有着卡通人物的趣味性和可爱点。这个"吼吼"的音和义,与选取的"净角"形象有着紧密的联系。与"秦筱雅"这个大雅的名字相比,"秦吼吼"不可不谓之大俗。而秦人正是于大雅大俗之间,体味着生活的大苦大乐。

3.学习任务二:理解一种精神

AI虚拟形象代言人试运行期间,好评如潮。同时,也有个别不理解的观点,觉得秦腔用这个角色太喧闹。回归文本,梳理解疑。

(1)第五段文本再研习:第五段大致写了戏台附近有许多摊位,这里有各类人谈天说地品戏论角,入场时的活脱自由,体现热闹的场景,所以并非喧闹,而是热闹。

(2)核心思想梳理:秦地的农民是非常劳苦的,平常生活外就爱这种情绪情感的宣泄。这个让他们的生活也有了一种乐趣,有了一种盼头,就相当于是他们一种精神的支柱。

(3)主要思想展现:精神的支柱是作为人不可或缺的。物质上不再缺乏的时候,精神上就应该有所支撑。所以秦腔大喊大叫,能表现秦人的大苦大乐。这种大苦大乐的表现为外在形式上的大喊大叫,就是艺术展现的形式。

点拨:结合文本第九段,秦人只有用"大吼大叫"这种形式,才能去衬托这种"生",在秦人心里,生与死,是非常隆重的事情。齐读文本"生而以秦腔迎接,人只要在舞台上……"从戏里到戏外,从出生到死亡,秦腔在秦人心里,已经成了一种集体的活动。要表达善恶美丑,一定会用这种高亢激昂之音,来表达这低调却磅礴的大地之音!

(三)秦腔亲近,文化传承

文化是像一棵树一样。一种文化,唯有根扎大地,浸润人文,才能枝繁叶茂。秦腔文化赓续传承,中国文化源远流长,这种原动力应该是深深热爱的心和生生不息的人。

4.学习任务三:传承一种文化

(探究3)通过AI形象设计,结合课堂学习感受,请谈谈你对秦腔传承发展的建议。

生1:除了民间组织,还要有社会招募。比如,高校建立秦腔戏曲专业。

生2:演员自身要苦练基本功,夯实功底。

生3:应该有相应的资金投入,现代社会青年人对传统剧目兴趣大减,地方政府要扶植。

生4:环境熏陶很重要。要传承要发展,首先要喜欢。建议以家庭为单位,或者以团体为单位,演出亲近百姓。

生5:政府方面加强宣传秦腔文化,倡导社会重视秦腔的传承。

点拨:文化传承,离不开"传"和"承"两方面的因素。老一辈艺术家要把艺术的精髓传给新生代,新生的艺术家要用心承袭文化的精髓。个人喜好、集体欣赏、社会扶助、国家保护、国际展示、科技融入……每一个环节每一种因素,都可能为这棵艺术之树添枝加叶,守护这秦川大地的天籁之音的发展繁花似锦。

课堂欣赏:当传统经典邂逅现代科技的时候,它能迸发出时代生命的强音。欣赏现代歌手谭维维与民间艺术家同台表演的节目《华阴老汉一声吼》。

观感讨论:

(1)板凳砖块也可以成为乐器,秦腔的文化真是植根于人民。

(2)老汉的高吼声里,有对生命的感悟、对生活的感激、对土地的虔诚、对未来的希望。秦腔,其实就是秦地人的生命之歌!

点拨:周作人说,我与别的地方都非常反对地方主义,但是唯独在艺术上,我深深地相信,越是地方的它才越是民族的,独特的。正如我们的文化一样,一个文化它不能没有自己的特色。秦腔"吼"的地方特点,也正是其人灵魂的外放。

课堂小结:一声秦腔吼,八百秦川地。以秦腔为代表的中华文化,每一声吼里都有岁月的回声,每一声叫里都是文化的积淀,一个不忘来路的民族,一定会走得更远,也一定会星辰大海共赴。希望同学们也能够像贾平凹先生一样,不忘家乡文化,让我们的文化在中华大地上生根发芽、枝繁叶茂!

【板书设计】

地域风俗里的文化底蕴,民间艺术里的生命意识

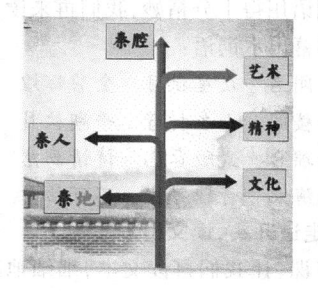

【作业布置】

请结合文本内容,为拟设计的AI形象写一段解说词。并设计一组背景,配上文字解说,展现秦地的山川风貌和人物精神。

朱玲玲,江苏省盐城市亭湖高级中学教师。

《圆明园的毁灭》教学方案(第二课时)

◎ 庄小艳

【课时目标】

1.精读、品读,了解圆园明辉煌的过去和毁灭的经过,激发热爱祖国文化、仇恨侵略者的情感,增强振兴中华的责任感和使命感。

2.领悟文章的表达特点;学习与运用整理资料的方法,深入理解圆明园的毁灭是中国乃至世界文化史上不可估量的损失。

【教学过程】

一、复习导课,奠定情感基调

1.我们继续学习《圆明园的毁灭》这一课。

板书课题:让我们举起写字的手,一起写下课题:"圆"是"圆满无缺"的"圆","明"是"光明普照"的"明","园"是"皇家园林"的"园"。齐读"圆明园"。

一座圆满无缺的皇家园林,一座光明普照的皇家园林,被两个强盗毁灭了!被英法联军的熊熊大火毁灭了!齐读课题:圆明园的毁灭

2.上节课,我们初读了课文,初步感知了课文内容,相信给同学们留下了深刻的印象。本课有许多四字词语用得十分精妙,我们再来读一读:

大屏幕出示词语:

举世闻名　众星拱月　金碧辉煌　玲珑剔透
亭台楼阁　山乡村野　平湖秋月　雷峰夕照
蓬岛瑶台　武陵春色　诗情画意　风景名胜
天南海北　奇珍异宝　不可估量

二、走进开头,读文引发质疑

这节课,让我们再读文本,细细地阅读课文,进一步了解课文内容:

1.请同学们打开书,迅速翻到第14课,自己读课文第一自然段(自由出声读)。

2.打开课文,映入你眼帘的第一是"不可估量",第二还是"不可估量",此时,你的内心是一种什么滋味?

(悲痛、愤怒、伤心……)

3.我们来读读这个开头,把你的心情读出来。你现在最想知道的是什么?

(圆明园被谁毁了?被怎样毁掉了?圆明园为什么会被毁掉?圆明园被毁之前是什么样的?)

三、学习结尾,感受被毁之耻

1.请同学们听老师读课文第五自然段,画出最让你触目惊心的词语。

2.听了这段文字的朗读,你了解了什么?

(圆明园是在1860年被英法联军践踏、毁掉的)

3.他们是怎样毁灭圆明园的?(课件出示,根据学生回答强调"掠、搬、毁、烧")

4.哪些词语让你触目惊心?

(凡是、统统、任意、毁掉、连烧、笼罩……)

5.删词换词,体会这些词语的表达效果,感受侵略者的残暴与野蛮。

1860年10月6日,英法联军侵入北京,闯进圆明园。他们把园内凡是能拿走的东西,统统掠走;拿不动的,就用大车或牲口搬运;实在运不走的,就任意破坏、毁掉。为了销毁罪证,10月18日和19日,三千多名侵略者奉命在园内放火。大火连烧三天,烟云笼罩了整个北京城。我国这一园林艺术的瑰宝、建筑艺术的精华,就这样化为了灰烬。

1860年10月6日,英法联军来到北京,进入圆明园。他们把园内能拿走的东西拿走;拿不动的,就用大车或牲口搬运;运不走的,就破坏、毁掉。为了销毁罪证,10月18日和19日,三千多名侵略者奉命在园内放火。大火烧了三天,烟云笼罩了整个北京城。我国这一园林艺术的瑰宝、建筑艺术的精华,就这样化为了灰烬。

(1)分别读这两段话。

(2)换掉或删除一些词语后,有什么不一样?谈自己的感受和理解。

6.我们来看一段录像(播放火烧圆明园的录像)。

我看得出,在看录像的过程中,一定有一种情感充满着你的胸膛,是什么情感?(屈辱、愤怒、痛恨……)

7.价值连城的国宝被统统掠走,人拿不动的就用牲口搬运,实在运不走的就任意破坏。他们任意破坏的哪一样不是无价之宝!最可恨的是,他们在中国的圆明园里犯下了滔天罪行后,还企图放火烧毁罪证,这就是帝国主义的嘴脸,带着你此时的感情,齐读——1860年10月6日……

四、昔日辉煌,更添被毁之痛

1.请告诉大家:为什么英法联军毁了一座圆明园,就会激起我们这么大的愤恨,那么大的怒火?

2.一边读,一边思考,要静心、专心读书。

3.根据学生回答,大投影出示

(因为它是当时世界上最大的博物馆、艺术馆。)

(因为圆明园不但建筑宏伟,而且收藏着最珍贵的历史文物。)

4.这就是2、3、4自然段告诉我们的。它不但建筑宏伟而且是最大的博物馆、艺术馆,收藏着最珍贵的历史文物。所以,它的毁灭,使每一个中国人痛心,会激起每一个中国人对英法联军、对当时腐败无能的满清政府的痛恨,读一读,想想课文哪几个部分写的是建筑宏伟?(2、3自然段)

5.找一位同学为我们读课文第二自然段。(指名读第二自然段)

"圆明园在北京西郊……众星拱月般地环绕在圆明园周围。"

(1)这句话是介绍圆明园什么的?(位置和结构)

(2)如果让你带着自己的理解和感受来读这段话,你会强调哪些词语?(举世闻名、众星拱月)知道这两个词语的意思吗?说说看。

举世闻名:举,全。全世界都知道。形容名望极大。

众星拱月:群星环绕着月亮。比喻许多东西围绕着一个中心。(出示课件,看圆明园的分布构成,在图上找一找,哪个是"星",哪个是"月",体会圆明园的辉煌和宏伟。)

(3)哪位同学查过资料,知道圆明园的面积有多大?

圆明园的总面积350公顷,占地约5200亩,(最新制定的方案,圆明园遗址公园规划范围东至圆明园东路,南到清华西路,西至圆明园西路,北到规划公路一环,占地面积458.9公顷。)

(4)我们的学校大约占地十亩,大体估计一下,圆明园相当于我们多少个学校?

圆明园的面积相当于我们500多个学校那么大。各个大园以及小园众星拱月般地环绕在圆明园周围,是多么壮丽的景观!带着这样的感受,我们一起来读读课文第二自然段。(齐读第二段)

6.如此气势恢宏的圆明园里,有多少让我们啧啧称奇、留恋往返的美景呢?快速浏览课文第三自然段,你能从中找到几个"有"?(7个)

7.指名读带"有"的句子,相机板书:"有……也有;有……也有……;还有……;不仅有……还有……"

(1)这些句子让你体会到什么?(圆明园的建筑各具风格,千姿百态,既有殿堂的宏伟之美,又有亭台楼阁的秀巧之美;既有热闹的街市风光,又有幽静的自然风光,所以说它是建筑艺术的精华。)

(2)你能用自己的朗读来展示圆明园中那宏伟的殿堂、小巧的亭台楼阁、热闹的街市与幽静的自然风光吗?一边读一边在头脑中想象画面,你就会读进去,读得更好。自由练读后分男女生读。

(3)下面,我们一起去欣赏几处名胜景观吧。(投影出示几幅圆明园美景图)你可以选择一处说说感受。

"蓬莱瑶台":(据书上说:海上有三座神山,其中一座叫蓬莱,还有一座方丈,一座叫瀛洲。神话传说中说的,海上三座神仙住的山,其中一座叫蓬莱。瑶台就是山上的建筑,神仙住的地方。这是根据古代诗人的文章,神话传说中的景物来建造的,这是想象。)

"武陵春色":(指张家界的武陵源。张家界的武陵源是根据陶渊明的一篇文章《桃花源记》来命名的。这一部分是根据古代诗人的诗情画意建造的,也是想象。这样令人心旷神怡的地方简直就是人间仙境啊!)

"平湖秋月":宁静而美丽。

"雷峰夕照":高高的雷峰塔直冲晚霞,瑰丽壮观!

(4)这美丽迷人的景色只是圆明园的冰山一

角!大家知道圆明园著名的景点有多少处吗?

(学生介绍了解的资料:圆明园著名的景点就有40处。这40处景观也是"众星拱月"般地环绕在圆明园周围。比如有"平湖秋月",有"西峰秀色",有"曲院风荷"、"观澜堂",有"君子轩",还有"关帝庙"。)

(5)下面我们只选20处景观的名称,请大家读一读(投影出示):

　　正大光明　上下天光　杏花春馆　坦坦荡荡　长春仙馆
　　万方安和　武陵春色　山高水长　月地云居　汇芳书院
　　映水兰香　远山天北　西峰秀色　四宜书屋　平湖秋月
　　蓬莱瑶台　别有洞天　坐石临流　曲院风荷　江南屏乡

仅仅读这些景观名称,你有什么感觉?

(6)法国大作家雨果眼中的圆明园是怎样的呢?

出示雨果的文章,指名读。

"有一座言语无法形容的建筑,某种恍若月宫的建筑,这就是圆明园。(雨果)"

(7)是啊,这是一座多么美妙、神奇的圆明园!当我们漫步园内——学生接读:"有如漫步在天南海北……仿佛置身在幻想的境界里。"我们又怎能不惊叹,圆明园是——(出示大投影)"我国园林艺术的瑰宝、建筑艺术的精华!"

8.引读,试着让学生背诵"因为,在这举世闻名的皇家园林里,有……也有……;有……也有……;园中许多景物都是……,如……还有……;园中不仅有……还有……"(10分钟)

9.圆明园不但建筑宏伟,还收藏着——齐读"最珍贵的历史文物"。从哪一段知道的?(第四自然段)

(1)哪位同学愿意为大家读第四自然段?(指名读)

(2)从先秦到清朝大约多少年的时间?(两千多年)

(3)经历秦、汉、隋、唐、宋、元、明、清,是两千三百多年的时间。想想会有多少名人字画和奇珍异宝。请用自己能想到的词语来形容。

(应有尽有、不计其数、成千上万、数不胜数……)

(4)在2000年4月,北京保利集团以将近4000万港元将其中的虎首、牛首、猴首买回,使它们重又回到了祖国的怀抱。

(5)知道了这些,你心里又有怎样的感受?带着你的惊叹和自豪齐读四自然段。(4分钟)

五、美毁对比,拓展引发深思

1.是啊,多么恢弘,多么美好的圆明园!如果它完好无损地保存着,我们每个中国人现在看了该是多么自豪。可惜,它被英法联军掠走了,搬去了,毁掉了……圆明园里,有的是荒凉的废墟,有的是残垣断壁,没有了……没有了……也没有了……(缓缓擦去板书,只留淡淡的痕迹)

圆明园的毁灭是——学生齐读:祖国文化史上不可估量的损失,也是世界文化史上不可估量的损失!

2.课件出示四幅圆明园废墟图,读下面的词条——

圆明园是皇帝享用的。当圆明园被烧,咸丰皇帝无奈,只好带着慈禧等仓皇逃跑了。

焚毁圆明园的前几天,英法联军列队入城,清军士兵夹道而跪。法联军两次洗劫圆明园。

这一时期,一军阀又进行洗劫,圆明园最后只剩几块残垣断壁。

据说,中国人龚橙——著名诗人龚自珍的儿子就是火烧圆明园的帮凶,是他带的路。

3.圆明园的毁灭仅仅是个损失吗?英法联军,还有后来的八国联军,他们用中国人发明的指南针指引着他们的舰队不远万里驶入中国领海,用中国人发明的火药制成的枪弹、炮弹屠杀中国人,然后,逼迫满清政府在中国人发明的纸上签订不平等条约——割地赔款。这仅仅是损失吗?在风雨中屹立了150年的废墟,还有圆明园里残留的柱,书写着中国150年的耻辱。面对圆明园的废墟,看着这残垣断壁你想说些什么?想对谁说?是将铁蹄踏进圆明园的英法联军,还是腐败无能的清朝政府?或者,是对自己和自己身边的人……

六、总结,布置作业

1.总结:圆明园的毁灭是中国历史的耻辱,圆明园的残垣断壁时刻提醒我们落后就要挨打!我们要为实现中华民族的伟大复兴而不懈地努力学习、奋斗。

2.作业。写一篇学习完本文后的感受。

庄小艳,江苏省泗阳县如皋泗阳北京路实验学校教师。

必修下第一单元写作任务教学设计

◎ 曾晓珍

【内容分析】

本单元学习诸子文章，我们既要理解诸子对理想社会或人生姿态的看法，学习他们的思想，也要学习他们的思辨能力，要立足现实，自主思考，并能将自己的思考阐述出来。本专题旨在引导学生阐述好自己的观点。

【学习目标】

1.通过阅读课内四篇文章，分析文章是如何阐述自己的观点的。

2.分析课内四篇文章阐述观点的方法，思考如何说清楚自己的观点。

3.结合单元写作任务，完成写作。

【教学重难点】

1.教学重点：学习先哲说理的智慧，并阐述自己的观点。

2.教学难点：运用常见说理文章的方法来阐述自己的观点。

【学时安排】

2个课时（80分钟）

【课前预学】

阅读本单元前三篇课文，思考：

1.本单元文章展现了先哲对构建理想社会的设想，梳理整合文章中孔子、孟子、庄子的主要思想，并学习他们是如何阐述自己观点的。

2.思考这些思想之于当下的意义和价值。选择其一，谈谈你对此的看法。

为了更好地阐述对这一问题的看法，你作了哪些准备或用了哪些方法使你观点阐释更加全面且清晰？

【教学过程】

一、创设情境（预计用时2分钟）

同学们，我们已经学习了本单元的四篇文章，这四篇文章都闪耀着先哲的智慧，有孔子的大同社会愿景，有孟子的保民而王的主张，有庄子的顺应天道的思想等等，今天，我们要学习先哲的思想，也要学习他们是如何阐述自己的观点，我们更要思考这些价值在当下社会的意义和价值，下面我们一起来进一步作深入探讨。

二、学习任务与活动

任务一：学习古人思想，多向思考（10分钟）

活动探究：《孔子家语》记录，楚王打猎时丢了一张弓，左右请求前往寻找，楚王却认为"楚人失之，楚人得之"，无须寻找。孔子听闻此事后说，这句话如果去掉"楚"字就好了，不妨说"人失之，人得之"；孟子则认为应该说"楚王失之，百姓得之"；庄子看了孔子的评价后说，如果去掉"人"字就会更好，不妨说"失之，得之"。你如何看待孔子、孟子、庄子三人对楚王做法的评价呢？给出看法并阐释观点。

提示：

孔子——大同社会的愿景

孟子——保民而王主张

庄子——顺应天道理念

教师示范：

以孔子为例："人失之，人得之"，楚王遗弓，人人皆可得之。大同社会，强兵富民，慎守礼节。冠者童子，安居乐业。得弓之人，何必得之地域之别。

以孟子为例："楚王失之，百姓得之"，楚王确有保民之心，国君不应沉溺于肥甘、轻暖、彩色、声音，"推恩足以保四海"。楚王此举，显其重民而轻财。

以庄子为例："失之，得之"，因其固然，何必人得之。楚人遗弓，此乃天道自然，不若顺势而为，得失自有安排。

问题探究：楚王、孔子、孟子、庄子等人对同一事件的不同态度或看法带给你哪些启示?
（学生讨论）
教师总结:
1.对于同一件事情,不同的人有不同的观点;
2.不同观点的背后存在不同的认知与意图;
3.阐述观点的前提是从多个角度将观点想明白。

任务二:回顾课文,总结"想明白"的方法。（25分钟）

学习活动1:根据①《师说》、②《侍坐章》、③《庖丁解牛》、④《齐桓晋文之事》、⑤《烛之武退秦师》对应课文的内容,完成梳理。

参考示例:

想明白					
课文	《师说》	《侍坐章》	《庖丁解牛》	《齐桓晋文之事》	《烛之武退秦师》
针对问题	士大夫"耻学于师"的风气	居则曰"不吾知也"	养生之道	诸侯醉心于征战杀伐,武力兼并	郑国危也
针对对象	不从师的人	众弟子	梁惠王	齐宣王	秦伯
目的	提倡师道回归	提倡大同社会的理想	提倡顺应天道的理念	提倡恩施百姓、称王天下的主张	放弃攻打郑国
阐明观点	古之学者必有师	吾与点也	追求"道",依乎天理	保民而王	不可亡郑

教师明确:观点从现实中来,观点就是为了说明或解决某个问题,即要弄清楚你的写作意图。提出的观点前要先弄清楚针对问题是什么,对象是谁,目的是什么,提出的观点一定要明确简洁,提倡什么,反对什么,必须清清楚楚、明明白白。

教师总结:"想明白"必须明白自己主要针对什么问题,或解决什么问题而提出的观点。

想清楚:1.主要针对什么问题或解决什么问题;2.针对对象是谁、目的是什么?

"想明白"要阐述观点后,要进一步思考如何将自己的观点阐述清楚,即"说清楚",我们今天重点学如何从不同的角度把观点鲜明地说清楚。让我们再一次回到课文中去寻找"说清楚"的答案。

任务三:回顾课文,学古人"说清楚"的智慧。（25分钟）

学习活动2:结合本单元学过的课文,梳理其如何论述观点。

参考示例:

说清楚		
课文	阐明观点	如何论述
《侍坐章》	吾与点也	子路:强兵 冉有:富民 公西华:知礼 曾皙:有序和乐的图景
《庖丁解牛》	追求"道",依乎天理	初解牛时:所见无非全牛 三年之后:未尝见全牛 方今之时:以神遇而不以目视,官知止而神欲行
《齐桓晋文之事》	保民而王	王有仁心,可行王道 王能推恩,可行王道 不行王道,后必有灾 实施王道,莫之能御
《烛之武退秦师》	不可亡郑	越国鄙远,君知其难也:替对方想博好感 邻之厚,君之薄:动君心 舍郑以为东道主,可共乏困:诱以利 朝济而夕设版焉,君之所知也:陈矛盾 阙秦以利晋,唯君图之:测未来

明确:①孔子与弟子一起探讨理想社会,每个人从自己的角度出发,谈自己的做法。最后,孔子赞许点的做法。不同的对象就有不同的观点,从不同角度切入。

对象角度:指根据不同的对象,从对象的身份、地位、生活经历等角度切入。

②寓言说理,通过《庖丁解牛》这个寓言,从初解牛时,见全牛,到三年之后,未见全牛,到方今之时,目无牛,时间上层层深入,阐述事物的本质,从而说明要顺应规律,依乎天理的观点。

时间角度:指从时间的角度切入。

③《齐桓晋文之事》中孟子从君王的角度阐述他有仁心，能推恩，可以实行王道；又从君王角度阐述不行王道，后必有灾；最后从君王、百姓和利弊角度分析，实施王道即制民之产，谨庠序之教，申孝悌之义，莫之能御。

对象角度：指根据不同的对象，从对象的身份、地位、生活经历等角度切入。

利弊角度：从事物的好处和坏处的角度切入。

④《烛之武退秦师》从对象角度和利弊角度分析。博好感、动君心、利益诱导、矛盾展现等阐述秦国亡郑国的弊端，论据充足，从而说服秦伯放弃攻打郑国。

教师总结：说清楚可从多个角度思考，如：不同主体或对象，正反的利弊分析，多维度领域思考等。

阐述观点：1.观点要鲜明（重点）；2.要从不同的角度看待问题（重点）；3.要有充足的论据；4.要有明确的思路、恰当的结构。

任务四：学古人智慧，习阐述能力。（20分钟）

学习活动3：运用所学的方法，对下面作文写出提纲。

教材单元学习任务中提供的写作任务如下：

古代文化经典包含着先贤对社会、人生、历史的深刻思考，至今还能给我们很多启发。阅读这些经典时，既要充分理解先贤的思想，也要立足现实，自主思考。从以下两个话题中任选其一，阐明观点，论述观点。

话题1：孟子劝说齐宣王"发政施仁"，认为"推恩足以保四海"。他对实现理想社会的设想，在今天看来有什么可资借鉴之处？又有哪些不足？

话题2：经典寓言的寓意往往是丰富的。有人认为《庖丁解牛》表达了庄子"顺应自然"的思想，有人则认为主要是强调人要"保全天性"……你怎么理解这则寓言的寓意？

评分细则：

评价内容	评分标准	自评	互评	师评
诸子思想之我见	针对问题、目的、对象清晰（20分）			
	观点鲜明（20分）			
	多角度阐释论证自己观点（20分）			

参考示例：

作文		话题1	话题2
想明白	针对问题	先贤对理想社会的设想，有什么可借鉴之处，有什么不足	要顺应自然，还是要保全天性
	针对对象	大众	大众
	目的	实现理想社会	强调尊重规律的重要性
	阐明观点	推恩当以仁政，守序当以法治	依天理，达自然
说清楚	多角度阐述	对象角度、利弊角度	对象角度、利弊角度、时空角度

教师示例：

观点：推恩当以仁政，守序当以法治。

分论点一："水能载舟，亦能覆舟"，推恩施仁，民心所向，社会和谐。

分论点二："无规矩不成方圆"，法治守序，保护民心，社会和谐。

分论点三：法治社会下的今日中国，以"法治"为主，以"施仁"为辅，既要突显法治的力量，又要突显人情的温度，构建和谐有序的社会，实现复兴梦。

三、课后作业

运用这节课学习的阐述观点的方法，阅读下面材料，写一篇作文。

"本手、妙手、俗手"是围棋的三个术语。本手是指合乎棋理的正规下法；妙手是指出人意料的精妙下法；俗手是指貌似合理，而从全局看通常会受损的下法。对于初学者而言，应该从本手开始，本手的功夫扎实了，棋力才会提高。一些初学者热衷于追求妙手，而忽视更为常用的本手。本手是基础，妙手是创造。一般来说，对本手理解深刻，才可能出现妙手；否则，难免下出俗手，水平也不易提高。

以上材料对我们颇具启示意义。请结合材料写一篇文章，体现你的感悟与思考。

要求：选准角度，确定立意，明确文体，自拟标题；不要套作，不得抄袭；不得泄露个人信息；不少于800字。

曾晓珍，广东省河源市河源中学教师。

《芣苢》《插秧歌》教学设计

◎ 傅娅倩

【教学目标】

1.有感情地朗诵诗歌,熟练地背默全文,实现音义结合。

2.理解两首诗歌内容,体会蕴含其中的思想情感,并解析诗歌的表达技巧。

3.理解诗歌传承下来的劳动之美,深入体会劳动的崇高、美丽以及辛勤劳动等价值意义。

【教学重难点】

1.教学重点:把握思想情感,赏析表达技巧。

2.教学难点:体会诗歌体现出来的劳动热情和欢欣,理解诗歌传承下来的劳动之美,深入体会劳动精神的内涵。

【教学方法】

讲授法、点拨法、诵读法、合作探究法

【课时安排】1 课时

【教学过程】

一、诵读名句,走进文本

民生在勤,勤则不匮。(《左传·宣公十二年》)

夙兴夜寐,洒扫庭内。(《诗经·大雅·抑》)

昼出耘田夜绩麻,村庄儿女各当家。(范成大《四时田园杂兴·其三十一》)

劳动是财富的源泉,也是幸福的源泉。热爱劳动是中华民族的优秀传统,绵延至今。在这片古老的以农业为本的土地上,那些回荡在田间地头的吟唱,始终是这个民族血液里最滚烫的乐章。今天,就让我们一起走进那古老的歌谣——《芣苢》《插秧歌》。

二、初读诗歌,感知文本

任务活动一:2022 年 7 月,广西师范大学附属外国语学校第八届"中国传统文化"相关活动正在如火如荼地开展着。"劳动之歌"展厅的一角,取用了《芣苢》和《插秧歌》作为展览的题材。假设,你是"劳动之歌"展厅的解说员,请为参观者有感情地朗诵所要展示的诗歌。

芣 fú 苢 yǐ(《诗经·周南》)

采采／芣苢,薄言／采之。采采／芣苢,薄言／有之。

采采／芣苢,薄言／掇 duō 之。采采／芣苢,薄言／捋 luō 之。

采采／芣苢,薄言／袺 jié 之。采采／芣苢,薄言／襭 xié 之。

插秧歌(南宋·杨万里)

田夫／抛秧／田妇／接,小儿／拔秧／大儿／插。

笠是／兜 dōu 鍪 móu／蓑 suō 是／甲,雨从／头上／湿到／胛 jiǎ。

唤渠／朝 zhāo 餐／歇／半霎 shà,低头／折腰／只／不答。

秧根／未牢／莳 shì／未匝 zā,照管／鹅儿／与／雏 chú 鸭。

诵读指导:读准字音,读准断句。

注意轻重音:助词适当轻读,动词适当重读。

三、精读诗歌,描述场景

任务活动二:参观者们在听了解说员的诵读后,对诗中的劳动场景心生向往。假如你是这位解说员,请你描述这两幅画面呈现出的劳动场景。

1.《芣苢》场景

三五成群的田家妇女,在平原绿野、风和日丽中,同歌互答,兴高采烈地边唱边采摘:

鲜艳繁盛的芣苢呀,采呀采呀采起来。

鲜艳繁盛的芣苢呀,采呀采呀采得来。

鲜艳繁盛的芣苢呀,一片一片摘下来。

鲜艳繁盛的芣苢呀,一把一把捋下来。

鲜艳繁盛的芣苢呀,提起衣襟兜起来。

鲜艳繁盛的芣苢呀,掖起衣襟兜回来。

2.《插秧歌》场景

种田的农夫将秧苗抛在半空，农妇一把接住，小儿子把秧苗拔起，大儿子再把秧苗插入水中。

斗笠是头盔，蓑衣是战甲，但似乎没什么用，雨水从头上进入，直湿到肩胛。

农妇喊他停下来吃早餐好休息一会儿，那农夫低头弯腰，努力插秧，半天不回答。

秧苗根部尚不牢固，栽种也还没完成，一定要照看好小鹅小鸭，不要让它们来破坏秧苗。

四、品读诗歌，赏艺术美

任务活动三：

1. 解说员用生动的语言描绘劳动场景后，看到参观者们更是兴致盎然，于是又抛出了两个问题引起了大家的热烈讨论：

（1）元代吴师道说："此诗终篇言乐，不出一乐字，读之自见意思。"《芣苢》是如何将这种快乐传递给我们的？

（2）杨万里《诚斋诗话》中说："诗已尽而味方永。"《插秧歌》这样一首平白如话的诗歌读来为什么让人感到饶有意趣？

请你帮忙解答。（分小组讨论）

（1）元代吴师道说："此诗终篇言乐，不出一乐字，读之自见意思。"《芣苢》是如何将这种快乐传递给我们的？

明确：（六个动词）

孔颖达疏曰："首章言采之，有之。采者，始往之辞；有者，已藏之称，总其终始也。二章言采时之状，或掇拾之，或将取之。卒章言所盛之处，或袺之，或襭之，归则有藏。"

按照孔颖达的解释，可以说首章是对采芣苢的一个总写。由"采"而"有"，即所谓"总其终始"。第二组的"掇"、"捋"是采集过程中的两个动作，从地上拾起或者从茎上捋取起来，可以看作是对"采"的具体叙述。第三组"袺"、"襭"是装盛芣苢的动作，拉起衣襟来盛或把衣襟掖在腰带里来装，这是对"有"的生动描写，这样最后就可以满载而归了。通过六个动词的变化，不仅形成了一个完整的劳动过程，而且由展现劳动全景的远镜头，推近到对具体采摘行为的大特写，而且引导读者一步步走近妇女忙碌的身影，感受感受她们当时采摘的喜悦。

叠词"采采"：

《说文新证》中解释说：所采者，或叶果茂盛，或文采华丽。因此"采"引申又有甚多、华丽的意义。

《本草纲目》中说：芣苢此类植物，春初生苗，花甚细密，青色微赤、结实赤黑色。

（完善想象画面）茂盛的芣苢长得到处都是，漫山遍野，苗是绿色的，如果是开花或者结实的时候，还会带有点红色。阳光照耀的时候，绿得发亮，红的富有光泽，那是多么美丽而富有生机的画面。

"采采"本身还是个叠词，叠词还传达了一种音韵的美感。在《诗经》的《关雎》就有描摹鸟鸣声的"关关"；《蒹葭》中有用来形容蒹葭茂盛的"苍苍""萋萋""采采"，它们都是叠词，用叠词既可以写出事物鲜明的形象特点，又有一种音韵美。

重章叠句：

对比原文和改文：

（改）采采芣苢，采之，有之，掇之，将之，袺之，襭之。

（原）采采芣苢，薄言采之。采采芣苢，薄言有之。

采采芣苢，薄言掇之。采采芣苢，薄言捋之。

采采芣苢，薄言袺之。采采芣苢，薄言襭之。

改动后，芣苢生长的茂盛感不明显了，采摘芣苢的收获感也减弱了，采摘芣苢的过程好像就是仅有的一次，而且因为又都是短句的形式，很容易给人造成一种急促的感觉。我们很难感受到采摘芣苢时悠闲从容、自由自在的情感，也很难感受到满载而归时那种收获的喜悦。

从音乐上看，《芣苢》一诗，在音乐上所用的是最简单的曲式，一个曲调三次重复，这也是《诗经·国风》中运用的最普遍的章法套式。这种形式之所以受人欢迎，在于它的易于歌唱，易于应答，还能体现出歌曲的变化，在错落有致中表现美感，便于传递共通的情感。《芣苢》诗中明快的节奏、欢乐的气氛，就是从这样的重章叠句的形式中自然而然地流露出来的。

* 材料引入：扬之水《诗经别裁》

每一章中更换的几个字，虽为趁韵，却非凑韵，倒是因此而使诗有了姿态，有了流动之感。诗原本可以歌，那么《芣苢》若配了乐，调子一定是匀净、舒展、清澈、明亮的。如今止剩了歌辞，而依然没有失掉乐的韵致。

《诗》言"采"者不一，"采"的后面，通常总有事、有情，如《唐风》之《采苓》，如《小雅》之《采薇》《采藏》《采绿》。唯独《芣苢》，"采"的本身，就是故事，也就是诗的全部。这里边没有个人的事件,如心绪,如遭遇,却是于寻常事物、寻常动作中写出一种境界,而予人一种平静阔远的感觉。钟惺所谓"此篇作者不添一事,读者不添一言,斯得之矣",是抉得此诗之神。

小结1:在这首《芣苢》中,采摘就是全诗的主要内容,采摘中荡漾着一种难言的喜悦,这种喜悦不是大喊大叫,而是在劳动的过程中,通过咏唱的节奏,自然而然地流露。在自然的流露中,让读者顿生愉悦之情,不期而遇地将自己、田野风光和生命动力(人在劳动过程中的生命动力)有机地结合在一起,感叹劳动的美。

(2)杨万里《诚斋诗话》中说:"诗已尽而味方永。"《插秧歌》这样一首平白如话的诗歌读来为什么让人感到饶有意趣?

明确:(精准丰富的动词)

诗人连用的四个动词——抛、接、拔、插,让我们看到一连串插秧的农事活动,紧张而又有序,尤其是这个"抛"的动态描摹,写出秧束在雨中飞舞的情态,空中飞起一道道绿色的、美丽的弧线,给雨天灰蒙蒙的背景增添了亮色。飞起、落下的线条之美,嫩绿的颜色之美,就在空中荡漾。秧田里,小儿拔秧,大儿插秧,手的动作有拔起、有插下,在宽阔的秧田背景中,空中飞舞的线条、地面上快速娴熟的动作,两者交织在一起,呈现出线条美、动态美和劳动美。

新奇巧妙的比喻:戴上斗笠、穿上蓑衣的农夫一家人辛勤插秧的画面和全副武装的士兵奔赴战场战斗的场面,是多么的相似!也从一个侧面反映出了:农忙时节,抢种庄稼,就好像与天地奋力拼搏、争分夺秒的一场战斗。(战天斗地、积极蓬勃的精神力量)

朴实鲜活的风格:如"鹅儿"一方面符合了农民日常生活用语,也和诗歌标题《插秧歌》中的"歌"具有的民歌、民谣的特点相吻合。

生动形象的画面:雨中插秧的农耕风俗图

远处是整齐的稻田,近处是抢种秧苗的农家。(远景、近景)

稻田和秧苗是静止的,从天而降的瓢泼大雨、人物插秧时抛、接、拔、插的动作是动景,还可以想象虽未出场,但也在画面之中的鹅和鸭,可能会啄食秧苗的动态情景。(静景、动景)

农民插秧的繁忙与艰辛是通过视觉感受呈现在眼前的,雨声、对答声则是声音描摹。(视觉、听觉)

* 材料引入:钱锺书《谈艺录》

人所未言,我能言之,诚斋之化生为熟也。

"化生为熟",突出了杨万里诗歌创作"活"的特点——鲜活的体裁、生活的语言和活泼的旨趣。

2.参观者们又心生疑惑:两首诗歌产生的时代相距十几个世纪,二者表现的内容也不尽相同,编者为何要将其放在一篇课文当中呢?试比较两首诗歌的异同。

明确:

(1)相同点:①从场景画面上看,两首诗都选取日常劳作场景,表现农家生活,写出了众多人物共同劳作的场景,富有形象感、画面感和生活情趣。②从精神内涵上看,两首诗都表现出劳动者积极向上的劳动精神,都写出了对劳动和劳动者的赞美、讴歌。③从语言表现上看,两首诗都使用了当时活泼生动的口语,浅白流畅。

(2)不同点:《芣苢》塑造的是先秦时期采摘芣苢的劳动妇女,特写劳动者采集、收取、收盛的动作,主要通过重章叠句的手法,描绘了三五成群的妇女集体劳动的场景,表现出劳动者喜悦的心情,歌颂了劳动妇女热爱劳动的美德。【劳动欢歌】

《插秧歌》塑造的是南宋时期参加插秧的一家四口劳动者。特写了插秧时"抛""接""拔""插"的具体劳作,描绘了呼唤农人吃早饭的插曲,通过动作、语言的描写和比喻手法、环境描写的衬托,传神地表现了农事生产的劳身劳心,繁忙艰辛。表现了农人吃苦耐劳、勤劳乐观的优秀品质。【劳动赞歌】

五、我谈我心,感悟精神

任务活动四:恭喜你顺利完成了"劳动之歌"展厅解说员的任务,新的挑战正等着你触发!以"说说身边最美劳动者"为主题,小组合作完成一篇人物通讯。要求选材要真实,最好是你身边熟悉的劳动者。(根据实际情况灵活处理,可要求学生写作,也可进行讨论、分享)

收束小结:中华民族是勤于劳动、善于创造的民族,正是因为劳动创造,我们拥有了历史的辉煌;也正是因为劳动创造,我们拥有了今天的成就。(习近平)

习近平谈劳动:最光荣、最崇高、最伟大、最美丽!

傅娅倩,广西师范大学附属外国语学校教师。

《桃花源记》教学设计

◎刘洁琼

【单元分析】

《桃花源记》选自部编版初中语文八年级下册第三单元，本单元的选编诗文均为经典篇目。单元的人文主题是感受古人的生活、思想和志趣，陶冶自己的情感和胸怀，增强对中华优秀传统文化的体认以及民族自豪感和自信心；单元的语文要素是："要先借助注释和工具书读懂课文大意，然后通过反复诵读，领会诗文的丰富内涵，品味精美的语言，并积累一些常用的文言词语。"

《义务教育语文课程标准（2022年版）》明确提出："学习中国古代优秀作品，体会其中蕴涵的中华民族精神，汲取民族智慧。"同时，在"学业质量"第四学段中有这样的具体要求："能从多角度揣摩、品味经典作品中的重要词句和富有表现力的语言，通过圈点、批注等多种方法呈现对作品中语言、形象、情感、主题的理解。"

以上单元导读和课程标准的要求共同指向文言文经典篇目的教学应"言""文"并重，以文言之言为基，引导学生由文言之义读出文言之意。《桃花源记》是《桃花源诗》前的序文，这篇古文以凝练美好、虚实相生、亦真亦幻、回环曲折的笔墨，描绘出自由安乐、恬静自然、美好幸福的人间生活图景和天下大同的社会理想，是一篇值得学生反复细读细品的经典作品，对提高学生的文化品位、培养文言文的审美情趣有着重要的作用。

【学情分析】

一、知识能力储备

1.本班学生通过一年半的文言文学习，已基本掌握了借助工具书和课下注释自主阅读文言文的方法。同时已积累了一些基本的实词和常见的文言虚词，对文言现象，如词类活用、古今异义、倒装句有基本认识。

2.本班学生朗读能力佳，朗读能够凸显语调起伏和轻重音。

3.本班学生缺少深入解读文本所需的背景知识，需要教师及时补充。

二、思维特点共性

本班学生具备较好的信息提取能力，但自主归纳信息的能力一般，习惯在老师搭建语言支架的基础上进行概括和语言表达。

【课前预习内容】

1.借助注释和工具书，熟读课文，读懂文章大意，尝试补充以下文段中省略的部分：

（　）见渔人，乃大惊，问（　）所从来。（　）具答之。（　）便要（　）还家，设酒杀鸡作食。村中闻有此人，咸来问讯。（　）自云先世避秦时乱，率妻子邑人来此绝境，不复出焉，遂与外人间隔。（　）问（　）今是何世，（　）乃不知有汉，无论魏晋。此人一一为（　）具言所闻，（　）皆叹惋。余人各复延（　）至其家，皆出酒食。（　）停数日，辞去。此中人语云："不足为外人道也。"

2.归纳整理古今异义词和一词多义，形成文言字词分类积累卡（每10词为一张卡）。

【课堂教学】

一、学习目标

1.在理解文意和理清行文思路的基础上，有感情阅读文本，通过把握语气和句式，感受音节的强弱、徐疾等变化，读出《桃花源记》"讲故事"的感觉。

2.结合背景资料，解码"桃花"，深入理解文章主旨，了解文本潜藏的中华民族文化心理的历史渊源。

3.品读关键词句，赏读文章留白处，探究文章的当代价值。

二、学习重点

品读文章的精美语言，领会文章的丰富内涵。

三、情境创设

《中国奇谭》的《鹅鹅鹅》掀起热议，吸引了不少年轻人将创作目光投向我们的文言文宝库。七年级的小语在 B 站留言向导演推荐《桃花源记》作为下一期的拍摄内容，得到了导演的回复：

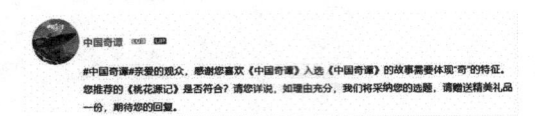

> #中国奇谭#亲爱的观众，感谢您喜欢《中国奇谭》入选《中国奇谭》的故事需要体现"奇"的特征，您推荐的《桃花源记》是否符合？请您详述，如理由充分，我们将采纳您的选题，请随送精美礼品一份，期待您的回复。

小语知道我们正在学习《桃花源记》，于是邀请我们一起完成回复。

【学习过程】

任务一：说奇点　展奇遇

1. 教师出示"奇"字释义：奇，形声字，最早见于战国文字。本义是独特、殊异；引申为美妙、惊异、出人意料。

2. 学生结合课前预习，在组内用自己喜欢的方式讲述《桃花源记》这个故事，并结合"奇"字的释义与小组成员讨论，提取故事的奇点。

预设："奇（独特）遇""奇（美妙）境""奇（出人意料）结"

3. 当我们将提取的奇点发给小语后，小语提出可以采用曲线图的形式展示渔人的"奇遇"。请同学们与小语合作完成曲线图并据图开展解说。

任务提示：

①通读全文，勾画出渔人行踪的句子，批注渔人奇遇过程中的心情。

②概括整合文章信息补充行踪要素。

③根据渔人心情进行描点，连点形成心情曲线。

④解说表达示例：渔人行至＿＿＿＿，内心＿＿＿＿，因为＿＿＿＿。

《桃花源记》渔人奇遇心情曲线图

4. 朗读练习：代入渔人的心理朗读文章，可参考下列朗读符号进行朗读设计。

朗读符号	含义	朗读符号	含义
⌒	连读	/	停顿
·	重音	—	尾音拉长
↗	语调上扬	↘	语调下降
＝	渐强	＞	渐弱

任务二：解意象　释奇境

老师和同学们在微信上交流如何向导演介绍《桃花源记》的奇境，请完成以下对话。

老师：故事环境包括自然环境和社会环境两个方面，《桃花源记》的奇境需要从这两个方面去解说。

小语：《桃花源记》里的自然环境奇美，"……桃花林，夹岸数百步，中无杂树，芳草鲜美，落英缤纷"营造出浪漫明媚的画面，让人心生向往。

我：《桃花源记》里的自然环境奇美，还体现在＿＿＿＿＿＿＿＿＿＿＿＿＿＿＿＿＿。

小语：这不就是我老家村里的风景吗，美是美的，倒也称不上奇。

我：这么说来，"其中往来种作，男女衣着，悉如外人。"这几句描绘的社会生活，也是平平无奇啊。

老师：你们读读以下材料——晋太元中，指东晋孝武帝第二个年号，共计 21 年。魏晋朝代频繁更迭，兵连祸结，流民遍野。仅《汉书》记载的大规模屠城就有 6 次，魏晋期间 200 年左右发生各类灾害 304 起，曾经兴旺的黄河流域，一度沦为"积尸草木腥，流血川原丹""生民百遗一，念之断人肠"的局面。

小语：这跟陶渊明笔下的桃花源简直是天壤之别。

我：由此可见，陶渊明创造桃花源这样一个与外界战乱截然相反的奇美世界，是想表达＿＿＿＿。

小语：我记得《爱莲说》里提到，"晋陶渊明独爱菊"，陶渊明既然钟爱菊花，为什么在创造他的理想世界时不选用菊花，却偏偏选择了桃花？

老师：可见"桃花"是一个陶渊明理想世界中的重要意象，我们可以通过解读"桃花"来更深入地理解陶渊明的精神世界。关于"桃花"这个意象，以下材料供大家研读参考：

（一）《诗经·周南·桃夭》：桃之夭夭，灼灼其华。/之子于归，宜其室家。/桃之夭夭，有蕡其实。/之子于归，宜其家室。/桃之夭夭，其叶蓁蓁。/之子于归，宜其家人。（这首诗是来自民间的诗歌，用红艳艳的桃花比喻美人，预祝结婚女子的爱情像桃花般灿烂，嫁人成家后，如桃树一样开枝散叶，幸福地过日子。）

（二）《山海经·海外北经》："夸父与日逐走，入日。渴欲得饮，饮于河渭，河渭不足，北饮大泽。未至，道渴而死。弃其杖，化为邓林。"（"邓林"即"桃林"。）

（三）古代社会举行祭奠活动通常选择在桑林

或者桃林中,桃木具有浓郁的宗教意味。每年春节,人们总是以新桃替换旧符,以表达祈求安康、幸运、祥和之意。

(四)《西游记》中,蟠桃具有一个重要的功能,即吃下它能够长生不老。直到当今时代人们依旧具有该种思想,如家中有老人过生日时,通常将蛋糕做成"寿桃"的形状。

我:陶渊明选用桃花而非菊花来营造自己的理想世界是因为_____。

任务三:赏留白　评奇结

《桃花源记》的结局与《中国奇谭》前几部作品相似,有明显的"留白"(故事中的留白多指故事的原因或结局具有开放性,作者并不讲清楚,而留作读者自主解读和思考的空间),这种留白,不仅使得故事能引发开放性的解读与讨论,而且能够实现传统文化与现代意识的交融或碰撞。

1.反复阅读《桃花源记》末尾两段,说说故事有哪些留白处。

2.小组合作:任选以下一处留白,仿造示例,联系古今、故事内外,解说《桃花源记》结局的留白之妙。

·留白一:渔人的"志"与"迷"

·留白二:高尚士刘子骥的"欣然规往"和"未果,寻病终"

解说示例:《鹅鹅鹅》结尾的留白:货郎没有带鹅妖走,狐妖离开之际对货郎作揖,离开后又扭过头给货郎留下一个意味深长的笑容。有人说,狐妖的笑是赞赏货郎抵挡住了贪念,保住了自我;有人说,狐妖的笑是嘲笑货郎因犹豫而错过与鹅妖的爱情;也有人说,狐妖的笑是嘲笑货郎为保住自我而背叛了与鹅妖的爱情;还有人说,狐妖笑的不仅是货郎,而是笑所有如货郎般挣扎在贪婪与恐惧中的人们。无论古今,都有人被欲望所困,再也走不出欲望的鹅山。结尾这个意味深长的笑容引发了人们种种不同的解读,而这正是《鹅鹅鹅》的神秘、伟大之处。

课堂小结:陶渊明让笔下亦真亦幻的桃花源"后遂无问津者",而现在许多城市有旅游景点冠以"世外桃源"的称号,这种现象说明了什么?

预设教师小结:桃花源不再是陶渊明一个人的桃花源,也不只是一处风景、一篇文章,而是已经成为中国人共同认可的一种文化标识,共同拥有的一个精神家园。

【课后作业】

(一)必做:结合所学,组织语言,条理清晰地完成选题推荐。

(二)选做(三选一):

1.阅读课后的《桃花源诗》,结合理解写一段文字描绘诗中呈现的社会生活。

2.推荐阅读《穴中人语》(出自南宋·康与之《昨梦录》),比较《穴中人语》与《桃花源记》在叙述内容及表现手法上的异同。

3.有网友认为,《桃花源记》和《桃花源诗》所追求的优美田园生活是小农经济的产物,而今的工业化时代下,理想生活应有另外的面貌。对此,你持什么看法?请写下你的思考。

【设计反思】

本教学设计创设了向《中国奇谭》推荐《桃花源记》的情境,此情境贴合近期的热点和学生喜欢动漫的兴趣点,在学生间有话题度,兼具真实性与实践性。而在此情境统领下的三个任务,在"奇"字的释义下展开。因为《桃花源记》是名篇,学生在正式学习之前早已耳闻,且多能熟读知义。所以为了增添文言文学习的趣味性和探究性,在任务设计方面进行了一些"陌生化"加工,但教学内容其实仍是从结构、语言、主题三个维度品读《桃花源记》,教学目标并未拔高难度。

本教学设计的三个任务需分三个课时完成,每一个任务设计尽可能做到要求明确、支架具体,以便学生独立阅读、深度思考、有效交流和展示。但在任务二探究陶渊明为何创设"桃花源"而非"菊花源"的问题上,笔者犹豫是否将八年级上册的《饮酒》纳入支架材料,最后考虑到学生比读联读能力参差不齐,因此还是选择不纳入,而作为学生展示后教师的点拨补充,以让学生初步了解陶渊明在作品中呈现出个人追求和社会追求的差异性。

课后的作业设计,必做作业指向整理和检测所学。选做作业指向迁移运用,三个选做任务各有倾向,利于学生根据自己的能力特点进行更深层次的学习。

刘洁琼,广东省东莞市厚街圣贤学校教师。

《哦，香雪》教学简案

◎刘姝睿

【教材分析】

从"新课标核心素养"的教学要求来看：核心素养包括文化自信、语言运用、思维能力和审美创造，本文通过香雪的视角呈现新旧交替时期的众生相，虽然本文的时代背景是上世纪七八十年代的改革开放时期，但是新事物的出现和引入是贯通古今、跨越时空的，即使是当下也不可避免地遇见国内外不断出现的新事物、新思想，如何在新旧碰撞中看清方向、保有自信、积极思考、正确省视是极其重要的素养和能力，故而，可以将本文的核心素养目标主要定位在文化自信和思维能力上。

从单元教学的角度看：本文安排在高一年级必修上册第一单元第三课，本单元的单元主题为"青春"，本单元的另外两篇课文分别是《沁园春·长沙》和《新诗四首》，皆与青春相关，从单元主题设计的角度可以将本文作为对单元主题多元理解的凭借。

从学习任务群的角度来看：本文既不是拓展阅读、整本书阅读，也不是基础知识的积累与运用，那么本文就不适合放在基础型学习任务群和发展型学习任务群，而是可以将本文的学习任务群安排在"发展型学习任务群"的"思辨性阅读与表达"上。

从情境型学习的角度来看：本文的时代背景是上世纪七八十年代的改革开放时期，故事的背景是以火车为代表的新事物出现在了偏远而闭塞的小山村，而故事的主角香雪就生活在这个小山村。从这个角度而言，学生如要感同身受是比较难的。但是新事物的出现和引入是贯通古今、跨越时空的，即使是当下也不可避免地遇见国内外不断出现的新事物、新思想，如何在新旧碰撞中看清方向、保有自信、积极思考、正确省视，这是极其重要的素养和能力，也是亟须培养的素养和能力，从跨时空和经典性的角度而言，本文的主题是可以适用于当下的情境的。

从实践运用的角度来看：林志芳教授是这样表述语文课程性质的："语文课程应引导在真实的语言运用情境中，通过积极的语言实践，培养语言文字运用。"本单元正是以"青春"为单元主题词，而高一学生正值青春年华，通过本单元和本文的学习让学生重新思考青春是什么，是再合适不过的了，所以，本单元的单元写作实践活动安排了半命题作文《以____看青春》，意在通过本单元若干人物、作品的解读更多元地认识与每位学生密切相关的青春。

【学情分析】

从学生年龄来看：十六岁左右的孩子们对生命还是充满兴趣的，而本文是篇小说，有生动的故事情节，并且故事中的人物的年龄也与他们相仿，从阅读兴趣上来看应该没有大问题。

从学生的阅读经验来看：本文是篇短篇小说或写人记事的散文，文笔清新质朴，充满诗情画意，故事情节曲折，阅读本文的大致内容应该比较容易。所以，本文可以安排学生自主学习、思考，让学生设计问题，以学生自主提问和学生自主解答为主要教学方式。

从学生的生活背景来看：高一的学生生活在二十一世纪的当下，而文本的时代背景是上世纪七八十年代，四五十年的时代差异是明显的，再加上城乡生活背景的差异，学生在阅读文本时自然会有许多难以跨越的"鸿沟"，而这些"鸿沟"也会影响学生准确地理解人物性格甚至作品主题，从这个角度而言，解决学生的真实问题是非常必要的，所以，在教学设计时可以安排"质疑"作业，同时可以挑选适合课堂讨论的"好问题"，为课堂教学张本。

从学生的阅读方法来看：高一的学生在以前的阅读中可能偏重于情节和故事线索的梳理，阅读的终点站可能以小说主题或思想内容为主。但是,高中阶段的小说阅读除了以上提及的,还有人物形象的分析、理解,小说主题的多元思考,小说艺术性的综合欣赏等,而这些都需要借助经典文本逐一落实,而本文的学习就可以借助学生的阅读兴趣,潜移默化地完成相关知识的学习。

【教学设计】

一、教学目标

(一)知识与技能:通过阅读和讨论小说让学生熟悉并理解小说的阅读方法,即小说三要素在阅读中的相互关联;同时"知人论世"和"以意逆志"的诗歌阅读方法在小说阅读中亦可使用。

(二)过程与方法:学生自主阅读、质疑;教师引导学生思考、解答质疑;师生讨论;板书展示。

(三)情感态度与价值观:通过阅读小说和讨论,让学生对"青春"有更多元的理解,并因人而异地确立自己的青春关键词。

二、教学重点、难点:小说的阅读方法;对"青春"的多元理解。

三、教学时间:2课时(本课是第一课时)

四、教学过程

(一)课前学习任务单

1.作者简介

铁凝,1957年生,河北赵县人,现任中国作家协会主席,发表中短篇小说60余篇,出版短篇小说集《夜路》,中短篇小说集《没有纽扣的红衬衫》《铁凝小说集》。她以一个女作家敏锐、细腻的艺术感受力,真挚美好的情致,对生活素材进行独到的发掘和精巧提取,语言清新睿智,作品蕴涵深挚,质朴优美。早期作品描写生活中普通的人与事,特别是细腻地描述人物的内心,从中反映人们的理想与追求、矛盾与痛苦,语言柔婉清新。1986年和1988年先后发表反省古老历史文化、关注女性生存的两部中篇小说《麦秸垛》和《棉花垛》,标志着铁凝步入了一个新的文学创作时期。1988年还写成第一部长篇小说《玫瑰门》,它一改铁凝以往那种和谐理想的诗意境界,透过几代女人生存竞争的较量与厮杀,彻底撕开了生活中丑陋和血污的一面。

2.写作背景

文化大革命时期,政治性、阶级性成了人唯一属性和文艺批评的唯一标准,人道主义完全被驱逐出文艺创作的领域。文化大革命结束后,人道主义又在中国兴盛起来。铁凝的小说《哦,香雪》正是产生于这个时候,小说借台儿沟的一角,写出了改革开放后中国从历史的阴影中走出,摆脱封闭、愚昧和落后,走向开放、文明与进步的痛苦和喜悦。

3.自主学习

(二)课堂教学

1.根据学生作业中的质疑,对普遍问题归类整理,供课堂讨论。课堂任务单一:挑选你能解决的问题,尝试回答。

问题类型	问 题	阅读方法关键词
人物的题	1.香雪为什么总是第一个出门,却在火车来时躲在最后面?(矛盾题)	辩证分析人物性格;多元看待人物心里
	2."北京话"在文中的作用?"北京话"的热情邀请为何使香雪感到委屈?	"知人论世"与"论世知人"
	3.主角是香雪,为何写其他姑娘们?	典型性与复杂性
	4.为何在天黑看不清的情况下,姑娘们仍要精心打扮去看火车?	"知人论世"与"论世知人"
	5.文末,香雪为何会哭?	辩证分析人物性格;多元看待人物心里
环境的题	1. 最后一段,群山的描写,如何欣赏?	小说三要素之相互关联
	2. 第一段,为何写大山"温存"和"粗暴"?	小说三要素之相互关联
主题的题	1."哦,香雪!香雪!"如何欣赏?	重复,感叹号
	2.铅笔盒在文中的作用?	线索与人物、主题的关联

2.板书课堂任务单二:尝试多元理解小说中的主要意象。

请同学们以《以_____看青春》为题,写一篇文章。

要求:①必须从近期课内交流过的人物中选择一位作为思考的依据;②思考的重点不是选择的人物,而是"青春"的内涵;③注意结合当下,不要只停留在所选人物的时空背景;④不少于800字。

【学生作业】

以小通讯员看青春

张鸣昊

"吾愿吾亲爱之青年,生于青春死于青春,生于少年死于少年也。""吾愿吾亲爱之青年,擎此夜光之杯,举人生之醍醐浆液,一饮而干也。""本其理性,加以努力,进前而勿顾后,背黑暗而向光明,为世界进文明,为人类造幸福,以青春之我,创建青春之家庭,青春之国家,青春之民族,青春之人类,青春之地球,青春之宇宙,资以乐其无涯之生。"(《新青年－青春》)

——《题记》

青春是璀璨夺目的银河,是转瞬即逝的烟花,闪耀美丽却短暂至极;在塞缪尔眼中,青春是深沉的意志、恢宏的想象、炽热的感情,是生命的深泉涌流;而在那个战火纷飞的年代,青春是青年们的前仆后继、舍生忘死,是抗战、是革命、是牺牲,是以生命谱写芳华,以牺牲换新时代的青春。"生于青春死于青春,生于少年死于少。"

他也只是个十九岁稚气未脱、心怀梦想的少年,却在战争中度过了青春。在面对私心和大义的选择时,他毫不犹豫选择了后者,当一颗手榴弹在担架队员们中间冒烟乱转时,他毫不迟疑地扑了上去。他的质朴憨厚、不善言辞与战争二字相斥,就如那雏菊和那冰冷的枪管,显得格格不入。我看见他的青春在枯萎,在绽放,十余岁的身体里开着一朵百合花,微光过后化作冰清玉洁的少年。在他花一样的年纪,他把青春奉献给了革命,让那朵百合花开得如此肆无忌惮、开的那样灿烂。

"以青春之我,建青春之国。"我们身在煌煌皇皇之世,则更应该在青春岁月中坚定理想信念。作为新时代的青年,我们不少人都自诩佛系,反观我们的前辈:南仁东倾尽全力使中国睁开勘探世界的"天眼";新时代楷模张桂梅,为女性教育事业而奋斗,成就了一批又一批的女学子仰望星空;无数铁路工人的汗水与奋斗,让青藏铁路盘旋于世界屋脊;科技人员夙夜匪懈,得南海蛟龙深潜万米汪洋;新时代的我们要像他们一样,将生命投向一个更广阔的出口,以奋斗的姿态,怀揣家国之心,定格青春最美的瞬间。

"彼时春衫少年郎,笑看风华不知愁",我们的青春没有轰轰烈烈,没有侠肝义胆,没有恩怨缠绵,我们的青春只是放学天空中的一抹晚霞,是每个花晨月夕的早晨,是熙熙攘攘的食堂,是老师的每一句晨钟暮鼓。尽管如此,我们也要秉烛夜游,珍惜青春,不负韶华,以青春之我,担千钧之重任,树鸿鹄之大志,为梦想而奋斗。

【教学反思】

从落实核心素养的角度看:教学前将核心素养定位在思维能力和文化自信上,从课堂教学的效果看,学生基本上理解了多元解读文本的思维方法,也能够从香雪等小说角色的性格中看到落后在先进面前的文化自信。这一点还是基本落实了。

从落实任务的角度看:本节课共有两个主要任务:课堂任务单一:挑选你能解决的问题,尝试回答。课堂任务单二:尝试多元理解小说中的主要意象。第一个任务在完成的时候比较艰难,虽然这些问题全是"取之于民",同学们对这些问题都比较熟悉,甚至有亲切感,但是,这些好感无法减损问题本身的难度,大多数的学生是"望而生畏"的,需要教师大量的引导。但正是教师的引导让学生感受到甚至理解了"多元"这样的思维方法。第二个任务完成的相对迅速,可能是因为有了第一个任务的铺垫,学生的思维打开了许多,完成的不错。

从落实教学目标的角度看:教学目标是否落实不仅要看课堂上的生成,更要看学生课后的练习或作业情况。从学生作业来看,他们在看待"青春"时,能结合文本所学,多元看待这个抽象的词,极少数同学会有深入思考,大部分同学止于课上所学。这个结果既可以看做是基本完成的教学目标,也可以看到学生在思维深度上的无穷空间,这有待后续教学的安排。

从本人切身的教学体验来看:这次的教学依从以学生为主体的教育理念,让学生自主质疑、自主解疑,课堂的问题皆"取之于民""用之于民",学生似乎更愿意回答自己感兴趣的问题,课堂的参与度也会相应提高,更重要的是这本身也激发了学生积极思考,这一点从学生的课后作业质量即可见。可贵的是教师的问题虽然被学生取代了,但教学目标却在不经意间悄悄地实现了。

刘姝睿,上海财经大学附属北郊高级中学教师。

《蜀相》学案设计

◎ 刘欣茹

【教学目标】
1.反复诵读,体会杜甫诗沉郁顿挫的风格,把握诗歌的情感。
2.炼字炼词,解读意象,理解杜甫对"蜀相"的景仰和叹惋之情。
3.赏析反衬等手法,把握诗歌的景与情。
4.把握英雄本色、家国情怀,传承爱国热诚、奋进精神。

【教学重点】
1.理解诗歌中表达的思想感情。
2.把握诗歌的景与情的关系。

【教学难点】
涵咏字句,理解"自"和"空"在诗中的情感。

【授课方法】
融入法、讨论法、比较法

【文化积累】
1.杜甫:杜甫生平及主要作品整理与积累。其主要作品有"三吏""三别"等。因其卓越的成就,被人尊称为"诗圣",与"诗仙"李白齐名。著有《杜工部集》。杜甫的诗充满了身世之感、家国之思、羁旅之愁。
2.律诗:中国近体诗的一种。律诗要求诗句字数整齐划一,每首分别为五言、六言、七言句,简称五律、六律、七律,其中六律较少见。
3.背景:《蜀相》作于唐肃宗上元元年(760)春天。此时的杜甫,刚刚来到成都不久,暂住于城西的浣花溪畔。在此之前的五年,他颠沛流离,一度身陷安史叛军中,逃脱后做过左拾遗、华州司功参军之类的小官,之后又弃官而去。这五年里,他目睹了安史之乱中兵火连天、生灵涂炭、田园荒芜的景况;加之唐肃宗昏庸糊涂,宠信宦官,排斥功臣,杜甫本人亦因上书救宰相房琯而遭疏远、贬斥,这使得早年间一心想要"致君尧舜上,再使风俗淳"的他倍感失落,对时局的忧虑也始终徘徊在心头。

正是在这样的心理背景下,杜甫游览了成都城外的诸葛武侯祠,写下了《蜀相》一诗。(背景:国乱、君昏、民困、己穷)

4.答题规范:炼字题的答题步骤

第一步:释词义:解释该字在句中的含义。

第二步:绘图景:将关键字放入原句中展开联想或想象,描述景象。

第三步:明手法:指出这个字特殊的语法现象或修辞手法,如词类活用、拟人、通感、化静为动等。

第四步:析作用:点出该字烘托了怎样的意境,表达了怎样的感情,或有什么艺术效果。

【教学过程】
导入:同学们,你心中的诸葛亮是怎样的人物形象?

年仅27岁的诸葛亮在《隆中对》中,从政治、经济、军事、地理和人事各方面进行了分析,把一幅树威定霸的宏图渐次展现在刘备面前,提出要统一天下应走鼎足三分,联吴抗曹的道路。他一生踏实谦逊,在治蜀中取得的业绩和表现出来的聪明才智、忠贞之节以及献身精神,都受到历代称赞和传颂。一千多年来,诸葛孔明被视作封建贤相的典范,名彪青史!

历代有不少文人赞美过诸葛亮,如李商隐、辛弃疾、陆游等,他们或讴歌诸葛亮超凡的才德,或称颂他的赫赫业绩,或哀惋他壮志未酬的一生。诸葛亮身上可赞美的东西很多,杜甫《蜀相》中的诸葛亮是个怎样的形象?杜甫又为何要塑造这样的诸葛亮呢?

任务一:初读,忆英雄

律诗讲究"起、承、转、合",注重平仄和押韵。请大家自由朗诵,并根据课本注释和课件的补充释义,尝试着自行翻译全诗。

(请两位学生朗诵诗歌,师指导朗诵)

我们读诗，要学会揣摩作者的思想感情。如果要将全诗表达的情感浓缩到一个意象上，"泪"字会是最合适的。

活动：分小组展开讨论交流，人人参与，探求"泪"的意蕴。

第一组：品读"丞相""寻""柏森森"三个词的意味。

明确：丞相，表达了对诸葛亮的仰慕和缅怀之情。

寻——有目的的专程来访，表达出对诸葛亮的强烈景仰和缅怀，显示访庙吊古心思的急切。

柏森森——1.实写武侯祠周围环境。"森森"不仅指茂密、繁多，也给人整肃之感。2.渲染气氛。表现祠堂附近的庄严肃穆，也表达了诗人参拜时内心的崇敬之感。3.象征。柏树在中国传统文化中素来有忠贞、高洁的意味，可视为诸葛亮伟大人格的象征。

第二组："映阶碧草自春色，隔叶黄鹂空好音"这两句话中"自""空"的妙处？

明确：(1)"自"，独自的意思。"空"，徒然、白白的意思。（释词义）

(2)青草翠绿，映照台阶，独自成为春色，却无人光顾；隔叶黄鹂叫声婉转动听，却无人倾听，徒然啼鸣。（绘图景）

(3)诗人运用了融情于景、以乐景衬哀情的手法。（明手法）

(4)一"自"一"空"，渲染了冷清寂寥的氛围，表达了诗人对英雄长逝遗迹荒芜的伤感惋惜，为下文感叹诸葛亮的壮志未酬作铺垫。（析作用）。

第三组：同样是概括诸葛亮的功绩，颈联与下面的对联相比，侧重点有何不同？

收二川，排八阵，六出七擒，五丈原前，点四十九盏明灯，一心只为酬三顾；

取西蜀，定南蛮，东和北拒，中军帐里，变金木土爻神卦，水面偏能用火攻。

明确：这幅写在南阳市卧龙岗中的对联重点写了诸葛亮一生的功业，而颈联刻画出诸葛亮的智谋无双、忠心耿耿、功勋卓著及明君贤臣的惺惺相惜。

而杜甫颈联中塑造的诸葛亮的形象在《出师表》中也能找到依据。如"先帝不以臣卑鄙，猥自枉屈，三顾臣于草庐之中……咨臣以当世之事，由是感激，遂许先帝以驱驰。后值倾覆，受任于败军之际，奉命于危难之间，尔来二十有一年矣"充分体现了刘备和诸葛亮的君臣相遇合之情和诸葛亮对汉室的一片忠心。而诸葛亮在《出师表》中提出的"赏罚分明""亲贤臣，远小人"等兴复汉室的策略体现出他的才华和智谋。诸葛亮在《出师表》中提出的政治主张和表达出的矢志收复中原的抱负都让人赞叹。这篇表奏中诸葛亮分析问题深中肯綮，表意陈事言辞恳切，字里行间，无不洋溢着他忧虑国事、尽忠汉室的诚挚之情。

任务二：再读，叹英雄

杜甫非常仰慕诸葛亮，他曾多次拜谒并创作一系列有关诸葛亮的诗作。那么，杜甫为何多次拜谒诸葛祠并创作一系列有关诸葛亮的诗作？这就需要结合作者生平和写作背景加以思考。

《蜀相》作于唐肃宗上元元年，杜甫避乱成都的次年春天，"安史之乱"仍未平息，唐王朝处于风雨飘摇之中；唐肃宗信任宦官，猜忌如杜甫这样真正忧国忧民的文人。杜甫经历了一系列仕途打击，其"致君尧舜上，再使风俗淳"的政治理想彻底落空。诗人流落蜀地，寄人篱下，困厄穷途，家事、国事均忧心忡忡，苦闷彷徨。这段时间，他创作了一系列赞扬诸葛亮的诗篇。

请大家尝试着完成下表，比较分析杜甫和诸葛亮，思考他为什么要刻画诸葛亮"蜀相"的形象？

	诸葛亮	杜甫
时代	战争频繁，三国鼎立	安史之乱，动乱不安
才情	两表酬三顾，一对足千秋	世上疮痍，诗中圣哲
理想	匡扶汉室，一统天下	致君尧舜上，再使风俗淳
付出	鞠躬尽瘁，死而后已	颠沛流离，矢志不渝
结果	出师未捷身先死	壮志未酬鬓已霜

杜甫多次拜谒诸葛祠并作诗，在《蜀相》中又重点强调诸葛亮身上的"天下计"和"老臣心"两大特点，是因为杜甫的志向是当一名臣相，而诸葛亮做的正是杜甫想做的。此外，安史之乱仍未完全平息，唐王朝仍然处于风雨飘摇中，杜甫仰慕诸葛亮的"贤相"风范。他渴望能像诸葛亮一样得遇明君、建功立业，希望国家危难之时能得到如诸葛亮般匡扶天下的贤相，又转而悲叹自己的壮志难酬、人生失意。（敬诸葛亮：诸葛亮可以得遇明主，建功立业。他以行动实践了"鞠躬尽瘁，死而后已"的誓言。冀君王用：杜甫请缨无路、报国无门、生不逢时，诸葛亮能与刘备的君臣际会，共创大业，一生才学得以施

展;自己却被肃宗猜忌,怀才不遇,期待肃宗能重用忠臣能将。感壮志未酬:从武侯祠着笔,追思、仰慕、歌颂诸葛亮的丰功伟绩,慨叹他的壮志未酬,抒发自己功业未就又心怀天下的深沉感慨。)

尾联"英雄"指什么人?这两句话为何感人肺腑,长使英雄泪满襟?

明确:诗中的"英雄"是指所有心系天下却壮志难酬之人。这里的"壮志未酬",不只是无法实现个人价值的失意,更是无法报效祖国的悲愤。这是诸葛亮"出师未捷身先死"的悲叹,也是陆游"塞上长城空自许,镜中衰鬓已先斑"的悲愤;是辛弃疾的"廉颇老矣,尚能饭否",也是谭嗣同的"有心杀贼,无力回天"。

这里的"英雄"更是杜甫自己。早年立下"致君尧舜上,再使风俗淳"的壮志却困守长安十年,而后遭遇"安史之乱",《登高》中"万里悲秋常作客,百年多病独登台。艰难苦恨繁霜鬓,潦倒新停浊酒杯"写尽了他的漂泊流亡。然而一生坎坷的他,却忧国忧民,在茅屋被狂风刮破时,他仍心念天下苍生,"安得广厦千万间,大庇天下寒士俱欢颜"。尾联之所以感人肺腑,长使英雄泪满襟,是因为这两句饱含了知其不可而为之的勇气、为国为民肝脑涂地的忠心、殚精竭虑功业未成的遗恨。

回顾学过的杜甫诗文,找出关于"泪"的诗句,再次探讨杜甫的泪水为谁为何而流。

(课件展示:《春望》《石壕吏》《闻官军收河南河北》)

杜甫的泪,是心系天下民生的泪,是心系国家安危的泪。

我们再来看看《论语》中的这两则语录。

1.子曰:"苟有用我者,期月而已可也,三年有成。"(《论语·子路》)

2.子路宿于石门。晨门曰:"奚自?"子路曰:"自孔氏。"曰:"是知其不可而为之者与?"(《论语·宪问》)

修身齐家治国平天下,儒士表现出强烈的入世彩和家国情怀。而知其不可为而为之、舍生取义,又增添了儒士的英雄气概和献身精神。

(问)同学们,你们知道有哪些人物身上体现出这种明知不可而为之的勇气和献身精神吗?(请生发言)

中国的传说故事中如精卫填海、愚公移山等就有所体现,还有花木兰替父从军……而这些都是我们民族文化中一直传承的儒家精神。正如闻一多评价杜甫:四千年文化中最庄严,最瑰丽,最永久的一道光彩。这道光彩就是家国情怀,是骨、是魂!

任务三:三读,赞英雄

较之古代英雄心怀苍生却壮志难酬的悲壮,今之英雄有什么特点?引导学生结合八位共和国勋章获得者的事例,谈谈你的看法。(请生发言)

1.要和乡亲们在一起,把根永远扎在农村大地上。(申纪兰)

2.当初我当兵就做好了准备,命就交给了国家。(李延年)

3.和我并肩作战的战友,好多都牺牲了,他们才是英雄。(张富清)

4.我的一生属于核潜艇、属于祖国,无怨无悔。(黄旭华)

5.中国人的饭碗要牢牢掌握在自己手上。(袁隆平)

6.青蒿素研究获奖是中国科学家集体的荣誉。(屠呦呦)

明确:今之英雄与古代英雄的共同点是心怀天下、赤诚报国。然而较之古代英雄受限于时代的壮志难酬,今之英雄为时代所造就,成为时代之楷模。中国从站起来,到富起来,再到强起来,离不开无数仁人志士的"天下兴亡,匹夫有责"的家国情怀。什么是英雄?我们认为最关键的就是一个"大"字,是"大智""大忠""大勇""大爱",是"先天下之忧而忧,后天下之乐而乐",是"安得广厦千万间,大庇天下寒士俱欢颜"。其中彰显的就是心怀天下苍生的家国情怀,这也是儒家的精神追求。

当下英雄含义也在与时俱进,更加丰富化平民化。被民族、时代铭记的申纪兰、景海鹏等人是英雄;投身贵州贫困山区助学支教的乡村教育实践者肖诗坚,帮助贫困女孩走出山里的校长张桂梅是英雄。因此,这些尽一己之力,有担当尽职责,努力生活,给周围人带来正能量,给社会注入温暖动力的人,都可称为英雄。灿烂星空,谁是真的英雄?平凡的人们给我最多感动。

任务四:四读,颂英雄

练笔:课后让学生继续阅读共和国勋章获得者及时代楷模的事迹材料,以"学时代英雄,做有为青年"为主题写一个100字的作文片段。

刘欣茹,江西省上饶市上饶中学腾飞语文组教师。

《赤壁赋》教学设计方案

◎ 罗　瑞

【教学目标】

语言构建与运用：掌握重要实词在不同语境中的词义和用法，把握古今异义词，积累文言虚词、状语后置、意动用法等知识。

思维发展与提升：把握作者的情感变化过程及原因，并通过对情感的探究体悟作者的内在精神，体会并评价作者的人生态度。

审美鉴赏与创造：赏析人物形象，品味文章景、情、理结合的特点。

文化传承与理解：以苏轼为榜样，打造趣味生活，开启诗意人生。

【教学重点】

掌握重要实词在不同语境中的词义和用法，把握古今异义词，积累文言虚词、状语后置、意动用法等知识；把握作者的情感变化过程及原因；赏析人物形象。

【教学难点】

赏析文章景、情、理结合的特点；体会并评价作者的人生态度。

【教学方法】

自主探究，诵读品味，教师点拨，交流讨论。

【课前预习】

1.自主阅读文章，梳理生字词和重点实词的意思，勾画特殊句式和关键语段；

2.搜集作家、作品资料，交流展示备用；

3.初步感知文章大意，理清各段大意；

4.勾画写景、抒情、说理的句子，小组交流，课堂讨论。

【教学课时】2课时。

【教学过程】

一、课前导读

余秋雨先生在《苏东坡突围》一文中说："黄州是苏东坡一生中最重要的人生驿站，他在这里完成了一次永载史册的文化突围。"今天就让我们一起通过对他在黄州期间创作的《赤壁赋》的学习，探寻他是如何完成这次突围的。

（一）写作背景

《赤壁赋》写于苏轼一生最为困难的时期之一——被贬谪黄州期间。宋神宗元丰二年（1079年，42岁）七月，苏轼因被诬作诗"谤讪朝廷"被捕入狱，史称"乌台诗案"。后经多方营救，于当年十二月释放，贬为黄州团练副使。他经常到湖北黄州赤鼻矶头游览眺望。元丰五年（1082年，45岁），苏轼于七月十六和十月十五两次泛游赤壁，写下了以赤壁为题的一首词《念奴娇·赤壁怀古》和两篇赋《前赤壁赋》《后赤壁赋》。本文为《前赤壁赋》。苏轼知道这不是赤壁之战的古战场，他只是触情生情，借题发挥。

（二）文体知识

本文是一篇文赋。文赋是在唐宋古文运动的影响下产生的一种散文化的赋体，它不拘骈偶，相对于汉赋，它更加自由灵活。文赋始于唐代，杜牧的《阿房宫赋》历来被人们视为"文赋"的开先河之作。北宋时期，文赋的发展更加成熟而富有特色。其代表作即欧阳修的《秋声赋》和苏轼的前、后《赤壁赋》。宋代文赋正是赋体发展的终极阶段，前、后《赤壁赋》即为临界的标志作品。

二、文本赏析

（一）学习活动一：文本诵读

活动引领：分组分段派代表朗读，交流讨论，教师点拨指导，解决生字词，读准节奏，初步把握文意和情感。

学生活动：各小组选派代表各朗诵一段课文，互相点评，老师总结。

（二）学习活动二：文言知识积累

活动引领：让学生结合注释，分类整理文中重点文言基础知识:通假字、词类活用、一词多义、古今异义、特殊句式等;并理解重点句子。

(三)学习活动三:整体感知

活动引领:全文的情感变化错落有致,和学生一起品读全文,使其领会文章的情感变化过程。

1.快速浏览全文,在文中找出最能直接表达情感的词句。

明确:"于是饮酒乐甚"——乐;"托遗响于悲风"——悲;"客喜而笑"——喜。

2.请学生细读课文,思考下列问题:

(1)苏子因何而乐?

(2)客人为何而悲?

(3)客人又是如何转悲为喜的?

明确:

(1)"壬戌之秋,七月既望,苏子与客泛舟游于赤壁之下。清风徐来,水波不兴。举酒属客,诵明月之诗,歌窈窕之章。少焉,月出于东山之上,徘徊于斗牛之间。白露横江,水光接天。纵一苇之所如,凌万顷之茫然。浩浩乎如冯虚御风,而不知其所止;飘飘乎如遗世独立,羽化而登仙。"友人相聚,泛舟江上,吟诵诗文,临风赏月,良辰、美景、赏心、乐事兼备,怎能不乐?所以苏子"饮酒乐甚,扣舷而歌之"。

(2)苏子乐而放歌,客吹箫相和。"其声呜呜然,如怨如慕,如泣如诉,余音袅袅,不绝如缕。舞幽壑之潜蛟,泣孤舟之嫠妇。"箫声使幽壑里潜伏的蛟龙起舞,使孤舟上的寡妇哭泣。苏子问:"箫声为什么这么悲凉呢?"客回答说:"曹操破荆州,下江陵,顺流而东也,舳舻千里,旌旗蔽空,酾酒临江,横槊赋诗,固一世之雄也,而今安在哉?况吾与子渔樵于江渚之上,侣鱼虾而友麋鹿,驾一叶之扁舟,举匏樽以相属。"英雄人物,也会消逝,无法永生,何况吾与子?你、我"寄蜉蝣于天地,渺沧海之一粟,哀吾生之须臾,羡长江之无穷",相对于永恒的宇宙,人类多么渺小,生命多么短暂,只能"挟飞仙以遨游,抱明月而长终",理想在现实中难以实现,唯有将这种悲情寄托在箫声的余音中。

(3)第四自然段,苏子劝慰客说:"客亦知夫水与月乎?逝者如斯,而未尝往也;盈虚者如彼,而卒莫消长也。盖将自其变者而观之,则天地曾不能以一瞬;自其不变者而观之,则物与我皆无尽也,又何羡乎!"苏轼从变与不变的角度,借水的流逝和月的盈虚,来说明个体生老病死,总在变化,人类代代相传,又是永恒,那么,何必又羡慕宇宙

永恒呢?"且夫天地之间,物各有主,苟非吾之所有,虽一毫而莫取。"天地之间物各有主,不属于自己的东西,就不能有非分之想,僭越之心,应该要懂得满足。并且"惟江上之清风,与山间之明月,耳得之而为声,目遇之而成色,取之无禁,用之不竭,是造物者之无尽藏也,而吾与子之所共适",大自然中有无穷无尽的宝藏,我们可以寄情自然,享受这份天然的馈赠。于是"客喜而笑",宾主尽欢。

小结:通过对《赤壁赋》中情感变化过程及原因,我们可以看到:苏轼面对赤壁月夜美景,饮酒诵诗,乐而忘忧(板书:赏乐之景);客人"如怨如慕,如泣如诉"的箫声使主客的心情由乐转悲,客人解释箫声悲凉的原因是:他由赤壁联想到了曹操,联想到英雄人物也无法永生,人类渺小,人生短暂,理想在现实中难以实现,这怎能不令人悲痛(板书:析悲之情);苏轼宽慰他说,人类代代相传,也是永恒的,人应该要懂得自我满足,可以通过寄情自然的方式消解自身的痛苦。客人终于转悲为喜。(板书:悟悲之理)

3.那么,相对于文中的"客",文中的苏轼是一个具有什么精神的人呢?

明确:乐观旷达。

(四)学习活动四:深入探究

活动引领:补充有关苏轼生平的资料和拓展课文有关知识,探究苏轼是如何完成自己的精神突围的;反复阅读原文,探究文章的语言特点。

探究一:

1.请同学们思考:

(1)人可以永远快乐吗?

(2)苏轼是谁?

(3)苏轼能永远乐观旷达吗?

明确:

(1)不能。

(2)教师补充介绍。

(3)他也不能。从他的人生经历、自我评价和文中吟唱的诗歌中都可以看出他的不快乐,这与他劝慰客人时表现出的乐观旷达相矛盾,即,苏轼思想中体现出了"悲"与"乐"的矛盾。而这篇文章正是告诉我们,他怎样解决了这组矛盾,完成了自己的精神突围。

2.苏轼是如何完成自己的精神突围的?

明确:苏轼命途多舛,但他没有像陶渊明那样归隐田园,也没有像贾谊那样抑郁而终。清风明月

之美固然给政治上失意的苏轼带来了莫大的安慰，但更因苏轼是融汇儒、释、道三家思想的天才式人物。儒家倡导"积极入世"，勇于担当责任；佛家强调"四大皆空"，鼓励看清现实；道家倡导"超脱出世"，劝导放下执念。而从《赤壁赋》文中体现的内涵来看，"主"与"客"正是苏轼思想受佛、道两家影响的两个层面。"客"是作为儒者的苏轼，他感叹"人生短暂、人类渺小、理想难以实现"，流露出悲观情绪；"主"是作为道者的苏轼，他因缘自适，随遇而安，乐观旷达。

苏轼思想复杂，外儒内道。当儒家积极入世的态度遭遇现实壁垒时，苏轼能峰回路转，在佛、道两家超然物外、与世无争的思想中找到精神归属。最终，"主"说服了"客"，乐观的苏轼战胜了悲观的苏轼，完成了自己的精神突围，同时也"完成了一次永载史册的文化突围"。

探究二：

1. 这篇文章是如何将景、情、理相融合的？

明确：本文写景、抒情、说理统一，形象性与哲理性统一。文章第一段写景。以"清风徐来，水波不兴""月出于东山之上，徘徊于斗牛之间"的美景引发感情抒发，因景生情、情景交融。第二段客的议论，便以"托遗响于悲风"扣住风，作者虚无消极的人生观借助于具体的现实的自然物象表达了出来。第三段苏子反驳，起首就用"客亦知夫水与月乎"一句来个针锋相对，以水和月作比，深入浅出地说明了事物具有变与不变、取与不取两重性的道理，表现热爱旷达之情。全篇文章，议论使景物具有精妙的哲理内蕴，写景使哲理呈现生动可感的形象，而抒情又成了文章的内在脉络，三者融为一体，相得益彰，相映成趣。

2. 这篇文章景美、情真、理深，语言也优美。语言有什么特点？

明确：这篇文章文辞优美，语言富有诗情画意。一是多用整句，两两相对，造成整齐和谐的音韵之美；二是善用铺排手法，渲染气氛，抒发情感，表达深刻的哲理。如写声音用："其声呜呜然，如怨如慕，如泣如诉，余音袅袅，不绝如缕。舞幽壑之潜蛟，泣孤舟之嫠妇。"渲染出声音的低沉悲凉，富有画面感和感染力。再如写曹操，用"顺流而东也，舳舻千里，旌旗蔽空，酾酒临江，横槊赋诗，固一世之雄也。"表现曹军声势浩大，意气昂扬之情，生动有力……

三、拓展延伸

阅读《后赤壁赋》，比较前后《赤壁赋》的异同。

【参考资料】

异同点：前后《赤壁赋》虽都以秋江夜月为景，以客为陪衬，但《后赤壁赋》重在游、状景，而《前赤壁赋》意在借景抒怀，阐发哲理。本文第一段，作者在月明风清之夜，与客行歌相答。先有"有客无酒"、"有酒无肴"之憾，后有"携酒与鱼"而游之乐。行文在平缓舒展中有曲折起伏。第二段，从"江流有声，断岸千尺"的江岸夜景，写到"履巉岩，披蒙茸……"的山崖险情；从"曾日月之几何而江水不可复识"的感叹，到"悄然而悲，肃然而恐"的心情变化，极腾挪跌宕之姿。第三段，借孤鹤道士的梦幻之境，表现旷然豁达的胸怀和慕仙出世的思想。

《赤壁赋》分前后两篇，珠联璧合，浑然一体。文章通过同一地点(赤壁)，同一方式(月夜泛舟饮酒)，同一题材(大江高山清风明月)，反映了不同的时令季节，描绘了不同的大自然景色，抒发了不同的情趣，表达了不同的主题。字字如画，句句似诗，诗画合一，情景交融，真是同工异曲，各有千秋。

《后赤壁赋》是《前赤壁赋》的续篇，也可以说是姐妹篇。前赋主要是谈玄说理，后赋却是以叙事写景为主；前赋描写的是初秋的江上夜景，后赋则主要写江岸上的活动，时间也移至孟冬；两篇文章均以"赋"这种文体写记游散文，一样的赤壁景色，境界却不相同，然而又都具诗情画意。前赋是"清风徐来，水波不兴""白露横江，水光接天"，后赋则是"江流有声，断岸千尺，山高月小，水落石出"。不同季节的山水特征，在苏轼笔下都得到了生动、逼真的反映，都给人以壮阔而自然的美的享受。

四、课堂小结

苏轼在《赤壁赋》中将写景、抒情、说理融为一体。我们通过分析文中情感由乐转悲，再由悲转喜的变化过程及原因，体悟到了苏轼旷达超脱的人生态度。同时，从他内心由悲到喜的变化也可以看出，他也并不是一个天生就有乐观精神的人。他是在与自我的辩论中战胜了自己，完成了自己的精神突围，具有了诗意的超脱。

五、课后作业

课后思考：如何看待"穷而后工"这种现象？你还能从古代文学家中举出类似的例子吗？

罗瑞，陕西省宁强县天津高级中学教师。

九上第一单元教学方案

◎乔 宇

【单元教学方案设计依据】
一、单元教材分析
（一）学习任务群的学习目标与内容
1.阅读与鉴赏 学生"能提出自己的看法，并能与他人合作，共同探讨、分析、解决疑难问题，对课文的内容和表达有自己的心得""能区分写实作品与虚构作品，了解诗歌、散文、小说、戏剧等文化样式""欣赏文学作品，有自己的情感体验，初步领悟作品内涵，从中获得对自然、社会、人生的有益启示。对作品中感人的情境和形象，能说出自己的体验；品味作品中富于表现力的语言"。

2.表达与交流 学生"能从文章中提取主要信息，进行缩写""能变换文章的文体或表达方式等，进行改写""尝试小小说的写作""根据表达的需要，借助语感和语文常识，修改自己的作文，做到文从字顺"。

3.梳理与探究 "努力提高语言文字运用能力，增强表达效果"。

4.发展型学习任务群 文学阅读与创意表达："阅读表现人与社会、人与他人的古今优秀诗歌、散文、小说、戏剧等文学作品，学习欣赏、品味作品的语言、形象等，交流审美感受，体会作品的情感和思想内涵；尝试写诗歌、小小说等。"

（二）单元学习目标
1.学习鉴赏诗歌作品，了解诗歌意象，体会诗歌意境，理解诗人情感，感受诗歌的艺术魅力。

2.把握诗作的感情基调，揣摩诗人情感的发展脉络，能够在朗诵时通过重音、停连、节奏等传达出诗人的思想感情。

3.学习这几首诗借景或借物表达情志的写法，尝试小诗创作。

（三）单元教材篇目分析
本单元是"活动·探究"单元，主要是学习欣赏诗歌作品，并通过不同形式的朗诵活动、诗歌写作，引导学生更好地感受诗歌的魅力，获得审美的熏陶。本单元"活动任务单"共安排三个任务，分别是学习鉴赏、诗歌朗诵和尝试创作。

"任务一"提供的诗作中，《沁园春·雪》通过描绘北国雪景，歌咏祖国壮丽的河山，引出历代英雄人物并借此抒发诗人的伟大抱负。《周总理，你在哪里》运用了一种"询问——呼唤——寻找——回答"的诗歌形式，寄情于景，抒发了人民群众对周总理无限热爱和怀念的感情，对周总理鞠躬尽瘁为人民的崇高品质进行了深沉而热烈的赞颂。《我爱这土地》将自己拟想为一只鸟，用"嘶哑的喉咙"歌唱国难当头的祖国，表达出对祖国的深沉的爱。《乡愁》将无形的思乡愁绪转化为具体可感的物。《你是人间的四月天》直接使用多个暗喻，歌咏"四月天"的种种美好，借此赞美"你"带来的爱、温暖和希望。《我看》从"我"所看到的春日晚景写起，由自然万物的生生不息生发出对人的生命的感悟，表达了自己的独特体验和思考。

二、学情分析
大部分学生对诗歌不太感兴趣，经过前期的学习，能初步赏析诗歌。

【单元教学方案设计思路】
本方案旨在让学生在浅层认知的基础上，深入体会诗歌的意蕴，在实践活动中产生深层次的个性化的理解与思考，并能把自己对生活的感悟通过写作表达出来。以目标为导向，设置情境：学校要举办"庆祝二十大，诗歌献真情"诗歌朗诵比赛，咱们班将承办这项活动，请你和小伙伴们认真筹划，积极准备，完美呈现。从"读懂好诗歌""诵读好诗歌""创作新诗歌"三个层面展开任务群驱动。

【单元学习过程】
第一课时：单元导读课

一、学习目标
1.积累字词。
2.初步感知诗歌。
二、预习作业
1.写下你认为需要积累的字词
2.独立阅读每首诗,不参考任何资料,记录下你的初读感受
三、学习过程
学校要举办"庆祝二十大,诗歌献真情"诗歌朗诵比赛,咱们班将承办这项活动,请你和小伙伴们认真筹划,积极准备,完美呈现。
本学期第一单元就是诗歌单元,我们可以将这6首诗歌作为参赛篇目。我们先要读懂这些诗歌,才能更好地诵读。
(一)引导学生阅读单元导读部分,梳理本单元人文主题与语文素养,把握本单元学习的主体思路。
学生默读单元任务单,把握单元要点。明确单元主题,勾画单元学习重点。
(二)要求学生通读本单元五首诗作,体会诗歌的意象与感情基调。
主问题:通读五首诗歌,捕捉意象,感知诗歌内容,体会诗人表达的思想感情。
学生自读诗歌(限时),把握节奏,梳理感知课文内容,圈点勾画,组内交流对文章的感受,体会思想感情,教师巡视点拨。
四、作业布置
请同学们在《沁园春·雪》《周总理,你在哪里》两首诗歌里任选一首进行赏析,把你的理解批注在书上。
学习支架:
现代诗歌的主流是新诗,也包括现代人写的旧体诗(包括诗词曲)。新诗是"五四"新文学运动的产儿,反映新生活,表现新的思想感情。新诗形式上采用白话,打破了旧体诗的格律的束缚,创造出不少样式,总的说来,一种讲究格律,谓之格律诗,一种比较自由,即自由诗。
具体说来,现代诗歌的鉴赏主要从以下几方面入手:诗歌的语言、诗歌的形象、诗歌的情感、诗歌的艺术特色。总的说来诗歌欣赏是一种艺术的认知活动。读者要借助诗歌的语言为媒介,把握艺术形象,感受作品蕴含的思想感情,产生思想感情上的共鸣。

第二课时:主题阅读课(1)
一、学习目标
学会赏析诗歌,体会文章的感情基调。
二、学习过程
学生组内交流对《沁园春·雪》《周总理,你在哪里》两首诗歌的理解。老师巡视点拨。
提示:可以结合以下问题探讨:
1.你觉得这几首诗的感情基调分别是怎样的?
2.诗歌的感情基调主要是通过哪些词语或形式表现出来的?
3.这几首诗有哪些意象?它们分别具有怎样的特点?
4.诗人通过这些意象描绘了怎样的画面或营造了怎样的意境?
5.这几首诗分别抒发了诗人什么样的思想感情?
6.当你朗诵时,你将通过哪些手段(比如语气、语调、语速、重音、停连)来传达诗作的情感?
7.通过找出诗作中所含意象并分析其特点,体会作品的感情基调以及诗人寄寓其中的思想感情。
三、作业布置
通过学习,你对诗歌有了更深地理解吧,请将你对诗歌的赏析形成一篇完整的文章。

第三课时:主题阅读课(2)
一、学习目标
学会赏析诗歌,体会文章的感情基调。
二、学习过程
小组派代表交流对诗歌的赏析。教师总结、归纳并板书。
三、作业布置
结合你对诗歌的理解,做好明天朗读比赛的准备。

第四课时:自主实践课——朗诵比赛
一、学习目标
了解并体会现代诗歌的诵读方法。
二、学习过程
(一)课前活动
1.指导学生制定朗诵比赛计划,指导学生就赛前的准备、竞赛程序与推举评委、制定评分细则、确定奖励方案等等做通盘考虑。
2.学生自选一首诗词,进行朗诵练习,注意重音、语气、语调、停连、节奏等的标注。
3.小组内竞赛评比,选出各组参赛选手,进行排

练,建议邀请有朗诵特长的老师或学长帮助指导。

(二)学生课堂活动

1.学生推举一名同学做竞赛主持人,整个朗诵比赛全程由学生来完成。

2.教师在活动最终进行评价性总结。

第五课时:以读促写课——学做小诗人(1)

一、学习目标

在欣赏诗歌的基础上尝试创作。

二、学习过程

(一)学生自由阅读《我爱这土地》《乡愁》《你是人间的四月天》《我看》,温习之前学习的关于诗歌的知识与方法。

(二)布置学生自由阅读自己所选择的诗歌,感受这些诗歌作品的意象、意境与气韵之美,品味作品语言及结构的特点,为自己选择仿写的对象做准备。思考自己作品的立意,情感与语言。

三、作业布置

请在《我爱这土地》《乡愁》《你是人间的四月天》《我看》四首诗中任选一首,写一篇诗歌赏析。

第六课时:以读促写课——学做小诗人(2)

一、学习目标

在欣赏诗歌的基础上尝试创作。

二、学习过程

(一)怎样写诗?

要求学生自读12页的补白《怎样写诗》,结合本单元所学诗歌思考咀嚼消化。

(二)学以致用:(三选一)

1.帮一位同学还没有写完的诗作,续写完整。

　　夜里的少女
　　　总在宁静的夜晚
　　　插上梦的翅膀
　　　飞进美妙的世界

2.好朋友过生日,你想对他说点什么?试着写一首诗,把你的祝福和希望送给他。

3.仿写:参照本单元学过的任意一首诗,自己仿作一首。

(三)尝试创作:选择一个对象,确定立意,写一首小诗,抒发自己的情感。(写作过程中,注意意象、句式和节奏等)

(四)学生活动

1.学生阅读自己喜欢的诗歌,然后小组交流,班内展示,教师巡视小组学生阅读情况,适当点拨,予以肯定和鼓励。

2.学以致用。动笔学写诗歌。以小组为单位进行交流,每组选出三篇优秀作品,然后小组讨论群策群力再次进行修改完善,最终选出一篇最好的诗作在班内交流。

第七课时:名著导读课——生命的歌唱《艾青诗选》(1)

导读目标:

1.了解艾青及《艾青诗选》;2.学习读诗的方法。

一、情趣导入

由艾青诗的朗诵或者对艾青的评价或者艾青诗中的名句导入。

二、名著导读

(一)阅读《〈艾青诗选〉:如何读诗》的第一部分,结合所查找资料,认识艾青及其诗歌作品。(小组交流所掌握的材料,然后学生展示)

1.艾青是一个什么样的人?

2.在三十年代与七十年代末期这两个时期他的作品分别表达了怎样的主题?

3.诗选集有什么特点?

(二)读书方法指导——读现代诗歌应注意的几个问题:1.注意诗歌的表现形式。2.把握诗歌的意象。3.体味诗歌的情感。4.品味诗歌的语言。5.体会诗歌的理性美。

(三)结合读法指导,自由朗读诗歌作品。

第八课时:名著导读课——生命的歌唱《艾青诗选》(2)

一、提问导入:上节课我们说到读现代诗歌要注意哪几个问题?

二、导读学习

(一)朗读诗歌,把握感情基调。(学生大声朗读自己喜欢的诗作,组内交流感想,分析艾青诗的风格并做班级展示。)

1.《艾青诗选》这本诗集中,你喜欢哪一首?

2.这首诗抒发了作者当时什么感情?

3.你从中感受了艾青的诗有怎样的风格。

(二)再读诗歌,体会诗歌魅力:大屏幕显示艾青诗中的代表作,学生受用各种朗读方式,进行朗诵,体会诗歌魅力。比如《大堰河,我的保姆》《北方》《雪落在中国大地上》《黎明的通知》等等。

(三)布置作业:运用这堂课学到的阅读方法,课外阅读《艾青诗选》,并作读书笔记。

乔宇,新疆生产建设兵团第二中学教师。

农村学校初中语文"生问"课堂教学案例与分析

◎乔 宇

【案例背景】

"生问",简单地说,就是学生提问。与传统语文课堂的"师问"相比,"生问"体现的是学生对文本的理解,体现的是学生的主体性。学生经过独立思考,才会有自己的感悟,才会有"真问题"。

一、基于学生的实际需求

爱因斯坦说过,提出一个问题,往往比解决一个问题更重要。解决一个问题是一个人能否综合运用知识以及知识的深度和广度的体现,而提出一个问题则是一个人是否具有创造力的重要表现。未来社会需要的人才,必备能力之一便是创新能力。

农村团场学校的学生,因家庭教育、教育大环境等因素,学习意识相对薄弱。学生从小接受的是机械重复、满堂灌填鸭式、死记硬背的应试教育,教师一言堂,学生缺乏独立思考的能力。因此,培养学生的问题意识,让学生在教师的启发下,或在某种教学情景的触动中主动地提出问题尤为重要。

二、基于核心素养要求

随着《中国学生发展核心素养》研究成果的发布,我们的教学逐步从"知识为本"向着"核心素养为本"的方向转变。

"生问"课堂的研究就是通过学科核心素养引领下的整合教学,把调动学生思维的活跃性和创造性作为课堂教学的主要目标,促进学生的深入学习,推进学生核心素养的发展。

【案例过程】

因工作需要,我来到南疆团场学校支教,担任七年级的语文教学工作。学生的学习状况是我始料未及的,课堂上愿意回答问题的学生大多是念参考书上的答案(有时并不能和我的提问相匹配)。学生告诉我,他们以为预习就是把参考书的答案搬运到语文书上,上课时老师问到的问题也都和标准答案一一对应,照着念就行。而那些不完成预习作业的学生,上课在老师的要求下记笔记时,如果老师不明确地说出记哪几个字,记在哪里,他们就会随便找一处空白,把 PPT 上的字从头抄到尾。学生的学习是生搬硬套,死记硬背,没有思考。我希望这种情况能有所改变,我就从鼓励学生提问入手,促使学生思考。一开始,是一节课上点状的呈现,我会鼓励学生提问,只要有学生提出自己的疑问,我就会大加赞赏。当大部分学生基本上认同并接受"生问"这样一种方式时,我选择了《台阶》这一课,以学生的"问",大家共同的学这种方式来学习课文。

课前我布置的预习作业是,自读课文,从不同的角度提出三个问题,写在本子上。给学生温馨提示,这是一篇自读课文,大家可以关注旁批和阅读提示。第二天课前,我收集了学生的问题,大致归为情节、人物、中心、词句赏析几类。

一上课,我就明确了这堂课的主要任务,同学们提出自己的问题,大家相互解答。

第一环节,小组相互交流各自提出的问题并进行分类,小组内先解答问题,解答不了的全班交流。学生交流时,有人觉得自己提的问题太浅显,有人觉得其他同学提的问题没有意义,有些同学提的问题是比较相似的。有的小组在交流时,就已经产生了分歧,争论起来。

第二环节,面向全班,学生提出问题,可以是预习时提出的,也可以是新产生的。

生1:父亲为什么非要造台阶?

生2:父亲总觉得自家房屋的台阶低。

生3:台阶是地位的标志,父亲希望被尊重。

生4:低台阶的时候,我们一家就不被尊重吗?造了高台阶父亲也没觉得被尊重啊。

班里一时无人问答，老师追问，从哪里看出造了高台阶，父亲没有觉得被尊重？

生5：造好台阶那天，父亲"尴尬的笑"，一点也不自然。

生6：父亲坐在台阶上也不敢敲烟枪。

生7：老师问的是尊重，不是父亲的行为。

生8：和别人打招呼，父亲觉得坐哪一级都不合适，也不能坐门槛，因为夫妻不合坐一条板凳。

生9：为什么夫妻在大庭广众之下不合坐一条板凳。

此问题无人回答。

师：这是农村的一些风俗，还是回到刚才那个问题。

生10：地位，尊重只是父亲自己觉得，其实村里人之前没觉得我们家地位低，造了高台阶，也没觉得我们家地位高。

生11：这就是父亲的一个目标，一种追求吧。

无人再作答，老师归纳总结：父亲执着造高台阶是对生活更高的期盼和追求。一个普通农民，省吃俭用，辛苦劳碌半生，终于建成了自己想要的房屋，这是人生莫大的幸福。"九级台阶"是父亲人生的杰作，是父亲对自己半生辛苦的肯定和奖励，是人生价值最大的体现。

生1：可是父亲没觉得幸福啊。29段写父亲若有所失。

生2：还写了父亲自那次腰闪了，失去了坐在台阶上的兴趣，还很少出门。

师：为什么父亲若有所失呢？

生3：父亲老了。

师：从哪里看出父亲老了。

生4：第28段，父亲挑水。

学生读了28段开头到"看父亲把水挑进厨房里去"。

师：那父亲承认自己老了吗？

生5：不承认。父亲硬撑着挑水，就是要强，不服老。

师：那咱们一起读读父亲的这句话。同学们先自己读一读，体会体会。

生自由读，两人试读，大家都觉得不太贴切。

师范读后，问此时父亲是什么心情？

生6：我年轻时，这两担水算什么，在孩子面前，我怎么也要坚持住。

师：可以看出父亲是个怎样的人？

生7：很要强，能吃苦。

生8：在孩子面前很要面子。

生9：作为家庭的支柱，要撑起整个家庭。

师：这是父亲人物形象的理解。回到刚才提出的问题，为什么造了新台阶，父亲若有所失。大家理解了父亲身体的衰老，不能像以前那样劳动了，那样有干劲，还有其他理解吗？

生没有回答。老师引导学生关注父亲造台阶的过程。

生1：第10段，父亲做准备的时间很长，一点一点积累材料。

生2：17段，父亲白天晚上的干活，只睡三四个钟头，父亲很兴奋。

生3：19—20段，造台阶，父亲也是很有干劲。

生4：15段写父亲的破草鞋堆得超过了台阶，说明父亲造台阶的过程很辛苦。

生5：11段：七个月种田，四个月砍柴，半个月捡卵石，半个月过年、编草鞋。父亲一直很忙碌，很辛苦。

师：同学们找到了父亲从准备到建造的全过程，看出父亲很辛苦，但很有干劲，特别能坚持。文中16段说"父亲准备了大半辈子"。新屋建起，台阶盖起的那天，父亲其实是很开心的，那为什么"若有所失"呢？

生1：29段，"父亲闲着没什么事可干"，父亲忙碌，辛苦了大半辈子，突然无事可做，很无聊，心里很空虚。

生2：就像我们努力完成一件事后，突然闲下来，心里空空的那种感受。

学生表示赞同，再无补充。

师：父亲圆满地实现了改善居住环境的生活愿望，却感到既困惑又难过。父亲的失落感不仅来自身体的衰老，更来自人生失去了方向，他发现自己没有精力和勇气再次出发了。

生1：那干嘛要造那个台阶，身体也不行了，精神也没了。

生2：人生总要有目标啊。

生3：可完成目标后，没有下一个目标，就失去方向了啊。不造台阶，一家人都过得自在，开心，造了台阶反而不舒服，那干嘛还要有这个目标。

生4：父亲要造高台阶，又不只是为了自己地位高，也是为了家人，这是父亲认为自己应该承担的责任，这个目标没有问题。

生5：父亲是有虚荣心的，所以非要造高台阶，想让自己地位高。虚荣带来的结果不会好。

生6：这个不是虚荣心吧，希望更好，大家都会这么想吧。

师：同学们的争论，从对父亲的理解走向了人生目标的设定。咱们来梳理一下，这篇课文，作者塑造了一个老实本分，吃苦耐劳，坚持不懈造台阶的父亲，对父亲骨子里农民的坚韧是肯定和赞美的。我们看到了父亲造好台阶的激动，也看到了造好台阶后父亲的怅然若失。刚才两位同学的争论很有价值，我们要追求的人生目标是什么，或者说什么样的目标是值得追求的。父亲的追求就一定是错误的吗？不同的人，在不同的生活境遇中想法都会不同，这个问题是需要我们用时间和经历慢慢得出答案的。

这节课，同学们提出了自己的疑问，我们共同探讨解答，在这个过程中，老师看到大家都很有想法，积极思考的孩子是最棒的。希望大家能在以后的学习中，主动思考，积极发问，充分挖掘你们的潜能。

【案例成效】

通过一年的努力，一部分学生在课堂上能够针对课文内容，针对老师的表达，针对同学的回答积极主动地提出问题，学生还会就彼此不同的意见展开争论。甚至课下，学生也会问我课内或课外的问题。较之以前，一部分学生有了提问的意识，一部分学生虽然自己还提不出问题，但已经会去关注课堂上同学间的质疑和争论。学生的表达能力在此过程中亦有所提高。比如，学习《假如生活欺骗了你》时，一生表达"不能悲伤，不能心急"，一生立即说"不能用'不能'，是'不要'，因为'不能'有命令的语气，'不要'是劝说的口吻"。有学生问，作者当时是在什么情况下写的这首诗，是劝别人还是劝自己？《未选择的路》中学生提问"自己选择的那条路本身就少有人走，为什么还要去选这条路，为什么选了这条路，还要写未选择的路？"埋下一颗种子，希望未来能生出绚烂的思维之花。

【分析反思】

单从学生之间的问答来看，学生在独立思考，有自己对文学作品的认知和解读，这是最大的成效。但，这堂课本身并不是一节结构完整，设计精巧的课，当把课堂完全交给学生时，学生思维活跃且发散，生发出了不少新的问题，很容易从主问题偏离开去。学生对于文章整体的把握不够。教师没有起到足够的辅助作用，没能帮助学生梳理出清晰的问题线。在引导学生进行问题分类、评判问题是否有价值方面，这堂课没有很好地达成这个目标。

如何让"生问"课堂更有实效呢？

1.教师观念的转变。要关注学生的主体性，教师设计的问题再精彩，也是教师的问。教师不能"替学"，而是要让学生主动地学，能有自己的独立思考。学生的理解有偏差，需要教师逐步地引导，而不是担心考试的分数，就剥夺了学生的自主意识。

2.教师的自我修炼。"生问"，对教师的教学是一种挑战。"生问"，预示着有"一千个哈姆雷特"。教师如果只是依赖教参，死守所谓的答案，那极有可能在课堂上被学生问得无招架之功，乏引导之术。"生问"，需要教师不断提升自己解读文本的能力，需要教师有深厚的文化底蕴，需要教师关注各个学科、领域的信息，需要教师具有成长型思维，不断地学习、更新、超越。李镇西老师说过："真正的所谓'备课'，绝不仅仅是课前的翻翻教参写写教案，而是日常生活中知识的日渐积累，经验的不断提升，视野的无限拓展，观念的及时更新，自我的勇敢超越。""生问"，其实是为教师提供了升华自己的契机。

3.营造平等、和谐的课堂氛围。当人处于较大的压力之下，大脑中的杏仁核会产生较多的负面情绪。因此，营造平等、和谐的课堂氛围尤为重要。老师面带微笑，态度亲切，语言幽默，尊重学生，以肯定、鼓励消除学生对提问题的恐惧感，让学生在课堂上敢想敢说，敢问敢做，充分发表自己的见解。

4."生问"是在教师指导下的问。倡导"生问"，并不是就没有"师问"。缺少教师的引导，学生的问题可能就停留在浅层，学生是独立思考了，但思维没有得到很好的提升。所以，教师一开始需要指导学生可以从哪些角度提问，让学生学会分类分层级梳理自己的问题。提出问题后，即使一时无法探究出答案，但要思考解决这个问题的可能路径。

我个人认为，"生问"首先是一种理念，是教师自己要具备且传递给学生的一种意识，其次是我们在课堂教学中如何落实"生问"，不一定非要形成某种教学模式。教无定法，学无定式，最重要的是在教学中体现学生的主体性，引导学生进行深度学习，发展核心素养。

乔宇，新疆生产建设兵团第二中学教师。

《"抓住细节"写作指导》教学设计

◎ 石晓晨

【教学目标】

1.了解细节描写及类型,理解细节描写在写作中的作用。

2.学习细节描写的方法,能在写作中运用细节描写来刻画人物、表达情感。

3.养成观察生活、捕捉细节的习惯,发现和感受生活中的细节之美、人文之美。

【学情分析】

关于"细节"这个词,学生很熟悉,但是深入挖掘,就会发现学生不善于捕捉生活的细节,写作中缺少细节描写的意识,习惯用概括性的语言来表述人物的言行举动,更不善于用生动的语言描绘细节。导致所写之人形象不突出、不丰满、不立体;所抒感情不饱满、不热烈、不动人。

【教学方法】

1.以真实的任务为驱动:以修改自己的习作《我对他/她有了新的认识》中的细节描写使其生动为核心任务,激发学生写作的热情。

2.以本单元的几篇写人的文章为典范,从中借鉴细节描写的方法。

3.以学生的习作为抓手,在师生共同修改的过程中,总结细节描写的方法。

4.以口头交流、书面写作为表达的方式,在交流中获得启发,在现场操练中体验、感悟。

5.以生生合作、师生共改、独立修改为学习方式,逐步提升细节描写的写作能力。

【教学重难点】

教学重点:学习细节描写的方法。

教学难点:能在写作中运用细节描写来刻画人物、表达情感。

【教时安排】1课时

【课前准备】

准备好自己的习作《我对他/她有了新的认识》

【教学过程】

一、交流导入·引细节

问题一:1.《我对他有了新的认识》这篇写人的作文写了哪些材料?表现了我对他的新的认识是什么?表达的中心是什么?

2.从材料与中心、思路与结构、语言等方面点评习作,说说习作的优点与不足。

设计意图:引出本节课教学重点:抓住细节

学生活动预设:朗读习作,思考、交流。

答案预设:本篇习作中心明确,取材真实、恰当,思路清晰,结构完整,有认识和情感的变化,写出了人物特点,但细节描写欠生动等。

二、回眸课文·知细节

问题二:什么细节描写?细节描写的作用是什么?常见的细节描写有哪些?

设计意图:通过引用教材内容等方式,呈现相关概念,让学生迅速地了解"抓住细节"的相关知识。

学生活动预设:学生根据已有阅读经验思考、总结,口头交流。

答案预设:①细节描写是对人物、景物、事件等表现对象的细微刻画(对细微之处展开细致描绘),往往能起到以小见大、画龙点睛的作用。②常见的细节描写有:肖像细节描写、语言细节描写、动作细节描写、心理细节描写、景物细节描写等。③在写作中,往往可以借助细节描写来表现人物性格、烘托人物心情、突出中心等。

三、合作探讨·析方法

问题三:如何为这篇习作进行细节描写?

设计意图:这一环节主要有以下三个步骤:初步交流可以添加细节描写的地方、同桌合作完成一处细节描写、从学生的修改稿中总结方法(教师适当补充写作方法)。通过生生合作、教师点拨等方式使学生获得细节描写的方法，避免获得知识的机械化，知识从同伴中来，从探讨中得来，更能激发写作的兴趣，并在实践的过程中获得成功的体验、合作的快乐，分享的愉悦。因为细节描写涉及的方面很广，比如动作、肖像、语言、心理、景物等，不可能在这一堂课中穷尽，本节课只选择肖像和动作两个点进行探讨。

思路点拨：

1.下位问题1：这篇习作有没有给你留下深刻印象的细节描写？在哪里需要添加细节描写？为什么？

学生活动预设：圈画需要添加细节描写的句子，口头交流。

答案预设：

第④"那东西看上去是蔬菜制成的，可它偏偏长了两条腿，行动很缓慢，还摇摇晃晃的。"等描写较生动。

对张叔叔搬快递、提着物资出现在我家门口等细节描写缺失，需要添加细节描写，以此突出人物形象。

小结：细节要典型。要善于抓住最能反映人物性格特征的细节来写。

2.下位问题2：你要如何在这些地方进行细节描写呢？（要求：重点对人物的肖像、动作进行细节描写）

学生活动预设：同桌合作，口头交流，并书面表达，投影展示交流。

交流框架：

为了突出张叔叔_____的形象，我们对人物的肖像/动作进行了细节描写，我们是这样写的_____。

3.下位问题3：你从同学的表达中总结出哪些对肖像、动作进行细节描写的方法？

学生活动预设：

细描肖像：抓住特征 聚焦放大 巧用修辞 添加修饰

细描动作：分解动作 精准描摹 调动感官

教师准备材料预设：

①从下面作者对祥子的描写中，你能获得怎样的方法？

他计划着怎样杀进他的腰去，好更显出他的铁扇面似的胸，与直硬的背；扭头看看自己的肩，多么宽，多么威严！……脖子可是几乎和头一般粗……都那么结实硬棒；他把脸仿佛算在四肢之内，只要硬棒就好。他觉得，他就很像一棵树，上下没有一个地方不挺脱的。

②对人物的行为举动进行细节描写的话，可以怎么写呢？下面是《台阶》中的句子，我们可以借鉴什么方法？

有一天，父亲挑了一担水回来，噔噔噔，很轻松地跨上了三级台阶，到第四级时，他的脚抬得很高，仿佛是在跨一道门槛，踩下去的时候像是被什么东西硌了一硌，他停顿了一下，才提后脚。那根很老的毛竹扁担受了震动，便"嘎叽"地惨叫了一声，父亲身子晃一晃，水便波了一些在台阶上。

四、独自修改·绘细节

问题四：你能独立为这篇习作添加或修改一处肖像细节描写或动作细节描写吗？为什么要在这里添加或修改？运用了什么方法？你修改好的句子是什么？

设计意图：这个环节旨在通过真实情境的任务驱动来再次现场操练，帮助学生运用所学方法给学生习作添加或修改一处肖像细节描写或动作细节描写，并在修改、评点中碰撞思想，最终落实本堂课的教学重点——能在写作中运用细节描写来刻画人物、表达情感。

学生活动预设：思考并写下修改好的片段，投影展示交流，师生点评。

答案预设：略

交流框架：

1.我添加细节描写的地方是：_____

2.添加细节描写的目的是：_____

3.我是这样写的：_____

4.我用的方法是：_____

五、改己之作·再实践

设计意图：上面的教学环节是在修改别人的文章的同时，将细节描写的方法内化为真实的写作技能。这个环节是修改自己的文章，更有针对性和实效性。

学生活动预设：给自己的作文添加或修改一两处肖像细节描写或动作细节描写，交流展示、点评。

交流框架：

1.我的文章写的材料是_____，目的是表现出我对他/她新的认识：_____，表达我对他/她的_____。

2.为了突出人物的形象，在叙述____情景时，

无细节描写，有细节描写，但不够真实 / 典型
有细节描写，但不够生动

3.对这处细节描写我做了这样的修改：＿＿＿。

4.我运用的方法是：＿＿＿＿＿＿＿＿＿。

六、回顾总结·品美好

"一沙一世界，一草一天堂。"无数小的细节构成了五彩斑斓的多彩生活。细节虽小，却是美的源泉，情的聚焦。"生活是写作的源泉，源头盛而文不竭。""写作是把剑，阅读是把弓。"可见，写好细节的两个要素就是留心生活，潜心阅读。希望大家继续在生活中用诗心慧眼，捕捉美好，进而用文辞妙笔，贮存美好，驾一叶扁舟向细节更深处漫溯。

学生活动预设：用心感受，收获启迪。

七、布置作业·去漫溯

1.悦享经典、借鉴他人，综合所学，给自己的习作再选一处细节进行描写。

2.填写"抓住细节"评价量表。

习作《我对他/她有了新的认识》——"抓住细节"评价量表

评价指标	自评	互评	师评
1.习作有几处细节描写？			
2.是否抓住了人物、事件、景物等表现对象的细微之处进行描写？			
3.这些细节描写都能反映人物性格、服务中心吗？			
4.细节描写是否生动？			
5.对肖像的细节描写是否抓住了人物特征，聚焦放大？是否巧用修辞、添加修饰来描写肖像细节？			
6.是否放慢分解、精准描摹了动作？			
7.习作还有对人物语言、心理的细节描写吗？有对景物的细节描写吗？			

设计意图：评价量表是对写作知识的再次呈现与强调。学生可以依据这些评价量表开展自查与互评，教师可以依据这张评价量表对学生的习作进行评价。评价量表能够让教师清晰、精准地发现学生在这次写作训练中出现的问题，从而确定下一阶段作文指导课的教学内容与重点。

【板书设计】

"抓住细节"写作指导

抓住细节
真实
典型：服务中心
生动：肖像：抓住特征 聚焦放大　巧用修辞
　　　动作：分解动作 精准描摹　添加修饰
　　　　　　　　　　　　　　　　调动感官

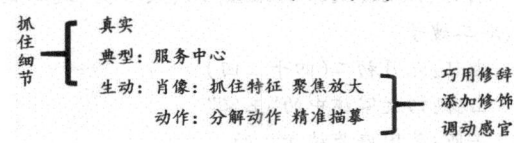

【学生习作】

我对他有了新的认识

上海市奉贤区崇实中学　七(4)朱苡恩

①张叔叔是我们小区的保安，他瘦瘦的，每次路过门卫亭，总见他要么维持车辆秩序，要么收发资料，要么走来走去，在我眼中他是那么普通。然而，后来我对他的认识却慢慢发生了改变。

②那年暑假，连续高温。我站在丰巢柜前，打量着眼前堆积成小山似的快递，正愁着怎么拿回去。不远处的张叔叔瞅了瞅我："你一个人吗？""嗯。""这些快递挺重的吧？要不我帮你一起拿吧？""太好了。"说着便搬起了快递。步行5分钟，张叔叔终于帮我把快递搬到电梯口。当张叔叔蹲下来放快递时，我看到了他的腰上绑着灰色的护腰带，怪不得刚才搬起箱子时没那么轻松。

③张叔叔对我真是真诚热心。不接触真是不了解啊！

④今年疫情防控期间，有一天说要发放物资，一早我便趴在17楼的窗口望着楼下，想着好吃的青菜、莴笋、胡萝卜……正望得出神，便发现有一个奇怪的东西在楼下移动，像一大串蓝色的葡萄，可它偏偏长了两条腿，行动很缓慢，还摇摇晃晃的。拿个望远镜来，呀，什么"怪物"！那分明就是张叔叔！只见他一个人拿着很多装着物资的袋子，想起曾经看到他腰上绑过护腰带，真为他捏一把汗。张叔叔为了能让我们有饭吃，真是不顾自己的身体啊。

⑤本来，昨天楼道长还说物资放到单元楼的大堂，让我们各家各户自己去取，可过了一阵子，我家门铃响了，我打开门，发现张叔叔提着一袋物资出现在我家门口。妈妈拿来一杯水给张叔叔喝，张叔叔没有喝就走了。

⑥看着张叔叔的背影，我似乎想起来，这段时间他经常主动为业主送外卖，晚上披星戴月帮忙做核酸，我对张叔叔的认识又发生着改变，在紧急时刻他能勇挑重担，心中有社区！

⑦人不可貌相，海水不可斗量。每每再见到工作普通的张叔叔时，那个烈日下主动帮我搬快递的身影，那个"大包大揽"扛物资的身影便浮现在脑海，这让我对张叔叔的认识发生了改变。他是不平凡的普通人！

石晓晨，上海市奉贤区崇实中学教师。

《末世凡鸟——走近王熙凤》教学设计

◎石艳霞

【教学内容】

部编版高中语文教材必修下的整本书阅读任务即阅读文学类著作《红楼梦》，小说的一个重要任务是塑造丰满生动的人物形象，《红楼梦》就是这样一部皇皇巨著。其在塑造人物形象上的"千人千面"和精湛的艺术手法值得学习、揣摩、挖掘，通过文本细读鉴赏评点书中的重要人物——王熙凤，对整本书阅读能起到以点带面的作用。仔细研读《红楼梦》前五回、第十一回、第十三回、第十四回、第十五回、四十二回、九十六回，首先初读文本，感知王熙凤这个人物形象，其次细读文本，鉴赏人物形象，再次着眼全书，评点人物形象，最后迁移应用，学会鉴赏其他人物。

【学情分析】

高一学生上半年已读了《乡土中国》，明白学术类著作应该怎么读，掌握了一些读书方法，下半年的整本书阅读任务即阅读文学类著作《红楼梦》，文学类著作读书方法不同于学术类著作，必须要走入文本，细读文本，由赏析《红楼梦》中重要人物王熙凤入手，不失为解读《红楼梦》众多人物的一把重要钥匙。

【教学目标】

1.抓住人物外貌、语言、心理、动作等描写，概括、分析、鉴赏王熙凤人物形象。

2.体会人物性格的多样性和复杂性。

3.探讨王熙凤这一人物形象的现实意义。

【教学重点及措施】

抓住人物外貌、语言、心理、动作等描写，概括、分析、鉴赏王熙凤人物形象。

措施：学会用文本批注法分析文本，把人物描写的句子勾画出来，并做个人化的理解与分析。

【教学难点及措施】

体会人物性格的多样性和复杂性。

措施：开动脑筋，展开联想，结合以往的阅读体验，学会洞察人情。

【教学媒体与资源的选择与应用】

教学媒体：主要运用多媒体教学，可播放课件、音乐、视频；

教学资源：名著《红楼梦》、纸质导学案、多媒体课件；录播教室；以教师为主导、学生为主体的"两组四环"教学模式

【课时安排】1课时

【教学实施过程】

一、设疑导入

由《红楼梦》中一则判词（PPT）"凡鸟偏从末世来，都知爱慕此生才。一从二令三人木，哭向金陵事更哀"导入，这则判词到底有什么含义呢？带着疑问，我们今天一起来赏析这只"末世凡鸟"，走近《红楼梦》中重要人物王熙凤。

二、解读学习目标

1.抓住人物外貌、语言、心理、动作等描写，概括、分析、鉴赏王熙凤人物形象。

2.体会人物性格的多样性和复杂性。

3.挖掘王熙凤这一人物形象的现实意义。

注：课代表宣读学习目标，老师总结：第一个和第二个目标是学会鉴赏人物，第三个目标是探讨从人物身上得到的启示。

三、预习相关章节，认识人物

预习《红楼梦》中描写王熙凤的章回，填写王熙凤的名片。（出示PPT）

姓名：王熙凤

别称：凤姐、凤辣子、凤哥儿、凤丫头、琏二奶奶、琏二嫂子

生日：九月初二（四十三回）

出身：四大家族中的"王家"

居所：荣国府荣禧堂后面

丈夫：贾琏
女儿：巧姐
职务：贾府管家奶奶（实际掌权者）
注：尤其关注王熙凤的别称"凤辣子"（能够体现她的个性），她的女儿巧姐，还有她的职务。

四、合作探究，感知、鉴赏、评点人物
任务一：初读文本，感知人物形象
刚刚我们完成了王熙凤的名片，我们知道王熙凤第一次出现是在第二回冷子兴演说荣国府时，这只是个简介，直到第三回林黛玉进贾府，王熙凤才正式出场，她是如何出场的呢？请一位同学朗诵片段一的出场中的语言描写。

师：从王熙凤的出场能看出她是个什么样的人？
生：张扬、高调、受宠，有地位（未见其人，先闻其声）。
师：从其他语言描写呢？
生：一番夸赞（一箭四雕）、"该打该打"看出其能言善辩、善于逢迎。
师：从王熙凤的外貌描写能看出她是个什么样的人？
生：标致，有权势，有威严，有城府（外貌）的贵妇人。
师：从王熙凤的动作、神态的变化能看出她是个什么样的人？
生：携着黛玉的手，用手帕拭泪、转悲为喜，看出其八面玲珑、善于逢迎。
师：在其他人眼中又如何？
生：放诞无礼（黛玉心理活动）、泼辣（贾母评价"他是我们这里有名的一个泼皮破落户儿，南省俗谓作'辣子'，你只叫他'凤辣子'就是了"）、受贾母喜爱。
师总结：抓住人物的外貌、语言、动作、心理等正面描写手法，再抓住其他人物的反应、观察、评价等侧面描写手法，结合情节与环境描写，可以看出王熙凤是一个长相标致、有权势有地位、深得贾母喜爱、为人八面玲珑、善于机变逢迎的贵妇人形象。
设计意图：设计任务一，主要是教给学生分析人物形象的方法、路径：要注意抓住人物的外貌、语言、动作、心理等正面描写手法，还要抓住其他人物的反应、观察、评价等侧面描写手法，再结合情节发展以及人物所处的环境，这样才能得出一个客观全面的认识。

任务二：细读文本，鉴赏人物形象
刚刚我们初步认识了王熙凤，王熙凤的性格在接下来的协理宁国府、弄权铁槛寺、使"掉包计"、请刘姥姥给女儿起名的故事中又有了更充分的展现，从中能看到她是一个什么样的人呢？怎么刻画出来的？请大家分小组讨论这个问题，按照老师刚讲过的分析方法，1组负责片段一，2组负责片段二，3组负责片段三，4组负责片段四，现在请站起来，可以走动，可以交头接耳，互通有无，时间2分钟，之后各组推选代表回答。

片段一：协理宁国府
预设：学生会抓各种描写来分析王熙凤，诸如凤姐惩罚下人时说的话，还有"众人不敢偷闲，自此兢兢业业，执事保全"等。
师总结：她处理迟到的下人时的"冷笑""喝命"以及"打20板子罚一月钱米"，这主要用了神态描写、语言描写，可以看出她做事杀伐果断，但过于严苛，也有侧面描写，如贾珍的评价。

片段二：弄权铁槛寺
预设：学生会抓住凤姐的语言"我也不等银子使，也不做这样的事"……"你是素日知道我的，从来不信什么是阴司地狱报应的，凭是什么事，我说要行就行。你叫他拿三千银子来，我就替他出这口气"等语言描写来分析。
师总结：抓住语言、神态描写，看出凤姐的狠毒、冷酷、贪财、玩弄权术。

片段三：使"掉包计"
预设：学生会抓住这句"如今不管宝兄弟明白不明白，大家吵嚷起来，说是老爷做主，将林姑娘配了他了，瞧他的神情儿怎么样。要是他全不管，这个包儿也就不用掉了；若是他有些喜欢的意思，这事却要大费周折呢"来分析。
师总结：抓住语言描写，看出凤姐的冷酷无情、狡诈、有心计。

片段四：请刘姥姥给女儿取名
预设：学生会抓住"我这大姐儿时常有病""他还没个名字，你就给他起个名字。一则借借你的寿，二则你们是庄家人，不怕你恼，到底贫苦些，你贫苦人起个名字，只怕压的住他"等语言描写来分析。
师总结：抓住神态、语言描写，看出凤姐的确在发自内心地关心巧姐，这是一种母性的慈爱与柔情。

师总结：通过分析四个故事，我们看到了一个精明能干、阴狠毒辣、阴险狡诈但又不失慈爱柔情的王熙凤,她的性格是多样的。

设计意图:此环节主要让学生把学到的分析人物形象的方法来鉴赏王熙凤这个人物形象,并用"两组四环"的教学模式,把课堂交给学生,让学生成为课堂的主人,调动学生参与课堂的积极性。

任务三:着眼全书,评点人物形象

分析完这四个片段,我们对王熙凤的认识更全面了,再来关照全书,看看作者、书中其他人物怎么评价王熙凤。

1.对判词如何理解?

王熙凤判词:凡鸟偏从末世来,都知爱慕此生才。一从二令三人木,哭向金陵事更哀。

2.预示王熙凤命运的曲子:聪明累

明确:判词说王熙凤很有才干,但和丈夫关系不和睦,最后落得个被休弃无奈返回金陵的命运;曲子是说王熙凤用尽心机,机关算尽,生前操碎了心,但却落得了家亡人散的结局,也没能挽救整个贾府如大厦将倾走向崩溃的命运,是一位悲剧人物。

师:用上福斯特关于小说"圆形人物"与"扁平人物"的说法,王熙凤是圆形人物还是扁平人物?

明确:是圆形人物,她的性格有变化有发展,是多面的,不是一成不变的。王熙凤的精明能干、伶俐机变让人佩服;她的冷酷毒辣、玩弄权势、阴险狡诈让人憎恶;她对女儿的关心与慈爱让人动容;她的悲惨结局让人感叹……王熙凤就是这样一个多面的、复杂的但是很有魅力的圆形人物!

师:那么她的悲惨结局给你什么启示呢?

示例:①不管多么聪明,多么有才干,首先要善良,要留得做人的底线与原则;②人要砥砺品行,洁身自好;③要严慈相济,不可太过严苛;④个人在时代、社会面前,能做的很有限,无异于螳臂当车;⑤命运悲剧首先是性格悲剧,要完善自身性格。

设计意图:这个环节主要让学生在鉴赏的基础上,结合《红楼梦》中的预示王熙凤命运的判词和曲子以及冷子兴、小厮兴儿的评价,让学生对王熙凤有更深刻的认识,并就王熙凤的命运悲剧谈带给自己的启示,也是一种再评价,或者说评点,能对学生的世界观、人生观、价值观产生一定影响。

课堂小结:我们认识了王熙凤,感受到了她的貌辣、言辣、行辣、心辣,感受到了人物的多面性与复杂性,我们也学会了抓住人物外貌、语言、心理、动作等描写,概括、分析、鉴赏人物形象,还从她的

悲剧命运中得到了启示,希望大家能用这种方法去分析鉴赏《红楼梦》中的其他人物,感受《红楼梦》这部经典名著的伟大,从《红楼梦》中汲取营养!

任务四:迁移应用,学会鉴赏人物

①两弯似蹙非蹙罥烟眉,一双似喜非喜含情目。态生两靥之愁,娇袭一身之病。泪点点,娇喘微微。闲静时如娇花照水,行动处如弱柳扶风。心较比干多一窍,病如西子胜三分。

②贾母因问黛玉念何书。黛玉道:"只刚念了《四书》。"黛玉又问姊妹们读何书。贾母道:"读的是什么书,不过是认得两个字,不是睁眼的瞎子罢了!"

……

宝玉便走近黛玉身边坐下,又细细打量一番,因问:"妹妹可曾读书?"黛玉道:"不曾读,只上了一年学,些须认得几个字。"

阅读以上两段文字,分析黛玉人物形象。

设计意图:此环节让学生学以致用,运用本节课所学方法分析林黛玉,巩固所学知识,也提高学生的迁移应用能力。

【板书设计】

分析人物形象 { 抓人物 { 关注人物身份、地位、经历、教养等句子 / 抓正面描写 / 抓侧面描写 } 抓情节 / 抓环境 }

【教学评价与反思】

这节课的教学设计比较合理,合作探究三个任务:初读文本,感知人物形象;细读文本,鉴赏人物形象;着眼全书,评点人物形象。这三个任务层层深入,最后一个任务是让学生学以致用,把课堂所学应用到分析林黛玉人物形象上,提升学生的迁移应用能力,符合学生学情。教学过程中,通过文本梳理,感知王熙凤的人物形象,总结人物鉴赏方法,运用学校倡导的"两主四环"的课堂模式,让学生展开合作探究,深入了解王熙凤形象的多样性与复杂性,课堂生成性较强,学生发言比较积极,课堂气氛比较活跃,基本实现让学生学有所得的教学目标。

不足之处:受时间所限,学生的发言还可以再充分些;老师的引导过渡语还可以更恰当精美些。

石艳霞,湖北省武汉市武汉经济技术开发区第一中学教师。

《猫》教学方案

◎夏莉莉

【教材解读】

郑振铎的《猫》，是部编版七年级上册第五单元的第一篇课文，该文选自作者短篇小说集《家庭的故事》。小说是第一人称"我"为叙述视角，讲述了"我"家三次养猫三次亡失猫的故事。在行文过程中，其中前两只猫的叙述略写，第三只猫的内容详写；前两只猫的经历与第三只猫形成鲜明对比，为小说主题的彰显蓄势；三只猫既让读者读到猫性，也让读者体察人性；"我"的情感在三只猫境遇的映射下，起伏不定，最后内省悔恨自悟。总的说来，这是作者写就的"旧家庭的'积影'"，其中的人物也都是'积影'"。作为读者，我们是从文中找到人性的光辉，并以此关照自己和他人。

【教学目标】

1.默读文章，学生能从勾画的语句中，复述三只猫的相关故事。

2.抓关键句，体会"我"对三只猫的不同情感，品味"我"对第三只猫的复杂之情。

3.探幽细节，感受生命的美好与无常，涵养客观公正、宽容仁爱、关爱弱小的为人之道。

【教学重难点】

1.重点：品读细节，体会"我"对三只猫不同情感的缘由。

2.难点：体会"我"对第三只猫的复杂情感，表述个人的阅读感悟。

【教学课时】2课时

【教学方法】默读法、问题讨论法、合作探究法

【课前预习】

1.走近作者

郑振铎，中国现代杰出的爱国主义者和社会活动家、作家、诗人、学者、文学评论家、文学史家、翻译家、艺术史家，也是著名的收藏家、训诂家，我国新文化运动的倡导者之一。新中国成立后，曾担任中科院考古研究所所长、全国作协理事等职。著有短篇小说《家庭的故事》《桂公塘》，散文集《山中杂记》，另有《郑振铎文集》等。1958年10月18日，因飞机突然失事遇难殉职，享年60岁。

2.写作背景

《猫》最初发表在1925年。在此之前，郑振铎等人发起成立了文学创作团体——文学研究会。他们的创作大都以现实人生问题为题材。郑振铎主要探究的是自由平等、个性解放等问题。他在小说中毫不讳饰地表达了自己同情弱小、无辜，谴责专制、强权，弘扬公道、民主、博爱的思想和心情。这篇作品，正是他这种人生态度的真实反映。

3.默读课文，勾画关键句，理清文章结构

①默读要求：一用两不能，即用眼睛看书，不能用手指文章，也不能出声念读；一笔在手圈信息，用脑用心批所思。

②文章结构：第1—2段，第一只猫在"我"家的生活情况、病死、"我"的情感变化。第3—14段，第二只猫在"我"家的生活情况、亡失、"我"的情感变化。第15—34段，第三只猫在"我"家的生活情况、死亡、"我"的情感变化。

【教学过程】

第一课时

一、新课导入

同学们，你家养宠物吗？宠物对于你或你家人来说，它是什么？（预设：朋友、家人、陪伴等）在古今中外文人的家中，他们也养宠物，大多都是和猫结缘且为友，喜获"猫奴"称号。比如陆游爱猫成瘾，专为猫写下三首诗；丰子恺宠溺猫咪，他说"爱猫之人，即使为猫送了性命，大概也是死得其所"；季羡林养了十几年猫，对猫无原则地宽容，即使他的稿纸上沾满了猫尿，也决不动手打小猫一掌；村上春树爱猫到极致，他将自己治愈系文字的一部分归功

于猫;海明威的著名小说《战地钟声》就是在猫的陪伴下完成的……猫的存在,给了很多人心灵上的慰藉。今天,就让我们一起走近著名作家郑振铎的《猫》一文,看看他笔下的猫又有着怎样的故事吧。

设计意图:例举名人与猫的故事,为了引出本课,激发学生的阅读兴趣。

二、默读课文,复述三只猫的相关故事

复述要求:以猫的视角进行自我介绍,从猫的名字、名字由来、来历、外形、性情、在主人家的地位、结局等方面讲述。

预设1:大家好,我是第一只猫,我叫白滚蛋,因为我通身花白,又爱在太阳光里滚来滚去,所以叫此名。我是主人从隔壁要来的,有着花白的毛发,"如带着泥土的白雪球似的"。我是个显眼包,特别活泼,爱在"太阳光里滚来滚去",和我互动最多的是主人家的三妹,她经常"取了一条红带,或一根绳子"在我面前拖摇,我便欢天喜地地扑过来、扑过去。我们都很快活,我也深受主人一家的喜爱。但是好景不长,我不知得了什么病,日渐消瘦,毫无食欲,整天"毫无生意地、懒惰地、郁闷地躺着",最后病死了。

预设2:大家好,我是第二只猫,我叫静来,因为我太活泼,上蹿下跳,永是活力十足,所以主人给我取此名,想压一压我的活泼性情。我是从舅舅家要来的,浑身黄色,可美了。我比第一只猫更有趣、更活泼,爱乱跑、会爬树、捉老鼠、不怕生,因为这,主人一家时时查问着我在哪。我很受他们的宠爱,他们整天为我提心吊胆,可见爱我爱得深沉。但是我太得意忘形了,最后被路人捉去,从这个家永远地消失了。主人一家肯定伤心了很久。

预设3:大家好,我是第三只猫,我叫忧郁,因为我是一只流浪猫,被主人家的张妈捡拾的,一直阳光不起来,所以叫这个名。我也不知道自己来自于哪里,我只知道去到了这里。因为流浪,我很脏、很丑,毛色花白,不好看,因为冷,我躲到"火炉底下,毛被烧脱好几块",就更难看了。我不活泼、不喜欢玩游、忧郁、懒惰、不捉老鼠,终日伏着,竟然"吃得胖胖的"。我知道自己很差劲,不招大家的喜欢,我成了家里若有若无的存在。因为芙蓉鸟被吃案,我被冤枉,挨了一木棒,是男主人打的,我不怨他。我看得出来主人一家因冤枉我而痛苦、悔恨,或许是被遗弃、被冤枉的心结难解吧,我在该事件

两个月后的夜里,死在了邻家的屋脊上。不远不近,因为还是眷恋着主人一家给予我的温暖。

设计意图:检查学生的默读效果、概括能力以及在复述的基础上的共情能力。

三、比读课文,评说你喜欢的猫

过渡语:同学们对"我"家三只猫故事的复述既紧贴文本,又适当添加了自己的感受,看来大家的默读是落到了实处。三只猫,性情各异,命运不同,但应该给你留下了不同程度的印象。站在你的角度,你会喜欢哪一只猫?你会拍摄这只猫的哪个场景作为留念?并说明理由。

示例:我喜欢第一只猫,我想拍下它和三妹一起玩耍的场景,因为这个瞬间能让我看到人与动物之间的和谐美好,让我感知到生命的新鲜、愉悦。

预设1:我喜欢第一只猫,我想拍下它在太阳光里滚来滚去的场景,因为这样的场景很治愈,能让我感觉到生命的活力。

预设2:我喜欢第二只猫,我想拍下它捉到了一只硕大的灰老鼠,老鼠在它的爪下奄奄一息,它歪着自己圆圆的小脑袋的场景,因为让我看到了小猫的灵性,它好像在神气地炫耀。

预设3:我喜欢第三只猫,我想拍下它蹲坐在桌子上,对着笼中的一对黄色的芙蓉鸟凝望的场景。因为我很好奇它到底在想什么,为什么就是这一举动为它埋下了被冤枉的祸根。

设计意图:引导学生关注细节,激发学生对三只猫命运的思考。

四、总结

同学们,万物有灵,在作者的笔下,我们看到了生命的平等,感受到了鲜活生命的美好与无常。对生命的珍惜和热爱,应该是我们毕生的必修课,愿我们的"心上感着生命的新鲜与快乐"。

五、作业设计

仿照作者对三只猫不同角度的生动刻画,请为你所喜爱的动物写下150字左右的语段,可适当穿插抒情议论句,以表达你对它的喜爱之情。

六、板书设计

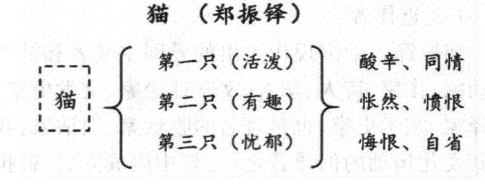

猫 (郑振铎)

猫 { 第一只(活泼) —— 酸辛、同情
    第二只(有趣) —— 怅然、愤恨
    第三只(忧郁) —— 悔恨、自省

第二课时

一、导入
同学们，我们在第一课时中，对"我"家三只猫的故事有了比较全面的感知和解读。通过对比三只猫的命运，我们发现最为可怜的是第三只猫。作者的笔墨也是聚焦在第三只猫，接下来我们一起细读第三只猫的内容，为它献上我们最深切的同情和最深刻的自省吧！

二、细读课文，关注第三只猫
1.聚焦15—32自然段，勾画与第三只猫相关的描写，概括并分享它的可怜之处。
明确：
①身世可怜：冬天的早晨，它被人遗弃，无家可归，几乎为冬寒与饥饿所杀。
②活得可怜：不好看，大家都不大喜欢它；它不活泼，不像别的小猫那样喜欢玩游，好像天生忧郁；大家对于它不加注意，它仍不活泼，仍不改它的忧郁，不去捉鼠。
③去得可怜：因芙蓉鸟被吃，受了冤苦，无人替它辩护，遭"我"毒打，屈死在邻家屋脊上。
设计意图：训练学生对信息的筛选和概括。

2.在可怜的第三只猫短暂的一生中，最为致命的打击就是在芙蓉鸟被吃一案中备受冤枉，请分析它会被冤枉的缘由。
明确：
①第三只猫对芙蓉鸟"特别注意"，"常常跳在桌上，对鸟笼凝望着"表现可疑。
②第三只猫终日懒惰地伏着，不捉老鼠，不改忧郁性，不讨"我"一家的喜欢，对它心有偏见。
③"我"找到它的时候，"嘴里好像还在吃着什么"，"我"认定它吃的"可怜的鸟的腿了"。
④当它被定罪时，捡拾它进门的张妈，地位低下，没有站出来为它辩护。
设计意图：提升学生问题的分析能力。

3.第三只猫死了，死前深受冤枉，肯定有很多想说的话，请你以第三只猫的口吻，从"我"、三妹、妻子、张妈、李妈五个人中选一个叙说对象，说上几句心里话并分享。
示例：选"我"作为说话对象。男主人你好，我很感激你允许我这来历不明的猫进家门，因为我自身被遗弃过，所以一直都比较厌世。我忧郁、懒惰、不干正事，导致我不招你们的喜欢。你们的不喜欢和忽视，我很能理解，但是在芙蓉鸟一案，我被你用木棒打，我很痛、很伤心。但是主人，我在离家不远处，从你的神情，看到了你弄清真相后的难过、悔恨、自责，你一定要放下，因为你已经做到了同情我这弱小动物的程度了，我很感激你和家人给予我的再造之恩。
设计意图：激发学生对生命中一些东西的认知，并为小说主题的得出做铺垫。

三、朗读第30—34段，分析"我"的情感，并讲述你想将《猫》的故事推荐给哪类人阅读。
明确：
"我"的情感：反省、难过、自责、忏悔、内疚、悔恨等。
示例：
①想将《猫》推荐给欺负弱小、为人小气的人阅读，我希望他能处世宽容大度，心怀善意地给予弱小以帮助，免受良心的谴责。
②想将《猫》推荐给心怀偏见，凭主观臆断定结论的人阅读，我希望他能客观公正、实事求是地处理问题。
③想将《猫》推荐给饱尝生活的不幸的弱小者阅读，我希望他能意识到弱小也是可以自我完善的，以获取他人的青睐和尊重。
④想将《猫》推荐给漠视生命、肆意玩弄生命的人阅读，我希望他能关爱、尊重弱小，享受生命的美好，善待可贵的生命。
设计意图：指导学生明晰作者的写作意图。

四、总结
同学们，课文到此，我们不禁感叹：这哪里是在写猫，这分明是在写世态人情、弱者悲剧。作者的笔尖饱蘸着对生命存在的审视和思考，我们也看到作为知识分子的作者，他具有的正义、自省和良知。作为读者的我们，该如何自处和他处，是值得我们用毕生的时间去探寻。

五、作业设计
阅读夏丏尊和靳以的《猫》，联系本文，围绕"生命"一词，写下100字以上的读后感悟。

六、板书设计

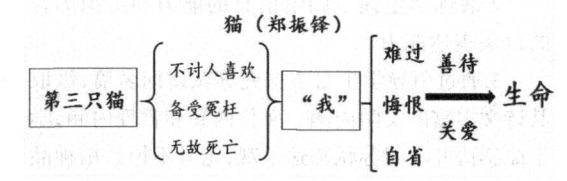

猫（郑振铎）

第三只猫｛不讨人喜欢　备受冤枉　无故死亡｝→"我"｛难过 善待　悔恨 关爱　自省｝→生命

夏莉莉，广东省中山市华辰实验中学教师。

"走近苏轼"项目式学习专题设计

◎张　画

【设计意图】

作为北宋一代文豪，苏轼在文学、艺术上都有颇深的造诣，在古代文坛上享有颇高声誉，并且其精神内涵也传至千秋万代，在世人中有着很深的影响。在中小学的语文教材中，有不少苏轼的作品，如小学阶段的《题西林壁》《饮湖上初晴后雨》《浣溪沙·山下兰芽短浸溪》和初中阶段的《记承天寺夜游》《江城子·密州出猎》《水调歌头·明月几时有》《卜算子·黄州定慧院寓居作》等。虽老师在授课时会介绍作品的创作背景，但学生对于苏轼生平的了解也大多是零碎式地汲取，认识也很单一且只停留在表面，很难形成较为全面而系统的认识。基于这样的情况，我决定在六年级开展一次有关苏轼的专题课程，在学完了六年级课本里的《浣溪沙·山下兰芽短浸溪》后，以此作为导入，将初中教材里涉及的有关苏轼的且是苏轼人生中几个重要节点的诗词筛选出来，在做好小初衔接的同时，进而培养学生在语言、思维、审美等学科核心素养。基于这一认识，我设计了"几度浮沉守初心"——"走近苏轼"项目式学习。

【教学内容】

本专题的教学内容包含《江城子·密州出猎》《卜算子·黄州定慧院寓居作》《定风波·莫听穿林打叶声》《自题金山画像》四大篇目。

【教学目标】

1.了解苏轼其人其事。

2.锻炼学生提取归纳信息的能力和组织语言的口头表达能力。

3.通过引导学生自主探究苏轼诗词名篇，汲取其诗文丰富的文学内涵、文化内涵和哲理内涵，学生能感悟并学习苏轼豁达乐观，宠辱不惊的精神品质。

4.培养和发挥学生的想象力、创造性思维和语言表达能力。学生能梳理学习和思考收获，以写作和演讲的方式表述自己对苏轼的评价。

驱动问题与任务：

驱动问题：

苏轼具有怎样独特的人格魅力而流芳百世？

驱动任务：

1.书面呈现

（1）在了解苏轼生平经历后，结合历代名家对其的评价，请提笔为苏轼写一段200字左右的评论，表明你对苏轼的看法。

（2）以小组为单位，组内成员对苏轼的四篇诗文进行合作探究，并完成任务单上的引导题。

2.口头呈现：分享苏轼人生故事，表达自己的观点。

3.综合任务呈现：根据每组的探究内容，需在密州、黄州、儋州三地分别拟建一所"东坡文化纪念馆"。请以小组为单位完成纪念馆的设计图。设计内容需包括：选址原因、展馆分布及分类、馆藏内容等，且需将"书面呈现"部分里小组合作探究的内容自然、有机、恰当地融入各分馆的设计中。并在最后一节课召开"新闻发布会"，汇报设计及小组合作收获和反思。

提供分层学习资源：为帮助学生顺利完成任务，每个人在此次项目中都能各得其所，各施其才，我为学生们提供了不同程度的学习资源。

1.背诵文本

《江城子·密州出猎》《卜算子·黄州定慧院寓居作》《定风波·莫听穿林打叶声》《自题金山画像》

2.必读资料：苏轼年谱（老师整理）、苏轼名句汇编（老师整理）

央视苏轼纪录片之《雪泥鸿爪》《一蓑烟雨》、叶嘉莹《唐宋词十七讲》之第八讲、第九讲《苏轼》。

3.拓展资料(选读)：江小英《苏东坡：最是人间真情味》(节选)、林语堂《苏东坡传》(节选)、余秋雨《苏东坡突围》(节选)、意公子《大话中国艺术史》之《一般一般，天下第三——苏轼〈黄州寒食帖〉》、视频：康震讲苏轼

设计了以下具体活动：

教学阶段一 知苏"事"

1.分发有关苏轼故事的小卡片，学生阅读，并相互之间交换卡片，分享讨论。在选择故事题材时，我筛选了苏轼不同人生阶段的轶事，如考取功名，与陈希亮、王安石的恩怨，与佛印、黄庭坚等人的交往，美食故事，被贬时光等，意在让学生看到更为一个丰富、多面的苏轼，他才高八斗、幽默机智；他无论身处怎样的境地，仍心系苍生，他有过年少不羁，但也在漫长的岁月长河中学会了谦虚自省；面对人生谷底，他也有过彷徨迷茫和无助，而并非一味地乐观豁达。

2.口头表达：你了解到的故事反映了苏轼哪些品格？请一些同学来分享故事，表达观点，从中你看到了一个怎样的苏轼？

3.出示苏轼人生轨迹曲线图，提问学生在刚刚了解到的故事里，有哪些事发生在苏轼被贬，正处于人生困境之时？从中你又看出了苏轼怎样的精神品质？在这一环节，学生们能感悟到苏轼无论是身居高位，还是落魄边荒，荣耀时没有盛气凌人，艰辛时也没有卑躬屈膝的人生态度。

4.完成任务一：观看央视苏轼纪录片第一集《雪泥鸿爪》，进一步了解苏东坡从闻名天下的大文豪到阶下囚的人生转折。为苏轼写一段200字左右的评论，表明你对苏轼的看法。

同时还推荐了一些视频及文字资料让学生利用课余时间观看，作为本阶段学习的拓展延伸。此阶段得任务用时较短，用2课时，1天时间完成。

教学阶段二 品苏"文"

林语堂称苏东坡："一个旷世奇才，士大夫心仪神往的人格典范，民间妇孺喜闻乐道的豪士雅客，有一派刚直不屈的执着风节、一颗善于解脱的智慧心灵。"苏轼的身上包含了最大限度的人性的丰富性，我们要了解他，只知其背后的故事还远远不够，只有走进他的作品，才能够更加深入地、真

正地了解他。为引导学生探寻苏东坡的至情至性，我设计了以下具体活动：

1.小组合作研读文本

借助注释、工具书等资料，自主阅读《江城子·密州出猎》《卜算子·黄州定慧院寓居作》《定风波·莫听穿林打叶声》《自题金山画像》四篇作品，遇到不明白的问题及时提出，扫清阅读障碍。要求批注、作阅读笔记、揣摩诗中情感，用曲线图表示这几首诗词里作者的情感变化，并说明是通过诗词中哪些语句判别出作者感情的，最后通力合作完成引导题。在引导题的设置上，我采用了分层设计，体现差异化，旨在让每位成员都能参与，充分发挥每个人的能动性。

小组任务单

第一组：《卜算子·黄州定慧院寓居作》

①结合注释，翻译全词。

②词上阕的前两句所写的景象分别有什么特点？

月：

桐：

人：

鸿：

这些景物营造了一幅_____的画面。

③"幽人"和"孤鸿"有哪些共同点？(可从处境、心理、品质等方面思考)

④你觉得"幽人"是指的谁？请带着你的理解为他设计一段内心独白，并推举一个小伙伴表演出来。

第二组：《定风波》

①结合注释，翻译全词。

②小序交代了什么信息？

③作者写此词时应是怎样的心情？请结合相关语句体会作者情感，并有感情地朗诵。

④词中哪句话我们可以用作人生启示？为什么？

第三组：《江城子·密州出猎》

①结合注释，翻译全词。

②上阕描写的是什么内容？哪一个字写出了作者当时的心情？

③下阕表达了作者怎样的情怀/心境？请结合相关语句说明。

④请选择词中的一个画面，表演出来。

第四组：《自题金山画像》

①结合注释，翻译全词。

②请结合注释和查找资料,思考"心似已灰"和"不系之舟"分别表达了作者怎样的心情?

③苏轼称他平生功业都在这三地,体现了他怎样的心情?

④请结合苏轼的一生和此诗的创作背景,以老年苏轼的身份写一篇内心独白,200 字左右,并声情并茂地朗读出来。

2.观看央视苏轼纪录片第二集《一蓑烟雨》,了解苏东坡在黄州苦难中如何自我超越。小组内讨论交流,后以小组为单位在全班发表分享观点。

此阶段的课程所耗时间稍长,不仅需要老师课堂上的引导,还需要学生课后的探讨和资料的搜集,用了 3 课时,整个过程用 2 天时间。

教学阶段三　建苏"馆"

这个阶段是整个项目的核心,对学生来说也是创意和挑战并存的一个任务。

每组需要在对前面探究的内容进行梳理总结,重新提取整合出关键信息的基础上,在密州、黄州、儋州三地中择一地设计苏东坡文化纪念馆。为了增强任务的趣味性,激发学生的积极性,我在这一环节创设了一个情境:

当局拟在苏东坡曾生活过的地方(密州、黄州、儋州)修建一个东坡文化纪念馆,以弘扬东坡精神。作为当代大中华地区的顶流设计师团队的你们(学生)接到这个任务,于是在馆长(老师)的组织下开始了紧锣密鼓的筹备工作。

基于此基础上,我设计了以下具体活动:

1.再次探讨阶段二任务单上的内容以确立各分馆的设计主题。

2.阅读、查找相关资料充分了解东坡生平相关事迹、作品及东坡与当地的关联。

3.确立纪念馆的基本设计思路。(如选址原因、展馆分布及分类、馆藏等。)

4.各小组合理分工(撰写发言稿、制作 PPT、推选发言人),通力合作设计工作。

这个阶段的任务是综合性的语文实践活动,以课堂上小组合作学习为主,用 3 课时,整个过程用 3 天时间。

教学阶段四　弘扬东坡文化暨成果展示

延续上一情境,开办"新闻发布会",各组进行一个 10-15 分钟的发言,分享设计成果,老师点评总结。用 2 课时完成。在为期近一周的研讨活动中,学生们在阅读与鉴赏、表达与交流、梳理与探究等各项实践活动中实现了合作探究、自主学习的过程。其最终成果的呈现,让人感到惊喜连连,我们看到了学生对苏轼的人生经历和人格精神有了更系统的了解和更深的参悟。

【教后反思】

在本项目学习中,旨在努力实现语文教与学方式的变革,通过任务驱动让学生充分发挥其主动性,教师则主要充当"点拨"与"陪伴"的角色。主要探索了以下几个方面:

1.合理利用网络资源。

新课标指出,充分利用网络平台和信息技术工具,支持学生开展自主、合作、探究性学习,为学生的个性化、创造性学习提供条件。在本项目学习中,学生需要阅读、查找的相关材料很多,老师也希望把很有价值的视频资源推送给学生,在课堂时间有限的情况下,利用网络学习平台无疑成为实施项目化学习的重要途径。我通过 teams、padlet 等网络教学平台分享网络资源给学生,学生能及时查收观看并通过网络平台继续展开小组研讨,而不只是让学习囿于有形的教室之中。

2.任务分层化设计,践行差异化教学。

为保证项目的顺利进行,每个学生都需要发挥其能动性,在设置各项任务时,从学情差异出发,采用了分层设计,激发学生参与的积极性及加强小组合作的紧密性,使不同层次的学生乐于做、善于做,并在最大程度上获取同伴支持。

3.项目成果评价体系不够完善。

新课标指出,评价主要以学生在各类探究活动中的表现,以及活动过程中完成的方案、海报、调研报告、视频资料等学习成果为依据。教师可以针对主要学习环节和内容指定评价量表,邀请相关学科教师、家长、社会人士参与评价。在本次项目式学习中未能较好地践行这一方式,评估表格设置不够细化,也未加入学生自评、互评环节,而是采用传统的老师评估的方式进行,学生未能通过学习评价产生内化,准确认识自己发展到什么状态、水平,今后还要向什么目标努力。

张画,广东省深圳市南山区荟同学校教师。

《老王》教学设计

◎张慧琳

【学习目标】

1.通过文本细读,整理老王人物资料与事件,抓住语言动作等细节描写,体会老王的不幸与善良。

2.品析文段,通过交往过程中作者对于老王的回应,探究作者的善良与对老王心怀"愧怍"的原因。

3.结合背景资料,发现杨绛先生的人性之美,了解知识分子的自省意识与社会责任感。

【学习重点】

1.通过文本细读,体会老王的不幸。

2.品析文段,探究作者对老王心怀"愧怍"的原因。

【学习难点】

结合背景资料,发现杨绛先生的人性之美。

【教学过程】

一、创设情境,导入新课(1分钟)

杨绛说:"唯有身处卑微的人,最有机缘看到世态人情的真相。"她非常感念那些在苦难岁月中保持高贵人性、在自己一家落难时,给予她帮助的普通人。老王就是这样一位令作者难忘的布衣之交。今天让我们一起走进杨绛先生的《老王》,去聆听杨绛讲述老王这个人力车夫的故事。

二、走进文本,对话老王

杨绛先生的散文被称为"杨式太极拳",看似平静的叙述中蕴含深厚情感。默读课文并思考:哪句话揭示了文章中心?(2分钟)

几年过去了,我渐渐明白:那是一个幸运的人对一个不幸者的愧怍。

幸运的人是谁?不幸的人又是谁?为什么愧怍?今天,我们来一场角色扮演,我扮演那个不幸者老王,同学们扮演"幸运的人"杨绛先生,让我们各自以第一人称,走进文本,拾起那个特殊时代的温情与爱。

第一步:忆身世,读老王之不幸(5分钟)

时间回溯到最初的相遇。

老王:我认识你,是因为那阵子你开始坐我的三轮儿。你是客人里难得不嫌弃我残疾的,还经常和我聊天,关心我的生活。真是一个好人啊。

杨绛:我们的相遇源于那些天,我开始光顾你的生意,通过观察与交谈,我知道,你……

1.请各位杨先生们结合文本,拾起记忆中对老王的印象,完成我(老王)的身世档案。

预设:A.称呼:老王 职业:蹬三轮 住址:荒僻小胡同

B.个人身体残缺:无健康身体,田螺眼,好眼也有病

C.家庭无亲可依:无亲人,有个哥哥,死了,有两个侄儿,没出息

D.社会排斥边缘:无组织,单干户

第二步:思交往,品老王之善良。(共24分钟)

过渡:就我这么一个不幸的苦人,却和你这样的大知识分子有了交集。你还记得我们交往过程中发生了哪些事吗?(1分钟)

过渡:真感动啊,原来这些事,你还记得。发生这些事时,你在想些什么呢?请你选择一件事,写一段你想对我说的话,完成独白。(共5分钟,3分钟写,2分钟讨论。)

A:内化独学

(1)围绕学习任务先自主阅读,边读边标注自然段,勾画重点字词。

(2)认真思考问题,并标注答案。

B:小组讨论(生生对话)(学法指导设计)小组内相互交流,相互补充,形成本组统一答案。组长做好指导、分工,为展学做准备;

C:课堂展示(师生对话)(学法指导设计)。小组代表发言,其他同学认真倾听,积极补充或质疑。

1.送冰块(5分钟)

老王:记得那一年夏天,我送冰,想要给你点优惠,你却坚持付了原价,真是一点便宜也不占的好客人。

杨绛:那一年夏天,你为我家送冰……

预设:想要减半收费,我们给了原价,因为(老王赚钱也不容易)他送的冰(比前任大一倍)他真是(最老实的车夫)。

小结:①打折的是冰价,加倍的温暖。

②最老实的,四个字蕴藏着的是一份褒扬。

③我们都是幸运的,苦难时,心里都有一份暖。

2.送默存(6分钟)

从那以后,我也会偷偷关注你们家的情况。你家出了些事。我送钱先生去医院,坚决不收钱,我想,我们应该算朋友了吧。可你却笑着说有钱,我很无奈,真的很不放心你们。

杨绛:那一次,我托你送默存去医院……

预设:①你还记得钱先生为什么要去医院吗?为什么你不一起乘三轮去?

"不知怎么的""不敢乘三轮""文化大革命"

让我们一起寻找时代的记忆。

有一晚,同宿舍的"牛鬼蛇神"都在宿舍的大院里挨斗,有人用束腰的皮带向我们猛抽。默存背上给抹上唾沫、鼻涕和浆糊,渗透了薄薄的夏衣。我的头发给剪去一截。斗完又勒令我们脱去鞋袜,排成一队,大家伛着腰,后人扶住前人的背,绕着院子里的圆形花栏跑圈儿;谁停步不前或直起身子就挨鞭打。发号施令的是一个"极左大娘"——一个老革命职工的夫人;执行者是一群十几岁的男女孩子。我们在笑骂声中不知跑了多少圈,初次意识到自己的脚底多么柔嫩。等我们能直起身子,院子里的人已散去大半,很可能是并不欣赏这种表演。我们的鞋袜都已不知去向,只好赤脚上楼回家。(杨绛《丙午丁未年记事》)

虽然我是一个粗人,但是也感受到了你的不容易。作为知识分子,你遭受社会的打压;作为妻子,你还要坚强起来,照顾走不得路的丈夫。我真的很想尽我所能帮帮你。

②你能感受到我不想收钱吗?

语言:我送钱先生看病,不要钱。哑着嗓子悄悄问我,你还有钱吗?老王充分顾及我的经济状况与自尊,真是体贴善良。但是我怎么能不给钱呢?老王是一个那么苦的人。

③你为什么要笑着说有钱,你不觉得苦吗?你为什么要给我钱?

小结:学生和教师一起在送默存的画面中感受挺立的光辉的老王形象。教师引导学生扣住两句话,扣住老王的情态,看他的内心的至善。

过渡:你真是一个大善人,总是为我着想。可是我想,我们应该是朋友了吧。我真希望你能接受我无条件的帮助。

3.送香油(7分钟)

过渡:你还记得,我们的最后一次见面吗?让我们演绎对话,再现当时的情形。

那一天,杨绛在家听到打门(打门声)

杨绛(开门):啊呀,老王,你好些了吗?

老王:嗯。

老王(直着脚向前,伸两只手):这些,给你们。

杨绛(强笑):老王,这么新鲜的大鸡蛋,都给我们吃?

老王:我不吃。

杨绛:谢谢你这么好的香油和大鸡蛋。你等一下。(转身进屋)

老王(赶忙止住):我不是要钱。

杨绛:我知道,我知道——不过你既然来了,就免得托人把钱捎给你了。

(过了十多天,杨绛碰到老王同院的老李)

杨绛:老王怎么了,好些没有?

老李:早埋了。

杨绛:呀,他什么时候 ……

老李:什么时候死的?就是到您那儿的第二天。

杨绛(内心独白):我没再多问。我眼前不由浮现起最后一次见面时你的模样。那一天,我听到了打门声,开门看到你……

预设:①教师引导学生,扣住"打门",听其声,看其形,思其情。抓住"直僵僵""镶嵌"等词与比喻句。"一手提着个瓶子,一手提着一包东西,一手拿着布,一手攥着钱,滞笨地转过身子。"僵直、脆弱,老王行将就木之不幸与无尽诚意,直击心灵。

②"我不是要钱",那我要什么?"我知道,我知道"你真的知道吗?谁能解读我的内心?他是在用自己的所有来表达他对杨绛一家的感激。他更是用自己的方式,在和这个世界里仅有的牵挂告别。他最后收下钱又是为什么?(钱对他而言已没有意义,他只是不想让杨绛为难。)

总结：是的，你的温暖，我铭记在心；你的关心，我感激不已；你的苦难，我感同身受。我早已把你当作最亲的人，所以我拼尽最后的力气也要登门造访。这是报恩，是道别，是我拖着这副行将就木的躯体最后能为你做的一切了。我多希望你能领受我的心意。

4.可是你为什么要给我钱？

总结：在"三送"的过程中，你在我眼中从一个让人心怀感激的主顾变为关心体贴的挚友，再变为最后临终前强撑着也要拜访的至亲之人。而在你眼中，我始终是一个善良又苦命的车夫，你对我止步于熟人间的关怀与同情。

第三步：品"愧怍"，悟人性之光辉

假如能重来（3分钟）

时光回溯到最后一次见面，我用结翳的双眼辨识方向，拖着僵直的身躯，小心翼翼地护着珍藏的鸡蛋和香油，一步一步，循着记忆，前往你家。你听到打门声，看到这样一个我，重来一次，你会做些什么？

谢谢你们温暖的关怀，填补了我最后的遗憾。

过渡：然而现实没有时光机，很多遗憾没有机会弥补。这是你无数次在脑海中上演却永远不能实现的画面。请你带着这些未竟的遗憾，再读文章最后一句话。

思考：你愧怍的原因是什么？（3分钟）

（1）不够关心老王

（2）害怕（死亡；尤其那个年代）

（3）没有设身处地的换位思考；老王把我们视为亲人，把我家视为他家（作为亲人，情感比物质、比金钱都重要；情感是不能用物质与金钱来交换的），作者却一直充当给予者，从来没有接受过老王的回馈和无偿的帮助。这样貌似对得起老王，却让老王始终觉得欠了作者一家的情。最后老王送香油鸡蛋，自己不是感激地收下，却又拿钱回赠老王，作者懊悔这样做，老王定是带着伤感和遗憾离开自己家的。所以作者一再追忆，琢磨他是否知道我领受了他的谢意。总的来说，杨绛对老王同情大于平等，拒绝大于接受。作者为自己的自命清高，不解人意而"愧怍"。

总结：（2分钟）我不幸，你幸运，所以你愧怍；我临终告别，你未曾关怀，所以你愧怍；我付出情感，你回馈金钱，所以你愧怍；你我情感付出不对等，所以你愧怍；你对我同情大于平等，拒绝大于接受，所以你愧怍……

善良的杨先生啊，知道了你的愧怍后，不安的反而是我。在我陷入失群落伍的惶恐时，你们一家照顾我的生意；在别人恶意揣测我的眼疾时，你们给我鱼肝油治病；在我孤苦无依举目无亲时，你们给我问候与关怀。我不幸，又幸运。你们一家给予的温暖远大于遗憾。知道我最后领受了我的谢意，我就知足了。不要再愧怍了，我们本是陌生人，你能为我做这么多，已经很难得了。杨绛先生，这是我今天，作为老王，最后想对你说的话。

同学们，读完老王的不幸与有幸，品完杨绛的愧怍，让我们带着这份沉甸甸的情感，再读文章最后一句话。

过渡：纵观杨绛的一生经历，可谓是坎坷而又曲折。前半生，历尽战乱之苦，后半生，却又尝尽生死离别之痛。属实不能算是"幸运的人"。"惭愧常使人健忘，亏心和丢脸的事总是不愿记起，因此也很容易在记忆的筛眼里走漏的一干二净。"她本来可以选择忘记老王这样的小人物，但她没有，当她终于明白这份愧怍时，她选择写下来，没有丝毫的修饰，没有对自己的美化。

从这份"愧怍"中，我们能看到一个怎样的杨绛？

【出示】"我们从忧患中学得智慧，苦痛中炼出美德来。"（杨绛《走在人生边上》）

越是被压迫，越是懂感恩。越是被伤害，越是懂悲悯。他们的交往跨越了那特殊的十年。在特殊的时代下，杨绛无疑是不幸的，正因如此，老王始终如一的善良值得敬重。而杨绛淡化自己的不幸，关照别人的苦难，剖析自己的愧怍，敢于自省，心怀良知，更显出一份悲悯与关怀。最后，让我们带着杨绛的悲悯与自省，再读文章最后一句话。

小结：非常感谢同学们与我今天在演绎中回味温情，谢谢各位杨先生让我切实感受到温暖和触动，也希望大家都成为"幸运的人"，去感受爱，拥抱爱，付出爱。

三、作业布置

1.请你以老王的身份，用第一人称改写8—16段。

2.推荐阅读：《洗澡》《干校六记》《我们仨》《走在人生边上》，深入了解杨绛先生闪光的人格。

张慧琳，江苏省常州市翠竹中学教师。

《山坡羊·潼关怀古》教学设计

◎张丽娟

【教材研读】

《山坡羊·潼关怀古》是人教版九年级下册六单元《诗词曲五首》当中的一篇。本单元的主题是"天下兴亡，匹夫有责"，旨在让学生走进古人的政治、军事生活，去感受社会生活和古人的豪迈情怀。这首诗是散曲，张养浩借凭吊潼关古迹，抚今追昔，联想历代王朝的兴衰更替，一针见血地点出了统治者与人民的对立，表现了作者对历史的思索和对人民的同情。学生在学习这首怀古诗时，能够通过最后一句议论句快速把握感情基调及抒情内容，而学习的难点在于通过前面的写景与中间的抒情去理解诗人之所以会有那样深刻情感的原因。这个难点的突破即是学生进入文本的密钥，也是走进张养浩一系列怀古诗的关键所在。因此，本节课的重点就放在了理解诗人的人文情怀上。

【学情分析】

学生通过九年级上册对诗歌专题的学习，已掌握了品鉴诗歌的基本方法，如抓意象、品关键字词、知人论世等；同时学生通过之前两年半对诗歌的学习，已大体把握了怀古诗的解读路径，如抓古迹及背后的历史，品析诗人由此产生的联想等。综合以上因素，在教学本散曲时，既要再次训练学生的品析能力，也要教会学生通过连接历史背景发挥想象来个性化解读诗歌。

【教学目标】

1.利用朗读和想象品析诗歌留白处；

2.理解诗人对历史的思索，对百姓的同情，体会诗人的人文情怀；

3.培养学生正确的历史观和高尚的人文情怀。

【教学重难点】

理解诗人对历史的思索，对百姓的同情，体会诗人的人文情怀。

【教学课时】1课时

【教学方法】朗读法、品析法、小组合作法

【教具准备】地图

【教学流程】

一、解题导入

师：前面学了唐诗、宋词，今天学习一首元曲。来读一下课题吧。

PPT：本文是一首散曲。"山坡羊"是曲牌名，规定了曲子的句式、字数、平仄。"潼关怀古"是题目。

追问：题目是什么意思？

预设：潼关——历史古迹；怀古——追念古代的事情，即在潼关这个地方追念古代的事情。

设计意图：开门见山切入主题，明确诗歌体裁及题目含义。

二、初读文本　正音明意

1.正音　齐读

过渡：首先来齐读一下这首散曲，请把两个词语的读音标记出来，这是一首怀古诗，我们读的时候语速尽量慢一些。

PPT：踌躇 chóu chú　宫阙 què

过渡：第一次朗读做到了字音正确。但个别词语发音还可以更饱满圆润些，如"路""土""苦"，押"u"韵。

2.押韵　齐读

过渡：这次有进步了。

3.明意

过渡：还要注意这五个词语的意思，在书的右边勾画出来。

PPT：西都：长安。

踌躇：迟疑不决，形容心潮起伏。

秦汉经行处：途中见到的秦汉宫殿遗址。

宫阙：指古时帝王所居住的宫殿。

山河表里：外有黄河，内有华山，是为表里，形容潼关一带险要。

4.写作背景

PPT：因关中大旱，临危授命前去救灾。从山东到陕西，一路上听到哀鸣悲号，怨声载道；看到饥民遍野，尸骨成堆，于是以"山坡羊"写了九首怀古诗，本文就作于此时。

设计意图：学习诗歌最重要的途径——朗读，一读，读准字音、节奏；二读，读懂文意；三读，知晓背景。

三、再读文本　品潼关之景

1.介绍潼关

PPT展示：潼关地图

追问一：文中写潼关的是哪些句子？

预设：峰峦如聚，波涛如怒，山河表里潼关路。

2.一读句子　女生读　峰峦如聚，波涛如怒，山河表里潼关路

3.品潼关之景。要求：请从用词、感官、动静、修辞等角度品析潼关的特点。

预设：

（1）"山河表里"交代了位置构成，表明了险要和位置的重要。

（2）"聚"从视觉写出了群山重重叠叠的样子；且化静为动，写出了山峰从四面八方汇聚而来的宏伟气势，突出了它的险要和位置的重要。

（3）"怒"用了拟人手法，赋予人的情绪，写出了黄河波涛汹涌的情态；也从听觉角度写出了黄河咆哮怒吼的宏伟气势，突出了它的险要和位置的重要。

点评预设：我仿佛看到了群山守卫潼关的样子；黄河像一道屏障守卫着潼关。

4.二读句子　男生读

过渡：我们读这个句子时，要把聚、怒、山河表里重读，读出豪迈之气。

PPT：峰峦如聚，波涛如怒，山河表里潼关路。

过渡：三个句子，从不同角度表现出了潼关的险要及位置的重要。当张养浩赈灾经过，看到经过战火淬炼的潼关依旧以雄伟之态立于此地时：

追问一：他会想到些什么？

板书：想到了战争……

5.三读句子　齐读　峰峦如聚，波涛如怒，山河表里潼关路

过渡："波涛如怒"的"怒"字里，应该也饱含着张养浩对兴亡频繁的一丝丝感慨与愤怒之情吧！读的时候要读出豪迈之气与愤怒之情。

在潼关停马驻足，望向长安，长安作为十个朝代的都城，异常繁华。作者望见了那种繁华了吗？他望见的是长安的什么？

板书：望长安

设计意图：解读诗歌的第一关，读懂潼关，第一步，依靠手绘地图明确其历史背景和重要性；第二步，通过品析用词、手法等方式再次体会其特点及作用。

四、三读文本　析踟蹰之因

1.望西都

预设：萧条、冷落、萧瑟、凋敝

追问一：你是如何知道的？

预设：元代——元大都（北京城）；"伤心秦汉经行处，宫阙万间都做了土"

追问二：这两句是他此时看到的吗？在这两个句子中或前面有词语提示是他想到的吗？

预设："伤心""踟蹰"

2.宫阙万间都做了土

PPT：伤心秦汉经行处，宫阙万间都做了土。

追问一："宫阙万间"是什么意思？

预设：万间宫阙

追问二：你了解秦汉的万间宫阙吗？

PPT：秦朝阿房宫有宫室145处，宫殿270座。据历史记载，四五十万人历经几年才修好。

汉代未央宫总面积有北京紫禁城的六倍之大，亭台楼榭，山水沧池，布列其中。

过渡：到元代为止，这样的万间宫阙还有很多，如三国的铜雀台；唐代大明宫、华清宫；明代的紫禁城。所以秦汉的万间宫阙只是作为其中的代表。可是这些万间宫阙都做了土：

PPT展示：火烧秦宫室，化作灰烬

唐朝末年未央宫沦为废墟

追问三：长安从繁华到萧条，秦代的阿房宫从宏伟到灰烬，汉代的未央宫从宏伟到废墟，这中间经过了什么？

预设：群雄逐鹿；朝代更迭；战乱频繁。

追问四：这里的万间宫阙只是指"皇帝住的宫殿"吗？

预设：象征的是朝代、权力、兴亡、名利

过渡：曾经的繁华、奢侈、权力都在战火烧起的那一瞬间变作了焦土。

作者对此用了"伤心"来表达，这个词的意思是：

PPT：伤心：心里非常痛苦，难过至极。

追问五：他为什么感到非常痛苦与难过？

预设：为统治者——费尽心机，用尽全力，最终化为乌有；为社会——发展的必然规律；为自己朝代——也会经历这样的过程；为百姓——流离失所等。

3.意踌躇

过渡：原来，诗人停马驻足，远望长安，看到的不只是萧条，他看到了萧条背后更多的东西，如对历史、战争、社会发展规律、朝代更替，甚至是对百姓的思索。所以才用这三个字——意踌躇来表达。三个简单的字里，包含着诗人说不尽的心绪，有痛苦、难过、哀愁、感叹。

板书：踌躇 想到战乱……

读这几个句子的时候，一要在脑海中营造画面感；二要做到语速慢，声调轻，情绪是伤感、凝重、痛苦的。

过渡：潼关的险要，折射出的是战乱，是兴亡交替的频繁；万间宫阙做了土，折射出的也是战乱，是兴亡交替的快速。兴亡的频繁与快速，是朝代、权力的变更，也是社会发展的必然规律。但这个过程中，最苦的是老百姓。

板书：兴亡 百姓苦

设计意图：通过有梯度的层层追问和历史背景的补充，让学生深挖作者情感抒情的原因，从而为最后的议论做好足够的铺垫。

五、四读文本 感百姓之苦

1.一读句子 兴，百姓苦；亡，百姓苦。

过渡："苦"字要重读，读出沉重之感

2.为何苦

百姓苦，苦就苦在……

预设：兴：大兴土木；徭役繁重；苛捐杂税；横征暴敛。亡：流离失所，朝不保夕；战乱频繁，血流成河；精神弥散，没有安全感。

师总结：这一个"苦"字写出了百姓痛苦悲惨的生活状态＋卑微飘摇低下的生命状态＋没有安全感的精神状态

追问一：这个"苦"字，饱含着诗人哪些情感？

预设：对封建王朝、统治者的愤怒、嘲讽、谴责、不满、警示；对百姓的同情、关切、怜惜、理解。

3.二读句子 兴，百姓苦；亡，百姓苦。

过渡：这个"苦"字，就是全曲的曲眼。读的时候，读出悲愤、沉重之感，也读出深情。

这一句议论，有力度，它直指封建王朝与统治者；有深度，它戳穿了兴亡的本质；更有温度，里面饱含着诗人对百姓的关注。就是这样一位有温度的诗人，在到达灾区后，一心一意赈济百姓，倾其所有，拼尽全力，只为挽救更多生命，哪怕是以牺牲自我生命为代价。

追问一：从他赈灾表现、答应赈灾和人生经历来看，张养浩身上有哪些可贵的品质？

预设：（1）一个知识分子的责任与担当。（反映民生疾苦）（2）一份济世情怀。（推己及人＋忧国忧民＋温暖更多的人，哪怕是牺牲生命）

4.配乐朗读

PPT：峰峦如聚，波涛如怒，山河表里潼关路。（语速：慢 语气：豪迈、怒气）

望西都，意踌躇，伤心秦汉经行处，宫阙万间都做了土。（语速：很慢 语气：难过、痛苦、感慨、哀愁）

兴，百姓苦；亡，百姓苦。（语速：特别慢 语气：深情、沉重、悲愤）

设计意图：通过对曲眼"苦"的多方面解读，引导学生体会百姓的生活、生命、精神状态，结合诗人经历分析诗人形象，进而明白"苦"字背后所承载的精神力量。

课堂小结：张养浩的怀古组曲，气势苍莽雄浑，感慨深沉悲壮，风格质朴古雅，同时视野开阔，境界高远，因为始终站在对人生的深刻透视、对历史的大彻大悟的高度上。希望你们有时间后能去读读剩余的八首。

PPT：《山坡羊·未央怀古》《山坡羊·咸阳怀古》《山坡羊·骊山怀古（二首）》《山坡羊·沔池怀古（二首）》《山坡羊·洛阳怀古》《山坡羊·北邙山怀古》

追问一：学完本文，请你来总结一些读懂怀古诗的方法？

预设：（1）知人论世；（2）多角度品析古迹特点；（3）通过联想和想象分析诗人情绪变化产生原因；（4）抓议论句体会诗人情感。

设计意图：通过一首诗走进一类诗，既激发学生阅读散曲的兴趣，也构建学生走向诗人张养浩的桥梁。同时学法总结，课堂提炼，从内容到技法，形成完整的闭环。

张丽娟，重庆市江北巴川量子中学校教师。

《愚公移山》教学方案(第三课时)

◎ 张琳琳

【单元导语】

人应该有怎样的品格与志趣？本单元的几篇古代诗文从不同角度回答了这一问题。它们或以睿智雄辩论述人生理想与担当，或以奇特想象寄寓不凡的追求，或以诗意语言抒写人生感悟与思考。阅读这些经典作品，要用心去感受古人的智慧与胸襟。学习本单元，要借助注释和工具书，整体感知课文内容大意；还要多读熟读，积累常见文言词语和名言警句，不断提高自己的文言文阅读能力。

【设计依据】

(一)课标依据

诵读古代诗词，阅读浅易文言文，能借助注释和工具书理解基本内容。注重积累、感悟和运用，提高自己的欣赏品味。背诵优秀诗文80篇(段)。注重理解中华优秀传统文化蕴含的核心思想理念、中华人文精神和传统美德，表达自己作为中华民族一员的归属感和自豪感。

义务教育语文课程内容主要以学习任务群组织与呈现。设计语文学习任务，要围绕特定学习主题，确定具有内在逻辑关联的语文实践活动。语文学习任务群由相关联的系列学习任务组成，共同指向学生的核心素养发展，具有情境性、实践性、综合性。

(二)文本分析

本文是一则寓言，有深刻寓意，近现代以来被广泛引用。

1.本则寓言，有生动的故事情节，又带着神话色彩。这则寓言先交代故事背景，指出太行、王屋二山面积、高度和地理位置，接着"聚室而谋"和"愚智争辩"两个场景的描述，推动了情节的进一步发展，最后夸娥氏二子移山将故事推向高潮和结局。采用神话结尾，借助神力实现愚公的宏伟抱负，是解决人与自然矛盾的幻想方式，它所反映的是古代劳动人民的美好愿望。学生学习中要有条理的完整复述故事情节。故事中，对愚公、智叟、妻子语言进行了个性化的描述，学生学习中要重点把握重音、语气，读出人物的心理、性格。

2.本则寓言有着多层次的寓意。"对于语文课文的解读，尽管有种种不同的读解理论与方法，它们的走向都不出作者、作品和读者这三级。"作品的解读离不开作者本人的思想见解与所处的时代特征。愚公移山之举表层意义是为了改变自身生存环境的壮举，而更深刻意义可以看作是一种求道的精神，忘怀以造事，无心而为功。从文本出发，山与愚公对比，移山之艰辛，看愚公意志坚韧、坚持不懈，虽年高但志在千里，抱负宏大；愚公与智叟对比，看愚公用发展的长远的目光看待事物，善于聚焦群众的力量，不急于一时的成败。此外，关注读者的个性化解读。著名文人傅斯年倡导积极的人生观，至此愚公身上所影射出的"努力"精神和"为公"意识真正得到解放。抗战时期的毛泽东也曾在多个场合根据国情提及愚公移山的故事来鼓舞士气，宣扬攻坚克难的移山精神，加入了现代意识，深切鼓舞人心，确立了人民主体的地位。不同时代、不同领域的文人名家的解读，寓言解读愈加多元与现代化，注重联系学生的实际生活。

(三)学情分析

七年级已学习《狼》《杞人忧天》《穿井得一人》《赫尔墨斯与雕像者》《蚊子与狮子》《卖油翁》《河中石兽》等寓言，学生对寓言这一文体有一定的了解。但多角度解读寓言这一语文能力还有待进一步提升。

3班学生思维较为活跃，但是容易脱离文本，喜欢猜想。表达不注重内在的逻辑性。本单元还将继续培养学生利用注释、工具书自主阅读文言文的能力，继续诵读练习，注重词语名句等积累。此外，进一步提升学生多文本对比阅读的能力,促进学生的思辨性、批判性思维力的发展。

【设计内容】

(一)学习情境 读列子寓言 让文字"活"起来

典籍中的文字因阅读而富有生命,文化因传承而绵延不绝。初二教学楼道《语文专栏》这一期的展览主题为《读列子寓言,让文字"活"起来》,需要每人完成一份读书小报,线上投票,选出年级50佳,进行学习交流。

要求:

1.A4纸,以文字为主,可有插图。图文相关。

2.文字内容包括以下内容:

(1)"寓言"小知识。形式可多样,如问答式、导图式等。

(2)"列子寓言"选读。选出你自己喜欢的篇目,附上重要文言字的注释。并对其中至少5个文言字,添加"小贴士"。

(3)书信形式写给列子一段文字。

(二)学习目标

1.能够通过复述,梳理人物关系、态度,把握故事内容。

2.能够通过人物对比、文本对比等方式,多角度解读故事寓意。

3.能够通过间接证明(举例子、引名言、对比)等方式,实现对寓言的内化理解。

4.能够梳理、储备重要文言字句。

(三)学习篇目

核心文本:《愚公移山》

拓展文本:《夸父逐日》《薛谭学讴》《纪昌学射》《造父学御》《列子学射》

(四)核心问题

如何由言及意,多元解读寓言故事?

(五)核心任务

读列子寓言选篇,完成读书小报

1.子任务一:愚公自述(积累,整体感知)【第一课时】

2.子任务二:愚公辩词(阅读,形成理解)【第二课时】

3.子任务三:对话列子(表达,证明理解)【第三课时】

4.持续性任务:文言词句的梳理积累。

(六)学习过程(第3课时)

学习子任务三对话列子(表达,证明理解)

活动1:根据"小贴士"补充注释。

设计目的:学生在完成添加注释的学习活动过程中,通过字源、语境猜测、调动积累、成语释义、组词等途径积累文言字,提升阅读文言的能力。

活动2:文本对比,说出我的理解。

1.根据注释,通读3篇文章。

2.根据表格提供的人物对比角度,在文本中找到相关内容并用自己的话填写。

3.根据内容的对比研读,写出自己的理解。

比较角度/篇目	《薛谭学讴》	《纪昌学射》	《造父学御》	《列子学射》
从师对象				
学习的原因				
学习的态度				
学习的方法				
学习的结果				
学习的时长				
我的理解 异				
同				

设计目的:通过多角度的内容梳理,拓展学生思维的广度;通过多文本的对比,提升学生的思维的深度。从比较的共同之处中,学生对列子的思想主张也有了进一步的认识。由此,学生对寓言达到有效的深阅读。

活动3:对话列子,深化"我"的理解。

评价标准:

优秀级:从能生活体验或阅读体验中列举事例、引用名言,正反对比,充分阐释你的理解。

良好级:能从生活体验或阅读体验中列举事例、引用名言,充分阐释你的理解。

合格级:能从生活体验或阅读体验中列举事例,阐释你的理解。

列子:

　　您好!从您的《××》寓言中,我读到　　,对此,深有体会/心有疑虑/＿＿＿＿＿＿

　　此致

敬礼!

八十管分二3班×××

2022年12月1日

设计目的:学生通过调动经验的方式,将寓言与自身体验(阅读体验、生活体验等)勾连起来,与文本共鸣、交流,从而进一步深化理解。在书面表达的过程中,强化思维的严谨性。

文本一:夸父逐日

夸父不量力,欲追日影,逐之于隅谷[1]之际。渴欲得饮,赴饮河、渭不足,将走北[2]饮大泽[3]。未至,道渴而死。弃其杖,尸膏肉所浸[4],生邓林。邓林弥广数千里焉。

[1]隅(yú)谷:古代传说中的日落的地方。
[2]北:向北。
[3]大泽:大湖。神话传说在雁门山以北,纵横千里。
[4]膏肉:脂膏和筋肉。浸:滋润。

文本二:薛谭学讴

薛谭学讴[1]于秦青,未穷秦青之技,自谓尽之,遂辞归。秦青弗止,饯行于郊衢,抚节[2]悲歌,声振林木,响遏[3]行云。薛谭乃谢而求反,终生不敢言归。秦青顾谓其友曰:"昔韩娥东之齐,匮粮,过雍门,鬻歌假食。既去而余音绕梁櫋[4],三日不绝,左右以其人弗去。过逆旅,逆旅人辱之。韩娥因曼声哀哭[5],一里老幼悲愁,垂涕相对,三日不食。遽而追之。娥还,复为曼声长歌。一里老幼喜跃抃舞[6],弗能自禁,忘向之悲也。乃厚赂发[7]之。故雍门之人,至今善歌哭,放[8]娥之遗声也。"

[1]讴(ōu):歌唱。
[2]抚节:"抚"通"拊",拍打。节:一种古代乐器。
[3]遏:阻止。
[4]梁櫋:栋梁。
[5]曼声哀哭:长声哀哭。
[6]抃舞(biàn):因欢欣而鼓掌舞蹈,抃,两手拍击。
[7]发:遣送。
[8]放:通"仿",仿效。

文本三:纪昌学射(节选)

甘蝇[1],古之善射者,彀弓[2]而兽伏鸟下。弟子名飞卫,学射于甘蝇,而巧过其师。纪昌者,又学射于飞卫。飞卫曰:"尔先学不瞬,而后可言射矣。"纪昌归,偃卧其妻之机下,以目承牵挺[3]。三年后,虽锥末倒眦[4],而不瞬也。以告飞卫。飞卫曰:"未也,必学视而后可。视小如大,视微如著,而后告我。"昌以氂[5]悬虱于牖[yǒu],南面而望之。旬日之间,浸大也;三年之后,如车轮焉。以睹余物,皆丘山也。乃以燕角之弧,朔蓬之簳[6]射之,贯虱之心,而悬不绝。以告飞卫,飞卫高蹈抚膺曰:"汝得之矣!"纪昌既尽卫之术,计天下之敌己者,一人而已,乃谋杀飞卫。

[1]甘蝇:古代传说中善于射箭的人。以下"飞卫"、"纪昌"皆是。
[2]彀(gòu)弓:拉满弓弦。
[3]牵挺:织布机上提综的踏脚板。
[4]锥末倒眦:锋利的锥尖刺到眼眶边。
[5]氂(máo):牛尾巴。
[6]燕角之弧,朔蓬之簳[gǎn]:用燕国出产的牛角做成的弓,用楚国蓬梗做成的箭。

文本四:造父学御

造父之师曰泰豆氏(古代传说中善于驾驭马车的人)。造父之始从习御也,执礼甚卑,泰豆三年不告。造父执礼愈谨,乃告之曰:"古诗言:'良弓之子,必先为箕[1];良冶之子,必先为裘。'汝先观吾趣[3]。趣如吾,然后六辔可持,六马可御。"造父曰:"唯命所从。"泰豆乃立木为涂,仅容足;计步而置,履之而行。趣步往还,无跌失也。造父学之,三日尽其巧。

泰豆叹曰:"子何其敏也!得之捷乎!凡所御者,亦如此也。曩汝之行,得之于足,应之于心。推于御也,齐辑乎辔衔之际,而急缓乎唇吻之和,正度乎胸臆之中,而执节乎掌握之间。内得于中,而外合于马志,是故能进退履绳而旋曲中规矩,取道致远而气力有余。诚得其术也,得之于衔,应之于辔;得之于辔,应之于手;得之于手,应之于心。则不以目视,不以策驱,心闲体正,六辔不乱,而二十四蹄所投无差;回旋进退,莫不中节。然后舆轮之外可使无余辙,马蹄之外可使无余地;未尝觉山谷之崄,原隰之夷,视之一也。吾术穷矣,汝其识之。"

[1]良弓:指善于制弓的人。箕:柳条编制的簸箕。
[2]良冶:善于铸造金属器具的人。裘:这里指补缀皮袍。
[3]趣:通"趋",疾走。

文本五:列子学射

列子学射中矣,请[1]于关尹子。尹子曰:"子知子之所以中乎?"对曰:"弗知也。"关尹子曰:"未可。"退而习之。三年,又以报关尹子。尹子曰:"子知子之所以中乎?"列子曰:"知之矣。"关尹子曰:"可矣,守而勿失也。非独射也,为国与身亦皆如之。故圣人不查存亡[2],而察其所以然。"

[1]请:告诉。
[2]存亡:指表面结果。

张琳琳,北京市第八十中学管庄分校教师。

《一个消逝了的山村》教学设计

◎张 榕

【教学目标】

1. 阅读课文,体会作者在景物描写中蕴含的哲思。
2. 学习联想的写作手法,学习作者在描写中融入想象与思考的方法。
3. 运用联想的手法修改习作片段。

【教学思路】

从题目《一个消逝了的山村》入手,分析、学习联想手法在文章中的具体表现,运用联想手法完成片段写作。

联想连接人类与自然、打破了空间限制:一方面表现为作者由自然风物引发哲思,深化了思想内涵;一方面表现为作者通过空间延伸介质打破了主体空间"山村"的限制,扩展了叙述空间,丰富了文章内容。

联想打破了时间限制:散文涉及时间跨度大,从洪荒时代到当下,完成了时间的延伸,万物浑然一体,使人读来隽永悠长、回味无穷。

必修上我们已经学习了三篇现代散文《故都的秋》《荷塘月色》《我与地坛(节选)》,现在我们一起来看三个经典的写景语段。(师生齐读)

北国的槐树,也是一种能使人联想起秋来的点缀。像花而又不是花的那一种落蕊,早晨起来,会铺得满地。脚踏上去,声音也没有,气味也没有,只能感出一点点极微细极柔软的触觉。扫街的在树影下一阵扫后,灰土上留下来的一条条扫帚的丝纹,看起来既觉得细腻,又觉得清闲,潜意识下并且还觉得有点落寞,古人所说的梧桐一叶而天下知秋的遥想,大约也就在这些深沉的地方。

月光如流水一般,静静地泻在这一片叶子和花上。薄薄的青雾浮起在荷塘里。叶子和花仿佛在牛乳中洗过一样,又像笼着轻纱的梦。虽然是满月,天上却有一层淡淡的云,所以不能朗照;但我以为这恰是到了好处——酣眠固不可少,小睡也别有风味的。

"蜂儿如一朵小雾稳稳地停在半空;蚂蚁摇头晃脑拄着触须,猛然间想透了什么,转身疾行而去;瓢虫爬的不耐烦了,累了,祈祷一回便支开翅膀,忽悠一下升空了;树干上留着一个蝉蜕,寂寞如一间空屋;露水在草叶上滚动,聚集,压弯了草叶,轰然坠地,摔开万道金光。""满园子都是草木竞相生长弄出的响动,窸窸窣窣窸窸窣窣片刻不息。"这都是真实的记录,园子荒芜但并不衰败。

"中国最为杰出的抒情诗人"冯至先生曾说:"真正的造化之工在平原的原野上,一棵树的姿态,一株草的生长,一只鸟的飞翔,这里边含有无限永恒的美。"现在我们一起来回忆这三个语段中所包含的自然风物的特点、作者由此触发的联想以及抒发的感悟。

段落	自然风物	特点	触发的联想	抒发的感悟
1	槐树	细腻、清闲、落寞	见一叶落而知岁之将至	秋士文化中的时间意识
2	月光	皎洁	酣眠固不可少,小睡也别有风味	中庸思想中的兼容并包
3	园中景物	富有生机	园子荒芜但并不衰败	生命哲思中的苦难意志

一、联想连接人类与自然

今年是冯至先生逝世30周年,为了纪念这位"最为杰出的抒情诗人",中国地理杂志拟推出一套以《作家印象·一个消逝了的山村》为主要内容的山村风光明信片,需要同学们添加明信片的内容。

首先了解风光明信片所包含的要素(PPT展示):代表性的风景图、概括性的风景名称、风物介绍和观者情思。以小组为单位,结合课文和学案,选择一幅具有代表性的风景图,谈一谈这些景物具有怎样的特点，带给了作者怎样的感受。

学案补充：

（一）知人论世

冯至（1905年9月17日—1993年2月22日），原名冯承植，直隶涿州（今属河北）人，现代诗人、学者。冯家为天津著名盐商，八国联军侵华后避难于涿州，故冯至生于涿州。

冯姚平《冯至年谱》：

1923年加入文学团体浅草社。

1925年成立沉钟社。

1930年留学德国先后就读柏林大学、海德堡大学。

（注：1931年9月18日抗日战争爆发）

1935年获得海德堡大学哲学博士学位。

1935年9月，冯至自德国返沪，归国当晚，挚友正告他："不要做梦了，要睁开眼睛看现实，有多少人在战斗、在流血、在死亡。"身处被日本法西斯阴云笼罩的上海，战争的预感已经迫使他直面现实的沉重。

1937年，在"八·一三"事变的前夕，离开生活地，开启了奔波流离、上下求索的中年岁月。

1937年9月，先迁至浙江金华，年底又向江西撤退。

1938年暑假，因同情进步学生而受迫害。

1939年暑假，转任西南联大外文系德语教授。8月20日经介绍，昆明杨家山林场成为一家人临时避难所。

1940年9月30日，日军飞机轰炸昆明。冯至一家躲入防空洞此后，经常有空袭警报。10月1日后，冯至一家迁居杨家山林场的茅屋，每周进城两次授课。

1941年下半年不断生病，背部又感染葡萄球菌，做了手术。

1942年写下《一个消逝了的山村》。

（二）作家创作谈

1.生存的艰辛与战时的动荡，造就了冯至忧患中年的独特心境。在他看来，这场民族战争已经"将光荣与屈辱、崇高和卑污、英勇牺牲与荒淫无度……对立的事迹呈现在人们面前，使人感到兴奋而又沮丧，欢欣鼓舞又前途渺茫"（《我和十四行诗的因缘》）

2.在抗战期中最苦闷的岁月里，多赖那朴质的原野供给我无限的精神食粮……我在它们那里领悟了什么是生长，明白了什么是忍耐。（《山水》后记）

学生每回答一部分内容，有感情地朗读。

段落	自然风物	特点	触发的联想	抒发的感悟	教师点评预设（课堂）
5	小溪泉水	清冽	养育过往日那村里的人们	生命声息相通	看到养育人的水源，时空的界限被打破，人与人的关联建构了起来。作者曾说，愈是自然的东西，就愈能牵动我们的情感，于是感叹道："日日思君不见君，共饮长江水"。
6	鼠麹草	谦虚、纯洁、坚强	少女、村庄	生命的纯洁、朴质、坚强	从这一段我们能找到许多相对的概念：小草和大树、高山和矮丛、小草的生长与纷扰思绪的凋落、小生命和大宇宙等等。小生命的代表鼠麹草凭借自身的存在价值，带给了作者关于个体与整体、微笑与伟大的思考。
7	彩菌	色彩斑斓	点缀民族的童话，滋养山村人们的身体和儿童的幻想	生命的浪漫、欢乐与想象	正如冯至在《山水》中说：真正造化之工在平原上，一棵树的姿态，一株草的生长，一只鸟的飞翔，都包含有无限永恒的美。
8	有加利树	高高耸立	崇高严峻的圣者	生命的渺小	有加利树算得上作者笔下景物比较奇特的一个，它高耸向上，与周围环境格格不入，像极了此时饱受流离之苦的异乡人——冯至。"本来"一词说明有加利树的蜕变启迪着诗人随遇而安。
9	野狗	嗥叫	海上的飓风寒带的雪潮	生命的威胁、残酷与竞争	相比小溪的滋养，野狗这类丑恶的东西的存在，是大自然对生命延续的一种挑战，对山村，甚至对人类来说都是挫折、困难，但正是动荡才带来蜕变。
10	麂子	温良而机警、美丽逃不过人的诡计	圣人、幻境繁盛的鹿群	生命的神圣	"一粒沙里见世界，半瓣花上说人情。"细微的文字仍在表达作者对生命这个宏大命题的哲思。

结合学案，尝试为这一套明信片设定一个主题，并选择一句蕴含哲思的语句，依据课文说明理由。

板书：
伟大与渺小
短暂与永恒　　人类与自然——生命的不同侧面
小生命与大宇宙
……

二、联想打破时空界限

作者虽然极力向我们展现一个藏在山间茂林中的"山村"，但在行文中却又不仅限于这一"山村"空间，找一找，除"山村"外还提到了哪些地点？作者又是怎样将"山村"与这些地点连接在一起的呢？

段落	除"山村"外的地点	连接介质
2	"历史"	路
5	对面山	小溪（泉水）
6	欧洲、阿尔卑斯山高处	植物移植
7	五六里外	采菌子的人

也就是说，作者通过这些介质，实现了文章空间上的延伸。

我们再来看文章题目中的"消逝"二字，"消逝"既可以指空间上的不复存在，也伴随着时间上的摧毁。现在请大家再读文章，圈画出文章中表示时间的词。

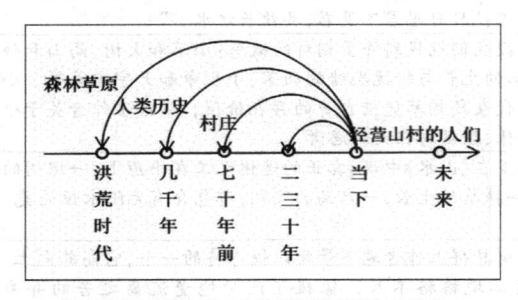

（时间轴图：森林草原、人类历史、村庄、经营山村的人们；洪荒时代、几千年前、七十年前、二三十年、当下、未来）

5段：不分昼夜　　　　　　早晚
6段：每逢暮春和初秋　　　春秋
7段：雨季是山上最热闹的　夏季
　　　趁早上山来采菌子　　早上
8段：月夜　　　　　　　　晚上
9段：秋后　　　　　　　　秋季
10段：平静的夜　　　　　 晚上
　　　月色朦胧的夜里　　　晚上

三、联想

"寂然凝虑，思接千载；悄焉动容，视通万里"联想手法的运用使得人类能够与自然相通、时间与空间的界限被打破，丰富文章的内容，拓展文章的深度。石家庄市第二中学欲邀请设计团队以"我身边的四大园林"为主要内容设计一套明信片，请你以设计师的身份，尝试一段风物介绍，并抒发自己的感悟。

练笔：请选择一处景致，运用联想的手法，尝试为"我身边的四大园林"写一段风物介绍，抒发自己的感悟。

注：校园"四大园林"根据二中的发展历程，以春夏秋冬四园，对应二中的开端、发展、收获与未来。春园命名为迎曦，夏园命名为沐晴，秋园命名为阅华，冬园命名为储宝。

1.迎曦园
主要风物："澄心"水系（陆机《文赋》："澄心以凝思。"排除杂念专心思考）、池塘、美人蕉（花语：美好的未来）、睡莲（花语：纯真、纯洁、洁净、不懈努力）、玉兰花（高洁、芬芳）
迎着初升的朝阳，_____
_____

2.沐晴园
主要风物：石榴（石榴树枝繁叶茂、生命常绿；若榴花，火红炙热、心向阳光；石榴籽，晶莹剔透，千子如一）、紫薇（独立、好运）、红色月季（希望、热血的青春）、冬青（生命、坚韧、朴素、正直）
沐浴着夏日的晴光，_____
_____

3.阅华园
主要风物：石榴园、党建园（"不忘初心，牢记使命"、"中国共产党人精神谱系"：红船精神、井冈山精神、长征精神、延安精神、西柏坡精神……）
三载光阴终成栋梁，_____
_____

4.储宝园
主要风物：老校门、竹林、松树、银杏树
冬藏万物，岁月沉香，_____
_____

张榕，河北省石家庄市第二中学教师。

《短歌行》《归园田居》群文阅读教学设计

◎张姝莹

【教学目标】

语言建构与运用：诵读吟咏两首诗，抓住"酒""忧""归"三个字，感悟作者创作风格。

思维发展与提升：结合时代背景，比较阅读文本，发展逻辑思维，提升学生思维的深度与广度。

审美鉴赏与创造：分析文本重要艺术手法，体味诗歌情感，品悟作者在词中体现出的宠辱皆忘、超乎物外的旷达的人生境界。

文化传承与理解：传承人文精神，培养积极心理，理解不用时代的不同人生选择。

【教学重点】

由作品看时代，分析由建安风骨到魏晋风度的创作变化，以历史的眼光看文学，培养学生的辩证思维能力。

【教学难点】

文本的异同，作者的异同，不同时代的不同创作的异同。

【教学方法】

1.提问法：设置层层递进的问题，引导学生思考。

2.小组探究法：合作讨论，进行深度思考。

3.信息技术2.0：课前预习，查找资料，课后制作小视频。

4.迁移学习法：比较阅读，拓展阅读资料，探究建安风骨到魏晋风度的演变。

【学习任务及学生活动】

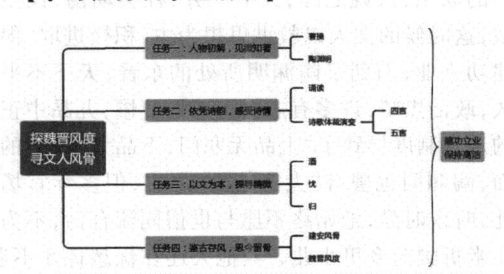

【课时】1课时

【教学过程】

导入：魏晋南北朝是中国历史上政权更迭最频繁的时期，主要分为三国、西晋、东晋和南北朝，由于长期的割据和连绵不断的战争，使这一时期中国文化的发展受到特别的影响。在这个年代里，曹操看见了"白骨露于野，千里无鸡鸣"，而有"吞吐天地之志"；建安七子生逢乱世，发出"冀王道之一平兮"的呼号；阮籍见世道污浊，便驾车行至无人之处放声悲号；陶渊明误入官场，为保持自身的高洁与独立，归隐田园，过着"采菊东篱下，悠然见南山"的生活。不同的人生体验，造就他们不同的人生追求，学校文学社决定以"探魏晋风度，寻文人风骨"为主题，制作一段视频，经讨论，现在有以下几个任务需要大家完成：

任务一：人物初解，见微知著

"蓬莱文章建安骨"，建安文学的最大特点便是"志深而笔长，梗概而多气"，代表作家便是曹操，与之相距不过百年的文坛，则出现了一批率性任真、纵情山水的名士，陶渊明便是其中之一，视频拍摄准备以二位代表性人物为引领，以微知著，请你查阅资料，完成人物资料卡。

出身	经历	创作背景
曹操		
陶渊明		

任务二：依凭诗韵，感受诗情

活动1：曹操的代表作是《短歌行》，陶渊明的代表作是《归园田居》，请大家仔细聆听朗诵录音，思考这两首诗给人怎样的感觉？我们要如何诵读才能声情并茂？

《短歌行》豪迈奔放；《归园田居》田园风光美好；读的时候需要抑扬顿挫，语速放慢，声情并茂。

曹操创作的特点便是古直慷慨，苍凉悲壮；陶渊明则善写田园诗，创作风格十分质朴自然。同学们自己放出声音，再读一遍。

活动2：这两首诗每句分别有几个字？可以看出魏晋南北朝时期，诗歌体裁发生了怎样的变化？

《短歌行》每句四字，是四言诗，《归去来兮辞》每句五字，是五言诗。《短歌行》是一首乐府诗，《归去来兮辞》是一首成熟的五言诗，由此，可以看出诗歌体裁在魏晋南北朝时期逐步发展，为后期唐诗的繁盛打下了基础。

任务三：以文为本，探寻精微

文本是我们触摸作者创作风格的依托，时代不同，风格不一，想要让视频制作有深度，便要以文为本，深度对比。

活动1："对酒当歌，人生几何？譬如朝露，去日苦多"表达作者怎样的情感？如何理解"酒"这个意象？陶渊明有没有写过酒？

表达作者对人生短暂的慨叹。汉魏之际，民不聊生，《古诗十九首》中便有"生年不满百，常怀千岁忧。昼短苦夜长，何不秉烛游"的语句，陶渊明的"悲晨曦之易夕，感人生之长勤，同一尽于百年，何欢寡而愁殷"。他们如此的伤感，恰恰是在其心里回荡着对自我生命的留恋、沉思和突围的意识力量。可见人生短暂的哀叹是这个时代的主旋律。"酒"是古典诗歌常见意象，"何以解忧，唯有杜康"可看出曹操在以酒解忧，酒是魏晋文人不可或缺的精神原动力，他们饮酒纵歌，肆意酣畅，陶渊明的《饮酒》共有二十首，一是为了在当时十分险恶的环境下借醉酒来逃避迫害，二是为了表达对田园生活的热爱。

活动2："忧"在《短歌行》出现了几次？曹操在忧什么？

三次。"忧思难忘""何以解忧""忧从中来"，曹操一是忧人生短暂，人生这么短暂，曹操是怎么办的呢？

活动3：我们接着探讨，《短歌行》中最常见的手法是什么？有何作用？陶渊明有没有忧？

用典。一曲短歌行，化用《诗经》的句子就有六句，上片便有"青青子衿，悠悠我心""呦呦鹿鸣，食野之苹，我有嘉宾，鼓瑟吹笙"作者用这些典故表达了对贤才的渴望，曹操第二个忧便是贤才难得；下片又以"明月""乌鹊"喻指贤才，贤才来"我"必会与他"契阔谈䜩，心念旧恩"，贤才啊，你不要再犹豫不决，"山不厌高，海不厌深"我这里贤才再多也不嫌多，"周公吐哺，天下归心"，我会像周公一饭三吐哺一般礼贤下士，我们一起让天下归心。

曹操想要"天下归心"，但天下真的归心了吗？

没有，所以曹操还忧什么？

功业未就。

陶渊明有忧吗？

有忧，忧官场束缚，忧庙堂之险

活动4："周公吐哺，天下归心"此处的"归"如何理解？与陶渊明的"归"有何区别？

天下人之心归于曹操，显示曹操一统天下的雄心壮志；陶潜之心归于田园，远离官场，显示出他不与世俗同流合污，保持自己高洁的情操。

活动5：《归园田居》中陶渊明为何归？归去如何？（试用诗中原句回答）

"少无适俗韵，性本爱丘山"，我本性就是喜爱田园生活的；"误落尘网中""羁鸟恋旧林，池鱼思故渊""尘网"代指官场，"羁鸟""池鱼"指被官场束缚的自己；"开荒南野际，守拙归园田，方宅十余亩，草屋八九间，榆柳荫后檐，桃李罗堂前。暧暧远人村，依依墟里烟，狗吠深巷里，鸡鸣桑树颠。户庭无尘杂，虚室有余闲，久在樊笼里，复得返自然"，由此看出陶渊明田园生活的舒适愉悦。

活动6：在田园景象的描绘中，作者用了什么手法？有何效果？

白描。用最精练、最节省的文字，不加渲染、铺陈，粗线条地勾勒出事物的典型特征。显示出乡村生活的自然恬静，表达了诗人摆脱污浊官场来到清新的农村后自由愉快的心情。

任务四：鉴古存风，思今留骨

活动1：曹操与陶渊明相距不过百年，他们的风格差距为何如此之大？

"雅好慷慨"的建安文学能够在战乱不休、社会残破的背景下勃兴，离不开"魏武以相王之尊，雅爱诗章"，可以说，三曹七子的文学创作与曹操有着密切的联系，汉魏之际，天下三分，社会动荡，民生凋敝，这时候的文人以救世思想为主，积极进取，渴望建功立业；而到了陶渊明所处的东晋，天下不平已久，政治黑暗，许多有志之士下场凄惨，九品中正制的选官制度导致了"上品无寒门，下品无士族"的局面，陶渊明也曾有"大济苍生"之志，但多年官场挣扎，时宦时隐，他始终不愿与世俗同流合污，不为五斗米折腰向乡里小儿，其他人还在忧愁怀才不遇，一边醉酒佯狂一边求告无门时，陶渊明是唯一一个彻底与黑暗的政治生活割裂的文人。所以，陶渊明最后虽然退居田园，但他敢于与世俗抗争，保持自己高洁情操的精神，在当今社会依然是值得我们学习的品质。

活动2：由此推知，建安风骨与魏晋风度的区别是什么？产生的原因有哪些？

拓展材料：

诸葛亮《出师表》"鞠躬尽瘁，死而后已"。

王羲之《兰亭集序》"一死生为虚诞，齐彭殇为妄作"。

建安七子：亲身受过汉末离乱之苦，后来投奔曹操，地位发生了变化，获得了安定、富贵的生活。他们多视曹操为知己，想依赖他干一番事业。

穷途之哭：《晋书·阮籍传》："时率意独驾，不由径路，车迹所穷，辄痛哭而返。"

嵇康《广陵散》：《广陵散》这首曲子乃一位老者所授予嵇康，此曲写的是勇士最终刺杀韩国奸相侠累的故事。得到老人的指点，嵇康将这首古曲弹得极为出色，名闻全国。司马昭要嵇康做官（嵇康为"竹林七贤"之一）司马氏集团势力在当时很强大，到处铲除异己，嵇康不从，便遭到迫害。于是历史上上演了一个千古流传的一幕：嵇康在刑场上弹奏一曲《广陵散》。嵇康仰天长叹"吾死不足惜，只恨《广陵散》要失传了"。这就是大家所说的嵇康一死，《广陵散》就此绝矣！

东床快婿：东晋时期，书法家王羲之年轻时很有才华，太尉郗(chī)鉴很器重他，想把女儿嫁给他，于是派人向王羲之的伯父王导求亲。王导领来人到东厢房去看，只有王羲之独自敞着衣服，露着肚子躺在东床上吃东西。来人回去向郗鉴汇报说东床坦腹的就是王羲之。

谈玄：庄子学说的一种活动；讨论深奥的问题；谈论一些不切实际的东西。

小结：建安风骨有强烈的建功立业的愿望，也表现得更为慷慨激昂；魏晋风度则是自信风流潇洒、不拘礼节，放浪不羁。

建安诗人处于时代与个人双重悲剧的交汇点上，都敢于正视苦难的社会与人生，政治热情的普遍高扬，渴望及早建功立业，匡国救民，因而称之为"风骨"。

魏晋名士有着一种不同于流俗，甚至不同于在任何历史时期的言行举止。李泽厚说："魏晋之际，文人们外表尽管装饰的如何轻视世事。洒脱不凡，内心却更强烈地执着人生，非常痛苦。这构成了魏晋风度的内涵。"

有才之人无处施展抱负，只能纵情山水，放浪形骸。魏晋文人大多行不由己、身不由己、心不由己，在他们身上洒脱与恐惧、纵情与哀伤、飘逸与忧患互相对立，互相交融，体现在作品中即形成了风度文学的审美取向和价值判断。

【结语】

东汉末年的动乱，既使建安文人饱受乱离之苦，也激起他们的政治热情，建功立业、扬名后世，成为他们共同的追求。政治热情的普遍高扬，造成了建安诗歌"雅好慷慨""志深笔长""梗概多气"的特点。

而西晋之后，山河破碎，家破人亡，许多文人下场凄惨，他们只能把惨淡视为狂欢，把凄冷视为洒脱，他们不追求名利和荣华富贵，不为五斗米折腰，不在权贵面前奴颜媚骨，不随大流博得世俗的赏识；他们有宏大的理想，即便在现实中无法实现，即便悲哀、消沉，但心中却永不放弃，用文人的责任和骨气竭力实现自己的理想。这种风度，这种精神，在物欲横流的今天，时常会让我们感动、回味……

【板书】

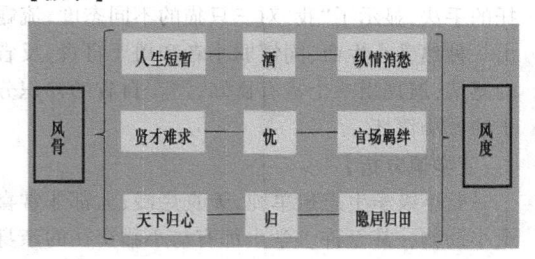

风骨	人生短暂 — 酒 — 纵情消愁	风度
	贤才难求 — 忧 — 官场羁绊	
	天下归心 — 归 — 隐居归田	

【作业】

请同学们从以下作业中任选一项完成：

1.找一位你喜欢的魏晋南北朝作家，根据他的作品，写一篇文学短评。

2.为"探魏晋风度，寻文人风骨"的视频制作撰写脚本，有能力的同学可完成视频制作。

【反思】

1.课容量太大，课时紧张，需进一步做好课前学习准备。

2.激趣效应有待考察，情境的创设可再自然生动一些，找到与课堂的贯通点。

张姝莹，青海省西宁市光华中学教师。

《猫》教学设计

◎ 张玮丽婧

【教材分析】

本单元的三篇课文都是写动物的佳作。阅读这些文章,不仅可以增加学生对动物的见闻,激发其关爱动物、善待生命的情感,了解人类从动物世界里折射出的生活轨迹,还可以引导学生初步思考和认识人与自然的关系。

《猫》记叙了作者三次养猫的经历。三次养猫情趣不同,结局不同,作者的情感也是浓淡相宜、不断变化:快乐而酸辛;快乐而愤恨;可怜而悔恨。文章既富有生活情趣,又蕴含人生哲理,留给人深深的思考。作者写三只猫,无论篇幅长短,都是抓住特点作细节描写的,使小猫的动作、情态如在眼前。为了鲜明地揭示作品主旨,作者运用对比、烘托的手法,显示了"我"对三只猫的不同态度,流露出一种热爱小生命、同情弱小者和勇于自责、反省的感情,展现出一个富有良知、严于自省的知识分子的诚挚情怀。

【学情分析】

七年级学生思想单纯,天真烂漫,大都非常喜欢小动物,甚至许多学生都有与小猫交往的亲身经历。因此,《猫》这篇文章非常贴近学生的生活,容易打动学生的心灵,激发学生的阅读兴趣。学生通过各种方式的朗读,体会文章所表达的情感。文中抒情议论的句子,对于七年级学生来说,可能有一定难度,要引导学生反复朗读、体会、探究。对于第二只猫的失踪和第三只猫的死亡所引起的思想感情,应该重点揣摩,让学生结合自己的情感体验谈看法,从中获得对自然、社会、人生的有益启示。作者抓住小动物的特点作细节描写的方法,值得学生在写作中模仿借鉴。

【教学目标】

1.梳理课文内容,品味文中的细节描写。

2.把握作者对三只猫的不同情感,感悟作者的心路历程,理解其人生感慨。

【教学重点】

通过作者的描写,把握作者对三只猫的不同情感。

【教学难点】

体会作者的思想感情以及文章所要传达的人生哲理。

【课时安排】1课时

【教学过程】

一、激趣激疑,导入新课

自古以来爱猫人士多如牛毛,文人中也不胜枚举,比如"溪柴火软蛮毡暖,我与狸奴不出门"(溪柴烧的小火和裹在身上的毛毡都很暖和,我和猫儿都不愿出门)雨天不出门,在家撸猫的陆游。又比如《老人与海》的作者海明威,爱猫如痴,他曾养过一只叫"雪球"的六趾猫,他在遗嘱中将自己房子的居住、嬉戏权都给猫,以至今天,海明威故居中有70多只悠闲度日的猫。

现代作家郑振铎先生也是一位爱猫之士,曾经有过养猫的经历,可最后却"永不养猫"了,今天,我们一起来看看他到底走过了怎样的心路历程?

(展示课题与作者)

二、梳理内容,整体感知

1.快速浏览全文,疏通字词,用浪线画出有关猫的来历、外形、性情、结局的语句。整体把握文章内容。

2.读了"我"和三只小猫的故事,如果是你的话,你最想养哪只小猫?用一句话说说原因。

三、细读文本,理清线索(重点)

1."我"对这三只小猫的情感是怎样的呢?具体表现在哪里?

追问:分别是怎么称呼它们的?

第一只猫:惹人喜爱,相伴的小侣

从毛色、形态、性情和动作等方面来写。"花白的毛""如带着泥土的白雪球似的",形象地写出了第一只猫的毛色和形态;"很活泼"的性情和"在廊前太阳光里滚来滚去",扑抢"红带"或"绳子"的动作,都写出了猫的活泼的特点。

补充:"它便扑过来抢,又扑过去抢。"好一只活泼的小猫!这一处对小猫的动作描写简洁传神,唤起我们的美好想象——小猫逗玩的动作、情态仿佛就在眼前。

"我坐在藤椅上看着他们,可以微笑着消耗过一二小时的光阴,那时太阳光暖暖地照着,心上感着生命的新鲜与快乐。"这句话,我体味到文中的"我"发自内心的一种愉悦,一种享受,和对美好生命的赞美。

第二只猫:更惹人喜爱、亲爱的同伴

这部分中哪个词最能体现小猫的性情?"太活泼"。对于它的"太活泼","我"是怎样的感情呢?无比喜爱、自豪。

性情和本领等方面来表现。"园中乱跑""不怕生人""有时在树上跃到墙上,又跑到街上"等表现了它的性情;"会爬树""捉蝴蝶""会捉鼠"等表现了它的本领。比起第一只小猫,动作更丰富了。

补充:"有时蝴蝶安详地飞过时,它也会扑过去捉。"作者的文字在你的脑海中活起来了。这只小猫较第一只更活泼更有趣!我们仿佛可以看到小黄猫圆圆的脑袋、转来转去的眼睛,它伺机捕捉的形神跃然纸上,真是妙笔生辉。

"有一次,居然捉到一只很肥大的鼠……"这只小猫不仅活泼可爱而且本领高强!

第三只猫:不喜欢它,若有若无的动物,不注意

【追问】不喜欢第三只猫,表现在什么地方呢?

冬天的早晨,门口蜷伏着一只很可怜的小猫。毛色是花白,但并不好看,又很瘦。它伏着不去。我们如不取来留养,至少也要为冬寒与饥饿所杀。张妈把它拾了进来,每天给它饭吃。但大家都不大喜欢它,它不活泼,也不像别的小猫之喜欢顽游,好像是具着天生的忧郁性似的,连三妹那样爱猫的,对于它也不加注意。如此的,过了几个月,它在我家仍是一只若有若无的动物。它渐渐的肥胖了,但仍不活泼。大家在廊前晒太阳闲谈着时,它也常来蜷伏在母亲或三妹的足下。三妹有时也逗着它玩,但没有对于前几只小猫那样感兴趣。有一天,它因夜里冷,钻到火炉底下去,毛被烧脱好几块,更觉得难看了。

春天来了,它成了一只壮猫了,却仍不改它的忧郁性,也不去捉鼠,终日懒惰的伏着,吃得胖胖的。

反复出现的"不"字,体现了家人对小猫的冷漠。(真的是没有对比就没有伤害啊!)

"有一天,它因夜里冷,钻到火炉底下去,毛被烧脱好几块,更觉得难看了。"这一句刺痛了我的心灵。猫因为冷"钻"到火炉底下,而且毛被烧脱了好几块,家人不但不心疼,还觉得它更难看了,说明家人不关心猫的冷暖,猫的处境很可怜。

这只猫在"我"家没有享受到一般宠物应有的待遇,它也只能冷暖自知了。

"妻常常叮嘱着张妈换水,加鸟粮,洗刷笼子。"这一细节刺痛了我的心灵。妻买鸟来,说明"猫"在家中的地位无足轻重,而妻对张妈细心的叮嘱,更说明猫在家中已彻底失宠。多么可怜的生命啊!

同样是弱小的生命,鸟受到的是主人的百般呵护,猫却只是若有若无。对比多么鲜明啊!

2.尽管对三只小猫的喜爱程度不同,但"结局总是失踪或死亡",亡失之后,"我"的心情是怎样的呢?

第一只猫:"我心里也感着一缕的酸辛,可怜这两月来相伴的小侣!"将猫称为伴侣,说明"我"对它有了感情。有了感情,就免不了为它的不幸而难过。"酸辛",既有对小猫死去的惋惜,也有失去小猫的痛苦、无奈。

第二只猫:"我也怅然地、愤恨地,在诅骂着那个不知名的夺去我们所爱的东西的人。""自此,我家好久不养猫。"

比起漫长的告别,突然离去更让人难以接受。偷猫的人真让人愤恨难消。养猫固然快乐,可是亡失的痛苦更让人难受,所以,好长时间干脆不养了。

第三只猫:"我对于它的亡失,比以前的两只猫的亡失,更难过得多""自此,我家永不养猫。"

3.梳理情感变化脉络,点明双线结构,画出曲折都情感变化线。

第一只猫:喜爱、酸辛
第二只猫:更喜爱、怅然
第三只猫:不喜欢、更难过

4.为什么最不受家人喜欢的第三只小猫的亡失,却带来最强烈的情绪?

"我"目睹了前两只猫的不幸后,又亲手制造了第三只猫的悲剧。

我们来看看"我"给小猫的"定罪"过程:

首先,是一个什么案件?芙蓉鸟事件。

问:"我"根据什么判定芙蓉鸟是这只猫咬死的?

明确:"那只花白猫对于这一对黄鸟,似乎也特别注意,常常跳在桌上,对鸟笼凝望着。""嘴里好像还在吃着什么。"

问:这个判定可靠吗?

明确:不可靠,是主观臆断。

问:当时"我"是怎样表现的?

明确:"我很愤怒,叫道:'一定是猫,一定是猫!'"如果是你,你会怎么说呢?

问:实际上是谁咬死了芙蓉鸟?根据是什么?

明确:是只凶恶的黑猫把鸟咬死的。根据是"一只黑猫飞快地逃过露台,嘴里衔着一只黄鸟"。

问:除了难过之外,还有怎样的情绪?

明确:愧疚,自责。

漠视弱小生命、伤害无辜生命,给"我"带来了负罪感。

四、理性思辨,感悟意图(难点)

主问题:难道不能再养一只小猫来弥补自己无心的过失吗?而文章最后,为什么作者写到"自此,我家永不养猫"了呢?

预设:作者对生命错误心态的反省,对生命的深切思考。

(1)发生"芙蓉鸟事件"时,主角如果是第一只或第二只小猫,你觉得文中"我"会怎么样?

预设:是偏见导致我"妄下断言"。前两只小猫或可爱、或活泼能干,是能让我"感受生命的新鲜和快乐"。相比之下,第三只小猫"不"好看、"不"活泼、"不"能干,家人对其漠视,在家人眼中,变得"若有若无",因此才会轻易地审判它的"罪状",最终导致了它的夭折。

(2)不管作者喜不喜欢它们,它们都有自己的生活乐趣?而且这三只小猫有一个共同的爱好,你找到了吗?

相同爱好,都喜欢阳光。第一只小猫"在廊前太阳光里滚来滚去",第二只小猫喜欢跑到街上,"在那里晒太阳","在阳光隐约里的绿叶中"爬下;第三只小猫也常在大家"晒太阳闲谈时"出来蜷伏于主人脚下。从这看似平常的描写中我们可以感受到生命的快乐——每一个生命都是阳光下的生灵,都有享受阳光的权利,都有着享受生命乐趣的权利。

第三只猫难看也罢、忧郁也罢,但这都不妨碍它成长。它从一只小瘦猫渐渐成了一只壮猫。比起饥寒交迫的流浪,现在的生活对它而言是平静的、美好的。你想象一下,那天第三只小猫的日子。这样美好、平静的日子却被"我"硬生生扼杀了。

(3)所以,你觉得通过这件养猫的故事,作者想告诉我们的是什么?

崇尚平等,尊重生命。

补充(4)对于第一只和第二只,作者做到了尊重和平等吗?

也没有。当小猫生病时,当小猫死去时,"我"和三妹的表现。只是把它们当玩物,也不拿它们当生命。何以见得?在猫亡失之后,"再向别处要一只来"。

(4)作者为什么要表达"崇尚平等,尊重生命"的主题呢?

添加作者背景。

PPT:郑振铎(1898—1958),福建长乐县人。现代作家、文学史家、翻译家,我国新文化运动的倡导者之一。作为新文化运动的倡导者,郑振铎深受西方人文主义思想影响,崇尚平等的民主价值观。平等的前提就是自由,但自由绝非指每个人可以任意作为,不受拘束,而是保证每个人的一些最基本权利不受侵害。在作者的笔下,一切生灵均是平等的生命,都是值得珍惜的生命。

而今天,他"对生命无情地虐杀,对生命权利的无情剥夺",让他产生深深的愧疚和深切的自省。因此他说:"自此,我家永不养猫。"

五、读思结合,加深感悟(作业)

1.再读文章,这次你是否能读到作者在倒叙这件事时,流露出的自责和自省呢?

2.现在当我们再读郑振铎先生的《猫》时,是否又多了一份感动,一份思考呢?请就文中你感受最深的部分,写下你的人生启示或心灵感言。

张玮丽婧,上海师范大学附属高桥实验中学教师。

基于真实学习情境的高中语文项目式学习实践设计
——以《与妻书》教学为例

◎张秀娴

【项目主题分析】

《与妻书》是部编版高一必修下册第五单元"使命与抱负"为主题的课文。本单元所选作品都是表现出革命导师、志士仁人顺应历史潮流，勇于担当时代使命的精神。而现在学生由于长期处在养尊处优的优渥环境下，社会体验与经验不足，缺乏对时代使命和家国情怀有理性认识。再加之后疫情时代的到来，让我们重新思考时代赋予我们的使命：在家国面前，我们如何更好地实现人生价值？笔者以《与妻书》教学为育人契机，缱绻儿女情长，纵横国家大义。在教师引导下，学生在多次隔空对话的项目活动中，激荡出热烈而真挚的家国情怀，从而启悟学生志存高远，肩负时代使命。

【项目式学习活动设计及实施过程】

1. 教学目标

（1）反复诵读，体会重要词句在具体语境中对表达情感的作用。

（2）理清文章的思路，理解"吾至爱汝，即此爱汝一念，使吾勇于就死也"的深刻含义。

（3）把握本文的情感线索，体会作者写作时复杂心理和崇高的思想境界。

（4）学习革命前辈牺牲一己，"为天下谋永福"的光辉思想和勇于担负时代使命的高尚情操。

2. 教学重点

学习革命前辈牺牲一己，"为天下谋永福"的光辉思想和高尚情操。

3. 教学难点

理解革命前辈在对妻之情深与革命之意决的矛盾中，最终舍生取义的大境界。

4. 教学过程

（1）情境导入　明确项目主题

教师情境导入：同学们，从前慢，驿寄梅花，鱼传尺素，雁足传书，但传相思之苦，今日观，纸短情长，见字如晤。在战乱频仍的年代，家书的情感价值更显弥足珍贵。1911年4月24日晚，也就是广州起义前三天，香港的夜静谧极了，温柔的晚风从窗外吹进，林觉民却无法入眠。在昏黄的灯下，林觉民展开一方巾帕，面对心底绿意青葱的爱，他纵有千言万语又几度搁笔，不忍言说。今天我们一起走进林觉民的《与妻书》，通过与英雄人物隔空对话感受这人世间最美情感。

明确项目主题：见字如面，隔空对话时代英雄。

（2）问题驱动，完成项目任务

任务一：巾短情长，感受千回百转的英雄柔情

[师提问]纪伯伦说：除非临到了别离的时候，爱永远不会知道自己的深浅。林觉民的这封信被称为"20世纪最伟大的情书"。在书信中哪些地方体现林觉民对妻子的至爱之情，试着从信中找出你感受最深的一处，并体会其中的情感内涵。

[生1]林觉民的爱妻体现在直接表达爱意的句子。如："吾至爱汝"（段2）；"吾真真不能忘汝"（段4）；"吾爱汝至"（段7），"吾至爱汝"和"吾爱汝至"像是玩文字游戏一样，结构稍作变化，但后句情感达到了高潮。这些火辣辣的语言直接道出了林觉民对妻子的深情而浓烈的爱。

[生2]委婉表达爱。如："意映卿卿如晤"（段1），典故：南朝刘义庆的《世说新语》："亲卿爱卿，是以卿卿；我不卿卿，谁当卿卿。"夫妻间，甜蜜的情话。"吾诚愿与汝相守以死"（段5），以死表达爱。

以忆写爱（三忆）：回忆四五年前某夕，谈论谁先死（无私的爱）；初婚三四月望日前后，疏梅月影之下，并肩携手，窃窃私语（柔情脉脉的爱）；妻子说："望今后有远行，必以告妾，妾愿随君行。"（终生相伴的爱）

[师小结]他们本该共筑爱巢，执子之手，与子偕老，但如今时局动荡，局势凶险，危在旦夕，林觉民

不得不冲进枪林弹雨中去赢得天下人永福。他知道这次革命凶多吉少，必死无疑。所以他在信开头即写下："意映卿卿如晤：吾今以此书与汝永别矣！"

任务二：枪林弹雨，品读视死如归的精神

视频展现黄花岗起义情况

[师提问]写信之时，林觉民尚未牺牲，尚在准备起义。如果可以的话他也可以为爱人、为家庭选择退出革命活动，保全自己。但立志报国的林觉民从来没有想过要回头或者停歇，他毅然地参加了这次民主革命起义。在信中哪些地方可以看出林觉民必死的决心，无悔的行动？

[生]意映卿卿如晤：吾今以此书与汝永别矣！吾作此书时，尚为世中一人；汝看此书时，吾已成为阴间一鬼。（无畏）

吾至爱汝！即此爱汝一念，使吾勇于就死也！（英勇）

汝体吾此心，于悲啼之余，亦以天下人为念，当亦乐牺牲吾身与汝身之福利，为天下人谋永福也。（乐观）

吾牺牲百死而不辞，而使汝担忧，的的非吾所忍。（无悔）

此吾所以敢率性就死不顾汝也！（果断）

又回忆六七年前，吾之逃家复归也。（多次投身革命）

（PPT）文史融合资料拓展：

1905年，婚后不到一个月，他的父亲突然收到一封信，拆开一看，原来是林觉民亲手写的，内容大致是自己有急事下南洋，仓促来不及告别，归期难以预料，希望父亲大人不要挂念。他的父亲见到信后，惨然失落，他很担心儿子会做出危险的事，于是第二天一大早就搭乘轮船赴厦门，希望能阻止他。在厦门各处找了3天也找不到，只好买了船票回来。到家后，发现林觉民笑着站在门口。父亲盘问他，林觉民就支吾过去，还是没有告诉父亲自己秘密从事革命的事。也有学者认为，林觉民此次匆忙到厦门，其实是参加省学生联合会的活动而被官府追捕的缘故，他此去正是外出避风头。

【第一层隔空对话】（林觉民对话妻子）

今夜，他又要远行，林觉民想起几年前允诺过妻子，出远门前一定要告诉他，为了不失信，他踌躇良久，欲言又止，此行妻子能理解他吗？如果你是林觉民，你内心又会对妻子说些什么吗？

学生表演林觉民在梅影窗前独白：

我说？还是不说？意映，我真的想对你说：我最爱的人，我不想你们难过，我希望你们开开心心过好每一天，这就足够了。院子里的梅花在掉落，它仿佛在决定着答案，说？不说？说？不。那一片片的花瓣揪着我的心，唉！我终究还是说不出口啊！意映，我想你们不要为我担心，再开心些吧，我不忍心呀，我真的真的很爱你们，你们想我了，就看看这梅花吧，这寄托着我的爱，我的思念……意映卿卿，我爱你，就像风走了十万八千里，不问归期。

唱："我多想在，你的身旁，哪怕一夜的时光。我把你放在深处哪一处地方才能永世不忘"

——《心脏》

最后，为了不让妻子担心，也为了腹中的孩子，林觉民不得不再次选择食言。他满怀惆怅地与亲人告别，表面上强颜欢笑以安抚期盼他归来的妻子，觉民轻轻抹去眼角的泪水，毅然决然地出发了。

任务三：取义成仁，探寻心怀天下的浩然正气

[师提问]请同学们以四人小组为单位，思考探究：林觉民率性就死的原因。

[生1]客观原因：社会现状（思维导图）

[生2]主观原因：林觉民的思想渊源与革命理想

在思想渊源方面，因为"吾至爱汝"，所以选择推己及人，"充吾爱汝之心"，以天下人为念，为了为天下人谋永福。从结果上看，他的行为的确是舍家为国，但从用意上来说，这爱国之情何尝不是爱家之情的升华。这就是刻在他骨子里、基因里的家国情怀。其次，从信中"老吾老以及人之老，幼吾幼以及人之幼"我国传统儒家思想对林觉民的影响，读出这是家国之爱的升华。第三，"家中诸母皆通文，有不解处，望请其指教，当尽吾意为幸。"林觉民从小就过继给叔父林孝颖，林孝颖是福州一带远近闻名的廪膳生员，诗词歌赋样样精通，林孝颖不顾事务繁忙，经常指导林觉民四书五经。饱读诗书的林觉民未满13岁就参加童生考试，却在考场上挥笔写

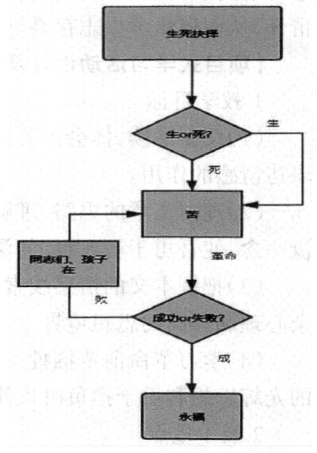

下"少年不望万户侯"。他不愿意当官谋事,但类似"老吾老以及人之老,幼吾幼以及人之幼"这样儒家思想深深根植于心。

在革命理想方面,林觉民参加科举考试后,进入全闽大学堂学习,在这里他感受到了前所未有的自由与平等,汲取了大量思想的林觉民开始思索救国救民之道,也把所学的思想传播到三坊七巷。1907年赴日留学加入同盟会,在日本各地巡回演讲,极富吸引力和感染力地传播同盟会的民主革命思想。

【第二层隔空对话】(妻子对话林觉民)

假如你是林觉民的妻子,当你读完信后,你能理解林觉民的做法吗?

意洞夫君,当我看完这封信已潸然泪下。回首与你一同走过的时光,历历在目。我爱你,便也会懂你的选择。生于今天的中国如此的不幸,夫妻离散,生死相望,也许,这就是我们的宿命吧!可我却依旧如此不舍,哭泣之余,也会为你骄傲,断然干脆地为革命赴死,这是何等的勇敢、坚定,相信我腹中的孩子也会和你一样。想到这,内心也便平复了一些,那些没有说完的话,没诉完的情,都已转化为泪水,我想把爱告诉风,希望风能告诉你我极其爱你。所爱皆山海,山海皆可平。

唱:我的爱人,你会不会一直哭着到天亮
让满腔的海水　涌进我的胸膛
在我怀里多滚烫……

——《心脏》

【第三层隔空对话】(青年学子对话时代英雄)

历史向我们走来,一路有许多英雄前仆后继才有了我们幸福的今日。此时的林觉民不再是一个人,而是成为一个英雄符号。作为当代学子,你又想对林觉民们说些什么呢?

[师生]宣誓活动

如今,我们欣逢盛世,当不负盛世,让我们举起右手,宣誓:

我愿以青春之我,
传承烈士宏愿,
守护盛世中华!
让象征幸福的丝帕,
不再沾染泪水、鲜血,
而是永远洒满
爱的祝福,
绽放夏花的绚烂!

5.课后作业练笔

中华民族是一个英雄辈出的民族。一个时代有一个时代的英雄。一切民族英雄,都是中华民族的脊梁,他们的事迹和精神都是鼓励我们前行的强大力量。郁达夫在纪念鲁迅大会上说:"一个没有英雄的民族是不幸的,一个有英雄却不知敬重爱惜的民族是不可救药的,有了伟大的人物,而不知拥护、爱戴、崇仰的国家,是没有希望的奴隶之邦。"请你给时代英雄写一封信,表达对英雄的敬重与爱惜。

要求:结合材料,自选角度,确定立意;切合身份,贴合背景;符合文体特征;不要套作,不得抄袭;不得泄露个人信息;不少于800字。

【评价量表的设计与运用】

以"见字如面,隔空对话时代英雄"为项目活动,进行三次的演绎与对话,为使评价更客观多元,采用以下细化量表,如表所示。

评价项目	项目评价要点	分值	得分
主题	是否主题突出	30	
语言	是否口齿清晰,抑扬顿挫,语言流畅	10	
感情	是否表情自然大方,角色意识强	10	
小组合作程度	是否配合默契	25	
调用知识能力	是否很好地结合课本知识,参与到活动中	25	
总得分	等级	100	

说明:A(100—85)B(84—70)C(69—60)D(59以下)

自评:　　　互评:　　　师评:

【项目式教学活动反刍】

通过对真实学习情境下的项目式教学实践,我们深刻领悟到要实现获得发展的有意义的学习行动,让学习可见,让学生可感,让学科育人的目标,教师可以为学生搭建有意义的学习支架,提供学习支持,尤其是类似《与妻书》这样的自读课文,更可以以项目为支点,进行学科交互,唤醒已有的经验,撬动学生主动学习动力,让学习由浅表层溯向深度学习,从而激发内在的情志,让语文素养在课堂上落地生根。

张秀娴,福建省厦门第一中学教师。

《紫藤萝瀑布》合作学习教学设计

◎张 雪

【教材分析】

《紫藤萝瀑布》是统编版初中语文教材七年级下册第五单元第一课。本单元选文体裁多样，无论散文还是诗歌均蕴含了丰富的生活哲理，或借景抒情，或托物言志，字里行间闪烁着哲理的光彩，带给我们许多启迪。本单元学习托物言志的手法：体会如何运用生动形象的语言写景状物，寄寓自己的情思，抒发对社会人生的感悟。建议运用比较的方法阅读，分析作品之间的相同或不同之处，以拓展视野，加深理解。

《紫藤萝瀑布》从紫藤萝花引人驻足、闪光的美丽写起，以精细的工笔，描摹了紫藤萝繁花似锦的盛开景象和独具特色的神采风韵。眼前的藤萝花使作者自然而然地回想起十多年前家门外的那株紫藤萝，"繁盛"与"伶仃"形成鲜明对比。在作者笔下，紫藤萝的外在情态与内在精神并举，而自身对自然的感触又升华为对生命的感悟，使读者体会到生命的美丽与永恒，更让人思考如何正确对待生活中的坎坷与不幸。

【学情分析】

1.七年级的学生接触写景的散文很多，也掌握了一定景物分析、语言品析的方法。通过精读，学生能够品析文章景物和语言特点。

2.但本文由一株紫藤萝引发出对生命的思考，融情于景，由情入理，语言含蓄隽永，缺少背景交代影响学生对作者情志的感知，学生也难以建立"物"与"志"之间的联系。因而教师要充分让学生阅读作品，适当补充助读材料，帮助学生建立景物与作者情感间的联系，体会文章蕴含的哲理。

【教学目标】

1.多角度品析景物描写，学习作者如何描摹紫藤萝之美。

2.梳理作者的情感变化，体会作者对深沉而独特的人生感悟。

3.学习托物言志，理解作者寄托在紫藤萝上的"志"。

4.培养学生热爱生活、积极向上的人生态度。

【教学重难点】

1.品析紫藤萝之美，学习写景状物的方法。

2.梳理作者的情感变化，体会作者深沉而独特的人生感悟。

【教法与学法】

教法：讲解法、情境教学法、多媒体教学法

学法：朗读法、讨论法、自主学习法、合作探究法

【教学课时】2课时

【预习指导】

1.解决生字词：圈出文中的易错生字，并标注拼音，注意字形。

2.通读全文，用"＿＿＿＿"勾画出文章中表示"我"观赏紫藤萝瀑布的行踪的词语，用思维导图梳理出行文思路。

3.文中主要写了哪两个场景下的紫藤萝？分别有什么特点？在观赏紫藤萝瀑布的过程中"我"的心情发生了怎样的变化？

4.从词语运用、修辞手法、表现手法等角度进行品析，体会紫藤萝的神采风韵，并做批注，至少3处。

提示：

词语运用：如富有形象感、色彩感、动感的形容词、动词等；

修辞手法：比喻、拟人、夸张、反复等；

表现手法：对比、化静为动、多感官结合等。

5.结合本文和下面表格中的背景资料，分析作者心情变化的原因，完善表格。

【教学过程】

第1课时

情境导入

教师展示成都抚琴路、新都桂湖公园的紫藤萝花图片：观图片，感特点；谈感受，引课题：

面对同样的紫藤萝花，不同的人在不同的心境下观赏会有不同的感受，那么作家宗璞在看到这一树闪光的紫藤萝花时，又会有怎样的感受呢？就让我们一起跟随她的步伐，走近《紫藤萝瀑布》，开启一场心灵之旅。

任务一：略读课文，理清思路

1.安静略读，根据"我"的一路踪迹，理清行文思路。

2."眼前的藤萝"和"十多年前的藤萝"分别有什么特点？在观赏紫藤萝瀑布的过程中"我"的心情发生了怎样的变化？

明确（写作思路）：

停住脚步——来"赏花"（1—6）

伫立凝望——在"忆花"（7—9）

加快脚步——为"悟花"（10—11）

任务二：精读课文，品花之美

1.小组合作：朗读2—6、9—10段，选择这一路上最能打动你们的两幅紫藤美景加以品析，并向大家推介。

提示：可从描写顺序、用词、修辞手法、表现手法等角度思考。

要求：①组长选角度后，独立思考2分钟；

②5分钟组内交流，1人书面记录要点并准备发言；

③小组展示成果（朗读＋推介），组间可互相质疑、补充；

④其他同学：倾听、笔记、评价、补充。

预设：

角度/方面：花色——花形——花香

顺序：花瀑→花穗→花朵，从整体到局部、由面到点、由上到下、由远到近。

修辞：比喻、拟人、夸张、反复等。

表现手法：对比、化静为动、多感官结合等。

2.小结：写景状物小妙招

①注意顺序，有条不紊；

②多种角度，写出特征；

③巧用修辞，美化语言。

3.课文第2—6段描摹花开时的热闹情景，充满童趣，选择自己喜欢的语句进行朗读，注意轻重缓急、抑扬顿挫，体会作者对紫藤萝的情感。（生自由读，随机展示）

作业布置

小组合作：小组根据提示完善课文2—6段朗读脚本，分工合作朗读。

提示：

①想象花儿盛放、嬉戏的情景，读出_____的语气、语调。

②重读_____等表现紫藤萝生命力的词语或延长语音，读出_____之情。

③注意停连，体会朗读"我在开花！"时，将重音落在不同字词上的不同效果。

④在原文中大致标注出来，重读符号"·"，停连符号"∨""∧"。

第2课时

情境导入

上节课我们跟随宗璞奶奶欣赏了紫藤美景，但宗璞奶奶曾说："我尚知生活中多的是难解的结，也许有些是永远解不开的，人生也需要'结'，否则便会枯燥无味。"看样子宗璞奶奶是有些心结的，那本节课咱们就继续这趟心灵疗愈之旅，跟随她——赏美景，解心结！

任务卡：赏美景，解心结

任务一：美读藤萝，由景入情

朗读课文第2—6段，读出作者对紫藤萝的美好、旺盛生命力的喜爱、赞美之情。（师投影，生齐读）

任务二：跳读课文，解心之结

1.小组合作

跳读课文，判断下列哪幅图符合作者的情感历程，并结合文中表现作者心情的语句和背景资料分析，给出你们选择图一或图二的理由，完善坐标图。

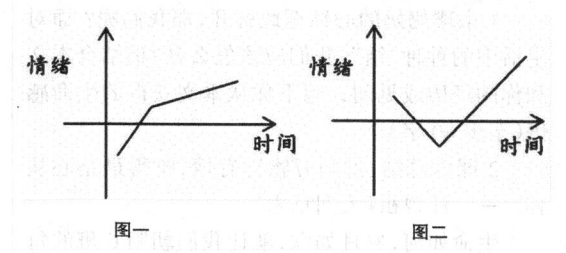

图一　　　　　图二

要求：①5分钟组内交流，1人书面记录要点并准备发言；

②小组展示成果，组间可互相质疑、补充；

③其他同学：倾听、笔记、评价、补充。

文中:"关于生死的疑惑,关于疾病的痛楚"
"花和人都会遭遇各种各样的不幸,但生命的长河是无止境的。"
"我不觉得加快了脚步"……

时间	紫藤萝花	背景	情感
十多年前	稀落伶仃	文革中,……后来一想,是冯友兰的女儿有什么罪,我偏要活着。我就不死! ——宗璞《父亲很幸福,父亲很委屈》	
眼前	繁盛绚烂	这篇文章写于1982年5月。1965年至1991年期间,宗璞先后经历了五次手术,饱受病痛之苦,性命之忧。而当时与作者感情深厚的小弟身患绝症,不久于人世。作者的小弟冯钟越,毕业于清华大学航空系,是我国第一代飞机专家。但是他三十年奔波在外,积劳成疾,正当盛年,身患绝症,生命之花即将凋落。	

2."紫色的瀑布遮住了粗壮的盘虬卧龙般的枝干,不断地流着,流着,流向人的心底。"随紫藤萝瀑布流经"我"心上的有什么?(花之美、情感)流进心底的又是什么?(对生命的感悟)

3.深情朗读第9—11段,读出对生命的感悟。

任务三:妙笔生花,生命之悟

1.宗璞奶奶的心结至此解开,那我们呢?面对生活中的种种"结",我们应该怎么办?请结合本文和你的经历或见闻,写下你从本文获得的生命感悟(至少80字)。

2.课堂总结:世间万物皆有情,难得最是心从容。——汪曾祺《人间草木》

生命如河,岁月如歌,就让我们朝阳6班的每一朵小浪花,怀揣着宗璞先生带给我们的生命启迪,在波光粼粼的香城大江上,乘青春之巨轮,扬理想之风帆,在生命的长河中高歌远航,跃动闪耀,向着美好的彼岸出发!

作业设计

1.必做:
(1)基础作业 A1　B2　C3(字词+注音,成语意思一遍)。
(2)摘抄积累你喜欢的关于生命的名言3句(摘抄本上)。

2.A必做,B、C选做:
学以致用,写花之歌:试着用托物言志的手法补写小诗,表达紫藤萝的心语。

【教学反思】

整个教学课堂氛围都很不错,主要得力于孩子们的积极参与和认真思考。课前的预习工作也做得比较到位,课上大部分同学的注意力都很集中,一直跟着课堂节奏在走。孩子们让这堂课拥有了生命力!通过教学实践,我深知还有诸多不足,较为突出的缺憾:一是朗读不足。二是教学设计痕迹太重,课堂的随机灵动性仍需细细打磨。三是课堂问题语言衔接不够自然。四是"合作学习"的深度不够,生生、组间互动尚欠缺。这些都需在以后教学中加强探索实践。

经历特殊岁月的紫藤萝,遭遇风雨洗礼的小桃树,尽管在他人看来,也许花不美,叶也无特别之处,但终究在发出自己的枝叶,开出自己的花朵。也许花零落、苍白,但那又有什么呢?努力长出叶子,开了花,就是收获!一堂课,上得成功,我会有酣畅淋漓的满足感。但是,一堂课,上得不成功,我更会珍视这样的机会,真诚地反思自我,甚至重新进行设计,把之当作成长的契机。而后者,更加需要毅力、勇气和坚持。写到这里时,我的脑海里突然出现了《紫藤萝瀑布》中那熟悉的那句话:"我不觉加快了脚步。"

是的,我不觉加快了脚步,走向我下一节语文课,走向下一次教学实践,走向深读语文,走向未来……

张雪,四川省成都市天府新区茂成路香山中学教师。

《我的叔叔于勒》教学设计（第一课时）

◎张玉芳

【学情分析】

九年级的学生经过初中知识的积淀对于小说有了一定认识和了解，读的课外读物也是涉及古今中外，对于小说的情节的把握和人物形象刻画的方式和特点，都较为成熟。《我的叔叔于勒》这篇主人公存在争议的小说，非常适合引导学生进行多角度品读，深层次探究。

【文体解读】

本文是小说，一般有两条主线，叙事线索和情感线索，而叙事线索又常常是围绕着人物来展开的，基本可以说是结合事例来塑造人物形象。情感线索则是作者刻画的人物内在的情感变化，由此反映文章主题。所以小说类的文体教学实现一课一得的话，可以尝试分成两课时教学，第一课时沿着谁是主人公主线，梳理情节，分析人物形象，探讨主人公；第二课时沿着叙述视角主线，多角度多维度，探究课文主旨。

【助读系统提示】

单元导读中写道，本单元是小说主题，阅读这些作品，可以加深对社会和人生的理解，确立自我意识，更好地成长。要学会梳理小说情节，试着从不同的角度分析人物形象，并结合自己的生活体验，理解小说的主题。

预习提示有两个层面的任务，第一个就画出菲利普夫妇对于勒不同的称呼，想一想：为什么会有这样的变化？这是要求学生从称呼的角度思考菲利普夫妇是一个怎样的人。第二个是你认为这篇小说的主人公是谁？这是要求结合自己从不同的角度去理解小说，去探究其主题。

思考探究题中，第一题要求围绕菲利普夫妇对于勒的态度变化，多角度梳理故事情节；第二题涉及小说的主人公，于勒是一个什么样的人；第三题涉及的是若瑟夫的叙述视角和文章主题之间的关系，实际是多角度理解小说的主题，引导学生更深入地理解小说的主题。

积累拓展题中，第一题是引导学生揣摩句子的情感和情感体验，旨在引导学生关注小说人物的刻画。第二题想象菲利普夫妇遇到的是百万富翁的于勒，他们会有怎样的表现。

结合本文的助读系统，本文的主要教学内容有：多角度梳理故事情节；分析称呼，品读人物形象；探究谁是小说的主人公；变换叙事视角，探究小说多元化的主题。

【教学目标】

1.快速阅读，梳理小说情节，分析人物形象。
2.合作探究，思考"谁是小说的主人公"。

【目标分析】

本堂课的主线是寻找小说主人公。
第一步是认识作者，走近故事；
第二步是梳理称呼，理顺情节；
第三步是细读称呼，感知人物；
第四步是探究谁是小说的主人公。

四个环节可以归纳为"作者、情节、人物、主题"，虽然有四个步骤，但是其实都是围绕着"主题（主人公）"，即探究小说主人公来展开的。一线串珠，一课一得。

【教学重点】

快速阅读，梳理小说情节，分析人物形象。

【教学难点】

合作探究，思考"谁是小说的主人公"。

【教学资源】

配套课件

【教学策略】

1.自学辅导法：称呼圈记法、人物性格批注法。
2.讨论法：归纳称呼。
3.讲授法：分析人物形象。

4.指导发现法:提炼确定主人公的方法。

【教学过程】

一、认识作者,走近故事

同学们,你们喜欢听故事吗?——喜欢

那你们知道被誉为19世纪末法国文坛上"最卓越的天才",凭借359个精彩的故事赢得了世界短篇小说之王的美誉的是谁吗?(莫泊桑)

这节课,就让我们一起走进他的代表作《我的叔叔于勒》这篇小说故事吧。

【屏显】莫泊桑,19世纪后半叶法(国家)批判现实主义作家,被誉为"短篇小说巨匠",代表作《项链》《羊脂球》。(课件出示)

二、梳理称呼,理顺情节

从标题来看,这是写谁的呢?(于勒)于勒是谁呢?(我的叔叔)叔叔是"我"(若瑟夫)对于勒的称呼,小说中还有谁对于勒的称呼?(菲利普夫妇)

(板书:于勒、若瑟夫、菲利普夫妇)

请你快速阅读小说,找出菲利普夫妇对于勒的称呼或评价性的词语,完成下列表格。

菲利普夫妇对于勒的称呼或评价	于勒的人生处境(情境)	菲利普夫妇对于勒的态度
①	穷	撵于勒
全家唯一的希望	富	②
		赞于勒
贼、讨饭的、流氓	④	躲于勒

预设:①全家的恐怖、坏蛋、流氓、无赖;②盼于勒;③正直的人、有良心的人、好心的人、有办法的人;④穷

追问:你从这个表格看出了什么信息?

预设:菲利普夫妇对于勒的称呼或评价总是变来变去,围绕于勒的态度也是变来变去,菲利普夫妇对于勒的称呼的变化是因为于勒金钱地位的变化,我们可以认为文章的故事情节是围绕于勒来展开的,可以把小说的故事情节梳理为:盼于勒——撵于勒——赞于勒——躲于勒。

(板书:在海浪上板书情节,末尾板书于勒。)

三、细读称呼,感知人物

除了菲利普夫妇对于勒的称呼,若瑟夫对于勒的称呼是什么?

(我的叔叔、父亲的弟弟、我的亲叔叔)这些称呼是在怎样的情境下发生的呢?

鲁迅说:写小说,说到底就是写人物,小说的艺术的精髓就是创造人物的艺术。让我们走进称呼相关联的句子、段落,体会当时的情境,分析菲利普夫妇、若瑟夫、于勒的人物形象。

示例: 我从文中的____句子/段落,读出了菲利普夫妇/于勒/若瑟夫是一个____的人。

(小组讨论,从学生感兴趣的人物开始分析)

预设:

【菲利普夫妇】文章使用了生动形象的语言描写和神态描写,刻画了菲利普夫妇嫌贫爱富、爱慕虚荣、自私势利等性格特征。展现了菲利普夫妇金钱至上的亲情观。

举例:文章的第六七段因为于勒败光家产、糟蹋钱而打发了于勒,从于勒的两封信中得知于勒有钱了就盼望于勒(3、4、13、14段)、赞美于勒(8、12段),16段想借助于勒的财富置办一所别墅。25、28、30、31、32、34、36、37、38、46、49段的神态和语言描写,展现了得知于勒身无分文、乞讨施舍度日,便对于勒又怕又躲,见出了他们的爱慕虚荣、自私自利、嫌贫爱富、尖酸刻薄等性格特征。

作为夫妻——确实是嫌贫爱富、爱慕虚荣、自私势利的。但两人又不是完全一样。菲利普先生一直期盼弟弟于勒能帮助改变自己拮据的生活,当得知那个卖牡蛎的是于勒时是愿望落空的绝望、是无法正视现实的害怕和恐惧,是失魂落魄的,是慌张的,是不敢相认的怯弱,但"我的弟弟"这个称呼,作为哥哥,还是承认那微薄的亲情、承认着血脉关系。菲利普先生对自己的弟弟还是有一点点怜悯与同情。

相比而言,菲利普夫人得知那个卖牡蛎的是于勒时也有希望变成绝望的害怕恐惧,还害怕失去女婿,但她非常快速地否定了于勒的身份(你疯了,胡说八道),是非常理智地要去确认,很快想到了找船长打听的方法,是精明泼辣地赶紧付钱、以绝后患。作为嫂子,没有血缘关系,对这个小叔子,真的毫无亲情可言。

可以说他俩是最终落得个情、财两空的可怜虫。

(板书:爱慕虚荣、嫌贫爱富)

【若瑟夫】:42段"这是我的叔叔,父亲的弟弟,我的亲叔叔"这是"我"对于勒的称呼,三个短语指的是一个对象,"父亲的弟弟"是针对父母说的,表示对父母不认兄弟的困惑和不满;"亲叔叔"表明若瑟夫心中对于勒充满亲情与同情;"我"默念的是

"我的叔叔",呼唤的是温暖的亲情,表现了"我"的纯洁善良的本性。

39段"我"称呼于勒为"先生",可见"我"对这个世界是友善的对这个叔叔是尊敬,而这一切与金钱无关。

43段"我"给了他小费,可见我富有同情心,在许可的范围能帮助于勒。

(板书:真诚善良、有同情心)

【于勒】(早期)富有奢侈、行为不端、"花花公子";第6段于勒早年荒唐事迹。

(中期)本性善良、反省自责、悔改求进:第8、10段的两封家属。

(后期)饱经风霜、困苦潦倒(42段的外貌描写)、乞求施舍(21段的动作描写)、苟度余生、有自尊不拖累他人(33段船长口述)、堕入尘埃心存善意(43段的语言描写)。

(板书:(早)奢侈荒淫(中)自省自责(晚)穷困潦倒)

四、探究"谁是小说的主人公"

敏而好学的高新学子,在青枫文学论坛上也展开了"为校庆献礼——谁是小说主人公"的文学辩论赛。其中义智队赞成于勒,卧龙队支持菲利普夫妇的,方圆队说是若瑟夫。请你结合文章内容,融入你自己对小说人物的理解,甚至是小说方面的理论知识,来跟帖加入辩论吧。

示例:我认为于勒是主人公,从哪里可以看出……(文章内容+小说理论)

学生活动:展开辩论

预设:"我"是见证者、记录者、叙述的视角。

菲利普夫妇是:衬托人物,构建社会大背景。

于勒:线索人物,也是主人公。

总结:我们评判小说主人公的标准不是谁身上用的笔墨最多,也不是用谁的口吻来讲故事,而是有以下四点硬核标准的:

本文的小说主人公是于勒,理由如下:

1.故事情节围绕于勒为中心展开。

2.于勒是故事矛盾冲突的主体,如果没有于勒也就不会有菲利普夫妇变来变去的态度和丑相。

3.于勒表现了小说的主题:金钱至上的资本主义社会,亲情是用金钱来衡量的,穷人的亲情是金钱的牺牲品,而穷人是追逐金钱的受害者。

4.于勒是作者着力刻画和呈现的人物;如果说其他人物的性格特征是平面的,那么于勒是立体的;如果说其他人物是单一不变的,那么于勒是复杂多变的。人们口中的早期的于勒是奢侈荒淫的,信中的中期的于勒是自省自责,轮船上的后期的于勒是不想拖累家人、成为了金钱的牺牲品和受害者的。他在变化中呈现的不仅仅是单个人物的命运,更是那个社会情势下穷人们的生存状态和生命轨迹。他也是文中称呼或评价的核心人物,呈现了来自社会各个层面人群折射出的意义。

(要根据学生的讨论,相机板书,整理评价标准。)

总结:一个故事四波澜,
三组人物几分情?
称呼态度多变换,
世态炎凉心中明!

《我的叔叔于勒》一文中,生动典型的人物,证实了小说的艺术就是人物的艺术。而小说的魅力就再于找到它的真正主人公,读出它所呈现的社会层面的价值和意义。

相信今天这节课大家收获了如何判定小说主人公的方法,在小说阅读的路上会越走越顺利。

【作业分层设计】

必做:再次总结小说人物主人公的方法或标准。(建议时长:10分钟)

选做:运用今日确定主人公的方法去确定《孔乙己》的主人公并给出理由。(建议时长:12分钟)

【板书设计】(略)

【一课一得反思】

本堂课的设计思路是围绕"称呼"展开,"梳理称呼,理顺情节"和"细读称呼,感知人物"是重点,"探究谁是小说主人公"是难点。整体上设计思路是更清晰的,重难点更突出,环节更紧凑也更简洁有效。在分析感知任务时教师与学生深入教材的细致分析是优点;探究小说主人公时教师的循循善诱深入浅出和学生活跃的思维、大胆的发言、激烈的辩论是亮点;主人公鉴定为于勒以及四个评判标准是本堂课的突破与创新。在课堂实操过程中会发现不足:对小说主人公鉴定的四个标准学生理解透彻还需要更多时间进行思维的碰撞。

张玉芳,湖南师大附中高新实验中学教师。

《荷叶圆圆》教学设计

◎ 韩　璇

【教材分析】

《荷叶圆圆》是统编版义务教育课程标准教材小学一年级下册第六单元的课文，单元主题"夏天"。它是一篇轻快活泼的散文诗，用比拟的手法形象地写出了荷叶是小水珠的摇篮，是小蜻蜓的停机坪，是小青蛙的歌台，是小鱼儿的凉伞。课文语言生动活泼，充满童心童趣，利于启迪学生智慧，丰富情感体验，激发想象力。

教学这篇课文旨在通过多种方法朗读，落实《新课程标准》提出培养学生阅读与鉴赏的任务，引导学生读出疑问，读出思考，读出情感，读出画面，读出个性，以帮助学生学习语言，感悟语言，提高学生语文核心素养。

【教学目标】

1.认识"珠、摇"等12个生字和"身字旁"1个偏旁，会写"亮、美"等7个字。

2.能借助插图、联系实际生活理解"摇篮、停机坪、透明"等词语的意思；通过做动作知道"躺、展开"等词语的意思。

3.抓住中心句"荷叶是我的……"，深入理解课文内容，有感情地朗读课文，背诵课文，体验童真、童趣，感受夏天的美好。

【教学重点】

复习巩固生字词语，会写"台、鱼、美"3个字。能借助图画、联系实际生活理解"摇篮、停机坪、透明"等词语的意思。

【教学难点】

深入理解课文内容，体验童真、童趣，感受夏天的美好。

【教学准备】

多媒体课件、字词卡片、田字格贴、小动物磁贴、小动物头饰、荷叶道具。

【教学过程】

第一课时

1.认识"珠、摇"等12个生字和"身字旁"1个偏旁，会写"亮、机、放、朵"4个生字。

2.借助拼音，正确、流利地朗读课文，整体感知课文内容。

3.学习第一自然段，仿照"荷叶圆圆的，绿绿的"的句式说话。

第二课时

一、复习导入，回顾全文

师：同学们，上节课我们一起去池塘边赏荷，看到了荷叶是什么样的？（生答：荷叶圆圆的，绿绿的。）

师：瞧，荷叶圆圆的，绿绿的，可真美呀！上节课我们还认识了很多的字词宝宝，你们还记得吗？如果你能正确地叫出它的名字，荷塘里就会长出一片荷叶。

（指生读第一行注音"水珠、展开、翅膀、歌唱"，评价：翘舌音读得多准呀。第二行"躺下、停机坪、放声、亮晶晶"，评价：后鼻音读得真准。全班齐读一遍。）

师：上节课我们还知道了圆圆的、绿绿的荷叶引来了哪些小伙伴？"小水珠，小蜻蜓，小青蛙，小鱼儿"（师贴图片）

这节课我们继续学习《荷叶圆圆》，下面让我们一起结伴去荷塘边，看看他们都在干什么呢！

二、整体感知，朗读全文

师：请大家打开书第66页，自由读一读课文2至5自然段。一边读一边想一想，在荷叶的眼中他们都是好伙伴，那在他们的眼中荷叶又是什么呢？

师：谁来说一说，在小水珠的眼中荷叶是什么呀？小蜻蜓眼中呢？小青蛙的眼中呢？小鱼儿的眼中呢？

预设A：小水珠说荷叶是我的摇篮；小蜻蜓说

荷叶是我的停机坪；小青蛙说荷叶是我的歌台；小鱼儿说荷叶是我的凉伞。(师贴"摇篮、停机坪、歌台、凉伞"的词卡。)

三、品读课文，体会感悟

师：为什么在小水珠的眼中荷叶是他的摇篮呢？请大家读一读课文第2自然段，谁来说一说。

师：你们在生活中见过摇篮吗？(师出示摇篮与荷叶的图片。)观察一下摇篮和荷叶，你们发现了什么？

预设A：荷叶与摇篮的形状非常的相似！

师：小水珠躺(板书)在荷叶里，就像小宝宝躺在摇篮里一样，多么舒服呀！谁再来读一读？(评：微风轻轻的吹过，小水珠在摇摇晃晃的荷叶摇篮里滚来滚去，真是一种享受呀！)

师：你看到了什么样的小水珠？(出示小水珠图片)

预设A：透明的小水珠，亮晶晶的小水珠。

师：(课件出示词语"亮晶晶")，"日"就是太阳，一个太阳就很明亮了，(出示"晶"字卡)，快来数数"亮晶晶"里有几个太阳？这么多的太阳，该有多亮啊！(出示"亮晶晶"词卡)，指名读、齐读。

师：晶莹剔透的小水珠好像眨着亮晶晶的眼睛，你们猜他在看什么呢？

预设A：小水珠在看天空，在看星星。(评：看到这么美丽的景色，小水珠的眼睛更亮了呢！)

师：谁是小水珠？请你读——(评：听了你的朗读，老师都想变成小水珠躺在荷叶摇篮里了呢！)

师：我们都是小水珠，让我们一起加上动作，美美地读一读吧。

师：为什么在小蜻蜓的眼中荷叶是他的停机坪呢？请大家读一读第3自然段？一边读一边想。

预设A：蜻蜓像飞机(人类发明飞机，就是从小蜻蜓身上获得启发呢)

B：荷叶像停机坪。

师：飞机飞累了，就停在停机坪上休息。小蜻蜓飞累了，就停在圆圆的、绿绿的荷叶上休息，多么惬意呀，谁来读一读？(指名读，评价：真是一只可爱的小蜻蜓。)

师：刚刚小水珠是躺在荷叶上，现在小蜻蜓是立在荷叶上，"躺"和"立"能不能换一换呢？

预设A：不能，蜻蜓不能躺在荷叶上，是立在荷叶上。

师：是呀，这两个动词用的非常准确。小蜻蜓立(板书)在荷叶上，多么的轻盈呀。哪位小蜻蜓上来演一演？"小蜻蜓立在荷叶上，展开透明的翅膀。"(评价：你看这只小蜻蜓站得直直的，这就是立呀！)

师：你的翅膀呢？"小蜻蜓展开(板书)了透明的翅膀。"生做展开的动作。

师：荷叶为小蜻蜓提供了休息的地方，环境还这么优美，谁来当小蜻蜓？读出你对荷叶的喜爱？

师：来，现在我们都是小蜻蜓，让我们一起立在荷叶上，展开透明的翅膀。来读一读吧。(你们不仅动作美，声音更美呢！)

师：同学们，刚刚我们运用了读一读、说一说、演一演的方法，学习了课文的2、3自然段，下面我们使用同样的方法学习课文4、5自然段。请大家自由读一读4、5自然段，一边读一边想，为什么在小青蛙的眼中荷叶是他的歌台？在小鱼儿的眼中荷叶是他的凉伞？

1.学习第四自然段

师：听，谁来啦。(生答：小青蛙)。小青蛙在说什么呢？

小青蛙说(生：荷叶是我的歌台。)

那你说一说，为什么荷叶是你的歌台呢？

预设A：因为荷叶圆圆的，大大的。我喜欢蹲在荷叶上唱歌。

师：你们看，小青蛙不是躺，也不是立，而是蹲(板书)在荷叶上，谁来演一演小青蛙？

生演"蹲"。

师：两腿弯曲，但臀部不着地就是"蹲"，你演的真好，小青蛙请你把这一段读给我们听。

师：小青蛙蹲在荷叶上，呱呱地放声歌唱。你们猜一猜，荷塘里谁听到了小青蛙的歌声呀？

预设A：小蜻蜓(哦,小蜻蜓来了)、小水珠(小水珠也在这儿呢)、小鱼儿(小鱼儿也被吸引来了)。

师：这么多小伙伴都来听小青蛙唱歌，小青蛙唱的越来越带劲了，他开始呱呱地"放声歌唱"(出示词卡，点2生读。)远处的小伙伴也听到歌声，更多的小伙伴都被吸引来了呢，小青蛙越唱声音越响亮，"小青蛙呱呱地(生齐读：放声歌唱)"。小青蛙，你们在唱什么呀？

预设A：小青蛙唱歌表达对荷叶的感谢。(请你读一读，读出对荷叶的喜爱)

预设B：小青蛙唱着夏天多美好呀！(评：请你来读一读，读出你对夏天的赞美。)

师：我们一起来学着小青蛙，放声歌唱吧。

2.学习第五自然段

师：小鱼儿说：荷叶是我的凉伞。这是为什么呢？

预设A：荷叶的样子像一把凉伞，夏天太热了，荷叶可以帮我遮太阳，在荷叶下非常的凉爽。

师：小鱼儿在荷叶下笑嘻嘻地游来游去（板书），我想问问小鱼儿你为什么这么高兴呀？

预设A：因为荷叶下很凉爽，很舒服，我感到非常的开心。

师：还有呢？你为什么这么高兴呀？

预设A：因为我在荷叶下玩得很开心。

师：是呀，小鱼儿游来游去，你追我赶，就像在开心地玩着游戏，兴奋激动的时候还会捧起一朵朵很美很美的水花呢！请你加上动作来读一读，读出小鱼的开心自在，读出水花的美丽。

师：荷叶凉伞不仅给我们带来了阴凉，还给我们带来了快乐，怪不得小鱼儿这么喜欢它呢。我们一起来读一读最后一自然段。

四、总结全文，表演拓展

1.填空背诵

师：同学们，刚刚你们学的那么认真，能不能借助老师的板书来填一填呢？

荷叶圆圆的，绿绿的。小水珠说："荷叶是我的<u>摇篮</u>。"小水珠躺在荷叶上，眨着亮晶晶的眼睛。小蜻蜓说："荷叶是我的<u>停机坪</u>。"小蜻蜓立在荷叶上，展开透明的翅膀。小青蛙说："荷叶是我的<u>歌台</u>。"小青蛙蹲在荷叶上，呱呱地放声歌唱。小鱼儿说："荷叶是我的<u>凉伞</u>。"小鱼儿在荷叶下笑嘻嘻地<u>游来游去</u>，捧起一朵朵很美很美的水花。

2.五位学生戴头饰表演背诵

五、拓展练习，语言训练

师：同学们，想一想，在其他的小动物眼中荷叶会是什么呢？

预设A：小鸭子说："荷叶是我的……"小鸭子在荷叶下游来游去。

B：小蝴蝶说："荷叶是我的……"小蝴蝶在荷叶上飞来飞去。

小结：圆圆的、绿绿的荷叶实在是太讨人喜欢了，大家都愿意和他做朋友呢。

六、识记生字，指导写字

师：瞧，有3个生字宝宝也想和荷叶交朋友呢。出示：台、美、鱼。

（1）复习读音

（师：他们是谁，让我们和他们打打招呼吧！）

（2）识记方法

A.看结构找方法；B.看比例；C.看重点笔画

师：下面，让我们观察一下他们的结构，你们有什么发现？

师：你们有什么好办法记住他们呢？谁来分享一下。

方法：加一加、减一减、换一换、扩词法、编字谜。

师：怎么写会更好看呢？我们要注意什么呢？谁来提醒大家？

a."台"字上大下小；"台"字撇折起笔于竖中线，折于横中线，折要往上斜，下面的口要写的上宽下窄；

b."美"字上大下小；"美"字共有四横，第三横最长，写在横中线上，上半部分的竖写在竖中线上，大的撇在竖中线与横中线交叉的地方起笔。

c."鱼"字上小下大；"鱼"字一笔撇起笔于竖中线，中间田字的横在横中线，竖在竖中线，最后一横最长。

（3）师范写"美"，生书空。生练写"美"字。

（4）师拍照反馈，生评价。

六、课后练习

1.有感情地朗读与背诵课文；

2.邀请爸爸妈妈和其他长辈一起来演一演《荷叶圆圆》。

七、回扣全文，发出倡议

同学们，荷叶田田，水珠滚滚，蜻蜓只只，蛙声阵阵，通过这节课的学习，我们感受到夏天是多么美好呀！夏天很快就要到了，让我们做出一个约定，夏天来临的时候一起走进大自然，留心观察，展开想象，期待着感受夏天的美好和乐趣吧！

【板书设计】

12 荷叶圆圆

小水珠——摇篮——躺、眨着
小蜻蜓——停机坪——立、展开
小青蛙——歌台——蹲、歌唱
小鱼儿——凉伞——游、捧起

韩璇，湖北省武汉市东西湖区吴家山第一小学教师。

《送元二使安西》教学设计

◎黄　捷

【教材分析】

六年级下册古诗词诵读栏目的编排，精选了十首诗词，旨在加强学生的古诗词积累，培养学生自主运用学过的方法解读古诗词的能力，从而提高学生的文化自信和文化修养。《语文课程标准》指出："阅读诗歌，大体把握诗意，想象诗歌描述的情境，体会作品的情感。受到优秀作品的感染和鼓励，向往和追求美好的理想。"《送元二使安西》是一首脍炙人口的送别诗，前两句写景，后两句叙事，表达作者对友人即将远赴安西时的惜别之情。诗句的含义较容易理解，需要联系背景知识才能体会诗人的感情。同时，在本课中还可以梳理小学阶段学过的送别诗，帮助学生在对比中，更好地体会送别诗的情感。

【学情分析】

六年级的学生已掌握一定的学诗方法，具备一定的自主解读能力。但在古诗解读时，需要老师指导学生在背景知识和诗篇理解方面建立链接，才能够深刻感受诗歌的意境美，体会诗人的情感。

【教学目标】

1.能正确、流利、有感情地朗读古诗并背诵积累。

2.借助以往学过的古诗学习方法自主疏通诗意，想象画面感受古诗的意境美，体会诗人和朋友之间的深厚感情。

3.整理小学阶段学过的送别诗，深刻体会送别诗的感情，激发学生对古诗词的热爱，建立文化自信，提升文化修养。

【教学重点】

1.理解古诗的内容，感悟语言和意境的美，体会朋友之间依依惜别之情。

2.通过古诗词诵读，激发学生学习和积累古诗的兴趣，培养学生对中华文化的自信和热爱。

【教学难点】

1.想象画面感受古诗的意境。

2.梳理小学阶段学过的送别诗，深刻体会送别诗的感情。

【教学方法】

情境法、讲授法、谈论法、自主读书法、合作表演法

【教学媒体】PPT课件

【教学过程】

一、联系生活，回顾古诗。

1.谈话导入。

师：同学们，小学生活即将结束，临近毕业，你们会用什么方式和同学老师道别呢？

预设：老师，我们拍合照、互写同学录。

师：可你们知道古人是如何道别的吗？古时候，由于交通、通讯技术的不发达，每一次的分别便不知何时能重逢，因此，在他们拜师求学、求取功名、出使边塞等和家人、朋友告别的时刻，便催生了一首首感人至深、流传千古的送别诗。

送别是李白对汪伦的感激和赞美："桃花潭水深千尺，不及汪伦送我情。"送别是高适对董大的勉励和劝慰："莫愁前路无知己，天下谁人不识君。"这节课，让我们回到1200两百多年前的唐朝，再来体会诗人王维送别好友时的心情。

2.回顾学诗方法。

师：过去六年，同学们学习了不少古诗，我们来回顾常用的学诗方法有哪些？

预设：知诗人、解诗题、明诗意、入诗境、悟诗情等。

（设计意图：通过联系学生生活，让学生思考古人道别的方式，对学习产生期待。对学诗方法的回

顾可以为后面学生自主学诗做好铺垫。）

二、初步感知，诵读古诗。

1.结合预习资料，完成诗人档案。

2.解诗题。结合注释，读好诗题，明白意思。

（1）这首诗题目的读法给两位同学带来了分歧，我们来判断，哪种读法是正确的？为什么？

A.送元二使／安西　B.送／元二／使／安西

预设：借助工具书，我们知道：使，是出使，指奉朝廷之命出外办理外交事务。通过查资料，我知道元二是一个人的名字，姓元，家中排行老二，是作者的朋友。安西，是今新疆库车。因此，题目的意思是：王维送朋友元二去出使安西，停顿应为："送／元二／使／安西"，第二种读法正确。

（2）师：（补充背景资料）这位同学解释得正确具体。唐朝时期国力强盛，疆域辽阔，边关绵延数万里，内地和边疆经常有贸易或者外交活动，长安城经常有官员被派往边疆出使。元二正是担负着这样光荣的使命，出使安西。高兴的是，他可以为国建功立业。而忧伤的是，元二与朋友这一别，不知何时能再见。此时，前来送别元二的好友王维又会是什么心情呢？

3.诵读古诗。

（1）请同学们自由朗读古诗，读准字音。

（2）听老师范读，注意停顿的地方。

（3）再次练习朗读，做到读准字音，读好停顿。

（设计意图：通过补充背景，可以帮助学生更好地理解诗意。朗读的训练，特别是对停顿的关注，是读诗的基础。）

三、理解诗意，入境悟情。

1.想象画面，赏送别之景。

师："苏轼评价王维的诗，诗中有画，画中有诗。王维在送别元二时，为我们描绘了什么样的画面呢？一起读前两句。"

渭城朝雨浥轻尘，客舍青青柳色新。

师：请同学们结合注释，发挥想象，说说你仿佛看到了什么样的画面？

预设1：清早，渭城刚下过了一场小雨，湿润了地面飞扬的轻尘。柳枝仿佛被这小雨洗出清新的本色，焕然一新的柳色映照得客舍青青。

师：多么明丽清新的一幅图景，是"诗中有画"的有力证明啊。诗的一二句告诉我们送别的时间、天气和地点。我们说"一切景语皆情语"，这句话的感情藏在哪里呢？

生：藏在"客舍"和"柳色"里。

师：是啊，"客舍"是送别之地，王维当时可是从长安城出发送元二到渭城，这段路程骑马要一天多的时间，可见两人友情之深。在众多景物中，诗人抓住了"柳"，是不是偶然呢？让我们一起走进微课堂，了解折柳文化。

师：一切景语皆情语。想来诗人王维当时也会折柳送给元二，表达不舍之情。让我们再读这两句，读出惜别情深。

2.合作表演，悟送别之情。

（1）结合注释，明确诗意。

师：送君千里，终需一别。就让千言万语都化作这一杯杯美酒。让我们读三四句。

劝君更尽一杯酒，西出阳关无故人。

请同学们结合注释，说说这两句诗的含义。

预设：朋友，请你再次饮完这杯美酒，出了阳关，就再没有老朋友了。

（2）补充资料，深入理解。

师：一个"劝"，一个"更"，让我们仿佛看到王维不断地劝说元二饮完这杯美酒，为什么呢？我们有必要了解元二将要去的是什么地方。一起来看看地图。

渭城在陕西西安，安西在今天的新疆库车附近，而阳关是通往西安的一个必经关口，在今天的甘肃敦煌西南部。渭城和安西相距离3000多公里，即使用当时最好的交通工具，也要走半年多的时间。这是一条怎样的路呢？诗人岑参曾这样描写过："十日过沙碛，终朝风不休。马走碎石中，四蹄皆血流。"（《初过陇山途中呈宇文判官》上）从这几句诗中，你能说说元二即将面对的是怎样的环境？

预设：元二将踏上那苍凉的阳关古道，走进茫茫戈壁，那里沙粒飞扬，天昏地暗，荒无人烟。

师：是啊，元二"西出阳关"，虽是壮举，但要经历长年累月的艰难跋涉，尝尽穿越荒凉沙漠的艰辛和寂寞。这一别，他不知何时回来，也不知能不能回来。

（3）诗词剧场，体会心情。

师：诗人王维对这一切了解吗？回答是"是"。通过查找资料，老师发现王维不仅本人曾出使过边塞，且在另外一首诗《送刘司直赴安西》中也写道："绝域阳关道，胡沙与塞尘。三春时有雁，万里少行人。"说明王维对边塞生活深有体会，知道好友元二即将面对的是什么。一杯又一杯，发挥想象，此时的王维在劝酒时，会对朋友说什么？元二又会怎么说？

同桌合作演一演。

（演员：旁白，王维、元二。）

例：想到<u>不知何时相逢</u>，王维劝道："再喝完这杯酒吧，<u>此去安西，一别千里，黄沙漫天，兄弟一定要保重啊</u>。"元二答道："<u>摩诘兄事务繁忙，且要安康珍重</u>。"

想到_____，王维劝道："_____。"元二答道："_____。"想到_____，王维劝道："_____。"元二答道："_____。"

（4）配乐再读古诗，读出感情，尝试背诵。

师：酒逢知己千杯少。这是不忍离别的酒，是有着牵挂又有着祝福的酒。深深离别情，都化作了这一杯杯佳酿。让我们再次配乐朗读古诗，读出依依惜别情，深深离别意。

（设计意图：通过微课的观看，让学生对"折柳"文化加强理解，更好地体会诗中的意境美。地图的补充，对让学生明白了古人离别后再次相逢的不易，从而更好地感受诗人的不舍之情。）

四、组诗串联，发现特点。

1.对比学习过的送别诗，体会情感。

师：小学阶段，我们学习了不少送别诗。回顾《送元二使安西》《赠汪伦》《别董大》《芙蓉楼送辛渐》这四首送别诗，思考它们之间的异同。

预设：有的以酒相送（《送元二使安西》），有的以歌声相送（《赠汪伦》），有的以勉励相送（《别董大》），还有的以自己纯洁的志向相送《芙蓉楼送辛渐》，送别的方式各有不同，但都表达了依依惜别的深情厚谊。在我国的诗歌宝库中，还有许多送别诗，期待同学们课外多积累。

2.情境运用。

师：说到积累，学以致用是最好的方式之一。

这些诗句虽然已隔千年，但在生活中的道别时刻，我们仍可选用这些诗句表达情感。例如：

（1）小学快要毕业了，你想告诉朋友：无论今后去哪个学校，相信你都会结交到新的伙伴，此时你会吟上一句：<u>莫愁前路无知己，天下谁人不识君？</u>

（2）小学毕业后，我的伙伴坐船回老家了，岸边的我目送着轮船远去，消失在水天交接的地方，我的思念却留在了心中，不禁想起诗句：<u>孤帆远影碧空尽，唯见长江天际流</u>。

（设计意图：通过梳理小学阶段学过的送别诗，发现诗中的异同，更好地体会送别诗的情感。同时，启发学生在真实情境中运用古诗，提高文化修养。）

五、课外延伸，拓展升华。

1.课外拓展：《送元二使安西》这首诗写成后广为流传，被后人谱曲称为《阳关三叠》，也叫《渭城曲》。在中央电视台《经典咏流传》的节目中，音乐家们用歌声再次演绎了这首诗。同学们抽空可以去欣赏。

2.作业

（1）《送元二使安西》这首诗有着极高的评价，有人称它为"千古第一送别诗"，还有人说："唐诗送别，此诗为最。"希望同学们能够将它背诵积累下来。老师的建议大家，借助导图想象画面，能够加深印象。

（2）这首诗如此感人，我们同学还可以将它写成一个小故事，让更多的人深入了解这段情谊。

（3）毕业在即，我们通过今天的学习是否有更多的方式和朋友道别，例如：你可以将我们学过的送别名句做成书签或者扇子送给朋友，相信这会是一份很特别的道别礼物。

师：同学们，人生难得是欢聚，唯有离别多。相信诗中的元二会带着好友王维的牵挂和祝福前行。希望同学们带着对朋友情谊的珍惜，对诗词文化的传承，结束这首诗的学习。

（设计意图：形式多样的作业可以帮助学生更好地巩固知识，让学生享受古诗的学习。）

黄捷，广东省广州市天河区华景小学教师。

《小猴子下山》教学方案(第一课时)

◎陆子桢

【课文分析】

《小猴子下山》是统编版语文一年级下册第七单元的一篇童话。课文讲的是一只小猴子下山来,看到玉米好,就去掰玉米;看到桃子好,就扔玉米摘桃子;看到西瓜好,就扔桃子摘西瓜;看到兔子好,就扔西瓜追兔子;兔子没追上,最后两手空空,启示应做事专一,有始有终。

课文除第一小节外,每一小节句式相似,都是按"小猴子去了哪里,看到什么,做了什么"的规律展开,读起来朗朗上口,复沓回环中小猴子高兴的心情、读者的担忧、动词的运用逐步变化递进,自然地启发人对小猴子的行为作出评价,从而有所感悟,且配有连环画,易于理解,学生第一遍自读预习时就十分感兴趣。

本文词句学习主要是理解不同的动作词,用上"掰、扔、扛"等动作词来说话,积累四字词语"又__又__"。可借助插图、动作、口诀等来学习,用不同的趣味学习方法让学生感受不同动词间的微小差别,并在故事复述、情境仿说的环节中逐步放手,进行进阶练习。分析课文后,可将识字与写字教学任务通过情景串中的许多活动自然地嵌入。

生字词、动作词、课文朗读与理解等知识点主要在第一课时内讲解,第二课时则以复习为主,主要包括二类字认读巩固、角色扮演朗读课文、剩余的一类字学习和当堂书面练习。

【学情分析】

优势:从学生的知识掌握和能力体系来看,经过前一个学期及本学期前几个单元的学习,已有了一定的语言积累和口语表达能力,对童话故事有较大的阅读兴趣,学习了图文结合理解课文内容的方法,能从文章中提取简单信息,并在持续的常规训练中养成较好的朗读与书写习惯。

劣势:从年龄结构和心理特点分析,一年级学生的专注力有限,需要老师精心设计适合学生年龄特点的游戏、图像、实物、声音等不断刺激,加上饱满的课堂激情,方能激发学习兴趣和维持专注力,提升学习效率。

【教学目标】

1.认识"猴、结"等12个生字,读准多音字"结、只、空",会写"瓜、空"2个生字;

2.利用动作演示、口诀记忆等方法理解"掰、扛、扔、摘、捧、抱"等动词,并能选出几个词各说一句话,积累"又__又__"形式的词语;

3.正确、流利地朗读课文,借助插图,读懂故事内容,能借助插图和关键词读懂与叙述故事,能推断"小猴子最后为什么只好空手回家去"的原因,初步明白要做事专一、有始有终的道理。

【课前准备】

1.磁性板贴:玉米地、桃树、瓜地、树林、快乐的小猴子一块、伤心的小猴子一块、田字格两块

2.头套:小猴子头套一个

3.磁性桃子形字卡:"掰、扛、扔、摘、捧、抱、蹦、追"字各一张

4.粉笔画:带两根树杈的大树、向下的山坡

5.多媒体课件

【教学设计】

本课教学设计设计主情境(主问题)为"小猴子下山一路上都去了哪些地方?玩得高不高兴?"笔者在此之下还设计了层层递进的情境串,每个小情境之间巧妙过渡,教师与学生活动都在其中展开。具体设计如下。

(一)小猴子的出场

1.谜语导入

出示谜语:家住深山里,性情最调皮,它会模仿人,样子很滑稽。打一动物。

预设:猴子。

2.走进故事

小猴子下山来,他要去做什么呢?翻开书。先听老师来读读这个故事,做到字字入目,声声入耳。师边读课文边在屏幕出示对应的插图和动词,最后小猴子一无所获,对应屏幕上插图都消失,只剩下一串动词。

生左右压书,右手指字,听师读课文,检查生字读音。

(二)小猴子的食物

1.在游戏中认识动作词

提问:小猴子最后带回什么东西了吗?

预设:没有。

小猴子回到家,两手空空,但他作为我们的好朋友,给我们留下了一串生字朋友。现在老师要来变魔术了。瞧!这些生字朋友都跑到了老师手里来,变成了小猴子最喜欢吃的桃子。请生上台做小老师举字卡,其余生把举起的字齐读两遍,读对了就贴到黑板上。

这棵大树就是它们的家,但是桃子太多了,全都住一根树枝上,树枝会被压垮,它们就分成了两个家族,分别住在两根树枝上。想想看,怎么分?谁能送它们回到自己的家?请一人上台调整字卡位置,贴到树枝上。

提问:为什么这样分呢?

预设:"掰、扛、扔、摘、捧、抱"字里都有"手","蹦、追"字里都有"脚"。

"扛、扔、摘、捧"里都有我们刚刚学过的提手旁,表示和手有关。玩游戏:我做你猜。请生看老师动作来猜字。这些字里也都有提手旁。

预设:拉、推、拍、摸。

2.渗透动作、口诀识字法

提问:但是"掰"里没有提手旁,它的"手"在哪里呢?指一指。

预设:一人上台指"掰"中的两个"手"。

"掰"里有两个"手",所以用两只手把东西分开就是"掰"。跟老师读:双手分物掰掰掰。出示橘子实物,提前划好小口子帮助学生掰开,请一人上台"掰"开橘子,其余生观察两手分物的动作。再次做动作齐读巩固:双手分物掰掰掰。生边做动作边跟读口诀。

(三)小猴子的地图

师表演小猴子摘桃子贪吃的样子,揉揉肚子,伸伸懒腰。小猴子吃饱喝足,现在要出门下山啦!这一路上去了哪些地方呢?

生自由朗读课文,读完举手回答。请说对者上台贴板贴。

有了地图,小猴子信心满满地踏上了旅程。师表演走路,PPT同步播放脚步声。

(四)小猴子的旅行

1.第一站:玉米地里摘玉米

(PPT播放脚步声)小猴子到达第一站:玉米地。指名读第一小节,其他人听读判断这小猴子玩得是否高兴,根据课文说明原因。

预设:小猴子"非常高兴",因为他看见了好吃的玉米,这玉米"又大又多",而且还可以"掰""扛",可以随便带走,刚才同学还是面带微笑读的,所以是"非常高兴"。

师相机指导:

①多音字"结"(口诀:植物结果结结结 jiē)。

②"又__又__"的用法(边读边比画理解词义,看图拓展仿说"苹果又红又圆""云朵又轻又软")

③动词"扛"(口诀"肩扛重物扛扛扛",说说"我扛过什么",理解"扛"的必须是重物)。再读第一小节,请两人戴上小猴子头套表演读,评价谁能面带微笑,把"非常高兴"的心情读得最好。多人表演读第一小节,再齐读。

2.第二站:桃树下摘桃子

(PPT播放脚步声)小猴子到达第二站:桃树下。指名读第二小节,运用在第一站中学到的方法,根据课文判断小猴子的心情及原因,一分钟自由朗读和思考,再请多人分享。

预设:小猴子看到了好吃的桃子,"又大又甜"说明桃子很甜很多汁,还可以随便摘,所以小猴子"非常高兴"。

师相机指导:

①口诀识字"丢弃东西扔扔扔""用手采下摘摘摘"。

②重读"又大又红""非常高兴",语气上扬。

请一人上台演读,其余根据其动作提示在台下齐读,评价鼓励,奖励小猴子接着往下走。

3.第三站:瓜地里摘西瓜

(PPT播放脚步声)小猴子到达第三站:瓜地里。PPT出示插图及关键词"小猴子捧着几个桃子,走到了____。他看见____,非常高兴,就____。"看屏幕练习看图说话,一分钟后举手分享展示。

预设:小猴子捧着个桃子,走到了瓜地里。他看见满地的西瓜又大又圆,非常高兴,就扔了桃子,去摘西瓜。

师相机指导"捧":双手承托捧捧捧。

请三人,要求讲得通顺完整,不丢字添字。达到要求,即小猴子闯过第三站。

4.第四站:葡萄架下摘葡萄(拓展)

(PPT播放脚步声)他越来越高兴了,走得越来越远,到达第四站。出示"葡萄架下的小猴子"课外插图,出示句式"小猴子走着走着,走到____,他看见____,非常高兴,就____。"学生自主练习展示,要求讲得通顺完整,不丢字添字。

预设:小猴子走着走着,走到一些葡萄下,他看见满地的葡萄又圆又紫,非常高兴,就扔了西瓜,去摘葡萄。

师相机指导,润色用词。

5.第五站:花园里追蝴蝶(拓展)

(PPT播放脚步声)小猴子太高兴了,不知不觉就走到了第五站,这里更有趣了。出示"一只蝴蝶在花园里飞舞"的图片和同上句式,四人小组合作练习,两分钟后小组分享展示,师相机指导。

预设:小猴子走着走着,走到一个花园里,他看见一只蝴蝶又大又美丽,就扔了葡萄,去摘蝴蝶。

6.第六站:树林边

(PPT播放急促脚步声)追啊追啊,蝴蝶飞得越来越高,越来越远,把我们带回了课文里。出示插图和句式"小猴子走着走着,他看见__,就__。"请生思考,举手回答。

预设:小猴子走着走着,他看见一只小兔子蹦蹦跳跳的真可爱,就扔了西瓜,去追兔子。

提问:追啊追啊,小猴子追上小兔子了吗?

预设:没有。

那么发生什么了呢?生齐读第五小节。

(五)小猴子的收获

1.启示道理

小猴子两手空空回到了家。(播放脚步声、开门声)这时,猴妈妈开门来迎接小猴子了。师扮演猴妈妈问:"好孩子,你今天去哪玩了?给我带回什么好东西了吗?"引导学生根据板书复述课文,感受小猴子一路上越来越高兴到最后一无所获而沮丧、愧疚的心情变化。师继续扮演猴妈妈问小猴子们从中懂得道理,请举手回答,然后总结提炼。

预设:要做事专一、有始有终,不能半途而废,要坚定目标、不能贪心等。

猴妈妈听完很高兴,夸赞小猴子有成长,更换小猴子板贴,由开心到难过再换回开心的小猴子。

小猴子的这一趟旅行虽然是跌跌撞撞,但他带着我们玩得开心,认识了生字,读通了课文,学会讲故事,还懂得了道理,收获真多!谁和小猴子一样会学习、爱进步?老师要来考考你,做好准备的同学请抱臂坐正。

师随机指黑板上的字卡,生抢答。师随机说动词,生做动作,争取又快又准。

2.学写生字

(1)学写"瓜"

小猴子今天的收获还不止于此。出示甲骨文"瓜"。请生猜字,并上台指出字里的"小西瓜",即字里的"点",请大家为指对的同学鼓掌。请小老师举手交流关键笔画。

预设:①"点"不能漏;②二笔撇和竖提的折角等高;③竖提的起笔在竖中线偏左一点点;④竖提的竖可稍稍左斜;⑤捺要大胆展开,收笔和点等高。

书"瓜",组词"西瓜、冬瓜",并用口诀"一笔平撇瓜柄短,二笔竖撇往下放,竖提加点藤吊瓜,一捺舒展藤蔓长"指导记忆。

生打开《习字册》,找到"瓜"字。请三位小老师,每人领写一个字,集体描一个写两个。师相机提示写字姿势:一拳、一尺、一寸。根据关键笔画的五个要点来自评,在字旁打星,作为送给小猴子的额外收获。收获五颗星的"小功臣"给自己鼓鼓掌。

(2)学写"空"

请生观察书上一类字,找出其中也有"点"为关键笔画的字,举手抢答"空"。师顺势追问生对关键笔画的观察。

预设:①一笔点和竖在竖中线上;②一共有三个点;③四笔是撇不是点,要先重后轻尾巴出尖;④"工"上横短包在撇点中;⑤下横比横钩稍长,两笔都要舒展。然后提笔书写。

书"空",组词"天空、空中",再请三位小老师带领书写,书写要求同上。写完后投影展示,按照五个书写要点来打星评价。

(六)课堂尾声

播放儿歌视频《小猴子》。生自由跟唱,感受小猴子的调皮可爱,在欢快的儿歌中结束课堂。

陆子桢,江苏省南京市南京外国语学校雨花国际学校教师。

《子路、曾皙、冉有、公西华侍坐》教学方案

◎罗倩倩

【教学目标】

1.理解弟子们各自不同的人生志向以及孔子表现出不同态度的原因。

2.探析孔子的教学艺术及对日后教学工作的影响。

3.学习儒家"礼乐治国"的政治理想。

【教学重难点】

1.理解弟子们各自不同的人生志向以及孔子表现出不同态度的原因。

2.探析孔子的教学艺术及对日后教学工作的影响。

【执教对象】

2021级幼儿保育专业学生

【教学过程】

一、情境创设,任务导入

下学期学校安排大家参加幼儿园见习活动,届时大家会带着听课记录表走入班级观摩听课。这节课,就让我们用老师的身份,以《子路、曾皙、冉有、公西华侍坐》一课为例,观摩课堂教学,记录所感所思并完成听课记录表。

听课记录表

授课教师：	授课日期：	课题：
听课记录：		教师评价：
听课感想：		

二、活动一:填写基本信息及教学内容

1.授课教师:这堂课的授课教师是孔子。

2.授课时间:似乎想将这堂课定位到某一月某一日是件特别难的事情,不如我们把时间拉宽,看看孔子生活在什么时期。孔子生活在战乱不断、诸侯争霸,争权夺利的春秋时期。

3.授课主题:是关于志向的讨论。

4.授课题目:严格来说课堂课是没有题目的,注释1中提到"子路、曾皙、冉有、公西华侍坐"是编者根据通行规则,取开头句子作为题目,我想我们为孔子老师的这堂课取一个名副其实的题目。

(1)首先,我们来看,这堂课是在什么时候结束的。

生:夫子喟然叹曰:"吾与点也。"

(2)是的,整堂课是从开头第一句到"吾与点也",剩下的内容是课后孔子与学生的对话。让我们一起把课堂内容读一读。

生:读书(关注是否有读音错误)

(3)主题是与志有关,如果我们选用原文中现成的词或短语来的话,可以取什么题目?

生:各言其志

(4)我们给这堂课取题为《各言其志》,那么这4位弟子他们的志向分别是什么呢?下面请以小组4人为单位,根据弟子讲话的内容概括填写《听课记录表》中的教学内容部分,待会请大家来写到黑板上。

子路 冉有 公西华 曾皙

(预设)生:志在有勇且知方/志在足民/志在为小相/志在快乐自在地生活

生:志在治理千乘之国/志在富民/志在掌握宗庙之事/志在与民同乐

(5)好,我们首先来看看子路的志向,你觉得哪组更贴合子路的志向?

如果写强国,更具体地来说,子路认为处于战乱的年代迫切需要解决的是保卫家园平息战争,他的志向在于发展壮大军事力量,概括地说他志在强兵(军)。

(6)来,我们继续看冉有的志向。(如果有范围

很大的"礼乐治国"这些都不要,把它删去)

确定下来,志在足民(或者如注释中提及的富民)

(7)我们继续看公西华的志向

志在为相的话,不确切,为相是担任一个官职,那么这个官职管理什么呢？在祭祀祖先、朝见天子的礼节(宗庙之事,如会同),他"端章甫"穿礼服戴礼帽,也是在礼仪崩塌的时代里践行礼推行礼。我们补充公西华的志向,他志在为相治礼。

(8)最后我们看看曾晳的志向。

修改后：浴乎沂,风乎舞雩;大同世界;不求为政;悠闲自在地生活

浴乎沂,风乎舞雩：前三位弟子切题地回答了孔子所问的治国理想,而曾晳的"浴乎沂,风乎舞雩"似乎和治国理想没有关系。如这位同学所总结的,他在描绘一幅悠闲自在的生活画面。那么悠闲是曾晳一个人吗,不是,是当时的百姓平民。在他的描绘中,没有春秋末期师旅的影子没有饥馑的影子。这还是一幅怎么样的画面？(国泰民安天下太平人与人之间和谐相处的盛世气象)儒家强调积极入世,他们希望靠自己的才能改变这个战乱礼乐崩塌的世界,那么做一个隐士,不求为政会是曾晳的政治理想吗？

那么怎样才能达到大同和谐的理想世界呢？《论语·为政》中提到"子曰：'道之以政,齐之以刑,民免而无耻。道之以德,齐之以礼,有耻且格。'"用政令来引导百姓,用刑法来整治百姓,百姓虽能免于犯罪,但无羞耻之心。(百姓的行为准则只要不犯罪就可以了)用道德教导百姓,用礼教来统一他们的言行,百姓们就既懂得羞耻又能使人心归服。百姓自己有道德和礼仪自我教化,自觉维护社会秩序。所以曾晳的大同世界背后是什么在支撑？

(预设)生：曾晳志在礼乐教化。

(9)补充礼乐教化的含义。

"礼"指的是通过建立规章制度、规定社交礼节规范人的行为,自觉维护社会秩序。

"乐"起到调和性情,培养情操的作用,人的情绪可以通过乐来表达,也可以在乐声中化解。

"礼乐"的目的在于教化,诱导人向善,让社会处于平和的状态中。通过教育感化,使人在教育中,将仁义礼智信等社会道德内化为自己的心灵,从而在行为上表现出来。

(10)那此刻正在听课的你,更欣赏谁的志向呢？

【预设】曾晳的大同世界。评价这种和谐的世界也是现代社会的我们所追求和向往的。

三、活动二：添加表情包——孔子言志

师：那么孔子老师听到同学们言志,他有什么样的评价呢？而课堂是鲜活的艺术,它是富有生命力的所在。我们听课不仅仅要听课堂内容,我们还要关注课堂上老师和学生的互动,关注老师的课堂评价。在四位学生发言后,原文中记录了两处评价,一处是子路的"哂之",一处是曾晳的喟然叹曰："吾与点也"。而孔子对于冉有和公西华的评价,在原文中留下了空白。不妨让我们选一选,当孔子听到冉有和公西华的回答后,可能会有什么样的反应。老师挑选了几个"表情包",请你把它们放在教师评价中。

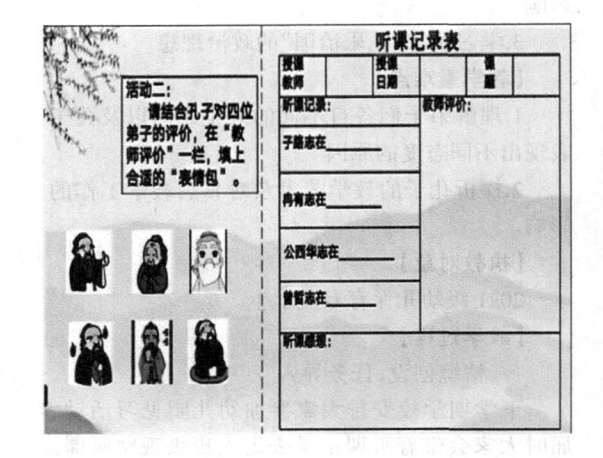

预设对子路的评价：请你跟大家分享下选择的理由。

生：(第一个表情放在子路的评价后面)原文中写到"哂之"微微一笑。

师：怎么不用点头呢。

生：孔子对他的回答不满意。

师：哪里读出来。

生：为国以礼,其言不让。

师：他的"不让"具体表现在哪里？

生："率尔"他轻率急忙,有些鲁莽。

师：陪侍君子,如果君子问话,不看看周围是否有胜过自己的人就抢先回答,这也是有失礼仪的行为。

师：对于子路,可以任命他来治理千乘之国的军事后勤工作。至于是不是仁,我不知道。治理拥有千辆兵车的国家,办事严肃认真并恪守信用,节约用度并惠爱人民,役使百姓要按一定的时节。

既然孔子认为子路"其言不让",为什么不在课堂上直接纠正子路呢?(预设:不打击学生的自信心)这说明老师的评价一个眼神一个动作都对学生有很重要的影响,给予学生适时有度的评价。我想,每个人的志向不同,或者子路的志向不符合孔子的礼乐文化体系,但孔子他会尊重学生的个性差异,这点非常值得我们学习,未来我们成为幼师,也要学会尊重幼儿的个性差异,或许很多孩子的志向很渺小或者不切实际,都要保护孩子的志向,尊重他们的个性。

预设对冉有、公西华的评价:请你跟大家分享下选择的理由。

生:他们俩做的都是管理国家的大事,孔子对他们俩都是满意的。

预设对曾皙的评价:

1.其中暮春时节出游,说明农耕已结束;童子人数较多,说明国家安康人口增长;河水沐浴说明环境清新优美;咏而归则强调百姓生活安定心情愉快。从这个角度看,与子路强调的和平,冉求强调的经济发展,公西华强调的礼仪制度相比,曾皙的语言更像是构建在前三子之上的一种诗意的民生和乐的生活画面,为心怀天下的孔子一生追求。

2.达到这样的理想世界需要礼乐教化,孔子最推崇的是西周的制礼作乐,在《尚书》中提及制礼作乐,天下和平。

子适卫,冉有仆。子曰:"庶矣哉!"冉有曰:"既庶矣,又何加焉?"曰:"富之。"曰:"既富矣,又何加焉?"曰:"教之。"(《论语·子路》)

周公居摄六年,制礼作乐,天下和平。(《尚书》)

平王之时,周室衰微,诸侯强并弱,齐、楚、秦、晋始大,政由方伯。(《史记·周本纪》)

他这一生,到处奔波,鲁国不行奔卫国,卫国不行奔陈国,楚国他也去过,全都令他失望。(《丧家狗——我读〈论语〉》)

3.他一生风尘仆仆,周游列国,宣传自己的政治主张。他的身上有种"知其不可为而为之"的精神。因此,听到曾皙的回答,孔子才会"喟然"一叹,激动地说道:"我与曾皙的想法一致啊!"

四、活动三:书写听课心得

我们听了一堂春秋时期的名师展示课,看到了孔子老师的大家风采,倾听了弟子们的精彩发言。听了这堂课你有什么感想呢,对于你未来从事幼儿园教学工作,有怎么样的启示呢?请将你的感想写在听课点评上。(可从教学方法、师生关系、课堂氛围等角度谈谈听课感想)

预设:

轻松的教学氛围。异乎三子者之撰(zhuàn)。何伤乎?亦各言其志也。

和谐平等的师生关系;鼓瑟希

启发式教学方法;如或知尔,则何以哉

适时有度的教学评价。

总结:从大家的点评中可以看出,我们听了这堂课,学习到听课不仅仅关注教学内容,也应关注到教师评价,关注到师生关系建立,关注到教学方法的使用,教学环境和教学氛围的构建。孔子这样一位教育大家,教给我们的不仅仅是去懂得礼乐文化,也在传递高超的教学艺术,不愧为"万世师表",永远值得后人学习。

【板书设计】

浓厚的礼乐文化,高超的教学艺术

志在强兵(军)　　轻松的教学氛围
志在足民　　　　和谐平等的师生关系
志在为相治礼　　启发式教学方法
志在大同世界　　适时有度的教学评价

【教学反思】

《子路、曾皙、冉有、公西华侍坐》这篇课文独特之处在于它是真实的课堂记录,学生阅读文本时贴近文本内容,仿佛也在孔子和弟子的课堂中。由此引发我的思考,我们的学生作为准教师,他们在日后的学习和工作中需要听课,那么就以两千多年前的这堂课为例子,学生进行身份的转变,他们成为听课的老师。让学生关注如何听课,注重教学内容和职业特色相结合,借助听课记录表的平台完成了文本内容的解读。我认为学生活动简单,教学内容深入挖掘,再结合自身职业经验,整体上是一节完整的课。

罗倩倩,浙江省温州市中等幼儿师范学校教师。

《搭船的鸟》教学设计（第二课时）

◎吴 平

【教材解读】

《搭船的鸟》是统编教材小学语文三年级上册第五单元的第一篇精读课文，统编教材，从三年级开始编排以习作能力发展为主线的单元整组，这是教科书编撰史上的一个创举。本单元是教材中第一次出现的独立习作单元，以习作策略进行单元整组，自成体系，主题为"留心观察"。课文主要讲了"我"在坐船去外祖父家的路上遇到了一只美丽可爱的翠鸟，课文开头交代了见到翠鸟的原因，接着重点描写了翠鸟的外形和捕鱼的敏捷动作，最后点明翠鸟搭船的原因。这样一次平常的探亲之旅，因为作者留心周围事物，并细致观察，得以认识了一位可爱的朋友——会"搭船"的翠鸟，充分说明了留心观察的好处。在对翠鸟详细观察的描述中，流露出了"我"对翠鸟的喜爱之情。

课后题引导学生体会"我"观察的细致。第一题引导学生了解"我"丰富的观察所得，第二题引导学生注意第四自然段中的动词，想象翠鸟捕鱼时的情景，体会"我"观察翠鸟动作的细致。

【设计理念】

《语文课程标准》指出："在写作教学中，应注重培养学生观察、思考、表达和创造的能力。"三年级是习作的起步年级，留心观察周围事物是三年级习作教学的主要目标。《搭船的鸟》作为习作单元中的第一篇精读课文，习作单元的编排与其他单元明显不同，它体现出的是"读写结合"的特征，所以我在定位教学目标的时候，与普通单元的精读课文是不一样的，它不仅仅指向的是阅读，更重要的是指向于习作。要指导学生学习作者是如何仔细观察，在观察中感受缤纷世界的美好，体验观察的好处与乐趣，从而学会将生活中观察到的印象深刻的事物或者场景写下来。因此在教学设计时围绕"留心观察"的主题，采用板块式教学，从唤醒观察意识——体会细致观察的好处——尝试观察实践——记录观察所得——运用观察走向生活。这几个环节带领学生开启跟着作者学观察的快乐之旅。课堂练习以"学习任务单"的形式呈现，这样有效解决了课堂、作业"两张皮"的问题，让作业进课堂，使其变成语文实践学习的一部分，学生既达成了对文本的理解，学到了方法，又积累了语言，训练了表达，真正实现了"学练融合"的新型课堂。

【学情分析】

本文文字浅显，对于有着一定阅读经验的三年级学生来说理解课文内容并不难。这一年龄阶段的学生对周围事物充满好奇，对于"观察"学生应该并不陌生，在平时的生活中有所实践，在部编版语文一、二年级的教材中也有所涉猎，但是对留心观察、细致观察的好处了解得还不够，对细致、观察的方法还不够明晰，因而在仿说、仿写上，对学生来说应该具有一定难度。

【教学目标】

1.通过品读描写翠鸟的语句，紧扣关键词句厘清作者的写作思路，了解作者对"翠鸟"的外形、动作所做的观察，感受作者观察的细致，初步体会留心观察的好处。

2.能运用作者观察翠鸟的方法来细致观察身边的事物，记录观察所得，并掌握如何进行简单的外形和动作描写。

3.感受观察给生活带来的无尽美好，激发对万事万物观察的兴趣。

【教学重难点】

通过品读描写翠鸟的语句，了解"我"对翠鸟的外形、动作所做的观察，感受"我"观察的细致，初步体会留心观察的好处。

【资源与工具】多媒体课件（图片、视频）

【课时安排】2课时

【教学过程】
第二课时
一、直接导入新课
师：同学们这节课让我们继续走进第15课，请大家齐读课题。
二、跟着作者学观察
第一站：留心观察，做生活中的有心人
1.走进学观察第一站：留心观察，做生活中的有心人。
2.出示学习要求：自由朗读课文，一边读一边想：作者留心观察到了哪些事物？
3.出示提示：作者留心观察到的事物有（　）（　），他着重留意的事物是（　），他还特别观察了这个事物的（　）和（　）。
4.师小结：在这个旅途当中，作者留意到了天上下的雨，美丽的翠鸟和披着蓑衣的船夫，而且还特别观察了翠鸟的外形和他捕鱼时的动作。你瞧，因为作者处处（贴：留心生活），原本一次平常的旅途就变得丰富而有趣了。

设计意图：让孩子整体感知课文内容，理清文章的结构，更重要的是让孩子们学习作者留心观察周围事物的好习惯，感受作者正因为处处留心生活，原本一次平常的旅途就变得丰富而有趣了。

第二站：细致观察，发现事物的特点
1.师过渡：那么作者又是怎样细致观察翠鸟外形的呢？接下来让我们走进跟着作者学观察第二站：细致观察，发现事物的特点。
2.出示第二自然段的学习要求：
（1）默读第二自然段，用圆圈圈出描写翠鸟外形部位的词语，用双横线画出表示颜色的词语。
（2）借助这些词语感受作者是怎样细致观察翠鸟外形的。
师：学习要求都听明白了吧？那开始学习吧。
（3）生读书圈画，师巡视
（4）根据刚才的标注，完成学习任务一。（要求：根据阅读批注，请在"____"内填上表示翠鸟身体部位的词语，在_____内填上相应的颜色词，并能用自己的话介绍一下翠鸟的外形。）
（生自主完成学习任务一）
师：谁来带上你的任务单，介绍一下翠鸟的外形。好，最后那个高个儿男孩，请你带上学习任务单介绍一下翠鸟的外形。
（学生介绍）

师评价：介绍得很清楚。如果能像作者这样先从整体来介绍，然后再局部介绍就更好了。谁来再介绍一下。
（学生介绍）
师评价：这位同学按着从整体到局部的方法介绍翠鸟的外形，显得更加有顺序了。孩子们，刚才我们通过阅读批注和梳理信息，知道了作者细致观察了翠鸟不同的身体部位以及这些部位的颜色。那老师就有点疑惑了，翠鸟身体部位有很多，作者为什么只写了羽毛、翅膀、嘴这三个部位呢？
生：因为这三个部位能突出翠鸟的颜色鲜艳。
师：嗯，三个部位突出了翠鸟颜色鲜艳的特点。
生：我觉得作者抓住了事物的主要特点在观察。
师：说得太好了，还能联系前面我们学习的描写人物的方法再体会，是的，描写人物我们要抓住人物外貌我们要抓住主要特点，作者在描写翠鸟的时候也是抓住特点（贴板书：抓住特点）在细致观察。那这么美的翠鸟，谁来读读第二自然段？
（指名读第二自然段）
师：多鲜艳的色彩，多美丽的小鸟啊！我们还可以这样读一读。
出示：
师：它的羽毛是翠绿的。
生：翠绿，翠绿的羽毛。
师：翅膀带着一些蓝色。
生：蓝色，蓝色的翅膀。
师：比鹦鹉还漂亮，它还有一张红色的长嘴。
生：红色，红色的长嘴。
师：感受了作者的细致观察，接下来我们也来小试牛刀，看，这就是素有鸟中凤凰美称的锦鸡（出示锦鸡图片），请你们仔细观察它的外形，然后模仿作者的表达说一说。
出示提示：
我看见一只（　）锦鸡站在（　）上，多么（　）啊！它的羽毛是（　）的，翅膀带着一些（　），头顶上还有一撮儿（　），像（　）一样，比（　）还漂亮，它还有一条（　）尾巴，简直像（　）。

设计意图：这样设计是因为我们的教学不能止于内容，止于观察方法，更重要的是要让学生能够初步运用观察方法，进行浅层的迁移运用，不仅仅是停留在理解、分析、朗读层面，而是进入到语言的实践层面。

师小结：同学们看，仔细观察我们也能将生活中的事物描述出来。那面对翠鸟，他又想了什么呢？

3.出示第三自然段：它什么时候飞来的呢？它静悄悄地停在船头不知有多久了。它站在那里干什么呢？难道它要和我们一起坐船到外祖父家里去吗？

（1）让我们看着屏幕读出作者的疑问，读出作者的想法。

（2）总结作者的写作方法。

师：瞧作者就是这样一边观察还一边想。

师贴词语片：边观察边想

4.根据学习要求自主学习第四自然段。

（1）反复朗读第四自然段。

（2）用____标出描写翠鸟动作的词语，用波浪线画出表现时间短的词语。

（3）借助这些词感受作者是怎样细致观察翠鸟动作的，并和同桌交流。

预设：

生：冲、飞、衔、站、吞。

师：恭喜你已经学会了有序、完整提取信息的方法。同学们看，通过这一系列的动词，让我们感受到翠鸟捕鱼的动作其实是在不断……

生：变化。

师：真好我们看到了变化的过程。

师：现在老师想请大家给这个冲字换一换，你想把它换成哪个动词。

生：我准备把冲字换成跳。

生：我准备把冲字换成飞。

师：比较比较，你认为哪个词语更好？

生：我认为冲比较好，冲代表速度很快，而且力量很大。

师：天哪，你对语言文字有着很强洞察力，从一个冲字我们就可以体会到翠鸟捕鱼的速度很快。那么刚才我们用波浪线画出的表示时间短的词语有哪些？

生：一下子、一口、没一会儿。

师：读出了轻而短。来，带上刚才的三个词，谁能有滋有味地读出翠鸟的敏捷身手。

（指名读）

师：翠鸟捕鱼只用了几秒钟的时间，可是作者把翠鸟捕鱼的动作写得如此准确又生动，可见他观察真仔细。他不仅细致地观察，还将观察中的发现记录了下来。

5.师总结：同学们，这节课，跟着作者学观察，我们学到了多种细致观察方法，可以用眼睛看事物的外形，可以看事物的动作，抓住特点细致观察，还可以一边观察一边想，最后把观察所得记录下来。观察时，除了用眼睛看，他还用了什么观察方法？

预设：

还用耳朵听，倾听自然界的事物发出的声音。

还可以闻，闻到花的清香。

还可以用嘴巴尝，品尝食物的美味。

还可以用手摸。

师：只要我们用心观察，用心感受，生活处处是乐趣。接下来让我们走进跟着作者学观察。

设计意图：引导学生把从课本中学到的观察的方法延伸到生活中，在语言实践中，由读到说，给学生表达的空间，创设有思维深度的语言表达情境，实现读说的迁移。很多学生在习作中无法实现"意"与"言"的转变，无法清晰地表达，究其原因在于其语文经验不足，因此，积累语言表达范式、训练文体思维能力、培养语篇构造能力就显得尤为重要。读说迁移策略是帮助学生从学习者成长为表达者的重要途径之一，也是实现阅读向独立习作转换的重要步骤。

第三站：观察实践，感受生活的美好。

1.出示学习任务单：观察视频，写一写大熊猫是怎样吃竹子的？

2.全班交流，进行练笔。

3.师总结：同学们看，从生活的画面中，你们留心并且细致观察了大熊猫吃竹子的动作，真是生活中的有心人。

师：同学们，课下就让我们用到今天学习到的细致观察的方法，留心观察一种事物或场景，开启一段愉快的观察之旅吧。

设计意图：让孩子们在课堂中边学边练，构建"学、练、评一体"的语文课堂。在"双减"背景下，以"学习任务单"的形式呈现，这样有效解决了课堂、作业"两张皮"的问题，让作业进课堂，使其变成语文实践学习的一部分，学生既成了对文本的理解，学到了方法，又积累了语言，训练了表达，真正实现了"学练融合"的新型课堂。

吴平，湖北省襄阳市荆州街小学教师。

《杨氏之子》教学方案

◎ 许 婧

【教学目标】

1. 认识"诣、禽"两个生字，会写"梁、诣"等四个生字。
2. 正确、流利地朗读课文，读好句中的停顿。背诵课文。
3. 能借助注释了解课文大意，并能说出表现杨氏之子机智的故事内容。

【教学重点】

1. 读好句中的停顿。背诵课文。
2. 能借助注释了解课文大意。

【教学难点】

能说出表现杨氏之子机智的故事内容。

【教学方法】

讲授法、练习法、合作探究法、思维导图法

【教学准备】

多媒体课件、黑板贴、空谷传声单、幽默商品推荐卡。

【教学过程】

一、情境导入

1. 情境激趣。

同学们，本单元的主题是风趣幽默，语文要素也要求我们感受风趣的语言，于是，我们以小组为单位创办了幽默商店，本周幽默商店刚刚举办了开业典礼：笑话大会，评选出了咱们班的笑话大王——（马悦溥），初步体会了幽默，同学们兴趣盎然，完成了各组首张幽默商品推荐卡，我们看，都很有个性。在这一单元结束，我们还要举行幽默商品展销会并进行评选呢。上节课有同学发现了《杨氏之子》这篇文言文可以作为其中的幽默商品之一，这节课我们就来读读这篇文言文，感受其中的幽默之处，为幽默商品展销会做好准备。

2. 读课题。

（1）齐读课题。老师要提醒你啊，这是一篇文言文，那么你读课题的时候，就要有特别的关照。

（2）指名读题。读得有韵味。但是老师还告诉你这篇文言文岁数很大了，已经有1600多年。谁来读读？

（3）指名读题。一下子就有历史感了。但是不得不告诉你，虽然是1600多岁，但写的是一个孩子。那种活泼感还是要存在。

（4）齐读课题。

小结：刚才四遍读题，你心中在想什么，你读出的声音就是那种感觉。

3. 理解课题。

（1）课题告诉了我们这个故事的——人物，主人公是（杨家的儿子）。这个之就是——的。

（2）你是谁家之子/女？用这种形式介绍一下自己吧。

指名说。（指导学生说完整句，我是……）还可以用文言文的语言说：吾乃……之子。幸会幸会。

二、思辨体悟

（一）思辨任务一：通读课文，感受"甚聪惠"

1. 读准字音，要了解这个杨家的孩子，我们首先要读通这个故事。

（1）会认字：从最基本的读准字音开始吧。本课有两个加拼音的字，请你注意字音，自己小声读一遍。指名读。这两个字他读准确了吗？

（2）多音字：老师还注意到他在读本课两个多音字时读的也很准确。

为：老师想采访一下你，你为什么把为读四声调呀？你已经用上了联系上下文的方法，猜出了为的意思。我们再来看看这个字在字典中的解释，确实如你所说。我们根据意思确定了读音。

应：这个字在这里是什么意思？回应，响应的意思，所以我们又根据意思确定了读音。

齐读带有多音字的两句。

2.读好停顿

(1)过渡:我们刚刚读准了字音,不过,读通文言文最重要的是读好停顿。我们如何来划分文章的停顿呢?同学们都知道停顿不是随意划的,我们要根据文章内容来确定停顿。

(2)明确人物:我们先要找到文章的人物,课文是发生在谁和谁之间的故事?请你圈画起来。

下面请你看看还有哪些词说的也是这两个人物?男生找杨氏子的。女生找孔君平的。

除了这三个儿,还有指代杨氏子的词吗?女生也可以帮帮忙。其,君。

再来看看哪些词是指孔君平的?孔、夫子。

请你用不同的符号把我们找到的这些指代人物的词画起来。那么后面我们在朗读的时候,大部分的人物名之后可以停顿一下。

(3)理解大意,划分停顿。明确了人物,我们就来看看这个故事讲了人物之间的什么事吧。

①理解文言文有哪些好方法呢?听,有一位同学给我们送来了小锦囊。(播放视频)

②请你带着这些小锦囊,前后桌一起交流一下课文的大意吧,一边交流,一边划一下停顿。

③请一组二生上来划分停顿。一生读,一生用触屏笔划在屏幕上。

我们一句一句来看看他们组划分的对不对。一共五句话,请五位同学来讲一讲吧。

④讲一句,出示补充省略,判断一句停顿。重点讲解最后一句中的家禽。

a)现在说家禽就是鸡鸭鹅这些家养的小动物,但是我们来看看这个禽字的甲骨文(出示图片),像什么?捕鸟用的长柄网状工具。后来给它上面加了一个今天的今作为声旁。

b)在课文中,禽指的是鸟,为什么?前面说了孔雀是夫子家的禽,孔雀是一种鸟,而不是家禽,所以家和禽字中间要停顿一下,以示区别。

c)指导书写禽字。注意最后两笔是撇折、点。写在空谷传声单上,本课其他三个生字请你自主观察,也填在相应位置。写完后和书上对照一下,如果觉得没写好,可以在订正栏再写一遍。

⑤好了,刚刚我们齐心协力根据内容划分好了停顿,一起来读一读吧,注意声断气连。齐读。

3.通讲故事。

刚刚我们在读好停顿的同时也了解了故事大意,请你完整地来讲讲这个故事吧,前后桌一起练

习练习。

老师刚刚在下面听大家讲的可真好,那么我们提高一点要求,请你以小杨氏或孔君平的身份来讲这个故事。

指名二生讲故事。

4.小结:同学们在讲故事的过程中有没有感受到杨氏子的特点呢?(聪慧)我们通过通读课文还初步感受了人物特点,真是朗读高手呀。

(二)思辨任务二:理读课文,把握"甚聪惠"

1.同学们讲得都非常生动具体,但是我们看这篇文言文只有55个字,就能表达出一个这样有趣的故事,文言文就是这样的精致和精准。真正的高手啊,他读着读着还能理清文言文的结构,把文言文读得更简洁,全文有五句话,如果让你读成一句话,你觉得是哪句话?(第一句)

2.这也是作者想要表达的观点。为了说明这个观点,后面好几句话都是干什么的?(举例子)也叫(例证)。

3.如果让你再精简,从观点这一句中读出一个词,是哪个词?(我们不能少掉一个字。那就是甚。强调甚的意思。)

4.小结:我们很快就完成了第二个思辨任务,理读课文,弄清了文章结构,把握到了最关键的这个词——甚聪惠。

(三)思辨任务三:品读课文,细解"甚聪惠"

1.请看老师查找到的注释资料:指名读聪和惠的解释。

我们发现这两个字都有聪明,智慧的意思。但是惠字还多了一层仁爱的含义。什么是仁爱?想到我们的校风:仁爱有礼。对人友好,有礼貌。甚就是说特别、非常。

2.请结合老师补充的注释资料,想象杨氏子的甚聪惠体现在哪里?小组合作完成空谷传声上的思维导图,最后一列填写在哪一方面甚聪惠,中间一列填写相应的原文中的关键词。

3.小组汇报。

(1)善听

a)还原孔君平的思维过程。出示辅助思考句式:孔君平看到____,想到____,于是用的语气说:"____。"

b)杨氏子听懂孔君平的玩笑了吗?

还原杨氏子的思维过程。出示辅助思考句式:杨氏子听出了孔君平在____,于是也拿____做文

章,用____来回应。
　　c)这就是杨氏子"聪"的体现,善听。
　　(2)巧思
　　杨氏子不仅仅是听懂了,还能用孔君平的方式反驳,但他只是想到用孔雀直接否定吗?
　　继续还原杨氏子的思维过程。杨氏子又想到孔君平是_____的长辈,于是用_____一词使语气_____,他回答:"_____。"
　　补充孔君平资料。
　　杨氏子的回答真是巧妙,不仅反驳了,还很有礼貌。
　　(3)有礼
　　对比有没有未闻的区别。
　　还从哪里看出有礼?这么小的孩子就能拿水果招待客人长辈,真是有礼。
　　(4)机敏
　　杨氏子这么巧妙有礼的回答他思考了很久吗?从哪看出来?(板书:应声)应声答曰,我们可以换词:马上、迅速、立刻、不假思索、脱口而出、毫不犹豫。这说明杨氏子反应真快呀。
　　(5)名声
　　有没有同学注意到第二句中的隐藏含义,孔君平去拜访父,不在,就回去呗,为什么还叫儿子出来?有悖常理呀。
　　第一句说梁国杨氏子九岁,甚聪惠。请问孔君平以前知不知道杨氏子甚聪惠?(知道。)于是他可能会怎么想?(孔君平在想:"都说杨氏子与甚聪惠,我既然来了,倒要考考他。看看是否名实相符。")孔君平在造访杨家之前,杨氏子聪惠名声已经在外,这从一个侧面表明,这个孩子的确很聪明。才九岁,很多人都知道这个孩子很聪明,名声在外。
　　(6)年幼
　　我们接着想,如果是一个普通的九岁孩子,遇到这样的事一般会怎么说、怎么做呢?首先不一定会设果,或者没听懂孔君平的问题。但是九岁的杨氏子怎么说怎么做,一比较就凸显他的"甚聪惠"。
　　4.小结:通过我们细细的品味,利用思维导图,理解了杨氏子的甚聪惠体现在哪些方面。第三个任务也完成了。
　　(四)思辨任务四:悟读课文,迁移"甚聪惠"
　　1.当知道了杨氏子基本的思维方法、思维特

点之后,你也可以变得像他一样聪明,下次柳君平、李君平来了,你会和他们对话吗?
　　师生对答。
　　2.看来大家都领悟到了语言的奥妙,第四个任务轻松完成。
　　(五)思辨任务五:延读课文,拓展"甚聪惠"
　　1.前面我们知道了甚聪惠是特别聪慧的意思,甚表示程度,杨氏子的聪慧程度有多深呢?我们和别的孩子比较比较吧。
　　2.默读两个片段,前后桌交流一下,甚在何处?
　　3.我们刚才这么多同学都说出了杨氏子的长处,也是这个原因,我们的编者才从很多很多的古代儿童的故事里面选择了谁?(杨氏之子)我们也能猜得到编者希望我们从中读出什么了,是不是?于是才有了这么精彩的文言文的展现。我们的五个思辨任务不知不觉就完成了,给自己鼓个掌吧。
　　三、背诵小结
　　1.花样背诵
　　(1)同学们,这个故事让我们感悟到中华传统文化的博大精深。这么精彩的故事,去掉标点,你自己读一遍吧。(配乐)
　　(2)这么好的文章,要好好的读它,好好的品它,谁来读?(请生读)
　　(3)还有谁想读,但是这回读这样的版本。(指名读、举手的同学起立齐读)
　　(4)再来挑战一下自己吧(齐读)都会背了吗?给自己鼓掌吧。
　　2.小结升华。
　　通过今天的五个思辨任务,我们发现一个人聪明很重要,但是还有仁爱之心,也就是他的德性品德更重要。我们从这个故事中还学到了一种高级的幽默。就如单元页上所说,风趣和幽默是智慧的闪现。中华传统文化中还有许多像这样精准而妥贴的幽默。《世说新语》这本书中还有许多故事值得我们去阅读去品味。
　　3.布置作业:填写幽默商品推荐卡。
　　这篇文言文也让我们感受到了什么是真正的幽默,课下请小组合作完成幽默商品推荐卡,还可以商量一下推销幽默商品的形式,为后面的展销会做好准备。

许婧,天津市天津生态城南开小学教师。

《北京的春节》教学设计(第一课时)

◎张 羽

【教材分析】

《北京的春节》作者是老舍先生,以时间为经线,以人们的活动为纬线,描绘了一幅幅北京春节的民风民俗画卷,展示了中国节日习俗的温馨和美好。全文内容安排有序,脉络清晰,衔接紧密,详略得当,推进自然。语言表达朴实简洁,生动形象,耐人寻味,字里行间处处透出人们欢欢喜喜过春节的心情,反映出老北京人热爱生活,追求美好生活的心愿。

【学情分析】

六年级的学生已具备一定的阅读学习能力和搜集资料的能力,学生在课前做好充分的预习,查找有关老北京的各种习俗的资料,也可以将家乡的春节与老北京的春节习俗进行对比或了解更多有关春节习俗的信息,感受中华民族特有的民俗文化。

【教学目标】

1.了解单元主题和内容,明确本单元语文要素、习作话题。

2.会写"蒜、醋"等15个生字,会写"热情、自傲"等20个词语,初步体会老舍"京味儿"语言的特点。

3.默读课文,了解课文的写作顺序,把握课文主要内容。

4.了解课文详略安排,学习课文描写"腊八"的部分,体会作者抓住有特色的民俗活动进行细致描写的方法。

【教学重难点】

1.默读课文,了解课文的写作顺序,把握课文主要内容。

2.了解课文详略安排,学习课文描写"腊八"的部分,体会作者抓住有特色的民俗活动进行细致描写的方法。

【教学方法】

教法:谈话点拨法、问题导读法、启发式教学法
学法:自读感悟、合作探究

【教学准备】

学生:搜集关于春节的资料,提前预习课文。
老师:教学课件

【教学过程】

(一)了解单元内容,导入新课

1.同学们,崭新的课本散发出浓浓的墨香,我们马上就要开展新学期的语文学习之旅了。翻开课本,请同学们读一读第一单元的单元导语,看看这组课文安排了什么内容?在阅读和写作方面有哪些要求?

预设:(1)本组课文主要是讲不同地区的民风民俗。

(2)本单元的语文要素要求我们要分清内容的主次,体会作者是如何详写主要部分的。习作时要注意抓住重点,写出特点。

2.看一看单元目录,围绕"民风民俗",我们会跟随老舍先生在北京过祥和热闹的春节,然后在沈从文先生的《腊八粥》里和八儿一起等粥、喝粥,接着品味古诗里的传统节日习俗和传说,去西藏体验那里特有的戏曲文化,最后再回到自己的家乡,我笔写我心,写一写自己家乡的变化。

我们可以领略到不同地域、不同民族的民俗风情,感受到中华优秀传统文化的博大精深。

3."锣鼓喧天辞旧岁,爆竹声中迎新春。"春节对于我们来说再熟悉不过了,春节是我们中国人最隆重、最传统的节日,关于春节你搜集到了哪些资料呢?跟同学们分享一下吧。

4.老师给大家带来了一首春节童谣,我们一起

来欣赏一下吧。(播放视频)

5.这就是北京春节的真实写照,很有特色吧,你是不是也想去北京过一个春节呢？今天我们就跟随作家老舍先生一起到老北京过一个京味儿十足的春节,感受独特的民风民俗和魅力十足的年文化。(板书:1 北京的春节)

(二)初读课文,疏通字词

1.出示学习提示

(1)默读课文,注意读准字音,读通句子,在不了解的地方做记号。

(2)了解课文内容,想一想课文是按什么顺序写的。

2.学习生字新词

(1)你会读这些词语吗？

出示词语:

热情　自傲　饺子　万象更新　鞭炮　眨眼　通宵　间断　万不得已　截然　燃放　小贩　摆摊儿　彼此　贺年　骆驼　恰好　一律　彩绘　分外

通过预习,很多同学都注意到了多音字的读法:"间断"和"分外",我们把这两个词放进句子里读一读吧!

出示句子:

间断:老少男女都穿起新衣,门外贴好红红的对联,屋里贴好各色的年画,哪一家都灯火通宵,不许间断,鞭炮声日夜不绝。

分外:北京虽是城市,可是它也跟着农村一齐过年,而且过得分外热闹。

(2)请同学们观察这节课的生字,我们在书写时需要注意些什么？

预设:"醋"是酉字旁,千万不能忘写"酉"字里面的小横,醋是一种调味品,古时用酒作为发酵剂酿制食醋,所以从"酉"。

"摊"字是左右结构,要注意中间的"又"字写得窄而短,左右疏密均匀。

"燃"字是左右结构,不要写成上下结构,四点底不要写到火字旁的下方。

3.理解新词意思

万象更新:"万象"指宇宙间一切的景象。"更新"是指旧的去了,新的来到;除去旧的,换成新的。在这里指一切事物都是新的。

我们来关注文中的这句话:"他们必须预备过年吃的喝的用的一切,也必须赶快给孩子做新鞋新衣,好在新年时显出万象更新的气象。"这句话就告诉我们要在过年前准备好一切,为孩子准备新鞋新衣,在新年就能感受到一切事物都是新的。

4.读一读,体会"京味儿"。

(1)同学们,你们注意到了吗,课文中有很多这样的词语,读一读这些词,你有什么发现？

杂拌儿　零七八碎儿　摆摊儿　玩意儿　擦黑儿　闲在　"腊七腊八,冻死寒鸦"

预设:感觉很自然,像平时说话一样。

(2)老舍先生就是用平时的自然的充满京味儿的语言为我们呈现了年味儿十足的北京春节,我们一起来感受一下吧。

出示句子,指名朗读:

孩子们喜欢吃这些零七八碎儿,即使没有饺子吃,也必须买杂拌儿。

他们的第二件事是买爆竹,特别是男孩子们。恐怕第三件事是买玩意儿——风筝、空竹、口琴和年画。

腊月和正月,在农村正是大家最闲在的时候。

(3)这些都是地地道道的北京方言,老舍先生是地道的北京人。

5.提到老舍先生,大家并不陌生,请大家看作者简介。

(出示作家简介)

(三)默读填表,了解时间和风俗

1.出示学习提示:北京的春节是从哪一天开始,到哪一天结束？都写了哪些表示时间的词语？大家再次浏览课文,把表示时间的词语圈画出来吧。

预设:(1)课文开头写道"按照北京的老规矩,春节差不多从腊月的初旬就开始了",在最后一段又写了"春节在正月十九结束了"。可见北京的春节时间特别长,有一个多月。

(2)表示时间的词:腊八,腊月二十三,除夕,初一,初六,元宵节,正月十九。

追问:文中还有两处隐含的时间,你发现了吗？

预设:腊月初九到腊月二十二,腊月二十四到腊月二十九。

2.这篇课文是按照时间的顺序来写的,默读课文,找出春节里人们的活动,小组合作,完成后小组派代表汇报交流。

(四)品读体味,感受民俗

1.分清主次,了解详略。

《北京的春节》从腊月初八开始到正月十九结

束,在这一个多月的时间里作者详细写了哪几天呢?

预设:详细描写了腊八、腊月二十三、除夕、初一、元宵节这五个热闹的场景。(板书日期)

师:这几天最能表现北京独特的春节习俗,也是春节期间的几个小高潮,所以作者将这几天作为全文重点进行细致描写。我们在写作的时候也可以借鉴这种写法,把重点内容写得详细一些,使作文详略得当。

2.学习"腊八"部分。

过渡语:接下来就让我们来欣赏风俗,体味特色文化。

出示学习提示:深入默读课文的第1~2自然段,勾画出最能突出"腊八节"风俗特点的地方,想想作者是如何抓住重点,写出风俗特点的。结合自己过年的感受作批注。

学生默读、勾画,教师巡视。

(1)出示语句,指名朗读。说说课文写了腊八这一天的哪些习俗。

这种粥是用各种米,各种豆,与各种干果(杏仁、核桃仁、瓜子、荔枝肉、桂圆肉、莲子、花生米、葡萄干、菱角米⋯⋯)熬成的。这不是粥,而是小型的农业产品展览会。

到年底,蒜泡得色如翡翠,醋也有了些辣味,色味双美,使人忍不住要多吃几个饺子。

预设:熬腊八粥和泡腊八蒜。

(2)作者是如何详细描写腊八粥的。

①哪句话最能体现出作者的语言特色?

预设:这不是粥,而是小型的农业产品展览会。

②作者为什么要把粥比喻成小型的农业产品展览会呢?

预设:这种粥是用各种米,各种豆与各种干果(杏仁、核桃仁、瓜子、荔枝肉、桂圆肉、莲子、花生米、葡萄干、菱角米⋯⋯)熬成的。

③一碗小小的粥里放入了这么多丰富的食材,难怪老舍先生把粥比喻成了小型的农业产品展览会,这种特制的粥是用来祭祖祭神的,那么他们向神灵和祖先展览的是什么呢?

预设:农业产品展览会,展览了五谷丰登的喜悦,展览了劳动的收获,还展览了对未来的美好憧憬和向往,祈求来年的好年景。

④我们从中可以体会到作者语言的朴素和幽默,请大家有感情地把这一自然段读一读,在读中体会腊八粥不仅是一种食品,更是独具北京特色的一种文化。

(3)我们再来看一看作者是如何写腊八蒜的。

出示句子,指名朗读:

到年底,蒜泡得色如翡翠,醋也有了些辣味,色味双美,使人忍不住要多吃几个饺子。

预设:作者抓住了蒜的颜色和味道来写,真是色味双美呀!

师:大家可以看一看这色如翡翠的腊八蒜,晶莹中泛着光泽。蒜散发出诱人的味道,简直就是艺术品,让人忍不住要多吃几个饺子呢,北京春节有吃饺子的习俗,说是吃饺子象征着幸福团圆,吉祥如意。

(4)小结:这一部分内容,作者重点描绘了腊八这天喝腊八粥、泡腊八蒜的习俗,抓住腊八粥食材种类多,腊八蒜色如翡翠、色味双美的特点,使得腊八节的风俗特点更加突出,人们在这一天的喜悦心情也跃然纸上。(相机板书:抓住重点、写出特点)

(五)课堂总结,布置作业

1.同学们,本节课我们初步感受到了北京春节浓浓的年味,地道的民俗中蕴含着最丰富的传统,值得我们细细品味。

2.作业:(1)有感情地朗读课文,体会老舍先生"京味儿"语言的特点。

(2)和同学们、爸爸妈妈交流过春节的习俗。

【板书设计】

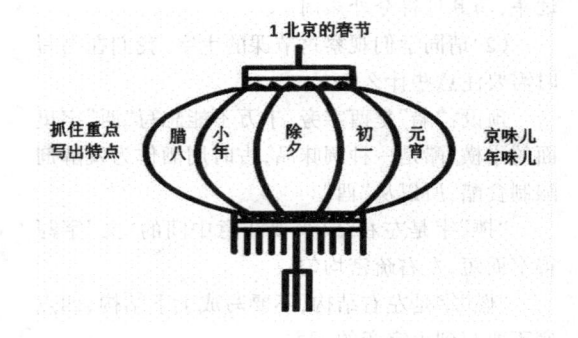

1 北京的春节

抓住重点 写出特点 — 腊八 小年 除夕 初一 元宵 — 京味儿 年味儿

【作业设计】

1.有感情地朗读课文,体会老舍先生"京味儿"语言的特点。

2.和同学们、爸爸妈妈交流过春节的习俗。

张羽,湖北省襄阳市高新区东风中学小学部教师。

《威尼斯的小艇》教学设计（第一课时）

◎周 琪

【学习任务群】

发展型学习任务群：实用性阅读与交流

【教材简析】

五下第七单元的人文主题是"世界各地：足下万里，移步换景，寰宇纷呈万花筒"，编排了《威尼斯的小艇》《牧场之国》《金字塔》三篇课文，分别描述了不同国家的风土人情。安排了《我是小小讲解员》口语交际和《中国的世界遗产文化》的习作板块。本单元的主要学习任务是"体会静态描写和动态描写的表达效果"和"搜集资料，介绍一个地方"。为此，从单元的课文编排和单元学习任务来看，符合发展型学习任务群中的实用性阅读与交流。实用性阅读与交流强调"实用性"，需要结合日常生活情境进行教学。为此，依据本单元的人文主题和学习任务可以设计"讲解员训练营"的主题开展阅读与探究活动，唤起学生日常的生活经验，从生活走向文本，再从文本走进生活，让讲解经验得到迁移与提升。五年级的学生，已具备较好的表达能力，能够根据关键词展开交流与表达，但对讲解员讲解的方式还不够了解，明白，仍需教师进行引导与学习。由于单元口语交际是学习讲解员，为此，可以将口语交际与单元的三篇课文融为一体，在教学阅读的过程中学习讲解员讲解的方式，提高学生对讲解员表达方式的语言运用能力，增强讲解员表达方式的准确性与规范性。

【教学目标】

1. 认识"尼""艘"等6个生字，通过字典解析读准多音字"哗"；会写"尼""艘"等15个字，借助图片来理解"船艄"等词语的意思。

2. 能借助课堂作业本题目的提示说出课文围绕小艇写了哪几个方面的内容，并体会静态描写与动态描写的表达效果。

3. 有感情地朗读课文，感受威尼斯别具一格的美景。

【教学重点】

能说出课文围绕小艇写了哪几个方面的内容，并体会静态描写与动态描写的表达效果。

【教学难点】

能说出课文围绕小艇写了哪几个方面的内容，并体会静态描写与动态描写的表达效果。

【教学过程】

课前谈话：

(1)同学们，你们知道讲解员吗？在哪儿会见到讲解员？

预设：博物馆、景点。

(2)最近国家教育部正在向全国中小学招募讲解员，为国家文物进行一次讲解比赛，我想肯定有孩子对讲解员感兴趣，正好本单元安排了关于旅游景点为主题的课文，我们可以先去欣赏位于欧洲南部的意大利威尼斯，然后感受荷兰牧场的辽阔，再去领略埃及金字塔的不可思议，今天，我们就以景点讲解员的身份练练手，开启我们的讲解员之旅，争夺优秀讲解员的荣誉证书吧！好，上课！

板块一：明确"讲解"任务，理清讲解提纲

一、视频导入，揭示课题

1. 视频导入：

(1)同学们，你们看，这就是威尼斯。（视频）

(2)看了视频，你感觉威尼斯怎么样？

预设：很美，是个水上城市。

2. 学习"艇"字

师总结：威尼斯是一个美丽祥和的水上城市，今天我们就跟随美国作家马克·吐温，走进他的《威尼斯的小艇》。相机教学"艇"。

二、初读课文，理清提纲

1. 初读课文

学习活动一：

（1）请同学们自由朗读课文，把课文读通，读顺，难读的词语多读几遍。

（2）思考：课文围绕小艇写了哪几方面内容？

2.字词检查

师：为了能够成为一名合格的讲解员，首先生字词要通关，会读准确，写正确。

第一组：威尼斯　保姆　祷告　雇员

第二组：船艄　船舱

①船头和船艄向上翘起，像挂在天边的新月。

②我们坐在船舱里，皮垫子软软的像沙发一般。

要点：第二组借助图片理解"船艄"和"船舱"。给"船艄"换一个词。

第三组：哗笑

要点：借助字典理解，强调多音字"哗"的读音。

师：恭喜你们，讲解员的首要素养我们基本通关。

3.理清提纲

课文围绕小艇写了哪几个方面？（完成课堂作业本第3题）

预设：小艇的特点；船夫的驾船技术；小艇与人们生活的密切关系。

板块二：借助关键词语，尝试"讲解"任务

一、学习小艇特点

学习小艇特点

（1）初读段落圈出特点：朗读第2自然段，想一想小艇有什么特点？

预设：外形特点（长窄深翘）；行驶特点（轻快灵活）。

（2）根据图片理解特点：通过同学们的概括，可以知道小艇有以下这些特点，根据特点的描述，你认为是下面哪一幅图？

威尼斯的小艇有二三十英尺长，又窄又宽，船头和船艄向上翘起，行动轻快灵活。

（3）对比阅读深化特点：这两段文字，哪个更好？

威尼斯的小艇有二三十英尺长，又窄又宽，船头和船艄向上翘起，行动轻快灵活。

威尼斯的小艇有二三十英尺长，又窄又宽，有点儿像独木舟，船头和船艄向上翘起，像挂在天边的新月；行动轻快灵活，仿佛田沟里的水蛇。

要点：是呀，大多数人没有真正见过威尼斯小艇，课文用人们熟悉的事物说明，可以形象生动地知道物体的样子。

二、认识动态描写

1.思考：威尼斯的小艇为什么要设计成这样？

预设：因为威尼斯河道纵横交错，并不宽阔，所以要设计的又窄又深；因为威尼斯河道纵横交错，船头船尾向上翘，不容易发生触碰；因为只有设计又长又窄，才能够在河道上穿梭自由。

2.创情境朗读：

因为威尼斯河道纵横交错并不宽阔，所以小艇有二三十英尺长——又窄又深，有点儿像独木舟。

因为威尼斯河道纵横交错并不宽阔，极易发生碰撞，所以小艇设计成——船头和船艄向上翘起，像挂在天边的新月。

因为威尼斯河道纵横交错并不宽阔，只有又长又窄，才能在河道上自由穿梭，所以小艇才——行动轻快灵活，仿佛田沟里的水蛇。

3.品读写法

（1）引导：当我们读到"船头和船艄向上翘起，像挂在天边的新月"时候，你仿佛可以看到什么？

预设：我可以看到小艇在岸边静静的停泊着。

当我们读到"行动轻快灵活，仿佛田沟里的水蛇"时候，你仿佛可以看到什么？

（2）总结：像这种通过文字能够感受到事物处于变化状态的描写，我们称为——动态描写。

三、讲解小艇特点

1.图文讲解：你能结合图片和关键字试着介绍小艇的特点吗？

2.关键字讲解：只提供关键字，你还会介绍吗？

板块三：落实讲解方法，学会迁移运用

一、学习船夫的驾驶技术

学生自主学习船夫的驾驶技术。

学习活动二：

（1）默读：3-4自然段，画出动态描写的句子。

（2）思考：你从哪里看出船夫的驾驶技术高超？

预设：操纵自如，快而稳。

1.创设情境朗读：

当行船的速度极快，来往的船只极多，他慌张吗？他总能——

当来往的船只极多，场面非常拥挤的时候，他害怕吗？他总能——

当场面非常拥挤，遇到狭窄的地方时，他惶恐吗？他总能——

2.了解船夫技术:此时此刻,你看到的是一个怎样的船夫?

二、讲解船夫驾驶技术

学生讲解船夫驾驶技术:

(1)结合讲解开头和结尾,抓关键词讲解。

大家好!我是____,欢迎大家来到意大利威尼斯,很高兴做你们的讲解员。今天,我想为大家介绍一下____。

我的讲解结束了,祝大家旅游开心,谢谢大家。

(2)总结讲解方法:我们在讲解的时候,讲解员的语言表达能力很重要,不仅要流畅,而且语速要适中,不能过快。

三、创写讲解词,完整讲解

学习活动三:

(1)小组任务:四人合作创编讲解词,包括开头、内容、结尾。

(2)要求:

①自由创编讲解词开头跟结尾。

②将已学的小艇的两个方面整合为讲解词的内容,可结合资料一起整合。

③组员互相练讲,评价,推一名代表上台讲解。

【板书】

18.威尼斯的小艇

静态描写

小艇特点　长窄深翘　轻快灵活　动态描写

船技高超　操纵自如　快而稳

密切联系

【作业单】

1.书写汉字"艇":写正确,写端正。

2.梳理文本:围绕小艇写了哪几个方面。

3.创写讲解词

参考资料:威尼斯位于欧洲,是意大利北部的一座古城。那里有401座姿态各异的桥梁横跨在117条水道上,连接着118个小岛,所以威尼斯也有"水城""百岛城"等美称。

参考词汇:首先　然后　接着　最后　愉快的旅行

【教学反思】

(围绕目标的落实,课标中对应学习任务群的要求,单元整组的视角,作业本的整合等方面进行)

本堂课学生在教师的引导下,较好地落实本节的学习目标。学习目标的落实得益于是教学环节紧紧依据新课标的实用性阅读与交流任务群展开教学。

首先,紧扣实用性阅读与交流的"实用性"特点,设计"讲解员训练营"的主题展开学习与探究。其次,将文本、口语交际、写作融为一体,创设"讲解员之旅"的情境,学生在情境中开启对《威尼斯的小艇》的学习,依据课后习题"说说课文围绕小艇写了哪几方面的内容"和课堂作业本的第三题,引导学生自主梳理文本,理清讲解提纲。接着,在教师的帮扶下学习小艇特点这一方面,设计图文理解、对比阅读等不同层次的教学活动落实威尼斯小艇"长窄深翘,轻快灵活"的特点,运用朗读的方式感受动态描写这一表达效果。此外,引导学生抓住"长窄深翘"和"轻快灵活"初步让学生讲解小艇的特点。对于另一方面"船夫的驾驶技术",就着手让学生自主学习寻找船夫船技高超的关键词,同样采用情境朗读的方式感受船夫的技术高超。于是,再次引导学生用自己的话讲解船夫的驾驶技术,此次讲解结合教师提供的讲解词开头和结尾展开解说。在教学的最后环节,通过小组四人合作,将本堂课所学的两个方面,以及自主创编讲解词的开头和结尾整合讲解词,并推荐小组成员上台讲解,其他成员根据评价表进行点评。

本堂课仍有不足之处,一是文本的朗读还不够,倘若学生多次朗读本文,可讲解的更好。二是对动态描写的表达效果落实的不到位,如何让学生理解动态描写,并学会表达这一要素还有待思考。三是最后讲解词整合这一环节,其实引导还不够到位,还需要借用例子引导学生运用关联词或过渡句将文本内容和开头结尾有效整合在一起。

从单元整组视角来看,训练"讲解员"一节课还是不够的。《威尼斯的小艇》的第二课时,《牧场之国》以及《金字塔》都可以展开训练,从而正真将讲解员这一特殊的表达方式落实到位。

周琪,浙江省温州市洞头区城关小学教师。

统编六年级上册第五单元习作整体设计案例

◎李天然

【创设习作情境】

同学们，语言文字是文化传承的载体，是国家繁荣发展的根基，表达和传递着一个国家文化的魅力、一个民族的凝聚力。每年年底国家语言资源监测与研究中心都会进行汉语盘点，揭晓当年年度字词、流行语和新词语，用一个字、一个词描述那一年的中国与世界。如今，又是一年年末，我校公众号将推出"我的年度汉字"专栏，通过美文描述这一年的你，描述这一年中你难忘的事件，用语言记录生活，描述你视野下的中国社会变迁和世界万象，欢迎大家踊跃投稿。

为了帮助同学们更好地总结、表达自己的中心思想，结合六年级上册第五单元的学习内容，本班将开展一次"一个字总结一年——20××我的年度盘点"实践活动，在学习的过程中体会汉字的魅力，学习如何表达中心意思，以及如何围绕中心，从不同方面或选取不同事例选择材料，完成一篇文章。

【布置准备任务】

（一）"从不同方面选取不同事例表达中心意思"对于六年级的学生来说，你觉得哪里比较难掌握？

明确：文章的中心意思不明确或无法确立中心；我不会围绕中心恰当选材，不能由中心思想去选择恰当的材料。

（二）"围绕中心意思写"是本单元习作的重点，学完后想一想你从课文和习作例文学到了什么？

《夏天里的成长》：

《盼》：围绕中心选择事例的基础上，怎样将重要部分写得具体生动。

《爸爸的计划》：

《小站》：

【习作思路指导】

围绕中心意思写，选择一个你感受最深的汉字写一篇习作，可以从课本中给出的字里选，也可以选择其他的字。可以写生活中发生过的事，也可以写想象故事。想清楚自己要表达的中心意思。

写的时候注意以下几点：

◇写之前可以列个提纲，看看选择的材料是不是能表达中心意思。

◇围绕中心意思，从不同方面选择不同事例来写。如，写"盼"可以按照时间顺序写"我"的心理活动、语言描写。

写好以后读一读，看看是不是根据你选择的字围绕中心意思写的，对不满意的地方进行修改。请同学读读，看看他能不能体会到你写的中心意思。

（一）第一步　解析习作题目

本次习作为自主命题，需要先确定文章的中心意思。根据文章的中心意思确定题目，可以以文章的中心为题，也可以以文章的主要人物、事件等作为题目。选题目：某个汉字或词语，如：忙、爱、寻、变等，选与这个汉字、词有关且生活中发生的故事。由题目确定中心意思，如《变》，可反映的中心意思是：在这个新时代，农村的面貌发生了巨大的变化。由事情中主人公的品质确定中心意思。

（二）第二步　解析习作要求

1.从课本上出示的汉字中，选择一个感受最深的汉字写一篇习作。首先根据汉字的文化内涵确定自己要写的中心意思。如"盼"的本义指眼珠黑白分明，后引申出黑眼珠、顾看、看重等义。

2.根据中心意思，先列提纲，确定出自己选择的事例或哪几个方面。选择事例：从几个方面表达中心，正侧面描写结合。文章有条理：先写什么，再写什么，最后写什么。写生动：选用拟人、比喻、排比等修辞手法。

如：

课文	中心意思	事例
《夏天里的成长》	夏天是万物生长的季节	动植物的成长 山河大地的成长 人的成长
《盼》	盼	有了雨衣后"盼"下雨 下起雨来"盼"外出 没法出门"盼"雨停 "盼"来雨天愉快出门

3.写典型的，不写一般的。围绕中心意思要选用最有代表性、最能反映事物本质的材料，也就是人们常说的典型材料。这样的材料最有说服力和表现力。选取事情发展中最精彩的片段来反映事物本质，舍去一般性片段，选取人物最突出的事迹、最典型的经历都可以使文章精彩充实。

4.写新颖生动的，不写陈腐呆板的。要选用新颖的、有特点的材料。我们在写作中，要力求在选材时多下功夫，做到别人说过的话，我不原样地说；别人用过的材料，我不照搬来用。这样才能避免一般化，使人耳目一新。选取生活中的新人新事新面貌，五彩缤纷的"闪光点"，人物的独特经历。材料不落俗套，才能使读者赏心悦目，增强文章的表现力和感染力。值得注意的是，新素材并不都是大事和新鲜事。平常小事，熟人熟事，往往含有新意，等着你去发现，这就看你有没有敏锐的观察力了。

（三）第三步 列出习作提纲

链接习作例文《爸爸的计划》

思考：你要写一篇文章《爸爸的计划》，你会选择哪些材料作为重点详细写爸爸的计划（把重点要写的部分用 * 标出来）？

《爸爸的计划》提纲：_____

_____

以"甜"为中心意思，这里的"甜"应该取"甜蜜幸福"之意。

爷爷为我做的排骨米饭。

妈妈给我买来好看的衣服。

我生病了，爸爸在医院守着我，给我讲故事。

（四）第四步 巧用习作方法

1.重要部分写具体

对人物的神态、语言、动作和心理活动等进行描写。还可以调动五官法，通过看、闻、听、摸、尝等感受。比如课文《盼》一文，作者紧扣"盼"字，具体描写了自己放学后好不容易等到了雨兴冲冲跑回了家，想借买酱油的机会穿上新买的雨衣……这些形象生动的描写，让读者对作者盼雨的心情感同身受。

2.正面描写和侧面描写相结合

正面描写是把镜头直接对准描写对象；侧面描写是写对象的周围事物，如物品、场景、别人说的话等，使所描写的对象特点更为鲜明、突出。

如：妈妈一声喊"蕾蕾，你疯啦？嫌身上没长痱子吗？"（用妈妈的话侧面烘托出我拿到和穿上雨衣后的兴奋）

如：路边的小杨树忽然沙啦啦地喧闹起来，就像在嘻嘻地笑。还用问，这是起了风。一会儿，几朵厚墩墩的云飘游过来，把太阳也盖住了。（用活泼的词语描写周围环境，可见她期待下雨）

（五）第五步 选用恰当素材 练习片段仿写

请根据给出的中心意思，思考可以选择哪些不同事例或不同方面的材料，从下面的题目中至少选择一个来试着写一写。

闲不住的奶奶	1. 2. 3.
欢声笑语满校园	1. 2. 3.
那些温暖的时光	1. 2. 3.
好斗的公鸡	1. 2. 3.
弟弟变了	1. 2. 3.
忙碌的早晨	1. 2. 3.

围绕中心意思，把一个重点部分写详细：

附：好词好句

开头：

1.开门见山式：在我国千千万万的汉字里，每个字都有自己的深远含义，在我的人生字典里"暖"字带给我的感触最为深刻。

2.引入式（古诗词、名人名言）："一日之际在于晨"早晨的时间是宝贵的也是忙碌的。瞧，这不，我们家忙起来了！

3.环境描写式(回忆式):天空依旧蔚蓝,微风依旧暖暖,望着小女孩那甜甜的棒棒糖,眼前依稀出现那个早秋的清晨,轻抚我脸庞的风,空气中弥漫着桂花的甜。

结尾

1.总结式:许多年过去了,但它仍耀眼,仍是最亮的一颗珍珠,永远闪烁在我的记忆天空。

2.首尾呼应式 照应开头:繁花似锦的童年悄然度过,转眼间就要迎来充满活力的青春岁月了,在我成长的过程中,有很多让我感到温暖的事……

3.两段式结尾(总结全文,升华主题(抒情)):暖就在……暖就在……暖就在……+抒情

时光如梭,光阴似箭,虽然那段经历已在时间的长河里沉入我的心底。但它如同一杯历久弥新的美酒,时时散发出芳香,并在我心底永存。

(六)第六步 评价修改完善

评价指标:

习作内容	统编教材六上·第五单元		
习作主题	围绕中心意思写(属于叙事类作文)		
习作要求	每个汉字都有着丰富的文化内涵。可以写生活中发生过的事情,也可以写想象故事。想清楚自己要表达的中心意思,注意围绕中心意思,从不同的方面或选择不同的事例来写。写之前可以拟一个提纲,看看选的材料是不是能够表达中心意思。		
评价内容	习作评价细则	自评	师评
选材: 写什么	1.选材积极向上,符合生活实际。		
	2.可以用你选的字作为题目,也可以另外拟一个题目。		
	3.可以写生活中发生过的事情,也可以写想象故事。		
	4.注意围绕中心意思从不同的方面选择不同的事例来写。		
组材: 怎么写	1.开头和结尾要讲究方法。		
	2.作文有 3-7 个自然段最佳。本文共____自然段。		
	3.结构完整,能按一定的顺序表达。 本文写作的顺序为:		
	4.从不同的方面或选择不同的事例来写。 本文选择了____个方面(或事例)。(可以拟提纲)		
	5.故事要围绕自己要表达的中心意思。		
	6.读者能体会到你写的中心意思。重点部分写清楚、详细;其他部分写简略; 本文详写了_____,略写了_____。		
语言: 写得怎么样	1.用词准确,语句通顺连贯。		
	2.写的想象故事符合生活实际,情节尽可能吸引人。		
	3.使用恰当的描写方法,如:环境描写、人物描写等方法。		
	4.紧扣"围绕中心意思选材"这个要点来写。用正确的修改符号修改习作。		
创意: 有新鲜感	选材给人耳目一新的感觉。想象丰富,所选的材料能够表达中心意思。本文的创意点是:_____。		
其他	1.作文不少于450字。		
	2.尽量不写错别字。		
	3.正确使用和书写标点符号。		
	4.字体工整、美观,不涂改或少涂改。		
总评			

李天然,北京教育学院附属大兴实验小学教师。

人物传记类文言文人物形象题型教案

◎ 陈嘉欢

【教学目标】

1.了解历年高考人物传记类文言文中人物形象题型及其变化。

2.掌握人物短评的写作要求,运用叙议结合的方式表达对人物的认识和评价。

3.感受历史人物的风采,继承和弘扬中华优秀传统文化。

【教学过程】

(一)明确人物形象题型第一层要求:概述"是这样"

例1【2016年秋考:《羊祜传》】依据第2、3两段中的相关事迹,概括羊祜的主要品质。

例2【2017年秋考:《李大亮传》】第2段"劝降敌人"和"遣散奴婢"两件事反映了李大亮____特点。

例3【2018年秋考:《周鼎传》】根据第3段中周鼎"驳拒谬文"和"搜得佳作",概括出人物形象特点。

(二)明确人物形象题型第二层要求:分析"为什么是这样"

例4【2020江苏卷:《外大母赵太夫人行状》】赵太夫人平居言语中的"识大义"体现在哪些方面?

例5【2021年秋考:《吴仅传》】吴仅的仕途经历与他"廉悍"的特点紧密相关,请联系第②段和第⑤段对此进行分析。

例6【2022年秋考:《韩亿传》】文末评价韩公"坚正"这一品格在第③、⑤段中也有体现,但内涵同中有异,请加以分析。

(三)明确人物形象题型第三层要求:评价"这样好不好及原因"

例7【2023年春考:《董三齐传》】人物短评通常采用叙议结合的方式,来表达自己对人物的评价。请结合全文,围绕董三齐坚守原则这一品质,为其写一则人物短评。

1.回到教材中去,明确短评采用叙议结合的表达方式

【必修上·第三单元·写作任务】写文学短评主要运用叙议结合的方式,要在适当复述、介绍或者引用作品内容的基础上,展开分析和评论。"叙"要精当,为"议"提供支撑或依据;"议"要紧密结合"叙",思路清晰,态度鲜明,最好有自己独到的见解。

2.回到教材中去,明确人物短评的学习任务

【选必中·第三单元·单元研习任务】司马迁写《屈原列传》,在叙事中穿插议论,并在文末以"太史公曰"点题,直接发表对人物的看法和评价。借鉴这种写法,揣摩《苏武传》中班固对苏武的认识和评价,尝试以班固的视角,写一则人物短评。

《屈原列传》篇中夹叙夹议,篇末寄寓司马迁对屈原非常复杂的情感。《苏武传》中没有直接发表观点和评价,但从情节的安排、材料的剪裁,足以看出班固对苏武的敬佩之情和赞扬之意。

3.展示学生作业和班固对苏武的评价示例,总结人物短评的写作要求:叙议结合 = 叙 + 析 + 评

【学生作业示例】余少时,家父谈及武使匈奴事,每语余当效此心,报君上之恩。初不以为意。及长,道军赴大漠绝域,穷览其山川,方体其艰苦。(联系自己的体验)武处北海,廪食不至,至掘野鼠去草实而食之,何其苦也?(叙述典型的事件)然人情饥困可忍,冻馁可承,利刃加身亦可受,而兄弟父母渐次遭厄,法令之无常,臣下之寒凉,实不可忍,而武皆忍之。(分析:逐步揭示人物特点)盖武以为蒙君禄,愿杀身自效,虽蒙斧钺汤镬,亦甘乐之。此心可悯。(评价)

4.明确评价要求:客观公正、辩证全面、有理有据

例8【2022年徐汇区二模:《王安石传》】依据文本提供的信息,第④段苏洵的论断(是不近人情者,鲜不为大奸慝)能成立吗?请对此加以评析。

(四)总结人物形象题型

概述"是这样"、分析"为什么是这样"、评价"这样好不好及原因"。

【作业】

1.【2022年上海市静安区二模】结合全文,围绕冯少墟先生刚正不阿的性格特点,写一则人物短评。

2.结合《屈原列传》和《离骚》(节选),选择屈原身上让你感触最深的形象特点,写一则人物短评。

陈嘉欢,上海市风华中学教师。

《关注变化，精准备考》高考复习方案

◎ 班玉兰

"荷风送香气，竹露滴清响。"人间最美五月天，决战高考在眼前。总结语文备考技巧，备战高考事半功倍。我主要针对新高考Ⅰ卷进行分析，关注高考语文命题变化，注重教考衔接，精准备战高考。

一、精确分析新高考Ⅰ卷，精准备考

2023年高考语文全国卷试题统筹设计，精心选材，以文育人，以文化人，润物无声，春风化雨。通过三个方面，呈现试题特点。第一，着眼全局、立足大局，在语言情境中培根铸魂。第二，应对变局、提升格局，在思维考查中启智增慧。第三，平稳布局、开拓新局，在考教衔接中以考促教。精确分析新高考Ⅰ卷，在新课程推进过程中，高考命题和统编教材协同发挥语文学科独特的育人功能。高考命题增强了学生的自主选择性，注重教考衔接。比较典型的是现代文阅读Ⅱ的试题，要求学生写短评思路。落实服务双减理念：夯实基础，教考衔接。考卷服务"双减"，夯实新时代青年全面发展的教育之基。

2023年高考是"双减"政策发布之后的第二次高考，命题在教考衔接上精耕细作，充分释放服务"双减"改革的鲜明信号。试题强调深化基础，严格依据课标，着意关联教材，创新试题形式；引导教学依据课标授课、提升课堂质量，引导学生减少"机械刷题"、提高能力素养，强化学校教育主阵地作用，为学生德智体美劳全面发展营造良好生态环境。

依标考查，引导教学应教尽教。实用类文本阅读使用了多个材料的组合，试题的设置符合"能比较、概括多个文本的信息发，现其内容、观点、情感、材料组织与使用方面的异同"等课标要求。关联教材，提升课堂质量效率。

二、解析高考真题，探究做题方法

针对高考现代文阅读的选材分析，选取赫克托·麦克唐纳的代表作《后真相时代》，其语料关联高中语文必修下册第四单元"信息时代的语文生活"中"辨识媒介信息"等相关内容。截取部分讲述西方媒体在关于拉美地区藜麦生产和消费的报道中大量使用"竞争性真相"，使读者产生误会甚至引发了一场良心危机。本篇信息类文本阅读通过这一事例引导考生深入思考信息时代理性分析和审慎判断的重要性，提醒考生在面对热点事件时应走出情绪判断的误区，明辨深思，多角度、多层次地看待问题。

三、深入研究教材，突破逻辑思维

首先，我们必须回归教材，要认真研读教材，注意教材单元学习指导。高三的同学更要有文体的意识，在复习的过程中认识各种不同文体的特点，并转化为对文体的深刻理解。建议在之后的实用类文本教学中要加强对课内经典文章的理解，根据课后的学习提示切分学习任务，与此同时，要多关注课内活动单元，《乡土中国》整本书阅读""《红楼梦》整本书阅读""信息时代的语文生活""家乡文化生活""词语积累与词语解释""逻辑的力量"，教师要提供学生一些拓展阅读材料，让学生能更深入地看待类似的问题。

其次，要掌握阅读规律，理解文本。现代文阅读、文本阅读上，我们必须先弄明白文本的论述对象，再解读文本的写作思路，按照我们平时复习指导，这篇文本基本没有难度。对于段落，要注意以句末点号为单位划分层次，弄清观点句、材料句、分析句、结论句，梳理文章结构。

最后,教考衔接,分析考情。2023年新课标Ⅰ卷的文学类文本阅读,基本遵循了考教结合、呼应教材的原则。考题旨在积极引导教学注重提升课堂质量,强调对考生能力素养的考查。

通过对近三年的高考试题分析发现,信息识别与加工、逻辑推理与论证、语言组织与表达、独立思考与质疑(提出问题、开放作答、合理论证)、批判性思维等关键能力已经成为高考考查的重点。除了上述关键能力的考查要求,近年来的高考文科试题中大量出现的识别隐含前提、开放式设问、合理论证、寻求证据、有效推理与论证/证据评估等。从2023年新高考Ⅰ的题型、分值变化来看,现代文阅读更倾向于对文本内容的理解而非技巧的把握,有效消除了考题的套路化。例如:第9题考的是必修上第三单元中"学写文学短评"的学习任务,考点回归课本,同时,侧重于考察学生对文本内容的理解。

四、总结试卷特点,明晰答题方向

弘扬劳动精神,育人育心。试题强调劳动教育与德育、智育、体育、美育的融合,引导考生尊重普通劳动者、牢固树立正确的劳动观念。如新高考Ⅰ卷文学类文本阅读材料《给儿子》中写道,年轻人经受劳动的洗礼,不仅能增强体质,"肩上的肌肉会在扁担下鼓起",还能感悟到一些根本和永恒的道理。

衔接统编教材,推进课堂改革。关联统编教材中的学习任务,如新课标Ⅰ卷文学类文本阅读中写作品短评思路的试题,指向统编语文教材中"学写文学短评"的学习任务;关联统编教材中的基础知识,如文言文阅读的词义理解试题衔接教材内容;例如10题,新的文言文断句可防止考生利用技巧作答。11题,"不可以不劝爱人"中的"劝"是"鼓励、劝勉"的意思,和文中的"劝"词义相同,链接必修上册教材《劝学》。

平稳布局、开拓新局,在考教衔接中以考促教。语文核心素养是学生在积极的语言实践活动中积累与构建起来,并在真实的语言运用情境中表现出来的语言能力及其品质。试题从阅读与鉴赏、表达与交流、梳理与探究等方面,考查考生语言积累、梳理与迁移运用能力。例如:语言文字运用,以日常生活中记忆与遗忘为主题,考察补写语句,使整段文字语意完整连贯,内容贴切,逻辑严密。另外,试题的形式和考点各不相同,除传统的病句、成语、补写之外,还考查了叠词、标点、句式含义、表达效果等。

厚植家国情怀,增强自信。例如23题写作。"好的故事,可以帮我们更好地表达和沟通,可以触动心灵、启迪智慧;好的故事,可以改变一个人的命运,可以展现一个民族的形象……故事是有力量的。"以上材料引发了你怎样的联想和思考?请写一篇文章。试题引导考生树立正确的历史观、民族观、国家观,增强爱国情怀和民族自信。新课标Ⅰ卷写作试题"故事的力量",引导考生思考故事这一载体中蕴含的事实、形象、情感、道理,以及讲好故事的重要意义。什么是好故事、讲好什么故事、如何讲好故事,都是好的写作角度。考生可以写故事带给自己的启发,也可以探讨如何向世界讲好中国故事。

联系教材,林觉民的《与妻书》,就是一则具有感召力的好故事。国难当头,他勇于担当,将个人命运与社会、民族发展的命运结合起来。少年毛泽东"指点江山,激扬文字"的远大志向,引导和启迪我们青春应该是什么色彩?扬帆奋进,勇往直前。袁隆平的"禾下乘凉梦",脚踏实地,躬耕陇亩,喜看稻菽千重浪。张秉贵"心有一团火,温暖众人心"。钟扬把他53岁的人生长度,镌刻了无限的生命厚度。"钟"情逐梦选择,传"扬"奉献精神,那蕴含着力量的萌芽努力生长,开花结果。李白的风骨呈现盛唐的繁华、杜甫的沉郁顿挫蕴含着家国情怀。魏征劝说唐太宗的说理智慧,王安石决心变法的雄韬伟略。这些都是好故事的蓝本,联系教材,丰富学生的写作素材。

高考语文试题为党育人,为国选才,引导广大青少年树立坚定的理想信念,夯实知识基础,提高能力素养,成为社会主义现代化建设中可堪大用、能担重任的栋梁之才!

关注高考语文命题变化,注重教考衔接,精准备战高考。"教"以共进,"研"以致远。"教而不研则浅,研而不教则空"。我将秉承"一分耕耘,一分收获"之信念,砥砺深耕,踔厉奋发,勇毅前行!

班玉兰,山东省德州市武城二中教师。

《得道多助，失道寡助》教学设计

◎曹海燕

【教学目标】

1.整体感知课文大意，积累"委、以、畔"等文言字词，掌握常见的文言句式。

2.把握作者的观点，理解作者的思路。

3.感受作者说理雄辩、严密的语言特色。

4.领悟"得道多助，失道寡助"中"道"的内涵，并由此扩展到对中国传统文化中"道"的理解，思考学习之"道"。

【教学重点】

1.积累文言字词、句式。

2.把握作者观点，理解文章思路。

【教学难点】

1.品味赏析作者的语言特色，学习其雄辩严密的说理方法。

2.感悟传统文化中的治国之"道"，思考学习之"道"。

【教学方法】

诵读法、讲授法、合作探究法

【课时安排】1课时

【教学过程】

一、导入

同学们，我们已经学习了《孟子》三章中的《富贵不能淫》和《生于忧患，死于安乐》，对于孟子的主张与作品特点有了初步的了解。孟子主张——施行"仁政"，首次提出"民贵君轻"，他的文章以雄辩著称，善用排比，气势磅礴，逻辑严密。语言晓畅，词锋犀利，感情充沛。接下来请看课件，我们一起来完成关于文学常识的填空题。看来大家掌握得还不错，现在，我们一起学习《得道多助，失道寡助》。

解题："得道多助，失道寡助"，"道"文中指"仁政"，"得道"即施行"仁政"，"寡"是"少"。

二、学习新课

活动一：有味地朗读

1.听读课文，把握字音、节奏和重音。

2.初读课文，读准字音、读出节奏和重音。

3.读懂大意——生结合课下注释，疏通文义。生提出疑难字词句，师生共同解决。积累文言字词。

4.读明观点——天时不如地利，地利不如人和（中心论点）

得道者多助，失道者寡助（结论）

君子有不战，战必胜（总结）

思考：战争中的三要素是什么？它们之间的关系如何？

明确：天时、地利、人和。人和最重要。

（过渡）师：为什么"人和"最重要呢？作者是按照怎样的思路完成自己的论述的？下面我们一起探讨孟子是如何阐述自己的观点的。

活动二：有味地欣赏

1.欣赏句式之美

《孟子》文章以雄辩著称，有很强的说服力，气势非凡。请结合文句，从句式或修辞的角度做具体分析。

明确：如"天时不如地利，地利不如人和"使用（顶真的修辞）对举的句式，强调"人和"在战争中的重要性；"城非不高也"以下四个并列的双重否定句构成排比，极力铺陈守方所具备的"地利"条件，却"委而去之"，突出"人和"的重要性。对举、排比句式节奏感强，增强了语言的气势，使文章气势磅礴，富有说服力和感染力。

（过渡）仅仅用整齐的句式和修辞，还不足以体现作者的雄辩，更重要的是清晰的思路和严密的逻辑。接下来，我们一起欣赏本文的思维之美。

2.欣赏思维之美

我们解几何题,证明要有依据。想要证明一道几何题,要借助什么?(生:各种定理、公式)假如我们把标题"得道多助,失道寡助"看作一个结论,大家试着用解几何题的方式来分析孟子是如何一步步证明这个结论的呢?

明确:观点——天时不如地利,地利不如人和。即天时＜地利＜人和。为了证明这个观点,作者首先以战争为例从正面来证明"人和"的重要性:(1)以攻城败为例证明"天时不如地利";(2)以守城败为例证明"地利不如人和"。接着作者又用一组层层递进的排比句"域民""固国""威天下"从反面来证明治国平天下需要"人和"。然后顺理成章得出"得道者多助,失道者寡助"的结论。所谓的"得道"即"行仁政","得道"才能得"人和",才能"多助"。

师:有理有据,同学们的分析思路清晰也很有说服力,这得益于孟子逻辑严密的说理。到这里结论已经出来了,孟子为什么还要继续说呢?还有必要再说下去吗?

明确:由"得道者多助,失道者寡助"这个结论进一步推理,帮助君主认识到"得道"的好处不仅在于能得到很多人的帮助,更重要的是在于能让"天下顺之"。即便发生战争,行仁政的君主也是必然胜利。这样就更进一步强化了"人和"的重要性。所以孟子继续阐述是有必要的。

小结:作者先提出"天时不如地利,地利不如人和"的观点,由这一观点展开论述,并得出"得道多助,失道寡助"的结论。作者层层深入,有理有据,紧扣"人和"这一中心,环环相扣,逐层推理,思路清晰,显示出极其严密的论证艺术和极强的逻辑性。这和我们解证明题是相似的。我们在讲述某个观点或道理时,也要努力学习孟子的这种严密的说理艺术。

3.欣赏构思之美

(过渡)师:通过前面的学习,我们知道孟子是主张"仁政""王道"的思想家,他一向是反对战争的。那他为什么要以战争为例来阐述"天时不如地利,地利不如人和"的观点呢?

明确:结合当时的时代背景,可知战国时代战乱频繁,各君主都想通过战争去扩张领土,扩大势力范围,都想成为霸主。在那样的大环境下,直接宣扬"仁政""王道",劝君主"以民为贵",君主往往是不感兴趣也听不进去的。孟子为了让君主对自己的话题感兴趣,巧妙地以战争为例进行说理。用战争作比,强调"人和"的重要性,再谈施仁政,容易让君主接受,更有利于宣传行"仁政"的主张。由此可见,孟子构思的巧妙,以及他善于根据对象随机应变的辩才。这正是孟子说理艺术的魅力。孟子长于譬喻,善用形象化的事物与语言,说明复杂的道理。学习本文,我们可以学到,根据对象的特点来选择事例,恰当地使用比喻,能更好地说服对方。

活动三:有味地背诵

借助减字背诵法,尝试背诵全文。

背诵方法指导:把握重点字词、抓住句式特点、把握思路和内容层次。

三、拓展延伸

孟子在当时的社会背景下提出"仁政""王道"的主张,最早提出"民贵君轻"的思想,是有很先进的历史意义的。直到今天,他的这一思想仍然是值得借鉴的。这是他对治国规律的总结与提炼,也是符合自然之道的。掌握规律,顺应规律去治国,才能更好地保持国家的长治久安。治国有道,学习亦有道。我们的学习想要取得长久的进步,有哪些"道"值得我们去遵循呢?大家联系学习过程中成功或失败的得失,说一说你对学习之道的感悟。

明确:学习要勤,要恒,学习要讲究方法,要"温故而知新",要"学而实习之"要"学以致用"……

四、课堂小结

本文通过对天时、地利、人和三个条件的比较,阐述了"人和"对战争胜利的决定性作用,得出了"得道多助,失道寡助"的论断,阐明了施行"仁政"的重要性。学习本文,我们感受到孟子高超的论辩艺术和传统文化中的智慧,希望大家多读经典,学以致用,更好地传承中华民族的传统文化。

五、布置作业

1.(必做)整理文中出现的通假、一词多义、古今异义、活用的字词,写在积累本上。并从文中选四个你认为大家易错的字词、一个难译的句子,设计习题,并制好答案,考一考同学。

2.(选做)查找资料,找一两个事例来证明"得道多助,失道寡助"。

曹海燕,安徽省淮南市山南十中教师。

人教版必修三第一单元教学设计

◎陈晨芫

【单元学习目标】

学习这个单元,应着重鉴赏人物形象,注意情节、环境与人物的关系。

1.了解小说的基本要素——人物、情节、环境,其中情节和环境是为塑造人物服务的。

2.品味小说语言,注意把握叙述语言和人物语言的不同特点,体会人物语言对人物形象塑造的作用。

学会运用知人论世,分析在人物与社会环境共生、互动的关系中认识人物性格的形成和发展的原因,挖掘小说主题,认识小说的社会批判性功能。

通过分析小说中多种艺术手法和创作意图,品味小说在形象、情节、语言等方面的独特魅力。通过阅读不同类型的小说,丰富人生体验,提升对社会的观察、分析、判断的能力,激发想象,培养高尚的审美情趣;学习并借鉴小说技法,尝试进行小小说的写作。

【前置学习任务】

1.阅读《小说基础知识》,做好勾画和相关知识的积累。

2.自主阅读小说单元补充资料(一)(二)上的文章,在相应位置做好对文章思考的批注。

3.在自主阅读独立思考的基础上,以小组的形式分篇目对文章提出自己的阅读困惑或者质疑,并将问题写在问题单上。

【教学过程】

学习任务一:自主探究

学习目标:根据预习过程中所产生的问题,分类分小组进行讨论,形成对小说阅读技巧的初步认识,对小说阅读有初步的深度理解。

导入:鲁迅在《〈呐喊〉自序》中写道"我在年青时候也曾经做过许多梦,后来大半忘却了,但自己也并不以为可惜。所谓回忆者,虽说可以使人欢欣,有时也不免使人寂寞,使精神的丝缕还牵着已逝的寂寞的时光,又有什么意味呢,而我偏苦于不能全忘却,这不能全忘的一部分,到现在便成了《呐喊》的来由。"所以小说是一个体现梦的地方,今天就让我们一起走进鲁迅的小说世界,从他的"梦"来探析他的内心。

教学活动一:根据全班各个小组反馈的问题,每个小组将所有问题以小说三要素进行分类归纳,并以小组合作的形式选取不同类型的共计五个问题进行问题探究,最后以小组为单位展示。

教师活动及反思:在预习的基础上,学生生成对所选文本的所有问题,教师对学生的问题进行一定的整理排序编号后,学生按照小说三要素进行分类并选却自己小组所要讨论和展示的问题。

学习任务二:析人物

学习目标:在完成独立阅读,小组合作分析展示问题的基础上,通过自行设置对比表格,梳理人物形象,掌握人物写作手法。

教学活动一:在独立阅读并分析文本的基础上,以小组合作的形式自行设计表格,总结出《孔乙己》《药》《故乡》《祝福》四篇文章的主次人物形象特点并概括出这些人物形象上的异同。

教学活动二:请先独立梳理出《孔乙己》《药》《故乡》《祝福》四篇文章的叙述视角,再以小组合作的形式讨论这些叙述视角对文本表达的作用。

教师活动及反思:教师引导学生给人物形象去标签化。

学习任务三:探主题

学习目标:利用小说三要素的分类讨论结果,在互动的关系中认识人物性格的形成和发展的原因,挖掘小说主题,认识小说的社会批判性功能。

教学活动一:白日追凶

1-2个学生扮演祥林嫂,对法官控诉杀死自己的凶手,剩余同学分成大组对自己所选取的人物进行无罪辩护。

明确:

1.祥林嫂封建思想的卫道者、殉道者、受害者 精神虐杀

2.阶级成员之间的隔膜:

地主——劳动人民　知识分子——劳动人民　知识分子——地主　劳动人民——劳动人民　祥林嫂从人——鬼吃人、吞噬的过程。

人性的丰富与复杂——情节的发展——思想的冲击看客。

教师活动及反思:教师在活动中根据学生的辩护进行适当的引导和辩驳。

教学活动二:梳理上面各部分的展示结果,以小组合作的形式探讨《药》《祝福》《铸剑》三篇小说的主题。

明确:

人间呐喊地狱彷徨

不在沉默中爆发,就在沉默中灭亡!

补充:

1926年10月作《眉间尺》,1927年4至5月发表在《莽原》第二卷第八、九期;1932年收入《自选集》时改名为《铸剑》。

鲁迅在写给日本朋友的信中谈到《铸剑》,特意提醒说:"要注意的,是那里面的歌,意思都不明显,因为是奇怪的人和头颅唱出来的歌,我们这种普通人是难以理解的。"

"时日曷丧,予以汝偕亡"的不妥协精神。

《铸剑》中所批判的伦理确实是一种奴性的伦理……

鲁迅的"牺牲观"集中体现了他的"生命价值高于一切"的人生价值观。鲁迅认为人即是生物"第一要紧的自然是生命"。

"这牺牲的是属于自己的"与一切合乎圣道的"取义"与以泯灭个人灵魂为前提的"舍生"之道根本对立。

阅读小说技巧(列表加讲解)。

教师活动及反思:一种孤独的、坚持前行的复仇"群众———尤其是中国的———永远是戏剧的看客"鲁迅《娜拉走后怎样》

学习任务四:明思想

学习目标:1.通过分析小说中多种艺术手法和创作意图,品味小说在形象、情节、语言等方面的独特魅力,探寻鲁迅思想。2.通过阅读不同类型的小说,丰富人生体验,提升对社会的观察、分析、判断的能力,激发想象,培养高尚的审美情趣;学习并借鉴小说技法,尝试进行小小说的写作。

教学活动一:梳理《药》《故乡》《祝福》《铸剑》四篇文章作者所包含的思想,说说鲁迅思想的变化及探究变化的原因。

明确:鲁迅对启蒙者的自我审视:启蒙人民,凭什么启蒙,怎么启蒙?

附上《自嘲》与《自题小像》

教师活动及反思:愚驽而迅速觉——鲁迅(鲁迅姓名的含义)

教学活动二:在对《祝福》整体把握、人物形象分析的基础上,运用联想和想象对祥林嫂死前这一夜进行续写,字数不少于500字。

教学活动三:读懂鲁迅就是读懂自己,就是读懂中国,请联系现实写一篇不少于600字的议论文谈谈鲁迅的现世意义。(A班)

鲁迅《呐喊》自序写道:"凡是愚弱的国民,即使体格如何健全,如何茁壮,也只能做毫无意义的示众的材料和看客。"结合课文《祝福和现实生活现象,谈谈你对鲁迅这段话的理解,写一篇不少于800字的议论文。(B班)

小说四种功能

(熏、浸、刺、提)熏陶人、感化人、刺激人、使人成人上之人、自我提升——梁启超《论小说与群治之关系》

读人物,读情节(寻线索、抓细节、看环境),读主题

单元总结:本单元我们学习了鲁迅的小说,就可以很清晰地知道小说是对人生的再现或者表现。在这个意义上,小说就是历史,是人生史,是心灵史。读小说就是读人性,读人生,读社会。

【教学反思】

本教学设计在实施的过程中,耗时3周,学生的完成度非常好,超过教师预期,特别是对《铸剑》这一小说的深度解读,可见要想学生深度解读文学类文本,我们需要长时间的探究,但是这与正常的教学课时和繁重的教学任务相冲突,笔者会在后续的教学中继续探索教学任务与学生深度探究文本能力平衡点。

陈晨芫,四川成都棠湖中学教师。

《湖心亭看雪》教学设计(第二课时)

◎ 崔迎春

【教材分析】

《湖心亭看雪》是部编教材九年级上册第三单元第三篇古文,本单元诗文都是在描写自然山水、抒发感情的同时,也表达作者的政治理想、志趣抱负。阅读这类文章,可以激发灵性、陶冶情操、丰富文化积累。选自明末清初张岱的回忆录《陶庵梦忆》,这篇文章在语言上几无难点,而作者高超的素描技巧及其景中情、事中情却引人玩味、耐人琢磨。所以,本堂课旨在是引导学生走进一类特殊的知识分子的心灵世界,感受一种别样的审美情趣和人生抉择。

【学情分析】

《湖心亭看雪》的文言知识把握起来相对简单,教师已经利用早读讲解了重点实词的含义,以本班学生文言文积累程度,能够自主完成本课翻译。本堂课重点放在品景悟情上面。

【学习目标】

1.品味雪后西湖奇景,了解本文白描的写作手法。

2.赏析课文融叙事、写景、抒情于一炉的写作手法。

3.了解背景,理解作者在文中寄寓的情怀。

【学习方法】

颂读法、自主合作探究法

【教学过程】

一、诗句接龙,导入新课

被誉为"人间天堂"的西湖,无数文人墨客曾为它留下佳作。请同学们利用PAID网上查询并分享朗读描写西湖美景的诗句。

(如:"欲把西湖比西子,淡妆浓抹总相宜""最爱湖东行不足,绿杨阴里白沙堤""接天莲叶无穷碧,映日荷花别样红"等)。

文人心中有一个春天,他笔下的西湖就绿意盎然;文人心中有一片冰雪,他笔下的西湖就上下一白。可见,拥有不同的情感世界就能看见不同的西湖。今天,让我们一起走进明末清初文学家张岱的情感世界——《湖心亭看雪》。(板书课题)

二、听读思考,初步感知

听朗读,请同学们注意节奏,读准字音。

抢答:文中哪句话,哪个词准确形象地评价了作者张岱?

舟子喃喃曰:"莫说相公痴,更有痴似相公者!"(板书"痴")

追问:"痴",是什么意思呢?(预设:痴迷、傻、笨、呆)反正就是行为举止不同常人。

三、思考探究,体悟痴情

对,这个张岱啊,就是一个与众不同的呆人。

文中哪些地方表现出了张岱的"痴"?(生积极举手发言。)

行为之特立独行:天寒地冻、万籁俱寂的大雪天的一个晚上不睡觉"独往湖心亭看雪"。

(板书:"行" 遗世独立 闲情雅致)

眼中雪景之奇异:"大雪三日,湖中人鸟声俱绝""绝"是什么意思?

消失,从听觉角度写,万籁俱寂的氛围。

探究:

1.文言文语言讲究精简,能否把这里的"与"字去掉呢?谈谈你的看法。

2.对于"长堤、湖心亭、舟、人"通常分别用什么量词?作者为什么要用"一痕、一点、一芥、两三粒"这几个数量词呢?

明确:"与"是苍茫天地间伸出的一双温暖的手,读起来更有音韵。"天与云与山与水,上下一白",极言天地之苍茫浩大,而"湖上影子,唯长堤一痕、湖心亭一点、与余舟一芥、舟中人两三粒而已"。又极言景物之渺小!真是景中含情啊,不仅是张岱,我们也陡升"寄蜉蝣于天地,渺沧海之一粟"之感。

（板书:"景"　苍茫浩大　渺小卑微）

偶遇知己之奇巧:"大喜"（知音互赏）

"湖中焉得更有此人!"

"此人"是什么样的人？（有如此雅兴的人）

"余强饮三大白而别","强"是什么意思？说明了什么？

不能喝却因为偶逢知己喜悦而尽力痛饮。事中含情。（板书:知己之喜）

追问:除了有偶逢知己的喜悦之情外,你还读到了作者的什么情感？

"问其姓氏,是金陵人,客此。"金陵是哪里呢？（南京）而明朝初期的都城就在南京,委婉含蓄表达了作者作为明朝遗民的故国之思。（板书:故国之思）

其实开头也暗含了作者的梦回明朝之意,"崇祯五年十二月"作者去湖心亭看的雪,时隔十多年之后,作者依旧念念不忘,写成此篇,这是何等的胆大与痴情!（板书:"情"）

师（停顿）:带着这样一种怀恋,一种感伤,一种悲凉,我们再次齐颂全文。

四、仿写创作,品评痴心

闭上眼睛听同学们的朗诵,眼前依旧浮现的是那上下一白的西湖雪景,请同学们大声诵读出来。（出示文字）

作者采用什么手法来描写西湖雪景的呢？

白描。白描最大的好处就是:自然质朴,不事雕琢。

七年级时我们同样学过的哪一首白描手法的元曲——?

生齐背:天净沙·秋思 / 马致远

枯藤老树昏鸦,小桥流水人家,古道西风瘦马。夕阳西下,断肠人在天涯。

作者只是利用白描手法对景物进行了排列,就勾勒出一幅"天涯游子图",成就一首千古绝唱。

借鉴《天净沙·秋思》和本课雪景的白描手法,选择恰当的意象排列,也创作一首"天净沙·____"来小结本课的景、事、情。

（拍照上传学生作品点评。）

教师仿写示例:

天净沙·赏雪

雪夜炉火芥舟,云天山水一白,雾凇长堤、雅亭。是日更定,痴心人在西湖。

助读资料——知人论世

有怎样经历的人能有这样的闲情雅致与痴心呢？请同学们快速上网查询并截屏分享。

明亡后不仕,入山著书以终。

"国破家亡,无所归止,
披发入山,骇骇为野人。"

"想余生平,繁华靡丽,
过眼皆空,五十年来总成一梦。"

——（《陶庵梦忆·序》节选）

就是这样一个张岱,在改朝换代之时,他隐姓埋名,遁迹山林,一芥小舟,怎么载得动张岱的愁思？他痴迷于山水,痴情于知己,痴心于故国潜心著书,在贫困衰败中固守一份对故国的痴心,然世人又有几人能懂？都云作者痴,谁解其中味？即使难得碰到知音,同是天涯沦落人,相逢何必曾相识!

五、理解作者,学会抉择

其实,中国古代"更有痴似相公者"的这类人还有很多,虽九死其犹未悔的屈原在朝堂上不愿与群佞乱舞、同流合污,悲愤难抑,纵身投江;采薇者伯夷、叔齐不食周粟而死;文天祥"威武不能屈,富贵不能淫",诗云"人生自古谁无死,留取丹心照汗青"来明志!不为五斗米折腰的陶渊明采菊东篱下。他们或是不满现实,或是怀有家国之痛,或是孤傲高洁,无奈只身一人渺小卑微,只能独善其身,宁可寄情山水、隐逸甚至是牺牲性命也不愿媚俗失了气节!

学完本文,请你真诚说出你的思考或抉择,可对偶、可诗句、可文言、可白话,形式不限,欢迎发弹幕哦!

六、作业布置,积累想象

舟子评价作者"痴",请你发挥想象,张岱听后会有何种表情,何种心理活动？

【板书设计】

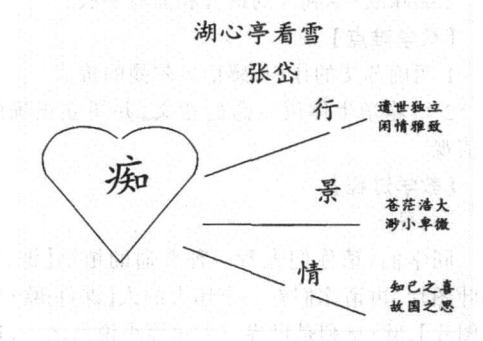

湖心亭看雪
张岱

行　——　遗世独立
　　　　　闲情雅致

痴

景　——　苍茫浩大
　　　　　渺小卑微

情　——　知己之喜
　　　　　故国之思

崔迎春,陕西省西安万科城中学教师。

《最后的常春藤叶》教学方案

◎戴 静

【教材分析】

《最后的常春藤叶》是苏教版高中语文必修二第一专题"假如给我三天光明"中的一篇课文,本专题重在培养学生对于生命价值和生命意义的深切思考,使学生形成正确和积极的价值观。

【教学目标】

1.掌握小说的三要素,概括人物经历及性格特征。

2.了解欧·亨利式的语言和作者的描写手法。

3.通过文本解读,明确在三个主人公的经历以及人物的性格特征。

4.明确苏艾的作用,感悟贝尔曼的价值。

5.体味并感悟生命意义和生命价值,树立正确的价值观。

【学情分析】

高一年级学生通过必修一的学习,在知识归整和语言表达能力等方面已有一个层次的提升,在系统性地分析方面有待提高;在对正确价值观的辨别应有一个更好的导向。

【课时安排】1个课时

【教学重点】

1.学会概括三位主人公的经历以及人物的性格特征。

2.品味欧·亨利式的语言和描写手法。

【教学难点】

1.明确苏艾的作用,感悟贝尔曼的价值。

2.培养学生体悟生命的意义,并树立正确的价值观。

【教学过程】

一、导入

同学们,请你们先看一种普通的植物【课件:藤叶图片】再请你们看一个伟大的人【课件:欧·亨利图片】,欧·亨利是世界三大短篇小说家之一,这样一个伟大的人借助这样一种普通的植物为我们讲述了一个关于小人物之间爱的故事,这就是我们今天要学习的《最后的常春藤叶》。

二、整体感知,理清脉络

(一)构成小说的四个人物

(苏艾、琼珊、贝尔曼、医生)

问:就故事来说,医生出现的篇幅最少,我们先来看看关于医生的描写。

第一处:(第6段至11段)

从医生和苏艾的对话中得出哪些信息:

1.琼珊病得厉害。

2.琼珊对自己的病感到绝望,没有活下去的动力。

3.琼珊有一个艺术的梦想。

▲两个句子的理解:

"画画?——别扯淡了!她心里有没有值得想两次的事情——比如说,男人?"

医生认为画画是无法构成一个不想活下去的人的精神支柱的。

▲你觉得这是这个医生的想法,还是社会上普遍的想法,小说中描写的社会中艺术是否受到重视?(不重视。)

住的地方:①地理形势很多小巷,很多角度和曲线——便于躲债;②朝北的窗户、三角墙、阁楼——便宜。③搞艺术的不久都到这里来——整个社会艺术环境不理想。

艺术家的生活:青年画家不得不以杂志小说的插图来铺平通向艺术的道路,而这些小说则是青年作家为了铺平文学道路而创作的。

让苏艾继续画画,好卖给编辑先生,换了钱给她的病孩子买点红葡萄酒,也买些猪排填填她自己的馋嘴。

青年艺术家雇不起职业模特儿。

这是一个在艺术边缘化背景下发生的故事。

第二处:(第50段至第52段)

从这一部分你又得出了哪些信息：

琼珊和贝尔曼的命运发生了逆转。琼珊活下来，贝尔曼却要死。

小结：由此我们可以发现医生在这篇小说中是一个交代背景、交代情节的人物。

（二）推动故事的三个人物

（苏艾、琼珊、贝尔曼）

1.这三个人物中，就小说情节、主题而言，哪一个人物显得不太重要。（苏艾）

2.她在小说里主要起到什么作用？（串联故事情节，表现友谊）

小结：由此我们可以发现苏艾在这篇小说中是一个串联故事情节的人物。

（三）左右故事的两个人物

1.这三个人物中比较重要的是琼珊和贝尔曼，梳理情节。

2.一片叶子让一个人从死到生，一个人从生到死，请问这片叶子究竟有什么魅力？下面是文中关于叶子的几段描写：

（1）一株极老极老的常春藤上的叶子差不多全吹落了，只剩下几根几乎是光秃秃的藤枝，依附在那堵松动残缺的砖墙上。

（2）经过了漫漫长夜的风吹雨打，仍旧有一片常春藤的叶子贴在墙上。它是藤上最后的一片叶子。靠近叶柄的颜色还是深绿……黄昏时，她们看到墙上那片孤零零的藤叶依旧依附在茎上。

（3）那片常春藤叶仍在墙上。

叶子之于琼珊，是生的勇气和信念。叶子之于贝尔曼，困境中相濡以沫的支持与爱。

追问：为什么这片叶子给了琼珊生的勇气？

3.质疑问难：你觉得这篇小说的主人公是谁？为什么？

（1）"琼珊说"：（篇幅较多，珍爱生命的主题）

（2）"贝尔曼说"：（看描写贝尔曼的部分）

第一处：介绍年龄、外貌（不美、粗放，和我们印象中的艺术家形象有距离）；介绍经历、爱好（失意、嗜酒）；介绍性格、脾气（暴躁、粗鲁）。

▲你觉得贝尔曼是怎样一个人？

▲你在这里能否找到贝尔曼去给琼珊画叶子的蛛丝马迹。

①不，我没有心思替你当那无聊的隐士模特儿。你怎么能让她脑袋里有这种傻念头呢？唉，可怜的琼珊小姐。

②贝尔曼嚷道，"谁说我不愿意来着？走吧。我跟你一起去。我已经说了半天，愿意为你效劳。天哪！像琼珊小姐那样的好人实在不应该在这种地方害病。总有一天，我要画一幅杰作，那么我们都可以离开这里啦。天哪！是啊。"

第二处：贝尔曼先生今天在医院里去世了。他害肺炎，只病了两天。头天早上，看门人在楼下的房间里发现他痛苦得要命。……啊，亲爱的，那是贝尔曼的杰作——那晚最后的一片叶子掉落时，他画在墙上的。

▲如果说贝尔曼是主人公，小说为什么要在30小节才出现贝尔曼，他可不可以这样写：

贝尔曼先生还是死了，他害肺炎，只病了两天。贝尔曼先生住在华盛顿广场西面的一个小区，他楼上有两个青年艺术家，贝尔曼自认为是保护他们的看家恶狗……

修改后结尾的作用完全没有了。

▲欧·亨利式的结尾：通常指短篇小说大师们常常在文章情节结尾时突然让人物的心理情境发生出人意料的变化，或使主人公命运陡然逆转，出现意想不到的结果，但又在情理之中，从而造成独特的艺术魅力。这种结尾艺术，在欧·亨利式作品中有充分的体现。如《麦琪的礼物》《警察与赞美诗》。

（3）"两者说"：（多元主题）

琼珊：信念战胜死亡

贝尔曼：底层人民的美好心灵

4.活动讨论：这篇小说的题目有着不同的版本，如《最后一片叶子》《两个病人》《绝处逢生的琼珊》《最后的常春藤叶》，你倾向哪个标题？请说明理由。本环节目的在于加深对小说的理解。同时学习鉴赏标题的语言艺术。

三、点明中心，总结全文

不同人物在小说中的不同作用。作者通过细腻和附带幽默的笔法，向我们展现了主人公生活的环境，以及三位主人公各自的经历。作者对琼珊寄托希望于树叶，苏艾无微不至的照顾，贝尔曼冒雨画叶最后献出生命都进行细微的描绘，这片小小的常春藤叶，沐浴着人性的光辉，创造了挽救生命的奇迹。我们也明确了欧·亨利式结尾的特点。

四、作业

从小说艺术魅力的天光云影（母题）出发，选择一个角度，赏析《最后的常春藤叶》，谈谈心得体会。

戴静，浙江省绍兴市科学技术协会教师。

《边歌声声话丹心》群诗阅读教学设计
——唐代边塞诗中的家国情怀

◎邓 琦

【群文议题】

边歌声声话丹心：唐代边塞诗中的家国情怀

【群文篇目】

《从军行》(骆宾王)、《走马川行奉送封大夫出师西征》(岑参)、《从军行·其一》(王昌龄)、《从军行·其四》(王昌龄)、《陇西行·其二》(陈陶)

【文本解读】

边塞诗是唐代诗歌的主要题材，是唐诗当中思想性最深刻，想象力最丰富，艺术性最强的一部分。以边塞军旅生活为主要内容，或描写奇异的塞外风光，或反映戍边的艰辛的诗作称之为边塞诗。《从军行》是初唐诗人骆宾王所作的诗歌，全诗意气风发，抒写了立志从军、效死沙场的壮烈情怀。《走马川行奉送封大夫出师西征》是盛唐时期诗人岑参所作，当时岑参担任安西北庭节度使判官。这是岑参为友人封常清出兵西征而创作的送行诗，此诗抓住有边地特征的景物来状写环境的艰险，从而衬托将士们大无畏的英雄气概。《从军行·其一》《从军行·其四》是王昌龄的《从军行》组诗的其中两首诗，《从军行·其一》刻画了边疆戍卒怀乡思亲的情景；《从军行·其四》表现战士们为保卫祖国矢志不渝的崇高精神。《陇西行》是晚唐诗人陈陶所作，在表现将士们忠勇敢战气概的同时也表现了战争的残酷以及诗人对将士们的同情。

这5首诗歌是唐代不同时期边塞诗的代表作，在诗歌中，或反映战争的残酷激烈，或表现戍边将士不畏艰险、驰骋疆场奋勇杀敌的豪情壮志，或是诗人表现对战争的思考，流露出悲壮惋伤的情感，虽然不同的边塞诗歌各自抒发不同的感怀，但是它们都回旋着爱国的主旋律。

【教学目标】

1.通过群诗阅读，了解边塞诗这一诗歌题材的特征。

2.理解诗歌内容，通过比较与整合，感悟唐代边塞诗中蕴含的复杂情感，掌握边塞诗中常用的表达技巧。

3.查阅资料疏通阅读障碍，熟读诗歌。

4.小组合作探究，提升学生细读文本的能力。

5.感受戍边将士保家卫国、英勇无畏的豪情壮志，体会唐代边塞诗中蕴涵的家国情怀，"国家有难，匹夫有责"，增强学生国防观念。

【教学重点】

理解诗歌内容，感悟唐代边塞诗中蕴含的复杂情感，掌握边塞诗中常用的表达技巧。

【教学难点】

把握唐代边塞诗的基本特征，掌握从题材入手理解诗歌的方法，学会"读一首诗，知一类诗"。感受戍边将士保家卫国、英勇无畏的豪情壮志，增强学生国防观念。

【教学课时】 1课时

【教学过程】

一、导入

学生活动1：出示一组边塞风光的图片，让学生说出描写边塞风光的诗句。

师：一说到边塞风光，我们就会想到"大漠孤烟直，长河落日圆""明月出天山，苍茫云海间""雪净胡天牧马还，月明羌笛戍楼间"……边塞诗是唐代诗歌的主要题材，是唐诗当中思想性最深刻，想象力最丰富，艺术性最强的一部分。今天这节课，我们通过群诗阅读，去领略边塞诗中独特的魅力。

PPT展示唐朝疆域图，介绍边塞诗。

边塞诗是以边疆地区军民生活和自然风光为题材的诗。边塞诗起源于魏晋南北朝，盛于唐代。唐代边塞诗诗作数量之大，为前代所未见。

二、观边塞风光

学生活动2：学生自读诗歌，勾画出诗中的景物意象和与战事有关的意象，说说展现了怎样的画面。

师小结：雪山、秋月、孤城、大漠、黄沙、长云、烟尘是边塞诗常见的景物意象，边关、战马、金甲、旌旗、烽火、辕门、戈矛剑戟是边塞诗中常见的与战事有关的意象。边塞风光苍茫雄浑，边地往往是黄沙满天、风雪漫漫、偏僻荒凉、环境恶劣，在这样的环境下将士们与敌奋战，更显出他们的英勇无畏。

三、品精言妙语

学生活动3：《唐贤清雅集》评论《走马川行奉送封大夫出师西征》："才作起笔，忽然陡插""风吼""石走"三句，最奇；明王世贞《艺苑卮言》赞赏《陇西行·其二》后二句，称它"用意工妙"；《唐人万首绝句选评》中说："（王昌龄）《从军》诸作，皆盛唐高调，极爽朗，却无一直致语。"学生疏通诗歌大意，谈谈这5首诗歌中哪些语句给你留下深刻印象，说说你的理解和体会。

四、悟诗歌情感

学生活动4：学生思考并完成下表：5首诗歌分别表达了怎样的情感，作者是如何表现这种情感的？整合比较，这5首边塞诗在表达技巧和情感主旨上有什么相同点？

题目	表达技巧	表达的情感
《从军行》（骆宾王）	直抒胸臆、融情于景、用典	生动描绘了激烈艰苦的战斗场景，抒写了立志从军、效死沙场的壮烈情怀。
《走马川行奉送封大夫出师西征》（岑参）	比喻、拟人、夸张、融情于景、细节描写	此诗抓住有边地特征的景物来状写环境的艰险，衬托了将士们大无畏的英雄气概。
《从军行·其一》（王昌龄）	融情于景、对写法	写妻子思万里外的亲人，实际表达出将士之愁情，相互思念，更显二人心心相印之深情，表现戍边将士浓郁的思乡怀亲之情。
《从军行·其四》（王昌龄）	融情于景、直接抒情	通过对塞外辽阔的战场景象和激烈征战生活的描写，抒发了将士们誓死报国的壮烈情怀。
《陇西行·其二》（陈陶）	虚实结合	诗歌描写了慷慨悲壮的激战场面，表现了将士忠勇敢战的气概和献身精神，也表现了战争带给普通家庭的离散和伤痛。

学生小结：边地荒凉冷僻、环境恶劣，"不知何处吹芦管，一夜征人尽望乡"，戍边将士远离故土，常常有思亲怀友、思念故乡的情感流露。但戍边将士不忘使命，仍愿戍守边关，忍受饥寒、不畏艰险、保家卫国，表现了渴望建功立业、誓死报国的壮志豪情。诗人常常用融情于景或直抒胸臆的手法，表达对将士们在艰苦环境中英勇奋战、舍生忘死、保家卫国精神的赞扬之情。

五、析家国情怀

学生活动5：在唐代边塞诗中，一方面以夸张对比衬托的手法对战争残酷、环境恶劣进行展示；另一方面，更凸显人面对战争时奔涌出的巨大精神力量，其中包括不屈的意志和必胜的信心，保家卫国的豪情，还有在战场上建立功名的壮志。这两个方面既是对立的，又是统一的，这种对立统一所产生的张力使诗句具有永不泯灭的魅力。学生交流讨论，说说唐代将士为何有这样强大的精神力量，唐代边塞诗为何表现出这样的美学风格？

师小结：唐代重建了统一的封建王朝，在民族统一的基础之上，进行了各方面的变革，促进了国内各民族进一步融合，整个社会呈现出蓬勃生机。唐代的经济得到了全面恢复，国力的强大造就了强大的边防和唐代人高度自信的时代风貌。唐代边塞诗正是在唐帝国所开创的空前强盛的政治经济文化这一肥沃土壤里迅速成长繁荣的。唐代是一个充满了希望和进取的时代，也是一个人们普遍渴求建功立业的时代。士大夫们多具有为国出力、青史留名的抱负，希望有所作为，由士风而及民风，这一昂扬向上的精神成为唐代的时代气象和普遍的社会风气。

六、为英雄写颁奖词

学生活动6：每个时代都有不畏艰险、舍生忘死、保家卫国的英雄人物，观看电影《长津湖》片段，结合自己的感受为英勇的将士们写一段颁奖词。

七、板书（略）

邓琦，四川天府新区华阳中学教师。

《登岳阳楼》教学设计
◎董 慧

【学习目标】
1.诵读诗歌,把握诗歌的情感变化。
2.品读诗歌,理解诗歌内容,品味诗人遣词造句的匠心,感受诗歌意境与笔法。
3.联读诗歌,解析"泪"字,体会诗人感时伤世、忧国忧民的情怀。

【学习重点】
品味诗人遣词造句的匠心,感受诗歌意境与笔法。

【学习难点】
1.品味诗人遣词造句的匠心,感受诗歌意境与笔法。
2.解析"泪"字,体会诗人感时伤世、忧国忧民的情怀。

【教学用时】1课时
【教学流程】
[导入新课]
余秋雨说:"中国从来没有一个文人,像杜甫那样,用那么多诗句告诉全社会,苦难存在的方位和形态,苦难承受者的无辜和无奈。"今天,我们一起来学习他的《登岳阳楼》,感受诗圣的手笔,赤子的血泪。

[学习活动一]:品诗悟情
一、诵读活动
1.学生自由试读,划节奏。
2.点名学生读,其他人点评。
3.学生齐读,初步感受诗人的情感变化。
二、品读活动
1.用散文化的语言翻译诗歌内容,理解诗歌大意。
参考:早就听闻洞庭湖水的波澜壮阔,今天有幸登上了岳阳楼来一睹洞庭湖的雄姿。
只见吴楚两地被广阔浩瀚的湖水一分为二,分布于东南两边,苍茫无际的湖面上,波浪一浪掀过一浪,向天边汹涌而去,大地长天、日月星辰日日夜夜在湖里浮荡着,景象壮美极了!
回头想一想自己,亲朋故旧竟无一字寄给漂泊江湖的我,衰老多病的我呀,只有生活在一只小小的舟船上。
透过这浩渺无边的洞庭湖,遥望关山以北,那里仍然是兵荒马乱、战火纷飞;一想到这,靠在窗轩之上的我不禁涕泪交流。

2.小组探究活动:每个小组自选一个问题进行合作探究,品味诗人遣词造句的匠心,感受诗歌意境与笔法。
探究问题:
(1)诗人说他在若干年前就听得人家说洞庭湖的名胜,今天终于登上了岳阳楼,亲眼看到这一片山色湖光的美景。因此清人仇兆鳌评价:"'昔闻'、'今上',喜初登也",你认同这个评价吗?
预答:喜悦,但不仅仅是喜悦。昔日闻其名,对岳阳楼有着多少憧憬,多少幻想;今天睹其面,又该是多么激动,多么称心!然而,今昔对照之间,是时间无垠的跨度,在这漫长的时间里,国家变了,时事变了,杜甫也变了。所以那种初登的喜悦之情,并没有直接见诸笔端,诗人只是给我们提供了一个特定时空,其流音余韵则留待读者细细体味。
这是诗的留白,也是诗的美感。而我们读者在这种留白中,可以看到喜悦,也可以看到他对今昔之间世事沧桑的感慨。
(2)宋代胡仔《苕溪渔隐丛话》引蔡绦《西清诗话》说:"洞庭天下壮观,自昔骚人墨客,题之者众矣……然未若孟浩然'气蒸云梦泽,波撼岳阳城',则洞庭空旷无际,气象雄张,如在目前。至读杜子美诗,则又不然。'吴楚东南坼,乾坤日夜浮',不知少陵胸中吞几云梦也。"你认为杜甫的"吴楚东南坼,

乾坤日夜浮"和孟浩然的"气蒸云梦泽，波撼岳阳城"相比，谁更胜一筹？（可从意象选择、意境营造、情感表达等角度入手分析）

预答：①坼：分裂，洞庭湖将吴、楚两地分开；浮：漂浮，日月和星辰都漂浮在洞庭湖上。化静为动。（这个孟诗也有。）

②吴楚两地被广阔浩瀚的湖水分隔于东南两边，日月星辰昼夜都在洞庭湖上漂浮。这两个字使意境更加辽阔雄浑，景色宏伟奇丽。（孟诗是云梦泽，撼动的岳阳城；杜诗是整个吴楚大地，是天地、日月星辰。意象的选择更为宏伟壮观，自然意境也就更加辽阔雄浑了）

③运用想象、夸张的手法，彰显了诗人博大的胸襟。

（孟诗实写眼前之景，杜诗则用想象、夸张的笔法由眼前汪洋的洞庭湖想到蔓延开来，整个吴楚大地被分裂开来。真可谓"不着一字，尽得风流！"）

（3）透过"亲朋无一字，老病有孤舟。戎马关山北，凭轩涕泗流"你看到了一个怎样的杜甫？具体分析。

预答：面对着气象恢弘、雄伟壮阔的洞庭湖，自己没有亲人朋友寄来的一封书信，又老又病，只能寄居在夔江的一叶小舟上。我看到一个体弱多病、孤独无依、孑然一身、抑郁苦闷的杜甫。

面对天下不得太平，战事四起，诗人洒下了酸楚的泪水，我看到了一个忧国忧民的杜甫。

小结：现在，我们再来看杜诗和孟诗，我们就会发现：杜甫之为杜甫，还在于他何曾将自己的穷愁失意耿耿于怀？他惦记的总是国家人民的生死存亡。所以，同样是登楼远眺洞庭湖，孟诗不仅写景之境不一样，就连发出的感叹与之相比，也平庸多了，自私多了。

[学习活动二]：解泪懂人

1.任务：据统计，在杜甫千余首诗歌中，出现眼泪这一意象的，有190余首。打开电脑百度，搜集杜甫哭泣流泪的诗句。思考杜甫的眼泪为谁而流？

（学生先说，教师展示总结）

感时花溅泪，恨别鸟惊心。（《春望》）

境地：安史之乱，国破家亡，杜甫颠沛流离，漂泊无依。

杜甫的眼泪为＿＿＿＿＿＿＿而流。

少陵野老吞声哭，春日潜行曲江曲。（《哀江头》）

境地：因安史之乱曲江由原来的繁盛走向衰败，别人都在匆忙逃命，但杜甫却会停留下来哭泣。

杜甫的眼泪为＿＿＿＿＿＿＿而流。

出师未捷身先死，长使英雄泪满襟。（《蜀相》）

境地：此时"安史之乱"已经"乱"了五年，百姓涂炭，田园荒芜，唐王朝处于风雨飘摇中。唐肃宗宠信宦官，排斥功臣。此时，杜甫探访了诸葛武侯祠，写下了这首感人肺腑的千古绝唱。

杜甫的眼泪为＿＿＿＿＿＿＿而流。

总结：社稷泪、黎民泪、英雄泪，杜甫的流泪史就是他的流浪史，就是国家的衰亡史，所以他的诗被称之为"诗史"。这一滴滴赤子血泪背后站着的，便是诗圣——杜甫。

读诗最重要的便是读懂诗心，围绕着杜甫诗歌，诗心便是"圣"字。

所以，叶嘉莹评价杜甫："每一位诗人对于其所面临的悲哀与艰苦，都各有其不同的反应态度，但大多不过是对悲苦的消融与逃避，然而杜甫却独能以其健全的才性，表现为面对悲苦的正视与担荷。"

2.再次齐读诗歌

【板书设计】

主板：

登岳阳楼

杜甫

首：叙夙愿得偿　　留白、美感、沧桑
颔：写登楼所见　　天地宏阔壮美
颈：抒登楼所感　　个人渺小多病
尾：写忧戚下泪　　忧国忧民

副板：

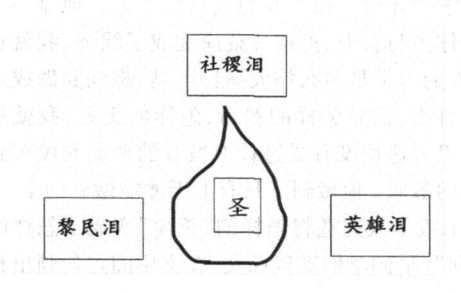

社稷泪

黎民泪　圣　英雄泪

董慧，云南省曲靖一中沾益清源学校教师。

《植树的牧羊人》教学设计

◎杜 路

【教学目标】
1. 引导学生抓住主要信息梳理故事情节,并且结合情节概括文章内容。
2. 引导学生结合故事情节来了解人物的精神品质。
3. 运用对比的方法,感悟文章主题。

【教学重难点】
1. 抓住主要信息梳理故事情节,通过情节要素概括文章内容。(重点)
2. 运用对比的方法,感悟文章主题。(难点)

【教学方法】
演读法、合作、探究

【教学过程】
一、检查预习,导入新课
栋 拣 戳(chuō) 慷慨(kāng kǎi)
帐篷(peng) 废墟(xū) 坍塌(tān tā)
呼啸(xiào) 滚烫 张扬 溜达
琢磨(zhuó) 微薄 酬劳(chóu) 硬朗
水渠 流淌(tǎng) 光秃秃 不毛之地
刨根问底(páo) 沉默寡言
(设计意图:初中阶段,基础夯实依然十分重要,为不破坏课堂整体性,放到课前先检查落实。)

二、初读评价,感知贡献
学生齐读:"每当我想到这位老人,他靠一个人的体力与毅力,把这片荒漠变成了绿洲,我就觉得,人的力量是多么伟大啊!可是,想到要做成这样一件事,需要怎样的毅力、怎样的无私,我就从心底里对这位没有受过什么教育的普通农民感到无限的敬佩。他做到了只有上天才能做到的事。"

1. 牧羊人究竟将怎样的"荒漠"变成了怎样的"绿洲"?请同学们默读课文,在文中圈点勾画出相关语句。

2. 你认为牧羊人在将"荒漠"变成"绿洲"的过程中都要克服哪些困难?

(设计意图:从文章最后一段作者评价入手,找出描写"荒漠"和"绿洲"的句子,让学生感受牧羊人贡献之大。再让学生结合课文,思考牧羊人在植树的过程中都需要克服哪些困难,感受贡献背后的付出,既能更深入理解课文,也为下面理解人物形象做铺垫。)

三、再读评价,了解品性
1. 学生再次齐读最后一段。
思考:"这位没有受过什么教育的普通农民"究竟是一个怎样的人,竟"做到了只有上天才能做到的事"?
请以"他是一个_____的人"的形式,说说你对牧羊人的认识,注意结合文中描写牧羊人的相关语句。
跳读课文,勾画相关语句,并做好批注。

2. 方法指导:评价人物形象,圈画关键语句,画什么?
A. 人物描写的句子。
B. 人物相关的事件或情节。
C. 文中作者的议论和评价。

3. 全班交流,并朗读相关语句。

(设计意图:人物形象分析是小说教学的重点,从最后一段评价入手,"没有受过什么教育的普通农民"竟"做到了只有上天才能做到的事",在两种评价的对比中,让学生对牧羊人的形象先有整体把握,再深入阅读文章,结合文本,从细节中深入理解和感受人物。)

四、三读评价,探讨主旨
1. 学生三读,读最后一段。
思考:你知道这篇文章的体裁吗?作为一篇小说,作者虚构这样一个故事,你认为他想表达的主旨是什么?

2.补充资料:让·乔诺(1895~1970),法国著名作家、电影编剧。在第一次世界大战时曾当过步兵,在经历惨烈场面后成为坚定的和平主义者。让·乔诺的作品获奖很多,部分作品被搬上银幕,被认为是法国二十世纪最著名的作家之一。1932年获得法国荣誉勋章。

作者想表达的其中一个观点:人类除了毁灭,还可以像上天一样创造。

(设计意图:学生可以多元理解文章主旨,如爱护环境、踏实肯干……通过资料补充,让学生理解到作者在文中寄予的美好愿望。)

五、拓展提升

我们所处的社会中也有很多默默"种树"的人,他们以非凡的毅力、辛勤耕耘,种植着希望和幸福。你认识或听说过这样的人吗?试为他写一段文字,记录他的事迹,并写出你的评价和感受。

示例:钟扬,男,汉族,湖南邵阳人,生前系复旦大学党委委员、研究生院院长、生命科学学院教授、博士生导师,中央组织部第六、七、八批援藏干部,长期从事植物学、生物信息学研究和教学工作。2001年,钟扬首次来到青藏高原,追寻生物进化的轨迹,从此与这片神奇的土地结缘。过去的十几年,作为一名生物学家和教育工作者,钟扬几乎每年有100天以上在西藏度过,从藏北草原到藏南谷地,他和他的伙伴、学生一起,为国家和上海的种子资源库收集了上千种植物的四千万颗种子。为后世储存"基因"宝藏。2017年9月25日,差途中遭遇车祸,不幸逝世,年仅53岁。评价与感受:他,东海之滨的生物学家,怀着对藏族学子成长成才的满腔赤诚,义无反顾奔赴西部边陲,撒播科学良种,开创高端人才培养的援藏新模式,并已成功复制到了其他少数民族地区。四千几百个日日夜夜的追梦,四十万公里坎坷路程的跋涉,十七种高原反应的抗争,忠贞不贰地实践着艰苦卓绝、坚不可摧的中国精神。

你也可以试着为以下"植树人"写写评价。

袁隆平:在过去的2017年,中国杂交水稻科研领域,迎来了一场前所未有的大丰收!巨人稻的成功,使得人类水稻亩产正式过吨。海水稻的成功,使得中国凭空新增耕地2.8亿亩。去镉稻的成功,使得咱们从吃得饱向吃得安全成功跨越。

高伯龙:2017年12月6日,89岁的高伯龙逝世。这个没有多少人知道他的名字、"不起眼"的小老头,用一辈子的隐姓埋名和默默奉献,给中国的尖端武器装上了"眼睛"!让咱们中国的武器做到了指哪儿打哪儿!

六、课后反思

《植树的牧羊人》是法国作家让·乔诺的一篇小说。将这篇小说编入初中的课本,既有宝贵的文学价值,更有对学生人格上的陶冶滋养。抓住作者对人物的细致描写与景物的变化探寻人生价值,体会字里行间流露出的作者的情感,领悟主旨是我本节课要实现的主要目标。

我在设计的时候,抓住小说的核心要素"人物",所有环节指向学生对人物的理解,引导他们理解和探讨人生的价值和意义。在教学方法上,采用拉近学生距离的谈话法,将读、品、悟三字结合,在读中品,在品中悟,由悟而读。

在本节课的教学中,我主要做了几个方面的努力:找准切入点,使课堂连贯。语文教学中的主问题能有效地简化教学头绪,使教学内容于单纯之中表现出丰富,于明晰之中透露出细腻,让学生迅速找到对话文本的关键点,并围绕主问题展开积极有效的对话,抓住"关键点"深入解读文本。朗读品析结合,分析人物形象。人物形象是小说的核心要素。引领学生通过牧羊人的言行,挖掘其内在的精神,分析牧羊人创造奇迹的原因,是课堂中至关重要的环节。自主合作交流,珍视独特体验。

新课标指出:"阅读是学生的个性化行为,应引导学生钻研文本,在主动积极的思维和情感活动中,加深理解和体验,有所感悟和思考,受到情感熏陶,获得思想启迪,享受审美乐趣。要珍视学生独特的感受、体验和理解。"对于小说的主旨,应倡导学生多元化的解读。

但是,本节课仍存在很多需要改进的地方,如时间设置不合理,在人物形象分析的地方,因为不忍心打击学生发言的积极性,用了大量的时间,后面到主旨探讨的时候时间不够,只能草草结尾。

总之,今后我将在语文园地中不懈追求,不懈探索,力争打造兴味盎然的语文课堂。

杜路,陕西师范大学万科中学教师。

选必上第三单元外国小说心理描写专题教学设计

◎段德瑜

【教学目标】
1.梳理本单元课文中的心理描写。
2.不同作品中心理描写的方法及作用有哪些异同。

【教学重难点】
1.关注人物的心理描写类型及其在小说中承担的多重功能,进一步提高思维水平与鉴赏能力。
2.鉴赏小说丰富的创作手法,通过探究小说的艺术手法,来深化对作品的理解。

【课时安排】1课时

【教学设计】

（一）文本研读——主问题:描写了人物什么心理？怎么表现这种心理的(有何标志)？

文段1:"遇到这种时候(被鞋匠催债、侮辱、大骂),米考伯先生真是又伤心,又羞愧,甚至悲惨得不能自制……可是在这过后还不到半个小时,他就特别用心地擦亮自己的皮鞋,然后哼着一支曲子,摆出比平时更加高贵的架势,走出门去了。"

预设:米考伯——乐天派:自尊,乐观+虚荣。

狄更斯:批判现实主义

心理描写:1 直接描写——情感、心理词;2 行动表现——动作词

文段2:"'我想见见……'聂赫留朵夫不知道该用'您'还是'你'……'对,我在做我该做的事,我在认罪。'聂赫留朵夫想。他一想到这里,眼泪就夺眶而出,喉咙也哽住了。"

预设:聂赫留朵夫:(自己)矛盾——认同(认罪)。

3. 语言表现——"说"或所说内容;4 神态反映——哭笑眼泪等

文段3:"'这个女人已经无可救药了。'魔鬼说,'你只会把石头吊在自己脖子上,活活淹死……'他心里这样想。他的心灵里此刻正要完成一种极其重大的变化,他的精神世界这会儿仿佛搁在不稳定的天平上,只要稍稍加一点力气,就会向这边或者那边倾斜……"

预设:聂赫留朵夫(+玛丝洛娃):   堕落 or 复活——复杂

心理描写:5 心灵辩证法——正反两面(善恶、好坏等)

文段4:"他现在对她的这种感情,是以前所不曾有过的,不带丝毫私心。他对她毫无所求,对任何人都不曾希望她不要像现在这样,希望她能觉醒,能恢复她的本性。"

预设:聂赫留朵夫——忏悔贵族:(前:拯救自己+)今:拯救玛丝洛娃。

列夫·托尔斯泰——批判现实主义

心理描写:6 心理分析法—昔今、内外等

文段5:"'一个人可以被毁灭,但不能被打败。'我很痛心,把这鱼给杀了,他想。现在倒霉的时候就要来了,可我连鱼叉都没有。尖齿鲨很残忍,而且很能干,很强壮,很聪明。不过我比他更聪明。也许不是这样,他想。也许只不过是我的武器比它的强。"……它活着的时候你敬爱它,杀死它之后你也一样敬爱它……

预设:老人(圣地亚哥)——硬汉:永不服输、敬畏生命。

海明威的人生哲学和道德理想:不屈命运——现代派小说。

心理描写:7 内心独白——"我":独语、哲思

文段6:马孔多变了样……昔日僻静的小村落很快变成繁华的城镇,有了手工作坊和店铺,还开通了一条永久商道。第一批穿尖头靴戴耳环的阿拉伯人就沿商道而来,用玻璃珠链交换金刚鹦鹉。何塞·阿尔卡蒂奥·布恩迪亚一刻也不能平静。他着迷于眼前的现实,认为这比自己广袤的幻想世界更为

神奇,因而对炼金实验完全丧失了兴趣。他将漫长时日中饱受锤炼的材料搁置一旁,又变回了创业之初那个富于进取心的男子,那时他忙于设计街道规划新居……任何人铺设地基或修造围栏都要先咨询他的意见,大家还一致决定由他掌管土地的分配……

预设:马孔多热闹繁华——布恩迪亚着迷:热情、进取(加西亚·马尔克斯:摆脱孤独)

心理描写:8　环境烘托——景象、他人、他物等

文段7:他(奥雷里亚诺)梦见自己走进了一个空荡荡的房间,四周墙壁都是白色的。一种自己是进入这个房间的第一个人的沉重感觉使他感到不安。

预设:揭示孤独:无尽孤独、无法打破、无限轮回……

心理描写:9　梦境暗示——梦(形式与内容)

文段8:……现在,整个世界缩小到了她的皮肤表面,而她的内心已经摆脱了所有的痛苦。她难过的是没能在多年以前就得到这样的启示,那时她还能够净化那些回忆,并在新的光芒的照耀下重建世界,还能够毫不颤抖地回忆起傍晚时皮埃特罗身上的熏衣草气味,还能够把丽贝卡从她悲惨的境遇中解救出来……

预设:人物:孤独处境+摆脱孤独的渴望与方法的探索(通过幻想)

加西亚·马尔克斯:揭示孤独、摆脱孤独(魔幻现实主义)

心理描写:10　幻觉展现——想象、虚写(回忆、设想)等。

(二)知识体系:

A 心理描写方法类型·小结:(2.3.4.8 间接,其他直接;7 限知内视角,其他全知外视角)

1.直接描写法——情感、心理词
2.行动表现法——动作词
3.语言表现法——"说"或所说内容
4.神态反映法——哭笑眼泪等
5.心灵辩证法——正反两面(善恶、好坏等)
6.心理分析法——昔今、内外等
7.内心独白法——"我":独语、哲思
8.环境烘托法——景象、他人、他物等
9.梦境暗示法——梦(形式与内容)
10.幻觉展现法——想象、虚写(回忆、设想)

B.心理特点的形容词:
1.乐天派:自尊,乐观+虚荣……
2.忏悔贵族:矛盾、认同、复杂、忏悔……
3.硬汉:敬畏、不屈
4.孤独者:着迷、神奇、热情、进取、孤独、渴望……

C.心理描写的作用:
1.对表现(……(乐天派、堕落者与复活者、硬汉/失败的英雄、孤独者等)……某些内心、性格、思想、情感、精神……)的作用;
2.对____发展(推动、暗示、呼应……)的作用;
3.对反映_____(揭示、赞美、批判、讽刺、反思、同情、呼吁……(仁善、复活、不屈、孤独))的作用;
4.做作品_____的(精当凝练、深刻复杂、智慧哲理、现实主义/魔幻现实……)作用。
5.……

(三)运用练习:选用第5—10 心理描写方法中的至少1 种,对人物心理进行描写,并表达自己的情感态度,100 字左右。

预设:
内容:一张考卷,几分浮动,起伏悲喜,巴掌与吻。是耶?非耶?
情感、态度:
1.学生(我与他):满分被表扬,退步了被罚——挫败;不及格被打,进步了可取——鼓舞。
2.老师、家长、社会对孩子的评判标准:唯分论英雄——功利心太重+评价方式单一。
3.命题者:不以分数论英雄,进步均有可取处(理智、多元)

(四)作业
1.两人在喝完酒离开客栈前有一段一再相约的对话,请结合上下文分析对话者的心理。(2020 年全国Ⅰ卷 海明威《越野滑雪》)
2.买卖瓷盘的过程中,杨成岳的心理发生了哪些变化?请结合作品简要说明。(6 分)(2021 年全国乙卷 《秦琼卖马》)
3.舟行江上,子胥的思绪随着他在江上的所见所感而逐步生发展开。请结合文中相关部分简要分析。(2022 年新高考1 卷 《江上》)

段德瑜,云南省昆明市昆明八中教师。

《沁园春·长沙》教学方案

◎ 方　蓉

【教材分析】

《沁园春·长沙》是统编版语文必修上册第一单元第一课，本单元的学习任务是从"青春的价值"角度思考作品的意蕴。学习诗歌运用意象抒发感情的手法，以及从语言、形象、情感等不同角度鉴赏作品，从而获得审美体验。并且在学习提示中强调鉴赏本首诗时要体会炼字的精妙之处，因此在教学设计中，特意设计了通过学生绘画的方式感知诗歌意象、意境，诗歌配乐的方式领悟诗人的情感，表演设想的方式体会诗人以天下为己任的家国形象。

【教学目标】

1.通过分享绘画诗歌作品，让学生在分享过程中构建自身语言表达的特点。

2.通过鉴赏诗歌语言的美妙，以及诗歌配乐等教学过程，让学生在知识学习的过程中提炼鉴赏诗词的方法，从而提升学生思维能力。

3.学生在绘画诗歌作品、为诗歌配乐等两个教学环节中感受诗词的色彩之美，以及语言之美。

4.学生根据配乐诵读、以角色带入表演等鉴赏过程中，感悟伟大领袖毛泽东的革命壮志和以天下为己任的历史责任感。

【教学重难点】

教学重点：通过诗歌绘画作品分享、诗歌配乐、角色带入表演，让学生理解诗歌的内容，领悟诗歌情感以及感悟诗人形象；

教学难点：通过解析诗歌炼字的方法，让学生体会诗歌语言的精妙。

【课前准备】

1.学生课前预习，完成诗歌的绘画作品；

2.学生提前查阅毛主席的人生经历以及诗歌作品，阅读《毛泽东传》，加深对毛泽东的认识和了解，为理解诗歌做好充分准备；

3.学生课前查阅资料，了解诗歌的创作背景，了解革命时期国家的情况，加深对诗人情感的理解。

【教学过程】

一、导入新课

"北国风光，千里冰封，万里雪飘。望长城内外，惟余莽莽；大河上下，顿失滔滔。……一代天骄，成吉思汗，只识弯弓射大雕。俱往矣，数风流人物，还看今朝。"（毛泽东《沁园春·雪》）读完这首词，大家说说毛主席词的特点。

二、以画入境，感知诗歌内容

活动一：为了参加学校举办的"诗词连环画"比赛活动，我们班级决定将《沁园春·长沙》这首词的绘制成连环画拿去参加比赛。下面我们将在班级中进行筛选，请各小组结合诗词内容，绘制参赛作品，并分享小组作品。

（提示：从意象、意境、色彩等角度绘画、分享。）

预设：诗歌描绘了四幅画，分别是独立寒秋图、湘江秋景图、峥嵘岁月图、中流击水图。

知识链接1：意象、意境概念

意象：意，作者情感；象，客观的物象。意象即融入作者情感的物象。

意境：诗人通过种种意象的创造和组合所构成的一种充满诗意的艺术境界。

问：请说说这首诗的意象及意境特点。

预设：

意象：寒秋、万山、层林、漫江、百舸、鹰、鱼、万类

意境特点：高远壮阔、气势磅礴

知识链接2：诗词炼字

1.炼字对象：名词、动词、形容词、数量词、词性改变的活用词等

2.答题步骤：

（1）确定炼的字——最能体现诗人情感的字

词,运用修辞的字词,具有多重含义或临时改变的字词;

(2)解释字词的意义——结合诗句内容,解释该字的含义,展开联想,把该字放入到原句中描述景象,如果有修辞,点出修辞手法;

(3)阐述作用——点明该字词在形象、意境、感情等表达上有什么作用,产生的表达效果。

问:请指出这首诗的用得精彩字词。

预设1:"独立"(确定炼字),诗人孤独站立在橘子洲头(结合诗句解释意义),诗人是孤独的,也是自立的,加上寒秋的叠加,增添了一层凄凉之感。(表达效果)

预设2:诗人看到了"万山""层林""漫江""百舸",数字的夸张,给人以境界宏达开阔之感,表达诗人热爱祖国大好河山,以及乐观豪迈的情感。

预设3:诗人还看到了"红遍""碧透"等色彩描写、诗眼的辽阔,描绘了一幅色彩艳丽、壮观的江山秋景之图,表现了诗人对祖国的热爱之情。

预设4:诗人看到了鹰"击"、鱼"翔"、万类"竞"自由,展现了鹰的奋发有力,鱼的自由自在,万类的生机活力,描绘了一幅充满生机和活力的景象,体现了生命旺盛的活力。

三、以乐入诗,领悟诗歌情感

活动二:如果你是诗词诵读的导演,请选择适合本首诗词朗诵的配乐,并说明理由?

预设:"独立寒秋图"可以用婉转低沉的音乐引入,因为结合诗歌创作背景,此时诗人是孤独的,苍凉的;

"湘江秋景图"可以用比较欢快的乐曲,诗人描写了一幅充勃勃生机的湘江秋景,看到祖国的大好河山内心的欢喜从而发问如此美丽江山"谁主沉浮";

"峥嵘岁月图"用比较及激昂的乐曲,这是一幅回忆青春激昂的画面,青春年少、神采飞扬、才华横溢、意气风发、热情奔放,充满了活力,立志救国的志向在心中明确,是一段非常美好的时光,因此是欢快。

"中流击水图"用低沉的悲壮乐曲,由回忆青春年少时的昂扬斗志,联系到当时的大军阀、大官僚,以及当时国家的境况,心中不免愤恨,因此发问"曾记否,到中流击水,浪遏飞舟?"这既是内心愤恨的发问,也是对"谁主沉浮"的坚定回答。因此是悲壮的。

四、以演入诗,体会诗人形象

活动三:国庆将至,我校学生会准备在我们班选角拍摄一部以《沁园春·长沙》为原型的微电影,以激励青年学生的爱国豪情和凌云壮志。如果你是导演,请谈谈你选定角色的标准。

预设:需要选定两个不同时间段的人物,一个是青年毛泽东,一个是中年毛泽东。

青年毛泽东的形象:青春年少、热情奔放、才华出众、敢于斗争、无畏无惧、热爱国家中年毛泽东的形象:傲视独立、沧桑、伟岸、坚决、心怀天下(设计意图:以表演的方式让学生走进诗人,深入了解诗人的人生经历,以及诗歌的创作背景,体会诗人不同时期的人物形象的特点。)

五、布置作业

观看"我们党领导人民进行革命建设的青年辈出"的视频,之后写一篇以"青春·责任·担当"为主题的演讲稿。

六、板书设计

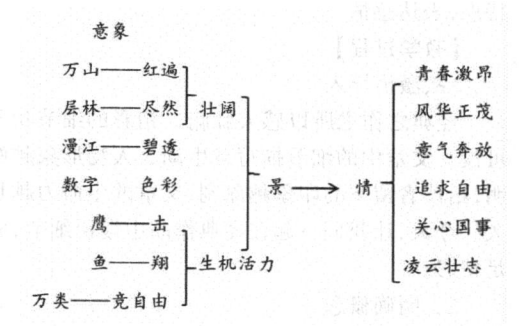

```
        意象
   万山——红遍  ┐
   层林——尽然  │壮阔   ┐青春激昂
   漫江——碧透  │       │风华正茂
   数字   色彩  ├景→情  │意气奔放
   鹰——击     │       │追求自由
   鱼——翔     │生机活力│关心国事
   万类——竞自由┘       ┘凌云壮志
```

七、教学反思

1.通过设计具体的情景教学任务,让学生在学习鉴赏中有方向,并能激发学生的学习积极性。

2.唐代诗人王维有言"诗中有画,画中有诗",自古诗画一体,设计通过让学生画画的形式让了解诗歌的内容可以加深学生对诗歌的了解,让学生有画面感。

3.通过配乐、表演的形式,让学生由理解诗歌的内容,走进诗人,走进诗人的情感,有身临其境之感。

4.由于教师和学生的音乐知识相对薄弱,乐曲相对贫乏,在"以乐入诗"教学环节用的时间较长,学生理解有一定的难度,需要在学习过程中,进行引导和关注。

方蓉,贵州省罗甸县第一中学教师。

细节描写写作指导教学设计

◎冯 舜

【教学目标】
1.了解细节描写及常见的类型并理解其作用。
2.学习细节描写的方法。
3. 在写作中运用细节描写来刻画人物的特点,表达感情。

【教学重难点】
重点:学习细节描写的方法。
难点：在写作中运用细节描写来刻画人物的特点,表达感情。

【教学过程】
一、激情导入
经典之作之所以感人肺腑,精彩的细节功不可没。文章中的细节描写越生动,人物形象越鲜明,给读者留下的印象越深刻,文章的生命力越长久。今天,让我们一起在经典作品中慢说细节,驻足精彩。

二、明确概念
1.那什么是细节描写呢？细节描写是对人物、景物、事件等表现对象的细微刻画。"细微",说明不是所有的描写都叫细节描写,只有那些于微小之处表现事物特征或作者情感态度,能给予作者印象深刻的描写才可称为细节描写。
2.那常见的细节描写有哪些呢？
肖像细节,指对人物身材、容貌、服饰等的描写。
神态细节,指对人物面部细微表情的描写。
动作细节,可以是一连串个性化的动作；也可以是某一个典型化的动作。
语言细节,对人物所说的话的描写。
景物细节,指那些能够表现人物形象或作品主题的细微的描写。
3.今天,我们将走进人物外貌和动作的细节刻画,巧用细节凸显神韵！

三、连线经典,探究方法
（一）抓住特征,放大特写
1.人物的外貌是留给观者的第一印象,是和善慈祥还是凶悍粗暴？是柔弱娇美还是强壮刚毅？很多时候,我们最初的判断标准就是我们直观的视觉印象。而文章中让人过目不忘的人物外形大多是通过细节展现出来的。2020 年的春节不同于往年,一场疫情,让我们了解了太多的感人事迹,见识了什么才是真正的最美！下面请大家细心观察,你能细化一下对她的描写吗？

出示：她的脸上布满勒痕,头发贴在额头上,她笑了。

从这位白衣天使深深的勒痕、凌乱的头发、动人的微笑中,我们感受到了她的勇敢与敬业、乐观与腼腆。同学们,对于外貌细节,我们在描写中就要注意聚焦细节,抓住特征,将其放大,进行特写,来表现人物的特点。（板书"聚焦细节,放大特写"）

2.连线经典
其实,这样的外貌细节,我们在杨绛先生的经典文章《老王》中也感受得到。老王是一个可怜的人,是一个懂感恩的人。为了描写他的感恩和"我"的愧怍,文中有一段这样的外貌描写:"有一天,我在家听到打门,开门看见老王直僵僵地镶嵌在门框里。他面如死灰,两只眼上都结着一层翳,分不清哪一只瞎,哪一只不瞎。他简直像棺材里倒出来的,就像我想象里的僵尸,骷髅上绷着一层枯黄的干皮,打上一棍就会散成一堆白骨。"这个情节发生在老王生病后,当他预感到自己不久于人世的时候,拿着仅有一点的东西来到"我"家表示感谢,当"我"打开门的时候,就发现了这样的细节:直僵僵地镶嵌在门框里、面如死灰、枯黄的干皮,这些都说明老王因生病显得笨拙,已临近死亡的边缘,而这一细节也再现了老王的善良、老王的知恩图报,以此表达

"我"的愧怍。

(二)细化动作，逐个分解

1.连线经典

同学们，你们还记得《从百草园到三味书屋》中儿童捕鸟的片段吗？请你关注空白部分，填上动词。想一想使用这些动词有何好处？

屏显：(扫开)一块雪，(露)出地面，用一支短棒(支起)一面大的竹筛来，下面(撒些)秕谷，棒上(系)一条长绳，人远远地(牵)着，(看)鸟雀下来啄食，(走到)竹筛底下的时候，将绳子一(拉)，便(罩)住了。——《从百草园到三味书屋》

明确：

这一连串的细致的动作描写，好像是慢镜头一样，将动作仔细分解开来，向我们展示了闰土捕鸟技术的娴熟、老练，表现了儿童捕鸟的专注和兴奋。所以我们在进行细节描写的过程中也可以放慢动作，逐个分解。(板书"细化动作，逐个分解")

2.小试牛刀

请用一系列动词描绘同学们非常口渴迫不及待喝水的样子。

夏天，同学们刚上完体育课。( )到教室，( )出自己的水杯，( )到饮水机跟前，( )了一满杯水，( )起杯子，( )，脸上( )。

学生展示。

出示：奔到教室，迅速拿出自己的水杯，冲到饮水机跟前，盛了一满杯水，拿起杯子，一饮而尽，脸上露出无比的满足和喜悦。

(三)精炼语言，彰显个性

1.同学们，细节虽小，但它是美的源泉，情的聚焦，相信下一次我们会看到不一样的喝水姿态！不同的时空，不同的人群，就有绝对不同的细节，你还记得鲁迅笔下那个别样的阿长吗？

出示：

"大"字型睡姿尽显粗俗

一句"三哼经"便知她文化水平之低

2.小结：然而，作者并没有直言她的粗俗与文化水平低，而是让我们通过这些语言细节来感受，所以文学，不是为了告知，而是为了表现，在以后的写作中，我们要学会精炼人物语言，彰显人物个性！

(四)运用修辞，画其神韵

1.过渡：生活中的细节之美，我们看在眼里变成风景；诉诸笔端，就是精彩。不同的时空，不同的人群，拥有绝对不同的细节，相信下一次我们也会看到不一样的喝水姿态！那你可以运用我们学过的修辞，美化一下《台阶》中父亲踏黄泥的情景吗？

出示：那时已经是深秋，露水很大，雾也很大，父亲浮在雾里踏黄泥，头发湿湿的，额头在冒汗。

出示：那时已经是深秋，露水很大，雾也很大，父亲浮在雾里。父亲头发上像是飘了一层细雨，每一根细发都艰难地挑着一颗乃至数颗小水珠，随着父亲踏黄泥的节奏一起一伏。晃破了便滚到额头上，额头上一会儿就滚满了黄豆大的露珠。

等父亲从厨房出来，他那张古铜色的脸很像一块青石板。

我就陪父亲在门槛上休息一会儿，他那颗很倔的头颅埋在膝盖里半晌都没动，那极短的发，似刚收割过的庄稼茬，高低不齐，灰白而失去了生机。

2.相信在大家笔下，在雾里踏黄泥的父亲一定是各具特色，而在李森祥笔下，他用巧妙的比喻生动形象地刻画出了一位勤劳朴实、坚韧谦卑的父亲。你们看，那露珠就像是父亲锄头下的黄豆，那一块块的青石板寄托了父亲强烈的期望，以致脸都"很像一块青石板"，"那极短的发，似刚收割过的庄稼茬"。我们似乎可以看到庄稼地里留下父亲一串串的汗珠。这些细节描写的喻体均来源于父亲的生活，比喻新颖而贴切。

(五)紧扣主题，真实表达

灵活运用修辞，我们的描写便可以更细腻、更丰富、更形象。细节描写的目的是表现人物，表达主题或情感。因此，我们在进行细节刻画的时候，一定不能忘了紧扣所要表达的主题。

四、写作实践

照片记录了生活的瞬间，也记载了生命中的故事。请仔细观察下面的照片，进行一段细节描写，200字左右。

五、结语

老子说："天下大事，必做与细。"希望同学们在平时的写作中，多关注火热的现实生活，用慧眼去观察，用头脑去挑选，用心灵去感受，用妙笔去生花。捕捉细节，彰显细节，让闪光的细节照亮时代经典！

六、板书设计

品读经典，慢说细节　　抓住特征，放大特写
细化动作，逐个分解　　精炼语言，彰显个性
运用修辞，画其神韵　　紧扣主题，真实表达

冯舜，湖南省长沙县星沙中学。

《拿来主义》教学设计

◎冯 耀

【教学目标】

1.辨别本文提到的错误倾向,把握"拿来主义"的内涵。

2.把握本文说理的论证思路,学习有针对性地表达观点的思维方法。

3.在当代社会生活情境中,认识"拿来主义"超越历史的思想意义和实践价值。

【教学重难点】

1.辨别本文提到的错误倾向,把握"拿来主义"的内涵。(重点)

2.把握本文说理的论证思路,学习有针对性地表达观点的思维方法。(难点)

【教学过程】

一、课堂导入

(一)教师活动:屏显自己在北京鲁迅博物馆和绍兴鲁迅纪念馆的见闻,以鲁迅对待传统文化和外来文化的态度、行为来导入课文。

(二)学生活动:间接亲身体验,增加对课文的情境感知。

二、展示教学目标

(一)教师活动:将教学目标屏显出来并念给学生听。

(二)学生活动:聆听教师讲述,根据课堂目标在课文做针对性圈画。

三、分组合作探讨:作者在谈"拿来主义"之前,还谈到了哪些"主义"?它们分别有什么表现?会导致什么后果?

(一)教师活动

1.向学生提出问题,引发学生思考。

2.在学生分组合作探讨时,巡堂指导。

3.点评学生的回答。

(二)学生活动

1.根据问题进行分组合作探讨,汇总回答。

2.向全班表达自己小组的讨论成果。

3.参考教师点评,修改回答,完成表格,做笔记。

(三)设计意图:让学生能辨别本文提到的错误倾向。

四、提问互动:用原文的话回答"拿来主义"有什么特点?结合本文对"拿来主义"的简括,说一说你心目中的拿来主义。

(一)教师活动

1.向学生提问,引发学生思考。

2.点评学生的回答。

(二)学生活动

1.根据问题思考,并在本上写下自己的回答。

2.向全班表述自己思考的成果。

3.参考教师点评,修改回答,做笔记。

(三)设计意图:让学生把握"拿来主义"的内涵。

五、提问互动:作者批判了哪几种对待文化遗产的错误态度?

(一)教师活动

1.向学生提问,引发学生思考。

2.点评学生的回答。

3.在学生回答的基础上,引出本文创作背景。

(二)学生活动

1.根据问题思考,并在本上写下自己的回答。

2.向全班表述自己思考的成果。

3.参考教师点评,修改回答,做笔记。

4.从《拿来主义》创作背景中,感知有针对性地表达观点的思维方法。

(三)设计意图:让学生学习有针对性地表达观点的思维方法。

六、讨论交流:文中批判的错误思潮,今天依然存在,只不过换了名目,有了新的招牌、新的花样,你能够结合自己现实生活,阐述有关现象吗?

(一)教师活动
1.向学生提出问题,引发学生思考。
2.在学生分组合作探讨时,巡堂指导。
3.点评学生的回答。
(二)学生活动
1.结合自身见闻进行分组合作探讨,汇总回答。
2.向全班表达自己小组的讨论成果。
3.参考教师点评,修改回答,完成表格,做笔记。
(三)设计意图:让学生在当代社会生活情境中,认识"拿来主义"超越历史的思想意义和实践价值,提升课堂的精准性、实效性。

七、提问互动:
环节一:"鱼翅""鸦片""烟枪烟灯""姨太太"分别比喻什么?
(一)教师活动
1.向学生提问,引发学生思考。
2.点评学生的回答。
(二)学生活动
1.根据问题思考,并在本上写下自己的回答。
2.向全班表述自己思考的成果。
3.参考教师点评,修改回答,做笔记。
(三)设计意图:让学生从精神实践的角度把握"拿来主义"的内涵,并为下一个问题做铺垫。

环节二:屏显一些当代可见的文化财产,提问——这些文化财产在当代社会生活情境中还能见到,它们分别属于什么类型?应当被如何对待?
(一)教师活动
1.向学生提问,引发学生思考。
2.点评学生的回答,引出判断文化财产类型的标准。
3.引出《清明上河图》中关于海外贸易、文化继承的历史故事。
(二)学生活动
1.根据问题思考,并在本上写下自己的回答。
2.向全班表述自己思考的成果。
3.参考教师点评,修改回答,做笔记。
4.从判断标准、历史故事中汲取"拿来主义"精神营养。
(三)设计意图:在当代社会生活情境中,认识"拿来主义"超越历史的思想意义和实践价值,增强课堂内容的知识迁移。

环节三:作者要论说的是"拿来主义",为什么课文前半部分写"闭关主义"和"送去主义"?

(一)教师活动
1.向学生提问,引发学生思考。
2.点评学生的回答。
(二)学生活动
1.根据问题思考,并在本上写下自己的回答。
2.向全班表述自己思考的成果。
3.参考教师点评,修改回答,做笔记。
(三)设计意图:让学生把握本文说理的论证思路。

环节四:本文是用什么方法论证"拿来主义"的?
(一)教师活动
1.向学生提问,引发学生思考。
2.点评学生的回答。
3.引出"简括法"绍介。
(二)学生活动
1.根据问题思考,并在本上写下自己的回答。
2.向全班表述自己思考的成果。
3.参考教师点评,修改回答,做笔记。
(三)设计意图:让学生把握本文说理的论证思路。

八、布置课后作业
1.向学生布置作业。
2.用自己亲身考察成果给学生提供作业素材。
3.批改作业,并将佳作在课后进行分享、鼓励。
(二)学生活动
1.按时、认真完成作业。
(三)设计意图:培养学生创新能力,激发学生的积极性和创造性。

九、回顾教学目标
(一)教师活动
1.屏显教学目标,并简评《拿来主义》的历史意义,作为本课结束。
(二)学生活动
1.从屏显的教学目标出发,回顾整节课的学习,反省目标是否达成。
(三)设计意图:使课堂形成首尾呼应的闭环,增强学生对于本节课所学内容的把握和激发学生拓展阅读的兴趣。

冯耀,广西南宁市武鸣区广西希望高中教师。

《宿建德江》教学设计

◎ 高世玉

【教材版本】

统编本六年级上册第一单元。

【设计思路】

《宿建德江》是孟浩然寓情于景、抒发愁绪的名篇。整个教学设计围绕"愁从何来"铺陈开来,通过"抓诗眼""看生平""找意象""知写法"等方法,探索诗人"愁"从何来。本设计紧扣学生难点(后两句诗明明写景,如何抒情?),通过初步感知意象、"读进去想开来"情境塑造、体会"寓情于景"、梳理拓展意象、借事物诉衷肠等教学环节,层层递进、步步深入,实现学生对"愁从何来"的深入理解。

【教学目的】

1.朗读《宿建德江》,整体感受诗人愁绪;

2.通过"抓诗眼""看生平""找意象""知写法"等方法深入探索诗歌"愁"从何来;

3.拓展诗词,寻找诗词中"愁"的寄托物,学会选择事物倾诉心声。

【教学重点难点】

通过"抓诗眼""看生平""找意象""知写法"等方法深入探索诗歌"愁"从何来。

【教学过程】

一、铺垫基调,引入话题

诗词导入,联系生活

"缺月挂疏桐,漏断人初静。时见幽人独往来,缥缈孤鸿影。"愁苦、孤独是诗人跳不过的话题,相信你也有过这种体验。今天,让我们一起回到一千年前的一个夜晚,回到建德江畔,来到孟浩然的身旁,看看他看到了什么,又在想些什么。

二、初读古诗,整体感知

1.读准字音,读出节奏

朗读古诗,要注意读准字音,读出节奏。注意"渚"字是翘舌音,让我们一起跟着录音领略诗歌魅力。

2.结合注释,理解大意

"书以道事,诗以达意",读了这首诗,结合注释,你能说说它的大概意思吗?

三、探索情感,感知写法

1.抓诗眼,明情感

"君虽不作丹青手,诗眼亦自工识拔。"诗人把情感凝于一字,就叫作"诗眼",你能找到这首诗的诗眼吗?

"愁"

那么作者的"愁"从何而来呢?

2.看生平,品愁绪

了解作者的生平,能帮助我们更好地理解诗人此时的心情。

孟浩然,公元689年,生于襄阳城的一个书香世家。自小读书,渴望出仕。

23岁,隐居鹿门山,尝试以隐求仕,以失败告终。24-38岁期间,孟浩然漫游求仕,广交朋友,拜访公卿名流,以求进身。无奈屡屡受挫。39岁,因惹怒唐玄宗,被放归襄阳,自此漫游吴越,开始一人东归之旅。公元730年,42岁的作者,羁旅建德江,作此诗。

读进去,想开来。你发现诗人"愁"在何处了吗?

3.学意象,知孤寂

古人认为"意是内在的抽象的心意,象是外在的具体的物象。意象就是大自然中借以寄托情思的物象。"那么，在这首诗里，作者是借什么寄托愁思的呢？

千百年来，"月"是孤独、思乡的象征。

客居他乡时，李白写下"举头望明月，低头思故乡"的思念；

战乱离散时，杜甫写下"露从今夜白，月是故乡明"的感伤；

辗转失意时，苏轼写下"人有悲欢离合，月有阴晴圆缺"的无奈；

贬谪离乡时，张九龄写下"海上生明月，天涯共此时"的情思。

所以，看到"月"，我们就看到了诗人的"愁"。

4.析情感，识写法

日暮黄昏之时，心中的愁绪慢慢升起。放眼望去，旷野无垠，一片苍茫。茫茫四野，独身一人，竟没有人、没有物与自己作伴。心中愁苦，无人能诉。

诗人再看——

夜已降临，江水清冷，一轮明月映入江中，离自己越来越近。此时，千愁万绪，涌上心头，江水悠悠，冷月孤舟，能够陪伴自己的原来只有一轮明月。

羁旅的惆怅，仕途的失意，故乡的思念，理想的幻灭，万千愁绪融入旷野、明月、江水之中，虽不明说，客愁可见，这样的表现手法就叫作"寓情于景"。

从"移舟"到"日暮"，从"野旷"再到"江月"，相信诗人的新愁也变得渐渐浓郁，此时无声胜有声，这就是"寓情于景"的魅力。

四、意象梳理，拓展延伸

诗词群，寻意象

"愁"是萦绕在人类心头挥之不去的情感，它看不见也摸不着。可古人总能通过奇思妙想和妙笔生花把它活灵活现地表达出来。你能找到以下诗句中诗人愁绪的寄托物吗？

姑苏城外寒山寺，夜半钟声到客船。

——张继《枫桥夜泊》

问君能有几多愁，恰似一江春水向东流。

——李煜《虞美人》

花自飘零水自流。一种相思。两处闲愁。

——李清照《一剪梅》

试问闲愁都几许？一川烟草，满城风絮，梅子黄时雨。

——贺铸《青玉案》

没错，张继的"夜半钟声"、李煜的"一江春水"、李清照的"落花"、贺铸的"满城烟雨"，无一不是愁的寄托。

五、作业设计，读写结合

选意象，诉衷肠

愁肠百转之际，孟浩然选择了"江月"，张继选择了"钟声"，李煜选择了"一江春水"……相信你也有过心中愁苦无人倾诉的时候，请选择一种事物，参照格式，向它说说你的心里话吧！

_____时，我选择_____，我想对它说：_____

六、板书设计

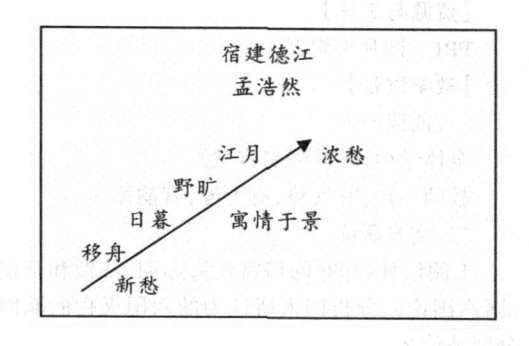

宿建德江
孟浩然

江月 → 浓愁
野旷
日暮 寓情于景
移舟
新愁

高世玉，广东省深圳市龙岗区横岗街道梧桐学校教师。

《阿房宫赋》《六国论》联读方案

◎高同英

【教学目标】

1.分析杜牧的《阿房宫赋》,苏洵、苏辙和李桢的《六国论》所论述的六国灭亡的原因。

2.理解"无理而妙"这一文学现象,并分析其妙处。

3.探究"无理而妙"现象产生的原因。

4.学习杜牧和苏洵以天下为己任的情怀。

【教学重点】

1.分析杜牧的《阿房宫赋》,苏洵、苏辙和李桢的《六国论》所论述的六国灭亡的原因。

2.理解"无理而妙"这一文学现象,并分析其妙处。

【教学难点】

1.探究"无理而妙"现象产生的原因。

2.学习杜牧和苏洵以天下为己任的情怀。

【方法与策略】

诵读法　讨论法　例释法　比较阅读法

【资源与工具】

PPT　图片编辑器

【教学过程】

一、诵读导入

全体学生诵读《阿房宫赋》。

教师点评:有气势,有力度,有韵律美。

二、文本研读

1.阅读杜牧的《阿房宫赋》,苏洵、苏辙和李桢的《六国论》,分析四人所认为的六国灭亡的原因分别是什么。

《阿房宫赋》历来被称誉,说"古来之赋,此为第一"。我却不服!为什么呢?就因为这句不合逻辑的话:灭六国者,六国也,非秦也。这句话没道理嘛!哪有自己消灭自己的道理?你们说是不是?

学生各抒己见。强调内因:使六国各爱其人,则足以拒秦。六国之君不爱自己的百姓吗?凭什么这么说?"燕赵之收藏,韩魏之经营,齐楚之精英,几世几年,剽掠其人,倚叠如山。"可见六国之君通过搜刮民脂民膏来供自己奢侈享乐,所以失去了民心,这等于自掘坟墓啊。有道理!

无独有偶,苏洵在《六国论》中也论及了六国灭亡的原因,在他看来,六国为什么会灭亡呢?"六国破灭,非兵不利,战不善,弊在赂秦。赂秦而力亏,破灭之道也。或曰:六国互丧,率赂秦耶?曰:不赂者以赂者丧。盖失强援,不能独完。故曰:弊在赂秦也。"(苏洵《六国论》)

对于六国破灭的原因,不仅杜牧和苏洵有自己的见解,苏辙和明朝的李桢也有自己的看法。在他们看来,原因又是什么呢?

夫韩、魏不能独当秦,而天下之诸侯,藉之以蔽其西,故莫如厚韩亲魏以摈秦。秦人不敢逾韩、魏以窥齐、楚、燕、赵之国,而齐、楚、燕、赵之国,因得以自完于其间矣。(苏辙《六国论》)

以余观之,彼六国者皆欲为秦所为,未可专以罪秦也。当是时,东诸侯六国也,未有能愈于秦国也;其溺于攻伐,习于虞诈,强食而弱肉者,视秦无异也。兵连祸结,曾无虚岁。向使有擅形便之利如秦者,而又得天助焉,未必不复增一秦也,惟其终不克为秦之所为,是以卒自弱,而取夷灭。

曰:"若是,则六国无术以自存乎?"曰:"奚为其无术也。焉独存,虽王可也。孟子尝以仁义说梁、齐之君矣,而彼不用也,可慨也夫。"(李桢《六国论》)

杜牧《阿房宫赋》:不爱人

苏洵《六国论》:弊在赂秦

苏辙《六国论》:不厚韩亲魏

李桢《六国论》:不施仁义

可见,六国灭亡的原因有很多,杜牧和苏洵却斩钉截铁地认定是"不爱人"和"弊在赂秦",他们不讲理!

三、无理而妙

回想我们熟知的很多文学作品,我们发现,像杜牧和苏洵一样不讲道理的文人大有人在。比如:

1.无理而妙的例子:

上邪我欲与君相知,长命无绝衰。山无棱,江水为竭,冬雷震震,夏雨雪,天地合,乃敢与君绝!(《上邪》)

岭外音书断,经冬夏历春。近乡情更怯,不敢问来人。(宋之问《渡汉江》)

《窦娥冤》中窦娥遭冤受刑,死前发下三桩誓愿:六月飞雪,血溅白练,亢旱三年,一一应验。

《牡丹亭》中杜丽娘因梦而死,又因爱情感召死而复生。

卡夫卡的《变形记》中写人变成了大甲虫。

再如:白发三千丈,缘愁似个长。(李白《秋浦歌》)

锦瑟无端五十弦,一弦一柱思华年。(李商隐《无题》)

这就是文学中常见的一种现象——无理而妙。

无理而妙:表面说出来的是反话、错话,实际表达的却是深层意义的正话、对话,从而在说的方式与说的意义两者之间构成了让读者回味不尽的奥妙。

2.为什么会"无理而妙"?

杜牧和苏洵在《阿房宫赋》和《六国论》中"无理","妙"了吗?

与写作背景(写作目的)有关

《阿房宫赋》:晚唐时代,政治腐败,阶级矛盾异常尖锐,而藩镇跋扈,吐蕃、南诏、回鹘等纷纷入侵,更加重了人民的痛苦,大唐帝国,已处于崩溃的前夕。他在《上知己文章启》中明白地说:"宝历大起宫室,广声色,故作《阿房宫赋》。"

《六国论》:北宋建国后一百年间,军队与辽、西夏军队大小六十余战,败多胜少。北宋加强中央集权的措施,导致官僚机构膨胀和军队不断扩充,官俸和军费开支浩大,政府财政入不敷出。到苏洵生活的年代,北宋每年要向辽和西夏上贡大量银两以及商品。这就助长了辽、西夏的气焰,加重了人民的负担,极大地损伤了国力,带来了无穷的祸患。

文学艺术的情感逻辑是"无理而妙"的摇篮。文学不仅再现现实,而且也表现主体情感。有时,作家表现出典型环境中情感,这种情感,密度大、浓重而强烈,常取反常的形式出现。在这种情况下,创作主体要遵循情感逻辑,就不得不违反生活逻辑。形神兼备固然是好,但二者若不可得兼,则弃形似而取神似,虽无理却有情。(周然毅《"无理而妙"新论》)

一切还是因为一个"情"字!杜牧和苏洵的这种情,你能理解吗?

拓展延伸:如果你是杜牧或苏洵的知己,请你写一段话送给他。

课堂小结:"天下兴亡,匹夫有责。"在国家危难之际,勇武之士当然可以"捐躯赴国难,视死忽如归",但是,一介书生,手无缚鸡之力,当何以报国呢?杜牧和苏洵以自身经历告诉我们:"苟利国家生死以,岂因祸福避趋之",这就是知识分子应该有的责任和担当!希望大家继承这份爱国之情,这种责任感和担当意识,无论以后你是什么什么年龄,什么身份,什么地位,都能够"心系家国事,常怀爱国情"。

推荐阅读:贾谊《过秦论》、贺裳《皱水轩词筌》、周然毅《"无理而妙"新论》

【作业设计】

浪淘沙 / 石孝友

好恨这风儿,催俺分离!船儿吹得去如飞,因甚眉儿吹不展?叵耐①风儿!

不是这船儿,载起相思?船儿若念我孤恓,载取人人篷底睡,感谢风儿!

注:①叵耐:也作叵奈。不可容忍;可恨。

前人曾评价此词"无理而妙",请结合词的上阕简要分析。

①词中主人公不得不与心上人分别,但他却责怪是风儿要将他们分开,这种责怪看上去没有道理;②主人公认为船重眉轻,风儿既然能吹得船儿去如飞,为什么却吹不展一双愁眉。本是自然的事,却引起了主人公的疑云和埋怨,似乎不合常理。③词中越是对风儿发出无端的怨怒,越表现出主人公那种强烈的真挚的相思之情,极为奇妙。

【板书设计】

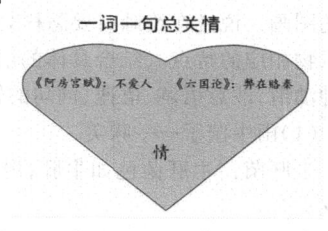

一词一句总关情

《阿房宫赋》:不爱人　《六国论》:弊在赂秦

情

高同英,山东临沂商城实验学校教师。

《昆明的雨》教学设计

◎何 鹏

【教学目标】

1.品读文中昆明的雨和雨季中相关景、事、物的特点,理解文中展现的风土人情。

2.感悟作者对昆明生活的喜爱与想念,理解课文的人文内涵:从容、淡然、乐观的心境,爱生活、爱自然的审美情趣,提高审美情操。

【教学重点】

1.体会作者说的"我想念昆明的雨"的深厚感情,理解文中展现的风土人情。

2.理解文中所写的昆明的雨和雨季中相关景、事、物的特点。

【教学难点】

体会作者的思想感情,理解课文的人文内涵——淡然、乐观的心境,对生活的热爱。

【教学方法】

情境教学法、朗读法、讨论法

【教学工具】多媒体

【教学过程】

美术作品是人们审美的需要和艺术家个人情感表达的产物。汪曾祺先生曾应宁坤的要求画一张能体现昆明特点的画。若现在请你通过一幅画卷来更形象地展现昆明的特点以及汪曾祺先生对对于昆明的情感,请根据本文《昆明的雨》所展现的风情为他设计画卷。

(一)"动情"草木卷

任务一:请为画卷设计使人"动情"的雨季景物的图画,说说在绘画时要怎样处理才能突出这些景物相应的特点。(结合具体的语句来说)(读出这种动情,注意语调、语速、词句的轻重)

(1)雨中菌子——味美

牛肝菌:"牛肝菌色如牛肝,滑、嫩、鲜、香,很好吃。"

鸡㙡:"菌中之王是鸡㙡,味道鲜浓,无可方比。"

干巴菌:"这种东西也能吃?!"——"这东西这么好吃?!"

"?""!"分别含有怎样的情感?请分别在前面加一个语气词揣摩情感。"噫,这种东西也能吃?!"——"哇,这东西这么好吃?!"

前者"?"表达了汪老初次面对干巴菌丑陋的外形时内心充满了强烈的质疑和惊讶;"!"表达了对干巴菌的嫌弃。

后者"?""!"表达了汪老对干巴菌的美味在舌尖上绽放时的惊喜与惊叹之情,是一种意料之外的小兴奋。

绘画技巧示例:通过突出旁人沉醉美食的神态特写,来体现菌子的美味、他们对菌子的喜爱。

(2)雨中杨梅——美味

"一点都不酸!""……都比不上昆明的火炭梅"

(3)雨中的仙人掌、缅桂花、大木香花——风俗美、旺盛生命力

①昆明人家常于门头挂仙人掌一片以辟邪,仙人掌悬空倒挂,尚能存活开花。于此可见仙人掌生命之顽强……

②昆明的缅桂是大树!……院里有一颗大缅桂,密密的叶子,把四周房间都映绿了。

③酒店院子里有一架大木香花。昆明木香花很多。有的小河沿岸都是木香。一棵木香,爬在架上,把院子遮得严严的。密匝匝的细碎的绿叶,数不清的半开的白花和饱涨的花骨朵,都被雨水淋得湿透了。

(二)"动情"往事卷

任务二:请为画册增添令人动情的往事情景画面,并思考在绘画时要怎样处理才能突出这些人事的动人之处。

1.苗族女孩卖杨梅——娇美

若将"一顶""扳尖""一角""一声"删去,有何不

同?

卖杨梅的都是苗族女孩子,戴一顶小花帽子,穿着扳尖的绣了满帮花的鞋,坐在人家阶石的一角,不时吆唤一声:"卖杨梅——"声音娇娇的。她们的声音使得昆明雨季的空气更加柔和了。

这些词语更能突出苗族女孩子的娇羞、娇美的情态,进一步衬托出昆明雨季的柔美。

读出这种娇美。破折号地方注意拉长声音。(语速放慢,音调压低)

2.房东送缅桂花——热情、淳朴

(1)送花,摆得满满的

明确:对热情、淳朴、善良的昆明人的喜爱感动

3.与朱德熙逛莲花池、酒店小酌——恬淡、青春、乡愁

"四十年后,我还忘不了那天____的情味。"

引导1:读对鸡和大木香花的描写片段,你读出了一种怎样的意境?

——恬淡、惬意的意境。

链接资料1:1939年,19岁的汪曾祺从上海经由香港、越南,辗转万里奔赴昆明,考入西南联大中文系,师从沈从文。在昆明生活了7年,5年求学,2年教书。

在昆明,他不仅接受了良好的高等教育,结识了许多师长和朋友,还结识了后来与他相知相爱的施松卿,并开始走上文学创作之路。

——美好的青春记忆是使人动情的。

链接资料2:吴中名伶,"秦淮八艳"之一。崇祯末年被田畹锁掳,后被转送吴三桂为妾。吴三桂独霸云南后,阴怀异志,奢穷侈欲,歌舞征逐。陈圆圆因年老色衰,加之与吴三桂正妻不谐,且吴三桂另有宠姬数人,于是日渐失宠,遂辞宫入道。

链接资料:在日寇侵华,平津沦陷的1939年,汪曾祺来到昆明,慕名到"西南联大"求学。课余闲暇,汪先生爱穿行在昆明的大街小巷中,逛书店、逛裱画店、逛做锡箔的作坊、逛茶叶店。在那些艰辛的岁月里,汪先生和当时到昆明来追求真理、寻求智慧的许多名人、教授、学子一样,满腔热忱。挥洒着自己的青春和热血,用饱蘸浓情的笔墨,给昆明人民留下了一笔宝贵的精神财富。

——李商隐的乡愁以及投池而去的陈圆圆的乡愁引起了汪老的乡愁。中国正遭遇日本的踩躏,国破家亡,亲人离散,忧国忧民的乡愁、家国情怀流露于字里行间。

(三)"动情"生活态度主题

任务三:结合本文以及对汪曾祺的了解,请为画卷设计题目,体现汪曾祺在这个文章中体现的人生态度。(小组合作完成)

1.链接资料

(1)汪曾祺一生经历诸多坎坷,曾被打为右派,流落下放,又经历了大革命的批斗,在他后来的回忆中,还隐隐记着当时发生过的事。

"我当了一回右派,真是三生有幸,不然我这一生就更加平淡了。"

(2)"当时,许多反映'右派'生涯的作品,都是又苦又悲又惨,现实生活也确实如此,但是老头儿却很少写这些内容,相反,对于生活中的美,哪怕只存在于犄角旮旯,他也要极力挖掘出来并着力表现,这是他作品的基调,是发自内心的诉说。"——《人间草木》序言

(3)西南联大的厨房是世界上最脏的厨房之一,饭菜里吃出苍蝇、老鼠屎、跳蚤、长串的头发,是很平常的事了。

2.在本文中:"雨"象征着他遭遇的磨难,身处逆境却不觉得内心是湿漉漉的,而是热情的。历尽磨难后仍然以一颗温暖的心与这个世界温暖相拥,去发现艰难岁月中一切事物的美好、人情的美好,有一颗豁达而善于发现美的眼睛。即使身处"雨"境,内心也是向阳的。(这是一种经历苦难却豁达淡然的使人动情心态。是在平淡记叙中表现出的一种人文理想:温和地面对生活。)

预设:题目设计:豁达、恬淡、热情

(四)寄语及作业

我们跟随汪曾祺,一同走近并设计了一幅"昆明烟雨画卷",生活如诗更如画,只有懂得欣赏、热爱生活的人才能领略其中美好。希望大家也能像汪老一样,不管境遇怎样,都能让生活充满诗情,对生命充满热情!

推荐阅读汪曾祺《人间草木》。

【板书设计】

	昆明的雨
汪曾祺 动情	雨中草木:美味、生机
	雨中往事:淳朴热情、恬淡、美好青春、乡愁
	雨中生命:豁达、热情、恬淡

何鹏,江苏省苏州市苏州工业园区星海实验中学教师。

《石壕吏》教学方案

◎ 何　茜

【教材分析】

《石壕吏》选自语文统编版教材八年级下册第六单元，选编的课文都是传统的名家名篇，其中有对精神自由的渴望，有对学习生活、理想社会的期望，有"不平则鸣"的呐喊，有对民生疾苦的同情。这些诗文表现了古人对美好社会生活的憧憬，也有反思现实的哲思。本单元语文要素是：要在反复诵读的基础上，培养文言语感；注意积累常用文言词语和句式，欣赏课文中精彩的语句；还要学习古人论事说理的技巧，体会他们的人生感悟。《石壕吏》讲述的是杜甫亲眼所见的石壕吏乘夜捉人的故事，揭露封建统治者的残暴，反映了唐代"安史之乱"引起的战争给广大人民带来的深重灾难，表达了诗人对劳动人民的深切同情。本教学方案以独特的视角切入，不断还原现实场景，通过反复诵读带领学生去感受诗中描述的社会现实，以及感悟诗人忧国忧民的博大情怀。

【学情分析】

本课的教学对象是八年级的学生，他们已经具备一定的文言基础，并且在历史课上有学习过安史之乱的相关知识。但因为生活和社会的阅历浅薄，对人生的感悟力较弱，需要通过教师的引导，从更深层次去感悟诗歌，感悟人生。

【教学目标】

1.反复诵读诗歌，读懂诗歌大意。
2.理解诗歌内容，感受诗中描述的社会现实。
3.体会诗人情感，感悟忧国忧民的博大情怀。

【教学重难点】

重点：反复诵读，感受安史之乱下的社会现实。
难点：体会杜甫为何失语，而失语者矛盾纠结中的悲悯。

【教学方法】

诵读法、批注法、自主学习法、合作探究法

【教学过程】

导入：近日，国产剧《唐朝诡事录》剧组编剧准备增加一集的内容，以大诗人杜甫《石壕吏》为蓝本进行深度创作改编。可这消息一经在网上发布，便引起网友们的热议，帖子中有人质疑杜甫太过于冷静的旁观，让人很难想象到这是一位伟大的爱国诗人。更有人质疑，从头到尾，杜甫都没有表明自己对石壕吏捉人事件的态度。今天，为了配合剧组编剧，了解事情的真相，我们穿越千年还原历史真相，让杜甫先生告诉我们最真实的一幕。

任务一：透过文本，看诡谲的一幕

1.齐读诗歌。标出容易错的字（逾、戍、妪、咽），当堂读一遍，写一遍，正音。

2师：之前的课程我们介绍过三吏三别，同学们还记得吏是什么意思么？

生：官吏、差役的意思。

师：那就是来自朝廷差役。他们是国家正统的军队，应该是会去帮助百姓，维护这个国家秩序的。但是现在发生了很诡异的一幕，有没有同学告诉我？刚刚读完诗歌，你读到了什么？

生：安史之乱 759 年春天，形势发生逆转，唐军全线崩溃，退守河阳，四处抽丁补充兵力，杜甫此时经过此处写下：

时间——暮（傍晚，天将黑）
地点——石壕村
人物——老翁、老妪、孙母、乳下孙、吏、杜甫
事件——起因（官吏捉人）经过（老翁跑了，老妇说了一堆自家情况）结果（老妪被捉走，天亮，杜甫向老翁告别离开）

师：诡谲的地方在哪呢？

生预设：国家派遣差役来捉人；这家儿子已经全部参军了，还有两个已经战死，只剩下老人与小孩都不放过；为什么要"捉人"而不是"征兵"，为何

在夜里进行?……

师:官府不顾百姓意愿,强迫当兵。用捉的形式,性质已然发生变化。捉人事件时有发生,百姓在白天反抗或躲藏,侧面表明差役捉人手段凶狠,夜深突袭。

通过文本,我们读到了官吏的凶狠,读到了百姓的苦难。在这样的背景下,我们再用深沉低回的语调来读,注意节奏划分,注意气息的控制。

暮投/石壕村,有吏/夜/捉人。老翁/逾墙/走,老妇/出门/看。

吏呼/一何怒!妇啼/一何苦。

听妇/前致词,三男/邺城戍。一男/附书至,二男/新战死。存者/且偷生,死者/长已矣!室中/更无人,惟有/乳下孙。有孙/母未去,出入/无完裙。老妪/力虽衰,请从/吏夜归。急应/河阳役,犹得/备晨炊。

夜久/语声绝,如闻/泣幽咽。天明/登前途,独与/老翁别。

任务二:直击现场,一位冷静的旁观者

前面提到杜甫在面对"有吏夜捉人"的现实,沉默失语,甚至在故事结尾天明与老翁告别,离开石壕村。诗人在此时作为一个无言的旁观者,是值得惊异的,连一丝丝评论的语句都没有。失语的背后是什么?他真是一个冷漠的人吗?而他失语背后有着一种怎样的内心纠葛,怎样的选择呢?

(小组合作探究)

展示:

材料一:乾元元年(758年),杜甫为救宰相房琯,再三向唐肃宗进言,险些招杀身之祸,他因此被贬为华州司功参军。

材料二:在瀼(ráng)西居住时,从不制止他家房前打枣子充饥的穷人。

材料三:在《新安吏》《潼关吏》中里,诗人都有与故事中的人进行对话,或是劝告官吏,或是劝慰征人。

为何在此处杜甫失语了?(指导学生有感情地读,注意重读和语调)

面对老翁/逾墙/走,老妇/出门/看。他失语了

面对吏呼/一何怒!妇啼/一何苦。他失语了

面对一男/附书至,二男/新战死。他失语了

面对老妪/力虽衰,请从/吏夜归。他失语了

面对夜久/语声绝,如闻/泣幽咽。他失语了

作为一个朝廷命官,他应该制止逃役,无兵役何以战?何以平叛?何以安天下?

学生总结预设:于是乎,面对捉人,他不能劝止,这是为国而战的必要举措。面对老翁逾墙走,他不忍制止,这个家庭已献出三子。面对年幼的孩子和母亲,他无法劝慰,因为这改变不了这个家庭的悲剧。面对自请河阳役的老妪,他无法赞扬,因为这困难压得人太沉重了。当忠君和爱民发生冲突时,忧国与忧民走在两端时,他选择了沉默。

任务三:文本链接现实,感受生命的悲悯

时代尘埃落到每一个人身上都是一座大山,在长安十年求官的杜甫,在天宝十四年时爆发安史之乱,因家人都在奉先县,他准备回家陪伴家人。一路上他非常潦倒,当他以为可以和家人共饥渴时,推门迎来一个更大的噩耗,他的小儿子冻饿至死,这对于一位父亲而言多么的辛酸与痛苦。

在《石壕吏》这首诗中,诗人没有评论,但在叙述中我们仍感受到了痛苦。

展示指导学生读及呈现各种苦难

三男/邺城戍。一男/附书至,二男/新战死。(丧子之苦)新字拖长音来读

惟有/乳下孙。有孙/母未去,出入/无完裙。(困窘之苦)无完裙重读

老妪/力虽衰,请从/吏夜归。(应征之苦)应字拖长音来读

这是一群可怜人的悲歌,杜甫在矛盾与纠结中度过了这一夜,无言亦是无声的控诉与安慰。

我们曾读过他不同时期忧国忧民的作品(与学生一起读)

他困居长安时目睹国破之景的悲叹:国破山河在,城春草木深。他漂泊西南时辗转难眠的感慨:万事干戈里,空悲请夜徂cú。他回乡探亲看到权贵时的怒吼:朱门酒肉臭,路有冻死骨。

他是始终怀着悲悯的心,这是用悲悯唤醒悲悯,这是忧国忧民的情怀。读杜甫,我们要读到他诗歌中对天下苍生的悲悯,现在,让我们带着这种情感,再一次诵读诗歌。

【课后作业】

1.发挥想象,将《石壕吏》改写成一则500字的完整故事。

2.观看bilibili上《杜甫:最爱哭的诗人》视频。

何茜,广东省惠州市第一中学教师。

《爱莲说》教学方案

◎贺 萍

【教材分析】

本单元主题是"修身正己",所选的课文,有着丰富的中华优秀传统文化内容,所写人物的身上,也蕴含着中华民族优秀传统美德,从"驿路梨花"助人为乐精神永流传到刘禹锡"斯是陋室,惟吾德馨",了解古今仁人志士的嘉言懿德,树立人生标杆;本单元的语文要素是:重点学习略读,观其大略,粗知文章大意,阅读上,强调会表达,有自己的心得。《爱莲说》在"修身正己"主题的群文阅读中是指向学生核心素养发展的重要一课,承载着道德修养方面的意义,同时也落实了新课标中对传统文化弘扬的目标,增强学生对民族文化的理解与自信。

【素养目标及重难点】

1.写出重要的文言注释,整体理解文章内容。

2.通过诵读,感受莲花的外在美和内在美;尝试探究文章的主旨和托物言志、衬托的手法。

3.通过学习作者洁身自好、不慕名利的生活态度,热爱中华美德以及感受时代对这些美德的呼唤。

【教学方法】

朗读法、圈点勾画法、资料链接法

【教学过程】

导入:使用合拍功能,展播优秀朗读。

一、独赏莲之形

1.展示梳理的文言注释小卷作答情况

在分析对比下,发现作答问题,空题现象、答题不全、写近义词、书写错误,反思5种积累文言的方法:1.书写要完整;2.不要写错字;3.语境中记忆;4.区分近义词;5.有归类意识。

2.周敦颐为何独爱莲?从文中找处相关词句,探究这份"爱"的缘由。开展对课文重点句段的朗读和品析,引导学生借助资源包,链接知识点自主学习下,生发新思考。学生找到莲花的外形特点。

3.想一想:古人常将"梅、兰、竹、菊"称为"花中四君子"。它们的花朵色淡香清,且多生于幽僻之处,因此常被看作是谦谦君子的象征。

周敦颐却慧眼独具,在"梅、兰、竹、菊"之外,又将莲花奉为君子。请你想一想,莲花之貌、君子之品,有何相合之处?何谓君子?老师做"君子"的资料链接。

二、独尊莲之神

1.结合莲的形象,借助以下句式,说说莲为何是"花中君子"。

莲之____,恰如君子之____,故可称之为"花中君子。"

示例:莲之"出淤泥而不染",恰君子之洁身自好,故可称之为"花中君子。

小组合作探究,结合资源包学生在莲花与君子间对应出特点和品质。

2.播放资料链接

北宋中期,官场风气日趋腐败,周敦颐却始终不随波逐流。他在洪州南昌为官时,俸禄不低,但他领到俸禄后,总是散以济贫,或分送同宗族的亲戚,或对有困难的百姓慷慨解囊,最后导致自己生病都拿不出钱来看病,生活过得清贫而寒酸。周敦颐操劳过度死后,好友赶来为他料理后事,检点家产时,发现其衣服杂物全部叠起来不足一箱,钱不过百文。周敦颐从虔(qián)州调任南昌知府,他再登庐山,令他高兴的是,在山北莲花峰下发现了一条美丽的小溪。溪水蜿蜒曲折,碧澄清澈,与故乡营道的一条溪水竟非常相似。他问当地的田夫野老,得知此溪尚无正式名称,这使他分外激动,当即给此溪命名为"濂溪"(故乡的小溪也叫濂溪),并在此购地筑堂,准备在此终老。将溪水以"濂"命名,不仅寄托了他对故乡的怀念,还为了让溪水日日夜夜告诫自己:要保护清濂的名声(古时濂与廉同音连义)。后来,人们便称他为"濂溪先生"。

3.相关链接

小组合作探究,结合资源包学生挖掘本课写作手法。

《石灰吟》:千锤万凿出深山,烈火焚烧若等闲。粉骨碎身浑不怕,要留清白在人间。

引出托物言志:通过对物品的描写和叙述,表达自己的志向和意愿。

4.学生放声朗读

予独爱／莲之／出淤泥而不染／濯清涟而不妖／中通外直／不蔓不枝／香远益清／亭亭净植／可远观而不可亵玩焉

5.在文中,我们还发现一个人与周敦颐一样"独具慧眼",是谁呢?他又独爱什么花?

"晋陶渊明独爱菊。"

按刚才的方法探究,菊为什么是"隐逸者"?

菊,不与桃李争辉,不与群芳斗艳,酷爱霜秋,独居深山野外,与隐士相类。

6.相关链接

《赠汪伦》:李白乘舟将欲行,忽闻岸上踏歌声。桃花潭水深千尺,不及汪伦送我情。

衬托:用某一事物来衬托另一种事物。有时可以区分为正衬、反衬。

7.更多的人抱着从众心理,唐朝以来,普罗大众又为哪种花卉而痴狂?

"自李唐来,世人甚爱牡丹。"

牡丹为什么是"富贵者"?

帝城春欲暮,喧喧车马度。共道牡丹时,相随买花去。

贵贱无常价,酬直看花数。灼灼(zhuó zhuó)百朵红,戋戋(jiān)五束素。

上张幄幕庇,旁织笆篱护。水洒复泥封,移来色如故。

家家习为俗,人人迷不悟。有一田舍翁,偶来买花处。

低头独长叹,此叹无人喻。一丛深色花,十户中人赋。

——白居易《买花》

8.反衬:利用与主要形象相反、相异的次要形象,从反面衬托主要形象。

三、独做莲之人

1.设置分组讨论,实现合作探究。试探陶渊明"爱菊"与世人"爱牡丹"的根本原因。

芳菊开林耀,青松冠岩列。怀此贞秀姿,卓为霜下杰。"——陶渊明《和郭主簿(其二)》

陶渊明爱菊、赞菊。他爱的是菊的_____,他赞菊,也是表明自身是_____之人。

由菊见人,由菊知志。

大唐盛世,全国上下无不为牡丹而倾倒,牡丹花季成了首都长安的狂欢节。

世人爱牡丹,爱的是牡丹带来的____,世人争相吹捧,可见社会中_____之风盛行。

"天下熙熙,皆为利来;天下攘攘,皆为利往。"牡丹之爱,映射社会病态。

2.周敦颐对菊、牡丹、莲三种花的态度是一样的吗?

欣赏菊,但不愿像陶渊明一样选择避世。

慨叹世人追捧牡丹,鄙弃追名逐利之风。

赞美莲,愿如莲一般在污浊的世间保持清白的操守,独守君子之志。

3.通过调整最后的感叹句,学生自由朗读,感受情感的波澜差异,引出"说"这种文体特点。

"噫,菊之爱,陶后鲜有闻。莲之爱,同予者何人?牡丹之爱,宜乎众矣。"

噫,菊之爱,陶后鲜有闻。牡丹之爱,宜乎众矣。莲之爱,同予者何人?"

4.揭示文章主旨:作者借赞美莲的优美形象和高贵品质,表达自己不慕名利、洁身自好的生活态度,生活中我们应该做一个高贵独立、不随波逐流的读书人。

5.讲述鲁迅、周恩来的小故事。学生自由讲述。

6.教师做以小结,学生在高声诵读中再次品味经典。

少年们,我们穿越时空吧,学着先贤的样子一起做个读书人,嘉言懿德就是光之所向,靠近光、追随光、守品行、立风骨,再次吟诵这篇万古流芳的《爱莲说》。(全班)开篇:……(女生)我独爱你:……、(男生)我感慨道:……

五、布置作业

1.必做:在"书海拾贝"上纠错整理文言小卷;

2.选做:积累拓展查找资料,了解在中国古代文化中不同花的文化内涵;

3.建议:选择一种事物,运用托物言志手法,仿写《爱莲说》。

贺萍,黑龙江省哈尔滨市第一四一中学教师。

《台阶》教学方案

◎ 胡芳琪

【教学目标】
1. 感知小说情节起伏的特点。
2. 深入欣赏小说中的"父亲"的形象。
3. 体会小说的深层含义,把握小说主旨。

【教学重难点】
1. 抓住矛盾冲突,梳理文章情节。(重点)
2. 细节阅读批注,剖析人物形象。(重点)
3. 对小说主旨展开深入思考。(难点)

【教学过程】
(一)借助已知,引入概念
老舍的小说《骆驼祥子》大家都读过吧？如果这本书的故事变成了 18 岁的祥子从农村进城拉车,勤勤恳恳三五年,买上了属于自己的车,最后成了一个城里人,你们觉得怎么样？

预设:不少同学觉得缺了一些阅读的兴趣,不如"三起三落"的人生轨迹来得有意思。确实,小说的精彩来源于情节的曲折,而情节其实是由或大或小的矛盾冲突构成。冲突有时产生于文中的主要人物与次要人物之间,有时是主要人物内心的斗争,今天我们就来走进一位父亲那充满冲突的人生——李森祥《台阶》。

(二)梳理冲突,感知情节
1. 借助文中不同的"台阶",梳理文中三组矛盾冲突文章一开始围绕着"台阶"展现了何种家庭生活场景？

明确:家境贫寒,但是和谐温馨。

追问:父亲在这样的环境中快乐么？如果我们要帮助这位父亲去除心病,你想到的最直接的方法是什么？

明确:自己建成一栋拥有高台阶的新屋子。

追问:那么拥有这样的新屋子与什么因素又产生了冲突呢？明确:矛盾冲突②建造高台阶新屋——家中没钱。

追问:父亲拥有高台阶新屋后开心么？他有怎样的表现？明确:不自在,若有所失。

2. 梳理父亲解决冲突的方法
(1)树立梦想,渴望拥有高台阶的新屋。
(2)以时间为代价,积攒建屋钱。
(3)无法解决、无法缓和、产生疑问、感慨老去。

3. 小结
乡间的习俗决定了父亲的想法,父亲的想法推动了他的行为,故事因此而展开。父亲为了解决矛盾冲突,用夜以继日的辛劳和日积月累的积攒来化解这一矛盾,即使这样的行动要耗费大半辈子,也依然坚持。通过本阶段的学习,我们了解到小说阅读时的一个重要方法,就是通过抓住文章的矛盾冲突来梳理小说的情节。

(二)品读细节,欣赏人物
过渡:这位父亲在面对冲突时的哪一个行为片段,你觉得最能展现父亲的努力？
明确:第二个,攒钱建新屋的准备。(找到对应段落)

1. 自读文本,批注感受
品读人物就是品读这个人物的内心世界,现在我们一起研读课文第 9 段到第 16 段,从一些细节描写中触摸这位父亲最真实的样子。

请大家专注阅读 8 分钟,在读的过程中用笔在富有深意的句子或词语旁边做好批注。

2. 交流分享,体会形象
(1)预设:(第 11 段)于是,一年中他七个月种田,四个月去山里砍柴,半个月在大溪滩上捡屋基卵石,剩下半个月用来过年、编草鞋。指导点拨:运用具体数字,给人留下更深刻的印象,一年十二个月都不得空,用时间的力量来表现人物,写出了父亲的辛劳和坚持。

追问:年底花半个月编草鞋是为了什么？

(2)预设：(第12段)大热天父亲挑一担谷子回来，身上淌着一片大汗，顾不得揩一把，就往门口的台阶上一坐。指导点拨："顾不得揩汗"体现了父亲为了生活而奔忙，是为了建台阶实现新屋梦想而着急。

(3)追问：这一段的表达很有技巧，观察段落前后思考。明确：前面写一年四季，后面接着写了夏季、冬季由此可见文章的层次感，先写大致写一年里父亲是怎样辛劳的，再特地选用"大热天"和"冬天"这两个季节。

(4)预设：(第10段)父亲的准备是十分漫长的。他今天从地里捡回一块砖，明天可能又捡进一片瓦，再就是往一个黑瓦罐里塞角票。虽然这些都很微不足道，但他做得很认真。

追问：第16段又出现了角票。指导点拨：父亲的辛劳从砖瓦角票开始，最终准备工作快要结束后也是以角票计算这大半辈子的积累，辛劳、心酸又有一丝自豪。(引导揣摩内心)

(4)预设：(第13段)父亲坐在绿荫里，能看见别人家高高的台阶，那里栽着几棵柳树，柳树枝老是摇来摇去，却摇不散父亲那专注的目光。这时，一片片旱烟雾在父亲头上飘来飘去。

(5)预设：(第15段)那时我不知道山有多远，只知道鸡叫三遍时父亲出发，黄昏贴近家门口时归来。

(5)预设：(第15段)砍的柴是一元一担，父亲每天砍一担半，"一担半"的深刻含义。

指导点拨：一担半可换回一元五毛钱，可能是一元为了家用，剩下的五毛可能是为了存起来准备盖新屋。为了多五毛钱，人家只能砍一担，他非要砍一担半，本来只需完成正常的劳动量，可他非要加重，就是为了多赚五毛钱，而这五毛钱就是为了最后那个最终闪着光的梦想。(回顾联想角票)

4.小结

高高堆起的草鞋、凌晨的鸡鸣——父亲劳作的艰辛；一担半的柴火、积攒的角票——父亲坚持的韧性；专注的目光——父亲造屋的决心。通过批注阅读文中的细节，我们对父亲的形象有了更深刻的认识，同时也积累了很多写作的技巧，相比于单纯了解故事的情节，我们的阅读水平又上升了一个台阶，同学们要记住我们今天的方法。

(四)质疑问难，探究主旨过渡：刚才我们深入分析了父亲的形象，相当于上到了六层台阶，对于一篇文章来说，最高的台阶在哪呀？

预设：文章主旨、写作目的、思想感情等。引导：同学们在读完文章后也在学习单里提出了很多问题，老师挑了三个有代表性的，大家一起来尝试解决。

1.思考标题，感受台阶的象征意义，小说的标题可以改为"父亲"么？

明确：(1)"台阶"是贯穿全文的线索；(2)"台阶"承载着父亲的追求与理想总结：父亲拥有"高台阶"其实和我们常挂在嘴边的"人往高处走，水往低处流"是类似的意思，这类人想要通过艰苦奋斗来改变命运，他们不仅是为了自身的命运，更是为了他们的后辈们，面对这群人我们应该予以足够的关注和尊重。自由讨论：你是否也会想拥有某种台阶。

2.聚焦内心，联想讨论。小说中的父亲在拥有了新房子后却觉得"怅然若失"，父亲失去了什么？

预设：仍没有获得尊重反而还失去了年轻力壮的健康身体；失去了继续追寻的目标或动力（身体）。

3.关注结尾，明确典型。小说结尾为什么不是"我的父亲老了？"

明确：

(1)小说不是在写作者的父亲，也并非在写一个具体的人，而是一类人，这位为造"高台阶"而奋斗一生的父亲，是中国农民的典型代表。

(2)引导学生思考比较小人物"父亲"与第一单元大人物。这位父亲与第一单元的"杰出英才"似乎形成巨大的反差，然而在真实生活中，其实小人物才是常这个世界的构成主体，作者的写作目的就是对这类人的关注。

(3)(屏显)在中国乡村，一个父亲的使命也就那么多，或造一间屋，或为子女成家立业，然后他就迅速地衰老，并且再也不被人关注。

(五)课时总结提问学生是否觉得《台阶》是一部好的小说，为什么？

通过学生的回答，结合板书回顾本课的特色，总结为小说的渐进台阶式阅读方法。

(六)布置作业

1.精读并批注本课另两个冲突中的细节描写。
2.完成本课校本练习。

胡芳琪，上海市浦东新区进才森兰实验中学教师。

《红楼梦》人物性格分析教学设计

◎ 江小琼

【教学目标】

1.语言建构与运用:通过泛读与精读相结合,欣赏作者对人物形象的细腻描写,培养语言鉴赏能力。

2.思维发展与提升:品读小说中重要情节,深入体会人物性格的多样性和复杂性,提高学生对人物形象的理解和鉴赏能力。通过情境创设,使学生充分认识自我,对个人特质进行探索和发现,并让学生认识到生涯规划的实现需要实力和技能,引导学生形成正确的职业价值观。

3.审美鉴赏与创造:鉴赏人物形象,理解人物塑造遵循生活的真实,感受人物的本真美。

4.文化传承与理解:阅读经典作品,提高自己的文化修养,丰富精神世界。

【教学重点】

深入体会人物性格的多样性和复杂性。

【教学难点】

在教学中有意识的渗透生涯规划有关内容,引导学生形成灵活辩证、健康积极的生涯规划目标。

【教学方法】情境教学法、讨论法

【教学课时】2课时

【教学过程】

一、导入

同学们,南京大学著名哲学家潘知常教授曾把《红楼梦》誉为咱们的"袖珍祖国",这样一部包罗万象、博大精深的百科全书,据专家学者统计:书中涉及社会上各种阶层不同职业的人物有六百多个,具有典型意义的人物也有几十个。形形色色的人物,多样复杂的性格,谁给你留下了最深刻的印象呢?你又在谁的身上看到了自己的影子呢?接下来咱们来玩一个小游戏,检测一下大家对人物的熟悉程度。

二、活动一:人物模仿,我演你猜

1.活动要求:各小组推举3位同学上台表演,模仿书中的经典人物,可以模仿经典台词或者表演典型情节,要求生动形象,展现人物的典型性格,其他同学进行猜测。

2.小组代表上台展示

师小结:从同学们活灵活现的表演与准确的竞猜中,可以看到同学们的初读效果都很不错,把握住了人物的精髓,让书中的人物走出课本,走进了我们的课堂。

设计意图:此环节,以游戏的方式拉开课堂序幕,既有效考察了学生对主要人物形象的把握,又能调动课堂气氛,激发学生的学习兴趣。

三、活动二:我是谁,我想成为谁

师:《红楼梦》里人物众多,人物气质也不尽相同。古罗马名医盖伦提出了关于人类气质类型理论,把气质类型分为多血质、胆汁质、黏液质和抑郁质四种。你觉得你和谁最像?你们同属于哪种气质?

1.课前知识小卡片:多血质:外向,活泼好动,善于交际;思维敏捷;容易接受新鲜事物;情绪情感容易产生也容易变化和消失,容易外露;体验不深刻等。这种人适宜于做要求反应迅速而灵活的工作。胆汁质:……(四种气质的特点和适宜的工作)

2.学生交流分享

预设:贾宝玉气质偏向于多血质,外向、活泼好动、善于交际、情绪变化快

林黛玉气质偏向于抑郁质,孤僻、敏感、多愁善感、易动感情

薛宝钗气质偏向于黏液质,平静、善于克制忍让,严肃认真

……

3.现在有一个机会,你可以穿越到红楼梦中,你最想成为谁?为什么?

4.学生交流分享

设计意图:此环节,通过交流讨论展开课堂,进一步加深了学生对主要人物形象的理解,又引导学生在人物对照中认识自我,对自我特质进行探索发现,做到知己知彼,并思考未来自己想成为一个怎样的人,形成初步的职业倾向,这也是生涯探索的起始点和基本点。

四、活动三:大观园众人,毕业求职记

师:(情境创设)假如大观园众人穿越到了21世纪的今天,四年大学之后,众人皆面临着毕业找工作的难题。本周六学校有一场校园招聘会,请你选择一个喜爱的人物,根据其性格特点和兴趣爱好,为其制作个人简历,并且为其选择合适的岗位就职。(如没有合适岗位,也可选择自己创业)

1.校园招聘会岗位有:企业总经理、教师、作家、画家、歌手、主播、医生、秘书、园艺家、心理咨询师、销售、记者……

2.课前知识小卡片:美国心理学教授霍兰德的"人职匹配理论"。他把人的特质分为六种:实际型、研究型、社会型、艺术型、企业型、传统型。

研究型:具有聪明、理性、好奇、精确、批评等人格特征,喜欢智力的、抽象的、分析的、独立的定向任务这类研究性质的职业,但缺乏领导才能。其典型的职业包括科学研究人员、教师、工程师等。

……

(也可结合人物特质,为其选择合适岗位)

3.简历设计要求如下:

(1)基本信息:姓名、性别、兴趣爱好、技能特长、主要经历(实习工作)

(2)性格特点分条概括、报考岗位、简述报考此岗位的理由

(3)鼓励创意,配图画像,人生座右铭等

4.学生展示交流

预设:王熙凤偏企业型,适合企业总经理职位

林黛玉偏艺术型,适合从事诗人、作家职业

贾宝玉偏艺术型,适合从事作家、艺术家职业

平儿偏传统型,适合秘书、行政助理职位

……

设计意图:此环节,通过情境创设,启发诱导学生,培养其独立思考、创造性思考的能力。在为人物选职业的过程中,既是对人物性格的多样性和复杂性的深入探索,又可引导学生总结反思,生涯规划的实现需要实力和技能,使学生形成一定的职业倾向。

五、活动四:你是公司CEO,你会选谁

师:(情境创设)你是一家公司的CEO,现在华东分公司有一个总经理的职位空缺,经过层层筛选,最终有两个人——王熙凤和贾探春进入最后一轮面试,你会选择谁?为什么?

学生交流讨论,发表观点。

预设:选择贾探春。

单从管理能力来看,这两人都能力出众。王熙凤协理宁国府,业务精通、管理有序、奖惩分明,而她本人也是八面玲珑、能力突出。但她缺少基本的职业道德,这点从"弄权铁槛寺"事件中可看出,她贪污受贿、目无法纪、滥用职权。并且她贪婪狠毒,对下属严苛无情,利用公家的钱到处放高利贷,获取暴利,这样一个缺乏职业道德的人如果担任总经理职位,会给公司带来危险。

而贾探春虽然年轻,但是在第一次协理大观园事务中,便展示出了清醒的头脑和优秀的管理能力,面对家族的衰败、纷乱的事务、下人的刁难、赵姨娘的辱骂,她坚毅自信、公平公正、自尊自爱,有责任有担当,展示了作为管理人员的职业素养和职业信念。

设计意图:此环节,通过情境创设,启发学生,思考职业能力与职业道德的辩证关系,感悟二者的相辅相成,认识到只重能力而没有道德的职业人生是走不长也走不远的,从而培养正确的职业价值观。

六、课堂总结

曹雪芹先生避开了"千部一腔,千人一面"的俗烂描写,用细腻的笔触,塑造了众多有血有肉、个性鲜明的人物形象。这些形象在中国的文学艺术长廊中熠熠生辉。在书中,大多数人物的命运都以悲剧结局。今天,在我们的课堂里,在同学们的帮助下,我们为他们进行一场职业规划,希望为他们描绘一个美好的未来。而反思我们自己,从现在开始,我们更应该充分认识自己,发展能力,做好自己的职业生涯规划,为自己的人生做好准备。

七、课堂作业

1.选择你最喜欢的一个红楼人物,为他/她写一篇人物传记。

2.为自己撰写一份生涯规划。

江小琼,湖北省崇阳县第一中学教师。

《孙权劝学》课本剧实践性学习活动设计

◎ 蒋典雅

根据《初中语文单元教学设计指南》对"学习活动"的界定,我们认为,初中语文实践性学习活动是指在单元教学背景下以"问题形成"与"问题解决"为主的语文实践活动,是学生单元学习的主要组成部分,是学生获取知识和提升语文综合能力的重要途径。"让人物熠熠生辉"暨表演《孙权劝学》课本剧。《孙权劝学》是七年级语文第二学期第一单元的一篇文言文。本单元的四篇课文均是写人记事的文章,且写作的主题是"写出人物的精神"。因而本单元的主要目标则是在了解大意的基础上,透过细节描写,把握人物特征,感受人物的精神内核,进而理解人物的思想感情。选择表演《孙权劝学》课本剧这一活动来开展实践性学习也符合本单元的目标。我们要解决的问题是:如何表演《孙权劝学》课本剧。在活动中学生需要综合运用听说读写能力,并通过团队分工与合作完成活动任务。因此可以锻炼学生的表达能力和思维能力,进而提升审美能力和创造能力。

一、活动目标

1.梳理文章的主要内容,理清《孙权劝学》文章的思路结构。

2.把握"孙权"和"吕蒙"的人物形象,明确选角要求。

3.了解课本剧的构成要素、改写要求并完成课本剧创作。

4.小组合作进行剧本的深入讨论及后期的排练,完成《孙权劝学》课本剧展演。

二、活动框架

结合七年级第一单元的学习,组织学生进行实践性学习,通过表演课本剧活动,增进对文章内容的理解,把握人物的精神。

(一)主导性问题

"让人物熠熠生辉"实践性学习活动创设了如下问题情境:"如何表演《孙权劝学》课本剧?"围绕这一情境,引导学生梳理文章内容,理清文章的思路结构。将文章改编成课本剧,通过打磨舞台表演,拍摄并后期剪辑制作。在子任务的层层驱动下,反复实践、自我调适、不断提升,从而呈现一台鲜活生动的传统故事。

(二)活动实施流程

子任务一:梳理文章内容,理清思路结构

用思维导图的形式梳理文章主要内容,理清文章结构。有助于学生从宏观上把握文章内容,理清材料之间的关系。为后续剧本的改编、人物角色的选择确立、人物语气的揣摩等奠定基础。

子任务二:把握剧本要素,改写创作剧本

以"课本剧需要包括哪些内容?如何设计人物的语气和动作?"问题驱动,通过小组合作交流讨论,进行头脑风暴。把握课本剧的构成要素、改写要求并完成《孙权劝学》课本剧创作。

子任务三:根据人物特点,选择确立演员

以小组为单位,把握"孙权"和"吕蒙"的人物形象。通过讨论交流人物性格特征等,确定孙权、吕蒙和鲁肃的扮演者。

子任务四:打磨舞台表演,探寻最佳效果

小组成员分工为导演、摄像、演员、剧务、配乐、灯光、剪辑等不同工种,明确各自职责,反复演练调试。小组成员进行剧本的深入讨论及后期的排练,在此基础上,确定舞台道具、走位等细节,最终完成《孙权劝学》课本剧的排练及演出。

子任务五:呈现舞台表演,制作记录短剧

小组成员各司其职,协作配合,综合运用多媒体技术手段,完成剧目的整体呈现,正式拍摄、剪辑制作短片,完成成果展示。

三、活动环节

通过七年级下册第一单元的学习,同学们对写人记事类的文章有了自己的认识，对于如何写出人物的精神，也有了自己的理解。那么，如何将《孙权劝学》改写成课本剧并表演呢？请同学们以6-8人为一小组，改写创作《孙权劝学》剧本，根据人物的特点，选择确立合适的演员，寻找最优路径，呈现最佳舞台效果，让人物熠熠生辉！

子任务一：梳理文章内容，理清思路结构

成果形成过程：(每次小组会议开始前，由组长任命主持人与会议秘书，主持会议流程并记录会议纪要。)①用思维导图的形式梳理文章主要内容，理清文章结构。②小组讨论交流，完成思维导图的填写。

子任务二：把握剧本要素，改写创作剧本

成果形成过程：①小组讨论交流课本剧课本剧的构成要素、改写要求。②关注句式和关键词感知人物说话时的语气。③在结合文中具体字词的基础上完成课本剧的创作。

子任务三：根据人物特点，选择确立演员

成果形成过程：①小组讨论交流，明确孙权、吕蒙和鲁肃的人物形象。②小组交流谁是心目中的孙权、吕蒙和鲁肃的最佳扮演者。

子任务四：打磨舞台表演，探寻最佳效果

成果形成过程：①进行剧本的深入讨论及后期的排练。②小组成员填写人物分工表（导演、摄像、演员、剧务、配乐、灯光、剪辑等），明确各自职责，内部彩排。③确定舞台道具、走位等细节，反复演练调试。④小组成员邀请各自导师观看试演，根据反馈调整表演。

子任务五：呈现舞台表演，制作记录短剧

成果形成过程：①小组成员讨论确定正式演出时间，派发邀请函，请家长、老师现场欣赏表演。②准备摄像设备，明确技术手段，录制正式演出过程。③在导师、家长的帮助下，使用多媒体技术后期制作短片。④结合社区公益劳动和志愿服务需求，集体前往社区养老院汇报演出。

四、活动评价

活动评价表覆盖本次实践性学习活动的全过程，针对活动的总目标以及各活动环节的具体目标形成了评价指标，评价学生优秀、合格、需努力的不同表现。充分尊重学生在实践性学习活动中的主体地位，重视学生在学习过程中的自我体验，引导学生更投入地参与本次实践性学习活动。

子任务一：

活动要求：6-8人为一组，小组合作完成《孙权劝学》课本剧。台词符合人物的身份、语气，语言生动富有表现力。动作符合当时的情境。

子任务二：

活动要求：①小组成员填写分工表，明确各自岗位职责。②N轮试演实践，吸取意见，达成最佳舞台效果。③小组成员互评。

子任务三：

活动要求：①参与汇报展演，从剧本撰写、舞台表演、短片制作等方面阐述设计意图和过程心得。②使用摄像设备录制正式演出过程，制作短片。

五、活动成效与反思

（一）活动成效

1.创设真实情境，活动扎实有效。这份"让人物熠熠生辉"的学习实践活动的每一个环节设计，都是基于明确的学习活动目标。同时，五个活动环节的设计呈螺旋式，让每一个环节活动都不是流于热闹的形式，而是让学生能够扎扎实实的学到知识，并能够将"习得"结合实践，落实到真实情境中，从而体现他们的"学以致用"。

2.促进多元教学能力，激发教师活力。本实践活动打破传统文言课堂满堂灌的现状，以课本剧的形式对原文进行再创作，既能解决文言字词、内容概括、结构梳理等基本问题，又能在激发学生兴趣的基础上，进一步进行生成性的创作。与学生一同"在玩中学""学中玩"。

（二）活动反思

1.整合活动，提升专业素养。在尊重七年级学生学情的基础上，仍需要对活动进行系统性的设计，并在此基础上考虑每个细节。在每一个活动指令发布之前，教师需做到心中有数，指令才能更为明确，学生才会有的放矢。

2.拓宽思维，减少不必要活动。引导学生向思维的更深处进军，以高阶思维带动低阶思维。如在涉及《孙权劝学》课本剧中的人物语气及动作时，学生自然而然会走向品味人物的语气词；在剧目排演过程中，学生会调动重音、停连、语调、情感基调等朗读方面的知识等。

蒋典雅，上海市风华初级中学教师。

《祖父的园子》教学设计

◎景小雪

【教学目标】
1. 读课文，能说出祖父的园子里有些什么，"我"和祖父在园子里做了什么。
2. 正确、流利、有感情地朗读课文，能体会课文表达的思想感情。

【教学重难点】
1. 读课文，能说出祖父的园子里有些什么，"我"和祖父在园子里做了什么。
2. 正确、流利、有感情地朗读课文，能体会课文表达的思想感情。

【教学准备】PPT课件、音频材料

【教学过程】第一课时

一、导入

1.同学们，今天我们学习第2课，谁来读课题？

（1）老师听到你把重音落在了"园子"上，那么，通过读课题，你有什么疑问吗？

（2）老师听到你把重音落在了"祖父"上，这样读，你想了解什么？

2."为学患无疑，疑则有进"，"提问"是很好的学习方法。刚才我们通过读课题产生了两个核心问题，今天就让我们走进"祖父的园子"，去看看祖父的园子里有些什么，"我"和祖父在园子里做了什么。请你跟我齐读课题。

二、速读课文，整体把握

1.下面，请同学们快速浏览课文，借助屏幕上的思维导图，说说祖父的园子里有些什么，请你标记出来。

（1）找同学来说一说；请你将找到的事物贴在黑板上。

（2）请一位同学将黑板上的内容整理一下。你为什么这么摆呢？

预设：第1段："蜜蜂、蝴蝶、蜻蜓、蚂蚱"都是昆虫，祖父的园子是一个大花园。园子里昆虫多，不正是因为花多吗？作者不写一朵花，却见满目繁花。

第3段："李子树、樱桃树、大榆树"都是树木，祖父的园子是一个果园。从文中出现的"小白菜、韭菜、谷穗、黄瓜、倭瓜、玉米"这些农作物来看，祖父的园子还是一个"菜园"。

（3）这些也是我们本节课需要认识的词语，我们"开火车"读一读。

三、品读课文，体会情感

1.同学们，祖父的园子仅仅是"花园、果园、菜园"吗？默读4-14段及课文的最后一个自然段，你的脑海中会不会浮现一些词语呢？你可以拿笔批注在旁边。（指名回答）

预设：无拘无束、自由自在、无忧无虑、随心所欲。

（1）首先，请一位同学读读第四自然段。其他同学边听边思考：在这样的语句中，又会藏着作者怎样的心里话呢？（指名回答）

预设：

①我在这个园子里真是自由快乐！

②我真不想出去，想整天都在这里。

③祖父干什么，我就干什么。我爱我的祖父，我是祖父的"小跟班"！

我是祖父的"小尾巴"。

（2）下面，我们师生合作读一读。老师读写"祖父"的部分，你们读写"我"的部分。

（3）同学们，你们发现了吗？祖父干什么，我就干什么。这个段落用反复的句式表达了怎样的情感？

师小结：这个段落用反复的句式表达了"我"对祖父的依恋以及"我"对无拘无束的童年生活的喜爱和怀念。

2."我"和祖父在园子里做的所有的事情中，"铲

草"这一部分写得最详细。老师先来读第五自然段的内容。（师范读）

3.下面，找两位同学读涉及课文6-12自然段中祖孙俩对话的内容，谁愿意尝试？

（1）师评价。

（2）同学们，通过刚才老师读，以及同学读，这些文字除了能让我们体会到"我"的瞎闹、幼稚无知却又顽皮可爱以外，你还体会到了什么？（指名回答）

预设：祖父的慈爱、包容、耐心。

（3）师评价：是啊。"我"把谷子当作狗尾草拔了，祖父不但不生气，还大笑，慢慢给我"讲"，即使"我"也不认真听。在"萧红"的眼里，祖父的眼睛是笑盈盈的，祖父的笑，常常笑得像孩子似的。可见祖父对我太慈爱、包容，祖父很爱我。

4.正因为祖父给了"我"无微不至的爱，所以"我"和祖父形影不离，"祖父的园子"也给小萧红带来了无限的自由与快乐。

（1）"朗读就是再现另一个生命"，课文第13自然段特别有诗意，如果我们以诗的格式来排列，便会读到这样的句子，一起读。

师：通过朗读，我们能感受到小萧红的自由自在、无拘无束。

5.当"我"玩腻了，就又跑到祖父那里乱闹一阵。

（1）你看，这小女孩儿拿着水瓢，就跟在祖父身后，悄悄地把水一扬，她喊道——下雨啰！下雨啰！（指名读）

（2）祖父哈哈大笑，说："这夏天的雨，说来就来呀"，小女孩儿雀跃道——下雨啰！下雨啰！（指名读）

（3）就这样让她尽情地玩耍吧，她欢呼道——下雨啰！下雨啰！（全班读）

6.（PPT）师：当"我"玩累了，就在房子底下找个阴凉的地方睡着了。不用枕头，不用席子，把草帽遮在脸上就睡了。

师小结：同学们，现在看来"祖父的园子"不仅仅是花园、果园、菜园，更是作者的童年的"乐园"。

四、阅读链接，体会双重情感

在《祖父的园子》这篇课文里，我们看到了一个生机勃勃、多姿多彩的园子；看到了一位无拘无束、自由自在、幸福无比的孩子。然而，《呼兰河传》这部小说的结尾是这样写的。

（1）请同学们自由读语文书第7页"阅读链接"。

（2）此刻，可以用哪个词语来形容你的心情，为什么？

忧伤；以前那个生机勃勃的园子不见了，慈爱的祖父也不在了。

师：是呀，"呼兰河这小城里边，以前住着我的祖父，现在埋着我的祖父"一切的一切都没有了，能不忧伤吗？祖父的园子给作者带来的快乐，祖父给作者带来的快乐，这些只是她人生的短暂的光亮。

（3）我们看一则资料——PPT（音频）。

师：萧红小的时候受尽了父母、亲人的冷落，只有祖父给予了她爱和温暖。"祖父的园子"是萧红美丽的家园、童年的乐园，更是她一生的精神家园，蕴含着她对童年生活的眷恋，对爱与温暖的憧憬，对快乐与自由的向往。所以，她忘却不了，难以忘却。

（4）"祖父的园子"里，太阳是特别大的——第15段（PPT）

（5）祖父把我叫过去，慢慢讲给我听——第12段（PPT）

（6）"祖父的园子"里，一切都活了，要做什么，就做什么。要怎么样，就怎么样，都是自由的。——第16段（PPT）

五、课后作业

同学们，你还想了解萧红更多的文字吗？慢慢地走进她吧！布置一下课后作业：

1.推荐阅读萧红《呼兰河传》第三章，可以和同学、家人分享你读到的印象深刻的语句，也可以批注自己的感受。

2.祖父的园子是"花园、果园、菜园"，也是"我"童年的乐园，更是"我"一生的精神家园。请你选择园中一角，或是整个园子的景象，将它画成一幅画，也可以尝试将图画的内容转换成文字，附在图画的背面。

3.自由朗读课文，在印象深刻的语句旁批注阅读感受。

同学们根据自己的实际情况选择性完成。

景小雪，河北省唐山市曹妃甸区新城实验学校（北京景山学校曹妃甸分校）教师。

《故都的秋》选材与达意主题教学设计

◎孔争光

【专题解读】

本专题围绕"《故都的秋》选材与达意",这一中心话题,从"选材之特点""选词之特点""选材之达意"等三个角度,探究郁达夫在《故都的秋》中展现的材料与情感高度融合的技巧。

【教学过程】

导入:情者,发乎内;景者,存乎外。情因景而生,景因情而美。古今中外优秀的作家,将郁于胸中之情,蕴含于清新爽目别致之景中,以优美的语言抒发万般情怀。在这情与景交融的艺术世界里,一篇篇如诗如画的美文汩汩流出;在这现实与精神交错的空间中,无数道亮丽的风景化蝶而舞。《故都的秋》就是一只羽化的蝴蝶,它带着青草的芳香,充溢着生命的气息,引领我们去感悟大自然的多姿多彩。

任务一:探究"选材之特点"

郁达夫《故都的秋》是一幅画,也是一首诗。故都的一幅幅画,一首首诗,都藏在郁达夫的文字里,需要细心的你去寻找体会。

活动1:《故都的秋》选取老北京的景物,请从这篇散文中找出一幅幅图画,画出来,并为画面命一个诗情画意的名字。

小组一:小院清秋图 秋槐落蕊 桥边话凉

第二组:秋槐落蕊

活动2:从画面名称、景物选取、形声色态、画面组合、氛围意境等角度评论这些画符合《故都的秋》的意境吗?

任务二:探究"选词之特点"

明确:《故都的秋》

(示例1)小院清秋图:作者选取的都是普通人家日常的生活场景,既不稀奇,也不富贵。有一椽破屋、碧绿的天色、驯鸽的飞声、一丝一丝漏下来的日光、蓝色或白色的牵牛花、疏疏落落的尖且长的秋草……这些景物的选取,多半是冷色调的,房子是"破屋",牵牛花"蓝色或白色为佳";既有静态的幽静,也有"细数"那一丝一丝漏下来的阳光的惬意,可谓视觉、听觉、触觉形象的完美融合。

这些故都的景物组合在一起,给人的就是"清、静、悲凉"的感觉,这既是客观景物的特点,又是作者闲淡而略显忧郁的文人情调。从寻常景象体验出美来,正是郁达夫所独有的文化雅趣。

(示例2)秋槐落蕊图:"早晨起来",看见"落蕊""铺得满地","脚踏上去,声音也没有,气味也没有,只能感出一点点极微细极柔软的触觉",体现了"静";"一条条扫帚的丝纹,看起来既觉得细腻,又觉得清闲",体现了"清";"潜意识下并且还觉得有点儿落寞"抒发了悲秋之感,紧扣了"悲凉"。

(示例3)几声秋虫的哀鸣,以动衬静,渲染了故都之秋冷落、悲凉的气氛,牵动作者心魂,加"浓"了秋味。

任务三:探究"选材之达意"

活动1:作者在第2自然段写了"江南之秋"的什么特点,给人的感受是什么?(用原文语句回答)文章的标题是《故都的秋》,为何要写"江南之秋"呢?

明确:(1)草木凋得慢,空气来得润,天的颜色显得淡,并且又时常多雨而少风。(2)总看不饱,尝不透,赏玩不到十足。(3)写江南之秋和故都的秋形成对比,以江南之秋反衬北国之秋的特色,突出北国之秋更够味,更切合作者的心境,也表达对北国之秋的热爱与向往之情。

活动2:"比起北国的秋来,正像是黄酒之与白干,稀饭之与馍馍,鲈鱼之与大蟹,黄犬之与骆驼。"请赏析这句话。

明确:(1)"黄酒之与白干"比喻南国之秋秋味平淡,北国之秋秋味浓烈,"稀饭之与馍馍"比喻南国之秋秋味稀薄,北国之秋秋味厚实;"鲈鱼之与大蟹"比喻南国之秋秋味柔软，北国之秋秋味刚强；"黄犬之与骆驼"比喻南国之秋范围狭小，北国之秋范围广大。形象地说明南国之秋"色彩不浓，回味不永"的特点。(2)作者用一支生花妙笔，把浓浓的秋味展现得淋漓尽致，但作者觉得这样仍然意犹未尽。因此在第13段，再次提到了北国的秋和南国的秋，与前文呼应，并运用形象的比喻，以排比的句式进行鲜明的对比来体现两者的不同，直抒胸臆，再次表达了对北国之秋的眷恋、向往之情。

学习任务四：知人论世　感受作者境界

"一切景语皆情语"，《故都的秋》之所以透着悲凉的秋味，原因在于悲凉的"动情点"，那就让我们一起探寻作者的"动情点"吧！

活动1：探究讨论。作者写秋，不用明快的笔调来写，而是用深沉的忧思和寂寞的悲凉来写的。从开头的"秋天，无论在什么地方秋天，总是好的；可是啊，北国的秋，却特别地来得清，来得静，来得悲凉"，到结尾的"秋天，这北国的秋天，若留得住的话，我愿把寿命的三分之二折去，换得一个三分之一的零头"，为什么都充满着一种悲凉的感情色彩呢？

资料：(1)心中之秋：郁达夫，三岁丧父。17岁便随长兄一起赴日本留学，在异国生活的十年，是他饱受屈辱和歧视的十年。在个人性格方面，他抑郁善感。

(2)文艺观之秋：在文艺观和审美观方面，他提倡"静的文学"，写的也是"静止如水似的文学"。

此文写于1934年，此时的中国，连年战乱，民不聊生。在生活上，郁达夫也是居无定所，颠沛流离，饱受人生愁苦和哀痛。因此，作者描写的心中的"悲凉"已不仅是故都赏景的心态，而是对整个人生的感受。

(3)人生阅历之秋：在现实的人生里，作家的内心被过早地投下了忧郁、落寞的阴影。正因为这样，他笔下的秋境、秋味儿，被鲜明地笼上了一层郁达夫式的主观色彩。但故都的秋又并没有因为作家的情感体验而受到扭曲，以致失却了它固有的特征。在物我之间完美的交融里，那院落的牵牛、槐树的落蕊，秋蝉的鸣叫，还有那秋风秋雨等等，是多么清晰而逼真地将再现了故都之秋的韵味。

明确：(1)忧郁性格、苦闷心理的投射。(2)时局动荡、民族危亡的时代之悲。(3)颠沛流离的人生况味。

活动2：品故都秋味。《故都的秋》作者没有详细描绘陶然亭、钓鱼台、西山等著名景观，而是着重描写牵牛花、槐蕊、秋雨、秋枣等平凡细小的事物，这是为什么？作者说，"中国文人与秋的关系特别深"，请结合自己熟悉的作品加以印证。

秋日凄凄，百卉俱腓。(《诗经·小雅·四月》)
袅袅兮秋风，洞庭波兮木叶下。(屈原《湘夫人》)
悲哉，秋之为气也！萧瑟兮草木摇落而变衰。(宋玉《九辩》)
……

明确：(1)《故都的秋》作者没有详细描绘陶然亭等著名景观，而是着重描写牵牛花、槐蕊等平凡细小的事物，正是体现了郁达夫知识分子的雅趣。作者所营造的故都之美在于超越了大都市的喧嚣，更具有乡野的宁静和自然的境界。当然，只有对故都无比熟悉才能写出如此平凡细小的事物，如果是外地的游客所记录的恐怕就只能是名胜景观和稀奇物件了。(2)"悲秋"是中国古代文学中一个源远流长的主题。"睹落叶而悲伤，感秋风而凄怆"，"悲秋"文学主题从《诗经》《楚辞》到"建安文学"，从唐诗宋词到元曲清诗，历经了上千年的发展、嬗变和积淀，最终形成了特具中国传统文化内涵的"悲秋"文学意识。

学习任务五：模仿名家名篇　写最美风景

"捕捉动情点，写作微散文"的活动，掀起了一股寻找身边的"美丽"的热潮，激发了同学们创作写景抒情散文的热情。作为此次微写作活动的主创人员，请你代表班级写一篇你心中武汉最美风景的微散文，参加学校比赛。

活动1：《故都的秋》是篇写景散文，语言凝练、清新。请精选最能体现文章语言特色的段落，从修辞、用词、句式、语言风格等方面，细加品味，模仿郁达夫的语言风格写一段：你心中武汉最美风景的文字。(300字左右)

(略)

活动2：苏轼评价王维："味摩诘之诗，诗中有画，观摩诘之画，画中有诗。"《故都的秋》就是这样充满诗情画意的佳作。请从文章中任选一幅画面，改写成一首现代诗。

孔争光，湖北省武汉藏龙高级中学教师。

《赤壁赋》专题教学设计

◎ 孔争光

【专题解读】

本专题围绕"赤壁赋之奇景　苏子之顿悟",这一中心话题,从"形之表现""究苏子之顿悟""仿苏子之美文"等三个角度,探究苏子寄托在赤壁的情思,仿写苏子之美文抒发自己的情志。

【教学过程】

任务一:梳理"形之表现"

导入:古人云:"江山留胜迹,我辈复登临。"中国文人对山水、自然有着特别的情结:人生得意时,他们走向自然,向山水花草笑谈心中万丈豪情;仕途失意时,他们退隐江湖,对风雨雪月倾诉无边凄凉。

江山如此多娇,无数文人竞折腰。山水美丽,多文人情,孕育出一篇篇传诵千古的至情至性的美文,景以人名,人以景传。

活动一:缘形——寻《赤壁赋》之景

明确:

《赤壁赋》	所见	所思	所悟
景	清风徐来,水波不兴。月出于东山之上,徘徊于斗牛之间。白露横江,水光接天。浩浩乎如冯虚御风,而不知其所止;飘飘乎如遗世独立,羽化而登仙。	月明星稀,乌鹊南飞。舳舻千里,旌旗蔽空,酾酒临江,横槊赋诗。寄蜉蝣于天地,渺沧海之一粟。哀吾生之须臾,羡长江之无穷。	逝者如斯,而未尝往也;盈虚者如彼,而卒莫消长也。惟江上之清风,与山间之明月,耳得之而为声,目遇之而成色,取之无禁,用之不竭。
意蕴	自然之江月	历史之江月	哲理之江月

任务二:缘形探神——悟苏子之情怀

活动二:究苏子之顿悟

讨论:苏轼被贬黄州之后,面对自身困境,在赤壁之下,他是如何突围困境,拯救自己的?

明确:

1.从自然中获得力量

清风、明月、白露、水光、小舟:油然而生、"遗世""羽化"之乐。

意境:多个意象融为一体,构成一个静谧、澄明、空灵,如梦似幻的景象,展现了一种诗情画意的意境。

2.从历史中寻找希望

曹操(自然万物):"破荆州,下江陵固世之雄也"(丰功伟业)

苏子(苏子与客):"渔樵""泛舟""饮酒",消散闲适。(闲散平淡)

功业未成之叹:"哀吾生之须臾,羡长江之无穷"、生命短暂之悲、苏轼的超脱。

即便是英俊豪杰如曹操、周瑜,那又如何?一样消失在这无尽的历史长河。这个世界上没有人能够永恒,我又有什么可以悲伤的呢?苏轼的思想在和曹、周的对比中得到了超脱,体现了他的旷达、洒脱和豪迈的风格!

3.在哲理中点燃梦想

客(变):逝者如斯(水)、盈虚者如彼(月)、时刻在变(人)

苏子(不变):未尝往也(水)、卒莫消长也(月)、无尽也(我)

结论:水、月、人都是既变又不变的。

客:无穷　不变　须臾　变化(片面)(悲)

苏子:物与人都是既变又不变(全面)(喜)

结论:用全面的观点去看待事物、分析问题。

客：取（清风明月）
苏：不取（非吾之所有）
结论：大自然是一部抚慰人心灵、开阔人胸襟、陶冶人情操、启迪人智慧的百科全书。
小结：苏轼从自然美景中获得了"遗世""羽化"之乐，从历史中寻找到了希望，在哲理中点燃了梦想，他的悲情从哲学思辨中、从自然美景中解脱了出来，使他乐观旷达。

活动三：读《赤壁赋》，悟人生真谛
在黄州重启人生的苏轼，面对的恰是之前完全被否定的人生。如果一个人陷于愤恨与悲痛的围挡中不能成功解围，等待他的只有沉沦这一条死路。可喜的是，苏轼成功地从过往中解放了自我，毅然选择了另一条路，变得通达、开朗。苏轼在困境中成功突围，对今天的我们有哪些启示呢？
明确：
（1）关注当下生活：①热爱自然②热爱劳动。
（2）学会苦中作乐：①学会适当自我解嘲②坚守德行③学会用全面的、发展的观点看问题

学习任务三：临水抒情，仿写苏子之美文
活动四：熟诵《赤壁赋》，理清思路，品味语言，把握结构，以武汉东湖或黄鹤楼为对象，仿照《赤壁赋》写一个抒情片段。（300字左右）

示例一：
最爱东湖行不足
春和景明之日，呼朋唤友之时。与友人一行，乘地铁，转公交，谈笑间，东湖绿道到矣。

绿叶满枝，风来，飒飒起舞翻细浪。公路洁净，人去，悠闲自得，印无痕。游人如织，欢乐之言随风而去，靓丽之形悄然而逝。插细微空隙之地，绕团团喜乐之群。天地骤宽分四路，梅园门前人鼎沸，樱花园外笑颜开，磨山顶上有远望，东湖水波动桨声。

提衣、蹑足，入小舟。船家解绳，轻摇橹，水波一晃，碧绿铺。仰观宇宙之大，耳听白鹭之音，口说相聚之情，俯察湖水之盛，手指湖山之形。阳光遍洒千顷水，水面似镜金光满。湖水氤氲，山蒙蒙，树渺渺。磨山如刀，截断东湖水万顷；东湖似玉，孕育磨山千层绿。

友人甚悦，叹曰：

一湖何奇？竟留屈子放逐之地，竟传落雁之说，竟书关圣卓泉之史……朝沐宝通之佛音，夕浴忠义之情。

一湖何奇？可观千年之编钟，可闻孙先生之教诲，可思昙华之精神……子曰：朝闻道，夕死可矣。

一湖何奇？九省通衢之地，商业繁华之城，竟有曲径通幽之处。卧，可看日月星辰；俯，可瞰花鸟虫鱼。昔日风景之区，今朝公园之地。

吾亦悦曰：游客熙熙皆为湖来，市民嚷嚷只为山去。来时一身尘埃，去时心旷神怡。湖乃净心之地，山乃化尘之境。湖山之间，可树"长风破浪会有时，直挂云帆济沧海"之志，可息鸢飞戾天之心，可忘经纶世务之思，亦可生"采菊东篱下，悠然见南山"之意……东湖山水相间，居繁华之都，而又深闺之貌，可谓天造地设。

夕阳西下，湖风乍乱。船家，急摇橹归岸。湖水红光闪烁，竟有欢送之意；山木摇动，亦是送客之语。离舟登岸，公路一眼望穿。月初东山之上，似诉难舍之情。

示例二：
隆冬与友行东湖
朔风历严寒，阴气下微霜，吾与友漫步于东湖。高木犹绿，劲草枯槁，时而浩浩乎如雷贯耳，不辨天风呼啸，抑或浪潮叠涌，犹似身心浩荡。

吾与友自幼相识，幸得同好，相伴相亲，互诉心肠。友曰："雄风浩浩，不若春风和煦。余独爱春日之东湖，风暖莺娇，燕回雨绵，百花笑我今年少，万物赋我今蓬勃。"

吾得此言，思今日之一切不事事，更觉心胸开阔。天地之大，尚有春冬之替，吾辈不过蜉蝣于天地之间，更何囿于春冬之境？若得春日常在，百花常开，固然为人生一大乐事，而天命不佑，生逢隆冬，则何以哉？吾观今日之东湖，劲草深耕于冻土，娇芽蛰伏于枝头，只待春风呼唤，共奏盛世之章。既冬日犹不可免，唯有坚守以待春风。

吾与友相视一笑，敛袖紧衣，于浩浩中踏歌而行。

【作业】
以《千古赤壁景　无数文人情》为题目，写一篇600字的文章。

孔争光，湖北省武汉藏龙高级中学教师。

《五猖会》教学设计

◎郎　爽

【教学目标】

1.了解江浙一带有关庙会的一些民俗,热爱中华民族的民俗文化。

2.学习《朝花夕拾》整本书阅读方法。

3.细读课文,体会童年鲁迅看"五猖会"前后情感的变化。

4.细微之处感悟父亲形象,寻觅文章主旨。

【教学重难点】

1.细读课文,体会童年鲁迅看"五猖会"前后情感的变化。

2.细微之处感悟父亲形象,寻觅文章主旨。

【教学思路】一课时

【教学方法】朗读、批注、对比阅读、小组合作探究。

【教学过程】

第一环节:问题导入,引发思考

图片展示《朝花夕拾》,这本书的作者是谁啊?请问哪位同学能给大家介绍一下作者呢?

认识完作者,我们再来了解一下这本书。

基本的阅读方法:

一、先读前言、后记和目录。那我们来看一下这本书中的小引部分,它虽然不属于正文,但是对整本书的创作做了很好的解说,是我们拼读作品中必不可少的前提。

二、略读与精读相结合。这个我们在阅读《西游记》时用的就是这个方法。

三、做读书笔记。划出关键字词,概括大意,品味语言,挖掘寓意,读书心得。

四、利用工具书和有关参考资料。

今天我们就用精读和做读书笔记的方法,以《五猖会》这篇文章为例,从细微之处寻觅它的主旨,希望通过对这一篇的学习,把这些方法从"单篇"运用到整本书之中,力争让同学们有想读,愿读,会读《朝花夕拾》。

第二环节:研读文本,把握细微之处

1.文章共描写了几次赛会?请用小标题概括出来。

1—2段:童年看赛会(门外的赛会、初次的庙会等)

3段:书中的赛会(明人的赛会、豪奢的赛会、明朝的庙会等)

4段:亲见的赛会(盛大的赛会、梦想的庙会、庙前的五猖等)

5—22段:东关五猖会(东看五猖会、关东的赛会、失落的赛会等)

研讨:

第一部分内容:童年看赛会(1—2段)(略写),童年看的赛会给我留下怎样的印象?表现了我怎样的心情?这部分对全文有何作用?

提示:简单。"于是,完了"表现了赛会的简单使充满期望的孩子失望的心情。为下文写自己想看赛会蓄势、作铺垫。

第二部分写明人的赛会(3段)(略),作者极力描写了明时赛会的豪奢铺张,有什么作用?

提示:用明时赛会的豪奢、热闹,来对比现在的简单,写出了自己对赛会的向往。

第三部分写亲见的赛会(4段)(略)。如何理解"我想,我为什么不生一场重病,使我的母亲也好到庙里去许下一个"扮犯人"的心愿呢。

提示:渴望看赛会,希望参与到赛会中去。看出当时社会对人的个性的压抑。

总结:前三次对赛会的简单叙述对第四次写"五猖会"有何作用?

提示:主要是为去关东看"五猖会"蓄势。也为了衬托下文自己背书的那种受压抑的心情。

2.细微之处:品"那时候"

我们先来把目光放到前三次略写的赛会中,细读文本1-4段,结合小标题与文段内容,请按以下句式来进行回答。

示例：从童年看赛会可以看出，那时候是对童年赛会盼望又失望的时候。

答案：从书中的赛会可以看出，那时候是对明人赛会向往又不得的时候。

从亲见的赛会可以看出，那时候是对亲见的赛会羡慕又不能参与的时候。

作者正是在这种情感的蓄势下，终于要到东关看五猖会去了——这是"我"儿时所罕逢的一件盛事。使得学生顿悟了为何要描写前三次赛会，从而更加深刻地理解"先扬后抑"的叙事方式。

3.细微之处：品心情

细读课文5—20段，体会"我"的心情经历了哪些变化？请结合具体的语句进行分析。

第一，高兴地"笑着跳着"催促。作为孩子，最爱的是热闹，因此，听说要看迎神赛会，当然非常高兴，因此总是嫌时间过得太慢，催促大家快搬东西。

第二，"忐忑""担心"地强记。"我似乎从头上浇了一盆冷水"，充分展示了作者从高兴到沮丧的极度失望的心情。失望，也就是对父亲在孩子高兴的时候让其背书的这种教育方式的不解。

第三，着急，紧张，梦幻铁钳的帮助。在母亲、工人、长妈妈默默的静候中，作者急急诵读的声音发抖，仿佛深秋的蟋蟀，在夜色中鸣叫。在困境中，作者很自然地出现幻想，这幻想是"头里要伸出许多铁钳将什么'生于太荒'之流夹住"。终于，作者梦似的背完了。

第四，热闹但没有什么大意思。文章的最后通过对比：大家高兴，而"我"却觉得似乎都没有什么大意思，含蓄地反映出了父亲在孩子最高兴的时候让其背书对孩子心灵的伤害。全段对父亲没有一句谴责的词语，却充分流露出了对长辈不能理解一位儿童真实心情的伤感与困惑。

4.细微之处：品心境

请同学们齐读19-22自然段，老师想问一下，此刻我的书背下来吗？那结尾之处有没有描写赛会的盛况？老师找到两个句话，让我们把目光移到第19和20自然段，品析细微之处的心境：

19段，让我们来大家同时活动起来，脸上都露出笑容。20段，我却并没有他们那么高兴。

请同学们分享对于将要去看赛会，大家露出笑容，和我并没有高兴，为什么此时我和大家的心境不相同？

露出笑容：我成功背出《鉴略》，工人都替我高兴，为我庆祝成功，全家终于可以启程去看赛会。

并没有：其实"我"所有美好的情感都随着父亲那句："给我读熟。背不出，就不准去看会。"而烟消云散，千盼万望的五猖会呈现在我面前时，我已没有任何心情来欣赏，一切都变得索然无味。

5.细微之处：品"诧异"，续写"我"的内心

请同学找出文章中最能体现作者心情的句子？

我至今一想起，还诧异我的父亲何以要在那时候叫我来背书。

对于这个"诧异"老师想问这个是愤怒吗？这是怨恨吗？

借用《从百草园到三味书屋》中鲁迅的一段话为此时的鲁迅写一段心声"这一活动，续写"我"的内心的方式。

格式：我不知道我的父亲为什么要在那时候叫我背书，也许是因为____罢，也许是因为____罢，……都无从知道。但是，对于我来说，我却认为__。

第三环节：总结细微之处，寻觅文章主旨

这节课我们都在用圈画方式，找到细微之处，现在全文我们已经学习完了，让我们把所有品析到的细微之处汇总，就是这篇文章的主旨。

《五猖会》记述"我"盼望观看迎神赛会时的急切、兴奋的心情和被父亲强迫背诵《鉴略》的扫兴而痛苦的感受，表现了父亲对儿童心理的无知和隔膜，批判了封建强权教育对儿童天性的压制和摧残。

你们能理解稳重"我"的感受吗？那你们能理解文章父亲的做法吗？

在但是特定背景下父亲只是按照他的方式把思想加到孩子身上，而这种死记硬背并没有达到父亲的最终目的，老师之前和你们一样，觉得父亲是严厉的刻板的。现在我站在讲台上，也能理解父亲的做法。

第四环节：文章小结

老师想用蒋捷的《虞美人·听雨》这首词作为这节课的结尾，和你们这么大的时候，我读了《朝花夕拾》，我猜我的感悟和在座的你们是一样的，现在的我重新拿起这本书，再读，又是不同感悟。

第五环节：布置作业

1.结合对文章的理解，给鲁迅的父亲写一封信。

2. 运用本文精读和做读书笔记的方法继续阅读：《朝花夕拾——无常》了解另一场迎神赛会。

郎爽，广东省东莞市东华初级中学教师。

《祝福》教学简案

◎李洪强

【三维目标】

知识目标：1.为分析人物形象筛选有用信息。2.环境描写及其作用。

能力目标：学习本文综合运用肖像描写、动作描写、语言描写等塑造人物的方法。

情感目标：走进那段历史，理解造成祥林嫂悲剧的社会根源，从而认识旧社会封建礼教的罪恶本质。

【教学重点】

1.理解环境描写及其作用。2.分析人物形象。

【教学难点】领悟小说主旨。

【教学设想】

鲁迅先生的作品博大精深，《祝福》又是短篇小说的精品，提供了丰富的小说鉴赏资源。但鉴于教学时间的限制，面面俱到，不如有所侧重，力求有一定的深度。首先，小说刻画的形象鲜明生动、刻画人物的方法丰富多彩，值得体味；其次，小说的主题特别深刻，但学生对那个时代的社会生活又比较陌生，理解有一定的困难，所以要重点引导学生进行探讨。旨在通过教学激发和提高学生进一步阅读和鉴赏的兴趣。

【教学过程】

导语设计：惊闻鲁迅先生去世，翻译家姚克和美国作家斯诺为鲁迅先生合撰了一副挽联：译著尚未成书，惊闻殒星，中国何人领呐喊；先生已经作古，痛忆旧雨，文坛从此感彷徨。先生作为我新文化运动的旗手，始终站在那个时代的最前沿，写下了许多振聋发聩的文章，其中有三部小说集《呐喊》《彷徨》和《故事新编》。今天，将和同学们讨论、研究学习《祝福》一文，这是高中阶段唯一一篇选自《彷徨》的文章。

一

师：'所谓中国者，其实不过是安排这人肉筵宴的厨房。"（鲁迅《灯下漫笔》）在这厨房中，祥林嫂凄惨的死去。我们同学们可以以一个私家侦探的身份去探讨鲁四老爷、四婶、柳妈、鲁镇男女等在祥林嫂遇害过程中充当了什么样的角色？借助原文语言看看他们各自采取过什么行动？探求他们对祥林嫂之死应承担何种责任？

（一）鲁四老爷

生：①鲁四老爷的三次皱眉：第一次是因为得知祥林嫂是一个寡妇。第二次是因为得知祥林嫂是可能逃出来的。第三次是因为祥林嫂的再嫁，并暗暗告诫四婶说："这种人虽然似乎很可怜，但是是败坏风俗的，……祭祀的时候可用不着她沾手……，否则，不干不净，祖宗是不吃的。"②得知祥林嫂的死讯，四叔高声说："……，这可见是个谬种！"③得知祥林嫂被劫回婆家，四叔说："可恶！然而……"

师：上层阶级的思想常常在人们的思想中占有统治地位，作为鲁镇的实际统治者，四叔的言行举止直接影响到四婶及鲁镇男女对祥林嫂的态度。正因为他从精神上迫害祥林嫂，才使她的生存信心彻底毁灭，所以对祥林嫂之死应负主要责任。

板书：鲁四老爷：主犯　虚伪　阴毒　保守反动　暗中教唆

（二）四婶

生：①祥林嫂初到鲁镇四婶看她很像一个安分耐劳的人，便不顾四叔的皱眉把她留下了。试工期内，她简直抵得过一个男子，所以第三天就定局了。②祥林嫂被劫，卫老婆子来到赵府，四婶一见面就愤愤地说："……你拿我们家里开玩笑吗？"③祥林嫂再到鲁镇，四婶见她手脚已没有先前灵活，口气上颇有些不满。④四叔家"祝福"活动，四婶三次阻止祥林嫂摆放贡品，特别是第三次，使祥林嫂变成"直是一个木偶人"。⑤总不见祥林嫂有伶俐起来的希望，于是打发她走了，使祥林嫂沦为乞丐。

师：四婶只把祥林嫂看成是一件劳动工具，没有把她当人来看。正是她从行动上摧垮了祥林嫂的精神希望，所以应对祥林嫂之死负直接责任。

板书：四婶：从犯、鲁四老爷命令的忠实执行者、唯利是图、冷酷无情

（三）柳妈

生：①在与祥林嫂的闲谈中，柳妈诡秘地告诉祥林嫂，她死后还要被阎罗大王锯开来，分给两个死鬼男人。这使祥林嫂当时就显出恐怖神色来，第二天眼上便围上一个大黑圈。②告诉祥林嫂可以去土地庙捐一条门槛，当作替身，赎自己一世的罪名，免得死后痛苦。

师：鬼神邪说渗透到被统治者的内心世界，柳妈的话加重了祥林嫂的精神负担，使祥林嫂进入到一个生死两难的境地，所以应对祥林嫂之死承担部分责任。

板书：柳妈：无意的帮凶、善良愚昧、既是被害者、又是害人者

（四）鲁镇男女

生：①当我向一个短工问及祥林嫂死的时间及原因时，他淡然回答："昨天夜里或就今天吧。——我说不清楚。"和"还不是穷死的？"②阿毛的故事，有些老女人没有在街头听到她的话，便特意寻来，要听祥林嫂这段悲惨的故事，然后叹息一番，满足的去了。③祥林嫂的悲哀，经大家咀嚼鉴赏许多天，早已成为渣滓，只值得人们厌烦和唾弃，他们的笑影也是又冷又尖。④和柳妈的有关祥林嫂额头上伤疤的谈话被传扬开后，许多人都发生了新趣味，又来逗她说话了。

师：作为同一战壕的战友，鲁镇男女想在他们平淡、平庸的生活中，从祥林嫂身上寻找一些刺激，为他们乏味的生活增添一些佐料，当然他们这一切的快乐都是构建在祥林嫂的痛苦之上。正是他们，使祥林嫂对这一世界没有一点任何留恋的理由，加速了祥林嫂死的过程。

二

借助关于"灵魂"有无的探讨，分析文中具有进步思想的小资产阶级知识分子的"我"作为祥林嫂遇害案件的披露者是怎样向我们揭示这一案件的？"我"对这一案件态度如何？"我"是否能完成这一使命？

生：当祥林嫂问道灵魂和地狱问题是，"我"先是吞吞吐吐地回答"也许有吧——我想。"继而支吾着，"地狱？——论理，就该也有。——然而也未必，……谁来管这等事……。"最后胆怯起来了，便想全翻过先前的话来，"那是，……实在，我说不清……。其实，究竟有没有魂灵，我也说不清。"

师："我"带着同情、沉痛而又无奈的情感向我们讲述这一案件。同情祥林嫂的不幸遭遇，但又无能为力；希望对她给予帮助，但又怕承担责任，只好含糊其词，采取逃避态度，所以无力承担改革社会的历史使命。

三

利用课文空行，要求学生编写提纲，了解祥林嫂遇害一事的揭示过程。

情节是人物性格形成的历史，人物的思想性格，都是在一系列的事件中，一个个矛盾冲突中表现出来的。准确把握情节内容，有助于我们迅速阅读和宏观把握作者构思意图。

四

指导学生赏析"我"眼中的景物描写，及"我"的感受，了解"我"对这一事件的态度。

生：①三次"祝福"景象，第一次各家祝福景象的描写，交代了故事背景，揭露了当时社会穷富之间的对立，从中可以看出人与人之间的矛盾冲突，预示着祥林嫂悲剧的社会性；第二次，鲁四老爷家的祝福场景，推动了故事情节的发展，把祥林嫂一步步逼上走向死亡的道路；第三次，在尾声部分，通过"我"的感受写祝福景象，首尾呼应，深化了旧社会杀人本质的主题。②鲁四老爷的书房描写，从对联和书名中可以看出鲁四老爷是一个虚伪、顽固、保守的封建卫道士。③以上环境描写可以看出"我"对这一事件的态度：同情祥林嫂的悲惨遭遇，厌恶封建礼？教制度，希望社会变革的进步思想。

师：环境描写在渲染气氛、烘托人物、提供背景、推动情节、深化主题等方面发挥极其重要的作用。总之，"一切景语皆情语"，环境描写服务于小说的中心任务——塑造人物形象，我们应把握这一原则去分析环境描写的作用。

作业布置：鲁迅曾将中国历史分为"暂时作稳奴隶的时代"和"想作奴隶而不得的时代"（《灯下漫笔》），结合这一历史观参照祥林嫂在这两个时代的种种表现，同学们思考一下：作者笔下的祥林嫂是封建社会的反抗者，还是封建社会的顺民形象？

李洪强，山东省聊城茌平区第二中学教师。

《小石潭记》教学设计

◎李鸿雁

【课堂导入】

师：同学们，近年来，央视频道推出很多火爆的文化类综艺节目，大家知道的有哪些呢？这是一道抢答题，每个同学只能说一个。

预设生答：《中国诗词大会》《中国成语大会》《典籍里的中国》《故事里的中国》《朗读者》《经典咏流传》《绿水青山看中国》《开学第一课》《国家宝藏》《一本好书》《见字如面》《跟着书本去旅游行》……（PPT展示图片）

师：最新一期的《跟着书本去旅行》栏目提到一位文人：（屏幕显示）他是带火湖南永州的旅游博主；他是一位永远定格在文学史中的孤单行者；他拥有最戏剧化的人生，称自己"凡为愚者，莫我若也"。（屏幕显示）

这位文人便是在中国文学史中尤其是山水游记史上留下浓墨重彩一笔的柳宗元。今天我们继续学习他的散文名篇——《小石潭记》。上节课我们一起疏通了本文的字词解释和全文翻译，老师来检测一下大家的学习情况。

【温故知新】

一、请解释下面加点词语，如有特殊用法，请标出。

1.心乐之（　）　2.水尤清冽（　）
2.潭中鱼可百许头（　）　4.日光下澈（　）

二、翻译句子。

1.伐竹取道，下见小潭。
2.全石以为底，近岸，卷石底以出。

师：同学们基础知识记得较为扎实，请再接再厉，接下来我们学习新的内容。本文是一篇山水游记，我们要按照学习游记的方法去寻所至，记所见，有所感。因此本节课，我们的学习目标是——

【学习目标】（屏幕显示）

1.重走"子厚"路径，饱览"石潭"美景

2.感受"石潭"气氛，还原"子厚"心境

【学习过程】

任务一：重走"子厚"路径，饱览"石潭"美景

学习活动1：听读课文，完成以下两个任务。

（1）用横线画出表示作者地点发生转移的词句；（寻所至）

（2）用波浪线画出作者看到了哪些景物。（记所见）

预设生答：（注意区分地点和景物，有的兼而有之）

（1）小丘，篁竹，小潭，近岸，潭中，石上，潭西南，潭上

（2）篁竹，（听）水声，取道，小潭（潭水），石底（坻、屿、嵁、岩），青树翠蔓，潭鱼，日光，鱼影，（潭身）斗折蛇行，岸势，竹树环合。

师：《跟着书本去旅行》栏目组得到最新消息，永州的小石潭因为这篇《小石潭记》已经成了当地著名的旅游景点。

学习活动2：现在永州旅游局隆重推出了一个"重走子厚路"的旅游项目，你能否为这个项目设计一个旅游路线图呢，同时设计一些体验项目，还原当时的情境。

师：大家有没有发现，按照地点的转移作者把所看到的不同事物叙述了下来，这种写作手法叫作移步换景，是游记最常见的写作方法。

任务二：感受"石潭"气氛，还原"子厚"心境

学习活动3：人类的悲欢并不相通，何况是跨越千年的人，还原柳宗元的游踪容易，还原他当时的游览心境却极有挑战。为了让这个旅游项目更加具有吸引力，当地旅游局决定在不同的景点处营造不同的游览氛围。你觉得路线图上这些景点应该有怎样的游览氛围呢？请联系具体的语句，从字词、句式等多种角度说说原因。

示范：(1)"从小丘西行百二十步"——心情是有些无聊的，因为文章写到"一百二十步"，只有百无聊赖的人才会去数自己的步数。【数步数之无聊】

（引导：表现游览氛围的词语有无聊、期待、悠闲、喜悦、欢乐、悲伤……）

预设：

（2）"竹林深处"时，应营造很轻松的氛围，因为作者此时内心是快乐的，文中直接告诉了我们"心乐之"，特别是"伐竹取道"，此时作者在开辟道路时内心一定充满了期待。【探奇境之期待】

（3）在"小石潭岸边"时应营造很悠闲、沉醉其中的氛围，连用短句(可用比较阅读："为坻，为屿，为嵁，为岩"和"为坻为屿为嵁为岩"引导学生感受)包含了一份如数家珍般发现的快乐【游石潭之悠闲】

（4）"蒙络摇缀，参差披拂"有一份欣赏美景、沉醉其中的享受。【观树之喜悦】

学习活动 4：文章最后一段明确交代了"同游者：吴武陵，龚古，余弟宗玄。隶而从者，崔氏二小生：曰恕己，曰奉壹。"第 4 段却说"寂寥无人"，品析其矛盾处。

总结：是的，在柳宗元游览小石潭时的心境是变化的，最开始有些百无聊赖，但是马上就是一份铺开而来的"乐"，观树、赏水、逗鱼、寻找水源。而后，这份短暂的"乐"又被凄清的环境迅速击垮了，只留下了一份彻骨的"忧愁"。

学习活动 5：讲到这里，我想所有的游客在体验过程中心中都会产生疑问：由乐变忧，这游览的心情变化得怎么如此突兀，你如何理解其中的缘故呢？

PPT 补充相关背景资料，并且师生共读感受：

男：出生世家，少年得意，一路平步青云，可羡哉？

女：心忧国家，满腔大志，参与"王叔文革新"，失败后被贬为永州司马，可叹哉？

于所贬之地上(师)，永州偏远荒凉"产异蛇"，是真正的蛮荒之地(生)。于政治理想上(师)，唐宪宗特下诏："王叔文之党既贬，虽遇赦，不能量移"(生)。

于友人慰藉上(师)，即便关系亲密的亲友，也害怕受到牵连，连书信也不敢写(生)。

于居所上(师)，到职后，无处可居，只能暂居在龙兴寺(生)。

于亲人上(师)，到永州半年母亲就因病去世，不久，他不到 10 岁的女儿也在这里因病夭折(生)。

于身体上(师)，艰苦的生活环境，水土不服严重损害了柳宗元的健康。"百病所集或时寒热，水火互至，内消肌骨"(生)。师：黑色；男生：蓝色；女生：红色。

（齐）可悲哉？悲矣！(紫色)

预设：乐从游中来，乐从景中来；忧因环境触；忧从心底生。

师：乐仅仅是忧的另一种表现形式。柳宗元参与改革，失败被贬，心中愤懑难平，因而凄苦是他感情的主调，寄情山水正是为了摆脱这种抑郁的心情；但游山玩水的快乐毕竟是暂时的，一经凄清环境的触发，忧伤悲凉的心情就会流露出来。总结：这篇"记"，柳宗元借物写心，融情入景，从"乐景"写起，至"哀情"收束。其实，"忧"是他内心不变的精神底色，那"乐"虽真实，却如空中的流星一般短暂易逝。《小石潭记》尤其说记录的是作者眼中的小石潭，不如说记录的是作者万千真切的内心世界。

【总结提升】

如果说桃花源是陶渊明的一个梦，是他一份心灵的寄托，和对美好理想的永恒追求，那么，小石潭对于柳宗元而言，它的意义是什么呢？请用下面句式说话：对于柳宗元而言，小石潭是？

预设：

小石潭是来自自然中的知己；小石潭是映照自我的镜子；小石潭是带来短暂治愈的良药；小石潭就是他自己……

【适当追问小石潭和柳宗元之间有没有什么共同点呢？】小石潭风景秀丽而地处偏僻，不容易被人发现，正如自己有满腹才华，却被弃用，遭遇贬斥。

小石潭在一定程度上成了柳宗元的"知己"。以自然为知己，在自然中汲取或短暂或长久的慰藉，获取生命的力量，这是中国贬谪文人的共通之路，而伟大的文字总是从贬谪之路开始。贬谪对于文人本身是一件莫大的痛苦，但我们可以说，永州于柳宗元而言，有了被永恒定格的意义。永州的苦难被柳宗元铸成了一朵花，一朵"千万孤独"的花，一朵诠释了生命真谛的花，一朵坚守不朽的花。孩子们，愿我们也能在不期而遇的困境中，想到千年以前在永州的柳子厚，想到他的《小石潭记》，开出属于我们的精神之"花"。

李鸿雁，河南省新乡市第一中学教师。

《简·爱》导读课教学设计

◎李 娟

【名著赏读】

《简·爱》是19世纪英国批判现实主义文学作家夏洛蒂·勃朗特采用第一人称书写的自传体式小说。

这部小说,女主人公——简·爱从家世到样貌都平凡普通,她生性倔强又自尊自爱,情感细腻丰富,执着勇敢,无论身处何地都敢于牢牢把握自己的命运,不被他人左右。简·爱对平等与自由的追求,以及她无论何时都自尊自爱自立自强的精神,使她成为女性觉醒的楷模,也使她在抗争与坚守中寻到美丽芬芳的自由之花。

从文学艺术特色的方面出发,这部小说既有浓厚的现实主义色彩,又呈现了丰富的浪漫主义情怀。女主人公简·爱在盖茨海德府里度过的苦难童年以及在洛伍德学校中艰难的求学成长经历,都透露着浓浓的现实主义色彩。简·爱也因此成功实现了丑小鸭的逆袭,获得了自己人格的自由和解放。书里主人公对真善美的追求,是浪漫主义的核心所在。

从叙述视角上来看,小说是以第一人称为出发点展开讲述。同时,自叙的方式也使得小说的描述更加真实,故事的表现以及主人公人物性格特点的展示更加鲜明。小说围绕简·爱以及罗切斯特的爱情故事里,展现出了强烈的人文主义精神渲染下的氛围,并且通过更为生动的描写,触动了读者的内心,读者得以在小说中与作者和主人公产生情感层面的共鸣。

书中尤其值得赞赏的就是细致入微的心理描写。作者通过对女主的心理描写和分析,展现女主的内心独白和心灵对话。作者通过梦境和幻觉景色和外物的描绘等等,形象生动地刻画出了简·爱在爱情生活中复杂的心理活动。难怪有书曾评论说《简·爱》是现代心理小说和情绪小说的鼻祖。

最后,从内容主旨上来看,在当时英国社会阶级等级差距悬殊的背景下,作者敢于打破陈规,是难能可贵的。夏洛蒂塑造的简·爱这一形象,在一定程度上突破了阶级固化的概念,在简·爱的世界观里,不会受到金钱或者是社会地位的影响,只有真正追寻自己内心的想法,才能在生活中找到自己的真爱。而从商人罗切斯特的后续表现也可以看出,真正的爱情、好的爱情是不会看重这些物质层面的内容的。简·爱对罗切斯特的感情,绝不会因为罗切斯特的财富或者是地位而有任何的卑微与妥协,因为真正的爱情是两个人在一起的互相尊重与平等爱护。正因为她对于罗切斯特所拥有的物质层面及地位层面的东西都表现为无动于衷,所以这些也真正地打动了罗切斯特的内心,使得他真正地爱上了她。无论是金钱、物质还是社会地位,都无法将真正相爱的人分开。所以这些都更好地展现出了女主人公简·爱与众不同的性格特点,使得人物性格的设置与体现更为鲜明和立体。

《简·爱》,没有气势磅礴的历史画卷,没有艰深的学识,没有复杂的情节和人物,没有繁复的结构,它所有的就是一个生活中普通而真实的女性形象,散发着地位平等、坚强不屈、追求自由的理性色彩,也正是这一份色彩,让简·爱和《简·爱》焕发出迷人的光彩。这对于当时社会的映射具有重要的作用,同时,对于当时的社会启迪具有极其重要的揭示意义。中学生阅读它,也能从中获取到对抗逆境和挫折的力量,给人以奋进的启迪。

【教学创意】

知识卡片、选点精读、阅读方法指导

【教学思路】

大致上分为三个教学板块:铺垫背景、文意把握、选点精读。

【时间安排】一课时

【教学过程】
导入语:《简·爱》的问世轰动了十九世纪的文坛,是英国文学史上一部经典传世之作。它以一种不可抗拒的美感吸引了成千上万的读者,随之深深感动,心灵也为之震颤。

一、略读:铺垫背景

1.作者夏洛特·勃朗蒂

英国小说家,生于贫苦的牧师家庭,曾在寄宿学校学习,后任教师和家庭教师。1847年,夏洛蒂·勃朗特出版著名的长篇小说《简·爱》,轰动文坛。另有作品《谢利》《维莱特》和《教师》。

2.写作背景

当时英国虽然已经进入资本主义社会近二百年,但阶级等级观念仍根深蒂固。且十九世纪欧洲的婚恋状况:嫁给一个家财殷实的人,对女人来说是利害攸关的大事;女性的容貌优劣,与男性的财产大小是相提并论的;法律和天主教教义规定,天主教徒不可以离婚。

3.故事简介

简·爱父母早亡寄居在舅舅家,舅舅病逝后,舅母把她送进孤儿院,来到桑恩费尔德,当男主人公罗彻司特先生家的家庭教师,罗彻先生脾气古怪,经过几次接触,简·爱爱上了他。在他们举行婚礼时,梅森闯进来指出古堡顶楼小屋里的疯女人是罗彻斯特先生的妻子,简·爱不愿作为情妇,离开了桑恩费尔德,来到一个偏远的地方,在牧师的帮助下找到了一个乡村教师的职业。在牧师向简·爱提出结婚时,她想起了罗彻斯特先生。当赶回桑恩费尔德时古堡已成废墟。简·爱最后与罗切斯特一起,过上他们向往的生活。

【知识卡片】
略读:在阅读过程中迅速整理文章的内容概要,了解文章所讲述的故事主线以及想要表达的思想感情,通过这样的方式了解正篇文章希望传达的意思。

二、跳读:文意把握

活动——梳理小说脉络,了解故事情节。
请同学们从目录里跳读名著,完成以下两个任务:

1.找出简·爱的人生经历。(提示:可以通过她的地点变换来找。)

2.读一、二章,找出简·爱第一次出走的原因。

【知识卡片】
跳读:在短时间内寻找到与文章相关的资料和信息,对这些信息进行阅读和理解,就可以帮助读者更加深入地理解文章想要表达的内容,并且抓住文章中的重点,根据重点对这篇文章进行分析与记忆。

三、精读:选点品析

话题——经典段落的艺术表现力品析:

你以为,我穷、低微、不美、矮小,我就没有灵魂没有心吗?你想错了!——我的灵魂跟你的一样,我的心也跟你的完全一样!……我现在跟你说话,并不是通过习俗、惯例,甚至不是通过凡人的肉体——而是我的精神在同你的精神说话;就像两个都经过了坟墓,我们站在上帝脚跟前,是平等的——因为我们是平等的。

1.从这一段,我们可以读出小说的叙述视角:第一人称。

2.从这一段,我们可以读出小说的描写特色——心理独白。

3.从这一段,我们可以读出小说主人公的性格特征——追求自由和平等。

4.从这一段,我们可以感受小说的主题思想——女性自主意识的觉醒,对自由的向往和追求。

【知识卡片】
精读:基于文章深入理解出发的,因而要对文章中的重点内容进行反复研读。精读既是鉴赏性阅读,同时也就是探究性阅读,读者在精读的过程中思考和反思,从而实现自我的提升。

四、课堂小结:

听歌谣,从歌词中再次感受简·爱追求自由、自爱自立的生命状态。

爱你孤身走暗巷 / 爱你不跪的模样
爱你对峙过绝望 / 不肯哭一场
爱你破烂的衣裳 / 却敢堵命运的枪
爱你和我那么像 / 缺口都一样

【知识卡片】
名著阅读中要熟练使用略读、跳读和精读这三种阅读方法。先通过略读和跳读,能够帮助读者提取文章重点,同时对于整篇文章的内容有大致的了解。然后,再采取精读的形式对重点内容进行反复的阅读,深刻体会出作者想要表达的情感以及文章的内涵,从而进一步加深读者对文章的理解,扩充读者的阅读面。

李娟,广东省深圳市罗湖外语实验学校教师。

《诗经》群诗教学设计

——以《诗经·邶风·静女》《诗经·卫风·木瓜》《诗经·郑风·溱洧》为例

◎李廷梅

【教学目标】

1.初读扫清文字障碍，整体感知诗歌重章叠句，一咏三叹的艺术。

2.通过诵读深入学习《诗经·邶风·静女》《诗经·卫风·木瓜》《诗经·郑风·溱洧》表达的情感。

3.嚼文嚼字，通过比较、辨析、探究《静女》反复和逆转表现人物和表达情感的艺术，从而学习《木瓜》《溱洧》爱情表达的多样性。

【教学重点】

通过比较、辨析、探究《诗经·邶风·静女》反复和逆转表现人物和表达情感的艺术，学习《诗经·卫风·木瓜》《诗经·郑风·溱洧》爱情表达的多样性。

【教学难点】

学习《诗经·邶风·静女》反复和逆转表现人物和表达情感的艺术，学习《诗经·卫风·木瓜》《诗经·郑风·溱洧》爱情表达的艺术，初步探究《诗经》爱情诗在表达的多样性。

一、导入：回顾，复习《诗经》的三首爱情诗

师：说起《诗经》我们一点也不陌生，《诗经》305篇，写爱情婚姻的诗就有116篇，占据总数的三分之一。它们是汉、溱、洧（wei 三声）、淇之水，清澈纯亮，它们是蕙、兰、芷、若之花，招展美丽，在优美朴素的《诗经》爱情诗中穿梭，遥望先古河流两岸的男女们，它们简单的欢笑与泪水，幸福与怨恨的爱情故事，足以动人，不禁问：世间情为何物？爱情本身有多少种滋味，《诗经》的爱情诗就有多少种表达。

我们学习了《关雎》中君子对窈窕淑女的热情追求的表达：关关雎鸠，在河之洲。窈窕淑女，君子好逑。

我们也学习了《蒹葭》中苦苦追寻思慕而不得的惆怅的表达：蒹葭苍苍，白露为霜。所谓伊人，在水一方。

我们还学习了《子衿》中女子赴约焦急的等待男子到来的情思的表达：挑兮达兮，在城阙兮。一日不见，如三月兮！今天，我们一起走进《静女》《木瓜》《溱洧》去感受《诗经》爱情的朴素、纯洁、美好，以及爱情表达的多姿多彩。

二、整体感知诗歌

1.自由朗读全诗，结合注释，读准字音，读出节奏，读出感情。

静女【诗经·邶风】

静女 / 其姝(shū)，俟(sì)我 / 于城隅。

爱 / 而不见(xiàn)，搔首 / 踟蹰(chí chú)。

静女 / 其娈(luán)，贻我 / 彤管。

彤管 / 有炜(wěi)，说(yuè)怿(yì) / 女(rǔ)美。

自牧 / 归(kuì)荑，洵美 / 且异。

匪 /（同"非"）女(rǔ)之为美，美人 / 之贻。

2.男女约会，本来是很普通的事情，诗人是怎么样把这场约会写得百转曲折，而又热烈纯净的？

静女【诗经·邶风】

静女其姝，俟我于城隅。

爱而不见，搔首踟蹰。

静女其娈，贻我彤管。

彤管有炜，说怿女美。

自牧归荑，洵美且异。

匪同女之为美，美人之贻。

生：首先，男子和女子说好在城角相会，女子却迟迟不见，还躲起来了，这是第一次曲折（也叫转折），于是，这男子非常着急，手挠着头，在城角上走来走去的等，又不敢离开半步，生怕错过女子。突然，这女子出现了，送给我一只彤管，总之是一个红色的管状物。这是第二次曲折（也是第二次转折），接着说者彤管有炜（颜色红而且光亮），这彤管非常

讨人喜欢。

师：对，这两次转折在情节上，都是递进，推动情节向前发展。可是，接着诗人又说了什么？

生：接着，诗人没有进一步说彤管，而是退一步说：不是彤管好啊，而是因为彤管是美人送的。

师：（这就是第一次"逆"向。）到这里我们知道了诗人是"醉翁之意不在彤管呀，而是在美女"。

生：接着，诗人又借赠送荑，写道：这女子从远郊归来，赠送我出生的荑草，这荑草确实美好而且与众不同啊，接着诗人又退一步说不是你送的荑草美，而是因为这荑草是你这个美人送的啊。（这就是第二次"逆"向。）

三、探究诗歌

第一次转折：静女其姝，俟我于城隅。爱而不见。静女你多么美丽啊，约我在城楼角相会。你却躲藏起来不出现。——（先赞美静女，后写事情）

第二次转折：静女其娈，贻我彤管。彤管有炜。静女你多么美好啊，送我一只红色的彤管。你送我的彤管多么红而且闪闪发光啊。——（先赞美静女，后写事情）

静女其姝："姝"，形容女子面容美，红润，自然，是不加修饰的很健康的美。

静女其娈："娈"，"既有静德，又有美色"，兼具内在的德行美和外在的外貌美。"姝""娈"是词义上的递进，词语的递进，构成了句式和情感上的递进。——情感：转折中递进

第一次逆向：贻我彤管，彤管有炜，说怿女美。你送我的彤管多么红闪闪发光啊，我好喜欢它鲜艳的颜色和闪闪发光啊！不是彤管美啊，因为是你这位美人送的。（先写事情，后赞美静女）

第二次逆向：自牧归荑，洵美且异。匪女之为美，美人之贻。

你从远郊回来，送给我荑草，不是荑草美啊，而是因为这荑草是你这位美人送的。（先写事情，后赞美静女）

"说怿女美""洵美且异""匪女之为美"表面上说静女所送的礼物美，实际是通过逆向的手法写指静女的美，既指容貌美，又指内在美，而且美得很特别。

词语和句式的反复和逆转，构成了情节和情感上的：一咏三叹，回环往复。这样静女的形象在我们心中就丰富而生动起来，这爱情故事写得也

百转曲折而热烈纯净了。

四、热烈纯净（主题）

"彤管"红而且闪闪发光，"彤"象征着热烈，"炜"象征着爱情像金子般闪闪发光，写出爱情的珍贵无比；"荑草"，白而且嫩，是春天出生的最柔最嫩的芽尖，象征爱情的纯洁柔美，像出生的孩子，没有一丝世俗的沾染。我们知道，诗人不管是：先赞美静女，后写事情，还是先写事情，后赞美静女，都是强调表达自己对静女的爱，在反复和逆转的表达中，爱变得浓烈，执着，纯洁，深沉，美好，却没有一丝世俗沾染和更没有半分虚假。这就是爱情最美的模样。因此，孔子说："《诗》三百，一言以蔽之，曰：'思无邪'。"反复，变、换带着这样的经验，我们一起来学习另外两首爱情诗《木瓜》和《溱洧》，感受别样爱情美：

木瓜【诗经·卫风】

投我以木瓜，报之以琼琚。

匪报也，永以为好也！

投我以木桃，报之以琼瑶。

匪报也，永以为好也！

投我以木李，报之以琼玖。

匪报也，永以为好也！

溱洧【诗经·郑风】

溱与洧，方涣涣兮。士与女，方秉蕳兮。女曰观乎？士曰既且，且往观乎？洧之外，洵訏且乐。维士与女，伊其相谑，赠之以勺药。

溱与洧，浏其清矣。士与女，殷其盈矣。女曰观乎？士曰既且，且往观乎？洧之外，洵訏且乐。维士与女，伊其将谑，赠之以勺药。

总结：爱情有多美，《诗经》的爱情诗就有多美，爱情有多真，《诗经》的爱情诗就有多真，爱情有多纯，《诗经》的爱情诗就有多纯，爱情有甜，《诗经》的爱情诗就有多甜，爱情有多酸，《诗经》的爱情诗就有多酸，爱情有多苦，《诗经》的爱情诗就有多苦，问世间情为何物？爱情的真、纯、美，爱情的酸甜苦辣，《诗经》都会给你想要的答案。

五、作业：拓展阅读，感知《诗经》爱情诗表达的多样。

品品《诗经·周南·桃夭》叠词的悠扬；

唱唱《诗经·秦风·无衣》问答的铿锵；

想一想，它们的美，是如何被创造的呢？

李廷梅，昆明西南联大研究院附属学校教师。

《爱莲说》教学设计

◎李婷婷

【教学目标】

1.以设计朗读脚本的形式，通过朗读指导感受文言文的骈散结合的韵律美，初步感知莲的外在形象。

2.以资料助读的方式，引导学生发现莲和君子之间的相似之处，领略君子之德，学习托物言志手法。

3.运用古今对话的方式，衬托体悟周敦颐君子之行的高尚，感受君子对自我品性操守的坚守，引领学生树立正确的人生价值观。

4.用写颁奖词的方式，不同角度展现君子文化，感受时代对君子美德的呼唤，追求道德修养的更高境界。

【教学重点】

品读关键语句，寻找文中的君子风骨。

教学难点：领悟作者用托物言志的方法表达的人格追求，感受君子之志。

【教学过程】

一、情境导入

师：在中国的传统文化中，"君子"是一个非常重要的概念。它不仅代表了一个人的高尚品德和行为规范，更是人们追求的一种理想人格。我们常常听到的"君子一言，驷马难追""君子爱财，取之有道"等成语，都是对君子品德的赞美和体现。人们尊崇君子、学习君子、以君子为目标提升自我，形成了独具中国特色的君子文化。在现代社会，我们仍然可以从"君子文化"中汲取智慧和力量，帮助我们更好地应对生活中的挑战。咱们学校想举办主题为"传承君子文化，焕发青春光彩"的特色活动，我们需要借助同学们的智慧群策群力。

在你看来，什么是"君子"呢？

（生自由交流讨论）

师小结：看来君子，不只指外在形态的美好，更具有内在品格的要求。今天，我们就来怀揣对君子的向往，共同探寻君子的踪迹学习一篇与"君子"有关的文章，一起走进今天的课堂——《爱莲说》。

二、学习任务

任务一：走进文本，做经典朗读者

师：自由朗读课文，根据小贴士，参考示例，运用符号做标注，为你的朗读设计一个脚本。

【屏显】朗读要素标记符号与说明小贴士

1.语调：指语句里声音高低升降的变化，其中以结尾的升降变化最为重要，一般是和句子的语气紧密结合的。平调不标；升调用"↗"；调降用"↘"。

2.重音：是对一句话中需要强调的词语加以重读，一般用着重号"·"标示在词语下面。

3.停顿：为了表情达意的需要，句子间没有标点符号的部分可以适当停顿，一般用"/"标示在词语之间。

师小结：同学们的朗读在重读中感知了莲的形象；停连中领略了错落的节奏之美；升降调的运用中读出了作者独有的心声，感受到文言的独有的韵味。大家无疑已成为经典文化的朗诵者、传诵人。

任务二：寻找关联，做美德发现人

师：同学们的诵读让我们沉浸其中，感受到了周敦颐对莲花的喜爱。在他心中莲就是君子，道出了"莲，花之君子者也"。那我们不妨思考：莲和君子有着怎样的联系？结合莲的形象和助读资料中对君子的品质的阐释，说说莲为何是"花中君子"？

【屏显】助读资料

1.洁身守道，不同世人陷乎邪。（《晏子春秋·内篇问上》）

2.上下交朴，以道为舍。（《韩非子·大体》）

3.君子量不极，胸吞百川流。（唐·孟郊《投赠张端公》）

4.君子泰而不骄，小人骄而不泰。（《论语》）

5.宁向直中取,不可曲中求。(《增广贤文》)

【屏显】托物言志小贴士

托物言志,也称寄意于物,是指诗人运用象征或起兴等手法,通过描绘客观事物的某一个方面的特征来表达作者情感或揭示作品的主旨。

【明确】原来,作者写莲花,赞美的不只是美丽的莲花,更是谦谦君子。作者表面上是爱莲的外在美和内在美,实际上是借莲来说出君子的美好品德。这样的写法就叫作托物言志。

任务三:穿越古今,做时空连线员

【屏显】助读资料

助读资料一:

陶渊明不为五斗米折腰,辞官归隐,躬耕园田,饮酒赋诗,逍遥适意。"采菊东篱下,悠然见南山"十字,让菊成了陶渊明专属的文化符号,唐人已将菊称为"陶菊"或"陶家菊"。因了陶渊明,菊也就有了高洁、清雅、坚贞、淡泊等象征意义。

——《陶渊明与中国菊文化》

助读资料2:

牡丹绚丽浓艳,国色天香,因此它是雍容华贵的象征。唐朝初期,特别推崇牡丹,把它视为珍品,誉为国花。到贞元时,对牡丹的赏玩,更成为盛行长安的风气。暮春时节,车水马龙,权贵们不惜高价争相购买。

助读资料3:

《宋史》中对周敦颐的记载:

担任分宁主簿,面对疑案,只审讯了一次就审清楚了;

担任南安军司理参军,敢于和凶悍的上级争辩,为囚犯主持公道,使其免于一死;

担任桂阳令,教郡守读书,政绩显著;

担任南昌县令,百姓敬畏,富家大姓、黠吏恶少都惴惴不安;

担任合州判官,上级是非不分,对他态度不佳,他处之超然;

担任广东转运判官,他洗冤昭雪,福泽万民,不辞劳苦,体察民生。

1.同学们刚刚学习了托物言志的写法,结合助读资料,可以发现:莲花洁身自好,是君子的象征,让周敦颐"独爱";菊花孤高脱俗,是隐逸者的象征,让陶渊明"独爱";牡丹雍容华贵,是富贵者的象征,让自李唐以来的世人"甚爱"。可见并非人人都爱莲。如果这三类人能够跨越时空会面,各抒其志,他们的交流会有怎样的碰撞呢?请展开想象,你觉得周敦颐可能会说些什么?

【屏显】

富贵者(李唐世人):"富贵的享受才是真正的人生啊!"

隐逸者(陶渊明):"争名夺利几时休,早起迟眠不自由,哪有归隐悠然。"

君子(周敦颐):

(学生自由表达)

师小结:听到同学们的精彩回答,老师仿佛看到周敦颐正踱步来到的濂溪之畔,莲花轻摇,涟水清幽。老师仿佛听到他毅然说道:"我不愿同流合污随波流,我要保持清白操守和正直的品格;我也不愿消极避世,我要达济天下守住本心。"

2.大千世界,芸芸众生,不同的人有着不同的人生选择,在倾听到他们的诉说后,你心中也会有属于自己的答案。请你也穿越时空与他们对话,你最想和谁对话,说些什么呢?

(学生从富贵者、隐逸者、君子中选择对话)

师小结:同学们你们的各抒己见让我们看到了君子之风的传承。追求俗世的欢娱,安然享受富贵的生活,这并不是过错;追求精神的洒脱,决然远离俗世的樊笼,这也实属不易,但在"泥""水"截然相反的境遇,却能守住自己的本性,则境界更高。不仅需要在淤泥里苦苦支撑,而且还要开出朵朵的花来,把淤泥变成美丽之所在——君子从不逃避环境;君子不仅适应环境,君子还积极改造环境。

显然,对于现实人生和人类社会的发展来说,莲花式的君子,更具有积极的意义。

这就是我们一直追寻的君子文化,是几千年来推动中华文明生生不息的正能量和主旋律,至今仍然具有永不褪色的时代价值。

三、课堂作业

学过本文,你一定对君子的内涵有了更深刻的理解。他也许是我国历史上杰出的人物,也许是我们身边平凡的小人物,他甚至可能是连名字都不为人知的无名英雄……请你写一段颁奖词,致敬你心目中的君子。

李婷婷,黑龙江省哈尔滨市风华中学校教师。

《好的故事》教学方案

◎李文雅

【教材分析】

《好的故事》是统编版六年级语文下册第六单元第一篇课文,是一篇教读课文。《好的故事》描绘了"昏沉的夜"里"我"所梦见的一幅交织着"许多美的人和美的事"的生活图画,表达了对美好事物的追求以及对理想的热烈憧憬。因此从景物切入,以朗读带动想象,以视图寻求通感,以画面做出猜想,然后联系资料去求证是教学的必然选择。

【学情分析】

本课教学对象为六年级(2)班的学生,他们具备较好的阅读能力和思考能力,对于文本语句的品读和分析,也掌握了一定的学习方法;但对他们来说,理解"散文诗"这种体裁还具备一定的难度,特别是第一次学习。且本篇课文创作于中国现代文学初创时期,其遣词造句也难免留下文言文向白话文过渡的痕迹,有些晦涩难懂。所以,需要老师帮助学生先排除字句的困扰,再借助相关背景资料,加以引导和分析,帮助学生从对内容的梳理转向对文章主题深层含义的探究与理解。

【教学目标】

1.带着想象朗读课文,感受文中对水乡奇幻景物的描写,体会故事的美丽、幽雅和有趣。

2.查找相关资料,揣摩作者的写作意图,体会作者写作时的心境。

3.通过反复朗读和默读,品味精彩的语言,积累一些精美的词语和句子。

【教学重点】

带着想象朗读课文,感受文中对水乡奇幻景物的描写,体会故事的美丽、幽雅和有趣。

【教学难点】

查找相关资料,揣摩作者的写作意图,体会作者写作时的心境。

【教学环节】

一、回顾课堂,厘清字词

师:今天我们继续来学习第20课《好的故事》。上节课我们着重解决了本篇文章出现的一些较为晦涩难懂的字词,梳理了文章的主要内容,那么我们来随堂小互动一下:同学们,你能把相应的词语对照连一连吗?

【PPT出示难懂词语:石油 鞭爆 膝髁 蒙胧 伽蓝 皱蹙 虹霓】

【PPT出示现代词语:寺庙 皱缩 彩虹 鞭炮 膝盖 煤油 蒙眬】

二、品读诗句,想象赏梦

回到课题"好的故事",简单回顾:

1."好的故事"指的是什么?梦境这个故事具有怎样的特点?

总结:美丽 幽雅 有趣

2.主问题:好的故事,其实是一个梦境。那这故事的美丽、幽雅、有趣又体现在哪里?

(一)入梦

1.现在,你和鲁迅一起进入了梦境,你会选择在什么地方进入梦境?

2.你选择和鲁迅先生坐在船头、船尾还是其他位置呢?为什么?

3.看到鲁迅之后,如果你只能说一句话,你想跟鲁迅说什么?

(二)观梦

小组合作探讨:品读5-7段,圈划具体语句,说说你从哪里可以感受到故事的美丽、幽雅或有趣?

辅助提问:

1.在梦境中,最先可以关注到的是?

2.这么多的景物带给你怎样的感觉?

3.学生发挥想象,补充更多的景物。

4.除了名词,还可以看到表示动态的、变化的动词、提示语、修饰语?

5.链接生活,在何处有见过类似的变化。
6.出示江南水乡图片与动态视频。
7.师生带着想象合作朗读,感受课文中对水乡奇幻景物的描写。
8.选择题:最合适的文章插图

续谈有趣场面:带织入狗中,狗织入白云中,白云织入村女中……。

想象、续写:①村女织入(　　)②(　　)织入(　　)

总结:这故事很美丽,优雅,有趣。许多美的人和美的事,错综起来像一天云近,而且万科奔星似的飞动着,同时又展开去,以至于无穷。

(出示"云锦"的图片及介绍资料)

(三)惊梦

我们在鲁迅的梦境中体会到了美丽、幽雅、有趣,那当"我"就要凝视他们时,又发生了什么呢?

三、借助资料,逐层解梦

师:人们常说,日有所思,夜有所梦。梦,常常跟人们的愿望、盼望和希望连在一起。

主问题:鲁迅先生写这一篇好的故事想要表达什么?"昏沉的夜"仅仅是指昏暗灯罩下的夜晚时么?

1.借助资料,了解背景:

②一九二五的中国,正处于半封建半殖民地社会。帝国主义在上海租界公然屠杀、拘捕数百名手无寸铁的革命群众,制造了震惊中外的"五卅惨案",血雨腥风笼罩着中国大地。新文化战线被分化,一部分青年斗志冷却,有的退隐,有的高升,有的甚至公开背叛革命,这使鲁迅感到信念动摇的极度苦闷。黑暗而残酷的现实,让鲁迅感到求索的怅惘、战斗的孤独。(选自王泽龙的《论鲁迅一九二五年前后的创作(有删改)》)

师:假如要你从这一段资料当中,找一个词语来形容鲁迅的心情,你会找哪个词语?

明确:极度苦闷、怅惘、孤独。

师:为什么一个孤独、怅惘、苦闷的鲁迅,梦到的却是一个美丽、幽雅、有趣的梦?为什么呀?

明确:他希望世界,希望现实这样的;虽然当时鲁迅是苦闷的,但是他的内心向往的世界是美好的,想通过这样美好的梦境,美好的故事寄托他的美好愿望。我们一起再来看一下课后给我们的两则材料。

2.借助资料,验证想法:

①一个"昏沉的夜"里,作者于工作之余闭眼休息的刹那间,在蒙眬中看见一幅很美丽的生活的图画,其中"许多美的人和美的事,错综起来像一天云锦"。这一幅美丽的生活图画也绝不是模糊的,而是十分清楚和真实的,它像记忆中的江南农村的美丽景色那样实在,像河岸美景倒映在澄碧的河水中那样分明……作者希望着这样美丽的生活,是这篇作品的主要精神。(选自冯雪峰的《论〈野草〉》)

师:读这份资料,我们需要学会抓关键信息。这么长的一段资料,你认为关键信息是哪句话?

明确:作者希望着这样美丽的生活,是这篇作品的主要精神。

③作者憧憬于"美的人和美的事",但现实是"昏沉的夜",没有"美的人和美的事",所以只能在梦中看见;醒来却"只见昏暗的灯光","何尝有一丝碎影"。表现了作者的怅惘和失望,也表现了作者的理想和现实的矛盾。但作者最后还是坚信他"见过这一篇好的故事",虽然"在昏沉的夜"。在黑暗的现实中,他强烈地追求"无数美的人和美的事",把美好的事物描绘得非常"美丽,幽雅,有趣,而且分明"。表面是在描写故乡的景物"错综起来像一天云锦",实际是有所象征或寄托……(选自李何林的《鲁迅〈野草〉注解(有删改)》)

师:为什么梦境与现实完全相反、完全对立、完全矛盾,借助这段资料,你应该会有新的发现和理解吧?

四、课堂小结

"好的故事"不仅是一种理想和现实的矛盾的折射,更是一种理想的寄托、希望的象征!迷茫、痛苦、孤独集于鲁迅一身,此时的梦境就这样一点一点被化成了碎影。虽然饱受摧残,但他的内心深处总有一个声音在提醒着他:"我真爱这一篇好的故事,趁碎影还在,我要追回他,完成他,留下他。"同学们,这就是鲁迅留给我们最宝贵的财富,我们的人生很长,总会陷入昏沉的夜的时候,不要放弃追求美好。愿你们都能拥有属于自己的好的故事。

五、作业布置

1.联系现实与梦境,你觉得这个"好的故事"象征着什么?寄托着什么?请你以"在昏沉的夜,这一篇好的故事＿＿＿＿"开头,写一写你的体会和理解。

2.完成语文配套练习题3.6.7题。

李文雅,上海市卢湾中学教师。

《老王》教学设计

◎ 梁文抒

【教学目标】
1.品味作者平淡简捷而富有表现力的语言。
2.学习通过几个生活片段表现人物的方法。
3.学习自主、合作、探究的学习方式。
4.学习"小人物"的优良品质,并以平等和人道主义的精神关注他们的疾苦。

【教学重点难点】
1.品味作者平淡简洁而富有表现力的语言。
2.学习"小人物"的优良品质,并以平等和人道主义的精神关注他们的疾苦。

【教学时数】1课时
【教学过程】
一、照片导入
出示楼下大妈、清洁工、保安、花农四张照片,他们是我们生活中常见的普通人,你看了这些照片有什么感受?(不那么好看却露出大大的笑脸,图片略)

我们今天要认识的这个人,老师也有一张他的"照片",一张用文字描绘出来的照片,一起看看他是怎样的——(齐读)

你们知道他是谁吗?——(引出课题)今天一起认识杨绛先生笔下的老王。

二、自读汇报
1.汇报整理的资料:介绍杨绛、钱钟书及其作品。
2.汇报生字词学习情况:
明确重点词:
惶恐 huáng 惊慌害怕　荒僻 pì 荒凉偏僻
滞笨 zhì 呆滞笨拙　愧怍 zuò 惭愧
3.填写"老王"档案
姓名____　职业____　家庭成员____
外貌特征_____
家庭住址_____

在这篇文章里,杨绛除了把老王称作"老王"以外,还把他称作什么呢?找出课文中的一个短语。
明确:"不幸者"(拓展:者,……的人)
依据:我渐渐明白:那是一个幸运的人对一个不幸者的愧怍。
三、品味"不幸"
(一)整体概括
老王是个不幸的人,你能从文中找出来老王的"不幸"体现在哪里吗?
学生默读课文,圈点勾画关键词,小组交流,课堂发言。
明确:老王的"不幸"主要表现在以下几方面:
A.靠一辆破旧的三轮车活命。
B."文革"期间载客的三轮车被取缔,他的生计就更加窘迫,只能凑合着打发日子。
C.打了一辈子光棍,孤苦伶仃。
D.眼睛不好,瞎了一只眼。
E.住在荒僻的小胡同,塌败的小屋。
……
(设计意图:这个设计在于让学生和文本作一个交流,锻炼学生寻找关键词和圈点勾画的能力。)
(二)深入品味
在学生对课文内容已有整体的把握的基础上,从重点内容上进行还原,深入品味:
1.原文、改文对比读
[投影展示]
改文:有个死了的哥哥,有两个没出息的侄儿,此外就没什么亲人。
原文:有个哥哥,死了,有两个侄儿,"没出息",此外就没什么亲人。
明确:这就是杨绛的语言特色:丰富的感情隐含在平静的叙述中,鲜有华丽的语言却处处苦心经营。

2.抓关键词

(1)有人说,这老光棍大约年轻时候不老实,害了什么恶病,瞎掉一只眼。

明确:

关键词"有人""这""大约":"这"是一种不尊敬、嘲笑的意味;"有人",连谁都不确定,"大约"说明这些话没有依据,恶意揣测。

(设计意图:锻炼学生寻找关键词和圈点勾画的能力,通过关键词句体会老王的"不幸",解决教学重难点。)

3.总结提炼

[投影展示]

走投无路、孤苦无依的"只"字

(1)他靠着活命的只是一辆破旧的三轮车。

(2)他只是孤单一个人。

明确:老王生命当中除了这些"只"以外,可以说一无所有。"只"字,把老王逼得上天无路,下地无门,别如选择,这就叫作什么——不幸。

小结:老王的"苦",我们借胡适先生的一句话说:"这种生活的痛苦,我的笨笔写不出一万分之一二。"苦至于此尚且不到万分之一二,然而最动人心的还不是这份苦,而是老王面对这份苦的态度。他孤苦伶仃,辛酸无助,但他有良心,受人好处,总也不忘,文章哪些事例可以体现呢?

四、品味老王之"善"

朗读课文第5—22自然段,思考下列问题:

1.作者记叙了与老王交往中的哪几件事?这几件事说明老王品质如何?

方法导航:请用"老王是一个_____的人,表现在_____。"的形式表达出来。

2.三件事里哪件事详写?

明确:临死前送鸡蛋香油。

齐读文章第8—13自然段,回答:

(1)杨绛先生问他病好些没?他只嗯了一声,可是我们知道,开始几个月他还扶病到我家来,以后来不了了,也还托老李来代他传话,为的是不让我们担心,现在见面了,老王为什么又不说话了?

(2)"他只说:'我不吃。'"内里还有一层什么意思?

小结:所以说杨绛先生所接受的礼物也不仅仅只是鸡蛋和香油了,而是世界上最宝贵最纯粹,来自心灵最真实的馈赠。

五、以"善"报"善"

1.作者一家为老王做了哪些事?

坐他的车,照顾他的生意(富有同情心)

我女儿知道他有夜盲症,便送他大瓶鱼肝油("我"女儿关心他)

老王再客气也给他应得的报酬、询问老王能否维持生计、老王送来香油、大鸡蛋,不能让他白给,也给了他钱("我"关心老王)

明确:作者性格特征:富有爱心,具有同情心,尊重别人。

六、品味"愧怍"

1.作者也做了很多,但是作者在以后的日子里想起来很"愧怍",理由何在?

[投影展示]

我渐渐明白:那是一个幸运的人对一个不幸者的愧怍。

"愧怍"一词,含义丰富,请结合"送香油、送鸡蛋"的描写部分进行阐释。

学生朗读质疑,小组交流发言。

2.预设:

[投影展示]

(1)"我"对自己不曾真正了解老王的心意而愧怍。

(2)老王来的时候,我没有请进,老王离开的时候我没有送下楼,我因此而愧怍。

……

很多很多理由,作者都在愧怍之中。

3.总结

主旨:

1.当我们面对一个弱者,一个不幸的人,我们不仅仅要关注他,同情他,帮助他,更要把他当作一个平等的人去尊重他。

2.卑微的生命即使在尘土中也依旧开出了花来

……

小结:作者的愧怍表现了一个知识分子对待苦难人们的悲悯情怀,彰显了纯美人性。

通过学习,你肯定对"老王"有了更深的认识,更深的感情,全文最能体现老王之"善"的是"老王身患重病给作者送香油和鸡蛋"的情节,假如你是作者,老王在生命最后的日子给你送来香油和鸡蛋时,你哪些地方会比杨绛做得更妥当?(200字左右)

梁文抒,广东省佛山市南海区桂城街道灯湖初级中学教师。

《拿来主义》教学方案

◎ 梁晓菲

【教学理念】

以新课标要求为依托,落实立德树人的根本任务,以学生为主体,注重教学中的动态生成,构建"生·动"课堂新样态,让学生"动"起来,加强学生自主的语文实践活动,引导他们在实践中主动地获取知识,培养学生的核心素养,形成能力。

【教材解析】

《拿来主义》这篇课文选自统编必修上第六单元,本单元人文主题为"学习之道",属于"思辨性阅读与表达"任务群,本任务群的设置旨在"引导学生学习思辨性阅读与表达,发展实证、推理、批判与发现的能力,增强思维的逻辑性和深刻性,认清事物的本质,辨别是非、善恶、美丑,提高理性思维水平"。《拿来主义》是一篇探讨如何对待外来文化的杂文,有特定的写作背景,某种意义说阐述的也是如何学习的问题。文章针对当时社会现状,提出要采取"拿来主义",教学时需要注意引导明确作者的观点与主张,梳理论证思路,注重学生对思维过程和思维方法的引导,提高思维的深刻性。

【学情分析】

学生在初中阶段学习过鲁迅的《社戏》《藤野先生》《孔乙己》等作品,因此学生对作者的生平、所处时代以及创作风格有一定的了解。在基本技能方面,学生已经接触了"思维导图"这一学习方法,并且已经具备了阅读一般论述类文章的基本技能,在学习本单元《劝学》《师说》《反对党八股》三篇课文中掌握了举例论证、比喻论证、破立结合等论证方法,但由于鲁迅杂文思想深刻,语言精练,学生在解读过程中尚有一定难度,尤其对"思辨性阅读"中的相关逻辑思维方法还比较陌生,需要教师加以引导。

【教学目标】

语言建构与运用:能够运用比喻论证或破立结合的方法,针对某一问题或现象写一段议论性的文字,表达自己的观点。

思维发展与提升:理清本文论证思路,学习比喻论证、先破后立等论证方法,能够借助思维导图梳理和分析文本层层推进的论证推理过程。

审美鉴赏与创造:赏析破立结合、巧用比喻等巧妙说理的艺术效果,运用破立结合或比喻论证,学做"拿来主义"者,分析现实问题。

文化传承与理解:了解和学习鲁迅对待文化的正确态度和方法,发扬"拿来主义"精神,树立文化自信。

【教学重点】

1.理清本文论证思路,学习比喻论证、先破后立等论证方法,能够借助思维导图梳理和分析文本层层推进的论证推理过程。

2.赏析破立结合、巧用比喻等巧妙说理的艺术效果,体会作者文字背后的深刻内涵;运用破立结合或比喻论证,学做"拿来主义"者,分析现实问题。

【教学难点】

赏析破立结合、巧用比喻等巧妙说理的艺术效果,体会作者文字背后的深刻内涵;运用破立结合或比喻论证,学做"拿来主义"者,分析现实问题。

【教学方法与策略】

创设情境,任务驱动,采用自主探究、小组合作等方式完成任务,从而形成有思考力的语文课堂。

【教学流程】

正值我校开展书香校园读书系列活动,我校高一语文组计划在《轻舟》杂志上推出"2023·名家名篇阅读之鲁迅"特别版块,其中鲁迅《拿来主义》是我们主推的篇目,现邀请同学们参与这一版块编辑,引导广大学生深度"悦"读鲁迅经典。

任务一:理结构——导图引读

作为责任编辑,我们需要整体把握文章,理清文章思路,画出本篇文章的思维导图,引导读者阅读文本。

1.学生结合预习任务,再次浏览文章,完善思维导图。

2.学生上台展示自己完成的思维导图并进行说明。

3.生生点评。学生根据老师给出的评价标准进行点评,给出等级。

任务二:析内容——文本剖析

比喻论证是本文的一大特点为了帮助读者更深入的理解文章,请找出文章的比喻论证,分析喻体和本体。以表格的形式呈现。

子任务1:"大宅子"比喻什么?对待"大宅子"的态度和方法,文章提到哪几种?这几种人态度的实质是什么?请同学们小组合作讨论完成下列表格。

学生展示后教师进行引导总结,预设如下(PPT展示):

类别	态度和方法	实质
孱头	怕给污染,徘徊不敢走进	拒绝继承
昏蛋	保存清白 放火烧光	盲目排斥
废物	羡慕 欣欣然蹩进	全盘接受

子任务2:怎样挑选?所以作者又通过大量比喻,具体形象地分析了文化遗产中的成分,列举了相应的几种正确的做法。请大家阅读文章第9段,小组合作完成下列表格(学生浏览文章8-9段,合作完成两个表格,以小组为单位交流展示。)

学生展示后教师进行引导总结,预设如下(PPT展示):

喻体	特点	态度	本体	态度
鱼翅	有营养	吃掉	文化中的精华部分	完全吸收
鸦片	有利有弊	送药房供治病	精华和糟粕并存的部分	批判地吸收
烟枪烟灯	无实际用途	送一点进博物馆,其余毁掉	文化遗产中的旧形式	作为史料、反面教材
姨太太	封建陋俗	遣散	糟粕	丢弃

比喻论证 取其精华,弃其糟粕

任务三:悟主旨——专栏创作

现在是一个高度开放的时代,中国正走向世界,世界也在瞩目中国,作为一个青年人,在民族复兴的今天我们又该如何取舍?请大家联系现实谈谈现如今我们该如何运用"拿来主义"?请借鉴本文破立结合或者比喻论证的方法,阐述自己的观点,发表"弹幕",投稿至校刊。(200字左右)

学生独立完成后在班级内进行交流展示。言之有理即可。

总结:正如鲁迅先生所说:"我们要运用脑髓,放出眼光,自己来拿。"一个国家的发展绝不是闭门造车,更不是一味地照搬照抄,我们要拿来,是有选择性地拿来,在此基础上形成新的内涵,从而不断发展与创新。这正是我们的"学习之道"。正如国漫的崛起,华为对于核心芯片的研发,中国航空工业的发展。

国家如此,个人亦如此,时刻记住鲁迅先生所说的"运用脑髓,放出眼光,自己来拿"。

拓展延伸作业:

基础:请同学们熟读文章,结合具体语句分析本文的语言特点。(必做)

提高:比较《反对党八股》(节选)和《拿来主义》在论述的针对性和概括性上的异同。(必做)

创新:鲁迅就如何对待文化问题写了《拿来主义》,作为学生在学习中也会面临许多问题,请借鉴《拿来主义》的论证方法写一篇文章。(400字左右,选做)

【评价手段】

1.生生互评。结合老师给出的评价标准,学生之间互相评价,激发学习兴趣,提高学生课堂专注度,锻炼其思维能力。

2.教师点评。运用激励性评价手段,调动学生的积极性、主动性。

【板书设计】

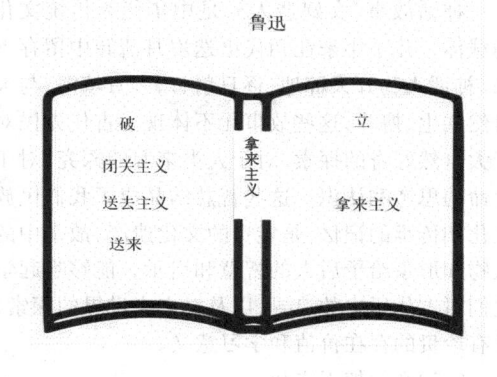

拿来主义

鲁迅

破 | 立
闭关主义 | 拿来主义
送去主义 | 拿来主义
送来 |

梁晓菲,西咸新区泾河新城第一中学教师。

《女娲造人》教学方案

◎廖小凤

【单元概况】

《女娲造人》是统编版初中语文七年级上册第六单元的文章。本单元的文章文学样式丰富多样，有借一件新装讽刺社会虚伪风气的童话《皇帝的新装》，描绘了对美好生活的向往的现代诗《天上的街市》，寓意丰富、发人深省的四则寓言《赫尔墨斯和雕像者》《蚊子和狮子》《穿井得一人》《杞人忧天》，以及我国神话故事《女娲造人》。这些文章体裁不同，但大都有一个共通之处，那就是运用了大胆丰富的想象，赋予虚构的人物和场景生动奇丽的特性，通俗易懂，以小见大，启迪我们观照生活，形成正确的价值观。

学习本单元课文，以《义务教育语文课程标准（2022年版）》第四学段（7-9年级）的课程目标为指导标准：1、在"阅读与鉴赏"中要求学生在欣赏文学作品要有自己的情感体验，领悟作品的内涵，从而获得对"自然、社会、人生"的有益启示；2、在"表达和交流"中，要求学生能够运用联想和想象，丰富地表达内容。

【课文研读】

（一）传统文化之美

神话故事《女娲造人》，是中华优秀传统文化的载体，几千年来在朝代更迭岁月流转中留存下来。神话人物开天辟地，逐日射日，奔月填海，与大自然共生、搏斗，这些故事无不体现了古代先民对于大自然好奇的探索，对于人类来源的探究，对于生命的思考和认识。这些智慧结晶成了我们民族文化和传承的记忆，是宝贵的文化遗产。故事中的人物和形象给予后人的智慧和启示，能够唤起学生们对古代历史的追寻，以及对未来世界的探索，具有珍贵的存在价值和学习意义。

（二）文学加工之巧

《女娲造人》的原文篇幅短小，只写出了女娲造人的起因及经过。课文作者袁珂在原文本基础上进行巧妙的加工改写，运用了丰富的想象手法，生动的描写方法，把文章改写得温暖饱满，彰显文学交工之巧绝。

（三）情感导向之暖

作者遵循原文以及神话故事里女娲的形象，把她奇特的神性数笔就展现出来。但是文章更多着墨的是描写女娲的"人性"。行走在原野上的孤独寂寞之情，在池水边照镜子的娇憨淘气之情，初为人母的喜悦之情，沉浸母职的辛勤劳累、不知疲倦，为了创造更好生活质量、提高生产效率而展现的创新精神，这正是一位含辛茹苦、乐于奉献而又充满智慧的母亲的成长历程，也是人类几千年来为了繁衍生息在大自然中战胜困难、改造自然、创造历史的进程。作者把神性和人性在女娲这一神话人物形象上交融汇合，把凝聚着中华民族勤劳、勇敢、智慧的美德寄寓其中。作者的改写点明了人生而平等、无阶级贵贱之分，充分体现了作者温暖的人权观念。

【课型】读写结合课

【教学创意】

这是一篇自读课文，主要训练学生自主阅读文本的能力，通过原文和课文对比，赏析文本中作者文学加工技巧，运用想象手法进行改写创作。

【学习目标】

1.了解神话的特点。

2.通过与原文对比，体会作者如何运用想象手法对原文进行加工、改编。

3.利用微写作学会运用想象手法，并对作品作评价、分享。

【课时】两课时

【教学活动】

任务一：趣聊神话

1.屏显：古代神话故事图片。请学生聊一聊他们所知道的神话故事,并发言交流。

资料:

《嫦娥奔月》:嫦娥偷吃了后羿从西王母那里要来的不死药,就飞进月宫。嫦娥因为不想离开后羿,就停在了离地球最近的月亮上,从此长居广寒宫。每年的八月十五这一天,人们会在自家的后园摆上香案,点上香烛乞求平安,中秋节也因此代表"团圆"。

《后羿射日》:后羿射日的故事是一个古老的传说,讲述了天上出现十个太阳,炎热的阳光把土地烤焦了,庄稼都枯萎了,人们热得喘不过气来,倒在地上昏迷不醒。为了拯救人类,玉皇大帝派遣后羿前往解救百姓。后羿带着弓箭,射下了九个太阳,留下一个太阳轮流照亮大地。

《女娲补天》:据传说,共工怒触不周山,支撑天地之间的大柱断折了,天倒下了半边,出现了一个大窟窿,地也陷成一道道大裂纹,山林烧起了大火,洪水从地底下喷涌,龙蛇猛兽也出来吞食人民。女娲为了拯救世界,炼制五色石补天,最终成功地拯救了世界。

2.总结神话故事的特征:

(1)神话起源是因为在远古时代,人们对于他们所接触的许多自然现象都不能解释,于是通过想象和幻想创造出一个个奇妙的故事来诠释。

(2)神话的特点是以现实生活为基础,把大自然形象化,人物形象都具有超人的力量。神话故事表达了古代劳动人民征服自然的愿望,以及对自身、生命的探索和思考,是中华优秀传统文化的载体。

任务二:对比原文,体悟文学加工技巧

1.展示原文

俗说天地开辟,未有人民,女娲抟黄土作人。剧务,力不暇供,乃引绳于泥中,举以为人。故富贵者,黄土人;贫贱凡庸者,絙人也。女娲祷神祠祈而为女媒,因置婚姻。

2.探究

(1)对比原文,课文哪些内容丰富了?运用了什么文学手段,请批注出来。

(2)文中哪些内容体现出女娲的"神"性?哪些内容体现出女娲的"人"性?在文中批注出来。

学生阅读课文时,巡堂察看学生勾画语句与批注情况。预设如下:

勾画出文中"描写"的语句,分别批注:"环境描写""动作描写""神态描写"等。

勾出体现神性的主要语句:"一天变化七十次""泥捏的小家伙,刚一接触地面就活了""看起来又管理宇宙的非凡气概""藤条一挥,就有好些活人出现,不久,大地上就布满了人类的踪迹。"体现人性的语句:孤独寂寞,眉开眼笑,满心欢喜,疲倦不堪,等等。

3.学生自由讨论,小组代表发言归纳

文章运用了想象和联想,在原文基础上进行了加工改写,通过大量生动细腻的描写,能体会到作者改写后文章的丰富以及人性的情感导向,他给神通广大的大神赋予了母性的光辉,与读者拉近距离。

4.概念:想象与联系

例句:远远的街灯明了,好像闪着无数的明星。"街灯"与"明星"都是存在的事物,在思维逻辑上是由此及彼的,由存在的"甲事物"联系到同样存在的"乙事物",这是"联想"。同样是由"甲事物"联系到"乙事物",在思维逻辑上也是由此及彼的,不同的是由存在的"甲事物"联系到不存在的"乙事物",这是"想象"。例如:我想那缥缈的空中,定然有美丽的街市。"空中"是存在的,"街市"是不存在的,是想象出来的。但是这个想象是合情合理的,并且要有新意。

任务三:微写作

请学生展开想象,改编其中一个故事,不少于三百字:

1.《嫦娥奔月》:羿请不死之药于西王母,羿妻嫦娥窃之奔月,托身于月,是为蟾蜍,而为月精。

2.《吴刚斫桂》:旧言月中有桂,有蟾蜍。故异书言:月桂高五百丈,下有一人,常斫之,树创遂合。人姓吴名刚,学仙有过,谪令伐树。

学生可以单独思考执笔,也可以与同学讨论后再动笔写下来。引导学生在塑造人物形象时注重描写,如语言描写、心理描写等,可添加修辞手法,要赋予人物独特的思想感情。这一环节旨在启发学生学会发挥新奇的想象,把学到的技能运用到实际的写作当中。

任务四:交流评价

各小组先在组内交流互评,评价者要对作文做好批注、评价。再由小组选取一篇在班上做集体分享,并且把组员评价也一同分享。这一环节旨在帮助学生训练口头表达能力,唤醒他们参与交流的意识,提升评价及思辨能力,增强团队合作意识。

廖小凤,广东省阳江市阳东区红丰镇塘围初级中学教师。

统编版五年级上册《落花生》教学设计

◎ 林柳东

【单元主题与要素解读】

（一）五年级上册第一单元主题为"一花一鸟总关情"。旨在介绍花鸟事物均可抒发个人感情、喻明道理。

（二）本单元的语文阅读要素为"初步了解课文借助具体事物抒发感情的方法"，语文表达要素为"写一种事物，表达自己的感情"。两大要素紧密关联，通过学习借助具体事物抒发感情的方法，并运用相应的方法，来表达自己的感情。

【教学目标】

《落花生》作为本单元的第二篇课文，在教学目标的设计中，应当注重语文阅读要素与语文表达要素的落实。结合《义务教育语文课程标准》（2022年版）第三学段目标要求，主要设置以下四个教学目标：

（一）识字与写字。会认"亩、吩"等五个生字，会写"亩、播"等十个生字。

（二）阅读与鉴赏。通过阅读，能明白课文主要围绕"落花生"展开写作；能从"人要做有用的人，不能做只讲体会，而对别人没有好处的人"等句子的赏析中了解花生的特点。

（三）表达与交流。能有感情、流利地分角色朗读课文；能了解本文借助落花生来告诉大家要不为名利、默默无闻作贡献的道理；能使用借物喻理、借物喻人的方法来说一说、写一写别的事物，例如竹子、梅花等有相关特点的人。

（四）梳理与探究。能从文中梳理出本文围绕"落花生"写了"种花生""收花生""议花生""吃花生"等四个方面的内容，其中详略得当、重点介绍了"议花生"这一方面，以得出相应的道理；通过探究讨论"花生"这一事物的品格。

除此之外，在教学目标的落实中，要始终贯彻立德树人这一根本任务，并注重对学生文化自信的培养，在本课中，父亲想借花生告诉"我们"要做一个不图名利、只求默默无闻作贡献的人，这一优秀传统美德是先辈们践行了数千年的成果，应在语文指向核心素养的课堂中得以传承。

【教学准备】

创设教学情境、搭建教学支架、利用多媒体智慧教学

【教学时间】一课时

【教学步骤】

写作技巧大练兵——从《落花生》揭幕

"深圳市十佳文学少年"的评选即将开展，全市所有中小学都摩拳擦掌、跃跃欲试，力求在评选中夺得头筹、脱颖而出。我们班的同学也不例外，既然要获佳绩，必定要付出努力，今天我们要进行大练兵，请所有将士做好准备，随我在沙场苦练！

兵法一：疏通文义，梳理内容。

1.请同学们翻开书本第4页，用自己喜欢的方式朗读第2课《落花生》，注意读通字词、读准字音。并思考课文主要讲述了一件什么事情？

（课文主要讲述了一家人讨论花生的好处）

（课文主要讲述作者小时候的一次家庭活动，以及从中受到的教育）

2.读完课文，大家对课文有了大致的了解。我们现在走进文本，细细品读，请你思考，课文围绕"落花生"写了哪些内容？填一填兵书里的"军事图"。

3.通过大家的努力探索，我们可以明白，本文主要是通过（种）花生、（收）花生、（议）花生、（吃）花生四个方面来进行介绍，其中最重要的一个部分就是（议）花生。理由是什么？

（理由是这部分的篇幅最长、笔墨最多）

（理由是这部分告诉我们做人的道理）

4. 同学们都能抓住本课的重点内容来进行分析，换句话说就是抓住了"敌方"的要害，现在我们

继续提高自己的兵力。

兵法二:讨论探索,悟出道理。

1.本课的题目是《落花生》,据各位将士的准确"情报",我们也很清楚本文是围绕落花生进行了四个方面的介绍,可是这里面还混进了一些"敌方人员",它们分别是?

(桃子、石榴、苹果)

2.很快就被抓到了,在进行"审判"之前,请同学们迅速找出花生的好处,填一填:_____

3.我们已经找到了花生的好处,分别是:(味美)(可榨油)(价钱便宜)(不图名利、默默无闻),现在请你思考,这四大好处可以调换顺序吗?

(不可以)

原因是什么?

(这四个好处是层层递进的,从浅层到深层的)

4.我要请大家找找这些"地方人员"露出马脚的原因,让我们再看看"敌方人员"桃子、石榴、苹果的特点,填一填,读一读:_____

它们把鲜红嫩绿的果实高高地挂在枝头,使人一见就生爱慕之心。

5.原来这就是它们暴露身份的原因,它们在枝头上高高地挂着,而花生呢?请找出相应的句子,读一读:_____

你们看它矮矮地长在地上,等到成熟了,也不能立刻分辨出来它有没有果实,必须挖起来才知道。

6.这就是它们之间的区别,这么一对比,我们懂得了什么道理?请你从文中找一找:_____

你们要像花生,它虽然不好看,可是很有用。

人要做有用的人,不要做只讲体面,而对别人没有好处的人。

请大家读一读。

是的,落花生的不为名利、默默无闻作贡献的精神值得我们学习。这篇文章通过写一个事物,给我们阐明了一个道理,教会我们要成为这样的人。

兵法三:总结写法,自由表达。

1.这种借助具体事物抒发情感的方法称为借物抒情,阐述一个道理则称为借物喻理。本文通过谈论落花生,借父亲的教育,让"我"懂得了"人要做有用的人,不要做只讲体面,而对别人没有好处的人",请你们再读一读这句话,将先辈的教诲铭记于心。

2.本单元要求我们写一个事物,表达自己的感情,现在我们来试着来练练手:

花生会让我们想到哪些默默无闻的人,看到下面的事物,你会想到哪些人?选择其中一个,试着写一段话。

竹子　梅花　蜜蜂　路灯

3.《落花生》告诉我们一个道理,希望我们成长为一个像花生一样的人,这借物喻理中又含着借物喻人,看到竹子、梅花、蜜蜂、路灯,请我们先联想到事物的特点,再思考它们代表着哪一类人?

4.对于这些常见事物,我们能迅速想到它的品格和与之相关的群体或个人。

事物	品格	代表哪类人
竹子	正直	文天祥、陶渊明等
梅花	高洁	杨振宁、霍金等
蜜蜂	勤奋	教师、志愿者等
路灯	默默无闻奉献	环卫工人、解放军战士等

5.请你利用本节课所学借物喻理、借物喻人的方法,简单来写一写其中一个事物。请学生分享并相机评价,未写完的同学在课下认真完成。

总结:本节课的沙场大练兵到此结束,但没有硝烟的战争尚未开始,希望在"深圳市十佳文学少年"的评选真正到来之前,大家能够利用上我们掌握的兵法,时时磨利刀枪,严阵以待!

【作业设计】

写作技巧大练兵——从《落花生》揭幕

(一)课堂练习:梳理·巩固

兵法一:疏通文义,梳理内容。

兵法二:讨论探索,悟出道理。

兵法三:总结写法,自由表达

看到竹子、梅花、蜜蜂、路灯,请我们先联想到事物的特点,再思考它们代表着哪一类人?

请你利用本节课所学借物喻理、借物喻人的方法,简单来写一写其中一个事物。

(二)课后作业:拓展·探索

1.请你查阅资料、了解许地山的父亲为何会说出这一番道理。

2.请你将《落花生》的故事讲给身边的人听,鼓励大家成为有落花生一样品格的人。

林柳东,广东省深圳市坪山实验教育集团坪山实验学校教师。

《未选择的路》教学方案

◎ 林小云

【教学目标】
1.有感情地朗读诗歌,感受诗歌内容。
2.理解诗歌所蕴含的象征意义及人生哲理。
3.体会诗中哲理对我们生活的现实意义。

【教学重点】
理解诗歌所蕴含的象征意义及人生哲理。

【教学难点】
体会诗中哲理对我们生活的现实意义。

【教学方法】
自主、合作、探究

【教学过程】
一、导入新课
1.展示两幅富有生活气息的图片。
2.从日常生活情境入手,先让学生对图片中的情境进行解读,并做出适当的选择,预估选择后的结局。教师从心理学角度解说其实我们每个人每天都面临着上千次的选择,如何做出比较准确的选择呢?唯有遵从自己的内心,便是最佳选择。

二、讲授新课
学习任务一:朗读感知
1.全班齐读本首诗。
2.作者简介
弗罗斯特,美国诗人,生于加利福尼亚州。他当过纺织工人、教员、记者、经营过农场,办过私立学校,并开始写诗。他徒步漫游过许多地方,被认为是"新英格兰的农民诗人"。其代表作有诗集《少年的意志》《白桦树》等。
3.写作背景
1912年弗罗斯特38岁,这一年他做出了一个重要的选择:放弃他在一所师范学校教书的职业,放弃本来可能更平坦、安稳的生活,而选择了诗歌,他对自己说:"写诗吧,穷就穷吧。"这首诗写的就是这一重要的人生选择。

4.小组讨论
(1)这首诗歌整体的感情基调是什么?注意区分不同部分感情的细微变化(提示:感情基调有哀伤、欢快、迷茫等等)。
点拨:客观存在的景物原本是死的,诗人在创作诗歌的时候,饱含内心的情感,并且把这些情感倾注到客观景物上,赋予了景物生命,这些景物变成了鲜活,自动生成了新的意义,几个富有生命力的客观景物在诗人有意的串联之下,创设了一定的情境或意境,让读者有阅读过后有更大的想象空间来体会诗人所要传达的情感。
通过语调、韵律、节奏等学生可以感悟到本首诗歌的感情主基调是含有单单的哀伤,感情变化线为:迷茫→欢快→惆怅→哀伤。
(2)朗读诗歌,用勾画关键词的方式,简要概括每一节诗的内容。
第一节:伫立(思索)
第二节:决定(选择)
第三节:选择之后的惆怅
第四节:多年后的回顾、叹息
点拨:依据阅读提示以及写作背景,在重点语句中寻找关键词。
学习任务二:品读鉴赏
1.品读标题
关键词:选择,路
相关课文:《散步》《〈论语〉十二章》《木兰诗》等
相关信息:
屈原名句:路漫漫其修远兮,我将上下而求索!
鲁迅的名言:世上本没有路,走的人多了,便成了路。
点拨:孔子云:"温故而知新,可以为师矣。"整合一下初一年所学的课内文章,与选择和路有直接关联的课文有《散步》,母亲与儿子、儿子与儿子、奶奶与孙子对路的选择;《〈论语〉十二章》古人对朋友的选择,对师者的选择;《木兰诗》中花木兰对自己人生道路的选择即替父从军等等,引导学生从旧的知识中生长出新的想法,从中国的文化角度思考外国诗人如何从不同的情境来展现自己的情感世界,为后续的中外诗歌对比阅读奠下基础,逐步促使学生的知识形成结构化,网络化,一体化。

与路和选择相关联的信息太多,选取古今名人名言为主,可以帮助学生累积写作素材,拓宽阅读视野。

小结:哲理诗,使用象征手法。

2.象征手法在哲理诗歌的使用:(方法指导)

意象	特征	象征事物或道理
林中的路	有分岔口,景色各不相同延绵无尽头,难以回返	人生的道路
诗人选择的那条路	芳草萋萋,幽寂,人迹更少	有挑战性,须艰难跋涉的生活

点拨:本首诗歌最大的特点就是使用了象征手法,但是象征手法对学生而言很抽象,与比喻的修辞手法又容易混淆,因此,要先区别清楚比喻是修辞手法,象征是文章的写作手法。以中国古诗词的鉴赏方法来阅读鉴赏外国的诗歌,别有风味。

小结:诗的表面是写自然界的道路,实则借自然界的路来表达诗人对人生之路的思考。

3.合作探究

诗人虽然写了自己所选择的路,但重点却放在未选择的路上。诗题也表明了这一点。既然已经作出了选择,为什么着重写未选择呢?

明确:重点写的是未选择的路上,这主要是为了深化主题。诗人感叹人生有许多道路可供选择,但一个人往往只能走一条路,其他许多条路因为人生短暂而只能放弃。那些未走的路,才更让人想念,更让人留恋。诗人不写已选择的道路,而重在对未选择的道路发出感叹,更能打动读者的心灵,让人更深入地思考人生的选择问题。

4.合作探究

学了这首诗,你从中悟出了什么道理?(主旨)

人生的道路千万条,但一个人一生中往往只能选择其中一条,所以必须慎重;人生道路上不要随波逐流,而要经过自己的思考,作出独立自主的选择。

任务三:比较阅读

《选择》/ 汪国真

你的路
已经走了很长很长
走了很长
可还是看不到风光
你的心很苦　很彷徨
没有风帆的船
不比死了强
没有罗盘的风帆
只能四处去流浪
如果你是鱼不要迷恋天空
如果你是鸟不要痴情海洋

思考:同样是写对"路"的选择,《选择》与《未选择的路》这两首中外诗歌有什么异同点?

点拨:相同点:都是现代诗歌,表面上对路进行选择,其实都是描写对人生道路的艰难抉择。

不同点:诗歌中选用的意象不同,汪国真选用"没有风帆的船,没有罗盘的风帆"作为意象,最后两句感情决然,含有对选错人生道路的严厉警告,全诗的基调是清冽的哀伤。《未选择的路》则不然,作者只是对人生道路选择后,对无法再走另外一条道路而扼腕叹息,因为人生道路只能做一次性的选择。

任务四:迁移拓展

1.名著《西游记》主要人物:孙悟空。

2.孙悟空人物形象分析:勇敢机智,嫉恶如仇,追求自由等等。

3.请写出孙悟空对自己人生之路,每做出一次选择,它的称呼与身份发生的变化。

点拨:开放性的题目,在于检测学生课外阅读的质量以及语言的综合运用能力,学生各抒己见,言之有理即可。

石猴→美猴王→悟空→齐天大圣→心猿→行者→斗战胜佛

标题:一个英雄的心灵成长史

三、布置作业

1.背诵本首诗歌。

2.以名著《骆驼祥子》中的祥子人生历程为例,梳理祥子的每一次人生道路的选择以及选择之后的结果。

3.推荐阅读英国诗人雪莱的《选择》。

林小云,福建省南靖县和溪中学教师。

《与朱元思书》教学设计

◎ 林 星

【教学目标】
1. 积累常用文言实词,整体把握文意。
2. 整体感知,准确把握作者笔下景物的突出特征。
3. 学习描绘景物的多种手法。
4. 体会作者寄情山水的高雅的审美情趣。

【教学重点】
1. 准确把握作者笔下景物的突出特征。
2. 学习描绘景物的手法。

【教学难点】
体会作者寄情山水的审美情趣。

【教学安排】2课时

【教学过程】
第一课时
一、读准字音、读出停顿
二、疏通文义、翻译全文
三、对照译文、背诵原文

第二课时
一、赏山水之独绝
《与朱元思书》,这是一封给朱元思的信。主要写了从富阳到桐庐这一段的富春江的美景,可是古来共谈。古人也曾留下诗句称赞。

吴均对此有一句评价,同学们能找出来吗?

奇山异水,天下独绝。——奇山异水,是景物的主要特征;天下独绝,是作者评价。(齐读)

小组合作,以"这封信里,有……,也有……"的句式,来品赏这封信的绝妙之处。

(学生发言,教师板书——完善全文脉络)

补充:
"横柯上蔽,在昼犹昏;疏条交映,有时见日。"
思考:最后两句是否多余?顺序是否要调整?
(预设答案:淡化说教的感觉、动静相宜,淡入淡出的美感、前后照应写景的幽深秀丽、和作者心境相衬和谐)

总结:
这封信里——

有山,也有水;有高,也有低;有动,也有静;有俯瞰,也有仰视;有整体,也有个体;

有形状,也有色彩;有画面,也有声音;有散句,也有骈句;有总领,也有分述;

有正面描写,也有侧面衬托;有直接赞美,也有含蓄规劝;……

富春江的山水啊,真是——奇山异水,天下独绝。

单元整合:本单元的山水小品文——对自然山水的热爱

特点	《与朱元思书》	《答谢中书书》	《三峡》
奇山	山高树荣、轩邈成峰	高峰入云、五色交辉	连绵高峻、隐天蔽日
异水	蝉鸣猿啼、富有生机	青林翠竹、猿鸟乱鸣	高猿长啸、哀转久绝
	水清浪急、生机盎然	清流见底、沉鳞竞跃	充沛迅疾、动静相衬
写法	夸张、动静结合、侧面衬托、声色映衬		
情感	对自然山水的热爱		

二、品文章之独绝
我们常说"一切景语皆情语"。面对富春江的"奇山异水",作者发出了怎样的感慨?(可不是"奇山异水,天下独绝"这一句评价。)

(1)思考:什么样的人才会看懂这"奇山异水",发出"天下独绝"的赞叹?

热爱山水、不慕名利、自由潇洒、追求自我、内心平静、有高洁情趣、有审美能力……

忘记名利的人。不被官场事务所累的人。永远葆有希望和阳光的人。追求自我的人,内心平静的人。

有高雅的情趣,审美地生活着。

【吴均其人】家世贫贱，有寒门士子的雄心和骨气，渴望有所作为，却一生仕途不顺。

松生数寸时，遂为草所没。未见笼云心，谁知负霜骨。

弱干可摧残，纤茎易陵忽。何当数千尺，为君覆明月。

——《赠王桂阳》

这个人啊特别耿直，就是不会阿谀奉承，本来梁武帝很赏识他的文采，结果因为吴均写了一篇文章戳中了梁武帝的痛处，被斥责"吴均不均"，把他所著书籍焚烧并免官处罚。后来吴均就避世隐居山林，《与朱元思书》也就写于这个时候。

思考：如果在文章后面加上几句话，你想吴均会加上什么？

如此良辰美景，盼元思兄放下公务，与我同游，岂不妙哉！

世上富贵浮云耳，余误入尘网经年，宦海沉浮，身心俱疲，已有退隐意，兄可放下公务，倘能从我游乎？

三、感山水精神之独绝

（一）我们学习了很多诗歌、散文，都有对山水的描写，同学们能说出一两句吗？

（1）山随平野尽，江入大荒流。（唐·李白）

（2）采菊东篱下，悠然见南山。山气日夕佳，飞鸟相与还。（晋·陶渊明）

（3）造化钟神秀，阴阳割昏晓。（唐·杜甫）

（4）独坐幽篁里，弹琴复长啸。（唐·王维）

那为什么山水总是让文人们情有独钟呢？

（预设答案：①山水很美，能忘忧；②山水能滋养心灵；③文人常常寄托情感于山水。）

文章是案头之山水，山水是地上之文章。诗化的山水，是动人的乐章，是心灵与自然的相濡以沫。

大家知道看山水三境界吗？

山水三境界：

一、看山是山，看水是水（是说涉世之初，对一切事物都用一种童真的眼光来看待，万事万物在我们的眼里都还原成本原，山就是山，水就是水。）

二、看山不是山，看水不是水（是说红尘之中有太多的诱惑，在虚伪的面具后隐藏着太多的潜规则，看到的并不一定是真实的，用心体会这个世界，多了一份理性与现实的思考，山不再是单纯意义上的山，水也不是单纯意义上的水了。）

三、看山还是山，看水还是水（这是洞察世事后的返璞归真，对世事、对自己的追求有了一个清晰的认识后，知道自己追求的是什么，要放弃的是什么，这时，看山还是山，水还是水，只是这山这水，看在眼里，已有另一种内涵在内了。）

提问：你喜欢山，还是喜欢水？

山有山的挺拔和追求、水有水的沉静和淡然。

山经风雨而不毁，水利万物而不争。

水：海纳百川，有容乃大。山：壁立千仞，无欲则刚。

教师小结：

我们通过读山品水，领悟生活的起落兴衰，以山光水影、雾霭流岚来涵养自己的精神世界。

登高则寄情于山，观海则托意于水。山使人淳厚，水使人灵秀。人既要有山的风格，也要有水的胸怀。仁智相辅，刚柔相济，人生才更美妙。

四、拓展活动

假设你的好友正困于繁杂的题海／陷于游戏的泥淖／处于失败的打击中／被他人不理解的委屈里……你会如何宽慰他／她？

请参考本单元的山水小品文中的意象，仿作"山中何所有"。

诏问山中何所有赋诗以答／陶弘景

山中何所有？岭上多白云。

只可自怡悦，不堪持赠君。

【附·学生习作】

山中何所有？方寸皆诗篇。拂衣千载月，挥手万里天。牵云攀绝，坐观玉垒变。长吟五柳处，独钓一江闲。（聂泽淇）

山中何所有？霞光分晓雾。清风环山过，轻鸿穿林飞。江清若明镜，夜深月近人。心静弃名利，闲人多自得。（陈虹霖）

山中何所有？雾歇风烟净。寒树竞轩邈，曦月为之隐。泠泠泉水响，嘤嘤鸟成韵。岂能述其景？欲界之仙境。（李艾珊）

山中何所有？高山夹溪流。奇峰入云端，烟霞环山游。清溪明见底，游鱼水中戏。浮生偷寸闲，幸得此中游。（张炜乐）

山中何所有？碧水有所依。海天共染色，猿鸟同相鸣。崇山夹寒树，静水映月明。此情与此景，能解凡尘心。（欧阳逸轩）

林星，广东省东莞市东华初级中学（生态园）教师。

《老王》教学设计

◎ 刘倍宏

一、导入

有这样的一个女子——生于1911年，清华学者，一代才女，代表作《干校六记》《我们仨》，翻译佳作《堂吉诃德》，与钱锺书相识于清华，相知于牛津，相爱于巴黎，相守于文革，在混乱中、在苦痛中、在欺侮中依然保持内心的淡定与从容，对生命的真诚与热爱，她就是——杨绛。(生齐)杨绛，一位被称为"先生"的卓越女性，老王，一位有姓无名的穷苦老人，相遇了。但却让杨绛愧怍了。"愧怍"，"愧怍"即惭愧，但更多了一种内心的自省。老王是何，为何会让杨绛先生感到愧怍？这节课让我们走进《老王》，通过其人其事，去遇见那些暖心的苦涩，体会流泪的幸与不幸。

二、俯视知不幸

文中有这样一句话"那是一个幸运的人对一个不幸者的愧怍"，预习过文章我们应该知道这里的"不幸者"是指老王。接下来，我们整理一下老王的基本信息。明确(屏显)：不幸：身体之苦生活之苦精神之苦

三、平视起敬意

1."脚踩在淤泥里，但心要向光明"，生而卑微的老王经历了种种不幸，但他没有浑浑噩噩，得过且过，也没有愤世嫉俗，整日怨怼，而是选择耀然面对生活。阅读课文第5—16段，圈点批注：在老王和作者一家的交往之中，你读到了平凡的老王身上哪些熠熠闪光的地方？

屏显老王的资料：……

连普通人家买大鸡蛋和好香油都有些拮据，更何况老王这样收入微薄的三轮车夫呢？老王送出来的是他最弥足珍贵的东西啊。如何理解文中老王给"我"家送香油和鸡蛋的行为？体现老王什么样的性格？

屏显："我"经常坐老王的车，照顾他的生意；"我"女儿知道老王的那只好眼天黑之后看不见东西，就送给老王一大瓶鱼肝油；我们从干校回来，载客三轮已被取缔，"我"为老王的生计担忧。

可见杨绛就如一缕阳光照进了老王灰暗的生活之中，温暖了老王，而且这束光是唯一的一束光。也正因此，所以老王才会在病入膏肓，临终之际直着身子前来送大鸡蛋和好香油，从中能够看出老王的知恩图报。此外，老王身上还有哪些闪光之处呢？

小结：老王是一个忠厚老实、心地善良、知恩图报的人。

2.教师总结：老王在肉体上、经济上和心灵上都遭受了不公命运的重击，已经是绝望到骨子里了。但是他却拿出最大的善意来拥抱这个世界，这就是他平凡的身上最熠熠闪光的地方，这就是小人物之"大"。生命以痛吻他，他却报之以歌。

3.老王是善良的，作者又何尝不是呢？在和老王的交往中，作者一家也救济了老王许多。这是一个善良与善良相遇的故事(屏显)：

可是，善良的杨绛先生，在老王死后却总觉得心上不安，几年过去后仍然心存愧疚。可是，按照我们一般大众的做人标准来看，杨绛真的做得很好了，不必愧怍了。此外，杨绛说自己是一个幸运的人，她果真是幸运者吗？

屏显杨绛资料：……

杨绛是一个幸运者吗？显然不是，但她还是在关心比他更不幸的老王。所以，我们说——杨绛啊，你对老王实在不必心存愧怍啊！

四、仰视道愧怍

是的，如果是我们，我们不会愧怍的。我们会觉得自己是一个好人，甚至觉得自己的道德水准已经很高了。可是，杨绛还觉得自己做得不够好，她的愧怍，是如此真诚、沉重和长久。我们用低沉的平缓的语气，来读一读最后一段。

（生齐读）

1."幸运"这个词语，是改动过的。在原文中，她说自己是一个"多拿多占"的人。杨绛没有说她为什么幸运，也没有说她多拿多占了什么，但答案，已经藏在字里行间。读杨绛的散文，我们要特别注意读她没有说出来的话。我把杨绛和老王的交往，做了一个简单的梳理。大家看一看，比一比，你能发现什么？

……

所以，杨绛说自己是幸运的人，是多拿多占的人。杨绛明白了老王的深情厚谊，所以她才觉得，面对老王真心的付出，她想到的都是用钱来偿还，对老王来说是一种——侮辱。

或者，用我们今天的话来说，这就是一种辜负。他没有成全老王的感谢。可是，杨绛说，这还不是她觉得不安的全部原因。除了用钱侮辱了老王的情意，还有什么更严重的过失，是杨绛不能原谅自己的呢？

屏显：善良的三重境界：给予困苦的人物质上的帮助；给予孤独的人情感上的关怀；给予需要的人人格上的尊重。

2.结合文本，联系老王的不幸，想想老王真正需要的是什么，试着探究出杨绛先生愧怍的根本原因。

（小组合作，交流探讨）小组提示：情感上——第八段——僵尸、吃惊、害怕什么时候死的？直到老王病入膏肓之际来送香油鸡蛋时杨绛先生害怕地没能让他进屋坐坐，十多天后才无意中得知老王的死讯。她才反思，发现自己从未主动关心过他的病情，也从未到他屋子去看望他。反倒是老王一直在主动着……

屏显：越是被剥夺，越是懂感恩；越是被伤害，越是懂悲悯越是缺得多，越是要得少。

所以仅仅能够维持活命状态的老王，在和杨绛的交往中，多次体现出自己要给别人的愿望，他给杨绛家送冰，想半价收费；他送钱先生上医院，不想要钱；他在死之前给杨绛家里送来好香油和大鸡蛋。杨绛当时能够明白这一点，那么，在和老王的交往中，她就应该这样做——

老王送冰车费减半的时候，杨绛应该接受；送钱钟书上医院的时候，杨绛不应该给钱；最不应该的给钱的时候，是老王送香油和鸡蛋的时候。

如果杨绛不给钱，老王会觉得——自己是一个能够帮助别人的人，是一个有能力有尊严的人。

小结：现在，也许我们能够明白杨绛长久愧怍的原因了。杨绛先生撇开个人不幸，真诚地对老王给予着自己的善举。在不断的反思中渐渐明白自己一直以来并没有真正从情感上关心老王，并没有真正从人格上尊重老王。她为之深感不安和愧怍。

屏显：（学生齐读）老王需要的是尊重，杨绛觉得自己给予的是同情，所以愧怍；老王需要的是平等，杨绛觉得自己给予的是施舍，所以愧怍。

老王需要的是在临终前表示感谢以偿还杨绛一家的深情厚谊，可是，杨绛却坚持用钱，辜负了这一份临终前的沉甸甸的感谢，所以，杨绛才会在几年之中、几年之后，心情沉重地说——

这是一个幸运者对不幸者的愧怍！

3.老王人性是光辉的，难道作者人性或人格不光辉吗？为什么用"愧怍"而不用"惭愧"呢？

（回顾"愧怍"的含义）知识分子改造世界有两种方式：一种是笔尖朝外，像鲁迅，用言语唤醒麻木不仁的灵魂；一种笔尖朝内，像杨绛，她能直面自己，她能剖析自己，揭示人性中的善。杨绛曾经在《走在人生边上》这一本人生自答书中，写道："人生的价值在于修炼灵魂，在于完善自我。"愧怍本身便是善良的源头！作者是以善良之心体察老王的善良！其实老王也好，杨绛也罢，他们的心中都有一个太阳，最最重要的他们的心灵都有一扇大大的窗，他们是如此毫不吝啬地将阳光释放出来，点亮了自己，也照亮了别人！

4."以人为镜，可以明得失"，同学们，老王的突然离世使得杨绛先生的愧怍再也没有机会补偿，反身自己，想想生活中你有没有俯视甚至漠视他人的经历？假如有机会回到当时的情境中，你会有什么样的表现呢？请以"_____，我想对你说：_____。"为句式，写下你的心路历程。

（三分钟时间学生写作，交流展示）教师总结：品读老王，读到的是一份在不幸中生长的光华；品读杨绛，读到的是一份在愧怍中生辉的人格。谁是幸运的呢？是的，幸运的是我们！生命里，能遇见如此精彩的，闪耀着人性光辉的人，让我们心生光明与暖意，这是我们的幸运。同学们，爱人者，人恒爱之；敬人者，人恒敬之。希望大家都能从杨绛的愧怍中悟得人生的真谛，心存善良仁厚之意；胸怀平等博爱之念。

刘倍宏，太原师范学院附属中学教师。

《小动作、大文章:记叙文动作描写》教学案例

——高效课堂研究课教案及反思

◎ 刘 欢

【学习目标】

1.掌握动作细节描写的方法

2.能够用动作描写刻画人物

【设计思路】

一、导入:猜谜语

1.他在大街上走着。

2.身穿黑衣服、戴着墨镜的他慢慢地在街上走着,贼眉鼠眼地向四周张望,目光始终瞄着行人的口袋和背包,突然一阵警笛,使他身子一颤,接着才恢复了常态。

二、悦享经典·学技法

链接课文,学习写好动作描写的方法

第一组片段:

例:那天,他在雪地里撒些秕谷,用竹筛罩住了一只小鸟。

他扫开一块雪,露出地面,用一枝短棒支起一面大的竹筛(shāi)来,下面撒些秕(bǐ)谷,棒上系一条长绳,人远远地牵着,看鸟雀下来啄食,走到竹筛底下的时候,将绳子一拉,便罩住了。

方法小结:

第二组片段:我终于登(爬)上去了,蹲(站)在石架上,心惊肉跳,尽量往里靠(挪)。其他的孩子慢慢地向石架边缘移动(走动),我看在眼里,吓得几乎晕倒。(莫顿·亨特《走一步,再走一步》)

方法小结:

第三组片段:我看见他戴着黑布小帽,穿着黑布大马褂,深青布棉袍,(蹒跚地)走到铁道边,(慢慢)探身下去,尚不大难。可是他穿过铁道,要爬上那边月台,就不容易了。他用两手攀着上面,两脚再向上缩;他(肥胖的)身子向左微

倾,显得努力的样子,这时我看见他的背影,我的泪很快地流下来了。(朱自清《背影》)

方法小结:

写好动作描写的方法:1.＿＿＿＿＿＿

2.＿＿＿＿＿＿＿＿＿＿＿＿＿

3.＿＿＿＿＿＿＿＿＿＿＿＿＿

三、牛刀小试初练笔

任务:请以"轮到我做核酸了,……"开头,叙述自己做核酸检测的过程。

要求:1. 要求运用动作细节描写,3个动词以上。

2. 写出核算检测人员的精神品质(如:有耐心,有爱心,爱岗敬业等)。

四、见字如面·展佳作

【改革创新】

　　闭环式作文讲评课

1."引"——作前引导(目标明确—学习动作细节描写)

2."讲"——动作细节描写方法指导(教法与学法指导)

3."练"——作文片段式训练(当堂训练)

4."展"——作文展示(展示分享,让学生表达自己的成果)

5."评"——作文评价(从动作细节描写的方法来回扣本节课教学成果,做到一课一得)

【课后反思】

小语界的领军人物薛法根老师说过这样一句话,"有效的作文课堂教学教得分明、学得清楚,写什么、怎么写、写到什么程度,讲到点子上、练到实在处,每一堂作文课都让学生有所收获,有所长进。"我特别赞同。写作就是"启蒙""津梁",通过任务情境的参与、推动写作行为的发生与完成,给学

生创设真实的写作情境,激发学生积极调动已有的知识经验,激活内心的情愫,唤起领悟的智慧。本节课的亮点特色有:

1. 贴近学情的教学设计,教学目标明确

荣生教授提倡根据学生的写作状态和写作样本,确定写作重心和要突出的目标。在课前导学的学情诊断中,初一的孩子对人物动作细节描写的认识和写作能力都比较薄弱,由此确定教学目标。

"一课一得"的教学方法,其实质就是使教学目标简明扼要,便于教学与学习。具体来说,"一课一得"中"一得"的"一"指的是每一节课课堂教学目标,不可太多太泛,必须要有"一个核心教学目标"。而"得"指教学目标要聚焦,围绕一点展开学习,这样学生才能"学"有所得。"一课一得"是每节课要有一个核心目标,能让不同层次的学生都能有适合自己的、发展性的"一得"(收获)。最终通过一节节课的教学连点成线,让学生的学习能力实现螺旋上升,以全面提升学生的核心素养。我们明确提出以"一课一得"策略教学为课堂教学的切入点,就是为了打造高效课堂。

2. 教学过程的安排要突出"习得"

"一课一得"的"得"实际上要解决的是知识的能力化,也就是使学生习得目示设定的知识、能力或情感。老师以"灌输""讲授"为主,课堂是沉闷的,学生所学是肤浅的。以老师讲授为主,带来的效果,是老师的自我安慰,满足于完成了教学过程,而忽略了教学效果。

因此教学过程因设置学生训练的环节,应调动学生思维,缴发学生学习的主动性。精讲精练。"讲"突出目标,精确讲解,有效点拨。"练"突出能力,针对训练。练要设置分层目标,分层活动。可以安排小组互助学习,以兵教兵方式实现所有学生有"得"。

三种方法,三篇范例,逐层提升。学生有收获,写作教学指导接地气。通过学生三次片段写作的呈现展示,学生的文字发生了实实在在的变化,体现了学习行为的真发生。学生沉浸到文字的写作中,真正去体验写作的快乐,和方法指导下习作修改带来的变化。

从课前的猜人物,导入人物动作描写的教学,创设了情境,学生切身体验到人物动作描写对表现塑造人物形象的重要作用。课堂视频观摩、慢镜头回放,新冠疫情期间的经典瞬间,作为教学支架都很好地辅助了课堂教学。向名家学写作,通过经典片段的引入范例解读,有老师范读、同学演读,为学生写作从模仿借鉴到创造再生搭建台阶。学方法用方法,从自由初写、个体修改、同桌互改、小组推选到最终成稿展示,讲练结合,体现学生思维能力的进阶提升。

3. 搭建学习支架,促进习作能力提升

统编教材的单元目标设计更具有针对性和结构性,体现在每一节课、每一篇课文中,知识与技能更加明晰、准确,且更多地指向学生的语文核心素养——今后的生活、学习和工作中所必备的语文知识和技能。

课前的预学作业,既要布置给学生对课文大意、整本书简介与写作内容这样简单的信息提取与筛选工作,又要使学生对本课相应的特别是关键的语文知识与技能有一定的了解,并且通过完成"预学作业"等学习任务,帮助教师发现学生的语文思维能力差异,进而设计具有针对性的课堂学习任务。

"支架式"作业在课前阶段的使用,既使学生能够预知本节课的学习内容,从而对课堂教学作出期待与反馈,形成"学"的支架,在"课中建构"阶段培养独立研究的精神,激发合作学习的兴趣,也让教师能够根据现象,结合经验,推断学生可能出现的课堂"反应",进而构建"教"的支架,发现不同层次间的落差,帮助学生迈向语文思维与能力的"最近发展区",在"课中建构"阶段搭好学习任务"脚手架"。

4. 不足:从来没有完美的课堂,这堂课有遗憾有不足,教师的过渡语、点拨语、评价语都是艺术,讲究精练,不疾不徐、春风化雨的语文课堂教学是我不懈追求的目标。关于信息技术、关于借班上课提前和孩子们的互动交流、课堂清风徐来般的掌控自如都是我前进的方向,追求写作教学中的前瞻与包容。因循时代变革,愿意为孩子去改变!努力成长为有情怀有担当的教师。高山景行,虽不能至,心向往之。

刘欢,湖北省武汉市江汉区武汉一初学苑教师。

杜甫诗三首群文阅读教学设计
——从杜甫诗歌中的"变"看"不变"

◎刘　晴

【教学目标】

1.通过朗读,初步体会杜甫不同时期诗歌的不同感情基调。

2.通过品析组诗的内容,理解诗歌的手法和不同时期诗人的形象。

3.通过把握不同时期杜甫诗歌的情感,探究杜甫诗歌中不变的忧国忧民的爱国心。

【教学重点】

通过品析组诗的内容,理解诗歌的手法和不同时期诗人的形象。

【教学难点】

通过把握不同时期杜甫诗歌的情感,探究杜甫诗歌中不变的忧国忧民的爱国心。

【教学方法】

诵读法、合作探究法

【教学思路】

大致上分为三个教学板块:学会朗读、体味基调——理解手法、品析形象——激情诵读、感悟深情。

【时间安排】1课时

【教学过程】

教学铺垫(3分钟)

1.由对杜甫的介绍导入:我们都知道大诗人杜甫的诗被称为"诗史",原因是因为杜甫身处唐朝大厦将倾之际,他经历过盛唐的繁荣,也目睹过中唐的衰败,这些都在他的诗歌中留下了痕迹。杜甫也因为拳拳的忧国忧民之心被称为"诗圣"。这节课我们就通过对杜甫几首诗歌的品析,走进这位大诗人的内心世界。

2.出示本节课的杜甫组诗《望岳》《春望》《茅屋为秋风所破歌》。

3.出示本节课学习目标:理解手法、品析形象、感悟深情

活动一　学会朗读、体味基调(10分钟左右)

1.初读,请同学们朗读组诗,说说这三首诗感情基调的变化。

学生活动,师生对话。

教师小结:高昂——沉郁——悲痛

再齐读这三首诗,品味感情基调的变化。

2.教师出示三首诗的创作背景,学生齐读,加深学生对不同感情基调的理解。

《望岳》背景:杜甫早期作品,唐玄宗开元二十四年(736年),年轻的诗人离开长安,到兖州(今属山东省)去省亲,期间他游历了泰山,被泰山高大雄伟的气势和神奇秀丽的景色所吸引。像所有年轻人一样,杜甫有着建功立业的雄心壮志,他借泰山写出了博大的胸襟和奋发向上、积极进取的精神。

《春望》背景:天宝十四载(755年)十一月,诗人赴奉先探亲,未几,安禄山发动叛乱。次年五月,贼破潼关,诗人被迫北上避难,安家于州(今陕西富县)。七月,肃宗即位于灵武(今属宁夏),诗人闻讯后前往投奔,不料中途为贼兵所俘,被押至长安;因他官卑职小,未被囚禁。第二年四月,他乘隙逃离长安,历尽千辛万苦,终于到达了当时朝廷的所在地——凤翔县。这首诗是诗人逃离长安前一个月写的,集中表现了诗人忧国伤时、念家悲己的感情,感人至深。

《茅屋为秋风所破歌》背景:唐肃宗乾元二年(759年),关中地区闹饥荒,民不聊生。这年秋天,杜甫弃官辗转到四川。在亲友的帮助下,在成都西郊的浣花溪畔建起了一座草堂,过上了暂时安定的生活,他感到快乐和自足,于是歌唱春雨,寻花漫步,以诗酒自娱。但是,这种表面上的安逸,掩饰

不住他的贫穷,更不能冲淡他那一贯的忧国忧民情怀。上元二年(761年)秋天,一场暴风雨袭击了他的茅屋,再一次把他从浪漫的隐居生活中敲醒,让他面对现实,让他忧思,于是写下了这首诗。

3.再次朗读三首诗。

活动二 理解手法、品析形象(25分钟左右)

1.写景之美。采用师生问答的方式进行。

同学们《望岳》和《春望》可以说都是以"望"字领起全诗的,《茅屋为秋风所破歌》也是诗人看到的景象,那么接下来我们的任务是找出三首诗中诗人"望"到的景物及所用到的艺术手法。可任选篇目作答。

学生活动。

同学们交流及老师的小结:《望岳》中诗人看到的是青葱高耸的泰山,整个齐鲁大地都能目睹,它像一把利刃劈开了白天和黄昏,神奇秀丽钟情于它,层云洗涤心胸,高空掠过飞鸟。所用到的手法有:设问、拟人和比喻。《春望》中诗人看到的是沦陷残破的国都,荒草深深的长安城,惹人流泪的花儿,让人惊悸怅恨的鸟儿,满眼的战火。所用到的手法有:对比、移情于物和夸张。《茅屋为秋风所破歌》中诗人看到的是狂风怒号,茅草乱飞,南村群童公然抱茅,深秋冷雨,布被冰冷,屋漏床湿。所用到的手法有:比喻、反衬。

2.形象塑造。了解完诗歌的内容,请同学们任选一首诗,运用想象,动手写写诗中塑造了怎样的诗人形象。

学生活动。

师生交流及教师总结:

《望岳》中的诗人形象:年轻的诗人被高大雄伟、神奇秀丽的泰山所折服,他借歌咏泰山抒发了自己"会当凌绝顶,一览众山小"的愿望,他渴望为国家建功立业,他奋发向上,积极进取。

《春望》中的诗人形象:面对残破不堪的国都,乱草丛生的春城,繁华落后的破败让诗人不禁流泪,仿佛花鸟也跟着自己惆怅悲戚。战火不断,写好的家书如何传递呢?诗人心中又升起悲伤,想起自己年老发稀,为国为家无能为力,悲痛到极点。

《茅屋为秋风所破歌》中诗人形象:寻花漫步,以诗酒自娱的表面安逸生活,被一场残酷的秋风吹碎,诗人面对自己的贫穷和年老,他在委屈无奈之余,仍然心忧天下,他宁愿"吾庐独破受冻死"也要"大庇天下寒士俱欢颜",这样的推己及人、舍己为人的杜甫,怎能不被称为"诗圣"?

活动三 激情诵读、感悟深情(8分钟左右)

同学们再次激情诵读三首诗,并用心感悟诗人的形象。

请同学们总结概括这三首诗中诗人始终不变的情感是什么?

学生活动

教师小结:大诗人杜甫的一生历经大唐盛世的兴衰荣辱,年轻气盛的他感慨于祖国的大好河山,立志要为国家建功立业;国破逃亡中,他心中牵挂的仍然是祖国,他为之流泪,为之心痛;当自己困窘不堪之时,他把个人置之度外,唯愿天下的寒士有避风之所,情真意切,感人至深。由此可见,虽时光变迁,家国渐微,杜甫不变的是他的爱国心,是他忧国忧民的博大胸怀!他对得起"圣人"的称号!

【板书设计】

《望岳》　　少年有志　建功立业　┐
《春望》　　国破被俘　忧国伤时　├→"诗圣"赤子心
《茅屋为秋风所破歌》屋破困窘　推己及人┘
　　　　　　　　　　　　　　　　└→忧国忧民的爱国心

【备教手记】

在日常教学中,我发现学生对于课本中的文化名人的认识只是停留在概念上,例如,对于杜甫的认识,学生脱口而出"诗圣""诗史",当追问其"所以然"时,却发现学生并不真正了解其原因。基于这样的现状,我就思考利用课本中所录入的杜甫不同时期的诗篇——《望岳》《春望》《茅屋为秋风所破歌》,通过利用横向纵向思维,分析三首诗歌的不同点和相同点,不仅教会学生有方向的分析诗歌,也能让学生直观地理解"诗圣"的内涵,对杜甫有更加立体的理解。

刘晴,河南省郑州市树人外国语中学教师。

探析小说人物形象塑造方法教学方案
——丰实与鲜活：《复活》《老人与海》联读

◎刘淑维

单元专题学习内容设计总揽：外国小说单元任务落实（共性研读）
一、丰实与鲜活：小说人物形象的塑造；
二、朴素与语质：小说语言风格的变换；
三、即境与立体：小说环境描写的烘托；
四、意显与归隐：小说主题思想的探究。

【教学目标】
1.通过人物矛盾的内心世界探究塑造人物形象的方法。
2.品析作品在形象塑造方面的独到之处。
3.理解作者通过作品形象表现出的对社会人生的认识与思考。

【教学过程】
活动一：最爱作品或人物评选结果展示
预设：学生普遍选择《老人与海》、圣地亚哥，因为《复活》及其中的人物较为陌生，形象并不明朗，学生畏难且不敢选。
（批改任务单后，通过统计，展示学生最爱作品或人物及其理由，教师稍加点评）
导出：从中我们可以看出——人物形象是一部作品吸引大家的关键因素：人物是作品的灵魂。
设计意图：文本《复活》《老人与海》都选自长篇经典小说中的片段，学生的阅读能力及阅读的篇幅参差不齐，通过设置简单、明确的任务，可以消除学生畏难的阅读情绪，让学生抓住阅读关键，为两篇文章开展联读活动做好情感铺垫。
活动二：你觉得小说的人物形象应如何塑造才会经典、经久不衰？
鉴赏经典，分享发现。
1.回忆经典，四人一组，寻找答案，分享发现。
预设：语言、动作、心理、神态；与众不同的个性、唯一性；与背景息息相关，有一定的影响力。
教师：在学习导引中，发现60%的同学都提到了这样一句经典话，我们一起来读一读。
"但人不是为失败而生的，"他说，"一个人可以被毁灭，但不能被打败。"
教师：这样类似的句子文中还有没有？我们一起找一找。
教师：这些句子都有个共同的作用，它们都体现了主人公勇敢、不屈不挠、无所畏惧的品质。但我们班有位同学有这样的疑问？
（展开讨论，引导出下一个问题）
2.问题设计：换句话说，老人在与鲨鱼斗争的过程中有过犹豫、矛盾对吗？我们找一找相关的句子。
3.问题设计：这个过程自卑、自责、懊悔、犹豫、矛盾……在《复活》中有没有？我们再找一找，读一读。
教师：聂赫留朵夫是否是从始至终坚定地要唤醒、救出玛丝洛娃？
预设：没有的，这个过程十分曲折，有魔鬼的召唤……
问题设计：那这种自我的否定、矛盾、犹豫，对人物形象的塑造有帮助吗？这种人物形象会不会太乱了？为什么两位作家不塑造一个单一、圆满的形象呢？
（学生总结，预设：使人物丰满、真实，印象深刻、独一无二、鲜活）
板书：鲜活　丰实
设计意图：活动二的主题是"你觉得小说的人物形象应如何塑造才会经典、经久不衰？"其实，这种问题的设计非常宽泛且毫无针对性，但是正是面对这样两部伟大而经典的作品，设计大问题，引导学生一步一步抽丝剥缕地解开作品和人物的解读密码，"从大到小"也是一种课堂的实施策略。因为一部伟大而经典的作品，它其中的人物绝对不是我们言情小说里的单一、无尘，他们是复杂的、丰满的、鲜活的，在茫茫大海中，面对群鲨的攻击，他会害怕、犹豫……面对曾经犯下的罪行，在忏悔的同时，也会犹豫，企图用金钱打发玛丝洛娃。正如纪伯伦所说："每个人心中都有两个自我，一个在黑暗中醒着，一个在光明中睡着。"正是这种人性复杂性，主题更要宏大，根据学生自我的真实阅读体验，在课上自动生成阅读感受，才是真实地去解读文本。

教师：两部作品中，还有一位经典女主角，我们还没讨论过？有一个同学跟我提了一个这样的问题。

教师：玛丝洛娃为何笑？

找一找相关的句子（按顺序）

教师：我请位男同学说说，你喜欢玛丝洛娃的这种笑吗？

（生回答，发言）

追问：这种笑真实吗？

（小结：在这个选段里玛丝洛娃人性还没复苏，本性还没复活。这种微笑是作为妓女的职业微笑，是不相信聂赫留朵夫的微笑，是只想利用、捞好处的邪恶之笑，这种笑是真实的，是现实的，是致命的……）

追问：这种笑会变吗？老师在《复活》的原著找到了玛丝洛娃结尾的微笑。

设计意图：文本《复活》节选的片段非常有限，而短时间内学生也不可能完成整本书的阅读，甚至不会尝试去阅读。试想，如果通过一个问题或一个活动能去激发学生的阅读兴趣，并主动去阅读，这也是教学上的一种成功。在阅读中，笔者以玛丝洛娃的"笑"为契机，找出文本与原著当中相关的"笑"，通过诵读进一步领悟人性的复杂与善良，领悟人性救赎后的意义。

活动三、经典朗诵会　辨别笑

1.小组合作，分角色朗读，当堂表演。

设计意图：教师做好充分的准备工作，将《复活》原著截图复印好并下发给全班同学，通过小组合作，快速组成朗读人员，教师可以适当挑选，便于情感的表达。通过有声阅读，解决"这种笑会变吗"这一问题，进一步升华"笑"的内涵，强化人物的复杂性和人性的复活，逐渐将课堂推到高潮。

2.主问题设计：这时候的笑和课文里的笑一样吗？

这种笑的变化基础是什么？

（学生讨论）

小结：在创作过程中，艺术家和艺术品逐渐合二为一。

经典的小说，经典的力量，需要精致的阅读！

教师小结：艺术并不是珍宝，而是一个透镜，透过它，我们寻找到纯净和诚实的艺术家的精神。如何面对自己的生活，我们可能都是在这个纷繁复杂的世界中徘徊流浪的人，如何努力地生存，如何努力活得平静、通透，这就是我们阅读的最终目的。

【作业布置】

运用本节课所学塑造人物的方法，解读《大卫·科波菲尔》中的典型人物形象。

【板书设计】

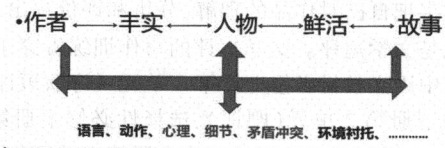

• 作者 ← 丰实 —— 人物 —— 鲜活 → 故事

语言、动作、心理、细节、矛盾冲突、环境衬托、…………

【附件】

第三单元《复活》《老人与海》联读学习任务单

学习任务一：请把书翻到第53页，先自读单元导语，然后阅读两篇课文首页下边注释①，圈画要点，初步梳理单元学习内容。

学习任务二：请把书翻到第70页，81页，根据学习提示自读课文，圈画你的兴趣点，罗列你的疑问点。

疑问1：

疑问2：

学习任务三：

1.通过选文或你对两部作品的了解，你更喜欢哪部作品或更欣赏其中哪位人物，请简述理由或写100字左右的推荐词。

最爱作品或人物：

理由：

2.两部小说中有许多睿智名言，请将你最喜欢的一句或一段话抄写在下面的横线上，并简述喜欢的理由。

句子：

理由：

刘淑维，浙江省文成县文成中学教师。

学写文学短评教学设计(第二课时)

◎刘艳玲

【教材内容】

统编版普通高中语文必修上册第三单元"学写文学短评"。

【写作主题解读】

阅读文学作品时,从自己的感受出发,用简要的文字把自己对作品的理解、分析和评价写出来,这就是文学短评。文学短评的写作训练贯穿于统编高中语文教材必修上册第3单元(诗歌短评)、必修下册第2单元(剧评)、选择性必修上册第3单元(小说短评)、选择性必修中册第3单元(人物短评)、选择性必修下册第1单元(古典诗词鉴赏)等之中,有利于学生梳理、积累个人的阅读经验,领悟创作、鉴赏的规律,提高审美能力。这说明文学短评是高中阶段学生需要学习和掌握的一种重要文体。"学写"是对高中生写作文学短评的能力层级规定。文学短评属于文学评论。高中生学写文学短评一般只要求对具体的文学作品进行分析和评价,在此基础上写出一篇结构完整、层次清晰、观点鲜明、语言流畅、叙议结合的鉴赏类文章。文学短评写作取材范围广,如主题思想、作品形象、艺术手法、构思技巧、语言特色等,写作时只着重抓其中一点,不必面面俱到。

【学情分析】

高三的同学已经具备相当篇目的诗歌(古诗、新诗)、散文、小说、戏剧等各种文体的文本阅读和鉴赏体验,基本具备相关的文体知识,但对于文学短评这一相对较新的体裁的写作普遍具有一种畏难心理,需要在方法策略上得到进一步的指引。

【教学课时】两课时

【教学目标】

1.掌握文学短评写作的基本要求。

2.学会叙议结合,逐层展开评论。

【学习重点】掌握文学短评写作的基本要求。

【学习难点】学会叙议结合,逐层展开评论。

【教学方法】小组合作探究法、过程写作教学法

【教学过程】

一、激趣导入

文学短评已经走进了我们的高中教材和高考试题中。据统计,在五本统编高中语文教材的单元学习任务中,明确提出了40个微写作任务要求,其中微短评写作任务就有5个,当然还有就是我们当下在学习的必修上册第三单元是将文学短评当成不少于800字的大作文来写的;此外,涉及文章评点的微写作任务有4个。这些都说明文学短评是高中阶段我们需要学习和掌握的一种重要文体。上节课我们已经开启了对文学短评的写作学习,但由于中间考了月考,好多同学可能忘了部分内容,让我们一起来复习一下。

二、回顾旧知

1.文学短评的写作要求:

①读懂作品——深入、全面;②找准角度——小巧、集中;③安排结构——清晰、完整;④注重写法——叙议结合、以议(析+评)为主;⑤讲究表达——准确、简洁、有文采。

2.文学短评写作的评论点(以小说为例)

三、创作展示——文学短评怎么评

上节课我们留了一个课后练习:以《阿Q正传》为评论对象,自选评论点,写一篇150字左右的文学短评。

每一位同学的短评我都认真读了,大家的短评可圈可点之处很多,但仍有很大的进步空间。接下来,让我们小组合作讨论,对照文学短评写作要求,分析学案中六篇同学们自己写的短评文章存在哪些问题,在文章旁边的空白处旁批。

分析了我们写作中存在的问题,我们再来强化一下文学短评的写作要求。

任务：文学短评我来改

小组选择六篇短评中的一篇，合作修改。

展示修改后的成果。（也可以推荐展示本组同学自己写的优秀文学短评作品。）

四、关联高考——文学短评怎么考

高考题示例：

2023年新高考Ⅰ卷现代文阅读陈村的小说《给儿子》第9题：读书小组要为此文写一则文学短评。经讨论，甲组提出一组关键词：未来·回忆·成长；乙组提出一个关键词：河流。请任选一个小组加入，围绕关键词写出你的短评思路。

甲组答案示例：①本文表面上是关于未来的想象，即父亲想象儿子长大后的一次旅行。②其实是父亲对过去的回忆。③为何交叠未来与过去？指向关于成长的主题，即父亲带儿子重温自己的成长，并期待儿子也能够在其中找到自我。

乙组答案示例：①文章有很多抒情的意象，河流是其中最重要的一个。②其表现就是，从爬上江堤到独坐河滩，儿子的板桥之旅始终与河流相伴。③那么河流究竟意味着什么？河流既是环境与风景，也代表着空间的延展和时间的流逝，并承载着人的思索。

2023年的这个题对大家很友好的地方是提供了关键词，其实也就是给我们提供了评论点，我们会发现题目提供的关键词的角度也没有超出我们小说评论点最主要的五个角度。当然，文学短评应该"因体而异"根据具体的文体和文本选择最有感触的最恰当的评论点。（顺带回顾文学短评小说评论点）

我们来看一下这些短评类的题还有哪些：

其中2019年天津卷是考新诗的获奖理由，也是在变相考查文学短评。这种题我们并不陌生，古诗鉴赏中经常有，如2023年云南考的新课标2卷的16题：王国维说："以我观物，故物皆着我之色彩"这一观点在本诗（林逋《湖上晚归》）中是如何得到印证的？请简要分析。当然，目前的考题中还未出现要求大家进行文学短评微写作或大作文写作的，但2023年新课标1卷的第九题，已经明确让大家写出文学短评的思路了，导向性是非常明确的。其实这种看似很新颖的题型在2021年2月广东那套八省联考的试题当中就出现过。

五、对点练习

2021年2月八省联考现代文阅读第9题：如欲以"一则'新世说'"为题写一则《国文教员》的小评论，请结合文本，列出评论要点。

大家已经在课前预习中研究了这道题，哪位同学来给大家分享一下自己的答案？

这个题在当时确实难倒了很多同学，引起广泛讨论。单就网上流传的答案就有多个版本，我给大家提供流传度最广的三个答案版本，大家看看，你更赞同哪一个？

老师的答案：①分析"世说"：流出于稗官；写人；有名有姓；传闻居多；篇幅短小；体裁包罗万象。②分析"新"：写近代人物，突出其特点和时代特点；用白话而非文言；无名无姓、小人物；真实经历。③分析"新世说"：继承创新，别有风味。

值得思考的问题：题目里的关键词是什么意思？（可以把关键词拆开来思考，再合并起来思考。）为什么用这个关键词形容这篇文章？作者为什么这样写？作者是怎样达到这种效果的？

优化后的答案：①【世说】文章记录人物言行，品评人物风格，篇幅短小，具有"世说"类小说的特点。②【新】文章用白话而非文言，写的是无名无姓的小人物，内容真实非道听途说，以新的方式写新时代人物，反映新时代内容。③【新世说】文章作为"新世说"，继承传统并有所创新，别有风味。④【作者】文章体现了学者金克木独特的小说观念。

方法总结：

第一步，把握评论对象：《国文教员》主要记叙了国文教师的朴素教法和卓然风采。

第二步，确定评论方向：以"一则'新世说'"为题，抓住"新"和"世说"。

第三步，分析评论要点：分析《国文教员》是如何体现"新世说"的特点（文本二有提示）；根据赋分情况，分条答出。

课堂小结：文学短评不仅仅关乎写作，从浅的层面说，小说、戏剧、散文阅读理解题，诗歌鉴赏题都涉及文学评价与分析；从深的层面说，写作文学短评更是一种深化阅读的方式。粗略的、浮光掠影式的阅读很难评论到位。美国作家纳博科夫说："一个优秀的读者，一个成熟的读者，一个思路活泼、追求新意的读者，只能是一个'反复'的读者。"让我们立足深读，以写促读，以读促写，读写结合，提高自己文学理解和鉴赏的能力。

刘艳玲，云南省玉溪第一中学教师。

《祝福》《林教头风雪山神庙》教学设计

◎ 刘　颖

【教学目标】
1.探究次要人物在小说中的作用。
2.以人物分析为切口，更加完整地理解小说的"三要素一灵魂"。

【教学重点】探究次要人物在小说中的作用。
【教学难点】人物形象定位，多角度思维训练。
【教学过程】
（一）导入
同学们，你知道鉴赏小说的三把钥匙是什么吗？（即"小说三要素"：人物、环境、情节）
是的，小说是以刻画人物形象为中心，通过完整的故事情节和具体的环境描写来反映社会生活的文学样式。这节课，我们将学习用"人物"这把钥匙开启有关的"锁"。小说人物有主次之分，当我们专注于小说中的主角时，别忘了，配角也精彩。让我们来走进配角的世界。

（二）观看视频，思考问题
请同学们带着问题观看视频，视频中发生了什么事情，周围有哪些人物影响着主角的命运呢？引出本课教学目标。
问题一：这个视频主要讲述了一件什么事情？
师：父母的意外去世，一个素未谋面的亲弟弟出现在姐姐的生活里，在姐姐面对追求个人独立生活还是抚养弟弟的问题上展开的一段细腻感人的亲情故事。
问题二：视频中哪些人物影响主角的命运？
师：弟弟、爸爸、妈妈、亲戚等。
师：视频中的主角是（姐姐），她周围的这些人对她人生轨迹的改变产生巨大的作用。接下来，我们一起来看看祥林嫂和林冲周围有哪些人影响着他们的命运。请同学们完成导学案上的思维导图。

（三）重温课文，梳理配角
学生完成思维导图：找出《祝福》和《林教头风雪山神庙》两篇文章中的次要人物，再次温习课文内容。
师：当我们理清主角身边的配角后，我们清楚地知道了祥林嫂和林冲生活的环境，他们身边的"朋友圈"，他们的"朋友"层次。这些朋友对他们的人生命运会产生怎样的影响呢？下面请同学们完成朋友圈评论。在一个风雪之夜，假如鲁迅和林冲分别在朋友圈发表了以下内容，鲁迅说：祝福夜，祥林嫂走了。林冲说：再见了从前。小说中有关人物可能会有怎样的评论留言，请认真揣摩小说中的角色，为什么要这样评论，请从原文中找到依据，然后作答。

（四）趣味实践——朋友圈留言
假如鲁迅和林冲分别在朋友圈发表了以下内容，小说中有关人物可能会有怎样的评论留言，请认真揣摩小说中的角色，然后作答。（提示：可以引用原文的语言）
鲁四老爷：不早不迟，偏偏要在这个时候，这就可见是一个谬种！
四婶：啊呀，啊呀！
婆婆：克夫克子，最终把自己克死了啊！
柳妈：阿弥陀佛阿弥陀佛！莫非这门槛没捐到位？
卫老婆子：她的死与我无关。
短工：还不是穷死的。
我：希望祥林嫂在地下可以幸福。
师：同学们，经过大家的分享，祥林嫂身边的这群人对她的死产生了怎样的影响呢？谁是主谋？用了什么样的武器呢？是否有帮凶呢？
（这位同学大胆地发表自己的见解，令人佩服！谢谢！）
【教师引出无物之阵的概念】（请一个同学为我们读一下。）
在1987年出版的《心灵的探寻》中，钱理群明确指出："无物之阵"是一个十分深刻的命题，并且认为鲁迅在他的杂文里对"无物之阵"作了更为形象的描述和分析："中国各处是壁，然而无形，像'鬼打墙'一般，使你随时能碰。"钱理群还通俗易懂地解释了"无物之阵"的含义："分明有一种敌对势力包围，却找不到明确的敌人，当然就分不清友和仇，也形不成明确的战线；随时碰见各式各样的'壁'，却又'无形'——这就是'无物之阵'。"

——出自钱理群《心灵的探寻》第123页

（青出于蓝而胜于蓝，刚刚同学们的这些评论实在是太精彩了！老师太佩服你们了！）

师：著名文学评论家金圣叹在《读第五才子书》中说："林冲自然是上上人物。写得只是太狠。"我们一起来看看林冲的朋友圈又是怎样的呢？

李小二：恩公，多保重！恩人，加油，奥利给！

（同学们，假如小说中没有李小二安排妻子在"阁子"背后听说话，会有后面的买刀寻仇吗？林冲的命运轨迹会发生改变吗？推动情节的发展）

鲁智深：等你一起吃酒哟！

高俅：你小子又想反。

（"逼"得林冲身份变化：禁军教头——囚徒）

柴进：很好，我没看错人。

老军：如此一大好青年，实乃惋惜，罢了，罢了。

陆谦：此时一个小鬼魂默默飘过……

（老师想起著名诗人北岛说：卑鄙是卑鄙者的通行证，高尚是高尚者的墓志铭。陆谦对林冲的设计陷害"逼"得性格变化：委曲求全、逆来顺受——嫉恶如仇）

社会的腐败黑暗，各种邪恶势力层层进逼，林冲无处容身，忍无可忍，走上了反抗之路。

（师：同学们，这节课我们通过对小说中的次要人物的学习和分析，大家觉得次要人物有什么作用呢？）

生：1.凸显社会环境，渲染氛围，奠定基调

2.推动情节的发展

3.充当线索，贯穿全文

4.反衬主要人物，揭示主题

师：是的，同学们说得非常好。学习就是一个窥斑见豹的过程，希望同学们在后面的学习中能举一反三。）

（五）延伸探究，全面理解小说中次要人物的作用

1.衬托主角，有助于更好地塑造主要人物形象；（三要素之一：人物）

2.突显主旨，有助于全方位揭示小说主题；（小说的灵魂：主题）

3.推动情节发展，使小说情节转换更加自然；（三要素之一：情节）

4.凸显社会环境，渲染氛围，奠定基调；（三要素之一：环境）

5.充当线索，贯穿全文。（三要素之一：情节）

（同学们，我们也可以反观一下我们的"朋友圈"，身边的每一个人都对我们的生活产生影响。人的一生就是一部小说，在座的每位都是使我变得优秀的"朋友圈"。谢谢大家！）

（六）课后作业巩固训练，学写人物评论

请同学们结合本单元的人文主题——"观察与批判"，从祥林嫂、林冲、别里科夫、孔乙己、于勒等人物中选择两位做比较分析，写一则人物评论，不少于300字。

提示：可以从人物的思想、观念、道德、精神、行为等选一个角度进行比较。

课堂小结：同学们，通过今天的探究学习，希望大家明白，不管是祥林嫂还是林冲，不管是主要人物还是次要人物，"人物"始终是小说刻画的中心，"主题"是小说最终要剖开的灵魂。希望大家学会精研细读，学会多角度多层面思考问题，会阅读，会分析，会鉴别，会总结。今天的课到此结束，谢谢！

【教学反思】

在聚焦新课标理念，体现学科核心素养，落实大单元教学，变革课堂教学方式的大任务下，我紧扣第六单元的单元任务——观察与批判，从小说中三要素中的人物入手，以小见大。把课堂还给学生是我在一直探索的问题，这堂课的主角就是学生，我只是一个配角。整堂课流程比较流畅，唯一让我感到吃力和遗憾的是学生在完成鲁迅和林冲"朋友圈"的评论后，如何让学生感受到人物命运改变后，从而理解小说的主题。设计这堂课，除了让学生对自己的"朋友圈"进行认真审视，还要对别人的"朋友圈"进行甄别，提高自己的人文素养。学生回答完问题后，我对答案的点评不到位，不精练的问题也是我在一直克服和锻炼的。这堂课让自己成长了很多，我会扬长避短，虚心学习，相信自己能越做越好。

刘颖，重庆市中山外国语学校教师。

《学写故事》教学方案

◎龙丽凤

【教学目标】

学会在反复推进中写出故事的变化,并在变化中升华故事。

【教材分析】

《学写故事》是部编版初中语文教材中八年级下册第六单元的写作内容。该单元所选的课文都是传统的名家名篇,《庄子二则》《礼记二则》《马说》《唐诗三首》这些诗文有情趣,有理趣,表现了古人的哲思和情怀。本单元的习作部分有如下要求:一是写故事一定要有头有尾,完整地叙述一件事;二是故事中的人物要有血有肉,形象丰满,有趣味;三是允许有联想、想象的成分。要求情节更曲折,人物形象更丰满,一波三折,引人入胜。

【学情分析】

笔者所教的学生基本能完整叙述故事,但大部分同学的作文较平淡,无法写出一波三折的变化,很难触动人心,故笔者依据学情和课标要求设置了本节课的教学目标。

【教学步骤】

一、故事寻宝——反复中有变化

上课!同学们好!请坐!老师特别爱听故事,有没有同学能给老师讲讲图片上的故事呢?(依次呈现"三打白骨精""三借芭蕉扇""三只小猪的故事""皇帝的新装"四张图片)

1.这些故事具有什么样的特点?你能想起哪些类似的故事呢?

明确:这些故事都与"三"有关,同样的情节反复发生了三次,但在每次反复中都有变化,逐渐将故事推向高潮。

2.你还知道在反复中有变化的类似故事吗?

明确:《田忌赛马》《塞翁失马》《女娲造人》等,这些故事的共同点是:反复中有变化,在反复中推进故事。(板书:反复中有变化)

二、绘本探珍——变化中有升华

为了感谢同学们给我讲了这么多精彩的故事,我也为大家带来了一个小故事!(播放由绘本《爱心树》改编的视频)

1.故事中反复写了小男孩几次看树的场景?每次看树,小男孩和大树有何变化?

明确:故事中反复写了小男孩五次看树的场景。每次看树,他们的变化用表格来展示。2.同学们,这个视频是根据谢尔·希尔弗斯坦的绘本故事改编而成,该绘本的出版奠定了谢尔在当代美国文学界的地位。绘本的原名是 The giving tree,傅维慈将书名翻译为《爱心树》,想一想:为什么要这么翻译呢?

明确:giving 是给予的意思,大树给予了小男孩成长中所需要的一切,把无私、博大的爱都给了小男孩却不图一丝一毫的回报,这种给予就是一种爱心,所以被翻译为《爱心树》。

3.读完这个故事中,由大树和小男孩的故事,你联想到了谁呢?你的内心有没有受触动呢?

明确:席慕蓉说,"我们总是在别人的故事里流着自己的泪,但总有那么几个故事,会改变我们的人生。"父母就像大树,给我们遮风挡雨,把一切最好的都给了我们,你有没有向他们表达过感激,为他们做一些力所能及的事呢?优秀故事往往能触动人的心灵,让人从中获得感动、思考或成长。我们在写故事时要有变化,且变化中要有情感的升华,以情动人。

板书:变化中有升华

4.我们学过很多有关树的课文,你还记得那些触动你的心灵的树和课文吗?

明确:《一颗小桃树》《白杨礼赞》《植树的牧羊人》《紫藤萝瀑布》……

板书:反复中有变化(情节),变化中有升华(情

感)

三、写法明路——变化的途径

1.同学们,我们应当从何处着手在反复中写出故事的变化呢?

明确:《三借芭蕉扇》中"借"的方式发生了变化;《三打白骨精》中每次唐三藏的态度发生了变化;《紫藤萝瀑布》写出了宗璞心境的变化;《白杨礼赞》写出了同一空间中楠木和白杨树以及所象征着的人和精神品质的不同;《爱心树》和《一颗小桃树》写出了不同时间中人和树的变化;《植树的牧羊人》写出了让·乔诺三次见到牧羊人时荒芜之地空间和环境的变化。我们可以从动作、态度、心境、时间、空间、环境等方面写出故事的变化。

板书:动作、态度、心境、时间、空间、环境……

2. 老师给大家带来了《丑奴儿·书博山道中壁》和《虞美人·听雨》两首诗,请同学们大声朗读,体会诗人的情感。想一想,这两首诗从哪些方面在反复中写出了变化?在本学期前几个单元的学习中,你有没有发现类似的诗文?

课件呈现:

少年不识愁滋味,爱上层楼,爱上层楼,为赋新词强说愁。而今识尽愁滋味,欲说还休,欲说还休,却道天凉好个秋!(宋·辛弃疾《丑奴儿·书博山道中壁》)

少年听雨歌楼上,红烛昏罗帐。壮年听雨客舟中,江阔云低、断雁叫西风。而今听雨僧庐下,鬓已星星也。悲欢离合总无情,一任阶前、点滴到天明。(蒋捷《虞美人·听雨》)

明确:在时间、空间、心境、情感的反复中写出了的变化。此外,两首诗在句式的反复中也有变化,和《关雎》《蒹葭》中的重章叠句有异曲同工之妙,即也可以从句式的反复中写出变化,使文章一波三折,富有情感。

板书:句式

3.如果让你写窗外的一棵树,你可以从哪些方面进行构思呢?小组讨论,三分钟后分享。

明确:从春、夏、秋、冬四季的变化来写;从大榕树由山林被运到城市,再从城市被运到荒漠的变化来写;从家门前的树见证了我家房子的变化和新中国的变化来写;从树的品种和家族数量的变化来写……

四、家庭作业

请你发挥你的想象,写一则故事,在反复推进中写出故事的变化,并在变化中升华故事。

五、学生习作

桂花的怀念 /C2103班　唐芊香

朦胧的天空下,皎洁的月光洒在了妇女的身上,她手中抱着个小女娃。身旁的桂花树悄悄地发了芽。

迷雾笼罩着妇女,空中传出她温柔的声音:"囡囡乖,妈妈给你讲个故事。"就这样,妇女给她讲了一个小鸡啄米的故事,小女娃开心地笑了。那个妇女便是我的外婆,小女娃便是我的母亲。

外婆喜欢桂花,外公就种了一片桂花树,只为了让外婆开心。我的母亲因为从小在桂花树下长大,因此也特别喜欢桂花。听母亲说,她小时候种过一棵桂花树,每天都精心地照料它。直到母亲高中要去其他地方了,这时候的桂花树已经像个青少年了,母亲很舍不得它,外婆便说:"乖乖去上学,我帮你照料桂花树。"于是,母亲才依依不舍地走了。

……

之后,我种下了一粒桂花树的种子,种子慢慢长大,母亲在桂花树下给我讲故事。我忽然间想到外婆给妈妈讲故事的场景,只不过是由外婆和妈妈变成了妈妈和我。

随着桂花树的长大,我也长成了大姑娘。又一年回到家乡,母亲正在桂花树下乘凉,我望向母亲,岁月已吹白她鬓角的头发,留下了一道道皱纹。

过了很久,母亲去世了。偌大的院子里竟只剩下桂花树和我。风吹动着我的发丝,泪水随风而去。而我,再也找不到妈妈了。

桂花树再一次枯萎。

永远在大树上的鸟 /C2107班　阳泽

春天,树上抽了点芽,开了点花,鸟儿们又回来了。回到这儿下蛋,繁衍生息。

"嘿,你快来看!""是蛋裂了吗?"鸟爸说。原来有一个鸟蛋裂开了,出了一只小生命,身上没有一只羽毛,眼还没有睁开,胖胖的看起来十分呆萌可爱。

……

它想生存,在这棵树上生活,树上的旧窝成了它的家,树上的虫子成了它的食物。

"它将在这棵树上度过它的一生!"

其他的鸟儿叽叽喳喳……

龙丽凤,湖南省长沙市望城区第一中学外国语学校教师。

《阿房宫赋》教学设计

◎谷雨竹

【单元主题】

本单元为高中语文必修下册第八单元,主题是"倾听理性的声音"。学习本单元,学生应思考文章与时代的关系,感悟作者剖析现实、针砭时弊,以及以天下为己任、持正守道的见识和情怀;鉴赏文章的说理艺术,学会在辩证分析与合理推论的基础上进行理性判断,养成大胆质疑、缜密推理的批判性思维习惯。

【学习目标】

1.理解文意,在描写阿房宫形制的文段中填写课文原句,并明确文段的描写顺序

2.结合课文的写作内容、艺术特色和主旨内涵总结文体赋的特点(重点)

3.感受并传承杜牧、苏轼为代表的中国古代文人士大夫的家国情怀(难点)

【学情分析】

高一下学期,学生已具备了一定的文言基础,能够根据课下注释基本理清文章内容,但对赋的知识了解较少,分析文章主旨内涵较为困难,需要教师指导赏析赋这种文体的方法。

【教学活动】

课堂活动一:言之有物　言之有文

(1)问题:阿房宫的外形是怎样的?如果站在骊山之巅俯视阿房宫,你会有怎样的感受?如果让你介绍阿房宫,你会怎么描述呢?

请用原文填空(先自己填写,再小组讨论)

站在骊山之巅俯视阿房宫,你就不得不惊叹了,好一个雄伟壮观的阿房宫啊!

它何其广也,＿＿；它又何其高也,＿＿。它占尽了山水形胜,宫中有山水,山水在宫中,＿＿，＿＿。房屋有多少?＿＿。只觉得这些房屋依山而建,弯弯曲曲,＿＿，＿＿,密密麻麻,像蜂房,像水涡。看着看着,一道奇异的景象令人目眩,初看那是长桥,再看又像龙;初看那是复道,再看又像虹。你不由惊诧了,＿＿,＿＿?＿＿,＿＿?这一切美得让人眼花缭乱,不辨方向,真是＿＿,＿＿。还是下山近前,似乎终于看清庐山真面了,＿＿,＿＿,＿＿;＿＿,＿＿。这一面,歌声响,驻足谛听,似乎春天的温暖荡漾周身,真是＿＿;那一面,舞袖飘,注目凝视,似乎风雨的凄冷侵袭面庞,真是＿＿,＿＿。＿＿,＿＿,＿＿。

(2)问题:引导词的描写顺序是什么?(搭建学习支架)

明确描述顺序:

第一层:远看,整体。广与高相呼应。

第二层:详看,山中有宫(山与宫相呼应)。注意醉翁亭记写法。宫中有水。原理,由大到小的布景关系。

第三层:细看,房屋多少。细看处出排比。

第四层:总看,单点构成整体。宫室的气魄。

第五层:写意,整体气象(具体写),长桥、复道。

第六层:沉浸想象。视听触,由写意展开的想象结合,看整体。沉浸的对象,广、大。并回归时间。

课堂活动二:言之有理　言之有情

(与原版相比,本部分变动了小问题的顺序。先让学生模糊认识情感,然后由文章看情感如何体现在文本里就自然而然引导对知识结构的分析和总结其中就是先第一段示例,进行精读,然后再整篇文章泛读,抓重点,细讲找到的宫室之美宫女之多生活之奢,再回到情感,最后总结赋的特点。)

结合历史背景,思考杜牧的情感。

问题:第一段表现了作者怎样的情感?

秦朝:六王毕,四海一,蜀山兀,阿房出

材料:当代文艺批评家霍松林先生评《阿房宫赋》前十二字时说:"起势雄健,于叙事中寓褒贬,为此后的许多文字埋下根子……概括了无限深广的

内容。"

问题1：十二字蕴含了什么深广内容？（小组讨论）

材料："噫吁嚱，危乎高哉！蜀道之难，难于上青天！……不与秦塞通人烟。……黄鹤之飞尚不得过，猿猱欲度愁攀援。青泥何盘盘，百步九折萦岩峦。扪参历井仰胁息，以手抚膺坐长叹。"（李白《蜀道难》）

明确：六国破灭　秦统一　迅速

用材之多，取材之广，运输之难，劳民之重。

问题2：请结合下面评点文字，揣摩起势十二字之雄健气势。尝试朗读，以恰当的声音传达。

材料：燕、赵、韩、魏、齐、楚尽灭而海内一统，蜀山木尽，而阿房始成。起四语，只十二字，便将始皇统一以后，纵心溢志写尽，突兀而喜。（吴楚材、吴调侯《古文观止》）

材料："席卷天下，包举宇内，囊括四海，并吞八荒。"（贾谊《过秦论》）

明确："六王毕"是沉重的感慨，哗啦啦大厦倾坍；"四海一"可见帝王的霸气，"一"要读出扫平天下归一统的气势；"蜀山兀"有对不恤民情的愤怒；而"阿房出"要读出一座宫殿出现在地平线上、覆压三百余里的巍峨气势。

问题3：①杜牧笔下在秦朝当时的社会是怎样的，请联系上下文，从文中找出答案。

明确：

宫室之美　宫女之多　生活之奢

负栋之柱，多于南亩之农夫

架梁之椽，多于机上之宫女

钉头磷磷，多于在庾之粟粒

瓦缝参差，多于周身之帛缕

……

②唐代的社会背景是什么？

材料：宝历大起宫室，广声色，故作《阿房宫赋》。

③阿房宫赋蕴含的了作者怎样的情感？

明确：一个正直文人忧国忧民、匡世济俗的情怀。

④有感情地朗读课文最后一段，从这一段中你读出了什么？

呜呼！灭六国者，六国也，非秦也。族秦者，秦也，非天下也。嗟乎！使六国各爱其人，则足以拒秦；使秦复爱六国之人，则递三世可至万世而为君，谁得而族灭也？秦人不暇自哀，而后人哀之；后人哀之而不鉴之，亦使后人而复哀后人也。

明确：作者历历在目，字字泣血的哀恸和悲愤。

（3）问题：内容上同样写了阿房宫的形制和宫女，两个作品最明显的区别是什么？（从文体角度解释原因）

阿房宫故基／汪元量（宋代）

祖龙筑长城，雄关百二所。

阿房高接天，六国收歌女。

跨海觅仙方，蓬莱眇何许。

欲为不死人，万代秦宫主。

风吹鲍鱼腥，兹事竟虚语。

乾坤反掌间，山河泪如雨。

谁怜素车儿，奉玺纳季父。

楚人斩关来，一炬成焦土。

空余此余基，千秋泣禾黍。

（3）赋的特点

铺采摛文，体物写志（刘勰《文心雕龙》）

形式上：铺张文采　不厌其详

内容上：书写志向　描摹外物传达思想

课堂活动三：解咨嗟之谜　悟家国之情

东坡在玉堂，一日读杜牧之《阿房宫赋》，凡数遍，每读彻一遍，即再三咨嗟叹息，至夜分犹不寐。（元怀《拊掌录》）

咨嗟：①赞叹；②叹息。

问题：苏轼在赞叹什么？在叹息什么？（小组讨论）

明确：

赞叹：杜牧笔下阿房宫的壮美（想象）雄健文采（展开）……

叹息：秦暴政　对百姓同情　哀叹历史　忧患意识　叹杜牧……

关注点：写作内容　艺术特色　主旨内涵

言之有物、文、理、情

【板书设计】

阿房宫赋

杜牧

秦　秦始皇　毕一兀出

唐　杜牧　哀之鉴之

宋　苏轼　咨嗟　叹息

（物　文　理　情）

谷雨竹，河北省石家庄市石家庄二中西校区教师。

"穿越时空长廊,探访岁月中的北京"主题活动设计

◎鲁秀明

【教学目标】

(一)情感目标

1.探寻中华文明的发展轨迹,感悟中华文化的博大精深,逐渐形成良好的民族自豪感。

2.亲见伟人们为中华之崛起做出的努力,体会英雄们为中国之解放做出的牺牲,坚定走有中国共产党领导的马克思主义共产主义道路。

3.认知实现中华民族伟大复兴梦想的现实意义,真正坚定地走为中华之崛起而读书的道路。

(二)知识目标

1.掌握北京中轴线沿线基础设施、建成时间与具体用途。

2.掌握相关设施的发展历史、与设施有关的重要事件,及其建设与保管对中华民族而言的重要意义。

(三)技能目标

1.能够根据外观描述联想具体建筑物。

2.能够在提到建筑物时便对其建成时间、建造目的、历史重要事件等进行回忆并表示。

【教学重点】

1.学生爱国情怀的培养。

2.学生民族自豪的培养。

3.学生自主探究的培养。

【教学过程】

(一)活动前的准备工作

1.带领学生了解"北京中轴线"的概念。让学生知道自永定门起,经原终点钟鼓楼,直至奥林匹克森林公园为止,周围坐落含天安门在内14处遗产点,让中国建筑大师梁思成也赞不绝口的"世界最长且最伟大的南北中轴线"便是"北京中轴线"。

2.以"穿越时空长廊,探访岁月中的北京"为活动主题,教师综合学生的个人兴趣,划分"历史观光客""时代探访者""未来畅想家"等学习小组,分别从古代建筑物、近现代建筑物及建筑未来发展等三个方面,让学生根据兴趣爱好加入小组,参与小组活动。

3.制定周末探寻计划,允许学生利用照相、短视频、绘画等形式记录所要研究的建筑及建筑相关历史知识与重要事件。

(二)阅读活动过程

1.活动方向1:历史观光客

设计意图:纵观华夏历史发展长河,"北京中轴线"作为华夏文明荟萃中极为浓墨重彩的一笔,在建筑历史与文化历史中都显得熠熠生辉。而探寻这历史的起始轨迹,了解这历史的绵延脉络,掌握历史中各类熠熠生辉的重要事件,对于学生学习历史,体味民族文化,产生文化信仰有非常重要的作用。因此解放学生的双眼,让其去探寻"北京中轴线"的发展历史,去寻找自己深刻记忆的事件,去感悟事件中展现的民族智慧,这样更有利于其养成良好的民族自豪感。

活动焦点事例:

(1)"北京中轴线"的历史研究。寻访"北京中轴线"的历史,探究其诞生的原因、布局的方式、文化的特征等非常重要。对"北京中轴线"非常感兴趣,好奇其形成原因的学生,可以翻阅古代文献,了解民间传说,查阅历史典籍,并将找到的信息以图文并茂的形式呈现在PPT、短视频之中,用以向更多人科普"北京中轴线"的诞生与发展。

(2)"北京中轴线"上的古代建筑研究。例如,永定门的历史研究。始建于明嘉靖三十二年,即1553年的永定门,作为"北京中轴线"的起始点,是见证"北京中轴线"兴起到发展至今的见证者,而其自身在历史的长河中也拥有非常值得人深究的内容。如其的诞生因由、成长历史等;如与其有关的传说轶事等。对此,学生们可以在网络上收集一些永定门的古老照片,或者前往博物馆去收集一些旧京城的老照片,再基于老照片的视角,亲临永定城下,拍摄

照片与视频,再制作对比PPT、短视频等,去窥探岁月变迁下永定城的变化。

北京二中分校初一六班的朱席颢,对于中轴线的了解,要从5岁说起,爸爸给他买了一本书,是于大武爷爷画的《北京——中轴线上的城市》,在爸爸的讲解中,大概知道了北京有一条中轴线,线上有许多建筑。2019年,朱席颢开始在故宫进行系统学习,并加入北京志愿者的行列,成为故宫一名小讲解员,对于中轴线有了更多了解。之后,多次走入国家博物馆、首都博物馆、中国古建筑博物馆等地,深入学习并拓展和中轴线有关的知识,对于"古人择天下之中而立国,择国之中而立宫"的说法有了更加切实的体会。2021年,还参加了"青春hua中轴·家国存心间"主题活动。这几年连续在暑假参加中国社会福利基金会的助学公益计划"少年支教队",也将和中轴线有关的知识讲给更多的同龄人知道。从最初知道中轴线这个词到志愿讲解,8年时间了,通过不断学习和讲解,朱席颢对中轴线背后的"礼仪之邦"历史沿革,中国古代的建筑智慧,封建王朝的兴衰荣辱,泱泱大国的千年文明,有了更多更丰富的了解和掌握。更重要的是通过自己的志愿讲解,让更多人了解中华文化,心里充满着自豪和喜悦。

2.活动方向2:时代探访者

设计意图:了解"北京中轴线"的发展历史,会发现于近现代时期,便随着国力昌盛,"北京中轴线"曾两次得到延伸,第一次时间为20世纪90年代,第二次延伸则为北京申奥成功之后。这两次延伸无疑不在向世界宣示,中国正在逐渐重回巅峰,华夏民族伟大复兴的脚步一直坚定向前。基于此,利用愿意探访近现代史的学生的好奇心,令其亲眼见证蓬勃发展的华夏民族,由此来激发学生的爱国热忱,夯实学生的民族自豪意识。

活动焦点事例:

(1)第一次中轴线的延长。一组学生基于中轴线的第一次延长去探访国家的蓬勃发展,去了解国家在延长中轴线方面的考量,以及纳入中轴线的建筑、人文文化的特点,由此分数个展示单元,展示中轴线的延长路径、展示各个路径上重点建筑的建造目的、展示值得中国人铭记的历史事件,由此来更好地了解"北京中轴线",并潜移默化的增强自身对于民族的自傲感。

(2)第二次中轴线的延长。第一次的中轴线延长在意义上而言正彰显了国家经济实力的强大,而中轴线第二次进行延长,则在原有意义的基础上增加了发展综合素养、确保绿色发展的潜在含义。在中轴线第二次延长之后,这条彰显了我国国家实力的重要地理坐标,又增加了从闹市向自然进发的意图,完美诠释了我国秉持的"可持续发展"与"绿色生态"等理念。所以,学生深入思考第二次中轴线延长的深刻含义,并作出自己对于此延长的含义的理解,可以更好地保证研究的深度与广度。

让孩子饱览青瓦灰砖的老城风景,探寻首都历史文脉,细细丈量中轴线上每一处古迹。很多同学喜欢骑行在中轴线上。北京市第二中学分校初一六班李嘉盛同学,从小醉心于历史,很幸运成长在北京,他喜欢骑行,最爱的路线就是中轴线之旅。那是一条纵贯南北、穿越古今的路线。轴线之上,可见景山公园制高点万春亭;骑行一小时左右,仿佛一场时空穿越,如同城市的"脊梁和灵魂",中轴线托起了从历史走向未来的古都篇章;前后纵置的鼓楼与钟楼,是北京中轴线的最北端。从这里出发,径直向南,可依次穿越万宁桥、景山、故宫、端门、天安门、外金水桥、天安门广场及建筑群、正阳门、中轴线南段道路遗存,直至永定门。全程近8公里的中轴线两侧,闻名世界的文物古建鳞次栉比,蔚为大观。祈年殿是最能体现北京历史的建筑,嘉盛用中国积木搭建还原了一个复刻版,中式的对称美,蓝红配色美表现充分,虽然很费手,细节很多,但是超有成就感。

3.活动方向3:未来畅想家

设计意图:抛弃历史的民族是没有成长空间的民族,而忽视未来的民族则是没有希望的民族。所以,在观赏历史、探访时代的基础前提下,针对一些有自主创造意识、自主创造精神的学生群体,为其开辟了畅想未来的通路。让其以《"北京中轴线"的发展》为思考课题,去畅想国家与民族的发展未来。

活动焦点事例:

本次活动的参与者可以同时参与上述其中之一的研究,而本次活动的呈现形式可以是文字形式、绘画形式,甚至有能力、有兴趣的学生还可以利用诸如《我的世界》游戏,或者3D建模软件去设计"北京中轴线"的发展未来。这一活动重点的是活化学生的创造思维,解放学生的大脑,令其真正从本次活动中有所收获。

鲁秀明,北京市第二中学分校教师。

《种树郭橐驼传》教学方案

◎罗 驰

【教材分析】

选自统编版教材选择性必修下第三单元,该单元内容为,选取魏晋到明代的六篇文言文,皆是古人心生之作、立言之文。本文为唐代柳宗元早年在长安为官时作,并不是他文学成就最高的作品,但是在这篇文章中,我们能够体会作者面对当时官吏繁政扰明,一心为民的拳拳之心。作者借助寓言、传记的形式,借助对举、类比方法,从浅入深,由"养树"到"养民",顺理成章得到"官戒",完成"文以明道"的写作目的。

【学生分析】

学生在完成两本必修,两本选修的基础上进入选择性必修下的学习有较扎实的文言文基础。学生在必修下《庖丁解牛》中已经感知过寓言故事的魅力,在选择性必修中也完成《苏武传》等传记文学习,有这样的基础,再学习柳宗元的这篇寓言传记,能更好地理解"顺木之天"的意思。

【教学目标】

1.语言建构与运用:理解"养树"与"养民"的类比逻辑,并在教学情景设置中做出表达。

2.思维发展与提升:结合学过的《庖丁解牛》和相关资料,思考本文中儒家和道家的哲学辨析。

3.审美鉴赏与创造:理解作者散文的语言美感,领会构思之妙和细节之巧。

4.文化传承与理解:把握课文的思想情感及其承载的文化观念,体会民本思想。

【教学过程】

导入:学过的《庖丁解牛》《苏武传》,对比三篇文章,体会文体内容的不同。

思考:柳宗元为小人物郭橐驼作传,目的何为?首先,我们明确郭橐驼其人一定有不同凡响之处。

任务一:四"故"看形象

1.在梳理课文,勾画出下面四句话,联系上下文思考主人公的形象。

一"故":故乡人号之"驼"。——外貌残疾、性格豁达、地位低下(外在、内在、身份)

二"故":故吾不害其长而已,非有能硕茂之也;不抑耗其实而已,非有能早而蕃之也。——为人谦逊、并不藏私(内在)

三"故":故不我若也——自信通达(内在)

四"故":故病且怠——逻辑清晰(见识)

总结:郭橐驼是一个外貌残疾、性格豁达、谦逊大方、自信通达的底层人物。(奇人)

任务二:奇人做奇事

思考:"奇事""奇"在何处?

一奇:种树达人本事奇(①争迎取养;②无不活;③硕茂,早实以蕃;④莫能如也)

勾连《庖丁解牛》

二奇:经验分享不隐瞒

(过渡句)庄子《人间世》中也有一位"奇人"。

"支离疏者,颐隐于脐,肩高于顶,会撮指天,五管在上,两髀为肋。挫针治繲,足以餬口;鼓筴播精,足以食十人。上征武士,则支离攘臂而游于期间;上有大役,则支离以有常疾不受功;上与病者粟,则受三钟与十束薪。夫支离其形者,犹足以养其身,终其天年,又况支离其德者乎!"

思考:寻找支离疏和郭橐驼的相似和不同之处,完成下面卡片,思考柳宗元为什么要给主人公这样的身份?

姓名	住址	外貌	职业	成就	
支离疏	无	驼背	挫针治繲 鼓筴播精	养其身， 终其天年	
郭橐驼	长安西 丰乐乡	驼背	种树	争迎取养	分享经验

相同：身体残疾、有谋生手段

不同：柳宗元笔下的郭橐驼比支离疏更具有真实感，增强本文说服力，符合传记文特点，同时郭橐驼职业前景更为明朗，并且乐于分享经验体现出奇人奇事，吸引读者兴趣。

思考一：他是如何做到的？

答案：顺木之天，以致其性焉尔

思考二：怎样的"顺木之天"，方能达到"致其性"这个目的？

正反对举		
	郭橐驼	他植者
理论	其本欲舒，其培欲平， 其土欲故，其筑欲密	根拳而土易，其培之也，若不过焉则不及
实践	勿动勿虑，去不复顾	爱之太恩，忧之太勤

补充对举得概念：指相对举出，形容并列的两个事物，互相衬托。

任务三：问者明官理

正反对举			
	郭橐驼	他植者	长人者
理论	其本欲舒，其培欲平，其土欲故，其筑欲密	根拳而土易，其培之也，若不过焉则不及	督尔获，早缫而绪，早织而缕，字而幼孩，遂而鸡豚
实践	勿动勿虑，去不复顾	爱之太恩，忧之太勤	好烦其令
结论	（类比） 养树——养民		

任务四：柳宗元在本文中体现出哪种哲学思想，结合文本和所学知识加以思考。

资料补充勾连：

1.《庖丁解牛》：依乎天理。（道家）

2.《道德经》：我无为而民自化，我好静而民自正，我无事而民自富，我无欲而民自朴。（道家）

4.《孟子·梁惠王上》：不违农时，谷不可胜食也；数罟不入洿池，鱼鳖不可胜食也；斧斤以时入山林，材木不可胜用也。谷与鱼鳖不可胜食，材木不可胜用也，是使民养生丧死无憾也。养生丧死无憾，王道之始也。（儒家）

5.《论语》：无为而治者，其舜也与？夫何为哉？恭己正南面而已矣。

知不可为而为之

（儒家）

6.《谏太宗十思疏》：文武争驰，在君无事，可以尽豫游之乐，可以养松乔之寿，鸣琴垂拱，不言而化。何必劳神苦思，代下司职，役聪明之耳目，亏无为之大道哉！进一步思考，儒家"无为"和道家"无为"的区别。

派别	代表人物	目的	方法	实践
儒家"无为"	孔孟	治理百姓	顺从规律	知不可而为之
道家"无为"	老庄	治理百姓	依乎天理	不为

与道家民自化相比，儒家讲究顺应天理、规律去实施政治主张。在《种树郭橐驼传》一文中，"其莳也若子，其置也若弃，则其天者全而其性得矣"一句强调养树并非弃置并管，而是要根据树木成长规律"全其性"。本文类比到的"养民"之术以反面的"吾小人辍飧饔以劳吏者，且不得暇，又何以蕃吾生而安吾性耶？故病且怠"也说明，治理百姓，需要根据"天理"，而不是"爱之太恩，忧之太勤"，才能实现大治。

五、课堂板书

《种树郭橐驼传》

奇人：残疾、豁达底层人物

奇事：一技之长、慷慨分享

明道：能顺木之天，以致其性焉尔

能顺木之天，以致其性焉尔

六、课后作业

某农业学校和政法学校皆邀请郭橐驼到校演讲，如果你是演讲活动策划，请为这两所学校完成宣传标语和人物介绍词准备。

罗驰，四川省兴文第二中学校教师。

《一滴水经过丽江》教学设计

◎罗 沙 陈翠兰

【教材分析】

《一滴水经过丽江》这篇课文是作者应当地政府之约,为中小学生写的一篇有关丽江的散文,义务教育教科书八年级下五单元新选的一篇游记散文。这是一篇别具一格的游记,与一般游记作品以人的游踪为线索不同,作者化身为一滴水,以水的游踪为线索,展开对古城丽江自然风光,人文风情进行描绘,构思新颖,视觉独特。表现作者对丽江的喜爱和赞美之情。

【学情分析】

这篇课文学习的主体为八年级3班的学生。本班有48名学生,学生对语文的学习积极性较高,学习习惯良好,在教师的指导下,能较好地完成各项学习任务。本班也是高效课堂的实验班,学生采用师友互助的模式,师生都能熟练地使用课堂表现评价量表,有助于进行课堂互动和教师及时掌握学情。通过对前面三篇游记的学习,学生基本了解游记的三要素。但本文语言调遣和构思布局方面的一些考究精妙之处,需要教师在教学过程中重点引导。

【教学目标及重难点】

1.梳理本文的游踪,明确水滴的所至;

2.感受丽江之美,体会作者的情思;(重点)

3.赏析以物为视角这种写法的妙处。(难点)

【教学环节】

一、课前准备

学生以思维导图的形式画出《一滴水经过丽江》的游踪图。教师需要批改完学生的游踪图,并做好记录。

二、课前导入

师:几天前,我收到了一张明信片。请一位同学来大声地读一读内容呢。

生:"夏天的玉龙雪山没有雪,但丽江依然日光倾城,晚霞会在屋顶跳跃,繁花,浅蓝,草原,远山,这里的日光不曲折。我在丽江等你——房琪"

师:暑假即将来临,我的这个朋友强烈推荐我去云南丽江,那么丽江到底值不值得一去呢?我想,阿来的《一滴水经过丽江》会给我们答案。

三、新课教学

(一)任务一:明所至 理游踪

师:去旅行,就要做旅行攻略。旅行攻略第一步就是要制定旅行路线,去过丽江多次的阿来,为我们推荐了哪条旅行路线呢?课前大家已经预习了这篇文章,梳理了本文的游踪。接下来进入我们第一个环节:明所至,理游踪。请同学们依据游踪图评价量表,评价两位同学的游踪图,了解作者在丽江的所至。

【展示学生游踪图】

生:学生依据游踪图评价量表,对展示的学生作品进行自评、互评。

师:我们一起来梳理一下。看着课后的阅读提示,进行勾画。

(二)任务二:明所见 赏胜景

师:去旅行,少不了的要拍照打卡。跟着一滴水的足迹,我们走过了丽江许多的地方,如果要选择一个景点进行拍照打卡,你会推荐哪一处景致呢?接下来进入我们第二个环节:明所见,赏胜景。请以"我推荐____(地点),因为____"探究丽江之美。(在明信片上写下来)

例:我推荐大水车,古城巷子的风,日光倾城的灰墙青瓦,纳西风情的热烈,霓虹灯的狂欢,一半暮色,一半烟火。几百年来,见证丽江不同的沧桑变化,从这里开启丽江之行。

预设:1.一路上,经过了许多高大挺拔的树,名叫松与杉。还有更多的树开满鲜花,叫作杜鹃,叫作山茶。——自然之美(绚烂、青葱、盎然)

2.我还顺着人们远眺的目光看见了玉龙雪山,晶

莹夺目矗立在蓝天下面。潭水映照雪山，真让人目眩神迷啊。——自然之美（纯净、依山傍水）

3.在宽广的丽江坝中流淌，穿越大地时，头顶上是满天星光。一些薄云掠过月亮时，就像丽江古城中，一个银匠，正在擦拭一只硕大的银盘。——自然之美（安静祥和、温馨静谧）

4.后来，我知道，那是明代，纳西族首领木氏家族率领百姓筑起了名扬世界的四方街。四方街筑成后，一个名叫徐霞客的远游人来了，把玉龙雪山写进了书里，把丽江古城写进了书里，让他们的名字四处流传。——历史之美（历史悠久、文化底蕴深厚）

5. 白须垂胸的老者们，在演奏古代的音乐。——历史之美（古典优雅、文化底蕴深厚）

6.想被写成东巴象形文的"水"。——历史之美（历史悠久、文化底蕴深厚）

7.几座小山前，人们正在建筑一座城，村庄里的木匠与石匠，正往那里出发。牧羊人在草甸上放牧牛羊。——人文之美（和谐）

8.在街道，银匠"叮叮当当"敲打着银器；玉器店老板挂出了翡翠；字画店老板卖东巴象形文字的字画；白须垂胸的老者们，在演奏古代的音乐。——人文之美（文化底蕴深厚、繁荣、热闹）

9.在院子里，浇花人给兰花浇水；楼下正屋，主人一家在闲话；楼上回廊，寄居的游客拍照，楼上的客人和楼下的主人大声交谈。——人文之美（和谐、热情、开放、悠闲、地域性）

晚上，游客聚集的茶楼酒吧中，传来人们的欢笑与歌唱。——人文之美（和谐、热情、开放、悠闲、繁华）

（三）任务三：明视角　赏效果

师：一滴水走过了丽江的许多地方，"全方位地为我们展示了丽江的自然风光、历史沿革和人文景观。"丽江确实很美，也值得我们去旅游。阅读提示中说到"这是一篇别具一格的游记作品，与之前学过的游记作品以人的游踪为线索不同，作者以水的踪迹为线索"，作者为什么选择以小水滴为视角呢？这样写有什么优势呢？接下来进入我们第三环节：明视角，赏效果。请按照每个小组的分工，开展小组合作学习，来分析以水为视角的好处。

师：既然以物为视角又这么多优势，那为什么不能是一朵花、一片云、一条鱼呢？

预设：1.丽江以水见长，水既是风景，也是丽江人与自然和谐相处的象征，选择一滴水作为视角，充分考虑了描写对象本身的特点；

2."一滴水"既贯通古今，又由高而下，把时间和空间两条线索联系起来，扩展了文章的表现范围；

3."一滴水"的构思还能获得自由的视角，如此多样的视角和观察方式，使得文章对描写对象的表现既全面又生动；

4.第一人称使读者产生身临其境的感受，便于作者直接表达自己的情感；

5.完成一个景物到另一个景物的自然过渡。

6.利用水滴的流动和跳跃，安排内容的详略。

7.读者是小学生，使用拟人手法，增加文章的趣味性。

（四）课堂小结

师：愉快的时光总是短暂的，这节课的学习也到了尾声。最后，让我们一起再回顾本节课的内容。本文用＿＿＿人称，以＿＿＿的视角讲了一滴水经过漫长的等待终于游过丽江的一段旅程，从古代到现代，从雪山到平原，＿＿＿、＿＿＿地展现了丽江的＿＿＿之美、＿＿＿之美、＿＿＿之美，抒发了作者对丽江的＿＿＿与＿＿＿之情。

预设：第一、一滴水、全方位、多角度、自然、历史、人文、赞美、喜爱

（五）作业布置

师：今天我们学习了阿来的创意视角，感受他在构思当中写到的水滴的创意体验，也在表达当中，时刻感受他与水滴在共情。那么接下来能不能借鉴阿来的新颖的构思和独特的视角，完成我们的创作呢？今天的家庭作业就是根据桂湖公园的导览图，选择合适的视角，写一篇游记。具体要求如下。

基础层：

1.从荷花、桂花、水、云、鸟、风等确定一个合适的角度，以桂湖为主题，写一篇不少于400字的游记随笔，推荐大家来桂湖旅游。

2. 找出本文富有诗意或抒情性的句子进行赏析，不少于3处。

发展层：

从荷花、桂花、水、云、鸟、风等确定一个合适的角度，以桂湖为主题，写一篇不少于600字的游记，多角度展现桂湖的自然风光、历史文化、风土人情。

四、板书设计（略）

罗沙，陈翠兰，四川省成都市新都区毗河中学教师。

《黄继光》教学方案(第一课时)

◎麻丽君

【教材分析】

《黄继光》讲述的是20世纪50年代抗美援朝战争"特级英雄"黄继光的事迹。1952年10月在上甘岭战役中,为夺下敌人占领的597.9高地,黄继光冒着枪林弹雨去执行爆破任务,他将生死置之度外,用自己的胸膛堵住了敌人的枪口,为夺取战斗的胜利付出了年轻的生命。本课结构清晰,按照事情发展顺序分别写了黄继光所在的部队接到夺取高地的任务,黄继光请战、顽强战斗、壮烈牺牲的经过,以及黄继光牺牲后,部队消灭了阵地上的全部敌人。在学习中,引导学生划找、品读语言、动作描写,感受黄继光视死如归的英雄气概。

【教学目标】

1.会写"射、弹、启、荣、爆、炸"六个字,会写"战场、持续、命令、占领"等20个词语。

2.有感情地朗读课文。能简要复述课文。

3.关注对人物动作的描写,感受黄继光同志大无畏的革命英雄气概。

4.找出描写敌人子弹的几个比喻句,感受反衬的写作手法对表现人物品质的巧妙作用。

5.阅读"阅读链接",了解科学家钱学森的爱国事迹。

【教学重难点】

简要复述课文,关注对人物动作的描写,感受黄继光同志大无畏的革命英雄气概。

【课时安排】2课时(本案:第一课时)

【课时目标】

1.会写"射、弹、启、荣、爆、炸"六个字,会写"战场、持续、命令、占领"等20个词语。

2.有感情地朗读课文。能简要复述课文。

3.关注对人物动作的描写,感受黄继光同志大无畏的革命英雄气概。

【教学准备】课件。

【教学过程】

一、导入新课,认识雷锋的"偶像"

(出示雷锋头像)同学们,这是谁?你怎么知道?

60年前,毛主席为雷锋同志题词"向雷锋同志学习",60年来,无论时代如何变迁,雷锋精神永不过时。同学们更是将雷锋同志作为榜样,而雷锋也有一位榜样,他是——黄继光。到底是一个怎样的人、一件怎样的事,让雷锋同志都饱含热泪,铭记于心?我们一起走进23课——黄继光。

二、初读课文,扫清障碍

(一)学习活动一

1.自由朗读课文,做到声音洪亮,读准字音,读通句子。

2.边读边思考:课文讲了一个什么故事?

(二)检查预习情况

1.课件出示词语

战役 屡次 启明星 摧毁 冰雹 胸膛 597.9高地 匍匐前进

晕(yūn):晕倒　晕(yùn):晕车、晕船、红晕、晕船

2.指名读词语和齐读词语

3.指导学生正确书写难写字和易错字:"爆""射"

(1)观察字形结构,说说哪个字容易写错。

(2)"爆"这个字,怎么写能写得更漂亮。

(3)课堂作业本第一题书写题,写"爆"。

三、再读课文,整体感知

(一)整体感知课文

学生默读课文,思考课文讲了一个什么故事?

1.让学生说一说课文讲了一件什么事。

2.评价是否按照"起因——经过——结果"的顺序。

3.(出示课堂作业本题目)借助课堂作业本第三

题,明确鱼骨图的含义,明晰主语。借助此题复述课文内容。

4.学生复述

(二)教师引导,走进背景

1.情感渲染,认识战争

2.结合图片,深情介绍

1950年,美帝国主义发动侵略朝鲜战争,又把战火引到我国东北边境。刚建立的中华人民共和国,面对严峻的考验,毛主席发出了"抗美援朝,保家卫国"的号召。中国人民志愿军与朝鲜人民军一道,加入反侵略战争中。

四、关注动作描写,体会品质

(一)明晰学习活动二

1.默读课文5-11自然段。要求:

①用"＿＿"画出描写黄继光动作的句子

②把你的感受批注在旁边

③在小组内分享最令你感到震撼的句子。

2.学生交流分享,教师相机引导

①抓住动作描写,说感受。

②关注标点符号,读语气。

(二)出示关键句子

1.品读"爬"字,体会英雄品质

预设1:黄继光带上两个战士,拿了手雷,喊了一声:"让祖国人民听我们胜利的消息吧!"便向敌人的火力点爬去。

预设2:他用尽全身的力气,更加顽强地向前爬,还有二十米,十米……近了,更近了。

①想一想:他为什么爬着去火力点?

预设:敌人的机枪全都对准了黄继光,子弹像冰雹一样射过来,比之前更猛了,黄继光没法站起来。

②为什么要"用尽全身的力气"来爬?

预设:不光是因为火力大,此时的黄继光已经负伤,受伤很严重,他只能用尽全身的力气来爬。

③从哪里可以看出,黄继光爬得艰难。引导学生关注省略号的作用。

黄继光负伤了,他爬得是如此艰难,谁来读一读这句话。

2.品读"站"字,体会英雄品质

预设3:啊!黄继光突然站起来了!在暴风雨一样的子弹中站起来了!他举起右臂,手雷在探照灯的光亮中闪闪发光。

预设4:只见黄继光又站起来了!他张开双臂,向喷射着火舌的火力点猛扑上去,用自己的胸膛抵住了敌人的枪口。

①明明爬更安全,受伤的黄继光为什么还要站起来呢?

②是什么力量让黄继光在危急关头又站了起来?他做了什么?

③同学们,要摧毁敌人的火力点还有没有其他办法?

师引导(配乐):读到此处,老师耳畔又想起黄继光的铮铮誓言。(出示:让祖国人民听到我们胜利的消息吧!生齐读)

④师生接读

(师引读)天快亮了,规定的时间马上到了,战友们的进攻又被压了回来。

(生接读)只见黄继光又站起来了!他张开双臂,向喷射着火舌的火力点猛扑上去,用自己的胸膛抵住了敌人的枪口。

3.教师小结:同学们在读书时都抓住了人物的动作描写,这些动作描写使得一位英勇无畏的英雄形象跃然纸上,展现在我们的眼前。

五、情感拓展,赞英雄

1.出示《抗美援朝老革命:蒋汝功回忆黄继光》视频片段。

2.填空:"我认识了一个＿＿＿＿＿＿的黄继光。"根据学生回答板书。

3.小结:就是这样一位大无畏的英雄人物,他以身体堵住敌人枪口,壮烈牺牲的事迹让雷锋同志饱含热泪,铭记于心。我们带着对特级战士黄继光崇高的敬意再来读一读这段话。

4.总结:63年前的昨天,雷锋同志走进沈阳抗美援朝烈士陵园,在黄继光墓前宣誓:"你们崇高的革命理想和献身精神,将永远鼓舞我前进。"

六、作业布置

1.和家人朋友分享黄继光的故事。

2.搜集更多资料,结合自己的体会,为黄继光战士制作一份纪念报。

七、板书设计

23.黄继光

起因　动作　英勇顽强

经过　语言　视死如归

结果

麻丽君,浙江省青田县万阜乡学校教师。

《背影》教学方案

◎ 马晓江

【教学目标】

1.积累词语:"赋闲、狼藉、踌躇、差使、颓唐、琐屑、蹒跚"等。理清文章结构层次,理解背影的线索作用;学会在阅读中抓住关键语句,体会其在语言环境中的含义。

2.品析文章朴实却饱含深情的语言。加强朗读指导,整体把握课文内容,调动学生的情感体验,培养学生"自主、合作、探究"的学习方式,凸显语文的开放性。

3.体味文章真挚感人的父子深情,增进学生与父母的沟通交流,激发学生对父母的爱心孝心,培养中华民族的传统美德。

【教学重点】

1.体会文中所表现的父子亲情,获得有益的人生启示,珍爱亲情。

2.学习描写人物的方法。

3.理解文中关键词语的作用。

【教学难点】

抓住人物的特征展示人物内心的写作方法,理解文中父亲的背影的内在含义,产生情感共鸣。

【教学教法】

朗读教学法、研讨教学法

【教学学法】

1.探究法:在整体感知课文内容后,要进一步深入探究学习。

2.合作交流法:以小组为单位讨论,培养学生的合作学习能力。

【教学准备】

1.了解学生阅读现状,并指导学生阅读、预习。

2.多媒体课件制作、课文录音准备。

3.熟读课文,能读会写本课重点字词,并理解其含义。

4.通过多媒体、工具书等手段,搜集有关朱自清及相关的资料,在了解朱自清作品的情况下,走进朱自清的内心世界,感悟伟大而深沉的父爱。

5.查阅有关描写父爱的经典作品。

【教学过程】

课前激趣:播放崔京浩演唱的歌曲《父亲》

一、课堂导入

是啊,正如歌中所唱"父亲是那拉车的牛,父亲是那登天的梯",父爱是一首永远不老的歌,时时震撼着我们的心灵。今天,我们要学习朱自清的叙事记实散文《背影》,就是一片体现父子之情的典范之作。请同学们把书翻到61页,让我们一同走近作者,共同感受这份浓浓的父爱吧。

二、学情诊断

1.请两位同学上黑板听写生字词,其余同学在听写本上写。

师:交卸、奔丧、赋闲、狼藉、簌簌、踌躇、差使、颓唐、琐屑、蹒跚。要求全部带拼音,每个10分。

生:写。(写完同桌交换,互相批改。教师点评黑板上的,强调需要注意的细节,全体齐读三遍。)

2.师:请同学们交流有关作者及写作背景。

生1:朱自清(1898年11月22日——1948年8月12日),原名自华,字佩弦,号秋实,原籍浙江绍兴。现代著名的散文家、诗人、学者、民主战士。他的散文有很多篇,第一次结集时以《背影》命名。

师:搜集的很经典,课下注释没有的请其他同学补充上。

三、整体感知

1.教师配乐范读,学生听读

师:感谢同学们热烈的掌声,不是老师读的精彩,而实在是朱自清先生文章太感人。每读一遍《背影》,我们就会收获一分感动;每读一遍《背影》,我们就会对父爱多一分理解;每读一遍《背影》,我们就会有更多的发现。让我们再次把最美的掌声献给朱自清先生，献给伟大的父亲们。

2.请同学们也来读一读，初步感知文章内容。

3."我"与父亲最后一次相见于什么时候？什么地点？

生1抢答：二年前的冬天，徐州。

师："我"与父亲见面的背景如何？

生2抢答：a.祖母死了。

b.父亲的差使也交卸了。

师：用一句话概括课文写的主要事件？

生3抢答：浦口车站送别儿子。

师：找出本文的行文线索？

生4抢答：背影。

师：同学们抢答非常积极，也很准确，说明大家读书很仔细，预习很到位，提出表扬，希望能继续保持发扬。下面的问题，请同桌讨论交流后再回答。

5.全文共写了父亲的几次背影？每次背影各是在什么情况下出现的？并依次划分课文结构层次。

生：同桌积极讨论。

生：第一段写思念父亲。第二三段写分别后家里的境况。第四五段父亲送我去车站。第六段写父亲为我买橘子及车站分别。第七段写分别后对父亲的怀念。

师：总结得非常好，其他同学还有不同意见吗？教师明确（板书）：

（1）怀念父亲，惦记背影

（2）望父买橘，刻画背影

（3）车站分手，惜别背影

（4）深切思念，再现背影

第二次背影最细致最感动

（父亲对儿子的关爱体贴）

师：6.同学们请想一想作者用"背影"做题目好在哪里？（生：自由发言）

教师总结：a.具有代表性。b.是作者感情的触发点和凝聚点。c.角度新颖，给作者留下了想象的空间。d.符合当时人物所处的特殊位置关系。

四、精读赏析

师：在送行过程中，父亲为儿子做了许多事，哪一件事最让你感动？

生明确：望父买橘最让人感动。

师：为什么？齐读这一部分，学习作者刻画人物的方法

师：1.请找出描写父亲外貌神态及动作的句子读一读，并体会其中的含义。

明确：父亲的穿戴：黑、深青（沉重的背影）

走路的姿势：蹒跚（蹒跚的背影）

爬月台的动作：攀、缩、倾（艰难的背影）

师：2.请找出父亲送儿子上车的过程说的四句话，并体会它所含的意思。

生1："不要紧，他们去不好！"

生2："我买几个橘子去。你就在此地，不要走动。"

生3："我走了，到那边来信！"

生4："进去吧，里边没人。"

（生分析）

师：是的这些话含有着许多怜惜、体贴、依依不舍的意思。

3."感人心者，莫先乎情"，抒情散文贵在以情感人。文中有几次作者的泪在悄悄地流，为什么？请找出来读一读

生：读，分析。

师：明确：a.悲哀之泪：见父亲，睹家境，想祖母。b.感动之泪：望亲买橘。c.惜别之泪：父子离别。d.伤心之泪：再现背影，泪光莹莹。

师总结：失去亲人，父亲的内心是悲痛的；失业借贷又是他内心充满忧愁；社会衰败，民不聊生、小资产阶级知识分子朝不保夕的社会境况又使他深感痛苦和绝望。日渐苍老的父亲却并不怨天尤人，一如既往地爱护着儿子，宽慰儿子。有些事本来不是他非做不可的，有的既不是他非做不可，又不是他所能胜任的，但他不做便于心不安。为了儿子，什么灾祸，什么劳累，都置之度外，父亲在千难万险中为儿子做的一切，比平常顺境中更难能可贵。"人非草木，孰能无情"，儿子当然会感动得多次流泪。

五、情感迁移（投影显示）

（打出字幕生齐读，播放歌曲《懂你》）

同学们，至爱亲情是我们无上的财富，一桌准备好的饭菜，一个鼓励的微笑，一沓零碎的学费，一句体贴的话，都凝聚着亲人对我们的期望和关怀，正像父亲的背影一样，永远的感动着我们。

六、作业

联系生活，想一想你是不是理解你的父母？是不是想让他们少操心？以"爸爸妈妈，我想对你们说"为题，写一篇日记，下节课交流。

马晓江，新疆乌鲁木齐第六十六中学教师。

《济南的冬天》创新教案

◎孟晓兰

在新课改之东风吹遍教育大地的每一个角落之时,作为一线语文教学工作者的我潜心钻研新课改的教育理念和精髓,并大胆结合自己的教学实践,对经典课文《济南的冬天》进行了"老课新构,同课异构"。新课程强调,教学预设与生成是相辅相成的。根据教材定位、单元要求及新课程改革的理念,从"知识与技能""过程与方法""情感态度与价值观"考虑,设计如下三维教学目标:

【知识目标】

1.会读会写课后"读一读,写一写"词语。

(设计意图:新课标认为,语文的基本素养要通过语言的积累感悟和运用来获得,所以课堂落实双基依然是语文课堂的重点和要点。设此环节,是想让学生在课堂上落实和完成对字词的积累和掌握。)

2.积累文中优美语句。

(设计意图:这是老舍先生的一篇文质优美的散文。著名语文教育家陈琴老师说:"没有背诵积累就没有语文",学习名家之作就是想让学生积累和运用,让美文美篇能深入学生之心,用时皆能信手拈来。)

【能力目标】

1.学习写景抓住景物的特点,情景交融的写法。

2.培养学生运用比喻、拟人等修辞手法促进写作的能力。

(设计意图:叶圣陶说:"教是为了不教",意思是教给学生一把打开知识大门的钥匙。而这把钥匙就是我们对学生能力的培养。我意欲通过这两个目标让学生对写景的散文有一定的鉴赏能力和运用语言的能力。)

【情感态度和价值观目标】

1.体会作者对济南、对祖国河山真挚的感情。

2.激发学生对家乡景物,对祖国河山一草一木热爱之情。

(设计意图:新课改提出"语文教学的工具性和人文性",所谓"人文性"就是披文入情,透过语言文字让学生徜徉于课文的意境中,丰富学生的情感世界,对学生进行思想感染。所以我想通过本文教学,让学生热爱济南,热爱祖国,热爱家乡。)

【教学重点】

1.学习写景抓住景物的特点,情景交融的写法。

2.理解多种修辞手法综合运用及表达效果。

【教学难点】

1.怎样去赏析一篇情景交融的美文。

(设计意图:作为七年级的学生,欣赏能力还是欠缺的。通过本文,意欲让他们获得一些赏析美文美句的方法。)

【课型】品读课(多媒体、投影仪)

【课时安排】1课时

【教学过程】

一、导入激趣

说起冬天,我们不禁会想到"千里冰封,万里雪飘"的辽远,还会想到"千山鸟飞绝,万径人踪灭"的孤寂……然而在北中国的济南,冬天并没有板起一副冷酷的面孔,反倒"慈爱可亲",对我们微笑呢!不信,请到济南的冬天去看看吧。(出示幻灯片①)

二、学习《济南的冬天》,让我们先走近作者——老舍。

(出示幻灯片②学生齐读老舍的简介。)

老舍:现代小说家、戏剧家。原名舒庆春,字舍予。他的代表作小说《骆驼祥子》,被译成十几国文字,影响较大。新中国成立后,先后创作了《龙须沟》《茶馆》等剧本。其作品文笔生动、幽默,富有浓郁的地方色彩。被誉为"人民艺术家"。

三、接下来,让我们一起用心来聆听《济南的冬天》之韵律。

师配钢琴曲《冬之情》朗诵全文。

听读要求:1.听准字音。2.济南的冬天给你留下了怎样的印象?(出示幻灯片③)

(一)检查字音。(出示幻灯片④的四个句子,学生准确而流利地朗读。)

树尖上顶着一髻儿(jì)白花。

给蓝天镶(xiāng)上一道银边。

水藻(zǎo)真绿,把终年贮(zhù)蓄的绿色全拿出来了。

由澄(chéng)清的河水慢慢往上看吧。

(二)说一说,济南的冬天给你留下了怎样的印象?

(暖和、慈善、美丽、不结冰、生机勃勃、没有雾、没有大风。)(出示幻灯片⑤)

四、欣赏美景,感受自然。

1.同学们说:济南的冬天温暖如春!请找出具体的语句佐证。

2.同学们又说:济南的冬天美丽如画!作者在文中给我们描绘了哪几幅美景图?你能给它们起个名吗?(出示幻灯片⑥)

摇篮安睡图、雪后小山图、城外远山图、空灵水晶图。

3.选择你最爱的一幅图来想读,边读边想象出那幅画来。

4.大家想不想一饱眼福,来看看这些美景图啊?

(出示幻灯片⑦—⑩)

(朗读课文,并在头脑中遐想出美景,是又一种走进文本的方式。想出美景,体会美句,二者结合,方能悟出美文之妙处。最后千呼万唤始出来,在赞叹声中欣赏图画,达到本课的高潮。)

五、品味语言,遐想人物。

1.作者为什么能把景写得这么美呢?主要使用了什么修辞手法?(明确:比喻、拟人的修辞手法来增添文采。)(出示幻灯片11)

2.找出文中的比喻句和拟人句,并作赏析。

①拟人句:山尖全白了,给蓝天镶上一道银边。

那点薄雪好像突然害了羞,微微露出点粉色。

况且那些长枝的垂柳还要在水里照个影呢!

赏析:哪个词用得好?——由这个词,你能遐想到一个什么样的人物来?——读这句话,你能读出济南冬天的什么味道来?

例:害羞——一个娇美害羞的小姑娘——济南冬之雪的秀美和温暖。

②比喻句:空中,半空中,天上,自上而下全是那么清亮那么蓝汪汪的,整个的是块空灵的蓝水晶。

赏析:把_____比作_____,二者有什么共同点?写出了景物什么特点?

例:把水天相接的美景比作蓝水晶,二者都是清亮蓝的特点。写出了冬水之澄清。

3.学生自己小结:比喻句、拟人句有什么妙处?(出示幻灯片12)

比喻:使描绘的景物更加生动形象,从而突出景物的特点。

拟人:把物当人写,赋予人的灵性,使景物具有一种灵动的美。

(在上两个环节的基础上,学生很快能自己总结出学习规律。新课标也强调:千万不能以教师的教代替了学生的学。学生自己获得的金钥匙永远掌握在自己手中。)

4.学贵在用!老师为大家准备了一幅美丽的荷花图,请学写一两句拟人句。(出示幻灯片13)

六、结束语。

荷花美,同学们写得更美!而且,你们知道吗?这美丽的荷花还是济南市的市花呢!学了此文,我们怎能不爱上这座美丽的城市!怎能不爱上祖国的大好河山!(出示幻灯片14)请在欣赏济南的名胜风光中结束我们的这节课!(出示幻灯片15—20)

山东济南有三大名胜:

大明湖:清人刘凤诰有"四面荷花三面柳,一城山色半城湖"的名句。

千佛山:在济南的南面有著名的千佛山。千佛山古名历山,传说舜帝耕稼于此,又名舜耕山。因山上岩石刻佛,遂称"千佛山"。这里层峦叠嶂,形成济南天然的屏障。

趵突泉:济南多泉水,素有"泉城"之称。所谓"家家听泉,户户插柳"。趵突泉为七十二名泉之首。泉水平地涌出,喷涌如沸,水雾缭绕,宛如仙境。

总之,作为一名优秀的语文教师,要不断创新,追求"同课异构,老课新构"。在新课程改革的理念指导下,走出一条有自己风格的语文之路。

孟晓兰,湖北省枣阳三中教师。

统编版高中语文必修下第一单元专题教学方案

◎潘舒琪

【背景说明】

这是高中学生第一次接触诸子学说,本单元是必修阶段唯一一个中国传统文化经典研习单元。本课体现的传统思想是中华语言文化之根,在整个部编版必修教材中居于重要地位。三篇文章在思想内涵及艺术特色方面均有自己的独特价值,分别着重体现了孔子"为国以礼"孟子"施行仁政"庄子"顺应天理"的思想,三者一起凸显了儒道思想的碰撞。依据单元提示和学习任务,在学习本单元的这三篇文章时应初步了解儒道思想特征,体会相关篇章论事说理的技巧及不同表达风格,进而认识其文化价值,思考其现代意义,同时也学会阐述观点。

需要说明的是,为充分展开本课教学,本单元的教学顺序为先上后两篇史传类文本,后上上述文章,本方案主要展现最后的专题学习内容,即对本单元的整合总结设计。

【学习目标与重难点】

语言建构与运用:梳理作品中常见的文言实词、虚词、特殊句式和文化常识,分辨古今语言的异同。

思维发展与提升:反复诵读,在理解文意的基础上,整体把握儒道学说的思想内涵及其异同。(重点)

审美鉴赏与创造:辨析各人物的特点,分别从选编课文把握《论语》《孟子》及《庄子》的语言风格。

文化传承与理解:认识儒道传统文化经典的历史价值,理性评价其中的思想观念,思考其现代价值。(难点)

【学案】

为保障教学的开展并及时监测评价学生的学习情况,设计了以下三个分别用于课前预习、课上学习及课后练习的学案。

导学案:预习重在对字词的梳理,同时要求概括文章内容;

学历案:主要呈现教学中各个环节的情境及任务(根据教学活动展开)。

测学案:最主要的部分是复习检测——文言现象及文化知识分为通假字、词类活用、古今异义、一词多义、特殊句式、文化常识等模块,同时加入对内容和艺术特点掌握情况的考察,均以试题的形式呈现。此外还有作业设计,即课外拓展探究,并以小论文的形式形成文字稿。

【学习活动】

(一)学习大情境:当孔子、孟子、庄子开通了微博……

(二)各情境任务

1.热身:知人论世——诸子百家知多少

任务:刚开通微博的诸子需要完善个人资料,请和同桌合作,完善他们的主页信息,包括人物名与字、主张、主要作品、所处时代、所属国家及身份认证等。如孔子,即名丘、字仲尼,主张"仁""礼",语录被编纂为《论语》,属春秋时期鲁国人,是思想家、政治家、教育家、儒家学派创始人。请以此为例,从孟子、庄子中选其一完善主页资料。

设计意图:学习导入,学情监测。学生对孔子、孟子、庄子的了解情况是课堂开展的基础和前提,对特定指向的资料进行完善检查了预习效果的同时也让学生通过回顾、梳理,快速将注意力集中到课堂。

2.环节一:析人明理——筛选"置顶文章"

任务一:诸子要发布第一篇文章,并将之置顶。他们分别选择了《子路、曾皙、冉有、公西华侍坐》《齐桓晋文之事》和《庖丁解牛》,但作为让大家迅速了解各自思想的置顶文章,篇幅不宜过长,因此他们要从各篇中筛选出其中的一部分置顶。选择诸子之一,找出文中你认为其置顶文章选择的文段,朗读并说明理由。

任务二:看到他们的文章,孔子的四个弟子、齐宣王、文惠君分别在孔子、孟子、庄子的文章下评论,请选择其中的一人,将他的评论写在学历案相应位置,完成后分享。

设计意图:"置顶文章"实际是要求学生把握文章的核心内容,而评论则指向对各人物特点的把握,在互动中加深学生对儒道思想内涵的掌握,以落实第二、三点教学目标,提升思维能力。

3.环节二:古为今用——齐评"俄乌事件"

任务一:此前的社会热点"俄乌事件"受到了诸子的关注,微博将之推送给了诸子。诸子针对此事件分别从各自为政思想出发发表了评论。请选择其中的一人,四人小组讨论,你们认为他会如何评论?将你们讨论的结果以评论文段的形式写在学历案上。

任务二:请参考学历案上的评价量表,为你认为最可能是诸子发表的评论投票,全班一起选出优秀的评论推为热评。

设计意图:"俄乌事件"作为国际热点学生应有所关注,对不太熟悉本事件的学生通过学历案上的概述,也会有更清晰的认识。而从"为政思想"出发则对评论有所限定,有利于任务更为集中有效地开展。并且这个角度有一定的典型性:一是能较好地将各家思想进行对比,二是该思想在儒道学说中均居重要地位,三是该难度层级的思想比较契合学生目前的水平。在学历案上的评价量表既是评价指标,也是写作提示,借此综合考查学生对各家思想的理解,对论证逻辑的掌握(尤其是孟子)以及对各篇文章语言风格的掌握。而全班投票则是一种学生自主的过程性评价,小组讨论-结果展示(投影评论)-全班推举的方式也是教学面对全体学生的表现。该环节进一步落实了教学重点,为攻克教学难点奠基。此外,由领会能力拓展到表达能力,对学生综合素养进行培养。

4.环节三:文化寻根——竞选"超话主持人"

任务一:从古至今,各家都有众多支持者,这些支持者跨越时空在微博相会,加入了各自支持的超话圈子。他们分别拿出了自己心仪的作品或引以为傲的事迹,以此来竞选以下三个超话主持人:为人以"礼";治国以"仁";行事以"道"。

人物	作品/事迹	所属超话	推荐理由
曹操	《短歌行》		
陶渊明	《归园田居》		
杜甫	《登高》		
李白	《梦游天姥吟留别》		
苏轼	《赤壁赋》		
杨万里	《插秧歌》		
司马迁	《史记》		
刘邦	鸿门宴		
烛之武	退秦师		
晋侯	围郑而去		

你认为他们竞选的是哪个超话的主持人?各个超话中谁又能以作品脱颖而出?请根据所学及你的认识完成表格。也可以推荐表格外的其他作家(人物)及作品(事迹)。

任务二:请评委团(上一环节热评的撰写者)综合大家的意见选出各个超话的主持人。

设计意图:三个超话社区的标题是对文章内核的概括,由前面的教学环节可以得出。而表格中援引的作家及作品都为必修上册所学,人物和事件则是本单元史传中的内容,此外也鼓励学生自己进行补充。因此本环节是知识的回顾、迁移和融会贯通,同时引入"经史子集"的说法,由政治、人事等汇成的"史",以及此前学习的诗歌文赋构成的"集",就像由"经""子"的根中长出的枝叶,都让学生认识到本单元作为中国文化之根的重要地位,体现群文阅读和大单元教学理念。最后评委团作为评价主体同时起到总结作用,以使该环节有始有终,学生有学有获。通过两个任务从历史的角度出发攻破教学难点。

5.环节四:学思传承——儒道圈中与友行

任务:越来越多的人加入以孔子、孟子、老子为首的各个超话圈子中……同样拥有微博的你,会加入哪个超话呢?请说明理由。

设计意图:该环节从历史回到当下,意在让学生畅所欲言,体会儒道思想的当代价值,同时也形成正向的人生观、价值观。该环节根据课时灵活调整,可在课堂进行,亦可作为课后活动。由此从现实的角度出发落实教学难点,并且达到语文教育育人的目的。

【拓展学习】

专题探究:阅读《论语》《孟子》或《庄子》,分析各著作的思想内涵、艺术特色以及文学史价值,完成一篇不少于1000字的小论文。(一个月内)

潘舒琪,浙江省杭州第十四中学教师。

"登临"诗群诗阅读设计

◎庞蓉蓉

【课时】一课时

【解读课标】

结合课标和统编教材的理念，群文阅读符合新教材编写意图，是社会发展和教育发展的共同结果，是生活化阅读的自然状态，是功能化阅读的常态。是阅读教学的大方向，同时落实语文核心素养生成的重要性。从倡导自主合作探究到课内外语文生活以及听说读写议诸多方面的有机结合，建构一堂有内容有思想的语文课堂。

【解读学生】七年级学生

【教材分析】

统编版教材七下第五单元第20课《古代诗歌五首》的前三首。

【教学目标】

1.结合相关注释和工具书，运用多种形式有感情地朗读课文。

2.了解登临诗特点，结合诗歌内容，感悟诗人的所见所感所思。

3.倾听诗人登临的诗言诗语，感受诗人在不同境遇下对于人生思考的异同。

【教学重难点】

1.了解登临诗特点，结合诗歌内容，感悟诗人的所见所感所思。

2.倾听诗人登临的诗言诗语，感受诗人在不同境遇下对于人生思考的异同。

【教学方法】诵读涵泳法、合作探究法

【学习方法】小组合作法

【教学手段】多媒体希沃白板

【教学过程】

第一部分　导入新课，了解登临诗

一、情境导入

同学们，今天老师设置了一个诗歌咏流传的栏目，想找些优质的主持人进行朗读，不知道是否有同学感兴趣？让我们用赛读的方式来选拔人才吧。

【屏显：诗歌】《登幽州台歌》（唐·陈子昂）；《望岳》（唐·杜甫）；《登飞来峰》（北宋·王安石）

通过同学们的朗读，我感受到了同学们字正腔圆的发音，激情澎湃的朗读，仿佛身临其境般的豪情万丈，诗人仿佛就在我的耳畔高歌，所以，同学们读出了这几首诗歌的共同点是什么？

学生：高邈、辽阔、情感豪迈

明确：这都属于登临诗的特点。

【屏显】登临诗是指诗人或者主人公登临某处而心潮澎湃，情动其中，赋诗感慨，抒发作者胸怀的诗歌。

总结：看来同学们都是有着丰富情感，心思细腻的主持人专业素养，挖掘出了登临诗的特点。

第二部分　一读登临诗，观意象之美

师：接下来，让我们继续探讨，诗人在登高过程中的所见所闻。

【屏显】初步读诗

这几首诗都运用了哪些意象？你看出来了吗？每首各有何不同之处？

明确：《登幽州台歌》：幽州台、天地；《望岳》：泰山、岱宗、齐鲁、昏晓、归鸟、曾云；《登飞来峰》：飞来峰、千寻塔、鸡鸣、日升、浮云。

共同点：登临之处都表现在题目，意象较为宏大辽远，都是诗人所看到所感受到让人荡气回肠的意象。

不同点：《登幽州台歌》重在抒情；《望岳》重在想象；《登飞来峰》重在记实。

设计意图：从意象角度整体把握三首诗的侧重点，给学生切实的感受，俯瞰这几首诗，纵横揽胜，建立初步印象。

第三部分　二读登临诗，品意境之美。

【屏显】深入品诗

问：透过意象构成意境，这三首诗情景交融，你最欣赏哪一句或哪一联？为什么？

明确：念天地之悠悠，独怆然而涕下。（天地的辽阔空旷与独一无二的我相融。）

造化钟神秀，阴阳割昏晓。（泰山神奇壮美与雄伟壮观相谐。）

会当凌绝顶，一览众山小。（化用古语，现实与想象齐飞，壮志凌云。）

不畏浮云遮望眼，自缘身在最高层。（高耸入云与慷慨激昂相结合。）

第四部分 三读登临诗，感情感之美。

【屏显】融情入诗

师：王国维先生说："一切景语皆情语"，白居易也曾说"杜甫陈子昂，才名括天地"，王安石少年成名，气宇轩昂。请结合关键句走进诗人内心。

问：哪一句诗让你在登临中与诗人心有灵犀，触碰到诗人的内心？

句式：子昂对我说，他的登临……

子美对我说，他的登临……

介甫对我说，他的登临……

明确：

子昂对我说，他的登临，是士人的孤独，是怀才不遇的惆怅，是壮志难酬的感慨。

子美对我说，他的登临，是凌云的气魄，是攀高登顶的决心，是俯瞰一切的豪情。

介甫对我说，他的登临，是伟大的抱负，是高耸入云的毅力，是勇往直前的气概。

第五部分 四读登临诗，识诗人之历。

【屏显】诗人合一

问："情景交融，登临抒志，都离不开诗人的经历，穿越时光，走近诗人，说说你读到了一个怎样的他？"

句式：我读到了……

陈子昂：慷慨具有侠士风范。成年后刻苦读书，忧心国事。24 岁时举进士，后世称为陈拾遗。他虽直言，但常不被采纳，并一度因"逆党"反对武则天受株连而下狱。壮志难酬的陈子昂 38 岁辞职还乡，后被奸人陷害，冤死狱中，年仅 41 岁。一生两次从军，爱国爱民，对边塞对祖国大好河山对大唐人民充满深切的关怀。这首诗写于第二次从军，即武则天万岁通天元年(696 年)。他抱病随建安王武攸宜出征东北讨伐契丹，以右拾遗任武攸宜帐下参谋。契丹当时攻陷营州，武攸宜为人轻率，少谋略。次年兵败，情况紧急，陈子昂请求遣万人作前驱以击敌，迎击契丹，武攸宜不允。几天后，陈子昂目睹唐军在武的带领下，以优势的兵力却一败再败，他忍无可忍了，又一次慷慨激昂地请战，却激怒了武攸宜，将他贬为军曹。诗人接连受到挫折，眼看报国宏愿成为泡影，因此登上蓟北楼，写下了《登幽州台歌》以及《蓟丘览古赠卢居士藏用七首》等诗篇。

杜甫：唐玄宗开元二十四年(736 年)，24 岁的诗人离开长安，开始过漫游生活。此诗即写于北游齐、赵去洛阳参加进士考试落第时，是现存杜诗中年代最早的一首。落第的杜甫在洛阳住不久便开始了他的第二次漫游。他形容自己的第一次漫游，充满了诗人自身的年轻壮志，诗云："放荡齐赵间，裘马颇清狂。"

王安石：宋仁宗皇祐二年(1050 年)夏，王安石在浙江鄞(Yin)县知县任满回江西临川故里时，途经杭州，写下此诗。这首诗是他初涉宦海之作。王安石少年时即是进士，他做此诗时只有 30 岁，抱负不凡，正好借登飞来峰一抒胸臆，寄托壮怀，可看作实行新法的前奏。

明确：

陈子昂，虽慷慨激情，却壮志难酬；虽满腹才华，却不见明主；虽心怀家国，却难以施展抱负。我读到了一个才华横溢却怀才不遇的他。

杜甫，虽多遇挫折，却不曾止步；虽经历重重，却心怀山河；虽未曾登高，却壮志凌云。我读到了一个充满希望，充满活力，充满期待的他。

王安石，虽初涉朝野，却雄心勃勃；虽势单力薄，却心怀天下；虽前路茫茫，却勇往直前。我读到了一个无所畏惧，目标坚定、拳拳赤子心的他。

他们三人，在登临中诠释了逐梦赤子心，恰好是盛年。

透过他们，我希望大家无论何时何地无论年龄无论朝代，要永怀赤子之心，永在盛年为理想为国为民！

设计意图：运用作者的经历与诗歌内容结合，升华主题，调动学生的感官，引导他们客观地看待问题，理解诗人的所作所为，感受诗歌丰富的内涵，拒绝单一的情感体验。

庞蓉蓉，广西钦州市浦北县第四中学教师。

《拿来主义》教学方案

◎裴 玉

【学习目标】

1.梳理"拿来主义"针对的几种主义,理解先破后立的杂文思维。

2.根据文本内容,分析善用比喻的杂文手法和微含嘲讽的杂文语言。

3.结合时代背景和当下文化现象,说出鲁迅文章的针对性和超越性。

【学习过程】

一、情境导入(1分钟)

现在我们使用的是2019年部编版高中语文教材,《拿来主义》写于1934年。有同学说,没意思,七八十年前的时评文,早就过时了,为什么还让我们学?假如你是教材编者,你会怎么回答这个问题?今天让我们共同学习鲁迅的《拿来主义》。

二、理解:"拿来主义"是针对当时的哪几种主义提出的?(13分钟)

文章里有一句颇为要紧的话,也是一个过渡段,它起着承上启下的作用。是哪句话?

(学生)所以我们要运用脑髓,放出眼光,自己来拿!

既有"所以",从因果关系上来说,则必有"原因"。前面6段,写到我们为什么要拿来。读1—6段,为什么要拿来?"拿来主义"是针对当时的哪几种主义提出的?

请仿照鲁迅对"闭关主义"的解释,补写句子。并根据其表现阐释其实质内涵。

闭关主义:自己不去,别人也不许来。

送去主义:_____。

送来主义:_____。

拿来主义:_____。

明确:

闭关主义的表现是"自己不去,别人也不许来"。清政府自诩天朝上国,奉行闭关锁国政策,不与他国互通有无,最终造成中国在近代史上的节节败退。从本质上来说,这是文化保守主义,背后的心理是自负或者说是自大。

送去主义的表现是"自己只是送出去,却没有向别人要来"。送古董到巴黎,在欧洲举行中国美术展,送梅兰芳博士到苏联,导致的结果是,自我陶醉,不思变革进取,最终祸延子孙。"当佳节大典之际,他们拿不出东西来,只好磕头贺喜,讨一点残羹冷炙做奖赏"。这种想要通过送出文化迫切证明自己的行为,恰恰说明了自己的自卑。在地位极其不平等的国际环境中,送去主义从本质上来说,是一种取悦于他人献媚于他人的行为。

送来主义的表现是"别人怀有企图地'抛给',非要你接受不可"。"送来"了什么?英国的鸦片,德国的废枪炮,法国的香粉,美国的电影,日本的各种小东西。"送来"的是糟粕,送来的实质是"抛给",是别有用心,怀有企图的,非你接受不可,从本质上来说是一种文化侵略。我们的青年难怪要"害怕恐怖"了。

那么拿来主义者呢?"占有,挑选。或使用,或存放,或毁灭"这是积极主动地选择,本质上是文化借鉴。

小结:鲁迅先生不直接明确自己的主张——拿来主义,而先否定其他主义,这种思维方式叫作先破后立。前者破得越彻底,后者立得越有力;其他主义的危害揭露得越深刻,实行拿来主义的理由越充分。因此,从反面批判入手,再转入正面论述,水到渠成,立论鲜明有力。

三、分析:"拿来主义"怎样来拿?鲁迅又是如何写的?(13分钟)

"所以我们要运用脑髓,放出眼光,自己来拿!""拿来主义"怎样来拿?鲁迅又是如何写的?请结合文本内容具体阐释。

明确:比喻论证。

大宅子：祖上的阴功，做女婿换来的，可以看作隐喻中国传统文化。但大宅子里除了有烟枪、烟灯等，还有西方输送来的鸦片。将大宅子理解为中西文化遗产，也可以。

鱼翅：吃掉，比喻文化遗产中有益无害的部分。

鸦片：送药房，比喻文化遗产中益大于害的部分。

烟枪和烟灯：放博物馆，或毁掉，比喻文化遗产中害大于益的部分。

姨太太：各自走散为是，比喻文化遗产中有害无物的部分。

问：基于什么样的标准，采用不同的态度？

或使用，或存放，或毁灭。基于一个标准：是否有利于"现代中国人"的生存和发展。

教材回顾，加深记忆：

人类的血战前行的历史，正如煤的形成，当时用大量的木材，结果却只是一小块，但请愿是不在其中的，更何况是徒手。（《记念刘和珍君》）

小结：杂文是一种文艺性的社会论文。强调说理的形象化，而比喻是常见的手法。

四、鉴赏：微含嘲讽——鲁迅杂文的语言风格（6分钟）

鲁迅对他不以为然的倾向，并不进行正面的批判、驳斥，而是用他最擅长的微含嘲讽的杂文笔调，做事实的呈现，寓褒贬于描述中。（钱理群）

问：这篇杂文的语言风格如何？请结合相关词语或句子进行分析。

明确：

①还有几位"大师"们捧着几张古画和新画，在欧洲各国一路的挂过去，叫作"发扬国光"。（"捧着"轻蔑嘲讽的语气，本身就构成了一副绝妙的漫画，恭敬的媚态跃然纸上，卑下地炫耀，卖力地讨好，自欺欺人，反语讽刺）

②总之，活人替代了古董，我敢说，也可以算得显出一点进步了。（"进步"反语）

③能够只是送出去，也不算坏事情，一者见得丰富，二者见着大度。（言此意彼，明褒暗贬）

④我在这里也并不想对于"送去"再说什么，否则太不"摩登"了。（modern 以子之矛攻子之盾）

教材回顾，加深记忆：

中国军人的屠戮妇婴的伟绩，八国联军的惩创学生的武功，不幸全被这几缕血痕抹杀了。（《记念刘和珍君》）

小结：微含嘲讽，是鲁迅惯用的杂文语言风格，体现了讽刺文学严肃介入现实的战斗精神。对于有害的事物，杂文能立刻给以反响或抗争。

五、应用：《拿来主义》写于1934年，当下还有其现实意义吗？（7分钟）

回到最初的问题，作为1934年的时评文，《拿来主义》是否过时？请结合当下中外文化现象进行阐释。（鼓励学生自由讨论，老师再进行补充点评）

示例：

2023年，刀郎《罗刹海市》成为现象级作品，全球网络播放量达80亿次。歌曲的大火固然是各种因素综合的结果，但取材于蒲松龄《聊斋志异》的作词，无疑增加了歌曲的文化底蕴，促进了它的传播。歌曲《罗刹海市》是对中国传统文化的拿来。

2023年，电影《封神第一部》实现了将近30亿的票房。电影内容取材于中国本土历史神话"封神演义"，但音乐却是民族乐器跟西方交响乐的结合，还有场面、特效甚至叙事方式，都极具好莱坞特质。影片的成功离不开对中西优秀文化的借鉴吸收。

诺贝尔文学奖的莫言，他的颁奖词是"通过魔幻现实主义将民间故事、历史与当代社会融合在一起"。莫言的作品，表现的是带有泥土气息的中国民间。形式上则是受到拉美文学的启发，采用了超出寻常的文学手法，营造了一个色彩斑斓的超现实世界，是对中西优秀文化的"拿来"。

正是有了对中西优秀文化的"拿来"，才有了以上作品市场和艺术上的成功。因此，我们可以毫不犹豫地说，《拿来主义》在当下，仍具有极强的现实意义。

鲁迅的杂文，都有强烈的现实针对性，用现在的话来说，就是有明确的"问题意识"；但他对问题的思考，又很深很广，带有很大的超越性。（钱理群）

小结：鲁迅的文章跨越了时空，连接了古今，常读常新。

六、作业

物换星移，近代史上积贫积弱的中国现已成为全球第二经济体，除了鲁迅提倡的"拿来"，我们还当如何对待中外文化？请阅读陈诏《拿去主义》，结合当下文艺热点事件，有针对性地发表自己的议论。（要求：观点明确，先破后立，不少于300字。）

裴玉，河南省郑州市第七高级中学教师。

《项链》教学设计
——基于小说原型批评的小说对比教学

◎皮 欢

【教材分析】

《项链》在粤教版必修三第三单元小说单元，本单元的小说除了《项链》，还包括《祝福》和微型小说两篇《等待散场》《差别》《荷花淀》等篇目。本单元主要学习短篇小说。教学一定要紧扣短篇小说的特点。短篇小说与长篇小说的区别绝不简单是篇幅的问题。本单元的单元导语里写到"因为短小，短篇小说能够更迅速地把握时代脉搏，更直接贴近现实生活……因为短小，短篇小说常常精心构思，细心雕琢，让有限的艺术空间呈现出鲜明独特的艺术风貌"。因此我们学习本单元首要"用心体会短篇小说的精巧构思"、其次"触摸小说人物丰富多彩的内心世界"、进而"去体悟作者所表达的思想感情"，最终提高短篇小说鉴赏的能力，同时本单元甚至提出了"尝试微型小说写作"。基于此，笔者确定了本篇《项链》教学的教学目标。

【生情分析】

学生在初中也学习过小说，平时对小说不仅不陌生，同时还保持着旺盛的小说阅读兴趣，但是鉴赏的能力还比较欠缺。本册本单元是学生进入高中之后第一次接触小说单元。力图打破传统阅读教学中的"一言堂"的模式，让学生能够对小说进行个性化的多元解读，在文本解读的碰撞中，渗透小说阅读的方式方法，提高鉴赏能力。更重要的是让学生继续保持着旺盛的小说阅读兴趣，而不是被刻板的教学磨灭兴趣。

【教学设想】

《项链》这篇文章有其特殊的魅力，关于小说中主要人物形象"玛蒂尔德"的解读，随着时代的改变，解读也发生了有趣的改变。早期关于人物"虚荣"的批判，对小资产阶级的批判，就当下时代来看，已经不再能够打动和说服人。在以往的教学中也发现00后学生对"玛蒂尔德"更容易产生同理心。同时，关于《项链》主题的解读历来一直都有争议。因此本节课的教学设计主要是抓住人物形象上的一个前后突变的点，试图理顺人物身上的这种矛盾多元性，进而对小说的主题有一个更多元更丰富的解读。另外，郭初阳先生曾就自己的《项链》教学设计中提到了《项链》小说原型的概念，但是并未在此事上做文章，仅仅是一带而过。笔者借鉴了这个提法，并以此作为整个教学设计的"线索"。主要以此体会世界短篇小说之王对故事原型的改编的独具匠心，并通过与故事原型的对比，体会小说在人物形象塑造上的"有血有肉"以及主题的深刻多元。

【教学目标】

1.初步认知莫泊桑的基本创作观念和风格。

2.掌握"原型批评"的基本方法。

3.以项链为线索，理清小说的情节结构。

4.探讨玛蒂尔德性格的前后突变，分析人物形象。

5.探究改变人物命运的原因和人物命运背后蕴含的小说主旨。

6.通过对比阅读，体会《项链》情节改编，人物塑造的独具匠心。

7.理性认识社会风气的影响，建立正确的人生观、价值观。

【教学重难点】

1.探究改变人物命运的原因和人物命运背后蕴含的小说主旨。

2.理性认识社会风气的影响，建立正确的人生观、价值观。

【教学方法】任务驱动法、比较阅读法、小组合作探究法。

【教学过程】

(一)故事导入

由莫泊桑与艾菲尔铁塔的故事导入，借此引出短篇小说之王"意外之外,情理之中"的情节艺术。巴黎铁塔建设之初,莫泊桑坚决反对,放话说"巴黎如果建成铁塔,我要永远离开这个城市"。但巴黎铁塔建成之后,莫泊桑却是铁塔里面咖啡馆的常客,有人拿当初他说的那句话问他现在为什么改变了态度,他说:"谁让这里是巴黎唯一看不见那座破塔的地方?"由此小故事,相信大家也读出了"意料之外,情理之中"。而这也是"世界短篇小说之王"莫泊桑的艺术特色之一。今天我们来学习莫泊桑的一篇短篇小说《项链》。

(二)梳理小说的情节,认知故事原型

任务一:试用最简洁的话概括全文情节。

明确:借项链、丢项链、赔项链、识项链

引导:参加舞会,马车逃跑,一串改变命运的项链,如果把项链换成别的东西的话,是不是很像一个经典的童话故事?

预设:——灰姑娘

归纳《项链》与《灰姑娘》在情节上的相似点。

提出小说原型的概念,引导学生思考情节上的改变与颠覆的意义。

思考:《项链》在《灰姑娘》的故事原型的基础上,增加了哪些内容,颠覆了哪些情节?这些增加的内容和颠覆的情节主要有什么作用?

预设:增加课文舞会前的第一部分,颠覆了丢项链之后,十年还项链的情节,以及最后偶遇发现真相的情节。

作用:①交代故事发生的环境背景;②使人物形象更加丰满立体;③对童话的主题进行颠覆和深化。

(三)探讨玛蒂尔德的性格特征

小组讨论:从增加的内容和颠覆的情节当中你读出玛蒂尔德是个什么样的人?

引导:一方面如此爱慕虚荣,把自己在他人眼中的出色看成最大的幸福荣耀,一方面却艰苦备尝,排除万难,完全不在乎他人对自己的看法。

小组合作探究:玛蒂尔德为什么前后看起来像截然不同的两个人?人设崩了?这合理吗?

预设:合理,人设没有崩,人物的变化有其合理性和必然性。人物的前后性格有深层的共通之处。

名家人物形象解读(PPT显示)

名家解读一:情节中的突发事件将人物打出常规,逼到非常规境地,人物心理的深层次奥秘就凸显出来了。……极端虚荣的主人公被逼迫到灾难性境遇中,居然能够激发出如此坚强的意志,一切都是为了偿还朋友的项链,不能忍受被当成一个"贼"。正是这个道德底线将两个矛盾方面有机统一为一个整体。(孙绍振)

名家解读二:她的虚荣行为内在的心理根源和驱动是她意识到命运的不公平从而不肯安贫乐道、随遇而安,遂产生对命运的拒斥、抗争意识。后期的英勇表现也是对命运的不屈服,想要依靠努力安排自己的生活。

(四)探究改变人物命运的原因和人物命运背后蕴含的小说主旨

小组合作讨论:继续深入研读小说增加的内容和颠覆的情节,并小组合作讨论:

你认为《项链》是一篇关于_____的小说?

解读一:一篇关于"无形枷锁"的小说:当时法国社会金钱地位至上的价值取向和将女性当作玩物的恶劣价值观以及弥漫于整个社会的追求享受、爱慕虚荣的风气,正是导致玛蒂尔德悲剧的深层社会原因,是制约玛蒂尔德人生理想、生命情致的一副精神枷锁。

解读二:一篇关于无常命运的小说:《项链》写的是"被造化安排错了的""一些女子"中的"一个"。小说旨在表明人的命运都在冥冥之中的"造化"的安排,人自身面对这种变化无能为力。(钱理群)

(五)基于"原型批评"理论总结小说艺术魅力

引导学生联想小说影视作品,还有哪些经典的"灰姑娘式"故事。

明确:《流星花园》《曼哈顿女佣》《窈窕淑女》……

小组合作探究:对比灰姑娘的故事和其他这些故事改编,你认为《项链》的改编,特殊魅力体现在哪里能?

总结:《项链》的魅力正在于一个有血有肉的圆形人物的塑造和小说主题的深刻与多元,余韵悠长。

教师总结小说对故事原型的改编:或是顺承,于是通俗;或是颠覆,然后经典。

(六)课后作业

如果让你借鉴灰姑娘的故事原型,结合当代中国现状进行创作,你会如何设计人物,如何构建情节,编写一个怎样的故事?试着小组合作进行一个短篇小说构思。

皮欢,广东省佛山市南海中学教师。

基于新课标理念的中职语文教学整体设计
——以语文教学与护理专业融合为例

◎祁有姣

中职语文课程作为中职课程体系的一个部分,不能偏离职业教育的价值目标,必须服务于职业教育的专业理论课教学,这是它的使命所在。

学校护理专业人才培养总目标是:面向城乡社区各级医疗卫生机构,精心培养适应我国社会主义建设和发展需要、适应岗位群需要,知识、能力、素质综合协调发展的复合型、应用型、创新型高级护理人才。

依据中职语文国家课程标准,结合学校护理专业人才培养方案,我从教学内容、学情分析、教学目标、教学方法和评价体系共五个方面,进行中职语文课程的整体教学设计。

一、教学内容

学校教材按照国家及上级主管部门规定,统一使用高等教育社出版的语文统编教材,由基础模块、职业模块和拓展模块构成。基础模块是各专业学生必修的基础性内容,职业模块是为提高学生职业素养安排的限定选修内容,拓展模块是满足学生继续学习与个性发展需要的自主选修内容。

语文教学要彰显职业教育特色,一是注重教学内容与社会生活、职业生活的联系,利用或设置职场情境,突出实践取向。二是注重有机融入职业道德、劳动精神、劳模精神和工匠精神教育,培育学生职业精神。三是注重与专业课程相互配合,形成协同育人合力。

根据中职语文国家课程标准,结合学校护理专业人才培养方案,从学生实际与职业发展需求出发,依据教材内容逻辑,以"感悟文本——生成能力——以文育人"为主线,我将教材重新整合成10个学习专题,具体为:专题1理想与信念,专题2科学与理性专题,专题3先哲的智慧,专题4整本书阅读,专题5时代的旋律专题,专题6社会与人生专题,专题7探索与创造专题,专题8传承与弘扬专题,专题9表达与交流专题,专题10综合实践。

同时,也确定了以思政为主线的10个学习主题。具体为:主题1厚值爱国情怀,涵养进取品格。如《沁园春·长沙》等课文;主题2聚焦科技创新,深化科技服务。如《飞向太空的航程》等课文;主题3汲取古人智慧,提高辩论思想。如《烛之武退秦师》等课文;主题4推进整本书阅读,引领学生成长。如《平凡的世界》等书籍;主题5常怀忧患意识,牢记青年担当。如《永遇乐·京口北固亭怀古》等课文;主题6勤于乐于助人,谨记关爱他人。如《祝福》等课文;主题7追寻诚信之美,提升专业素养。如《项链》等课文;主题8坚定文化自信,传承文化之美。如《诗经》等课文;主题9注重沟通协作,加强人文关怀。如《百合花》等课文;主题10弘扬工匠、劳动精神,培养高技能人才,创造美好未来。如《闪亮的坐标——劳模王进喜》等课文。

我们坚持工具性和人文性相统一、价值性和知识性相统一,将教材内容整合,在语文课教学中渗透护理专业综合职业能力的培养,旨在培养学生正确的价值观、道德观念、品德素质和社会责任感,帮助他们成为具有人文素养和社会责任感的新时代人才。

二、学情分析

学情分析是教好一堂课的前提和关键,依托大数据平台,通过对学校护理专业学生的入学成绩,学生文化基础(基础知识、写作、文言文、古诗词鉴赏、现代文阅读)、学生的认知与实践能力(创新能力、归纳能力、表达能力、理解能力)、学生学习特点(学习风气、吃苦耐劳、自主学习能力、学习动机)、学生素养特点(人文素养、工匠精神、职业素养、爱国主义精神)四个方面的具体调查分析,得出了护理专业学生的综合学情:虽然他们的基础很差,但是他们都有学好专业,将来从事理想工作的愿望,这就让他们有了学习语文的动机，学好语文才能更好理解专业术语，通过专业实践来体现科目理论的指导意义。护理专业大部分都是女生，女生在学习上有天生的优势，她们对学习本身就比较重视，没那么贪玩；而且，女生的心思比较细腻，做题细致，善于观察生活，作文有一定的天赋。

具体总结为三个方面：一高，师生互动热情高；二强，信息检索能力强，实践动手能力强；三弱，耐心探索能力弱，自主学习意识弱，团结协作能力弱。

三、教学目标

学校护理专业学生人才培养方案中，确定的知识目标：具有扎实的护理专业理论知识和规范的实践操作能力，能熟练地完成相关治疗与护理任务；具备对常见病、多发病的病情了解，常用药物疗效和不良反应的观察、判断能力。

能力目标：具有对危重病症患者进行应急处理和配合抢救的能力；具有正确使用常用医疗仪器设备的能力；具有为企业、社区人群提供疾病预防、传染病控制、消毒隔离和卫生保健服务的能力；具有运用计算机处理工作信息和技术交流的能力。

素质与素养目标：具有高度的职业认同感和价值观，具备较强的敬业精神；正确认识护理专业，建立积极的专业情感，尊重、爱护护理对象；具有诚实守信、严谨慎独的人生态度和规范的护理行为习惯；具有吃苦耐劳、乐于奉献的良好品德，具备高度的责任心和同情心；具有遵纪守法的良好习惯，具备良好的职业道德。

依据中职语文国家课程标准，对接护理专业人才培养方案，再结合精准的学情分析，确定中职语文课程的教学目标和教学重难点，具体如下：

知识目标：三知，知基础、知技能、知表达。掌握必需的语文基础文化知识，具备一定的听、说、读、写的能力；掌握日常生活和职业岗位需要的阅读、写作和口语交际等语文能力；根据交际对象和具体的语言运用情境，正确运用口语和书面语进行有效的表达与交流。

能力目标：四能，能感悟、能审美、能传承、能应用。运用联想、想象，获得对语言和文学形象的直觉体验，丰富感受与理解；能欣赏作品的语言美、形象美和情感美，丰富审美体验；能继承、弘扬中华优秀传统文化和革命文化；能在实践中积极创造，促进职业生涯的发展。

素养目标：五全面，德、智、体、美、劳。德——健康第一，生命至上；智——信息意识，科技创新；体——吃苦耐劳，乐于奉献；美——审美情趣，创新发展；劳——工匠精神，注重细节。

教学重难点：掌握必要的语文基础知识和基本技能，有针对性地引导护理专业学生建立积极的专业情感，尊重、爱护护理对象；传承中华优秀文化，弘扬爱国精神，实现人生价值，学会如何在实践中改革创新。

四、教学策略

我们主要采用PBL教学策略实施教学，将护理专业与语文相融合，利用多媒体教室、校外课堂，通过问卷星、学习通等平台，丰富教学资源；坚持以学生为中心，实行项目化教学、实地教研、小组合作、角色扮演等方法，将思政贯穿全程，有效提升教学效果。教学的具体实施过程中，以学生获得为目的，以学生发展为中心。课前云导入，教师发布任务，学生领取任务，查阅资料；通过确定问题、探究问题、制定方案、探究实践、交流分享、评价反思六个步骤进行课中教学，课后学生完成拓展，完成线上课程活动，并反馈成绩给老师。

五、评价体系

语文教学评价，是对语文教学中师生行为的优劣和成败作出鉴定与分析，并提出相应的改进意见。语文教学评价的结构框架：分为两方面，语文教师发展性评价，和学生语文学习评价，其中语文教师发展性评价，又包括教——语文课堂教学评价，和研——教师专业发展评价；学生语文学习评价，包括学生课堂学习即时评价，和学生语文学业评价。

依据专题教学，课堂教学，我们构建了多主体、多维度的立体化评价体系。评价不仅要关注学生的学业成绩，而且要发现和发展学生多方面的潜能，了解学生发展中的需求，帮助学生认识自我，建立自信，发挥评价的教育功能，促进学生在原有水平上的发展。通过评价制度，使教师从多种渠道获得信息，不断提高教学水平，建立促进课程不断发展的评价体系。

通过加强沟通与交流、建立完善的机制、推行好的教学举措，我们相信，教育教学的质量将不断提高，未来将培养出更多的高素质人才，为国家的发展教育做出更大的贡献。

祁有姣，湖北省汉川市中等职业技术学校教师。

高考散文阅读教学案例

——以《建水记》为例

◎秦 姚

【教学说明】

《建水记》是 2020 年语文新高考 I 卷的文学类文本阅读题的选材篇目，设计本课教学方案的时候正是在高三散文复习阶段，本课的设计仅为高三散文复习做一个示范。

【文章解读】

《建水记》是一本关于古典生活、建筑、手艺的沉思录，也是诗人于坚追问何为"诗意地栖居"之作。这是一篇带有浓浓文化气息的散文，品读文章的时候，总觉得像汪曾祺笔下的高邮、沈从文笔下的边城。每一个字都像是作者在和读者聊家常，语言文字亲切而质朴，随着作者文字娓娓道来，仿佛我们自己也置身于建水这座古城里，脚步慢慢，时光悠悠，精神惬意。因而教读这样一篇散文，切不可操之过急，需一步一个脚印慢慢品味。

【学情分析】

高三的散文理论知识复习已在前一阶段完成，在实践训练部分，学生对高考题目中提到的一些专业术语表达是比较熟悉的，在答题板块也有一个比较清晰的方向。但是学生在阅读理解文本的时候仍然存在一些障碍，面对这些障碍，部分学生可能会选择逃避和漠视。因而需要一篇示范性的文章来引领学生学会阅读文本。

【课时安排】1 课时

【教学过程】

(一)导入

师：昨天我们做了这一篇高考题，同学们感觉如何呢？

生：难。

师：那今天我们就一起来看看这篇"读不懂"的文章，也许文本读着读着题目自然就会了呢。

(二)第一环节

师：先来看一看本文的题目，请问同学们，建水在哪里？你是如何知道的呢？

生：注释里告诉我们建水在云南省，旧称临安。

师：从"旧称"一词里你读到了什么呢？

生：说明这是一个历史古城。

师：那么"记"呢？"记"是什么意思？

生：古代的一种文体。

师：对。比如我们学过的《岳阳楼记》《桃花源记》等等。那现在再看看这个题目：不管是建水旧称临安，还是"记"代表着古代文体，它们都在告诉我们：建水是一个——

生：古老的城。

师：所以我们读散文是不是要关注题目和注释呀？

(生心领神会地笑了。)

(三)第二环节

师：如果不用"古老"一词来形容建水，而是要从文本中找一个词，同学们找找，文中作者称呼它为什么城？

生：原始之城。

师：非常好！请把那一句话勾画出来，所以读散文需要勾画出关键语句。

师：请同学们看课件。老师把这一句话进行了重新排列。我们一起来读一读。

师：读完之后有没有什么感觉？

生 1：感觉像诗歌。

生 2：散文的语言具有诗歌语言的特点。这是昨天提到的散文特点之语言优美。

师：说得非常好！那我们来读读这散文诗吧。

(四)第三环节

师：请同学们再仔细看一看这句话，这句话缺少了什么成分？

生：主语。

师：那把主语补充出来，是——

生：我。

师：对。由此我们知道是"我"在看这座原始之城。那同学们对这句话有没有想提出来的问题？

生3："我"看到了什么？因为这句话说的是"原始之城藏在后面的"，我很想知道藏在后面的城是什么样子的？

师：提得很好。还有没有问题？

生4：通过什么方式看的？

师：还有没有呢？想一想如果你去参观一个地方之后还应该有什么？

生5：哦。还有看后的感受。

师：那下面我们就带着这些问题一起来读读文本。请问看古城的"我"是以什么身份来看的？

生：导游者的旁观身份。

师：仅是如此？

生：还有"我"的主观感情色彩在里面。

师：这里的"我"既是一个旁观介绍建水的导游，更是一个主动参与其中的游客。

师：那"我"是如何在这个城里参观的呢？

生：按照空间顺序。

师：你来说一说作者的行进路线。生找出地点进行概括，教师一在课件呈现。

师：概括得很准确，大家能不能理解？这里还有问题吗？

师：都没有问题，同学们再思考一下这篇文章是只有空间顺序吗？为什么后面有一道题说的是本文还有时间顺序？你怎么理解时间顺序？

（生有一点困难。）

师：既然是时间顺序，那我们首先应该要找到与时间相关的词语。同学们找一找文中有哪些与时间有关的词语？

（生找出一些时间词，还不完全，师补充）

师：这些时间词都是写的过去，写的历史，是历史文物，而作者来游览时应该属于当下。所以这篇文章的时间顺序体现的就是——

生：是历史和现实交织。

师：对的。准确地来讲是作者在今天游览的时候因古城风貌而想到了曾经的古城模样，发现古城的过去和现在是——

生：一样的。

师：用作者的话来讲就是——"依然像被创造出来之际"。

师：解决了谁在看以及怎么看的问题，后面的一道选择题和主观题是不是解决了？下面我们来解决第二个小问题：作者看到了什么？请在文中找出具体的事物。

生：能够很轻易地找到一些。

师：请同学们将刚刚找到的这些仿照老师给出的格式填空。

师：这篇文本虽然写了很多东西，但是作者对什么事物进行了大量细致描写？

生：美食。

师：美食是临安的特色，是最能展示这个地方独特的事物。我们都说"民以食为天"，写美食就是写这里生活的人们。写出他们怎样的生活状态？

生：悠闲自在，具有烟火气息。让人觉得很亲切。

师：说得很好。后面的那道主观题我们也解决了吧。通过这一部分的学习告诉我们读散文要关注文本当中的细节描写。那作者看完古城之后有什么感受？同学们勾画出了哪些抒情议论句了呢？

生：（1）依然有一种由外到内，从低到高，登堂入室，从蛮荒到文明的仪式感，似乎"仁者人也"是从此刻开始。（2）不免精神为之一振，先去买几个来解渴。（3）送入口中，油糜轻溢，爽到时，会以为自己是条梁山泊好汉。（4）在这个城里，有个家的人真是有福啊。

师：除了这些语句外，为了能够更好地理解作者的情感，老师给大家准备了一些资料，请看课件——

师：现在同学们来总结一下，作者游览完建水古城后有什么感受啊？

生：羡慕、自豪、赞美、反思。

师：所以我们读散文，要读题目，读作者，读细节，悟情感。好，我们对文本的分析到此就结束了。当被记者问及自己的文章选入高考试题时有何感受时，于坚这样回答记者——课件展示：

"当下时代的教育，离生活很远。而在建水，我感受到离生活更近了一些，这也是这部作品想要呈现的。"而借着这一次语文高考试题，我也希望现在的孩子们能够更多一些生活美学的教育，离真正的生活更近一些。在此，老师也借作者的这一句话，来勉励我们所有人：虽生活虐我千百遍，但我们仍应当待生活如初恋，尽力地诗意栖居。

秦姚，重庆市广益中学校教师。

《白鹅》教学设计

◎任阳梅

【教材分析】

"我的房子要卖的前几天,我把这白鹅送给了远方的友人,送出的几天之内,总感觉自己与一个朋友诀别了,心中十分地留恋",这是丰子恺先生对白鹅的至深之情。这是一只高傲的白鹅,文中围绕着"高傲",通过叫声、步态和吃相三方面刻画出白鹅的形象。文章语言活泼、诙谐、准确,又极富情趣,运用了对比、反语等表达方法,字里行间渗透着作者对白鹅的欣赏。整篇文章结构清晰,围绕一个特点写动物,是一篇极好的写作范文,对于学生写自己喜爱的动物有很好的指导意义。

【学情分析】

四年级学生喜爱小动物,也写过小动物,在选材上,这是一篇很吸引学生兴趣的文章。在表达上,该年级的学生语言表达丰富多样,愿意表达,乐于表达,在教学中,创设各种情境让学生去说、去展示。加上前面已学过老舍的《猫》《母鸡》,学生对于文章的表达方法,如"反语"已经有了解,再学这篇课文,将文中的表达方法、情感渗透迁移到自己的写作中会更有章可循。

【教学目标】

1.有感情地朗读课文,感受作者对白鹅的喜爱。

2.学习作者围绕一个特点把动物写具体的方法。

3.仿写小动物。

【教学重点】

学习作者围绕一个特点把动物写具体的方法。

【教学难点】

仿写小动物,突出动物特点。

【教学过程】

(一)自主预习:熟读课文,学会字词

1.熟读课文。

2.生字在书上组词,注意"调、看、侍"的读音。

3.查字典理解"引吭大叫、三眼一板"的意思。

4.观察一种自己喜爱的小动物。

(二)分层达标,自主学习

板块一 了解作者,引出白鹅

1.欣赏丰子恺的漫画。

2.引出丰子恺先生的一段话:抗战胜利后八个月零八天,我卖掉了三年前在重庆沙坪坝自建的小屋。我对这小屋实在是毫无留恋,因为这屋太简陋了,这环境太荒凉了。倒是屋里养的一只白鹅,使我念念不忘……

3.这究竟是一只怎样的白鹅,为什么会让丰子恺先生恋恋不忘呢?赶紧把这只白鹅叫出来吧!齐读,师板书:白鹅。

板块二 聚焦白鹅,感悟写法

一级:读懂

1.快速浏览课文,说说这只白鹅有着什么样鲜明的特点?(用文中的一个词回答)

2. 文中是从哪几个方面来写白鹅的这种特点?

3.指名回答,相应出示幻灯片。

二级:悟法

1.说一说:自由朗读课文第3—7自然段,画出表现白鹅高傲的词句,画完后小组交流如下问题:

(1)从第三自然段哪些地方看出白鹅的高傲?

(2)从第四自然段哪些地方看出白鹅的高傲?

(3)从第五到第七自然段哪些地方看出白鹅的高傲?

2.读一读：请你把白鹅的这种高傲读出来。

3.想一想：明明是写白鹅，作者为什么还要写鸭子和狗呢？

汇报交流：

（1）指名回答体现白鹅叫声高傲的句子。

白鹅啊，有生客进到你家来，你看到了，对着他严厉大叫道：＿＿＿＿＿＿；

篱笆外有人走路，你瞧见了，扯着嗓子冲着他大喊：＿＿＿＿＿＿＿。

指名，师相机：这就是厉声呵斥、厉声叫嚣、引吭大叫，难怪作者说鹅的叫声，音调严肃郑重，很是高傲啊，请你把这种高傲读出来，学生齐读。

（2）指名回答体现白鹅步态高傲的句子。

看图片、视频，这就是净角出场，说说感受？（指名）请你加上动作把白鹅的这种高傲读出来。

还记得想一想的问题吗？明明是写白鹅，作者为什么还要写鸭子？（指名回答）引出"对比"。

（3）指名回答体现鹅吃饭时高傲的句子。

不仅叫声、步态给我们留下深刻的印象，这鹅老爷连吃饭都与众不同啊，这不，它生气了。

鹅老爷偶然早归，伸颈去咬狗，并且厉声大骂：＿＿＿＿＿＿。

鹅便昂首大叫：＿＿＿＿＿＿，似乎责备人们供养不周。（指名想象说）

鹅老爷吃饭

猜猜鹅老爷为什么这么生气？出示漫画，这一切缘于一场"鹅狗大战"，请你看着漫画，把他们这个"大战"的过程描述出来。

评价下"鹅狗大战"中的两个主角，指名，相机：这样的对比把鹅狗都写活了。

4.议一议：这只白鹅如此高傲，吃饭时，非有一个人侍候不可，如果是你，你会怎么想，怎么做？作者又是怎么做的，从中你看出作者对白鹅有着怎样的感情？师相机解说白鹅对丰子恺先生的意义。

5.赞一赞：为白鹅代言！我是一只（　）的白鹅，走起路来（　），但我（　），能为主人看家护院；我吃饭（　），一口饭，一口水，一口泥，一口草，无论这几样东西距离多远，我都要这样吃，你们喜欢这样的我吗？

三级：仿练

1.好一个高傲的动物！好一个善于观察、喜爱动物的丰子恺先生！同学们也有自己喜爱的小动物，我们试着用自己的笔，用刚刚学到的方法，围绕一个特点把动物写具体，可以用上对比的方法。（出示视频）学生仿写。

要求：围绕一个特点把动物写具体。

2.分享交流，学生评价。

3.学生阅读《白公鹅》（课后阅读链接），感受不同作家笔下白鹅的特点。

（三）布置作业，学以致用。

1.制作动物卡（正面：动物名、反面：该动物的特点）。

2.观察身边的小动物并继续选一种小动物把它的特点写具体。

【板书设计】

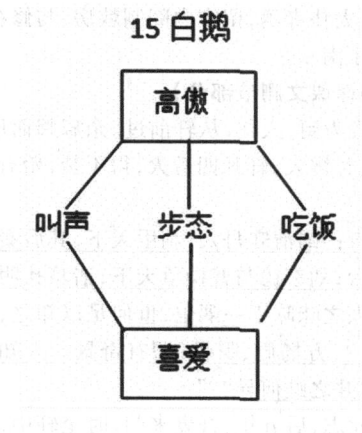

15 白鹅

高傲

叫声　步态　吃饭

喜爱

任阳梅，广东省深圳市南山区蛇口学校教师。

《项脊轩志》导学案

◎ 尚随洁

【预习案】

【预习目标】

1.通读全文,梳理重点文言知识并将其归类。

2.了解归有光生平及写作背景,理解题目的含义。

3.整体感知,把握作者的情感基调。

【认识作者】

归有光(1506~1571)明代官员、散文家。字熙甫,又字开甫,别号震川,又号项脊生,汉族,江苏昆山人。他八岁时,年仅二十五岁的母亲就丢下三子两女与世长辞,父亲是个穷县学生,家境急遽败落。也许就是这种困境,迫使年幼的归有光过早地懂得了人间忧难,开始奋发攻读。幼时即有令名,9岁即能文,13岁应童子试,19岁以第一名补苏州府学员。此后,他六赴乡试,于34岁中举,嘉靖十九年举人会试落第八次,徙居嘉定安亭江上,读书谈道,学徒众多,60岁方成进士,历长兴县、顺德通判、南京太仆寺丞,留掌内阁制敕房,与修《世宗实录》,卒于南京。

【尝试翻译课文删节部分】

轩东故尝为厨,人往,从轩前过。余扃牖而居,久之,能以足音辨人。轩凡四遭火,得不焚,殆有神护者。

项脊生曰:"蜀清守丹穴,利甲天下,其后秦皇帝筑女怀清台;刘玄德与曹操争天下,诸葛孔明起陇中。方二人之昧昧于一隅也,世何足以知之,余区区处败屋中,方扬眉、瞬目,谓有奇景。人知之者,其谓与坎井之蛙何异?"

余既为此志,后五年,吾妻来归,时至轩中,从余问古事,或凭几学书。吾妻归宁,述诸小妹语曰:"闻姊家有阁子,且何谓阁子也?"……

注释:①清,秦代蜀地的一寡妇名。丹穴,朱砂矿。利,利润。甲,第一。史载,"巴寡妇清,其先得丹穴,而擅其利数世,能守其业,用财自己,不见侵犯。秦始皇以为贞妇而客之,为筑女怀清台。②昧昧,不明的样子,指不被人知道。隅,墙角落。③坎井,一说是浅井,一说是废弃的井。

【预习成果】

1.重点实虚词

_____

_____

2.词类活用及特殊句式

_____

_____

3.疑难语句翻译

_____

_____

【课堂案】

【学习目标】

1.积累重要的文言知识。掌握"得""过""当"等文言实词的意义和用法。

2.学习运用评点法,体悟作者善于捕捉生活中典型的细节来表情达意的方法。

【学习过程】

学习任务一:理清词句,巩固文言知识

PPT展示:

1.读一读

(1)又北向,不能得日,日过午已昏。

(2)先是,庭中通南北为一。

(3)此吾祖太常公宣德间执此以朝,他日汝当用之。

2.译一译(要求:小组合学再展示)

(1)东犬西吠,客逾庖而宴,鸡栖于厅。庭中始为篱,已为墙,凡再变矣。

译文:

(2)大母过余曰:"吾儿,久不见若影,何竟日默默在此,大类女郎也?

译文:

(3)轩凡四遭火,得不焚,殆有神护者。

译文:

学习任务二:初读文本,整体感知文意,把握感情基调

1.思考阐述

作者在项脊轩中的生活感受是什么?请结合文中具体语句阐述说明。

学习任务三:研读文本,品味语言,体悟深情

PPT展示:

1.评点法再回顾

"评点"法就是指在自由阅读的基础上,对文本中的关键语句、精彩片段、语言特点、艺术手法、思想内容、层次结构等有独特的体验之处进行圈点勾画,进行评议赏析。

2.前人评价

黄宗羲:"予读震川文之为女妇者,一往情深,每以一二细事见之,使人欲涕。盖古今来事无巨细,唯此可歌可泣之精神,长留天壤。"

请勾画出你认为"予读震川文之为女妇者,一往情深,每以一二细事见之"的关键词或语句,至少找出三处并运用评点法加以评点。

(要求:1.朗读语句。2.我的评点分析:手法+分析的内容)

(1)_____

(2)_____

(3)_____

学习任务四:研读文本,探究深意

1.探究思考

作者为什么对一间普通的屋子如此一往情深,专门写一篇文章记述它呢?

【布置作业】

从日常生活中,选取关于母亲或父亲的、使你感受最深的一个细节,以表现母亲或父亲的精神风貌,运用细节描写的手法,写成不少于200字的短文。

【巩固案】

1.下列各组文句中加点字意义和用法完全相同的一项是( )

A.每移案,顾视无可置者

妪每谓余曰

B.日影反照,室始洞然

庭中始为篱,已为墙

C.垣墙周庭,以当南日

执此以朝

D.每移案,顾视无可置者

顾念蓄劣物终无所用

2.下列文句中加点字意义和用法完全相同的一项( )

A.比去,以手阖门

比及三年,可使有勇

B.借书满架

或凭几学书

C.日过午已昏

一日,大母过余曰

D.庭中始为篱,已为墙

今已亭亭如盖矣

3.对下列句中加点的古代文化常识解释不全正确的一项( )

A."三五之夜"(农历每月十五日) "既望"(农历每月十六日)

B."妪,先大母婢也"(敬称自己已死去的祖母)"先妣"(敬称自己已死去的母亲)

C.余自束发读书轩中(古代男子成人自立的标志) "而立之年"(指三十岁)

D.吾妻归宁(旧指女子出嫁后回娘家) 吾妻来归(旧指女子出嫁)

4.下列说法不正确的一项( )

A.归有光号震川,别号项脊生,世称震川先生,明代后期著名散文家,著有《震川文集》,其散文对清代的桐城派影响很大。

B."志"即"记",是古代一种叙事、抒情的文体,如《项脊轩志》就是一篇借记物以叙事抒情的散文名篇。

C.《项脊轩志》借写项脊轩的兴废,着重写与之有关的日常生活和家庭琐事,表达了物在人亡、三世变迁的感慨以及对祖母、母亲和妻子的深切怀念。

D."五柳先生""樊川先生""临川先生""聊斋先生"指的分别是东晋大诗人陶潜、唐代诗人杜牧、北宋文豪欧阳修、清代小说家蒲松龄。

尚随洁,山东省青岛市城阳第三高级中学教师。

《海底两万里》导读课教学设计

◎ 沈佳敏

《海底两万里》是统编本语文七年级下册必读名著。义务教育普通课程内容要求通过主要载体来弘扬社会主义先进文化，课程内容主要以学习任务群组织与呈现。法国科幻和探险小说家儒勒·凡尔纳的《海底两万里》是科幻小说早期作品，从字数篇幅来看，三十五万字属于长篇小说。它的这些性质，决定了《海底两万里》阅读教学实施的安排。义务教育语文课程标准要求"根据阅读进度完成读书笔记，针对作品的语言、形象、主题等方面的话题展开研讨"。基于此要求，设计了《海底两万里》导读课阅读教学计划及具体实施步骤。

一、《海底两万里》导读课教学目标

1.激发学生阅读兴趣，愿读《海底两万里》

2.掌握快速阅读方法，会读《海底两万里》

3.明确阅读任务要点，读懂《海底两万里》

二、做好名著阅读导读课教学前准备

（一）外国名著译本的选择

《海底两万里》是外国名著，意味着它在国内的传播需要语言学的专业人士进行翻译。译者个人文学素养、语言表达习惯、专业能力不可避免的导致译本语言风格的差异。选择一个适合七年级学生阅读的版本在《海底两万里》的阅读教学中就尤为重要。《海底两万里》主要翻译者有陈筱卿、赵克非，陈筱卿的版本比较忠于原著，所以语言风格上偏西方化，与中文的表达方式不太一样。赵克非的版本进行了本土化的语言修饰，陈筱卿的版本在人名、地名、动植物名称上不如赵克非的准确，但在数据上比较精确。作为长篇小说，要求是快速阅读，七年级达到每分钟不少于400字的要求，选择适合中学生语言习惯的版本更加适合快速阅读的要求。故推荐学生阅读人民文学出版社赵克非的译本。

（二）阅读教学时间安排

赵克非译本《海底两万里》共有两大部分，第一部分二十四章，第二部分二十三章，全书共47章，计划用半个学期9周的课内和课外时间完成。7个课内课时用来阅读，1个课时为导读课，1个课时展示阅读经验分享。前七周阅读，八九周完成相关专题任务并分享展示。

（三）阅读方法明确：快速阅读

与《骆驼祥子》不同，《海底两万里》是长篇科幻小说，全部在课堂完成阅读不现实，需要采取课内阅读和课外阅读相结合的方法，指导学生采用浏览、略读的方式，快速阅读。

专注集中精力，嘴吧不出声，眼睛视线放宽，尽量在第一个课时的课堂阅读明确主要人物之后，尽可能以段落、页码为单位，快速扫视主要情节和地点变换，对主要任务尼莫船长进行集中关注，其他的景物、环境的描写，知识的介绍，背景的介绍，不能理解的地方快速跳过，把握主要情节。

三、具体导读课教学实施过程

（一）激趣导读，进入海底两万里

1.儒勒·凡尔纳

刘慈欣是我国目前科幻小说的集大成者，但其实早在一千年以前，有一个作家，就开始进行科幻小说的写作，他是现代科幻小说的奠基人，被誉为"科幻小说之父"，"科学时代的预言家"，这个人是谁？在还没有发明电报的时候，他小说中的人物就用电报传递信息；在还没飞机的时候，他小说中的人物就驾驶直升机来往；在人类还没有着手登月的时候，他小说中的人物已经坐在炮弹里发射月球。

2.《海底两万里》解题

法语原书名为 Vingt Mille Lieues sous les mers。法语两万里跟我们说的两万里是否一致呢？

"里"指法国古里，而法国古里又有海陆之分，一古海里约合为 5.556 公里，一古陆里约合 4.445 公里。海底两万里，即海底两万古海里，他们在海底行驶的路程,应该在十一万公里。
谁在海底行驶了两万里?(涉及主要人物)
凭借什么在海底行使两万里?(涉及乘坐工具:潜水艇)
花了多长时间?(涉及航行时间:十个月)
到了哪些地方?(涉及航行路线)
经历了哪些事情?(涉及主要情节)

(二)快速阅读方法指导
1.读目录,心中有大概
2.保持安静,专注阅读
3.扩宽眼睛视界,以段为单位
4.聚焦主要人物情节

(三)理清主要人物
(1)尼摩船长:("诺第留斯号"船长)
(2)"我":法国生物学者阿龙纳斯
(3)尼德·兰:捕鲸手
(4)康塞尔:阿龙纳斯仆人
(5)法拉格特:"亚伯拉罕·林肯"号驱逐舰舰长(只在小说开头部分昙花一现,姑且算半个)

(四)根据目录,理清主要情节和航行路线
1.航行路线:太平洋——托雷斯海峡——格波罗阿尔岛——印度洋——红海——阿拉伯隧道——地中海——维哥湾——大西洋——南极——合恩角——大西洋——亚马逊河——北冰洋
2.主要情节:海底森林打猎、漫步海底平原、搁浅、遭土著人围攻、参观锡兰岛采珠场、同巨鲨搏斗救下采珠人、珊瑚礁安葬同伴、红海击杀儒艮、目睹海底火山喷发、撞上冰盖被困冰下、冰山封路、遭章鱼袭击。
3.跨学科实践,绘制"诺第留斯号"航行路线、潜水艇简易图。("诺第留斯号"参见第一部分十二章和十三章的描写)

(五)聚焦人物:尼摩船长初感知
1.尼摩船长是谁?他是个怎么样的人?
明确:
A.学识渊博、献身科学的探索者
B.英勇顽强、沉着冷静、有爱心和同情心、有正义感
C.反对压迫和殖民主义的战士
具体文段:
教学片段一:学识渊博、献身科学的探索者

A组第一部分《鹦鹉螺》号章节的阅读鉴赏
B组第一部分《一切用电》章节的阅读品析
C组第一部分《几组数据》章节的阅读品析
片段二:英勇顽强、沉着冷静、有爱心和同情心、有正义感
A组第二部分《章鱼》章节的阅读鉴赏
B组第二部分《一颗价值连城的珍珠》章节的阅读品析
片段三:反对压迫和殖民主义的战士
第二部分《维哥湾》章节的阅读品析
2.尼摩船长去哪了呢?他的真实身份是什么?感兴趣,继续阅读海洋三部曲《格兰特船长的儿女》《海底两万里》《神秘岛》中的另外两部寻找答案吧。

通过对具体语段的品析,带领学生在具体的阅读实践中初步感知主要人物形象,主人公尼摩船长的人物形象并不是扁平单一的,而是随着"我"与他的接触中慢慢丰富立体起来。学习渊博、勇敢极致、有爱心有同情心、反抗一切压迫和殖民,这样一个人物形象,会促使学生对名著和人物产生浓厚的阅读兴趣,愿意读名著。

四、导读课教学反思

开展名著导读课的前提是对这一本名著内容、主题的精准把握,以及对完成此阅读目的的阅读方法的选择有清晰明确的认知。名著导读课的目的,实际上是激发学生阅读整本名著的兴趣,给予学生大致的目标和方向。通过确定清晰的专题探讨提高阅读的效度和信度。本文导读课的教学设计,做到了以下几点:

首先,导读贯穿了《海底两万里》的整个阅读教学全过程。巧妙设计教学活动推动学生后续的阅读与探究。其次,导读关注了阅读教学的学习价值,让学生明确了快速阅读的方法并进行具体实践。再次,导读课做好了具体的阅读任务专题,如航海行路、潜水艇模型的绘制,尼摩船长形象分析,为能读懂《海底两万里》做了准备。最后通过问题"尼摩船长消失了,他去哪里了?他的真实身份是什么?"继续激发学生阅读儒勒·凡尔纳海洋三部曲中的第一部和第三部《格兰特船长的儿女》《神秘岛》。导读课目标达成,教学效果良好。

沈佳敏,桂林市国龙外国语学校教师。

《林教头风雪山神庙》的环境描写教学方案

◎ 沈雯博

【学习目标】
1.梳理故事内容,细读文本,理解"风雪"这一环境描写的作用。
2.探究人对于社会环境的反作用及意义。

【评价目标】
1.能够掌握环境描写的作用。
2.理解环境与人物命运的关系。

【重点难点】
1.重点是掌握环境描写的作用。
2.难点是探究人对于社会环境的反作用及意义。

【温故·习新】
温故:简介《水浒传》其书、施耐庵其人、故事前情概要

习新:刘亮程曾说"落在一个人一生中的雪,我们不能全部看见,我们都在自己的生命里,孤独地过冬。"林冲的生命就这样直接地面对"风雪",走进《林教头风雪山神庙》。

梳理故事情节:开端:林冲沧州遇旧知
发展:陆虞候密谋害林冲　林冲买刀寻仇人　林冲接管草料场
高潮、结局:林冲复仇山神庙

【研讨·拓展】
问题导学一:研读自然环境的作用。找出文中直接描写风雪的句子,尝试分析其作用。

第一处:正是严冬天气,彤云密布,朔风渐起,却早纷纷扬扬卷下一天大雪来。
作用:"彤云密布"极言雪之大,"纷纷扬扬"极言雪之厚。渲染压抑的气氛,烘托人物沉重的心情。

第二处(侧面):仰面看那草屋时,四下里崩坏了,又被朔风吹撼,摇振得动。
作用:写朔风肆虐,渲染天冷的气氛,烘托人物担忧的心情,为下文写草厅被雪压倒做铺垫。

第三处:那雪正下得紧。
作用:"紧"描绘纷飞又壮丽的雪景,渲染凄寒萧条的气氛,写出林冲生存环境极端艰苦,烘托林冲即将忍无可忍的心情,推动下文的复仇情节。

第四处:看那雪,到晚越下得紧了。
作用:林冲踏着那瑞雪,迎着北风,飞也似奔到草场门口。突出了风大雪猛的恶劣天气特征。到晚越下越紧的雪,烘托了林冲越来越紧迫的心理压力,他担心已经崩坏了的草厅被大雪压垮。所以"飞也似奔到草场门口",结果草厅还真被大雪压倒了。大雪一步一步挤压了林冲的生活空间,让他彻底失去了安身立命之所,推动下文林冲被逼迫得只能去古庙借宿的情节。

小结:以上四幕"风雪"场景,肆虐的朔风裹挟这紧密的冰雪,这"风雪"愈下愈大,给人一种"山雨欲来风满楼"的紧迫感,这种描写层次是天气条件一步步地恶化的展现,也隐喻着小说中主人公林教头所处的社会环境和自身处境也是一步步走向危险和恶化。

问题导学二:研读社会环境对人物命运的作用。林冲背后的社会现实与林冲的命运有何关系?

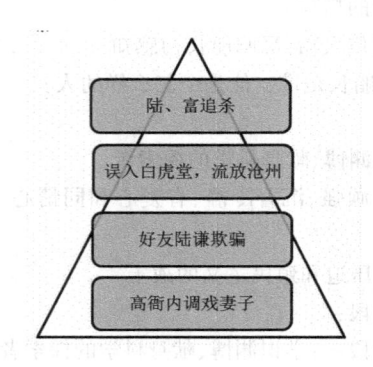

```
        /\
       /  \
      /陆、富\
     / 追杀  \
    /─────────\
   /误入白虎堂,\
  / 流放沧州   \
 /───────────── \
 /  好友陆谦欺骗  \
/─────────────────\
/  高衙内调戏妻子  \
────────────────────
```

背景：林冲作为东京八十万枪棒教头，不仅事业有成，家里还有一位温良贤惠的妻子，二人家庭和睦，美满幸福，父亲是提辖，丈人是教头。他的生活平静而幸福，没有经过什么大风大浪。只因高衙内看上了自家妻子，林冲奋起反抗，他便成了高俅等人的"眼中钉"。林冲之前的生活环境决定了他相信人是善良的，面对陆谦等人的步步紧逼，林冲一忍再忍。然而高俅等人却并没有打算放过他，一路追杀到了沧州，设下阴毒计谋要至林冲于死地。

明确：如果说之前的林冲还对明天抱有期待，现在的他经历了二次摧毁，已经彻底放弃了回归社会生活的希望，林冲在风雪中杀死了仇敌，同时也杀死了那个对社会满怀希望的自己。

高中教材选文中并没有包括林冲手刃仇人、一路投东后的故事，在《水浒传》原著中是这样描写的：提着枪只顾走，那雪越下的猛，但见：凛凛严凝雾气昏，空中祥瑞降纷纷。须臾四野难分路，顷刻千山不见痕。银世界，玉乾坤，望中隐隐接昆仑。若还下到三更后，仿佛填平玉帝门。

风雪，是林冲所处的恶劣的自然环境，也是他所处的险恶的社会背景。自然的风雪没有压垮林冲，但社会的风雪却将那个忍辱偷安的林冲掩埋了。这场风雪，截断了林冲回归家庭、与家人团聚的后路；这场风雪，粉碎了林冲所有的侥幸、所有的幻想；这场风雪，留给他的归途只有直面风雪。

小结：环境推动着人物命运的变化。相对于林冲从"忍"到"狠"行动的明线，陆谦等次要人物的活动则形成了一条步步紧逼、把林冲逼至无处可退的暗线，这条暗线恰恰是林冲行为最终改变的重要原因。

问题导学三：研读人物对于社会环境的反作用。林冲面对奸人一次又一次的逼迫是否一次又一次地反抗？

第一次反抗：李小二夫妇告知他有人到沧州欲杀害他之后，上街买了解腕尖刀，前街后巷寻了三五日。因为没有找到泼贼，"心下慢了"。甚至在被调到了草料场后，还想着"待雪晴了，去城中唤个泥水匠来修理"。这一次反抗起势大且气势足，但最后却偃旗息鼓，无声无息了。

第二次反抗：大雪压倒了草厅，他到古庙避寒，撞破了陆谦等人的阴谋诡计之后。他发现自己原来一直处于被人精心设计的阴谋之中，终于"忍无可忍，无须再忍"，杀死了陆谦等人，上了梁山。

林冲对社会环境的反抗有何意义？

那一夜，在沧州的雪与火中，被逼到绝境的林冲终于提枪而起，手刃仇人，也扼杀了自己的一切幻想。皑皑白雪埋葬了他的全部过往，熊熊火焰吞噬了他的所有隐忍。林冲终于冲出了束缚他的重重套子、道道枷锁，完成了由安分守己的良民向江湖英雄的蜕变。那个安分守己、隐忍退让的林冲死去了，取而代之的，是威风凛凛的豹子头！向死而生，快意恩仇，林冲用自己血腥的复仇在江湖上竖起了英雄的大旗，完成了生命个体在社会环境重压之下的挣扎与突围！

拓展活动：为什么要将故事设置在一个风雪交加的夜晚？

示例：风雪意味着冰冷的现实，外面的风雪，酒壶里的冷酒，让他感受到这个世界也是冰冷的。燃烧着的是权势的火焰，有权势的人将普通人的生命玩弄于股掌之中，这场雪让世界变得更冷。后来林冲在风雪夜提枪上梁山，内心是彻底绝望，在其眼中世界就是风雪交加的。

总结：祥林嫂在风雪的夜晚寂然死去，林冲在风雪的夜晚被逼上梁山。时间跨越了数百年的作者们在漫天冰雪的描述中不谋而合：每一个个体命运的冲撞，从来都没有什么偶然，而是时代环境洪流中的一片必然坠落的雪花。人的命运，既成长于环境，也受制于环境。有人被消解，有人愿意充当助推者，成为社会环境的牺牲品，而有人继续着他的挣扎与突围。

【反馈·提炼】

同样关于雪，分析此处对"雪"描写的作用。

链接 2011 年江苏卷《这是你的战争》

请探究文中自然景物叙写的深刻寓意，以及对表现人物的作用。

（1）深刻寓意：①雪：昆明很少下雪，用下雪天寒渲染气氛，暗示战事紧急，形势严峻。②腊梅林：用傲雪的腊梅，象征爱国知识分子的高洁品格。

（2）表现人物：①孟弗之见到雪白的腊梅林，暗喻他路遇蒋姓学生后的沉重心情。②萧子蔚、澹台玮面对雪已消了大半的腊梅林，暗示他们消解了内心的淡淡纠结，彼此之间理解更深了。③澹台玮走入腊梅林，人与梅相映，隐喻坚贞人格。

沈雯博，江苏省启东中学教师。

《念奴娇·赤壁怀古》教学设计

◎孙玉凤

【设计思想】

进行了《赤壁赋》的学习,对于其中阐释的哲理,有很多同学不能很好地理解。所以我们安排学习《念奴娇·赤壁怀古》,作为对《赤壁赋》的后续和补充。教研室周老师提出了课型要体现诗歌必修和诗歌选修的不同。本设计力图对诗歌必修课模式有一个较为全面的挖掘,适合高一学生的实际水平,让学生真正领悟诗歌,学到诗歌鉴赏的方法。教学过程中诵读诗歌贯穿课堂,以"鉴赏景物——把握形象——理解情感"的思路为线,问题设计紧扣诗歌鉴赏的能力点。本设计中教师采用情境导入法、诵读指导法、探究讨论法等多种教学方式进行教学,特别是在复杂情感的体会方面设计了一些活动,以期充分调动学生的学习积极性。

【教学目标】

1.熟读全词,背诵全词。

2.欣赏名句,鉴赏景物特点。

3.感悟形象,理解苏轼情怀。

【教学准备】

撰写教案、制作多媒体课件、设计作业、查找拓展资料。

【教学过程】

一、导入新课

苏轼因为"乌台诗案"被贬黄州,黄州、赤壁是一个非常重要的地方,而在黄州,在赤壁的日子,是他生命中最有转折意义的日子。他在此徘徊,在此寻觅,在此反省,亦在此升华。请同学们齐读:(大屏幕显示)"引导千古杰作的前奏已经奏响,一道神秘的天光射向黄州《念奴娇·赤壁怀古》和前后《赤壁赋》马上就要产生……"

二、文本学习

学习任务一:"诗歌诵读"

每一次经典的阅读都是与诗人的相遇。而与诗人的相遇,也便是对作品深刻而认真的解读。

活动一:学生自读诗歌,注意读准字音。

活动二:学生齐读诗歌,注意区分"了"的读音。

形式:采用比较诵读法 le 和 liao 确定读 liao

活动三:学生范读诗歌,把握情感基调。

形式:学生范读后,请同学起来评点,看看哪些语句情感比较充沛,哪些有不足之处。

活动四:学生齐读诗歌,注意读出气势。

教师小结。

学习任务二:"鉴赏景物"

本词是一首怀古词,上阕写赤壁的景色,下阕是抒发感情的。这也是怀古词的一般模式。我们和苏轼一起,走近赤壁,当远古传说中宏大的古战场呈现在面前,作者都看到了哪些景物?选取其中你最喜欢的写景物的句子,进行赏析。

活动一:学生大声自由诵读课文,品味诗歌语言。

活动二:学生独立思考,然后同位讨论交流发言。

活动三:在赏析过程中,让学生边赏析边试读,体味豪放风格。

教师小结:鉴赏景物描写的句子可以从用词、修辞、给我们的感觉方面进行鉴赏。

学习任务三:"形象分析"

三国是个英雄辈出的年代,作者为什么只把周瑜作为歌颂的对象?请同学们自读下阕,思考一下,词中可以看出一个什么样的周瑜?

问题1:词中周瑜是个什么样的形象?

问题2:作者选取周瑜作为歌颂对象的目的是什么?

形式:学生自读诗歌,说说自己从诗句中看到了一个什么样的周瑜。

内容:

学生讨论答案示例:

周瑜很潇洒。从"羽扇纶巾""雄姿英发"可以看出来。

周瑜很有指挥才能,年少功成。他指挥赤壁之战,"樯橹灰飞烟灭",很有英雄气概。

"谈笑间"还可以看出周瑜从容不迫,指挥若定。

"小乔初嫁了",可以看出英雄美女相伴。

"小乔初嫁了",还应该表达周瑜年轻有为,风流倜傥。

明确:作者选取周瑜是为了和自己做对比。

教师小结:分析形象可以从人物的衣着、外貌、肖像角度,可以从人物气质、风采等角度,可以从作者蕴涵的情感等角度。

问题3:假如苏轼和周瑜见面,苏轼会对周瑜说什么?

形式:创设情境,代入自我。

引领同学想象两个人见面场景。

可以引导学生从年龄、婚姻、官职、经历、等方面展开。

答案示例:

生:我很崇拜你啊。

生:我很羡慕你。

生:我没有像您一样遇到明君啊!

生:唉,我生不逢时啊!

生:你年纪轻轻,功成名就,而我却壮志难酬,没有用武之地。已经47岁了。

问题4:对苏轼的复杂情感提炼核心词。

生:羡慕、崇拜。

生:惆怅、失落、愤懑、不如意等。

学习任务四:情感把握

问题:我们应该怎么理解他的"人生如梦,一樽还酹江月"?有人说"人生如梦""是消极的,"酹江月"是作者借酒浇愁吗?

活动一:学生自读课文,品味作者情感。

形式:四人小组讨论,推选代表发言。

方法:结合《苏东坡突围》,学生了解苏轼遭遇了哪些变故,教师图示总结背景介绍,请同学结合背景来诠释对诗中情感的体会。

例:"乌台诗案",被贬黄州,朋友背弃,长途押解,狱中折磨,死里逃生,中年丧妻等。

学生答案示例:

生:我认为有消极一面。因为苏轼遭受了这么大的变故,他肯定有这样的想法。我觉得他或许有死的念头呢。

生:我觉得他不是在借酒浇愁,而是在寻找精神的出路。他不想这么沉沦下去,曾经有过雄心壮志虽然被消磨了,但是他没有破罐子破摔,反而想过去的就过去吧。

生:我觉得苏轼有消极的成分,但是更多的是积极乐观的心态。他年轻时候也很顺利,可是到后来有了很多的变故,有他自身的原因,也有朝廷外在的因素。所以他想,实在不行就算了吧。我在大自然中寻找寄托吧。

活动二:同学试读下阕,品味复杂情感。

形式:小组互动,加强合作交流。

活动三:提炼情感,升华主旨。

形式:请同学提取出一个词来诠释对诗歌中情感的体会。

例:我看到了一个＿＿＿＿＿的苏轼。

答案示例:我看到了一个豁达的苏轼。我看到了一个乐观的苏轼。我看到了一个潇洒的苏轼。我看到了一个豪放的苏轼。

小结:《念奴娇·赤壁怀古》是豪放词的代表作,景物描写扣人心弦,还揭示了诗人感情的激荡起伏。这里有苦闷、郁愤和不平,这里有乐观、旷达和自信,各种情感交织在一起,构成该诗在情感上的复杂变化。突出地表现了诗人精神的自由,胸襟的洒脱,情感的豁达。展示了诗人力求从苦闷中挣脱出来的强大精神力量。

学习任务五:"诗文联读"

积累下列苏轼的名句。

(1)但愿人长久,千里共婵娟。(《水调歌头》)

(2)竹杖芒鞋轻胜马,谁怕?一蓑烟雨任平生。(《定风波》)

(3)回首向来萧瑟处,归去,也无风雨也无晴。(《定风波》)

(4)拣尽寒枝不肯栖,寂寞沙洲冷。(《卜算子》)

(5)谁道人生无再少?门前流水尚能西,休将白发唱黄鸡。(《浣溪沙》)

(6)欲把西湖比西子,淡装浓抹总相宜。(《饮湖上初晴后雨二首》)

(7)会挽雕弓如满月,西北望,射天狼。(《江城子·密州出猎》)

【拓展作业】

1.背诵全词,并在作业本上默写全词。

2.感悟练笔:苏轼,我想对你说。

孙玉凤,上海外国语大学附属外国语学校松江云间中学教师。

《卖炭翁》教案

◎ 汤怿纯

【教学目标】

1.能字正腔圆地朗读《卖炭翁》,注意诗歌的节奏和韵律。

2.读懂诗句的意思,了解梗概,梳理情节,了解卖炭翁生活的艰辛。明白白居易的文学主张和写作特点。

3.体会诗人对劳动人民的深切同情和对统治阶级、不合理制度的愤怒和抗议,体会以卖炭翁为代表的底层人民的可怜,统治阶层的可恨。

【教学安排】1课时

【教学过程】

一、导入新课

教师:唐朝有这样一位诗人,在他死后,有一位皇帝为他写了一首悼亡诗。

吊白居易
[唐]李忱

童子解吟长恨曲,胡儿能唱琵琶篇。

1.提问:这首诗中哪两句能看出白居易的文章特点?是什么特点?

明确:童子解吟长恨曲,胡儿能唱琵琶篇——通俗易懂。

2.这首诗中还提到了白居易的两首名篇,分别是什么?

明确:《长恨歌》《琵琶行》

二、预习检测

1.请学生朗读课文

2.请同学参照评价表格,评价学生的朗读(读准字音,读出节奏)。

3.教师询问是否有读音的疑问?

明确:讨论"辗"和"碾"的读音;"骑"的读音 ji 是名词、qi 是动词。

读准字音应当建立在理解意思的基础上,汉字的音形义是相辅相成的。

4.了解梗概,梳理情节:烧炭——运炭——抢炭

三、研读课文 合作探究

1."心忧炭贱愿天寒"和"怨天寒"比较

明确:愿:希望;怨:埋怨。希望天气更冷一些,好让炭火卖出高价。

这样的老翁在冰天雪地中是个什么样的情状?尝试从人物描写来描述(凄惨,可怜)

2.按照情节梗概的三个部分,探讨老翁还可怜在哪里?

【烧炭】

(1)"满面尘灰烟火色,两鬓苍苍十指黑"(颜色对比,触目惊心)

长年累月,辛苦劳累;工作环境恶劣

教师补充:炭是怎么烧的?先锯成段,封进窑里,干柴烧四昼夜,湿柴烧七昼夜。不能烧过头,也不能没到火候,为了保持火温稳定,还要经常添柴。五斤木柴烧一斤碳,折损比很高。

烧炭的前提是砍柴,老翁去哪里砍柴?(屏显:终南山)

南山(终南山)

1."预投人宿处,隔水问樵夫。"(王维)的终南山,山高林密,荒无人烟,常有豺狼出没。

2.《左传》称终南山"九州之险"

《史记》载秦岭是"天下之阻"

(2)"卖炭得钱何所营,身上衣裳口中食"不为荣华富贵,只是为了吃饱饭,穿暖衣。

老翁此时衣不蔽体食不果腹,他的目的非常简

单。

齐读本部分,读出老翁的可怜。

【运炭】

(1)"夜来城外一尺雪,晓驾炭车辗冰辙。"

一尺雪,地面湿滑。一尺雪=33厘米,如果常熟下了5厘米雪,会怎样?然而老翁在冰面上一步一滑,拉着满车的炭,走了很远。

哪里能看出他走了很远?

明确:1.材料;2.夜来,晓驾。

老翁的状态?

牛困人饥——互文

又困又饥,又累又饿——泥中歇

齐读本部分,读出老翁的可怜。

【抢炭】

(1)"一车炭,千余斤,半匹红纱一丈绫"

对比,轻重——重量轻;价钱轻

价钱轻到一文不值:(屏显)

补充唐朝的币制:

1.唐朝的币制属于多元化类型。把通宝钱与绢帛作为法定货币并行流通,即"绢值与钱值并重"。法令还规定:用作货币的绢帛都以匹计,不得割裂,以免造成计量标准的混乱和绢帛实用价值的损失。因此,"半匹红纱一丈绫"实际上根本不能作为货币,其实一文不值。

不是买卖,而是掠夺。

【寻找其他对比之处】

1.可怜身上衣正单 vs 黄衣使者白衫儿

衣着对比:单薄、脏、破旧;干净、华丽

2.宫使驱将惜不得 vs 翩翩两骑来是谁

态度对比:卑微,敢怒不敢言;趾高气扬

3.手把文书口称敕

炭很重,夺走却只要轻飘飘几句话。在光天化日之下行抢夺之事。(可恨)

齐读本部分,读出老翁的可怜。

努力付诸东流,希望化为泡影。老人心情沉重。

四、揣摩写法 体会主旨

1.为什么不给老翁取名字?

明确:讽刺抢夺行为,这种行为很普遍,不能一件件写。是千千万万贫苦百姓中的一个("晓驾碳车辗冰辙"冰面上有其他的车印子,生活所迫)广泛性、深刻性、代表性。

2.为什么卖炭翁没有卖成炭,仍然叫这个题目?

明确:这是老翁的职业,卖炭维持生计,这是他活下去的希望和支撑。无法卖炭,他该怎么活。讽刺。

3.为什么安排这样的结局?

资料链接:

尝有农夫以驴负柴至城卖,遇宦者称"宫市"取之。街吏擒以闻,帝诏黜此宦者,而赐农夫绢十匹;然"宫市"亦不为之改易。谏官御史数奏疏谏,帝不听。(《顺宗实录·宫市》)

这个农夫只是个例,只是侥幸。只要宫市制度不变,这种受苦受难的情况就不会改变。悲剧更能震撼人心,更能表达作者的情感态度。

4.什么情感态度?

同情老翁、批判统治者及制度。

"炭":无能的统治者,腐朽的制度,黑暗的社会如同一座大山压在老翁灰暗的人生之上。

五、走近作者 知人论世

"文章合为时而著,歌诗合为事而作"——为百姓发声,为民请命,这些事情才值得写。作为一名官员,他想到可以借助舆论宣传的力量,到这里我们似乎明白了为什么白居易要把自己的语言写得这么通俗。借助百姓口耳相传,最终传到皇帝那里。让他了解民生疾苦,改革弊制。这就是他的创作目的。

饱而知人之饥,温而知人之寒,逸而知人之劳。

【布置作业】

阅读《轻肥》,看看作者白居易关心民生疾苦的胸怀。

汤怿纯,江苏省苏州市常熟市昆承中学教师。

《朝花夕拾》主题"鲁迅的思想历程"教学方案

◎唐和一

【文本分析】

《朝花夕拾》是回忆性散文集，是成年鲁迅对过去的追忆。鲁迅先生是如何从一个天真烂漫、充满好奇心的儿童成长为"民族脊梁""民族魂"的？我们从他的这些回忆中可以找到一些答案。本书比较清晰地呈现了鲁迅的童年、少年、青年时代，后五篇更是鲁迅"走异路，逃异地"人生哲学的开始。六次"出走"是鲁迅不断失望又不断找寻理想道路的过程：从对个体生存环境的失望到对国民精神的失望，从找寻满足个人生存的知识技能，到找寻救国救民的道路；他的目标从混沌到清晰，他的选择从被动变为主动，他的追寻从"小我"走向"大我"。六次"出走"是动态的、发展的、又是彼此关联的，在不断地选择中，有着变化的东西，也有着不变的东西。

五育育人点：以"出走"为切入点，从对本书相关的文章的阅读中，我们可以带领学生追寻鲁迅的求学足迹，探寻鲁迅的精神成长历程，感受鲁迅的光辉的人格魅力，从而让学生汲取成长的精神养分，使之对学生的个体生命产生深远的影响。

本节课是建立在单篇阅读后的专题阅读，是对文本内容的整合、提炼和升华。学生通过对文中"出走"语句的提取，从而概括"出走"的触发事件，进而分析"出走"的根本原因，感知鲁迅的人物形象，最终达成对个体成长启迪的目标。这个过程正是德育、智育、美育目标的体现。

【学情分析】

目前学生完成了对七上第三单元的讲读篇目《从百草园到三味书屋》的学习，此外，也完成了对《朝花夕拾》中的其他单篇的阅读。所以，学生对《朝花夕拾》有了一定的了解，对童年的鲁迅也有了一定的了解。但鉴于《朝花夕拾》是文选（回忆性散文集），之前的阅读也只是散点阅读，学生难以形成整体认识。完整的书无论在内容广度还是思维深度上都更宏大和深邃。《朝花夕拾》也是初中第一本必读名著，初步建构起整本书阅读的经验，这是学生的薄弱点、缺失点。

在阅读过程中，学生能够找出每一次"出走"的浅层原因，——即令鲁迅先生选择出走的现实因素，但是无法从现实情况中发现更深层的原因，更无法建立起六次"出走"内在的联系，从时间线和几次"出走"的思想变化中找到内在的关联，探寻背后的根本原因，这是学生的障碍点，也是这节课的重点和难点。

初一的学生对人生的认知尚处于粗浅的感性的阶段，当自己在人生路口的时候，需要什么样的态度，要做出什么样的选择，是没有自觉的。在自己的经历中吸取的养分始终有限，所以，更需要从他人尤其是"大家"的经历中得到指引。

【教学目标】

知道青年鲁迅的成长历程。

理解鲁迅的思想变化。

能够从鲁迅的成长轨迹探知鲁迅的思想变化，从而感知鲁迅的光辉形象。

能够从找准切入点进行整本书的深入阅读。成为一个心怀家国的中国少年。

【教学过程】

导入：本学期我们通过学习《从百草园到三味书屋》走进了鲁迅先生的童年生活，在这篇文章中同学们看到了一个怎样的小鲁迅呢？

一、探究"出走"路上的找寻

请同学们结合前置学习单，说说鲁迅先后辗转了哪些地方？简要概括辗转的原因。

第一次：好。那么，走罢！——《琐记》

第二次：只得走开。——《琐记》

第三次：所余的还只有一条路：到外国去。

——《琐记》

第四次：我就往仙台的医学专门学校去。——《藤野先生》

第五次：到第二学年的终结，我便去寻藤野先生，告诉他我将不学医学，并且离开这仙台。——《藤野先生》

第六次：我懂得他无声的话，决计往南京。——《范爱农》

总结：鲁迅的成长历程也是"出走"的历程。

活动一：根据触发"出走"的事件及原文表述，分析鲁迅出走路上的找寻。

第一次：好。那么，走罢。

绍兴→南京：不满家乡风气，找寻"别类人们"。

（走出了家乡）

第二次：只得走开。——《琐记》

南京雷电学堂→南京矿路学堂：对学堂风气失望，找寻知识。（接触新学，打开了新视野）

第三次：所余的还只有一条路：到外国去。——《琐记》

南京矿路学堂→日本东京：毕业一无所能，找寻技能。

（走向了更广阔的天地）

第四次：我就往仙台的医学专门学校去。——《藤野先生》

日本东京→日本仙台：对清国留学生的不学无术失望，找寻专业技能。

（遇到了影响自己一生的恩师）

第五次：到第二学年的终结，我便去寻藤野先生，告诉他我将不学医学，并且离开这仙台。——《藤野先生》

日本仙台→绍兴：对同胞的冷漠麻木失望，找寻救国道路。

（确定了人生方向——文化救国）

第六次：我懂得他无声的话，决计往南京。——《范爱农》

绍兴→南京：对革命的不彻底失望，继续找寻救国道路。

（从此开始了艰难又坚定地行走）

总结："出走"的历程是不断找寻理想的历程

二、梳理"出走"历程中的思想变化

活动二：以上六次出走中，哪一次对鲁迅的影响最深远呢？

……

活动三：鲁迅一直出走的历程中，地点和思想都在不断地变化，其中有不变的吗？

不变：求真的态度精神；爱国之心。

齐读先生的"出走宣言"。

总结：出走的历程就是思想转变的历程。从迷茫不知方向到方向逐渐坚定；从被动离开到主动选择；从寻求个人生存之路到探索救国救民之路。贯穿始终的是对真善美的追求和一片爱国之心。

三、感知鲁迅的人物形象

出示《朝花夕拾》小引：

我常想在纷扰中寻出一点闲静来，然而委实不容易。

……

这十篇就是从记忆中抄出来的，与实际内容或有些不同，然而我现在只记得是这样。文体大概很杂乱，因为是或作或辍，经了九个月之多。环境也不一：前两篇写于北京寓所的东壁下；中三篇是流离中所作，地方是医院和木匠房；后五篇却在厦门大学的图书馆的楼上，已经是被学者们挤出集团之后了。

我们触摸到的是被温馨的回忆所治愈的鲁迅，是一个在苦痛之际仍然理性书写的伟大灵魂。《朝花夕拾》完稿后，先生继续着他的"行走"，走向了革命和时代的前沿。

（展示 1926—1936 年鲁迅"行走"的历程。）

行走的历程中虽然有过彷徨、但从未停止过呐喊，先生的一生是不断出走不断发声不断呐喊的一生。鲁迅浩茫的心事永远和远方的人民，脚下的中华大地紧密相连。

四、了解更多为国家、民族不停奔走的人

我们通过《朝花夕拾》看到了心系苍生的少年，是他的行走和呐喊让让当时寒露凝结的中国大地有了朝花、有了春回大地的生机。

其实我们的中华民族不仅鲁迅一个人在行走，请你谈谈你所知道的为国为民而奔走的人。

正是因为有这些人的持续行走，整个民族才得以在历史的进程中不断前行。愿青年鲁迅之走，给同学们继续走、向上走，坚定走的勇气！

【作业设计】

再读《朝花夕拾》，请小组共同选择一个适宜的研究点，共写一篇读书笔记。

唐和一，四川省成都市七中育才学校华兴分校教师。

"信息时代的语文生活"专题活动教学设计

◎万 佳

【设计意图及思路】

学习本单元,重在提高媒介素养,更好地适应信息时代的生活。中学生是使用网络媒介的主力军,每天暴露在海量的媒介信息之中,处在世界观、人生观、价值观形成的关键期的他们更需要辨识好、利用好信息,做信息时代的主人,因此,学习辨识媒介信息,提升媒介素养就显得格外重要。比起以文本为主体的教学单元,本单元离学生生活更近,所以在教学中我注意直接从现实生活中取材,搜集了较多的新闻材料作为教学内容,更加注重设计出真实的学习情境和过程性较强的学习活动,让学生在真实的生活情境中加深对媒介信息的认识,掌握辨识虚假信息的方法,真正形成提升媒介素养的自觉意识。

【教学目标】

1.了解辨识媒介信息的基本知识、方法,能够准确、得体、规范地表达自己的见解和观点。

2.提升学生独立思考、理性判断的思维能力,能有效甄别媒介信息。

3.能分辨媒介信息的良莠,提升媒介素养。

4.树立正确的人生观、价值观,在日常生活中勇当担,共建文明和谐的网络环境。

【教学重难点】

1.了解虚假信息的特点、危害,掌握辨识媒介信息的基本方法,提升学生辨识网络信息的能力。

2.增强学生面对网络信息的警惕意识,培养学生独立思考判断的能力,恰当筛选利用信息,树立正确的人生观、价值观。

【课时】1课时

【教学过程】

情境导入:同学们,正式上课前我想向大家求证一条消息的真假(PPT展示),请问这是真的吗?

震惊!!! 昨天3班某同学胆大包天在数学课上忘情写语文作业被老师发现,数学老师大发雷霆。该同学还辩解说:"语文老师说我们总是喜欢在语文课上偷偷写别的作业,怎么不见我们在别的课上写语文作业,我就想暗自向语文老师证明:其实我也在别的课上写语文作业……"

生:假的!

师:怎么知道是假的呢?

预设学生回答:①昨天我们上了数学课,我们就在现场,没有发生这样的事;②数学老师是班主任,很严厉,我们不敢在数学课上写别的作业;③语文老师没说过这样的话。

导入语:同学们说得有理有据,这条消息是假的无疑了!这条消息发生在大家身边,同学们就是亲历者很好判断,可是身处信息时代,我们每天更多的是从报纸、电视、互联网等媒介上间接获得信息,海量信息真伪难辨,各种"反转"屡屡出现,理性的声音被情绪的宣泄淹没……因此,有辨识信息的自觉与能力,能够分辨各种媒介信息的真伪就成了当代人必备的媒介素养。今天让我们一起走进信息时代的语文生活,学习辨识媒介信息,从而提升自己的媒介素养。

任务一:勤思考,虚假信息知多少?

1.什么是虚假信息呢?(厘清概念)

定义:虚假信息,指不真实的信息,被扭曲过的消息。

2.信息失真的情况有哪些呢?

(教师提供互联网上新近传播新闻让学生分析判断,从而了解信息失真的基本类型)

新闻一:2023年1月31日上海药物所、武汉病毒所联合发现:双黄连可以抑制新型冠状病毒。此后网上出现了双黄连可以预防新冠的言论,随即引发了市民连夜排队大量抢购双黄连的场面。

新闻二:2018年G7峰会后德、美、日等国官媒上放的图片。

新闻三:2021年3月初有新闻宣称新疆存在强

迫劳和侵犯人权的情况,后来 BCI 组织下的一系列服装品牌抵制中国新疆棉花,后来又发声明这一情况其实并不存在。

经过分析,三条新闻分别指向三类信息失真的情况:①信息本身真实,但在传播过程中产生了损耗和扭曲;②真实的信息被传播者夸大、隐瞒、剪裁和篡改;③信息本身是假的,凭空捏造,以讹传讹。

教师进行小结。

3.你碰到过虚假信息吗?它给你带来了什么影响?请结合自己的生活经历说一说。

预设:①虚假信息欺骗受众,给人们造成财产损失;②严重损害着媒体的公信力;③引发公众恐慌,扰乱社会秩序,影响国家安全、社会稳定……

教师小结:流言蜚语也许最初只是随口一说,但是经过一些好事之徒的添油加醋、无中生有,就会演变成一场灾难,对当事人造成无可挽回的伤害。也正是如此,国家网信办集中力量开展了网络虚假信息专项整治活动。

任务二:火眼金睛,识虚打假

国家网信办正在开展"清朗·打击网络谣言和虚假信息"专项整治活动,要求各大网络平台积极作为,严格信息审查,假如你是某互联网平台的运营人,请你组织团队成员进行信息审查。

活动一:团队协作、审核信息

现在以小组为单位,每组是一家 app 的审核组,审核员每天的工作是:审核自家 app 上的海量信息——即保留真实信息,辨别并删除 app 内的虚假信息。信息如下,各家 app 工作人员先自行识别信息的真假,然后小组讨论,形成共识。讨论结束后,各 app 工作组需要公布自家的审核结果,对真实信息给予通过,对虚假信息进行删除并给出审核原因。

教师提供互联网上的信息供小组审核,老师来明确。

活动二:总结特征、警惕谣言

结合上述案例中的虚假信息以及自己的生活经历,请各小组讨论并总结虚假信息一般具有哪些外部特征?

讨论后老师明确。

任务三:辨识信息有妙招　清朗空间"我"担当

1.你认为有哪些具体的方法可以帮助我们辨识虚假信息呢?

预设:①警惕标题党;②评估信息来源,多方对比信息,信息要素是否完整;③官方平台查证,向专业机构或者专业人士求证……

(借此可以向学生推荐一些较为权威的官方检索平台,如:中国互联网联合辟谣平台、学科信息门户、国家科技数字图书馆、中国科学院文献情报中心跨界检索服务……)

教师小结:当我们对是非对错难以确定时,就用过去的经验衡量它,用现实的事情验证它,用公正的态度判断它。如果这些方法实在不行,还可以有一点,那就是让子弹飞一会儿,让时间沉淀出真相和真知灼见。

2.虚假信息的产生并非一时一刻,杜绝虚假信息的产生和传播更非一人之力就能完成,你认为我们怎样做才能更好地杜绝虚假信息的产生、传播,营造更加清朗的网络空间呢?

预设多角度回答:

①个人角度:不断完善自己的科学、文化知识储备,让谣言止于智者;要具有独立、客观、理性思考问题的能力,不盲目跟风;具有正确的人生观和价值观,自尊自律,做知法守法的好公民。

②网络平台角度:网络平台要强化法律意识和守法观念,严格遵守国家法律法规,完善信息发布审核制度、真实身份信息注册制度和从业人员诚信考核制度,加强平台管理,履行社会责任,规范经营行为,增强服务能力,自觉抵制违法违规行为,拒绝为违法失信行为提供便利,主动接受社会大众监督,着力维护信息传播公信力。

③政府角度:要加大对网络平台及新闻机构的监督管理力度,对造谣者视严重程度进行分级处罚,按照及时、准确、公开、透明的原则,回应公众关切,解决现实问题。同时,政府部门也需要搭建顺畅高效的官方信息发布平台,用真实信息压缩谣言传播空间,引导社会公众增强辨别网络谣言能力,主动拒绝传播谣言,共同维护健康有序清朗的网络空间。

【布置作业】

请同学们总结今天所学,以小组为单位,利用自己手上的媒介资源,制作以"辨识虚假信息,提升媒介素养"为主题的宣传文案、海报或视频,完成后在班上交流展示。

万佳,湖北省潜江市江汉油田广华中学教师。

"登高"诗对比教学设计
——以《登幽州台歌》《登飞来峰》为例

◎汪春丽

【教学目标】

1.涵泳诵读,体会中国古典诗歌的音韵之美。

2.聚焦诗眼,品鉴诗人登高而观后的一喜一悲的不同诗情。

3.知人论世,以创作年岁为序,了解中国传统文化的自强心理。

4.以诗观我,在同题画的创作中,觅得面对人生得失时的先贤智慧。

【教学重难点】

1.教学重点:在诗眼和写作背景的比较阅读中领略一悲一喜的诗情。

2.教学难点:基于诗情领会,认识陈子昂诗作"哀而不伤"的本质——宣泄悲伤是为了振作精神,入世为用,并进行情感诵读。

【课时安排】1课时

【教学过程】

(一)统筹性备课

1.学生情况和教学定位

《登幽州台歌》《登飞来峰》是部编版初中语文七年级下册第五单元第21课《古代诗歌五首》中的其中两首。

本单元写景状物,或借景抒情,或托物言志,皆寄寓先贤人生感悟。人之一生,瀚海无垠;单元选篇,横越古今,或使"名篇渐乱学子眼"。因此,单元教学时,有必要引导学生理出一条相对清晰的线索。《古代诗歌五首》以组诗的形式出现,涵盖人从青壮年到中老年的心路转变,正适合做"拨开云雾见青天"的那股及时风。且本课5首诗歌悲喜各异,正映人生圆缺。《望岳》为24岁的杜甫壮志满怀之作,《登飞来峰》是30岁的王安石意气风发之作,《登幽州台歌》是37岁的陈子昂怀才不遇之作,《游山西村》乃43岁的陆游人生苦闷之作,《己亥杂诗》为48岁的龚自珍失意洒脱之作。初一学生虽大多未经人生风浪,但学业压力对比小学已不可同日而语,选《登幽州台歌》《登飞来峰》对比教学,有年岁承递性,有益于学生正确看待人生得失。

选这两首诗进行比较教学,除上诉考量外,还基于以下两点考虑:一是每节课时间有限,古诗篇幅短,学生阅读感知更快,能更从容分析诗作异同;二是学生从小学习古诗,对该文体的作品解读已有一定心得,更能在群文阅读中保持思维敏捷,加深文本理解。

2.预习任务

(1)自读诗作,思诗人登高所见及所思。

(2)关注注释,了解诗人生平,体悟人生百变。

(二)创造性教学

1.以画入诗,读才子佳作。

(1)出示两张图片,从文中选诗作,对图入座。

(2)齐读诗作,关注读音"怆"。

2.为画提诗,捋诗人情思。

(1)介绍古人题画之趣。

题:在画的空白处写上诗词文。

作用:题写的内容或抒发题者的感情,或谈论艺术的见地,或咏叹画面的意境。

(2)小组活动:根据画作内容,从相应古诗中找出契合的词句,作为每一幅画的题写文案。

①要求:可以直接使用原词原句,也可以适当组合;言之有理即可。

②提示:A.画中物使你想起诗中何词何句?

B.哪句让你最有感觉?

C.带入诗人身份,何句最能传情?

③预设可能出现的题词或题句。

《登幽州台歌》:天地悠悠,独我怆然。——画中除"我"之外,唯有幽州台。宇宙浩大,无人可解"我"忧愁,正与"天地悠悠"和"怆然涕下"情境相合。

《登飞来峰》:身在最高,不畏浮云。——画中山峰影影绰绰,可见有云朵簇拥,群山又比塔矮上几分,和"不畏浮云遮望眼,自缘身在最高层"有异曲同工之妙。

3.由画品诗;知世间冷暖。

(1)聚焦诗眼,捕捉诗情,为画作定冷暖色调。

①再读诗歌,边读边圈诗眼。

②预设可能回答:《登幽州台歌》——"怆然";《登飞来峰》——"不畏"。

③根据诗眼,确定诗歌思想内容及表现手法。

《登幽州台歌》:诗人借登幽州台所想,抒发悲伤之情。——寓情于景(手法)

《登飞来峰》:诗人借写千寻塔之高耸,展现不畏艰难的精神。——寓情于景(手法)

④根据诗情,为画作定色。

《登幽州台歌》:黑白水墨画;《登飞来峰》:彩墨画。

(2)知人论世,洞悉诗人悲喜原因。

①借助各诗注释一,推测创作背景。

预设回答:《登飞来峰》——无直接提示。春风得意时,受挫自勉时,皆有可能。

《登幽州台歌》——"幽州台……招纳天下贤士所建",悲无人才或贤君。

②资料助读,了解诗人生平。

③根据创作背景,分析诗人悲喜原因。

子昂之悲:自己生不逢时、怀才不遇。

安石之志:排除万难以实现个人政治抱负的进取精神。

④三读诗歌,加深对诗歌情志的理解。

4.给《登幽州台歌》配画添彩,觅人生智慧。

(1)再读《登幽州台歌》,从"悠悠"二字推敲陈子昂心中的"古人"和"来者"。

①结合写作背景,初析"古人""来者"

预设回答:像燕昭王一样知人善任、礼贤下士的贤君明主。

②关注"悠悠",再探"古人""来者"

明确:岁月长河当中,既有贤君明主,也有和陈子昂一般的可怜人——孔子55岁周游列国,不被重视;感慨生不逢时的司马迁,被处以宫刑。然而,也是他们,于人生困顿时著书立说,流芳千古。是故,"悠悠"一词,使陈子昂由个人的怀才不遇走向一种群体之悲,并在万古同悲中寻得知音,聊有安慰;在自强不息中振作精神,慢评功绩。

③子昂之悲:宣泄悲伤是为了振作精神,入世为用。(似:周敦颐与世俗同流不合污)

(2)为画作增添一抹红,体会陈子昂诗作的"哀而不伤"。

①给水墨画增添色彩,以慰子昂之心。

预设:有一束光照到子昂身上;突出子昂那颗火热的心;身后有一抹好友的亮色衣袍陪伴左右;台下绿意盎然,庭上苔痕上阶绿……

②听师范读,再根据朗读提示齐读本诗,体会"哀而不伤"。

前不见古人,后不见来者。念天地之悠悠,独怆然而涕下。(语速缓慢、语调低沉表悲痛)前不见古人,后不见来者。念天地之悠悠,独怆然而涕下。(语速稍提,悲伤中带坚定)

(3)比较两图,寻先贤之智。(图略)

明确:人生得意时,便如《登飞来峰》,红日初升,其道大光;人生失意时,应如《登幽州台歌》,莫叹人间多孤伶,天地何处不知音。诗歌,是生生不息的心灵;是也无风雨也无晴,潇然于山石草木之间的自由。

5.读写结合,创新生活。

《演员已就位》节目邀你做导演,请你从"陈子昂登幽州"和"王安石登飞来峰"这两个故事脚本任选其一,拍人物专场。请你结合本堂课的诗画赏析,在周记本上以《我拍＿＿＿(人物名字)》为题,还原镜头语言。

写作提示:以陈子昂为例,可以构思的角度如:陈子昂在什么时间、身穿什么衣物、带着什么东西、以什么形式、什么角度出场——登楼——眺望——沉思……

【板书设计】

潇然于山石草木之间
——《登飞来峰》《登幽州台歌》对比阅读

	地点	内容	诗眼	背景	情志	表现手法
登高诗	飞来峰	眼前见	"不畏"	未来可期	锐意进取之志	寓情于景
	幽州台	心中思	"怆然"	不被重用	怀才不遇之悲	
人生启迪	得意时奋进,失意时自强					

解诗口诀:了解背景明缘由 ─ 一看画面知内容
二镜诗眼抓情感
三读诗歌养生活

汪春丽,福建省晋江市华侨中学教师。指导老师:蔡勇强

《我与地坛》教学方案

◎王 婧

【教材分析】

《我与地坛》是史铁生具有代表性的并充满哲思的抒情散文，处于人教版高中语文必修上第七单元，课文节选了散文的第一和第二部分。单元教学要求我们要关注作品中的自然景物描写和人生思考，体会作者观察、欣赏和表现自然景物的角度，分析情景交融、情理结合的手法，反复涵泳咀嚼，感受作品的文辞之美。《我与地坛》一文要引导学生深入理解"我"与地坛之间的关系：地坛的荒废残破让我对生命充满了绝望，而地坛的生气蓬勃让我对生与死有了新的认识——人应该直面苦难，向死而生！"我"与地坛的关系是本文教学的难点，在品味语言中体会作者的感情是本文教学的重点，在此基础上师生共同达成对生命的价值、对生与死的审美认识和人生思考。

【学情分析】

内地西藏中学的高一学生，总体上传统文化底蕴不太深厚，文学作品的阅读面不够宽，生活阅历相对不足，加之西藏特有的地域和民族文化的影响，学生对人生苦难的体验和认知相对薄弱。因此在引导学生进入文本的情境、站在作者的立场来与文本对话非常重要，也是能较好地达到教学目标的。本设计是第一课时，本课将尽力实现"和美语文"中"人与自然和谐共生"的理念，引导学生走进作者的内心世界，把自己当作作者去体会、去感受、去感悟"我"对地坛的情感变化、对生命的认知的变化，进而理解"我"直面苦难、向死而生的坚韧与勇毅，达成对人生的深刻思考和对生命的审美认知。

【教学目标】

1.语言建构与运用：积累、品味富有哲思的语言，体会作者的感情。

2.思维发展与提升：深入理解"我"与地坛的内在关系。

3.审美鉴赏与创造：进入作者的情感世界，理解、认识作者的生死哲学。

4.文化传承与理解：学生学会正面苦难，乐观积极，向阳而生。

【教学重点】同教学目标1、3。

【教学难点】同教学目标2、4。

【教学方法】

启发式教学法、情境教学法、合作探究法

【教学资源】多媒体教学工具、图片材料、阅读文字材料。

【教学课时】第一课时

【教学过程】

一、名言引路，情境导入

《孟子》中有一个名篇为"生于忧患，死于安乐"，其意为：忧思祸患让人生存发展，安逸享乐让人衰败死亡。生于忧患，死于安乐，成为中国传统文化中不屈服于厄运和逆境，激励人们在逆境中拼搏发展的重要人生价值观。今天请同学们同我一起拜读一位不向命运低头、向死而生的硬汉作家史铁生的抒情散文《我与地坛》。读了这篇文章，也许我们会汲取人生奋进的力量！

二、初探文本，整体感知

《我与地坛》是一篇抒情散文，课文节选了其中第一、二部分。初读第一部分，用如下两个句式从多角度表达一下初读文章的感受：

"史铁生是一个_____的人"

或"我读出了_____的感情。"

示例：

史铁生是一个十五年前的一个下午进入地坛，就再也没有长久地离开过的人；

史铁生是一个在两条腿残废后找不到工作，找不到去路，将地坛作为一个逃避世界的人；

史铁生是一个发现地坛并不衰败，充满了蓬勃生命力的人；

史铁生是一个在地坛里窥看自己灵魂世界、思考生与死问题的人；

史铁生是一个深爱地坛，感悟生命的人；

……

我读出了地坛与史铁生有着宿命般的关联，地坛给了他以生命的力量，他借助地坛完成了自我的救赎、生命的蜕变；

我读出了史铁生的生死哲学，逆风翻盘，向死而生，生而有灵，生生不息；

我读出了史铁生在双腿残废后一段时间对生命的绝望，受地坛启迪后焕发出生命新的生机；

……

师生一起简要归纳史铁生与地坛的联系、地坛对史铁生生命的启示与思考。

三、研读文本，把握主题

（一）体悟地坛与"我"的关系

1.同学们，请速读文本，思考作者对地坛的感情有怎样的变化？为什么有这样的变化？

原本：废弃、破旧、荒芜冷落

本来面貌，我双腿残废，灰心绝望

后来：荒芜并不衰败的精神家园

昆虫草木生长不息，看透生死，向死而生

2.地坛与作者有着怎样的关系？

荒芜的地坛却充满了生命的活力，地坛给了作者人生的启迪和人生的力量，即使是身体残疾也要活出生命的精彩，人要在逆境中奋起，向死而生。我与地坛的关系为本文的写作线索。

明确：人世间的悲欢并不相通，所以往往在直面苦难的时候，我们会对彼此沉默不语。但自古以来，文人墨客都爱与山水万物神交共情，"仁者乐山，智者乐水"是因为自然能提供予人静思的空间，而生生不息，欣欣向荣的自然百态又能给我们生命的启示。所以荒废残破的地坛虽不语，但作者却能回归本真，向死而生。

（二）感悟作者的生死哲学

分组讨论："我"在地坛中留下了关于人生与死怎样的思考？（结合文中的语言和内容来谈）

（1）关于死_____

明确："交给、事实、顺便保证、不必急于求成、必然、降临的节日"等字词可以看出作者对于死亡的态度是坦然、透彻、乐观、平静的，表达了作者直面苦难、抗争命运、乐观豁达的心态。

（2）关于生_____

明确："暂时没有答案，活多久要想多久。"

"我在这里呆了15年，想了15年，与地坛对话了15年。"表面上作者并未得出结论，但实际上答案就在地坛里，地坛用它独特的语言和独特的生命力告诉了作者应该怎样活，如"落日"将自己的光辉发挥到极致，如"雨燕"不屈服命运，活出自己的精彩，如"孩子的脚印"在雪地上带来生机与活力，如"苍黑的古柏"泰然自若，不悲不喜；如"落叶"坦然安卧，虽已逝而微苦，却无憾而熨帖。

四、涵泳语言，体味情感

（一）品味文中最能感动你或最有表现力的语言（句子或段落），体会作者的感情。

提示：体会作者观察、欣赏和表现自然景物的角度，分析情景交融、情理结合的手法，文章在景物描写中穿插了许多富有哲理的语句，感受散文语言后的力量。

示例第七段。

预设：这些常见的古园中的景物都成了活着哲学的诠释者，他们的身上都具有了象征的意味。作者运用视觉、听觉、嗅觉、触觉多种感官来遇合地坛中的万物生灵，写出他们生命的美丽、生机的勃发，从而激发出对生活的热爱，真正做到了情景交融、情理结合。

五、拓展延伸

"不要抱怨生活给予了太多的磨难，不必抱怨生命中有太多的曲折。大海如果失去了巨浪的翻滚，就会失去雄浑，沙漠如果失去了飞沙的狂舞，就会失去壮观，人生如果仅去求得两点一线的一帆风顺，生命也就失去了存在的魅力！"借由史铁生的名言，我们还能联想到与史铁生类似的生命的强者吗？这些强者给你怎样的生命启示？

明确：美国的海伦·凯勒、苏联的保尔·柯察金，中国古有司马迁，今有朱彦夫、张海迪、董明。他们身残志坚，勇于挑战，直面苦难，向阳而生。这些精神值得学习，今天我们的人物素材库又多了一位身残志坚、奋斗不息的史铁生。

六、板书设计（略）

七、作业设计，摹写语段

请同学们课下去遇合自然，带入情境，发现更多的能带给我们启示的物象，运用刚刚我们学到的手法来摹写语段。

王婧，湖北省武汉市武汉西藏中学教师。

《老王》教学设计（第二课时）

◎王君岭

【教学内容分析】

统编教材七年级三单元都是关于"小人物"的故事，告诉我们普通人也可以活得精彩，抵达某种人生境界。学生学习注重熟读深思，注意从标题、详略安排、角度选择等方面，把握文章重点。还要从开头、结尾、文中的反复和特别之处发现关键句，感受文章意蕴。

《老王》是当代文学家杨绛于1984年创作的一篇回忆性散文。文章以"我"与老王的交往为线索，回忆了老王的几个生活片段，刻画了一个穷苦卑微但心地善良、老实厚道的"老王"形象，表达了作者一家对老王那样不幸者的关心、同情和尊重。

设计本文为本单元学习的第一篇文章，文章开头的"闲话"，结尾的"愧怍"，反复提及的"给钱"，详细描绘的送香油鸡蛋的情节，都值得学生仔细阅读分析。

【学习者分析】

一课时通过阅读文章，为老王写人物小传，梳理了"我"与老王交往的几件事。初步了解老王的善良、老实的人物形象。但是学生缺乏对那个特殊年代的认知、难以达到知识分子悲天悯人的认识高度。这就需要采取跨学科主题学习方式，以本文为基础，拓展相关材料。同时采取教育戏剧的方式，将阅读的历史、经济相关材料作为支架，帮助学生进入情境、走进老王、走进作者，尝试体验作者的内心世界。

【学习目标确定】

（1）通过细读文本，补写内心独白的形式，走进作者的内心世界。

（2）通过良心巷的活动，探究作者"愧怍"的原因，感受作者自我批判的精神。

【学习重点难点】

重点：细读文本，补写内心独白的形式，走进作者的内心世界。

难点：通过良心巷的活动，探究作者"愧怍"的原因，感受作者自我批判的精神。

【学习评价设计】

（1）学生能运用具体词句，撰写作者内心独白，有2点以上发现。

（2）学生能结合文本，合作完成作者内心"愧怍"原因的梳理，至少有两个观点。

【学习活动设计】

课前作业：阅读历史、经济相关材料，了解特殊时期作者一家的境遇、计划经济下的物资情况。

环节一：边做边讲　感受作者心理

教师活动（出示活动要求）：

将老王送香油鸡蛋的情节，划分为五个片段。请五个小组依次展示相应的片段，进行边做边讲（有人表演，有撰写人物内心独白）。时长30秒左右。

"做"的要求：（1）有人扮演老王和作者，有人可以扮演重要事物。（2）结合文章具体语句，放慢所有动作。（3）尽可能夸张展示出关键词语。

"讲"的要求：（1）根据文本，揣摩人物心理，讲出此时的人物的心里话。（2）可以选取文中词句，认为关键的词语需要反复2次，认为特别关键的词语，可以重复3次，以示强调。也可以结合前后和材料自己揣摩人物心理。

学生活动：学生阅读分析文本、情节，揣摩作者内心情感。进行小组分工，根据对文本的理解摆出造型、撰写作者内心独白。小组进行练习、展示。最后，五个组依次展示各自片段，不间断，全班形成一个连续的情节。归座重新阅读这一部分内容，在书上批注所读所感。

活动意图：运用教育戏剧"边做边讲"的范式，引导学生情境再现、角色扮演的方式，通过动作、朗读、撰写独白等活动细读文本，增加对作者内心的理解。

环节二：走进"良心巷" 探究"愧怍"原因

教师活动：

讲述：闻听老王去世，回忆此前种种。作者的内心是怎样的呢？我们齐读文章结尾。请刚刚扮演作者的同学，拿着书到门外等候。

任务：阅读文章，思考作者为什么感到"愧怍"。

其余同学，可以是老王、是作者、是默存、是老李，甚至是作者与老王交往中的任何一件事物，请你从自己选择的角度，结合文章内容和背景材料，说一说作者该不该感到愧怍？

请全部同学站成两列，每人思考好自己的角色和1-2句话。扮演作者的几位同学，从两列人中间走过，每走一步，两旁的同学说出自己的角色、看法和依据。

"我是……，我觉得……，你看……"

当所有人说完后，采访5位作者的扮演者内心的感受。

学生活动：朗读文章结尾进行阅读思考，书上做好批注。结合文本说出自己对待是否需要"愧怍"的看法，形成"良心巷"。每个人结合自己角色的角度和自己的阅读理解，说出感受。

活动意图：运用教育戏剧"良心巷"的形式，引导学生借助自己对文本和背景材料的理解、整合，构建出良心巷，既表达出老王送鸡蛋香油的初衷、钱在交往中的作用，体验作者内心的纠结、不安与愧怍。

环节三：拓展链接 体会作者情感

教师活动：

用一句话说说这节课上你的收获。

文章结尾，往往是理解文章的关键。所以我们要问一问：作者为什么"愧怍"。

郑振铎先生的《猫》，在文章结尾写道：自此我家永不养猫。是对口不能言的动物的愧怍。

有时我们自认为做得很好了，但是我们从作者身上，感受到了知识分子的那一份良知，对自我的深刻反思和悲天悯人的情怀。作者拥有令我们仰望的，也是追求的一种高贵的灵魂。

学生活动：每位同学思考发言，用一句话说说这节课上你的收获。

活动意图说明：总结阅读、感受的方法，形成记忆。

【板书设计】

老王／杨绛
深刻的自我批判
悲天悯人的情怀
阅读方法：针对结尾提出质疑

【作业与拓展学习设计】

随笔：请以"关注身边的'老王'"为主题，完成一篇随笔。可以仿照《老王》中"送香油鸡蛋"的细节描写，也可以仿照《老王》文章结尾的表达方式。

【教学反思与改进】

课堂运用教育戏剧的形式，引导学生进入角色，激发学生情感体验。学生在课堂上文章读起来、思维动起来、思考说出来、情感演出来。学生真正进入文本、感受情境、理解人物，学生的学更真切、更实在。良心巷的活动让学生将内在思维活动、矛盾冲突外显，每个同学的思考不同、角度不同、立场不同，进而呈现的表达也就不同，在不同的表达中，听到不同的声音。学生既表达了自己，也听到了他人，在合作中追求辩证、完整、多角度理解。

附：学生阅读材料

一、杨绛经历（略）

二、杨绛部分作品（略）

三、链接文章《下放记别》

四、关于香油和鸡蛋

1955年，北京市在全市范围内实行按定量发放北京市粮票，凭票购粮。

食油每人每月发放油票一张，凭票可购食油三两，春节每户额外增发"节日补助油票"一张，可购香油1两。1957年，北京市粮食局发布《关于高级脑力劳动者食用植物油补助供应办法的通知》，对高级脑力劳动者每人每月在食油定量外补助食用油1.5市斤，补助供应油的品种比重暂时是香油半斤，花生油或豆油一斤，不愿意购香油的可买花生油或豆油。这个补助一直持续到1964年。

鸡蛋自1958年元月起限量供应，凭《北京市居民副食购货证》每户每月供应1斤。物资匮乏的年代，粮票成了贵重的礼物，到医院看病人，留下10斤面票，人家要感谢你大半天。到别人家做客，也都要带着粮票，否则会让主人很为难。那时人们结婚时在家里宴请亲朋好友，按照当时的惯例，来者除了随份子之外，也都会自觉地交三两粮票。

王君岭，北京市朝阳区教育研究中心附属学校教师。

《两小儿辩日》教学方案

◎ 王孟其

【教学目标】

1.结合注释,读懂课文,用自己的话讲述故事。

2.通过多种形式的朗读,理解"辩斗"的主要内容,把握"两小儿"言说的思路。

3.把握寓意,基于文本,从不同角度探究本文的丰富内涵。

【教学重难点】

1.理解"辩斗"的主要内容,把握"两小儿"言说的思路。(重)

2.把握寓意,基于文本,从不同角度探究本文的丰富内涵。(难)

【课时数】1课时

【教学过程】

一、导入

说说你学过哪些寓言?寓言有什么特点?今天我们一起来学习一则寓言文言文《两小儿辩日》。学生写"辩"字,说"辩"义(用语言争论、争辩)。

二、思辩理,感形象

齐读课文(相机指导),边读边思考:两小儿"辩"的是什么?观点分别是什么?又是怎样证明自己的观点的?

1.利用表格,指导学生分清"两小儿"各自的观点和依据。

(1)找争辩的观点

出示:

一儿曰:"我以日始出时去人近,而日中时远也。"

一儿曰:"我以日初出远,而日中时近也。"

①边读边圈画关键词,用自己的话说说观点(相机指导"以""去")

②朗读指导:比读。

愚以为日始出时去人近,而日中时远也。

愚以为日初出远,而日中时近也。

思考:古人表达自己意见时常常以谦辞开头,两小儿为什么以"我以"开头?应读出怎样的语气?

明确:表现出两小儿说话毫不客气的特点;语调高一点,读出自信满满、十分有底气的感觉。

◎这两句中的"也"应怎样读?

明确:"也"表判断,读的时候要坚决、肯定。

③同桌练习对辩。

提示:两小儿观点截然相反。注意表达观点时的语气、语调。

在辩论时,我们要说明观点必须要表达清楚理由,而且要让理由更有说服力。两小儿在表达自己的观点时,是怎么样让理由更有说服力的呢?

(2)找争辩的理由

出示:

一儿曰:"日初出大如车盖,及日中则如盘盂,此不为远者小而近者大乎?"

一儿曰:"日初出沧沧凉凉,及其日中如探汤,此不为近者热而远者凉乎?"

两小儿表明观点时是按时间顺序,说理由时也是。生动的比喻,让人们真切地感受到了太阳大小、凉热的对比。

①启发思考:两小儿分别是从哪个角度来表达自己观点的?

明确:视觉、触觉。

②朗诵指导:"此不为……乎?"(相机指导意思)是什么语气,应该怎么读?

明确:此句为反问句,要表达强烈的肯定语气,读"此不为"时语调可以适当上扬,领起下文,"乎"可以重读,甚至读得像感叹句。

◎两人分角色朗读,生评。

◎男女生分组朗读:男生读前一小儿,女生读后一小儿,老师读提示语。

小结：一个说早上近中午远，一个说早上远中午近。两小儿各说各的观点，谁也不肯善罢甘休，但是他们能把自己的观点说得有理有据。用书中的一个词来说，就叫——辩斗。("辩斗"是争辩，比一般辩论更加激烈，更针锋相对。)

2.感形象

①你从两小儿辩斗的语气中，可以看出他们是怎样的人？

预设：善于观察，勤于思考，对熟悉的事物有独特的发现、独到的思考。

②勾连《真理诞生于一百个问号之后》证明自己观点的方法：

相同点：从生活现象出发，用具体的事实、事例证明观点。——形象：善于观察、大胆质疑、勤于思考；有好奇心、探索欲。

三、知原理，悟寓意

1.说一说：两小儿证明自己的观点时都有理有据，却没有说服对方，你能说谁对谁错吗？假如你从现在穿越回那时候，路过两小儿身边，你也参加辩论，你会怎么争辩？

（生答、出示视频）

我们现在才知道其中的原理，2500多年前的两小儿更不知道了，是因为时代的局限性。文中还有一个人受时代的局限，这个人是——孔子。(孔子是谁？)

2.孔子的反应是"不能决也"(相机指导"决")

①朗读指导："也"表示陈述，语调宜平，可以稍微拉长一点。

孔子主动问两小儿辩斗的原因，却没有答出来，他此时会是什么样的反应呢？

②写一写：想象孔子此时的神态，并写下来。

预设：尴尬，脸红

③孔子面对两小儿的争辩，没有妄下论断，更没有生气，你看到了怎样的孔子？

预设：实事求是，谦虚好学

孔子的治学态度一贯如此，出示孔子名言：知之为知之，不知为不知，是知也。(齐读)

3.情境创设：两个孩子的理由都十分充分，以至于连孔子这样的大圣人都无法决断，还引来了两个孩子的笑话。

出示：两小儿笑曰："孰为汝多知乎？"

①朗读指导：用平辈的"汝"而不用敬辞"君""公""先生"，可见其中强烈的嘲讽意味，读时"乎"的语调要适当上扬。

②说一说：这是两小儿对权威的朴素无华而真诚的回复，如果在场的你也对孔子说一句话，你会说什么？

预设：学无止境，不断探索

③想一想：故事到这里就结束了吗？根据你对孔子的了解，结合生活经验，孔子接下来会怎么做？为本文续写结尾。

预设：称赞两小儿——后生可畏，焉知来者之不如今也。

向别人请教——三人行，必有我师焉。

小结：知识是有时代局限性的，然而善于观察、善于思考的精神，以及对知识的谦卑、诚恳的态度是不会受限的。

4.本文是一则寓言，寓言是要告诉人们某种道理的，你认为课文的"道理"是什么？

提示：基于文本，从不同角度出发，自由思考。

预设：①从"辩日"的角度：即使是我们非常熟悉的事物、现象，也可能包含有我们不知或不确知的道理、知识，需要关注、深思。

②从"两小儿"的角度：只要善于观察，勤于思考，即使是小孩子也能有独特的发现、独到的思考。

③从孔子的角度：学识渊博、名高望重的孔子能在两个小孩子面前坦率承认自己有所不知，贯彻自己"知之为知之，不知为不知，是知也"的主张，而不是故作高深或恼羞成怒，令人佩服。

④从现代人的角度：看事物不能只看现象，不求本质，否则将现象所惑，虽千方百计也难得真知，更难求真理。

四、课堂小结，布置作业

本节课我们把握了"两小儿"的言说思路，感受到了两小儿及孔子的形象，并从不同角度理解了本文的寓意。我们既可以学习两个孩子的善于观察与思考、敢于质疑的精神，也可以学习孔子实事求是、虚心好学的精神，并且学会在生活中善于思考现象背后的本质。

作业：①请结合你的生活实际，写一篇从不同角度看待事物或对待事情的小练笔，150字左右。

②阅读王充《论衡·说日》片段，想想选段内容与两小儿"辩斗"的思路是否相同，比较哪篇文章的内容更丰富。

王孟其，上海市实验学校附属东滩学校教师。

中考命题作文审题指导与训练专题设计
——运用语法分析标题，借助表格厘清要素

◎ 王 苗

【教学目标】

1.梳理真题，明确宜昌市近十年中考命题作文的特点以及一般规律。

2.典例精析，掌握命题作文的基本审题方法。

3.实战演练，增强审题意识，提高审题能力。

【教学重点】

典例精析，掌握命题作文的基本审题方法。

【教学难点】

实战演练，增强审题意识，提高审题能力。

【教学过程】

一、激趣导入，引出审题

宋徽宗时期，京城的画院每年都要选拔一名皇家画师。这一年，山水画家宋子房做画院博士，以"深山藏古寺"为画题让考生作画。

如何作画才能很好地表现这句诗呢？经过层层筛选之后，画院招收的这名画师将从最后三个人中产生。请同学们思考并发表自己的意见。

画师一：山林、古寺、寺内金碧辉煌、香烟缭绕。（基本符合题意）

画师二：在连绵起伏的群山中露出寺庙一角。（符合题意）

画师三：苍郁的群山，中间露出庙里的半截旗杆，一条羊肠小道蜿蜒曲折，直通到山下水涧边，水边有个老态龙钟的和尚，正一瓢一瓢地舀水倒进桶里。（有新意）

总结：这样绘画，抓住了"题眼"，也把"深山藏古寺"中"藏"字表现得淋漓尽致了。所以，审题需要训练、需要技巧，也需要做到准、深、新。

二、什么是审题

审题 = 看题吗？

"审"，仔细思考，反复推敲。（《新华字典》）

"题"，命题。命题依据、命题原则、命题方向、命题意图。

"审题"，仔细思考，反复推敲命题方向和意图

(1)题目想要写什么

(2)我能写什么

命题依据（《2011版语文课程标准》）：

1.写作要感情真挚，力求表达自己对自然、社会、人生的独特感受和真切体验。

2.多角度地观察生活，发现生活的丰富多彩，捕捉事物的特征，力求有创意地表达。

命题原则：

1.开放性，人人有话能说，人人有文可写，涉及学生生活的方方面面，给学生的选材提供了更为广阔的空间。

2.限制性，是这一篇而不是所有篇。这篇作文的特性包含时间、地点、事件、人物、环境特征、主旨、情节的变化等。

三、为什么要审题

审题是考场作文的第一要务。审题差之毫厘，下笔就会失之千里。而从考试阅卷的评分标准来看，对题意把握不准确、不全面会极大地影响得分，偏题、离题文章的得分更低。

四、审题审什么

（一）学生活动一：回顾历年真题，明命题模式

1.命题呈"导语 + 标题 + 要求"的固定模式。其中：

审导语：由引入 + 翻新 + 示例的结构组成。（读写一体，以读引写，引中生变，再辟新境。"写什么"，不迎合热点，不另起炉灶，而是从阅读选文中自然抽出我们熟悉某一兴趣点。引出之后，加以区别翻新，生成新的写作兴趣点。叙述部分"示例"内容后，往往留有省略号）

（指出选材范围，暗示立意角度）

审要求：则是"必须"和"不得"之类的限制事项（体裁、字数、保密原则）

审标题：则有全命题、半命题、自由拟题三种形式（所有命题，都鼓励考生抒写个人人生感悟）

（关键词、修饰语、人称、时间、对象、体裁、表达方式、修辞、寓意）

五、审题怎样

（二）学生活动二：典例精析：方法学用

1.不以规矩，无以成方圆（读准命题中的要求）

请以《青春的脐带》为题，或分享你的故事，或倾诉你的心声，或交流你的思想……写一篇不少于600字的文章。除诗歌外，文体不限。①严禁抄袭和套用任何其他同类作文。②文中不得出现真实人名、校名。（2021 宜昌中考）

请以《加点_____，调出生活好味道》为题，写一篇600字以上的作文，文体不限（诗歌除外）。

要求：1.请根据提示语的相关内容，将文题补充完整。2.严禁抄袭和套用任何其他同类作文。3.文中不得出现真实人名、校名。（2020 宜昌中考）

命题中的要求包含哪些要素？

2.为有源头活水来——读清命题中的提示

试题一：只要拥有，哪怕点滴，用心珍惜，人生常乐。一段难忘的经历，一份温馨的情谊，一种独特的体验，一方自由的空间，乃至一本好书，一缕阳光，一个好心情……真的，拥有不在乎多少，在乎感知，在乎呵护。让我们为拥有而快乐吧！

请以《我拥有，我快乐》为题写一篇文章。

点拨：中考作文文题在命制过程中为了减小审题难度，常常要加上一段提示性的文字，这段提示性的文字往往给考生或多或少地指出了写作的方向或内容。因此，在审题时，应注意对提示语的研究。一般来说，提示语的作用体现在两个方面：指出选材范围，暗示立意角度。试题一就用"难忘的经历""温馨的情谊""一本好书""一缕阳光"等词语提示了选材的范围。

3.心有灵犀一点通——读明标题中的关系

试题二：《生活，因变化而精彩》

点拨：有一类文题，题目中的词语之间构成各种不同的关系，只有把关系明确了，写作重点才能确定下来。此题中的"变化"和"精彩"就构成了因果关系，"变化"是"因"，因此宜浓墨重彩写；"精彩"是"果"，只需用寥寥数笔画龙点睛即可。

举一反三，请分析下列文题中加点词语之间的关系。

（1）《这就是幸福》

4.掀起你的盖头来——读懂标题中的比喻

试题三：《带着微笑出发》

点拨："微笑"比喻"乐观的生活态度"，"出发"比喻"开始"，对于文题中的比喻，只有置换成它的比喻义，立意才能深刻切题。

举一反三，请分析下列标题的比喻义。

（1）《路上》

5.吹尽狂沙始到金——读透标题中的虚词

试题四：《其实并不是这样》

点拨：这里的"其实"指的是"承上文转折，表示所说的是实际情况"。那么，文章应该先写"是这样"，再在此基础上转折写"不是这样"，来强调"不是这样"。

举一反三，请分析下列标题中虚词的含义。

（1）《平淡也是一种享受》中的"也"

（2）《我在努力》中的"在"

为你点津：当然，审题方法也远不止以上介绍的几种。而且在写作中，各种审题方法并不是孤立来使用的，而是综合运用上述各种方法来对文题作正确而全面的审读。

6.欲穷千里目，更上一层楼——借助表格厘清要素

试题五：《这一刻，我终于明白了》

举一反三，借助表格厘清要素。

试题六：《我能为你做点什么》

标题要素	句子成分	语义分析	短语和逻辑关系	整体把握

五、实战演练：能力提升

A.一轮皎洁的明月唤起我们的情思，一句真诚的鼓励唤起我们的信心和勇气，一处别样的风景唤起我们独特的体验和思考，一种文化唤起我们对精神财富的认同和热爱，一曲《我和我的祖国》唤起全民族的爱国热情……生活中，总有一种美好能唤起我们的回忆、感动、憧憬、思考……

以"有一种美好唤起我"为题写一篇不少于650字的文章。对这个题目进行深入审题，写出审题分析。

B.运用所学审题的基本方法，重新审视月考作文《我是你的一面镜子》，进一步修改、润色、扩充，使之能够点题扣题，有较深的立意。

王苗，湖北省宜昌市第二十五中学教师。

《写出人物的"弧光"——记叙文写作指导》教学方案

◎ 王楠楠

【教学内容与分析】

1.学习需要分析：在记叙文写作中，初一学生写人抓不准特点，人物描写手法单一，没有在事件中展现人物变化的意识。

2.学生特征分析：初一学生已经学习过《秋天的怀念》《从百草园到三味书屋》等课文，这些经典选文是写人训练的范例。学生已经在课堂中完成常见手法的习得，对人物描写有了初步的接触。

3.学习内容分析：初中记叙文写作训练，除了记事，也需要写人。写人抓住特点，是写好一个人物的关键。

【教学目标】

1.强化细心观察的意识，抓住人物的特点；
2.运用描写人物的方法，表现人物的特点；
3.把握选择事件的原则，突出人物的特点。

【教学过程设计】

一、导入

导入语：同学们，这张是2021年热门电视剧《功勋》的官方海报，老师在信息平台布置了前学作业——捕捉人物弧光，说到"人物弧光"，我们这学期其实已经接触过了，还有印象吗？苏州市阳光卷大阅读，老师为大家整理了一下，人物弧光就是"写出令人感动、激动的人物的细微之处"。那么我们同学有没有成功地捕捉弧光呢？让我们一起来看看信息平台的大数据。

二、抓细微之处

衔接语：让我们先来一起看看信息平台上的这两份作业，说说有何不同。

作业1：寒冷的一个冬晨，于敏正在纸上轻轻描绘着氢弹的设计图，一旁的于辛也学着在画画。他突然问他爸爸："你带我去放风筝好吗？""这，要不我后天带你去吧。""不要，就今天去。""这，要不这样吧，我把这个作业写完，然后给你造一个可以飞的木头飞机，行吗？""木头飞机能飞吗？""咋了，你不信，只要理论正确，什么做的飞机都能飞，什么木头的，金属的，塑料的都行。""不准说话不算数！"于辛说着，伸出了小手。"好，拉钩，上吊，一百年，不许变！"

作业2：不大的小方桌上铺了布，于敏弓着背趴在桌前，深蓝色的外套把他裹得严严实实。靠窗的桌前，穿着罩衫的小不点一会儿看看窗外，一会儿回头看看于敏。一次、两次、三次，小不点似乎忍不住了，从椅子上爬下来，小企鹅一样挪到他面前来。小手扶着桌子，红彤彤的脸上露出歪歪的笑容："你好。"明显的一愣，竟是两秒后才让欣喜涌出来，大同小异的笑容，大同小异的话语："你好。"带着快乐和好奇，他的手肘不由得往前撑了撑，好让他更加细致地观察这个孩子。"能不能带我去放风筝？"小孩子请求的语气，想笑又瘪着嘴的表情却更像要求。听见这话，对于孩子主动亲昵的欣喜中也不免掺杂了呆滞和为难："放风筝啊？""嗯。"又确认了一次，低头看看手上的纸，面露难色。"我现在……"不得不拒绝的情况下，只得小心翼翼地试探，"要不，后天带你去行吗？"小不点凶凶地瞪着他："就今天，就现在！"白色的光照了进来，照亮了冬日里一场可爱温馨的"讨价还价"。

预设：作业2对于人物的描写更加细致，抓住了细微之处。

三、写细微之事

（一）前学佳作赏读

衔接语：作业2如此出色地抓住了人物的细微之处，让我们来请作者为大家朗读一下自己的作品。同学们一边聆听一边思考，这位同学运用了哪些手法来描写人物。

学生朗读自己的作品。

其他学生通过信息平台圈画、标记手法。

学生通过信息平台赏读佳作，教师板书整理学生的成果。

(二)当堂写作训练

衔接语：学前作业中，许多同学都选择了"今天就不让别人欺负你"这个片段来捕捉人物弧光。老师看到有位同学写了一段很出色的开头，让我们来一起补写完整吧！

作业3：于辛面朝墙躺着，捏着手指头，半张脸被阴影笼罩："他老推我。"于敏本来含笑的脸冷肃了下来，张了张嘴，好一会儿才发出声音："谁推你？"于辛翻了个身看看他，随即又翻了回去。"谁？"于敏追问道。于辛玩着手指头，盯着从窗户漏进来的光，自顾自地说下去："他老欺负我。"于敏愣了一下，略显促地问："为什么？"他预感到这事与他有关。于辛转过头来盯着他，微微皱着眉头，眼里满是伤心："你老不在家，谁都敢欺负我。"说完便又转身望向窗户。于敏呆住了，镜片后面的眼睛动了动，嘴微张着，似乎要说什么，却怎么也开不了口。他抬眼环视四周，最后又低头看着儿子。"走。"终于从口中说出一个字，"今天就不让别人欺负你。"

信息平台播放"今天就不让别人欺负你"影视片段，学生观看后讨论运用哪些手法补写。

预设：环境描写——阳光、嬉戏的孩子
语言、神态、动作描写——两位父亲

四、聚细微之光

衔接语：在同学们的共同努力下，我们综合运用多种手法进行了补写。现在请大家回忆一下，视频里"道歉"这句话出现了几次，有何不同？我们可以从这反复出现的两个字里，看到一个怎样的人物？

预设：三次，礼貌——重申——坚决

于敏——一位心疼儿子的父亲，一个坚守原则的人。

衔接语：同学们，《功勋》这部电视剧选择了生活中微不足道的小事来塑造这批优秀而伟大的科学家，展现的是他们真实的人生经历，是他们最生活化、最接地气的一面。我们写人物也需要把人物放在事件中来刻画，选择最能够表现人物特征的事来写，用典型事件来聚集人物身上的细微之光。

结语：阳光卷大阅读有这样一句话，"一个人的细微之处，一点一滴地积聚，到最后，他的亮光才会在我们每个人心里唤起光明。"希望同学们笔下的人物闪闪发光，让我们一起抓细微之处，写细微之事，聚细微之光。

【作业布置】
信息平台开放作业：《我们班的TA》

从班上选择一位同学，写出他/她的"弧光"吧，让我们猜猜他/她是谁。

要求：积极运用人物描写的方法；至少写出一件与他/她有关的事情；全篇不出现他/她的姓名；提交作业后查看其他同学的作业。

【教学策略：发现法、练习法】
【教学活动】
一、课前导学活动
信息平台前学任务1　片段写作练习

最近大热的电视剧《功勋》中，演员雷佳音饰演的我国氢弹之父于敏特别出圈。他以教科书级别的演技赋予这个角色"人物弧光"。请观看这段视频，选择最让你感动的一幕描写出来，试着用你的文字来捕捉"弧光"。

信息平台前学任务2　情感主旨理解

有网友发表评论说《功勋》这部电视剧讲述功勋人物人生中最精彩的故事，他认为这些片段对于塑造中国氢弹之父形象的作用不大，建议删除。如果你是主创人员，会如何回复这位网友？

二、课堂积分活动

信息平台评分系统为学生在每个环节的表现加分，选出全场MVP，颁发"弧光捕捉小能手"勋章。

【教学反思】

新课标课程目标中，要求初中生多角度观察生活，发现生活的丰富多彩，能抓住事物的特征，为写作奠定基础。这一目标如何在日常教学中推行、实现，作为教师又该在这个过程中扮演什么样的角色？本课教学选择了电视剧片段作为训练学生多角度观察、抓细节抓特征的课程资源，希望在引起学生观看兴趣的同时，也能为学生描写人物提供一种"可视化"范例。在课堂教学过程中，教者也发现了一个问题，观察力不敏锐、写作能力暂时落后的一部分学生，是无法自主完成画面观察与文字表达之间的转换的，在教学过程中需要为学生提供更加细化的引导以及更加明确的指向。比如先从定格画面的观察训练做起，训练学生的观察能力。再比如可以在平时的写作训练中布置看图写话任务，让学生熟悉图文转换的图式，明确什么样的文字表达可以超越画面。总之，跨媒介"可视化"写作指导这个尝试，迈出了一小步，在日后的教学中需要进一步去研究、实践、调整。

王楠楠，江苏省苏州工业园区星海实验初级中学教师。

《消息二则》教学设计

◎ 王　晴

【教材分析】

《消息二则》是部编版语文八年级上册的第一课，包括两篇新闻。本单元的主题是"新闻阅读"，所选文章均为新闻作品，教师要让学生通过学习本课内容，掌握新闻体裁在构造、写法、语言等方面的特点。同时，本课选文反映了革命战争期间的真实历史，是对学生进行爱国主义教育的有效载体，教师要充分发挥课文的德育价值，带领学生走进革命历史，培养学生居安思危的意识，引导他们树立良好的国家安全观。

【学情分析】

八年级的学生已经具备了一定的语言知识基础，但之前的语文学习以散文、小说、古诗文为主，新闻类的课文很少，所以本课学习对于学生来说是一个新的挑战。许多学生虽然在电视、网络上浏览过新闻，但并没有进行深入的思考和分析，再加上现在的新闻报道以视频为主，学生对文本类新闻的了解并不多。从国家安全观来看，通过前期调查发现，学生普遍具有高度的荣誉感，认为自己有义务保护国家的利益，但也有不少学生认为现在是和平年代，所以没必要太在意安全方面的问题，这是教师需要重点关注的问题。

【教学目标】

1.让学生了解新闻体裁的特点，提高新闻阅读能力。

2.能够快速有效地从新闻中捕获关键信息，提高学生交流、表达、概括的能力。

3.培养学生关注现实、关心时事的意识，引导他们树立正确的总体国家安全观。

【教学重点】

新闻体裁在构造、写作手法、语言等方面的特点。

【教学难点】

引导学生树立总体国家安全观。

【教学过程】

1.运用史料，走进历史情境

师：1949年4月21日，在我们生活的这片大地上爆发了一场重要战役，为广大劳动人民解放奠定了基础。这场战役是什么？它是怎样打响的？

运用多媒体课件出示关于渡江战役的历史资料。

师：新闻是我们记录、了解、传播信息的重要载体。虽然战争年代已经逐渐远去，但我们仍然可以通过阅读当时的新闻材料，感受先辈们慷慨无私、舍生忘死的精神。今天，就让我们跟随两篇新闻材料，一起走进革命年代，感受这场伟大的战役！

2.阅读分析，理解课文内容

师：我们都知道，记叙文有六个要素。那么新闻有没有要素呢？请大家阅读本课内容，并从中找出关键要素。

学生自主阅读。

师：你从新闻中找出了哪些要素？

随机指名学生作答。

师：新闻与记叙文有一定的相似之处，它同样包括六个要素，即何时、何地、何人、何事、缘故以及过程。记叙文中的要素可以模糊不清，比如"某一天""某个城市"等，但新闻中的要素必须要清晰准确，这样才能让读者了解新闻的实际情况。

师：通过阅读课文，你认为新闻由哪些部分组成？

学生讨论并作答。

师：新闻有着相对固定的写作结构，包括标题、导语、主体内容、背景、结语五个模块。请你按照上述结构，对课文进行划分。

学生自主划分，并与同桌讨论交流。

师：请认真阅读下面的句子，你从句子中体会到了作者什么样的情感和心理状态？

①遇着人民解放军好似摧枯拉朽，军无斗志，

纷纷溃退。

学生阅读并作答。

师：国民党部队在长江战线经营了三个多月，应当是牢固的，难以攻破的，但作战的结果却是"摧枯拉朽，军无斗志，纷纷溃退"，前后语句形成很大的反差，凸显了我军锐不可当的迅猛攻势，也体现了作者的自豪之情。

②长江风平浪静，我军万船齐放，直取对岸。

学生阅读并作答。

师："风平浪静"不仅是对天气的描写，也表现了我军稳操胜券的局势和心态，"万船齐放，直取对岸"一句，在读者眼前呈现出了一幅壮丽的画卷。

③二十日夜起……余部二十三日可以渡完。

学生阅读并作答。

师："突破"一词生动准确地表现了战斗的过程，"二十四小时内即已"一句，展现了我军渡江的速度之快，并且时间也十分准确清晰，能够让读者了解我军部队的具体动向。

④我已歼灭及击溃一切抵抗之敌……业已切断镇江、无锡段铁路线。

学生阅读并作答。

师：文中用"歼灭"而非"消灭"，更为有力地表达了我军强大的作战力，"击溃"不仅表示敌人被打败，还说明敌人军心涣散，溃不成军。"封锁"长江，表示已经取得了长江通航的控制权，"切断"铁路线说明断掉了敌军利用铁路逃跑的退路。新闻中的每个词语都十分得当，将作战情况清晰准确地传递了出来。

师：刚才我们提到了新闻的六要素。这些要素是新闻的关键信息，也是我们阅读理解新闻的突破点。请大家根据这两篇新闻中的六要素，用自己的话简要概括新闻内容。

学生讨论交流，教师随机指名学生作答。

教师利用多媒体出示范例：

"我三十万大军胜利南渡长江"概述

何时：一九四九年四月二十日午夜到二十一日。

何地：芜湖、安庆之间的长江水面上。

何人：三十万人民解放军。

何事：我三十万大军胜利南渡长江。

何故：国民党反动政府拒签和平协定。

3.对比感受，树立正确观念

教师出示关于革命战争年代的历史资料。

师：这些照片带给了你怎样的感受？照片中的人们处于怎样的状态？

学生观看并回答。

师：和他们相比，你认为自己的生活幸福吗？我们今天幸福的生活是怎样得来的？

教师指名学生作答。

师：在党的带领下，在广大人民齐心协力的奋斗下，我们终于结束了过去战火纷飞的局面，走进了新时代。我们今天的幸福生活，是革命先辈抛头颅、洒热血换来的。你认为我们应当怎样继承他们的遗志？

学生举手作答。

教师利用多媒体展示参考答案：

①努力学习，报效祖国；②珍惜幸福生活，节约资源；③团结友爱，积极帮助同胞；④维护国家利益，保护祖国安全……

4.总结提炼，维护国家安全

师：通过学习本课，我们明白了和平生活的来之不易，所以我们更要好好地去保护革命先辈的劳动成果。有人说，国家现在已经很安全了，所以不需要我们个人去维护，你认同这种说法吗？为什么？

学生讨论交流，举手作答。

师：我们现在的确处于难得的和平年代，但国家安全问题一直存在，我们要时刻警惕三股势力，即暴力恐怖势力、民族分裂势力、宗教极端势力。在现实生活中，也经常会出现一些危害国家安全的事件。

运用多媒体出示新闻材料：

·2014年11月1日，我国正式公布并实施《中华人民共和国反间谍法》。

·2015年7月1日，《中华人民共和国国家安全法》公布施行，将每年的4月15日定为"全民国家安全教育日"。

师：由此可见，我们的祖国母亲面临着许多危险，作为中华儿女，每个人都要承担着保护国家安全的责任。

课堂小结：经过革命先辈的浴血奋战，才换来了我们今天和平幸福的生活。但我们不能坐享其成，而是要居安思危。国家安全直接关系到主权独立和领土完整，是人民安居乐业、幸福生活的重要保障。我们要积极承担起维护国家安全的责任，从自身日常生活出发，用自己的实际行动保护国家利益，为了实现中华民族伟大复兴中国梦而奋斗！

王晴，天津市实验中学滨海学校教师。

《登高》《望江南·超然台作》对比阅读教学设计

◎王文利

【教学设想】

"驿站流浪感"一词出自蒋勋所著《蒋勋说宋词》,意谓文人在诗词中表现出来的流浪意识,读者通过文字往往能体会到作者生命中的无力感和无奈感,而学生对这种情感却是"熟悉又陌生"。"熟悉"是说学生往往通过诵读、品味,体会到作者的"流浪感"(即"漂泊感")。"陌生"说的是要深入品味作者生命中的无力感和无奈感,还需进一步深入文本分析。为此,我特意选了《登高》和《望江南·超然台作》两首比较简单的诗词作为分析对象,和学生一起品味这两首诗中作者的"驿站流浪感"。

《登高》选自于高一上学期在统编教材上册第三单元,学生已经做过学习和背诵,不论是在作者、内容还是在情感上,都不存在难度。《望江南·超然台作》和《登高》一样,都是"登临"之作,题材相似,内容浅显,学生容易理解。在阅读过程中,将两首诗进行对比,学生对于"驿站流浪感"这一概念也就不难掌握了。

【教学目标】

1.语言建构与运用:自由朗读,体会诗歌语言的准确凝练。

2.思维发展与提升:品情诵读,体会诗歌语言中蕴含的情感。

3.审美鉴赏与创造:深味品读,学习从意象、意境、情感、表达技巧等方面鉴赏诗歌。

4.文化传承与理解:比较阅读,探究两首作品中作者的人生志趣,进行哲理性思考探究。

【教学重点】

理解诗歌内容,品味作者情感。

【教学难点】

探究作者的生命追寻,体悟人生哲理。

【教学用具】多媒体

【教学方法】诵读 品味 探讨

【教学课时】1课时

【教学过程】

一、开门见山、创设情境

多媒体播放歌曲《橄榄树》,引出"流浪"一词,进而引出本节课主题"驿站流浪感",和学生对该主题进行简单探讨后进入本节课内容。

设计意图:创设情境,让学生根据歌词内容总结该歌曲的关键词"流浪",引发学生思考。

效果预估:该歌曲关键词明显,曲调苍凉。在学生有所触动的基础上,能够对"流浪"一词有更好地理解。

二、诵读品情,感知诗境

引语:"一切景语皆情语"

学生任务:

1.自由朗读,初步感知诗人情感。

2.品情诵读,找出能代表诗人情感的词语,并分析其特点。

3 深味品读,找出能表现"驿站流浪感"的词语。

设计意图:诗词学习重在"浸润",而"浸润"重在诵读,让学生在反复诵读中感知诗境,有助于进一步体味诗人情感。

效果预估:通过诵读,学生对文本内容有了初步的理解,也就对作者情感有了初步的感知,为下一步教学作了基垫。

三、思考体悟,品味诗情

学生任务:

1. 根据上一任务中找出的词语以小组为单位,每个小组提出一个问题。

2.交换各小组提出的问题,并做探讨,形成答案。

问题预设：

1.读完两首诗词，你觉得它们的情感基调相同吗？

2.你认为两首诗中能代表诗人情感的词语分别是什么？

3.作者登高而望，看到了哪些景物？这些景物有什么特点？

4.哪些词语能表现出作者的"驿站流浪感"，为什么？

5.杜甫《登高》中是怎样体现"驿站流浪感"的？你觉得这种"流浪"背后是一种怎样的情怀？

6.苏轼的《望江南·超然台作》中有无"驿站流浪感"，为什么？

说明：问题1—3并不仅限于此环节，在上一环节中可能会有呈现。

设计意图：两首诗词浅显易懂，学生不难理解，在上一任务的基础上学生可能会存在些问题，让学生提出问题，教师将这些问题总结，并找出几个有代表性的问题让学生合作探讨，形成语言产品，教师作评价补充。

效果预估："以子之矛攻子之盾"，以学生的问题作为探究对象，能够很好地解决学生在阅读文本时存在的不解，达到精准施教。

四、明确背景，探究主旨

引语："在两首诗中，作者为何会表现出此种情感？"

链接背景：

《登高》写于杜甫离世前三年，是杜甫在成都丧失依靠暂寓夔州恰逢重阳登高而作，是杜甫沉郁顿挫的人生注脚。

《望江南·超然台作》作于公元1076年。公元1074年（宋神宗熙宁七年）秋，苏轼由杭州移守密州（今山东诸城）。次年八月，他命人修葺城北旧台，并由其弟苏辙题名"超然"，取《老子》"虽有荣观，燕处超然"之意。公元1076年（宋神宗熙宁九年）暮春，苏轼登超然台，眺望春色烟雨，触动乡思，写下了此作。

设计意图：对于杜甫、苏轼，学生已有了解，故而将写作背景置于此，有助于学生在层层问题后更好地体味作者情感。

效果预估：学生在层层问题的引领下心中必然有"这首诗为什么会有这样的情感"之类的疑问，此时链接背景，让学生产生一种"恍然大悟"之感。

【课堂小结】略

五、延伸拓展　涵养诗韵

多媒体播放轻音乐，学生自读《登幽州台歌》这首诗，再次品味诗中诗人的"驿站流浪感"。

设计意图：延伸拓展重在让学生对"驿站流浪感"有更一进步的理解，故我选了学生耳熟能详的陈子昂的《登幽州台歌》让学生随着音乐读诗歌，再次品读诗歌，从新的切入点入手，赏析诗歌，为课下的短评做准备。

效果预估：对"驿站流浪感"这一特殊情感有了一定的理解后，利用轻音乐再次创设情境，诵读诗歌，有助于学生更好地把握诗人情感，写好作品短评。

作品链接：

登幽州台歌／陈子昂

前不见古人，后不见来者。

念天地之悠悠，独怆然而涕下。

六、作业布置　以怨诗情

1.背诵《登高》《望江南·超然台作》两首诗词。

2.查阅资料，品读唐代诗人陈子昂的《登幽州台歌》以"驿站流浪感"为主题写一篇不少于200字的短评。

设计意图：孔子云："诗可以兴、可以观、可以群、可以怨"，其中"怨"就是学生能够举一反三，推此及彼。写短评有助于学生对诗歌的深入理解。

效果预估：此项作业考察学生的动手查阅能力和写作能力，更能很好地检验对上课内容的掌握。

【板书设计】

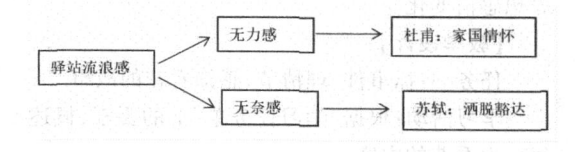

驿站流浪感 → 无力感 → 杜甫：家国情怀
驿站流浪感 → 无奈感 → 苏轼：洒脱豁达

王文利，甘肃省西和县第一中学教师。

新课标下文体教学"教"与"学"教学策略实施教案

◎王章莉

【教材再现】

统编语文教材七上第二单元的人文主题是"亲情",该单元的课文从不同角度抒写了亲人之间真挚动人的感情。《秋天的怀念》是统编教材七年级上册第二单元的第一篇课文,选自《史铁生散文选》。这是一篇洋溢着哲理之思的美文,世事无常,亲情无价,启迪读者思考人为什么活着,应该如何好好儿活的重大生命课题,字里行间蕴含着作者对自己生活经历、情感变化的回顾与反思。

【教学解析】

作为写人叙事性散文作品,教学应注重培养学生感受、理解、欣赏、评价的能力。《秋天的怀念》中的母爱则是复杂而含蓄深沉的,同时也有儿子的悔恨、歉疚之情,以及对生命意义的感悟。本文的细节描写有很多处,且每一处都是那么感人,是引导学生品味语言、领悟内涵的极佳文本,指导学生阅读时要积极调动其生活体验和情感体验,体悟作者在懊悔、歉疚中表达了对母爱迟到的领悟,在母爱的感召下变得更加成熟和坚强。

基于统编语文教材双线组元的结构特点,本单元除有"亲情"这一条显性的"人文主题"线索外,还有一条隐性的"语文要素"线索。为此,指导学生阅读课文时,还要重视通过朗读把握文章的感情基调,并注意语气、节奏的变化,在整体感知全文内容的基础上,从字里行间细细品味作者的思想感情变化。

【教学设计】

任务一:抓事件,理情节,感知看花的故事

学习活动:根据"学习任务单"上的要素,概述每一次看花的内容。

问题:老师在第一次"看花"的季节中,标注的是"春天",你认同吗?为什么?

学习任务单,表格梳理法是一种高效的学习方法。通过梳理我们可以发现,三次"看花"既支撑起了文章的基本框架,又写出了作者的心路历程。引导学生探究三次"看花",使学生不仅得以自己理清文章的脉络,也在梳理的过程中明白了史铁生的心路历程。

任务二:抓人物,析情感,感悟秋天的怀念
活动方式:小组合作讨论,小组成员汇报
学习活动一:探究"我"由绝望到产生希望,再到渴望创造美好生活的变化过程。
提示:"我"遭遇厄运;我"对待厄运的态度;"我"对待"母亲"的态度
学习活动二:探究这是一位怎样的母亲?理解母亲的形象。
提示:"母亲"的境遇;"母亲"对待厄运的态度;"母亲"对待"我"的态度。
学习活动三:你如何理解"又是秋天,妹妹推着我去北海看了菊花"这句话?
提示:文末的菊花,不论淡雅、高洁还是热烈而深沉,都有一份哀思与悔恨在里面;"去……看了"的结构和语气中似乎隐含着终于完成了某事的激动和轻松;对于花的分类描述,语调是铺张浓烈的,但其中的心理感受却是越来越沉重的。生活的希望与母亲的爱重叠在烂漫的菊花上,在哀而不怨中重新认识了活着的意义。

情感探索教学法,让学生体会母亲对儿子的情感,儿子对母亲的情感,两种体验形成一个回环。让学生在积极的思维与情感活动中,感悟作者对母亲的热爱、思念,最后调动所有的情感,激起爱与悔恨的共鸣。

任务三:明基调,入情境,品读关键的语句
学习活动一:学习朗读技巧,明确朗读评价标

准

感情基调:是指一篇文章整体的、基本的感情色彩和声音语调。有人把文章的感情色彩分为挚爱和憎恨、悲哀和喜悦、惊惧和欲求、急切和冷漠、愤怒和疑惑等不同种类。朗读时,内心对文章的感情基调有一个明确的把握和提示,才能准确而充分地传达出恰如其分的感情。

学生朗读评价量表

	★★★★★	★★★★	★★★
重音、停连、语气、节奏	朗读准确符合标准	朗读比较符合标准	朗读不合情
感情基调	合理	较合理	不合理
人物特点	鲜明生动	比较鲜明	不合理

这一环节中请同学们毛遂自荐朗读,选做评委。

学习活动二:分成小组,每个小组选出代表进行朗读比赛。

规则:从下列七组图画中任选一组,评委从重音、停连、语气、节奏,感情基调,人物特点进行星级评定。最高五颗星。

A.暴怒无常图

(1)望着望着天上北归的雁阵,我会突然把面前的玻璃砸碎;听着听着李谷一甜美的歌声,我会猛地把手边的东西摔向四周的墙壁。

(2)"不,我不去!"我狠命地捶打这两条可恨的腿,喊着,"我可活什么劲儿!"

B.偷偷关注图

这时,母亲就会悄悄地躲出去,在我看不见的地方偷偷地听着我的动静。当一切恢复沉寂,她又悄悄地进来,眼边红红的,看着我。

C.母亲扑抓图

"听说北海的花儿都开了,我推着你去走走。"她总是这么说。母亲喜欢花,可自从我的腿瘫痪以后,她侍弄的那些花都死了。母亲扑过来抓住我的手,忍住哭声说:"咱娘儿俩在一块儿,好好儿活,好好儿活……"

D.辗转反侧图

可我却一直都不知道,她的病已经到了那步田地。后来妹妹告诉我,她常常肝疼得整宿整宿翻来覆去地睡不了觉。

E.舐犊情深图

母亲进来了,挡在窗前:"北海的菊花开了,我推着你去看看吧。"她憔悴的脸上现出央求般的神色。"你要是愿意,就明天?"她说。我的回答已经让她喜出望外了。她高兴得一会坐下,一会站起:"那就赶紧准备准备。"她也笑了,坐在我身边,絮絮叨叨地说着:"看完菊花,咱们就去'仿膳',你小时候最爱吃那儿的豌豆黄儿。还记得那回我带你去北海吗?你偏说那杨树花是毛毛虫,跑着,一脚踩扁一个……"她忽然不说了。对于"跑"和"踩"一类的字眼,她比我还敏感。她又悄悄地出去了。

F.与母诀别图

她出去了,就再也没回来。邻居们把她抬上车时,她还在大口大口地吐着鲜血。邻居的小伙子背着我去看她的时候,她正艰难地呼吸着,像她那一生艰难的生活。别人告诉我,她昏迷前的最后一句话是:"我那个有病的儿子和我那个还未成年的女儿……"

G.成熟深沉图

"又是秋天,妹妹推着我去北海看了菊花。黄色的花淡雅,白色的花高洁,紫红色的花热烈而深沉,泼泼洒洒,秋风中正开得烂漫。我懂得母亲没有说完的话,妹妹也懂。我俩在一块儿,好好儿活……"

朗读品析法可以使学生对课文信息的理解更加深入,通过朗读,理解史铁生的情绪及母亲坚忍、包容、慈爱的心地。把握文章的感情基调,关注细节、语气、节奏的变化,关注多角度的细致描写,咬文嚼字,加深对亲情的感受和理解,学生在字里行间细细品味,理解深沉含蓄的情感。

请获得优胜的同学发表获奖感言,谈谈怎样才能读好一段文字,一篇文章。

作业:

1.继续完成"学习任务单"中"进阶任务"的内容。

2.如果"母亲"还活着,和"我"一起到北海看花,想象并写出"母亲"和"我的第三次对话。

3.创设情境,布置任务。聆听、回忆与母亲间的点滴小事,体会独特的母爱。

王章莉,黑龙江省哈尔滨市第一〇九中学校教师。

文言文三篇群文教学设计
——《子路、曾皙、冉有、公西华侍坐》《齐桓晋文之事》《庖丁解牛》教学

◎王 志

【教学目标】

1.鉴赏三篇文章的艺术特色，感受其独特的艺术魅力，培养学生审美鉴赏与创造的能力。

2.理解儒家和道家的治国处世思想，领会其在当今社会的意义，感受先贤智慧，增强文化自信，传承文化经典。

【教学课时】第2课时

【教学过程】

一、导入新课

儒道文化共同构筑中华文化基因，渗透到我们生活的方方面面，已融入每个中国人的血液中。让我们认真研读本单元的三篇文章，把握其精神内核，寻找民族生生不息的源头活水。

二、疑点解析

【活动1】《庖丁解牛》中梁惠王听了庖丁的解牛经历后赞叹道"得养生焉"，那么庖丁的解牛之道与养生之道有什么关系呢？结合链接材料，阐述你从庖丁的故事中得到了怎样的启发。

链接材料：

本文节选自《庄子·养生主》篇，全篇可分为四部分，首段开门见山，以寥寥数语揭示养生的宗旨，并形象而凝练地总结出"缘督以为经"这一养生法则，并通过三个寓言故事，从不同的层面和角度阐明这一理念。"庖丁为文惠君解牛"是第一个故事。（学生小组合作交流、讨论，展示成果）

明确：庖丁的"解牛之道"："依乎天理""因其固然""以无厚入有间""以神遇而不以目视"，即完全顺着牛天然的骨节肌理，在空隙处下刀，绝不勉强硬砍，遵循牛体的结构规律。文惠君感悟到的"养生之道"：养生应顺应自然，不要硬碰困难，避免身心受到损害，如此将养精神，尽享天年。

"庖丁解牛"的寓言故事，因其形象化的艺术手法、带有普遍性的思想提炼和抽象化的语言运用、丰富的多层次的内涵，早已突破了原创者所赋予的内容和旨意。

启发：从庖丁的话中可以得知。

其一，对"道"的追求超过了对技术的追求（"进乎技矣"），（或重视规律）。他不停留在掌握具体的"技"上，而是探求"道"——解牛的规律——作为实践的目标。

其二，不懈实践，在反复实践中积累经验，探求规律，运用规律。（或实践规律）正因为如此，他由不懂规律（"自解全牛"）过渡到认识规律（"目无全牛"），又飞跃到熟练运用规律（游刃有余）。

其三，谨慎小心，尊重规律（或尊重规律）："每至于族，吾见其难为，怵然为戒，视为止，行为迟，动刀甚微"，从来不骄傲大意。

其四，顺其自然、无为而治的治国之道，淡泊名利、与世无争的处世之道。

【活动2】学生讨论：结合自己当下的人生阅历和生活经历，思考庄子"依乎天理""游刃有余"的现代意义。

（学生小组合作交流、讨论，展示成果）

（引导学生站在全文的角度，整体把握、系统思考。为便于学生深入理解，教师可示范一例。答案不统一，言之成理，言之有据即可。在学生成果展示的同时，教师可提出自己的理解，目的是将讨论引向深入，达到互相学习，共同悟道之目的）

示例：臣之所好者，道也；进乎技矣——了解规律，重视规律，掌握规律。

臣以神遇而不以目视——抓住本质，用心处事。

三、比较辨析

【活动1】这三篇文章是儒道两家的代表作品，体现了孔子、孟子和庄子关于"理想社会"和"立身处世"的思想，都具有各自鲜明的艺术特色，填写下

面表格,领会其思想内涵,比较异同,并感受每个人独特的富有个性的表达。

观点	观点内涵	观点提出方式	与其他观点的关系	艺术特色	效果

教师指导学生完成然后进行总结。

四、辩一辩：拓展延伸

【活动1】：如何看待儒家"知其不可而为之"的主张和道家"依乎天理"的主张。

（学生小组合作交流、讨论,展示成果。答案不统一,言之成理,言之有据即可。）

明确：

（1）儒家"知其不可而为之"的主张体现的精神：积极进取,舍我其谁；不求结果,但求付出；主动入世,积极奉献等。

道家"依乎天理"的主张体现的精神：一切事物都有其客观规律,我们要在实践中总结经验,按规律办事；面对具体问题,仍要有所敬畏。

（2）两种主张是两种完全不同的人生哲学。道家"依乎天理"的主张固然有回避矛盾的一面,但也提醒我们不可强行,妄为,仍不失为一种有益的启示,不可一味以"消极哲学"看待。

（3）两家观点虽截然不同,但并无优劣高下之分,甚至可以说,他们的最终目标都是落实到追求人的幸福,只是实现的路径有所不同。两家学说滋养和丰富了中国人的精神世界,是中华民族宝贵的精神财富。

【活动1】国学大师南怀瑾说"儒家是粮食店""道家是药店",请结合链接材料及你对儒道思想的认识,谈一谈你的看法。

链接材料：

唐宋以后的中国文化,要讲儒、释、道三家,也就变成三个大店。佛学像百货店,里面百货杂陈,样样俱全,有钱有时间,就可去逛逛。逛了买东西也可,不买东西也可,根本不去逛也可以,但是社会需要它。道家则像药店,不生病可以不去,生了病则非去不可。一个国家民族生病,非去这个药店不可。儒家的孔孟思想则是粮食店,是天天要吃的。（节选自南怀瑾《论语别裁》）

明确：

儒家是粮店,是我们生活所必需的。

（1）儒家思想重在现实性,它关心社会中的人,关心现实社会。儒家主张"诚心、正意、修身、齐家、治国、平天下",追求物阜民丰,国泰民安。

（2）儒家有社会责任感,他们积极入世,"以天下为己任","先天下之忧而忧,后天下之乐而乐"。

（3）儒家讲为人处世的德行,做人要努力做到"仁义礼智信"。讲人与人之间的相处,"己所不欲,勿施于人",人际交往中要行"忠恕"之道。儒家精神,是渗透在我们每个人的骨子里的。

道家是药店,为社会疗伤。

（1）道家是药店,体现在我们生活的方方面面。当遭遇不顺的时候,我们需要用道家的思想来舒缓一下紧绷的心。

（2）道家讲"自然",讲"道",都超离了尘世,比儒家的眼光、气魄更大。老子讲："人法地,地法天,天法道,道法自然。""故道大,天大,地大,人亦大。域中有四大,而人居其一焉。"道家的眼光扩展到天地之间,将人间社会放到天地这个大系统中。以道家的广阔视角看我们生活的人世间,实在很渺小。

（3）道家主张"道法自然""清静无为",凡事顺其自然,不可过分强求,让热衷于功名利禄的人更加清醒。

五、练一练：儒道互补

【活动】儒家是入世的智慧,道家是出世的哲学。在得意时,中国人是儒家,谈理想谈奋斗；失意时,中国人是道家,论山水论洒脱。儒道两家看似对立实际上却是相互统一,它们共同构成了中国人进退有余、刚健又有弹性、实用又不肤浅的性格和人生追求。请以中国历史上一位历史名人或一首诗词、一部名著为例,阐释儒道互补对中国性格的影响。

示例：苏轼是典型的受到"儒道互补"影响的中国文人。苏轼一生以开放兼容的态度,对儒、道思想兼收并蓄,融会贯通,为己所用。他对儒、道均有吸收、批判。在积极从政和遭贬失意的不同时期,因处于顺境和逆境的不同,又有不同的表现；同时,他对两家又有意地加以调和,形成达观自适的独特思想。（可结合苏轼积极应对人生中不同遭遇的态度加以具体阐述）

六、课后作业

以"低调做人　高调做事"为题目,写一篇800字左右的文章。

王志,山东省济南市莱芜第一中学教师。

《皇帝的新装》教学设计

◎吴巧玲

【教材简析】

统编版七年级上册第六单元的课文体裁多样，有童话、诗歌、神话、寓言故事，它们的共同点是通过虚构的故事曲折地反映现实，或揭露鞭挞现实中的丑恶，或表达对美好生活的向往，或赞美呼唤人间真情。《皇帝的新装》这篇课文想象丰富奇特、引人遐思。无论是作者扣人心弦的叙述，还是那根本不存在的"美丽的新装"，都将增加学生的阅读兴趣。这是一篇提高学生审美情趣、发展学生的语言能力、激发学生的想象力的好文章。课文中的"新衣服"有奇怪的特性：任何不称职的或者愚蠢得不可救药的人，都看不见这衣服。这种奇怪的特性是贯穿故事始终的主线，课文就围绕它巧妙地展开了既在意料之外、又在情理之中的离奇而生动的故事情节。作者围绕"新装"这个中心，极力写出了皇帝、大臣、随员、骗子相互欺骗的种种荒诞无稽的可笑行径，揭露了封建统治阶级虚伪、愚蠢、腐朽的本质。

七年级学生刚刚比较正式地涉及"童话"，其情节曲折的故事是学生喜闻乐见的，但对童话的讽刺意义一定程度感悟得不够深刻并表达不够全面，教师应适当点拨，务必引导学生要独立深思，各抒己见，对问题的认识一定要言之有据。因此，本文的教学重点就在于把握故事情节，分析人物形象，深刻体会作品的揭露力量，并在这基础上理解童话想象和夸张的艺术特点。

【教学目标】

1.知识与技能：理解童话的文体知识和其想象、夸张的艺术特点。

2.过程与方法：以朗读为载体，通过自主、合作、探究的学习方式，分析人物形象并学习表现人物的描写方法。3.情感态度与价值观：认识人性中的虚伪，培养学生"说实话，做真人"的品格。教学重点：以朗读为载体，通过自主、合作、探究的学习方式，分析人物形象并学习表现人物的描写方法。教学难点：领会作品深刻的内涵，培养"说实话，做真人"的品格。

【教学过程】

一、情境导入

师：常言道："爱美之心，人皆有之"，可是有一个人竟然爱美到每一天每一个钟头都要换一套新装，快瞧瞧，他明天游行大典要穿的"新装"吧，我们先来一睹为快！师：这套"新装"选用的是人间最美丽的布。这种布不仅色彩和图案都分外美丽，而且缝出来的衣服还有一种奇怪的特性：任何不称职的或者愚蠢得不可救药的人，都看不见这衣服。同学们莫非你们都是愚蠢得不可救药啦？师：这真是套神奇的"新装"啊？我们简直不敢相信自己的眼睛！我们今天这节课就随安徒生一起走进这篇经典童话《皇帝的新装》去一探究竟这神奇的"新装"。

设计意图："新装"是本文显而易见的线索，可以吸引学生的注意力，激发学生的学习热情。

二、作者和童话的介绍（视频呈现）

安徒生——世界著名的童话作家，19世纪丹麦文学巨匠，世界文学童话创始人。他一生创作的优秀的童话作品有《卖火柴的小女孩》《海的女儿》《丑小鸭》《拇指姑娘》《皇帝的新装》等。童话是儿童文学的一种。这种作品通过丰富的想象、幻想和夸张来塑造形象,反映生活,对儿童进行思想教育,语言通俗、生动,故事情节往往离奇曲折,引人入胜。童话最突出的两种表现手法是什么?(想象和夸张)本文就是以丰富的想象和夸张著称。

设计意图:通过视频动画的介绍,师生达成知识与技能的教学目标,让学生理解童话的文体的知识和其想象、夸张的艺术特点。

三、速读童话,整体感知

5分钟快速阅读课文,思考以下两个问题:

1.童话中有哪些重要人物呢?

(把他们说的话在文中标注出来,思考下他们说话时的神态、内心的感受)。

2.童话中的这些重要人物都是因为什么而存在彼此的联系呢?

四、角色朗读,凸显人物形象

限时2分钟,每位同学就自己感兴趣探究的人物形象,选取与之相关的语言描写来进行角色朗读。(尝试揣摩人物的形象,感受人物说话时语气的表情,进行表演朗读)

如旁白:自然、平缓 皇帝:傲慢、自负 骗子:油腔滑调、阿谀奉承

大臣们:语调迟缓、故作镇定、毕恭毕敬

小孩:天真

设计意图:分角色朗读是引导学生进入文本,进入文本描摹的情景,把自己置换成文中角色,把文本中人物的语言变成有声言语,通过有声语言再现对话情境,进而表现人物的情感、思想等,它有利于学生对作品中的人物性格和人物思想感情的把握。

五、人物鲜明,人性暴露

限时3分钟,请每位同学借助学习任务单来对这些人物进行一下形象的总结吧。研讨:我还从第几段的"……",看出这是_____皇帝(骗子、大臣、百姓、小孩)。

设计意图:通过初读感知和自主、合作、探究的学习方式,师生达成过程与方法的教学目标,让学生学会分析人物形象和学会人物描写的方法。

师:读着读着,我们发现众人似乎都因为这具有神奇特质的"新装"而将自己的本性都毫无保留地暴露了出来。这篇童话有令我们师生忍俊不禁的情节,也有让我们笑声过后引发的顿悟,思考,你从这些鲜明人物形象中看到了什么?(人性的丑恶)

设计意图:作者用孩子的眼光来感受、描绘,寓严肃的肢体于诙谐的故事之中,也表现了作者对未来世界的希望和信心,这个环节就是郑重其事地告诉学生要保持天真烂漫的童心、敢于说真话,无私无畏。达成情感态度与价值观的目标,培养学生"说实话,做真人"的品格。

六、重整心装,扮靓世界

师:"人不仅靠衣装,美还靠心装",请你在学习任务单上面再为我们的皇帝设计一下"心装"吧,让他能够扮靓他的王国,让国民能够沉浸在一片喜庆祥和的世界中。

设计意图:深化主题,引导学生多角度思考问题,盘点正面收获。

七、全课总结(PPT呈现)

这篇童话通过一个愚蠢的皇帝被两个骗子愚弄,穿上了一件看不见的——实际上根本不存在的新装,赤裸裸地举行游行大典的丑剧,深刻地揭露了皇帝昏庸及大小官吏虚伪、奸诈、愚蠢的丑恶本质。褒扬了无私无畏、敢于揭假的天真烂漫的童心。

【板书设计】

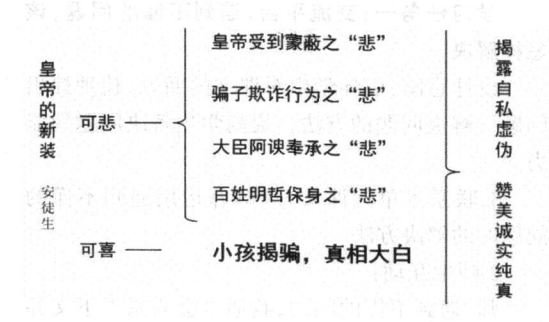

皇帝的新装 安徒生
- 可悲
  - 皇帝受到蒙蔽之"悲"
  - 骗子欺诈行为之"悲"
  - 大臣阿谀奉承之"悲"
  - 百姓明哲保身之"悲"
- 可喜 —— 小孩揭骗,真相大白

揭露自私虚伪
赞美诚实纯真

吴巧玲,福建省厦门市梧桐实验学校教师。

统编版语文四年级下册语文园地二教学设计

◎吴育锋

【教学目标】

1.通过梳理、总结,掌握遇到不同的问题时,解决问题的方法。

2.通过比较、归纳,认识"宾、吉"等12个生字,能辨析两组形近字的区别。

3.通过与同学交流、讨论,了解近几十年新出现的和一些有新的含义的词语,并学会运用。

4.通过品读加点的字,理解做比较的说明方法,运用做比较的方法介绍一种事物。

5.积累《江畔独步寻花》,理解诗句。

【教学重点】

1.通过梳理、总结,掌握遇到不同的问题时,解决问题的方法。

2.通过比较、归纳,认识"宾、吉"等12个生字,能辨析两组形近字的区别。

3.积累《江畔独步寻花》,理解诗句。

【教学难点】

1.通过与同学交流、讨论,了解近几十年新出现的和一些有新的含义的词语,并学会运用。

2.通过品读加点的字,理解做比较的说明方法,运用做比较的方法介绍一种事物。

【教学过程】

学习任务一:交流平台,遇到不懂的问题,该怎样解决

设计意图:引导学生对课文的回顾,梳理提出问题,解决问题的方法,提高学生解决问题的能力。

1.联系本单元课文,理解并运用遇到不懂的问题时的解决方法。

2.师生互动:

师:遇到不懂的问题,我通常会联系上下文并结合生活经验来解决问题。你能试一试吗?

学生甲:遇到了不懂的问题,我也会联系上下文来解决,从文中寻找答案。如:"形态各异"是什么意思?通过联系下文的有关句子"有些恐龙……有些恐龙……有些恐龙……有些恐龙……有些恐龙……"我知道了"形态各异"在这里是指恐龙的大小、性情、行走方式等各不相同,也就是说恐龙有很多种。

师:我们还可以运用查找资料的方式解决问题。比如我们可以通过查找资料知道琥珀的形成需要几万年,就可以理解课文里为什么说琥珀可以帮助我们推测几万年前的故事了。

学生乙:遇到了不懂的问题,我会上网查找资料找到答案。如在阅读《飞向蓝天的恐龙》一文时,我不明白"中生代"是什么意思?我查找资料知道了中生代是地质年代的第四代,约开始于2.3亿年前,结束于6500万年前,分为三叠纪、侏罗纪和白垩纪。这时期主要的脊椎动物是爬行动物,恐龙繁盛,哺乳类和鸟类开始出现。

师:请教别人也可以解决问题。

学生丙:遇到了不懂的问题,我还会请教老师。如读到"辽西的发现向世人展示了恐龙长羽毛的证据,给这幅古生物学家们描绘的画卷涂上了点睛之笔"时,我感觉这句话太难理解了,于是我问了老师才明白了它的意思。这里把古生物学家们漫长的研究过程与取得的成果比作画卷,饱含对这一研究成果的盛赞。"点睛之笔"则说明了辽西的发现非常重要和关键。

3.总结解决问题的方法。

联系上下文,并结合生活经验来解决问题。

查资料可以帮助我们理解不懂的问题。

请教别人后知道的。

学习任务二:识字加油站

设计意图:通过观察新字旧字的对比,发现汉字的规律,帮助学生了解生字的字义,增强学生的辨识能力,学习区分形近字,提升语文学习的能力。

(出示词语表)

1.读一读,你有什么发现?

2.学生分享自己的发现:

第一组:熟字去偏旁,变成生字。

第二组:熟字加偏旁,变成生字。

3.学生来读一读这些字。

学习任务三:词句段运用

设计意图:学习新出现的词语,了解词语新的意思,帮助学生积累词语,了解词语会随着社会文化的发展和生活需要而增加、变化。学习做比较的表达方式,更容易明白事物的特点,学习运用增强学生的说明能力。

一、理解词语

1.读词语,初步感知。

(1)云技术 多媒体 克隆 互联网

(2)窗口 桌面 潜水 文件夹

第一组词语是近几十年出现的;

第二组词语是在原有含义的基础上增加了新的含义。

2.理解词语

(1)师引导:你知道这些词语的意思吗?想一想这些事物在你生活中出现过吗?

(2)结合图例和生活实际,请学生分享。

云技术是指在广域网或局域网内将硬件、软件、网络等系列资源统一起来,实现数据的计算、储存、处理和共享的一种托管技术。

克隆通常是利用生物技术由无性生殖产生与原个体有完全相同基因的个体或种群。

"潜水"的原意是为进行水下查勘、打捞、修理和水下工程等作业而在携带或不携带专业工具的情况下进入水面以下的活动。

窗口——比喻同外界相互往来联系的单位、部门或地区。

3.拓展交流

学生分享还知道哪些新词语和熟词新义

新词语:团购 大数据 电动车

熟词新义:冲浪 包装 冒泡

二、学写句子

1.读一读。注意加点的字,用了什么说明方法,有什么作用?

2.学生思考:这些句子加点的部分有什么作用?

3.学生回答加点部分的作用。

4.师小结:加点的部分运用了做比较的说明方法,通过与熟悉的事物相比较,给人留下深刻的印象,突出了事物的特征,增强了说明的效果。

5.学生仿造句子。

师:你也能运用这样的方法,照样子写一个事物吗?

(学生造句并展示)

学习任务四:积累古诗,感受古诗大意

设计意图:拓展学习古诗,激发学生学习古诗的兴趣。让学生感受作者的情感,补充杜甫其他《江畔独步寻花》的诗,可以扩展学生的阅读量,体会杜甫对花的惜爱、在美好生活中的流连和对美好事物常在的希望。

一、读古诗,读准字音

1.学生自由读古诗,读准字音,读通诗句。

二、读古诗,理解诗句

1.学生结合注释理解诗意。

2.师展示诗意,学生结合诗意再读古诗。

3.体会情感。

学生借助诗意,想象情境,体会作者情感。

师:当你在春风中懒困之时,在江边散步看到这一簇簇的桃花,会有什么感受?

预设:体会诗人在江边散步时自在、愉悦、闲适的心情。

4.结合写作背景,理解作者情感。

5.再读古诗,读出情感。

吴育锋,广东省深圳市龙华区教育科学研究院附属外国语学校教师。

《马诗》教学设计

◎ 武雁斌

【教学目标】

1. 根据诗句,想象画面,理解诗意。
2. 能正确诵读诗歌,并根据自己的感悟读出诗人的情感。
3. 能联系诗人的生平资料,感受诗人借马所表达的志向。感悟马在文人笔下的内涵。

【教学过程】

活动一:说词吟诗,初留马印象

1. 出示"马"图片,谈话链接主题:

①你见过马吗?在哪里见过?骑过马吗?看到马有什么感觉?

2. 其实,马不仅出现在历史故事中,它还常常被诗人写进诗词里,你知道与马有关的诗句吗?

描写马的诗句确实有很多,你看:

王翰悲叹道:葡萄美酒夜光杯,欲饮琵琶马上催。醉卧沙场君莫笑,古来征战几人回。(《凉州词》)

王昌龄豪气十足:但使龙城飞将在,不教胡马度阴山。(《出塞》)

陆游梦中遇马:夜阑卧听风吹雨,铁马冰河入梦来。(《十一月四日风雨大作》)

辛弃疾赞叹道:想当年,金戈铁马,气吞万里如虎。(《永遇乐·京口北固亭怀古》)

你发现,诗人写马,总与什么有关?

生:征战。

师:在战场上,健壮有力的马儿可以帮助战士征战沙场,实现抱负。马在怎样的环境下一展英姿呢?今天我们就来学习李贺的《马诗》。

活动二:诵读古诗,想象画面,描摹马形象

1. 根据平仄,诵读古诗。

先指名读,指导后,再齐读。

适时指导:

大漠沙如雪,燕山月似钩。

读出战场荒凉肃杀之气,月亮仿佛泛着冷冷的寒光。

"雪"是入声字,想象茫茫大漠上,沙石如雪般的寒冷,要重读;"钩"字拉长,想象一把形似弯钩的月亮挂在天边。

何当金络脑,快走踏清秋。

"走"的意思是跑,形容马儿在大漠上快速奔跑,后面这两句语速要稍微加快,读出迫切的感觉。再读后两句。

读好"踏清秋","踏"字是入声字,要短促而音高,踏字后面是两个拖长的平声(示范清秋),与踏字形成鲜明的对比(示范踏清秋),仿佛由踏字积蓄的能量一下子由清秋这两个平声释放了出来。

押韵:这首诗押的是平水韵中十一尤韵,尤韵是合口韵,往往传达出一种忧愁的情绪,充满感慨,我们一起通过齐诵再来感受。

追问:读这首诗,你有什么感受?

2. 结合注释,想象画面。

只是吟诵,大家就有了这么多感受,那就让我们一起来看看这首诗究竟描绘了一幅幅怎样的画面呢?

问:读这首诗,你能看到哪些画面?

大漠沙如雪、燕山月似钩。

何当金络脑,快走踏清秋。

前两句在描绘大漠的环境,后两句诗人将笔墨聚焦在了这匹马身上。你看到了一匹怎样的马?

马儿何时将要戴上马笼头,轻捷矫健地飞奔驰骋,踏遍这秋高气爽之时的原野呢?

师:"金络脑"是什么?

生:是指用黄金装饰的马笼头。

师:这是一种非常贵重的鞍具,一匹马能戴上如此贵重的马笼头,驰骋沙场,可见这是一匹怎样的马?

生：这是一匹宝马／尊贵的马／受到主人重视的马。

师：可是它戴上了吗？

生：没有。因为诗句说"何当"，就是"何时将要"，它想受到主人重视，对此无限期盼，却没能实现愿望。

师：从"何当"二字你看出这是一匹怎样的马。这是一匹_____的马。

生：这是一匹渴望征战沙场，期待受到重用的马。

师：应该怎么读好这两句？

（带上悲叹、无奈的语气）

学生读最后两句。

师：从你们的诵读声中，我看到了这匹想要建功立业，去实现自己马生理想的马。再回看前两句，虽然大漠寒气逼人，月似弯刀，充满肃杀之气，但对于志在报国之士却有了异乎寻常的吸引力。让我们把这四句诗连起来读一读，注意边读边想象每句诗所描绘的画面。

学生齐读诗歌。

活动三：结合资料，由马到人，理解马意象

1.诗人仿佛有读心术，他看出了这匹马心中所想，他为什么要写这匹马呢？我们结合一段资料看能不能找到答案。

李贺生平：李贺，唐代诗人，出生于一个破落贵族之家，远祖是唐高祖李渊的叔父李亮。但到李贺父亲李晋肃时，已经家道中落。李贺才思聪颖，七岁能辞章，十五岁工乐府，十八岁就已经诗名远播。但李贺自幼体弱多病，身体很不健康，他是一个生命很短暂的天才，二十七岁就去世了。

仕途失意：李贺仕宦很不得意。中国古代有讲究避讳的传统，就是要避开皇帝的讳、父母的讳，"讳"就是他们的名字。他们名字的声音不能说，字也不能写。李贺的父亲叫李晋肃，"晋"字和"进"字同音，所以李贺不能去参加进士考试。而在中国古代封建社会，所有的读书人都是要经过科举考试才有前途，这样李贺的前途就完全断绝了。

政治抱负：李贺有积极用世的政治怀抱，虽然因仕途屯厄，疾病缠身，但他不甘沉沦，满怀着"男儿何不带吴钩，收取关山五十州"的愿望与雄心。他向往建功立业，报效国家，但他官场失意，没有机会施展自己的才能。

（结合资料说）这是一位_____的诗人（渴望建功立业、怀才不遇、）

诗人为什么要写这匹马？

学生根据资料表达自己的看法。

师：李贺将这匹轻捷矫健的马和自己融合在了一起，诗人表面写了一匹渴望建功立业的马，其实是在写自己渴望建功立业，他想寄托自己渴望能像这马儿一样被人重用、一展抱负、保家卫国的雄心壮志，但这一天又不知何时才能到来，他无限期盼，又无可奈何，只能悲叹。

带着你对诗人的理解，再读这首诗。

一匹轻捷矫健的马在这里代指一位渴望报国的诗人，诗人借马来表达自己的志向，这种表达方式叫托物言志。其实不仅李贺，早在曹操时，就借马表达过自己的志向。他在《龟虽寿》中写道："老骥伏枥，志在千里。烈士暮年，壮心不已。"年老的马却志向千里，我虽已到暮年，却依然雄心壮志，可以实现人生抱负。杜甫也写过："所向无空阔，真堪托死生。骁（xiāo）腾有如此，万里可横行。"这匹马所向无阻，真可将生死托付于它。拥有如此良马，真可以横行万里之外，为国立功了。你看，诗人写马，也是写人，这是诗人内心志向的写照。所以，当你在诗中读到这样一匹马时，你就会联想到——背后那样一位有着报国之志的诗人。

3.辩证思维，拓展马意象

可是，马一定是表达诗人报国之志的吗？课前请大家去搜集马有哪些意象，下面请小组之间互相交流一下，看看你们各自有什么发现。

小组交流并汇报。学生把自己的发现概括成关键词板书在黑板上。

我知道马可以表达____的情感。例如___（作者）写过_____。

师总结：今天我们从李贺笔下的《马诗》了解到了诗人借马表达自己渴望建功立业的志向与不被赏识的悲叹，也了解到了更多不同诗人借马所表达的情志。马有渴望建功立业的马、老当益壮的马、瘦马、病马、千里马……你看，我们中华民族的文化内涵就是这么多元，同一个事物，可以有多重表达，它传递的其实是诗人当下的心境。

齐读：意象，传递诗人当下的心境。

最后吟诵《马诗》，全班跟着音乐吟唱，体会诗句所传达的情感。

武雁赞，广东省深圳实验学校坂田部教师。

《念奴娇·过洞庭》与苏轼诗词对比阅读教学设计

◎肖阳东

【教学设想】

张孝祥是南宋初期的爱国词人,其创作上的最大特点便是接受和推重苏轼之词,但除了词风的继承,张孝祥与苏轼在人生经历以及遭遇坎坷后的感悟也有相通之处,这在其《念奴娇·过洞庭》中体现得尤为明显。本课将《念奴娇·过洞庭》与苏轼名篇《定风波·莫听穿林打叶声》《六月二十日夜渡海》《赤壁赋》进行对比阅读,让学生通过重温之前语文课堂所感受过的苏子超然忘我之境,体会《念奴娇·过洞庭》中张孝祥与之相通的精神境界。

【教学目标】

1.反复诵读本课所选诗词,把握重点字句,品味诗词的语言美、意境美、情感美。

2.通过对比,寻找苏轼诗歌与张孝祥诗歌用词与情感的相通之处,尝试根据熟知的苏轼生平推测张孝祥的人生经历。

3.品味语言,体会词中洞庭湖的美景,分析"妙处三重",培养对诗歌的意境分析鉴赏能力。

4.理解苏轼与张孝祥"天人合一""超然忘我"的人生境界,培养学生面对挫折时的旷达胸怀。

【教学重难点】

教学重点:寻找张孝祥与苏轼词的相通之处;体会词的语言美、意境美、情感美。

教学难点:理解苏轼与张孝祥"天人合一""超然忘我"的人生境界。

【教学过程】

新课导入:同学们,上学期我们学过北宋苏轼的《赤壁赋》,他与友人"泛舟游于赤壁之下"时,留下了千古名篇。而一百余年后的南宋,有另一位词人,他每逢作词,都要问别人自己之词比苏子何如?而他也在某个秋天,驾一叶扁舟,游于洞庭之上,留下了代表作《念奴娇·过洞庭》。今天,就让我们一起通过对比阅读,体会时隔百年后的张孝祥与苏子情感境界的相通之处。

任务一:细读三首诗,圈点勾画出你认为第一首与后两首相似的地方,说明相似之处都描写了怎样的画面,包含了怎样的情感或内涵,并尝试结合苏轼生平,猜测张孝祥的人生经历。

《念奴娇·过洞庭》

洞庭青草,近中秋、更无一点风色。玉鉴琼田三万顷,着我扁舟一叶。素月分辉,明河共影,表里俱澄澈。悠然心会,妙处难与君说。

应念岭海经年,孤光自照,肝肺皆冰雪。短发萧骚襟袖冷,稳泛沧浪空阔。尽挹西江,细斟北斗,万象为宾客。扣舷独啸,不知今夕何夕!

《六月二十日夜渡海》

参横斗转欲三更,苦雨终风也解晴。云散月明谁点缀?天容海色本澄清。

空余鲁叟乘桴意,粗识轩辕奏乐声。九死南荒吾不恨,兹游奇绝冠平生。

《定风波》

莫听穿林打叶声,何妨吟啸且徐行。竹杖芒鞋轻胜马,谁怕?一蓑烟雨任平生。

料峭春风吹酒醒,微冷,山头斜照却相迎。回首向来萧瑟处,归去,也无风雨也无晴。

明确:

相似一:景之无风与心之无风("更无一点风色""苦雨终风也解晴")

相似二:景之澄澈与心之澄澈("表里俱澄澈""天容海色本澄清")

相似三:外界之冷与内心稳泛("料峭春风吹酒醒,微冷,山头斜照却相迎""短发萧骚襟袖冷,稳翻沧浪空阔")

《六月二十日夜渡海》作于苏轼从海南遇赦北归之际,首联表面上写景之无风,实际上是人生"苦雨终风"的退散。可推测《念奴娇·过洞庭》同样也是表面上洞庭湖、青草湖的无风,实际上是官场不得意的消散。

"天容海色本澄清"一句同样表面上写乌云散去之后的天色之清，实则是自己虽然遭遇乌台诗案，但内心的澄澈清明。也可以推出"素月分辉，明河共影，表里俱澄澈"虽是对眼前景物澄澈的描述，但旨在引出"应念岭海经年，孤光自照，肝肺皆冰雪"一句，同样是官场遭贬，但依旧内心澄澈。

而《定风波》中，"料峭春风吹酒醒，微冷，山头斜照却相迎"与"短发萧骚襟袖冷，稳泛沧浪空阔"都有转折，前者是酒醒微冷但转而暖阳已至，后者则是虽然头发稀疏衣着单薄，但依旧可以稳稳泛舟于沧浪之上。两首诗歌的情感境界也都更进一步表达了外界的得失已无法影响乐观旷达的自己。

提问：有没有同学能够根据刚才我们探索出的两人作品的相似之处以及苏轼的生平，推测出张孝祥的人生经历？

背景补充：公元1154年，张孝祥状元及第，授承事郎。由于上书为岳飞辩冤，为权相秦桧所忌，诬陷其父张祁有反谋，并将其父下狱。次年，秦桧死，授秘书省正字。公元1162年，张孝祥复官，后升迁为中书舍人，朝廷内议和声大起，张孝祥仍旧坚持自己主战。同年十月被罢免知建康府，主战派完全失败，张孝祥因此第二次在政治生涯上遭到打击和排斥。公元1165年－1166年，张孝祥复官，知静江府。次年，为谗言所累，改知潭州。同年八月，他罢官北归，路过洞庭湖，作此词。公元1170年三月，张孝祥返还芜湖，七月病逝。

明确：可以看出，张孝祥与苏轼人生履历中都有过光芒万丈之时，但也都因为政治原因遭到罢官。诗歌相似的背后实则是人生境遇上两人情感的呼应。

设计思路：平常的诗词鉴赏，往往是知人论世之法，给出作者的人生经历，代入到作品内容去体会情感，虽然实用，但有时也会限定学生思维。本环节让学生首先立足文本，通过熟悉的苏轼的作品去推测张孝祥的人生经历与诗歌情感，更能激发学生思维，实现语文核心素养中的"思维发展与提升"。通过对比，学生可以发现，《念奴娇·过洞庭》与《六月二十日夜渡海》《定风波》不仅仅只是部分词句的相似，更大程度在于情感的相通，而情感相通自然离不开相似的人生经历。

任务二：结合张孝祥人生经历再读全诗，思考上阕末句"悠然心会，妙处难与君说"中哪些"妙处"难与"君"说。

明确：
妙处一：所见景物之妙（此时眼前之景）
妙处二：内心澄澈之感（此刻内心之感）
妙处三：官场几经沉浮，各中酸甜苦辣（数十年来感触）

设计思路：诗歌由景入情再到人生沉浮的回味，这中间的"妙处"需要学生结合作者生平去感受，否则无法深入理解作者情感，也很难体会到最后的"天人合一""超然忘我"之境。

任务三：细读《念奴娇·过洞庭》与《赤壁赋》部分内容，体会两部作品在意境方面的相通之处，尝试用两个四字词语概括出来。

《念奴娇·过洞庭》（部分内容）
玉鉴琼田三万顷，着我扁舟一叶。
尽挹西江，细斟北斗，万象为宾客。扣舷独啸，不知今夕何夕！

《赤壁赋》（部分内容）
惟江上之清风，与山间之明月，耳得之而为声，目遇之而成色，取之无禁，用之不竭，是造物者之无尽藏也，而吾与子之所共适。
相与枕藉乎舟中，不知东方之既白。
明确：天人合一　超然忘我

苏轼的天人合一体现在面对友人"哀吾生之须臾，羡长江之无穷"的消极思想，提出了"自其不变者而观之，则物与我皆无尽也"的观点。具体而言便是"惟江上之清风，与山间之明月，耳得之而为声，目遇之而成色，取之无禁，用之不竭，是造物者之无尽藏也，而吾与子之所共适"。而张孝祥"天人合一"之境体现在面对浩瀚的"玉鉴琼田"，并未有"驾一叶之扁舟，举匏樽以相属。寄蜉蝣于天地，渺沧海之一粟"的人生短暂渺小之感，而是"着我扁舟一叶"，一个"着"字读来有一种"轻舟已过万重山"的轻快感，之后更是以长江之水为所饮之酒，以北斗七星为斟酒之物，把宇宙万物当作所宴宾客，就像是苏轼观点的具体表现。此外，《赤壁赋》与《念奴娇·过洞庭》最后都是作者泛舟水面，"不知东方之既白""不知今夕何夕"，将天人合一之境达到极致。

设计思路：相比于任务一二，任务三难度最大，需要学生对两首作品的意境有深刻的理解，但引导学生通过回想所学《赤壁赋》的知识，依旧能在对照中更好地理解张孝祥的天人合一、超然忘我之境。

肖阳东，陕西省咸阳市西咸新区泾河新城第一中学教师。

《散文二篇》教学设计

◎ 谢建华

【教学目标】
1. 三读三悟"生命"的文本内涵。
2. 初步了解哲理散文特点。
3. 群文类读感受生命态度。

【教学重难点】
真正理解"生命"文本内涵。

【教学过程】
一、导入
同学们,世界上有一样东西。无论你是富贵还是贫穷。无论你是权倾天下,还是一介平民。你都只能拥有一次,大家猜猜它是什么?
生:(马上说出)生命。
师:如果让大家在生命一词前加一个形容词,你会加什么词呢?
生:可爱的、永恒的、美丽的、短暂的、顽强的(最多5个同学回答)。
师:同学们对生命的理解是丰富的。那么今天,老师和同学们来学习一篇关于"生命"主题的课文,请大家翻开《散文二篇》。

二、初遇生命
1. 首先请大家扫读课文,圈出作者形容生命的关键词:(时间2分钟左右)
圈出来的同学请举手,咱们一人来说一个关键词:
(5-6个学生说)
2. 在这些形容生命的关键词中,你读懂了其中哪一个?你是通过文中哪句话读懂的?
生1:我从这一句"有限的岁月只能一度为你所有,它们既然离开,就永远不会再返回"读出了个人生命是有限的,因为人无法让时间停留。
生2:我从"个人生命不像一件衬衣,当你发现它脏了、破了的时候,就可以脱下来洗涤,把它再补好"这句话拿生命和衬衣对比,不同的是生命是不可修补,不可重来的。
师板书:说理方法:对比(学生也有可能说到比喻、类比、比较均可,八年级下册才接触议论文,不必纠缠概念)
生3:我从"地面上的小草,它们是那样卑微,那样柔弱,每个严寒的冬天过去后,它们依然一根根从土壤里钻出来,欢乐地迎着春天的风,好像那刚刚过去的寒冷从未存在"我读出了生命虽然卑微、柔弱。但生命又是顽强的,欢乐的。
预设:如果学生没答出举例,师追问:你觉得小草的生命在哪个字上体现出来?
生:(马上答出)钻。
师:建议同学们都来试着齐读这句话,注意读出小草"钻"出地面的一股力。
齐读:"地面上的小草……"
师:这是在举生活中例子来说理,板书到说理方法那里。
教师归纳点评:这篇散文就是从现实生活中的事物出发,用对比,举例,拟人等方法来表达对生命的看法。像这样类型的散文我们叫作哲理散文(板书在生命旁边)。过渡到第二个环节:
(从哲理散文如何过渡到下一个环节?同学们在第四单元的学习中,会发现散文类型多样,或写人记事的《背影》,或托物言志的《白杨礼赞》,今天我们学习的《永久的生命》不同在于文章重在阐发哲理。)

三、理解生命
同学们,大家看看黑板,同样是关于生命的理解,却出现了对立的答案:
师边说边圈出词语:如暂时——永久;有限(凋谢)——不朽
师问:你认为矛盾吗?
预设:1-2个同学说不矛盾的理由。

师：那么，纵观全篇，作者运用的就是类似于记叙文中的什么方法？

预设：生答"先抑后扬"（欲扬先抑）。

过渡到第三板块：写这篇课文时，作者严文井说"一个人到了30岁的边头"。他实际是27岁，多么年轻的生命啊！正如他自己在文中写道：我们没有时间悲观。可是，命运不是一帆风顺的。

师补充介绍：作者的命运在1969年遭遇了"文化大革命"，当时他已54岁。全家7口人被下放到不同的"干校"进行劳动改造，可谓是"妻离子散"，他自己被下放到湖北咸宁向阳湖干校。在这里，初期纪律很严，各连队之间不许来往，否则有反革命串联的嫌疑。当时有文人还不忘写写诗，说怀念北京，结果得罪了军宣队的人，被臭骂了一顿，这叫异想天开，大逆不道！但是干校战士们多半是想回北京的，有的人是绝望了，包括作者。

在那种高压气候下，还得认命！

那么同学们：命是什么？

生根据汉字字形猜想：命。

（出示幻灯片）"命"是由两部分组成，表示上级向下级开口说话，作出权威性指示。是由上而下的强大力量！

师过渡：文革总会过去，严文井认命但不屈服，严文井先生八十岁时接受文化名人的采访，这样回顾那段岁月：

生命是一过程，完美地度过这一过程。希望人生完美，不是说不摔跤，不栽跟斗，不受罚，不遭流放。古代遭受流放的人有多少啊！苏东坡是大才子，流放海南岛。我们小文人下放到咸宁向阳湖算什么？屈原说"吾将上下而求索"我说的完美，至少要包含这个意思，找不到目标就不甘心，就永远追求下去……（《向阳湖，我的过去了的生命》）

（请同学们齐读）

过渡到下一环节：生命的完美在于与命运的不断抗争！那么"生"字最初的含义又是什么呢？

（出示幻灯片）

生解读：甲骨文指事字，在草叶下面加一横，这一横相当于地面(泥土)，表示新芽破土而出。

师引导学生体会：新芽要多大的力量，多久的抗争才能突破坚硬的泥土！可见生是一种不可遏制的向上之力！

这时板书：生之力

师追问："生命"二字合在一起，是什么意思？

生：就是通过"生"之力来抗争天之"命"的过程。（师板书《=》表示抗争）

四、感悟生命

过渡到最后一板块：不同的人生境遇，对待生命是否有同样的看法呢？请大家朗读冰心《谈生命》勾画文中用一定方法说理的句子并分析。（全班展示朗读）

生1：生命像东流的一江春水，他从生命最高处发源……一泻千里（比喻说理）

（指导学生读：冲到，挟(xie)二声卷，奔腾，怒吼，回旋，催逼，冲到）

生2：他也许受着大树的荫蔽，也许受着大树的覆压……挣脱了出来。（比喻说理）

（注意读出"集聚"，破壳，吸收，承受，吟唱，跳舞，覆压，生长，挣脱）

生3：宇宙是一个大生命，我们是宇宙大气风吹草动之一息。（比喻，对比说理）

过渡：生命是一条长河，我们每个人就是长河中的一朵浪花。我们该怎样活出自己的人生？请朗读英国著名哲学家，文学家罗素的《我为什么而活着》。

比较阅读：罗素《我为什么而活着》，探究罗素的生活目的与一般人有什么不同的地方？

……

过渡：罗素的个体生命消逝了，但留下的思想却是永久的！罗素既有对现实苦难的关爱，又能看到人类光明的未来。只要是人，都可以说出人的生活目的，随着同学们年龄的增长，也会萌发求索人生意义的愿望和对爱情的追求，而这对于成年人来讲都是难题。因为它还涉及人对世界的看法。

老师推荐大家阅读梁漱溟的《这个世界会好吗？》和史铁生的《我与地坛》。

结束语：史铁生在《我与地坛》中说：剩下的就是怎样活的问题了。这却不是在某一个瞬间就能完全想透的，不是能够一次性解决的事，怕是活多久就要想他多久了，就像是伴你终生的魔鬼或恋人。

愿同学们都能经过自己的努力，活得扬眉吐气，活得有尊严，有价值，都能梦想成真！

谢建华，湖北省宜昌市伍家岗区第六中学教师。

《黄州定慧院寓居作》群文阅读教学设计

◎ 熊玉璐

【教学内容分析】

苏轼的生平以及作品是中学生相对熟悉的，但正是因为熟悉可能使学生对苏轼产生惯有的刻板印象：他是豪放的，乐观的，充满信心。而教师在讲苏轼的诗作时也很少进行比较阅读，让学生更深层次地了解一个立体的、人物形象更丰满的词人。故此，学生可能有了一定的鉴赏能力却缺乏一定的探究能力：苏轼是不是在所有诗作中最终都明确地表明了他对这个世界的飘逸与释怀态度，没有痛苦与纠结呢？如果我们对比苏轼在相同遭遇下不同时期的诗歌所展现的不同心境，运用比较阅读的方法，可能会挖掘出他的心声，从而知人论世，真正认识到一个有血有肉的苏轼。

【教学目标】

1. 有感情地吟咏诗歌，感受苏轼的真实情感。

2. 对比苏轼相同遭遇不同时期下，不同诗词所展现的不同心境。

3. 比较阅读，挖掘苏轼的内心世界，知人论世，展示印象外的苏轼形象。

【教学重点】

对比苏轼相同遭遇不同时期下，不同诗词所展现的不同心境。

【教学难点】

比较阅读，挖掘苏轼的内心世界，知人论世，展示印象外的苏轼形象。

【课时安排】1课时

【教学过程】

一、因声求气　吟咏诗韵

黄州定慧院寓居作（1）

缺月挂疏桐，漏断人初静。谁见幽人独往来，缥缈孤鸿影。

惊起却回头，有恨无人省。拣尽寒枝不肯栖，寂寞沙洲冷。

念奴娇·赤壁怀古（2）

大江东去，浪淘尽，千古风流人物。故垒西边，人道是三国周郎赤壁。乱石穿空，惊涛拍岸，卷起千堆雪。江山如画，一时多少豪杰。

遥想公瑾当年，小乔初嫁了，雄姿英发。羽扇纶巾，谈笑间樯橹灰飞烟灭。故国神游，多情应笑我，早生华发。人生如梦，一樽还酹江月。

定风波（3）

莫听穿林打叶声，何妨吟啸且徐行。竹杖芒鞋轻胜马，谁怕？一蓑烟雨任平生。

料峭春风吹酒醒，微冷，山头斜照却相迎。回首向来萧瑟处，归去。也无风雨也无晴。

1. 这三首词都是苏轼被贬黄州所作，一读诗歌，找出能流露出作者情感的字词。

明确：

（1）缺月　疏桐　漏断　初静　幽人
　　缥缈　孤鸿　惊　恨　寂寞　冷

（2）大江东去　浪淘尽　千古风流　乱石穿空

　　惊涛拍岸　豪杰　华发　如梦　尊

（3）吟啸　徐行　竹杖芒鞋　轻　谁怕
　　任平生　酒醒　微冷　斜照　无风雨　无情

2.再读诗歌，从找出的字词中品味作者具体流露出的什么样情绪？

明确：

（1）上阕写的正是深夜院中所见的景色。"缺月挂疏桐，漏断人初静。"营造了一个夜深人静、月挂疏桐的孤寂氛围，渲染出一种孤高出世的境界。"幽人"那孤高的心境，正像缥缈若仙的孤鸿之影。

这两句,既是实写,又通过人、鸟形象的对应、嫁接,极富象征意味和诗意之美地强化了"幽人"的超凡脱俗。"惊起却回头,有恨无人省。"回头的寻觅,找到的是更多的孤独,"有恨无人省",没有谁能理解自己孤独的心。孤鸿遭遇不幸,心怀幽恨,惊恐不已,在寒枝间飞来飞去,拣尽寒枝不肯栖息,只好落宿于寂寞荒冷的沙洲,度过这样寒冷,表达了作者贬谪黄州时期的孤寂处境和高洁自许、不愿随波逐流的心境。

(2)前三句不仅写出了大江的气势,而且把千古英雄人物都概括进来,表达了对英雄的向往之情。假借"人道是"以引出所咏的人物。"乱""穿""惊""拍""卷"等词语的运用,精妙独到地勾画了古战场的险要形势,写出了它的雄奇壮丽景象,从而为下片所追怀的赤壁大战中的英雄人物渲染了环境气氛。下阕着重写人,借对周瑜的仰慕,抒发自己功业无成的感慨。写"小乔"在于烘托周瑜才华横溢、意气风发,突出人物的风姿,中间描写周瑜的战功意在反衬自己的年老无为。"多情"后几句虽表达了伤感之情,但这种感情其实正是词人不甘沉沦,积极进取,奋发向上的表现,仍不失英雄豪迈本色。

(3)借途中遇雨的生活小事,抒写了作者任天而动、苦乐随缘、开朗达观、意存归隐的人生态度和坦荡胸怀,描绘了一幅极传神的"东坡雨中行吟图",表现了他处变不惊、笑对苍茫、"何妨吟啸且徐行"的潇洒气度,流露出悠游自在、"一蓑烟雨任平生"的达观之思,揭示了"也无风雨也无晴"的恬淡妙境,也是苏轼人生的真实写照。

小结:品读完发现,苏轼的情绪有豪放,有积极进取,有开朗达观,有处变不惊,也有孤独,有寂寞,有痛苦。

二、以意逆志　知人论世

1.这三首词都是作者在被贬黄州时期所作,请根据苏轼情感,讨论判断出这三首作品的写作时间顺序。

明确:《定风波》《念奴娇》《卜算子》

2.为什么是这样的写作顺序?

明确:《定风波》表达的是作者在被贬之后依然无所畏惧的情感,"何妨吟啸且徐行"的潇洒气度,流露出悠游自在、"一蓑烟雨任平生"的达观之思,揭示了"也无风雨也无晴"的恬淡妙境,此刻的作者刚刚被贬,似乎内心受到的冲击还不大。《念奴娇》写于《定风波》之后,因为词人虽然开篇就是一片磅礴气势,豪放词风一览无余,但遥想三国时候风流人物,对比今朝今人的一片华发,最后还是一尊还酹江月,顿生无力之感。而最后的《卜算子》则是表达的作为一个无人领会的幽人,孤独寂寞地盘缩在寂寞寒冷的沙洲之上,内心的无畏、恬淡、豪放甚至无力都消散掉了,只剩下无边的悄怆幽邃。

3.小结:一样的黄州,一样的遭遇,不同的心境,不同的苏轼。

4.我们结合三首词的创作背景(尤其是作品时间),大胆揣测苏轼心态发生变化的原因?

明确:同样是被贬黄州,同样的一段人生逆旅,从达观潇洒到豪放多情,再到失意无力,乃至最后的孤独寂寞,三首词随着距离作者被贬黄州时间的慢慢推进,其实是作者内心痛苦挣扎的过程。

总结:通过诗词的比较阅读,我们可能会真正走进苏轼的内心世界,我们会得到苏轼感情释放的一个动态过程,从这个过程中,我们才会发现他可能不再是洒脱、达观的李白,他也会强颜欢笑,也会伪装坚强。当我们想真正读懂一首诗歌,读懂彼时彼刻的诗人的内心剖白,其实可以借助其他诗歌进行比较阅读,最后真正做到知人论世,真正地走进诗人的精神世界,打破刻板的固有印象。

三、作业

学完三首诗后,写一写你心目中的苏东坡。

四、板书设计

因声求气

闲适达观	豪放伤感	孤苦寂寞
《定风波》	《念奴娇》	《卜算子》
被贬2年3个月	被贬2年7个月	被贬2年12个月

知人论世

熊玉璐,云南省昆明市西山区实验中学教师。

《唐雎不辱使命》教学设计

◎徐 芳

【教学目标】

1.朗读个性化的语言,分析人物鲜明形象,感悟士文化及其精髓。

2.识记文学常识,随文积累重点文言实词和虚词的意义及用法。

3.品读文本,通过多种方式的诵读揣摩人物心理,训练学生透过人物言行举止解读其性格的能力。

4.体会文章语言辩丽横肆、正义凛然,气势磅礴的特点。感受唐雎有胆有识,不畏强暴,敢于斗争的勇士形象,领略唐雎所代表的中国传统文化精神家园中的瑰宝——士之精神。

【教学准备】希沃课件

【教学过程】

一、再现"士"之情境,追寻"士"之精魂

师:"风卷狂沙兵临城下,气贯长虹金戈铁马。"一曲《战国七雄》把我们带回到历史上那个硝烟弥漫,纷争不断的动乱年代。

1.春秋战国时期,诸侯割据,七国争霸。后十年,强秦以秋风扫落叶之势相继剿灭了韩、赵、燕、魏四国,秦王胸怀天下,意气风发,拿下魏的附属国安陵易如反掌。但奇怪的是,安陵国并没有马上被灭,还存在了两年,这是为什么呢?今天,让我们一起走进《唐雎不辱使命》,去解开这个谜。

2.课文选自《战国策》,这本书记录了战国时期纵横家的各种策论和主张,闪耀着古人政治、外交智慧的光芒。战国时期既是各国武力的较量,又是文人谋士智慧的交锋,精神的对垒。在这场没有硝烟的战场上,总有一些"位卑未敢忘忧国"的勇士在生死存亡的关头挺身而出,铁肩担道义,他们被称为"士"。

(说文解字"士"字,课件展示)

解读"士"字:士字的本义指手执兵器(或刑具)的武士或刑官。《说文·士部》:"士,事也。数始于一,终于十。从一,从十。""推十合一为士"。即能从许多事物中总结出一个道理的人为士。这种精神后来演化成我们民族精神的瑰宝——士之精神。

安陵国生死存亡之秋,唐雎临危受命,力挽狂澜,"出使四方,不辱君命"。下面,就让我们一起来领略这位英雄的风采。

二、了解"士"之故事,明确"士"之责任

1.教师范读课文,整体感知文本。

2.学生熟读课文。

设计意图:读准字音,读通句子,读出句读与韵味,逐步推进,落实初读目标,为学生概括故事内容做好准备。

3.简要概括故事内容(起因、经过、结果)。

设计意图:训练学生在理解文本的基础之上,简介概括内容的能力。

4.失去魏国这个靠山的安陵,弹丸之地、弱小之国,承蒙秦国青睐,以大易小,这是天上掉馅饼、求之不得的好事,安陵君为什么要拒绝秦王易地的要求?

相关链接:

秦惠文王派张仪入楚,把六百里地许给楚怀王,让楚与齐断交,怀王上当,屈原投江。

秦昭襄王用十五城交换赵惠文王的和氏璧,骗局被蔺相如识破,完璧归赵。

秦始皇用五百里之地易安陵,安陵君和唐雎会如何应对?

明确:国土不易,国家不亡是安陵君要担当的守土之则。

4.唐雎出使秦国的任务是什么?

过渡语:唐雎乃一弱国小臣,只身出使强秦,明知不可为而为之,凭借的是他过人的胆气与才略、以天下为己任的责任感与使命感。课文就像一出精彩的多幕剧,再现了鲜活的历史和人物。

三、读懂"士"之策论，领略"士"之风采。

设计意图：创设情景，激发学生的兴趣，帮助学生进入角色，便于学生加深对文章内容及人物形象的理解，调动学生课堂积极性和主观能动性。

（一）第一幕：临危受命（起因）

1.自读第一段，揣摩说话者的语气、神态，找出能表现人物性格、态度的重点词并作赏析。

秦王："使人""寡人""欲""其许"（不可一世、唯我独尊）

安陵君："加惠""甚善""虽然""愿""弗敢"（委曲求全、忍气吞声）

2.分角色跳读课文。

过渡语：安陵君的委婉拒绝使得"秦王不悦"，战事一触即发，千金重担压在唐雎的肩头，蚍蜉撼大树，可笑不自量，此次唐雎支身进入虎狼之秦，怕是羊入虎口，凶多吉少啊！

（二）第二幕：据理力争（发展）

这一幕开头作者只用"秦王谓唐雎曰"六字起笔，言简义丰，其实用情景再现的方式来读古文也是一件趣事，让我们借助丰富的想象来还原当时的场景：

场景模拟：秦廷，唐雎恭敬行礼，秦王（扫了）他一眼，（冷哼）一声，说道：_____。

学生可添加神态、动作、语气词，并尝试融进自己的分析，有感情地译读和演读课文，教师点拨指导。

（比较解读安陵君和唐雎态度、语气的相同点和不同点："弗、否、非"，唐雎反问驳斥，义正词严，坚决抵制秦王的骗局，表现出他平交王侯的布衣气节和维护国土的严正立场。）

（三）第三幕：针锋相对（高潮）

1.唐雎的断然拒绝带来的后果。

2.自读人物对话，读出言外之意。

3.了解"庸夫"与"士"的含义，探讨"士"文化，明确"士"最基本的条件和责任。

资料：以天下为己任的责任情怀，即忧以天下、乐以天下的社会责任感和历史使命感；安贫乐道的士人气节，即不以贫贱为耻、安贫乐道、寂寞以守志的情操；平交王侯的布衣立场。

4.结合史料，补充读课文，明确"士"的内涵。

5.讨论：唐雎能否称为"士"？

明确："与臣而将四矣"，是他的"言"，"挺剑而起"是他的"行"，言行一致，不愧"士"的称号。

（四）第四幕：不辱使命（结局）

表情朗读，分析人物动作：挺剑——长跪

英雄也需要成全，一代枭雄秦王嬴政此时的"色挠"，与其说是被唐雎"挺剑而起"的气势所吓倒，倒不如说是被他的策论所说服，被他大义凛然的气节所折服。这是英雄间的惺惺相惜，这是胆魄与气度的完美结合，这是智慧与力量的最佳权衡。

（五）对联作结

上联：（秦王）包藏祸心易安陵

下联：

本文在对比冲突中，通过对话推动故事情节发展，塑造人物形象。在这场强国与弱国之间的外交斗争中，唐雎凭借他超人的胆识、高明的策论，不辱使命，真可谓"一人之辩胜于九鼎之宝，三寸之舌强于百万之师"（刘勰）啊！

四、传承"士"之精神，升华"士"之内涵

"天下兴亡，匹夫有责"这一份胆气和豪气让我们肃然起敬。风云变幻的战国需要士，在我们今天这个和平时代，在我们全体国人共同追寻中华民族伟大复兴这个中国梦的时候，我们还需要这种精神吗？

（学生课堂讨论，现代社会和平年代哪些人称之为"士"？）

课堂预设：学生的发言可供选择的人物和余地非常多。比如："让中国人把饭碗牢牢端在自己手上"的杂交水稻之父袁隆平、研制青蒿素治疗疟疾拯救亿万人获得诺奖的屠呦呦，"天眼之父"南仁东、"北斗之父"孙家栋、"两弹元勋"邓稼先、核武器专家于敏、彭士禄，"核潜艇之父"黄旭华，疫情肆虐时连夜乘坐高铁赶往武汉的钟南山院士，果断提出封城的李兰娟院士、研制新冠疫苗造福人民大众的陈薇院士，复旦大学探界者钟扬教授，还有千千万万的时代楷模、共和国勋章授予者、"感动中国"人物……

课堂总结：我们需要律己修身重德贵义的方正之士，博览群书学富五车的饱学之士，雷厉风行胆识过人的有勇之士，文韬武略睿智英明的有识之士，高瞻远瞩志存高远的有志之士……噫，微"士"人，吾谁与归？

五、布置作业

推荐阅读：余英时先生《士与中国文化》。

徐芳，湖北省武汉市青山区武钢实验学校教师。

《我与地坛》教案

◎ 许 豪

【教学目标】

1.赏析景物描写,品读人生思考。

2.与自然对话,能够通过文本细读,鉴赏文中的景物描写;与作者对话,抓住哲理句,体悟作者的人生思考,促进学生思维的深刻性、灵活性、独创性等思维品质的提升。

3.学习史铁生真挚情感的表达,思考自然与生命的价值,感恩父母的奉献。

4.通过文本中对自然的描写,反观自然,提升对自然美的感悟力,激发对自然和生活的热爱之情。反复涵泳咀嚼,感受作品的文辞之美和生命力之美。

【学情分析】

高一学生对散文和史铁生都并不陌生,知道散文"形散神聚"的特点,初中时学过《秋天的怀念》,只是学生对于课文中人物心理和人生哲理的体会可能有一定的难度。但好在高中生思维活跃,富有创造力,因此在教学中,教师可以通过带领学生文本细读,通过逐句鉴赏文中的重点景物描写,为学生搭建支架,引导学生结合自己的生命体验,对文本进行个性解读,从而感受作品中所蕴含的人生哲理,体悟文学作品中的自然美、语言美、生命美。

【教学重点】

文本细读,鉴赏文中的景物描写。

【教学难点】

体悟作者的人生思考。

【教学方法】

小组合作探究法、诵读法、涵泳咀嚼法、圈点批注法、情境式的联想与想象法。

【教学过程】

一、课堂导入

一个人"活到最狂妄的年龄上忽地残废了双腿",他天天到地坛公园思考人生,终于有一天他"顿悟"了,他看到了什么?思考了些什么?又悟到了什么?让我们带着疑问,对话《我与地坛》,对话史铁生。

二、课堂活动

全班齐读本节课的学习目标。

通过课前诵读,了解作者创作背景和与地坛的关系。

任务一:对话铁生

1."_____的'我'走进了地坛"?

史铁生(1951-2010),生于北京,1967年毕业于清华大学附属初中。18岁去延安插队,因腿疾住进了医院,那一天是他的生日。从此他再也没有站起来。史铁生面对残疾,也曾彷徨苦闷,甚至想到了自杀,但最后还是选择勇敢地活下来。然而命运的考验并未停止,1981年因患肾病回家疗养。1998年被确诊尿毒症,靠着每周3次透析维持生命。2010年12月31日因突发脑溢血逝世,据其遗愿将遗体捐献,享年59岁。

2.用"地坛是我的____"句式来表达史铁生与地坛的关系。

生1:地坛是我的邻居,因为它离我家很近。

生2:地坛是我躲避一个世界的另一个世界。

师:这里的"一个世界""另一个世界"怎样理解?

生2:"一个世界"指现实生活中的世界,一个残酷让我伤心的世界,它时时提醒着我是一个残疾人,给我痛苦;"另一个世界"是这个空旷的公园,在这里没有人看到我,当然也不会有人怜悯我,不会有人歧视我,没有了现实世界的眼光,我心里能平静一些。

生3:地坛是我的朋友。

师:"朋友"具体体现在哪里?

(第一段)我在好几篇小说中提到过一座废弃的古园……很少被人记起。

（第五段）我两条腿残废后的最初几年,我找不到工作,找不到去路,忽然间,几乎什么都找不到了,我就摇了轮椅总是到它那儿去……

地坛被人遗弃,作者被遗弃被边缘自我放逐,同病相怜（同是天涯沦落人）。

生3:课文第3段。(朗读后)物以类聚,人以群分,第3段中的地坛和我同类相怜。

PPT上共同总结回顾:_____的我走入地坛,地坛是我的_____。

失魂落魄、精神垂死、万念俱灰　精神领地

抓住哲理句,体悟作者的人生思考。

任务二:对话地坛

师:那"我"走进的是怎样的地坛?

生:荒芜但不衰败。

活动:细读文本,小组讨论,赏析景物描写具体写了什么,表现出的情感或道理。

回答流程:先朗读,再分析,全班同学用三色笔做好批注,其他同学可以补充。

"到处的野草荒藤也都茂盛得自在坦荡""露水在草叶上滚动,聚集,压弯了草叶,轰然坠地,摔开万道金光"。

"自在坦荡"写出了野草藤蔓旺盛的生命力。露水落地几近无声,作者却用"轰然"描摹其声;泛起细微水花,作者却用"万道金光"展现水花喷涌之态。

"摔"——更显现出露水坠地的力量感和动态感。

蝉蜕——脆弱、新生,留下的活过的证明(写作证明自己活着,作品里不避讳谈死亡、谈脆弱、谈残疾和轮椅,因为生命哪怕以痛吻我,我仍旧可以报之以歌,用文字书写自己生命的价值,留下自己活过的证据。)

师:怎么体现?

(通过诵读,共同感知)

任务三:对话生命

荒芜但并不衰败的地坛使作者豁然开朗,作者有了哪些思考?试找出来并谈谈。

生:死——生

师:原文的意思是,生和死我们都不能掌控,那么什么是我们可以掌控的?

生:如何活。

师总结:作者在地坛长久地思考生和死的问题,终于在地坛富有生机活力的景象中,史铁生对于生死的问题大彻大悟。写下"一个人,出生了,这就不再是一个可以辩论的问题,而只是上天交给他的一个事实;上天在交给我们这个事实的时候,已经顺便保证了它的结果,所以死是一件不必急于求成的事,死是一个必然会降临的节日",史铁生用"节日"来喻指"死",足以体现出他对于生死的坦然。生和死都是自然法则,既然不能改变生死的自然规律,那就坦然接受命运的安排,坦然接受死亡,悦纳不幸。

师:那么,又是什么景物给了他如何活的灵感?

生1:雨燕——"把天地叫喊得苍凉"。一只只小小的雨燕,能把落寞的天地染上苍凉的色彩,悲壮很辽阔,即使很小的生命也能对抗天地。

生2:暴雨——它让人想起无数个夏天都是这样,将来也是这样,表现了自然的永恒。

生3:落叶——它的特点是"熨帖而微苦的味道"。落叶象征人的死亡,但这里的落叶或飘摇或坦然,面对死亡一点也不惶恐,但是味道还是微苦的。不再惶恐迷茫。而是能够品尝出生命的苦涩,甚至熨帖。

师:史铁生理解了生死之后连用六个"譬如"句,这六个句子是用来解说文中哪句话的?

生:肆意雕琢——外表　"有些东西"——精神

师总结:景物与人物、环境与角色的命运密切相关的现象在文学作品中还有很多,同学们可以根据自己的阅读,做进一步的观察和思考。

通过小组合作探究法,逐句鉴赏文中的景物描写,并做好批注。

全班总结回顾本节课所学:____的我,无意中走进____的地坛,在地坛的启示下,我认真地思考了关于_____的问题,并找到了答案。

小结:地坛不仅是一个自然社会环境,实际上也由于史铁生的思考与书写,地坛成了他生命的重要组成部分,成了一个具有独特精神内涵的文学空间。作者在地坛感悟了生死,接受了命运,地坛成为"我"的精神家园,给了我重新"站"起来,好好活下去的希望与勇气。

作业:

1.必做:梳理文中景物描写;

2.选做:请你为史铁生(或史铁生母亲)写一个感动中国颁奖词(100字以内)。

许橐,山东省青岛十七中教师。

《礼记·大道之行也》主题教学设计

◎ 许洪丽

【教学目标】

引导学生在初步预习的基础上，进一步探索文章内容，掌握并积累重要文言词语和特殊用法，并通过设疑、点拨、讨论等形式，理解"大同"社会的基本特征和现实意义。通过分析、思辨、总结，借助学生随笔资源，进一步培养学生独立阅读文言文并学以致用的实操能力。

【教学重点】

1.通过掌握并积累重要文言词语和特殊用法，理解文章内容。

2.运用文言文知识独立阅读并表达自己的理解。

【教学难点】

理解"大同"社会的基本特征和现实意义，培养学生学以致用的思辨能力。

【教具】多媒体课件

【教学过程】

一、导入新课———温故知新

师：幻灯片出示：《桃花源记》中表现桃花源美好、和平、安乐、幸福的句子是＿＿＿＿＿＿

生：思考，回答：土地平旷，屋舍俨然，有良田没池桑竹之属。阡陌交通，鸡犬相闻，其中往来种作，男女衣着，悉如外人，黄发垂髫，并怡然自乐。

师：这两句话分别从哪两个角度表现其美好？

生：自然环境和社会环境。

师：像桃花源这样安宁、和谐的社会环境，早在两千多年前，孔子就已经阐述过他的向往，今天我们就来学习这篇文章。

二、新课内容

(一)阅读课文，整体感知

1.《礼记》及作者简介(引导学生看随笔《中国理想社会探寻》前4段，初识理想社会与《礼记》的关系)。

师：出示幻灯片。

生：读，摘记文学常识。

《礼记》，儒家经典之一，亦称《小戴礼》或《小戴礼记》，相传为西汉戴圣编纂。全书包括《曲礼》《檀弓》《王制》《月令》《礼运》《学记》《乐记》《中庸》《大学》等四十九篇，除有关我国古代社会情况和各种礼节制度的记述外，还包括了孔子及其门人言行的一些小故事。其中《中庸》《大学》是"四书"之二。

2.教师范读，学生读重点字音。

师出示幻灯"字音"

生读：

天下为公 wéi

选贤与能 jǔ

矜、寡、孤、独、废疾者 guān

男有分 fèn

货恶其弃于地 wù

3.学生自读，示范读，齐读。

4.学生小组翻译，教师指导、讲解疑难和重点。

小组提出疑难：货恶其弃于地也、力恶其不出于自身也。

(学生试解决)

师明确：两句的难点在"其"的作用和解释，前句"其"，代词，指货。后句"其"代词，指力；以上两句中"其"是代词复指现象，用来强调指代的内容。

师补充重点词语：

①通假字

选贤与能："与"通"举"，选拔。

矜、寡、孤、独、废疾者："矜"通"鳏"，老而无妻的人。

②词类活用

故人不独亲其亲，不独子其子："亲"用作动词，以……亲，"子"用作动词，以……为子。

外户而不闭："户"，名词用作动词，从外面合上。

"闭",名词用作动词,本义是插门闩的孔,这里指用门闩插门。

5.学生翻译全文。

(二)合作交流,解读探究

学生思考、讨论、发言;

师点拨,确定重点,突破难点。

师出示幻灯,提出问题。

1.大同社会的总特点是什么?(用原文)

2.若要达到"大同"这样一个程度,整个社会需要在哪些方面做出努力?(自己的语言概括)

3.这样努力的直接效果是什么?(用原文)

前三个问题自己读书、思考、确定、相互补充。

师明确:

大同社会的总特点(社会纲领):天下为公,选贤与能,讲信修睦。

努力的方面(社会的基本特征):

人人都受到全社会的关爱

人人都能安居乐业

货尽其用,人尽其力

效果:谋闭而不兴,盗窃乱贼而不作,故外户而不闭(大同)

(三)联系现实,理解意义

1."大同"这个理想社会给你印象最深的是哪一点,我们的社会现在实现了么?

2.结合学生的《桃花源记》读后感及系列随笔所反映的社会问题,来深入理解"大同"社会的意义,引导学生理性认知社会、认知自己,学会分析问题,处理问题(不能解决的问题寻求辅助材料一、二)。

辅助资料一:

礼记·学记 四

古之教者,家有塾,党有庠,术有序,国有学。比年入学,中年考校。一年视离经辨志;三年视敬业乐群;五年视博习亲师;七年视论学取友,谓之小成。九年知类通达,强立而不反,谓之大成。夫然后足以化民易俗,近者说服而远者怀之,此大学之道也。《记》曰:"蛾子时术之。"其此之谓乎!(节选)

注释:党:故事五百户为党。庠:开设在遂中的学校。术:"遂"字之误,古时一万二千五百家为遂。国:京城。比(bǐ)年:每年。中年:每隔一年。怀之:怀,归附。蛾(yǐ)子:小蚂蚁。术:学习(堆土堆)。

辅助材料二:

礼记·礼运 九

何谓人情?喜、怒、哀、惧、爱、恶、欲,七者弗学而能。何谓人义?父慈、子孝、兄良、弟悌、夫义、父听、长惠、幼顺、君仁、臣忠,十者谓之人义。讲信修睦,谓之人利;争夺相杀,谓之人患。(节选)

注释:悌:tì,敬爱兄长。夫义:有恩情。惠:仁爱。

3.作为现代社会的一名中学生,谈一谈你现在或将来想做些什么?

师小结:我们不需要唱高调,从每个今天做起,从身边做起,"勿以善小而不为,勿以恶小而为之",关爱身边的弱小,帮助同学,关心自己的亲人,只要每个个体都从自己的家庭和小集体做起,总有一天社会的整体会更加美好。

三、回顾中华历史,传递文明基因

同学们,我们从历史来到现实,看到了文化经典的伟大意义,现在我们还需要从现实再回到历史,看看我们的祖先是否成功达到过社会的理想阶段。让我们从先人的努力中获得自信,获得一份力量。

1.请熟知历史的同学聊聊,我国古代相对比较理想的社会时段有哪些?

2.请看读后感4和《中国理想社会探寻》第四段是否需要修改,第四段和第五段之间还需要补充什么?(学生口头补充)

小结:我们看历史,读经典,无论做什么都需要辩证思维,今天的中华文明之大成就是数万代华夏人共同努力的积淀,我们传承,就要本着"取其精华,去其糟粕"的态度,沙中捡金!

【板书设计】

大道之行也

《礼记》儒学经典　　人人都受到关爱

大同:人人都能安居乐业

货尽其用,人尽其力

四、作业(二选一)

随笔《中国理想社会探寻》,请在第4段和第5段之间做补充。

自读《礼记》中喜欢的篇目,写读后感。

许洪丽,北京市陈经纶中学新教育实验分校教师。

《中国建筑的特征》《说"木叶"》群文教学

◎阎佳丽　杨学刚

【素养目标】

1.语言建构与运用:把握社会科学论文的语言特点和这两篇课文的说明、议论方法。

2.思维发展与提升:了解中国建筑的特点。

3.审美鉴赏与创造:根据"词汇""文法""命题""文章""可译性"等喻体,找出《中国建筑的特征》与《说"木叶"》两课的相应的本体。

4.文化传承与理解:树立文化自信。

【教学过程】

一、导入

情景导入(教师搭建简易建筑模型):九根筷子搭桥是根据中国古代木桥原理复原的一个游戏,有网友测试了它的承重力,请大家在理性的范围内猜测一下它的承重力。

师:40斤。

中国人民在漫长的历史过程中,以自己的勤劳和智慧,在建筑史上创造了无数奇迹,使中国建筑形成了独特的体系和风格。请大家打开课本,让我们一起来了解一下著名的建筑学家梁思成先生是如何介绍中国建筑的特征的。

二、初探文本

古诗中的建筑

吟一首祖先们吟过的诗,

看木头与木头如何诗意地连接,

看窗缝里漏过的光影……

下列诗句中体现出了哪些中国建筑的特征?

1.雕栏玉砌应犹在,只是朱颜改。

2.方宅十余亩,草屋八九间。榆柳荫后檐,桃李罗堂前。

3.使负栋之柱多于南亩之农夫。

4.峰回路转,有亭翼然临于泉上者。醉翁亭也。

5.转朱阁,低绮户,照无眠。

6.乃重修岳阳楼,增其旧制,刻唐贤今人诗赋于其上。

生1:第一句"雕栏玉砌"体现了第九点材料的装饰作用,"朱颜"体现了第七点中国建筑中使用朱红色。

教师明确:"朱颜"是借代的修辞手法指美丽的容颜,因此体现第七点错误。"雕栏玉砌"字面意思是:雕绘的栏杆玉石砌的台阶,体现了第一点,讲立体构成,单个的建筑自下而上一般是由台基、主体(房屋)和屋顶三个主要部分构成的。

生2:第二句的意思是绕房宅方圆有十余亩地,还有那茅屋草舍八九间。榆树柳树成荫遮盖了后屋檐,桃树李树整齐的栽种在屋前。体现的是第二个特点,讲平面布局,一所房子由一个建筑群落组成。

教师明确:正确。

生3:从"负栋"可以看出这句体现了第三个特征,中国建筑的结构方法,即以"木材做立柱和横梁"的框架结构。

教师明确:正确。去年10月份山西出现了水灾,山西的古建筑受到了比较严重的损毁。水灾过后人们发现古建筑出现了"墙倒屋不塌"的现象,这种现象也反映了古建筑柱子承重的特点。

生4:峰回路转有一座坐落在泉上的亭子体现了第一点个别建筑,一般由三个主要部分构成:下部的台基、主体(房屋)和上部翼状伸展的屋顶。和第六条介绍屋顶的四角也是翘起的。

教师明确:正确,翘起的屋顶除了美观,还能缓冲雨水和便于采光。

生5:月光转过朱红的楼阁,低低地穿过雕花的门窗,照到了房中迟迟未能入睡之人。这一句体现了第七点中国建筑中使用朱红色和第九个特点材料的装饰作用。

教师明确:正确。

生6：体现了第八条和第九条。介绍中国建筑的装饰部件，大到结构部件、脊吻、瓦当，小到门窗、门环、角叶，都具有很强的装饰效果。说明中国建筑在用材方面的装饰特点，有色的琉璃瓦、油漆、木刻、石雕、砖雕等，无不尽显中国建筑的装饰特征。

教师明确：正确。

1.一、九　2.二　3.三　4.六、一　5.七、九　6.九

这几道题中没有出现的第四点斗拱，第五点举折、举架，它们是这个样子的(PPT图片)。它们首先被强调的是其结构作用即实用性，其次才是装饰性。这正是第八点特征。

三、精读文本

思考：

1.中国建筑的"文法"具体指什么？文中这段语言运用了怎样的说明方法？类似的手法《说"木叶"》中也有，叫法相同吗？

明确："文法"指中国建筑的风格手法，匠师们遵守的法式、惯例。文中语段使用了举例子的说明方法，相似的手法在《说"木叶"》中叫举例论证。

2.请大家扫读《说"木叶"》思考：诗歌中的"暗示性"指什么呢？

生：木叶背后隐藏的特征。落叶颜色微黄质地干燥。

明确："暗示性"指传统意象的特定含义。

四、思维发展与写作

这许多例子说明各民族各有自己不同的建筑手法，建造出来各种各类的建筑物，就如同不同的民族使用不同的文字所写出来的文学作品和通俗文章一样。(《中国建筑的特征》60页)

仿写句子：

探究"词汇""文法""命题""文章""可译性"在诗歌中的含义，并仿句。

(词汇)雕梁、画栋、朱门、琦窗、红墙、绿瓦，惊了能工巧匠；

(文法)砍割、切削、计算、求比、布置、收束；

(命题)成了一座座宫殿、园林、寺庙、陵寝。

(文章)故宫、颐和园、布达拉宫、秦始皇陵，飞檐斗拱间流淌着历史；

(可译性)克里姆林宫、凡尔赛宫、巴黎圣母院、泰姬陵，一砖一瓦上见证着文明。

明确：

(词汇)寒蝉、金樽、玉盘、青山、冬雷、烽火，惊了文人墨客

(文法)比喻、比拟、夸张、反问、对比、借代；

(命题)写尽了一种种向往、倔强、爱情、征战。

(文章)《在狱咏蝉》《行路难》《上邪》《从军行》言荃显示着真意；

(可译性)《致云雀》《假如生活欺骗了你》《自由与爱情》《哀希腊》余声产生了共鸣。

建筑是凝结的诗歌。诗歌是流动的建筑。

传统建筑，总藏着优雅的诗韵美；

而经典的古诗文，也有整齐的建筑美。

五、情境任务

"3000年文明看陕西，5000年文明看山西。"山西是中华民族重要的发源地，历史文化悠久，古建筑星罗棋布。"学习强国"山西学习平台推出了"山西古建筑线上游"活动。现特向我班同学征集晋祠公园小视频的讲解词。(景点有十字桥、唐园、唐园后照壁、飞龙阁，给学生发一份打乱顺序的含景点建筑特征的简易解说词做参考)

要求：

1.任务分组完成，组内成员合理分工。

2.各小组注意时间：每组解说40秒。

3.语言要严谨、准确、生动、有序。

4.视频镜头为第一人称视角，连续性长镜头。景点转换处要有衔接语。

六、小结

山西是全国古建筑遗存最多的省份，被誉为"中国古代建筑宝库"。平遥古城、晋祠、云冈石窟、雁门关……曾有无数诗人文豪在领略了它们的壮美与瑰丽后，留下流芳千古的诗词楹联。

诗歌与建筑　赋彼此生命　予时光永恒

七、作业争鸣

对于有些古建筑的去留，网友们的意见有分歧。有的网友认为：现在被"保护性拆除"的古建筑却越来越多。我们从文学典籍中读到某个古代遗迹的精妙景致，但满怀期望的千里朝拜只找到一堆荒墟。还有网友认为：如果所有古建筑都不拆除，那么未来的建筑连立锥之地都没有，更遑论古为今用。

对此大家有什么看法呢？请将自己的理性思考付诸文字写到作业本上。

阎佳丽,杨学刚,山西省太原市古交市第一中学校教师。

《与妻书》导学案

◎ 杨冬菊

【背景知识】

(一)时代背景

清代末年,清政府极度腐朽反动,对帝国主义屈辱投降,连年丧权、赔款、割地;对人民则加强剥削压迫,因而激起人民反抗。1905年,孙中山在日本东京组成"中国同盟会"提出了"驱逐鞑虏,恢复中华,创立民国,平均地权"的十六字政治纲领。在我国南方,先后发动了十几次武装起义。1910年11月,孙中山从美洲来到南洋,在槟榔屿(现在马来西亚西北部)召集革命党人开会,总结了过去多次起义失败的教训,决定在广州再发动一次规模更大的起义。孙中山亲自在华侨中募捐,派人到各国购买武器。同盟会总部又从国内各省、南洋华侨以及在日本留学的学生中征集挑选八百人作为起义骨干,同时联络清军中的新军、防营和民间会党响应。

经过几个月的紧张准备,1911年4月23日,总指挥黄兴由香港秘密来到广州,在两广总督衙门附近设立指挥部,部署起义。但这次起义仍然失败了。因为在关键时刻,负责运输枪械的人叛变了,不仅一部分枪械不能到手,而且两广总督张鸣岐在得到消息后收缴了倾向革命的新军二营的枪支,调兵加强了广州的戒备。结果革命党人只好放弃原来的十路进兵的计划,集中全力攻打总督衙门。4月27日,黄兴率一百多人攻入总督衙门,张鸣岐已经逃走,黄兴等人就和反扑的水师提督李准的部队激战,因众寡悬殊,大多数革命志士牺牲,黄兴只身脱逃。这次起义,战斗牺牲和被捕遇害的有喻培伦、方声洞、林觉民等烈士。事后群众收得尸骸七十二具,葬在广州西北郊的黄花岗,所以后人把这次起义叫作"黄花岗起义"。这次起义,是同盟会历次起义中战斗最激烈的一次,也是社会震动最大的一次。虽然失败了,但推动了全国的革命高潮,是五个多月后的武昌(辛亥)起义的前奏。

(二)烈士生平简介

林觉民(1887~1911),字意洞,号抖飞,又号天外生,福建闽侯县(今福州市)人。黄花岗七十二烈士之一。14岁进高等学堂,接受了资产阶级民主思想影响,课余谈到时事,总是慷慨激昂地说:"中国不革命不能自强",毕业后到日本留学。1911年(就是辛亥革命那一年)春天,留日学生接到黄兴、赵声两人的来信,说事情大有可为,林觉民于是离东京回国,准备在福建起义响应。到了香港,黄兴把他留下来协助广东革命事务。于是他便专程回福建召集同志来香港参加广州起义。三月二十九日(阳历四月十七日)早晨,他和方声洞等率领全体福建同志入广州,和林广尘(文)会于城内。下午五点多钟,一同攻击轰炸督署,不幸中弹受伤,力尽被捕。在审讯中,他从容不迫,纵论世界大势,宣扬革除暴政,建立共和的革命主张,临刑谈笑自若,引颈就义,年仅25岁。

(三)本文的写作经过

1.这封《绝笔书》是林觉民烈士在起义前三天的三月二十六日(阳历四月 二十四日)夜里写的,原书共两封,一封是给他父亲的,内容仅云:"不孝儿觉民叩禀父亲大人:儿死矣,惟累大人吃苦,弟妹缺衣食耳,然大有补于全国同胞也,大罪乞恕之。"这里所选的一封是写给他夫人陈意映女士的,信里充满了牺牲一己,为全国同胞争取自由幸福的革命精神。

2.林觉民《与妻书》,又名《绝笔书》,又名《寄妻绝笔书》。这是一篇从妻子的思想实际出发,反复阐明为争取民族、国家的自由独立而勇蹈死地、义无反顾的革命道理的情书,反映了他热爱人民、热爱祖国的思想。他在写《与妻书》的同时,还给他父亲林孝颖先生写了一封不到四十字的信。这封信言简意明,充满了他热爱祖国、为争取自由独立而勇蹈死地的崇高精神。他给父亲的信和《与妻书》是在广州起义前三天写的,起义失败后,有人秘密将这两封信(绝笔书)在半夜里塞进林觉民家门缝里,第二天清晨家人才发现这两封信,其妻陈意映阅后,当即昏倒在地,不久生下遗腹子仲新。两年后(1913)意映在悲伤抑郁中逝世。《与妻书》手稿,现已由林觉民次子仲新献给人民政府(长子伯新即信中之依新,后夭折),现陈列在福建省博物馆。

【任务导向】

任务一:围绕"夫妻情深""家国抉择""革命大义"三个维度,找出你觉得最动人的句子进行批注。

补充资料:

1.批注的分类

理解性批注(对某一句、某一段的具体内涵或作者的写作意图进行分析。通过这样的分析,了解文字背后蕴含深层次的意义。感想式批注,自己的读书心会、见解、感受、观点)

鉴赏性批注(标题、手法、词语、结构、符号、句意等)

拓展性批注(联想式——内容、思想)

提问式或质疑式批注(对文中的观点、文中人物的思想行为甚至作者写法的批判、修正。)

仿写式批注(仿写、续写)

2.评点的符号

常用的评点的符号有:"〰〰"波浪线;"○○○○"圈;"—"直线;"?"疑问号;"/"、"‖"分开号;批注式阅读的符号还有很多,如着重号、括号等。具体把什么符号用在什么地方,根据自己的习惯确定,当再次翻看书时,知道这些符号的意义就行。

3.批注的形式

批注的形式有三种:眉批、旁批、尾批。

眉批,也就是批在课本的页上空白处;

旁批,即批在句子旁;

尾批,就是批在一段之后。

示范:【难句解析】

1.吾作此书,泪珠和笔墨齐下,不能竟书而欲搁笔,又恐汝不察吾衷,谓吾忍舍汝而死,谓吾不知汝之不欲吾死也,故遂忍悲为汝言之。

全句译为:当我写这封信(的时候),泪珠和笔墨一齐落下,不能把信写完就搁笔了,又很担心你不能深深地了解我的苦衷,说我忍心丢了你去死,说我不了解我的不要我死去(的心情)啊,因此忍着悲痛跟你讲讲这种苦衷。

批注:"不能竟书而欲搁笔"与"泪珠"相照应,最后才说自己为何要写这封信。以假设之辞否定爱妻之意,可见对妻子的情之深、思之切。以反复的转折表达细腻的情思,"无解的矛盾"写与不写都充满了悲情。

2.司马春衫。

批注:语出白居易《琵琶行》:"感我此言良久立,却坐促弦弦转急。凄凄不似向前声,满座重闻皆掩泣。座中泣下谁最多?江州司马青衫湿。"

诗中写白居易听琵琶女弹奏琵琶曲,深受乐曲的感染,联想到自己被贬的不幸遭遇,十分感伤,落下的泪水打湿了青布衫。林觉民用"司马春衫"的典故,表达对"天下人"不幸遭遇的深切同情。"春衫",当为"青衫"之误。

3.汝体吾此心,于啼泣之余,亦以天下人为念,当亦乐牺牲吾身与汝身之福利,为天下人谋永福也。

批注:"乐"意动用法,以……乐。全句译为:你在哭不成声以后体察我的苦衷,也能把天下人(的福利)放在心上,(那么),就应当也把牺牲我跟你的福利作为乐事,去为天下人谋福利啊!存疑:这句是否表明他不爱妻子?

任务二:《与妻书》文字优美瑰丽,情感悲抑纠结,陈意映看后悲痛欲绝,几欲赴死;林依新因此发愤图强,子承父志;千百万革命者读后前赴后继,慷慨就义;新时代中学生读后奋楫扬帆,踔厉奋发。你选择是谁?你想对林觉民说什么?请给他写一封回信。(300字左右)

杨冬菊,重庆市八中科学城中学校教师。

《与妻书》教学设计

◎杨冬菊

【教材分析】

这篇《与妻书》写于林觉民参加1911年广州起义的前三天,是著名的革命家书之一。如今,这封书信被收录于统编教材高中语文必修下册的课本里,成为语文书里最催人泪下的名篇之一。家长或亲友之间的书信,往往不事营构,自由抒写,自有一种打动人心的力量。林觉民作《与妻书》,与妻诀别,倾诉衷肠,一面表达对妻子的至爱,或直抒胸臆,或追忆往昔,一面又冲破儿女情长,晓以国家大义,时时做解释和安慰。"吾至爱汝"的深情与"即此爱汝一念,使吾勇于就死"的勇决,宛如两种旋律交错并进,使文章既缠绵悱恻,又充满浩然正气。

【教学目标】

1.了解作者,了解创作背景。
2.结合注释,认真阅读课文,熟悉课文内容。
3.研讨主题,感悟作者的深情。
4.学习如何用书信劝说和安慰特定的对象。

【核心素养】

语言建构与运用:揣摩重要的语句,品味语言的深层含义,提高对语言的感悟和表达能力。通过学习,对古代的书信知识有进一步的了解。

思维发展与提升:品味语言,学习革命先驱抛私情循大义勇于牺牲的大无畏精神。

审美鉴赏与创造:学习革命前辈"为天下谋永福"的高尚情操,树立正确的生死观。

文化传承与理解:以情激情,用烈士对妻子和民族的真情来激发学生对烈士的敬仰之情,从而唤起学生的爱国热情,学习革命先驱抛私情循大义勇于牺牲的大无畏精神。

【教学重难点】

1.作者如何由对妻子的爱上升到对民族国家的大爱,两个爱如何统一。
2.学会书信这种实用类文体的运用。

【课前准备】

1.阅读全文,圈出自己感悟最深的句子。
2.将自己设想为某个角色,给林觉民烈士写一封书信,表达内心的情感。

【教学过程】

课堂导入:家书自古以来就是连接血缘,传承亲缘的重要纽带。清明节来临之际,重庆八中开展了"清明家书会"的推荐评选活动,经过大家反复讨论,大家一致认为《与妻书》是"最动人的革命家书",今天我们来分析下为什么《与妻书》是最动人的革命家书呢?

任务一:诵读课文,疏通文本

活动1:自读课文,检验字词。

活动2:通读全文,概括段落内容。

任务二:诵读经典,分享批注

活动1:诵读经典,根据朗诵评分表为同学的朗诵打分(50分)。

活动2:读完这封家书,你觉得哪句最打动你?请分享你的批注(多媒体展示同学们的批注)师生共同讨论分析(有完善的可以补充)。

学生分享后老师先对学生的批注进行总结,然后进行示范。

总结:同学们批注得非常好!这些句子……

刚才同学们从多个角度分享了对这份家书的理解和感受,要想让读者觉得最难忘,就必须走进作者内心,老师也做了一些批注,我们来一起讨论分析下。

示例1:吾作此书,泪珠和笔墨齐下,不能竟书而欲搁笔,又恐汝不察吾衷,谓吾忍舍汝而死,谓吾不知汝之不欲吾死也,故遂忍悲为汝言之。

批注:"不能竟书而欲搁笔"与"泪珠"相照应,最后才说自己为何要写这封信。以假设之辞否定爱妻之意，可见对妻子的情之深、思之切。以反复的转折表达细腻的情思，"无解的矛盾"写与不写都充满了悲情。

示例2：吾至爱汝，即此爱汝一念，使吾勇于就死也。

批注：既然最爱妻子，为什么还要去赴死，是否矛盾，不负天下独负卿？

示例3：司马春衫。

批注：语出白居易《琵琶行》："感我此言良久立，却坐促弦弦转急。凄凄不似向前声，满座重闻皆掩泣。座中泣下谁最多？江州司马青衫湿。"诗中写白居易听琵琶女弹奏琵琶曲，深受乐曲的感染，联想到自己被贬的不幸遭遇，十分感伤，落下的泪水打湿了青布衫。林觉民用"司马春衫"的典故，表达对"天下人"不幸遭遇的深切同情。"春衫"，当为"青衫"之误。

示例4："太上之忘情"。

批注：原作"圣人忘情"。语出《世说新语·伤逝》："王戎丧儿万子，山简往省之。王悲不自胜。简曰：'孩抱中物，何至于此？'王曰：'圣人忘情，最下不及情；情之所钟，正在我辈'"。"圣人忘情"，后世多作"太上忘情"，意思是"圣明的人忘记了喜怒哀乐之情"。林觉民说"吾不能学太上之忘情也"，意在表达自己关心民众的痛苦，与人民的感情息息相通。

示例5："眼成穿"。

批注：语出杜甫《寄越州贾司马六丈巴州严八使君两阁老五十韵》："归好肠堪断，新愁眼欲穿。"是"望眼欲穿"的化用。意思是极目远望，眼睛都快要破了，形容盼望非常急切。

示例6："骨化石"。

批注：南朝宋刘义庆《幽明录》："武昌北山有望夫石，状若人立。古传云：昔有贞妇，其夫从役，远赴国难，携弱子，饯送北山，立望夫而化为立石。"林觉民用这个典故，意在说明在当时的社会条件下，夫妻离散，相见无期。

示例7："破镜重圆"。

批注：唐·孟棨《本事诗·情感》："陈太子舍人徐德言之妻，后主叔宝之妹封乐昌公主，才色冠绝。时陈政方乱，德言知不相保……乃破一镜，人执其半，约曰：'他日必以正月望日卖于都市，我当在，即以是日访之。'及陈亡，其妻果入越公杨素之家，宠嬖殊厚。德言流离辛苦，仅能至京，遂以正月望日方于都市。有苍头（奴仆）卖半镜者，大高其价，人皆笑之。德言直引至其居，设食，具言其故，出半镜以合之，乃题诗曰：'镜与人俱去，镜归人不归。无复嫦娥影，空照明月辉。'陈氏得诗，涕泣不食。素知之，怆然改容，即召德言，还其妻，仍厚遗之。"林觉民反用典故，意在说明反动统治者肆虐的中国，夫妻离散，永无团圆之日。

示例8："独善其身"

批注：语出《孟子·尽心上》："古之人，得志，泽加于民；不得志，修身见于世。穷则独善其身，达则兼济天下。"①意思是处于困窘的境地，也要搞好自身的修养。后用来指保持自身的节操；②只顾自身好而不顾大局。林觉民说自己"不忍独善其身"，表明了他心系国家、人民的伟大胸怀。

示例9："汝忆否？四五年前某夕……"

批注：一段近乎闲情逸致，未免太过"儿女情长"。你怎么看？

活动3：《与妻书》文字优美瑰丽，情感悲抑纠结，陈意映看后悲痛欲绝，几欲赴死；林依新因此发愤图强，子承父志；千百万革命者读后前赴后继，慷慨就义；新时代中学生读后奋楫扬帆，踔厉奋发。你选择是谁？你想对林觉民说什么？值此清明之际，请给他写一封回信。（300字左右）分享分析同学们的课前习作，请同学们参照如下评分量表打分并且说明理由。（60分）

评分量表

评分指标	评分标准	分值
内容	能把握书信主旨，内容充实、思想健康、情感真挚	20分
角色	角色定位清晰，不错位	10分
表达	符合文体要求，语言流畅，字迹清楚	20分
特征	主题深刻、含义丰富、有文采、有创意	10分

【作业】

1.结合优秀范例以及参评标准修改自己的回信。

2.课下阅读其他类型的家书，如《赵一曼家书》《张太雷家书》《孔繁森家书》等。

杨冬菊，重庆市八中科学城中学校教师。

《装在套子里的人》情境任务设计

◎杨英华

【教学目标】

1.通过人物语言、动作、细节把握人物性格，并对人物形象进行口头和书面点评。

2.鉴赏人物描写，分析人物思想性格形成的主客观原因。

3.了解别里科夫的形象特点，分析别里科夫形象的典型意义。

4.领悟因循守旧的危害性以及勇于改革创新的重要性。

【前置任务】

1.认真预习文本，熟读课文，扫除文字障碍。

2.勾画人物描写的重点语句，收集人物形象的相关资料，建立"人物档案"。

3.查找资料，了解作家作品及写作背景，了解蜡像设计的基本要素。

【教学过程】

一、情境导入

请同学们欣赏几幅图片，看看它们有什么共同点。

明确：这几幅图片虽然和真人几乎完全相同，却都是蜡像图片，而不是真人照片。（顺此简介"杜莎蜡像馆"）

二、设置情境任务，提供创作文案

杜莎蜡像馆北京分馆将于近日开设一处"世界文学人物画廊"主题馆，邀请文学作品中的经典人物入驻。契诃夫《装在套子里的人》中的别里科夫也在入选之列，请你根据自己所学，提供一则创作文案。

（一）任务一：建立人物档案，分析人物形象

1.完成蜡像要收集人物的相关资料，请同学们为别里科夫写一份人物档案。

根据课前布置的预习任务，学生展示预习成果。

2.思考：根据档案分析，别里科夫是个什么样的人，你如何评价他？

在讨论的基础上，归纳总结，明确：

（1）形象特征：别里科夫是一个孤僻胆怯、因循守旧、敌视新事物、维护专制的猥琐、卑劣、虚伪的沙皇政府的卫道士，他是黑暗腐朽的沙皇恶势力的鹰犬，也是害怕变革，阻碍新生的拦路虎。

（2）评价：别里科夫既是一个可恶的人，又是一个可怜的人。

可恶之处：性格顽固保守、压抑别人、躲避现实、害怕变革，人格上非常卑劣，迫害新生力量。

可怜之处：专制制度毒化了别里科夫的灵魂，使他整天六神无主、战战兢兢，为了维护专制制度而丧失了自我。

（二）任务二：设计人物造型，说明设计理由

蜡像要肖似真人，必须设计出人物典型化的肢体动作，比如站姿、手势等，即要设计符合人物特点的独特造型。比如，我们要为孔乙己设计造型，可能他穿着长衫站在柜台前排出九文大钱的动作造型较为经典。根据文本，设计你认为最能体现别里科夫形象的造型。

1.思考：要设计一个怎样的造型？为什么要设计这样一个造型？你是根据小说哪个情节设计的？

要求：小组讨论，结合小说情节，为别里科夫设计一个经典造型，或文字描述或简笔画或直接表演，推选代表台前展示，并说明设计理由。

学生结合道具，依据文本相关情节，进行设计展示，并阐释设计理由。

师生讨论明确：整体造型应该是黑色服装把整个人包裹起来，不同事件突出手部、头部或腿部动作，比如根据"骑车事件"，可以设计其身体上身后仰，双腿弯曲的造型，突出其惊恐不已、浑身筛糠的状态；而"禁闭开除学生事件"中，则可设计其戴着手套的一根手指向前指点的动作，强调其一本正经、振振有词、喋喋不休的状态……

（三）任务三：推敲布展细节，指出精神特质

绘其形，更要传其神。设计要突出细节，才能凸显人物的精神特质，让人一见蜡像如见真人。

1.请修改你的描述文字、画作或肢体动作，设计一处细节来突出别里科夫的神韵，再次台前展示，并说明修改理由。

学生展示修改成果，并阐释修改理由。

师生讨论明确：修改主要突出别里科夫骨子里的"怕"。

2.思考：他的精神特质是什么？为什么？

学生思考讨论，作答。

师生讨论明确：他的精神特质是"怕"。这一"怕"字，包含两重含义。一是"他怕"，一是"怕他"。他怕什么呢？怕新生事物，怕一切不符合规定的事物，怕与社会接触，怕与人接触。为什么怕他？他辖制着大家，并不是靠暴力手段，而是给人精神上的压抑，他像鹰犬一样，到处嗅着不合当局要求的气味，随时准备告密，当局则随时准备暗杀，人们始终处于一种朝不保夕的栖栖惶惶之中。因此人们怕的不是别里科夫，而是沙皇专制制度，是别里科夫背后的统治人民的黑暗势力。

（补充背景资料，引导学生联系时代背景，探讨人物性格产生的深层原因）

三、抓住重要文段，推动深度思考

1.思考：小说结尾写道："虽然我们埋葬了别里科夫，可是这种装在套子里的人，却还有很多，将来也不知道还有多少？"这句话有何深义？

师生讨论明确：别里科夫绝不是一个特例，他是沙皇专制制度统治下可恶又可怜的千千万万人中的一个，只要沙皇制度没有被推翻，这块腐朽的土壤上就会不断滋生出新的别里科夫。只有从根本上推翻沙皇腐朽反动的专制统治，才能真正埋葬别里科夫这样的人，人们才能过上自由快乐的新生活。

2.思考：全城的人都怕他，有没有不怕的？为什么？

师生讨论明确：华连卡姐弟是不怕别里科夫的。华连卡在大庭广众之下，兴高采烈地骑自行车，看到摔倒的别里科夫纵声大笑。柯瓦连科对别里科夫的"不能穿绣花衬衫""不能骑自行车"等"忠告"不屑一顾，愤怒地和他争吵，并把他推下楼梯，这些都体现了他们不怕别里科夫。因为华连卡姐弟是有新思想，向往自由，敢说敢为的年轻人，代表了一种新生的进步力量，而别里科夫代表的是反动的旧势力，他们之间的斗争是新旧势力的斗争，别里科夫最终死去，暗示着新生力量的最终胜利。华连卡姐弟是本文灰色基调中的一抹亮色，暗示新生活的最终到来。

四、撰写精彩点评，分享学习心得

我们不仅了解了别里科夫的外在，也深入叩问了他的灵魂，更揭示了他性格产生的土壤。为了让游客更好地了解文学经典人物形象，蜡像馆将在蜡像旁边立一展板，上面除交代人物基本信息外，还需对人物形象做一点评，以揭示人物的精神特质，或抒发读者的独特感受。

请根据我们对别里科夫的分析，写一句精彩点评，一起分享。

示例：他活着，世界是他的套子；他死了，套子是他的世界。

师生讨论明确：思想被装进套子，就如人进入了囚笼。你终于进入了永久的套子。

五、联系现实生活，进行拓展延伸

别里科夫是世界文学人物画廊中的经典形象，不仅具有永恒的艺术魅力，还具有独特的现实意义。请思考下面两个问题：

学生小组讨论，选出代表回答。

1.别里科夫是否想过从套子里出来？他能否从套子里出来？

明确：别里科夫曾想过从套子里出来。与华连卡恋爱并准备结婚就是明证。他也觉得不快乐，也想过摆脱，在周围人的怂恿下，迈出了摆脱套子的第一步，与华连卡恋爱、结婚。但是，摆脱套子的苗头刚出现，就被强大的固有的力量扼杀了，包括性命。这说明他是不能从套子里出来的，根深蒂固的沙皇专制统治和自身固有的奴性已经渗入他的血脉，无法摆脱了。

2.请联系现实生活，想想我们是否也生活在套子中呢？请举出一、两例。

明确：我们也生活在形形色色的套子中。例略。

六、布置作业

假设别里科夫没死，只是大病一场，而后和华连卡结婚了，他们的婚后生活将会如何？

请同学们课下再读文章，写一篇短论，谈谈你的看法，投稿在校报上。

杨英华，江苏省宜兴第一中学教师。

"抓住线索鉴赏小说"专题教学设计

◎ 杨颖欣

一、PPT 封面（P1）

小说的线索就是贯穿整个作品情节发展的脉络，也是全文结构的脉络。其目的是用来贯穿全文情节，把全文的人物、事件串联起来，使作品浑然一体，结构完整严谨。线索主要是通过情节与场景，以及所有选材或组织的材料等来反映的，在作品中它们都会受到线索的牵扯。如果不受线索的制约，势必就可能跑出主题的视野，必将受到主题思想的抛弃。因此它与结构或层次、情节一道成为作品谋篇布局的重要环节。如小说的结构，从情节的发展来划分为开端、发展、结局几个步骤，而线索则是流淌于这些步骤间的血液，不得中断。有了它，作者可以厘清思绪，使自己在创作中始终保持清醒的头脑，较为规范地沿着事先设计的大纲或思路写下去。否则线索不清晰，则可能杂乱无章。而从读者角度，抓住线索是把握小说故事发展的关键，可以沿着作品提供的线索较为轻松地欣赏鉴别作品。在整理小说线索的时候，我们会遇到一个难点，那就是双线结构中的明暗线。明线可能对我们来说，还容易一些，但是暗线，却是一个难点。今天我们就来迎难而上，争取啃下这块硬骨头。

二、PPT— 教学目标（P2）

1. 梳理情节，判断明暗线。
2. 总结明暗线的作用。

三、PPT— 前置学习反馈（P3）

	开端	发展	高潮 & 结局
	麻婶出事，马兰花心思恍惚	1. 马兰花欲还钱未提；2. 未拿回钱，男人生气不已	马兰花收到汇款和房子的帮助
人物	马兰花、三孬、男人	马兰花、男人、麻婶、麻婶女儿	马兰花、男人、麻婶女儿
环境	菜摊	医院、菜摊、家中	家中
主题	善有善报		

（P4）整理完整篇小说的要素，我们有没有发现一条贯穿情节始终的线索呢？

明线是马兰花一家为六百块借款而引发的冲突，暗线是麻婶母女的还款过程。

假设学生回答 600 块钱——明线：在小说中由人物活动或事件发展所直接呈现出来的线索就叫作明线。

六百块作为线索物件确实在所有情节中都有出现，但是推动情节的是这个物本身，还是围绕着这个物产生的矛盾，冲突，人与人之间的化学反应呢？

那么我们在表达明线的时候，抓住了线索物的时候，还要用一句完整的主谓句表达出来。明暗线就是，布局结构上首先让故事设置一个主线，去发展这个主线的线索是一条明线。在这个明线中蕴含着一个隐藏的暗线，字里行间一直引导着我们，明线与暗线在全篇遥相呼应，使文章形成一个完整的体系，使情节紧凑，故事完整。

四、PPT—6

总结方法 Q：我们总结一下，明暗线的特点。
板书：

	明线	暗线
人物	主要人物	次要人物
情节	贯穿	隐现
主题	表现	突显

总的来说，明线是文中直接呈现出来的贯穿始终的线索；在明线上，故事情节从正面展开，人物活动、场面从正面描写。暗线则是间接地呈现出来的贯穿全文的线索；在暗线上，人物活动、情节、场面等都从侧面处理。明线是显性的，暗线是隐性的。同时，明暗交织的双线必须是由一个共同点来连接。

（2015·全国卷Ⅰ）阅读下面文字，完成 1～4 题。

马兰花/李德霞

场景一：菜摊 开端：麻婶出事，马兰花心思恍惚（三孬和男人都是对比，他们惦记的是钱，马兰花

回忆的是人）

大清早,马兰花从蔬菜批发市场接了满满一车菜回来。车子还没扎稳,邻摊卖水果的三孬就凑过来说:"兰花姐,卖咸菜的麻婶出事了。"
……

整整一个上午,马兰花都提不起精神来,不时地瞅着菜摊旁边的那块空地发呆。以前,麻婶就在那里摆摊卖咸菜,不忙的时候,就和马兰花说说话,聊聊天。有时买菜的人多,马兰花忙不过来,不用招呼,麻婶就会主动过来帮个忙……（插叙,回忆过去）

中午,跑出租车的男人进了菜摊。马兰花就把麻婶的事跟她男人说了。男人说:"我开车陪你去趟医院吧。一来看看麻婶,二来把麻婶借钱的事跟她女儿说说,免得日后有麻烦。"

场景二:医院　发展:医院里,马兰花欲提还钱未提(麻婶女儿火化麻婶离开。）

马兰花就从三孬的水果摊上买了一大兜水果,坐着男人的车去了医院。（场景转换到了医院）
……

马兰花火了:"你咋尽往坏处想啊？你就肯定麻婶救不过来？你就肯定人家会赖咱那六百块钱？啥人啊！"

男人铁青了脸,怒气冲冲地上了车。一路上,男人把车开得飞快。

第三天,有消息传来,麻婶没能救过来,昨天她女儿火化了麻婶,带着骨灰连夜飞回了上海。（麻婶和麻婶女儿似乎就隐下来了,这条线突然断了）

场景三:菜摊　发展:未拿回钱,男人生气不已

男人知道后,特意赶过来,冲着马兰花吼:"钱呢？麻婶的女儿还你了吗？老子就没见过你这么傻的女人！"

男人离开时,一脚踢翻一只菜篓子,红艳艳的西红柿滚了一地。

马兰花的眼泪在眼眶里打转转。

场景四:家中

从此,男人耿耿于怀,有事没事就把六百块钱的事挂在嘴边。马兰花只当没听见。一天,正吃着饭,男人又拿六百块钱说事了。男人说:"咱都进城好几年了,住的房子还是租来的。你倒好,拿六百块钱打了水漂儿。"
……

高潮&结尾:马兰花收到汇款和房子的帮助（麻婶女儿来信）

这天,马兰花卖完菜回到家。一进门,就看见男人系着围裙,做了香喷喷的一桌饭菜。马兰花呆了,诧异地说:"日头从西边出来啦？"
……

马兰花读着信,读出满眼的泪水……(有删改)

五、PPT(P7)

既然找到了方法,我们就现场再看一篇文章,来练练手,看看我们自己总结的方法好不好用。

让学生来分享明暗线和判断的依据。

在小说《重新做人》中吉米出狱,本来可以重新做人,却重操旧业。但是因为对安娜贝尔动心而想改过自新重新做人。没想到这样一个完美的身份,因为会撬开保险柜来救人性命而失去了重新做人的机会；如果我们的故事只有吉米这条明线,那么我们的主题在表现的是一个犯了错的人,因为爱而悔改,因为爱而展现出更高的人性。这是一个爱情故事。

但是,暗线中,侦探本普莱斯则因吉米是盗窃嫌疑人追捕他,又因他不顾个人影响救人性命而感动,所以最终放弃抓捕吉米,让他可以重新做人。就让我们的主题走向更深之处,一个重新做人的人,得到了别人的感动,一个旁观者给了他重新做人的机会。赦免原谅他所有的过错。这就在更高意义上展现了人性。

由此,我们可以发现,同样是能表现主题,但是小说的明线更侧重在使所叙述的人物故事容易集中,突出；而暗线则能够在更广更深的层面上使小说矛盾和主题更加突出,使故事情节的安排更加巧妙。

六、PPT-8 分析明暗线的作用

我们发现明暗线交织的小说,是不是越读越有味儿,越品鉴,越能了解作者的匠心独运。那么明暗双线的好处到底是什么呢？（请同学们注意从小说的要素角度去思考）

一明一暗（一显一隐）两条线索,交织在一起（交叉推进,平行展开,相互呼应,彼此映照）,形成"悬念",使故事情节生动（紧凑集中）,跌宕有致（引人入胜,曲折紧张）；更好地塑造……人物形象；突出小说……的主题。

七、PPT-9

作业:阅读《一面墙的记忆》

比较此文双线结构与课上的有何不同。

杨颖欣,海南华侨中学教师。

《短歌行》《归园田居(其一)》教学设计

◎ 杨 悦

【教学目标】

1.通过诵读和学习,了解诗歌大意,感受曹操诗歌悲凉古直的艺术风格和陶渊明田园诗恬淡娴静的特点。

2.通过学习,领会曹操求贤若渴、统一天下的情怀和陶渊明毅然归隐的价值取向和精神内涵。

3.学以致用,通过剧本创作提高知识迁移运用的能力。

【评价目标】

1.对诗歌的大意和情感是否能理解。

2.能否说出诗歌艺术风格的特点。

3.能否在人物对话的剧本创作中展现两位诗人的精神和价值取向。

【教学重难点】

1.通过诵读感受曹操和陶渊明这两首诗不同的风格。

2.通过梳理两首诗歌所展现的"忧""志""乐"感受诗人的精神魅力和价值取向,完成剧本创作。

【教法学法】

诵读法、合作探究法、实践法。

【课时安排】

1课时

【教学准备】

1.熟悉剧本知识,筹措道具。

2.根据课下注释提前预习课文,查找曹操及陶渊明相关资料。

【导入新课】

清代理学家张履祥有言:"书必择而读,人必择而交;言必择而听,路必择而蹈。"选择对于我们来说至关重要。魏晋南北朝时期,乱世纷争,同面乱世,曹操和陶渊明选择了截然不同的两种人生,展现出他们独自的精神魅力,今天让我们一起走进曹操的《短歌行》和陶渊明的《归园田居(其一)》,看他们如何择初心而守,共同体会这并蒂花开之美。

【讲授新课】

一、课堂活动任务

出世与入世,江湖与朝堂,历来都是一个相互矛盾却又相辅相成的问题。说到底,出世与入世也不过是两种不同的生活方式。曹操和陶渊明,一个是一世之雄,一个是隐逸之宗;一个具有一统天下的宏大气魄,一个则有崇尚自由的隐逸情怀。假如他们穿越时空相遇,会对对方说些什么呢?

(学生自由发言)

活动一:并蒂花开同根生

1.齐读《短歌行》《归园田居(其一)》感受诗情,并根据课下注释理解诗意。

2.再读两首诗歌,并找出这两首诗歌中共同出现的字眼。

明确:

归——初心
《短歌行》:周公吐哺,天下归心(使天下归)
《归园田居(其一)》:开荒南野际,守拙归园田(归向田园与自然)

设计意图:引导学生朗读和熟悉文本,初步探究曹操和陶渊明的初心,初步了解两首诗歌的情感和诗人的的价值取向。

活动二:双花同绽道不同

1.三读两首诗,找出曹操和陶渊明选择"归"的共同情感原因,在诗歌中找到依据。

明确:

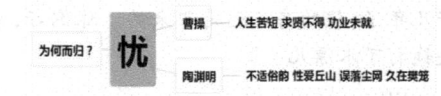

忧——为何而归?
曹操:人生苦短 求贤不得 功业未就
陶渊明:不适俗韵 性爱丘山 误落尘网 久在樊笼

2.四读诗歌,面对忧愁,曹操和陶渊明如何解忧呢？他们为什么做出这样的选择？请联系诗歌内容和作者生平说一说。

不同点	《短歌行》	《归园田居（其一）》
社会环境	乱世纷争，天下未定，千里马与伯乐互寻互觅	东晋时代，官强主弱，政治黑暗，清廉正直之人宦路坎坷
身份政绩	曹操官至丞相、宦途之战显神威，北方前途光明	家道中落、多次进入官场均为小官，道路黑暗
思想性格	豪迈大气、有统一天下之大志、思、行为多处受儒家思想影响	清廉正直，少有"大济苍生之志"长有"归园田居之心"，有儒家思想和道家思想的碰撞、后期道家思想体现得更深刻
志	积极入世，一统天下	潇洒归隐，自然入怀
归向何处		

设计意图：该活动意在引导学生通过诗歌走进作者，结合预习进一步体会诗人的情感，明白曹操与陶渊明的忧愁与志向，更进一步把握两位诗人的初心。

活动三：守心而择香自来

1.五读诗歌，《短歌行》和《归园田居》共同体现出来的除了诗人之"忧"和"志"还有其他情感吗？请结合两首诗歌具体分析，他们"归"来之后有何共同的情感。

明确：

| 归来如何？ | 乐 | 《短歌行》：我有嘉宾，鼓瑟吹笙，契阔谈䜩，心念旧恩，周公吐哺，天下归心。 |
| | | 《归园田居（其一）》：户庭无尘杂，虚室有余闲，久在樊笼里，复得返自然。 |

2.诗言情，歌咏志。两首诗歌均体现了两位作者的忧愁、志向及归来之乐，请六读诗歌，结合艺术手法分析，诗歌是如何体现这种"忧""志""乐"的。

《短歌行》	比兴	引用、用典	借代
	譬如朝露，去日苦多。明明如月，何时可掇？月明星稀，乌鹊南飞。	青青子衿，悠悠我心。呦呦鹿鸣，食野之苹。周公吐哺，天下归心。作用：含蓄典雅	何以解忧，唯有杜康。
《归园田居》	比喻	白描	
	误落尘网中，一去三十年。羁鸟恋旧林，池鱼思故渊。久在樊笼里，复得返自然。	方宅十余亩，草屋八九间。榆柳荫后檐，桃李罗堂前。暧暧远人村，依依墟里烟。狗吠深巷中，鸡鸣桑树颠。作用：以少胜多	

设计意图：通过多次读诗更进一步感受诗人的情感层次，明白两位诗人心之所向，同时感受到他们强大的精神魅力，为完善剧本内容做准备。

3.结合学习内容，完善你所想象的对话，编写一出名为"志士与隐士"的剧本，和同桌排演并进行展示。

明确：对话得体，符合人物身份和阅历。

设计意图：本环节是课堂最后一个生成环节，学生需要对剧本有相对专业的了解，才能从技术层面逐渐优化，呈现出较好的表演效果。

【评价反馈】

1.通过诵读，能够读出《短歌行》慷慨悲壮和《归园田居（其一）》怡然自得的感觉。

2.表演环节中能够灵活迁移运用课本知识。

【课堂小结】

曹操和陶渊明均生活在动荡年代，面对乱世，曹操选择"周公吐哺，天下归心"积极入世，最终成为一世之雄；面对乱世，陶渊明选择"开荒南野际，守拙归园田"潇洒归隐，最终成为隐逸之宗。乱世里，不同的人生选择，呈现出不一样的人生风景，但一样的是，他们都守住了初心，最终花开并蒂，展现出其特殊的精神魅力。正如陶渊明所说"衣沾不足惜，但使愿无违"，他们择初心而守，我等便观并蒂花开。

【作业布置】

1.继续完成剧本创作，组织表演。

2.生于当下可为时代，有人激流勇进，拼搏进取，最终功成名就；有人杜绝内卷，静享时光，与自我和解。面对当下时局，你会如何选择人生道路呢？请写一篇随笔，说说你的看法。（不少于300字）

【教学反思】

本次课堂设计选取了《短歌行》和《归园田居（其一）》两首诗歌进行对比阅读，选用情境任务的方式带领学生学习这两首诗，根据两首诗歌的具体内容从一个共同的"归"字入手，从而带领学生了解曹操和陶渊明的人生选择。此外本节课也很注重诗歌情感的挖掘，在对比阅读中求同存异，找到他们这两首诗歌中共同的情感，即"忧""志""乐"，再对比他们各自的"忧""志""乐"进一步把握作者的情感、人生选择的坚定的态度及强大的精神魅力，从而为后面的剧本创作奠定基础。

只是作为新课标理念引领下的语文教学，情景任务是很多老师探索的重难点，这节课虽然尝试做了一些探索，但是任务整体的衔接性还得继续提高。

杨悦，云南省昆明市官渡区第二中学教师。

《自然选择的证明》《宇宙的边疆》教学简案
——科学作品的语言教学探析

◎尹 娟

【学习目标】

对比阅读《自然选择的证明》和《宇宙的边疆》这两篇科学作品,体会二者在语言表达上的异同,品味科学作品的语言魅力。

【课时安排】 一课时

【教学过程】

一、导入

《自然选择的证明》是一篇阐述生物进化原理的学术论著,《宇宙的边疆》则是一篇关于宇宙探索问题的科普作品。二者在语言表达上风格迥异。今天,我们就一起对比阅读这两篇文章,体会二者在语言表达上的异同,品味科学作品的语言魅力。

二、速读全文,谈初步感受

任务:速读全文,初步感知这两篇文章的语言风格。

活动:速读全文,圈点勾画,完成表格。

1.学生在限定的时间内以自己喜欢的方式速读全文,做好圈点勾画。

2.小组交流,补充完善,最终由小组代表发言。

要求:两三词组精准概括+文中语段有力佐证。

教师引导学生进行点评小结:

不同点:《自然选择的证明》深奥难懂、专业性强、逻辑严密、冷静客观。《宇宙的边疆》形象生动、画面感强、通俗易懂、饱含情感。

相同点:科学严谨(运用科学术语、列出关键数字等)。

《自然选择的证明》和《宇宙的边疆》均属于科学作品,语言特点上都具有"科"的严谨和理性。但《自然选择的证明》初读感觉深奥难懂、专业性强、逻辑严密、冷静客观,《宇宙的边疆》读起来则形象生动、画面感强、通俗易懂、饱含感情。

设计说明:两篇文章篇幅较长,让学生以速读方式浏览,初步感知其在语言风格上的异同,为下一步的细嚼文句品味语言魅力环节做铺垫。

三、细嚼文句,品语言魅力

任务:细嚼文句,品味语言魅力。

活动一:从词语和句式角度对比阅读文段,分析词语特点和句式特点。

1.由于每个物种都有按照几何级数过度繁殖的趋向,而且各个物种中变异了的后代,可以通过其习性及构造的多样化去占据自然条件下多种多样的生活场所,以满足数量不断增加的需要,所以自然选择的结果就更倾向于保存物种中那些最为歧异的后代。(《自然选择的证明》)

2.有些恒星的光彩长年不减;有些恒星闪烁不定,或以匀称的节奏闪烁着。有些恒星稳重端庄地转动着;有些恒星狂热地旋转着,弄得自己面目全非,成了扁圆形。发蓝光的恒星是年轻的星,会发热;发黄光的恒星是常见的星,它们已经到了中年;发红光的恒星常常是垂亡的老年星;发白光或黑光的恒星,则已奄奄一息。(《宇宙的边疆》)

参考:

《自然选择的证明》词语特点:巧用关联词语"由于……而且……所以"限定词语"每个""各个""都"。句式特点:长句为主,长句表意严谨、精确细致。

《宇宙的边疆》词语特点:多用描述性词语"闪烁不定""稳重端庄""狂热地旋转""奄奄一息"等。句式特点:多为短句,短句表意灵活、节奏感强。

《自然选择的证明》巧用关联词语和限定性词语,多用长句来体现科学论著的逻辑严密性;《宇宙的边疆》多用描述性状的词语,表意灵活的短句来体现科普作品的文学色彩。

活动二:对比鉴赏两篇文章中的原文语句与删

改语句的不同效果，体会学术论著和科普作品的语言特点。

《自然选择的证明》原文语句：在一定程度上，我们可以理解为什么自然界处处充满着美，这很大一部分归功于自然选择。

删改语句：我们可以理解为什么自然界处处充满着美，这归功于自然选择。

《宇宙的边疆》原文语句：①从一个星系际的优越地位上，我们可以看到无数模糊纤细的光须像海水的泡沫一样遍布在空间的浪涛上，这些光须就是星系。其中有些是孤独的徘徊者，大部分则群集在一起，挤作一团，在大宇宙的黑夜里不停地飘荡。②近来，我们已经开始向大海涉足，当然，海水才刚刚没及我们的脚趾，充其量也只不过浸湿我们的踝节。

删改语句：①从一个星系际的优越地位上，我们可以看到无数模糊纤细的光须遍布在空间，这些光须就是星系。其中有些是单独的，大部分则聚在一起，在大宇宙的黑夜里不停地飘荡。②近来，我们已经开始向宇宙涉足，当然，对宇宙的探索初具规模，但也仅仅是开始。

讨论发言与参考。略。

活动三：品读文段，从情感体现和表达方式上，体会二者的语言特点。

文段1：如果物种只是特征明显而稳定的变种，……如果物种是独立创造的，而变种是由次级法则所产生的，上述相似性就变得颇为离奇了。（《自然选择的证明》）

文段2：人类有幸来到地球这个行星上。……人类是宇宙的产物，现在暂时居住在叫作"地球"的星球上。人类返回家园的长途旅行已经开始。（《宇宙的边疆》）

讨论发言与参考。略。

设计说明：语言是人类思维的物质外壳，科普作品作为人类理性思维的产物，必然离不开这个外壳。从科学表达这个维度上设计教学活动，归纳总结学术论著和科普作品的表达方式和语言特点，在对比中从不同角度引导学生学习恰如其分地表达自己的研究成果。让学生在对比阅读中品味语言、体会顿悟。留给学生充分的阅读时间、思考时间和体会时间。引领、培养思维，点拨、交流难点。

四、诵读文段，悟语言魅力

任务：诵读文段，体悟语言魅力。

活动：选择两篇文章中你喜欢的文段有感情地诵读，体悟二者不同的语言魅力。

评价项目	评价标准	评价等级 A B C	改进建议
语言表达	①普通话标准，吐字清晰；声音洪亮；朗诵熟练流畅。②语气、语调、节奏，轻重缓急符合文段语言特点。		
情态感情	①仪态大方，精神饱满，感情真挚，能通过语气、表情变化反映文本特征。②声情并茂，富有表现力，能与听众产生共鸣。		

设计说明：在掌握学术论著和科普作品语言特点的基础上，有目的地诵读，可以进一步体悟二者语言特点上的不同，巩固课堂所学。

五、合作交流，探不同之源

任务：合作交流，探究《自然选择的证明》和《宇宙的边疆》语言表达上不同的原因。

活动：小组合作交流，完成表格，上台展示。

学生填表交流并发言。略。

参考：

篇目	写作目的	写作内容	写作对象
《自然选择的证明》	为了证明自然选择决定了生物进化的方向——立；为了驳斥特创论的观点——破	对生物原创性科学原理的阐释	科学界同行专家
《宇宙的边疆》	为了介绍宇宙的全景；为了激起广大读者热爱科学、探索宇宙的好奇心。	对宇宙科学知识的普及性介绍	大众群体

六、布置作业

从词语特点、句式特点、表现手法、表达方式等角度谈谈《天文学上的旷世之争》的语言特点。

尹娟，山东青岛市城阳第一高级中学教师。

《我有友情要出租》教学设计

◎ 于祥芹

一、相机导入,引领学生进入课堂

1.孩子们,老师知道你们最近一直在读一本绘本,叫什么名字呀?

(学生说书名后,贴书名板贴)

老师也想了解一下这本书的内容,这节课呀,就让我们一起走进这本书。

板书:《板贴》 交流课

2.这是绘本的封面,你读出了什么呀?

(1)有插图,有作者、有书名。

(2)绘本的内容,有文字和插图部分,文字部分是作家方素珍完成的,插图部分是画家郝洛玟完成的。

3.打开绘本最后一页,认识一下这两位美女阿姨(录音)。

下一周,我们阅读她的绘本《外婆住在香水村》。

4.小结:在以后的学习中,我们读一本书,不仅要读内容,还要多角度了解作者,这是对作者的尊重。

5.这节课,我们再次走进绘本,感受原本素不相识的大猩猩和咪咪之间发生的温馨感人的友情故事。

二、感知情感

1.这一天,故事的主人公,大猩猩,在大树上贴了一片叶子,"我有友情要出租,一小时五块钱。"(第八页图片)

2.它为什么要出租友情?(我好寂寞,我都没有朋友。第五页图片)

3.什么叫寂寞?你从哪里看出了大猩猩的寂寞?

4.那么,大猩猩租到"友情"了吗?

5.(插图20页)从这幅图中,你看到了一只怎样的大猩猩呢?(眉开眼笑、兴高采烈……)

什么原因让大猩猩这样眉开眼笑呢?

这样兴高采烈的事儿,肯定不止一件吧?那就快到书中去找一找吧。

交流:

预设1,P13:大猩猩只好被踩了一下又一下,但是,好不容易有人陪他玩,他巴不得沙子不要漏得那么快呢!

(大猩猩在用行动维系着和咪咪之间的友情呀)

预设2:大猩猩抬起脚来,却看到咪咪闭着眼睛,歪着嘴巴的表情,他只好重重地抬起来,轻轻地踩下去。

(大猩猩多么珍惜这来之不易的友情啊)

预设3:咪咪也知道了,她只要出"布",就会赢大猩猩……他又叫又笑的,玩得好开心……

(难得糊涂,故意装糊涂,只为博取唯一的好朋友一笑)

预设4:有一天,她教大猩猩玩"一二三,木头人。"

有一天……

(他在用心体会着这份快乐的友情)

6.你一定也有很多好朋友,你和他们一起玩过什么游戏?当时的心情是怎样的?

7.快乐的日子总是很短暂,后来咪咪跟随父母搬家了,心情失落的大猩猩只好又在树上贴了一片叶子。

(1)P29:"我有友情要出租,免费。"

(2)他租到朋友了吗?

(3)P28:一直到今天,那片叶子都褪色了……

P32:大猩猩还在等待下一个好朋友。(图)

（3）从图中你看到了一只怎样的大猩猩？

（4）画面上这只孤独、寂寞的大猩猩，他的脑海中可能回想起了……可能回想起了……

三、发现朋友

1.那么，在大猩猩的周围，真的没有朋友吗？

森林里，除了咪咪这个小女孩，你还发现有哪些动物在大猩猩的身边呢？

到绘本中去仔细找找吧！

（学生在书中寻找，给充足的时间，然后出示众动物图片。）

2.交流：你在哪一页看到了哪只动物 或者哪些动物？

3.是啊，绘本每一页至少有一种动物在偷偷地注视着大猩猩，大猩猩和咪咪把快乐传染给了大家。

4.我们把目光聚焦到这只小老鼠，你在哪些地方看到了他的身影？

5.绘本几乎每一页都有小老鼠的身影，他一直追随在大猩猩的身边，你读懂了什么？

小老鼠的眼神充满了期待。（你们真是太棒啦！）

四、感悟道理

1.从同学们刚才找到的一幅幅图中，我们不难发现，森林中的这些小动物们，其实也都渴望和大猩猩交朋友，只是他们缺少那份勇气说出来！现在，你来帮他们把心中的话大声说出来吧：

如果我是小老鼠，我会说：＿＿＿＿

如果我是大狮子，我会说：＿＿＿＿

如果我是小白兔，我会说：＿＿＿＿

2.听了你们的建议，大猩猩终于明白了：

友情，就要 勇敢表达 （板书）

友情，就要 用心体会 （板书）

友情，就要 倍加珍惜 （板书）

3.让我们一起大声地告诉大猩猩：

友情，需要勇敢表达……

4.大猩猩听到大家的心里话，可高兴啦！他还会和谁交上朋友呢？他怎么做才能交到朋友呢？

（学生到讲台前说，大猩猩能勇敢表达了……大猩猩各位珍惜和xx的友情啊……）

5.在这个温暖的故事中，大猩猩和咪咪还想告诉大家：（出示封底文字）

女孩子们，伸出你热情的右手，甜甜地说一声——嘿，看过来，朋友就在这里！

男孩子们，让我们一起大声，豪爽地说出来——朋友是要去找寻的，而且，他们就在附近，就等你去发现。

五、拓展延伸

瞧，孩子们，一本书、一个故事，一份美好的友情，让作家方素珍和画家郝洛玫两个素不相识的人成了朋友。

在咱们班，你一定也结交了不少好朋友吧，是怎么和他们成为好朋友的？脑海中想一想，挑选一个你最最要好的朋友来说一说。

评价语：

你真棒，你知道友情需要勇敢表达；

你真棒，你知道友情需要用心体会；

你真棒，你知道友情需要倍加珍惜……

六、结束语

我们今天不仅了解了一个故事，更懂得了友情的重要。正如书中所说，交朋友并不是一件容易的事，所以这个故事并没有真正讲完，需要同学们自己来讲，自己来问，自己来想……希望你们拥有更多的朋友！

于祥芹，南京师范大学苏州实验学校教师。

《红楼梦》贾宝玉的"多情"探究教学设计

◎袁 荻

一、导入

千古悠悠，沉浮聚散。多少怨，皆是情为何堪！欲寄此情，半生等谁回眸？在《红楼梦》的第1回，作者曹雪芹就说这本书"大旨谈情"，意在抒写"儿女之真情"。红楼儿女中多情者，首推自然是宝玉。但是对于宝玉的多情，很多同学不理解，甚至认为他是一个风流的浪子。比如彭胤铭、刘益宇同学都提出这样一个问题："贾宝玉为什么这么多情？/为什么他看上去喜欢很多人？"那么今天这节课我们就一起来探究《红楼梦》贾宝玉形象的多情。

二、宝玉"多情"的表现

过渡语：【呈现课件】首先我们走进学习任务一，来看一看宝玉多情的表现在哪呢？

课前同学们完成了预习作业，思考宝玉对谁有情，这里老师整理了一些同学的答案。根据老师的整理分类，大家有什么发现？

环节小结语：他的多情表现在不分贵贱，不分地位。无论是贵族小姐，还是丫鬟，哪怕是戏子，他都心怀体贴和关爱。

三、宝玉"多情"的原因

对于他的这种多情，其实不仅今天现代社会的你们不理解，其实就连当时最疼爱贾宝玉的贾母都费解，最不理解的是，他竟然对这些丫鬟们那么好！那么，接下来给大家一点时间，小组探讨一下，你认为宝玉为什么对这些女子多情呢？

活动1：【学生讨论，代表发言】

预设答案："女儿是水做的骨肉，男人是泥做的骨肉。"

活动2：【这里一定要写板书！】

探究内涵：曹雪芹为何要把女儿比作是水做的骨肉？——水有什么特点？

1.澄澈【板书：澄澈】

例如柳宗元在《小石潭记》中说到"伐竹取道，下见小潭，水尤清冽"。清澈见底的小潭，甚至能看得清各种形状的石头，能看得清"潭中鱼可百许头，皆若空游无所依"的样子。

2.柔韧

例证：在《红楼梦》第三回中，曹雪芹就以巨匠的手笔，为我们勾画了一幅林黛玉的素描。林黛玉给人印象最深的，莫如眼泪与哭泣。就是这样一个看似弱不禁风的柔弱女子，身上却有着惊人的热烈感情。她爱宝玉爱得那么深沉、真挚，即使有无数的艰难险阻，也在所不辞。所以老子说："天下莫柔弱于水，而攻坚强者莫之能胜，以其无以易之。"

小结语：所以，为什么宝玉对女儿如此多情，是因为他看到了女儿身上澄澈柔韧的特性。

活动3：

辩证探讨：那么老师想追问一下，宝玉是不是对所有的女性都给予了情谊呢？对一切女性都有情吗？这个问题，其实我们的同学已经关注到了。在收上来的作业当中，我就看到彭泽宜同学提出了这样一个疑问：

【课件展示：学生作业】

宝玉的丫头们在其屋内肆意玩闹，宝玉毫不在意，但是宝玉的奶妈看不惯，出言教训了丫鬟们，认为他们失去了体统，不顾主仆尊卑，但宝玉却不喜这所谓的体统，对自己房里的丫鬟宽松平等。

为什么对待丫鬟和奶妈的态度有如此差别呢？

【给时间给学生回答，答不出就展示课件，不讨论】

宝玉在书中是这样说的（第59回）

"女孩儿未出嫁，是颗无价之宝珠，出了嫁，不知怎么就变出许多的不好的毛病来，虽是颗珠子，却没有光彩宝色，是颗死珠了；再老了，更变的不是珠子，竟是鱼眼睛了。分明一个人，怎么变出三样来？"所以在宝玉心中，他爱的是如"宝珠"一般的女儿，只爱她们身上所蕴含的，所代表的澄澈单纯。这也正是对这些如水般女儿的颂歌。

【板书】对女儿的颂歌

活动4：

辩证探讨：既然宝玉认为"女儿是水做的骨肉，男人是泥做的骨肉"，那么他是不是对所有的男性都是摒弃的，深恶痛绝的呢？

我们发现，宝玉有很要好的男性朋友，比如秦钟、茗烟、柳湘莲。

第一个出现的是茗烟。茗烟是宝玉的仆人，出身低微，但聪明伶俐、善解人意，顽劣兼有点粗野。茗烟基本上算得上是宝玉最初的好朋友，是宝玉生命中最本真，最单纯的追求。

第二个出场的就是秦钟。宝玉与秦钟二人一见如故，他们的友谊不仅是建立在相互欣赏上，更在于二人心灵的默契，在于对功名利禄共同的摒弃和憎恶。

第三位出场的是柳湘莲，他对爱情的构想，最为动人。他追求完美的不含杂质的爱情，当尤三姐自刎后，他追悔莫及，最后出家。这种对完美爱情的追求，正是吸引宝玉的闪光点。

宝玉的男性朋友不多，细看文本，我们会发现这些男子之所以和宝玉成了朋友，是因为他们都澄澈明净，内心单纯之人。

环节小结语：分析至此，同学们提出的问题是否就有了答案呢？宝玉多情，并非滥情。对于宝玉来说，至真至纯的澄澈之美才是宝玉真正所爱。

【过渡语】接下来我们来看一段视频，你觉得从他们身上，还能感受到什么呢？

【视频资源】憨湘云醉眠芍药裀，呆香菱情解石榴裙

同学们刚刚看到这个视频，你觉得这些宝玉所爱着的人，除了纯净，还有什么特点？

（活泼的，自由的，快乐的）

所以，这就是一群从小生长在大观园里，没有经历过外界社会风雨和痛苦的，青春洋溢的少男少女们。在《红楼梦》中，少男少女大约有数十人，宝玉、黛玉、宝钗、湘云、探春、迎春、惜春、妙玉、晴雯、紫鹃、平儿、尤三姐、袭人、香菱等等这些风姿曼妙、才貌并茂的少男少女，年轻貌美，纯真无邪。所以，很多对宝玉的很多行为是不理解的地方，比如肖雄同学提问，为什么他喜欢吃他人嘴上的胭脂。董婷同学提问，为何黛玉死了，宝玉就出

家当和尚？其实就是青春期的宝玉与女孩子相处的一种青涩的模式，从懵懂到理性的一个过程。我们也更清楚了宝玉为何多情，除了对女儿的颂歌，也蕴含着对青春的眷恋。【板书：对青春的眷恋】

四、宝玉形象"多情"的意义

【打出PPT讲过渡语】

所以对于宝玉来说，这样一些他爱着的拥有最澄澈的精神世界的人，正是一些和他一样正值青春年少的朋友。而这些青春年少的朋友此时此刻的纯真，能否在社会中生存下去的？我们来看一看，当这些人走出大观园，他们发生了怎样的变化。

【87版红楼梦结局，沦为妓女的史湘云在对着贾宝玉哭泣】

你会发现，少女时代笑得那样开怀的史湘云，当走出乌托邦世界，与社会相碰撞的时候，只剩下无尽的眼泪。就在那个时刻，那个嘴里仍喊着"爱哥哥"的史湘云，沦为妓女，对宝玉哭诉的那个时刻，就是红楼梦碎的时刻。宝玉对人性的纯洁追求与社会环境碰撞中，走出乌托邦后，发现一切都是一场梦，他的理想与追求，是永远也无法实现和延续的。而正是所谓红楼一梦。这种对于人性本真的纯洁的追求，到最后不过就是南柯一梦，在当时的社会，乃至是现在都难以实现的梦罢了。可是，在第五回中，贾宝玉已经看到了判词，知晓了这些女子的结局。那么贾宝玉明知道是悲剧，仍爱着他们，这意味着什么？

【讨论】【学生发言】

结语：在生活的困窘中，我们仍要为心灵保留一处净土。哪怕见惯了人性的丑陋，社会的黑暗，仍能一心向阳，善待一切至真至纯的人，坚守纯净澄澈的世界。

五、拓展延伸

今天我们所讨论的，贾宝玉所爱的是一种理想和追求，是一种至真至纯的人性之美。为了追求这种人性之美，他憎恨功名利禄，憎恨追名逐利，痛恨一切受男权价值观念"污染"的人。那么，他的这种追求，是不是代表着他痛恨儒家所言的"出世"呢？

课后请你结合阅读《论语》的体验，参考《贾宝玉：一个结构的解构因子》和《论贾宝玉的儒家真面孔》这两篇专业文献，思考宝玉所追求的纯净世界是否跟儒家思想相契合，从思想内核的角度来探究宝玉的形象，并据此写一篇800字左右的文学短评。

袁荻，湖南省长沙外国语学校教师。

《马说》教学简案

◎张 帆

《马说》是人教版八年级下册第六单元的第三篇课文。单元导读中提到的文章主题为"不平则鸣"的呐喊，课前预习提示强调要结合韩愈的经历来引导学生理解文本，让学生清晰地认识到造成人才被埋没的不是人才自身不够凸显，而是缺少像"伯乐"一样善于发现人才的人，课后习题提示应关注文章当中所蕴含的对人才问题的看法。

八年级学生能结合课下注释和工具书阅读简单的文言文，所以这篇文章的大意不难理解，但是对于文章当中出现的一些文言现象还是需要强调，所以在第一课时，主要侧重解决的是文言文"言"的问题。对于文章内容的理解上，学生能结合韩愈生平理解其"怀才不遇"的愤懑，但是对于文章中谈到的人才问题较难理解。

附《原文》及参考：

马说

韩愈

世有伯乐，然后有千里马。千里马常有，而伯乐不常有。故虽有名马，祗辱于奴隶人之手，骈死于槽枥之间，不以千里称也。

马之千里者，一食或尽粟一石。食马者不知其能千里而食也。是马也，虽有千里之能，食不饱，力不足，才美不外见，且欲与常马等不可得，安求其能千里也？

策之不以其道，食之不能尽其材，鸣之而不能通其意，执策而临之，曰："天下无马！"呜呼！其真无马邪？其真不知马也！

参考译文：

世上先有伯乐，然后有千里马。千里马经常有，但是伯乐不常有。所以虽然有名贵的马，如果只能在仆役的手中受辱，跟普通的马一同死在马厩之间，就不能凭借千里马著称。

日行千里的马，吃一顿有时能吃完一石粮食。喂马的人不知道它能日行千里而像普通的马一样来喂养它。这样的马，虽然有日行千里的能力，但吃不饱，力气不足，它的才能和优良的素质不能表现在外面。想要和普通的马一样尚且做不到，怎么能够要求它（日行）千里呢？

不按照驱使千里马的正确方法鞭打它，喂养它却不能竭尽它的才能，听千里马叫鸣，却不能通晓它的意思，拿着鞭子面对它，说："天下没有千里马！"唉，难道真的没有千里马吗？大概是真的不认识千里马吧！

基于以上教材与学情分析，对《马说》第二课时进行如下设计：

一、教学目标

反复诵读，体悟文章蕴含的丰富情感及哲理。

二、教学重难点

教学重点：反复诵读，读懂文章蕴含的丰富情感。

教学难点：在思考、探究中明确文章所蕴含的哲理。

三、教学过程

（一）学习检测

尝试朗读无句读、竖排版《马说》

（二）说·马

1.回到大唐盛世，你就是伯乐，刚好碰到了郁闷的千里马。你觉得千里马会向你诉说些什么？请结合原文，读出千里马的情绪。

朗读指导：

通过句子内部的停顿表达语气。

通过句中的关键词来表达语气。

通过句末的叹词来表达语气。

2.听完了千里马的悲惨的遭遇，伯乐痛心疾首，你准备找到食马者当面对质，为千里马讨回公道，那么，你会对食马者说什么呢？请结合文本演读，注意读出伯乐的满腔愤怒。

（三）说·人

伯乐遇到韩愈后向他说起千里马的遭遇，韩愈听完后长叹一声，潸然泪下。请结合资料链接，想一想韩愈会说什么？

提示：结合韩愈的生平，用"伯乐啊，我……"为开头说一说。

文章读到这里，聪明的你一定发现了，韩愈表面写马，实际上是在写自己，千里马就是他自身命运的写照。这其实就是这篇文章在写法上的特色——托物寓意。

（四）说·理

韩愈的《马说》一出，人们纷纷讨伐食马者，食马者承受了巨大的舆论压力，于是找到伯乐，如果你化身为食马者，你会跟伯乐说什么？

提示：结合课文与课后第4题，思考作者对人才问题的看法。

提示1：伯乐啊，我知道我确实埋没了一匹千里马，可我也委屈啊，如果千里马……

提示2：读完《马说》，我觉得我应该这样对待千里马……

以小组为单位，讨论交流。

（五）课堂小结

通过学习，相信大家都明白了韩愈写本篇文章的目的，一方面是表达自己怀才不遇的愤懑，另一方面意在告诉后人如何对待人才，另外更重要的是他想告诉我们即便是怀才不遇也应该继续努力，做自己的伯乐，请大家相信：是金子，一定会在未来的某一天闪闪发光！

愿大家都能遇到欣赏自己的伯乐，愿大家人人都做自己的伯乐！

四、板书设计

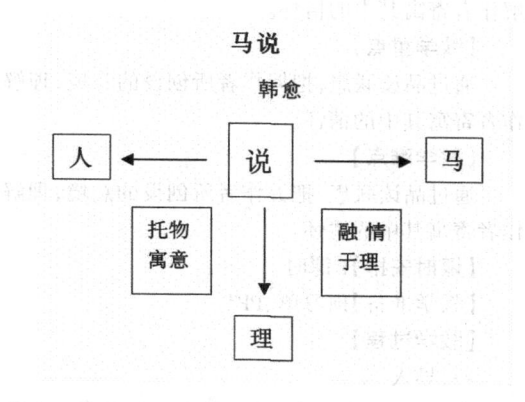

马说

韩愈

人 ← 说 → 马

托物寓意　　融情于理

理

张帆，山西省晋中市博雅培文实验学校教师。

《与朱元思书》教学设计

◎ 张绪文

【教学目标】

1.通过反复诵读,梳理文章内容,感知文章大意。

2.通过品读联想,把握作者所创设的意境,理解作者寄寓其中的情怀。

【教学重点】

通过品读联想,把握作者所创设的意境,理解作者寄寓其中的情怀。

【教学难点】

通过品读联想,把握作者所创设的意境,理解作者寄寓其中的情怀。

【课时安排】1课时

【教学准备】预习单、PPT

【教学过程】

一、导入

古人云:仁者乐山,智者乐水。今天我们继续跟着南朝文学家吴均一起游山玩水。请大家齐读课题《与朱元思书》。

这篇文章和《答谢中书书》一样,是一封书信的节录,也是一篇精美的写景短文。

二、朗读感知

1.试读

同学代表根据预习朗读文章。要求:读准字音,读出节奏。

引导:这篇文章是骈体文,"骈"的本意是两匹马并驾,骈文是一种讲究形式的文体,多为四字句、六字句,句式整齐,音韵和谐。朗读时要注意节奏。

2.听读

播放朗读音频,认真听读。要求:关注节奏的同时,注意语速、停连。

明确:本文是一篇山水美文,朗读时速度宜慢,慢一点才有时间去品味文中美的意境。一定要以"乐山水"之心去读,每读完一小层都可以作稍长的停顿,这样才有鲜明的层次感,不至于将两个不同的画面交错在一起。

3.配乐学读,读出节奏与层次。

引导梳理:这封信写了什么内容?

出示阅读提示,引导关注:作者用生花妙笔,为友人描绘出富春江的奇山异水,也写出了自己面对美景的感受,意在劝友人放下争名夺利之心,忘情于天地大美之中。

三、品读赏析

过渡:富春江的山水有多奇,有多异呢?作者又是用怎样的生花妙笔呈现其"天下独绝"呢?

1.富春江的水"异"有什么特点?山之"奇"表现在哪里?结合本单元所学景物描写赏析方法,赏析作者是如何将水之"异"、山之"奇"表现出来的。

出示:

水皆缥碧,千丈见底。游鱼细石,直视无碍。急湍甚箭,猛浪若奔。

夹岸高山,皆生寒树,负势竞上,互相轩邈,争高直指,千百成峰。

泉水激石,泠泠作响;好鸟相鸣,嘤嘤成韵。

蝉则千转不穷,猿则百叫无绝。

横柯上蔽,在昼犹昏;疏条交映,有时见日。

2.小组研讨,感受"生花妙笔:

(1)"游鱼细石,直视无碍"与"千丈见底"是否重复,这样写有何作用?

提示:静+动

静时澄静但不单调,宁静但不寂寥;动时迅速而又猛烈。

静若处子,动若奔马。

(2)同样写山高,《答谢中书书》仅用一句话,而《与朱元思书》用了6句,你觉得是否啰嗦?这对表现山之"奇"有何意?

提示:句势 ~~ 山势

写尽山之势，

如有人的性格，争高向上，充满活力

（3）改成"泉水激石，丁泠作响；好鸟相鸣，啾嘤成韵。"好不好？文章为何这句用比较工整的对偶句？

提示：声韵 + 韵律

清脆和谐，充满生机；

（4）改成"蝉转不穷，猿叫无绝。"四字句好不好？

提示：音随意转

响而不噪，婉而不哀，和谐美好；

（5）这一部分从视觉描写山林，能不能调整到视觉描写山的后面？放在最后有什么好处？

3.小结：好一处奇山异水，真乃"天下独绝"！作者的笔也可谓真的"妙笔生花"！仿佛我们眼前就是这一幅幅奇山异水图。再读感受！

四、联想体悟

过渡：历来文人描写山水，都会抒发情志。吴均的《与朱元思书》也不例外，全文无一句直接写自己的感受，但每一句写景似乎都能读到作者的感受。

1.请结合前面的语言品析，发挥你的联想，请以："我从作者笔下_____的（景）中，读到了作者_____的感受！"这样的形式表达。

例："我从作者的笔下亦静亦动的水中，读到了作者看到动静皆宜的水的愉悦。"

出示：自富阳至桐庐一百许里，你看，亦静亦动的江水，那是大自然动静皆宜的愉悦；你看，争高竞上的奇山，那是大自然蓬勃生命力的震撼；你听，泠泠激石的泉水，嘤嘤相鸣的好鸟，那是大自然宁静中的欢欣；你听，响而不噪的蝉鸣，婉而不哀的猿啼，那是大自然和谐美好的沉醉；你看，时明时暗的光影，那是大自然的变化中的希望与热爱；真可谓，奇山异水，天下独绝！

2.对于本文的写作意图阅读提示这样表述：

（出示阅读提示）作者用生花妙笔，为友人描绘出富春江的奇山异水，也写出了自己面对美景的感受，意在劝友人放下争名夺利之心，忘情于天地大美之中。

"意在劝友人放下争名夺利之心，忘情于天地大美之中。"从文中哪里有所表露？你赞同这种说法吗？

预设：鸢飞戾天者，望峰息心；经纶世务者，窥谷忘反。

（出示作者介绍）

吴均，出生于宋明帝泰始五年（469年），出身寒微，但自小好学，且又才智出众，少年时期仗气行侠，以功业自诩。带着抱负上前线，但却以功名不遂离开。30多岁因文采得到文坛领袖沈约的欣赏，直至34岁才因友人柳恽出任太守，补郡主簿，踏上仕途之路。然而，吴均雄心未泯，不甘沉沦下僚，几经辗转，才有了机会出现在武帝面前，但仅得"待诏著作省"。在当时，没有军功的寒族士人难登高层。一心奔前途的吴均又再次奔赴前线，44岁才授奉朝请，却是一种安置闲散官员的官职。沙场建功立业无果，吴均转而寄希望于文史方面发挥才能并有所成就。曾上表求借《齐起居注》及《群臣行状》，想撰写《齐书》，奈何帝王不同意，自撰《齐春秋》，却触犯武帝忌讳，被焚书免官。几经摧残，还被取笑"吴均不均"！

追问：你认为作者发出这样的感慨除了劝解友人，还有没有其他的意图？

明确：富春江具有灵性的奇山异水感召了作者，澄净的水，高耸的山，成了其安放情感的寓所，作者沉醉其中接受了自然的洗礼，"鸢飞戾天者，望峰息心；经纶世务者，窥谷忘反。"既是在感慨景色之怡人，也含蓄地流露出对自己、对友人的顺势而隐、寄情山水的劝慰。

3.小结：经过联想体悟，我们从作者物我合一的语言中感受到了那种顺势而隐、寄情山水的劝慰与自我安慰，感受到了他对山水的爱与沉醉。请带着我们的理解，再次将本文朗读一遍，读出的感觉。

五、总结

我们总结一下今天的学习内容。面对《与朱元思书》这样一篇文质均美的自读文章，我们在阅读提示的帮助下，通过朗读了解了文章写了什么，通过语言的品析看到了作者是怎么写的，感受了作者的生花妙笔，通过联想体悟了作者面对美景的感受，并探寻了为什么写——作者的写作意图。今后大家遇到类似的山水小品文，也可以用同样的方式去阅读。

六、布置作业

今天的作业是：课外阅读《与施从事书》《与顾章书》，从语言、内容、方法三个方面体会吴均写景文章的特点。

张绪文，上海市建平实验张江中学教师。

《创作引人入胜的故事》写作教学设计

◎张一凡

【教学目标】
1.分析引人入胜的故事特点。
2.学会设计情节,创作引人入胜的故事。

【教学重难点】
学会设计情节,创作引人入胜的故事。

【教学课时】1课时

【教学问题链】
核心问题:如何创作引人入胜的故事?
1."引人入胜"有怎样的含义?
2.引人入胜的故事有怎样的特点?
3.怎样创作引人入胜的故事?
（1）怎样设定人物的冲突?
（2）怎么围绕人物设计引人入胜的情节?

【教学过程】
环节一:导入　解析核心概念,明确核心问题
师:每个人都会讲故事,在生活中,我们看见、听说、阅读或是讲述成千上万个故事,不过想把故事讲好却不是件简单的事,今天这节课我们要解决的核心问题就是:如何创作一个引人入胜的故事?那么请同学们先说一说,你怎么理解"引人入胜"这个词呢?

预设:吸引人的;让人沉浸其中的;让人感到身临其境的……

师:同学们的答案很好解释了"引人入胜"的词义,那么我们今天要探讨的问题就是通过怎样的方法,让一个故事对读者或听众有吸引力。接下来就让我们结合具体的故事来探讨这个问题。

环节二:分析故事情节,初步确定故事框架
（一）分析故事情节
1.首先请同学们回顾蒲松龄《狼》的故事,依据提示梳理故事情节。

ppt活动一:

师:我们共同梳理了狼的故事情节发展过程,同学们可以在这张情节思维导图中读到哪些信息呢?

预设:狼的故事情节一波三折;故事的结构包含四个部分为开端、发展、高潮、结局;故事情节按时间发展先后顺序排列;狼的目标与屠户截然相反。

2.怎样写出引人入胜的故事?
师:在同学们的回答中提到了一个引人入胜的故事中所具备的多种要素,那么我们可以从中提取到哪些方法呢?

（1）设定故事中的角色
师:首先让我们先来关注故事中的角色,请一名同学来回答一下在故事《狼》中作者为了让故事引人入胜,是怎样设置故事中的角色的?

预设:故事里设定了屠户与狼的角色,两者身份一个是杀动物的,一个是吃人的动物,两者的目标截然相反,一个想吃掉对方,一个不想被对方吃掉。

师:作者在角色的设定上,就设定了目标截然相反的两方,这样设定的好处就是可以引发故事的矛盾冲突,并且双方力量似乎不相上下,所以有时狼占上风,有时屠户占上风,屠户需要经过多次的努力才解决了问题。从中我们可以提炼出一个设定角色方法:设置主人公,设置与主人公冲突的角色,设定截然相反的目标,让双方在力量上不相上下。

那么是不是只有对立的两个角色才能引发冲突呢?我们可以回忆一下《伯牙鼓琴》的故事情节。

在这个故事中两个角色不是全然对立的双方,两个人的目标也不冲突,是善对善的两个角色,那么这样的冲突可能就需要从一个人入手,比如从伯牙入手,去考虑他面对获得与失去知音时情感上的冲突。同学们可以根据自己的需求来设置人物角色。

那么接下来请同学们做一个小小的写作练习。

写作练习:请以"今天放学晚了……"为开头,设置人物角色,并为他们设定目标。

预设:想要马上回家的我与想要做完值日再走的朋友;急着回家的我与路上偶遇的流浪猫……

(2)设定故事的情节

师:当我们看到这样的角色就可以脑补出一系列精彩的故事了,它们一定冲突的很激烈,主人公一定很难解决问题,让人迫不及待想要读下去。但是有了角色仅仅靠想象,不等同于拥有了一个好故事,我们需要围绕着角色安排情节。那么该怎样安排呢?写故事最重要的事情就是调动自己的想象力,想象可能会出现的情形,在不同的情况下可能会发生什么。老师用《狼》的故事做了一个尝试。

首先我们来关注几处情节链条,请思考:我们为什么不能选取这条情节链条来写?

A."屠晚归——没有遇到狼,回家了"

预设:因为没有使冲突的双方爆发冲突,故事就结束了,不好看。

B."屠晚归——遇到狼——没有剩骨,被吃了"

预设:虽然冲突的双方爆发冲突了,但是冲突不激烈,问题很快解决了,不好看。

C."屠晚归——遇到狼——有剩骨——不愿给,被吃了"

预设:除了冲突不激烈的问题,在这条情节链条中有一处不合理的地方,屠户有剩下的骨头但是不愿意给狼,已经面对生命的威胁了,有可以解决的方法却不使用,这是不合理的。

师:在同学们的回答中指出了坏故事常见的问题,如果故事没有冲突,不好看;如果冲突解决太快,不好看;如果故事情节不合理,也不好看,那么我们该如何避免这些问题,从而让故事引人入胜呢?接下来,请同学们依据狼的故事完成活动二。

活动二:依据故事内容,填入合适的关联词,揭示这些情节之间的关系,并解释原因。

1.( )狼缀行甚远,( )屠户投以骨。

2.( )狼并驱如故,( )屠户奔倚其下,弛担持刀。

3.( )狼假寐,( )屠户暴起,以刀劈狼首,又数刀毙之。

4.( )狼洞其中,意将隧入,以攻其后,( )屠户自后断其股,亦毙之。

预设:因为……所以……,两两情节之间构成因果关系。

师:在我们为每一种情况做了各类假设的时候,首先要考虑情节的合理性,故事前后情节之间构成因果关系,由因果关系推动故事的发展。那么一个故事合乎因果逻辑就是一个好看的故事了吗?情节链条 A 与 B 都合乎因果逻辑,但是却因为冲突不够激烈而不好看。那么接下来让我们共同完成任务三,在任务当中学习在情节中引发冲突的方法。

活动三:依据故事,填入合适的内容,揭示情节之间的关系。(可进行讨论)

屠户晚归,原本以为____,但是_____,所以屠户投以骨。

屠户投以骨,以为_____,但是_____,所以屠户看到麦场堆积的柴火堆,奔倚其下,弛担持刀。

屠户弛担持刀,以为_____,但是_____,所以屠户暴起以刀劈狼首,又数刀毙之。

屠户暴起以刀劈狼首,又数刀毙之,以为____,但是_____,所以自后断其股,亦毙之。

预设:屠户晚归,原本以为可以与往常一样回到家中,但是遇到了两狼缀行甚远,所以屠户投以骨。屠户以为狼吃了骨头会离开,但是狼没有走,并驱如故,所以屠户看到麦场堆积的柴火堆奔倚其下,弛担持刀。屠户暴起杀了前狼,以为已经解除了危险,发现后狼洞其中,意将隧入,以攻其后,所以最后屠户自后断其股,亦毙之,才解除了危险。

师:请同学们观察一下,这些转折情节的设置有怎样的特点?

预设:这些转折的情节总是出现在屠户的行为之后,屠户以为能够解决问题的时候,但是问题没有解决;这些转折的情节总是出乎屠户的意料,同时也出乎读者的意料;这些转折的情节穿插在因果链条当中。

小结:由此看来,想要故事引人入胜,首先要设置冲突的双方,然后围绕角色设置情节,筛选符合因果逻辑的情节链条,之后在每一次主人公的行动之后,设置转折,主人公尝试解决问题,但是没能解决掉,再尝试,但是再失败,再尝试……以至于读者也不知道屠户能不能解决,什么时候可以解决,直到一个合适的时机再为故事画上句号。

写作练习:那么接下来,就请同学们再做一次写作练习,尝试着围绕着此前塑造的冲突双方设计情节。

课后作业:依据所学习的方法,完成写作练习中的故事创作。

张一凡,上海市闵行区莘松中学教师。

统编八上第三单元"学习描写景物"教学方案

◎张 翊

【教材分析】

统编版八年级上册第三单元是古诗文单元，单元主题是古代诗文中的自然山水之美。此单元的学习内容主要是古诗文中的写景技巧与情景交融的艺术手法，基于此教学内容，本单元的写作实践是让学生学习描写景物，掌握写景的技巧，让学生在写作中感受自然的美好，培养亲近自然的习惯和热爱自然的情感，提高审美的情趣。据此，本堂作文课将培养学生多角度描绘景物、学会情景交融等写景方法，进而培养其热爱自然的情感，提高写作创新能力。

【教学目标】

1.学会运用感官多角度观察景物，培养学生通过观察抓住景物特征的能力。（重点）

2.体会情景交融的感染力，尝试描写景物时恰当地融入情感，提高写作创新能力。（难点）

3.培养亲近自然的习惯和热爱自然的情感，提高审美情趣。

【教学方法】

1.讨论法；2.小组合作法；3.相互评价法

【课时安排】二课时

【教学过程】

（一）导入

我们曾沿着朱自清的足迹领略过旖旎的春光，也曾跟着五柳先生的脚步走近过凄清与素雅的小石潭，我们在承天寺欣赏了庭中的月光与竹影，也在三峡的素湍绿潭中听闻长啸的猿吟。对着四季更迭、万物声息，在妙笔生花的描绘中，一花一木皆入景，万水千山总是情。你是否也曾对着某一景色感触万千？请举手分享。

学生分享。

（二）方法指导

师：同学们曾面对电闪雷鸣而害怕不止，也曾看到初升的太阳而震撼欢喜，还有人看到高山就想到爬山的艰辛，看到云卷云舒就觉闲适自在，高山雷电、日月星云都可以成为我们笔下的景物，那么如果要同学们来写，会怎么写这份景色呢？

（1）请同学们就刚才自己分享的景色，写五十字以上的景物描写。

预设生1：黑压压的云就要压下来了，它的中间隐隐闪着雷光，轰隆隆的声音从远及近，之前好像还远在天边，一回神就已经炸在耳边，吓人一跳。

预设生2：闲看庭前花开花落，漫随天外云卷云舒，那云缓慢的轨迹，也仿佛身边一壶碧茶里的叶子，共享一时安乐。

教师过渡，学生互评，举手说说写得好，好在哪；不够好，哪里还能改进。

预设：生1好，用了听觉描写，还写出了惊吓的情感；生2好，语句很美，感觉很闲适；生2不够好，好像不是景色描写。

（2）景物描写的对象既包括自然风景，也包括人工景物。景物描写需要注意什么呢？

1.观察特征

通过细致的观察，多角度抓住景物的特征来写才能做到言之有物，这是景物描写的基础。请同学们从之前学过的课文中找一找，你觉得好的景物描写运用了什么观察角度？体现出了景物的什么特征？

预设生1：《答谢中书书》中仰观"高峰入云"，俯视"清流见底"，平视"两岸石壁，五色交辉"。

预设生2：《从百草园到三味书屋》中的描写，写出了菜畦的碧绿，石井栏的光滑，覆盆子的酸甜。

预设生3：《春》中的"吹面不寒杨柳风"，还有小草的嫩、绿、多、软绵绵。

师：所以，景物特征可以从形、声、色、味、质地等角度，也可以从时间季节的角度，如：春、夏、秋，还可以从视觉、味觉、嗅觉、听觉、触觉等感官入手。立足一点，多角度观察，选一个合适的固定位置，变换各种视角，对景物进行观察，然后做细致描写。

2.描写有序

在抓住景物特征的同时，我们还要按照一定的顺序安排层次。一般可以按照时间顺序、空间顺序和逻辑顺序来写。

预设生1：《观潮》远望"方其远出海门，仅如银线"，近看"则玉城雪岭际天而来，大声如雷霆，震撼激射，吞天沃日，势极雄豪"。

预设生2：《社戏》写"我"得到家长的同意之后，跟小伙伴们乘船"飞一般径向赵庄前进了"，沿途所见夜景。

师：这是我们所说的——移步换景，景随镜换就是走动起来，变换远近距离、高低位置和各种视角，观察同一景物的不同侧面、局部，以及不同景物的各个方面，然后依次进行描写。《社戏》写返程时所见景物，有清晰之景，有虚幻之景，有远景，有近景……我们在观察景物时映入眼帘的往往是一幅立体的画面，行文时要按照观察的顺序进行描写，文章才能条理清晰、层次分明。

小结：可以按照时间顺序、空间顺序和逻辑顺序来写。时间顺序是按一定的时段依次写景，描绘出景物的变化。空间顺序分为两种方法，一是定点观景，按照视线移动的顺序依次写出各个位置上的景物；二是不取固定的观察点，而是随着观察者位置的转移来描写景物，即移步换景。逻辑顺序主要有从局部到整体或从整体到局部。选用哪一种顺序，应视描写对象的特点和描写的实际需要而定。

（三）改写前文

写作时可以采用多种方法。可写视觉，也可写听觉、嗅觉、触觉；可写静态，也可写动态；可写实景，也可以联想想象；可正面描写，也可侧面烘托。一整理，原来同学们早已经学到了这么多的写景方法，现在就请尝试着改写之前自己写的景物描写，再创作出一篇不少于100字的写景短文，下节课上台分享，还要讲讲自己运用了哪些写景方法。

（四）第二课时：学生上台分享

预设生1：我游览过冰雪覆盖的长白山，登临过红叶似火的香山，却从没看见过这"云奇山异"的黄山，黄山可真奇啊，玲珑隽秀，说不尽的千姿百态，奇瑰艳美，使人疑心它不是天然生成，而是能工巧匠精心制作的盆景；黄山可真高啊，连绵起伏，耸入云端，从山顶向下看，云在脚下飘浮；黄山可真险啊，危峰兀立，怪石嶙峋，崖壁陡似削，几乎是90度垂直的石梯，隔老远也让人心惊肉跳，似乎一失脚即刻就会从崖上跌下去，摔得粉身碎骨。

预设生2：漫步乡村路上，享受着温暖的阳光，感受着田野独有的气息。听鸟儿清脆的歌声，观池塘鲤鱼闹波，踏着石板路，感受着难得的闲散自在。柳枝在柔和的春风下随风飘摇着，空气好像也是清澈的透明的。夕阳西下，看太阳慢慢地从山边落下去，在村的清河旁，一些妇女正聊着天，洗着衣服，在淡淡的夕阳的映衬下，似乎在她们脸上可以看到那种农村最纯朴的微笑。

学生互评交流。

（五）景中有情

一切景语皆情语。写景要做到情景交融。景物是客观的，而写景之人则是有情的，作者对任何景物，总会有自己的感情。没有感情色彩的景物难以达到感人的目的。所以我们要想写好笔下的景物，就必须有一颗热爱自然、热爱生活的心，用"有情"的眼睛去看世界，笔下的景物才能真正地活起来。

小练习：读一读下面两篇文章，小组互动交流景物描写中渗透了作者怎样的情感。

片段一：学生习作。

好一片轻盈的娇鸣，……，照醒这世界上的一切一切。

片段二：教师《窗外》下水文。

预设1：这段描写，景中含情，从听觉入手，继而通过触觉、视觉等角度，表现出"一个美丽而恬静"的春天早晨，让人沉醉在春晨美景的同时，也感受到春天带给人的温暖与喜悦。

预设2：文笔自然清新，从感官入手，在细腻的文笔中写出了夏天的闷热和暴雨的来临，文章的读与感联系紧密，既有自然景观也有人文景观，具有真情实感，品味出了作者对童年的怀念。

师小结：写作时要根据情感抒发的需要去选景、写景，面对相同的景物，因为感情不同，描写出来的景物特征是不同的。这种不同主要表现在运用不同情感色彩的字、词、句去写景，景中含情。带着感情写作，就能给景物涂上一层鲜明的色彩，即使平凡的景物也会变得充满魅力。接下来，我想请同学们在课后再改编一次自己的写景短文，把情感融进描绘自然情景的字里行间，不少于600字。

（六）课堂总结

在本次写作课的教学中，我们从抓取特征、描写有序、方法多样、景中有情等方面去学习景物描写，但前提是，我们必须细致地观察和感受景物，同时多积累优美词句，这样才能"妙笔生花绘美景"，让笔下的景物大放异彩。

张湖，北华大学文学院学生。

《看花的姿态》教学方案

◎张云杰

【教学设想】

1.本文在教材中的地位。它应该属于现代散文中的带有很强文化底蕴的文章。这样的文章学生接触并不多,它又是代表高中语文特点的重要体裁之一,所以,这篇文章在高中语文教材中占有重要的地位。重点是把握主题的深刻性、理解思路的精巧和严谨及关键语句的含义,通过学习本文,能让学生对中华传统文化产生浓厚的兴趣。难点是对文中的一些含蓄的语句加以解释。

2.教法。以启发和探究为主。由于本文有一定的深度,所以,没有完全由学生自由解读,而是先发挥老师的主导作用,师生一起研讨文章,由浅入深循序渐进地设计了一系列问题,便于学生理清思路,使学生一步一步领悟到主题的深刻性所在。理清思路之后,才逐渐放手让学生更多地参与对文本的解读和探究,充分地发挥学生的主体作用。总的思路是先收后放的做法。此外,由于本文侧重讲传统文化底蕴的重要意义,所以,自始至终,没有离开这一重要主题。可以说,所有教学设计都是围绕这一中心来安排的,这也体现了语文的人文属性,及情感态度价值观的要求。

3.学情。高中学生随着年龄的增长,世界观逐渐形成,他们对世界有着自己的认识和情感,但又有认识不够深刻的问题。对传统文化也停留在抽象的概念方面,本该恰巧能在形象方面弥补这一不足,使学生能切身感受到传统文化底蕴的重大作用及特有的魅力,从而对高中语文有了进一步明确的认识,从而对传统的以唐诗宋词元曲为代表的文化产生浓厚的兴趣。这既是本文的教学目的,也是从学情出发得出的结论。

【教学教程】

一、导语设计

著名美学家朱光潜先生曾经说过一个比喻:对同样的一棵松树,植物学家关注它是何物种;木匠却琢磨该打什么家具;而艺术家则从各个角度去欣赏体会、深情赋予松树高尚的品格。

同样一棵树,不同的人表现了不同的姿态;那么,面对同样一树花,台湾著名作家白先勇先生又表现出怎样与常人不同的姿态呢?下面,让我们走进迟子建的《看花的姿态》这篇散文,在阵阵花香中传承中华传统文明、领悟其中蕴蓄的深沉的文化情感。

二、朗读课文

1.默读

2.齐读

3.请一到两名朗诵好的同学带着感情朗读这篇散文。

三、整体感知

1.思考:文中一共写到了哪些花?作者是用什么表现手法来把这些"花"完美地统一在一起的?这样安排有什么好处?明确:①文中写到了梅花、夜来香、白先生的生花妙笔、《树犹如此》中的花树、樱花、牡丹、郑愁予先生的《寂寞的人坐着看花》。

②作者用虚实结合的方法把这些不同的花完美的统一在这篇优美的散文中。

实写:樱花、牡丹

虚写:梅花、夜来香、生花妙笔、《树犹如此》中的花树、郑愁予先生的《寂寞的人坐着看花》

这样虚实结合,使得文章摇曳生姿,收放自如,张弛有度。丰富了文章的内涵,增添了本文的文化气息。

2.思考:"花"在本文结构上起什么作用?

明确:"花"在本文中起到贯穿全文的线索的作用。当代散文家秦牧讲:"散文就是用一根思想的红线串起生活的珍珠。"在本文中,"花"就是这根红线。它串连起丰富多彩的生活,让我们一步一步地走向传统文化,走向深沉的民族文化情感。

3.思考:本文中的"花"蕴含着怎样的思想情感?

明确:①怀念朋友的苍凉之情;②对传统戏曲的情有独钟;(对牡丹及《牡丹亭》的喜爱)③对传统诗歌的传承发展。

以上三方面体现了我国博大精深的传统文化,这就是文中所说的"文化底蕴"的重要组成部分。

四、深入研读

1.第二段中为什么一棵树的枯死,被白先生形容为"一道女娲炼石也无法弥补的天裂"?

明确:这恰恰说明了友情的可贵。朋友的离去给白先生留下了巨大的悲痛。看到了柏树的枯死,睹物伤情,自然想到逝去的友人。物与我完全融为一体,这里的环境恰到好处地烘托了白先生此时的悲凉心情。

延伸拓展:

逢到下雨天气,矮男人打伞去上班时,可能由于习惯,仍旧半举着伞。这时,人们有种奇妙的感觉,觉得那伞下好像有长长一块空间,空空的,世界上任什么东西也填补不上。(冯骥才《高女人和她的矮丈夫》)

2.如何理解"好书是可以带来清凉的"。

明确:俗话说:"心静自然凉。"陶渊明说:"问君何能尔,心远地自偏。"读一本好书,就是和高尚的人在谈话,就能陶冶人的性情,净化人的心灵,自然就能心静如水。尽管天气炎热,也能感到阵阵清凉。

3."他们与我们这代人最大的不同,就是他们是风雅的人!"你如何理解"风雅"一词的内涵。

明确:这里的风雅即有着浓厚的传统诗歌文化底蕴,有着琴棋书画的浸染,有对西方文化的深刻认识。它绝不同于"附庸风雅"(风雅:泛指诗歌。指缺乏文化修养的人为了装点门面而结交文人,参加有关文化活动。)

所以,我们要养成读诗、品诗、写诗的好习惯,继承我国古代文化的优秀传统。朱光潜先生说:如果一个人不喜欢诗,只喜欢小说、戏剧的话,他的文学水平一定是不高的,因为诗比别的文学样式更为谨严,如果只注重小说中的故事,而忽略了小说中的诗,那么,对小说的理解必然会停留在表面上,而不能做到真正理解和欣赏。

4.拓展探究

结合本文结尾,指出看花的姿态及其结果都有哪些不同?根据你的积累情况,举出你所喜爱的作家及其大品格的作品。

看花的不同姿态及结果:

①姿态:用眼睛看花。结果:可以写出好看的作品。

②姿态:用寂寞、沧桑的心看花。

结果:写出大品格的作品。

举例:如伟大的文学家鲁迅,他学贯中西,会多国语言,不仅写出了世界闻名的小说、杂文,还翻译了俄国文学作品,此外,他还写出了著名的《中国小说史略》这样的学术著作。正因为他有这样丰厚的文化底蕴的积淀,才能在文学上独树一帜,有着深远的影响。

五、讨论探究

1."我们常常去寺庙,常常去无人的海滩,常常去上坟,献鲜花给好听的名字。"

这里的好听的名字可能指哪些名字?

2.拓展:

读下面这首诗,说你的理解。

原野上的鲜花到哪儿去了?

鲜花被姑娘摘走了。

美丽的姑娘到哪儿去了?

……

明确:

这是一首反战歌曲,体现了热爱和平的思想,并就诗歌进行较为详细的讲解。

六、课后反思

本节课我们一起研读了《看花的姿态》这篇含义深刻的散文,我想它给我们的启示是多方面的,其中,最主要的就是要我们热爱传统文化,热爱唐诗宋词元曲,使我们形成丰厚的文化底蕴。这种文化底蕴虽然不能直接生产出粮食和钢铁,但它可以产生强大的民族凝聚力,让我们走进语文的美丽的世界,因为,它是我们民族文化的根!

张云杰,吉林省吉林市吉化第三中学校教师。

山西中考现代文阅读教学方案

◎张泽玥

【学情分析】

学生对于中考题型有所了解,但苦于没有好方法去提升现代文阅读能力,只能胡编瞎写,不得要领。15(2)小题满分10分,大多在6分以下,鉴赏评价语文术语也很单调,所以基于这种现状,我本课重点运用圈点批注法,让学生静下心来学会阅读,而不是浮光掠影地随便答题,希望能学有所用。

【教学目标】

1.结合凡人小事的文章,运用圈点批注法,梳理主要事件,体味和推敲重要词句在语言环境中的意义。

2.根据统编语文教材要求,学习从多角度对文章进行赏析评价的技巧,提升自己的赏析答题能力。

3.领悟作品内涵,从中获得对自然、社会、人生的有益启示。

核心目标:根据统编语文教材要求,学习从多角度对文章进行赏析评价的技巧,提升自己的赏析答题能力。

【教学重难点】

1.结合凡人小事的文章,运用圈点批注法,梳理主要事件。

2.根据统编语文教材要求,学习从多角度对文章进行赏析评价的技巧。

【教学活动与方法】情景教学、圈点批注、阅读指导、范例展示、自主学习、分享交流。

【教学过程】

一、营造气氛,引入阅读

"爱你孤身走暗巷,爱你不跪的模样,爱你对峙过绝望,不肯哭一场……"很多人喜欢这首歌是因为歌词,其中那句"谁说站在光里的才算英雄"最是扣人心弦。大千世界,芸芸众生,大多数人都是平凡的个体,隐在不起眼的角落。今天让我们通过山西中考语文15题的现代文阅读,来感受普通人的善与温情。

二、圈点勾画,理清事件

PPT显示文章《寻找安详》,学生圈点勾画默读。

1.请用"__"圈画出文中出现的几个关键人物,并留意人物关系、人物身份,以便理清人物事件。

2.请用"____"圈画出文中主要事件的时间、地点词,以便明确本文的叙事顺序。

3.请用下划线""圈画出文中与主要事件相关的词句。

4.请用波浪线""圈画出文中你认为与表现文章主旨情感密切相关的词句。

三、寻真探幽,运用线索

1.【题目呈现】统编语文教材在自读课文后总会附上相应的阅读提示,根据学习需要点评文本独到之处,提供阅读方法。请你为《寻找安详》写一个阅读提示,帮助同学们更好地学习这篇文章。(不少于150字)(10分)

2.学生交流,教师评价。

3.PPT显示范例:

本文情节波澜起伏,悬念迭起,引人入胜。开篇在不确定的寻找中"忧虑",设置悬念,营造神秘氛围;中间安详"不是画家"的回答让我"绝望",再设悬念,推动情节的发展;听老乡介绍,"肃然起敬"暗示结局;最后揭开悬念,确定安详就是要找的山水画家,既呼应题目,又烘托激动心情,凸显安详淡泊名利的形象。(情节一波三折,耐人寻味。)阅读时要抓住"我"的心理变化这条线索,勾画关键词语,理清作者行文思路,感知人物形象。同时要细心品味本文朴实而不乏生动的语言。

教师点拨:从人物形象、主题思想、语言表达、情节波澜等角度结合文章内容进行赏析点评,这是6分,提供阅读方法4分,注意赏析内容和阅读方法要一致。

4.学生修改补充。

四、随文批注,以形传神

同学们,阅读要沉浸其中,感受文章的意蕴。你可以先选取典型事例读透文章,抓住细节描写和修辞,再对人物精神品质及文章主旨进行概括批注,并品味语言的精练朴实。

1.PPT 显示文章《月光烧成的灰》。

2.【题目呈现】在美文鉴赏活动中,《月光烧成的灰》得到同学们的一致好评。

(1)第④段独句成段有何好处?请联系上下文,谈谈你的理解。(5分)

(2)某文学社有"人物风采""人间烟火""妙语佳篇"三个栏目,请将本文推荐到一个合适的栏目,并写一段推荐语。写作提示:①结合文章内容;②不少于 100 字。(10分)

3.学生勾画批注相关内容见课件。

五、品美悟情,学习写法

(一)PPT 显示范例:15.(1)第④段以简短的字句、明快的节奏来制造视觉上的醒目效果,结构上承上启下,承接上文"用冰箱模拟内地的冬天,腌出来也只是概念上的咸货"的无味,同时引出下文对外婆腌菜好吃的具体描写,表达了作者对外婆腌菜手艺的怀念和赞美之情。

方法指导:

1.联系上下文,结合表现手法,说明表层意;

2.结合主旨,表达什么感情;

3.句式特点,有什么表达效果;

(二)PPT 显示范例:

示例一:"人物风采"栏目。勤劳能干行于霜染之时,达观睿智热爱美好生活。外婆腌的萝卜缨子百搭适宜,水萝卜满足老人临终前的念想,五香萝卜更是极品,在月色里荡漾着心灵手巧的秀美;外婆用新稻草烧灰,沾糯米裹粽子,将绿豆壳晒干,焚成灰煮稀饭,在月夜里重温勤劳能干的朴实;外婆一生悲苦,却依然那么热爱生活,三言两语,道不尽她默默付出的慈爱。不能解释的都是奇迹,外婆便是最大的奇迹。

方法指导:①结合人物事件、性格品质及环境等设计对偶句;②提炼相关事件及细节,概括人物性格特征、道德品质、精神风貌;③联系与主旨相关的词句,进一步升华人物形象。

示例二:"人间烟火"栏目。"人间烟火味,最抚凡人心。"腌萝卜缨子百搭适宜,水萝卜满足老人临

终念想,寻常生活里荡漾着乡邻之间纯真美好的关系;外婆用新稻草烧灰,沾糯米裹粽子,将绿豆壳晒干,焚成灰煮稀饭,月色凝霜时重温朴实无华的亲情;外婆一生悲苦,对待生活毫不将就。人间烟火味,不就是那种原始自然,那种精心酿制的细致与耐心,那种包裹着外婆爱与温度的极品美味吗?月光烧成的灰,看似脏却念念不忘,于平淡中抚慰人心。

方法指导:①结合与主旨相关的词句设计对偶句或引用;②提炼相关事件及细节,概括人物思想感情、生活态度、人生哲理;③联系与主旨相关的词句,呼应题目及所选角度,总结并升华主旨。

六、润物耕心,丰富情感

1.PPT 显示文章《七十一个字》,学生运用方法阅读2022年山西省中考语文第15题。

2.【题目呈现】第十届茅盾文学奖获得者陈彦的小说《西京故事》,讲述了大时代中普通人的悲欢离合。在小说荐读课上,大家对上面节选的内容进行了品读。

下面三句话从不同角度对《七十一个字》这篇小说做了点评。请你任选其中一句作为开头,写一段赏析性文字,和同学们分享交流。(不少于150字)(10分)

◆好的故事总是会细致到足以让人产生兴趣。

◆罗天福是个普通人,而这样的人身上有着令人感动的特质。

◆"七十一个字"动人心弦,这个故事既是罗家的,又是中国的。

3.考情分析

2022年山西中考第15(2)题给出了三个不同角度的点评句,要求学生任选一句作为开头,对文章进行赏析,较之单角度赏析更加切合读者的切身感受,引导学生认识到美是多角度呈现、个性化表达的,给学生以深广的空间去感受美、表现美。但不论赏析角度如何变化,对各角度的赏析均应指向点评句中的关键词,方可有的放矢。

作业设计:

1.A 层学生打印 2023 年山西省中考语文试题,完成现代文阅读相关题目。

2.B 层推荐并朗读关于"小人物"的一篇文章,自己完成音频录制。

3.C 层整理并摘抄本课相关赏析范例。

张泽玥,山西省晋城市颐翠中学教师。

《沁园春·长沙》"四读三境"教学方案

◎赵德芳

【教学目标】
1.理解词景中寓情,情中显志的特点。
2.感受毛泽东的革命壮志和博大情怀。

【课前预习】
一、写作背景
毛泽东是中国人民的伟大领袖,伟大的革命家、政治家、军事家、理论家、杰出的文学家。这首词作于1925年,当时革命运动正蓬勃发展。五卅运动和省港大罢工相继爆发,湖南、广东等地农民运动日益高涨。毛泽东直接领导了湖南的农民运动。同时,国共两党的统一战线已经确立,国民革命政府已在广州正式成立。这年深秋,毛泽东去广州主持农民运动讲习所,在长沙停留,重游橘子洲,面对如画的秋景,回忆在长沙的求学生活和革命斗争经历,不禁浮想联翩,写下了这首词。

二、关于词的知识
1.定义:词,又称长短句,产生于唐代,流行于宋代。最初称为"曲词"或"曲子词",是配音乐的,后来逐渐跟音乐分离,成为诗的一种,所以又称为"诗余"。

2.特点:词有定格,句有定数,字有定声。每首词都有一个曲调名称,叫词牌。词牌决定了这首词的字数、句数和平仄声韵。在《沁园春·长沙》里面,"沁园春"就是词牌。为什么会起这么个名字呢?相传东汉明帝有个女儿名沁水公主,她的园林名沁园。后来沁园被外戚窦宪仗势夺取。有人作诗吟咏这件事,"沁园春"词牌由此得名。既然"沁园春"是词牌,那"长沙",就是这首词的标题。

3.词牌和词的标题的区别:词牌是一首词词调的名称。词的标题是词的内容的集中体现,它概括了词的主要内容。长沙,作为这首词的标题,揭示这首词的主要内容均与诗人当年在长沙求学时有关。

4.词的分类:词按字数的多少分小令(58字以内)、中调(59—90字)、长调(90字以上)。词的流派分豪放派和婉约派。豪放派作品气势豪放,意境雄浑,充满豪情壮志,给人一种积极向上的力量,代表作家是苏轼和辛弃疾。婉约派作品清丽含蓄,感情婉转缠绵,情调或轻松活泼,或婉约细腻,题材较狭窄,多是写个人遭遇、男女恋情,也有写山水、融情于景的,代表词人有柳永、秦观、李清照等。

【教学设计】
一、【感知初读】整体感知
活动设计:师生共同乘坐大巴车到城阳毛公山,大巴车上诵读原文,并找出词中体现毛泽东活动线索的动词。(点拨:立、看、怅、问、携、记、忆)

二、【情感诵读】入情入境
活动设计:
一边品读文本,一边登山;师生共同登上毛公山顶,面对毛公山上屹立的毛泽东伟人石像,再读文本,入情入境。思考以下问题,分小组讨论交流完善;各小组畅所欲言,有感情的朗诵文本,并表演词中描绘的"同学少年"的形象。

问题设计:
1.在上阕中,作者主要选取了哪些意象?描绘了怎样的画面?抒发了怎样的情感?(点拨:①选取的意象:万山、层林、漫江、百舸、鹰、鱼等。②描绘的画面:描绘了一幅绚丽多姿、壮阔高远而又生机勃勃的湘江秋景图。③抒发的情感:面对生机勃勃的大自然,作者自然而然地想到了祖国的命运和革命的未来,于是提出了"谁主沉浮"的问题,表达了自己对国家命运的关怀和以天下为己任的豪情壮志。)

2."同学少年"的形象是怎样的?(点拨:结合课文相关词句来体悟理解,从年龄气质、精神状态和战斗行动等方面分析形象特点。)

三、【思辨悟读】比较鉴赏

活动设计:

1. 不同的文人对秋天有着不同的看法与感受,引导学生朗诵自己知道的写秋天的诗词文句,并概括其情感。(点拨:比如抒发忧国伤己、清静无为、少年壮志、老而弥坚等情感的诗词句)

2. 朗诵毛泽东其他写秋天的诗词,如《采桑子·重阳》《渔家傲·反第一次大"围剿"》《清平乐·六盘山》等,体悟分析毛泽东面对秋抒写的不同的情感。(点拨:这与一个人的气度、胸襟、性格、身份有关。毛泽东是叱咤风云的一代伟人,胸怀大志的杰出的政治家。他具有不同凡响的人格特质和豁达胸襟、斗争意志和乐观精神。所以他的诗词也不同凡响,充满豪情壮志。)

四、【妙笔赏读】抒写心中的毛泽东,抒写心中的秋天

活动设计:古人笔下的秋景大多是肃杀悲凉的,而毛泽东笔下的秋景却与传统的咏秋在感情色彩上有明显的不同。再次瞻仰伟人的石像,抒写自己心目中的毛泽东,或者以《沁园春》为词牌创作一首词。创作完成后,踏上返回的大巴车,大巴车上相互交流吟咏所写诗词文章。

五、【教学总结】

本教学方案在课堂内外实践了"四读三境"教学法,也实现了师生在五四青年节,参加团队主题活动的目标。师生游览毛公山(瞻仰第一党支部红色教育基地),诵读革命诗词和革命先烈著作,缅怀革命领袖、英雄将士,传承红色基因,弘扬爱国主义。谈理想,谈体会,谈艰苦奋斗,谈丹心报国,力争做优秀的新时代中国特色社会主义建设者和接班人。

【课后作业】

1. 背诵全词。

忆秦娥

李白

箫声咽,秦娥梦断秦楼月。秦楼月,年年柳色,灞陵伤别。

乐游原上清秋节,咸阳古道音尘绝。音尘绝,西风残照,汉家陵阙。

忆秦娥·娄山关

毛泽东

西风烈,长空雁叫霜晨月。霜晨月,马蹄声碎,喇叭声咽。

雄关漫道真如铁,而今迈步从头越。从头越,苍山如海,残阳如血。

【注】本词写于1935年2月。1935年1月初,红军长征途中占领遵义。2月25日凌晨与敌军为争夺娄山关展开激战,最终取得红军长征以来的首次大捷。

2. 比较以上两首词的异同。

【本文系山东青岛市教育学会"名家项目"课题《新生态视域下高中语文"四读三境"教学设计研究》(立项编号:2023MJ025)阶段研究成果。】

赵德芳,山东省青岛市城阳第一高级中学教师。

"看我家乡变化,讲述身边故事"教学方案

◎赵 娇

【教学目标】

1.通过讲述故事和倾听同学的发言,为家乡的进步感到骄傲,激发参与家乡建设的热情。

2.在了解家乡变化的过程中提高收集资料、整理信息等能力,提高口语交际能力。

【教学重点】

通过讲述故事和倾听同学的发言,为家乡的进步感到骄傲,激发参与家乡建设的热情。

【教学难点】

在了解家乡变化的过程中提高收集资料、整理信息等能力,进一步提高口语交际能力。

【教学过程】

(一)导入

师:中国共产党第二十次全国代表大会于2022年10月16日至22日在北京举行。党的二十大是在全党全国各族人民迈上全面建设社会主义现代化国家新征程、向第二个百年奋斗目标进军的关键时刻召开的一次十分重要的大会,是一次高举旗帜、凝聚力量、团结奋进的大会。大会主题是高举中国特色社会主义伟大旗帜,全面贯彻新时代中国特色社会主义思想,弘扬伟大建党精神,自信自强、守正创新,踔厉奋发、勇毅前行,为全面建设社会主义现代化国家、全面推进中华民族伟大复兴而团结奋斗。

(二)感受祖国和家乡的日新月异

师:在习近平总书记为核心的党中央领导下,我们攻克了许多长期没有解决的难题,办成许多事关长远的大事、要事,创造了世界许多国家难以想象的奇迹。接下来,我们将通过短片中的沉浸式体验,来感受:在党的领导下,祖国前进的步伐。

1.播放视频

2.师:祖国日新月异,"丝绸之路"使得我们的家乡——新疆举世闻名,这里,冰峰与沙洲共存,瀚海与绿洲为邻。家乡的景观展示着独特的魅力,家乡的人民用勤劳和智慧书写着传奇。

(三)交流分享,感受家乡的变化

师:流动的新疆万马奔腾,美丽的故事每天都在发生。就让我们聚焦家乡变化,讲述身边的故事。

1.第一篇章:产业发展续新篇

师:在新疆广袤的大地上,一幅现代农业发展的壮丽蓝图正徐徐展开。接下来,有请张馨予同学。

(1)学生讲述身边的故事,感受农业发展的脚步。

张馨予:大家好!我爷爷奶奶家在奎屯,假期回去的时候,我看到道路两旁的地里,有机械设备在忙碌着,大片田地里,还有飞机在喷洒农药,机械设备成了主角。爸爸妈妈说,在他们小的时候,这些都是靠人工去完成的,农民早出晚归,非常辛苦。现在,农民也变得越来越轻松了。请大家看看下面的这个视频,让我们近距离地感受一下机械化带来的喜悦。(播放视频)

师:谢谢张馨予同学!正是因为有了科技的发展,我们新疆正从农业大区迈向农业强区。家乡的发展有目共睹。接下来有请刘思源同学给我们带来她的故事。

(2)学生讲述身边的故事,感受工业发展的脚步。

刘思源:同学们,为了让青少年喝上牛奶、健康成长,新疆"学生奶"计划已经推行了好几年。我的妈妈在食品安全检验部门工作,不久前,妈妈和同事去了西域春乳业,妈妈拍了一些小视频,我知道了我们喝的牛奶从挤奶,到包装都已经实现了自动化。我感觉很神奇,分享给大家。(播放视频)工业自动化大大地提高了工作效率,我想说:科学技术,真好!

师:同学们,听了张馨予和刘思源同学的分享,我们再来听一听许航睿同学讲述的故事。

(3)学生讲述身边的故事,感受网络对家乡工

农业发展的宣传作用。

许航睿：我姥姥、姥爷家在博乐，我知道博乐市附近也种了很多葡萄，这些葡萄有的制成了葡萄酒，有的卖到了内地，还有的卖到了国外。每年葡萄成熟前，就有许多厂家预约收购葡萄。有些是通过政府联系的，有些就是通过微信公众号或者视频号、网络直播宣传。我觉得网络也带动了家乡工农业的发展。

师：九月的天山南北，像一个硕大的果盘，红了苹果、黄了哈密瓜、紫了葡萄，新疆处处瓜果飘香、甜蜜醉人。越来越多的新疆工农业特色产品成为家乡一张又一张亮丽的名片。那就让我们夸一夸我们的家乡吧，有请杨凯茸同学！

（4）学生表演快板。

2.第二篇章 生活多彩沐春风

师：我们党带领全国各族人民站起来、富起来、强起来，"人民至上"的核心理念从未改变。多年来，数十万个驻村工作组、300多万名驻村干部奋战在帮助人民群众奔小康的工作第一线，用坚定的信念、血汗乃至生命锻造了"上下同心、尽锐出战、精准务实、开拓创新、攻坚克难、不负人民"的脱贫攻坚精神。洪佳琳的妈妈就是工作组的一名驻村干部，有请洪佳琳同学给我们讲述南疆人民致富的故事。

（1）学生讲述妈妈入驻村的变化。

洪佳琳：大家好！我的妈妈今年一月份到温吐萨克村驻村，他们践行"老百姓的小事就是驻村工作组的大事"的承诺，时刻把责任扛在肩上，解决群众关注的难点、热点问题，为村民办了很多实事。让我们一起来看看温吐萨克村这几年的变化。（播放视频）

师：谢谢洪佳琳同学的分享！有请陈牧星同学！

（2）学生讲述身边生活的变化

陈牧星：去年六月，乌鲁木齐市第一个彩色集装箱小镇——日月天山星光小镇就在我家附近诞生了。日月天山星光小镇集餐饮、休闲、购物、观光区为一体，米粉、海鲜、椒麻鸡、铁板烧、小火锅、新型酸奶、烤栗子等等都有。漫步在这座"童话"般的小镇，到处都有七彩斑斓的小惊喜。

师：感谢陈牧星同学！"热闹"一直都是日月星光的代名词，人们在这里生活、吃饭、逛街……形成了一幅幅具有浓厚烟火气的美丽画卷。下面有请宋佳妮同学！

（3）学生讲述故事，体会网购、快递的便捷。

宋佳妮：网上购物可以随时随地进行，在网上购物，全国甚至全世界的店铺都可以挑选。网购很方便，和快递行业也是密不可分的。我家也会从海口买些海鲜、水果之类的。海口到乌鲁木齐有四千多公里，这在以前是想都不敢想的，现在快递帮我们轻松实现了愿望。我的分享就到这里，谢谢大家！

师：感谢宋佳妮同学的分享！是呀，祖国各行各业高质量的发展，极大地提高了我们的生活幸福感。

（4）预约看病的方便。

李心媛：我的父母都在医院上班，病人在医院微信公众号就可以预约看病专家，很多医院已经不需要就诊卡，拿上身份证就可以充值缴费，查看就诊信息了。

师：谢谢李心媛同学！现在人民的生活越来越便捷，老百姓的生活理念也发生了变化。有请杨凯茸同学给我们讲述他爸爸的故事。

（5）杨凯茸讲述爸爸健身及跑马拉松的故事。

师：从2009年起，每年8月8日被定为"全民健身日"。全民健身上升为国家战略，大众健身意识普遍增强。发展体育运动，增强人民体质，我们每一个人都是体育强国建设的见证者、参与者、受益者。

这之后可以设计学生讲述人们新的生活理念和方式，并组织学生表演。

（四）激发爱国热情，强化责任意识

师：作为新时代少年，我们应有"天生我材必有用"的自信，牢记使命，勇担责任，在强国路上放飞青春梦想，做新时代追梦人。

1.请欣赏同学们带来的武术套路。

师：青少年是民族复兴的希望，是民族明天的脊梁。一个民族的光荣历史，少不了时代先锋的身影，他们的身上流淌着敢担当、能负责的勇敢者的血液。就让我们挥洒最美好的青春献给祖国，挺起最高贵的脊梁立于世界。

2.播放视频，学生齐唱、表演手势操。

齐诵：少年自由少年狂，请祖国放心：强国有我！强国有我！

（五）作业设计

和家人交流体现家乡变化的故事，并将自己的感受写下来。

赵娇，新疆生产建设兵团第二中学教师。

童话与写作教学设计

——以统编版语文三上习作《我来编童话》为例

◎赵乐梅

【教学目标】

1.能入情入境,学会写作、陶冶情操,有创作热情。

2.能根据所创设的情境,展开丰富而合理的想象,并能比较流畅地记叙想象内容。

3.养成独立构思、相互评改和认真修改的良好习惯。

【教学重点】

创编童话故事,提高创造性想象能力。

【教学难点】

能通过童话故事说明一个道理或给人以启迪。

【教学课时】2课时

【教学过程】

一、创设情境,走进童话

1.谈话导入:同学们,老师知道你们都爱听童话、爱看童话,这节课老师就和大家一起走进童话的世界。

2.回忆故事,领悟写作手法。

(1)让我们走进童话屋,看看里面住着那些童话故事?你能很快叫出它们的名字吗?(课件出示)童话图片,学生交流。

(2)你还读过哪些童话?(学生自由发言)

(3)谁想和大家交流一下,你最喜欢哪一篇童话?简单地说说理由。(生回答并阐明理由)

(4)教师小结:是啊,童话中充满了奇妙的幻想,难怪大家说起来津津乐道、滔滔不绝,那你们知道童话故事为什么会这么吸引人吗?(学生交流,代表发言。)

(5)师生总结:(课件出示)童话需要有大胆的想象,运用拟人、夸张等修辞手法,给人启迪。

(6)总结过渡:同学们,你们真了不起,连童话创作的奥秘都能发现!童话就是作者通过大胆地幻想,采用拟人、夸张等手法编织出的一个个奇异有趣,并能给人以思想启迪的故事。在童话的世界里,云儿能说话,风儿会唱歌,花儿中会走出一位漂亮的小姑娘……真是太吸引人了。要是我们也能创编出美丽动人的童话故事,那该多好啊!同学们,你们想成为中国的安徒生吗?让我们张开想象的翅膀,开始创编我们自己的童话吧。

2.提供写作对象,启发学生思维。

(1)(课件出示)我来编童话

国王　黄昏　厨房　啄木　冬天　森林超市　玫瑰花　星期天　小河边

(2)看到上面这些词语,你的脑海里浮现出了什么样的画面?你想到了什么样的故事?展开你们想象的翅膀,大胆想象有可能发生的事。

二、根据要求选好内容

1.引导学生明确本次作文要求:通过编童话故事来帮助同学们认识了解编童话故事的好处多,了解童话故事的神奇。

2.(课件出示)习作要求

(1)故事开始:故事中出现的问题和主要人物有哪些?可以从上面任选一个或几个词语。如果有需要,也可以添加你喜欢的其他角色,如小公主、月亮。

(2)上升情节:人物开始解决问题。他们在那里做什么?他们之间发生了什么故事?

(板书:时间、地点、角色)

引导学生四人小组内讨论、交流。学生充分想象,自己拟定童话故事的题目,指名交流。

(3)高潮部分:故事要想引人入胜,就会出现矛盾,此时故事达到高潮,需要想办法解决问题。通过同学们想办法,问题就得到解决。

(4)问题结束(解决):所有故事情节都联系起来,能感悟到一些道理。

三、由导到放，鼓励创编
1.独立构思。
（1）同学们在选定了童话故事的内容和童话故事中的重要"人物"后，就可以大胆描述和构想。根据自己的喜好，选定好内容，根据内容拟好题目，思考可能会发生些什么事？并认真构思故事的起因、经过、结果。在构思故事时可以大胆、自由地想象，要尽可能地使故事过程具体些。(在自己独立思考后，说给同座位听)
（板书：起因　经过　结果）
（2）大家认真的思考，想好了和小组的同学互相交流，选出最佳的故事，可以通过演、讲、画等各种形式汇报。
2.加强语言训练，提高表达能力。
（1）学生在小组中自由交流。
（2）指名汇报，全班交流，师生评价。
3.创设情境，角色表演。指名学生戴上头饰上台表演，其他学生认真观察。
4.教师小结：
每个小组的思路都很清晰，内容各异，表演也很精彩。在这里老师发现了一个共同点，你们都能展开想象的翅膀大胆想象、自由表达。想让你的故事更丰满、让更多的人都来欣赏我们的童话吗？那就把它写出来吧！先别忙着动笔，童话屋里还藏着一个教我们写好童话的锦囊呢，谁来给大家读一读？
（课件出示）
（1）忘我地写：此时，你就是你自己笔下的童话人物，你要以他们的身份、口吻和心理去驰骋想象，落笔成文。
（2）动情地写：在你的童话人物中，要注入自己的思想情感，要喜他们之所喜，悲他们之所悲。
（3）大胆地写：要让想象尽可能丰富，情节尽可能生动，形象尽可能丰满。
（板书：忘我　动情　大胆）
四、交流评议，动笔写作
1.谈话过渡：有了这个锦囊，相信你的创作一定会取得更大的成功！
2.四人小组交流：把自己编好的故事在小组里说一说，组内同学帮助补充修改。(师巡视和参与)

3.各小组推荐同学在全班交流所编的童话故事。(对于优秀的要肯定优点，给同学作示范；对于中等及较差的要多鼓励，少挑毛病，充分尊重他们的劳动，保护他们编写童话故事的积极性，并组织同学们讨论，帮助完善故事。)
4.学生动笔将自己所说的童话故事写下来。
五、个性创作，成果展示
1.自主创作，创编童话。(教师巡视指导，帮助有困难的学生)
2.汇报展示。其他同学可以做记录，记下你觉得精彩的地方，也可以找出他的不足之处，提些建议。
3.学生自己修改习作；小组交流互评互改，师巡视指导。
六、引导激励，课外延伸
1.今天这节课，老师看到了同学们智慧的火花，想得新、说得好、写得也棒。最后，看看安徒生爷爷还有什么话要说？
2.(课件出示)卡通人物安徒生，字幕显示：看到同学们这一节课的表现，我真为你们感到高兴，我有两个小任务希望同学们能做到。
（1）想一想：除了可能发生上面的故事外，也可能有怎样的情况发生呢？
（2）编一编：课后同学之间可以随便找几样自然界中的事物(风霜雨雪、日月星辰、花木草石、鸟兽鱼虫，)连在一起编一编童话故事。
3.吐露心声、情感共鸣
同学们，美好的童话，它能开拓视野、启迪智慧、发人深省，让人一看就爱不释手。欢迎你经常走进童话世界，多听一听，多看一看，多写一写，让你们五彩的梦在童话中尽情展现，让你们美丽的童年在童话中更加绚烂。

【板书设计】

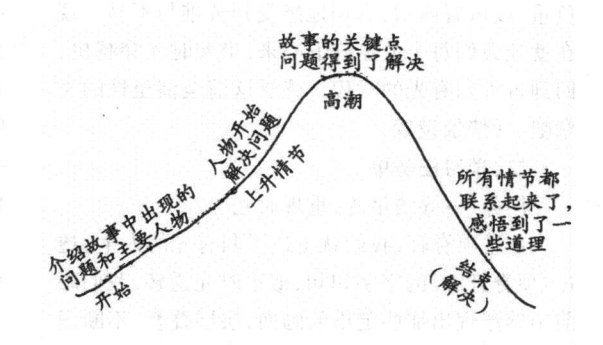

故事的关键点
问题得到了解决
高潮
人物开始
解决问题
上升情节
介绍故事中出现的
问题和主要人物
所有情节都联系起来了，感悟到了一些道理
开始
结尾
解决

赵乐梅，北京市朝阳区人朝分东坝学校教师。

《项脊轩志》群文教学方案

◎ 赵 敏

【素养目标】

语言建构与运用：诵读品味，体会语言的魅力，感悟人世苍凉。

思维发展与提升：比较阅读，勾连《陈情表》，感知文章异同。

审美鉴赏与创造：细读咀嚼，深挖细节的雕琢，品味至情至性。

文化理解与传承：立足当下，学会真切地表达，传递浓情厚谊。

【教学重难点】

归有光如何表现真挚的感情；体会李密至真至诚的孝情、忠情，分析体会"动之以情，晓之以理"的说理方法。

【教学方法】

问题设置，合作探究法，思路归纳。

【教学过程】

一、导入

最近央视《神仙综艺》《典籍里的中国》火爆全网，赞誉一片。来自炎黄子孙的少年小撒穿越千年对话古人，引领我们认识孔子、司马迁、宋应星等古代先贤。从中我们看到他们或安贫乐道、或忍辱负重、或风餐露宿，真切地感受到苦难与不易。现在就让我们每个人也静下心来，坐着时光穿越机，回到古人归有光的时代，感受这篇至情至性的文章吧。（情景设置）

二、学习任务单

任务一：寻访足迹，重现时光

走进项脊轩，我们就走进了归有光的人生。透过《项脊轩志》的字字句句，似乎时光逆转，我们眼前不禁浮现出那些定格的画面，层层叠叠，不断涌现那些透着浓浓烟火气的场景……

问题1：读完课文，请你就眼前浮现的种种场景，选择一个印象最为深刻的进行细致而生动的描述，并尝试给此场景拟定一个小标题。（小组合作完成，展示各组成果。每组展示一幅场景，结合文本，适当展开联想和想象，字数在100字以内）

小结：颓败凌乱的家道衰落图、一往情深的夫妻恩爱图、勤勉发奋的书生苦读图、真挚深沉的至亲关爱图……

任务二：漫溯人生，体悟悲欢

在《项脊轩志》中几乎记录了作者一生，即幼年、少年、成年。沿着这条时间轴，我们继续走近归有光……

1.重回幼年时光

问题1：作者是如何怀念母亲？在作者的记忆中母亲是怎样的人？

资料补充：正德八年五月二十三日，孺人卒。诸儿见家人泣，则随之泣，然犹以为母寝也，伤哉！于是家人延画工画，出二子，命之曰："鼻以上画有光，鼻以下画大姊。"以二子肖母也。……孺人不忧米盐，乃劳苦若不谋夕。冬月炉火炭屑，使婢子为团，累累暴阶下。室靡弃物，家无闲人。儿女大者攀衣，小者乳抱，手中纫缀不辍。户内洒然。遇僮奴有恩，虽至棰楚，皆不忍有后言。……有光七岁，与从兄有嘉入学。每阴风细雨，从兄辄留，有光意恋恋，不得留也。孺人中夜觉寝，促有光暗诵《孝经》，即熟读无一字龃龉，乃喜。……十六年而有妇，孺人所聘者也。期而抱女，抚爱之，益念孺人，中夜与其妇泣，追惟一二，仿佛如昨，余则茫然矣。世乃有无母之人，天乎！痛哉！——《先妣事略》

2.再现少年时光

问题1：幼年的作者缺少了母爱，而少年的他却得到了祖母的疼惜,这是一种怎样的疼惜?

问题2:"瞻顾遗迹"为什么"长号不自禁"?少年的伤痛只是对祖母的怀念吗?(结合文本诸父异爨这一背景)

资料补充:"归氏至于有光之生,而日益衰。源远而末分,口多而心异。自吾祖及诸父而外,贪鄙诈戾者,往往杂出于间。率百人而聚,无一人知学者。率十人而学,无一人知礼义者。贫穷而不知恤,顽钝而不知教。死不相吊,喜不相庆;入门而私其妻子,出门而诳其父兄。平时招呼朋友,或费千钱,而岁时荐祭,则计杪忽。俎豆壶觞,鲜或静嘉。诸子诸妇,班行少缀。"——《家谱记》

3.嗟叹成人世界

归有光23岁结婚,婚姻生活十分美好,可谓是琴瑟和鸣、伉俪情深。然而,天有不测风云,妻子撒手西去,归有光人生中的亮色转瞬即逝。

问题1:请你思考本文主要通过哪些手法来寄托自己对亡妻深深的怀念之情?

小结:纸短情长,万千情感融聚在《项脊轩志》这篇文章中,不禁令人动容。

任务三:刻意雕琢,情理交织

群文阅读:比较《陈情表》与《项脊轩志》,两篇文章都写得情真意切,凄婉动人,也都饱含了孝老爱亲的传统价值,这是其相似之处,然而两者在写法、语言、情感方面有无区别?完成图表。

	《项脊轩志》	《陈情表》
写作目的		
写作对象		
叙述方式		
语言风格		
情感寄寓		

小结:《陈情表》像是拿着锥子敲击石头,一点点磕碰,却每一次敲击都强劲有力,最后一击,让人为之动容,毫无招架之力,只能顺势而为。

《项脊轩志》更像是黏合镜子,碎片化的组合,慢慢浮现场景,修复完却发现时光流逝,镜中人已然历经风霜,有种揪心之感,这是成年人的世界。

任务四:回味吟咏,再感深情

一篇文章,两度书写,三位女妇。十余年的时间距离却未能阻隔作者情感的贯通。时光流逝,岁月沧桑,叙述上作者撷取几许小事,抒情上自"泣""长号"而始,到望"枇杷亭亭如盖"而终。从有言到无言,从直抒胸臆到托物寄情,作者的悲情愈发厚重。物在人亡、三世变迁,几多感慨尽在一轩之间。

问题1:请同学们再诵读文本,体会这浸润其中的欢愉惨怛。

问题2:学习感悟交流

小结:我们看到了一个孤独的归有光,亲人离世,悲苦无限,岁月无情不会模糊记忆,只会埋藏心底慢慢咀嚼;我们看到了一个奋斗不息的归有光,纵家族衰落,式微局势无法挽救,但仍独挑大梁,几经失败,勇担家族振兴,总之,我们看到了一个有血有肉的归有光,情深而真,志坚而远,让人钦佩不已。

三、梦醒时分,回归现实

1.写作练习,以"文"会友

阅读古代经典散文时,我们常常会不经意间走进作者的情感世界,进行一次次跨越时空的精神对话。请以"当我走进项脊轩"为题,写一篇800字左右的文章。(要求:抒写"我"与作家或作品的精神对话,要结合作者心路历程或作品具体内容)

2."歌"以传情,契合古今

音乐的穿透力是难以言喻的,它不分国界无论古今,因为情感是从心底迸发的,时下,歌手杨宗纬的一首歌曲《我想要》"我想要天上的月亮和地上的霜,想要透光的书房和少年的狂;我想要青春的绿色和树叶的黄铺到我将要去的地方;我想要现实的真相和爱的幻想做成精神的房梁敷脊背的伤;我想要彩色的渔网和夜里的光捕捉我渐长的欲望指引少年莽撞",那么在我们学了《项脊轩志》之后,你是否对这首歌曲有所触动?这种情感似乎夹杂着历史的尘埃迎面向我们扑来,有少年幻想与莽撞,有梦幻的爱恋,亦有孤独的自我……请细细品味。请你尝试为《项脊轩志》谱写歌词或创作诗歌。

四、教学反思

本节课巧妙设置情境,让学生跨越时空阻隔,发挥联想与想象,描绘文本场景,填补细节,在课堂教学中链接丰富资料,帮助学生深入文本,注重探究式学习。在学生回答问题后及时给予充分、恰当的评价。

赵敏,安徽省阜阳市界首中学教师。

基于学习任务群的《卜算子》教学设计

◎赵依佳

【教学目标】

1. 意象品读：朗读诗词，抓住典型意象把握意境。

2. 情感探析：借物喻人，抓住"独"字感悟精神。

3. 主旨探究：知人论世，抓住词人作品提升境界。

【教学重点】

借物喻人，抓住"独"字感悟精神。

【教学难点】

基于新增名著《经典常谈》，以《周易》篇为框架，创设情境，引领学生共情、入境。

【教学过程】

课程导入：同学们知道"卜算子"是什么意思吗？

预设：词牌名，是词的一种制式曲调的名称，决定着词的节奏与音律。

（屏显）

清毛先舒《填词名解》云："唐骆宾王诗好用数名，人称为'卜算子'，词取以为名。"清万树《词律》据北宋黄庭坚"似扶着，卖卜算"词句，认为取义于卖卜算命之人。

可见"卜算子"本意即为歌咏占卜测算的小曲。今天，我们就做一回卜官，用两首《卜算子》来给宋代词人苏轼和陆游卜上一卦。

一、卜吉凶

任务一：请各位卜官从下列物象中任意选取两个，细看兆象，做出判断。

第一组：月　桐　鸿　沙洲

明确：

1. 月是残缺的、不圆满的月。

2. 桐是稀疏凋残的梧桐。梧桐是南方非常有名的道旁树，叶子宽大，衰败的时间也非常早，常是一入秋叶片就都掉落了。

二者由一"挂"字联系，不仅是双倍的残缺，更写出月色半遮半掩，增添飘零清冷之感。

3. 鸿是单独一只的、受惊回首四顾、身边都是寒枝的、不肯停下栖息的、去往沙洲的大雁。

4. 沙洲是江河中泥沙淤积而成的小块陆地，狭小寒冷。

二者联系在一起看，雁是候鸟，喜在温暖的田野苇丛之间的群居动物，如今却只能孤独地飞往冰冷寂寞之地，增添一份凄凉孤独。

板书：鸿

明确：以上物象都显示出清冷、凄凉的凶相。

板书：凶

朗读指导：诵读诗词时，我们要注意平仄。遇平声字如"来""栖"时应拖长音，稍做停顿；遇仄声字如"影""冷"时则应短促铿锵些。

（屏显）

第二组：桥　日　梅

明确：1. 桥是断裂的，不祥之兆。2. 日暮黄昏，太阳正下坠，营造哀愁的意境。3. 梅开在"驿外断桥边"，驿站是古时候驿马休息的场所，鲜有人来。无人欣赏又饱经风雨侵袭，是一株生长地点偏僻、环境恶劣、形态凋残破碎的野梅。

板书：梅

明确：以上物象都显示出悲凉愁苦的凶相。

板书：凶

朗读指导："已是"和"更著"是递进关系，表示它们引出的状况是逐步加深的，将二者作重音处理，进一步理解梅花的不幸际遇。

面对大凶之兆，两位词人又会在词中发出怎样的疑问呢？请各位卜官找一找。

预设1：依据"谁见幽人独往来"问出：谁能看见我独自一人在这里徘徊？

明确:"幽人"指幽居之人。"独往来"指在孤独中来来往往又往往来来,揭露了苏轼当时"昼夜颠倒的"幽居生活——白天为了远避是非而闭门谢客,一到晚上就月下徘徊来自我排遣。

朗读指导:节奏放缓,记叙形单影只、黯然神伤的处境,体现孤独寂寞之情;"谁见"后停顿,"谁"字音调上扬,重读"独",强调此刻唯独自己一人。

预设2:依据"有恨无人省"问出:谁能知晓我的遗憾?

预设3:依据"寂寞沙洲冷"问出:好寂寞啊,为什么我只能独自飞往这冰冷的沙洲?

苏轼词中有无人懂我的孤独寂寞,他问:"何人懂我?"陆游也会这么问吗?

明确:会,"寂寞开无主"。

二、算人生

任务二:请各位卜官分组讨论,联系词人命运,为两位词人解字算人生。

明确:

1.苏轼:独 惊 恨 冷 拣

独:独自一人的孤独,无人理解的寂寞;惊:因言获罪、前途未卜的惊惶迷茫;恨:对封建朝廷摧残人才的愤恨,怀才不遇、壮志难酬的遗憾;拣:不肯同流合污、坚持操守的高洁自许。

朗读指导:

(1)"惊起却回头"看似写鸿受惊回首四顾,实际上借物喻人,体现苏轼心中的彷徨之情,语速稍快些,读出惊魂未定之感。

(2)"有恨无人省"含有无人理解的悲痛寂寞,是一种呼唤知音、明主的呐喊,"无人"二字重读。

2.陆游:独 愁 任 碾 香

独:独自一人的孤独,无人理解的寂寞;愁:处于人生低谷、志不得伸的愁苦;任:对主和派争、妒的不屑,孤傲;碾:借梅花饱经风雨侵袭、凋残破碎,喻自身几度被朝廷任用、又几度被罢官的波折坎坷的人生;香:独立不倚、坚持正义、坚贞不屈的精神品质。

板书:借物喻人

朗读指导:

(1)"任"是任凭之意,梅花早早凌寒独放以避免与别的花苦苦争春,但还是招来百花的妒忌,更添陆游对主和派的不屑,重读"一任"突出孤高自傲。

(2)"只有香如故"一句,既可放缓节奏,读出坚守中的无奈叹息,也可读得铿锵有力,读出无奈中的坚持自我。

各位卜官不愧是二位词人的知己。其实所有卜官都在解同一个字,如此复杂的情感都蕴藏在这一个字中。

(屏显) 独

"独"中既有被排挤的单独处境,又有凄冷环境中的孤独心境,更有骨子里坚持正义的独立不倚。可见词人的品性心志已经让他们超脱出囚困住他们的冰冷泥泞的恶劣环境。

三、子不语

任务三:请各位卜官结合词人成就或其他作品,抒发自己对其的赞美敬佩之情。

我想对____说:这漫漫人生路啊,如此____,你却____。

链接材料一:

苏轼:北宋文学家、书画家、美食家。"唐宋八大家"之一。

名句:但少闲人如吾两人者耳。会挽雕弓如满月,西北望,射天狼。试问岭南应不好,却道吾心安处是吾乡。九死蛮荒吾不恨,兹游奇绝冠平生。

链接材料二:

陆游:南宋文学家、史学家、爱国诗人。创作诗歌今存九千多首。

名句:山重水复疑无路,柳暗花明又一村。此生谁料,心在天山,身老沧洲。夜阑卧听风吹雨,铁马冰河入梦来。位卑未敢忘忧国,事定犹须待阖棺。

预设1:我想对苏轼说:这漫漫人生路啊,如此坎坷崎岖,你却道"吾心安处是吾乡",不改明月志,慷慨前行。

预设2:我想对陆游说:这漫漫人生路啊,如此泥泞不堪,你却"位卑未敢忘忧国",至死不渝。

结语:这些困境中用以抒怀明志的文字又何尝不是词人为自己写下的卜辞呢?这一次次的零落成泥、辗转各地,仕途中的一个个叉反而成为他们人生的支架,撑起一个更坚强不屈的灵魂,铭刻在我们的心上。

四、作业

还有哪首词是你渡学海的桨?请你结合词人生平,占其中一个字再算一卦:完成批语及解字签条。

赵依佳,江苏省苏州市苏州高新区第二中学教师。

《我的叔叔于勒》情境式教学设计

◎赵义霞

【教材分析】

《我的叔叔于勒》是部编本人教版九年级上册第四单元(小说单元)的第二篇讲读课文,是法国批判现实主义作家莫泊桑的短篇小说代表作。

小说讲述了远赴美洲的于勒曾是菲利普夫妇幻想中的"救世主",当眼前出现的是穷困潦倒、一无所有的于勒时,他成了菲利普夫妇极力躲避的"流氓无赖"。菲利普夫妇对其亲兄弟于勒的前后态度变化,尖锐地指出了金钱左右着人与人之间的关系,即使是亲兄弟也概莫能外。作者用平常的人物,平常的情节,表现一个普通的主题,既刺痛了年少的"我",也引发了读者深思,耐人寻味。

【学情分析】

九年级学生学习优势:学生在七、八年级中,学习过《西游记》《骆驼祥子》等小说,拥有一定的小说阅读体验。对小说作品的兴趣浓厚。已具备了一定的阅读分析和感悟能力。

学习提升点:学生阅历尚浅,对人性,对社会认识的深度和广度不够。对小说主题的把握较为单一或者浅显,缺少探索小说主题的方法。对人物塑造、运用技巧的独到与精妙之处仍需引导。

【教学目标及重难点】

1.学习文中生字词,掌握字词含义,灵活运用成语。

2.学会多角度梳理小说情节,把握人物形象,探究小说的多元主题。(重点)

3.体会小说叙事的技巧,掌握对比手法、叙述视角在塑造人物、表现主题方面的重要作用。(难点)

4.培养学生积极的人格,树立正确的金钱观和亲情观,培养正确的价值观。(重点)

【教学过程】

一、导入新课,激发兴趣(3分钟)

亲情是人间最美好的一种情感。菲利普一家,十年分离,一朝相见,又会是怎样的场景,有着怎样的话语。让我们一起走进法国作家莫泊桑的《我的叔叔于勒》。

二、预学达标,呈现学情(8分钟)

1.识作者

莫泊桑(1850—1893),法国作家,与美国的欧·亨利、俄国的契诃夫,并称为"世界三大短篇小说巨匠",被誉为"世界短篇小说之王"。代表作有长篇小说《漂亮朋友》,短篇小说《项链》《羊脂球》等。

2.辨字词

(1)重点字音

拮据、栈桥、牡蛎、褴褛……

(2)多音字

煞、据、勒……

(3)形近字

……

(4)词语解释

张皇、端详、与日俱增、郑重其事、狼狈不堪……

3.述内容

小说围绕菲利普夫妇对于勒态度的变化,讲述了一个曲折的故事。试根据下面的提示,从4个不同角度梳理课文的故事情节。

情节发展 逻辑 心理 技巧

4.善质疑——学生问题预设

谁是这篇小说的主人公?(提示出现人物有:于勒、"我"若瑟夫、两个姐姐、一个姐夫、父亲菲利普、母亲克拉丽丝)

小说的主题是什么?

三、情境构建,研读文本(20分钟)

(一)人物

人物辩论——谁是主人公?

菲利普夫妇?"我"?于勒?

1.观点一 菲利普夫妇

菲利普夫妇对于勒态度的变化——不同称呼——角色朗读

那时候是全家唯一的希望,在这以前则是全家的恐怖。

……

母亲突然暴怒起来，说："我就知道这个贼不会有出息的，要是被那个讨饭的人认出来，这船上可就热闹了。"

母亲吓了一跳，直望着我说："你简直是疯了！拿十个铜子给这个人，给这个流氓！"

除了出色的人物描写，还有环境描写。

在我们面前，天边远处仿佛有一片紫色的阴影从海里钻出来。那就是哲尔赛岛了。

我们上了轮船，离开栈桥，在一片平静得好似绿色大理石桌面的海上驶向远方。

2.观点二 "我"与父母对于勒的态度有何不同？形成对比。

"这是我的叔叔，父亲的弟弟，我的亲叔叔。"《我的叔叔于勒》

"我"：认为于勒是自己的家人、亲人，关注、同情他。

3.于勒

文题是《我的叔叔于勒》，但文中对于勒却仅有几笔直接描写，多是侧面描写。

于勒是暗线，略写和虚写了他的过去和现在。结论——菲利普夫妇是主人公。

本文要揭示的是在资本主义社会里人与人之间的赤裸裸的金钱关系的腐败现象，而文中最能揭示这一主题的是菲利普夫妇，而"我"是见证人，记叙者；于勒则是贯穿始终的线索人物。

知识点拨——判定作品中某一人物是否主人公，关键应看这一人物塑造是否体现了作者的创作意图和所要表现的主题思想。

（二）主题探究

小组合作，辨析研讨——这篇小说的主题？

多元主题：社会和政治视角、人文和生命视角

金钱关系 批判无情 同情小人物 呼唤人性

知识点拨——是通过某一个"叙述者"（不等同于作者）之口讲出的，因此具有某种"视角"。这个叙述者，可以是第一人称的"我"，也可以是某个隐身的第三人称叙述者。

自主思考，这篇小说是以我的视角来讲述故事的，如果让其他人来讲述，这个故事又会有怎样的不同？

菲利普视角：侵害我们生活的恶棍流氓于勒的兴衰故事。

于勒视角：自我成长的忏悔录。

女婿视角：一个传说中的富有亲戚的励志传奇。

若瑟夫视角：我可怜的于勒叔叔的悲惨遭遇。

四、拓展延伸，迁移运用（6分钟）

如何正确看待金钱与亲情的关系？

凡事若在金钱利益上着眼，就难免在人情道义上有几分刻薄。——罗曼·罗兰

世上的喜剧不需要金钱就能产生，世上的悲剧大半和金钱脱不了关系。——三毛

五、达标检测，反馈矫正（8分钟）

1.下列各句中，加点字词的注音和字形全都正确的一项是（ ）

……

2.下列加点词语运用有误的一项是（ ）

……

3.下列关于课文内容及文学、文化常识的表述错误的项是（ ）

A.莫泊桑，法国著名的批判现实主义小说家，被为"短篇小说巨匠"，代表作有《项链》《羊月球》等。

B. 小说通过叙述完整的故事情节来反映现实表达主旨的一种文体。故事情节一般包括开端、发展、高潮和结局。《我的叔叔于勒》中的父亲和于勒不期而遇就是情节的高潮。

C. 小说可以根据叙事需要采用合适的人称来讲述，《我的叔叔于勒》、鲁迅的《故乡》都是采用第一人称"我"来讲述的。小说中的"我"并非作者本人，而是作者塑造的一个人物形象。

D."环境"是小说的三要素之一，它包括自然环境和社会环境。社会环境是人物的活动背景，包括人物活动的时间、地点等。课文《我的叔叔于勒》第一段可以看作是交代了故事发生的社会环境。

【作业设计】

发挥想象，运用人物的语言、动作、神情等细节来表现人物的性格特征，任选其一写一段文字。

A.当菲利普夫妇在船上发现了于勒后，他们就一直在防止女婿起疑心，假如女婿知道了这一事实，会发生怎样的情况呢？

B. 假如在船上菲利普夫妇发现了一位百万富翁像于勒，他们会怎样呢？

C.我们全家在船上没能避开于勒，大家都明明白白认出了对方……

赵义霞，山东省济南市仲宫街道初级中学教师。

大思政课之《孙权劝学》教学方案

◎赵玉凤

【教学课程思政挖掘】

在语文教学中，思政教育是不可或缺的一部分。通过挖掘文学作品、文化传承、语言文字规范、现代社会问题等方面，可以使学生在语文学习中不仅掌握语言知识，更能够培养全面发展的思想品质。在教学过程中，需要注重规范语言文字的使用，让学生养成良好的语言习惯和道德意识。同时，通过分析文学作品中的人物形象、事件发展和情感表达等方面，让学生了解其中所蕴含的人生哲理、价值观和社会思潮；传承中华文化和弘扬民族精神，让学生了解和感受中华文化的博大精深和民族精神的伟大；引导学生认识到语言文字的重要性和影响力，培养学生的社会责任感和创新思维能力。通过这些方面的挖掘和引导，可以实现语文教学与思政教育的有机融合，促进学生全面发展和成长。

【教学目标】

1.积累文言知识，规范语言文字的使用，养成良好的语言习惯和道德意识；

2.揣摩人物语气，把握人物形象，了解其中所蕴含的人生哲理、价值观和社会思潮；

3.分析文章主旨，激励学生热爱学习，养成终生学习的好习惯，促进学生发展和成长。

【教学重难点】

分析文章主旨，激励学生热爱学习，养成终生学习的好习惯，促进学生发展和成长。

【课前预习】

1.作品简介与写作背景

《资治通鉴》介绍，本文选自《资治通鉴》卷六十六（中华书局1956年版）。题目是编者加的。文章所叙故事发生于三国之初。孙权大将周瑜在赤壁之战中大破曹操军队后，不久病死于江陵。鲁肃接替周瑜成为孙权的谋佐，劝孙权将荆州借给刘备共拒曹操，刘备很快取得益州，形成曹、刘、孙三方鼎峙的局面。孙权劝吕蒙注意学习的故事就发生在此时。

2.字音、重点字、词、句式梳理与讲解

一、新课导入

三国时期吴国有位大将，名叫吕蒙。此人武艺高强，战功卓著，深受吴王孙权的信赖。可吕蒙有个毛病：不爱读书学习。孙权屡屡劝他多学点知识，可他每次都推三阻四，还自认为自己是一介武夫，读书于他没有用。这回，孙权又来劝他了，结果怎样呢？让我们来看《孙权劝学》一文。

学生回答：结果是吕蒙让别人刮目相看了。

过渡句：我们一起走进同学们同学们异口同声认为的让人刮目相看的吕蒙是如何学习的。

二、译读课文，了解文章主要内容

（一）检查预习情况

（二）掌握以下文言知识：

A.一组表示称呼的词语

卿今当涂掌事。

孤岂欲卿治经为博士邪！

大兄何见事之晚乎！

B.一组表示语气的词语

孤岂欲卿治经为博士邪！

但当涉猎，见往事耳。

大兄何见事之晚乎！

C.两个重点复式虚词

卿言多务，孰若孤？（与……相比，怎么样呢？）

士别三日，即更刮目相待。（连词，相当于"就"）

小结：掌握字词，疏通文义，规范语言文字的使用，养成良好的语言习惯和道德意识。

（三）学生翻译课文，根据课文内容，将下列情节补充完整。

孙权_____，

吕蒙_____,鲁肃_____。
学生回答:孙权劝学,吕蒙就学,鲁肃赞学。
过渡语:通过译读课文,我们发现三个的大情节有详有略,那我们按照文章布局做具体分析。

三、演读课文,品味两大情节

(一)文章的三大情节作者重点描写了哪两个?

预设:孙权劝学　鲁肃赞学

(二)自读"孙权劝学"部分,体会孙权语气和吕蒙心理。

1.演读孙权"劝学"。

卿今当涂掌事,不可不学!(严厉中有关心)

孤岂欲卿治经为博士邪!但当涉猎,见往事耳。(批评中有宽容)

卿言多务,孰若孤?孤常读书,自以为大有所益。(责备中有爱护)

2.补充吕蒙"辞学"部分。(先用白话文,再尝试文言文。)

设计如下备选项目,学生如答不出可以从中进行选择并阐明理由。

A.吾军务繁杂,无暇就学。
B.吾军务繁杂,岂能就学?
C.吾军务繁杂,恐无暇就学耳。

3.谈一谈孙权的劝说艺术。

先说必要性,再谈可能性。

小结:结合人物的形象和心理,角色扮演,演读课文,加深对人物的感受和体悟。

过渡语:从劝学和辞学当中,我们领略到了孙权劝说的艺术技巧,沟通技巧在我们的生活中也是十分重要的。那在如此劝说之下,吕蒙有没有开始学习呢?学习的结果又是什么样的呢?

(三)体会语气,演读"鲁肃赞学"部分,思考这部分的作用。

预设:

卿今者才略,非复吴下阿蒙!(惊异中带有喜悦)

士别三日,即更刮目相待,大兄何见事之晚乎!(骄傲中带有调侃)

(四)试用自己的话分析孙权、吕蒙、鲁肃各自的性格特征。

孙权——平易近人,同时对部下严格要求,在劝吕蒙学习的过程中,表现出了对吕蒙的殷切爱护,但同时也不失其居高临下的王者权威。

吕蒙——虎虎有生气,胸怀坦荡,机敏精干,能接受别人的正确建议,即使自己得到提高,颇有幽默感。

鲁肃——极像一位忠厚长者,对吕蒙的进步,他毫不掩饰地加以夸赞,又相当真诚,讲礼节,在认可吕蒙的好学之后,一定要"拜蒙母,结友"才告别。

小结:吕蒙的学习结果不是直接描写,而是通过鲁肃的赞美声中体现出来,更能体现出其进步之大。

过渡语:通过经典故事的学习,我们领略了古人的光辉风采,在学习条件充足的今天,我们应该怎样学习呢?

四、再读课文,谈谈人生启示

结合课下《资治通鉴》注释,了解其主要知识。

"鉴"的本意是"镜子",司马光编辑本书就是要皇帝以历史作为一面镜子,来审查得失。如果我们以本文作为一面镜子,你会有怎样的启示?

提示:

从故事的主要情节和三个人物方面来谈。

预设:

①要努力学习。②要用发展的眼光来看待人或者事物。③要注意劝说的艺术。④要能听取别人的正确建议。⑤要爱才、敬才。……

五、布置作业,创新写作

文章中"吕蒙就学"部分,作者一句带过,请你想象吕蒙学习的情景,并描绘一下。现代文不少于100字,文言形式不少于40字。

【活动反思】

优点:教学设计科学层层深入,教学节奏合理,体现学生的主导地位,学生课堂生成精彩。将语文课堂教学和大思政课有机地结合在一起,发挥语文教学的文化延伸、思想教育作用,逐步实现形成覆盖课堂、校园、社会,"点线面"一体的思政大课堂,汇聚全社会育人合力,在潜移默化、润物无声中形成启智润心的育人整体氛围。

缺点:在教学过程中,分角色演读的过程学生过分激动,课堂略显混乱,用时超出了预计的五分钟。最后谈谈人生启示的部分展开不充分,关于思政内容引导不到位,略显生硬。接下来将继续思考如何做到在教育教学中循序渐进、螺旋上升地开设思政元素,培养一代又一代社会主义建设者和接班人。

赵玉凤,云南省昆明市昆明西南联大研究院附属学校教师。

八下第六单元综合性学习"以和为贵"专题设计

◎赵玉霜

【研学目标】

1.阅读与品味:借助课前预习材料,了解和品味"和"的基本内涵。

2.思辨与提升:依据文言材料,深度思考"和"与"同"的差异。

3.实践性写作:基于对"和"之义的充分理解,撰写一段辩论词。

【课前研学内容】

1.《现代汉语大词典》对"和"的释义如下:

①配合或相处得很好(和谐/和睦/和衷共济)

②和平,和缓,不激烈,不粗暴(心平气和/和颜悦色/谦和/和善)

③跟,同,对(他的能力和你不相上下)

④表示并列或选择(老师和同学都到齐了)

⑤比赛不分胜负(和局)

⑥气候温暖(风和日丽/天气和暖)

⑦两个或两个以上的数相加的得数(2加2的和是4)

⑧战争结束或争执(讲和/媾和)

2.请阅读以下"以和为贵"的相关材料,基于你对"和"的理解,谈谈你从中获得的启发。

材料内容:①14岁的学生小A,她因身体有轻微残疾,性格比较内向,遭到周围同学的孤立。后来班主任通过班会课和个别谈话,使得同学们意识到了自己孤立他人的行为是不妥当的,于是大家主动开始帮助小A。小A同学在班级里慢慢有了自己的朋友,还能够和其他同学一起参加班级活动了。②司马徽(人称水镜先生)是东汉末年一位善于识拔人才的有名学者。有一次,邻居走失了一头猪,因为司马家的猪和他走失的猪相似,就误认为是他家的。司马徽并不争辩,说:"是你的你就拿去。"邻居便毫不客气地把猪赶回家。过了几天,邻人从别处找到了自己的猪,很抱愧地把误认的猪送还司马徽。司马徽不但没责备他,反而说邻里间发生这类误会并不奇怪,还赞扬他懂道理、知错能改。邻居听了十分感动。③战国时赵国舍人蔺相如奉命出使秦国,不辱使命,完璧归赵,所以被封了上大夫;又陪同赵王赴秦王设下的渑池之会,使赵王免受秦王侮辱。赵王为表彰蔺相如的功劳,封蔺相如为上卿。老将廉颇认为自己战无不胜,攻无不克,蔺相如只不过是一介文弱书生,只有口舌之功却比他官大,对此心中很是不服,所以屡次对人说:"以后让我见了他,必定会羞辱他。"蔺相如知道此事后以国家大事为重,请病假不上朝,尽量不与他相见。后来廉颇得知蔺相如此举完全是以国家大事为重,向蔺相如负荆请罪。之后两人和好,开始尽心尽力地辅佐赵王治理国家。

我的启发:_____

3.请你利用课外书或者网络,搜集至少三句关于"和"的名人名言。

【研学任务一:析"和"之义】

1.猜一猜:你能从"和"的字形中推测一下"和"的本义吗?

2.讲一讲:分享你阅读"以和为贵"的材料的启发,进一步明确"和"的内涵和外延。

3.辨一辨:"和"与"同"有何差异?

(齐景)公曰:"唯据(梁丘)与我和①夫!"晏子对曰:"据亦同②也,焉得为和?"公曰:"和与同异乎?"对曰:"异。……君所谓可而有否焉③,臣献其否以成其可。君所谓否而有可焉，臣献其可以去其否。是以政平而不干④，民无争心⑤。……今据不然。君所谓可，据亦曰可；君所谓否，据亦曰否。若以水济水⑥，谁能食之？若琴瑟之专一⑦，谁能听之？同之不可也如是。"（《左传·昭公二十年》）

【注释】①和：和谐。②同：相同。③君所谓否而有可焉：国君认为可以的，其中也包含了不可以。④政平而不干：政事平和而不违背礼制。⑤民无争心：百姓没有争斗之心。⑥若以水济水：如果用水来调和水。⑦若琴瑟之专一：如果用琴瑟老弹一个音调。

【研学任务二：践"和"之行】

近日，因为一个同学将其他同学的照片制作成了表情包，并发在了班级群，大家对此议论纷纷，导致你所在的班级群出现了一些不和谐的声音，主要可以概括为以下两种观点：

观点一（A）：这种人，已经在班群发出了不和谐的声音，只有把他踢出群才能维护班级和谐。

观点二（B）：尽管他发出了不和谐的声音，但是同学之间应该和睦相处，所以不把他踢出群才能维护班级和谐。

这两种声音给班级同学带来了极大的困扰，基于这种情况，班级决定举行一次主题为"从班级和谐角度考虑，面对班群发同学表情包的人，我们是否应该把他踢出班群"的辩论赛。（投票：你赞同哪个观点？请选择自己的持方 A/B）

4.我们在日常的交流中，不可避免会有观点的交锋。请大家根据以上情境中的两个观点进行思考，然后依据"以和为贵"的理念，写一段辩论词来发表你的看法和观点。

支架：①开头：引用名人名言，并亮出自己的观点。（也可以对对方观点进行驳斥，然后陈述自己的观点。）

（示例："礼之用，和为贵"/"忍一时风平浪静，退一步海阔天空"/"恕以待人，君子人也" + 个人观点

②中间：分条陈述理由，有理有据，条理清晰，可结合与"和"相关的故事来论证自己的观点。

③结尾：再次重申自己的观点，表明立场。

引用名言+自己观点：＿＿＿＿＿＿

理由：①＿＿＿＿；②＿＿＿＿；③＿＿＿＿。

重申自己的观点：＿＿＿＿＿＿

名人名言卡：①天时不如地利，地利不如人和。②做人以和为贵，做事以法为基。③礼之用，和为贵。④忍一时，风平浪静；退一步，海阔天空。⑤单丝不成线，独木不成林。⑥和以处众，宽以接下，恕以待人，君子人也。

5.听完了大家的辩论，你认为面对这种发表情包的同学，我们可以怎么做？（多选题）

A.鄙视他　B.不理他　C.踢出群

D.规劝他　E.包容他

6."以和为贵"的理念深入人心，用途广泛多样，请你结合以下材料说说它是如何践行"以和为贵"的。

材料：贵州乌江边的新仁县化屋村曾大面积开荒向山要粮，养鱼捕鱼向水要经济，最后"山秃水臭"，乌江一度变"污江"。十八大以来，化屋村一方面加快生态修复，一方面依靠国家扶贫政策补基础设施短板，大力发展旅游、苗绣产业，成功走出了一条富有发展特色的乡村振兴之路。

习近平总书记 2023 年 3 月 20 日在俄新社网站上发表署名文章《踔厉前行，开启中俄友好合作、共同发展新篇章》提到：10 年来，和平、发展、公平、正义、民主、自由的全人类共同价值日益深入人心，建设持久和平、普遍安全、共同繁荣、开放包容、清洁美丽的世界，成为越来越多国家的共同追求。国际社会清楚地认识到，世界上不存在高人一等的国家，不存在放之四海而皆准的国家治理模式，不存在由某个国家说了算的国际秩序。一个团结而非分裂、和平而非动荡的世界符合全人类共同利益。

如何践行"以和为贵"：＿＿＿＿＿＿

7.根据刚刚所学，请你运用以下的格式，用一句最能代表你想法的话来表达你对"和"的看法：

和，不是＿＿＿＿，是＿＿＿＿，还是＿＿＿＿。

【研学作业】

新文化运动时期，新旧文化产生的强烈的碰撞，请你观看视频，并依据今天所学的"以和为贵""和而不同"等的理念，谈谈我们应该采取什么样的态度来应对新旧文化的碰撞。要求：观点明确，有理有据，表述清晰，不少于 80 字。

赵玉霜，广东省广州市广东番禺中学附属学校教师。

七下第一、三单元整合教学设计

◎郑巧敏

【教学目标】
1. 从叙述视角等方法中感受写人记事文章的魅力。
2. 在平凡中感受大人物的伟大,在普通人身上感受闪光点,并正确理解平凡与伟大的含义。
3. 培养学生单元意识。

【教学重难点】
重点:从叙述视角等方法中感受写人记事文章的魅力。

难点:
1. 在平凡中感受大人物的伟大,在普通人身上感受闪光点,并正确理解平凡与伟大的含义。
2. 培养学生单元意识。

【教学课型】
单元复习课

【教学准备】
1. 已完成学习七下第一、三单元。
2. PPT。

【教学方法】
点拨法、讨论法

【课时安排】
1课时

【教学过程】
任务一:看标题,寻共性
【屏显】第一、三单元标题
《邓稼先》《阿长与〈山海经〉》
《说和做——记闻一多先生言行片段》《老王》
《回忆鲁迅先生》《台阶》
《孙权劝学》《卖油翁》

同学们,今天的课我们就从看标题入手,请大家看大屏幕,左边是第一单元课文的标题,右边是第三单元课文的标题,请仔细观察这两个单元的标题,你有何发现?

明确:(1)交代人物等写作对象。左边一列是伟人,右边是平凡的人;(2)全文的线索;(3)点明人物,凸显人物形象特点;(4)关联主要情节;(5)设置悬念,激发读者兴趣;(6)突出文章主旨。

教师小结:同学们,我们单从标题入手,就发现这么多的相同之处,现在明白我们为什么是把这两个单元放在一起了吧。它们都是写人记事的文章。(板书:"人","人"左上方写"伟"字,右上方写"平凡",在"人"下居中处板书"标题"。)

任务二:关键句,读情感

这几篇文章的大作家们竟异曲同工,他们的写作对象都是在写人,那么下一步,我们就要走进人,读懂人。当我们拿到一篇课文时,我们如何更快速地了解作者对其笔下人物的情感呢?(在"标题"下板书"关键句"。)

在同学们印象中,你认为哪些句子可以称为关键句?

【屏显】关键句

能够理解作品主题思想或脉络层次的句子。一般为议论、抒情的句子。

牛刀小试:请从《邓稼先》《阿长与〈山海经〉》《说和做——记闻一多先生言行片段》《老王》中快速找到关键句。

【屏显】

是的,如果稼先再次选择他的途径的话,他仍会走他已走过的道路。这是他的性格与品质。能这样估价自己一生的人不多,我们应为稼先庆幸!

他,是口的巨人;他,是行的高标。

仁厚黑暗的地母呵,愿在你怀里永安她的魂灵!

几年过去了,我渐渐明白:那是一个幸运的人对一个不幸者的愧怍。

请生齐读这几句关键句,明确关键句在全文的位置,感悟作者情感及文章内蕴。

教师小结:议论可能刻画品质形象,抒情可能表达作者的情思。从同学们朗读的关键句中,我们感受到了人物的品质、人物的形象,作者的情感。原来这些关键句,它可以帮助我们理解这类写人记事文章的人物形象、性格、品质。所以我们在读文章时找关键句,可以让你快速地提取信息。这样的关键句文中还有很多,阅读时一定要关注。

任务三:多视角,悟主旨

如何解读写人记事的文章?今天老师再教给你一个方法,同学们可能理解得有些难,但是我们细细去读,说不定你们可以读出新颖的地方。那就是叙述视角。(在"关键句"下板书"视角",整体形成一个"个"字的板书。)

【屏显】叙述视角

叙述视角也称叙述聚焦,是叙述语言中对故事内容进行观察和讲述的特定角度。同样的事件从不同的角度看去就可能呈现出不同的面貌,在不同的人看来也会有不同的意义。(王一川编,《文学概论》)

请同学们以《回忆鲁迅先生》和《阿长与〈山海经〉》为例,结合具体内容谈一谈你对鲁迅先生的认识。

明确:

萧红笔下的鲁迅:"富有人情味的、生活化的鲁迅形象",让人明白鲁迅的伟大,更触摸到鲁迅的真实,让人可敬可亲。

鲁迅笔下的"小鲁迅":顽皮、善良、天真、纯真。

鲁迅笔下的"大鲁迅":自省慈悲。

名人眼中的鲁迅:伟大的先贤。如林贤治所言:"鲁迅就是这样一个人。他没有把黄金时代预约给人类,却以燃烧般的生命,成为千千万万的追随者的精神的火花。"

教师小结:萧红眼中的鲁迅;鲁迅眼中的迅哥;鲁迅眼中的自己;评论家眼中的鲁迅,因为这么多视角,相信你头脑中的鲁迅的形象会更饱满。作家梁鸿曾说过:"你选取的视角不一样,意味着你对人生的看法不一样。"同学们不妨去看一下单元里其他课文,去找一找他们的写作视角,或者思考如果改变视角去写,又会发生什么?课后同学们可以继续研读。

任务四:拟标题,明单元

现在回到开头,这两个单元还缺个标题,接下来请同学们发挥小组的力量,为这两个单元拟定一个标题。

【屏显】标题

标题是文章的眼睛。好的标题往往会用富有情感的词语或修辞手法等,解释文章的主要内容,理清文章行文线索,点明文章主旨。(七上作业本P51)

现在请同学们从人物、情感、写法等拟定标题,并结合文章内容和你的理解去阐述原因。开始讨论。

小组讨论,交流。

任务五:总结升华

请学生围绕"单元学习"总结本课所得。

教师总结:今天这节课我们整合了两个单元,从写什么到为什么写,再到怎么写。单元当中有个性,有共性;作家写人,既有个性,又有共性;人也是如此。有些人平凡如尘埃,有些人伟大似星辰,但是——(擦除所有板书,只剩下一个"人"字)同学们,永远不要停止仰望星空,"更别在原地踏步,前行才能接近自己,努力过后总会有进步",我们相信,我们都会成为更好的自己。

任务六:课后作业

请同学们结合本节课所学的方法或类似的方法对第二单元的课文进行整合,以思维导图的方式呈现。

郑巧敏,浙江省台州市三门县实验学校教师。

《大堰河——我的保姆》教学方案

◎郑万玲

一、导入

一首《大堰河——我的保姆》，一曲对母爱的颂歌。今天我们一起学习艾青先生的现代自由诗名作《大堰河——我的保姆》，感受其独特魅力。

（在导入完后，可以组织学生反复诵读诗歌，为此，让学生更清楚诗歌所写和所抒发出的感情）

二、出示预习反馈

预习中学生存在的疑惑：

1. 对于大堰河这一人物形象，大体上能读懂，但是对文中一些细节描写不明白，例如第七节中"她含着笑"，这六个"她含着笑"有什么深层用意呢？第十二节，诗人写到"呈给你紫色的灵魂"这紫色的灵魂又如何理解呢？

（师生展开讨论交流）

2. 这首诗比较长，和以往学习的古典诗歌不同。在抒发情感上既有与古典诗歌相同的手法，又有其不同之处，说不上来，感觉很特别。

（师生展开讨论交流）

三、由困惑确定学习目标

学习目标：

1. 理解并鉴赏诗歌里描写的大堰河这一形象，并挖掘其深层含义。

2. 理解并鉴赏诗歌里描写人物和抒发情感的手法。

四、学习过程

在下面各个任务学习过程中加强诵读，通过个体读、集体读、对比读等多种诵读方式，体会形象，理解手法，感悟情感。

任务一：通读诗歌，把握诗意：

明确：

（1-2）写大堰河得名原因以及大堰河与自己的关系。

（3-9）集中描写大堰河勤劳善良的品质，抒发诗人对大堰河的怀念与尊敬。

（10-11）写大堰河死后的凄凉和家人的悲惨遭遇。

（12-13）直抒胸臆，表达诗人对大堰河的讴歌与赞美。

任务二

一首大堰河我的保姆，一曲平凡母亲的赞歌，诗人在文本到底塑造了一位怎样的大堰河形象，打动了万千读者的心？下面请小组讨论交流。

回答问题具体化：

（第几节）我读出了一位（特点）的大堰河，我是通过分析（哪些手法）读出来的，展示我的诵读。

重点研读：

阅读第7节，思考：大堰河在地主家劳动要做许多事，大堰河从事这些劳动时是含着笑，这"含着笑"表现了大堰河什么特点呢？

明确：

这"笑"既反映了大堰河不向艰难生活低头的倔强性格，有安天乐命，质朴乐观心态，同时也不乏强颜欢笑的辛酸。

重点研读：

文本第十二节诗人写道大堰河，今天，你的乳儿是在狱里，写着一首呈给你的赞美诗，呈给你黄土下紫色的灵魂，为什么说是紫色的灵魂呢？

明确：一种看法，紫色是高贵、神圣的象征，

"紫气东来""紫禁城"。大堰河身份虽卑贱,但她慈爱、善良、勤劳,集中了人之美德,她的灵魂最高贵、最伟大。

另一种看法,紫色是伤痕的颜色,是凝血的颜色,是因窒息而死的人的颜色,代表了不幸、苦楚、伤痛和死亡,大堰河苦难一生,结局悲惨,因而称之为"紫色的灵魂"。

小结:

她命运悲苦,一生辛苦劳作,却不能改变贫穷的生活;她朴实善良,在艰难的生活里施与"我"温柔的母爱。大堰河是勤劳、坚忍的中国劳动妇女的缩影,是诗人心中真正的母亲的形象,是中国千万个劳动妇女与贫苦母亲的化身,正是她们的辛勤劳动和高尚的美德,哺育了我们的民族。

诗人通过这一形象寄托了对旧中国广大劳动妇女悲惨命运的同情,对这"不公道的世界"的强烈抗议,对大地上所有像大堰河一样的劳动人民的赞美。

任务三

《大堰河——我的保姆》是诗人写于狱中的成名作,是献给他心中的母亲的颂歌,诗中朴实真挚而强烈的感情,自有一种动人的力量,从情感抒发角度请同学们选出自己喜欢的诗节,说说自己喜欢的理由并展示我的诵读。

回答问题具体化:

交流格式:

我喜欢(　　)节,诗人是通过(　　)手法抒发(　　)感情,展示我的诵读。

重点研读:反复手法

对比研读:

原文:前三段

大堰河,是我的保姆。

她的名字就是生她的村庄的名字,

她是童养媳,

大堰河,是我的保姆。//

修改:前三段　把反复语句去掉

大堰河,是我的保姆。

她的名字就是生她的村庄的名字,

她是童养媳。

通过二者的对比突出反复对于抒发情感的作用。

重点研读:排比手法

对比研读:

大堰河,今天我看到雪使我想起了你:

你的被雪压着的草盖的坟墓,

你的关闭了的故居檐头的枯死的瓦菲,

你的被典押了的一丈平方的园地,

你的门前的长了青苔的石椅,

大堰河,今天我看到雪使我想起了你。

大堰河,今天我看到雪使我想起了你:

你的被雪压着的草盖的坟墓,

故居檐头关闭了,上面的瓦菲枯死了

被典押的园地,一丈平方

门前的石椅上长了青苔

大堰河,今天我看到雪使我想起了你:

小结:反复　排比　对比　人称转化　直接抒情　典型意象(传统诗歌常用的方法)

现代诗形式特点:全诗不押韵,各段句数也不尽相同,但每段有呼应句子,各段之间有强烈的内在联系。诗歌不追求诗的韵脚和行数,但是排比的恰当运用,使诸多意象繁而不乱,统一和谐。

课堂总结:一叶落而知秋,一文晓而通文,刚才我们通过分析具体手法鉴赏了大堰河这一感人形象,读懂了诗歌丰富情感。学以致用,我们在以后面对现代诗歌解读时有哪些方法可以借鉴呢?

内容:

手法(常规　现代诗歌特有形式):

情感:

五、布置作业

1.请仿照《大堰河——我的保姆》就你身边的人,写一首现代自由诗,抒发自己的丰富情感。

2.阅读艾青的《我爱这土地》,尝试着用所学知识读懂诗歌。

郑万玲,山东省青岛市城阳第三高级中学教师。

口语交际《即席讲话》教学设计

◎周 丹

【教学目标】

1.掌握即席发言的要领和表达技巧。

2.通过情境创设的训练,克服发言时的紧张心理,学习即席发言的快速构思方法,提高瞬时应变和即席发言能力。

3.进行即席发言的初步尝试,充分调动课堂参与的热情,培养良好的语言习惯,表现出较高的文化素养和气质风度。

【教学准备】

1.教师准备:(1)多媒体课件;(2)教师准备相关视频资料。

2.学生准备:此课之前,班级已开展演讲比赛活动,学生均有在准备充分的情况下登台演讲的经历。为了达到本次《即席讲话》的目的,故学生不做任何准备。

【教学过程】

教学环节一:创设真实情境,自然导入新课

教师活动:创设真实情境,讲述式、问答式导入,直接进入新课。

活动内容:创设颁奖盛典的现场,邀请在年级演讲比赛中载誉而归的两位同学上台发表获奖感言。

学生活动:台上的同学发表获奖感言;台下的同学认真聆听。

设计意图:创设颁奖盛典的现场,邀请在年级演讲比赛中载誉而归的两位同学上台发表获奖感言,这是本堂课的第一次即席讲话的实践活动。两位同学在没有提前准备的情况下发表即席讲话,给大家做示范,开启本课的实践之旅。

预测用时:10分钟。

教学环节二:了解"即席讲话"特点,小组合作初露锋芒

教师活动:

1.由前两位同学的即席讲话引出即席讲话的概念。

2.现场采访即席讲话的这两位同学,从他们发言的感受引出"演讲"与"即席讲话"的异同。

3.播放视频《春晚黑色三分钟》看著名主持人即席讲话时曾出现的失误,引导学生了解即席讲话的特点、难点。

4.明确即席讲话的特点,帮助学生克服胆怯心理。

5.设置情境,指导小组合作,开展即席讲话初实践活动。

活动内容:

1.明确即席讲话概念:即席讲话,也叫即兴发言,是指在某个特定场合,在没有充分准备的情况下,当众临场发表的讲话。

2.了解"演讲"与"即席讲话"的异同:即席讲话,类似小型演讲。由于没有现成的稿子,也多半来不及事先准备,全靠现场思考、组织主题和临场发挥,因此比一般讲话要困难。即席讲话是对心理素质、应变能力、表达水平、文化修养等综合能力的检验,是其综合素质的一面镜子。即席讲话比演讲更考验说话者的综合能力。

3.播放视频

4.明确即席讲话的特点:

临场性 即席讲话既不能事先拟就讲稿,也不能进行试讲,它必须靠临时准备、临场发挥,因此临场性就成了即席讲话最主要的特征。

针对性 由于即席讲话一般都是在有限的时间内对现实话题作出迅速反应,这就使话题的内容被限制在特定的范围内,显示出鲜明的针对性,所以即席发言选取的角度宜小,内容宜集中,要力求说在点子上。

简洁性 即席讲话常以简明扼要显出其力度,

以亲切生动的表述给听者留下深刻印象。但是短小并不是空洞无物，而是要言之有物，言简意赅。优秀的即席讲话常常以简练、含蓄而抒情的语言取胜。

5.小组合作，开展即席讲话初实践活动

情境：班会课上，班主任老师带领同学们展开了关于"我们班风正不正？"的大讨论，你跃跃欲试，想要表达自己的观点……

要求：每组同学每人做3分钟左右的即席讲话。每组推选一名同学做代表，做即席讲话的展示。

提示：

1．讲话时要考虑所选情境的主题和氛围特点，力求让自己的讲话合情合理。

2．在准确表情达意的基础上，尽量使自己的语言有特色，吸引人。

3．认真聆听其他同学的讲话，并在其讲完后评价，提出改进意见。（可从内容、表达、仪态三方面进行评价）

学生活动：即席讲话的两位同学发言；全体同学聆听并思考相关问题；积极参加小组合作活动，进行即席讲话实践活动。

设计意图：了解即席讲话相关知识及特点，帮助学生克服即席讲话的怯懦心理，通过小组合作交流的形式，降低即席讲话的难度，推举代表发言给大多数同学起示范作用。

预测用时：20分钟。

教学环节三：把握即席讲话要领，挑战自我实战演练

教师活动：

1．点评同学代表的发言后总结即席讲话的要领。

2．调动学生讲话热情，组织挑战自我，即席讲话实战演练活动。

活动内容：

1．总结即席讲话的要领：沉着冷静，克服紧张情绪；边想边说，反应迅速敏捷；掌握分寸，语言简短明晰。

2．挑战自我实战演练。

情境：班会课上，为了引导大家用善意的眼睛去发现、欣赏身边同学的优点，班主任组织了"我来说说他＼她的好"的分享会。

规则：

1．大屏幕滚动选取发言同学的学号。

2．发言同学做2分钟左右的即席讲话。

学生活动：认真总结，积极参与，大胆表达

设计意图：在上一环节中，学生以小组活动的形式进行了即席演讲的热身活动。这一环节，就是模拟真实的即席讲话情境，用大屏幕滚动随机抽取学号的方式邀请同学在毫无准备的情况下对相关内容展开即席讲话，锻炼学生即席讲话的胆量，提升学生即席讲话的水平。

预计用时：12分钟。

教学环节四：总结课堂内容

教师活动：引导学生回顾整堂课内容，明确提升即席讲话能力的方向，鼓励学生大胆尝试。

活动内容：总结课堂内容

学生活动：回顾课堂所学，明确进步方向。

设计意图：引导学生回顾、总结课堂所学内容。鼓励学生勇敢尝试，大胆实践。

预计用时：3分钟。

【教学反思】

我觉得自己这堂课有几点可取之处：教学上联系学生生活，创设了真实情境，激起学生表达欲望。教学活动贯穿始终，学生得到充分展示。课堂上总结特点要领，鼓励学生课内课外实践。

作为一堂语文课，不能只是停留在热闹的活动层面上，必须在活动之上给予学生方法的指导，这样才能学以致用，走得更长远。这堂课中，从知识层面，我和学生一起在充分活动的基础上总结了即席讲话的特点及做好即席讲话的要领。这些方法要领有助于学生减轻心理上的畏惧，勇于参与实践。

特别需要说的是，对于口语交际指导课，对学生的点评都是当堂生成、难以预设的，这对老师提出了更高的要求。这要求老师有更敏锐的眼光和更机智的反应，针对学生课堂的表现作出更恰当更有效的点评。这也是口语交际课非常难的一点。为此，我在课前对学生可能出现的情况作了充分的准备，但在课堂上还是有许多需要应变的地方，也因此，我的课堂中有些点评语言显得不够精练，对学生问题的指出不够精准，对学生的方法指导不够全面等问题。我愿意以此为起点，向着更从容、更睿智、更严谨的下一个自己不断努力。

周丹，湖北省武汉市武汉外国语学校教师。

七年级上册第六单元整体教学设计

◎周柳琴

七年级上册第六单元,本单元选择了一组富有想象力的四种不同体裁的文章,有童话、诗歌、神话和寓言等,引人遐思,能引导我们换一种眼光看世界,人文主题是"想象之翼",单元提示要求是快速阅读,力争每分钟不少于400字。阅读时,尽量扩大一次性进入视野的文字数量,寻找关键词语以带动整体阅读,提高阅读速度。还要调动自己的体验,发挥自己的联想和想象,把握作者的思路,深入理解课文。《皇帝的新装》讲了酷爱新装的皇帝上演的荒唐闹剧,《天上的街市》描绘了美好的天上世界,寄托了诗人对光明和理想的憧憬,《女娲造人》表现了远古人们对自身来源的好奇与探索。

【学生学情分析】

初一的孩子刚从六年级升入初中,葆有小学生的天真活泼,学习积极主动是他们的优点,但是在平时的教学中发现,大部分孩子们的写作思维凝固,思路闭塞。怎样使孩子们的思路洞开是一个亟待解决的问题。通过本单元的学习,借助本单元的学习重点联想与想象来拓展写作空间,我认为应该是一个不错的方法。

【单元设计思路】

以一首《天平的秋天》的小诗的创作贯穿三堂课中,通过阅读与写作相交织的教学,让孩子们在体会文本的同时汲取到联想与想象的方法,并运用好这些方法。通过这三堂课的学习,帮孩子们插上想象的翅膀。

【教学过程】

第一课时

一、以写入课文

请同学们看图完成这首小诗。在这首诗里还可以用什么方法让他更生动?今天我们就带着这个问题来学习《皇帝的新装》,看看安徒生给我们一些什么启发?

二、快读求质量

按照初中生阅读速度的要求:每分钟不少于400字来阅读本文。

三、变化述情节

1.本文中出现了几个角色?有哪些事物?

明确:皇帝、老大臣、官员、百姓、骗子等。

织布机、美丽的新装、镜子等。

2.选择其中的一个角色或事物为主体,以他(它)的口吻,发挥想象进行复述。

提示:我是皇宫里的一面穿衣镜……

我是皇帝身边的一位官员……

四、述后谈感悟

善用夸张,妙趣横生

本文中用了夸张的手法,使人物显得滑稽可笑,情节变得荒诞离奇,凸显了作者鲜明的立场。

夸张中的人

请同学们从文中找出夸张的语句。并谈谈感受。

1.夸张的角色

皇帝:一天什么都不做,只知道穿新衣服。

大臣:不说真话,只会阿谀奉承。

老百姓:愚昧无知,没有主见。

骗子:大胆行骗。

2.夸张的动作

皇帝:每一天每一点钟要换一套新的衣服。

大臣:那些托后裙的大臣们都把手在地上东摸西摸。

3.夸张能否随意任意——夸张来源于合理的想象。

任何不称职或者愚蠢得不可救药的人,都看不见这衣服。

在专制下从大臣到百姓为了自身的安全而不得不说假话,他们的言行可笑,但是却合情合理。

4.夸张的种类(夸张中的景)

扩大夸张——君不见黄河之水天上来,奔流到海不复回。

缩小夸张——五岭逶迤腾细浪,乌蒙磅礴走泥丸。

超前夸张——未饮心先醉,眼中流血,心内成灰。

5.夸张的注意点

燕山雪花大如席——广州雪花大如席（比较得出夸张需要以事实为基础）

白发三千丈——白发一米长（夸张不能令人误会成事实）

五、学以致用

将学到的夸张手法运用到这首小诗中。

天平的枫叶／山上／山下／层林尽染／万山红遍／片片枫叶／散落一地

在自己的各种创作中加入适当的夸张修辞手法,是找到了打开你想象之门的钥匙。

第二课时

一、以写导入

回顾上节课学习的内容,在自己的创作中适当加入夸张、比喻和拟人能使自己的文章显得生动可感。那除了这些修辞手法之外,还有没有其他的方法呢?

二、以读悟美

诗歌朗读技巧的探讨,在朗读中总结规律并感受诗歌的韵律美与情感美。

朗读品析角度:特点

节奏划分:基本每句三顿

用韵:韵脚分别是星、灯、市、奇、广、往、游、走。每个小节的二、四句押韵。

用词:运用叠词,朗朗上口,富有节奏美感。

韵脚和情感的关系:

第一节中东辙:eng、ing、ong、iong 发声雄浑,鼻音较重,可以变现浑厚的情感,或悲壮等。

第二节衣期辙:i、-i 发声细弱,适宜表现哀伤等情感。

第三节江阳辙:ang、iang、uang,声响极洪亮,适宜表现慷慨激昂,情绪激动的情感。

第四节由求辙:ou、iu 悠长柔和,适宜表现舒畅的心情,绵长的情感。

三、不同的联想

1.联想的概念:联想是由一事物想到与之相关的另一事物。联想要做到自然。

2.在本诗中找出运用联想的地方,并说说它是如何展开联想的?

远远的街灯(联想)明星(联想)天上的街灯。

3.联想有什么特点?两个事物相关,相似(闪烁、数量多)——相似联想。

4.联想拓展

除了相似联想,还有没有其他的联想方式?

天平的落叶——家乡的落叶、儿时的落叶、家乡的落叶(接近联想:事物在空间与时间上的彼此接近)

天平的落叶——冰冷(金黄是温暖)、新生(落叶是衰败)(对比联想:完全相反的两个事物)

天平的落叶——一片凄凉、冬天不远了(因果联想)

运用这些不同的联想,能将《天平的枫叶》这首小诗变化出不同的色彩。

四、魅力想象

想象:在头脑中创造出未曾有过的新的形象。

1.天上的街市中哪些运用了想象?

天街的繁华热闹与牛郎织女的幸福生活。

2.想象的要求

天平的枫叶

山上,山下,像_____。这可爱的天使,在空中旋转,飘到了小草上,小路上。

想象要合乎生活逻辑、合情合理。

复习导入:上两节课我们学习了运用夸张等修辞以及联想与想象给自己的文章插上了自由灵动的翅膀,那么修辞也好,联想想象也好都要服务于一点,今天这节课我们一起来讨论这个主角。

回顾课文:回顾一下我们学过的一些篇目,说说其中的联想与想象,总结一下他们的主题。

明确:联想与想象最终是为了主题而服务的。

一、不同的联想与想象表现不同的主题

天平的枫叶／山上／山下／散落一地

试想一下这首诗歌选用不同的联想后能有哪些不同的主题。

表现大自然的美的主题、表现母爱主题、表现思乡主题、表现人生感悟主题……

再根据这些不同的主题,运用学过的不同的联想方式和修辞手法来创作诗歌。并比较创作。

周柳琴,江苏省苏州市吴中区天平中学教师。

《在马克思墓前的讲话》教学设计(第一课时)

◎周 全

【教学目标】
1.了解课文的结构和马克思的伟大功绩。
2.了解演讲词的一般写作特点。
3.学习借助文体特点和有标志性的语句来理解文章内容和结构的方法。
4.要向伟人学习,树立远大理想,培养为祖国、为事业献身的高尚情操。

【教学重难点】
学习借助文体特点和有标志性的语句来理解文章内容和结构的方法。

【教学方法】
讨论法、点拨法。

【教具准备】
多媒体、马克思遗像、马克思各个时期活动的相关图片。

【课时安排】
1课时

【教学步骤】
第一课时
一、导语设计
大家知道,我们国家是社会主义国家。任何国家的建立,都要有一定的理论基础。资产阶级国家是建立在资产阶级理论基础之上,那么我们社会主义国家是建立在哪个理论基础之上的呢?——马克思主义。自从马克思主义诞生后,无产阶级在它的指导下,建立了一系列社会主义国家,改变了世界格局。它的创始人就是马克思和恩格斯。在长期的革命斗争和实践中,马克思和恩格斯结成了深厚的友谊。1883年3月14日马克思逝世,3月17日安葬于海格特公墓,恩格斯在葬礼上用英语发表了这篇讲话。今天,就让我们一起来学习恩格斯写的《在马克思墓前的讲话》,并悼念这位无产阶级革命的伟大导师。

二、悼词介绍及格式
悼词,演讲词的一种。是死者所在单位的领导或亲友在追悼会上发表的对死者的表示哀悼的文稿。悼词由标题和正文两部分组成。标题写"悼词"二字或写"在×××同志追悼会上的悼词",本文为"在马克思墓前的讲话"。正文部分,首先要写明死者生前的身份或各种职务名称,不幸去世的原因、时间、地点和终年岁数,表明用什么样的心情悼念死者。按时间顺序或其他顺序介绍死者的生平事迹,对其一生作出正面评价,以表彰死者的优秀品德和主要贡献,进而说明其逝世后带来的损失。再次说明从哪些方面向该同志学习,怎样以实际行动化悲痛为力量。最后另起一行,用"×××同志安息吧!"或"×××永垂不朽"作结。悼词,要切合死者的身份特点,在表达上要求把记叙、议论和抒情结合起来,语言应精练而富于感情色彩,措辞应恰如其分。

格式:
1.介绍死者的生前身份、逝世时间、地点、原因及其享年等。
2.追述死者的经历及一生中主要成就和贡献。
3.对死者表示哀悼之情,对悼念人提出希望和要求等。

三、具体分析
(一)恩格斯怎样表达哀悼之情?
3月14日下午两点三刻,当代最伟大的思想家停止思想了。让他一个留在房里还不到两分钟,等我们进去的时候,便发现他在安乐椅上安静地睡着了——但已经永远地睡着了。

明确:详细交代时间,一、在葬礼上讲话,需要向全世界公布逝世的准确时间;二、强调这是全世界无产阶级永远难忘的时刻;三、表明马克思生命的每一刻对世界无产阶级都十分宝贵,饱含了对马克思的无限崇敬和赞扬之情,突出强调"还不到两分钟",表达了恩格斯对马克思的逝世深感遗憾的惋惜之情。

不用"去世了""走了""与世长辞",而说"停止思想""永远睡着了",那是因为马克思是个思想家,所以用"停止思想"较准确,而"去世了""走了"显得太一般化,"与世长辞"不合具有演说性的悼词的语体色彩。恩格斯用"停止思想""永远地睡着了"突出了马克思与世长辞从容、安详的情景,修辞上叫"讳饰",不忍心,也不愿意说出马克思逝世,委婉含蓄地表达了恩格斯对马克思的无限崇敬和深切哀悼之情。

(二)为什么哀悼?(贡献巨大)

1.找出总括马克思对人类社会贡献的语句

这个人的逝世,对于欧美战斗着的无产阶级,对于历史科学,都是不可估量的损失。

①对于欧美战斗着的无产阶级:指马克思对无产阶级革命运动的指导、领导作用而言。

②对于历史科学:指马克思对于社会科学的理论创造和推动作用而言。

③不可估量:贡献之巨大,无可企及。

2.找出3—5段中具体阐述马克思对人类社会贡献的语句

马克思发现了人类历史的发展规律。

不仅如此。马克思还发现了……(剩余价值)

一生中能有这样两个发现,该是很够了。……但是马克思在他所研究的每一个领域……,都有独到的发现。

问题:以上三句话是从第二个方面来表明马克思的贡献的?(第二个方面,即历史科学)

3.找出具体阐述马克思对欧美战斗着的无产阶级贡献的语句

宣传:创办报纸杂志

组织:创立工人

4.第6段在主体部分的作用是什么

他作为科学家就是这样。但是这在他身上远不是主要的。在马克思看来,科学是一种在历史上起推动作用的、革命的力量。

体会"科学是一种在历史上起推动作用的、革

命的力量"这句话的含义。

含义:对科学的认识和态度

作用:过渡

5.思考:第2段说"这个人的逝世,对于欧美战斗的无产阶级,对于历史科学",而3—7段是先理论贡献后革命实践,是否在结构上有矛盾之处?

明确:因为恩格斯认为,马克思一生的贡献最主要的是在于他的一系列的革命实践活动,"马克思首先是一个革命家","斗争是他的生命要素"……就文章的主体部分来看,如果还是先写实践方面,后写理论方面,那么就会给人造成一种错觉:马克思在实践方面的贡献比理论方面的建树似乎更多,而且读者也弄不清马克思为什么能在实践方面取得如此大的成就。前面已经说过,突出马克思实践方面的巨大贡献是作者评价马克思一生的着眼点。基于这一点,作者就必须向人们交代清楚马克思为什么会在实践方面取得如此大的非凡建树。这样一来,不仅原因交代清楚了,也顺势交代清楚了马克思在理论上的建树和实践方面贡献的关系,从而达到真正全面地评价了马克思一生贡献的目的。

6.主体部分结构

(三)马克思影响巨大

1.两种截然不同的态度(敌憎我爱)

2.英名、事业永垂不朽

四、课外延伸

袁枚《祭妹文》、韩愈《祭十二郎文》、欧阳修《泷冈阡表》、爱因斯坦《悼玛丽·居里》

《江城子·乙卯正月二十日夜记梦》/苏轼

十年生死两茫茫,不思量,自难忘。千里孤坟,无处话凄凉。纵使相逢应不识,尘满面,鬓如霜。夜来幽梦忽还乡。小轩窗,正梳妆。相顾无言,惟有泪千行。料得年年肠断处,明月夜,短松冈。

文章的结构

一(1)追述马克思逝世的时间、地点和情景。

二(2-7)叙述马克思生前的主要活动,评价了马克思一生的伟大贡献。

三(8-9)论述马克思在当代的巨大影响,并对他的逝世表示深切的悼念。

周全,湖北省黄梅县黄梅一中教师。

走近鲁迅单元整合教学设计

——第二、三课时"酒逢知己千杯少,茶遇故人半壶香"

◎ 周世秋

【设计意图】

小学语文六年级上册第五单元主题是"走近鲁迅",本组单元包括了一篇鲁迅创作的文章《少年闰土》,三篇他人描写鲁迅的文章《我的伯父鲁迅先生》《一面》《有的人》。长期以来,由于鲁迅作品晦涩难懂,小学的鲁迅教育几乎沦为被鲁迅研究专家们遗忘的角落,基本上处于无序的自然教学状态。但是一线的老师们对于大师的作品,却不能回避。就此,我设计了六年级语文上册第五单元"走近鲁迅"这一单元课文的整合,希望既能将鲁迅先生的精神发扬光大,也能让孩子们热爱上鲁迅先生的文字。

【教学目标】

1.学习鲁迅笔下描写人物外貌、动作、语言的句子,从中感悟人物形象。

2.体会鲁迅作品童真的视角,使学生热爱鲁迅创作的儿童文学。

【教学重点】

体会鲁迅作品童真的视角,使学生热爱鲁迅创作的儿童文学。

【教学难点】

继续学习描写、刻画人物形象的方法。

【教学过程】

一、导入

首先,大致介绍鲁迅先生的情况,使学生有初步了解。

其次,画风一转,介绍鲁迅风趣幽默的一面(可出示文段或照片)。

二、新授

1.鲁迅的童年是快乐的,在这两篇文章里,出现两个让鲁迅特别快乐的人,他们是谁?

填写表格:

①两篇文章中让鲁迅感受到快乐的人是____和____。

②在文中找出闰土和阿长名字由来的句子,用"____"画出来。

设计意图:从文中两个主人公着手,让学生第一直观就能抓住鲁迅写作的重点。

2.这两个人的外貌也非常特别,谁能找出相关句子?

(1)闰土:紫色圆脸,项戴银圈,头戴毡帽,非常害羞。

(2)阿长:黄胖而矮。

3. 在文中找出描写闰土和阿长外貌的语句,并总结成四字词语。

闰土:	
阿长:	

设计意图:着重体会和学习鲁迅先生在描写人物以及刻画人物性格所用的方法,进一步了解两个主人公的生活状态和背景。

4.这两个人给成年后的鲁迅分别带来了一个想了三十年的未解之谜,谁能找出来?

(1)我那时并不知道这所谓猹的是怎么一件东西——便是现在也没有知道——只是无端地觉得状如小狗而很凶猛。

　　　　　　　　┌─不知道猫的样子
　　　　　　　　┘

（2）什么姑娘，我现在已经忘却了，总之不是长姑娘，也终于不知道她姓什么。

我终于不知道她的姓名，她的经历。

　　　　　　　┌─不知道阿长的名字
　　　　　　　┘

设计意图：未解之谜的设计可以引起学生探索的兴趣，也能够让学生将文中最主要的信息进行整合，通过老师的引导，了解鲁迅先生写作意图。

5.鲁迅的童年，曾经发生和他们发生过哪些值得深深思念的事情？

（1）闰土：雪地捕鸟，海边拾贝，瓜地刺猹，沙地看鱼。

（2）阿长：睡相难看，教我礼节，细说"长毛"，送我画册。

闰土：	
阿长：	

设计意图：通过对两个人物有趣的故事的总结，可以让学生进一步掌握对人物刻画的方法，突出故事脉络。

6.在这些事里，你认为最有趣的是哪一件？

（泛读）……后来，长毛果然进门来了，那老妈子便叫他们"大王"，——据说对长毛就应该这样叫，——诉说自己的饥饿。长毛笑道："那么，这东西就给你吃了罢！"将一个圆圆的东西掷了过来，还带着一条小辫子，正是那门房的头。煮饭老妈子从此就骇破了胆，后来一提起，还是立即面如土色，自己轻轻地拍着胸脯道："阿呀，骇死我了，骇死我了……"

7.找出你认为最有趣的一件事，写一写理由，一起分享。

设计意图：有同学肯定会将《阿长与山海经》关于长毛的故事提出来。让大家知道鲁迅的故事不都是沉重的，悲伤的，也可以是有趣的，教师进行泛读，从而激起学生阅读鲁迅作品的兴趣。

三、小结

我们这两节课，深刻体会了大师的作品语言的魅力。包括鲁迅对闰土和阿长的趣事，这趣事中无所不在的是鲁迅运用各种各样的描写。包括外貌，语言，动作，神态等等。

阅读推荐：《社戏》《踢"鬼"的故事》《我的第一个师傅》

【板书设计】

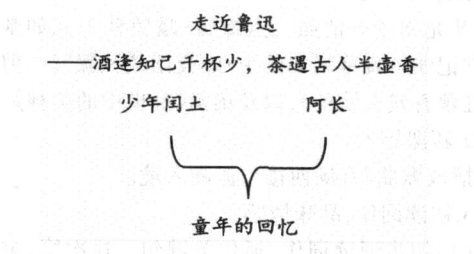

　　　　　　　走近鲁迅
　　　——酒逢知己千杯少，茶遇古人半壶香
　　　少年闰土　　　　阿长
　　　　　└────┬────┘
　　　　　　　童年的回忆

周世秋，广东省深圳市龙岗区横岗街道梧桐学校教师。

《声声慢》教学设计

◎ 周晓彤

【学情分析】

作为高一的学生,对于作者在这首词作中所寄托国破家亡遭受劫难后徘徊低迷、婉转凄楚的愁绪不一定能够理解,因此,有必要通过一定的补充阅读来了解李清照的个人经历和心路历程,在教学中还要充分调动学生进行联想和想象,学会抓住词作的意向去品味作者的情感,同时通过吟诵来体会作者的情感也是一个很好的途径。

【教学目标】

1.体会作者如何渐次深入地写愁绪。
2.学会抓住诗歌意向的特征,品味诗歌的情感。

【教学重点】

体会作者如何渐次深入地写愁绪。

【教学难点】

学会抓住诗歌意向的特征,品味诗歌的情感。

【课时安排】一课时

【教学过程】

1.课前预习

补充阅读李清照《点绛唇·蹴罢秋千》《如梦令·常记溪亭日暮》《如梦令·昨夜雨疏风骤》《一剪梅·红藕香残玉簟秋》,以及梁衡《乱世中的美神》。

2.新课导入

播放歌曲《月满西楼》,激趣入境。

3.初读词作,品味情感

(1)初步诵读词作,抓住关键句　这次第,怎一个愁字了得!

字面理解:这幅光景,怎么是一个愁字能说得清呢?是一个愁字所说不尽的!

(2)再次诵读,深入探讨,思考:

①"这次第"究竟是怎样的"次第"?为什么"一个愁字"不能"了得"?

②作者这份不能了得的愁,是由于"这次第"而产生的吗?

(3)细读上片,体会情境。

①"这次第"究竟是怎样的"次第"?

明确区间"次第"涉及全词内容,逐句分析:寻寻觅觅……外族入侵,政权崩溃,丈夫逝世,自己流离失所,词人无可寄托,心绪难宁。"寻觅"之中体现出若有所失,想要抓住什么的精神状态。

设疑:和只用"寻觅"有什么区别?

明确:"寻寻觅觅"体现出反反复复、来来回回地寻找的动作,更能够体现出作者的不安、彷徨、若有所失、漂泊无依之感。周遭环境冷冷清清,自己孤身一人,瞬感空虚、无助涌上心头,相比于只用"冷清"二字,加深了程度。长时间的寂寞、无助、孤独,内心深处的悲哀、苦痛全部涌上心头,由外在环境的凄冷、凄清进入到内在心境的凄惨、凄戚。

小结:首句十四个叠词,从人物的动作,所处的环境到内在心理感受,逐层深入地展现了作者闷坐无聊、茫然若失而四顾寻找却寻而不得的恍惚悲凉的心态,并且充满了音韵美。

"这次第"还包括:天气忽冷忽热,变化无常,难以休息,酒少酒淡(环境冷清、心境凄惨),在急风、淡酒、浓稠的情境之中,从"北方"飞来的秋雁,从"故国"飞来的秋雁,寄托了作者浓重的思乡之情。昔日大雁带来的是丈夫的温情与慰藉("云中谁寄锦书来,雁字回时,月满西楼"),如今丈夫已死,物是人非,这是一份睹物思人的伤心与绝望,旧时的岁月已经无情远去,如今的孤寂中只有作者一人,清冷度日。

本就因为天气忽冷忽热造成休息不好,酒少酒淡又导致不敌晚风,作者已经冷清、孤寂,偏偏恰好在这个时候,又见到一群旧时大雁,怎能不更添一份黯然神伤!上片写自己孤身一人,四处寻觅无果,借酒消愁,偏又遇到雁阵南飞,充分抒发了思乡思人之情。

下片:由秋日高空所见,转写自家庭院之景

"满""堆积"极写菊花之多，菊花枯萎、凋零殆尽，再也无人摘取，暗指岁月流逝、人也像花儿一样衰老憔悴，流露出青春不再，生命将逝的悲哀。词人独自一人"守"在窗边，守着、盼着，在万般煎熬的愁绪中，感到度日如年，梧桐本就能够牵动愁思，加上一层细雨绵绵，"更兼"一词能够凸显出愁上加愁，梧桐细雨到黄昏，"点点滴滴"不仅是细雨的雨滴"点点滴滴"，还是细雨滴落在叶子上的声音"点点滴滴"，更是极其寂静的环境中听到的如此细微的"点点滴滴"，在这极其寂静的环境中"守着窗儿"，怎能不显得更加苦闷、更加孤独、更加凄凉！点滴雨声，不仅落在叶上，也落进词人耳中，更是点滴进入词人的心里和孤寂的灵魂里！一点一滴，一层一层，一重一重，一叠一叠，愁绪堆上心头，的确不是"一个愁字"能够说得清、道得明的！所以作者在一重重一层层愁绪的重压之下，发出了这样的诘问："这次第，怎一个愁字了得！"

4.再读词作，体会情感 在理解了作者渐次深入的愁绪之后，再次诵读全词，力求以声达情

5.探讨情境关系

作者这份不能了得的愁，是由于"这次第"而产生的吗？分析了作者为何而愁，我们不难发现作者的这份愁绪，并不是由于眼前"次第"产生的，只是借助于眼前"次第"来抒发愁绪，看上去是因为外物而触发内心波澜，其实内心早已有波澜，"恰好"借助于外物来抒发，这份"恰好"正体现了作者的匠心独运，善于运用最平常、最简练、朴素的语言，精确地表现复杂而又微妙的心理和情感活动。

本词的情景关系有何特殊之处？明确：本词并不是"平面式"地由景到情，由意象到意境再到情感，这首词的情感是不断递进，不断堆叠的，作者借助于"滚雪球"式的推进描写，使得主观情感和心理活动随着客观景物的变化一句紧扣一句，一事粘连一事，在心境和物境的相互作用和相互矛盾不断扩大的过程中，愁绪也越积越深，越积越浓，最后到了难以遏制的地步，九曲回肠，愁肠百结。小结：就这样，在经历了家国之痛、孤独之苦之后的李清照，由那个"倚门回首，却把青梅嗅"的矜持又可爱的少女，变成了"独守窗儿""寻寻觅觅"茫然若失，恍惚又悲凉的愁苦人儿，可正是"国家不幸诗家幸"才给我们留下这些千古传唱的伟大作品。让我们再一次，带着对这首诗的理解，读出李清照的情感。

6.课堂小结

本节课，我们围绕重点语句"这次第，怎一个愁字了得！"中的"次第"和"愁"情，梳理作者通过意象以及其特征渐次深入写愁绪的情感脉络，在充分知人论世的基础上，体会作者的情感，完成了一次审美体验。

7.作业布置

（1）完成配套练习册中叠词的赏析及对本词情景关系的梳理。

（2）尝试结合《点绛唇》《一剪梅》《醉花阴》《如梦令》《武陵春》《声声慢》等词作，梳理李清照南渡前后作者形象及词作风格的变化。

【教学反思】

本词作为一篇经典之作，课前进行了很多准备，怎么带领学生们走进这首词，走进李清照，这个问题我思考了很久，所幸新教材将这首词和辛弃疾的《永遇乐·京口北固亭怀古》放在一起，在阅读辛词的时候，我们就充分运用了知人论世、以意逆志的方法，这对于和诗人生活时代相去甚远的学生们来说其实是一个很好的方法，同样，走入和辛弃疾有着一样的家国之思的李清照也就有了一些铺垫。在备课的时候我还关注到李词中有相当一部分描写了早年幸福的闺阁生活，和本词中这样一个"凄凄惨惨戚戚"的形象判若两人，那么词人在心境和情感上何以产生如此巨大的变化，这就可以是一个进入本词的切入点，同时也是充分对词人知人论世的角度。在教学中将作者对于情感的表达的层次性作为重点，情感的层次性也就必然要求本词的情景关系和以往诗词展现出不同的层次性，这便是本节课的难点。在实际教学的过程中，通过抓住意象、分析意象特征的方法去体会作者在其中蕴含的微妙情感，因为是学生们较为熟悉的方法，所以课堂进行的较为顺利。

较为遗憾的是本节课没有能够体现单元教学的特点，在接下来的课堂中应该安排本课三首宋词的比较阅读，以充分体现宋词不同风格的特点，还可以和本单元魏晋诗歌、唐代诗歌一起，体会诗人们在诗歌中所展现不同的人生状态，各自不同的人生境遇和情感世界以及在诗歌中体现的审美追求，从人文主题"生命的诗意"角度，对诗词做更进一步的解读。

周晓彤，上海市第六十中学教师。

高中必修上第一单元诗歌群文设计简案

——《立在地球边上放号》《红烛》《峨日朵雪峰之侧》《致云雀》

◎庄惠成

【教学目标】

1.联系现代诗歌发展史和作品的时代背景,了解课文四首诗歌各自的基本风格和核心技巧。

2.圈画选取的诗歌意象,把握诗歌意象的特点,对比四首诗意象的异同,探究四个诗人青春的共同特点与时代的关系。

3.赏析诗句,感受作者隐藏在意象描写背后的人生态度与精神追求。

【教学重点】

赏析诗句,感受作者隐藏在意象描写背后的人生态度与精神追求。

【教学难点】

圈画选取的诗歌意象,把握诗歌意象的特点,对比四首诗意象的异同,探究四个诗人青春的共同特点与时代的关系。

【教材分析】

高中语文教材必修上册第一单元第二课是四首现代诗。其中,《立在地球边上放号》与《红烛》为精读课文,《峨日朵雪峰之侧》与《致云雀》为自读课文。从四首诗的内在联系来看,在价值上符合"青春"这一单元话题,但在内容上却展现出时间跨度大、文学史意义大、中外联系等特点,应当说课堂组织难度较大。经过取舍,本设计以"意象"为切入点,对比四首诗的意象、意境、情感、形象、艺术手法,探究四首诗的意象异同,进而探讨四个诗人的青春特点与时代的关系。

【学情分析】

高一新生的古诗文阅读能力比较低下,读不出、认不全、看不懂、理不明的情况非常常见。基于以上学情分析,高一上半学期语文古诗文的教学应该以培养阅读兴趣,扫清阅读障碍,引导学生结合课下注释阅读文本,解析文本。这一切的核心都是兴趣。所以,教师如何设计课程导入,引起学生阅读文本的兴趣是关键问题。语法知识、文学常识的讲解都应融合在文本分析之中。

【教学方法】

(一)教法:启发式教学法:启发学生借助时代背景下更好理解诗歌意象和诗人情感。任务驱动法:以任务驱动形式,聚焦本节课重难点,让学生重点掌握相应知识。

(二)学法:自主学习法:学生自行借助课文注释和材料,提炼自己的阅读体验。合作探究法:学生合作交流各自的想法,升华自己的阅读体验。

【教学过程】

(一)任务驱动导入 上节课我们聆听了古代诗歌发展史,了解"词"的文学常识,毛泽东以青春激情书写旷日秋景;以凌云壮志品味风华人生。他以一首《沁园春·长沙》拨开人们心灵的迷雾,映射出革命的光芒。那么这节课我们乘着诗歌历史发展的便车,进一步领悟课本上四首现代诗歌的独特魅力。

(二)知人论世,品味青春

1.激趣:口述现代诗歌发展史

课本上的诗歌体裁,恰恰是不同时期现代诗的典型代表作品,讲述现代诗歌特色后,我们带着青春的期待与他们对话。

2.解密:初读诗歌,解密信息档案

绘制作家作品信息一览表,让学生对本单元诗歌有个基本了解。

(三)诵读梳理,感悟青春

1.找出四首诗中分别写了哪些意象?(在书中圆圈标出)分别表达了怎样的情感?四首诗分别运用哪些艺术手法?

文本品读指导:阅读现代诗,我们必须见微知著,于每处字词句乃至标点符号中,深入品读背后蕴含的情真意切。体味字里行间流露的人物情感和人生感悟。四首诗运用的意象有何异同?

【点拨】诗人选取的意象都具有个性化特质,都与其要表达的情感高度一致。

3.四个诗人青春的共同特点是什么？青春的特点与时代有怎样的关系？

【明确】

（1）郭沫若、闻一多处在中国积贫积弱的时代，他们以天下为己任，以自己的赤子之情为美好的明天而奋斗。昌耀在"文革"前夕遭受了不公平待遇，但他没有消沉，追求对生命的热爱。雪莱面对资本主义扩张造成人民的流离失所，因此发出对自由的呼唤。

（2）他们青春的特点各有不同，都是积极向上，引领时代的。

4.感悟诗人的青春情怀。

（四）咬文嚼字，评点青春赏"放号"之势、"云雀"之欢，探"红烛之光""雪峰之侧"，品味诗歌炼字选词之妙。

1.诵读《立在地球边上放号》，赏析富有表现力和感染力的词句。

（1）"不断的毁坏，不断的创造，不断的努力哟！""力的绘画，力的舞蹈，力的音乐，力的诗歌，力的律吕哟！"（赏析句子）

【明确】运用富有气势的排比手法，从不同的角度赞美讴歌"力"，形成奔涌喷薄的气势。

（2）"无数的白云正在空中怒涌""无限的太平洋提起他全身的力量来要把地球推倒"。（赏析加点词语）

【明确】"怒涌""推倒"是富有力量的动词，运用了拟人手法。生动形象地表现了眼前景物的雄伟壮丽和震撼人心。

2.赏析《红烛》富有表现力和感染力的词句。

（1）"烧破世人的梦，/烧沸世人的血——"（赏析加点字及整句）

【明确】动词"破"和"沸"写出了诗人希望红烛能够燃烧熊熊的生命之火，照亮沉睡的中国，唤起世人奋起抗争。这两句打破通常的思维逻辑和用词规范，不合情理却用得奇妙。

（2）"是残风来侵你的光芒"。（赏析加点词语）

【明确】"残风"象征黑暗反动的邪恶势力，"侵"字说明它不能容忍红烛创造光明，表明诗人拯救祖国的美好愿望受到阻挠。"残"字也表明，这种黑暗的势力已经是强弩之末，不能阻挡光明的最终到来。

3.诵读《峨日朵雪峰之侧》，赏析富有表现力和感染力的词句。

（1）"这是我此刻仅能征服的高度了"。（赏析加点词语）

（2）"在锈蚀的岩壁"。（赏析加点词语及整句）

（3）"石砾不时滑坡，引动棕色深渊自上而下的一派嚣鸣"

"我的指关节铆钉一样揳入巨石的罅隙"

"与我一同默享着这大自然赐予的快慰"。（赏析加点词语）

4.赏析《致云雀》富有表现力和感染力的词句。

（1）"像一位诗人""像一位高贵的少女""像一只金色的萤火虫""像一朵让自己的绿叶/荫蔽着的玫瑰"。（赏析句子）

【明确】运用大量的比喻，从不同角度表现出云雀的欢唱给诗人带来的审美感受。

（2）"整个大地和大气，/响彻你婉转的歌喉，/仿佛在荒凉的黑夜，/从一片孤云背后，明月放射出光芒，/清辉洋溢遍宇宙。"（赏析句子）

【明确】运用了通感手法。将云雀嘹亮的歌声想象为划破夜空的月光，强调夜晚云雀歌声清亮动人，透露出云雀向往自由、冲破黑暗时的快乐和果决。

（3）拓展延伸：雪莱名言

①冬天已经到来，春天还会远吗？

②过去属于死神，未来属于你自己。

（五）总结升华，拥抱青春一百多年前，五四先驱李大钊曾这样激励青年一代：

青年之字典，无"困难"之字，青年之口头，无"障碍"之语：惟知跃进，惟知雄飞，惟知本其自由之精神，奇僻之思想，锐敏之直觉，活泼之生命。

青春，如同朝阳，是一个人最宝贵的年华。风华正茂的我们，仿佛拥有着整个世界。今天，广大青年是中国特色社会主义建设的主力军。青年一代有理想、有担当，国家就有前途，民族就有希望。我们这一代年轻人，有着极强的民族自信心和国家荣誉感，时代也需要我们用坚实的肩膀扛起民族复兴的重任。

【作业设计】

青春之美，在人的一生中是弥足珍贵的。结合本单元诗作和能够引发你思考的其他作品，发挥想象写一首诗，抒写你的青春岁月，给未来留下宝贵的记忆。注意借鉴本单元诗歌在意象选择、语言锤炼等方面的手法，使诗作多一些"诗味"。汇总所有同学的诗作，全班合作编辑一本诗集作为青春的纪念。

庄惠成，广东省广州市新穗学校教师。

统编四下《芙蓉楼送辛渐》教学方案

◎ 林雪钰

【教学目标】

1.正确、流利、有感情地朗读并背诵古诗,默写古诗。

2.结合注释,理解诗句的意思,重点理解"冰心、玉壶"等词语的意思。

3.感受诗人与友人的离别情意,以及诗人洁身自好的志向和品格,为诗人写小传。

【教学重点】

有感情地朗读课文,理解诗句及整首诗的大意。

【教学难点】

能感受诗句表现的精神品格。

【教学准备】

制作多媒体课件,课前发放预习单,课中使用学习单和续学单。

【教学过程】

一、游戏导入,创设情境

1."翻翻卡"小游戏。

(1)出示诗句卡片:故人西辞黄鹤楼、莫愁前路无知己、李白乘舟将欲行、接天莲叶无穷碧、野火烧不尽。

师:同学们,诗歌是中国文化史上极其耀眼的明珠,优秀的诗歌可以飞越时间的长河,拨动我们的心弦。我们已经学习过许多优秀诗歌,今天,老师就要考考大家的积累。谁能说出这些古诗的下一句?(当学生回答正确时,点击诗句卡片,出现后半句。)

(2)看看这些诗名,你有什么发现?

预设:都有"送"字或"别"字。

师:这些都是送别诗。今天我们要学习的也是一首送别诗。(板书课题,指导书写"芙蓉",生书空,再读两遍。)

2.解诗题。

(1)师:请同学们齐读诗题,说说你从诗题中了解到哪些信息?

预设1:这是一首送别诗。

预设2:送别地点在芙蓉楼。

预设3:送别对象是辛渐。

师:你知道芙蓉楼在哪儿吗?(出示芙蓉楼的图片,引导学生关注注释。)

预设:故址在今江苏镇江北,下临长江。

师追问:谁能用完整的话来说一说诗题的意思?

预设:诗人在芙蓉楼送别辛渐。

师:诗人是谁?你对他有哪些了解?

预设1:他是唐代的人物。

预设2:他写过《出塞》,是一个边塞诗人。

预设3:他被称为"七绝圣手"。

(2)任务导向:出示一则通知。

本校即将举行一场"千古诗词,灿烂文化"活动,于文化角设立唐朝诗人集会,现在向各班征集诗人小传。请各班同学踊跃参与。

稿件征集时间:即日起至6月15日。

稿件收集:教师办公室信箱。

XX 小学教导处

2023 年 5 月 15 日

出示李白、高适人物小传。

同样是优秀的诗人,王昌龄的人物小传该如何写呢?怎样把王昌龄的生平和品格介绍给同学们,请你结合本诗为王昌龄写一篇小传。

(3)出示诗人介绍页。

师:诗人青年时期离家外出求道,跟许多有志向的人性情相投,与李白、张九龄、孟浩然等大诗人成为好友。他怀着远大抱负,梦想有一番作为,然而小人诬陷,致使他接二连三地被贬,面对这样的境遇,他会是什么样的心情呢?朋友们会如何看待他?让我们走进诗中,去一探究竟。

二、初读感知,学习字词

1.自由读诗,出示要求:读准字音,读通诗句。

请学生试读。

2.学习生字。

3.学生听伴读音乐,再读诗歌,读出节奏。

4.师:同学们读得很有节奏,现在请你们以小组为单位,完成学习单上的第一项任务,同学之间交流合作,借助课文中的注释,说说诗句的意思。(每组选一位汇报人,向全班汇报交流的结果。)

三、再读诗歌,理解文本

1.理解"寒雨连江夜入吴,平明送客楚山孤。"

(1)师:王国维曾说:"一切景语皆情语。"这首诗的前两句描写了哪些景物?

预设:有雨和山。(板书:雨、山)

师:诗人是在一场雨后与好友道别,这是一场怎样的雨?(预设:寒雨。)"寒雨连江"告诉我们,这是一场怎样的雨?(预设:倾盆大雨。)这场雨下在什么地方?(预设:吴地。)

出示地图:诗人此时在江宁任县丞,好友辛渐来看望他,他送别辛渐,一路送到镇江,就在芙蓉楼分别,辛渐在此启程,出发去洛阳。

2.理解"洛阳亲友如相问,一片冰心在玉壶。"

(1)师:李白临行前,说的是"桃花潭水深千尺,不及汪伦送我情"。这是表达他对好友汪伦深情相待的感谢;高适说"莫愁前路无知己,天下谁人不识君"。这是他给即将远行的好友董大鼓气。可是,辛渐即将启程,王昌龄却只让他传话,这是为什么呢?我们再来看看王昌龄的经历。(出示诗人经历)接连被贬,别人会怎么议论他?

预设1:官越做越小,一定是王昌龄不爱护百姓。

预设2:王昌龄肯定是一个贪官。

师:人们对王昌龄议论纷纷,所以王昌龄要辛渐给洛阳亲友带去这句话,一起读——洛阳亲友如相问,一片冰心在玉壶。

(2)"冰心"是怎样的心?"玉壶"有什么特点,出示图片,帮助学生理解。

(3)师:"冰心""玉壶"是有典故的,最早出现在南北朝的诗人鲍照的《代白头吟》,谁来试着说,"玉壶冰"象征着什么样的品格?

预设:象征着纯洁的心,清正的品格。

师:诗人想借"冰心""玉壶"告诉洛阳亲友什么呢?

预设:想告诉洛阳亲友,王昌龄的心依旧纯洁,他没有改变自己的心志。

师:辛渐说的话,亲友们会相信吗?

师:会相信的,因为王昌龄出征边塞时,他说"但使龙城飞将在,不教胡马度阴山。"当他被小人诋毁时,他说"黄鹤青云当一举,明珠吐著报君恩。"他曾经写下的诗都表明了他的爱国精神,显现了他的高尚品格。看看这些诗句,你看到一个怎样的王昌龄?

……

四、背诵诗句,概括主题

1.生配乐背诗。

2.师生共同概括本诗主题。

五、举一反三,拓展阅读

1. 出示续学单,小组合作学习《从军行(其四)》,深入体会王昌龄身上的伟大品格,小组讨论结束后,派一位代表汇报学习成果。

2.延伸:其他表达自身志向与品格的诗词。

六、布置作业

从以下三项作业中选择两项完成。

(1)背诵《芙蓉楼送辛渐》。

(2)向家人介绍《芙蓉楼送辛渐》的故事。

(3)观看《经典咏流传》节目中《芙蓉楼送辛渐》片段,写观后感。

附:《古诗三首》课前预习单(一)

课题《芙蓉楼送辛渐》,建议用时:10~15分钟

1.读诗,圈画生字词。

2.我读了__遍,能做到(正确、有节奏、有感情)朗读。

3.关注题目,从题目中,我获取的信息:____

4.工整地抄写本课生字两遍,并写出读音。

5.读词语。通过工具书、联系上下文等方式理解词语。

芙蓉、辛渐、孤寂、洛阳、玉壶

6.关注诗人:作者是__代的____。他被称为____。我们学过他的作品:____。

7.关注内容:这是一首送别诗。时间是____,地点是____,人物有____。我能串联起时间、地点、人物,结合注释,试着说说这首诗的内容:__

8.质疑:预习之后,我还有疑惑:____

9.评价:给自己做个评价,涂色表示得分:☆☆☆☆☆

林雪钰,广东省陆丰市陂洋镇洋口小学教师。

《我们都来讲笑话》口语交际教学方案设计

◎ 娄亚方

【教材分析】

小学语文统编教材五年级下册第八单元口语交际的话题是"我们都来讲笑话"。本次口语交际旨在让学生选择内容健康、积极向上的笑话，进一步感知风趣的语言所富有的感染力和表现力，感受笑话带来的乐趣，养成良好的讲述和倾听习惯。教材为主有四部分组成：第一部分布置了本次口语交际的主要任务；第二部分提示了讲笑话要注意的问题；第三部分提出了本次口语交际的要求；第四部分"小贴士"提出了本次口语交际中要注意的两个要点：一是要避免不良的口语习惯；二是要用心倾听，做个好听众。教材对于教师"教"、学生"学"的逻辑简洁清晰，难的是要让学生讲好笑话，并在讲笑话的过程中习得交际的规范与经验，提升学生的口语交际能力。

【教学目标】

1.能讲述两三个收集到的笑话，避免不良的口语习惯。

2.能用心倾听别人讲笑话，做一个好的听众。

【教学重点】学会倾听，讲好笑话。

【教学难点】依据交际要求，把笑话讲得绘声绘色。

【教学准备】多媒体课件，笑话"信封"等。

【教学过程】

1.(出示视频)昨晚上老师上网看视频，发现了一个有趣的小视频，我们来看一下。

2.好笑吗？哪里好笑啦？

预设1：他表演时的动作很好笑。预设2：他的表情也惹人发笑。

3.过渡：看来咱班的孩子很厉害呢，听也听得很专注。是的，这样轻松搞笑的视频，确实能让人心情一下子愉悦起来。同学们，我们要开始上课了，准备好了吗？

设计意图：以"小视频"这种学生喜闻乐见的形式，营造轻松愉悦的氛围，调动学生的兴趣，吸引学生的注意力。

板块一：分享笑话 明确"倾听"要求

1.引入：今天我们要上一堂口语交际课。(板书：口语交际)说到口语交际，和平时的课堂不一样，我们主要是来学习说话。可能有同学要问了，说话还需要学习吗？哎，你们觉得说话要注意什么？

预设1：说话时声音要响亮。

预设2：说话时口齿清晰，大方自信。

2.过渡：是的，说话时声音就要响亮、口齿清晰，仪态自然，重要的是把内容准确地传递给对方。相信等下的交流中，同学们一定可以交流得很愉快！那么今天我们交流的话题是什么呢？好，一起读。

3.分享笑话，明确要求。

①真好。课前大家都准备了笑话，我们来分享一下吧。选一则笑话，先自由准备一下。

②来，谁愿意来分享一下？先不着急着讲。同学们，现在我们都是他的听众，老师有个小小的要求——(出示"听"字)

③这是"听"的繁体字，谁来说说我们可以怎么来听？

④是的，竖起耳朵，眼睛看着说话的人，专心致志地听，就是尊重对方，就是_____

倾听！(板书：倾听)

⑤倾听就是学习的开始！准备好了吗？请同学来分享笑话，谁先来？

4.过渡：看来咱班的孩子真是厉害，不仅会说，更会听。幽默的语言就像闪光的金子，充满了智慧，让人感到轻松和愉悦。

设计意图：本次口语交际，教材安排了前置性学习任务——收集一些笑话，因而要给学生分享、讲述的机会。"讲"并不难，难的是怎样"听"。"听"在口语交际中同样重要。教师借助"听"的繁体字,帮助学生厘清倾听方法,培养倾听习惯。

板块二:示范讲笑话　梳理内容

1.老师示范讲笑话,梳理内容

①老师这里也有个笑话,想听吗?

②你觉得老师讲得怎样?哪里讲得好?(指向笑话内容:有趣)你觉得这个笑话有没有需要改进的地方?(指向笑话内容:积极向上)

③小结:是呀,我们要讲好笑话,在内容上要有所选择,尽量挑选那些有趣健康、积极向上的笑话来讲。

2.自由交流收集的笑话现在请同学们再看看自己收集的那些笑话,也可以打开老师为大家准备的信封,筛选出一则来,在组内做一个分享。温馨提示哦:分享时要注意倾听。

设计意图:这个环节中,教师示范讲笑话,引导学生关注笑话内容的选择,进一步感知风趣的语言所富有的感染力和表现力,感受笑话带来的乐趣。

板块三:创设情境,明确讲笑话要求

1.过渡:相信同学们都交流好了,咱们班的同学真是了不得,不仅讲得好,而且还都很会听。此刻,你们开心吗?

2.创设情境,分享笑话。

①眼下,我国沿海地区的渔民正担忧着核废水的污染,他们的生活受到了威胁,

你看——(出示图片)老师在想,我们来录制一个笑话视频,把快乐传递给他们,那该是一件多有意思的事啊!大家有兴趣一起来完成这件事吗?

②在刚才的交流中,有没有同学听到特别好听的笑话?

③来,谁来说说看?我们请他来分享一下。你也作为一个听众,一起再来听听看吧。

④你觉得他讲得怎样?哪里好?其他同学觉得他讲得怎么样?

3.明确讲笑话要求,再次分享。

①是啊,要把笑话讲好,不是一件容易的事,你觉得我们讲笑话时要注意些什么?

②不简单,第一次读就能把话讲得这么流畅,真棒!知道了讲笑话的要求,相信同学们就能把笑话讲好,来,谁再来分享一下?

③同学们,你觉得他讲得怎么样?(板书:绘声绘色)

设计意图:本环节设计中,创设一个真实而富有意义的生活交际情境,让学生在获得愉快的同时,习得讲好笑话的方法,为口语交际的顺利开展做好铺垫,同时,也加深对"讲笑话"的理解。

1.小组练讲,推选选手。

板块四:小组练讲　全班展示

①可是要录制视频,讲好笑话可不是那么容易的,比如首先要熟记笑话的内容。

要不我们再准备一下,小组内先PK一下,选出一个代表,等下上台来展示,有没有信心?好,特别注意哦,我们在准备的过程中,尽量不要影响到其他小组,开始吧。

②好,小组内胜出的选手请示意一下。哪位选手先来分享?我们来点掌声,鼓励鼓励。

2.全班展示

①先别急着讲,同学们,我们来做他的听众兼评委吧,注意倾听哦。请你开始吧。

②你们觉得他可以录制笑话视频吗?理由呢?

预设1:可以,他讲的时候,表情特别丰富。

预设2:可以,他的表演引得我们哈哈大笑。

③谁还想再来分享?他可以吗?

④是啊,笑话不仅可以给我们带来快乐,它更是一剂治愈心灵的良药。瞧,(出示情境)当你遇到了这样的情况,你怎么来给他讲笑话?

3.小结:看来同学们的笑话讲得都很幽默风趣,很成功,给大家带来了无限快乐。相信到时候我们一起录制的笑话视频,也一定能沿海地区的渔民们带去快乐。

设计意图:在课上学到的交际方法和技巧,必须要通过实践活动来巩固提升,才能形成交际能力。本环节设计中,先小组练讲,再全班交流,给学生搭建"讲""听""评"等平台,让学生在轻松快乐的氛围中展开口语交际的训练,提升口语交际能力。

板块五:总结延伸

1.同学们,通过这节课的学习,大家都知道该怎样讲笑话,怎样来讲好笑话了。当然,课后我们还可以把这些笑话呀、视频呀发在朋友圈,分享给更多的人。

2.留个小作业给大家:选择两三个你觉得好玩的笑话,讲给爸爸妈妈或身边的人听。

3.好,下课!

娄亚方,浙江省绍兴市上虞区谢晋小学教师。

《题西林壁》教学设计

◎秦 天

【教材简析】

《题西林壁》是统编版小学语文四年级上册第9课。这一单元以"连续观察"为主题，旨在让学生体会文章准确生动的表达，感受作者连续细致的观察，进一步引导学生学会连续观察。本课以描绘景物的三首古诗为主。本节课是苏轼的《题西林壁》这首以庐山为描写对象的宋代诗歌。这首诗的关键点一是要让学生通过古诗完成传统文化的积淀，体会到中国山水的美丽；二是要让学生明白古诗中所蕴含的哲理，并学会运用。在教学时，要在对古诗进行文意疏通的基础上，进行一些拓展和关联，并且要结合单元主题与课文插图，去让学生更好地理解和学习。

【学情简析】

这是一首字面意义简单但哲理深刻的宋诗，具有宋诗精于说理的典型特征。这首诗的作者是苏轼，描写对象是庐山。无论是对苏轼还是对庐山，学生之前都已经学过相关联的其他古诗，如：《饮湖上初晴后雨》《惠崇春江晚景》《大林寺桃花》《望庐山瀑布》。在教学时应该有所关联，让学生对古诗的掌握做到温故知新、融会贯通，以达到更加全面和系统的效果。

【设计理念】

本课教学以学生为主体，把课堂交给学生，让学生在朗读、讨论、对话、自主探究、课前预习等方式中掌握知识。老师只起到一个领路人、引导者的作用。

【教学目标】

1.能够理解全诗，并且有感情地朗读。

2.能够用自己的语言讲述诗歌内容并且可以背诵和默写。

3.能够积累与诗歌相关的知识并且学会迁移运用。

4.结合课文，学会吟诵、想象、小组交流，并且可以从中积累知识。

5.能够激发学生对于传统文化和中国山水的热爱。

【教学重点】

理解全诗，学会背诵和默写。

【教学难点】

明白诗歌的哲理含义，并且学会运用迁移。

【教学课时】

3课时。（本教案为第2课时）

【教学准备】

教学课件PPT；磁贴。

【教学过程】

一、课文引入

展示古诗《望庐山瀑布》（唐·李白）、《大林寺桃花》（唐·白居易）。

问：这两首诗有什么共同点？预设：庐山。

展示古诗《饮湖上初晴后雨》《惠崇春江晚景》。

问：这首诗的作者是谁？预设：苏轼。同学们今天我们跟随着苏轼再去游览游览我们的庐山。齐声朗读《题西林壁》。

二、题目释义

同学们第一遍读的很好，字音都准确，但古诗还要读出节奏。老师根据意思和词语进行了划分。请同学们根据断句，再齐声朗读一遍：

题／西林壁 宋／苏轼

横看／成岭／侧成峰，远近／高低／各不同。不识／庐山／真面目，只缘／身在／此山中。

问：我们的断句是根据它的意思去进行停顿，为什么我们的题目要在题与西林壁之间进行停顿？

预设：从课本注释理解。

引出知识点的讲解：

题：书写，题写。西林：西林寺，在今九江庐山脚下。

展示古诗《黄鹤楼》（唐·崔颢）、《题临安邸》

（宋·林升）

这些诗歌都是题写在墙壁上的，所以这一类诗都叫作题壁诗。

三、熟读理解

接下来我们就走进这首诗歌，理解这些诗句。不仅可以结合注释，还可以借助插图、展开想象去理解诗句。请大家默读这首诗，也可以互相交流各自的理解。（1分钟默读、1分钟交流）老师来检验一下大家的学习成果。我们先看看前两句：横看成岭侧成峰，远近高低各不同。

问：苏轼从哪些角度去看庐山？

预设：横、侧、远、近、高、低。（可让学生用自己的站位角度来示范）

老师展示图片，请同学们用一些词语去描述：

第一幅图：横——岭（预设：连绵不断、屏障、庞大……）

第二幅图：侧——峰（预设：陡峭、突兀、高耸入云……）

第三幅图：远（预设：全面、丰富、景色多……）

第四幅图：近（预设：景色少、清晰、具体……）

第五幅图：高（预设：鸟瞰、俯视、居高临下……）

问：同样都是庐山，但它们都不一样，苏轼也总结出三个字就是_____。

预设：各不同。理解之后，同学们就要再次朗读了。再次朗读要注意，读"岭"：声音延长，读出岭的连绵不断。读"峰"：声调上扬，读出峰的陡峭和高峻。我们再把这首《题西林壁》读一遍。

苏轼想看见庐山的真面目，可他在诗句里说他"不识"。不过，他也总结出了原因——因为他在庐山之中。所以我们后两句读的时候也有强调的地方："真面目"和"此山中"。

老师给出三种强调方式：重读、放慢、轻读。请几位同学试着读一下。

预设：学生单个试读，体会重读、放慢和轻读的不同感觉。（这里老师要及时评价和指导）

带着这些要求，让我们再朗读一遍《题西林壁》。

四、诗意理解

苏轼让我们知道，探究庐山的真面目要从"横、侧、远、近、高、低"六个角度去看。这让老师想到一个和大象有关的成语，有没有同学也能回答出来？

预设：盲人摸象。像了解大象一样了解庐山，我们看到的六个角度虽然不一样，但都是庐山一部分，综合起来就是庐山全貌。可是当四周都是山，不能同时看清楚又怎么办？我还想到了一个成语，请同学们填空。

预设：当局者迷，旁观者清。问：所以为了看清庐山，我们可以怎样去认识？

预设：站在庐山之外。问：我们可以从认清庐山中学习到什么？

预设：不同角度观察的结果各不一样；要综合各个角度的观察结果得出这个整体；想了解这件事情的全部情况要站在旁观者的角度。这也是我们这一单元的主题、这一单元的卷首语，大家齐读：

处处留心皆学问

这提示同学们在生活中连续细致地观察就会认清事物的全貌。

五、迁移运用

了解了庐山，老师也想让同学们了解苏轼的"真面目"。老师给大家介绍一下苏轼。展示苏轼简介：苏轼（1037年—1101年），号东坡居士。眉州眉山（今四川省眉山市）人。

"唐宋八大家"之一。他因为做官走遍了我们大半个中国。这首诗就是他从黄州离开途经庐山游览时所作。展示图片：苏轼做官行迹地图。展示苏轼成就：与黄庭坚并称"苏黄"；与辛弃疾并称"苏辛"；与欧阳修并称"欧苏"；除此之外还很擅长书法——《寒食帖》，擅长绘画——《怪木竹石图》；还喜爱美食，东坡肉、东坡肘子等食物的发明都与苏东坡有着密切的关联，他还喜欢荔枝、竹笋等食物。

苏轼在我们广东也留下了著名的诗篇。展示相关诗歌：

罗浮山下四时春，卢橘杨梅次第新。日啖荔枝三百颗，不辞长作岭南人。（《惠州一绝》）

请同学们说一说你最喜欢苏轼哪方面，通过这一个小方面，你认为苏轼是怎样的一个人？预设：诗人、词人、散文家、书法家、绘画家、美食家、官员、水利专家……引出：同学们无论怎样看都有道理，因为：横看成岭侧成峰，远近高低各不同。最后有感情地齐读一遍《题西林壁》。

合上课本尝试着有感情地背诵这首诗。

我们这节课就上到这里，同学们下课。

秦天，湖北省深圳市南山区南山小学教师。

《爬山虎的脚》教学方案（第一课时）

◎ 师丽娜

【文本分析】

《爬山虎的脚》是观察描写植物的名篇，作者是著名教育家、文学家叶圣陶先生。文章运用散淡的语言、恬静的笔法，细致地描写了爬山虎生长的地方、爬山虎的叶子、爬山虎的脚的形状特点、它是如何一步一步往上爬等内容。文章从整体到部分，重点放在爬山虎的脚上，并紧扣题目，让学生读后产生探究的欲望，激发他们留心观察周围事物的强烈兴趣。教学本文，不仅要让学生读懂课文，了解爬山虎的特点以及它是怎样用脚爬的，还要引导学生学习作者观察事物、抓住事物特点的方法，学习如何写出内容具体的文章的方法。

【学习者分析】

小学中年级学生已经掌握了一定的观察方法，具备了一定的观察能力。学生第一次接触爬山虎，会表现出极大的兴趣，肯动脑筋，但缺乏深入、细致的观察，且大多数学生抽象思维能力弱于形象思维能力，语言表达滞后于直观感受。本课教学内容有益于启发学生思维，培养深入、细致的观察习惯和能力。首先，学生对爬山虎这一植物的命名会倍感兴趣，有助于诱发观察的欲望；其次，在表达方式上，本文采用了拟人化的手法，形象生动，适合学生的年龄特点和认识规律；再者，课文在描写上细致入微，有助于学生阅读和观察。

【设计理念】

《爬山虎的脚》是一篇精读课文。叶圣陶老先生细致精准地描写出爬山虎充满了勃勃生机的"叶"和"脚"，形象生动，栩栩如生，这也是课文的重点。设计时我采取了先重点讨论"脚"的特点，然后再研究"叶子"的特点这种教学策略，教学中立足工具——课本，注重引导学生抓住关键词句理解文章受到情感熏陶，学习作者的写作方法，充分挖掘教材的人文因素，培养学生的感悟能力、审美能力，使语文的工具性与人文性和谐统一。

【教学目标】

1. 学会本课生字新词，能流利地朗读课文，读懂课文。

2. 了解爬山虎脚的特点，重点理解爬山虎是怎么一脚一脚爬上墙的。

3. 分析重点词句，学习作者有详有略的写作方法，提高观察能力和理解能力。

4. 激发观察的兴趣，结合观察发展学生的审美情操。

教学重难点分析及解决措施：

【重点】

理解重点词句，了解爬山虎脚的特点。

【难点】

明白作者是怎样用生动、准确的语言描写爬山虎的叶子和脚的。

解决措施：

1. 创设情境，激发学生的学习兴趣。

2. 阅读文本，培养发现问题的能力。

3. 利用技术，培养学生理解语句、表达感悟的能力，增加学生的参与度。

【课时安排】第一课时

【教学准备】教学课件

【教学过程】

一、介绍作者，导出课题

同学们，认识叶圣陶爷爷吗？咱们上个学期学过一篇他的文章——《荷花》。他观察特别仔细，还是一位了不起的大作家呢！咱们一起呼唤他的名

字——叶圣陶。叶爷爷为我们小学生写下了一篇精美的文章,就是我们今天要学习的课文《爬山虎的脚》。(齐读课题)

设计意图:出示作者的肖像图片,让学生能够更直观形象的认识作者其人,激发学生学习兴趣。

二、认识爬山虎,了解课文主要内容

1.指名学生读课文。

注意这样两个问题:

(1)圈出课文的生字新词。

(2)课文哪些段落写了叶子,哪些段落写了脚?

2.检查交流。

(1)指导学生读生字、词语。

(2)掌握多音字。

空(kòng　kōng)

重(chóng　　zhòng)

设计意图:让学生通过读课文并动手圈画生字词,进行思维训练,理清课文的脉络。同时利用屏幕遮盖功能出示爬山虎的图片,给学生一种神秘感;利用组合拖拽功能出示句子,给学生新鲜感。

三、认识爬山虎的脚

1.学生通过朗读找准"茎上、叶柄的反面、六七根细丝、嫩红"等词语,体会作者观察的仔细。

出示句子:爬山虎的脚长在茎上,茎上长叶柄的地方,反面伸出枝状的六七根细丝,每根细丝像蜗牛的触角。细丝跟新叶子一样,也是嫩红的。

2.画简笔画,区别"茎"和"柄"。

3.找出描写爬山虎脚位置、样子、颜色的词。

师:这么不起眼的脚叶爷爷是怎么发现的呢?(仔细观察)

4.配乐朗读课文。

设计意图:通过简笔画形象直观的展示,加深学生的印象。体会观察的仔细,培养学生养成观察的好习惯;运用插入播放音乐功能,渲染气氛,使课堂更具有人文性。出示蜗牛触角与爬山虎脚的对比图,给学生留下深刻的印象。

四、了解爬山虎的"爬"

1.默读课文的第4自然段,边读边圈出表示爬山虎怎么爬的动词。

2.送动词回家;

3.想想这些动词好在哪里?这些词能不能换?为什么?

【播放爬山虎爬的视频】

4.师:通过叶爷爷的文笔,我们知道了爬山虎的脚是怎么爬的。这时,他又发现了爬山虎脚的一个秘密,请同学们齐读读课文的第五自然段,看看叶爷爷又发现了一个什么秘密。(师生讨论)

交流总结:爬山虎脚触着墙和没触着墙的区别。

【设计意图】通过动词的准确使用,进一步体会观察的仔细;利用新媒体技术使学生参与到课堂中来,成为课堂的主人。

五、巩固总结

孩子们,今天,我们知道叶爷爷他观察的是爬山虎的脚,其实,在我们的大自然中,还有许多东西值得我们观察,(播放相关图片)只要我们仔细观察,就会发现大自然的许多奥秘。所以,希望大家都能拥有一双发现的眼睛。

2. 爬山虎的叶子有怎样的特点,它与爬山虎的脚又有怎样的联系呢,下节课我们继续学习。

【设计意图】通过播放相关图片资料,激发学生探究大自然的兴趣,培养学生观察的能力。

六、拓展延伸,作业布置

基础必做:背诵课文三、四、五自然段

拓展选做:1.仿照《爬山虎的脚》作者的观察方法,观察一种植物,先从远处看,再从近处看,特别要仔细观察它的茎、叶、花,看看有什么特点,再把它具体写下来。

2. 阅读叶圣陶老先生的另一篇文章《牵牛花》。

七、板书设计

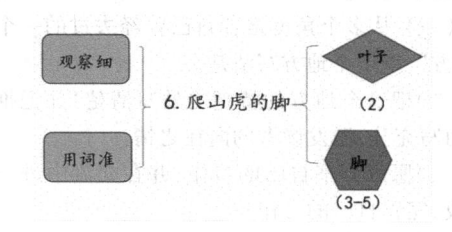

师丽娜,陕西省榆林市清涧县第三小学教师。

《习作:推荐一个好地方》教学方案

——统编版语文四年级上册第一单元习作

◎陶文燕

【教材分析】

"推荐一个好地方"是统编版语文四年级上册第一单元的习作主题。本单元的习作要求学生把地方介绍清楚,同时也要把推荐的理由写充分。教材内容分成三部分。第一部分提出了习作的内容,通过引言和图片告诉学生本次习作的内容是向同学推荐一个好地方。第二部分是简要的习作指导和提示,通过启发性的问题和举例,给学生提供一定的习作思路。第三部分是习作要求,要把这个地方介绍清楚,把自己推荐的理由写充分,写完后把自己的习作读给同学听,请他们提出修改建议,再举办"最受欢迎的好地方"推荐会,看看哪些地方最吸引大家。第二学段学生习作的重点在于写清楚。统编版语文三年级上册第六单元习作《这儿真美》,要求学生把身边的美景介绍给大家,学生已经有了一些写景的经验。本次习作是在三年级习作基础上的提升练习。怎么样把一个好地方介绍给大家呢?第一,有条理地进行介绍。可以分不同的方面来介绍,让读者了解得更全面;也可以围绕一个中心意思,组织段落,做到条理清楚。第二,把推荐理由写充分,吸引大家去看。可以运用读写融合的方法,结合本单元课文,引导学生调动多种感官,写下自己的所见所闻所感,让描写更有画面感。

【教学目标】

(一)从多个角度推荐自己曾经去过的一个"好地方",把这个地方写清楚。

(二)把这个地方的特别之处写清楚,并把推荐理由写充分,激发读者的向往之情。

(三)愿意分享自己的习作,并在交流中进一步修改、完善自己的习作。

【教学准备】

(一)教师准备:多媒体课件、习作推荐单、习作评价表、习作例文

(二)学生准备:填写好习作推荐单

【教学过程】

(一)链接生活,交流推荐内容

1.炎热的夏天已经过去了,凉爽的秋天正在来临。在金风送爽的秋天,我们可以结伴郊游,去感受山水田园、历史人文的魅力。我们可以去哪些地方走一走看一看呢?这节课,我们就来互相推荐一个自己喜欢的"好地方"。(板书:推荐一个好地方)

2.请同学们拿出课前填写的习作推荐单,推荐一个好地方。(出示习作单)

我要推荐的好地方是:_____
这个地方在:_____
推荐大家去这个地方的理由是:_____
我还搜集了一些其他资料:_____

3.明确"好地方"的类别。学生简单归纳"好地方"类别,如著名景点、游乐场、美食场所、自己喜欢去的地方……

4.小结。"好地方"可以是远近闻名的风景名胜,可以是欢声四起的游乐场所,也可以是美食云集的美食城……好地方的范围很广,可有名可无名、可大可小、可远可近,可以是好看的、好玩的、好吃的地方,也可以是让我们增长知识的地方……只要自己喜欢,就可以推荐给大家。

(二)明确要求,架构点拨

1.那么,怎样把你喜欢的地方介绍给大家,让其他人和你一样喜欢那个地方呢?请同学们打开课本,来看看这次习作的要求。

2.明确习作要求。

提问:谁来说说这次习作的要求是什么?

预设:

(1)习作范围:自己喜欢的一个地方。

(2)习作重点:描写这个地方的与众不同之处,抓住这个地方的特点来写。

3.分析示例,打开思路。

(1)怎样介绍你喜欢的地方会更有条理呢?比如说介绍一个古镇,来读读这3个这句子,也许能给你一些启发。(出示句子)想想可以从哪几个角度来抓古镇的"特别之处"。

这个古镇很美……

在那里可以了解以前人们的生活……

这个古镇有很多好吃的……

(2)学生畅所欲言,相互补充,教师点拨,板书要点。

预设:学生大致会说出古镇"景色美、人们以前的生活美好、美食多"这三个方面的"特别之处"。

(3)小结。示例中的句子,第一句告诉我们可以介绍古镇的景色,第二句告诉我们可以介绍古镇的风土人情,第三句告诉我们可以介绍古镇的美食小吃。介绍一个地方可以从不同的方面来写,比如:自然风光、风土人情、美食小吃;结构上可以运用总分的方式,让人一看就明白这一段的内容。

(板书内容:风光景色、风土人情、美食小吃、总分结构)

(三)片段试写,集体评议

1.明确任务。下面就请大家来写一写你心目中的那个好地方,可以从几个方面来介绍,也可以侧重选择一个方面进行推荐。本次写片段的要求是把推荐的内容写清楚。

2.学生自由写片段,教师巡视指导。

3.同桌互评,集体评议。

(四)范文引领,修改优化

1.同学们,怎样才能将一个好地方在介绍清楚的基础上,介绍得更加充分、更加吸引人呢?我们来看看学过的课文片段,来学习如何将课文写得更加生动。

秋虫唱着,夜鸟拍打着翅膀,鱼儿跃出水面,泼剌一声,银光一闪……从果园那边,飘来果子的甜香。是雪梨,还是火把梨?还是紫葡萄?都有。月光下,在坡头上那片果园里,这些好吃的果子挂满枝头。沟水汩汩,很满意地响着。是啊,旁边就是它浇灌过的田地。在这片地里,我们种过油菜,种过蚕豆。我在豆田里找过兔草。我把蒲公英吹得飞啊,飞,飞得好远。收了豆,栽上水稻,看,沉甸甸地,稻穗低垂着头。稻谷就要成熟了,稻田像一片月光镀亮的银毯。

2.出示片段一。

(1)引发思考。大家读一读这段话,想一想作者吴然介绍自己和阿妈在月光下散步,走过果园、田野时,描绘了哪些画面?

(2)学生交流,教师相机引导。

(3)小结。我们不仅要把自己亲身经历过的印象深刻的内容写清楚,还要让人读了眼前有一种画面感,这样写得充分,才更有吸引力。(板书:写充分、有画面感)

那条白线很快地向我们移来,逐渐拉长,变粗,横贯江面。再近些,只见白浪翻滚,形成一堵两丈多高的白色水墙。浪潮越来越近,犹如千万匹白色战马齐头并进,浩浩荡荡地飞奔而来;那声音如同山崩地裂,好像大地都被震得颤动起来。

3.出示片段二。

(1)大家再读读这段话,你眼前又出现了怎样的画面?

(2)学生交流,教师随机引导。

点拨:作者是怎样把如此壮观的画面写清楚的呢?(引读课文)

所见——那条白线很快地向我们移来,逐渐拉长,变粗,横贯江面。再近些,只见白浪翻滚,形成一堵两丈多高的白色水墙。

所闻——那声音如同山崩地裂。

所想——犹如千万匹白色战马齐头并进,浩浩荡荡地飞奔而来。好像大地都被震得颤动起来。

(3)小结。这样把自己的所见、所闻、所想写充分,让人如见其景,如闻其声,如临其境,特别吸引人。(板书:所见、所闻、所想)

4.指导学生运用所学的方法,进行习作修改。

5.小组合作交流,互相评议,推荐一名同学全班共享。

6.选四位小组代表上台朗读推荐稿,分别介绍:从哪个方面进行了推荐,用了什么方法写出了这个地方的特别之处?

(五)习作总结

同学们,我们知道了要把一个好地方介绍清楚,可以从风光景色、风土人情、美食小吃等不同方面介绍;也知道了要把一个好地方介绍充分,不仅要把自己的亲身经历过的印象深刻的内容写清楚,让人读了有一种身临其境的画面感,还要把自己的所见、所闻和所想写充分。

陶文燕,浙江省杭州市银湖实验小学教师。

《绝句》教学方案

◎ 王桂格

【教学目标】

1.正确认读"绝、鹂、鸣"等6个生字,读准多音字"行",会写"绝、含、岭、吴"四个字。

2.正确、流利朗读《绝句》,并背诵。

3.能初步了解《绝句》中诗句的意思,说出诗句描绘的画面。

【教学重点】

1.能初步了解《绝句》中诗句的意思,说出诗句描绘的画面。

【教学难点】

1.能说出诗句描绘的画面。

【教材分析】

本单元以"大自然的秘密"为主题,共编排了四篇课文,既有描写自然景观的古诗,也有描绘自然现象、介绍自然奥秘的短文和儿童诗。

本单元的教学重点是"提取主要信息,了解课文内容",教学《绝句》时可注重引导学生提取相关信息,了解古诗内容,从而能更好地理解诗意。

教学本单元时还要关注"联系生活经验,了解课文内容"。在教学《绝句》时要让学生在反复诵读诗句的过程中去想象画面,还可以借助插图,引导学生能用自己的语言把画面表达出来。

【学情分析】

本单元的教学重点"提取主要信息,了解课文内容"时在延续前面"能找出课文具体信息""整合信息,作出推断"要求的基础上,在阅读理解方面的进一步深化。有了前面的学习基础,在《绝句》中提取景物、动词、表示颜色的词,对二年级学生而言难度不算大,关键是要找全,并且能通过主要信息去了解整首诗的主要内容。

二年级学生以形象思维为主,丰富的生活经验能为孩子的学习提供有力的支撑。只要教师能让孩子与古诗内容建立较好的个人连接,联系生活,借助插图,调动起个人经验去进行画面想象,对孩子而言也并非难事。

【教学过程】

一、找春天,寻春意

老师:大家还记得我们在学习《找春天》时四处寻找春姑娘的兴奋和喜悦吗?在古代,春天也深受诗人喜爱,因此时常出现在诗词世界中。在你眼中的春天是像朱熹笔下"等闲识得东风面,万紫千红总是春"那般绚丽多彩吗?还是像白居易笔下"日出江花红胜火,春来江水绿如蓝"那般红艳明亮?这节课,让我们跟随唐代诗人杜甫到成都草堂,感受一下明媚秀丽的春色吧。

二、知诗人,解诗题

老师向学生讲解杜甫生平和"绝句"的含义。

1 杜甫,唐代伟大的现实主义诗人,与李白合称"李杜"。杜甫对中国古诗的影响非常深远,被后人称为"诗圣",他的诗被称为"诗史"。

2"绝句",四句一首,按照每句字数,绝句可分为五言绝句、六言绝句和七言绝句。这首古诗是七言绝句。

三、用方法,巧识字

1 老师回顾"加一加、减一减"等识字方法。

2 学生运用识字方法,识记"鹂、鸣、行、岭、含"5个生字。

四、读古诗,想画面

1.初读古诗。

(1)读准字音,读通句子,学习朗读两个后鼻音"鸣""岭",前鼻音"含"。

(2)按照节奏朗读古诗,要求:读准字音,读对节奏。

2.诗中寻画。

(1)圈画前两句诗中的景物。

黄鹂、翠柳、白鹭、青天。

(2)引导学生找出两个表示黄鹂和白鹭活动的动词。

解释"鸣"和"上"。

(3)让学生在表示颜色的词下面标注三角形。

黄、翠、白、青。解释:翠是翠绿色,青是青蓝色。

(4)听老师范读,学生通过想象,说说眼前出现了怎样的画面?

生:我仿佛看到了两只黄鹂在翠绿的柳树上欢快地唱歌,一行白鹭飞向了高远的蓝天。

(5)带着感情朗读诗句,感受春天美景。

3.突破难点。

(1)结合插图,学生边读边想:读懂了什么?又有哪些读不懂的?

生:读完以后,我猜想诗人当时坐在窗户边,看到了西岭山上白雪皑皑,门口停泊着很多小船。不过我不明白"窗含西岭"是什么意思?

(2)引导联系生活经验,结合课件展示,让学生通过"窗含青山""窗含大海"去理解"窗含西岭",并解释"含"的意思。引导理解:西岭雪山被包含在窗框之中,像画框中镶嵌着一幅壮美的雪山风景图。

(3)图文结合,解释"泊"的意思,提问:这些停泊着的船要到哪里去?或者是来自哪里?

请学习小伙伴介绍关于"东吴"的资料袋,并说明东吴距离成都很远。

(4)理解"万里"和"千秋"。

顺接上一个环节,提问:东吴距离诗人居住的地方是不是真的有一万里远呢?请你结合《望庐山瀑布》中的诗句,理解这两句诗中的"千秋雪"和"万里船"。结合旧知,引导学生了解诗人用夸张的方法来写时间久、路途远。顺势引导学生了解夸张是古代诗人常用的方法,以后读古诗也会经常遇到。

4.熟读成诵。

(1)联系旧知识,寻找古诗中相对的词语。

教师:还记得我们之前学过的《古对今》吗?这首古诗也出现了很多相对的词语,结合原有的学习经验,你能找出来吗?

生:两个对一行,黄鹂对白鹭,鸣对上,翠柳对青天。窗含对门泊,西岭对东吴,千秋雪对万里船。

引语:看来,相对的词语所形成的音律感让同学们都忍不住手舞足蹈了,请你再来读一读,感受这首古诗的音韵美吧。

学生配乐读全诗。

(2)结合插图背诵。

五、观字形,写生字

1.出示课件,指导认读生字和词语。

生:绝,绝对、断绝,岭、山岭、岭南,含、包含、含义,吴、东吴、吴国。

2.引导学生观察字形和结构,并编顺口溜帮助区分"含"和"岭"。

顺口溜:

今口上下念作含,

山令左右变成岭。

含中无点岭有点,

请你用心分辨清。

3.教师范写,相机指导。

4.学生描红、书写、自评。

六、擅总结,明作业

教师:同学们,今天我们跟随诗人杜甫欣赏了草堂的春景,感受到了大自然的奥秘。课后请完成:

1.正确、流利地朗读古诗,并背诵。

2. 拓展阅读以下两首古诗,从中选择一首制作一幅诗配画。

王桂格,广东省广州市天河区新塘小学教师。

《秋天的雨》教学方案(第一课时)

◎王 雪

【教材分析】

这是一篇抒情意味很浓的散文,名为写秋雨,实际在写秋天。课文的内容丰富多彩,作者抓住秋天的特点,从秋天的到来写起,写了秋天缤纷的色彩,秋天的丰收景象,还有深秋中各种动物、植物准备过冬的情景。写作方法上,把秋雨作为一条线索,将秋天众多的景物巧妙地串起来,从整体上带出一个美丽、丰收、欢乐的秋天。

【教学目标】

1.会认"钥、匙、缤"等11个生字,会写"盒"等13个字。凸显根据汉字构造特点识字析词的特色。

2.正确、流利、有感情地朗读课文,了解作者是从哪几个方面写秋雨的。

3.学习课文第2自然段,体会语言描写的生动,感受秋雨的奇特、秋景的五彩缤纷,背诵第2自然段。

【教学重难点】

让学生通过课文生动的描写,体会秋天的美好,感受课文的语言美,是本篇课文的教学重点。课文使用了多种修辞手法,或把秋雨人格化,或把秋雨比喻成生活中常见的东西和事物,或很含蓄地抒发感情,这些被艺术化了的语言,会给学生造成理解上的困难,是教学上的一个难点。

【教学用具】有关的视频和文字课件

【教学过程】

一、导语渲染,引出课题

1.教师引述课题:

同学们,秋天的景色很特别,无数的诗人为她留下美丽的诗篇,今天老师跟大家一起学习一篇跟秋天有关的文章——《秋天的雨》。(学生齐读课题)

2. 我们学过很多和雨有关的词语和诗句,谁还记得?(指名回答)

设计意图:回顾和复习旧知,将所学和雨有关的诗句勾连起来。如:和风细雨、倾盆大雨……清明时节雨纷纷……随风潜入夜,润物细无声……

二、初读课文,整体感悟

1.学习生字新词:

通过昨天的预习,同学们的生字都会读了吗?谁愿意来给大家读一读?

(指名小老师领读 全班齐读)

钥匙 凉爽 争抢 勾住 歌曲 邮票 菠萝 喇叭 衣裳 一枚枚 频频点头 你挤我碰 五彩缤纷

2.初读课文,要求把生字读准,把课文读通顺。(学生自由读,感悟全文。)

3. 概说课文内容大意。(同桌交流后指名说)

设计意图:学生在预习课文的基础上再次读课文,简说课文大意,整体感悟秋天的美景,为下一步学习课文和品味词句做好准备。

三、精读课文,品词品句

(一)学习课文第一段

秋天是怎么来的呢?我们从课文的第一段里找一找。

1.指名朗读

2.让学生找出比喻句(秋天的雨,是一把钥匙)

3.让学生找出与比喻"钥匙"相对应的动词(秋天的雨,是一把钥匙……把秋天的大门打开)

设计意图:通过找出与喻体"钥匙"相对应的动词,体会词语前后之间的一致性。

4.抓住"清凉和温柔、轻轻地、没留意"等词引导学生读出轻缓的语气语调。采用合作朗读的方式,第一个"轻轻地"由全班齐读、第二个"轻轻地"女同学读。

设计意图:理解词语后将词语放到句子中品读,把越来越轻的语气语势,通过合作朗读,用渐变读法体会秋雨的变化。

(二)学习课文第二段

1.学生自由读课文第二自然段,并划出表示颜色的词语。

2.让学生在黑板上板写课文中表示秋天景物颜色的词语:

黄色、红色、金黄色、橙红色、紫红的、淡黄的、雪白的……

3.让学生找出课文中概括颜色众多的一个词语——("五彩缤纷")。

4.让学生给"五彩缤纷"找出近义词:

五颜六色 五光十色 万紫千红 色彩斑斓……

5.交流讨论:文中的"五彩缤纷"可以用"五颜六色""五光十色"这些词语替换吗?

6.对文中的"五彩缤纷"与"五颜六色 五光十色"等进行词义辨析

引导学生利用学过的偏旁知识进行理解:"五彩缤纷"中的"彩"的三撇旁(彡)就是表示多种色彩的意思,"五彩"的"五"不是确数,而是概数,"五彩"就是表示多种颜色,因此"五彩"与"五颜六色""五光十色"等同义。

词义的难点是对"缤纷"一词的理解,引导学生从"缤纷"的绞丝旁入手,通过画图从字理上理解其本义:"缤纷"原指古代旗帜缀连的飘带,古代称为"旗游",因风吹而游动飘拂之意,所以"缤纷"这个词语含有"动感"。为了进一步理解词义,教师可手撮一些彩色的纸屑,手掌展开,彩色纸屑是静止不动的,让同学们选词描绘(五颜六色),而后挥手扬起,彩色的纸屑纷纷扬扬地飘落,再让同学们选词描绘(五彩缤纷)。

7.总结归纳"五彩缤纷"与"五颜六色"等词语的区别:

A."五颜六色"——表示颜色很多,往往具有一种静态美。

B."五彩缤纷"——不仅表示颜色多,而且还有一种动态美。

8.结合"五彩缤纷"的词义,找出课文中分别描写色彩和动态的词句:

银杏树黄黄的叶子像一把小扇子,扇哪扇哪,扇走了夏天的炎热。

枫树红红的枫叶像一枚枚邮票,飘哇飘哇,邮来了秋天的凉爽。

橙红色是给果树的,橘子、柿子你挤我碰,争着要人们去摘呢!

紫红的、淡黄的、雪白的……美丽的菊花在秋雨里频频点头。

金黄色是给田野的,看,田野像金色的海洋(……)。

(学生默读课文,动笔勾画,而后念读出来,教师随机评价,并结合句子出现的先后区别多音字"小扇(shàn)子"和"扇(shān)哪扇(shān)哪","频频点头"的"频"则可进行从"步"从"页"(一步一点头)的字理析解。

9.难点突破:"金黄色是给田野的,看,田野像金色的海洋",这里没有直接进行动态描写,可设计"完型填空"的方式引导学生补足,想象稻浪滚动的情景。

金黄色是给田野的,看,田野像金色的海洋(稻浪翻滚)。

10.归纳总结:再次回到前面提出的问题——能用只表示色彩多而没有动感的"五颜六色"去代替秋天的"五彩缤纷"吗?以此加深对这一具有统摄段落含义的关键词语的理解,并由此体悟作者词语运用的精妙和准确。

11.感情朗读第二段。

12.学习运用:作者用词精准恰当,充满了生趣和动感之美。你们心中的秋天也一定是很美的,请大家拿起笔,尽量能运用比喻和拟人的手法写一两个句子,写出自己心中那"五彩缤纷"的秋天。

设计意图:第二段课文的学习主要抓住关键词"五彩缤纷"先进行字理析解让学生理解其本义,而后再放还文中,通过找出表示颜色和动态的词语理解其文中义,这样的教学体现了字理析词"分解词语——组合会意——据文取义——比较品味"的教学原则。

四、板书设计

6.秋天的雨

秋天大门打开

秋之颜色:五彩缤纷

王雪,江苏省苏州市张家港市江帆小学教师。

《从军行》教学设计

◎魏梓钰

一、《从军行》解读

(一)内容解读

本诗选自王昌龄《从军行》组诗中的第四首,诗歌表现了将士们誓死报国、矢志不渝的崇高精神。诗歌描绘了边塞一带阴云密布,烽烟滚滚,皑皑雪山都显得黯然无光,孤城与玉门关遥遥相对。将士们在塞外身经百战,飞扬的黄沙都磨破了身上的铠甲,但只要边患仍在,就绝不返乡。

(二)手法解读

诗的前两句描绘了边塞的辽阔景象,通过青海湖、长云、雪山、孤城、玉门关等景物,勾勒出戍边将士战斗、生活的典型环境;同时,开阔、萧索的景色描写,也从侧面反映出将士戍边生活的孤寂和艰苦,运用了情景交融的手法。

诗的后两句以戍边将士的口吻发声抒发了他们的豪情壮志。"黄沙"突出了战场的环境特点,历经"百战"而"穿金甲",则将戍边时间的漫长及战斗的频繁、激烈表现得淋漓尽致。但是,将士的报国之志却没有因此而消磨,反而变得更加坚定,在身经百战之后,发出"不破楼兰终不还"的豪壮誓言。

(四)诗歌格律

1.格律:《从军行》是一首仄起的七言绝句。

2.押韵:本诗押"十五删"韵,韵脚为"山""关""还"。

3.入声字:这首诗的入声字有"雪""玉""百""甲""不"。

二、诗人小传(组织学生课外搜集整理)

三、学情分析

本次执教班级为五(6)班,在学习古诗方面,学生已经具备的能力有:1.借助注释理解诗意;2.能够插图想象画面;3.能自主查找资料了解作者生平。

在诗词格律方面,学生知道平声对应现代汉语拼音中的一二声,仄声对应汉语音调三四声以及入声,古诗诵读时平长仄短入声促。

学习本课,学生可能遇到的困难:1.不了解创作背景,进而影响理解诗中传递的情感;2.学生有借助图像想象画面的意识,但是在完整、准备表达上能力不够;3.关于诗词格律的其他知识不了解。

四、教学目标

1.借助古诗格律知识,能吟诵《从军行》(难点);

2.在吟诵中,能体会诗人表达的情感(重点)。

五、教学过程

(一)导入

诗仙李白曾经写了这样一首诗,生齐读诗题《闻王昌龄左迁龙标遥有此寄》。

这是李白在听说自己的好朋友被贬之后写下的一首诗,生齐读,引出王昌龄。

【设计意图】谈话导入,通过诗仙、诗圣、诗佛等称号引出王昌龄以及称号

(二)初知诗人明诗体

出示王昌龄"七绝圣手"资料,点明诗歌体裁

七绝格律知识(绝句字数、押韵)介绍

(板书:七言绝句、一句七字、共有四句、双句必押)

学生根据板书总结七言绝句的体裁知识

【设计意图】五年级的学生应该对诗歌的体裁有简单的认识,知道诗体的基本含义。

(三)格律解读标平仄

复习平仄知识

老师通过带领学生标第一句的平仄——请学生找到入声字——出示答案——检查——尝试诵读(学生自由练读——个别读,个别指导——同桌互相读一读——学生个别读,领读——范读——全班齐读)

【设计意图】绝句属于格律诗,格律诗讲究押韵以及平仄的搭配。学生通过标出平仄,更好地诵读

本诗,感觉七言绝句的音韵美。

(四)诗句诵读悟诗情

1.释义

出示盛唐时期地图,标注出玉门关、青海、楼兰、孤城这四个地点的位置。扩展"玉门关"相关诗句,让学生明白"玉门关"是边塞风光以及风光的象征。

找出诗中其他表示景物的词语,圈一圈?(黄沙、长云、雪山)

PPT补充:除了青海、长云、雪山,还有大漠、落日、风沙、碎石,这些景物就是边塞风景的代表。

【设计意图】本诗有几个表示地点的词语,出示地图能加深学生对边塞几个重要的地点以及位置的认识。圈画景物,让学生对边塞典型景物有所了解。

2.诵读体会作者表达的感情

(1)青海长云暗雪山

韵脚"山"以及"长云"的拖长,指导学生通过诵读想象画面。

感受雪山之大,以及阴云绵延不绝的阴暗景象,生带着感受再次诵读,全班读。

(2)孤城遥望玉门关

"孤城"的拖音,让学生感受孤城离玉门关的位置很远。

"孤城"中的战士,心情也很孤独。

(3)带着想象男女读:青海长云暗雪山,孤城遥望玉门关。

点明情景交融的写作手法

(4)黄沙百战穿金甲

"黄沙"拖长,感受黄沙漫天、恶劣的作战环境。

"百战"读音短促,展现了战士们奋勇杀敌、战争激烈的场面

个别读、分组读

"穿",磨穿。引导学生说出关于战争不同层次的认识(战斗激烈、战时漫长、环境恶劣),师总结:七个字有极强的概括力(战斗之激烈、战事之频繁、战时之漫长、敌军之悍、环境之恶劣)

(5)不破楼兰终不还

连用两个相同的入声字"不",给人一种坚定决绝的感觉,生读、老师读。

【设计意图】古人强调"读",强调反复的"涵泳",意思就是仔细体会诗文的声音,因为声音意义才是最接近含义的。按照吟诵的规则来读诗,才能将诗句的意思读出来、体会出来。

(五)诗无达诂谈感受

1."不破楼兰终不还"出自谁之口?引导学生从三个角度说,读出不同语气(战士、将军、王昌龄)

2.讨论:相信这句话表达的是什么样的情感?将士的豪言壮志、立志杀敌报国的决心。(板书:立志报国)

3.总结:不破楼兰终不还,是决心,也是军令,也是王昌龄抒发自己想要在沙场上建功立业的雄心壮志。正所谓"诗无达诂"清人沈德潜在《唐诗别裁集》中的观点,作豪语看亦可,作归期无日看倍有意味。

4.诵读王昌龄的这首诗前两句写了边塞环境的苍凉与艰苦,后两句是对戍边战士战斗生活以及胸襟抱负的书写,情景交融,全班带着自己的理解再次吟诵全诗。

【设计意图】后代人对"不破楼兰终不还"颇有争议,引导学生发散思维,说出自己对这句诗的理解,豪情也好,悲壮也罢,都体现了边塞将士们的坚定与热血。

(六)知人论世深体会

1.出示王昌龄生平资料

王昌龄家境困顿,在故乡躬耕读书,还偶尔去附近的州县漫游,在他25岁左右到过华阴大梁嵩山。在河北、河东、边塞一带漫游,又漫游了河西陇边地,渴望在战场上建功立业。在边关三年,他白天纵马巡边,晚上奋笔赋诗,那边塞的风沙冷月、大漠的烽火硝烟,便纷至沓来、统统涌入笔底,他创作了《出塞二首》《从军行七首》等组诗,这些诗脍炙人口,振奋人心。

2.总结

没有战争的和平年代,我们为何还要读边塞诗?中华民族的英雄们的热血与豪情,将永远给我们振奋与感动。

【设计意图】要比较正确地理解作品的内容必须对作者的生平思想及其所处时代有一定的认识,结束最后一个问题,留给同学们联系自己的生活,思考边塞诗的现实意义。

作业:用今天学到的吟诵方法读一读《从军行》其一、其二、其三,感悟诗情。

魏梓钰,广东省深圳市罗湖区向西小学教师。

《京剧趣谈》教学设计

◎ 吴娟芬

【文本解读】

《京剧趣谈》是一篇文艺性说明文,由《马鞭》和《亮相》两篇小短文组成,介绍了我国京剧艺术中的"马鞭"和"亮相"这两种艺术表现形式。"马鞭"代表的是京剧表演中的道具运用,虚实相生,意在还原真实生活场景。"亮相"介绍的是京剧表演中的动作造型,动静结合,意在凸显人物英雄气概。作者在字里行间留有丰富的想象空间,学生可以借助语言文字展开想象,体会京剧艺术之美。

【教学目标】

1.借助小标题、关键词句,把握文章主要内容,了解文章从"虚"和"实"、"动"和"静"不同方面介绍京剧艺术特色的方法。(重点)

2.通过资料补充的方式,能借助语言文字展开想象,体会京剧所传达的艺术之美。(重点、难点)

3.在言语感悟和实践体验的过程中,感受京剧的艺术魅力,激发对中国传统文化的兴趣。

4.以"京剧研学课堂"模式呈现,融入"京剧研学活动"为一体,把其中的德育、智育和美育融入一系列的京剧研学活动中,以融合五育,促进学生全面发展。

【教学准备】

教师:

1.指导学生开展经济研学课堂前期活动,并收集学生活动成果。

2.每一组前面分别放置"梅派""尚派""程派""荀派"的桌面立式卡牌。

3.课文纸质资料分割为四份和道具马鞭。

4.教学课件。

学生:

1.参与"京剧研学活动"中的课程学习、活动策划、实践研学等活动环节。

2.每小组收集到的关于京剧的纸质资料整理好,课前分发到小组成员的课桌上。

【教学时间】1课时

【教学过程】

课前:班级京剧研学活动简介暨"追寻京剧"游学活动(课前阶段)。

(1)一学生朗声简介近阶段班级举行的京剧研学活动情况。

(2)开展课堂"追寻京剧"游学活动(课前阶段)。

①以四组为游学地点,各组分别在自己组里进行京剧资料学习。

②在老师的指引下,按组序轮流过组进行京剧资料学习,通过游学四组后回归原组。

③四人小组交流记录"简述游学收获",小组代表收集本组游学收获并撰稿准备课堂里汇报。

评析:课前活动一定要与课堂活动相联结,或是课堂的前奏,或是课堂的铺垫,或是课堂的导入。一开始,以美观的京剧韵味图片创设情境,以简介班级的京剧研学活动情况,为这节课定位为"京剧研学课堂"做下铺垫,成为课堂的前奏。接着利用课前时间开展"追寻京剧"游学活动(课前阶段),与课堂相关活动相联结,为课堂提效。

板块一:现身说法,引入研境

1.播放视频,渲染氛围。

播放班级京剧研学中体验学习阶段较优秀的表演视频,渲染氛围。

2.现身说法,引入研境。

让在京剧研学中表现较好的学生现身说法,引领同学们进入研学佳境。

评析:播放班中朱泽君和林宇亮两位同学在前期京剧研学中体验学习的优秀表演视频,以渲染京剧艺术氛围,激发学生兴趣。再让他们现身说法,分享他们表演得这么好的原因，引领大家进入研学佳境，也能发挥"近朱者赤"的作用，去感染同学们具备研学精神。

板块二：初读文本，了解内容

把课文内容分成四份，开展"抽签"游戏，4位组长抽签"盲"拿课文一部分文本内容，小组再合作找出可以用来概括文本内容的个别语句，然后说理由。

评析："兴趣是最好的老师。"一改单调的传统初读课文模式，开展"抽签"游戏让小组代表抽签决定小组的学习任务，可激发好奇心强的小学生的兴趣。然后让小组合作借助小标题、关键词句把握文章主要内容，配合出示课件进行动态的圈画，活化学生的回答，创设活泼的学习情境，还让学生在兴趣中学习。从而使学生理解文章的能力与团队合作精神，在有趣的氛围中高效提升。

板块三：整合资料，领略美韵

（一）聚焦《马鞭》

1.自读《马鞭》，思考问题。

出示课件：

请自读《马鞭》，思考：

1.马鞭出现的原因是什么？

2.使用马鞭有什么好处？

3.为什么说马鞭给演员以无穷无尽的表演自由？你能根据文字想象到什么？

4.文中写了哪些道具？它们有什么特点？举了什么例子？

2.交流反馈。

3.整合资料，感受特点，体会艺术之美。

（1）欣赏京剧道具使用的视频与图片，展开想象，说想法。

（2）小结京剧道具使用特点，体会艺术之美。

评析：鉴于这篇小短文包含较多方面内容，可出示课件提出自读要求化难为易地指引学生理解文本。再播放视频与图片让学生欣赏并展开想象，把文本整合视频、图片资料，也即把文本中的抽象艺术化为具体形象，利于激发学生的想象力，通过具体形象去理解文本，同时也能让学生体会到京剧的艺术之美。

（二）聚焦《亮相》

1.自读《亮相》，你想到了什么？

2.交流反馈。

3.整合资料，感受特点，体会艺术之美。

（1）欣赏静、动态亮相视频，展开想象，说想法。

（2）小结京剧动作造型的特点，体会艺术之美。

评析：这篇小短文介绍动态亮相和静态亮相两方面，内容较不繁杂，又基于聚焦《马鞭》的学习，可以放手让学生自读、想象理解文本。可以运用整合表演视频的手段，播放京剧表演视频，充分利用视频的直观性与形象性，让学生欣赏并想象理解静、动态亮相，体会京剧的艺术之美。

板块四：全员互动，体验魅力

1.以组为单位进行"追寻京剧"游学活动（课堂阶段）。

2.小组汇总游学收获，小组代表简述游学收获。

3.师生互动体验京剧。

（1）全体起立准备唱京曲《梨花颂》，一女生准备配演。

（2）播放《梨花颂》演唱视频，师生互动演唱《梨花颂》。

评析：用记录表的登记情况触发学生的思维，通过小组合作探讨课堂游学收获，撰稿人撰稿汇报的形式，让学生在探讨学习中学会探讨学习。再通过播放京剧演唱视频，创设京剧表演的艺术美氛围，诱发已学京曲的学生的演唱欲望（已全员学京曲）。然后整合多媒体、表演与歌唱，开启师生互动体验模式，师生在互动唱京曲中，体验京剧的艺术美与魅力。

板块五：小结学习，拓展延伸

1.完成填空，小结收获。

2.介绍课后贴脸谱劳动拓展延伸。

评析：出示填空课件用小结方式让学生归纳整理学习所得，深入浅出，化繁为简，引导学生构建已知知识体系大纲，利于巩固与回忆。然后拓展延伸介绍课后的贴脸谱劳动，激发学生对京剧脸谱的兴趣和继续研学的热情，也有助于提高以后的研学效果。

作业：同学们，请在《智取威虎山》和《穆桂英挂帅》两部京剧中至少选择一部观看，并从中选择一个精彩的片段，用一段有趣的话进行介绍，要体现其中某种京剧艺术的特点。

评析：用自主选择性作业，让学生感受自由选择的喜悦，用教师的潜意识以提高学生完成作业的积极性，以达学生较高质量完成作业的目的。

吴娟芬，广东省揭阳市惠来县实验小学教师。

《手术台就是阵地》教学方案

◎ 杨碧洁

第一课时

【教学目标】

1.认识"棒、恩"等13个生字,读准"斗、大"两个多音字,会写"术、斗"等10个字。

2.能从文中找出描写战争场面的句子,体会战争的激烈。

3.能带着问题默读课文,并联系事情发生的背景,说出对"手术台就是阵地"的理解。

【教学重点】

能带着问题默读课文,并联系事情发生的背景,说出对"手术台就是阵地"的理解。

一、复习旧知,导入新课

师:同学们,在前面几课的学习中,我们认识了机智冷静的司马光,尊重他人的列宁以及知错能改的小男孩;还学习了带着问题默读,理解课文的意思。这节课我们继续来学习第26课《手术台就是阵地》。请大家翻开课本,看看这篇课文又为我们展现谁的美好品质?

学生活动:学生复习之前学过的内容,翻开课本,做好读书准备。

设计说明:通过复习旧知导入新课,可帮助学生围绕本单元的学习主题进行学习,加强课文之间的内在联系,引起学生的学习兴趣。

二、默读课文,感知课文大意

师:请同学们默读课文,除了做到不出声、不指读,还要带着问题默读课文,理解课文的意思。

师:同学们,课文读完了,你知道课文主要讲了一件什么事情吗?谁来说一说?

师:本文写的是白求恩大夫在战争激烈的情况下,把手术台当作阵地,忘我地坚持为伤员做手术的感人故事。

学生活动:默读课文,概括文章大意。

设计说明:在学生默读时指导学生默读的方法,带着问题默读课文。引导学生初步感知课文内容,概括文章大意。

三、找出描写战争场面的词句,体会战争的激烈

师:是啊,当时的战斗场面可谓十分激烈。你从哪些语句中能看出战争的激烈?

师:"突然,几发炮弹落在小庙前的空地上。硝烟滚滚,弹片纷飞,小庙被烟雾淹没……"读完这句话,你脑海里浮现怎样的画面?

师:还有哪些描写战争场面的词句,能体会战争的激烈?谁再来说一说。

师:让我们带着感情来读一读这些句子。

1.学生活动:1.学生圈画出描写战争场面的词句,并说说自己的感受。2.学生有感情地朗读句子,体会战争的激烈。

设计说明:指导学生抓住关键句,体会战争的激烈。

四、联系事情发生的背景,说出对"手术台就是阵地"的理解

师:同学们,战争如此激烈,请大家再次默读课文,边读边思考你对"手术台就是阵地"的理解?

师:带着问题默读课文是学习的好方法。你能结合我们布置的预习任务,联系事情发生的背景,再说说对"手术台就是阵地"这句话的理解吗?

学生活动:1.学生带着问题默读课文,思考"手术台就是阵地"这句话的含义。2.学生结合时代背景,说说对"手术台就是阵地"这句话的理解。3.学生交流分享,感受白求恩的高尚品质。

设计说明:"带着问题默读,理解课文的意思"是本单元的语文要素。此环节引导学生先在默读中思考,再联系事情发生的背景,说说对"手术台就是阵地"这句话的理解。

五、归类识字,总结全文

师:本课有10个要求会写的字,请同学们认真观察这些字,你觉得哪个字比较难写或者容易写

错？有什么要提醒大家的？

师：请在生字本上规范地书写10个生字。

师：读完课文，白求恩是一位什么样的人？查查关于他的资料。课下请同学们完成课后练习。

学生活动：1.学生观察生字，交流观察所得，运用自己的方法识字。2.练习规范书写生字。3.课下思考白求恩的人识字写字是语言学习的重要内容，通过本学期的学习，学生能够做到自主识字，要充分发挥学生的独立识字能力。同时引导学生思考白求恩是一位什么样的人，为下节课做铺垫。

第二课时

【教学目标】

1.默读课文，运用多种方法理解"仍然""恳求""争分夺秒"的意思。

2.结合课文的相关语句，在思考交流中，感悟白求恩忠于职守、勇于奉献的精神品质。

3.查阅资料，了解白求恩的其他故事，学习白求恩大夫身上更多优秀的品质。

【教学重点】

结合课文的相关语句，在思考交流中，感悟白求恩忠于职守、勇于奉献的精神品质。

一、情境导入，激发兴趣

师：毛泽东曾评价过白求恩"一个高尚的人，一个纯粹的人，一个有道德的人，一个脱离了低级趣味的人，一个有益于人民的人"。他为何能得到毛主席如此高的评价呢？这节课让我们运用学过的默读方法继续走进课文，认识白求恩。

学生活动：1.学生思考毛泽东对白求恩的评价。2.运用所学的默读方法读课文。

设计说明：通过创设情境，使学生进入本节课的学习。同时复习前一课所学的默读方法，关照单元语文要素，引导学生继续带着问题默读课文。

二、运用多种方法理解"仍然""恳求""争分夺秒"的意思，感受人物品质

师：如果你是一名战地小记者，正处于会战斗的战场，如何把战地情况直播给大家？

师：火苗向手术台扑来，随时有生命危险，白求恩却争分夺秒地抢救伤员，忘记了自己的安危。文中还有哪些类似的语句？找出来与同桌交流。

师：同学们，不顾自己的生命去挽救他人生命，可以用什么词来形容他？让我们带着感情读一读这些句子。

学生活动：1.复习上节课所学，用自己的话说说战争的情况。2.学生运用多种方法理解"仍然""恳求""争分夺秒"的意思，感受战争的激烈和白求恩不怕劳累、尽职尽责的品质。3.从文中找出类似的语句，先和同桌说说自己的感受，再全班交流分享。

设计说明：在学习过程中，指导学生运用多种方法，如联系上下文、联系实际等，理解关键词句的意思，感受人物的形象。

三、结合课文的相关语句，和同学交流白求恩给你留下了怎样的印象

师：默读课文，边读边圈画出描写人物神态、动作、语言的句子，说说白求恩给你留下了怎样的印象？

师：是啊，如此的危险，白求恩大夫仍然能镇定地做手术，他的眼里只有手术台，只有病人，怎能不令人感动。

师：还有哪些同学想要交流？

师：通过"连续"和"两天两夜""布满血丝"这些词语，我们感受到白求恩工作时间很长。是呀，连续工作了六十九个小时，普通人是难以做到的，他的坚持就意味着有更多伤员能够活下来，很了不起。

师：没错，救死扶伤是医生的天职，手术台确实是医生的阵地。哪怕再辛苦，环境再危险，只要还有一个伤员，白求恩就要坚持到最后一刻，可以看出白求恩是一位忠于职守、勇于奉献的人。

师：通过描写人物神态、动作、语言的句子来体会人物的品质。你还能从文中找出类似的语句吗？

师：让我们带着感情读一读。

学生活动：1.圈画出描写人物神态、动作、语言的句子，体会白求恩忠于职守、勇于奉献的美好品质。2.从文中画出其他类似的句子，并谈谈自己的感受。

设计说明：引导学生借助关键词句，体会白求恩的美好品质。同时指导学生从文中找出类似的语句，实现语言的运用与实践。

四、查阅资料，了解有关白求恩的其他故事

师：课前，同学们都查阅了相关资料，哪位同学可以给我们分享一下白求恩的其他故事？

师：感谢这位同学的分享，课后大家可以继续了解白求恩的其他故事，感受他的高尚品格。

学生活动：1.学生自由分享白求恩的故事，交流讨论。2.课下继续读有关白求恩的其他故事。

杨碧洁，天津师范大学第二附属小学德贤小学教师。

《揠苗助长》教学设计

◎ 杨 芳

【学情分析】

二年级的学生具备一定的自学能力，掌握了不少识字方法，因此，生字词语的学习以自主学习检测及随文识字为主；此外，学生已经具备了一些基本的书写技能，懂得观察字的结构、不同部分的宽窄高低和关键笔画的占格情况等。学生的阅读理解能力也初见雏形，他们能初步了解课文内容，并能用简短的语言表达自己的看法，但囿于认知能力和生活经验的限制，加之提炼这篇课文的寓意有一定的难度，因此，对他们而言，理解寓言的寓意并通过组织语言准确表达出来是比较困难的，需要教师的引导和点拨。

【教学目标】

1.认识5个生字，会写2个生字。

2.能够正确、流利、有感情地朗读课文。

3.能在读中悟出故事的寓意：不顾事物发展的客观规律，急于求成，反而会把事情办坏。

4.结合生活实际谈谈感想。

【教学重、难点】

1.能抓住重点词语，在读中悟出故事的寓意：不顾事物发展的客观规律，急于求成，反而会把事情办坏。

2.结合生活实际谈谈感想。

【教具准备】：课件、头饰

【教学过程】

一、激趣导入

师：同学们，上节课我们学习了《亡羊补牢》的寓言故事，这节课我们再来学习《揠苗助长》这则寓言故事。这个故事是根据《孟子·公孙丑上》的相关内容改写而来的，让我们一起去看看这个有趣的故事吧！(播放《揠苗助长》的动画视频)

师：谁能结合动画内容说说课题中的"揠"是什么意思？那"揠苗助长"又是什么意思呢？

师：齐读课题，读了课题你想提出什么问题？

学生提问。

师：让我们到文中去找找答案吧！

二、初读课文，整体感知

1.学生自由放声朗读课文，注意：读准字音，读通句子，标出自然段序号，标画出文中生字、新词。

2.识字检查：

①出示带拼音的词语，指名读后请小老师教读，再全班齐读。

②去掉词语的拼音，同桌互读后开火车读。

③识记生字：你用什么办法记住了哪个生字？

2.师：把生字送回课文中，请大家再读课文，从课文中找到有关的字词，将下面的内容补充完整：

古时候有个人，他（ ）自己的禾苗长得快些，每天都很（ ）。一天，他想出了办法，把禾苗（ ），弄得自己（ ）。结果，禾苗都（ ）。

3.谁来说说，上面这段话中，哪些句子写了事情的起因、经过和结果？请你在文中找找，看哪些段落分别写了起因、经过和结果呢？

4.现在你们明白了"揠苗助长"的意思了吗？谁来说一说？

5.这个看似简单的故事背后究竟隐藏着什么道理呢？让我们走进种田人的世界去一探究竟吧！

三、精读课文，感悟寓意

(一)探究原因

师：默读第一自然段，想一想，文中的种田人遇到了什么问题？他的心情怎样？

学生回答问题，教师通过"字理识字"的方法指导学生识记"焦"字。

焦：上面是"隹"（短尾鸟），下面是"火"，表示把鸟放在火上烤。本义指物经火烧而变黄或成炭。"焦"和"急"组成词语，表示心里非常着急。

师：你从哪些词语中体会到种田人焦急的心情呢？请你边默读第一自然段边用横线勾出这些词语。

学生交流汇报，教师引导学生抓住关键词语"巴望""天天""焦急"等,指导学生朗读相关句子。

1."巴望"是什么意思?能给"巴望"换换词吗?说说你巴望过什么事情?

2."天天"也可以说是什么?天上下起大雨时,他去田边了吗?火辣辣的太阳炙烤着大地时,他去田边了吗?天上刮起大风时时,他去田边了吗?……他多焦急啊!

指导学生带着语气和表情朗读相关句子。

3."焦急""转来转去"。

出示句子:①他在田边转来转去。②他在田边焦急地转来转去。

读一读,说说这两个句子有什么不同?想象一下农夫当时的动作、表情等,指导学生带着语气和表情朗读相关句子。

4."禾苗好像一点儿也没有长高"。

农夫眼巴巴地看着田里的禾苗,多么渴望它们能一下子长一大截啊!于是,他天天到田边去看,可是——

出示句子:可是一天,两天,三天,禾苗好像一点儿也没有长高。

禾苗真的没有长高吗?

对比读句子,说说你的看法。

①禾苗好像一点儿也没有长高。②禾苗一点儿也没有长高。

指导学生带着感受读句子。

5.带着焦急的心情齐读第一自然段。

(二)了解过程

1.师:如果你是种田人,你会想什么办法来让禾苗长高呢?学生回答。

师:自读课文第二自然段,想一想,种田人又用了什么办法让禾苗长高呢?请用波浪线勾画出相关的句子。指名读勾画的句子。

师:现在老师来当当那个种田人,请你们仔细看我演得像不像?

老师慢悠悠地走到田边,指导学生抓住"急忙"一词体会种田人"焦急"的心情。

师:农夫拔了多久?

教师指导学生估算一下时间:从中午一直忙到太阳落山,大概有六个小时左右。按四十分钟一节课来算,相当于我们上九节课的时间。

师:种田人中途有没有休息过?从哪个词语看出来的?我们一起跟着老师的提示去做一做。

师:拔呀拔呀,一个小时过去了,种田人的头上、脖子上、身上已是汗如雨下;三个小时过去了,种田人的胳膊又酸又软,腿都站木了;五个小时过去了,种田人早已直不起腰来,两眼发黑了;太阳落山了,种田人浑身一点力气都没有了。

师:文中哪个词语写出了种田人的这种感受?联系生活实际,用动作表现"筋疲力尽"。

指导书写"筋、疲"。按"一看结构,二看宽窄,三看关键笔画"的步骤进行观察,老师范写后,请学生先描红后临帖。

指导朗读,请女孩子齐读第二自然段,男孩子表演。

2.师:种田人的愿望终于实现了,你觉得种田人的这个方法怎么样?种田人认为自己的方法怎么样呢?你从哪句话看出来的?

指导朗读,请男孩子齐读第三自然段,读出种田人喜悦的心情。

3.请学生戴上头饰表演第一至第三自然段。

(三)揭示寓意

1.师:整整几个小时的忙碌换来的是什么结果呢?齐读第四自然段。

2.师:为什么禾苗都枯死了?种田人的儿子看到枯死的禾苗会对农夫说些什么?如果你是种田人的邻居、朋友,看到这样的情景,你会对他说什么?学生角色在学习小组内交流,全班交流汇报。

3.师总结:看来,我们做任何事情都不能急于求成,如果太着急,违反了事物发展的规律,反而会失败。希望大家能从种田人的身上吸取教训,千万不要做这样的傻事。

4.师:想一想,你在生活中遇到过类似"揠苗助长"的事情吗?小组交流后,全班汇报。

四、作业设计:

1.把这则寓言讲给家人听。

2.中国有许多流传千古的寓言故事,每一则寓言都告诉我们一个深刻的道理,课后可以读一读《中国寓言故事》哦!

五、板书设计

揠苗助长

(起因)(经过)(结果)

巴望　拔高　枯死

做事要遵循规律,不能急于求成。

杨芳,四川省成都市沙湾路小学校教师。

《花钟》教学设计(第二课时)

◎张雪萍

【教材分析】
《花钟》是人教课标版小学语文三年级下册第四单元第一篇课文。本组课文围绕"留心观察"这一主题来组织教学内容。第二课时通过写法感悟和迁移运用,让学生在潜心品味语言,感悟语言魅力的过程中,实现语文的工具性与人文性的统一。

【教学目标】
1.通过朗读观察,发现语段中句子变化的奥秘。
2.对比朗读,体会不同说法表达鲜花开放的好处。
3.借鉴课文的表达进行仿写创作,让学生感受表达的乐趣。

【教学重难点】
1.朗读观察,发现语段中句子变化的奥秘。
2.借鉴课文的表达进行仿写创作,让学生感受表达的乐趣。

【教学具准备】
PPT、学习单、微课视频

【教学过程】
一、激发兴趣,导入新课。
1.欣赏花钟,激发兴趣。
【活动一】激趣导入　积累词语
出示世界各地花钟,介绍花钟。
2.想象画面,说词读词。
(1)这些花钟好美呀,这让我想到了一个词"鲜花朵朵",你想到什么?
预设:鲜花朵朵、争奇斗艳、芬芳迷人、五彩缤纷、香气扑鼻……
(2)范读"鲜花朵朵",学生模仿老师读出词语的意思,读出画面感。
3.揭示课题,齐读课题。

【活动二】品读文段　学习表达
(1)一天之内,不同的花开放的时间是不同的。(板书:观察)
(2)不同的植物开花的时间与温度、湿度、光照和昆虫的活动有关。(板书:思考)
(3)植物学家把花做成了花钟。
二、精读文段,学习表达。
师:今天,我们也要来观察,通过观察语段,思考作者是怎么围绕关键语句,把花开写得生动有趣的。(板书:表达)
(一)读懂句子意思,了解句子结构。
出示:凌晨四点……昙花却在九点左右含笑一现……
1.抽生读,读通句子。
2.观察句式,关注标点。
师:老师把这些句子重新摆了一下,变成了一首小诗,大家仔细观察每个句子,看看有什么发现?
预设:
(1)都是写什么时间,什么花开放了。
(2)从早到晚的顺序写花儿开放。
(3)标点符号有讲究。
分号:写上分号,表示这种花写完了;逗号:时间介绍完了打逗号,有分号有逗号,句子读起来就朗朗上口。
(二)对比句子,寻找奥秘学表达
1.时间词的变化。
(1)观察时间词的位置,感受时间词表达的变化。
①观察时间词的位置,学着换换时间词的位置进行表达。
②观察时间词的用语,感受时间词表达的变化。(板书:时间变)
(2)尝试变化时间词的表达,改一改描写花开

的句子。

2.描写花开词语的变化。

师:花儿开放得很美,这些描写花开的句子也很美,我们一起来探寻其中的奥秘吧。谁来读读?

(1)读好关键词,体会花开的姿态。

①吹起了紫色的小喇叭;艳丽的蔷薇绽开了笑脸;睡莲从梦中醒来。

给花儿加上了人的动作,人的表情,还有人的生活。

②欣然怒放。

欣然怒放:愉快地盛开。

③含笑一现。

A.结合第三段写昙花的句子理解词语意思。

(长期以来,它适应了晚上九点左右的温度和湿度,到了那时,便悄悄展开淡雅的花蕾,向人们展示美丽的笑脸。)

B.结合资料,积累词语"昙花一现"。

(课外资料:昙花开花时间是在晚上8~9点钟以后,花筒慢慢翘起,将紫色的外衣慢慢打开,盛开约为3到5个小时,然后花冠就会闭合,花朵很快就凋谢,开放时间非常短暂。)

(2)带着表情和动作读,读出花开的姿态。

师:作者太厉害了,给花儿加上了人的动作,人的表情,还有人的生活,就把花儿的开放写得如此生动有趣。

(3)对比花开的句子,体会句子表达的灵活。

师:既然加上人的动作和表情就可以让句子变得生动有趣,这段话里还有两句,我们试着来改一改,改得生动有趣一些。

①改写句子。

中午十二点左右,午时花开花了。

改:中午十二点左右,午时花_____。

夜来香在晚上八点开花。

改:夜来香在晚上八点_____。

②对比思考,发现灵活表达的奥秘。(板书:姿态变……)

师:大家的句子写得可真生动有趣啊,诶,我有一个问题,既然这些都是很美的句子,为什么作者还专门挑了两处,就简单地写"花开了"呢?

总结:看来要想写好花开的姿态,要用上些很好的句式和词语,这样就显得更生动有趣了。但要想句子更高级一些,可以把有的写得美,有的写得很朴实,让句子要有变化。

三、微课总结,理清表达奥秘。

(把句子写得生动有趣的方法。关键词:词语变——时间词的位置变;表达方式变——有左右,没左右。姿态变——有的给花加上了人的动作,人的表情,人的生活,有的没有,直接写花开了。)

(一)改编原文,尝试运用。

【活动三】迁移训练　运用表达

师:学以致用,你们能用刚才学习的方法来重新改编这几句话吗?要改得跟课文中的不一样哦。

1.尝试选择一句改编。

2.尝试改编花开的语段

(二)链接生活,训练表达。

师:孩子们真会学习,一学就会,老师为你们点赞。今天,我还特意邀请了十二花仙子来到我们的课堂,请大家仔细观察,将花儿开放最美的姿态定格在你的心中。

1.观看花开视频,定格花开姿态。

2.小组合作,练习表达。

(1)出示小组合作要求:

①说一说:四人小组交流,说说十二花仙子中自己最喜欢的花。

②写一写:选择其中的一种花(不和同学重复),用上所学的方法写一写。

③读一读:写完后,读给组内的同学听一听。

(2)分组上台汇报。一人读一句。

(3)试着给小组的创作加关键句。

【活动四】链接生活　活用表达

师:看来,通过学习,同学们已经寻找了表达的秘密了。要想表达好,观察是第一步。我们再来看看本单元的导读页。

出示导读页,学生齐读。

师:观察是第一步,还要思考,这样我们才能更好地创作。说到创作,我们的校刊《启诚吧》主编——李老师也想对同学们说几句。我们来听听:

播放微课:同学们,大家好,我是《启诚吧》主编李**老师。在今天的课堂上,同学们探寻到了句子表达的奥秘。下课后,请同学们继续留心观察生活,去看那些悄悄绽放的花儿;自由自在的鱼儿;多彩的云……并用上今天学习的方法写一写。我们将选择写得最生动有趣的发表到《启诚吧》哦。

张雪萍,重庆市启诚巴蜀小学教师。

统编必修下第三单元整体教学设计

◎陈嘉欢

【教学目标】

1.分析本单元知识性读物文章的说理特点。

2.学写清晰地说明事理。

【学习任务】

导入:在本单元第一课时开始,我询问过同学们初次阅读的感受,和以往在语文课上学习的文章有什么不同。同学们从写作对象、文本内容、语言特点、表达方式等回答了这个问题。本单元的四篇文章里,乍一看,只有《说木叶》是直接与文学相关的,其余三篇是生物学、物理学和建筑学。但不是只有文学作品属于"语文",全学科知识的阅读与写作其实都是在学习语言文字、运用语言文字。

任务一:联系多篇进行整合阅读,梳理知识性读物文章的说理内容

活动一:学生谈阅读收获

活动二:以"知识"串联多篇文章内容

句式:人们_____知识,正如_____。

例:人们发现知识,正如屠呦呦发现青蒿素的抗疟疗效。

板书:发现、运用、创造、探索、学习……——如何阐说事理

任务二:联系多篇进行整合阅读,分析知识性读物文章的说理特点

活动一:在掌握文本内容的基础上,努力探究文本形式,关注说理特点。抓住文章中能够体现思路的句子,比较分析四篇文章的作者是如何阐说事理的。

活动二:总结知识性读物的阅读方法

1.抓标题、提问句、总起句、总结句以及表示时间、步骤的词语。

2.抓文章的核心概念,作者界定概念、分析原理、阐述作用与影响的句子。

活动三:回顾本单元所学内容,归纳总结事理说明文的写作要点

1.对说明的事理有准确、深入的认识。

2.对关键要素(重要概念、概念之间的联系等)说明清晰到位。

3.运用严密的逻辑思维方式,行文结构完整,思路层次清晰。

4.运用恰当、多样的说明方法来说明事理。

5.语言既准确严谨,又明白易懂、生动活泼。

6.内容意蕴丰富,有正确的价值观引导。

任务三:围绕小组代表作,在组内进行讨论和点评

在上节课让同学们以共同的主题分了小组,在组内分享了自己的事理说明文,选出来一篇代表作,这节课所有组内成员共同来讨论这篇文章,可以评价它好,那你要说出好在哪里,更重要的是指出不好的地方在哪里,有没有什么具体的修改建议。

说明的事理:研究深入到位,说明清晰明确,有自己的创新之处。

结构思路:行为结构完整,思路层次清晰,有严密的逻辑思维方式。

审美鉴赏:文质兼美,语言准确简明,通俗易懂,生动活泼。

价值引导:展示科学精神,富有文化底蕴,可以表现对传统的尊重与传承。

【课后作业】

1.根据课堂所学,修改自己的事理说明文。

2.细读本单元课文,思考其中包含的科学思维方式带给你哪些启发。

陈嘉欢,上海市风华中学教师。

《山行》教学方案设计

◎刘 慧

【教学目标】

1.读懂诗句,理解内容,想象大自然的美丽景色,体会诗人热爱大自然的思想感情。

2.能用自己的话语说说古诗的意思。

3.背诵课文,默写课文。

【教学重难点】

1.重点:有感情地朗读课文,背诵并默写古诗。借助注释,大致理解诗句意思;

2.难点:能想象画面,从古诗中的景象知道故事的季节。

【教学过程】

(一)提问导入:教师出示一片枫叶,请学生说出它的名字并说一句说话,看谁说得好。

教师小结过渡:同学们见过真正的枫林吗?大诗人杜牧在一次旅途中就见过,那真是漫山红遍,层林尽染,他被这美丽的景色深深地吸引住了,还写下了一首非常好听的诗《山行》,你们想读一读吗?师板书课题,学生齐读。

(二)初读古诗,解读诗题。

1."山行"是什么意思?这首诗描写的是哪里的景色?

2.简介作者。

3.深秋的一天,杜牧乘着马车,顺着山路而上,山上美景让他流连忘返,他情不自禁挥毫写下了这首流传千古的绝句。(相机引导学生自读古诗,读到朗朗上口为止。)

(三)品读诗文,理解诗意

1.配乐齐读古诗。

2.出示幻灯片(老师将图片顺序打乱)学生讨论:每幅图上画的是什么?

第一幅:一条弯弯曲曲的石板小路通向山顶;

第二幅:山顶上白云缭绕,飘着缕缕炊烟;

第三幅:夕阳下诗人停下车来驻足枫树下欣赏赞叹;

第四幅:漫山遍野似火的枫叶。

练习说话:让学生总结每一幅画上的内容。

3.再次讨论:每幅图片的内容和诗中的哪一句有联系?

4.既然我们已经看了和这首诗有关的图片,请同学们利用多媒体图片,合作互助,逐字逐句理解诗文。有不理解的地方做上标记或写下来。

(四)想象画面,感悟诗情

1.一条石头小路蜿蜒曲折伸向充满秋意的山峦,诗中是怎样写的?哪个字写出了石路的特点?

2.在白云缭绕的山中,从诗中哪个词看出人家在哪儿?

3.漫山遍野如火的枫叶,诗中说:霜叶红于二月花,为什么说红于二月花呢?

4.从哪句诗可看出诗人非常喜爱枫叶?

5.这首诗表达了诗人怎样的思想感情?诗人仅仅是赞美枫叶的颜色红吗?诗人等重要的是在赞美什么呢?

(五)指导朗读,进行朗读比赛。

1.了解了整首诗的意思,现在知道诗人想写什么了吗?带着诗人的情感再来用心读读好吗?

2.指名读、齐读。

3.你觉得诗中哪些词语写得特别好?读一读,你仿佛看到了怎样的画面?

4.想象漫游:此时,你也随杜牧来到了山脚下,哪些景物映入了眼帘?有何感想?

5.是呀,诗人和你们一样,被这美丽的秋景给迷住了,让我们一起美美地读读这首诗。

六、作业设计

1.抄写古诗两遍。

2.画一幅秋景图,然后配上这首古诗,并把古诗美美地背诵给父母听。

刘慧,陕西省清涧县高杰村镇九年制学校教师。

归去来兮

◎陈冬梅

陶渊明上任彭泽县令，老百姓很快就认识他。因为这个县令时不时从衙署中跑出来，跑到大街上，跑出城，还跑到乡野小路上，坐在田埂上大口大口喘气。

县衙伺候笔墨的小吏，一路狂奔，跟在这位县令身后，还上气不接下气地对着周围的人解释："大人胸闷症犯了，不打紧，不打紧。"

但是陶县令在田埂上坐一会，立即就变得和蔼可亲起来，问问农人收成怎样，交了田税后够不够口粮……有时还会抱着三岁小儿玩耍一会，才会心满意足地离开。

每到回去时，他的官服上都沾满了尘土，有时还会草茎挂在头发上，但是笑容可掬，还会吟诵几句小诗。虽然老百姓觉得县令很怪，但判断他是个好官，判案公正，关心百姓疾苦，也不会像前几任县令一出门就带一帮子人，装模做样督促农桑，把田地里的幼苗踩得乱七八糟。

陶县令"犯病"往往有原因的。最初，新刺史上任，衙门里的人建议陶县令写文祝贺恭维一番，陶县令第一次感到胸闷；后来，豪门望族占了农人的土地要挖湖造园，农人还不敢上告，陶县令知道后胸闷得难受，只好跑到城外透气……

这日，属吏得知浔阳郡督邮将要路过彭泽县，便对陶渊明说："大人应该穿戴整齐，备好礼品，到城外去迎接……"陶渊明听了，静坐片刻，便脸色苍白，汗如雨下，他快步跑出衙署。小吏知道陶县令"胸闷症"犯了，赶紧跟了去。只是这次症状比较严重，陶渊明一直跑到田野上，坐到傍晚时分，还是觉得气闷，喘不过气来。小吏只好搀着脸色苍白的县令回来休息，一夜无话。

第二日大早，小吏过来伺候，发现居所空空，陶渊明不知去向。

小吏找到陶渊明的老家，那是乡野间一处简陋但宽敞的房子。陶渊明倚在竹床上吟诗，神态闲逸，没有半点病态。小吏问："大人什么时候回去？督邮……"陶渊明摆摆手，指了指窗外，从窗子极目远眺，绿意盎然，农人来往耕作，十分繁忙。

小吏不敢吭声，陶渊明深吸一口气，淡淡地说："去吧，告诉他们，我不回去了。"

小吏如坠云里，问："大人胸闷症好了吗？"

陶渊明微微一笑："哪里有什么胸闷症？"

小吏走出来，深吸一口气，有植物清甜的味道、泥土潮湿的气息，果然好闻。

这时，屋内传来声音，原来是陶渊明击节而歌：

归去来兮！田园将芜胡不归？归去来兮！请息交以绝游。

归去来兮，敞亮！归去来兮，舒畅！归去来兮，爽快！

陈冬梅，河北省邢台市第二十九中学教师。

遇的行者　好的故事

◎戴　静

十年前，我和学生一起早读文章："这故事很美丽，幽雅，有趣。许多美的人和美的事，错综起来像一天云锦，而且万颗奔星似的飞动着，同时又展开去，以至于无穷"。作品写于1925年，一笔生动明艳亮色，令人目光不忍遽离，恰如一支优美舒缓的抒情曲，期待美好社会的到来。这篇课文的题目是《好的故事》，作者是鲁迅。

八年前，我接待了一位院士，她行色匆匆地赶赴院士专家绍兴行。每年春节，她一定会抽空回家乡和亲眷团聚。但今年团圆饭，才吃了1小时，夫妻俩就匆匆回杭，逆行奔赴武汉战"疫"一线。每年母亲节，她会带着一帮乡贤名医聚集在夏履镇卫生院，为父老乡亲义诊，今年夫妻院士冒雨前来。村里还流传歌谣："李医生，活菩萨，好人有好报"。"这次疫情结束以后，希望国家逐步给年青一代树立正确的人生导向和正确的人生价值观！把高薪高福利高地位留给德才兼备的科研、军事技术人员，让孩子们明白真正偶像的含义。"这位院士是李兰娟。

五年前，我带领学生参加了中国青少年创造力大赛有幸获得金奖，证书上赫然有他劲健的签名。原来2013年他在中国青少年创造力大赛中设立了以他名字命名的创新奖，鼓励在创新实践活动中取得成果的学校、师生。2020年，84岁的他抗疫百天"跑"遍半个地球，"One World One Fight！"让世界见识了临危受命，匡饬冠横的国士之风，中国科学家协同全球、命运共通的拳拳赤诚。他给孩子们写下《寄少年》"恰同学少年，愿风华正茂，期投身杏林，更以行证道"的回信。"我想来想去，只不过还是一个医生。"他的名字是钟南山。

三年前，我在朋友圈见到了一组照片，名曰《最萌鞠躬礼》。一个两岁的小男孩出现发热症状到医院治疗。小男孩病愈出院，刚打算挥手告别，小男孩突然向她鞠了一躬，她立马还了个深礼，凑巧被一旁同事抓拍。更有细心朋友，翻出一张百年老照片。医患间温馨的瞬间诠释着患者把健康乃至生命相托的信任和感激，也涌动着医护人员对患者的尊重和关爱。她是曹玲玲，绍兴市中心医院疫情防控一线护士长，我丈夫的同事。

现在，行进中的中国，给了我们最大的底气。这份底气，呈现在绽放的神采里，镌刻进为人类命运共同体精神执着的自信里，映照在大家共担风雨的视野、襟怀、硬核里。致敬，共和国的脊梁！

祖国万里山河，来往无数行者。一个一个人，一颗一颗星，构成时代的天空，具体而微，磊落坦白。下一阵昂扬时代的鼓点、下一次山川、河流、沙漠、沼泽的选择，下一阵拂过耳朵和风的低吟——都是好的故事。

戴静，浙江省绍兴市科学技术协会副主任。

春天的色彩

◎刘 柳

雨水已过,惊蛰未至。

按照农历的节气,春天本应该到了,可连日的阴雨,风寒料峭,颇有些"东风何事力微微,凛凛边寒犯客衣"。

雨刚停,城市里依旧一副残冬的模样。天,不太蓝,隐隐泛着青灰色,薄如蝉翼的雾四处游荡着,无处落脚。窗外的玉兰与冬青也是百无聊赖,依旧泛着黄。这宛如残冬的初春景致正应和了我的心绪——开学伊始,忙碌的学习和紧张的考试让我压力倍增,以至于心情仿佛这二月的天,也泛着青灰色。

闲暇之余,我总是向窗外探望,盼着寻到一丝春的颜色,可结果总是让人怅惘——"寻春景物乍晴暄,连月余寒花未繁",这春天为何迟迟未到呢?唉,惹人怅惘!但转念一想,这怅惘并不仅仅是因为没能寻到春天吧,也许还有学习压力下的迷茫,整日地忙碌追寻,却不知前路在何方。

但我心里知道春肯定是来了,只是还没有寻到。那究竟是什么让我们忽略了季节的更替,春的到来呢?

于是,我开始细细回忆日子里的一切细节,试图找到什么。

对,一定是那些我忽略了的颜色——记得前几日,餐桌上有盘香椿炒蛋,金黄里裹着紫红,格外诱人,我怎么就忽略了;记得阳台上郁金香的白色球茎已经把花瓶塞得满满当当,嫩绿的叶子拼命向上窜,我也忽略了;风信子着急了些,甚至有些急不可耐,虽未开花,却已经隐约能看到里面的浅粉色;楼下的孩子们也已经换上了五颜六色的春装,喧闹起来;树枝上、屋檐里,灰白燕子也开始啄春泥了……这些,原来我都忽略了。

原来一切都在变,但又让人难以察觉。原来它们虽未开花,你却能隐隐看到颜色。

晚上看书时,偶然看到宋代诗人朱淑真的诗"乍暖还寒二月天,酝红酝绿斗新鲜",此时我才恍然大悟——原来一切都在酝酿!所有的酝酿都是为了数月后的姹紫嫣红,所有的青、灰、棕、黄,都是绽放前的等待,等待紫、绿、红、粉。

春天已经来了,它哪能迟到!所有苦寻等待,所有料峭风寒都只是在酝酿,酝酿春日里的姹紫嫣红。那才是春天真正的色彩,只是还需要静静地等待。

既然春天需要等待,那么生活也是如此,当我们迷惘时,彷徨时,也应该想想那些虽未开花却见颜色的风信子,只有安静地等待,才能欣赏到那一声春雷后的春回大地,万紫千红。

我放下笔,推开窗,面朝南方——那是春天的方向。

刘柳,湖北省武汉市常青第一学校教师。

墨香依旧

◎ 汤怿纯

茶香袅袅，墨香悠悠。古朴的钟摆轻叩着木质的钟壁，清脆的金属声敲击着时光的点点滴滴。指腹轻轻划过每一缕飘逸潇洒的字，手起笔落，过往的沉浮镌刻进宣纸里。漫步于平平仄仄的诗林中，轻嗅唐风宋韵间亘古不变的浓郁墨香，寻那墨中的一抹瑰丽。

清婉或豪迈的诗词里，是诗人放荡不羁的灵魂，抑或是他们缱绻情思的蔓延。在悠悠岁月的年轮里，回想一个朝代，品味一段岁月。"滚滚长江东逝水，浪花淘尽英雄"，是三国的沉淀；"逝者如斯，而未尝往也，盈虚者如彼，而卒莫消长也"，是苏轼对世事变迁的豁达；"绿蚁新培酒，红泥小火炉"是白居易的悠然而自得，"不以物喜，不以己悲"更是范仲淹对人生的透彻……满室墨香蹁跹，尽显文人之风骨犹存，一曲柔情深藏我心底。

"墨香"是无言的油纸伞，独自彷徨在悠长的古巷里。"我希望逢着一个丁香一样地，结着愁怨的姑娘。"戴望舒笔下的细腻触动人心，雨滴落在薄薄的伞面上，诗人撑把油纸伞，独自徘徊雨巷，烟雨迷蒙，踏在江南的雨季里。折一片嫩叶，却挦满一树沧桑。模糊了谁的风景？油纸伞在风中轻旋，斑驳的青石深浮沉沉，刻满了历史的一脉清流，漾成心曲，化雨滴为诗，和一曲孤独的赞歌。

"墨香"不仅是文人墨笔下的点点情怀，更是他灵魂里不同于世人的"风骨墨香"。是李白"弯腰折眉事权贵，使我不得开心颜""天子呼来不上船，自称臣是酒中仙"；是陶渊明"岂能为五斗米折腰"；是苏轼"炼尽寒枝不肯栖，寂寞沙洲冷"；是陆游"零落成泥碾作尘，只有香如故"；……

走走停停，寻寻觅觅，耳畔传来梦华的诗语低吟，"凌晨三点半，海棠花未眠"，在黑夜与晨曦的边缘，我仿佛穿越千山万水，跨越时空，看见诗人一袭白衣俯眼低眉。未眠的，又何止是一树素海棠？

风吹过书面，泛起涟漪，微波荡漾，文士低头浅吟，带着些许落寞，那白衣似的侠客金杯推盏，又是何等豪情？绣口吟出"人生若只如初见"一身华服也难掩的点点情意。

星光殆尽，晨光破晓，许自己一份雁过无痕，一份大爱留香，亦可铭记那一抹不可磨灭的瑰丽。骚人踌躇的身影在风骨笔锋末端与我相望，漫步与暗香盈袖的文字之中，让我的心久久不能平静。

飘散不尽的墨香，缕缕不逝的墨色，岁月虽已退去，墨香依旧徘徊。

汤怿纯，江苏省苏州市常熟市昆承中学教师。

小满亦动人

◎戴婧怡

五月的风，吹黄了田垄的麦穗，吹甜了枝头的杏子；吹得夜莺啼绿柳，皓月醒长空；吹得晴雨两周旋，薄雾满人间；吹来万物欣欣齐向荣，也吹来了一年中最好的时节——小满。

这个名字传递了千百年来老祖宗在劳作中凝聚的智慧：万物始茂，盈而未满，向阳而生，未来可盼。这是自然的节律，也是人生的哲理。

小满小满，小而得欢

生活中常有让人期待的"小确幸"，平淡生活的细微小事也能充实人的内心。纳兰性德身为重臣之子，官居显赫之位，却偏偏不爱荣华富贵，只喜写词作赋。见田园，他写"红叶满寒溪，一路空山万木齐"；沐春风，他写"风淅淅，雨纤纤，难怪春愁细细添"；思故园，他写"风一更，雪一更，聒碎乡心梦不成"。他在词作中写自己的心，抒自己的情，充实自己的灵魂。小小的纸，淡淡的墨，写不尽世间风物的浪漫，写不尽世道人情的冷暖，却开垦了他内心的荒芜，种下了似锦的繁花。

小满小满，知足即安

知足者常乐，小小的满足带来的是内心的安定。年少轻狂的唐寅，卷入科举舞弊案后，才顿觉名利不过云烟。大彻大悟后，他割断了"江南第一风流才子"的执念，弃官归隐，醉心田园。任凭世人讥讽嘲笑，他只言一句"世人笑我太疯癫，我笑他人看不穿"。布衣素食，诗文书画，静赏闲云，醉卧花田……虽"小"，却足以慰平生。大起大落后，唐寅才知"小满"亦动人，知足方心安。纵使余生贫苦潦倒，却能在一份安适坦然中等着桃花开，等着知己来，这何尝不算是人间的清欢？

小满小满，未来可盼

小满未满，让人尚存期待，让未来可期可盼。身居陋室，箪食瓢饮亦不改其乐的颜回，深知人若自满便难进步，求学之路该是岁月中细水长流。于是他时刻以谦卑为怀，进而不止，终成一代贤士。反观神童方仲永，幼年出口成章，指物作诗；却因父亲沉湎虚荣，肆意消磨其天赋，以求名利"大满"，最终灵气尽失，"泯然众人"。"月满则亏，水满则溢"。不满，则人生徒留遗憾；大满，则易招损衰落；小满，恰是人生最好的状态，它是不息的希望，也是无尽的期待。

生活不该只是站在山脚仰望星辰，也不必非要爬上山顶俯视众生。花看半开，酒饮微醉，知足常乐，常怀期盼。于人生的山腰处，看遍山野风光，奔赴心中明月，小满亦动人！

戴婧怡，湖北省武汉市新华下路中学教师。

用初心编织好故事

◎陈艳艳

历史的苍穹之下,再久的时光也会转瞬即逝,唯有好故事久久驻足。什么是好故事?我认为主人公坚守初心,在持之以恒的行动中编织的故事就是好故事。正像屈原高呼"宁溘死以流亡兮,余不忍为此态也"而以身殉国的故事;也如苏武在极寒之地牧羊十九载不改其节的故事;亦如陈祥榕"清澈的爱,只为中国",誓死守卫祖国边境的故事。

每一个好故事都是一段坚守初心的历程。赫拉斯说文学的功用在于"寓教于乐",故事中主人公始终如一的渴望如同串起珠链的红绳,在生动的情节间若隐若现,给人以奋然前行的力量。愚公执意要移走太行、王屋二山,即使不如孀妻弱子也绝不退缩,最终诚感天帝,得偿所愿;西天取经的路上,唐僧师徒四人历经九九八十一难才取得真经,窥得佛法奥义。如果没有坚如磐石的初心,就不会有这两个精彩的好故事。用初心书写的好故事还有许多:脱贫攻坚路上的无悔付出,新冠阻击战中的逆向而行,神州载人系列工程中的不断超越……只有坚守初心,才能慎始善终。故事中感动我们的正是主人公那种"长途跋涉的归真返璞"。

如果说初心是故事的开端,那么行动才能带来精彩的情节和圆满的结局。如果只做书斋中的空想家,纵使内心波澜壮阔也无法编织好的故事。邓清明25年的"备份",胡双钱30多年的耐心打磨,樊锦诗半个世纪的坚守,哪一个好故事不是"实干"编织起来的?在持之以恒的奋进中,我们更加明白自己的初心:我从何处来,欲往何处去,进而遇见最美的自己。

不忘初心,砥砺前行,这就是编织一个好故事的秘密。跌宕的故事代代流传,在滚滚的时代浪潮中,更多的人以自己的人生为纸,用自己的行动作笔,书写自己的传奇故事。张桂梅的讲台三尺,张福清的徽章十块,屠呦呦的实验上百次,钟南山的列车万里……岁月不居,时节如流,一位位平凡的人用初心与奋斗铸就自己不平凡的人生,用无怨无悔的精神将好故事播撒在神州大地。

如今,灯光亮起,吾辈青年置于舞台的中央,立于时代的潮头,此时,正是我们摆脱冷气,摆脱戾气,做事发声,发光发热的时刻。愿吾辈在百年未有之大变局的背景下,在人类命运共同体的编年史中,秉持初心,砥砺前行,"但行好事,莫问前程"。

陈艳艳,湖北省黄石市西塞山区第三中学教师。

安得真知灼见，唯有调查研究

◎ 田雅琳

认识事物时，我们的判断常常会受到古人、权威、书本和大多数人的意见等一些外部因素的影响。然而，习近平总书记强调指出，调查研究是获得真知灼见的源头活水，是做好工作的基本功。由此可见，真知灼见来源于调查研究。

迷信盲从，危害无穷。古有赵括熟读兵书，却不能活学活用，终难免兵败溃逃的厄运；寺僧轻信李渤关于石钟山得名的传言，招来苏轼的嘲笑。今有众人不加分辨"双黄连对治疗新冠有奇效"，一夜之间此药售罄；虚拟空间流言飞传，更是让一些人饱受网暴折磨，甚至轻生自尽……从古至今，小到个人，大到社会，若不理性对待传言甚至权威，终将付出代价，轻则被人误导，重则生命堪忧。

鲜活的例子，惨痛的教训，无不启示我们不可不深思慎取。真知灼见来源于调查研究。所谓"调查"，是指对客观情况进行考察了解；"研究"是钻研、探究，探求事物的真相、性质、规律等。调查研究是获得真知灼见的活水源头。福州8岁男孩不迷信权威，勇敢质疑《后羿射日》江河干涸后，后羿如何蹚过九十九条河的逻辑谬误，引起出版社的关注。工作人员经过多版本细心比对，不仅查明了错误原因，还终于修订了错误。

不迷信权威，守护真理，坚持调查研究需要勇气。为揭开石钟山命名的真正原因，苏轼夜访石钟山亲自调查，见猛兽奇鬼，森然欲搏人；听栖鹘鹳鹤之声不断，大为惊恐，几乎返还。被誉为"泥腿子专家"的袁隆平，在研究杂交水稻过程中，遭到国际权威学者的嘲笑，被指责对遗传学无知。然而为解决几亿人口的温饱问题，为了让真理重现，他顶着骂名与压力，几十年如一日躬身实践。正是由于有许许多多像他们一样不畏权威，勇敢挑战之人的存在，才有了人类认知的进步，物质的富足。

调查研究需要慎思明辨。《中庸》教导"博学之，审问之，慎思之，明辨之，笃行之。"在明辨中，人们由"半部论语治天下"，走向"尽信书不如无书"；在明辨中，亚里士多德由"吾爱吾师"走向"更爱真理"；在明辨中，我们由是话都信的愚昧人，成长为步步谨慎的通达人。

大音希声扫阴霾，拨开云雾见青天。让我们在求学的路上，慎思明辨，拒绝迷信，不惧权威，以调查研究为根基，让真理之树枝繁叶茂。

田雅琳，辽宁省大连市大连长兴岛高级中学教师。

古建筑的消逝：保护还是宿命？

◎陈　卓

古建筑，那些凝固了岁月痕迹的石头和木头，讲述着历史的传奇，承载着文化的记忆。然而，当我们抬头仰望，却发现这些宏伟的结构渐渐消逝在城市的发展浪潮中。它们的消亡是命运的安排，还是我们有责任去呵护？让我们一同穿越时光的长廊，思索这个令人叹息的难题。

传统与现代之间，经常演绎着残酷的角力。在城市化的浪潮下，古建筑被拆除、被改建，迎接着一张张现代化的面孔。城市的脉络不断延伸，而古建筑却悄然褪色，失去了自己的位置。这或许是无法避免的宿命，城市需要进步和发展，但我们又何尝不应为古建筑的陨落而感到心痛呢？

古建筑的价值不仅仅在于它们的历史厚重感，更在于它们承载的文化底蕴。每一座宫殿、庙宇、园林，都是一段扣人心弦的故事。它们见证了岁月的更迭，见证了人们的悲欢离合。保护古建筑，就是保护着一段段历史的记忆，让后人能够凭借着这些见证者，感受到自己的文化根源。

古建筑更是艺术的结晶，是人类智慧与创造力的杰作。在那些古老的石墙和琉璃瓦上，流淌着建筑师的心血和艺术家的灵感。每一根檐角、每一处浮雕，都饱含着设计者的智慧与精湛的工艺。保护古建筑，就是在保护一个时代的审美，让我们与古人的艺术对话，汲取灵感的源泉。

然而，保护古建筑并非只是对过去的执念，而是对未来的负责。传统建筑采用的材料与技术往往更加环保和可持续。在大规模的城市化进程中，保护古建筑意味着对可持续发展的倡导。它们是城市建设的瑰宝，通过借鉴古建筑的经验，我们可以在现代建筑中注入更多生态和人文关怀，为未来的城市提供更加宜居的环境。

如何平衡传统与现代的碰撞，保护与发展的矛盾？也许我们可以通过合理的规划和利用，将古建筑融入现代城市的发展中。建筑师和规划者可以在设计中注入现代元素，保留古建筑的原有结构和风貌，让它们在现代生活中找到新的角色与价值。同时，教育和宣传也是关键，让更多人了解古建筑的重要性，让保护古建筑成为全社会的共识。

古建筑的消逝，是必然的命运，却又是我们不愿接受的遗憾。它们是历史的镜子，是文化的瑰宝。在我们的城市中，让我们珍视这些充满智慧与美感的古建筑，让它们继续讲述着属于我们的故事。保护古建筑，不仅仅是对过去的敬畏，更是对未来的传承。唯有如此，我们的城市才能更加饱含着灵魂和活力，成为一个真正的文明之邦。

陈卓，四川省成都市双流区天府第七中学小学部教师。

把根留住

◎何欢欢

我已经来过周庄了。

在那个氤氲着水汽的江南午后,我走在沉默了几百年的青石板上。右手旁白墙黑瓦的老屋在左手侧的河道里投下岁月的倒影,偶尔会有一艘乌篷船载着时光与思绪划过,留下水面上的涟漪,消散,再归于沉寂。

坐在一家临河的小店里,喝一杯菊花茶,透过迷离的蒸汽和朦胧的烟雨,我看着窗外的人潮,突然想问:我在哪里?

我记得我在周庄。

突然想到那家小店里绣娘刺出的苏绣,今天的她仍然知道去编织细密的针脚,那一针一线却早已缝不进无法言说的思念。早些时候去了枫桥,张继的石雕在举头仰望着寒山寺的钟楼,这个年代却少有人懂得他那一夜的难眠与忧伤。

我们有了百科全书有了电视有了网络,我们知道的多了,了解的多了,我们把那些历史的遗存华丽地装点谨慎地收藏,然而一转身就从铭记走向了遗忘,如同忘了我在周庄。

我们谁都不曾成为历史的亲历者见证人,只有那乌黑的斗篷雪白的墙告诉我,这家是富甲一方的大户,那家出过一位及第的状元,只有那层层叠叠的瓦片和悠悠的运河水折射出时光的绵延。遥远的先辈们给我们留下了这些印迹,告诉我们铭记历史,守住中华民族的根。

每一处自然风物的背后,也许都有着说不清言不透的传奇,谁知道那一面酒旗下谁曾醉过,脚下的石桥上写过谁的七言五绝,采莲的姑娘用吴侬软语唱着思念谁的民歌,长亭短亭外的泪是为了谁的分别。我们的祖先把生命刻进了文物古迹,让这些青砖顿时变得温暖而真切。而我们,又听懂了多少呢?并不是隔了广远岁月的语言晦涩难懂,而是我们已经不会再用心去倾听另一颗心的声音。我们给景区挂上一个个招牌,那些园林里的奇花异草就成了摇钱树。我们走马灯似的在一处处遗存中穿梭,也不过是将来可以炫耀我们去过那么多地方而已。有什么,全然不记得。然而,功利的我们错了。

所幸,现在我懂了,在遗留千年的历史与文化面前,我很渺小;我懂了,应该静下心去感受,然后我就可以看见彼时白衣飘飘泼墨挥毫的少年;我懂了,铭记这些文化遗产和文物古迹,铭记的是它背后的历史;我懂了,这个民族的精魂,需要一代代人把根留住,薪火相传。

我还没有真正来过周庄。

但,我可以铭记住周庄。

何欢欢,湖北省黄石市湖北城市职业学校教师。

鉴往知来，行稳致远

◎梁　雨

著名作家铁凝有言："你生活在当代，而你应该有将过去与未来连接起来的心胸。"此言不仅适用于文艺创作，更适用于身处于百年未有之大变局的青年！当今之世，吾辈青年当鉴往知来，在中华民族伟大复兴之征程中行稳致远，铸就辉煌！

鉴往知来，行稳致远，应以千秋青史为鉴。"历史是治愈时代的良药"，当代青年，应从历史中学习先进、汲取教训，才是行稳致远之良方。见贤思齐焉，当世青年，应学宋濂"负箧曳屣行深山巨谷中"的勤苦求学之志，应效司马迁"通古今之变，究天人之际，成一家之言"的宏大不朽之功，从优秀传统中汲取力量、勇毅前行。见不贤而内自省也，当世青年，当摒"取之尽锱铢，用之如泥沙"的奢靡无度之风，从前车之鉴中汲取教训、不至覆辙。"以史为鉴，可以知兴替"，吾辈青年，当且行且歌之。

鉴往知来，行稳致远，应以百年复兴为任。"清澈的爱，只为中国"。当代青年，唯有不忘初心，勇担使命，以实现中华百年复兴为己任，奋勇坚定前行。君不见，我共产党义士舍命为国，新民主主义革命吹响站起来的号角，以自身绵薄之力，为人民谋幸福，为国家谋发展，为民族谋强大，一直是我中国青年不变之初心与使命。"人生自古谁无死，留取丹心照汗青"，让我们秉承初心与使命，在新时代征程中勇担民族百年复兴之使命。

鉴往知来，行稳致远，应以创新未来为引。"不谋万世者，不足谋一时"，当代青年，应放眼世界、心怀未来。目光短浅、只顾当下者，如柯达沉湎于胶片王者之荣光，终致被数码时代淘汰；如委内瑞拉沉溺于石油暴利的泡沫，至于国家破产的境地。放眼未来、擘画蓝图者，如马云洞见信息时代之大势，首创电商模式，跃至商界之巅；如中国深知可持续发展之未来，建设生态文明，再造绿水青山。以未来为指引，把握大势，也是青年取得成就必不可少的途径。

身处百年未有之大变局，当代青年当有连接过去与未来之大胸怀，以历史为鉴，从前辈先贤身上学习优秀基因；以复兴为任，不忘初心，勇担使命；以未来为引，不再浑浑噩噩、随遇而安。不啬微芒，造炬成阳，让我们鉴往知来，开拓未来，在新时代的伟大征程中奋起扬帆，为中华民族之伟大复兴贡献当代青年力量！

梁雨，四川省绵阳南山中学教师。

灯火耀华夏，吾辈书华章

◎苏语乔

"青年、国家、时代，是形影相随的铁三角、彼此助推的浪涛。"灯火耀华夏，吾辈书华章，青年应当发扬时代精神，共担时代之任，共铸国之重器，更筑中国辉煌！

灯火耀华夏，效仿引路人。航天英雄邓清明25载默默"备份"，严于律己，看轻个人名利，他是无数航天人的缩影，而中国航天也在2003年托举他圆梦，飞入苍穹；亚洲飞人苏炳添一次次刷新着世界纪录，以9秒83的成绩为国争光，震惊世人；南仁东先生用力能扛鼎的意志创造了"中国天眼"，举世瞩目；于敏看到中国武器落后的状况，寝食难安，苦心钻研，一颗氢弹打响了古今中外，打响了家国情怀的时代之炮。千羊之皮，不如一狐之腋。我们这一代青年人需将这种"吹哨人"的基因植根于我们心中，让这种责任与利济苍生的担当精神成为后浪的精神支柱。

美梦正逢时，梦在我手中。百年党旗飘，醒来腾飞的龙。赵忠贤心无旁骛，专心研究超导，最终在该领域获取成就；最可爱的人——长城里的守卫队，即便严冬酷暑都守在长城；"嫦娥团队"平均年龄不过三十，但正是他们将"玉兔"送上月球，拍下珍贵影像；"蛟龙号"的副总设计师叶聪，作为新青年岗位建功，报效祖国的榜样，是青年人的骄傲，是当代青年的标杆。他们以青春之我，谱时代华章。一代人有一代人的使命，一代人有一代人的担当，年轻的后浪要练就过硬本领，脚踏实地，精益求精、笃实专一，将"小我"融时代中，用几十年如一日铸国家之重器。

青年自请缨，吾辈书华章。"青年自有青年狂，心似骄阳万丈光。"青年如早上八九点钟的太阳，当有"少年心事当拏云"之志，当怀且将新火试新茶之勇，当迎着现代化的东风，将自己这块"小拼图"拼入时代"大拼图"中，站在百年时代交汇的，甘做"隐形的守护者"，坚定"关关难过关关过"的信念，保持"长风破浪会有时"的乐观，毅力灼灼，才能未来峥嵘。

灯火耀华夏，吾辈书华章。碧血千秋，英雄不朽，峥嵘岁月中，血性儿女，喋血沙场；和平年代中，山河无恙，吾辈自强。愿吾辈青年褪去稚气，显露锋芒，眼里有星辰大海，胸中有丘壑万千，心里有家国情怀，为振兴民族挥洒青春！

苏语乔，新疆阿勒泰地区第二高级中学教师。

模仿应犹贵，创新价亦高

◎ 于沛泽

古往今来，文辞造句，色味淡染，挥毫泼墨，欲至大成者，必由模仿生根，根不固必无法立其基本；但欲开枝散叶，则需加之以创新，独立风格，自成一派。唯模仿与创新兼顾，方能根深木茂，茁壮成长。

当今学子，不识记，不积累，不模仿，自以为耗时费力、功利无用，便将张扬个性置于人生首位，于是走马观花，随心所欲，胸无点墨，两手空空。殊不知"书到用时方恨少，事非经过不知难"，到头来画虎不成反类犬，遗憾人生，空叹抱负。苏轼有言："博观而约取，厚积而薄发。"此句亦可借用作模仿之理，反复的模仿锤炼，能助人形成根深蒂固的行为基本，一朝实践便可汲取精华，厚积薄发。

可一味模仿不知创新变通，亦有损害。古代科举取士，进士科目考查时务策论，灵活运用反复模仿识记的书本知识，方能因时而变，脱颖而出。宋代赵普"半部论语治天下"即为典范。穷极一生，死记硬背，照本宣科，不知创新为何物，则不过是不能经世致用的腐儒耳。

创新之要，诚然可贵，但也不能好高骛远，漫无边际，与基本的模仿背离。世人皆知毕加索为抽象派大师，一画千金举世罕有，但不知毕加索亦经历了由写实向抽象的转变。他的后期风格虽为抽象，但也基于现实模仿，否则就成了不可捉摸的空中楼阁。若毕加索没有高超的模仿写实之功，空有创新抽象，或许世人便会将其界定为疯子，也就不会将他的画作视若珍宝。

世殊事异，情随事迁，唯有在模仿的基础上创新才能适时代之浪潮，得发展之精妙。伟大的物理学家牛顿正是站在巨人肩膀上反复模仿实验，再调整变量加以创新，才能发现亘古不变的科学真理。杂交水稻之父袁隆平正是在历史水稻种植经验的基础上反复模仿培育，发现部分水稻的特异性，才能在水稻育种技术上有所创新，为人民百姓谋取福祉。中国科学技术大学俞书宏院士团队正是在模仿宣纸基本结构特征的基础上发明出一种高性能透明可折叠薄膜，才能在通讯集成电路的创新升级上做出极大贡献……

往者犹可"鉴"，来者仍可追。模仿让我们有立足之本，创新令我们有进步之阶，在模仿的基础上创新，方能举目卓远，自立自强。

于沛泽，山东省青岛市黄岛区青岛第九中学教师。

青花一色，浮躁难成

◎马丹平

《大学之道》有言："静而后能安，安而后能虑，虑而后能得。"内心清静，才得褪去喧嚣，追求本真，行以致远。

静，是拨开世俗之尘雾，寻找自己的瓦尔登湖。外在的不动，仅是静的表象，内心的平稳，才是静的本质。归有光于项脊轩中，赏明月半墙，桂影斑驳，终寻得偃仰啸歌，冥然兀坐之趣。陶渊明误入尘网却心恋旧林，毅然隐归采菊，开垦一片宁静之心田。

今朝日新月异，时代浪潮一波未平一波又起，青年倘若陷入迷惘躁动的囚牢，随波逐流，逐浪而下，则为弊滋多。青年者，当乘月色之静美，让脚步的节奏慢下来，寻住己心一片宁静之星空，畅快呼吸遐想，洗脱功利浮躁，找回内心真正的平稳，找回那彷徨灵魂的最初梦想。

静，是放下一颗摇摆不定的心，不再漂泊于尘世喧嚣，集中精力，沉淀自我。身处极速发展的社会，有人于市井之中昼夜不息的穿梭，有人于宫墙之内为传统文化涂上华丽色彩。正如杜甫所言"十日画一水，五日画一石"，静如匠人坚守于宁静旷远的故宫，沉淀下醇香厚重的中国文化。静如木雕大师高应美沉醉于一雕一琢、一削一磨间，用一生纯粹倾注于手中木器，在最寂寞的角落，用质朴宽厚的大手沉淀下"通海国宝"之美誉。当代青年亦当耐住寂寞，甘倚寒窗，静心苦读，于静中丰富内心，于静中沉淀自我，倾心执着。

静，是在心中修篱种菊，静坐敛心，止息杂念，寻求更高的境界。禅宗有云："不是幡动，不是风动，仁者心动。"真正的智者未尝囿于纷纷扰扰的喧闹，他们修身养性，闭门即是深山，打坐随处净土。哲思便流转于那颗宁静淡泊之心，生根发芽、日夜生长，孕育顿悟之光。定中生静，静中生慧，吾辈也当追求心静，淡泊致远，达周国平谓之三种人生境界——单纯、高贵、宁静，于成长中抵达内心之安宁，于安宁中成长自我之智慧。

大风泱泱，大潮滂滂。青年当远离车马喧嚣，目尽星河远，心至苍穹外，寻一座心灵庙宇，洗去功名浮躁，淡泊以致远，于宁静的瓦尔登湖畔，现生命之纯粹；于宁静的征途中，展智慧之微光。

马丹平，云南省昆明市云南师范大学实验中学昆明湖校区教师。

这一次，我全力以赴

◎周 鹏

全力以赴，无悔荆棘满路人生梦。
——题记

记忆中，儿时懦弱的我喜欢把自己封闭起来，不愿交流，如要到聚光灯下的舞台上表演，就更瑟瑟发抖，似有雪地寒风呼啸而来。

"小鹏，我帮你报名了演讲比赛！这次不要当逃兵，老师看好你！"微风吹拂她的衣襟，陈老师笑容满面，那抹浅浅漾开的微笑，如平静池塘上投入了石子，给我带来晴天霹雳般的消息。放学路上，我想起上次报名同样的比赛，却临赛退却的那一幕。要不还是放弃吧，毕竟我不想把缺点赤裸裸地展现出来。望向天空，夕阳把天际染得酡红，如羞涩少女不敢见人，即将隐入无边孤寂的黑暗。我心中隐隐觉得有些不甘：真就此放弃吗？往后余生都要这样胆怯吗？

放弃与奋斗，尝试与失败，我的心情如乱麻，剪不断，理还乱。随手拿起一本书，就当放松吧，但书上一行小字如万吨重的钢铁般轧在我心上："懦弱的人只会裹足不前，莽撞的人只能引火烧身，只有真正勇敢的人才能所向披靡。"面对这唾骂懦弱的话语，我暗暗下定决心：这一次，我要全力以赴，这一次，我一定要赢！

与朝阳为伴，晚霞为友，日复一日的练习让我忘记了时间流逝，只记得窗外那归巢的麻雀又划过了几次电线杆，清晨的鸟鸣嘈杂又令人怀念。我不断尝试站在镜前大声朗读，语调时而轻柔，时而铿锵，眼神透露着坚定与期待。我的声音慢慢从微微颤抖到掷地有声，朗读也从磕磕绊绊到清晰流畅。时光弹指间散去，很快，迎来了比赛日子。这一次，我没半途而废，聚光灯下，我勇敢地走到舞台最中央，灯光柔和映衬着我，我好似金子般发出璀璨光芒，婉转洪亮的声音娓娓道来，在讲述着我的荆棘满路人生梦。

掌声如雷，这次全力以赴的我获得成功，似乎一下长大。不是所有鲜花都盛开在春天，不是所有河流都流向大海，懦弱的我们区别于一帆风顺的成长方式，逆水行舟让我们更加坚强，只要有信心和毅力，小鹏鸟也能成长为鲲鹏之姿，跨越这世间的千沟万壑。

后来，我把这一次的全力以赴变成生命常态，不再有所怯懦和退缩，因为我相信全力以赴，必得无悔未来！

周鹏，广东省广州市信息技术职业学校教师。

吾乡之味即心安

◎吴巧玲

先前的岁月中,被贬谪的词人苏轼淡然从容地说:"人间有味是清欢";后来的时光里,因漂泊的游子热忱柔情地说:"吾乡之味即心安"。

舌尖上的甜咸苦辣酸,充溢着的是人们对食物的最初印象,带给人们是否有一种"味美"的基础体验感。然而,随着生命的舒展,时光的渐长,人们往往对舌尖上的食物还会有"如故"的熟悉情怀感。从古到今,多少因为战乱、天灾、营生而奔走流离的游子,他们迫于无奈,纵使千方百计,却终是咫尺天涯,远在他乡,惶惶不安,沉湎在悠悠的日暮客愁里。"远渡重洋无故人,跋山涉水无人识",对于如"征蓬"的游子来说,故乡的印记越来越淡,心也恰似浮云渺茫。民以食为天,游子则因"吾乡味"而心安。

吾乡味许是一碗老北京面茶,让游子始终"午梦初醒热面茶,干姜麻酱总须加"的魂牵梦萦。他乡的游子们,随记忆,也就道地搅拌,糜子面、芝麻酱、香油、芝麻、咸盐,烧小火儿,不嫌麻烦地熬制起来,拌着拌着,香味氤氲,吾乡吾味随即也在心尖儿热气腾腾,觉胃暖不饥,"吾乡之味即心安"蛮有几分慈母怀抱的温情感。

吾乡味许是一杯江浙八宝酒,让游子沉浸"此情无计可消除,醉是吾乡酒一樽"的百思无解。天涯的游子们,凭直觉,也就如法炮制,用熟地二两、云苓一两、泽泻一两、淮山二两、山茱萸二两、牡丹皮一两、桂圆肉四两、枸杞四两,浸酒五斤,泡一个月,等着等着,吾乡吾味随即也在内心里越来越浓,日渐有醇厚,"吾乡之味即心安"蛮有几分严父安稳的深情感。

吾乡味许是一盘闽南海蛎煎,让游子铭记"势如破竹收失地,民族英雄郑成功"的丰功伟绩(相传郑成功当年发明了海蛎煎)。辗转的游子们,不由然,也就热锅翻煎,把蚵仔、番薯粉、姜、青蒜、盐、鸡精、五香粉混合加水和一和,淋上蛋液,煎成饼吃,蘸甜辣酱,蘸着蘸着,吾乡吾味随即也在嘴里越沁越甜,大海啊故乡,"吾乡之味即心安"蛮有几分乡亲守望的和美感。

吾乡有味须细品,吾乡有味即心安!

吴巧玲,福建省厦门市梧桐实验学校教师。